Debraj Ray es uno de los economistas de mayor prestigio en el campo del desarrollo económico. Nacido en la India y doctor por Cornell University, es actualmente profesor de New York University y director de su programa de doctorado. Ha sido también profesor en Stanford University, Boston University y profesor visitante en MIT, Harvard, Institut d'Anàlisi Econòmica e Indian Statistical Institute, entre otros. Es miembro del consejo editorial de numerosas revistas profesionales, entre las que destacamos Journal of Development Economics, Journal of Economic Theory, Journal of Economic Growth y Journal of Economic Inequality. Tiene innumerables artículos publicados en revistas profesionales.

T0344702

Economía del desarrollo

Economía del desarrollo

Debraj Ray

Boston University

Traducción de M.ª Esther Rabasco

Antoni Bosch editor

Publicado por Antoni Bosch, editor
Manacor, 3 - 08023 Barcelona
Tel. (+34) 93 206 07 30 – Fax (+34) 93 206 07 31
E-mail: info@antonibosch.com
http://www.antonibosch.com

Título original de la obra:
Development Economics

© 1998 by Princeton University Press
© de la edición en castellano:
Antoni Bosch, editor, S.A.

ISBN: 978-84-95348-03-9
Depósito legal: Z-2751-2002

Diseño de la cubierta: Compañía de Diseño

Fotocomposición e impresión: INO Reproducciones, S.A.

Impreso en España
Printed in Spain

A mis padres Radha y Kalyan

ÍNDICE

PREFACIO

Este libro es una introducción a la *economía del desarrollo*, tema que estudia la transformación económica de los países en vías de desarrollo. Mi objetivo es permitir al estudiante o a la persona interesada que tenga una cierta formación en teoría económica básica acceder desde una visión unificada a lo que constituye una vasta literatura. En honor a la verdad, no estoy totalmente satisfecho con el resultado final: al intentar dar un tratamiento perfectamente estructurado al tema, he tenido que sacrificar amplitud. No obstante, creo que el libro logra en buena medida el objetivo inicial, dentro de las limitaciones que imponen la enorme y compleja literatura y mis propios conocimientos y comprensión del tema.

Este libro va destinado principalmente a los estudiantes que tengan conocimientos de teoría económica introductoria o intermedia. También lo recomiendo como texto básico o como lectura complementaria para un curso avanzado de economía del desarrollo, junto con los artículos originales sobre la materia.

Los conocimientos matemáticos necesarios son mínimos, aunque será útil un cierto grado de madurez matemática para comprender la materia. En particular, he evitado utilizar el cálculo diferencial y he intentado presentar la teoría por medio de argumentos verbales, gráficos y, de vez en cuando, mediante álgebra elemental. Como el libro utiliza algunos conceptos de teoría de juegos y de estadística, he incluido dos apéndices introductorios sobre estos temas. Con estos dos apéndices el libro no precisa de nada más, salvo elementos de teoría económica.

Comienzo con una visión panorámica de los países en vías de desarrollo (capítulo 2). Analizo la evolución básica de la renta per cápita, la desigualdad, la pobreza y la población y realizo un primer análisis de las características estructurales más importantes para el desarrollo económico. En los capítulos 3-5 abordo el estudio del crecimiento económico desde varios ángulos.

En los capítulos 6-8 analizo la *desigualdad* del desarrollo: la posibilidad de que no todo el mundo se beneficie por igual del crecimiento. Estas desigualdades pueden influir, a su vez, en la evolución del desarrollo. Esta interacción se estudia desde muchos ángulos. En el capítulo 9 extiendo el análisis al crecimiento de la población y examino más detalladamente la relación entre la demografía y la economía.

En el capítulo 10 estudio la desigualdad desde el punto de vista de los cambios estructurales: el hecho de que todo desarrollo normalmente significa una transferencia de recursos de un sector (normalmente la agricultura) a otro (normalmente la industria y los servicios). Este capítulo nos obliga a estudiar atentamente el sector agrícola, en el que vive y trabaja una proporción significativa de los ciudadanos de los países en vías de desarrollo, especialmente de los pobres.

En los capítulos 11-15 estudio detalladamente los mercados informales, poniendo especial énfasis en el sector rural. Analizo los mercados de la tierra, el trabajo, el crédito y los seguros.

En el capítulo 16 estudio el comercio en su relación con el desarrollo y en el 17 presento y analizo los instrumentos de la política comercial que puede utilizar un país. Por último, en el 18 estudio la política comercial desde una perspectiva multilateral y regional.

Para utilizar este texto en las asignaturas de desarrollo económico de un cuatrimestre de duración existen dos opciones: (1) si es posible relegar las cuestiones económicas internacionales a otro curso, se recomienda cubrir toda la materia comprendida hasta el final del capítulo 15 (aunque esto exija pasar rápidamente por algunos capítulos, como los comprendidos entre el 4 y 6 y entre el 11 y el 15); (2) si se quieren incluir temas internacionales en el mismo curso, puede omitirse en parte o en su totalidad la materia de los capítulos 11-15. Un curso de un año debería poder ver todo el libro, aunque es posible que sea necesario añadir algún material complementario para la economía internacional, así como para las cuestiones financieras del desarrollo, como la inflación y la política monetaria.

No podría haber escrito este libro sin mis estudiantes y las numerosas clases de economía del desarrollo que he impartido durante años: gracias a los estudiantes de Boston University, del Indian Statistical Institute, de la People's University of China en Beijing, de Stanford y de Harvard. También me gustaría dar las gracias a las numerosas personas que han leído y comentado borradores anteriores de este libro; entre ellas se encuentran Jean-Marie Baland, Abhijit Banerjee, V. Bhaskar, Gautam Bose, Ira Gang, James Foster, Patrick Francois, Gabriel Fuentes, Bishnupriya Gupta, Ayman Al-Awadhi, Johannes Berger, Neeraj Hatekar, Kasirim Nwuke, Ashok Kotwal, Dilip Mookherjee, Jonathan Morduch, James Robinson, Ann Velenchik, Bruce Wydick, Frederic Zimmerman y, especialmente, Karla Hoff.

Son varias las personas que han contribuido a este libro. La principal es Parikshit Ghosh, mi intrépido y totalmente incontrolable ayudante de investigación, cuyas aportaciones a este libro son demasiado numerosas para mencionarlas. También me gustaría dar las gracias a Eli Berman, Gary Fields, Hsueh-Ling Huynh, Chiente Hsu, Luis-Felipe López-Calva, Anandi Mani, Ghazala Mansuri, Jonathan Morduch y Hiranya Mukhopadhyay por sus aportaciones en diversas fases.

Escribí una gran parte de este libro cuando era Director del Institute for Economic Development de Boston University. Doy las gracias a Margaret Chapman, ayudante administrativo del instituto, por cubrir mis numerosos lapsus administrativos durante este periodo. También doy las gracias al Instituto de Análisis Económico (CSIC) de Barcelona, donde terminé este libro, y al Ministerio de Educación español por la ayuda económica que me brindó durante mi estancia. Estoy muy agradecido a Peter Dougherty, mi editor de Princeton University Press, por su ayuda y aliento.

Me gustaría expresar mi profundo agradecimiento a un grupo (más pequeño) de personas que han configurado mi manera de reflexionar sobre la economía: Kenneth Arrow,

Dough Bernheim, Bhaskar Dutta, Joan Maria Esteban, Mukul Majumdar, Tapan Mitra, Dilip Mookherjee, Kunal Sengupta, Amartya Sen y Rajiv Vohra.

Doy las gracias a Monica Das Gupta por las innumerables conversaciones y palabras de consejo y aliento.

Por último, estoy en deuda con Angela Bhaya Soares que siempre quiso que escribiera una obra magna, pero que tendrá que conformarse con lo que hay, con Bissera Antikarova y Farahanaaz Dastur por ayudarme a superar las épocas difíciles, con Nilita Vachani por crear retrasos imprevistos, pero felices, y con Jackie Bhaya por conseguir que me lanzara a esta aventura.

Debraj Ray
Boston University
Septiembre de 1997

Capítulo 1

INTRODUCCIÓN

Invitamos al lector a estudiar la que sin duda es la cuestión económica más importante y, quizá, la más compleja de todas: la transformación económica de los países que se conocen con el nombre de países en vías de desarrollo. Definir los "países en vías de desarrollo" es difícil y hasta cierto punto irrelevante.[1] El *World Development Report* (Banco Mundial [1996]) emplea un umbral de 9.000 dólares per cápita para distinguir entre lo que denomina países de renta alta y lo que llama países de renta baja y media: según esta clasificación, actualmente mucho más de 4.500 millones de personas, de los 5.600 millones de habitantes de la Tierra, viven en los países en vías de desarrollo, que son los "países de renta baja y media". Ganan, en promedio, alrededor de 1.000 dólares per cápita, cifra que merece la pena comparar con los ingresos anuales del estadounidense o japonés medio, que son muy superiores a los 25.000 dólares. A pesar de las numerosas salvedades y matizaciones que haremos más adelante en relación con estas cifras, el hecho cierto e inapelable es que hay asombrosas disparidades.

Aunque existen desigualdades económicas en todo el mundo, la situación está cambiando en gran parte o, al menos, eso es lo que esperamos. En este libro presentamos una manera de estudiar tanto las disparidades como los cambios.

Dos maneras de pensar están presentes a lo largo del libro. En primer lugar, me alejo de la vieja idea (aunque no la abandono totalmente) de que como mejor se comprenden los problemas de todos los países en vías de desarrollo es en relación con el entorno internacional del que forman parte.[2] Según este punto de vista, los problemas del subdesarrollo deben situarse ante todo en el contexto internacional. No es que esta perspectiva no posea muchas virtudes, pero quiero hacer hincapié en otras cuestiones, igual de fundamentales, que son *internas* a la estructura de los países en vías de desarrollo. Aunque una gran parte de este libro se dedica a abordar aspectos internacionales del desarrollo, el profesor o el lector que desee centrar la atención *exclusivamente* en esos aspectos no encontrará aquí un tratamiento exhaustivo.

---

[1] El *Tercer Mundo*, grupo de países de renta baja unidos por unas características económicas comunes y a menudo por una historia común de colonialismo, es tanto un concepto político como económico. Algunos organismos internacionales como el Banco Mundial emplean clasificaciones económicas más restrictivas. En *Human Development Report* (Programa de las Naciones Unidas para el Desarrollo [1995]) se describe un índice compuesto que va más allá de la renta per cápita. Existen bastantes puntos en común entre todas estas clasificaciones.

[2] Esta idea incluye no sólo la opinión de que para los países en vías de desarrollo es un obstáculo su contacto con el mundo desarrollado, personificada en las enseñanzas de los teóricos de la *dependencia*, sino también algunas opiniones más convencionales sobre el papel fundamental que desempeñan los organismos internacionales y de la ayuda exterior.

La segunda manera de pensar es de carácter metodológico: quiero abordar de una manera unificada, en la medida de lo posible, los problemas del desarrollo y poner énfasis en una reciente, y cada vez más abundante, literatura que aborda con sentido común los fallos del mercado y las posibilidades de intervención del Estado. No se trata de que los mercados sean intrínsecamente malos o intrínsecamente buenos sino de comprender las condiciones en las que fallan o funcionan ineficientemente y de averiguar si la adopción de medidas basadas en la comprensión de estas condiciones puede resolver esa ineficiencia. Entiendo que como mejor se comprenden estas condiciones es con un conocimiento profundo de una serie de temas tratados por la teoría económica más moderna, pero que aún no han recalado en los libros de texto introductorios: me refiero a las teorías de la información incompleta, de los incentivos y de la conducta estratégica. Creo que pocas personas discreparán de la importancia de estos temas en muchos de los fenómenos observados en el subdesarrollo. Sin embargo, nuestro objetivo es ayudar al estudiante a comprender esas cuestiones como si de un modelo normal se tratara y no como excepciones al paradigma habitual de competencia perfecta y de información completa.

Dado que nos tomamos muy en serio esta doble perspectiva, este libro se diferencia de otros manuales de desarrollo en algunos aspectos. La mayoría de estas diferencias se deben a la manera de exponer y de elegir los temas abordados. Aunque no quiero descuidar la evolución histórica de las distintas líneas de investigación, prefiero examinarlas desde una perspectiva analítica totalmente moderna. He aquí algunos ejemplos de lo que quiero decir.

(1) La descripción del subdesarrollo económico es, en muchos aspectos, una descripción del modo en que las instituciones formales a las que estamos acostumbrados en las economías industrializadas son sustituidas por instituciones informales, más imaginativas. El terrateniente concede un préstamo al agricultor que arrienda sus tierras, aceptando su trabajo como garantía, aunque no existe un mercado formal de crédito. La gente de un mismo pueblo se asegura mutuamente contra las perturbaciones de la economía valiéndose de su buen conocimiento de cada uno de ellos y de su capacidad para imponer sanciones sociales, pero no existe un mercado formal de seguros. Algunas instituciones tan diversas como las cooperativas de crédito o los clanes familiares pueden concebirse como respuestas a algún tipo de fallo del mercado que se da, en la mayoría de los casos, por la falta de información o por la incapacidad del sistema judicial para obligar a cumplir de una manera rápida y eficiente los contratos. En este libro ponemos énfasis una y otra vez en este elemento común.

(2) La ausencia de mercados o su mal funcionamiento da origen a otros dos hechos. Uno es la aparición de numerosas externalidades. La clasificación correcta de estas externalidades permite comprender mucho mejor toda una variedad de fenómenos económicos, que parecen inconexos a primera vista, pero que no son más que la manifestación común de una pequeña variedad de efectos externos. Tanto es así que algunos conceptos sencillos de la teoría de juegos, como el dilema de los presos o los juegos de coordinación, permiten comprender una amplia clase de problemas relacionados con el desarrollo. Una vez más, las características comunes de los distintos problemas generan un siste-

ma mental de clasificación, es decir, una manera de ver que los diferentes fenómenos tienen un origen común.

(3) Una consecuencia fundamental de la inexistencia de mercados es que la *desigualdad* de la distribución de la renta o de la riqueza desempeña un papel fundamental en muchos problemas de desarrollo. No es que no se haya prestado atención a la desigualdad en los libros de desarrollo económico; por supuesto que se le ha prestado. Sin embargo, lo que ha comenzado a recibir recientemente un tratamiento analítico sistemático ha sido el papel *funcional* de la desigualdad: la posibilidad de que la desigualdad, aparte de tener interés en sí misma, tenga consecuencias para *otros* parámetros económicos, como el nivel de renta per cápita y su tasa de crecimiento. En este libro se pone el acento en el papel funcional de la desigualdad.

(4) Es necesario tratar de integrar de una manera intuitiva la literatura teórica y empírica más moderna con los tratamientos más convencionales. La intención no es simplemente estar al día. Estamos convencidos de que una gran parte de estos nuevos enfoques tienen cosas muy interesantes que enseñarnos. Algunos de los modelos más importantes de crecimiento económico, de distribución de la renta y de desarrollo, de fallos de coordinación o de información incompleta, son teorías que se han desarrollado en estos últimos diez años. El trabajo sobre estos modelos continúa, además, a buen ritmo. Aunque algunas de las técnicas son inaccesibles para un estudiante que posea poca formación académica, creemos que todas las ideas de esta literatura que merece la pena enseñar (y hay muchas) pueden enseñarse de una manera elemental. En este sentido, el presente libro se parece a los demás textos de desarrollo económico: el uso que hace de las matemáticas es mínimo (no hay cálculo diferencial, salvo en alguna que otra nota a pie de página).

Este libro se aleja significativamente de los manuales de desarrollo existentes en los aspectos citados anteriormente así como en su enfoque metodológico debido, en parte, a que muchos de los manuales de desarrollo llevan escritos muchos años y quizá, en parte, a que su enfoque metodológico es diferente.

Conjugando las ideas complementarias de la información incompleta, la débil estructura jurídica (en lo que se refiere a su aplicación) y las consiguientes consideraciones estratégicas y económicas, comenzamos a hacernos una idea de qué es lo que hace que los países en vías de desarrollo sean de alguna manera "diferentes". Los economistas teóricos nunca se cansan de apremiar a sus amigos con preguntas en este sentido. ¿Por qué constituye el estudio de los países en vías de desarrollo una disciplina aparte? ¿Por qué no podemos considerarlo simplemente como un caso especial de la economía laboral, del comercio internacional, del dinero o de las finanzas, etc.? Tienen, desde luego, algo de razón, pero ésa no es más que una de las maneras de enfocar el tema. Otra es reconocer que los países en vías de desarrollo presentan una y otra vez estos fallos de información y esta carencia de estructuras judiciales y, por lo tanto, plantean cuestiones comunes de incentivos y de estrategias que podrían beneficiarse de un estudio propio.

Creo, además, que este enfoque también sirve para responder a otro tipo de objeción: que los países en vías de desarrollo son todos ellos únicos y muy diferentes y que las generalizaciones, de la clase que sean, son engañosas o, en el mejor de los casos, peligrosas. Aunque esta crítica también puede hacerse a generalizaciones *dentro* de cada país, región, distrito y pueblo hasta llegar al absurdo, tiene algo de cierto. Al mismo tiempo, aunque las diferencias sean muy interesantes para el investigador especializado, insistir en lo que es común puede ser la mejor manera de hacer entender al estudiante la materia. He optado, pues, por poner de relieve lo que es común, tratando al mismo tiempo de no perder de vista las idiosincrasias, que son numerosas.

Una última característica del libro es que trata esencialmente de la *teoría* del desarrollo económico. Sin embargo, no hay ninguna teoría sin datos, por lo que el libro está lleno de referencias empíricas. Al mismo tiempo, no nos interesa llenar páginas y páginas de tablas con cifras, si éstas no transmiten ninguna información al estudiante. Lo mismo ocurre con los estudios de casos concretos, de los cuales hay algunos en el libro.[3] Procuro elegir ejemplos empíricos y estudios de casos concretos para explicar los distintos puntos de vista sobre el proceso de desarrollo económico y no necesariamente por su interés intrínseco.

Comencé escribiendo un libro de texto para estudiantes universitarios de primer ciclo, para el curso que más me ha gustado impartir en mis catorce años como profesor. Observo que lo que ha surgido es un libro de texto, sin duda alguna, pero al mismo tiempo parece que refleja algo de mí mismo. Creo que la verdadera originalidad de este libro no es el haber construido una nueva teoría o haber aportado nuevos conocimientos empíricos, sino una manera de transmitir esas reflexiones a los que son jóvenes, inteligentes, generosos e impresionables. Si, además, también aprenden los que no posean estas características, pues tanto mejor.

Mi compromiso como autor es el siguiente: si vienes pertrechado con unos conocimientos mínimos de teoría económica y estadística y posees una saludable dosis de curiosidad e interés, y estudias este libro atentamente, acabarás comprendiendo el tipo de economía del desarrollo que se practica hoy. En otras palabras, aunque este libro ofrece (como todos los libros honrados de ciencias sociales) pocas respuestas inequívocas, te enseñará a formular las preguntas correctas.

---

[3] Los estudios de casos concretos, que se presentan en recuadros, están separados del texto por líneas horizontales.

Capítulo 2

EL DESARROLLO ECONÓMICO: VISIÓN PANORÁMICA

> Por problema de desarrollo económico entendemos simplemente el problema de explicar los niveles de renta per cápita y sus tasas de crecimiento que observamos en los distintos países y a lo largo del tiempo. Es posible que esta definición parezca alicorta y quizá lo sea, pero analizando la renta inevitablemente analizaremos también otros muchos aspectos de las sociedades, por lo que sugeriría que renunciásemos a juzgar el alcance de esta definición hasta tener una idea más clara de adónde nos lleva.
>
> R. E. Lucas [1998]

> Nunca deberíamos perder de vista el fin último del ejercicio, tratar a los hombres y a las mujeres como un fin, mejorar la condición humana, aumentar las opciones de los individuos... Existiría una unidad de intereses si hubiera una rígida conexión entre la producción económica (medida por medio de la renta per cápita) y el desarrollo humano (reflejado en los indicadores humanos, como la esperanza de vida o la tasa de alfabetización o en logros como el respeto a uno mismo, que no son fáciles de medir). Pero estos dos grupos de indicadores no están muy relacionados entre sí.
>
> P. P. Streeten [1994]

2.1 Introducción

El desarrollo económico es el principal objetivo de la mayoría de los países del mundo. Esta verdad es aceptada casi sin ninguna controversia. Mejorar la renta, el bienestar y la capacidad económica de todos los pueblos es de largo la tarea social más crucial a la que nos enfrentamos hoy. Todos los años se manda ayuda económica, se realizan inversiones, se formulan medidas y se elaboran complejos planes para alcanzar este objetivo o, al menos, para acercarse más a él. ¿Cómo identificamos los resultados de estos proyectos y seguimos su evolución? ¿Qué aspectos utilizamos para evaluar el grado de "desarrollo" que ha experimentado un país o lo "desarrollado" o "subdesarrollado" que está en un determinado momento del tiempo? En suma, ¿cómo medimos el desarrollo?

No es fácil resolver esta cuestión. Todos tenemos una idea intuitiva del "desarrollo". Cuando hablamos de una sociedad desarrollada, pensamos en una sociedad en la que la población está bien alimentada y bien vestida, tiene acceso a toda una variedad de productos, puede permitirse el lujo de disfrutar de algún ocio y entretenimiento y vive en un entorno saludable. Pensamos en una sociedad en la que no existe la discriminación violenta, en la que hay un nivel tolerable de igualdad y en la que los enfermos reciben la debida asistencia médica y la gente no tiene que dormir en la calle. En suma, la mayoría de nosotros aceptaríamos que una condición *mínima* que debe cumplir un país para ser "desarrollado" es que la calidad *física* de vida sea alta y lo sea de una manera uniforme, no que sólo beneficie a una minoría opulenta.

Naturalmente, la idea de lo que es una buena sociedad va más allá. Podríamos hacer hincapié en las libertades y los derechos políticos, en el desarrollo intelectual y cultural, en la estabilidad de la familia, en una baja tasa de delincuencia, etc. Sin embargo, la existencia de un nivel de bienestar *material* alto y accesible a todos probablemente sea una condición necesaria para casi todos los demás tipos de progreso, al margen de que sea un objetivo que merezca la pena en sí mismo.[1] Los economistas y los poderes públicos hacen, pues, bien (¡y ya tienen bastante con eso!) en concentrar sus esfuerzos en este único aspecto.

Es tentador, desde luego, sugerir que el producto nacional bruto per cápita (PNB) de un país —el valor per cápita de los bienes y servicios finales producidos por los individuos de un país en un año dado— refleja con bastante exactitud su bienestar material. De hecho, desde que se empezó a buscar conscientemente el objetivo del desarrollo económico nacional,[2] ha habido largas fases durante las cuales los resultados económicos se han juzgado exclusivamente en función del crecimiento del producto interior bruto per cápita (PIB). En las últimas décadas, esta práctica ha sido atacada desde varios frentes. El debate continúa, como sugieren las citas que encabezan este capítulo.

Pero debemos tener cuidado. Nadie que esté en su sano juicio propondrá jamás que el desarrollo económico se identifique, desde el punto de vista de su *definición*, con el nivel de renta per cápita o con su crecimiento. Posiblemente todo el mundo acepta que el desarrollo no sólo tiene que ver con la renta, aunque la renta (la riqueza económica, en términos más generales) tenga mucho que ver con él. Por ejemplo, antes hemos señalado que las mejoras económicas no deben beneficiar solamente a una pequeña minoría. Eso significa, en concreto, que el desarrollo también es la eliminación de la pobreza y de la desnutrición: es un aumento de la esperanza de vida; es el acceso a la red de saneamiento, al agua potable y a los servicios sanitarios; es la reducción de la mortalidad infantil; es un mayor acceso al saber, a la educación y a la posibilidad de aprender a leer y escribir, en particular. Existe toda una multitud de criterios de medida del desarrollo. Las reflexiones de Paul Streeten, resumidas en la cita que encabeza este capítulo, recogen muy bien este carácter "multidimensional".

Mucho más interesante es la perspectiva precisa que sugieren las palabras de Robert Lucas (véase la cita). A primera vista, parece reduccionista y quizá incluso errada, mientras que la perspectiva más global esbozada en los párrafos anteriores parece mucho más apropiada. Pero nos equivocaríamos si pensáramos así. Ni Lucas ni ninguna persona inteligente cree que la renta per cápita *sea* el desarrollo. Lo que ocultan estas palabras es, en realidad, un punto de vista, no una definición. Es realmente una visión del mundo, a saber, que *los rasgos universales del desarrollo económico —la salud, la esperanza de vida, la al-*

---

[1] Eso no quiere decir en absoluto que sea *suficiente* para todo tipo de mejora social.

[2] En la mayoría de los países pobres, este punto de partida fue el periodo inmediatamente posterior a la Segunda Guerra Mundial, en el que muchos de estos países, que antes tenían un Gobierno colonial, consiguieron la independencia y formaron Gobiernos nacionales.

fabetización, etc.— derivan de una manera natural del crecimiento del PNB per cápita, quizá con el simple paso del tiempo. Está implícita en la visión de Lucas la creencia en el poder de las fuerzas económicas agregadas para influir positivamente en todos los demás aspectos socioeconómicos que queremos relacionar con el "desarrollo". Esta perspectiva contrasta con la idea de que la correlación entre el PNB y otros aspectos deseados del desarrollo no es automática y de que, en muchos casos, puede no existir ninguna relación. Según esta óptica, el PNB per cápita no es un indicador general adecuado y debe complementarse con otros indicadores directamente.

El debate implícito en las dos citas no se refiere al *significado* de desarrollo, sobre el que posiblemente exista unanimidad sino, en realidad, a una visión del mundo, a saber, a la posibilidad de encontrar un conjunto más pequeño de variables que esté correlacionado perfectamente con el proceso multidimensional del desarrollo. Conviene darse cuenta que, en un cierto sentido, decir demasiado es decir demasiado poco. Puede que la renta per cápita no recoja todos los aspectos del desarrollo, pero la sesuda afirmación de que ninguna serie pequeña de variables podrá jamás representar la compleja naturaleza del proceso de desarrollo no es particularmente útil. En este sentido, puede que la idea de que el desarrollo económico esté alimentado, en última instancia, por la renta per cápita sea llevar las cosas demasiado lejos, pero al menos tiene la ventaja de que intenta reducir un gran conjunto de cuestiones a un conjunto menor, utilizando la teoría económica.

Este libro también contiene implícitamente una simplificación, aunque no hasta el punto de limitarse a tener en cuenta solamente la renta per cápita. Meras consideraciones de espacio exigen, en parte, una simplificación de ese tipo. Además, hay que comenzar *por alguna parte*, por lo que en el libro nos concentramos implícitamente en comprender dos conjuntos de conexiones. Una es el impacto sobre el desarrollo de los *niveles* medios de logros económicos. Esto requiere analizar las fuerzas que contribuyen, a su vez, a que crezcan los niveles medios (como el PNB per cápita). La otra conexión es la influencia sobre el desarrollo de la *distribución* de los logros económicos entre los ciudadanos de un país o de una región y entre los países de todo el mundo. La tarea de comprender estos dos grandes efectos nos llevará mucho tiempo. En algunos capítulos, es posible que la relación entre estos elementos quede oculta por los detalles, pero siempre está ahí: los niveles medios y la distribución son como dos faros que guían nuestra investigación.[3]

Eso no quiere decir que vayamos a hacer caso omiso de las características básicas del desarrollo. Nuestro principal objetivo es estudiarlas, pero nuestra manera de acercarnos a ellas pasa por las dos vías que hemos descrito en el párrafo anterior.

---

[3] Incluso el doble énfasis en los niveles de renta y en su distribución podría no ser suficiente. Por ejemplo, el *Human Development Report* (Programa de las Naciones Unidas para el Desarrollo [1995]) nos informa de que "el fin del desarrollo es aumentar todas las opciones del hombre, no sólo la renta. El concepto de desarrollo humano es mucho más amplio que las teorías convencionales del desarrollo económico". Más concretamente, Sen [1983] afirma lo siguiente: "Complementar los datos sobre el PNB per cápita con información sobre la distribución de la renta es claramente insuficiente para afrontar el reto del análisis del desarrollo". Hay mucho de cierto en esas advertencias, que deben cotejarse con las afirmaciones de Streeten y contrastarse, desde luego, con las de Lucas, pero confiamos en convencer al lector de que comprender nuestro enfoque "más limitado" nos llevará ya bastante lejos.

Comenzamos, pues, con un resumen de la evolución histórica de los países en vías de desarrollo durante las últimas décadas. Prestamos primero atención a la renta per cápita y, después, a la distribución de la renta; a continuación, analizamos otros indicadores del desarrollo. Después tratamos de comprender cómo están correlacionados estos numerosos aspectos del desarrollo con el conjunto más pequeño de parámetros, compuesto por los niveles de renta y su distribución. Este capítulo concluye con una visión panorámica de las características estructurales de los países en vías de desarrollo. Describimos la distribución ocupacional de la población, el peso de los diferentes sectores (como la agricultura y los servicios) en la renta nacional, la composición de las importaciones y las exportaciones, etc.

2.2 La renta y el crecimiento

2.2.1 Cuestiones de medición

Las rentas per cápita bajas constituyen una importante característica del subdesarrollo económico —quizá *la* más importante— y apenas existen dudas de que la distribución de la renta entre todos los países del mundo está extraordinariamente sesgada. Las rentas per cápita se expresan, por supuesto, en takas, reales, yuanes y en otras muchas monedas de todo el mundo. Para facilitar las comparaciones, la renta de cada país (en moneda local) se convierte en una moneda común (normalmente dólares americanos) y se divide por la población de ese país para obtener una medida de la renta per cápita. Este sistema de conversión se denomina método del tipo de cambio, porque utiliza el tipo de cambio entre la moneda local y la común para expresar las rentas en una unidad común. El *World Development Report* (véase, por ejemplo, Banco Mundial [1996]) contiene estimaciones del PNB per cápita por países basadas en ese método. Según este patrón de medida, la producción mundial fue de 24.000 billones de dólares en 1993. Alrededor del 20% procedió de los países en vías de desarrollo de renta baja y media, una miseria si se tiene en cuenta que en estos países habitaba en ese momento el 85% de la población mundial. Suiza, el país más rico del mundo según este sistema de medición, disfrutaba de una renta per cápita casi 400 veces superior a la de Tanzania, que era el país más pobre del mundo.

La figura 2.1 muestra las cifras de la renta per cápita de algunos países. Compara las rentas per cápita de diferentes países con su población. No es necesario hacer ningún comentario.

Las disparidades son enormes y ninguna modificación de los métodos de medición puede eliminar las enormes desigualdades que nos rodean. No obstante, para comprender mejor el *grado* de diferencias internacionales del que estamos hablando y para realizar un análisis más fiable de estas cifras, es mejor reconocer desde el principio que estas medidas estiman de una manera sesgada la realidad.

(1) En primer lugar, no es infrecuente que se declare menos renta en los países en vías de desarrollo. Como los sistemas de persecución del fraude fiscal no son tan eficientes

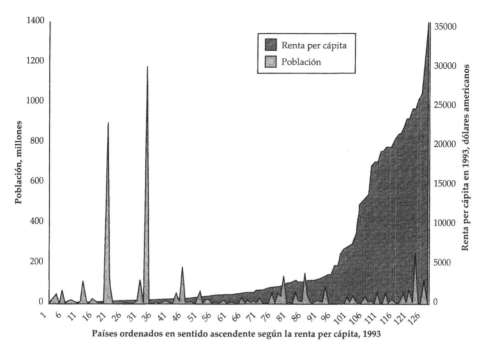

Figura 2.1. Renta per cápita y población de algunos países.

como los que existen en las economías de mercado industrializadas, hay más incentivos para declarar menos renta o producción a efectos fiscales. También puede ocurrir que la contabilidad nacional no sea muy completa.[4]

Además, en los países en vías de desarrollo la proporción de la renta que se genera realmente para consumo personal es relativamente alta. Como veremos en seguida, en los países en vías de desarrollo la proporción de la población que vive en las zonas rurales es elevada. Muchas de estas personas son agricultores que subsisten cultivando productos que ellos mismos consumen. Es probable que esa producción no se declare totalmente.

Aunque podemos conjeturar el grado de subestimación de la renta en los países en desarrollo, es realmente muy poco lo que podemos hacer para corregir este problema.

(2) Una cuestión mucho más seria es el hecho de que en todos los países los *precios* de muchos bienes no se reflejan correctamente en los tipos de cambio. Es lógico que así suceda en el caso de los bienes y los servicios que no se comercian en los mercados mun-

---

[4] Por ejemplo, en el caso de la India, Acharya *et al.* [1985] estiman que en 1980-81, el 18-21% de la renta total no quedó registrado en la contabilidad nacional (véase también Gupta y Mehta [1981]). Para algunos estudios sobre la economía "sumergida" o "paralela", véase Chopra [1982] y Gupta y Gupta [1982].

diales. Los tipos de cambio no son más que precios y los niveles de estos precios *sólo* dependen de los productos (incluido el capital) que cruzan las fronteras internacionales. Los precios de los bienes que no se comercian, como la infraestructura y muchos servicios, no afectan los tipos de cambio. Lo interesante es que los precios de estos bienes que no se comercian están relacionados sistemáticamente con el nivel de desarrollo. Dado que los países pobres son pobres, sería de esperar que los precios de los bienes que no se comercian fueran relativamente bajos en esos países: sus rentas reales más bajas no son suficientes para presionar al alza estos precios hasta situarlos en los niveles internacionales. Esta misma lógica induce a pensar que la conversión de todas las rentas en dólares americanos utilizando los tipos de cambio *subestima* las rentas reales de los países más pobres. Esta subestimación puede corregirse en cierta medida y, de hecho, se ha corregido en algunas bases de datos. La más utilizada es la de Heston-Summers (véase el recuadro). Recientemente, el Banco Mundial ha comenzado a publicar datos sobre la renta en este formato revisado.

Medición de la renta basada en la paridad del poder adquisitivo: el programa de comparaciones internacionales

Según las estimaciones del PIB calculadas por medio de los tipos de cambio, el peso de Asia en la producción mundial cayó de 7,9% en 1985 a 7,2 en 1990 y, sin embargo, Asia fue con mucho la región que más deprisa creció durante este periodo.[5] Este mismo periodo también fue testigo de una brusca caída de los tipos de cambio de algunos países asiáticos frente al dólar. Ahora bien, ¿nos indica eso algo sobre las deficiencias de las estimaciones del PIB basadas en los tipos de cambio? Intentando tener en cuenta esas anomalías, dos economistas de la Universidad de Pensilvania, Alan Heston y Robert Summers, crearon una nueva base de datos llamada Penn World Tables (PWT; también llamada base de datos Heston-Summers). Está formada por las contabilidades nacionales de un enorme grupo de países que se remontan a 1950 y cuya característica peculiar es que sus cifras están denominadas en unos precios "internacionales" expresados en una moneda común. Por lo tanto, es posible realizar comparaciones internacionales del PIB tanto entre estos países como en el tiempo.

En realidad, el problema que plantea la utilización de los tipos de cambio de mercado para calcular el PIB no es tanto que éstos fluctúen como que no fluctúan en torno al precio medio "correcto", si por "correcto" entendemos el poder adquisitivo. Aunque los tipos de cambio igualen los precios de los bienes que se comercian en los mercados mundiales a lo largo del tiempo, sigue habiendo considerables diferencias en el caso de los precios de los bienes y los servicios que no se comercian, como la vivienda y el transporte interior. Estos precios también deben tenerse en cuenta. El intento más ambicioso hasta la fecha de estimar los precios internacionales "correctos" es el Programa de Comparaciones Internacionales (PCI) de las Naciones Unidas, que realizó cada cinco años minuciosas comparaciones de precios de un grupo de países de referencia en el periodo comprendido entre 1970 y 1985. Aparte de los datos sobre los precios interiores, en este procedimiento también se utilizaron datos sobre el gasto procedentes de la contabilidad nacional. Las PWT se elaboraron utilizando datos del PCI.

---

[5] Véase *The Economist*, 15 de mayo de 1993.

En primer lugar, el PCI recoge datos detallados sobre los precios de 400-700 artículos en cada uno de los países de referencia. A continuación divide el precio de cada artículo por el precio que tiene en Estados Unidos, obteniendo así un precio *relativo*. Estos artículos se clasifican en una de las 150 clases de gasto (110 de gasto de consumo, 35 de gasto de inversión y 5 de gasto público). Promediando se obtiene el precio relativo medio de cada clase, por lo que se dispone de 150 precios relativos (o "paridades de precios") de cada país.

A continuación, se obtiene en cada país el gasto en moneda nacional $p_{ij} q_{ij}$ (es decir, el precio multiplicado por la cantidad de cada artículo i en cada país de referencia j) en cada una de las 150 clases. Esta cifra se utiliza para estimar las cantidades que entran en el producto nacional. ¿Cómo se hace? Dividiendo el gasto correspondiente a cada clase por su precio relativo, es decir, $(p_{ij} q_{ij}) / (p_{ij} / p_{EEUU})$ se genera una estimación de la cantidad correspondiente a cada clase, valorada a su precio estadounidense correspondiente, $q_{ij} \cdot p_{EEUU}$. Obsérvese que es posible hacer comparaciones internacionales de la producción utilizando simplemente estas cantidades valoradas a precios estadounidenses. Sin embargo, los precios estadounidenses no reflejan por sí solos los gustos de todos los países, por lo que todavía tenemos que construir precios internacionales para evaluar estas cantidades.

Para ello recuérdese que tenemos los precios relativos de 150 clases correspondientes a cada país. El precio relativo internacional de cada clase se obtiene agregando los precios relativos que tiene esta clase en todos los países de referencia, basándose en un método sugerido por el estadístico R. C. Geary. El método es tal que el precio relativo internacional obtenido para cualquier artículo es una media ponderada especializada del precio relativo que tiene ese artículo en todos los países del grupo. Por lo tanto, el precio internacional de un artículo cualquiera puede ser diferente del precio que tiene dentro de un país. Por ejemplo, como los productos alimenticios son más baratos en los países ricos que en los pobres, su precio internacional tiende a ser más alto que el precio que tienen dentro de un país rico. Al mismo tiempo, el precio internacional de la inversión es más bajo que en un país rico. Las cantidades obtenidas antes a partir de los datos sobre el gasto ahora se valoran a los precios internacionales, con lo que se obtiene el valor de la producción nacional a estos precios. La *paridad del poder adquisitivo* (PPA) de un país es el cociente entre sus gastos en moneda nacional y el valor de su producción a precios internacionales.

A partir de este grupo de países de referencia, se extrapolan las PPA de otros utilizando encuestas de precios realizadas en las capitales por otros organismos. Una vez que se obtiene un conjunto completo de PPA, se hacen extrapolaciones para hallar el valor del PIB de todo el grupo de países correspondiente a otros años del periodo comprendido entre 1950 y 1988. Por ejemplo, el PIBR (es decir, el PIB real de otros años, utilizando los precios internacionales de 1985 como base) se extrapola a partir de las tasas de crecimiento de las diferentes economías y el PIBC (el PIB nominal de otros años calculado a los precios internacionales de esos años) se calcula utilizando índices de precios y datos de la contabilidad nacional a precios corrientes de esos años.

Aparte de los datos sobre el PIB, las PWT también contienen datos sobre los stocks de capital y estadísticas demográficas de algunos países. En los cálculos revisados del PIB basados en la PPA, la proporción de la producción mundial de 1990 correspondiente a Asia pasó del 7 al 18%. China es la tercera mayor economía del mundo y la India ocupa el quinto lugar. Estados Unidos sigue siendo la mayor economía del mundo.

La figura 2.2 muestra cómo varían las ocho mayores economías cuando utilizamos el método de la PPA en lugar del método de los tipos de cambio.

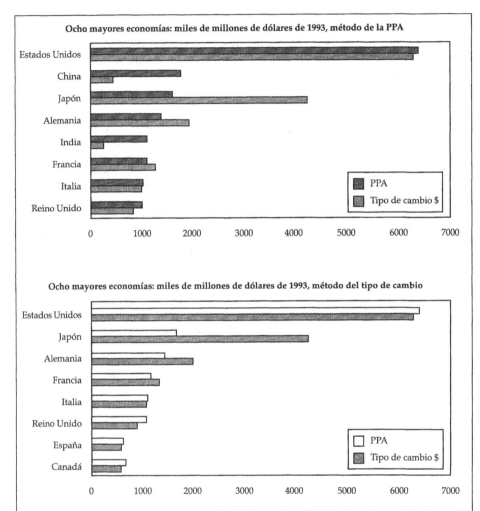

Figura 2.2. Las ocho mayores economías del mundo: cálculos basados en los tipos de cambio y en la PPA. *Fuente:* Banco Mundial, *World Development Report*, 1995.

Aunque los datos de Summers-Heston son útiles para realizar comparaciones reales, recuérdese que los datos basados en los tipos de cambio son los que deben utilizarse en las transacciones financieras internacionales y en los movimientos de capitales.

En pocas palabras (véase el recuadro para más detalles), se construyen *precios internacionales* de una enorme cesta de bienes y servicios promediando los precios (expresados, por ejemplo, en dólares) que tiene cada uno de esos bienes y servicios en los diferentes países. A continuación se estima la renta nacional de los países valorando su producción a *estos* precios internacionales. De esta forma, lo que se mantiene, en un cierto sentido medio, es la *paridad* del *poder adquisitivo* de los diferentes países. De ahí que esas estimaciones se denominen estimaciones basadas en la PPA, donde PPA significa "paridad del poder adquisitivo".

Las estimaciones de la renta per cápita basadas en la PPA reducen algo las asombrosas disparidades existentes en la distribución mundial de la renta, pero desde luego no todas. Para ver cómo cambia la distribución de la renta mundial cuando se utilizan estimaciones basadas en la PPA, consúltese la figura 2.3.

El sentido del cambio es bastante claro y, a juzgar por el análisis anterior, era lo que cabía esperar. Utilizando dólares PPA, los países en vías de desarrollo obtienen mejores resultados en relación con el PNB per cápita de Estados Unidos, aunque todavía a mucha distancia. El cambio es debido, como decíamos, a que los precios interiores no quedan fielmente plasmados en los tipos de cambio, que sólo es correcto aplicar a un reducido grupo de bienes comerciados internacionalmente.

(3) Existen otros problemas de medición. La medición del PNB, incluso cuando tiene en cuenta el problema de los tipos de cambio, utiliza precios de mercado para comparar manzanas con naranjas, es decir, para convertir bienes sumamente dispares en una moneda común. Este método se justifica teóricamente alegando que los precios de mercado reflejan las preferencias de los individuos, así como las escaseces relativas. Por lo tanto, esos precios constituyen la escala de conversión que debe emplearse. Son varias las objeciones que pueden ponerse a este argumento. No todos los mercados son perfectamente competitivos ni todos los precios son totalmente flexibles. Tenemos monopolios, compe-

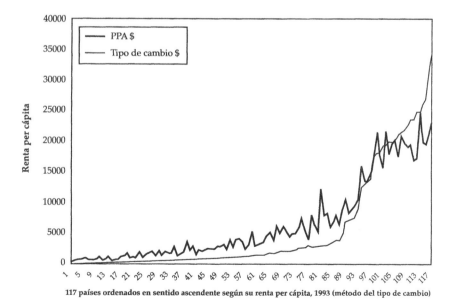

117 países ordenados en sentido ascendente según su renta per cápita, 1993 (método del tipo de cambio)

Figura 2.3. Cálculos del PIB de noventa y cuatro países basados en la PPA y en los tipos de cambio, 1993. *Fuente:* Banco Mundial, *World Development Report,* 1995.

tencia oligopolística y empresas públicas[6] que venden a precios establecidos. El Estado gasta en burocracia, en ejército o en investigación espacial, cuyo valor monetario puede no reflejar el verdadero valor que tienen estos servicios para los ciudadanos. Por otra parte, las medidas convencionales del PNB no tienen en cuenta los costes que entrañan las externalidades, por ejemplo, el coste de la contaminación generada, del daño causado al medio ambiente, del agotamiento de los recursos, del sufrimiento humano que causan los desplazamientos provocados por los "proyectos de desarrollo", como las presas y los ferrocarriles, etc. En todos estos casos, los precios vigentes no recogen el verdadero valor o coste social marginal de un bien o de un servicio.

Todos estos problemas pueden resolverse, en principio, y algunos indicadores complejos del PIB los resuelven en buena medida. Las distorsiones de los precios pueden corregirse imputando y utilizando "precios sombra" que recojan los verdaderos valores y costes marginales. Existe una vasta literatura, tanto teórica como empírica, sobre los conceptos y las técnicas necesarios para calcular los precios sombra de las mercancías. En algunas de las medidas del PIB *neto*, a menudo se deduce una estimación del "coste de la contaminación", al menos en las economías industrializadas. En todo caso, es importante ser consciente de este tipo de problemas.

Una vez dicho esto, pasemos a describir brevemente la evolución histórica reciente.

2.2.2 La evolución histórica

Durante el periodo 1960-85, la renta per cápita del 5% más rico de todos los países del mundo era, en promedio, alrededor de veintinueve veces mayor que la cifra correspondiente al 5% más pobre. Como señalan con mucha razón Parente y Prescott [1993], las disparidades que existen entre los estados *dentro* de Estados Unidos no se aproximan ni siquiera a estas cifras internacionales. En 1985, el estado más rico de Estados Unidos era Connecticut y el más pobre Mississippi y ¡el cociente entre las rentas per cápita era de 2 aproximadamente!

Naturalmente, el hecho de que el cociente entre la renta del 5% más rico de todos los países y la renta del 5% más pobre se haya mantenido aproximadamente constante durante este periodo de veinticinco años induce a pensar que *toda* la distribución se ha mantenido estable. Sumamente interesante es el meteórico ascenso de las economías del este asiático: Japón, Corea, Taiwan, Singapur, Hong Kong, Tailandia, Malasia, Indonesia y, más recientemente, China, que se ha prolongado en la década de 1990. Durante el periodo 1965-90, las rentas per cápita de las ocho economías del este asiático antes mencionadas (excluida China) aumentaron a una tasa anual del 5,5%. Entre 1980 y 1993, la renta per cápita de China creció a una tasa anual del 8,2, cifra realmente espectacular. El crecimiento per cápita de los 102 países estudiados por Parente y Prescott fue, en promedio, de un 1,9% al año durante el periodo 1960-85.

---

[6] En muchos países del Tercer Mundo, los sectores que son importantes o que requieren grandes inversiones, como la siderurgia, el cemento, los ferrocarriles y el petróleo, suelen estar en manos de empresas públicas.

En cambio, una gran parte de Latinoamérica y el África subsahariana entró en declive durante la década de 1980. Tras las tasas relativamente altas de expansión económica registradas en las dos décadas anteriores, el crecimiento avanzó muy lentamente y, en muchos casos, fue cero. Morley [1995] señala que en Latinoamérica la renta per cápita *cayó* un 11% durante los años ochenta y que Chile y Colombia fueron los únicos países en los que ésta fue más alta en 1990 que en 1980. Es cierto, desde luego, que estas cifras deben interpretarse con cautela, dados los enormes problemas que hay para medir con precisión el PNB en los países que tienen una elevada inflación, pero muestran bastante bien la situación.

En una gran parte de África, el crecimiento también se estancó o disminuyó durante la década de 1980. En algunos países como Nigeria y Tanzania, la renta per cápita disminuyó considerablemente y en otros como Kenia y Uganda apenas creció.

Tal diversidad de tasas de crecimiento puede alterar la faz de la tierra en un par de décadas. Una fácil manera de verlo es calcular el "tiempo de duplicación" implícito en una tasa de crecimiento, es decir, el número de años que tarda la renta en duplicarse si crece a una determinada tasa. La nota[7] revela que el tiempo de duplicación puede calcularse aproximadamente dividiendo setenta por la tasa anual de crecimiento expresada en porcentaje. Así, ¡un país del este asiático que crezca un 5% al año *duplicará* su renta per cápita cada catorce años! En cambio, un país que crezca un 1% al año necesitará setenta. Las cifras porcentuales de crecimiento parecen bajas, pero con el tiempo aumentan realmente deprisa.

Las diversas experiencias de los países exigen una explicación, pero probablemente no exista una única explicación de los distintos casos históricos. Sabemos que en Latinoamérica, la llamada crisis de la deuda (analizada más extensamente en el capítulo 17) provocó enormes dificultades económicas. En el África subsahariana, en cambio, las bajas tasas de crecimiento per cápita podrían deberse en gran medida a la inestabilidad de los Gobiernos y al consiguiente colapso de las infraestructuras, así como a las elevadas tasas de aumento de la población que se han registrado recientemente (para esta cuestión véanse los capítulos 3 y 9). El vertiginoso éxito del sudeste asiático no se comprende perfectamente, pero una clarividente intervención del Estado (capítulo 17), unida a una distribución de la renta interior relativamente igualitaria (capítulos 6 y 7) y a una decidida entrada en los mercados internacionales, desempeñaron un importante papel. Como habrá observado el lector por los textos entre paréntesis que aparecen en este párrafo, en los capítulos siguientes nos ocuparemos de estos temas y de otros muchos.

Es, pues, muy posible que la distribución mundial de la renta permanezca bastante constante en términos *relativos* y que, al mismo tiempo, exista mucho movimiento *dentro* de esa distribución, al ascender y descender los países por la escala de los logros económicos relativos. De hecho, los pocos países que hemos puesto como ejemplo no son excepciones. La figura 2.4 contiene el mismo ejercicio que el gráfico 10 de Parente y Pres-

---

[7] Un dólar invertido a un r% al año se convertirá en dos dólares en T años, donde T es la solución de la ecuación $[1 + (r/100)]^T = 2$. Eso significa que $T \ln_e[1 + (r/100)] = \ln_e 2$. Sin embargo, $\ln_e 2$ es aproximadamente 0,7, mientras que cuando los valores de x son bajos, $\ln_e(1 + x)$ es aproximadamente igual a x. Utilizando estos resultados en la ecuación se obtiene el resultado.

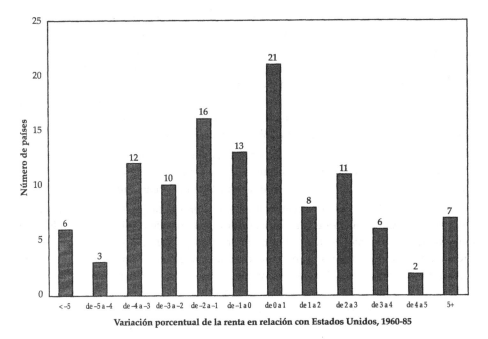

Figura 2.4. Variación porcentual anual de la renta de diferentes países basada en la PPA en relación con la de Estados Unidos, 1960-85. *Fuente:* Penn World Tables.

cott [1993]. Muestra el número de países cuya renta varió (en relación con la de Estados Unidos) en distinto grado durante el periodo 1960-85.

La figura 2.4 indica dos cosas. En primer lugar, una proporción significativa (más de la mitad) de los países cambió de puesto en relación con Estados Unidos en una media de un punto porcentual o más *al año* durante el periodo 1960-85. En segundo lugar, la figura también indica que existe cierta simetría entre los cambios en sentido ascendente y los cambios en sentido descendente, lo que explica en parte el hecho de que no se observen muchos cambios en la distribución mundial considerada en su conjunto. Esta observación es motivo de gran esperanza, pero también de una cierta inquietud: esperanza porque nos indica que probablemente no existe ninguna trampa en el camino que lleva al éxito económico; inquietud porque parece demasiado fácil resbalarse y caer en ese camino. El desarrollo económico probablemente se parece más a una carretera traicionera que a una autovía en la que sólo una minoría privilegiada está destinada a ir por el carril más rápido.

Esta última afirmación debe interpretarse con cierta cautela. Aunque parece que no existen pruebas de que los países muy pobres estén condenados eternamente a la pobreza, hay algunos indicios de que las rentas bajas son muy persistentes. Aunque ya nos extenderemos mucho más sobre la hipótesis de la convergencia última de todos los países hacia un nivel de vida común (véanse los capítulos 3-5), quizá sea útil poner un ejemplo en este momento. Quah [1993] utilizó datos sobre la renta per cápita para elaborar "matrices de movilidad" de los países. Para comprender cómo funcionan estas matrices, comencemos convirtiendo todas las rentas per cápita en fracciones de la renta per cápita *mundial*. Así, por ejemplo, si el país X tiene una renta per cápita de 1.000 dólares y la media mundial es de 2.000, damos al país X un índice de 1/2. A continuación establecemos unas categorías en las que clasificamos a cada país. Quah utilizó las siguientes (el lector puede utilizar, desde luego, otras si lo desea): 1/4, 1/2, 1, 2 e ∞. Por ejemplo, la categoría 2 contiene todos los países cuyo índice se encuentra entre 1 y 2; la categoría 1/4 contiene todos los países cuyo índice es inferior a 1/4; la categoría ∞ contiene todos los países cuyo índice es superior a 2, etc.

Imaginemos ahora que hacemos este ejercicio en dos momentos del tiempo, con el fin de averiguar si un país ha pasado de una categoría a otra durante este periodo. De esta manera, generaremos lo que podríamos llamar una *matriz de movilidad*. El gráfico de la figura 2.5 muestra la matriz correspondiente al periodo de veintitrés años comprendido entre 1962 y 1984, utilizando la base de datos de Summers-Heston. Las filas y las columnas de la matriz son exactamente las categorías que acabamos de describir. Por lo tanto, una casilla de esta matriz define un par de categorías. Lo que vemos es una cifra en cada una de estas casillas.

Obsérvese, por ejemplo, la cifra de 26 de la casilla definida por las categorías 1 (fila) y 2 (columna). Esta cifra nos indica el porcentaje de países que pasaron de una categoría a otra en el periodo de veintitrés años. En este ejemplo, pues, el 26% de los países que se encontraban en 1962 entre la mitad de la media mundial y la media mundial pasó a encontrarse entre la media mundial y el *doble* de esa media. Una matriz elaborada de esta forma nos da una idea bastante buena del grado de movilidad del PNB per cápita relati-

	1/4	1/2	1	2	∞
1/4	76	12	12	0	0
1/2	52	31	10	7	0
1	9	20	46	26	0
2	0	0	24	53	24
∞	0	0	0	5	95

Figura 2.5. Movilidad de los países desde el punto de vista de la renta, 1962-84. *Fuente:* Quah, 1993.

vo de los distintos países. Una matriz que tenga unas cifras muy altas en la diagonal principal, formada por las casillas especiales que corresponden a las mismas categorías de las filas y las columnas, indica que la movilidad es baja. Según este tipo de matriz, los países que comienzan encontrándose en una determinada categoría tienen muchas probabilidades de permanecer en ella. En cambio, una matriz que tenga las mismas cifras en *todas* las casillas (que deben ser 20 en nuestro caso de 5 × 5, puesto que las cifras de cada fila deben sumar 100) muestra que la tasa de movilidad es extraordinariamente alta. Independientemente de cómo estuviera cada país en el año 1962, esa matriz indica que en 1984 cada país tenía las mismas probabilidades de encontrarse en cualquiera de las categorías.

Ahora que entendemos la matriz, continuemos examinando la figura 2.5. Obsérvese que los países de renta media tienen mucha más movilidad que los más pobres o los más ricos. Por ejemplo, los países que en 1962 se encontraban en la categoría 1 (entre la mitad de la media mundial y la media mundial) se movieron hacia la "derecha" y hacia la "izquierda": menos de la mitad se quedó donde se encontraba en 1962. En claro contraste con este grupo, más de tres cuartas partes de los países que eran más pobres en 1962 (categoría 1/4) seguían encontrándose en la misma categoría y ninguno de ellos había sobrepasado la media mundial en 1984. Asimismo, el 95% de los países más ricos en 1962 se encontraba en 1984 exactamente en la misma categoría.[8] Esta observación es interesante porque sugiere que aunque casi todo es posible (en principio), una historia de subdesarrollo o de extrema pobreza coloca a los países en una posición de tremenda desventaja.

Es posible que esta conclusión parezca una perogrullada. Es razonable creer que la pobreza se alimenta a sí misma y lo mismo ocurre con la riqueza, pero pensándolo bien vemos que esto no es así. Hay, desde luego, muchas razones para pensar que los niveles de renta históricamente bajos pueden ser *ventajosos* para conseguir un rápido crecimiento. Los países pobres pueden disponer de nuevas tecnologías generadas por los más desarrollados. Su stock de capital es bajo en relación con el trabajo, por lo que el producto marginal del capital podría muy bien ser alto. Como aún tienen que crecer, pueden, en cierto sentido, aprovechar las lecciones de otros países: copiar los casos que han tenido éxito y evitar las decisiones que han llevado al fracaso. Eso no quiere decir que los datos empíricos observados sean inexplicables, sino simplemente que no nos sirve una conjetura *a priori*. Nos extenderemos mucho más sobre este tema a lo largo de todo el libro.

Hay, de hecho, algo más en la figura 2.5 que la ausencia de movilidad en los extremos. Obsérvese la categoría siguiente a la de los países más pobres (aquella cuya renta era entre un cuarto y la mitad de la media mundial en 1962). Obsérvese que en 1984 el 7% de estos países pasó a tener una renta superior a la media mundial. Sin embargo, más de la mitad *descendió* a una categoría aún más baja. Por lo tanto, no son sólo los países de renta más baja los que pueden encontrarse en una situación muy difícil. En general, en los niveles bajos de renta, parece que los países tienden en general a retroceder.

---

[8] Nuestras categorías son, desde luego, bastante burdas y eso no quiere decir que estos países no experimentaran cambios relativos. La inmovilidad que estamos describiendo es, por supuesto, muy general.

Resumiendo, pues, tenemos las siguientes observaciones.

(1) Durante el periodo 1960-1985, parece que la distribución *relativa* de la renta mundial se mantuvo bastante estable. El nivel de renta per cápita del 5% más rico de todos los países del mundo fue, en promedio, alrededor de 29 veces el del 5% más pobre. Esta disparidad es asombrosa, cualquiera que sea el criterio que se utilice, y sobre todo cuando recordamos que estamos hablando de rentas que se han corregido para tener en cuenta la paridad del poder adquisitivo.

(2) El hecho de que la distribución general se haya mantenido estable *no* significa que haya habido pocos cambios de categoría dentro de la distribución mundial. Especialmente interesante en la década de 1980 es el ascenso de las economías del este asiático y el declive de otras, especialmente de las del África subsahariana y Latinoamérica. Tal diversidad de experiencias de crecimiento puede alterar la composición económica del mundo en unas cuantas décadas. No obstante, es difícil encontrar una única explicación a esta diversidad.

(3) La observación de que ha cambiado la posición relativa de algunos países sugiere que no hay ninguna trampa inevitable en el camino que lleva al desarrollo. Al mismo tiempo, parece que una historia de riqueza o de pobreza predice, en parte, la futura evolución. Parece que la movilidad de los países es máxima en algún punto situado en el medio de la distribución de la riqueza, mientras que una historia de subdesarrollo o de extrema pobreza coloca a los países en una posición de desventaja.

(4) La observación anterior de que la historia de un país es importante requiere una explicación más minuciosa. Después de todo, sí parece que los países pobres tienen algunas ventajas. Pueden utilizar con un coste relativamente bajo las tecnologías que desarrollan los más ricos. Su escasez de capital debería dar pie a una tasa más alta de beneficio, debido a la ley de los rendimientos decrecientes. Pueden aprender de los errores que han cometido otros países. Todo ello haría desaparecer a largo plazo las diferencias entre países. Así pues, la observación de que la historia de los países condiciona la persistencia de las diferencias exige una justificación más completa de lo que parece a primera vista.

2.3 La distribución de la renta en los países en vías de desarrollo

Las diferencias internacionales entre las rentas nacionales no son más que una indicación de que el desarrollo mundial está fundamentalmente sesgado. Añádase a eso las asombrosas desigualdades que pueden observarse *dentro* de cada uno de la inmensa mayoría de los países en vías de desarrollo. Es habitual observar la coexistencia de una enorme riqueza y una gran pobreza y en ningún país es eso más evidente que en las calles de Bombay, Río de Janeiro, Manila, Ciudad de México y en las demás grandes aglomeraciones urbanas de los países en vías de desarrollo. No es que no existan esas desigualdades en el mundo desarrollado —desde luego que existen— pero en los países en vías de desarrollo, al ir unidas a una baja renta media, se traducen en una situación de pobreza y miseria manifiestas.

Más adelante nos extenderemos mucho más sobre el tema de la distribución de la renta (véanse sobre todo los capítulos 6 y 7). Sin embargo, para tener una visión panorámica resulta útil hacerse una idea de la magnitud del problema examinando algunos datos.[9] La figura 2.6 resume la información reciente sobre la desigualdad existente en algunos países, que van desde los más pobres hasta los más ricos.[10] Muestra la proporción de la renta correspondiente al 40% más pobre de la población, así como la proporción correspondiente al 20% más rico. Basta observar rápidamente los datos para ver que el 40% más pobre de la población gana, en promedio, alrededor de un 15% —quizá menos— de la renta total, mientras que el 20% más rico gana alrededor de la mitad de la renta total. Incluso aunque haya muchas diferencias en torno a estas medias (véase el análisis posterior), se trata de una gran discrepancia. Recuérdese, además, que para comprender cómo afectan estas desigualdades a las personas más pobres de cada país, debemos sumar a esta desigualdad existente dentro de los países las diferencias internacionales que ya hemos analizado. Los pobres padecen por partida doble: primero por vivir en países que son pobres en promedio y, segundo, por encontrarse en el extremo inferior de los elevados niveles de desigualdad de esos países.

La figura 2.6 también representa la evolución aproximada de estas proporciones cuando pasamos de los países pobres a los ricos. Parece que la proporción del 20% más rico tiende a disminuir, de una manera bastante vertiginosa de hecho, cuando traspasamos el umbral de renta de 8.000 dólares per cápita (PPA de 1993). Sin embargo, esta proporción también muestra una clara tendencia inicial a aumentar (olvide mentalmente la parte situada a la derecha de los 8.000 dólares y observe de nuevo el gráfico). En general, pues, la proporción del 20% más rico tiende a aumentar y después a disminuir en el corte transversal de rentas representado en el gráfico. La proporción del 40% más pobre muestra la relación contraria, aunque algo menos pronunciada. En los dos extremos de la escala de renta, la proporción es relativamente alta y disminuye hasta un mínimo alrededor del punto medio (en el tramo de 4.000-9.000 dólares de renta per cápita).

Las dos tendencias indican, en una primera aproximación, que la desigualdad puede aumentar y después disminuir a medida que pasamos de las rentas per cápita más bajas a las más altas. Ésta es la esencia de la famosa hipótesis de Kuznets [1995] que se conoce con el nombre de U invertida (en referencia a la forma de la curva). En el capítulo 7 analizaremos más detenidamente esta relación. De momento nada se dice realmente sobre la forma en que evoluciona la desigualdad dentro de un mismo país: lo que tenemos aquí es una instantánea de diferentes países.

Los países del sur de Asia, como la India, Bangladesh y Sri Lanka, muchos países africanos, como Tanzania, Uganda, Kenia, Senegal, Nigeria y Ghana, y algunos de los

[9] Cabe imaginar que los problemas estadísticos son, en este caso, aún más graves que los que plantea la medición de la renta per cápita. El objetivo es medir las rentas que ganan *los diferentes grupos* de un mismo país y compararlas, por lo que se agravan todas las dificultades de medición (salvo en el caso del problema de las comparaciones internacionales de precios), ya que no puede utilizarse ningún sistema de contabilidad nacional general para estimar la renta de un *subgrupo* cualquiera de la población.

[10] En particular, omitimos los datos de Europa oriental y de la antigua Unión Soviética, donde los niveles de desigualdad económica son tradicionalmente más bajos, lo que complica la pauta general.

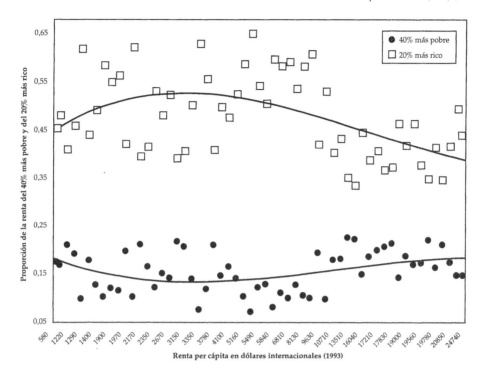

Figura 2.6. Proporción de la renta correspondiente al 40% más pobre y al 20% más rico de cincuenta y siete países ordenados en sentido ascendente en función de su renta per cápita (PPA). *Fuente:* Banco Mundial, *World Development Report*, 1995, y Deininger y Squire [1996a].

países latinoamericanos más pobres, como El Salvador, Nicaragua y Bolivia, ocupan el primer tramo de este gráfico. A continuación vienen los países de renta media, con una gran concentración de países latinoamericanos —Guatemala, Perú, Brasil, Colombia, Costa Rica, México, Chile, Panamá—, así como los países asiáticos de rápido crecimiento como Tailandia y Malasia. En el nivel de 9.000 dólares nos encontramos con países como Corea, Puerto Rico, Portugal y Mauricio; ésta es aproximadamente la zona en la que observamos una caída de la proporción de la renta correspondiente al 20% más rico. A continuación pasamos a los países ricos, principalmente europeos y norteamericanos, entre los que se encuentra también un puñado de países del este asiático: Singapur, Japón y Hong Kong. El cuadro 2.1 contiene datos sobre la renta y la desigualdad de una submuestra de países.

Los datos aquí presentados inducen a pensar que el desarrollo económico es un proceso inherentemente desigual. En los niveles de renta muy bajos, los niveles medios de vida son muy bajos, por lo que resulta muy difícil reducir la proporción de la renta correspondiente al 40% más pobre por debajo de un cierto mínimo. En esos países, la proporción de la renta correspondiente a los ricos, aunque es alta, está lejos de las cifras extraordinariamente altas que se observan en los países de renta media. Eso indica que a

Cuadro 2.1. Proporción correspondiente al 40% más pobre y al 20% más rico en algunos países.

País	Renta per cápita (1993, en PPA)	Proporción del 40% más pobre (%)	Proporción del 20% más rico (%)
9-3.000 PPA			
Tanzania	580	18	45
Uganda	900	17	48
India	1.220	21	41
Bangladesh	1.290	19	46
Senegal	1.650	11	59
Nicaragua	1.900	12	55
Pakistán	2.170	21	40
El Salvador	2.350	12	53
Sri Lanka	2.990	22	39
3.000-9.000 PPA			
Perú	3.220	14	50
Guatemala	3.350	8	63
Brasil	5.370	7	65
Colombia	5.490	12	54
Costa Rica	5.520	13	50
Panamá	5.840	8	60
Tailandia	6.260	11	59
México	6.810	10	60
Malasia	7.930	13	54
Venezuela	8.130	11	59
9.000+ PPA			
Rep. Corea	9.630	20	42
Portugal	10.710	18	40
Mauricio	12.420	18	43
España	13.510	23	35
Reino Unido	17.210	20	41
Francia	19.000	19	42
Japón	20.850	18	42
Estados Unidos	24.740	15	44

Fuente: Banco Mundial, *World Development Report*, 1995, y Deininger y Squire [1996a].

medida que avanza el crecimiento económico, es posible que al principio éste beneficie más que proporcionalmente a los grupos más ricos de la sociedad. Esta situación se traduce en un aumento de la proporción de la renta correspondiente al quintil superior de la población. La proporción correspondiente a los grupos más pobres tiende a disminuir al mismo tiempo, aunque eso no significa que su renta disminuya en términos *absolutos*. En los niveles de renta per cápita más altos, las mejoras económicas tienden a estar distribuidas de una manera más igualitaria: ahora aumenta la proporción de la renta correspondiente a los quintiles más pobres.

Merece la pena señalar (y lo diremos de nuevo en el capítulo 7) que este proceso no es inevitable. Los países que adopten medidas para que todo el mundo tenga acceso a las infraestructuras y a los recursos, como los servicios sanitarios y la educación, observarán con toda probabilidad que el crecimiento económico se distribuye de una manera relativamente uniforme entre los distintos grupos de la sociedad. En los países en los que no se tomen estas medidas, la desigualdad tenderá a ser mayor. Aunque, en realidad, las cosas son más complicadas. Esto es así porque la adopción de medidas de este tipo puede influir, a su vez, en la tasa total de crecimiento que puede mantener un país. Aunque muchos de nosotros queramos creer que la equidad y el crecimiento van estrechamente unidos, puede muy bien resultar que no sea así, al menos en algunas situaciones. No está de más insistir en la necesidad de analizar esta interrelación tan crucial.

Una renta per cápita baja, unida a una distribución desigual, significa que la población puede carecer de acceso a muchos servicios básicos: sanidad, saneamiento, educación, etc. El conjunto de indicadores básicos que componen el concepto vago de progreso se ha denominado desarrollo humano, y es lo que pasamos a analizar a continuación.

2.4 Las numerosas caras del subdesarrollo

2.4.1 El desarrollo humano

La renta está distribuida de una manera desigual dentro de todos los países y sobre todo dentro de los países en vías de desarrollo. También hemos señalado que existen grandes diferencias internacionales en lo que se refiere a la desigualdad: ésta es considerablemente mayor en los países de renta media. Estas diferencias inducen a pensar que el uso excesivo del PNB per cápita como indicador del desarrollo global puede inducir a errores. Un país relativamente próspero puede salir mal parado en algunos de los indicadores del desarrollo más obvios, como el porcentaje de analfabetos, el acceso a agua potable, las tasas de mortalidad infantil, la esperanza de vida, etc., debido en parte a que la renta está distribuida de una manera desigual, pero también posiblemente a otros factores. La mejora de la posición social y económica de las mujeres puede que contribuya a reducir significativamente la mortalidad infantil y (en términos más generales) a mejorar la salud y la nutrición de los niños y, sin embargo, ni el nivel de renta ni su distribución uniforme entre los *hogares* garantiza la mejora de la posición de las mujeres. Asimismo, un país que fomente los programas básicos de educación científica y sanitaria puede tener unos magníficos índices sanitarios, incluso aunque su renta sea baja o esté mal distribuida. Más adelante en este apartado haremos hincapié en la correlación *global* entre el "desarrollo humano" y la renta per cápita, pero merece la pena estar atento a las excepciones, porque evidencian situaciones diferentes.

Consideremos los países de Guatemala y Sri Lanka. El cuadro 2.2 reproduce los datos del 2.1 sobre su renta y su distribución.

El cuadro 2.2 nos indica que en 1993 la renta per cápita de Guatemala era superior a la de Sri Lanka, pero su distribución habla por sí sola. En Guatemala, el 40% más pobre de la población tenía acceso a algo menos de un 8% de la renta nacional. La cifra correspondiente a Sri Lanka es casi el *triple* de alta.

Examinemos ahora algunos de los indicadores del "desarrollo humano" correspondientes a estos dos países que están recogidos en el cuadro 2.3. A excepción del acceso al agua potable, estos indicadores son sumamente diferentes. La esperanza de vida es siete años mayor en Sri Lanka. Una gran parte de esta diferencia se debe a la enorme disparidad entre las tasas de mortalidad infantil, que son el número de niños (por cada mil nacidos vivos) que mueren antes de cumplir un año. En Sri Lanka, esta cifra es de dieciocho por mil; en Guatemala, es más de dos veces y media más alta. Sri Lanka tiene un porcentaje de adultos que saben leer y escribir cercano al 90%; el de Guatemala es del 54% solamente.

Si se observan estos dos cuadros, es difícil evitar la conclusión de que la distribución enormemente desigual de la renta de Guatemala es responsable, al menos en parte, de las diferencias que existen en algunos indicadores obvios del desarrollo.

Sin embargo, eso no es todo. Incluso una distribución relativamente igual de la renta puede no ser suficiente. Naturalmente, una de las razones puede ser que la renta per cápita no sea alta. Por ejemplo, por muy espectaculares que sean los esfuerzos de Sri Lanka, algunos países como Hong Kong obtienen mejores resultados simplemente porque tienen más recursos. ¿Qué ocurre, sin embargo, con un país como Pakistán? En el

Cuadro 2.2. Proporción correspondiente al 40% más pobre y al 20% más rico en Sri Lanka y Guatemala.

País	Renta per cápita (1993, en PPA)	Proporción del 40% más pobre (%)	Proporción del 20% más rico (%)
Sri Lanka	2.990	22	39
Guatemala	3.350	8	63

Fuente: Banco Mundial, *World Development Report,* 1995, y Deininger y Squire [1996].

Cuadro 2.3. Indicadores del "desarrollo humano" de Sri Lanka y Guatemala.

País	Esperanza de vida (años)	Tasa de mortalidad infantil (por 1.000)	Acceso a agua potable (% de la pobl.)	% de personas que saben leer y escribir
Sri Lanka	72	18	60	89
Guatemala	65	48	62	54

Fuente: Programa de las Naciones Unidas para el Desarrollo, *Human Development Report,* 1995.
Nota: Todos los datos se refieren a 1992, salvo los del acceso a agua potable, que son la media de 1988-93.

World Development Report de 1995, Pakistán figura con un PIB per cápita de 2.170 dólares en 1993. El 40% más pobre de la población gana un 21% de la renta total. Estas cifras totales son similares a las de Sri Lanka, pero Pakistán tiene una esperanza de vida de 62 años solamente y una tasa de mortalidad infantil de noventa y uno por mil, es decir, *cinco* veces mayor que la de Sri Lanka. En 1992, el porcentaje de paquistaníes que sabían leer y escribir era del 36% solamente, cifra significativamente inferior a la mitad de la de Sri Lanka. Es evidente que las medidas que toman los Gobiernos, como las relativas a la educación y a la sanidad, así como la presión de la sociedad para lograr que se apliquen, desempeñan un importante papel.

2.4.2 Un índice de desarrollo humano

Muchos de los síntomas físicos *directos* del subdesarrollo pueden observarse fácilmente y medirse independientemente. La desnutrición, las enfermedades, el analfabetismo se encuentran entre los males graves y fundamentales que a un país le gustaría erradicar con su política de desarrollo. Hace bastante tiempo que los organismos internacionales (como el Banco Mundial y las Naciones Unidas) y los institutos nacionales de estadística vienen recogiendo datos sobre la incidencia de la desnutrición, la esperanza de vida al nacer, las tasas de mortalidad infantil, el porcentaje de hombres y mujeres que saben leer y escribir y algunos otros indicadores directos del estado de la población en lo que se refiere a la salud, la educación y la nutrición.

Como hemos visto, los resultados de un país basados en la renta per cápita pueden ser muy diferentes de lo que muestran estos indicadores básicos. Algunos países, situados holgadamente en el tramo de "renta media", muestran un porcentaje de personas que saben leer y escribir que apenas supera el 50%, unas tasas de mortalidad infantil cercanas o superiores a cien muertes por mil y una proporción significativa de la población en estado de desnutrición. Por otra parte, hay países de renta baja con tasas de crecimiento modestas que han obtenido mejoras espectaculares en estos indicadores básicos. En algunas categorías, han alcanzado unos niveles similares a los que tienen los países industrializados.

El Programa de las Naciones Unidas para el Desarrollo (PNUD) publica el *Human Development Report* desde 1990. Uno de los objetivos de este informe es elaborar con algunos de los indicadores que hemos venido analizando un solo índice, que se conoce con el nombre de *índice de desarrollo humano* (IDH). Éste no es el primer índice que ha tratado de aunar varios indicadores socioeconómicos. Un precursor es el "índice de calidad física de la vida" de Morris (Morris [1979]), que elaboró un índice compuesto a partir de tres indicadores del desarrollo: la mortalidad infantil, el porcentaje de personas que saben leer y escribir y la esperanza de vida una vez cumplido el primer año de edad.

El IDH también tiene tres componentes. El primero es la esperanza de vida al nacer (que refleja indirectamente la mortalidad de los lactantes y de los niños).[11] El segundo es

---

[11] Se considera que el objetivo de la esperanza de vida son 85 años y los logros conseguidos en relación con este componente se miden por medio de la reducción de la distancia con respecto a este objetivo.

una medida del nivel de estudios de la sociedad. Esta medida es en sí misma un índice compuesto: es una media ponderada del porcentaje de adultos que saben leer y escribir (con una ponderación de 2/3) y una combinación de las tasas de escolarización en la enseñanza primaria, secundaria y terciaria (con una ponderación de 1/3). El último componente es la renta per cápita, que se ajusta algo a partir de un umbral (alrededor de 5.000 dólares en dólares PPA de 1992). A partir de este punto se da menos peso a las rentas más altas, basándose en que éstas tienen una utilidad marginal decreciente. El IDH se calcula definiendo cómo se miden los logros de un país en cada uno de estos tres componentes y tomando una media simple de los tres indicadores.

La creación de índices compuestos a partir de indicadores tan diferentes como la esperanza de vida y el porcentaje de personas que saben leer y escribir es algo así como sumar manzanas y naranjas. Podría argumentarse que en lugar de calcular índices compuestos, el lector debería observar los diferentes indicadores (como haremos en seguida) y juzgar entonces la situación general por sí mismo. Ahora bien, la ventaja de un índice compuesto es su sencillez y, naturalmente, su poder político: en esta era de acrónimos, es mucho más fácil y parece más "científico" decir que el país X tiene un "índice" de 8 sobre 10 que detallar laboriosamente sus logros (o la ausencia de logros) en cinco aspectos diferentes del desarrollo.[12] Es posible que el IDH *parezca* científico y que las fórmulas empleadas para hallar la media final *parezcan* complejas, pero eso no es razón alguna para aceptar el sistema implícito de ponderación que utiliza, ya que es tan arbitrario como cualquier otro. Y es que no puede ser de otro modo. No obstante, el IDH es una de las maneras de combinar importantes indicadores del desarrollo y ésa es la razón por la que merece la pena que le prestemos atención.

El IDH crea una cifra final para cada país que toma un valor comprendido entre 0 y 1. Esta cifra debe interpretarse (de forma aproximada) como la "proporción del desarrollo último" que ha logrado el país en cuestión. Como los conceptos de "felicidad última" están incorporados en el IDH, no es sorprendente que el indicador varíe de unos países pobres a otros, pero que de pronto se estabilice cuando se pasa a los países más ricos.[13] Carecen, pues, de sentido algunas afirmaciones que se hacen en el *Report*, como la de que "el IDH de los países industriales (0,916) *sólo* es 1,6 veces mayor que el de los países en vías de desarrollo (0,570), aun cuando su PIB real (en dólares PPA) sea 6 veces mayor".[14]

---

[12] Obsérvese que la utilización de la renta per cápita no es inmune a esta crítica. Al fin y al cabo, la renta per cápita también es un índice compuesto de "bienestar" humano y no puede equiparare con éste.

[13] Se considera que el objetivo de la esperanza de vida son 85 años y los logros conseguidos en relación con este componente se miden por medio de la reducción de la diferencia con respecto a este objetivo. Así, el índice de la esperanza de vida viene dado por $L = (l - 25)/(85 - 25)$, donde l es la esperanza de vida en años del país en cuestión. El índice del nivel de estudios es $E = e/100$, donde e es la tasa combinada de escolarización expresada en porcentaje. El índice de alfabetización de adultos es $A = a/100$, donde a es el porcentaje de adultos que saben leer y escribir. Por último, el índice de renta es $Y = (y - 100)/(5.488 - 100)$, donde y es la "renta ajustada" y 5.488 es el nivel *máximo* al que se permita que suba la renta ajustada [véase *Human Development Report* (Programa de las Naciones Unidas para el Desarrollo [1995, pág. 134])]. Los países que tienen una renta per cápita de 40.000 dólares (PPA de 1992) recibirían una renta ajustada de este máximo.

[14] El subrayado de la frase citada (de la pág. 19 del *Report*) es nuestro. Un terremoto de 8 en la escala de Richter no "sólo" es un 14% más fuerte que un terremoto de 7 en la escala de Richter.

Aunque esas comparaciones de cocientes carezcan sencillamente de sentido, las *ordenaciones* basadas en el IDH tienen un cierto interés porque muestran que es posible que un país de renta relativamente alta obtenga unos resultados en los objetivos socioeconómicos básicos tan malos que su IDH sea inferior al de un país relativamente pobre. Una forma de verlo es comparando la ordenación de los diferentes países según el IDH con la ordenación basada en el PIB per cápita. Una diferencia positiva indica que el país ha obtenido mejores resultados en su "desarrollo humano" en relación con la posición que ocupa en la ordenación basada en el PIB y una diferencia negativa indica lo contrario. ¿Qué ocurre con los ejemplos del apartado anterior, es decir, con Sri Lanka, Guatemala y Pakistán? El método de ordenarlos de la forma indicada confirma lo que ya hemos visto a partir de cada uno de los indicadores. Sri Lanka sube cinco puestos. Guatemala y Pakistán bajan 20 y 28 puestos, respectivamente.

2.4.3 La renta per cápita y el desarrollo humano

Apenas existen dudas, pues, de que la renta per cápita e incluso la igualdad de su distribución no son una garantía inequívoca de éxito en el "desarrollo humano". Esta impresión la recoge perfectamente una de las dos opiniones sobre el desarrollo con la que comenzamos este capítulo.

Al mismo tiempo, la perspectiva aparentemente miope de los economistas convencionales, que obstinadamente usan la renta per cápita como indicador básico del desarrollo, puede no estar fuera de lugar. Así, puede argumentarse que aunque *conceptualmente* lo correcto sea analizar el desarrollo desde una perspectiva más amplia y multidimensional, el PIB per cápita es una *variable aproximada* bastante buena de la mayoría de los aspectos del desarrollo.[15] Por ejemplo, se puede sostener que un aumento de los niveles de renta se traduce, en última instancia e inevitablemente, en una mejora de los niveles de salud, nutrición y educación de la población. Es, pues, un ejercicio útil analizar los datos de distintos países para ver cuánto "poder explicativo" tiene el PIB per cápita frente a otros indicadores básicos.

Una manera de realizar este ejercicio es recoger datos sobre la renta per cápita, así como sobre alguna otra faceta del desarrollo que nos interese, y relacionarlos por medio de un *diagrama de puntos* (véase el apéndice 2). En pocas palabras, un diagrama de puntos nos permite observar rápidamente las posibles relaciones entre una *variable dependiente*, cuya variación estamos tratando de explicar (como la mortalidad infantil o la esperanza de vida), y una o más *variables independientes*, cuya variación probablemente "explique" los cambios de la variable dependiente. En el caso que nos ocupa, nuestra variable independiente es la renta per cápita.

En este apartado, elegimos tres indicadores del desarrollo que tienen interés: la esperanza de vida al nacer, la tasa de mortalidad infantil y el porcentaje de adultos que saben

---

[15] Para más información sobre este debate y sobre otras cuestiones relacionadas con él, véanse las aportaciones de Anand y Harris [1994], Aturupane, Glewwe e Isenman [1994], Desai [1991], Naqvi [1995], Srinivasan [1994] y Streeten [1994].

leer y escribir. Estos indicadores no son, desde luego, enteramente independientes unos de otros. Por ejemplo, la esperanza de vida *incluye* la posibilidad de morir antes de un año, que es la mortalidad infantil. No obstante, son indicadores comunes que se incluyen en los índices de desarrollo, como el IDH o el índice de calidad física de la vida.

Las figuras 2.7-2.9 representan la relación entre estas variables y la renta per cápita, correspondiente a un grupo de países en un momento dado. Cabe esperar que a medida que nos acerquemos al grupo de países que tienen una renta per cápita *muy* alta, estos indicadores también muestren unos niveles muy altos, y así es. Para que estos casos extremos no eclipsen todo el ejercicio, dejamos de lado todos los países cuya renta per cápita sea superior a 9.000 dólares PPA (1993). En principio, esta exclusión refuerza los argumentos *en contra* del uso de la renta per cápita. En este grupo, las diferencias de renta son algo menores, por lo que hay muchas posibilidades de que otras medidas o aspectos influyan en el resultado.

En cada uno de estos gráficos se ha trazado una cruz en los valores medios de los datos de la muestra correspondiente. Por ejemplo, la cruz de la figura 2.8 está situada en una renta per cápita media de 3.500 dólares y un porcentaje de personas que saben leer y

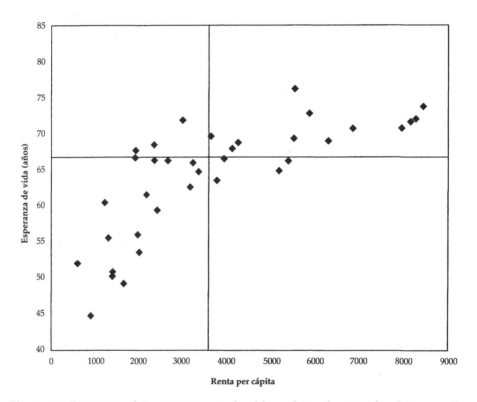

Figura 2.7. Renta per cápita y esperanza de vida en los países en vías de desarrollo. *Fuente:* Banco Mundial, *World Development Report*, 1995, y Programa de las Naciones Unidas para el Desarrollo, *Human Development Report*, 1995.

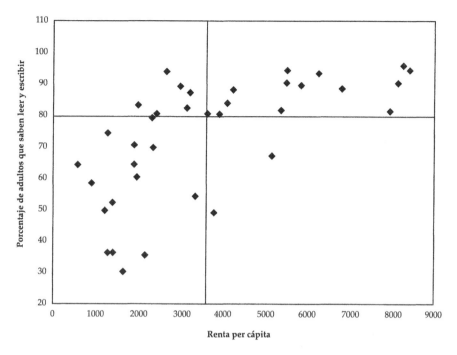

Figura 2.8. Renta per cápita y porcentaje de adultos que saben leer y escribir en los países en vías de desarrollo. *Fuente:* Banco Mundial, *World Development Report,* 1995, y Programa de las Naciones Unidas para el Desarrollo, *Human Development Report,* 1995.

escribir de alrededor del 72% (que son las medias de la muestra). Los puntos son, por supuesto, las observaciones. El objetivo del gráfico es verificar la *correlación* entre las dos variables en cuestión (véase el apéndice 2). Por ejemplo, si la correlación es positiva, la mayoría de los puntos se encontrarán en los cuadrantes nordeste y sudoeste delimitados por la cruz. Es lo que esperamos en el caso del porcentaje de personas que saben leer y escribir y de la esperanza de vida. Por lo que se refiere a la mortalidad infantil, esperamos que la relación sea negativa, por lo que las observaciones deberían encontrarse en los cuadrantes noroeste y sudeste delimitados por la cruz.

En términos generales, la relación entre la renta per cápita *solamente* y cada una de estas variables es sorprendentemente estrecha. En cada uno de los tres casos, la inmensa mayoría de las observaciones se encuentran dentro de los cuadrantes esperados. Las figuras hablan por sí solas: indican que la renta per cápita está estrechamente correlacionada con el desarrollo, independientemente de que éste se conciba o no en su sentido más amplio. Por lo tanto, *debemos* comenzar —y así lo hacemos— estudiando la evolución de las rentas per cápita en los distintos países. Éste es el tema de la teoría del crecimiento económico, que abordaremos minuciosamente en los siguientes capítulos.

Es necesario destacar otro hecho. Observando los *niveles* alcanzados en cada uno de estos indicadores en lugar de examinar simplemente la ordenación de los países a que

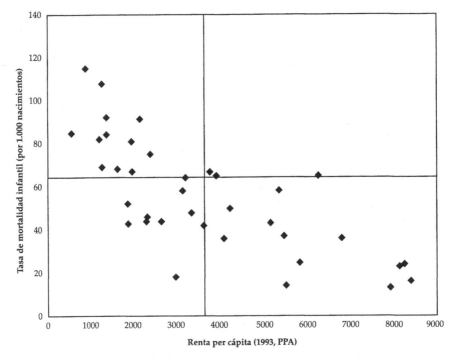

Figura 2.9. Renta per cápita y tasas de mortalidad infantil en los países en vías de desarrollo. *Fuente:* Banco Mundial, *World Development Report*, 1995, y Programa de las Naciones Unidas para el Desarrollo, *Human Development Report*, 1995.

dan lugar, le hemos complicado la vida al argumento a favor de la renta per cápita. Dasgupta [1993] muestra en un libro de gran impacto que la renta per cápita está correlacionada incluso más con otros indicadores del desarrollo si se utilizan *ordenaciones* en lugar de *medidas cardinales*. En otras palabras, si ordenamos los países según su nivel de PIB per cápita y calculamos a continuación unas ordenaciones similares basadas en algún otro índice (como el porcentaje de adultos que saben leer y escribir, la mortalidad infantil, etc.), observamos que existe un elevado grado de correspondencia estadística entre las dos series de ordenaciones si el número de países es suficientemente grande y diverso. Como ya hemos realizado comparaciones cardinales, no analizaremos minuciosamente estas cuestiones y remitimos al lector simplemente al trabajo de Dasgupta.[16]

El objetivo de esta discusión no es desacreditar el concepto de desarrollo humano, sino sólo mostrar que no hace falta abandonar la renta per cápita como índice del desa-

[16] Varios autores han afirmado que la renta per cápita está correlacionada positivamente con los indicadores de la calidad de vida; véase, por ejemplo, Mauro [1993], Pritchett y Summers [1995], Boone [1996] y Barro [1996]. Sin embargo, cuando se tienen debidamente en cuenta los efectos fijos de los países en los datos de panel, la evidencia es algo diversa: véase Easterly [1997]. No sostenemos que los estudios internacionales puedan resolver esta cuestión de una manera concluyente y, desde luego, no proponemos que la renta sea un determinante completo de todas las demás facetas del desarrollo.

rrollo de un país. Para decirlo de forma más categórica, debemos tomar muy en serio la renta per cápita y es desde esta perspectiva como podremos entender la cita aparentemente reduccionista de Robert Lucas que encabeza este capítulo.

Para terminar con estos delicados malabarismos a favor de unos u otros índices, obsérvese finalmente que la relación entre la renta per cápita y los demás indicadores es estrecha, pero dista de ser perfecta (de lo contrario, los datos se encontrarían todos ellos en una curva lisa que uniría los dos conjuntos de variables). El carácter imperfecto de la relación no es más que un reflejo de lo que hemos visto antes con países como Sri Lanka, Pakistán y Guatemala. La inclusión de la *distribución* de la renta per cápita completaría este análisis, pero incluso en ese caso la cuestión seguiría sin estar resuelta: las actitudes sociales y culturales, la política de los Gobiernos y las demandas de la población para que se adopte esa política continuarían influyendo todas ellas en la configuración de la compleja forma del desarrollo humano. Lo lógico es, pues, centrar la atención en el crecimiento económico y pasar después a otras cuestiones apremiantes, como el estudio de la distribución de la renta y el funcionamiento de algunos mercados e instituciones.

2.5 Algunas características estructurales

El objetivo final de este capítulo es ofrecer una visión rápida de las características estructurales de los países en vías de desarrollo. Más adelante las examinaremos detalladamente.

2.5.1 Características demográficas

Los países muy pobres se caracterizan por tener tanto unas elevadas tasas de natalidad como unas elevadas tasas de mortalidad. A medida que se desarrollan, las tasas de mortalidad descienden. Las tasas de natalidad a menudo siguen siendo altas, antes de acabar descendiendo como las de mortalidad. Entretanto, aparece una diferencia (aunque temporal) entre las tasas de natalidad y las de mortalidad, lo que provoca un elevado crecimiento de la población en los países en vías de desarrollo. En el capítulo 9 se analizan minuciosamente estas cuestiones.

El elevado crecimiento demográfico tiene dos consecuencias. Significa que la renta total debe crecer más deprisa para mantener el crecimiento per cápita en un nivel razonable. El hecho de que la población crezca contribuye, desde luego, a que crezca la renta, ya que aumenta la oferta de trabajo productivo. Sin embargo, no está claro quién gana en esta zigzagueante competición: el aumento de la cantidad de producción o el aumento de la población que hace que sea necesario repartir esa producción entre más personas. El efecto demográfico negativo puede muy bien acabar predominando, sobre todo si la economía en cuestión no está dotada de una gran cantidad de capital (físico o humano).

La segunda consecuencia del elevado crecimiento demográfico (o de las elevadas tasas de natalidad, para ser más precisos) es que la población total es muy joven. Es fácil comprenderlo intuitivamente: una elevada tasa de natalidad significa que siempre está entrando en la población un número proporcionalmente mayor de niños, lo cual quiere decir que es muy elevada la presencia de niños en la población. Eso puede ser fascinante, como sabe todo aquel que haya crecido rodeado de hermanos, hermanas y primos, pero no cambia la cruda realidad de total dependencia económica, sobre todo para los que viven en la pobreza. La presencia de una población anormalmente joven tiene muchas consecuencias negativas, entre las cuales se encuentran la pobreza, el trabajo infantil y el bajo nivel de estudios.

La figura 2.10 muestra cómo varían las tasas de crecimiento de la población con la renta per cápita. La línea de trazo fino representa las tasas anuales de crecimiento demográfico de 1970-80 y la de trazo grueso las de 1980-93. En ambos casos, el eje de abscisas muestra la renta per cápita de 1993 (PPA). La dispersión es significativa (¡recuérdese que la renta per cápita no lo es todo!), pero la tasa de crecimiento muestra una clara tendencia descendente tanto con la renta per cápita como con el paso del tiempo (dentro de un mismo país).

2.5.2 Estructura ocupacional y productiva

La agricultura representa una proporción significativa de la producción en los países en vías de desarrollo. De hecho, dado que una parte considerable de la producción agrícola se produce para consumo personal y, por lo tanto, es posible que no se refleje en los

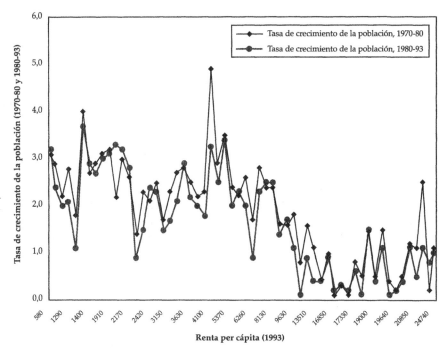

Figura 2.10. Tasas de crecimiento de la población y renta per cápita. *Fuente:* Banco Mundial, *World Development Report,* 1995, 1996.

datos, la proporción probablemente sea mayor de lo que indican las cifras publicadas. En los cuarenta y cinco países más pobres de los que el Banco Mundial publica datos, llamados *países de renta baja*, la proporción media de la producción que procede de la agricultura es cercana al 30%. Recuérdese que en el grupo de los cuarenta y cinco países más pobres se encuentran la India y China y, por lo tanto, una gran parte de la población mundial. Los datos de los llamados países de renta media, que son los sesenta y tres países más pobres siguientes y que comprenden la mayoría de las economías latinoamericanas, son algo menos claros, pero el porcentaje probablemente gire, en promedio, en torno al 20%. Esta cifra contrasta claramente con la proporción de la renta correspondiente a la agricultura en los países económicamente desarrollados, que va desde el 1 hasta el 7%.

Llama aún más la atención la proporción de la población activa que vive en zonas rurales. En el caso de los países de renta baja antes mencionados, la proporción era del 72%, en promedio, en 1993 y llegaba a ser del 60% en muchos países de renta media. Se observa de nuevo un contraste con los países desarrollados, en los que cerca del 80% de la población activa vive en zonas urbanas. Incluso en este último caso, una gran parte de la población que no vive en zonas urbanas se clasifica en este grupo: no realiza actividades agrícolas, aunque vive en zonas que se consideran rurales. Aunque también ocurre en los países en vías de desarrollo, probablemente el porcentaje sea considerablemente menor.

La figura 2.11 muestra la proporción de la población activa que trabaja en la agricultura en los diferentes países ordenados según la renta per cápita. La tendencia descendente es inequívoca, pero también lo es la enorme proporción de personas que trabajan en la agricultura tanto en los países de renta baja como en los de renta media.

La actividad agrícola constituye claramente una parte importante de la vida de las personas que habitan en los países en vías de desarrollo. De ahí que dediquemos una buena parte de este libro a las instituciones agrícolas: la contratación de mano de obra campesina, el arrendamiento de la tierra y el funcionamiento de los mercados de crédito. Las cifras totales de la estructura productiva y ocupacional inducen a pensar que la productividad agrícola suele ser más baja que la de otras actividades económicas, lo cual no es sorprendente. En muchos países en vías de desarrollo, la intensidad de capital de la agricultura es mínima y a menudo la tierra está sobreexplotada. Súmese a eso el hecho de que la agricultura suele ser una actividad de alto riesgo económico, sobre todo cuando el agua no está garantizada y no se dispone fácilmente de fertilizantes y de pesticidas. Muchos agricultores corren enormes riesgos. Éstos pueden no parecer muy grandes si se cuentan en dólares americanos, pero de ellos suele depender que los agricultores no pasen de la mera subsistencia (o peor) o vivan con un mínimo de confort.

2.5.3 Rápida migración de las zonas rurales a las urbanas

Dadas las características antes mencionadas, apenas sorprende que una enorme cantidad de mano de obra emigre de las zonas rurales a las urbanas. Esa enorme emigración merece un detenido estudio. Es el resultado tanto de la fuerza de "expulsión" de la agricultura, debido a la extrema pobreza y a la creciente falta de tierra, como de la fuerza de "atracción" que tiene el sector urbano. Esta última fuerza se ve reforzada por diversos

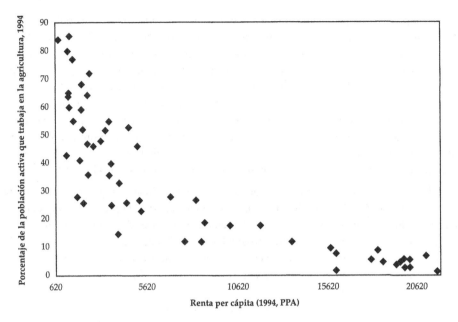

Figura 2.11. Proporción de la población activa que trabaja en la agricultura. *Fuente:* Banco Mundial, *World Development Report*, 1996.

factores, que van desde los salarios relativamente altos y el grado relativamente elevado de protección de que gozan los trabajadores de la ciudad más organizados hasta la influencia de los medios de comunicación que transmiten la idea de que el estilo de vida urbano constituye un fin deseable en sí mismo. Los medios de comunicación suelen inducir a engaño, y las ventajas de los sectores más organizados, sólo son accesibles para una afortunada minoría.

Consideremos las tasas de crecimiento del sector urbano de los países en vías de desarrollo. En los cuarenta y cinco países de renta baja analizados por el Banco Mundial, la tasa anual media de crecimiento de la población urbana fue del 3,9% en el periodo 1980-93. Compárese esta cifra con la tasa anual media de crecimiento de la población total, el 2%, que experimentaron esos mismos países durante ese mismo periodo de tiempo. El crecimiento urbano fue simplemente el doble del crecimiento demográfico total de estos países. Imagínense, pues, las presiones a las que están sometidas las ciudades de estos países. En los sesenta y tres países clasificados por el Banco en el grupo de renta media, la tasa anual de crecimiento urbano fue del 2,8% durante el periodo 1980-93; compárese esta cifra con la tasa anual de crecimiento demográfico del 1,7%. Una vez más, observamos que el sector urbano está sometido a unas presiones que no se reflejan en las cifras totales de crecimiento demográfico. Los países desarrollados de renta alta muestran, por el contrario, un equilibrio casi total: la población urbana creció un 0,8% al año, mientras que la población total creció un 0,6.

Eso no quiere decir que esa migración sea negativa. De hecho, ¿cómo llegaron los países desarrollados a la situación en la que se encuentran actualmente? Sin embargo, lo cierto es que todos estos procesos se *aceleran* en los países en vías de desarrollo modernos y esta aceleración genera enormes tensiones.

Un dato que revela estas tensiones es el hecho de que una proporción excepcionalmente elevada de la población de los países en vías de desarrollo se clasifica en el sector terciario o de "servicios". Antes de analizar los datos, es útil tener claros algunos conceptos. Pensemos en lo que consumimos cuando aumenta nuestra renta. Lo primero que necesitamos son alimentos y ropa. A medida que tenemos más renta de sobra, pasamos a consumir productos industriales: radios, televisores, bicicletas, automóviles, etc. Cuando tenemos aún más renta, comenzamos a demandar muchos servicios: bancos, turismo, restaurantes y viajes. No es sorprendente, pues, que los países desarrollados asignen una elevada proporción de su población activa no agrícola al sector servicios. Algunos como Australia, Estados Unidos, el Reino Unido, Noruega y Suecia tienen alrededor del 70% de su población activa total en el sector servicios: las cifras correspondientes a algunos otros países desarrollados como Japón son algo más bajas. No es extraño. ¡Lo que *es* extraño es que la proporción de la población activa que trabaja en los "servicios" también sea alta en muchos países en vías de desarrollo!

La figura 2.12 muestra esta observación general y el cuadro 2.4 contiene datos de algunos países. La proporción de la población activa que se encuentra en el sector servicios, expresada en porcentaje de la población activa no agrícola, no es en absoluto diferente de la que observamos en los países desarrollados. Al mismo tiempo, la proporción de perso-

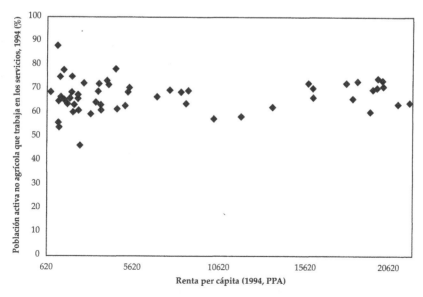

Figura 2.12. Mano de obra no agrícola que trabaja en los servicios. *Fuente:* Banco Mundial, *World Development Report,* 1996.

Cuadro 2.4. Porcentaje de la población activa no agrícola que trabaja en los servicios, algunos países.

País	Renta per cápita (1994, en PPA)	Pobl. activa no agrícola que trabaja en los servicios
Tanzania	620	69
Nigeria	1.190	88
India	1.280	61
Senegal	1.580	65
Honduras	1.940	67
Ghana	2.050	68
Filipinas	2.740	72
Indonesia	3.600	69
Egipto	3.720	63
Ecuador	4.190	72
Botsuana	5.210	63
Brasil	5.400	70
Venezuela	7.770	69
España	13.740	63
Reino Unido	16.150	70
Canadá	19.960	74
Japón	21.140	63
Estados Unidos	25.880	71

Fuente: Banco Mundial, *World Development Report,* 1996.

nas que trabajan en la agricultura *sí* varía mucho, como ya hemos visto. Lo que observamos, pues, en los países en vías de desarrollo es una *clasificación* de una gran parte de la población activa en los "servicios" simplemente porque se halla en este sector a la espera de encontrar trabajo en la industria o porque carece de un empleo industrial. Es decir, el enorme sector servicios de los países en vías de desarrollo es sintomático del desarrollo de un sector no organizado o *informal*, sobre el que nos extenderemos más en el capítulo 10. Este sector es el último recurso, el refugio para los millones de personas que han emigrado de las zonas rurales a las ciudades. Los limpiabotas, los pequeños comerciantes y los intermediarios: todos se agrupan en la rúbrica general de servicios porque no existe ninguna otra categoría adecuada. Está bien que este sector se denomine "Servicios, etc." en las tablas del Banco Mundial. Las grandes dimensiones que tiene en los países en vías de desarrollo se deben principalmente a que la industria de estos países no es capaz de crecer al mismo ritmo extraordinario que la emigración de las zonas rurales a las urbanas.

2.5.4 El comercio internacional

En conjunto, todos los países, ricos y pobres, participan considerablemente en el comercio internacional. Una rápida representación de la relación entre el porcentaje del PNB correspondiente a las exportaciones y las importaciones y la renta per cápita no muestra la existencia de una relación significativa. Existen grandes países, como la India, Estados Unidos y México, en los que estos porcentajes no son muy altos: posiblemente alrededor de un 10% en promedio. De nuevo, hay otros como Singapur y Hong Kong en los que alcanzan cifras astronómicas que superan el 100%. Los porcentajes modales de las exportaciones y las importaciones con respecto al PNB probablemente giren en torno al 20%. El comercio es un importante componente de la economía mundial.

Las diferencias entre los países en vías de desarrollo y los desarrollados son mayores cuando se examina la *composición* del comercio. Los países en vías de desarrollo suelen ser exportadores de productos básicos. Las materias primas, los cultivos destinados a los grandes mercados y a veces los productos alimenticios constituyen importantes artículos de exportación. Los textiles y los artículos de la industria ligera también figuran en la lista. En cambio, la mayor parte de las exportaciones de los países desarrollados pertenecen a la categoría de los bienes manufacturados y van desde bienes de capital hasta bienes de consumo duraderos. Naturalmente, existen muchas excepciones a estas grandes generalizaciones, pero como muestra la figura 2.13, la descripción es en términos generales bastante exacta. Esta figura representa la relación entre la proporción de las exportaciones correspondiente a los productos básicos y la renta per cápita. Hemos seguido el método, ya familiar para los lectores, de dibujar cruces en los niveles medios de la renta per cápita y del peso de los productos básicos en las exportaciones (no ponderado por la población) para poder percibir a simple vista el grado de correlación. Es evidente que, en conjunto, los países en vías de desarrollo recurren a las exportaciones de productos básicos, mientras que en los países desarrollados sucede lo contrario.

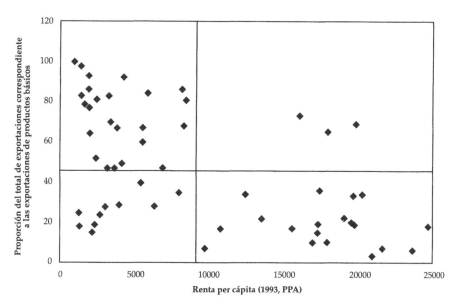

Figura 2.13. Proporción del total de exportaciones correspondiente a las exportaciones de productos básicos. *Fuente:* Banco Mundial, *World Development Report*, 1995.

Obsérvese que hay algunos países en vías de desarrollo en los que el peso de los productos básicos en las exportaciones es bajo. Algunos países como China, India, Filipinas y Sri Lanka se encuentran entre ellos. Estos países y otros muchos están intentando diversificar sus exportaciones y exportar menos productos básicos, por razones que indicamos a continuación y que analizamos en mayor profundidad más adelante. Al mismo tiempo, hay países desarrollados que exportan un considerable volumen de productos básicos. Australia, Nueva Zelanda y Noruega se encuentran entre ellos.

La explicación tradicional de la estructura del comercio internacional se basa en la teoría de la *ventaja comparativa*, según la cual los países se especializan en la exportación de los bienes en cuya producción tienen una ventaja relativa de costes. Estas ventajas de costes pueden deberse a diferencias tecnológicas, a los perfiles del consumo interior o a la dotación de factores que son especialmente idóneos para la producción de ciertas mercancías. En el capítulo 16 pasaremos revista a esta teoría. Como los países en vías de desarrollo tienen abundancia relativa de mano de obra y abundancia relativa de mano de obra no cualificada dentro de esta categoría, la teoría predice que exportarán bienes en cuya producción se utilice intensivamente mano de obra no cualificada. Las pautas comerciales antes mencionadas pueden comprenderse en gran medida utilizando esta teoría.

Al mismo tiempo, el énfasis en las exportaciones de productos básicos puede ser perjudicial para el desarrollo de estos países por varias razones. Parece que los precios mundiales de los productos básicos son especialmente propensos a experimentar grandes fluctuaciones, por lo que los ingresos por exportación son inestables. A largo plazo, a medida que los productos básicos pierdan importancia en la cesta de consumo de la población mundial, es posible que sus precios tiendan a descender.

Es discutible, sin embargo, que exista esa tendencia, aunque hay indicios de que sea así en la evolución de la *relación real de intercambio* de los diferentes países en las últimas décadas. La relación real de intercambio de un país es una medida del cociente entre el precio de sus exportaciones y el de sus importaciones. Así, una mejora de la relación real de intercambio de un país es un buen augurio para sus perspectivas comerciales, mientras que un empeoramiento indica lo contrario. La figura 2.14 representa las variaciones experimentadas por la relación real de intercambio en el periodo 1980-93 junto a la renta per cápita. Existen algunos indicios de que la relación entre ambas variables es positiva, lo cual induce a pensar que los países pobres tienen más probabilidades que los ricos de que empeore su relación real de intercambio. Es posible que las exportaciones de productos básicos sean una de las causas de ese fenómeno.

En general, pues, las actividades que hoy tienen una ventaja comparativa pueden no ser las más adecuadas para proporcionar en el futuro los ingresos por exportaciones. Con lo cual, adaptar la composición de las exportaciones a las demandas futuras es un importante motivo de preocupación. Finalmente, la tecnología suele asimilarse utilizándola. Si lo que se produce y lo que se exporta se reduce principalmente a productos básicos, el flujo tecnológico hacia los países en vías de desarrollo puede verse afectado. En el capítulo 17 analizamos estas cuestiones.

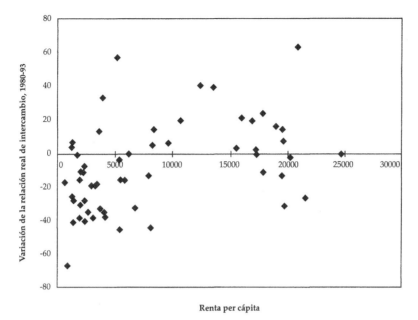

Figura 2.14. Variaciones de la relación real de intercambio, 1980-93. *Fuente:* Banco Mundial, *World Development Report*, 1995.

La composición de las *importaciones* de los países en vías de desarrollo es más parecida a la de los países desarrollados. Los exportadores de productos básicos a menudo necesitan importar también productos básicos; así, por ejemplo, la India puede ser un gran importador de petróleo y México un gran importador de cereales. Las exportaciones de productos básicos de cada país suelen estar concentradas en un puñado de productos y no existe ninguna contradicción en el hecho de que se exporten y se importen productos básicos al mismo tiempo. Según un argumento similar, aunque los países desarrollados exporten bienes manufacturados, siempre necesitan otros bienes manufacturados cuya oferta es relativamente escasa. Así pues, considerando las cifras desde este punto de vista agregado, las pautas comerciales de los distintos países son bastante parecidas, como muestra la figura 2.15.

Resumiendo, en los países en vías de desarrollo el peso de los productos básicos en las exportaciones tiende a ser elevado, pero las diferencias son mucho menores en el caso de las importaciones.

2.6 Resumen

Hemos comenzado analizando el posible significado del término *desarrollo económico*. Es un concepto multidimensional, que engloba no sólo la renta y su crecimiento sino también los logros conseguidos en otros frentes: la reducción de la mortalidad infantil, el aumento

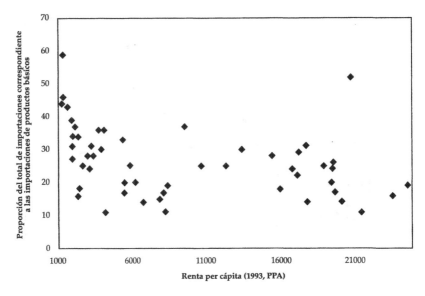

Figura 2.15. Proporción del total de importaciones correspondiente a las importaciones de productos básicos. *Fuente:* Banco Mundial, *World Development Report*, 1995.

de la esperanza de vida, el incremento del porcentaje de personas que saben leer y escribir, el acceso general a los servicios médicos y sanitarios, etc. La renta per cápita se utiliza a veces como indicador (incompleto) del desarrollo económico general, pero no debe identificarse conceptualmente con el desarrollo en el sentido más amplio del término.

A continuación hemos pasado a analizar los datos internacionales sobre la renta per cápita. Utilizando los tipos de cambio para convertir las monedas locales en dólares, hemos obtenido la renta per cápita evaluada de acuerdo con el *método de los tipos de cambio*. Las diferencias internacionales son enormes. Estas disparidades se deben, en parte, a que no se declara toda la renta, pero un problema mucho más serio es el hecho de que los niveles de precios varían sistemáticamente de unos países a otros: los precios en dólares de los bienes y los servicios que se comercian en los mercados mundiales tienden a ser más bajos en los países en vías de desarrollo. El *método de la paridad del poder adquisitivo* intenta corregir estas diferencias construyendo precios internacionales que se utilizan para estimar las rentas nacionales. Las diferencias internacionales entre los niveles de renta per cápita son entonces menores, pero todavía grandes: en el periodo 1960-85, la renta per cápita del 5% más rico era, en promedio, alrededor de veintinueve veces la del 5% más pobre.

Las rentas de muchos países han sufrido considerables cambios. Debe señalarse el meteórico ascenso del este asiático. Este caso contrasta con el de muchos países de Latinoamérica y del África subsahariana, que entraron en declive durante la década de 1980. Por lo tanto, aunque la distribución mundial de la renta apenas varió en términos relativos, hubo muchos cambios dentro de esa distribución. Sin embargo, existen pruebas de que una historia de subdesarrollo o de extrema pobreza se alimenta a sí misma. Utilizando *matrices de movilidad*, hemos señalado que los países de renta media tienen mucha más movilidad que los más pobres o los más ricos.

A continuación hemos estudiado la distribución de la renta *dentro* de los países. En conjunto, la renta está distribuida de una manera más desigual en los países en vías de desarrollo que en los desarrollados, lo cual induce a pensar que los pobres de los países en vías de desarrollo padecen por partida doble: por la mala distribución entre países y por la mala distribución dentro de los países. La distribución de la renta es especialmente desigual en los países de renta media y parece que la mayor parte de esta desigualdad extrema se encuentra en Latinoamérica.

El paso siguiente ha sido analizar el concepto más amplio de desarrollo. El *índice de desarrollo humano* es el nombre que se da a una serie de indicadores elaborados por el Programa de las Naciones Unidas para el Desarrollo. Combina tres indicadores —la esperanza de vida al nacer, el nivel de estudios y la renta per cápita— con ponderaciones para obtener un índice compuesto. Hemos señalado que el hecho de que se disponga de un índice global no significa que haya que tomárselo al pie de la letra: las ponderaciones son, desde luego, bastante arbitrarias. No obstante, la idea general de desarrollo humano es un loable intento de ir conceptualmente más allá de la renta per cápita como indicador práctico del desarrollo.

No obstante, la renta per cápita no predice incorrectamente el desarrollo humano. Hemos mostrado que existe una estrecha correlación entre la renta per cápita y otras variables que describen el "desarrollo humano", incluso cuando sólo se examina la submuestra de países en vías de desarrollo.

Por último, hemos descrito algunas características estructurales de los países en vías de desarrollo. Hemos examinado las *características demográficas* y hemos mostrado que las tasas de crecimiento de la población tienden, en general, a disminuir a medida que aumenta la renta per cápita. Hemos analizado muy brevemente algunas de las consecuencias del crecimiento demográfico sobre la renta per cápita. Hemos estudiado la *estructura ocupacional y productiva*: la actividad agrícola representa una proporción significativa de la ocupación en los países en vías de desarrollo. Al mismo tiempo, las tasas de *emigración de las zonas rurales a las urbanas* son realmente elevadas. Este hecho se refleja, en parte, en la observación de que una elevada proporción de la población activa no rural se dedica a realizar vagas actividades llamadas "servicios". Esta categoría engloba todo tipo de actividades informales cuya puesta en marcha tiene bajos costes, y en los países en vías de desarrollo es un buen indicador de la congestión urbana. Finalmente, hemos analizado las *pautas del comercio internacional*. Los países en vías de desarrollo son en gran medida exportadores de *productos básicos*, aunque esto parece estar cambiando en los países de renta media. Las exportaciones de productos básicos pueden explicarse por medio de la teoría de la *ventaja comparativa*. Hemos señalado que las exportaciones de productos básicos tienen problemas intrínsecos, como la clara tendencia de sus precios internacionales a fluctuar, lo que hace que los ingresos por exportaciones sean inestables. Sin embargo, la composición de las importaciones de los países en vías de desarrollo se parece más a la de los países desarrollados.

Ejercicios

■ (1) La renta per cápita es una medida del poder adquisitivo. Las personas que viven y trabajan en los países en vías de desarrollo suelen observar que su renta es exigua cuando compran un billete aéreo internacional, hacen una llamada telefónica internacional, mandan una carta por correo aéreo a un amigo que vive en el extranjero, compran un libro publicado por una editorial internacional o importan bienes de consumo. No se sienten tan pobres cuando compran verduras en la tienda local, se cortan el pelo, viajan en tren, autobús o incluso taxi por su propio país o compran un libro de texto local. Utilice estos comentarios intuitivos para comprender qué diferencia hay entre un bien que se comercia en los mercados mundiales y un bien que no se comercia en los mercados mundiales. Observe que un bien que en principio puede comerciarse podría convertirse, de hecho, en bien no comerciado si se restringieran las importaciones o las exportaciones. ¿Por qué son generalmente más baratos los bienes no comerciados en los países pobres? Si son más baratos, ¿parecerían mejores sus rentas (por ejemplo, en relación con las de Estados Unidos) midiéndolas con el método de los tipos de cambio o con el de la PPA?

■ (2) McDonald's opera en varios países. Se ha observado que el precio relativo de un Big Mac es un indicador del coste de vida global mejor que las estimaciones basadas en el tipo de cambio. ¿A qué cree usted que puede deberse?

■ (3) ¿Por qué cree usted que la televisión europea o la japonesa transmite con una definición superior a la de Estados Unidos? Una vez examinada esta cuestión, formule una hipótesis que sugiera por qué puede ocurrir que los países que tienen unas malas infraestructuras dejen atrás a los que tienen unas infraestructuras mejores en lo que se refiere a la instalación de nuevas infraestructuras. Utilice como ejemplo las redes telefónicas.

■ (4) Asegúrese de que comprende el poder del crecimiento exponencial (y de la inflación exponencial rápida) haciendo los siguientes ejercicios:

(a) ¿A qué ritmo se duplicará la renta de un país que crezca un 10% al año? ¿Y a qué ritmo se cuadruplicará? ¿Qué ocurrirá con la de un país que crezca un 5% al año?

(b) Suponga que la renta per cápita de un país está creciendo actualmente un 5% al año. Suponga también que consigue recortar en un punto porcentual su tasa de crecimiento demográfico durante los próximos veinte años, pero la renta total continúa creciendo a la misma tasa. ¿Cuánto habrá aumentado la riqueza de ese país dentro de veinte años (en términos per cápita)?

(c) Suponga que Brasil experimenta una inflación del 30% al mes. ¿Cuál es su tasa anual de inflación? Haga primero los cálculos sin utilizar la fórmula del interés compuesto (la respuesta es evidentemente 360%). Ahora calcule correctamente la tasa anual de inflación.

■ (5) Construya una matriz de movilidad imaginaria con una muestra de países que no presenten *ninguna* movilidad. ¿Cómo sería? ¿Y si hubiera "movilidad perfecta"? ¿Y si los países pobres crecieran, en promedio, más deprisa que los ricos?

■ (6) Utilice el cuadro 2.1 para construir lo que se conoce con el nombre de *índice de Kuznets* (llamado así en honor al economista e historiador Simon Kuznets): el cociente entre las rentas del 20% más rico de la población y las del 40% más pobre. Si las rentas se distribuyeran casi por igual, ¿qué valor sería de esperar que tuviera este índice? ¿Qué valores ha obtenido? En la muestra representada en el cuadro 2.1, ¿observa la existencia de una tendencia a medida que pasa de los países pobres a los ricos?

■ (7) Piense en algunos indicadores del desarrollo que le gustaría ver incluidos en su concepto de "desarrollo económico". Piense por qué la renta per cápita, tal como se mide, puede ser o no ser una buena variable aproximada de estos indicadores. Busque un ejemplar del *Human Development Report* y observe cómo se combinan los diferentes indicadores para calcular el IDH. ¿Cree usted que el método es razonable? ¿Puede sugerir una combinación mejor? ¿Qué piensa de la idea de presentar datos *por separado* de cada uno de los indicadores en lugar de combinarlos? Piense en las ventajas y en los inconvenientes de ese método.

■ (8) El estudio de las hambrunas modernas constituye un convincente ejemplo de que las magnitudes per cápita pueden ser engañosas si no se tiene en cuenta su distribución. ¿Por qué las hambrunas no tienen ningún sentido desde el punto de vista del volumen mundial per cápita de cereales? ¿Tendría más sentido si nos fijáramos en el volumen de cereales per cápita *en uno de los países afectados*? Después de reflexionar algo sobre esta cuestión, lea el interesante libro de Sen [1981].

■ (9) (a) ¿Por qué cree usted que las tasas de crecimiento de la población disminuyen conforme aumenta el nivel de desarrollo? Si la gente consume más bienes, en general, a medida que es más rica y los hijos no son más que otro bien de consumo (una fuente de placer para sus padres), ¿por qué no "consumen" los habitantes de los países ricos más hijos?

(b) ¿Por qué los países cuyas tasas de crecimiento demográfico son más altas tienden a tener una *proporción* mayor de personas de menos de 15 años?

(c) ¿Tienden los países más pobres a ser rurales o es que los países rurales tienden a ser pobres? ¿En qué sentido va la causalidad o va en ambos sentidos?

(d) ¿Por qué cree usted que el precio internacional del azúcar puede fluctuar más, por ejemplo, que el de los automóviles?

Capítulo 3

EL CRECIMIENTO ECONÓMICO

3.1 Introducción

De todas las cuestiones de las que se ocupan los economistas del desarrollo, ninguna es tan acuciante como la del crecimiento económico. En el capítulo 2 hemos examinado el crecimiento histórico de los países y hemos observado toda una variedad de tasas anuales de crecimiento. Es cierto que todas estas cifras, salvo contadísimas excepciones, eran de un sólo dígito, pero también hemos puesto mucho esfuerzo en destacar el poder del crecimiento exponencial. Un aumento de la tasa de crecimiento de un punto porcentual puede significar el estancamiento o la prosperidad en el plazo de una generación. No es de extrañar, pues, que sea tentador buscar las variables clave del proceso de crecimiento. De hecho, hasta hace poco y precisamente por esta razón, ningún análisis económico ha desatado tanto las ambiciones y las esperanzas de más gobernantes en los países en vías de desarrollo como la teoría y el análisis empírico del crecimiento económico.

Robert Lucas afirmó lo siguiente en sus Marshall Lectures de la Universidad de Cambridge:

> Las tasas de crecimiento de la renta real per cápita son... diversas, incluso cuando se analiza un largo periodo... Las rentas de la India se duplicarán cada 50 años; las de Corea cada 10. La situación de un indio será, en promedio, dos veces mejor que la de su abuelo; la de un coreano, 32 veces mejor...
>
> No entiendo cómo se pueden observar cifras como éstas sin ver que representan *posibilidades*. ¿Podría tomar el Gobierno de la India alguna medida que permitiera que la economía india creciera como la de Indonesia o la de Egipto? En caso afirmativo, ¿cuál exactamente? En caso negativo, ¿qué hay en la "naturaleza de la India" que lo impida? Las consecuencias que tienen este tipo de cuestiones para el bienestar humano son sencillamente inmensas: cuando se piensa en ellas, resulta difícil pensar en ninguna otra cosa.

Citamos extensamente a Lucas porque recoge mejor que ningún otro autor la pasión que impulsa el estudio del crecimiento económico. Percibimos aquí la gran recompensa, los cambios de consecuencias extraordinariamente beneficiosas que podrían conseguirse si se supiera cuál es la combinación exacta de circunstancias que impulsa el crecimiento económico.

Si se supiera..., pero sería insensato esperar eso de una sola teoría (o incluso de varias) que se aplica a un universo económico increíblemente complejo. Sin embargo, resulta que las teorías del crecimiento económico nos permiten comprender bastante bien el proceso del desarrollo, al menos desde un punto de vista agregado, sobre todo si las complementamos con datos empíricos. Nos enseñan como mínimo a formular las *preguntas* correctas en las discusiones más minuciosas que presentamos más adelante en este libro.

3.2 El crecimiento económico moderno: características básicas

El crecimiento económico, como sugiere el título del libro pionero de Kuznets [1996] sobre el tema, es un fenómeno relativamente "moderno". Actualmente, recibimos con aprobación tasas anuales de crecimiento per cápita del 2% pero sin grandes sorpresas. Recuérdese, sin embargo, que durante la mayor parte de la historia de la humanidad, el producto interior bruto per cápita (PIB) ha experimentado sólo excepcionalmente un crecimiento observable. De hecho, no faltamos a la verdad si decimos que el crecimiento económico moderno nació después de la Revolución Industrial en Gran Bretaña.

Examinemos las tasas de crecimiento que han experimentado los principales países del mundo en los cuatro últimos siglos. Durante el periodo 1580-1820, los Países Bajos fueron el principal país industrial; su PIB real por hora trabajada[1] creció una media anual del 0,2% aproximadamente. El Reino Unido, líder más o menos durante el periodo 1820-90, experimentó un crecimiento anual del 1,2%. Se considera que desde 1890 Estados Unidos le ha arrebatado el puesto al líder: su tasa media de crecimiento del 2,2% al año fue (relativamente) espectacular durante el periodo 1890-1989. Su PIB por trabajador ha crecido, pues, a un *ritmo acelerado*, sobre todo desde 1820. Evidentemente, según los patrones actuales, incluso la economía que más deprisa creció hace dos siglos se consideraría hoy casi estancada.

Obsérvese de nuevo que aunque una tasa anual de crecimiento del PIB per cápita de un 2% no parece muy impresionante, basta una breve reflexión (y un cálculo rápido) para ver el enorme potencial que encierra ese crecimiento si se mantiene. Un simple cálculo muestra que a una tasa del 2%, el PIB per cápita de un país se duplica en 35 años, periodo de tiempo mucho más breve que la vida de una persona. ¡Eso significa que el crecimiento económico moderno nos permite disfrutar de un nivel de vida inmensamente más alto no sólo que el de nuestros padres sino también quizá que el de nuestros primos más mayores!

Basta echar una ojeada al cuadro 3.1 para ver cómo ha transformado el crecimiento económico el mundo actualmente desarrollado en el espacio de cien años. Este cuadro muestra el PIB real per cápita (valorado en dólares estadounidenses de 1970) de algunos países de la OCDE[2] correspondiente a los años 1870, 1913 y 1978. Las columnas de 1913 y 1978 incluyen entre paréntesis el cociente entre el PIB per cápita de esos años y la correspondiente cifra tomada como base de referencia (1870). Las cifras son asombrosas. En promedio (véase la última fila del cuadro), en 1913 el PIB per cápita era 1,8 veces mayor que en 1870; en 1978, ¡esta cifra aumentó a 6,7! Una multiplicación del PIB real per cápita por casi siete en cien años no puede sino transformar por completo una sociedad. El mundo en vías de desarrollo, que está sufriendo actualmente su propia transformación, no será una excepción.

---

[1] Obsérvese que aquí no nos referimos al crecimiento del PIB per cápita como tal, sino al crecimiento del PIB *por hora trabajada*, o sea, a la productividad del trabajo. Sin embargo, los datos sobre el crecimiento sugieren claramente que el primero es impulsado en gran medida por el segundo.

[2] OCDE quiere decir Organización para la Cooperación y el Desarrollo Económico grupo de países norteamericanos y europeos desarrollados.

Cuadro 3.1. PIB per cápita de algunos países de la OCDE, 1870-1978.

País	PIB per cápita (Dólares EEUU de 1970)					
	1870	1913		1978		
Australia	1.340	1.941	(1,4)	4.456	(3,3)
Austria	491	1.059	(1,2)	3.934	(8,0)
Bélgica	939	1.469	(1,6)	4.795	(5,1)
Canadá	619	1.466	(2,4)	5.210	(8,4)
Dinamarca	572	1.117	(2,0)	4.173	(7,3)
Finlandia	402	749	(1,9)	3.841	(9,6)
Francia	627	1.178	(1,9)	4.842	(7,7)
Alemania	535	1.073	(3,7)	4.676	(8,7)
Italia	556	783	(1,4)	3.108	(5,6)
Japón	248	470	(1,9)	4.074	(16,4)
Países Bajos	830	1.197	(1,4)	4.388	(5,3)
Noruega	489	854	(1,7)	4.890	(10)
Suecia	416	998	(2,4)	4.628	(11,1)
Suiza	786	1.312	(1,7)	4.487	(5,7)
Reino Unido	972	1.492	(1,5)	3.796	(3,9)
Estados Unidos	774	1.815	(2,3)	5.799	(7,5)
Media aritmética	662	1.186	(1,8)	4.444	(6,7)

Fuente: Maddison [1979].

De hecho, si adoptamos una perspectiva histórica más amplia, la historia del desarrollo no ha hecho más que comenzar. No todos los países han experimentado un continuo crecimiento en los últimos cien años. En los siglos XIX y XX, sólo un puñado de países, principalmente de Europa occidental y de Norteamérica, y representados en gran parte por la lista del cuadro 3.1, consiguió el "despegue hacia un crecimiento continuo", por utilizar un conocido término acuñado por el historiador económico W. W. Rostow. En la mayor parte de lo que se conoce habitualmente con el nombre de Tercer Mundo, el crecimiento no comenzó hasta bien entrado este siglo; en muchos de ellos, probablemente ni siquiera hasta después de la Segunda Guerra Mundial, cuando acabó el colonialismo. Aunque hasta hace unas décadas no se ha contado con estadísticas detalladas y fiables de la renta nacional en la mayoría de estos países, las descripciones históricas menos cuantitativas, así como en el hecho de que sus niveles de PIB per cápita son muy inferiores a los del mundo industrializado actual, ponen claramente de manifiesto el atraso y el estancamiento económicos de estos países. Para verlo, remitimos al lector al cuadro 3.2. Este cuadro muestra las rentas per cápita de algunos países en vías de desarrollo *en relación con* la de Estados Unidos en el periodo 1987-94. También muestra la evolución de la renta per cápita de estos países en relación con la de Estados Unidos durante este mismo periodo.

Cuadro 3.2. PIB per cápita de algunos países en vías de desarrollo en relación con el de Estados Unidos, 1987-94.

País	Estimaciones del PNB per cápita basadas en la PPA (EEUU = 100)		Crec. anual aproximado 1987-94
	1994	*1987*	
Ruanda	1,3	3,8	↓
Etiopía	1,7	2,0	↓
India	4,9	4,4	↑
Kenia	5,7	5,1	↑
China	9,7	5,8	↑
Sri Lanka	12,2	10,7	↑
Indonesia	13,9	10,0	↑
Egipto	14,4	14,4	–
Federación Rusa	17,8	30,6	↓
Turquía	18,2	20,9	↓
Suráfrica	19,8	23,9	↓
Colombia	20,6	19,0	↑
Brasil	20,9	24,2	↓
Polonia	21,2	21,4	↓
Tailandia	26,9	16,4	↓
México	27,2	27,8	↓
Argentina	33,7	32,1	↑
Rep. Corea	39,9	27,3	↑
Grecia	42,2	42,1	↑
España	53,1	50,2	↑
Reino Unido	69,4	70,2	↓
Canadá	77,1	83,2	↓
Francia	76,0	75,9	↑
Japón	81,7	74,7	↑
Suiza	97,2	104,5	↓

Fuente: Banco Mundial, *World Development Report*, 1996.

Les queda, pues, mucho para alcanzar a los países desarrollados. Por otra parte, la historia ha experimentado un giro inesperado en los últimos cien años. Hace un siglo, los países actualmente desarrollados crecían (aunque, desde luego, no totalmente al unísono) en un entorno en el que no había ninguno que creciera mucho más deprisa que los demás. Hoy la historia es totalmente distinta. Los países en vías de desarrollo no sólo necesitan crecer sino que *deben* crecer a una tasa muy superior a la histórica. El mundo desarrollado ya existe y su acceso a los recursos económicos no sólo es mucho mayor que el de los países en vías de desarrollo sino que, además, *este acceso les da un poder evidente.* La extraordinaria circulación de información que existe en el mundo actual pone aún más de relieve la gravedad de la situación. La gente está cada vez más al tanto, y a un ritmo más rápido, de los nuevos productos que hay en otros países y de los cambios y las desigualdades de los niveles de vida que hay en todo el mundo. Un crecimiento exponencial a tasas del 2% puede muy bien producir considerables efectos a largo plazo, pero éstos no bastan para satisfacer el crecimiento paralelo de las aspiraciones del hombre ni para evitar la creciente percepción de las desigualdades globales. Quizá no se pueda culpar a ningún país ni a ningún grupo de países de la aparición de estas desigualdades, pero el hecho es que existen, por lo que aún es más necesario conseguir un crecimiento continuo.

3.3 Teorías del crecimiento económico

3.3.1 El modelo Harrod-Domar

Dicho de la forma más sencilla posible, el crecimiento económico es el resultado de la abstención de consumir en un *momento del tiempo*. Una economía produce toda una variedad de bienes. El acto de producir genera renta. Esa misma renta se utiliza para comprar estos bienes. *¿Qué* bienes exactamente? Depende de las preferencias personales y de la distribución de la renta, pero como primera aproximación general, cabe afirmar lo siguiente: la producción de bienes crea renta, la cual crea la demanda de esos mismos bienes.

Vayamos un paso más allá y clasifiquemos los bienes en dos grandes grupos. Podemos imaginar que el primero está formado por los *bienes de consumo*, que se producen con el fin expreso de satisfacer preferencias y deseos humanos. Los mangos que compramos en el mercado o las plumas estilográficas o los pantalones pertenecen a esta categoría. El segundo grupo de bienes está formado por lo que podríamos denominar *bienes de capital*, que pueden concebirse como bienes que se producen con el fin de producir *otros* bienes. Los altos hornos, las cintas transportadoras o los destornilladores podrían entrar dentro de la segunda categoría.[3]

Si miramos a nuestro alrededor, es evidente que la renta generada por la producción de todos los bienes se gasta *tanto* en bienes de consumo *como* en bienes de capital. Normalmente, los hogares compran bienes de consumo, mientras que las empresas compran bienes de capital para aumentar su producción o reponer la maquinaria anticuada. Esta generalización suscita inmediatamente una pregunta: si toda la renta se paga a los hogares y si éstos gastan su renta en bienes de consumo, ¿de dónde sale el mercado de bienes de capital? ¿Cómo encaja todo?

La respuesta es sencilla, aunque en muchos sentidos que dejamos de lado por ahora, sólo aparentemente: los hogares ahorran. Algunos también piden préstamos, desde luego, para financiar su consumo corriente, pero en conjunto el ahorro nacional generalmente es positivo. No toda la renta se gasta en consumo corriente. Absteniéndose de

---

[3] Debería quedar claro en nuestros ejemplos que existe una ambigüedad intrínseca en esta clasificación. Aunque los mangos o los altos hornos se clasifiquen fácilmente en su respectiva categoría, no ocurre lo mismo con los destornilladores y ni siquiera con las plumas. Lo correcto es distinguir entre los flujos de consumo corriente y futuro, y muchos bienes tienen algo de los dos.

consumir, los hogares ponen a disposición de las empresas una fuente de fondos que son utilizados por éstas para comprar bienes de capital. Éste es el acto de *invertir*. Los ahorradores transfieren poder de compra a los inversores a través de los bancos, de los préstamos personales, del Estado y de las bolsas de valores. El modo en que se realizan realmente estas transferencias es un tema importante en sí mismo, sobre el que nos extenderemos en capítulos posteriores.

Emprendiendo nuevas actividades, expandiendo las que ya existen o reponiendo el capital anticuado, la inversión genera una demanda de mercado de *bienes de capital*. Estos bienes pasan a engrosar el stock de capital de la economía y la dotan de una capacidad aún mayor de producción en el futuro y, de esa forma, la economía crece. Obsérvese, sin embargo, que si inicialmente no se ahorrara, no sería posible invertir y no habría expansión alguna. Éste es el sencillo punto de partida de toda la teoría del crecimiento económico.

Implícita en esta explicación está la idea del *equilibrio macroeconómico*. Si imaginamos un diagrama en forma de circuito en el que "sale" renta de las empresas cuando producen y "entra" renta cuando venden, podemos concebir el ahorro como una filtración del sistema: la demanda de bienes de consumo por sí sola es menor que la renta que generó esta demanda. Los inversores pueden eliminar la diferencia interviniendo con su demanda de bienes de capital. El equilibrio macroeconómico se alcanza cuando esta demanda de inversión contrarresta exactamente la filtración del ahorro. La figura 3.1 resume este concepto.

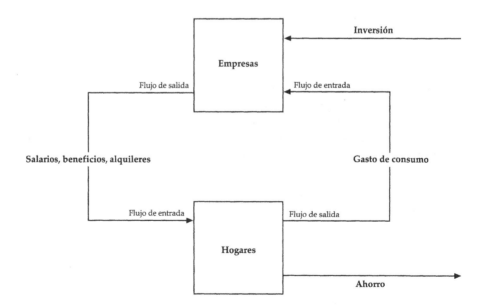

Figura 3.1. Producción, consumo, ahorro e inversión.

El ahorro y la inversión

El ciclo de la producción, el consumo, el ahorro y la inversión que se regenera constantemente es tan viejo como la civilización del hombre. En algunos casos, los ahorradores y los inversores son exactamente las mismas personas que utilizan sus propios fondos; en otros, no.

El hombre primitivo era un ahorrador y un inversor al mismo tiempo. Al ser el tiempo su único recurso, "ahorraba" tiempo de las actividades relacionadas con el consumo corriente, como la caza, y lo "invertía" en hacer utensilios de piedra, que le servían de capital para aumentar su futuro potencial productivo en la caza.

En las economías agrícolas tradicionales, el agricultor es en cierta medida un ahorrador y un inversor al mismo tiempo. Por ejemplo, puede ahorrar algunos cereales de la cosecha de un año e invertirlos como simiente para la futura producción cerealera o puede dedicar parte de los ingresos generados por la venta de la cosecha a la compra de un tractor o de un par de bueyes. En estos casos, el acto de ahorrar y el de invertir están estrechamente relacionados entre sí.

En las economías basadas en un sistema de planificación central, como la antigua Unión Soviética, y en las economías mixtas (entre las cuales se encuentran países como Estados Unidos, Japón, India y Corea del Sur), el Estado realiza una parte significativa de la inversión. Normalmente, obtiene ingresos por medio de impuestos y los gasta en distintas actividades, entre las cuales se encuentran tanto el consumo corriente (por ejemplo, el mantenimiento de una burocracia) como la inversión (por ejemplo, la construcción de nuevas autopistas).

Sin embargo, en las sociedades capitalistas modernas, la mayor parte del ahorro y de la inversión generalmente se debe a dos grupos distintos: los hogares ahorran y las empresas invierten. Los hogares ahorran gastando en consumo corriente menos de lo que les permite su renta corriente. Las empresas invierten adquiriendo nueva tecnología, plantas y equipo que aumentan su futura capacidad productiva. Obsérvese que el hecho de que los hogares mantengan sus ahorros en saldos bancarios, acciones o bonos no aumenta *automáticamente* el nivel de inversión de la economía. Reduciendo el consumo corriente (es decir, ahorrando) de esta forma, lo único que hacen es facilitar recursos para la inversión, que es el acto de utilizar realmente estos recursos para comprar nuevo capital.

En la literatura económica reciente se hace hincapié en el hecho de que el gasto en educación y en formación que aumenta las cualificaciones de la mano de obra también es una inversión. Las cualificaciones pueden no ser objetos tangibles como la maquinaria, pero contribuyen a aumentar la producción exactamente igual que una máquina. El acto de formar y educar puede denominarse perfectamente inversión en *capital humano*. Es importante señalar, sin embargo, que la inversión en capital humano, a pesar de su enorme importancia como factor de producción, normalmente no se incluye en los datos de ahorro y de inversión. Estas inversiones deben estimarse por separado, y tanto en este capítulo como en otros veremos por qué es necesario.

Si el lector comprende el concepto básico de equilibrio macroeconómico, comprenderá los fundamentos de *todos* los modelos de crecimiento económico. El crecimiento económico es positivo cuando la inversión es superior a la cantidad necesaria para reponer el capital depreciado, lo cual permite que el ciclo del periodo siguiente se repita a una escala mayor. En este caso, la economía se expande; en caso contrario, se estanca o incluso se contrae. Esa es la razón por la que el volumen de ahorro y de inversión es un determinante importante de la tasa de crecimiento de una economía.

Es fácil ver que nuestros conceptos simplificados ocultan aspectos importantes de la realidad. Por ejemplo, hemos dejado de lado por el momento la cuestión más profunda de los factores que determinan la cantidad de ahorro y de inversión. No obstante, lo expuesto hasta ahora aclara escuetamente algunos aspectos de la realidad y ahí reside su valor. Veamos de momento a dónde nos lleva y, una vez que nos familiaricemos con lo esencial, ampliaremos el análisis.

La utilización de un poco de álgebra en esta fase facilitará el análisis. También nos permitirá incluir algunos elementos más sin complicarlo mucho. Dividamos el tiempo en periodos, $t = 0, 1, 2, 3, \ldots$ Llevaremos la cuenta de los periodos indicando en cada variable el periodo correspondiente entre paréntesis. Utilizamos la notación económica habitual: Y representa la producción total, C el consumo total y S el ahorro total. Recuérdese que estas variables son *agregados* de la producción, el consumo y el ahorro de toda la población. En particular, S es igual al ahorro neto, una vez descontados los préstamos para consumo corriente. Por lo tanto, la siguiente ecuación *debe* cumplirse por razones contables:[4]

$$Y(t) = C(t) + S(t), \tag{3.1}$$

en todos los periodos t. En palabras, la renta nacional se divide entre el consumo y el ahorro. La otra cara de la moneda es que el valor de la producción generada (obsérvese, por favor, que *también* es igual a Y) debe ser igual a los bienes producidos para consumo más los bienes que necesitan los inversores; es decir,

$$Y(t) = C(t) + I(t), \tag{3.2}$$

donde I representa la inversión. Las ecuaciones [3.1] y [3.2] están a un paso de la famosa ecuación de equilibrio macroeconómico

$$S(t) = I(t), \tag{3.3}$$

o sea, "el ahorro es igual a la inversión", que el lector debe haber visto en un curso de introducción a la macroeconomía. Podemos utilizar esta ecuación para completar nuestro argumento básico. La inversión aumenta el stock nacional de capital K y repone la parte que se deprecia. Supongamos que se deprecia una proporción δ del stock de capital. En ese caso, naturalmente,

$$K(t + 1) = (1 - \delta)K(t) + I(t), \tag{3.4}$$

que nos indica cómo varía el stock de capital con el paso del tiempo.

Introduzcamos ahora dos importantes conceptos. La *tasa de ahorro* es simplemente el ahorro dividido por la renta: $S(t)/Y(t)$ en nuestro modelo. Llamémosla s. La tasa de ahorro depende de multitud de aspectos de la economía, que analizaremos más adelante.

---

[4] Suponemos que se trata de una economía *cerrada*, es decir, que no hay ni un flujo neto de entrada de recursos de otros países ni un flujo neto de salida. También dejamos de lado los impuestos y los gastos. Todos estos elementos pueden incorporarse con bastante facilidad posteriormente.

Nuestro segundo concepto también es un cociente: la *relación capital-producto*, que denominamos θ. Es la cantidad de capital necesaria para producir una unidad de producto en la economía y se representa por medio del cociente $K(t)/Y(t)$.

Combinando las ecuaciones [3.3] y [3.4], utilizando estos nuevos conceptos y manipulando algo los términos (véase el apéndice de este capítulo para los detalles), llegamos a una ecuación que tuvo una gran influencia:

$$s/\theta = g + \delta, \tag{3.5}$$

donde g es la tasa total de crecimiento que viene definida por el valor $[Y(t + 1) - Y(t)]/Y(t)$. Ésta es la ecuación *Harrod-Domar*, llamada así en honor a Roy Harrod y Evsey Domar, que escribieron conocidos artículos sobre el tema en 1939 y en 1946, respectivamente.

No es difícil ver por qué influyó tanto la ecuación Harrod-Domar. Tiene el aspecto de una receta. Relaciona estrechamente la tasa de crecimiento de la economía con dos variables fundamentales: la capacidad de la economía para ahorrar y la relación capital-producto. Elevando la tasa de ahorro, sería posible acelerar la tasa de crecimiento y elevando la tasa a la que el capital genera producción (*reduciendo* θ), aumentaría el crecimiento. La ecuación Harrod-Domar influyó profundamente en la planificación central de algunos países como la India y la antigua Unión Soviética (véanse los recuadros).

La introducción de una pequeña modificación en el modelo Harrod-Domar nos permite incorporar los efectos del crecimiento demográfico. Debería quedar claro que tal como está la ecuación en este momento, es una afirmación sobre la tasa de crecimiento del producto nacional bruto *total* (PNB), no del PNB per cápita. Para hablar del crecimiento per cápita, debemos tener en cuenta los efectos del crecimiento demográfico. Esto es bastante fácil de hacer. Si la población (P) crece a una tasa n, de tal manera que $P(t + 1) = P(t)(1 + n)$ para todo t, podemos convertir nuestras ecuaciones en magnitudes per cápita (en el apéndice del capítulo se muestran los sencillos cálculos algebraicos que hay que realizar). En lugar de la ecuación [3.5], ahora obtenemos

$$s/\theta = (1 + g^*)(1 + n) - (1 - \delta), \tag{3.6}$$

donde ahora g^* es la tasa de crecimiento *per cápita*.

Esta expresión combina algunos de los aspectos fundamentales que subyacen al crecimiento: la capacidad para ahorrar e invertir (recogida por s), la capacidad para convertir el capital en producción (que depende *inversamente* de θ), la tasa a la que se deprecia el capital (δ) y, por último pero no por ello menos importante, la tasa de crecimiento de la población (n).

En realidad, la ecuación [3.6] parece algo complicada. Existe una aproximación con la que es mucho más fácil realizar rápidas estimaciones. Para verlo expandimos el segundo miembro de la ecuación [3.6] y obtenemos $s/\theta = g^* + n + \delta - g^*n$. Ahora bien, tanto el valor de g^* como el de n son bajos, por ejemplo, 0,05 o 0,02, por lo que su producto es muy pequeño en relación con los demás términos y puede dejarse de lado como aproximación. De esa manera tenemos la siguiente ecuación aproximada:

$$s/\theta \simeq g^* + n + \delta, \qquad\qquad [3.7]$$

que recuerda a la [3.5] y puede utilizarse en lugar de la [3.6] sin que el análisis pierda mucha precisión.

Llegados a este punto, quizá el lector desee hacer los ejercicios con el modelo Harrod-Domar que se encuentran al final del capítulo para familiarizarse más con lo expuesto hasta ahora.

Ingeniería del crecimiento: el caso soviético

Como hemos visto, el modelo Harrod-Domar tiene tanto un valor descriptivo como un valor normativo. La tasa de crecimiento depende de ciertos parámetros y, en una economía de libre mercado, estos parámetros dependen de los gustos de la población y de la tecnología. Sin embargo, en una economía socialista basada en un sistema de planificación central (o incluso en una economía mixta que tenga un gran sector público), el Estado puede tener suficientes instrumentos (como el control directo de la producción y de la asignación, firmes poderes de tributación y confiscación, etc.) para manipular estos parámetros con el fin de influir en la tasa de crecimiento. Dados los objetivos de un Gobierno respecto al crecimiento y las condiciones tecnológicas existentes (por ejemplo, la relación capital-producto), el modelo Harrod-Domar puede utilizarse para obtener pistas sobre la mejor política económica, por ejemplo, sobre la tasa deseada de inversión que debe conseguirse para alcanzar ese objetivo.

El primer experimento controlado de "ingeniería del crecimiento" se realizó en la antigua Unión Soviética tras la revolución bolchevique de 1917. Los años inmediatamente posteriores a la revolución transcurrieron en una enconada lucha —entre los bolcheviques y sus distintos enemigos, especialmente el Ejército Blanco del régimen zarista anterior— por el control del territorio y de los activos productivos como el suelo, las fábricas y la maquinaria. Durante la década de 1920, los bolcheviques fueron controlando gradualmente la mayor parte de la Unión Soviética (formada por Rusia, Ucrania y otros estados más pequeños) que englobaba casi toda la industria, los canales de comercialización, la distribución de cereales y la moneda. Había llegado, pues, el momento de hacer uso de este control recién adquirido de la maquinaria económica para conseguir los objetivos económicos de los bolcheviques revolucionarios, de los cuales el más importante era un rápido ritmo de industrialización.[5]

Hacia finales de los años veinte, se sintió la necesidad de adoptar un enfoque coordinado para abordar el problema de la industrialización en todos los frentes. Bajo los auspicios de la Comisión Estatal de Planificación Económica (llamada *Gosplan*), se elaboró una serie de anteproyectos de planes que culminaron en el primer Plan Quinquenal soviético (predecesor de muchos más), que abarcó el periodo comprendido entre 1929 y 1933. Por lo que se refiere a los objetivos, el plan ponía mucho énfasis en el crecimiento industrial. La consiguiente necesidad de aumentar la tasa de inversión quedó reflejada en el objetivo de elevarla de un 19,9% de la renta nacional, nivel en el que se encontraba en 1927-28, a un 33,6 en 1932-33 (Dobb [1966, pág. 236]).

---

[5] En vísperas de la revolución, Rusia era el último país europeo en cuanto a nivel de industrialización, a pesar de su abundante dotación de recursos naturales. Según los cálculos de P. Bairoch, basados en el consumo per cápita de factores industriales esenciales, a saber, algodón en rama, arrabio, servicios ferroviarios, carbón y energía de vapor, Rusia ocupaba el último lugar de los nueve principales países europeos en 1910, detrás incluso de España e Italia. Véase Nove [1969].

Cuadro 3.3. Objetivos y logros del primer Plan Quinquenal soviético (de 1928-29 a 1932-33)[a]

	1927-28 (reales)	1932-33 (plan)	1932 (reales)
Renta nacional	24,4	49,7	45,5
Producción industrial bruta	18,3	43,2	43,3
(a) Bienes de producción	6,0	18,1	23,1
(b) Bienes de consumo	12,3	25,1	20,2
Producción agrícola bruta	13,1	25,8	16,6

Fuente: Dobb [1996].

[a] Todas las cifras están expresadas en cientos de millones de rublos de 1926-27.

¿Cómo se comportó la economía soviética durante el primer Plan Quinquenal? El cuadro 3.3 muestra algunos de los objetivos del plan y de los logros reales y lo que se observa es bastante impresionante. En un lapso de cinco años, la renta nacional real casi se duplicó, si bien se quedó algo por debajo del objetivo del plan. Los progresos realizados en el frente industrial fueron realmente espectaculares: la producción industrial bruta se multiplicó casi por 2,5, debido principalmente a la rápida expansión del sector de producción de máquinas (en el que se multiplicó casi por 4, es decir, incluso mucho más de lo que establecían los objetivos del plan), lo cual es comprensible, dado el enorme énfasis que se puso en la industria pesada para expandir la exigua base industrial rusa. Obsérvese que la producción de bienes de consumo fue muy inferior a los objetivos del plan.

También cayó espectacularmente el sector agrícola, en el cual la producción real apenas era en 1932 dos tercios del objetivo del plan y sólo algo mayor que en 1927-28. La razón se halla probablemente en que el control bolchevique de la agricultura nunca fue tan absoluto como el de la industria: los continuos conflictos con los agricultores *kulak* (grandes terratenientes del periodo zarista) afectó a la producción agrícola.

3.3.2 Más allá del modelo Harrod-Domar: otras consideraciones

La descripción del experimento soviético con el crecimiento (véase el recuadro) muestra claramente el mensaje de que la inversión y el ahorro no sólo son objetos agregados, sino que tienen importantes componentes que puede ser necesario controlar por separado. Algunos sectores clave pueden necesitar más inversión que otros y éstos pueden muy bien provocar un aumento repentino del crecimiento en otros. Especialmente importante es el equilibrio entre el sector urbano y el rural y, en términos más estrictos, entre la agricultura y la industria. La cuestión del equilibrio sectorial es lo bastante compleja como para que deba analizarse por separado, y en capítulos posteriores volveremos a examinarla.

Pero aun quedándose en la sencillez agregada del modelo Harrod-Domar, queda mucho por comprender. Examinemos de nuevo el modelo Harrod-Domar básico, recogido en la ecuación [3.6]. Nos dice que *si* las tasas de ahorro, las relaciones capital-producto, las tasas de crecimiento de la población y las tasas de depreciación son tales y tales, *entonces* la tasa de crecimiento resultante es de tantos puntos porcentuales. Tenemos derecho, desde luego, a hacer afirmaciones del tipo "si..., entonces" y en muchos casos éstas tienen sentido, pero en otros muchos no. La razón por la que no siempre son útiles se halla en que el proceso de crecimiento puede afectar a los propios parámetros (tasas de ahorro, relaciones capital-producto) que se utilizan para predecir las tasas de crecimiento. En otras palabras, esas variables pueden no ser *exógenas* al crecimiento económico sino que pueden ser determinadas *endógenamente*.

Lo que haremos en los siguientes apartados es estudiar una por una las diferentes fuentes de endogeneidad que pueden afectar al funcionamiento del modelo básico. El resultado que se obtiene finalmente reuniendo todas estas fuerzas en un solo modelo puede ser, por supuesto, muy complejo. Esa es la razón por la que comprenderemos mejor los distintos aspectos estudiándolos por separado.

La endogeneidad del ahorro

Tal vez el parámetro más importante del modelo Harrod-Domar sea la tasa de ahorro. ¿Es posible tratarla como un parámetro que puede manipularse fácilmente por medio de la política económica? Todo depende del grado en que las autoridades económicas controlen la economía. En realidad, hay varias razones para creer que sobre la propia tasa de ahorro puede influir el nivel medio de la renta per cápita de la sociedad y, no digamos, la *distribución* de esa renta entre la población. Aunque en el capítulo 6 volveremos a examinar más detalladamente esta cuestión, echémosle ahora una primera ojeada.

Imaginemos que vivimos en una sociedad en la que es necesario gastar 1.000 euros al año para satisfacer las necesidades vitales básicas. Es bastante probable que si nuestra renta también es de unos 1.000 euros, no ahorremos mucho; de hecho, es probable que tengamos que pedir un préstamo para llegar a fin de mes. Por lo tanto, cuando el nivel de renta es bajo, no es sorprendente que las tasas de ahorro sean bajas o incluso negativas (aunque sin la buena voluntad de nuestros acreedores o la posibilidad de no devolver los créditos, probablemente sea imposible que el ahorro realizado *a lo largo de toda la vida* sea negativo). Esta sencilla observación también es válida en el caso de los países pobres: es improbable que la tasa de ahorro sea alta en las economías en las que la mayoría de los ciudadanos tiene un nivel de consumo cercano al de subsistencia. En esas circunstancias, es improbable que el Gobierno o las autoridades económicas puedan hacer mucho para elevar significativamente la tasa de ahorro. Los intentos de aumentar el crecimiento deben basarse en ese caso en otras fuentes de acumulación de capital, como el crédito o la ayuda de otros países.

A medida que crece la economía, dejando atrás los niveles de subsistencia, hay más posibilidades de ahorrar. Eso no significa *necesariamente* que el ahorro aumente realmente. La idea de "lo que es necesario" en una sociedad puede cambiar y, de hecho, cambia. Así, Estados Unidos, uno de los países más ricos del mundo, también tiene una de las tasas de ahorro más bajas del mundo. Sin embargo, en estas situaciones hay más posibilidades de influir en la tasa de ahorro.

La mera subsistencia, aunque fundamental en los países más pobres, es menos importante en las sociedades más ricas (incluidos muchos países en vías de desarrollo). En la determinación de la tasa de ahorro de estos países entran en juego otros factores. Por ejemplo la distribución de la renta dentro del país y posiblemente también entre los países. La existencia de *alguna* desigualdad puede llevar a la clase media (y por extensión a los países de renta media en su conjunto) a ahorrar, debido al deseo de gozar de prestigio y de estatus en la economía mundial en la que se está cada vez más integrado. Obsérvese que aunque tanto la clase media como los pobres tengan aspiraciones de ese tipo, es la clase media la que se encuentra en mejores condiciones de satisfacerlas (o de conseguirlas para sus hijos) ahorrando una elevada proporción de su renta. Como ya hemos señalado, los pobres (incluidos los países pobres) no pueden, aunque quieran.

El análisis anterior induce a pensar que la tasa de ahorro debería mostrar una tendencia a aumentar cuando se pasa de unos niveles de renta muy bajos a unos niveles de renta media tanto *dentro* de los países como entre ellos. Lo que ocurra en los niveles de renta aún más altos posiblemente sea más ambiguo. Por una parte, los ricos tienen aún más posibilidades de ahorrar, por lo que la tasa total de ahorro no debería ser inferior a la de las personas de renta media (los *niveles* absolutos de ahorro serán mayores, desde luego, pero nos interesa la tasa). Sin embargo, extendiendo el argumento del párrafo anterior, es posible que la tasa de ahorro de los más ricos tenga una tendencia a disminuir. Aunque los ricos (y los países ricos) puedan *permitirse* el lujo de ahorrar, el hecho de que se encuentren por delante de muchas otras personas (o países) reduce su necesidad de acumular riqueza con el fin de mejorar su prestigio. El consumo corriente en sí mismo puede pasar a ser suficientemente atractivo.

Todo ello obliga a introducir un ajuste menor en la teoría Harrod-Domar: cuando varían las rentas, varía la tasa de ahorro que entra en la fórmula Harrod-Domar [3.6], lo que lleva a la tasa de crecimiento de un país a variar con el paso del tiempo de la misma forma que varía la tasa de ahorro con la renta. Por ejemplo, si interpretamos el argumento anterior literalmente, podemos predecir que *tanto* los países de renta baja *como* los de renta alta tendrán unas tasas de crecimiento inferiores a las de los países de renta media.

Este ejemplo también nos indica lo siguiente. El modelo Harrod-Domar básico es en cierto sentido una teoría *neutral* del crecimiento económico. No explica por qué las tasas de crecimiento difieren sistemáticamente en los distintos niveles de renta. El nivel de renta per cápita no influye en los numerosos parámetros que afectan al proceso de crecimiento. Con la modificación introducida en este ejemplo, se pierde la neutralidad: se crea una relación entre la renta per cápita y las tasas de crecimiento. Esta característica reaparecerá en el presente capítulo.

La endogeneidad del crecimiento de la población

De la misma manera que la tasa de ahorro puede variar con el nivel de renta per cápita, también varían las tasas de crecimiento de la población. De hecho, como veremos detalladamente en el capítulo 9, existen abundantes datos que parecen indicar que las tasas de crecimiento demográfico varían sistemáticamente con el nivel total de desarrollo de una sociedad. De ser eso cierto, tenemos otra causa de variación de las tasas de crecimiento per cápita que es totalmente independiente de las variaciones sistemáticas de la tasa de ahorro.

La variación de las tasas de crecimiento demográfico con el nivel de desarrollo se conoce en ciencias sociales con el nombre de *transición demográfica*. Este fenómeno es tan importante para comprender el desarrollo económico que hemos dedicado el capítulo 9 a su estudio y al análisis de cuestiones estrechamente relacionadas con él. Examinemos, no obstante, brevemente la cuestión para aplicarla al contexto del crecimiento económico.

La idea es muy sencilla. En los países pobres, las tasas de mortalidad, sobre todo las de mortalidad infantil, son muy altas. El hecho de que existan más casos de hambruna, desnutrición y enfermedad, así como las difíciles condiciones de saneamiento e higiene, contribuyen a que sean altas. No es sorprendente, pues, que las tasas de natalidad también sean altas. Ante la probabilidad de morir antes de llegar a adulto, las familias procrean más para conseguir un determinado número de hijos supervivientes. La combinación de una elevada tasa de natalidad y una elevada tasa de mortalidad contribuye, de hecho, a mantener en un bajo nivel la tasa *neta* de crecimiento de la población, que es la diferencia entre la tasa de natalidad y la de mortalidad. Cuando aumenta el nivel de vida, las tasas de mortalidad comienzan a descender. Por diversas razones que analizaremos en el capítulo 9, las tasas de natalidad se adaptan de forma relativamente lenta a esta transformación de las tasas de mortalidad, lo que hace que la tasa de crecimiento demográfico se dispare. El aumento es aún más espectacular si el descenso de las tasas de mortalidad es rápido. A largo plazo, conforme aumenta el desarrollo, las tasas de natalidad comienzan a bajar y la tasa de crecimiento demográfico desciende de nuevo hasta situarse en un nivel bajo. Esta evolución de la tasa de crecimiento demográfico en forma de "U invertida" se ha observado en muchos países y se conoce con el nombre de transición demográfica. Si esta breve descripción ha suscitado en el lector algunas preguntas, no se preocupe; debe suscitarlas. Como le hemos prometido, más adelante volveremos a examinar estas cuestiones.

De momento centremos la atención en las consecuencias que la transición demográfica tiene sobre el crecimiento económico per cápita. La figura 3.2 muestra dos líneas en el mismo gráfico, en el que el eje de abscisas representa la renta per cápita y el de ordenadas distintos tipos de tasas de crecimiento. La primera línea es horizontal: muestra la tasa total de crecimiento (*no* per cápita, pero excluida la depreciación) del modelo Harrod-Domar, que viene dada por la ecuación [3.5]. Esta línea es horizontal porque estamos simplificando el análisis suponiendo que la renta per cápita no afecta ninguno de los parámetros, salvo la tasa de crecimiento de la población (incluida la tasa de ahorro).[6]

La segunda curva, también representada en la figura, muestra cómo podría variar la tasa de crecimiento de la población con la renta per cápita. De acuerdo con el argumento de la transición demográfica, podemos imaginar que esa curva asciende inicialmente con la renta per cápita y después desciende. Estamos simplificando, desde luego, una comple-

---

[6] Naturalmente, en el apartado anterior hemos afirmado que puede no ser así, pero (y ya lo hemos dicho antes) es una forma de comprender los efectos de los diferentes factores por separado.

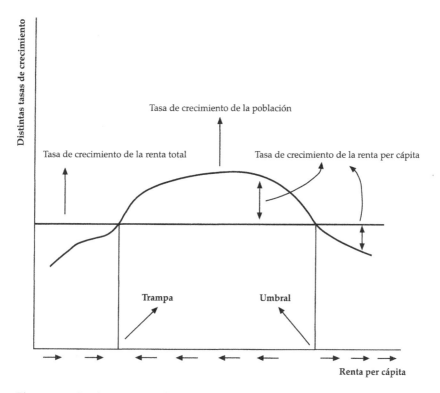

Figura 3.2. Crecimiento endógeno de la población y crecimiento económico.

ja cuestión con este fácil diagrama. En particular, hay varios factores, además de la renta per cápita, que contribuyen al "desarrollo" (como ya hemos señalado) y la tasa de crecimiento demográfico también depende de estos factores. Sin embargo, hemos elegido esta formulación para hacer una observación concreta, que pasamos a analizar a continuación.

Recuérdese que en nuestra versión aproximada de la ecuación Harrod-Domar [3.7], la tasa de crecimiento de la renta per cápita no es más que la tasa de crecimiento de la renta total (excluida la depreciación) menos la tasa de crecimiento de la población. Se representa en la figura 3.2 por medio de la distancia vertical entre las dos curvas en todos los niveles de renta per cápita. Obsérvese que en esta reformulación del modelo Harrod-Domar la tasa de crecimiento de la renta per cápita depende del nivel de renta corriente. Por ejemplo, en nuestro gráfico la tasa es positiva inicialmente (hasta el nivel de renta per cápita denominado "Trampa"), a continuación negativa (hasta el nivel de renta per cápita denominado "Umbral") y, por último, positiva de nuevo.

Si el lector comprende la anterior descripción, entenderá fácilmente como afecta el crecimiento económico per cápita. Partamos de un bajísimo nivel de renta per cápita, a la izquierda del nivel denominado "Trampa". Es evidente en el gráfico que como la tasa de crecimiento de la renta per cápita es positiva, la renta per cápita aumentará con el paso del tiempo; es como si la economía se desplazara a lo largo del eje de abscisas en dirección al punto denominado "Trampa". Ahora debería quedar claro el significado de la trampa en este contexto, pues si comenzamos exactamente *por encima* de este nivel crítico de renta per cápita, el crecimiento de la población será superior al crecimiento total de la renta y la economía se *empobrecerá* en términos per cápita. Las flechas situadas en el eje de abscisas indican el sentido del movimiento.

Examinemos ahora el segundo nivel crítico de renta per cápita, denominado "Umbral". Aplicando los mismos argumentos, es fácil convencerse de que si la economía es suficientemente afortunada para encontrarse a la derecha del umbral, la renta per cápita aumentará con el paso del tiempo y la economía se hallará en una fase de continuo crecimiento. Resumiendo, si no se adoptan medidas que lleven a la economía a la derecha del umbral, ésta tenderá a caer en la trampa.

El modelo resumido en este gráfico es una caricatura de la realidad,[7] pero quizá no demasiado. Como vimos en el capítulo 2, hay algunos países que no han podido disfrutar de crecimiento per cápita porque todo el crecimiento de la renta se lo ha comido la rápida tasa de crecimiento de la población. En términos más generales, el gráfico indica que hay situaciones en las que un aumento *temporal* de algunos parámetros económicos, quizá fruto de determinadas medidas de política económica, puede producir efectos duraderos a largo plazo. Es bastante fácil verlo con el presente modelo, por lo que permítasenos explicarlo con un ejemplo de ese tipo. Imaginemos que la economía se encuentra justamente a la izquierda del umbral, por lo que está deslizándose hacia la trampa (porque el crecimiento de la población es superior al crecimiento de la renta). En esta situación, un aumento de la tasa de ahorro puede situar la tasa de crecimiento de la renta total en un nivel superior al de la tasa de crecimiento de la población y, por lo tanto, tirar del umbral hacia abajo. El lector puede verlo fácilmente en el gráfico elevando mentalmente la línea recta y observando que a este movimiento le corresponde un desplazamiento del umbral hacia la izquierda. En este caso, la economía puede crecer. Obsérvese, además, que *la política que eleva el ahorro no tiene que ser permanente*. Una vez que la economía traspasa un cierto nivel de renta per cápita, la antigua tasa de ahorro es suficiente para impedir que la economía se deslice hacia abajo, ya que las tasas de crecimiento de la población descienden por sí solas en respuesta a la mejora del nivel de vida.

---

[7] Hay varias razones por las que todos los modelos son simplistas y conviene señalarlas si queremos utilizar los modelos con sensatez. Por ejemplo, no hay razón alguna por la que la curva de la población deba cortar la línea horizontal que representa el crecimiento de la renta total. Es muy posible que el crecimiento de la renta total sea suficientemente alto incluso si la tasa de crecimiento de la población es alta. Es fácil ver que en ese caso desaparecerían nuestras trampas y umbrales. No obstante, cuando el crecimiento de la población alcance un máximo, la economía atravesará un largo periodo de lento crecimiento (en lugar de detenerse totalmente) y las ideas que hemos analizado en este apartado seguirán siendo tan válidas como antes, aunque no de una forma tan clara. También hay otras cuestiones. Nuestra curva de crecimiento de la población no tiene en cuenta el concepto de transición demográfica como un proceso en el tiempo. Por ejemplo, ¿es cierto que cuando *disminuye* la renta per cápita, el crecimiento de la población retorna a niveles nunca vistos antes? Nuestro gráfico supone que la respuesta es literalmente "sí", y eso es, desde luego, una exageración. Plasmar como es debido estas irreversibilidades temporales en un modelo es, por supuesto, importante, pero no nos alejaría demasiado de los elementos principales de nuestra argumentación, y eso es lo que hace que un modelo sea relevante, aun cuando no sea realista.

Asimismo, una firme campaña de planificación familiar o la creación de incentivos para tener menos hijos puede tirar hacia abajo de la curva de población, convirtiendo de nuevo una situación aparentemente desesperada en otra que permite el crecimiento a largo plazo. Una vez más, cuando aumenta la riqueza económica por sí sola, las tasas de crecimiento de la población se ven inducidas endógenamente a bajar, por lo que ahora resulta superflua la política que antes era necesaria.

La idea de que los cambios temporales de política económica pueden producir efectos duraderos a largo plazo es importante. Volveremos a esta cuestión en varias ocasiones y veremos que algunas situaciones aparentemente muy diferentes tienen elementos comunes que propician el uso de medidas temporales.

El análisis anterior, especialmente los ejemplos, muestra una cuestión de la que debemos ser muy conscientes. Los factores que consideramos *exógenos* (por ejemplo, el ahorro) pueden muy bien verse influidos por los resultados que supuestamente "causan" (por ejemplo, la renta o su tasa de crecimiento). Eso no quiere decir que no exista *ninguna* relación causal entre la tasa de ahorro y la de crecimiento, pero si el impacto del crecimiento sobre el ahorro también es significativo, es posible que tengamos que incorporar este feedback a la teoría. Lo mismo ocurre con las tasas de crecimiento de la población, que también pueden ser endógenas.

Más importante que reconocer meramente la existencia de endogeneidad es comprender que esto puede alterar de una manera fundamental la forma en que analizamos la economía y la política económica. Hemos visto qué podría ocurrir en el caso del crecimiento endógeno de la población, pero el ejemplo más sorprendente e influyente de todos es el modelo que pasamos a analizar a continuación. Desarrollado por Solow [1956], este modelo ha influido extraordinariamente en la forma en que los economistas estudian el crecimiento económico. Se basa en la posible endogeneidad de otro parámetro más del modelo Harrod-Domar: la relación capital-producto.

3.3.3 El modelo de Solow

Introducción

El giro que imprimió Solow al modelo Harrod-Domar se basa en la ley de los rendimientos decrecientes de los factores de producción. El capital y el trabajo generan conjuntamente el producto. Si hay mucho trabajo en relación con el capital, un poco más de capital cundirá mucho. En cambio, si hay escasez de trabajo, en el margen se utilizarán métodos intensivos en capital aumentando la relación marginal capital-producto. Esta conclusión es perfectamente acorde con nuestro análisis anterior: según la tesis de Solow, la relación capital-producto θ es *endógena*. En particular, θ podría depender de las dotaciones relativas de capital y trabajo de la economía.[8]

---

[8] Eso no quiere decir que el parámetro θ no pueda ser impulsado por otros factores, como el ritmo de avance tecnológico. En seguida nos extenderemos mucho más sobre esta cuestión, pero iremos paso a paso como siempre.

Las ecuaciones de Solow

Para comprender las consecuencias de esta modificación, será útil examinar una serie de deducciones muy parecidas a las que obtuvimos del modelo Harrod-Domar. Podemos conservar las ecuaciones [3.3] (el ahorro es igual a la inversión) y [3.4] (acumulación de capital) sin ninguna dificultad. Manteniendo también el supuesto de que el ahorro total $S(t)$ es una fracción constante s de la renta total $Y(t)$ y combinando las ecuaciones [3.3] y [3.4], tenemos que

$$K(t + 1) = (1 - \delta)K(t) + sY(t). \qquad [3.8]$$

Si dividimos por la población (P_t) y suponemos que ésta crece a una tasa constante, de tal forma que $P(t + 1) = (1 + n)P_t$, la ecuación [3.8] se convierte en

$$(1 + n)k(t + 1) = (1 - \delta)k(t) + sy(t), \qquad [3.9]$$

donde las letras minúsculas k e y representan magnitudes per cápita (K/P e Y/P, respectivamente).

Antes de seguir, asegúrese el lector de que comprende la idea económica intuitiva que subyace al análisis algebraico de la ecuación [3.9]. Es realmente sencilla. El segundo miembro consta de dos partes, el capital per cápita depreciado [que es $(1 - \delta)k(t)$] y el ahorro per cápita corriente [que es $sy(t)$]. Sumándolos, obtenemos el nuevo stock de capital per cápita $k(t + 1)$, con una complicación: la población está creciendo, lo que erosiona el stock de capital per cápita. Esa es la razón por la que en el primer miembro de la ecuación [3.9] figura la tasa de crecimiento de la población (n). Obsérvese que cuanto mayor es la tasa de crecimiento de la población, menor es el stock de capital per cápita en el siguiente periodo.

Para terminar de comprender el modelo de Solow, debemos relacionar la producción per cápita correspondiente a cada periodo con el stock de capital per cápita, utilizando la *función de producción*. Como sabrá el lector, la función de producción representa los conocimientos técnicos de la economía. En este modelo, el capital y el trabajo generan conjuntamente el volumen total de producción. Con rendimientos constantes de escala, podemos utilizar la función de producción para relacionar la producción per cápita con la cantidad de factores per cápita (en el apéndice de este capítulo, el lector puede ponerse al corriente sobre estas cuestiones si cree que las ha olvidado).

La figura 3.3 muestra una función de producción típica en la que el capital per cápita tiene rendimientos decrecientes. Obsérvese que a medida que aumenta el capital per cápita, la relación capital-producto disminuye debido a que hay una escasez relativa de trabajo. Obsérvese que la producción *por persona* continúa aumentando, por supuesto. Lo único que ocurre es que al haber una escasez relativa de trabajo, el *cociente* entre la producción y el capital utilizado disminuye. En la figura 3.4, utilizamos esta función de producción para averiguar cuál debe ser el stock de capital per cápita en el periodo $t + 1$ si el stock per cápita actual es k. Llevemos simplemente la ecuación [3.9] al gráfico. Para ello, multiplicamos por s la producción generada por cualquier stock de capital dado, obtenemos la nueva inversión, y sumamos el resultado al stock de capital depreciado. El producto final es la curva de la figura 3.4, que se parece mucho a la propia función de producción (y, de hecho, está estrechamente relacionada con ella), pero que se ha transformado de la manera que acabamos de describir. La figura 3.4 también representa el primer miembro de la ecuación [3.9], la línea recta $(1 + n)k$ a medida que varía k. Obsérvese que debido a los rendimientos decrecientes, la curva se encuentra inicialmente por encima de esta línea recta y a continuación desciende hasta situarse por debajo.[9]

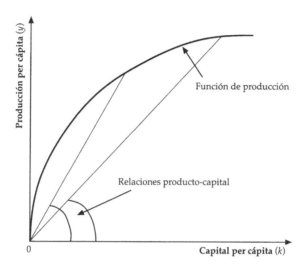

Figura 3.3. Cómo el capital per cápita genera la producción per cápita.

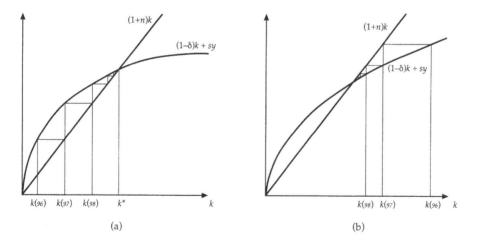

Figura 3.4. Dinámica del modelo de Solow.

[9] Si el lector ha seguido de cerca la argumentación, verá que esta última afirmación es absolutamente cierta si suponemos, además, que el producto marginal del capital es muy alto cuando hay muy poco capital y se reduce a cero a medida que el stock de capital per cápita es muy elevado.

El estado estacionario

Con este gráfico podemos hacer predicciones muy poderosas sobre las tasas de creci-miento. La figura 3.4 nos muestra dos niveles históricos iniciales del stock de capital per cápita —uno "bajo" (figura 3.4a) y uno "alto" (figura 3.4b)— del año 1996. Con el stock de capital bajo, la relación producto-capital es muy elevada, por lo que el stock de capital per cápita puede aumentar muy deprisa. ¿Cómo se ve esto en la figura 3.4? Bien, sabe-mos por la ecuación [3.9] que la oferta de capital per cápita se halla desplazándose hasta el punto de la curva que corresponde al stock inicial k (1996). Sin embargo, una parte de esta oferta se erosiona debido al crecimiento demográfico. Para hallar k (1997), nos des-plazamos simplemente en sentido horizontal hasta la línea $(1 + n)k$; el stock de capital co-rrespondiente a este punto es el stock de capital per cápita de 1997. Ahora repetimos sim-plemente el proceso. Obtenemos la senda zigzagueante de la figura 3.4a. Obsérvese que el crecimiento del capital per cápita *se desacelera* y que el capital per cápita acaba estabili-zándose cerca de k^*, que es el nivel del stock de capital en el que se cortan la línea curva y la línea recta.

El lector también puede seguir la argumentación partiendo de un elevado stock de capital inicial, como en la figura 3.4b. En este caso, a medida que pasa el tiempo, el stock per cápita *se erosiona* y converge hacia el *mismo* stock per cápita, k^*, que en la figura 3.4a. En este caso, la idea es exactamente la contraria a la del párrafo anterior: la relación pro-ducto-capital es baja, por lo que la tasa de expansión del capital agregado también lo es. Por lo tanto, el crecimiento de la población es superior a la tasa de crecimiento del capi-tal, lo que erosiona el stock de capital *per cápita*.

Podemos concebir k^* como el nivel del stock de capital per cápita del *estado estaciona-rio*, hacia el que debe converger el stock de capital per cápita partiendo de *cualquier* nivel inicial.

En otras palabras, en el modelo de Solow el crecimiento pierde su impulso si el capi-tal crece demasiado deprisa en relación con el trabajo, que es precisamente lo que ocurre a la izquierda de k^* en la figura 3.4a. La causa son los rendimientos decrecientes del capi-tal, que hacen que la relación capital-producto disminuya a medida que aumenta el capital más deprisa que el trabajo. La disminución de la relación capital-producto reduce el cre-cimiento del capital hasta que es igual que el crecimiento del trabajo. Eso significa que la relación capital-trabajo a largo plazo debe ser constante (lo que se recoge por medio del cociente k^*).

Sin embargo, si el stock de capital per cápita se estabiliza en un "estado estacionario", ¡también debe estabilizarse la renta per cápita! Así pues, en esta versión del modelo de Solow, la producción per cápita no crece a largo plazo y la producción *total* crece exacta-mente a la tasa de crecimiento de la población. En concreto, la tasa de ahorro no influye a largo plazo en la tasa de crecimiento, lo que contrasta claramente con la predicción del modelo Harrod-Domar.

Parece que nos estamos haciendo un lío. Acabamos de estudiar el modelo Harrod-Domar, en el que la tasa de ahorro afecta con casi toda seguridad la tasa de crecimiento, y ahora el modelo de Solow nos dice que no la afecta, al menos a largo plazo. Pero no hay tal lío. Las discrepancias desaparecen una vez que recordamos que el modelo de Solow introduce un aspecto que no contiene el de Harrod-Domar: los rendimientos decrecientes del capital, que provocan variaciones endógenas de la relación capital-producto. Éste es el aspecto que ahoga el crecimiento en el modelo de Solow. Examinemos de nuevo la figura 3.4 y observemos que cuanto menores son los rendimientos decrecientes, más se parece la curva de ese gráfico a una línea recta y más tarda el stock de capital per cápita en estabilizarse: k^* aumenta. El modelo Harrod-Domar estudia el caso límite de este proceso en el que no hay rendimientos decrecientes y, por consiguiente, k^* no llega nunca al estado estacionario: en ese caso, el stock de capital per cápita puede crecer indefinidamente. ¿Cuál de los dos modelos es más relevante? Se trata, en última instancia, de una cuestión empírica y, como en seguida veremos, el jurado aún está deliberando. En cualquier caso, mientras nos demos cuenta de que los diferentes supuestos (en este caso, con respecto a la naturaleza de la tecnología) generan distintas predicciones, no hay razón alguna para estar confuso.

Cómo afectan los parámetros al estado estacionario

En el modelo de Solow, la tasa de ahorro no afecta a la tasa de crecimiento de la renta per cápita a largo plazo (que es cero hasta ahora), pero sí afecta, desde luego, al *nivel* de renta a largo plazo. Lo mismo ocurre con la tasa de depreciación y con la tasa de crecimiento de la población. Todos estos efectos actúan a través de las variaciones del nivel de capital per cápita del estado estacionario, el cual afecta, a su vez, al nivel de producción per cápita del estado estacionario, que es igual que la renta per cápita a largo plazo.

Para ver esta cuestión en términos más formales, obsérvese que en la figura 3.4 y en el análisis realizado hasta ahora si la economía *partiera* del nivel de k^* del estado estacionario, permanecería en k^* para siempre (al fin y al cabo, eso es lo que significa "estado estacionario"). Eso quiere decir que en la ecuación [3.9], podemos considerar que $k(t) = k(t + 1) = k^*$. Si utilizamos el símbolo y^* para representar la producción per cápita que puede obtenerse con k^* y manipulamos algo los términos de la ecuación [3.9], obtenemos la ecuación que describe el estado estacionario:

$$\frac{k^*}{y^*} = \frac{s}{n + \delta}. \qquad [3.10]$$

Ahora podemos ver fácilmente los efectos de los cambios de varios parámetros. Un aumento de s, que es la tasa de ahorro, eleva el segundo miembro de la ecuación, lo que exige un aumento del primero para restablecer la igualdad. Eso significa que la nueva relación capital-producto del estado estacionario debe ser *mayor*. Cuando hay rendimientos decrecientes, eso sólo puede ocurrir si el nuevo nivel de k^* (y de y^*) del estado estacionario también es más alto. Vemos, pues, que un aumento de la tasa de ahorro eleva el nivel de renta per cápita a largo plazo. Siguiendo exactamente la misma lógica, verifique el lector que un aumento de la tasa de crecimiento de la población o de la tasa de depreciación reduce el nivel de renta per cápita a largo plazo.

Para terminar de comprenderlo, asegúrese el lector de que comprende también el análisis económico que subyace al análisis algebraico. Por ejemplo, cuando aumenta la tasa de depreciación, debe dedicarse una parte mayor del ahorro nacional a reponer el capital desgastado. Eso significa que, manteniéndose todo lo demás constante, la economía acumula una cantidad neta menor de capital per cápita, lo cual reduce el nivel del estado estacionario. También debe analizar los efectos de las variaciones de la tasa de ahorro y de la tasa de crecimiento de la población.

Efectos en los niveles y efectos en el crecimiento

La tasa de crecimiento de la población es un parámetro que produce un interesante doble efecto. Como acabamos de ver, un aumento del crecimiento demográfico *reduce* el nivel de renta per cápita del estado estacionario, pero ¡obsérvese que la renta *total* debe *crecer* más deprisa como consecuencia! Ha de ser así porque sabemos que la economía converge hacia el nivel de renta per cápita del estado estacionario, lo cual es imposible a menos que el crecimiento a largo plazo de la renta *total* sea igual a la tasa de crecimiento de la población.

Este doble efecto del crecimiento de la población se debe a una característica fundamental del trabajo que lo diferencia de cualquier otra mercancía. El trabajo es *tanto* un factor de producción *como* un consumidor de bienes finales. El primer efecto tiende a elevar la producción total; el segundo tiende a reducir la producción per cápita porque el stock de capital existente debe repartirse entre una población mayor. El primero eleva la tasa de crecimiento de la renta total; el segundo reduce el nivel de renta per cápita del estado estacionario.

Por lo tanto, el crecimiento demográfico, además de tener un interés intrínseco, también tiene interés como ejemplo de un parámetro que produce tanto un *efecto en el nivel* como un *efecto en el crecimiento* de la renta. En el capítulo 9 analizamos más detalladamente esta característica del crecimiento de la población.

Un efecto en el crecimiento es un efecto que altera la tasa de crecimiento de una variable, normalmente la renta o la renta per cápita. En cambio, un efecto en el nivel no altera la tasa de crecimiento, mientras que desplaza en sentido ascendente (o descendente) toda la senda que sigue la variable a lo largo del tiempo. La figura 3.5 muestra la diferencia entre los dos efectos. Este gráfico representa tasas de crecimiento del logaritmo de la renta a lo largo del tiempo, por ejemplo, *AB*, *CD* o *EF*. Obsérvese que al suponerse que la tasa de crecimiento es constante, la senda del logaritmo de la renta tiene forma de línea recta en este gráfico.[10] Una senda como la *CD* se distingue de una senda como la *AB* únicamente por una variación del nivel total; las tasas de crecimiento son las mismas a lo largo de las dos sendas. En cambio, una senda como la *EF* muestra una tasa de crecimiento superior a la de *AB* o a la de *CD*. Se considera que los parámetros que sólo provocan desplazamientos "paralelos", como el movimiento de *AB* a *CD*, producen efectos en el nivel. Los parámetros que desplazan la senda de crecimiento a *EF* son los que produ-

---

[10] Supongamos que la tasa de crecimiento de la renta es g y que $Y(0)$ es el nivel inicial de renta. En ese caso, $Y(t) = Y(0)(1 + g)^t$ para todos los periodos t. Tomando logaritmos, vemos que $\ln Y(t) = \ln Y(0) + t \ln(1 + g)$. Este sencillo cálculo nos muestra que en la figura 3.5 la ordenada en el origen de una senda del crecimiento nos da una medida del nivel, mientras que la pendiente es una medida de la tasa de crecimiento.

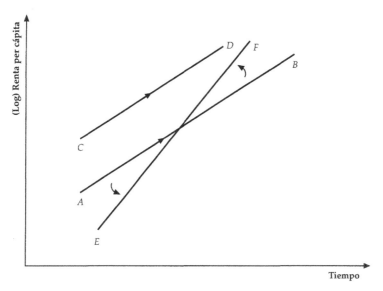

Figura 3.5. Efectos en el nivel y efectos en el crecimiento.

cen efectos en el crecimiento. También son posibles las combinaciones de ambos, como ya hemos visto en el caso del crecimiento demográfico y de la renta total.

Veamos a título de ejemplo por qué en el modelo de Solow las tasas de ahorro sólo producen efectos en el nivel. Consideremos el caso de un aumento de la tasa de ahorro. Naturalmente, la producción aumentará y permanecerá en un nivel más alto. Eso también significa que el stock de capital per cápita será mayor en todos los periodos tras el aumento de las tasas de ahorro. Utilice el lector la figura 3.4 para verificar que el stock de capital per cápita del estado estacionario debe aumentar, de tal forma que el efecto neto de un aumento de la tasa de ahorro es un aumento del *nivel* —un aumento del nivel a largo plazo— de capital y de producción (per cápita). Obsérvese que el efecto *a largo plazo* producido en el *crecimiento* de la renta es nulo: la renta crece simplemente a la misma tasa que la población, exactamente igual que antes.

Tal vez se pregunte el lector cómo es que nos desplazamos a un *nivel* más alto de renta per cápita si la tasa de crecimiento no resulta afectada. La respuesta se halla en que es la tasa de crecimiento *a largo plazo* la que no resulta afectada: a corto y medio plazo el aumento de la tasa de ahorro lleva a la economía a una senda superior, pero el efecto acaba siendo ahogado por los rendimientos decrecientes. En el modelo de Solow, la tasa de ahorro produce un efecto únicamente en el nivel.

Este análisis indica que el que el efecto sea en el nivel y no en la tasa de crecimiento depende totalmente del modelo utilizado. Por ejemplo, en un modelo con rendimientos constantes de escala, la tasa de ahorro *sí produce* efectos en el crecimiento: el examen de la ecuación Harrod-Domar lo confirma.

Los ejercicios que se encuentran al final de este capítulo contienen más análisis de los efectos en el nivel y en el crecimiento.

Resumen del análisis realizado hasta ahora

El modelo de Solow estudia una situación en la que la relación capital-producto varía en función del capital per cápita existente en la economía. La variación se debe al postulado de rendimientos decrecientes, de tal manera que un aumento del stock per cápita eleva la relación capital-producto. Este modelo contrasta con el de Harrod-Domar, en el que el supuesto de que la relación capital-producto es constante excluye esencialmente la posibilidad de que haya rendimientos decrecientes.

La validez relativa de estos dos modelos puede verificarse empíricamente y las predicciones teóricas son muy diferentes. En concreto, según el modelo de Solow, algunos parámetros como la tasa de ahorro sólo producen efectos en el nivel, a diferencia del modelo de Harrod-Domar en el que producen efectos en el crecimiento. De hecho, en la versión básica del modelo de Solow estudiada hasta ahora (pero que pronto ampliaremos), hay un nivel de renta per cápita del estado estacionario al que la economía debe converger, *independientemente de su punto de partida histórico*. Y lo que es más espectacular, el modelo de Solow deduce que *independientemente del stock de capital per cápita inicial*, dos países que tengan parecidas tasas de ahorro, de depreciación y de crecimiento demográfico convergerán en unos niveles de vida similares ¡"a largo plazo"! Ésta es la hipótesis de la *convergencia* internacional que ha generado abundante literatura y que analizaremos a su debido tiempo.

¿Para qué nos sirve todo esto? ¿Predice el modelo de Solow que en última instancia no hay crecimiento per cápita? ¿Cómo conciliamos esta conclusión con los datos, que sugieren que la economía siempre está creciendo y que hay persistentes disparidades entre los ricos y los pobres? ¿Qué significa en todo caso "a largo plazo"? ¿Por qué hemos de creer, además, estas extrañas consecuencias del modelo de Solow cuando el de Harrod-Domar es mucho más simple y permite que las tasas de crecimiento per cápita aumenten continuamente? En todo caso, no existen dos países que tengan las mismas tasas de crecimiento del ahorro y de la población; así que ¿qué interés puede tener una tesis de la convergencia que se basa en unos supuestos tan absurdos?

Son todas ellas buenas preguntas, pero para hallar las respuestas correctas hay que adoptar un enfoque mucho más agnóstico que no identifique literalmente modelo con realidad, sino que utilice los modelos para poner de relieve aspectos interesantes, y a menudo ocultos, de la realidad económica.

3.4 El progreso técnico

Para realizar una evaluación general de los modelos anteriores, primero hay que introducir el progreso técnico en el modelo de Solow.

Recuérdese que este modelo hace una afirmación muy radical. En ausencia de progreso técnico, un país no puede mantener indefinidamente el crecimiento de la renta per cápita. Para que eso ocurra, el capital debe crecer más deprisa que la población, pero en ese caso la hipótesis de los rendimientos decrecientes implica que la contribución marginal del capital a la producción debe disminuir, lo que acaba provocando una reducción de la tasa de crecimiento de la producción y, por lo tanto, del capital. Ésta es la esencia del apartado anterior.

El argumento anterior pierde fuerza si se realizan continuos avances técnicos, es decir, si la función de producción *se desplaza en sentido ascendente* con el paso del tiempo a medida que aumentan los conocimientos y se aplican. Mientras la fuerza optimista de este desplazamiento sea superior al sino de los rendimientos decrecientes, no hay razón alguna por la que la renta per cápita no pueda crecer indefinidamente.

¿Es este un motivo para abandonar el modelo de Solow? Con casi toda seguridad no, y por dos razones. En primer lugar, concibamos el modelo como una forma de organizar las ideas. Pensemos en dos grandes fuentes de crecimiento: una es la utilización de métodos de producción mejores y más avanzados (el progreso técnico) y la otra es la continua construcción de planta, maquinaria y otros factores que aumentan la capacidad productiva.[11] El modelo sostiene que *en ausencia de la primera fuente de crecimiento, la segunda no es suficiente para que la renta per cápita crezca continuamente. No* dice que el crecimiento sea imposible. Desde esta perspectiva, el modelo de Solow señala la conveniencia de estudiar desde el punto de vista económico el progreso tecnológico y sostiene que es ahí donde debemos buscar las fuentes últimas del crecimiento. Eso no quiere decir que esa afirmación sea necesariamente cierta, pero es desde luego sugerente y dista de ser claramente errónea.

En segundo lugar, el *método* de razonamiento utilizado en el modelo básico de Solow puede adaptarse fácilmente para incluir este tipo de progreso técnico. Examinemos brevemente la adaptación, ya que los argumentos son importantes para comprender la teoría del crecimiento.

Una sencilla manera de comprender el progreso técnico es imaginar que éste contribuye a la eficiencia o productividad económica del trabajo. De hecho, como veremos más adelante, no sólo es la mejora de los conocimientos técnicos la que contribuye a aumentar la productividad del trabajo; también contribuyen otros avances (como el aumento y la mejora de la educación). Por lo tanto, aunque aquí centremos la atención en el progreso técnico, nuestro enfoque también se aplica al aumento de la productividad provocado por una mejora de la educación y no necesariamente por una mejora de la tecnología.

Comencemos volviendo a la ecuación [3.8], que describe la acumulación de capital y es perfectamente válida con o sin progreso técnico. Hagamos ahora una distinción entre la población trabajadora $P(t)$ y la cantidad de trabajo en "unidades de eficiencia" [llamémosla $L(t)$] utilizada en la producción, la *población efectiva*, si se quiere. Esta distinción es necesaria porque en la extensión del modelo que analizaremos a continuación la productividad de la población trabajadora está creciendo constantemente. La manera más sencilla de recoger este aumento de la productividad es postular que

---

[11] Eso no quiere decir que estas dos fuentes guarden frecuentemente una estrecha relación: el progreso técnico puede *estar* incorporado en la nueva acumulación de capital.

$$L(t) = E(t)P(t), \tag{3.11}$$

donde podemos concebir $E(t)$ como la eficiencia o productividad de una persona en el periodo t. No sólo crece la población con el paso del tiempo (a la tasa n, exactamente igual que antes) sino que ahora también crece la eficiencia a la tasa π. Por lo tanto, $E(t + 1) = (1 + \pi)E(t)$. Identificamos este aumento de la productividad con el progreso técnico, por lo que π representa la tasa de progreso técnico.

Un paso más y nuestro modelo adaptado estará completo. Recuérdese cómo pasamos de la ecuación [3.8] a la [3.9] tras dividir por la población trabajadora para obtener magnitudes per cápita. Ahora hacemos lo mismo, pero con un matiz: dividimos por la población *efectiva* $E(t)P(t)$ para obtener lo que parece ser el capital y la renta per cápita, pero con una diferencia. Se trata de magnitudes *por unidad de trabajo eficiente*. Llamémoslas $\hat{k}$ e $\hat{y}$ para distinguirlas de los valores per cápita anteriores k e y. Realizando la división necesaria, obtenemos algo que se parece mucho a la antigua ecuación [3.9]:

$$(1 + n)(1 + \pi)\hat{k}(t + 1) = (1 - \delta)\hat{k}(t) + s\hat{y}(t). \tag{3.12}$$

Ahora aplicamos simplemente las viejas ideas sobre las funciones de producción, exactamente igual que antes. El capital por unidad de trabajo eficiente ($\hat{k}$) genera una producción por unidad de trabajo eficiente ($\hat{y}$). Al igual que ocurre en modelo básico de Solow, si hay demasiado capital por unidad de trabajo eficiente, tenemos escasez de trabajo (efectivo) y la relación producto-capital tiende a disminuir: siguen aplicándose los rendimientos decrecientes de un factor, pero en esta ocasión a unidades de trabajo *eficiente*. Por lo tanto, la figura 3.6 repite en espíritu el análisis realizado para la ecuación [3.9] en la figura 3.4. En la ecuación [3.12] se aplica *exactamente* la misma lógica.

La cantidad de capital por trabajo efectivo puede aumentar o disminuir con el paso del tiempo. Obsérvese que si aumenta, eso significa simplemente que el capital físico está

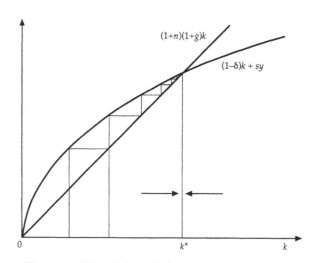

Figura 3.6. El modelo de Solow con cambio técnico.

creciendo más deprisa que la tasa de crecimiento de la población y la de progreso técnico *juntas*. Sin embargo, ahora entran en juego los rendimientos decrecientes y la *producción* por unidad de trabajo eficiente aumenta, pero no en la misma proporción. Examinando la ecuación [3.12], es evidente que el nuevo ahorro generado *tampoco* aumenta, pues, proporcionalmente, lo que reduce la tasa de crecimiento del capital por unidad de trabajo eficiente. En la figura 3.6, este análisis corresponde a la región que se encuentra a la izquierda del punto de intersección $\hat{k}^*$. En esta región, la tasa de crecimiento del capital total disminuye con el paso del tiempo a medida que aumenta el capital por unidad de trabajo eficiente. Asimismo, a la derecha de la intersección, el capital por unidad de trabajo eficiente *disminuye* con el paso del tiempo.

Todos los caminos conducen, pues, al nivel del estado estacionario $\hat{k}^*$. Hasta ahora el análisis es paralelo al caso en el que no hay progreso técnico. La novedad reside en su interpretación. Obsérvese que *aun cuando* el capital por unidad de trabajo eficiente converja hacia un estado estacionario, la cantidad de capital por miembro de la población trabajadora continúa aumentando. De hecho, ¡el aumento a largo plazo de la renta per cápita se produce exactamente a la tasa de progreso técnico!

Una vez introducido el crecimiento a largo plazo en el modelo, es hora de examinar más detenidamente el importante concepto de convergencia y de distinguir entre varios matices de la definición.

3.5 ¿Convergencia?

3.5.1 Introducción

En el apartado anterior hemos mostrado cómo se modifica el modelo de Solow para introducir el cambio tecnológico. Con este análisis y con el modelo Harrod-Domar, concluimos nuestro primer vistazo a la teoría del crecimiento económico. Estamos ya en condiciones de evaluar algunas consecuencias fundamentales de esta teoría y de aplicarlas a los datos.

3.5.2 La convergencia incondicional

Uno de los elementos fundamentales del modelo de Solow es la predicción de *convergencia*, pero este concepto tiene varios matices. La predicción más extrema y, por lo tanto, la que puede ser más fácil de refutar se denomina *convergencia incondicional*. Si postulamos que los países no tienden a largo plazo a diferir en sus tasas de progreso técnico, de ahorro, de crecimiento de la población y de depreciación del capital, el modelo de Solow predice que en *todos* los países el capital por unidad de trabajo eficiente converge hacia un valor común $\hat{k}^*$, descrito en el apartado anterior, independientemente de la situación de partida de cada país, medida por su nivel inicial de renta per cápita (o lo que es lo mismo, por su stock de capital per cápita).

¿No estamos diciendo una perogrullada? Al fin y al cabo, suponemos que todos los parámetros a largo plazo son similares. Con ese supuesto, ¿cómo esperar otra cosa que no sea la convergencia? En realidad, la afirmación dista de ser obvia. Lo que suponemos que son iguales son los parámetros exógenos del modelo, pero *no* el nivel inicial del stock de capital o de la renta per cápita. La tesis de la convergencia se basa, pues, en el análisis que hemos realizado mediante el modelo de Solow: sostiene que si los parámetros que rigen la evolución de la economía son similares, *la historia, en el sentido de los diferentes puntos de partida iniciales, no cuenta.*

Empíricamente, la afirmación de convergencia incondicional es incluso más radical. Basamos esa convergencia en ciertos supuestos sobre la similitud de los parámetros de los distintos países. Sin embargo, no existe ninguna garantía de que estos supuestos se cumplan en realidad, por lo que si tal convergencia se diera, sería un hallazgo sorprendente, nunca trivial.

La figura 3.7 muestra la convergencia (incondicional). Trazamos, al igual que en la 3.5, la relación entre el logaritmo de la renta y el tiempo, por lo que una tasa constante de crecimiento (como la que se registra en el estado estacionario) se traduce en una línea recta. La línea recta *AB* representa la senda temporal (del logaritmo) de la renta per cápita en el estado estacionario, en el que la renta por unidad de trabajo eficiente se encuentra precisamente en el nivel generado por $\hat{k}^*$. La senda *CD* representa un país que comienza encontrándose por debajo del nivel por unidad de trabajo eficiente del estado estacionario. Según el modelo de Solow, este país mostrará al principio una tasa de crecimiento *superior* a la propia del estado estacionario y su senda temporal (del logaritmo) de la renta per cápita se desplazará asintóticamente hacia la línea recta *AB* como mostramos en la figura. A medida que pase el tiempo, su tasa de crecimiento se desacelerará

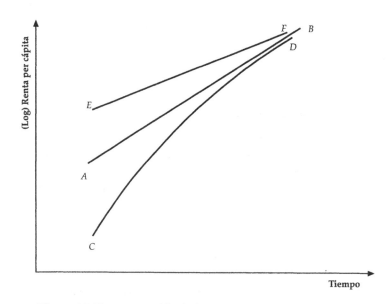

Figura 3.7. Representación de la convergencia incondicional.

hasta situarse en el nivel del estado estacionario. Asimismo, un país que comience encontrándose por encima del estado estacionario, por ejemplo, en *E*, experimentará una tasa de crecimiento *más baja*, ya que su senda temporal *EF* (del logaritmo) de la renta se aplana para converger con la línea recta *AB* desde arriba. Eso es lo que dice, al menos, la hipótesis.

La convergencia viene indicada, pues, por una estrecha relación negativa entre las tasas de crecimiento de la renta per cápita y el valor inicial de ésta.

Es bastante evidente en nuestro análisis que la hipótesis de la convergencia incondicional nos lleva a una conclusión muy peculiar. ¡No sólo exige que los países converjan hacia sus propios estados estacionarios sino que, además, sostiene que estos estados estacionarios son iguales! Veamos qué dicen los datos sobre esta cuestión.

3.5.3 La convergencia incondicional: ¿confirman los datos esta tesis?

El primer problema que se plantea cuando se contrasta una hipótesis de este tipo es la cuestión del horizonte temporal. La recogida sistemática de datos en las economías en vías de desarrollo no comenzó hasta hace poco, por lo que es difícil encontrar datos fiables que se remonten a cien años o más. Existen, pues, dos opciones: analizar la evolución de un pequeño número de países en un largo periodo de tiempo o la de un gran número de países en un breve periodo de tiempo. Hablaremos de las dos cosas.

Un pequeño grupo de países en un largo horizonte temporal

Baumol [1986] examinó las tasas de crecimiento de dieciséis países que se encuentran entre los más ricos del mundo en la actualidad. Gracias a los estudios de Maddison [1982, 1991], existen datos de 1870 sobre la renta per cápita de estos países. La idea de Baumol era sencilla pero poderosa: representemos la renta per cápita de 1870 de estos dieciséis países en el eje de abscisas y la tasa de crecimiento de la renta per cápita del periodo 1870-1979 (medida por medio de la diferencia entre los logaritmos de la renta per cápita de este periodo de tiempo) en el de ordenadas. Ahora averigüemos si la relación entre las distintas observaciones es acorde con la hipótesis de la convergencia. Como hemos señalado en el apartado anterior, si la hipótesis es correcta, las observaciones deberían encontrarse aproximadamente en una línea de pendiente negativa.

De hecho, el ejercicio parece que ha valido la pena. Aunque la renta per cápita de los países de la base de datos de Maddison era similar en 1979, era muy diferente en 1870. Parece, pues, que los resultados de Baumol confirman en buena medida la hipótesis de la convergencia incondicional.[12] En la figura 3.8, que procede de De Long [1988], se representa cada país por el logaritmo de la renta de 1870 en un eje y su crecimiento posterior en el otro. Los países, ordenados desde el más pobre hasta el más rico *en 1870*, son Japón,

---

[12] Baumol calculó una regresión del logaritmo de la diferencia entre la renta per cápita de 1870 y la de 1979 con respecto al logaritmo de la renta per cápita de 1870 y una constante. Obtuvo un coeficiente de $-0,995$ y un R^2 de $0,88$. Un coeficiente cercano a -1 significa que en 1979 habían desaparecido casi todas las diferencias que existían inicialmente entre las rentas per cápita.

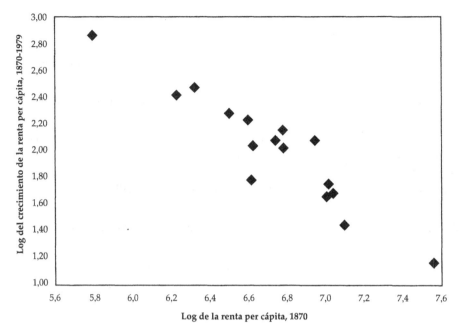

Figura 3.8. Crecimiento y renta per cápita de los dieciséis países estudiados por Maddison.

Finlandia, Suecia, Noruega, Alemania, Italia, Austria, Francia, Canadá, Dinamarca, Estados Unidos, los Países Bajos, Suiza, Bélgica, el Reino Unido y Australia. La figura muestra la estrecha relación negativa del estudio de Baumol que es característica de la convergencia incondicional.

Desgraciadamente, el estudio constituye un caso clásico de trampa estadística. En él, Baumol sólo examinó países que son ricos *ex post*, es decir, que tenían un nivel de PIB per cápita similar en 1979. Si nos situáramos en 1870, sin saber lo que fuera a ocurrir en el futuro, ¿existiría algún criterio razonable que justificara elegir precisamente estos países para contrastar la tesis de convergencia? Un buen ejemplo del error estadístico es la inclusión de Japón en la muestra. Se incluye precisamente por lo que ocurrió después: Japón es rico hoy, pero en 1870 probablemente se encontraba en un puesto intermedio en la jerarquía mundial de países ordenados según su renta per cápita. ¿Por qué Japón y no Argentina o Chile o Portugal?[13]

---

[13] Supongamos que estuviéramos examinando las estrellas del baloncesto que tienen éxito hoy. Procederían de diversos orígenes; unas serían pobres y otras ricas. Podríamos decir que "convergieron" hacia el éxito y, de hecho, las historias de jugadores que pasaron de la pobreza a la riqueza que observamos frecuentemente en los medios de comunicación reafirman esa impresión injustificada. Sin embargo, ¡no se puede deducir de eso que todos los chicos de una muestra elegida aleatoriamente que *aspiran* a ser jugadores de baloncesto "convergerán"! La retrospección no es un sustituto de la predicción.

Por lo tanto, se puede alegar que la "convergencia" que observó Baumol no es más que el resultado de una regularidad estadística y no una tendencia subyacente a la convergencia.[14] Para realizar un *verdadero* contraste de la hipótesis de convergencia habría que examinar un grupo de países que *ex ante* pareciera *probable* que fueran a converger, varias décadas más tarde, al nivel de PIB per cápita propio de los países más ricos.[15] No sería honrado sostener que países pobres de Asia o de África mostraban ese potencial entonces, mientras que toda una multitud de países (muchos de Europa y algunos de Latinoamérica) —excluidos todos ellos del estudio de Baumol— se encontraban más o menos en la misma situación que muchos de los países incluidos en el grupo de dieciséis de Maddison en cuanto a niveles de renta y perspectivas económicas (tal como se percibían *entonces*). Los datos de Baumol tienen, pues, un "sesgo de selección". Para estudiar la convergencia sólo se seleccionaron los países que tenían historias de éxito. Eso es jugar con ventaja. ¿Supera la hipótesis de convergencia un riguroso contraste estadístico si ampliamos el grupo de países como indicamos anteriormente?

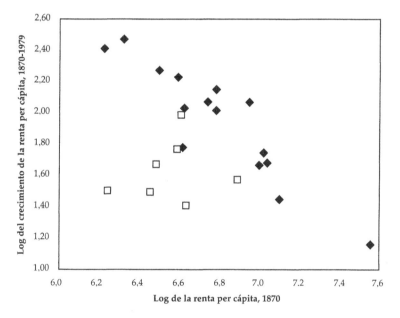

Figura 3.9. Crecimiento y renta per cápita de los veintidós países estudiados por De Long. Los nuevos países están representados por cuadrados y los iniciales por rombos. *Fuente:* De Long [1988].

---

[14] Obsérvese que aunque utilizamos este estudio como una advertencia ilustrativa, el propio Baumol vio el problema inmediatamente después de que algunos estudiosos señalaron el error. Nuestra exposición se basa en gran medida en las críticas y las extensiones del estudio de Baumol realizadas por De Long [1988].

[15] Esta probabilidad puede averiguarse basándose en su grado de integración en la economía mundial en ese momento, así como en el nivel de renta per cápita que tuvieran entonces.

De Long (1988) abordó esta cuestión añadiendo a los dieciséis de Maddison otros siete, que en 1870 tenían tanto derecho a pertenecer al "club de la convergencia" como muchos de los incluidos en el grupo original de Baumol. Estos otros países son Argentina, Chile, Alemania oriental, Irlanda, Nueva Zelanda, Portugal y España. Tres de ellos (Nueva Zelanda, Argentina y Chile) figuran, todavía en 1913, en la lista de los diez mayores receptores de inversiones británicas y francesas (en términos per cápita). La fe de los inversores en estas economías indica que tenían una opinión muy favorable de sus perspectivas de crecimiento en ese momento. *Todos* los países nuevos incluidos tenían en 1870 un nivel de PIB per cápita mayor que el de Finlandia, que era el segundo más bajo en la muestra de Baumol.[16]

La figura 3.9 muestra cómo cambia el panorama cuando se incluyen los países de De Long y se elimina Japón de los dieciséis iniciales. Las observaciones anteriores de la figura 3.8 son los puntos de color oscuro. Ahora las cosas no parecen ir tan bien para la convergencia y, de hecho, el análisis estadístico de De Long confirma esta historia más sombría. Ahora podemos repetir la regresión original de Baumol con esta nueva base de datos: hacemos una regresión del logaritmo de la diferencia entre la renta per cápita de 1870 y la de 1979 con respecto al logaritmo de la renta per cápita de 1870 y una constante.[17] El coeficiente de la pendiente de la regresión sigue siendo considerablemente negativo, pero la "bondad del ajuste" es muy mala, como lo indica el hecho de que el término residual de la perturbación es muy grande.

De Long también afirmó, y con razón, que los datos de 1870 probablemente contienen grandes errores de medición (en relación con los de 1979), lo que hace que las distintas observaciones estén más dispersas de lo que deberían estar en realidad, lo que hace que la convergencia parezca mayor de lo que debería ser en realidad.[18] De Long repitió su ejercicio de regresión, suponiendo que había un determinado grado de error de medición en los datos de 1870 e introduciendo las correcciones necesarias en su técnica de estimación para tenerlo en cuenta y observó que el coeficiente de la pendiente era muy cercano a cero, lo cual es indicativo de una modestísima relación sistemática entre la tasa de crecimiento de un país y su PIB per cápita, al menos en el caso de los veintidós países estudiados.

Un gran grupo de países en un breve horizonte temporal

La segunda opción es incluir un grupo muy grande de países para contrastar la hipótesis de la convergencia incondicional. Este enfoque tiene la ventaja de que "elimina" las irregularidades estadísticas que puede haber cuando se examina una muestra pequeña. El

---

[16] El más bajo es el de Japón y es significativamente inferior al del resto. De Long eliminó los datos de Japón en su análisis, porque si los incluía, tenía que incluir algunos otros que tenían un nivel de renta similar en 1870. Pero no existen datos exactos de 1870 sobre estos países.

[17] Para un análisis de la regresión y de los conceptos relacionados con ella, véase el apéndice 2.

[18] Imaginemos que un grupo de familias tienen todas ellas la misma renta en 1960 y en 1990. Son encuestadas en los dos años. Sin embargo, la encuesta de 1960 es inexacta, por lo que hay errores de medición, mientras que la de 1990 es exacta y muestra que todas tienen la misma renta. En ese caso, parece (estadísticamente) que estas familias han "convergido" hacia la misma renta partiendo de niveles diferentes.

inconveniente se halla en que el periodo de tiempo analizado debe reducirse a unas cuantas décadas, que es el periodo del que existen datos fiables de un grupo más grande de países.

En el capítulo 2, utilizamos la base de datos de Summers-Herston al hablar de la distribución mundial de la renta en el periodo 1965-85. Si el lector vuelve a leer el análisis de ese capítulo, deberá ver claramente que la convergencia incondicional no parece cumplirse. Como mínimo, no parece que se haya reducido significativamente la diferencia entre los países más ricos y los más pobres. Expresando el PIB per cápita en porcentaje de su nivel en Estados Unidos ese mismo año, una representación de la media de los cinco países más ricos y de los cinco más pobres en un periodo de veintiséis años (1960-85) muestra una diferencia relativa más o menos constante entre ellos. Eso no quiere decir que los países más pobres no hayan avanzado en términos absolutos: la renta per cápita media de los países pobres [expresada en porcentaje de un nivel fijo (1985) de PIB per cápita de Estados Unidos, por oposición a los niveles contemporáneos de ese país] muestra una clara tendencia ascendente durante el periodo analizado. No obstante, la diferencia entre las rentas *relativas* (y no digamos la diferencia entre las rentas *absolutas*) no ha variado, ya que los países más pobres han crecido más o menos a la misma tasa que los más ricos.

Una objeción a esta afirmación es que la base de una buena muestra debe ser amplia, es decir, no sólo debe contener los más ricos y los más pobres de la muestra. De hecho, esa es la muestra que tuvimos en cuenta en el capítulo 2, en el que señalamos la diversa evolución que han experimentado los distintos países durante este periodo. Señalamos, además, que si colocamos los países en diferentes grupos y construimos una matriz de movilidad para seguir sus desplazamientos de un grupo a otro, los países apenas tienden a desplazarse hacia un grupo común.

También se observa una tendencia parecida en otro tipo de análisis estadístico. Parente y Prescott [1993] estudiaron la evolución de 102 países durante el periodo 1960-85. En este estudio, el PIB real per cápita de cada país se expresa en términos relativos: en porcentaje del PIB per cápita de Estados Unidos correspondiente a ese mismo año. Los autores calcularon entonces la desviación típica[19] de estos valores en cada año por separado. Mientras que, según la hipótesis de la convergencia, los niveles de renta de los países se aproximan, es de esperar que la desviación típica de las rentas relativas disminuya con el paso del tiempo. Sin embargo, en el estudio de Parente y Prescott *aumentó*, en realidad, un 18,5% durante el periodo de veintiséis años y el aumento fue bastante uniforme todos los años. Sin embargo, se observan algunas diferencias si se examinan diferentes subgrupos geográficos. La desviación típica de las rentas relativas de los países de Europa occidental muestra una clara disminución. En realidad, esta disminución persiste durante todo el periodo 1913-85. Por otra parte, la misma medida aplicada a los países asiáticos muestra un aumento significativo y pronunciado y la divergencia existente en esta región se observa incluso cuando los datos se remontan a 1900.

---

[19] La desviación típica de un grupo de observaciones es una medida estadística que indica lo agrupados o lo dispersos que se encuentran los valores de esas observaciones. Cuanto más alta es la desviación típica, mayor es la "dispersión" en torno a la media. Véase el capítulo 6 y el apéndice 2 para mayores detalles.

Presentando los datos de otra forma más, supongamos que hacemos una regresión del crecimiento medio per cápita registrado entre 1960 y 1985 con respecto al PIB per cápita de 1960. Al igual que ocurre en el estudio de Baumol, la tendencia hacia la convergencia se traduciría en una relación negativa entre estas dos variables,[20] pero en consonancia con el análisis del resto de este apartado, no existe en absoluto una tendencia clara. Barro [1991] ha observado que la correlación entre estas dos variables es de 0,09 solamente, lo cual equivale a decir que no existe ninguna correlación.[21] En la figura 3.10 utilizamos los datos de Heston-Summers para representar la relación entre la renta per cápita de 1960 y la tasa anual media de crecimiento del periodo 1960-1985. No es necesario comentar la ausencia de un patrón en los datos.

3.5.4 La convergencia incondicional: resumen

Nuestra interpretación ha sido hasta ahora negativa, pero resulta útil de todas maneras. Recuérdese que el modelo Harrod-Domar, en su versión más sencilla, predice que las tasas de crecimiento son "neutrales" con respecto a la renta per cápita. Dado el supuesto

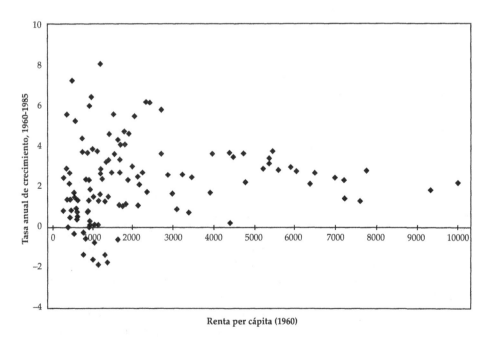

Figura 3.10. PIB per cápita (1960) y tasa anual media de crecimiento, 1960-85. *Fuente:* Penn World Tables Mark II.

---

[20] Obsérvese que al examinar toda la base de datos, evitamos el sesgo *ex post* antes analizado.
[21] Para una definición de correlación, véase el apéndice 2.

de que los rendimientos del capital son *constantes*, algunos parámetros como la tasa de ahorro producen efectos en la tasa de crecimiento, mientras que la renta per cápita ni acelera el ritmo de crecimiento ni lo frena. El modelo de Solow, por el contrario, rebaja la tasa de ahorro a la categoría de un parámetro que sólo produce efectos en el nivel. Predice que un aumento demasiado rápido del capital per cápita (y, por lo tanto, de la producción per cápita) contiene las semillas de su propia desaceleración, ya que entran en juego los rendimientos decrecientes del capital. Por lo tanto, siempre que todos los parámetros del modelo de Solow se mantengan constantes en todos los países, ese modelo implica que éstos convergerán.

Parece que los datos rechazan claramente esta predicción del modelo de Solow en su versión más sencilla y extrema. Por lo tanto, la versión sencilla de este modelo no es válida, pero hemos aprendido algo, ya que podemos utilizar el modelo de Solow como punto de referencia para explorar otras vías. Nuestra tarea es, pues, examinar las diversas posibilidades de conciliación de la teoría y los datos y aprender de esa forma nuevos modos de examinarlos.

Para concluir este apartado, despachemos primero una sencilla objeción. Podríamos decir que después de todo el modelo básico de Harrod-Domar tenía razón. Predice que las tasas de crecimiento son neutrales con respecto a la renta per cápita. En general, esa parece que es la conclusión a la que llegamos. Entonces, ¿por qué estudiar el modelo de Solow? La principal réplica a este punto de vista es que el supuesto de que el capital *físico* es el único que tiene rendimientos constantes de escala es simplista puesto que no parece ajustarse a los hechos. El capital físico necesita trabajo para funcionar: distamos de estar en un mundo de pura automatización. Apenas existen dudas de que en ausencia de otros factores, o sea, de progreso técnico, la mera acumulación de máquinas no provocaría un aumento de la producción. El capital y el trabajo van de la mano. Por lo tanto, podemos pensar que el modelo de Solow es absolutamente correcto al suponer que cada factor tiene rendimientos decrecientes por separado, pero al mismo tiempo está claro que le falta algo que enriquezca sus conclusiones y no prediga la convergencia.

3.5.5 La convergencia condicional

Consideremos el eslabón más débil de la predicción de la convergencia incondicional: es el supuesto de que en todos los países el nivel de conocimientos técnicos (y su evolución), la tasa de ahorro, la tasa de crecimiento demográfico y la tasa de depreciación son iguales. Esta idea es contraria a los hechos: los países se diferencian en muchos de estos aspectos, si no en todos. Aunque eso no influye en la predicción de Solow de que los países deben converger hacia *sus* estados estacionarios, los estados estacionarios ahora pueden variar de unos países a otros, por lo que no es necesario que dos países converjan *uno con otro*. Esta hipótesis más moderada nos lleva al concepto de *convergencia condicional*.

Para analizar este concepto, mantenemos el supuesto de que el saber circula libremente de unos países a otros, por lo que los conocimientos tecnológicos son los mismos en todos los países,[22] pero permitimos que difieran otros parámetros, como las tasas de ahorro y las tasas de crecimiento de la población.

Ya sabemos que en el modelo de Solow estos parámetros sólo producen efectos en el nivel de la renta per cápita. La tasa de crecimiento de la renta per cápita a largo plazo depende totalmente de la tasa de progreso técnico, que hemos supuesto que es idéntica en todos los países. Eso nos lleva a la predicción de la *convergencia de las tasas de crecimiento*: aunque la renta per cápita a largo plazo varía de un país a otro, las tasas de crecimiento per cápita a largo plazo de todos los países son (se predice que son) iguales.

La figura 3.11 muestra la convergencia de las tasas de crecimiento. Ahora no hay ninguna línea recta que represente la senda temporal del estado estacionario (del logaritmo) de la renta per cápita de todos los países, sino que cada uno tiene su propia senda de estado estacionario, como muestran las líneas *AB* y *A'B'*. Hemos supuesto, sin embargo, que *estas sendas son paralelas*, dado que la hipótesis mantiene las mismas tasas de progreso técnico (y, por lo tanto, las mismas tasas de crecimiento en el estado estacionario) en todos los países.

Imaginemos ahora que el país que tiene la senda de estado estacionario *AB* se encuentra inicialmente en el punto *C* situado por encima de esta senda. El modelo de Solow predice que este país mostrará con el paso del tiempo una tasa de crecimiento inferior a la correspondiente a la senda del estado estacionario a medida que vaya acercándose a su senda del estado estacionario *AB*. Esta senda viene dada por la curva *CD*. Asimismo, un país que se encuentre inicialmente en el punto *E* situado por debajo de su senda del estado estacionario *A'B'* mostrará una tasa de crecimiento superior a la del estado estacionario y la senda resultante *EF* convergerá en sentido ascendente hacia su senda del estado estacionario.

Este análisis muestra la convergencia de las tasas de crecimiento, pero plantea al mismo tiempo una cuestión preocupante. En un contraste que podamos realizar con los datos, ¿qué implica exactamente este tipo de convergencia? Recuérdese que según la hipótesis de la convergencia incondicional, la variación de la renta de un país debe estar relacionada negativamente con su nivel inicial de renta per cápita. ¿Afirma la convergencia del crecimiento algo parecido, que los países más pobres tienden a crecer más deprisa? La respuesta es negativa y la figura 3.11 nos muestra el porqué. El país que se encuentra inicialmente en el punto *C* es más pobre que el que se encuentra inicialmente en el *E*, pero el primero crece a un ritmo *más lento* que el segundo. La convergencia de las tasas de creci-

---

[22] Naturalmente, este supuesto (como cualquier otro) también puede ponerse en cuestión, pero no tan fácilmente como cabría pensar. Por ejemplo, podríamos decir que como en las granjas lecheras de la India y de Estados Unidos se emplean técnicas muy diferentes, la tecnología lechera de ambos países debe ser distinta. Pero este argumento sería incorrecto. El supuesto de que la tecnología es la misma no implica que la *técnica* real de producción sea la misma en los dos países. Lo más probable es que las diferentes técnicas aplicadas en las granjas lecheras se deban a las diferencias en la abundancia relativa de trabajo y capital. En la India, donde el trabajo es abundante y el capital es escaso, sería absurdo adoptar los métodos intensivos en capital de las granjas lecheras de Estados Unidos. Eso no significa que los indios no conozcan los métodos lecheros de Estados Unidos (o viceversa). El supuesto de que la *tecnología* es idéntica y el supuesto de que la *técnica* es idéntica son distintos. Para un minucioso análisis de la difusión de la tecnología de unos países a otros que se basa en datos de patentes, véase Eaton y Kortum [1997].

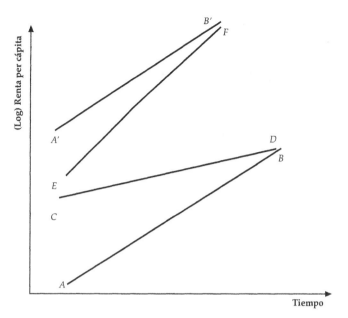

Figura 3.11. Convergencia de las tasas de crecimiento.

miento implica que un país que se encuentra *por debajo de su propio estado estacionario crece más deprisa* que su tasa de crecimiento de estado estacionario. Para contrastar esta hipótesis tenemos que utilizar los datos con el fin de averiguar *dónde* se encuentran estos estados estacionarios. Por este motivo, la convergencia incondicional es una hipótesis realmente incondicional: la afirmación de que todos los estados estacionarios se encuentran en el mismo lugar evita la necesidad de condicionar el análisis a las posiciones de los diferentes estados estacionarios. En cambio, la hipótesis más débil de la convergencia de las tasas de crecimiento debe "condicionarse" debidamente a la posición de los estados estacionarios.

La idea de controlar las estimaciones por la posición de los estados estacionarios equivale a eliminar el efecto de aquellos parámetros que pueden variar de unos países a otros y averiguar *entonces* si hay convergencia. Ese concepto se denomina *convergencia condicional*, porque "condicionamos" el análisis a las posibles diferencias entre los países antes de examinar la posibilidad de que exista convergencia.

El siguiente apartado nos indica cómo comenzar a controlar por los parámetros diversos.

3.5.6 Volvamos a examinar los datos

Para aplicar correctamente los conceptos de condicionamiento a los datos, es importante ver más detalladamente lo que trata de decirnos la teoría.[23] Para ello comenzamos ha-

---

[23] Este apartado se basa en los estudios de Mankiw, Romer y Weil [1962] y Mankiw [1995].

llando el valor $\hat{k}^*$ del estado estacionario en el modelo de Solow con progreso técnico. El análisis siguiente parece algo complicado. Para ayudarle le indicaré adonde queremos ir a parar: vamos a hallar una relación entre la renta per cápita y los distintos parámetros (como las tasas de ahorro y las tasas de crecimiento de la población) que podemos estimar con los datos.

Para hallar el valor $\hat{k}^*$, utilizamos el conocido método de introducir la igualdad $\hat{k}(t) = \hat{k}(t+1) = \hat{k}^*$ en la ecuación [3.12], de donde obtenemos que

$$(1 + n)(1 + \pi)\hat{k}^* = (1 - \delta)\hat{k}^* + s\hat{y}^*.$$

Reordenando esta ecuación vemos que

$$\frac{\hat{k}^*}{\hat{y}^*} = \frac{s}{(1 + n)(1 + \pi) - (1 - \delta)},$$

y utilizando la misma aproximación que empleamos para obtener la ecuación [3.7] a partir de la [3.6], vemos que

$$\frac{\hat{k}^*}{\hat{y}^*} \simeq \frac{s}{n + \pi + \delta}. \tag{3.13}$$

Para ir más allá debemos relacionar más exactamente la producción y el capital. En otras palabras, necesitamos especificar una función de producción. La forma más habitual de esta función de producción es la Cobb-Douglas (véase el apéndice de este capítulo para mayores detalles). Si Y representa la producción total, K representa el capital total y L representa el trabajo efectivo, entonces

$$Y = K^\alpha L^{1-\alpha},$$

para algún parámetro α comprendido entre 0 y 1, que (como en seguida veremos) mide la importancia relativa del capital en la producción. Dividiendo por L, podemos expresar la función de producción "por unidad de trabajo efectivo",

$$\hat{y} = \hat{k}^\alpha,$$

y manipulando algo las variables, podemos expresar esta ecuación en la forma equivalente

$$\frac{\hat{k}}{\hat{y}} = \hat{y}^{(1-\alpha)/\alpha}.$$

Introduciendo esta fórmula, evaluada en el estado estacionario, en la ecuación [3.13], tenemos que

$$\hat{y}^* \simeq \left[\frac{s}{n + \pi + \delta} \right]^{\alpha/(1-\alpha)}.$$

Ahora expresamos esta ecuación en forma logarítmica para ver que

$$\ln \hat{y}^* \simeq \frac{\alpha}{1 - \alpha} \ln s - \frac{\alpha}{1 - \alpha} \ln (n + \pi + \delta). \tag{3.14}$$

Por último, volvemos a expresar $\hat{y}^*$ en términos per cápita, que es algo que podemos observar directamente en los datos. De momento está expresada en unidades efectivas de trabajo. Recuérdese que $L(t) = E(t)P(t)$, donde $P(t)$ es la población y $E(t)$ es la productividad de una persona en el periodo t, que crece a la tasa de progreso técnico π. Por lo tanto, $E(t + 1) = (1 + \pi)E(t)$ y observamos que

$$\hat{y}^* = \frac{Y(t)}{P(t)E(0)(1 + \pi)^t} = \frac{y(t)}{E(0)(1 + \pi)^t},$$

donde $y(t)$ es la renta per cápita en el periodo t, $E(0)$ representa los conocimientos técnicos en un periodo de referencia (por ejemplo, 1965 o 1985) y t se cuenta en años transcurridos desde el periodo de referencia. Tomando logaritmos de ambos miembros de esta ecuación, vemos que

$$\ln \hat{y}^* = \ln y(t) - \ln E(0) - t \ln (1 + \pi).$$

Introduciendo esta expresión en la ecuación [3.14] y manipulando los términos, tenemos que

$$\ln y(t) \simeq A + \frac{\alpha}{1 - \alpha} \ln s - \frac{\alpha}{1 - \alpha} \ln (n + \pi + \delta), \tag{3.15}$$

donde A no es más que la suma de términos $\ln E(0) + t \ln (1 + \pi)$.

Ahora el plan es examinar realmente los datos, que nos transmiten información sobre las variables $y(t)$, s y n y, a continuación, hacer una regresión de $y(t)$ con respecto a los parámetros sugeridos por la ecuación [3.15]. Obsérvese que el término constante A es una "incógnita" desde el punto de vista del ejercicio de la regresión; se estimará una vez que se encuentre la regresión que mejor se ajusta a los datos.

Del mismo modo, en lo que se refiere al ejercicio empírico, los coeficientes de $\ln s$, así como de $\ln (n + \pi + \delta)$, son incógnitas y se estimarán con la regresión que mejor se ajuste a los datos. Sin embargo —y ahí radica el poder de una predicción teórica— la teoría sugiere que una vez que hayamos estimado la ecuación, los coeficientes tendrán un valor parecido [se supone que *ambos* son iguales a $\alpha/(1 - \alpha)$], pero de signo contrario.

En realidad, podemos decir más. Recuérdese que α es el coeficiente del capital en la función de producción y refleja la importancia del capital en el proceso de producción. Podemos estimar aproximadamente α observando la participación del capital en la renta nacional;[24] resulta que gira en torno a un tercio. Por lo tanto, $\alpha/(1 - \alpha)$ debe girar en torno a 0,5.

Comenzamos, pues, el estudio empírico con las siguientes expectativas:

(1) Los coeficientes del término $\ln s$ son positivos y el del término $\ln (n + \pi + \delta)$ es negativo. Esto recoge la predicción de Solow de que el ahorro produce un efecto positivo (de nivel) en la renta per cápita y el crecimiento de la población produce un efecto negativo (de nivel) en la renta per cápita.

---

[24] En el apéndice de este capítulo se indican los supuestos que son necesarios para poder utilizar esta variable como aproximación.

(2) Los coeficientes estimados tienen la misma magnitud aproximada, que gira en torno a 0,5.

Mankiw, Romer y Weil [1992] contrastaron estas predicciones utilizando la base de datos de Heston-Summers. Partieron del supuesto de que $\pi + \delta$ era aproximadamente 0,05, es decir, del orden de un 5% anual, y utilizaron la media de los cocientes entre la inversión y el PIB del periodo 1965-85 para estimar la tasa de ahorro. La variable y viene dada por el PIB per cápita del año 1985. La regresión resultante permite extraer las siguientes conclusiones:

(1) Más de la mitad de la variación que experimentó en todo el mundo el PIB per cápita en 1985 puede atribuirse a las dos variables s y n. El coeficiente de correlación de la regresión es 0,59. Se trata realmente de un resultado importante.

(2) Tal como predice el modelo de Solow, el coeficiente de ln s es significativo y positivo, mientras que el de ln $(n + \pi + \delta)$ es significativo y negativo. En términos cualitativos, en la medida en que no nos aferremos al absurdo supuesto de que las tasas de ahorro y de crecimiento de la población son iguales (y, por lo tanto, a la predicción de la convergencia incondicional), el modelo de Solow predice la existencia de amplias relaciones que sí se observan en los datos mundiales. Sin embargo, hay un problema:

(3) Los coeficientes son demasiado altos para ser cercanos a 0,5: el coeficiente del ahorro es 1,42 y el de la población –1,97. Distan, además, de ser de parecida magnitud. Las tasas de crecimiento de la población parece que producen un efecto negativo en la renta per cápita mayor que el efecto positivo que producen las tasas de ahorro.

Los valores elevados de los coeficientes tienen una consecuencia muy importante. Aunque las variaciones de las tasas de ahorro y de crecimiento de la población parece que tienen un efecto sobre las variaciones de la renta per cápita en el *sentido* predicho, las diferencias que se observan realmente entre las rentas per cápita de los distintos países son demasiado grandes en relación con las que predice la teoría. Una vez más, observamos la tensión entre dos líneas argumentales. Las grandes diferencias que se observan entre las rentas per cápita inducen a pensar que los rendimientos decrecientes del capital son pequeños o nulos. El modelo Harrod-Domar parece que es una opción mejor en este sentido. Al mismo tiempo, no podemos creer que el capital físico sea el único que tenga rendimientos constantes de escala. Las nuevas teorías del crecimiento que analizaremos posteriormente presentan una manera de mitigar este conflicto.

Así, pues, lo que hemos mostrado hasta ahora es que una vez que abandonamos el supuesto de que todos los parámetros son iguales en todos los países, el modelo de Solow sí se ajusta hasta cierto punto a los datos. Sin embargo, eso nos plantea otro tipo de problema. Aunque el ejercicio anterior fuera absolutamente satisfactorio, ¿no haría falta comprender *por qué* exactamente las tasas de ahorro y las tasas de crecimiento de la población varían sistemáticamente de unos países a otros? *Suponer* simplemente que es cierto no es una explicación muy satisfactoria de lo que observamos. Si creemos que los seres humanos de todo el mundo se mueven por las mismas motivaciones económicas y que no existe ninguna diferencia fundamental entre sus deseos genéticos de ahorrar o de procrear, ¿no será que las diferencias que observamos se deben a sus particulares experiencias económicas, más que a diferencias culturales o sociales irreconciliables? Eso nos lleva a la cuestión de la endogeneidad de estas variables. Una teoría más completa debería explicar por qué las propensiones a ahorrar y las tasas de crecimiento de la población varían de unos países a otros.

La supuesta exogeneidad del progreso técnico también es susceptible de una crítica parecida. Si este parámetro es tan importante (y, de hecho, según el modelo de Solow *todo* el crecimiento a largo plazo se debe al progreso técnico), también es sumamente importante saber *qué* fuerzas impulsan el progreso técnico. Eso lleva a preguntarse, a su vez, si el progreso técnico realmente se difunde sin coste alguno a los demás países, ya que las mismas fuerzas económicas que crean nuevos conocimientos pueden tener un incentivo para impedir su difusión gratuita. Una vez más, las teorías más recientes del crecimiento que analizamos en el capítulo 4 se refieren a algunas de estas cuestiones.

Así pues, los datos dan respuesta a algunos interrogantes, pero también plantean otros nuevos e intrigantes. No obstante, no cabe duda de que el ejercicio con condicionantes nos lleva mucho más allá que la ingenua hipótesis de la convergencia incondicional. Como mínimo, indica el camino que lleva a analizar nuevas cuestiones, algunas de las cuales se examinarán más adelante.

3.6 Resumen

En este capítulo hemos comenzado nuestro estudio de la teoría y el análisis empírico del *crecimiento económico*, que se define como la tasa anual de variación de la renta (total o per cápita). Hemos observado que las tasas de crecimiento per cápita del 2% o más son un fenómeno relativamente moderno y que se alcanzaron sistemáticamente por primera vez en Estados Unidos y sólo en este siglo. La renta per cápita de las economías en vías de desarrollo es muy inferior a la de los países desarrollados, por lo que conseguir una tasa más alta de crecimiento per cápita figura entre las máximas prioridades en esos países.

Hemos comenzado nuestro estudio de la teoría del crecimiento con el concepto fundamental de equilibrio macroeconómico. El ahorro es igual a la inversión: absteniéndose de consumir hoy es posible aumentar el equipo de capital. A mayor capital, mayor producto. Por lo tanto, hay dos parámetros inmediatamente relevantes: la *tasa de ahorro*, que nos dice cuánto "se abstiene" una economía, y la *relación capital-producto*, que nos dice cómo se traduce en producción el consiguiente aumento del capital. Eso nos permite obtener una ecuación que relaciona la tasa de ahorro y la relación capital-producto con la tasa de crecimiento, que es el elemento básico del *modelo Harrod-Domar*. La ecuación Harrod-Domar puede ampliarse para incluir la depreciación del capital y para tener en cuenta el crecimiento de la población. En el modelo Harrod-Domar, el crecimiento demográfico reduce inequívocamente el crecimiento per cápita, ya que una relación capital-producto fija no recoge debidamente el papel del trabajo como factor de producción. Eso nos lleva a considerar más en serio la posible *endogeneidad* de algunos parámetros como la tasa de ahorro, la tasa de crecimiento de la población y (por supuesto) la propia relación capital-producto.

Tanto la tasa de ahorro como la tasa de crecimiento de la población varían con los diferentes niveles de renta per cápita. Eso introduce la posibilidad de que la propia tasa de crecimiento per cápita varíe dependiendo del nivel de renta per cápita existente en un momento dado. En los casos extremos, estas consideraciones llevan a las *trampas* y los *umbrales* del desarrollo. La renta per cápita puede caer en una trampa (o pasar largos periodos de tiempo en ella), pero también puede haber umbrales críticos, más allá de los cuales se produce un crecimiento continuo. Ésta es la primera demostración de la posibilidad de que la situación en la que se encuentre inicialmente un país puede determinar sus resultados a largo plazo.

La endogeneidad de la relación capital-producto nos lleva a una teoría clásica: el *modelo de Solow*. El giro que imprime Solow al modelo Harrod-Domar consiste en que la relación capital-producto se ajusta con la existencia relativa de capital y de trabajo. Este ajuste se debe a los rendimientos decrecientes de cada uno de estos factores y utilizamos *funciones de producción* para plasmar esos efectos. Siguiendo con la argumentación, si el capital crece más deprisa que la población activa, cada unidad de capital tiene menos trabajo para utilizarla, por lo que el volumen de producción dividido por el capital disminuye. Por lo tanto, el ahorro disminuye *en relación con el stock de capital*, lo cual reduce la tasa de crecimiento del capital. Si el capital crece a un ritmo demasiado lento en relación con el trabajo, ocurre exactamente lo contrario. Este mecanismo garantiza que a largo plazo el capital y la población trabajadora crecen exactamente a la misma tasa, por lo que el crecimiento per cápita acaba agotándose. El capital y el trabajo mantienen un equilibrio a largo plazo constante que se conoce con el nombre de stock de capital (per cápita) *del estado estacionario*. Hemos mostrado cómo afectan diferentes parámetros al nivel del stock de capital del estado estacionario y (por lo tanto) al nivel de renta per cápita del estado estacionario. Hemos trazado una distinción entre los *efectos en el nivel* y los *efectos en el crecimiento*.

El crecimiento desaparece en el modelo básico de Solow porque no hay *progreso técnico*. Si concebimos el progreso técnico como un crecimiento del saber en el estado estacionario que aumenta continuamente la productividad del trabajo, resulta importante distinguir entre la población trabajadora y el *trabajo efectivo*, que es la población trabajadora multiplicada por la (el cambiante nivel de) productividad individual. Por lo tanto, la tasa de crecimiento del trabajo efectivo es igual a la suma del crecimiento de la población y el progreso técnico. Con esta modificación, los argumentos de Solow se aplican exactamente igual que antes y todas las magnitudes per cápita se expresan ahora en unidades de trabajo efectivo. Eso significa, por ejemplo, que mientras que el stock de capital a largo plazo, *en relación con el trabajo efectivo*, se estabiliza en el cociente del estado estacionario, el stock de capital por persona continúa creciendo y crece a la tasa de progreso técnico. La renta per cápita también continúa creciendo a largo plazo exactamente a la tasa del progreso técnico.

La idea de que el crecimiento per cápita se estabiliza en un valor igual a la tasa de progreso técnico nos lleva a la idea de la *convergencia*. Según una versión extrema de este concepto, que se conoce con el nombre de *convergencia incondicional*, las diferencias internacionales de renta deben desaparecer a largo plazo. Según una versión más débil, llamada *convergencia condicional*, teniendo en cuenta las posibles diferencias entre los parámetros de los distintos países, como las tasas de ahorro, inicialmente los países pobres crecen más deprisa. La convergencia está estrechamente relacionada con el concepto de productividad marginal decreciente del capital: se basa en la idea de que el capital de un país más pobre tiene un rendimiento marginal y, por lo tanto, la tasa de crecimiento per cápita de ese país es más alta.

Hemos observado a continuación que los datos no demuestran la hipótesis de la convergencia incondicional. Hemos examinado un pequeño grupo de países en un largo horizonte temporal (cien años). El problema de la versión inicial de este análisis se halla en que se eligieron países que ya se sabía que eran ricos al final del periodo estudiado (1979), pero que tenían claramente diferentes niveles de renta per cápita en 1870. Eso llevó a creer que se había producido una convergencia. La introducción de más países eliminó el efecto. Hemos proseguido con un estudio de un grupo mayor de países en un horizonte temporal más corto. Una vez más, los datos no confirman la hipótesis de la convergencia incondicional.

La convergencia condicional nos obliga a tener en cuenta la posibilidad de que las tasas de ahorro y de crecimiento de la población sean diferentes. En la última parte del capítulo, hemos comenzado a analizar esta cuestión mediante un modelo de regresión a partir de la teoría básica de Solow. Sorprendentemente, las diferencias entre las tasas de ahorro y las diferencias de crecimiento de la población explican por sí solas más de la mitad de la diferencia observada entre las rentas per cápita de los países. Sin embargo, las magnitudes estimadas de los coeficientes del ahorro y de la población son demasiado grandes para conciliarlas con el modelo básico de Solow. Se trata de un enigma al que volveremos en el siguiente capítulo. También hemos señalado que el supuesto de que las tasas de ahorro son exógenas en los distintos países posiblemente sea demasiado extremo, por lo que sería preferible (conceptualmente, al menos) plantear un modelo de regresión eligiendo un conjunto de parámetros que sea razonable suponer que son independientes. También volveremos a esta cuestión en el siguiente capítulo.

Apéndice

3.A.1 Las ecuaciones del modelo Harrod-Domar

Aquí mostramos los sencillos pasos que llevan a las ecuaciones del modelo Harrod-Domar [3.5] y [3.6]. Primero, combinamos las ecuaciones [3.3] y [3.4] para obtener

$$K(t + 1) = (1 - \delta)K(t) + S(t).$$

Ahora bien, si el ahorro es una fracción constante s de la renta, entonces $S(t) = sY(t)$ para todos los periodos t, mientras que si la relación capital-producto es θ, entonces $K(t) = \theta Y(t)$ para todos los periodos t. Utilizando estos cálculos en la expresión anterior, vemos que

$$\theta Y = (t + 1) = (1 - \delta)\theta Y(t) + sY(t), \tag{3.16}$$

por lo que

$$\frac{Y(t+1) - Y(t)}{Y(t)} = \frac{s}{\theta} - \delta.$$

El primer miembro de esta ecuación es simplemente la tasa de crecimiento g, por lo que nuestra deducción está completa.

¿Que ocurre si la población también crece? En este caso, debemos manipular algo la ecuación [3.16] para obtener magnitudes per cápita. Sea $y(t) \equiv (Y(t))/(P(t))$ la renta per cápita. En ese caso, dividiendo simplemente los dos miembros de la ecuación [3.16] por $P(t)$, vemos que

$$\theta y(t+1) \frac{P(t+1)}{P(t)} = (1-\delta)\theta y(t) + sy(t).$$

Ahora dividiendo por $y(t)\theta$, vemos que

$$\frac{y(t+1)}{y(t)} \frac{P(t+1)}{P(t)} = (1-\delta) + \frac{s}{\theta}.$$

Ya hemos llegado casi al final. Obsérvese simplemente que $(y(t+1))/(y(t)) = 1 + g^*$, donde g^* es la tasa de crecimiento per cápita, y que $(P(t+1))/(P(t)) = 1 + n$, donde n es la tasa de crecimiento de la población per cápita. Introduciendo estas expresiones en la ecuación anterior, obtenemos la [3.6].

3.A.2 Funciones de producción y magnitudes per cápita

Funciones de producción

Una *función de producción* es simplemente una sencilla descripción matemática de cómo se combinan los diversos factores (como el capital, la tierra, el trabajo y diversas materias primas) para obtener una determinada cantidad de producto. La función no pretende recoger el proceso de producción en su integridad, sino que es una expresión simplificada de este proceso.

Supongamos que el capital y el trabajo son los dos únicos factores.[25] En ese caso, una función de producción puede expresarse de una manera matemáticamente abstracta pero útil:

$$Y = F(K, P), \qquad\qquad [3.17]$$

donde K representa el capital y P la población que trabaja en esa actividad de producción.

---

[25] En la función de producción, el factor trabajo puede tener significados distintos, dependiendo del contexto. A veces, significa simplemente las horas-hombre físicas ofrecidas o, si se entiende que las horas-hombre por trabajador son fijas, meramente el número de trabajadores. En otros contextos, cuando la productividad del trabajo crece con el paso del tiempo, el trabajo en la función de producción significa normalmente el número de horas de trabajo *efectivas* ofrecidas.

Funciones de producción Cobb-Douglas

¿Qué es *F*? No es más que una afirmación abstracta sobre la *forma* funcional (e incluso este tipo de abstracción es útil en teoría), pero en muchos contextos, especialmente en los estudios empíricos, es necesario darle una forma más concreta. Una especialmente conocida es la *función de producción Cobb-Douglas*:

$$Y = AK^{\alpha}P^{1-\alpha}, \qquad [3.18]$$

donde $0 < \alpha < 1$ y *A* es una constante positiva.

¿Qué recoge la función de producción Cobb-Douglas? En primer lugar, el parámetro *A* es una medida del grado de conocimientos tecnológicos de la economía. Cuanto mayor es *A*, mayor es la magnitud de la producción, cualquiera que sea la combinación fija de *K* y *L*.

Con una función Cobb-Douglas, *A* también puede interpretarse como una medida de la productividad del trabajo.[26] Para verlo, obsérvese que la ecuación [3.18] también puede expresarse de la forma siguiente:

$$Y = K^{\alpha}(EP)^{1-\alpha}, \qquad [3.19]$$

donde *E* no es más que $A^{1/(1-\alpha)}$. En ese caso, *EP* no es más que la cantidad de *unidades efectivas* de trabajo utilizadas en la producción.

Obsérvese, por último, que si los factores reciben su producto marginal (lo que ocurrirá si todos los mercados son perfectamente competitivos), podemos considerar que α es la participación de la renta del capital en la renta nacional total y $1 - \alpha$ es la participación de la renta del trabajo. Basta realizar algunos cálculos para verlo rápidamente. El producto marginal del capital viene dado por

$$\frac{\partial Y}{\partial K} = \alpha A K^{\alpha-1}P^{1-\alpha} = \alpha \frac{Y}{K},$$

por lo que la participación de la renta del capital es simplemente

$$\frac{\partial Y}{\partial K} \cdot \frac{K}{Y} = \alpha.$$

Rendimientos constantes de escala

Examinemos de nuevo la función de producción Cobb-Douglas [3.18]. Supongamos que aumentamos tanto las unidades de capital como las de trabajo en la *misma* proporción, por ejemplo, que las duplicamos. En ese caso, *K* se convierte en 2*K* y *L* en 2*L*. Utilizando la ecuación [3.18], es fácil ver que la producción se multiplica por $2^{\alpha}2^{1-\alpha} = 2$. La producción también se duplica. Esta propiedad de las funciones de producción (que no tienen por qué tener todas ellas) se denomina *rendimientos constantes de escala*.

---

[26] De hecho, la función Cobb-Douglas no hace la distinción entre productividad del trabajo y productividad del capital. La interpretación del texto puede aplicarse con la misma facilidad tanto al capital como al trabajo.

En términos más generales, los rendimientos constantes de escala tienen la siguiente característica: si *todos* los factores se multiplican por $\lambda > 0$, la producción aumentará en la *misma* proporción λ. El lector puede verificar fácilmente que la función de producción Cobb-Douglas posee esta propiedad general.

Existe una sencilla manera de describir los rendimientos constantes de escala de *cualquier* función de producción abstracta F. Para todo $\lambda > 0$, debe cumplirse la siguiente igualdad:

$$\lambda F(K, L) = F(\lambda K, \lambda L). \tag{3.20}$$

Magnitudes per cápita

Las funciones de producción que tienen rendimientos constantes de escala poseen una interesante propiedad: nos permiten relacionar las cantidades *per cápita* de los factores con la producción *per cápita*. Para verlo supongamos que λ es igual a $1/P$ en la ecuación [3.20]. Introduciendo este valor, la ecuación [3.20] nos dice que

$$\frac{F(K, P)}{P} = F\left(\frac{K}{P}, 1\right). \tag{3.21}$$

Utilizando la ecuación [3.17] en el primer miembro de esta ecuación, podemos concluir que

$$Y/P = F(K/P, 1). \tag{3.22}$$

Obsérvese que la función del segundo miembro de la ecuación [3.22] es una función del cociente K/P *solamente* y no de cada uno de los factores *por separado*. Representemos los niveles de producción y de capital per cápita por medio de y y k, respectivamente; en otras palabras, $y = Y/P$ y $k = K/P$. Formulemos, además, la función $F(K/P, 1)$ de una forma más condensada: $f(k)$. En ese caso, la ecuación [3.22] se convierte en

$$y = f(k). \tag{3.23}$$

Obsérvese que la forma anterior representa las relaciones de producción entre los niveles per cápita *solamente*, es decir, entre el capital per cápita y la producción per cápita.

Pueden demostrarse los siguientes hechos sobre $f(k)$:

(1) Si $F(K, P)$ es creciente en ambos argumentos, entonces $f(k)$ es creciente en k.

(2) Si $F(K, P)$ muestra rendimientos decrecientes en cada uno de sus factores, entonces $f(k)$ muestra rendimientos decrecientes en k.

Merece la pena observar atentamente el segundo punto. Establece que si ambos factores tienen rendimientos decrecientes en la función de producción, la función de producción *per cápita* muestra rendimientos decrecientes en el capital per cápita utilizado en la producción. En el texto del capítulo hemos utilizado implícitamente los rendimientos constantes de escala para llegar a la descripción per cápita de una función de producción y hemos empleado los rendimientos decrecientes de cada factor *por separado* para afirmar que la producción per cápita muestra rendimientos decrecientes con respecto al capital per cápita. Esta forma específica constituye el elemento fundamental de las predicciones del modelo de Solow.

Veamos, por último, cómo es la función de producción per cápita en el caso Cobb-Douglas. Dividiendo los dos miembros de la ecuación [3.18] por P y representando los valores per cápita por medio de letras minúsculas, el lector puede verificar fácilmente que la función Cobb-Douglas se convierte en la forma per cápita

$$y = k^\alpha. \tag{3.24}$$

Compruebe que las dos afirmaciones anteriores son ciertas en este ejemplo concreto.

Ejercicios

■ (1) Se crea una empresa para producir y vender camisas de algodón. La empresa compra planta y maquinaria por valor de 2 millones de euros y suelo por valor de 1 millón y construye un almacén por valor de otro millón. Todos los años contrata 100 trabajadores y les paga 2.000 euros al año a cada uno. Compra tela de algodón por valor de 600.000 euros para fabricar las camisas. Vende 100.000 camisas al año a un precio de 10 euros cada una.

(a) ¿Cuántos beneficios obtiene al año si no se tiene en cuenta la inversión realizada inicialmente?

(b) ¿Cuánta renta genera al año esta empresa?

(c) ¿Cuál es su relación capital-producto? Explique por medio de este ejemplo por qué una relación capital-producto superior a 1 es perfectamente compatible con la obtención de beneficios.

■ (2) La mejor manera de entender las ecuaciones del modelo Harrod-Domar es utilizar un ejemplo numérico. Utilicemos primero la sencilla ecuación del modelo Harrod-Domar [3.5]. Imaginemos que un país tiene una tasa de ahorro nacional del 20% y que la relación capital-producto es 4. Esta última afirmación significa que se utilizan 4 euros de equipo de capital, en promedio, para obtener 1 euro de producción. Supongamos, por último, que el capital tiene una duración indefinida, por lo que $\delta = 0$.

(a) Calculemos la tasa de crecimiento del PIB total. La tasa de ahorro es del 20%, por lo que aplicando la ecuación [3.5], obtenemos una tasa anual de crecimiento del 0,05, o sea, 5% al año. Averigüemos ahora (i) cuál debería ser la tasa de ahorro para obtener unas tasas de crecimiento de hasta 8 y 10% al año y (ii) cuál debería ser la relación capital-producto (con una tasa de ahorro del 20%) para obtener esas mismas tasa de crecimiento. Examine atentamente estas cifras. ¿Por qué tiene que *aumentar* la tasa de ahorro para elevar la tasa de crecimiento? ¿Por qué tiene que *disminuir* la relación capital-producto? ¿Qué significa una disminución de la relación capital-producto en términos económicos?

(b) Una tasa de crecimiento de un 5% anual parece una cifra bastante buena, pero no cuando se tiene en cuenta la depreciación y el crecimiento de la población. ¿Qué ocurre con la tasa de crecimiento si la tasa de depreciación alcanza un 1% al año y después un 2? ¿Tiene eso sentido? ¿Qué tasa de ahorro es necesaria (con una relación capital-producto de 4) para mantener una tasa de crecimiento del 5% si la tasa de depreciación es del 3%?

(c) Introduzca ahora el crecimiento de la población y observe la versión más refinada de la ecuación del modelo Harrod-Domar [3.6]. Suponga que la tasa de ahorro es del 20%, la relación capital-producto es 4, la tasa de depreciación es del 1% y la tasa de crecimiento de la población es del 2% al año. ¿Cuál es la tasa de crecimiento de la renta *per cápita*? Utilice diferentes tasas de crecimiento de la población. ¿Qué tasa de crecimiento de la población reduciría a cero la tasa de crecimiento per cápita? ¿Tiene sentido que un aumento de la tasa de crecimiento de la población, manteniéndose todo lo demás constante, tienda a reducir la tasa de crecimiento de la renta per cápita?

(d) Aprecie la utilidad de una ecuación que le permite realizar un primer análisis de la relación entre variables económicas de vital importancia. Ningún (buen) economista sugeriría que estas relaciones son exactas, pero sí que le permiten hacer algunas estimaciones aproximadas como responsable de la política económica. Por ejemplo, si sabemos cuáles son las tasas de depreciación, la relación capital-producto y las tasas de crecimiento de la población, podemos estimar cuánto ahorro es necesario para obtener una determinada tasa de crecimiento de la renta per cápita.

■ (3) Suponga que el país de Xanadú ahorra el 20% de su renta y tiene una relación capital-producto de 4.

(a) Utilice el modelo Harrod-Domar para calcular la tasa de crecimiento del PNB total de Xanadú.

(b) Si el crecimiento de la población es de un 3% al año y Xanadú quiere conseguir una tasa de crecimiento per cápita del 4% al año, ¿cuál tendría que ser la tasa de ahorro para conseguir esta tasa de crecimiento?

(c) Vuelva ahora al caso en el que la tasa de ahorro es del 20% y la relación capital-producto es 4. Imagine que la economía de Xanadú sufre violentas huelgas laborales todos los años, por lo que cualquiera que sea el stock de capital en un año cualquiera, una cuarta parte de él no se utiliza debido a estos conflictos laborales. Si la población crece un 2% al año, calcule la tasa de crecimiento de la renta per cápita de Xanadú con estos nuevos supuestos.

(d) Si usted fuera un planificador de Xanadú y pudiera elegir sin coste alguno la tasa de ahorro de ese país, ¿cómo tomaría su decisión? Piense en los pros y los contras de cambiar la tasa de ahorro y exponga sus opiniones.

■ (4) (a) Suponga que en la India un profesor universitario tiene un sueldo de 100.000 rupias al año y que recibe una subida anual de 1.000 rupias. Suponga que un maestro de escuela que gana 50.000 rupias al año también recibe la misma subida de 1.000 rupias. Convénzase de que las *tasas* de crecimiento de sus rentas son realmente diferentes. Por lo tanto, dos países que crezcan a la misma tasa pueden muy bien mantener una diferencia creciente de renta absoluta con el paso del tiempo.

(b) Hemos visto que incluso las tasas de crecimiento de la renta per cápita que parecen bajas, por ejemplo, del 1,5% al año, son un fenómeno relativamente moderno que ha comenzado a producirse en general en los últimos cien años aproximadamente. Existe una interesante manera de verlo que también nos muestra el poder del crecimiento exponencial. Suponga que la renta media de una persona que vive en un país desarrollado es de 20.000 dólares al año (esta cifra es un poco alta, pero no importa). Ahora *retrotráigase* en el tiempo *reduciendo* esta cifra un 1,5% al año. ¿Cuál habría sido la renta media hace 200 años?

■ (5) El propósito de este ejercicio es comprender el modelo de Solow. (a) La economía de Ping Pong produce su PNB utilizando capital y trabajo. La población activa crece un 2% al año. Al mismo tiempo, la tasa de progreso técnico "que aumenta la eficiencia del trabajo" es del 3% al año, por lo que cada unidad de trabajo es cada vez más productiva. ¿A qué ritmo crece la población activa efectiva?

(b) Examinemos ahora las posibilidades de producción de Ping Pong. Representemos gráficamente el capital *por unidad de trabajo efectivo* (k) en el eje de abscisas y la producción *por unidad efectiva de trabajo* (y) en el de ordenadas. He aquí una descripción de la "función de producción" que relaciona y y k. Mientras k se encuentre entre 0 y 3, la producción (y) vendrá dada por $y = (1/2)x$. Cuando k traspasa el nivel 3, una unidad *adicional* de k sólo genera $1/7$ de unidad *adicional* de y. Eso ocurre hasta que k alcanza un valor de 10. A partir de ahí, cada unidad adicional de k sólo genera $1/10$ adicional de y (para representar este gráfico, el lector puede medir el eje de la y en unidades mayores que el de la k; de lo contrario, el gráfico va a quedar excesivamente ancho). Represente gráficamente esta función de producción. ¿Cuáles son las relaciones capital-producto cuando k es igual a 2, 6 y 12? Observe que las respuestas que obtiene en el caso en que $k = 6$ y 12 son diferentes de lo que ocurre en el margen (cuando se incrementa el capital en una unidad). Piense por qué ocurre eso.

(c) Supongamos ahora que Ping Pong ahorra el 20% de su producción y que el stock de capital dura indefinidamente y no se deprecia de un año a otro. Si se le indica cuál es el valor de $k(t)$, describa exactamente cómo calcularía $k(t + 1)$, teniendo en cuenta dos cosas: (i) convierta todos los porcentajes en fracciones (por ejemplo, $3\% = 0,03$) antes de introducirlos en la fórmula y (ii) recuerde que la relación capital-producto *depende* de cuál sea el valor que tiene $k(t)$ en cada momento, a fin de poder utilizar un símbolo como θ para representar la relación capital-producto, que puede ser sustituido por la cifra correspondiente una vez que conozca el valor de $k(t)$ (como en la siguiente pregunta).

(d) Ahora calcule el valor de $k(t + 1)$, con una calculadora si la necesita, y partiendo del punto $k(t) = 3$ en el periodo t. Realice la misma operación suponiendo que $k(t) = 10$. Partiendo de estas respuestas, ¿puede hacer una conjetura sobre el intervalo en el que se encontrará el valor de k a largo plazo en Ping Pong?

(e) Calcule el valor a largo plazo de k en Ping Pong (pista: puede calcularlo utilizando diferentes valores o de una manera más rápida formulando una ecuación que le indique cómo encontrar este valor.)

■ (6) Considere el modelo de Solow con una función de producción $Y(t) = A \cdot K(t)^\alpha L(t)^{1-\alpha}$, donde A es un parámetro tecnológico fijo. Halle explícitamente el valor del stock de capital per cápita y de la renta per cápita en el *estado estacionario*. ¿Cómo varían estos valores cuando aumenta (a) el parámetro tecnológico A, (b) la tasa de ahorro s, (c) α, (d) δ, la tasa de depreciación y (e) la tasa de crecimiento de la población n?

■ (7) (a) Considere el modelo de Solow. Demuestre que las tasas de ahorro y las tasas de depreciación sólo producen efectos en el nivel tanto de la renta per cápita como de la renta total. ¿Qué ocurre con el efecto que produce el crecimiento de la población en la renta per cápita?

(b) Recuerde el modelo Harrod-Domar. ¿Qué tipo de efecto producen los mismos parámetros en la renta en ese modelo?

■ (8) *Averigüe* si las siguientes afirmaciones son verdaderas o falsas.

(a) El modelo Harrod-Domar establece que la tasa de crecimiento per cápita de un país *depende* de su tasa de ahorro, mientras que el de Solow afirma lo contrario.

(b) Según el modelo Harrod-Domar, si la relación capital-producto de un país es alta, ese país crecerá más deprisa.

(c) Para comprender si hay convergencia en la economía mundial, debemos estudiar los países que son ricos actualmente.

(d) Los países de renta media tienen más probabilidades de cambiar de posición relativa en la clasificación mundial del PNB que los pobres o los ricos.

(f) En el modelo de Solow, una variación de la tasa de crecimiento de la población no afecta a la tasa de crecimiento per cápita a largo plazo.

(f) En el modelo de Solow, la producción per cápita disminuye cuando aumenta el capital per cápita, debido a los rendimientos decrecientes.

■ (9) Considere el modelo del crecimiento endógeno de la población que resumimos en la figura 3.2. Suponga que la curva que describe las tasas de crecimiento de la población siempre se encuentra por debajo de la línea que describe el crecimiento de las rentas totales. Explique verbalmente esta situación e indique cómo serán las tasas de crecimiento per cápita (con el paso del tiempo) en una economía que parta de una baja renta per cápita inicial.

■ (10) Piense en dos razones por las que un país que tenga una baja relación capital-trabajo podría crecer más deprisa que otro que tuviera una alta relación capital-trabajo y dos razones por las que podría crecer más despacio.

Capítulo 4

LAS NUEVAS TEORÍAS DEL CRECIMIENTO

4.1 Introducción

En el capítulo anterior nos hemos quedado con varias preguntas. Aunque los economistas aún no comprenden perfectamente las respuestas de muchas de ellas, merece la pena enumerar sucintamente algunas de las cuestiones que más preocupan:

(1) Aunque algunas de las correlaciones que predice el modelo de Solow se cumplen, ¿cómo conciliamos las enormes diferencias que se observan entre las rentas per cápita con las predicciones más modestas del modelo? Podemos exagerar las predicciones teóricas únicamente a costa de atribuir al capital físico unos rendimientos económicos constantes que éste sencillamente no tiene.

(2) ¿Podemos quedarnos satisfechos con una teoría que se limita a *suponer* que hay diferencias entre los parámetros clave sin *explicarlas*? En concreto, la endogeneidad de estas variables con respecto a los propios aspectos que tratamos de "explicar" puede tener una importancia fundamental.

(3) El crecimiento per cápita a largo plazo puede muy bien ser impulsado únicamente por el progreso técnico, pero eso no significa que el progreso técnico caiga en las sociedades como el maná llovido del cielo. Los seres humanos determinan con sus actos conscientes (y con alguna suerte) la tasa de progreso técnico y si eso es así, esos actos deben formar parte de una teoría explicativa y no darse simplemente por supuesto. ¿Es razonable, además, suponer que la nueva tecnología, una vez que se descubre, se difunde fácilmente de un país a otro? ¿Qué ocurre si se abandona este supuesto?

(4) Por último, ¿explican totalmente el capital y el trabajo, junto con la libre circulación de los conocimientos técnicos, la producción económica? Después de todo, si fuera así, observaríamos la existencia de enormes diferencias entre las tasas de rendimiento del capital de los países ricos y los pobres (y el rendimiento sería mucho mayor en los países pobres) y, si no observamos esta disparidad, debería ser únicamente porque fluye una enorme cantidad de capital de los países desarrollados a los países en vías de desarrollo. Sin embargo, ni observamos la existencia de enormes diferencias de rendimiento ni una enorme entrada de capital en los países en vías de desarrollo procedente de los desarrollados.[1] ¿Existen diferentes *clases* de trabajo que entran de forma distinta en la función de producción y afectan, a su vez, a las tasas de rendimiento del capital físico? Esto nos lleva a estudiar el *capital humano*.

---

[1] Compárese con la enorme salida de *trabajo* de los países en vías de desarrollo a los países desarrollados, que es mucho más acorde con la teoría simplista y que no se ha frenado (relativamente) hasta hace poco por medio de una rigurosa limitación de la inmigración.

En este capítulo examinamos varias teorías recientes que tratan de explicar algunas de estas cuestiones. No busque el lector respuestas a todas las preguntas que hemos planteado, pues no las encontrará. Verá, sin embargo, la forma en que los economistas abordan preguntas como las anteriores y aprenderá también a darse cuenta de que modelos sencillos, como el de Solow, constituyen componentes fundamentales de las teorías más complejas.

Un tema común a las teorías que estudiaremos a continuación es el convencimiento de que el énfasis puesto en el concepto de convergencia ha sido excesivo. Es probable que coexistan factores que contribuyan a la convergencia con factores que favorecen la divergencia. Por otra parte, aunque pudiera parecer que estos dos tipos de fuerzas tienden a anularse, dando lugar a un resultado "neutral", no hay razón alguna para creer que una teoría neutral y simplista como el modelo Harrod-Domar es correcta. Probablemente intervengan combinaciones más complejas de diferentes factores.

4.2 El capital humano y el crecimiento

Hasta ahora hemos considerado que el trabajo es un único factor de producción, cuya eficiencia aumenta, quizá, con el ritmo de progreso técnico. Algunas teorías recientes van más allá de este sencillo postulado. Los países ricos no sólo tienen acceso a un gran stock de capital físico sino que invirtiendo tiempo y dinero en educación, también pueden producir un gran stock de *capital humano*: trabajo cualificado para producir, trabajo capaz de manejar maquinaria compleja, trabajo que puede generar nuevas ideas y nuevos métodos en la actividad económica. Es importante comparar este tipo de trabajo con el no cualificado. Los países en vías de desarrollo tienden a tener escasez del primero y abundancia del segundo. Como veremos, las consecuencias sobre la tasa de rendimiento del capital físico de la existencia de tipos diversos de capital humano pueden ser más acordes con los datos. Las diferencias que se observan entre las rentas de los distintos países también pueden ser más explicables.

La idea básica es sencilla.[2] Ampliemos el modelo de Solow permitiendo que los individuos "ahorren" de dos formas distintas. Hasta ahora el ahorro se traducía en tenencias de capital físico (o en el derecho a obtener los ingresos que generaba ese capital), pero los hogares también pueden "ahorrar" invirtiendo en educación, que eleva el valor de mercado del·trabajo que ofrecen en el futuro. Ese ahorro puede beneficiar a la persona o al hogar directamente o podemos adoptar una visión más dinástica en la que los padres altruistas invierten en la educación de sus hijos. Aunque existen importantes diferencias entre las distintas teorías, podemos prescindir de ellas en esta exposición.

En la versión más escueta de esta teoría, sólo consideramos dos factores de producción: el capital físico y el capital humano.[3] Sin embargo, no es igual que el modelo del ca-

---

[2] Para algunas aportaciones a esta literatura, véase, por ejemplo, Uzawa [1965], Lucas [1988], Barro [1991] y Mankiw, Romer y Weil [1992].

[3] La omisión del trabajo no cualificado *no* es un supuesto simplificador sin importancia. Tiene consecuencias que señalaremos más adelante.

pital y el trabajo. La diferencia se halla en que el capital humano se acumula *deliberadamente* y no es el mero resultado del crecimiento de la población o del progreso técnico especificado exógenamente. Supongamos, pues, que

$$y = k^\alpha h^{1-\alpha},$$ [4.1]

donde en esta ocasión h representa el capital humano (hemos omitido de momento el trabajo no cualificado). Podemos concebir, además, y, k y h como magnitudes agregadas o per cápita, ya que vamos a simplificar nuestra exposición (sin perder nada de importancia) suponiendo que la población total es constante. Por último, dejamos de lado la depreciación. Todo esto es accesorio para nuestro argumento; las omisiones pueden volver a introducirse más adelante sin alterar en lo fundamental la interpretación del modelo.

Como antes, se consume una parte de la producción, pero el resto puede utilizarse de dos formas. En primer lugar, se ahorra una proporción s, lo que permite acumular capital:

$$k(t + 1) - k(t) = sy(t).$$ [4.2]

Otra proporción, q, se ahorra de una forma distinta: se utiliza para aumentar la calidad del capital humano,[4] de tal manera que

$$h(t + 1) - h(t) = qy(t).$$ [4.3]

Puede demostrarse (véase el apéndice de este capítulo) que partiendo de cualquier configuración inicial en el periodo 0, llamémosla $\{h(0), k(0)\}$, las ecuaciones [4.1], [4.2] y [4.3] hacen que todas las variables de la economía —y, k y h— crezcan finalmente a una tasa común, determinada por la tasa de ahorro, así como por la propensión a invertir en capital humano, medida por q.

Es muy fácil averiguar cuál es esta tasa. Sea r el cociente entre el capital humano y el físico a largo plazo. Dividiendo los dos miembros de la ecuación [4.2] por $k(t)$ y utilizando la [4.1], observamos que

$$\frac{k(t + 1) - k(t)}{k(t)} = sr^{1-\alpha},$$

lo que nos da la tasa de crecimiento del capital físico. Dividamos también los dos miembros de la ecuación [4.3] por $h(t)$ y utilicemos de nuevo la [4.1] para ver que

$$\frac{h(t + 1) - h(t)}{h(t)} = qr^{-\alpha},$$

lo que nos da la tasa de crecimiento del capital humano. Como estas dos tasas de crecimiento son iguales a largo plazo (de tal forma que el cociente entre el capital humano y el físico también permanece constante), debemos tener que $sr^{1-\alpha} = qr^{-\alpha}$ o, simplemente,

$$r = q/s.$$ [4.4]

---

[4] Por ejemplo, podemos imaginar que $qy(t)$ es la cantidad de recursos físicos que se dedican a la educación y a la formación.

Esta ecuación es muy razonable. Cuanto mayor es el cociente entre el ahorro de capital humano y el de capital físico, mayor es el cociente a largo plazo entre el primero y el segundo. Ahora podemos utilizar este valor de r para calcular la tasa de crecimiento a largo plazo. Utilizamos cualquiera de las ecuaciones anteriores de la tasa de crecimiento, ya que todas las variables deben crecer a la misma tasa a largo plazo. Por ejemplo, la ecuación de la tasa de crecimiento de k nos dice que

$$\frac{k(t+1) - k(t)}{k(t)} = sr^{1-\alpha} = s^{\alpha}q^{1-\alpha},$$

por lo que la tasa de crecimiento a largo plazo de todas las variables, incluida la renta per cápita, viene dada por la expresión $s^{\alpha}q^{1-\alpha}$.

Este sencillo modelo tiene varias consecuencias.

(1) En primer lugar, es totalmente posible que el capital físico muestre rendimientos decrecientes y que, sin embargo, no converja la renta per cápita de los distintos países. Si los países tienen unos parámetros de ahorro y tecnológicos similares, crecen a la misma tasa a largo plazo, pero sus rentas per cápita no tienden a evolucionar al unísono: se mantendrán en conjunto las diferencias relativas iniciales. Este concepto está relacionado con la observación aparentemente paradójica de que el mundo parece que se comporta de una forma más o menos coherente con el modelo de Harrod-Domar, aun cuando este modelo, con su supuesto de rendimientos constantes del capital físico, no sea precisamente realista. Obsérvese que el capital *físico*, tal como se mide, no comprende las mejoras de la calidad del trabajo (conseguidas por medio de una clase de inversión igualmente importante). Sin embargo, es muy razonable que aunque sólo el capital físico muestre fuertes rendimientos decrecientes, el capital físico y el humano *conjuntamente* muestren rendimientos más o menos constantes. Esta observación podría resolver en alguna medida una paradoja que hemos señalado antes: el mundo se comporta como si en la producción el capital tuviera rendimientos constantes de escala, pero la observación directa de los procesos de producción y de la proporción de capital físico lo contradicen. Las cosas se aclaran si nos damos cuenta de que podemos estar refiriéndonos a dos tipos distintos de capital: puede hablarse de rendimientos más o menos constantes si el "capital" se refiere a un concepto más amplio que engloba tanto el capital físico como el capital humano.

(2) El hecho de que los rendimientos del capital considerado en su conjunto sean constantes tiene otra consecuencia. Tanto la tasa de ahorro como la tasa de inversión en capital humano ahora producen de nuevo efectos en la tasa de crecimiento y no sólo en el nivel de renta como en el modelo de Solow. Como estas decisiones afectan a la tasa de crecimiento (a diferencia de lo que ocurre en el modelo de Solow), los modelos de este tipo se denominan *teorías del crecimiento endógeno*, ya que el ritmo de crecimiento se determina *dentro* del modelo y no se atribuye simplemente al progreso técnico exógeno. Naturalmente, ¡en este sentido el modelo Harrod-Domar es el primer ejemplo de teoría del crecimiento endógeno![5]

[5] Véase también Von Neumann [1945-1946].

(3) Obsérvese, sin embargo, que los efectos en el crecimiento del punto 2 están relacionados con los rendimientos constantes del capital físico y humano considerado en su conjunto. Si abandonáramos este supuesto introduciendo un tercer factor de producción (por ejemplo, el trabajo no cualificado) que crece exógenamente, este efecto desaparecería y el modelo resultante sería mucho más parecido al de Solow. Es decir, el capital físico y humano conjuntos seguirían mostrando rendimientos decrecientes (debido a la presencia de un tercer factor). Incluso en ese caso, se le puede dar un giro a esta historia que permite explicar los coeficientes demasiado elevados del análisis de Mankiw, Romer y Weil del apartado anterior. Pero detengámonos un momento a examinar las consecuencias de todo ello.

Una vez que se introduce el capital humano, se espera que los coeficientes de las tasas de ahorro y de las tasas de crecimiento de la población sean significativamente más altos, en términos absolutos, de lo que predice el modelo básico de Solow, ya que un aumento del ahorro eleva la renta nacional y de esa forma provoca una acumulación mayor *tanto* de capital físico *como* de capital humano, por lo que ahora el efecto neto futuro que predice el modelo es mucho mayor del que predice la mera acumulación de capital físico. Por otra parte, ahora hay una razón por la que es probable que el coeficiente de regresión de las tasas de crecimiento de la población sea significativamente más alto que el de las tasas de ahorro. La razón se halla en que el ahorro dedicado a capital físico (que es lo que en los datos se considera "ahorro") no incluye el ahorro corriente destinado al capital humano (a la tasa q en el modelo). Por otra parte, un aumento de la tasa de crecimiento de la población reduce la renta per cápita y, por lo tanto, reduce *ambos* tipos de ahorro. Así pues, un aumento del ahorro físico no es más que un aumento de uno de los dos tipos de ahorro, mientras que un aumento de la tasa de crecimiento de la población reduce ambos tipos de ahorro. Podemos predecir, pues, que el coeficiente del crecimiento de la población probablemente será superior al coeficiente del ahorro físico y, de hecho, como ya hemos visto, lo es. Mankiw, Romer y Weil [1992] realizan una lúcida descripción de este efecto (para más detalles véase su artículo).

(4) La introducción del capital humano también ayuda a explicar por qué las tasas de rendimiento del capital físico pueden no ser tan altas en los países pobres como predice el modelo básico de Solow. El hecho de que haya escasez de trabajo no cualificado en los países ricos tiende a reducir la tasa de rendimiento del capital físico. Sin embargo, también hay abundancia relativa de trabajo cualificado (o capital humano) y este efecto actúa en sentido contrario, elevando la tasa de rendimiento. El efecto neto probablemente sea que las tasas de rendimiento del capital físico no sean muy distintas. La figura 4.1 muestra gráficamente este argumento.

Por otra parte, las diferencias entre los salarios del trabajo no cualificado siguen siendo grandes, lo cual podría explicar las grandes presiones migratorias y explicar al mismo tiempo los movimientos menos significativos de capital de los países desarrollados a los países en vías de desarrollo.[6] Este mismo argumento se traduce en la ambigüedad de las

---

[6] Al mismo tiempo, no puede considerarse una explicación totalmente satisfactoria de la escasa emigración de capital físico de los países desarrollados a los países en vías de desarrollo, ya que este modelo también predeciría entonces que las tasas de rendimiento del capital humano deben ser más altas en los países en vías de desarrollo, observación que probablemente no sea confirmada por los hechos. Así pues, para

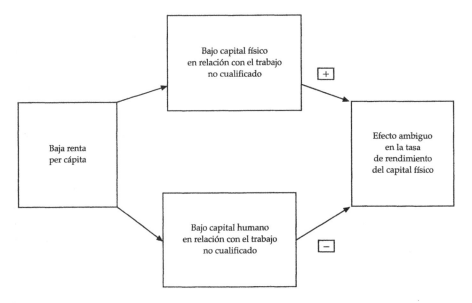

Figura 4.1. Efectos opuestos del trabajo cualificado y no cualificado en el rendimiento del capital físico en el modelo de crecimiento endógeno.

tasas de crecimiento. Recuérdese que en el modelo de Solow el crecimiento per cápita del PIB de un país rico tiende a desacelerarse debido a los rendimientos marginales decrecientes del capital físico. Sin embargo, desde la perspectiva del crecimiento endógeno, el creciente stock de capital humano amortigua el descenso de la tasa de rendimiento del capital físico, haciendo así posible el crecimiento perpetuo. De hecho, existe incluso la posibilidad de que los países ricos crezcan más deprisa que los pobres. Obsérvese que en el modelo que acabamos de analizar la tasa global de crecimiento viene dada por $s^\alpha q^{1-\alpha}$. Las tasas de ahorro físico no determinan enteramente por sí mismas la tasa global de crecimiento.

(5) Afinando el argumento del punto 4, vemos que el modelo predice que no existe ninguna tendencia hacia la convergencia incondicional, aun cuando todos los parámetros sean exactamente iguales en todos los países. En este caso, la teoría es neutral con respecto al crecimiento, exactamente igual que el modelo Harrod-Domar, pero existe una importante diferencia. La presente teoría, *a diferencia* del modelo Harrod-Domar, sigue manteniendo la hipótesis de que *cada factor por separado* tiene rendimientos marginales decrecientes. Obsérvese que a largo plazo el cociente entre el capital humano y el físico es igual a un valor dado (q/s en el lenguaje del modelo). Eso significa que si un país tiene

explicar totalmente los bajos flujos observados hay que recurrir, en última instancia, a otros factores, como el miedo a la inestabilidad política o a la confiscación de capital en los países en vías de desarrollo o al desconocimiento de la situación local. Esta cuestión está relacionada en términos más generales con las observaciones de Feldstein y Horioka [1980], que sugieren que el capital es bastante inmóvil internacionalmente (incluso entre los países desarrollados). Véase, por ejemplo, Gordon y Bovenberg [1996] y su bibliografía.

una producción corriente demasiado baja en relación con su dotación de capital humano (debido quizá a la destrucción de parte de su capital físico o a una dotación históricamente alta de trabajo cualificado), tiende a crecer más deprisa en términos per cápita. En otras palabras, el modelo genera las siguientes predicciones:

(5a) La convergencia condicional una vez se controla por el capital humano. Condicionando por el nivel de capital humano, los países pobres tienden a crecer más deprisa.

(5b) La divergencia condicional una vez controlado por el nivel inicial de renta per cápita. Condicionando por el nivel de renta per cápita, los países que tienen más capital humano crecen más deprisa.

Es precisamente porque los países que son ricos tienen, en promedio, más capital humano por lo que, en conjunto, el modelo predice que las tasas de crecimiento son neutrales con respecto a la renta per cápita. Los efectos (5a) y (5b) tienden a anularse. ¿Se observa eso en los datos? Sí, hasta cierto punto.

4.3 Reconsideración de la convergencia condicional

Recuérdese que en el estudio de Barro [1991] (antes analizado), la representación gráfica de la relación entre las tasas de crecimiento y la renta per cápita basada en datos de Summers-Heston no confirma la hipótesis de la convergencia incondicional.[7] Barro trata entonces de averiguar si este efecto persiste cuando se condiciona por los diferentes niveles de capital humano de los distintos países. A continuación resumimos sus resultados.

Como habrá imaginado el lector, es difícil conseguir una medida fiable y exacta del capital humano. El porcentaje de personas que saben leer y escribir, las tasas de escolarización en la enseñanza primaria y secundaria, la extensión de la formación profesional y la existencia de centros de investigación son aspectos que cuentan todos ellos de una u otra forma y es imposible recoger todos estos términos en un único análisis. Utilizando datos de las Naciones Unidas, es posible obtener medidas de las tasas de escolarización en la enseñanza primaria y secundaria y Barro las utiliza como variables que recogen aproximadamente el stock total de capital humano.

Realicemos ahora la siguiente regresión. Tomemos como variable dependiente el crecimiento medio del PIB real per cápita en el periodo 1965-1985. Como variables independientes incluimos (entre otros) el PIB per cápita de 1960 utilizado como referencia y los datos sobre las tasas de escolarización que acabamos de describir.[8] Recuérdese que si tratamos de contrastar la convergencia *incondicional*, lo único que aparecerá en el segundo miembro de esta regresión es el PIB per cápita de referencia. Como estamos intentando *condicionar* por otros factores, hay que hacer una regresión con varias variables independientes y no con una sola.[9]

---

[7] Véase también el libro de Barro y Sala-i-Martin [1995], que aborda más detalladamente estas cuestiones.

[8] Para más detalles, así como para una lista de las demás variables, véase Barro [1991].

[9] El apéndice 2 de este libro contiene una descripción más detallada de cómo alcanzar este objetivo mediante una regresión multivariante.

Los resultados son interesantes y sugieren que el modelo del apartado anterior no va totalmente desencaminado. Condicionando por el capital humano de la forma que acabamos de describir, el coeficiente del PIB per cápita es negativo y significativo, como predicen el modelo de Solow y el modelo del capital humano anterior. Asimismo, incluyendo el PIB per cápita de referencia, los coeficientes de la variable de la educación secundaria y de la variable de la educación primaria son positivos y significativos. Por lo tanto, las correlaciones que obtenemos son compatibles con las predicciones (5a) y (5b) del modelo del apartado anterior. Los resultados sugieren, pues, que la representación no condicionada de las tasas de crecimiento en relación con el PIB per cápita recoge el efecto neto de dos factores. En primer lugar, un elevado PIB per cápita tiende *por sí solo* a desacelerar las futuras tasas de crecimiento. Al mismo tiempo, un aumento de la dotación de capital humano tiende a acelerarlas. Como los países que tienen un elevado PIB per cápita también tienden a tener un elevado stock de capital humano, estos dos efectos tienden a anularse cuando se mezclan.

Naturalmente, si los países de renta alta tuvieran *invariablemente* un elevado stock de capital humano, sería imposible atribuir el crecimiento per cápita por separado a estos dos factores, por lo que la regresión carecería de poder. Esto sugiere que quizá merezca la pena analizar aquellos países en los que existe un desequilibrio "anormal" entre el capital humano y el físico. Un ejemplo es Japón en 1960, que tenía un bajo stock de capital físico, pero un stock de capital humano relativamente grande. El enorme crecimiento que experimentó tras la Segunda Guerra Mundial es coherente con las consecuencias de la teoría del crecimiento endógeno. Lo mismo ocurre en menor medida con Corea y con Taiwan, aunque la inclusión del capital humano sigue sin explicar satisfactoriamente el enorme crecimiento de estos países.

En el otro extremo del espectro se encuentran los países del África subsahariana, en los que en 1960 las tasas de escolarización normalmente eran bajas en relación con su PIB per cápita. Estos países también han crecido a un ritmo más lento. De hecho, la regresión ampliada con la inclusión del capital humano predice mejor la evolución de estos países.

Podemos concluir, pues, que para que la descripción del proceso de crecimiento sea razonable probablemente haya que incluir componentes endógenos como la acumulación de capital humano. Como mínimo, estos modelos ampliados se ajustan mejor a los datos que las formulaciones más simplistas de Harrod-Domar y Solow.

4.4 Reconsideración del progreso técnico

4.4.1 Introducción

Ha llegado el momento de volver al progreso técnico, importante concepto que hemos colocado hasta ahora en una caja negra. Recuérdese que en el modelo de Solow, todo el crecimiento per cápita a largo plazo es impulsado por el progreso técnico, es decir, por la tasa a la que aumenta la productividad de los factores de producción. En el modelo de crecimiento endógeno con capital humano o, de hecho, en el modelo Harrod-Domar, también hay otras fuentes de crecimiento, como el ahorro y la acumulación de capital humano.

Obsérvese, sin embargo, que tan pronto como postulamos la existencia de *algún* factor de producción fijo, como el trabajo no cualificado o la tierra, y si además postulamos que la producción tienen rendimientos constantes de escala cuando se consideran todos los factores conjuntamente, es difícil explicar la persistencia del crecimiento sin que crezca de forma continuada el conocimiento, es decir, las maneras de combinar los factores para fabricar productos. Esta observación es, en realidad, más sutil de lo que parece a primera vista, por lo que nos detendremos algo más en ella.

Recuérdese que en los dos modelos que permiten el crecimiento endógeno (la teoría de Harrod-Domar y la del capital humano) hemos supuesto que *la producción tiene rendimientos constantes en todos los factores que pueden acumularse deliberadamente per cápita*.[10] Sin este supuesto, el crecimiento acaba desapareciendo. La razón es sencilla. En presencia de un factor fijo (por ejemplo, la población como fuente de trabajo no cualificado), los rendimientos decrecientes entran en juego si la magnitud per cápita de los factores acumulados es demasiado grande en relación con el factor fijo. Un caso especial es el modelo de Solow, en el que el capital es el único factor acumulable, pero esta idea tiene una aplicación más general.

Así pues, los rendimientos constantes permiten el crecimiento "endógeno", mientras que las teorías que postulan la existencia de rendimientos decrecientes (debido a algún factor de producción que no puede acumularse) deben recurrir, en última instancia, al progreso técnico para generar crecimiento.[11]

4.4.2 Progreso tecnológico y decisiones humanas

El progreso técnico no se produce en un vacío. Hace muchos años, los avances tecnológicos eran el resultado de descubrimientos inesperados o del trabajo solitario de una persona. Más recientemente, la investigación y el desarrollo son llevados a cabo por empresas, que apartan recursos deliberadamente de los beneficios corrientes con la esperanza de obtener beneficios en el futuro. Actualmente, el término I+D (investigación y desarrollo) es de uso habitual y las empresas contratan a científicos e investigadores con el fin expreso de aumentar la productividad económica creando nuevos métodos de producción. Los éxitos se patentan casi siempre, lo que frena (aunque no detiene totalmente) el trasvase de conocimientos del innovador a los competidores. En muchos países, el sector público fomenta la investigación. También hay progreso técnico en el trabajo, en forma

---

[10] Para ser más precisos, la función de producción debe tener rendimientos no decrecientes en todos los factores acumulables, al menos asintóticamente, a medida que aumenta la cantidad de factores de producción.

[11] No merece la pena hasta cierto punto tomar en serio la distinción *exacta*. Incluso con rendimientos decrecientes, los factores acumulables pueden impulsar las tasas de crecimiento durante largos periodos de tiempo y cuanto más se aproxime el modelo a los rendimientos constantes, más persistente es el papel de los factores acumulables, como el capital físico y humano. En este sentido, el modelo de rendimientos constantes es como un caso límite del modelo de rendimientos decrecientes. En cierto sentido, parece que existe una brusca discontinuidad entre las dos teorías, si observamos el muy largo plazo. Sin embargo, esta discontinuidad desaparece cuando nos damos cuenta de que cuanto menor es el efecto de los rendimientos decrecientes, más persistente es el efecto de los factores que se acumulan.

de aprendizaje por medio de la experiencia. Los avances tecnológicos de un sector de la economía pueden provocar avances en otros o preparar el terreno a nuevos hallazgos en otros sectores.

El progreso técnico puede clasificarse en términos generales en dos categorías:

(1) En primer lugar, cierto tipo de conocimiento se adquiere gracias a que se detraen recursos *deliberadamente* de la actividad productiva corriente, con la esperanza de que estos recursos aumenten la rentabilidad futura. Estas innovaciones pueden consistir en la introducción de nuevos productos destinados a la producción o al consumo (innovación de productos) o en la introducción de nuevos métodos para producir o distribuir un producto existente (innovación de procesos).

(2) En segundo lugar, se transfiere tecnología de la empresa innovadora o de un núcleo de empresas innovadoras al resto del mundo. Esta difusión puede ser, a su vez, de dos tipos. La nueva tecnología puede darse a conocer a "terceros", que pueden beneficiarse de ella directamente, o puede preparar el terreno para otras actividades innovadoras, que no tienen por qué ser realizadas necesariamente por el individuo o por la organización que realizó la inicial.

Estos dos conceptos de avance tecnológico tienen consecuencias muy diferentes. Podemos imaginar que el primero recoge los aspectos del progreso técnico que pueden ser *internalizados* por el innovador para obtener un beneficio. Sin este componente, podríamos seguir teniendo nuestros Edison y Einstein, pero la innovación, en el sentido de la aplicación del saber científico a la creación de tecnologías más productivas para obtener un beneficio económico, desaparecería en gran medida de la faz de la tierra.

El segundo concepto, el de la difusión, tiene consecuencias más complejas para el progreso técnico. Su efecto inmediato es, por supuesto, poner a disposición de todo el mundo una nueva innovación, lo cual induce a pensar que una aceleración de la tasa de difusión favorece el progreso técnico. Un examen más minucioso indica que la cuestión es más compleja. Esas transferencias o externalidades podrían desacelerar la tasa de progreso técnico "deliberado". Ciertamente, las empresas que presionan para que se protejan los derechos de propiedad intelectual y se aplique la legislación sobre patentes actúan como si creyeran que este efecto negativo es un resultado necesario de la difusión. Por último, existe un tercer componente más sutil. El proceso de difusión (del saber) podría impulsar él mismo las innovaciones, ya que los líderes tecnológicos luchan por estar por delante de los rivales que utilizan una tecnología algo más antigua.

4.4.3 Un modelo del progreso técnico deliberado

En este apartado vamos a construir un modelo sencillo de progreso técnico deliberado, parecido al de Romer [1990].[12] Suponemos que una economía tiene un stock *dado* de capital humano, que representamos por medio de H. El capital humano puede dedicarse a la producción (de bienes finales) o puede emplearse en el sector de la investigación, donde produce "conocimientos".

---

[12] Shell [1967] presentó uno de los primeros modelos de este tipo.

Tratemos de dar una interpretación tangible de estos "conocimientos". Para ello supongamos que en el proceso productivo intervienen solamente máquinas y trabajo (incluido trabajo cualificado en forma de capital humano). Podríamos perfectamente escribir la función de producción como hemos hecho hasta ahora, pero resulta más útil examinar detenidamente el "sector de las máquinas".

Utilizamos lo que podría denominarse una "construcción platónica". Imaginemos que todas las máquinas del mundo, *incluidas las que aún no existen*, se colocan en fila. Algunas ya existen: tenemos planos de ellas. Podemos imaginar que la *investigación* consiste en avanzar hacia la derecha a lo largo de esta fila para sacar del oscuro universo platónico más máquinas, a medida que se inventan ("descubren" probablemente sea un término más acertado en esta conceptualización) los planos para construirlas. La figura 4.2 describe esta idea. Podemos imaginar que todas las máquinas situadas entre 0 y el índice $E(t)$ existen en el periodo t. La I+D consiste en desplazar la frontera $E(t)$ hacia la derecha, lo que se traduce en un estado del saber cada vez más avanzado: $E(t + 1)$, $E(t + 2)$, etc.

¿Qué hacen estas máquinas? Hay dos formas de imaginar cómo contribuye la I+D a la producción a medida que se desplaza gradualmente la frontera E. Según una interpretación, los nuevos planos desplazan a los más antiguos, por lo que se produce más, y más productivamente, con las máquinas más nuevas. También puede ocurrir que la mayor *variedad* de máquinas existentes aumente la productividad. Según esta segunda interpretación, ninguna máquina es más productiva que las demás, pero la mera posibilidad de repartir la producción entre diferentes variedades favorece la producción.[13] Cual sea la interpretación preferida no tiene de momento mayor importancia, aunque, en general, puede dar pie a algunas diferencias.[14]

Imaginemos que una vez que nacen estos planos, es bastante fácil producir una unidad de cada máquina existente utilizando una unidad de "capital", o sea, de producción a la que se renuncia. Esta descripción simplificada nos permite concebir la *cantidad de capital* como la cantidad total de máquinas, mientras que el *estado de los conocimientos técnicos* viene dado por la productividad conjunta de todos los planos existentes. Teniendo

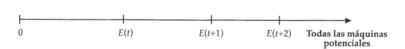

0          $E(t)$ $E(t+1)$ $E(t+2)$ **Todas las máquinas potenciales**

Figura 4.2. El saber y la variedad de máquinas.

[13] Esta segunda interpretación, adoptada por autores como Romer [1990], Grossman y Helpman [1991], y Ciccone y Matsuyama [1996], tiene su origen en la consideración de la variedad de productos en la demanda de los *consumidores* (véase Dixit y Stiglitz [1977]). Si se reinterpretan las máquinas como bienes de consumo final y cada proyecto como un medio diferente de satisfacer el mismo deseo básico (de tal manera que el servicio de correos, el teléfono, el fax y el correo electrónico satisfacen todos ellos nuestras necesidades de comunicación), esto también es progreso técnico. En el capítulo 5 volvemos a analizar esta clase de modelos.

[14] Una consecuencia importante se refiere a la tasa de depreciación. Al ser más rápida la I+D en la primera interpretación, esperamos que las empresas se deshagan más deprisa de los bienes de capital existentes.

presente esta interpretación, es posible formular lo que se denomina función de producción "en forma reducida":

$$Y(t) = E(t)^\gamma K(t)^\alpha [uH]^{1-\alpha}, \qquad [4.5]$$

donde $E(t)$ representa la cantidad de conocimientos técnicos en el periodo t, $K(t)$ es el stock de capital en el periodo t y u es la proporción de capital humano dedicada a la producción de bienes finales. Obsérvese que no existe en realidad un stock de capital homogéneo. El término $E(t)^\gamma K(t)^\alpha$ representa el efecto conjunto de la cantidad total de máquinas (K), así como su productividad (recogida aproximadamente por E). Para un ejemplo véanse los problemas que se encuentran al final de este capítulo.

En el sector de los conocimientos, el estado *existente* del saber, así como la cantidad de capital humano dedicada a la I+D, producen conjuntamente nuevos conocimientos. Describimos la tasa de crecimiento de los conocimientos por medio de la sencilla ecuación siguiente:

$$\frac{E(t+1) - E(t)}{E(t)} = a\,(1-u)H, \qquad [4.6]$$

donde $1-u$ es (por definición) la proporción de H que se dedica a la producción de conocimientos y a es una constante positiva.

Por último, el capital crece utilizando la conocida ecuación:

$$K(t+1) - K(t) = sY(t), \qquad [4.7]$$

donde s es la tasa de ahorro.

Esta estructura es muy parecida, a primera vista, al modelo de Solow. El progreso técnico se produce a una tasa que viene dada por la ecuación [4.6], pero la cuestión es que el segundo miembro de la ecuación no es exógeno. Tanto el *stock* de capital humano de la economía, representado aproximadamente por H, como su grado de utilización en la I+D afectan a la *tasa* de progreso técnico. Por lo tanto, el stock de capital humano es capaz de producir efectos en la tasa de crecimiento en algunas situaciones.[15]

En el presente modelo, el capital humano se utiliza directamente en la actividad productiva, por lo que existe una disyuntiva entre producir "hoy" y tener una tecnología mejor "mañana". La distribución del capital humano entre los dos sectores se recoge por medio de la variable u. La forma en que se elige realmente u en una sociedad depende de un complejo conjunto de factores. Un Gobierno benevolente podría elegir un valor de u que maximizara algún concepto de bienestar social en un intento de renunciar a los beneficios actuales de una producción mayor a cambio de los beneficios potenciales de la producción futura. Sin embargo, en la mayoría de las economías la elección de u es una decisión tomada conjuntamente por los agentes económicos privados, que buscan una ganancia económica. En ese caso, nuestro análisis anterior es relevante. Las posibilidades de apropiarse de la tecnología por medio de la protección que da una patente y la tasa de

---

[15] A veces se exagera este "efecto en el crecimiento", pero no debe interpretarse literalmente. Todo depende de la forma precisa de la creación de conocimientos y puede variar de un modelo a otro. Lo cierto es que existe una interacción entre el capital humano y el ritmo de avance técnico que merece la pena investigar.

difusión de los conocimientos a terceros se convierten en factores importantes. Sin embargo, la cuestión es que los innovadores deben conservar algunos derechos sobre el aumento de los beneficios generados por su innovación, no como prerrogativa moral sino como prerrogativa práctica.

La teoría más sencilla del progreso tecnológico debe alejarse, pues, del mundo de la competencia perfecta, ya que un plano, una vez adquirido, no cuesta casi nada reproducirlo. Por lo tanto, la competencia perfecta implicaría que los nuevos conocimientos libremente accesibles se difunden sin costes pero, en ese caso, no se producirían conocimientos nuevos porque estos no podrían proporcionar beneficios económicos. Las teorías que se basan en la asignación deliberada de recursos a la I+D deben permitir, pues, que exista un *cierto* poder de monopolio, aunque sea temporal.[16]

4.4.4 Externalidades, progreso técnico y crecimiento

Externalidades positivas y negativas

El segundo modelo de progreso técnico centra la atención en las "externalidades" generadas por los actos individuales de acumulación de capital o de I+D. Ésta es la primera vez que analizamos las externalidades en este libro, pero no será en modo alguno la última, por lo que nos vamos a detener un momento para comprender el significado del término. Supongamos que un industrial invierte una enorme cantidad de dinero en la construcción de una línea ferroviaria desde un centro minero hasta una gran ciudad portuaria. La línea se construye para transportar mineral de hierro de las minas (que probablemente son propiedad del industrial). Cerca de estas minas, hay una aletargada ciudad por la que pasa el ferrocarril. Consideremos el siguiente escenario.

Con la existencia de la línea, la ciudad resucita, ya que el transporte a la ciudad es más fácil, por lo que pronto se utiliza la línea para transportar personas y realizar otros tipos de negocios, así como para llevar mineral de hierro. En algunas situaciones, el industrial podría quedarse con todos los beneficios cobrando un precio apropiado por utilizar la línea, pero hay situaciones en las que esto sería imposible (por ejemplo, el Estado interviene y decreta que la línea debe utilizarse para viajar a un precio regulado). En el segundo caso, la inversión del industrial ha generado *externalidades positivas* a otras personas y empresas. El término "externalidades" se emplea para subrayar el hecho de que estos beneficios no pueden ser "internalizados" totalmente por el industrial como beneficios extra.

Existen, pues, externalidades directas para los que pueden utilizar la línea ferroviaria para viajar y para hacer negocios, pero también hay externalidades para otros. Ahora la ciudad se convierte en una zona residencial viable para los que trabajan pero no quieren vivir en la gran ciudad. El valor de la propiedad inmobiliaria aumenta. Sus propietarios también se benefician, aun cuando nunca utilicen el ferrocarril. Estas externalidades también son positivas.

---

[16] Véase, por ejemplo, Romer [1990] o Grossman y Helpman [1991]. La alternativa es suponer que los conocimientos son suministrados públicamente por un planificador o por un planificador benevolente, que es la interpretación correcta de Shell [1967], antes citada.

Consideremos ahora el caso de otra aletargada ciudad que también se encuentra al lado de la línea del ferrocarril, pero que no tiene ninguna estación, por lo que los trenes no paran en ella. Además de no disfrutar de la mejora de los servicios de transporte, los residentes de esta ciudad padecen más ruido y contaminación del aire a causa de la presencia del ferrocarril. Estas externalidades son *negativas*. Una vez más, hay externalidades porque no existe ningún mercado a través del cual el industrial (u otros entusiastas viajeros) pueda compensar a estos desdichados residentes por los daños causados.

Las externalidades, como veremos una y otra vez en este libro, son una característica general de la vida económica. Más adelante, veremos que distorsionan seriamente el proceso de toma de decisiones y llevan a resultados que no son los deseables. De momento, nos basta con que el lector observe que decisiones tanto de I+D como de acumulación de capital (tanto físico como humano) producen efectos diversos y significativos en otros agentes económicos. A escala individual, las externalidades pueden ser negativas. Por ejemplo, un nuevo descubrimiento tecnológico puede aniquilar el poder económico de una patente existente e infligir pérdidas a su propietario. Incluso a escala mundial, existen horrendas posibilidades (piénsese en la física nuclear y en algunas de sus consecuencias), pero sólo una persona sumamente pesimista sostendría que las externalidades de la acumulación de capital, así como el progreso tecnológico, no han sido, en promedio, abrumadoramente positivos.

Para recoger este concepto en un modelo, consideremos uno muy sencillo en el que se produce con capital físico y trabajo (exactamente igual que en el modelo de Solow).[17] Sin embargo, es necesario ir más allá del modelo agregado. Imaginemos, pues, que en la economía hay varias empresas y que cada una está dotada de la siguiente función de producción:

$$Y(t) = E(t)K(t)^\alpha P(t)^{1-\alpha}, \qquad [4.8]$$

donde $Y(t)$ es la producción, $K(t)$ es el capital y $P(t)$ es el trabajo empleado, todo en el periodo t. El término $E(t)$ representa, al igual que antes, una medida de la productividad global y es un parámetro macroeconómico común a *todas* las empresas de la economía.

Se trata de un modelo convencional de crecimiento, pero veamos el giro que queremos darle. Queremos estudiar el caso en el que el párametro de productividad $E(t)$ no viene dado exógenamente (como en el modelo de Solow) ni está determinado por decisiones deliberadas de I+D (como en el modelo del apartado anterior) sino que es *una externalidad positiva generada por la acumulación conjunta de capital de todas las empresas de la economía*.[18] De esta forma recogemos el hecho de que la acumulación de capital por parte de cada empresa puede basarse en intereses puramente egoístas. No obstante, este proce-

---

[17] El modelo de este apartado se basa en Romer [1986].

[18] Dejamos de lado como siempre otros muchos aspectos para simplificar la exposición. Entre ellos se encuentra la supresión de las inversiones deliberadas en I+D, como en el modelo del apartado anterior. Eso nos permite ver con más claridad la cuestión de las externalidades. Además, podemos interpretar K como la I+D acumulada por el sector privado, que genera beneficios positivos a otras empresas. Ésta es la interpretación que defiende Romer [1986]. Para una externalidad parecida en el contexto del capital humano, véase Lucas [1988].

so de acumulación tendría una influencia positiva en todas las demás empresas de la economía, lo que se expresa por medio del efecto beneficioso que produce en el parámetro $E(t)$. Utilicemos la notación $K^*(t)$ para representar el stock medio de capital de la economía y supongamos que la productividad externa está relacionada con este stock medio por la ecuación

$$E(t) = aK^*(t)^\beta,$$ [4.9]

donde a y β son constantes positivas. Introduciendo esta expresión en la ecuación [4.8], vemos que

$$Y(t) = aK^*(t)^\beta K(t)^\alpha P(t)^{1-\alpha}.$$ [4.10]

Nos encontramos ya en condiciones de comprender cómo afecta la externalidad a las decisiones de acumulación. Supongamos, en primer lugar, que todas las empresas de la economía pertenecen a un planificador benevolente. Éste ha internalizado la externalidad, porque *valora* la influencia que produce la inversión de capital de cualquiera de sus empresas en la productividad total de las demás. Comparemos esta situación con el caso en el que las empresas pertenecen cada una a propietarios distintos. En esta situación, ninguna empresa valora las externalidades positivas que produce en otras, porque no hay manera de traducir estas ventajas en mayores beneficios propios.

La comparación anterior lleva a hacer la siguiente observación: en presencia de externalidades positivas (o más concretamente, de complementariedades; véase más adelante), las empresas tienden a *invertir demasiado poco* en acumulación de capital en relación con lo que un planificador benevolente consideraría óptimo, debido a que los beneficios marginales privados de la inversión son inferiores a los beneficios marginales sociales, lo cual no es más que otra forma de decir que hay externalidades positivas en el margen. Esta cuestión reaparece de diferentes formas a lo largo de todo el libro.

Las externalidades positivas tienen otra consecuencia relacionada con el modelo de crecimiento: la posibilidad de que la presencia de rendimientos constantes (o incluso decrecientes) *en la empresa* pueda coexistir con la presencia de rendimientos crecientes *en la sociedad*. Obsérvese que se supone que en cada función de producción individual el capital y el trabajo tienen rendimientos constantes de escala. Sin embargo, las externalidades creadas por la acumulación de capital generan una función *macroeconómica* que puede tener rendimientos crecientes. La manera más fácil de verlo es considerar la función de producción desde el punto de vista de un planificador benevolente. Para simplificar el análisis, supongamos que todas las empresas son idénticas. En ese caso, $K(t) = K^*(t)$ en la ecuación [4.10] y la función de producción "social" es

$$Y = aK^{\alpha+\beta}P^{1-\alpha},$$

que tiene rendimientos crecientes de escala.

¿Por qué es importante la presencia de rendimientos crecientes? Porque en esas condiciones el crecimiento económico per cápita no sólo es positivo sino que tiende a *acelerarse* a largo plazo. Romer [1966] es el defensor de este punto de vista.

Complementariedades

Un tipo *concreto* de externalidad, que puede coexistir tanto con efectos positivos como con efectos negativos, está relacionado no con el *nivel* de utilidad o retribución monetaria que obtienen otros cuando uno emprende una acción sino con los cambios que ello puede suponer en la *ordenación* de las alternativas de los demás. Se trata del concepto de *complementariedad*, que también aparece en el modelo de crecimiento que hemos venido analizando.

Imaginemos que una empresa está tomando sus decisiones de acumulación de capital. Para ello debe estimar su productividad futura. Dada la ecuación [4.10], esta productividad futura dependerá de la senda de la acumulación *media* de capital que resulta de las decisiones de todas las empresas de la economía. Si la empresa llega a la conclusión de que esta senda será rápidamente ascendente, esto le hará creer que su productividad futura también aumentará a un elevado ritmo, a causa de la externalidad. Con esas expectativas sobre el futuro, cada empresa estará más dispuesta a sustituir consumo (o beneficios) actuales por beneficios futuros, por lo que acumulará más capital.

En otras palabras y en términos más generales, el hecho de que una sola empresa emprenda alguna acción aumenta los incentivos para que otras hagan lo mismo (o algo similar). Por lo tanto, mi decisión de acumular más capital y la de otra persona son complementarias en el sentido de que un aumento de mi acumulación de capital aumenta su incentivo para hacer también lo mismo. Es importante darse cuenta de que aunque en el presente ejemplo parezca que nos hallamos ante un caso de externalidades positivas, el efecto descrito no puede clasificarse ni de externalidad positiva ni de externalidad negativa. Por ejemplo, una persona genera externalidades positivas a todas las demás cuando conduce con cuidado, pero eso no significa necesariamente que otras también vayan a conducir con más cuidado. En el caso del ferrocarril, los dueños de propiedades inmobiliarias que se benefician no tienen por qué animarse a participar en alguna actividad complementaria (como la construcción de otras líneas ferroviarias). Por lo tanto, las externalidades positivas o negativas se refieren al *nivel* de satisfacción (o recompensa o castigo) que experimentan otros como consecuencia de nuestros actos, mientras que la complementariedad se refiere al aumento de la preferencia *relativa* de otros por la realización de actividades similares porque nosotros hemos actuado de una determinada manera. En todo caso, las complementariedades pertenecen a la clase general de las externalidades (exactamente igual que las externalidades positivas y las negativas).

Volvamos al modelo de crecimiento que estamos analizando y apliquemos esta idea (veremos muchas más aplicaciones más adelante). En el lenguaje del modelo de Solow, imaginemos que cada empresa elige su "tasa" de ahorro s, que es igual que la tasa de inversión en este contexto. Lo que acabamos de demostrar, traducido a ese lenguaje, es que si la empresa cree que el valor medio de s de la economía es alto, utilizando las ecuaciones [4.9] y [4.10] también lo será la senda prevista de su propia productividad y elegirá un valor de s más alto. La figura 4.3 muestra cómo elige cada empresa s en función de la elección media prevista de s, representada por $\bar{s}$, de todas las demás empresas.

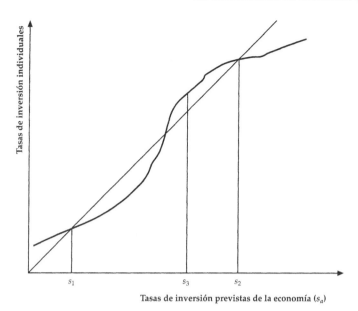

Figura 4.3. Tasas de inversión individuales (s) en función de las tasas medias previstas de la economía (s_a).

Ahora debemos completar la descripción anterior reconociendo que la tasa media de inversión s_a no es algo exógeno sino el resultado medio de todas las decisiones de inversión individuales. Por ejemplo, en el caso especial en el que todas las empresas sean idénticas, la media de equilibrio debe ser una media en la que s_a *sea igual a s*, que es la elección óptima de la empresa representativa. En el lenguaje de la figura 4.3, vemos que una tasa de inversión de equilibrio de la economía en su conjunto consiste en las intersecciones de la función que describe la elección de *s* con la recta de 45°, ¡ya que estas intersecciones representan precisamente los puntos en los que las expectativas coinciden con los resultados reales generados por esas mismas expectativas!

Observemos dos de esas intersecciones, la s_1 y la s_2. ¿Cómo puede poseer exactamente la misma economía dos modos diferentes de conducta de equilibrio? Porque un equilibrio no es simplemente un equilibrio de los actos; también es un equilibrio de las *creencias*. En s_1, todas las empresas prevén un bajo perfil de acumulación en toda la economía. Esta predicción pesimista genera actos pesimistas ¡y los actos justifican, a su vez, las predicciones! En cambio, s_2 se caracteriza por predicciones optimistas sobre la conducta de acumulación, y las externalidades que se crean como consecuencia provocan un elevado ahorro, justificando así la predicción inicial. Observe que no se trata de unas predicciones a la tuntún; no es que cualquier predicción que se haga vaya a cumplirse. Por ejemplo, la tasa de inversión s_3 no puede ser un equilibrio de creencias y actos.

La existencia de equilibrios múltiples cuando hay complementariedades es un tema que aparecerá varias veces. Señalemos una de sus consecuencias en el presente contexto. El análisis indica que dos copias idénticas de la misma economía podrían crecer a tasas distintas, dependiendo del contexto histórico en el que se desarrollaran las expectativas. Eso no quiere decir que todas las economías sean, en realidad, idénticas y que la razón por la que se diferencian *no es más que* una cuestión de expectativas, pero las diferentes expectativas y la experiencia histórica que las configuran generan, de hecho, resultados diferentes.

4.4.5 La productividad total de los factores

Hasta ahora hemos estudiado el progreso técnico desde varios ángulos conceptuales. También es importante pensar cómo podemos *medir* ese progreso. En este apartado introducimos el concepto de *productividad total de los factores* como medida del progreso técnico y explicamos por qué es útil en la práctica tener una medida exacta de este concepto.

Para empezar resulta útil volver a la forma más sencilla de la función de producción. En notación simbólica, la expresamos de la forma siguiente:

$$Y(t) = F(K(t), P(t), E(t)),$$

donde $Y(t)$ es la producción en el periodo t, $K(t)$ es el capital en el periodo t, $P(t)$ representa la población activa en el periodo t y $E(t)$ es una medida del saber en el periodo t. La notación $F(K, P, E)$ significa simplemente que la producción es una función de las tres variables.

Los datos publicados dan estimaciones de Y, K y P, aun cuando cada una de ellas plantee importantes problemas de medición. Pero la variable E es un objeto más nebuloso, que representa el estado del saber y no puede medirse directamente. Por lo tanto, para obtener una estimación de E o, al menos, del *crecimiento* de la producción atribuible a E, es necesario recurrir a un truco. Para comprender el razonamiento, imaginemos primero que E no aumenta con el paso del tiempo, por lo que la producción es esencialmente una función del capital y del trabajo solamente. Sigamos ahora la pista del crecimiento de la producción.

Utilizamos la notación $\Delta X(t)$ para representar la variación de alguna variable X en los periodos t y $t + 1$: así, $\Delta X(t) \equiv X_{t+1} - X(t)$. Es fácil ver que como primera aproximación debe cumplirse la ecuación

$$\Delta Y(t) = \text{PMK}\Delta K(t) + \text{PML}\Delta P(t), \qquad [4.11]$$

donde PMK representa el producto marginal del capital y PML representa el producto marginal del trabajo en torno al periodo t. La idea intuitiva en la que se basa esta ecuación es muy sencilla. *Como suponemos de momento que no hay progreso técnico*, el aumento total que experimenta la producción entre dos periodos cualesquiera será debido al aumento total de todos los factores, ponderados por su contribución marginal a la producción total.[19]

---

[19] Si el lector está preguntándose por qué esta ecuación sólo es una aproximación, observe simplemente que, en general, los productos marginales del capital y del trabajo varían "continuamente" a medida que crece la economía. En lugar de seguir la evolución de esta variación total, utilizamos una media de estos productos marginales; de ahí nuestra terminología del texto: producto marginal "en torno al periodo t".

Dividiendo ahora por $Y(t)$ en la ecuación [4.11] y multiplicando y dividiendo por $K(t)$ y $P(t)$ en sus términos correspondientes tenemos que

$$\frac{\Delta Y(t)}{Y(t)} = \frac{\text{PMK} \cdot K(t)}{Y(t)} \frac{\Delta K(t)}{K(t)} + \frac{\text{PML} \cdot P(t)}{Y(t)} \frac{\Delta P(t)}{P(t)}.$$

Examinemos los términos $(\text{PMK} \cdot K(t))/(Y(t))$ y $(\text{PML} \cdot P(t))/(Y(t))$. *Suponiendo que haya rendimientos constantes de escala y competencia perfecta*, cualquier libro de introducción a la economía nos dice que todos los factores deben percibir su producto marginal. Si eso es realmente así, PMK y PML son simplemente los pagos a una unidad de capital y de trabajo, respectivamente. Multiplicándolos por las cantidades totales de capital y de trabajo y dividiendo por la producción agregada tenemos la *participación* de estos factores de producción en la renta nacional. Por lo tanto, si definimos $\theta_K(t) \equiv (\text{PMK} \cdot K(t))/(Y(t))$ y $\theta_P(t) \equiv (\text{PML} \cdot P(t))/(Y(t))$, nuestra ecuación se convierte en

$$\frac{\Delta Y(t)}{Y(t)} = \theta_K(t) \frac{\Delta K(t)}{K(t)} + \theta_P(t) \frac{\Delta P(t)}{P(t)},$$

donde $\theta_K(t)$ y $\theta_P(t)$ son las participaciones del capital y del trabajo en la renta, de las que existen datos. Ahora tenemos una situación en la que los *dos* miembros de la ecuación son observables. ¿Qué ocurre si insertamos los datos reales y la igualdad no se cumple, es decir, si el primer miembro no es igual al segundo? Bien, en ese caso, nuestro supuesto inicial de que E no varía debe ser incorrecto y tiene que haber habido algún progreso (o retroceso) técnico. El grado de progreso puede medirse, pues, por medio de la diferencia entre el primer miembro de la ecuación y el segundo. La diferencia suele denominarse *crecimiento de la productividad total de los factores* (o crecimiento de la PTF). Por lo tanto, el crecimiento de la PTF es positivo cuando la producción crece más deprisa de lo que predice el crecimiento de los factores, y ésta es una manera de cuantificar el progreso técnico. Resumimos todas estas ideas en la ecuación

$$\frac{\Delta Y(t)}{Y(t)} = \theta_K(t) \frac{\Delta K(t)}{K(t)} + \theta_P(t) \frac{\Delta P(t)}{P(t)} + \text{PTFG}(t), \qquad [4.12]$$

donde $\text{PTFG}(t)$ representa el crecimiento de la PTF en los periodos t y $t + 1$. Obsérvese, una vez más, que *todos los términos* de la ecuación [4.12] salvo PTFG se miden con los datos existentes; el crecimiento de la PTF se calcula entonces como el "residuo" de esta ecuación.

Deben hacerse varias observaciones sobre este método.

(1) El concepto de *nivel* de productividad total de los factores, por oposición a su *crecimiento*, no es importante. El nivel no suministra ninguna información porque puede elegirse arbitrariamente. Lo que importa es cómo *varía* con el paso del tiempo, y eso es lo que se calcula en la ecuación [4.12].

(2) Hay que tener cuidado cuando se miden los aumentos de $P(t)$, que representa la población activa. Normalmente se miden aproximadamente por medio de la tasa de crecimiento de la población. Como veremos, esa aproximación puede ser totalmente correc-

ta en algunos casos y sumamente engañosa en otros. El error es especialmente significativo en los países en los que la tasa de actividad ha variado significativamente con el paso
del tiempo.

(3) El concepto de stock agregado de capital y, de hecho, de población activa agregada puede resultar útil en una exposición teórica, pero en la práctica probablemente debamos agregar stocks de capital que crecen a tasas diferentes. Podemos agregarlas expresando el crecimiento del capital agregado como la suma ponderada de los diferentes
subgrupos de capital más o menos de la misma forma que expresamos el crecimiento de
la producción agregada como la suma ponderada del capital y el trabajo. Centrando la
atención, como ya hemos hecho, en la importancia de la acumulación de capital humano,
podemos ver fácilmente cuán importante es tener en cuenta los cambios de la *calidad* de
la población activa cuando medimos el crecimiento del trabajo. La corrección puede realizarse si tenemos alguna idea de las proporciones de la población que tienen diferentes
niveles de educación.[20]

(4) Por último, el método expuesto tiene problemas si los factores de producción no
perciben su producto marginal o si la función de producción no posee rendimientos
constantes de escala. En cualquiera de estos casos, no podemos utilizar las participaciones observadas de un factor (como el trabajo) en la renta nacional para calcular aproximadamente las variables θ_P o θ_K. Perdemos la capacidad para medir estas variables y
una vez que ocurre eso, ya no podemos determinar el crecimiento de la PTF.[21]

4.5 La productividad total de los factores y el milagro del este asiático

Ya hemos mencionado las espectaculares tasas de crecimiento económico de que ha disfrutado el este asiático desde 1965. Durante el periodo 1965-90, la región creció más deprisa que ninguna otra en toda la historia del mundo. Este crecimiento se debió en su
mayor parte a los resultados estelares de ocho economías, Japón, Hong Kong, Corea, Taiwan y Singapur en el este, y tres países del sudeste asiático, Indonesia, Tailandia y Malasia. Los economistas han buscado en estos países algunas claves que pudieran explicar
su éxito, claves que quizá pudieran trasplantarse a otros países y surtieran el mismo
efecto.

---

[20] Podríamos caer en la tentación de incluir en el concepto global de progreso técnico los cambios de
calidad de la población activa, provocados por la educación. Sin embargo, eso es conceptualmente erróneo.
Con una combinación distinta de mano de obra educada, nos desplazamos simplemente a lo largo de la
misma función de producción. Naturalmente, si varía la productividad de una persona en el mismo nivel
de educación, eso debe recogerse en los cálculos de la PTF.

[21] Eso no quiere decir que todo esté perdido. A veces, es posible realizar ajustes en los cálculos, de tal
forma que se obtengan límites superiores e inferiores de la tasa calculada de progreso técnico. Por ejemplo,
si hay rendimientos crecientes de escala, podemos indicar el sentido del sesgo. Con rendimientos crecientes de escala, las participaciones observadas de los factores *subestiman* su verdadera productividad. Acabamos atribuyendo, pues, demasiado a los términos residuales, lo cual no es sino otra forma de decir que *so-
brestimamos* la tasa de progreso técnico.

Una primera cuestión es comprender las *fuentes de crecimiento* en estos países. Basándonos en las numerosas teorías que hemos estudiado, podemos atribuir el elevado crecimiento a uno o más factores, entre los cuales los más importantes son la acumulación de capital, tanto físico como humano, y el ritmo de progreso técnico.

Estas ocho economías han hecho enormes progresos en la acumulación de capital físico y humano. En 1965, las tasas de ahorro de estos países (excluido Japón) eran más bajas que las de Latinoamérica, pero en 1990 eran cerca de 20 puntos porcentuales más altas. Las tasas de inversión son mayores que la media de la economía mundial pero no mucho, aunque la inversión privada es significativamente mayor. Estos países son exportadores netos de capital, a diferencia de casi todas las demás economías en vías de desarrollo. Los niveles de capital humano son, según todas las indicaciones, muy altos en relación con los niveles de renta per cápita. En 1965, Hong Kong, Corea y Singapur ya habían logrado extender a toda la población la educación primaria y las tasas de escolarización secundaria comenzaron en seguida a aumentar. En 1987, Corea tenía una tasa de escolarización en la enseñaza secundaria del 88% (mientras que en 1965 la cifra era del 35%) e Indonesia del 46%, cifras muy superiores a la media de los países que tenían ese nivel de renta per cápita (Tailandia se encontraba, sin embargo, por debajo de la media predicha). Los gastos reales por alumno también han aumentado significativamente.[22]

¿Qué ha ocurrido con el crecimiento de la PTF? ¿Explica éste una proporción significativa de las espectaculares tasas de crecimiento que observamos? En *The East Asian Miracle*, publicado por el Banco Mundial, se afirma que sí. En realidad, el estudio acuñó la expresión "convergencia basada en la productividad" para referirse a este rápido crecimiento de la PTF y expuso la idea de que ese crecimiento era en gran parte el resultado de la *apertura* de estas economías: concretamente, la apertura al comercio internacional permitió que las economías del este asiático llegaron rápidamente a la frontera tecnológica del mundo. De ahí la siguiente recomendación (véase Banco Mundial [1993]):

> La mayoría de las explicaciones de la relación entre el crecimiento de la PTF y las exportaciones hace hincapié en algunos factores estáticos, como las economías de escala y la utilización de la capacidad. Aunque éstos expliquen el aumento inicial de la productividad poco después del auge de las exportaciones, son insuficientes para explicar unas tasas de crecimiento de la PTF tan sistemáticamente elevadas. La relación entre las exportaciones y el crecimiento de la productividad podría deberse, más bien, a que las exportaciones ayudan a las economías a adoptar y dominar las mejores tecnologías internacionales. Los elevados niveles de cualificación de la población activa permiten adoptar, adaptar y dominar mejor la tecnología a nivel de empresa. La interacción de las exportaciones y el capital humano da lugar, pues, a una fase especialmente rápida de convergencia basada en la productividad.

Ahora bien, es importante para las autoridades económicas saber a qué se debe exactamente el milagro del este asiático. Si el crecimiento se ha debido en su mayor parte a la acumulación de capital físico y humano, una conclusión es obligada: las medidas destinadas a fomentar el crecimiento de estas variables pueden producir unos efectos enor-

---

[22] Esta brevísima descripción procede de un estudio del Banco Mundial sobre el este asiático (Banco Mundial [1993]).

mes sobre el crecimiento. En cambio, si el crecimiento de la PTF es la explicación del aumento del crecimiento económico, habrá que explicar una serie de medidas favorables a los sectores susceptibles de asimilar la tecnología. Si se está de acuerdo con la cita anterior, el sector exportador se encuentra, sin lugar a dudas, en esta clase. De ser eso cierto, los países pueden beneficiarse extraordinariamente de la apertura de sus economías al comercio, por lo que cobra suma importancia la adopción de una política comercial destinada a abrir la economía. Naturalmente, nadie está diciendo que se trate de una cosa o de la otra. Como la mayoría de las veces, probablemente sea un poco de todo. No obstante, es útil, desde luego, tener alguna idea de la importancia de cada una de ellas.

Esa es precisamente la razón por la que la contabilidad de la PTF, expuesta en el apartado anterior, puede resultar inmensamente útil. Descomponer el crecimiento total en varios componentes, nos ayuda a comprender qué impulsa el crecimiento y lleva, pues, a adoptar la política económica más adecuada.

Según el estudio del Banco Mundial que hemos mencionado, alrededor de dos tercios del crecimiento observado en las economías del este asiático pueden atribuirse a la acumulación de capital físico y humano, y de estos factores el que más contribuye es la educación primaria. El crecimiento restante se debe al crecimiento de la PTF, especialmente en el caso de Japón, Corea, Hong Kong, Tailandia y Taiwan. No nos equivoquemos: el estudio no sostiene que el crecimiento de la PTF sea *el* factor dominante en el crecimiento, sino que en relación con otros países en vías de desarrollo, la contribución de los cambios de productividad parece realmente considerable. Ante este hecho, el estudio del Banco Mundial dedica mucha atención a las fuentes del crecimiento de la PTF. La cita anterior resume una de las principales conclusiones.

Ahora bien, para demostrar de una manera concluyente que el crecimiento de la productividad ha sido realmente alto en estos países es necesario llevar a cabo una cuidadosa contabilidad de la PTF, de tal manera que podamos evaluar el argumento de las exportaciones como base de la convergencia tecnológica. Young [1995] hace justamente eso. Su estudio es ejemplar, en el sentido de que hace realmente un esfuerzo para tener debidamente en cuenta todas las variaciones de los factores de producción. Recuérdense las advertencias del apartado anterior: es importante medir correctamente el crecimiento de los factores. Eso significa que hay que tener debidamente en cuenta el aumento de las tasas de actividad, las transferencias de trabajo entre la agricultura y la industria (si sólo se examina el sector no agrícola de la economía, en el que se concentró supuestamente el crecimiento de la PTF) y, desde luego, los cambios en los niveles de educación, así como el rápido ritmo de acumulación de capital. Recuérdese que el crecimiento de la PTF es el *residuo* una vez que con estos factores se ha intentado explicar el crecimiento total. El minucioso estudio de Young muestra que "todos los factores antes señalados sirven para ir quitando importancia al efecto de la productividad de [Hong Kong, Singapur, Corea del Sur y Taiwan], bajándola de la cima del Monte Olimpo a las llanuras de Tesalia". Resulta que durante el periodo 1966-90 el crecimiento de la productividad de la industria manufacturera osciló entre un mínimo de –1% en Singapur hasta una respetable cifra, aunque no astronómica, de 3% en Corea del Sur. Singapur obtuvo unos resultados especialmente malos (por lo que se refiere al crecimiento de la PTF) y en los otros tres países el crecimiento de la PTF fue respetable, pero no muy superior a la media. Los cuadros 4.1 y 4.2 muestran los resultados de Young e indican el crecimiento de la PTF de algunos otros países a modo de comparación.

Este tipo de estudio es realmente útil, ya que nos dice en qué debemos centrar la atención. Parece que los países del este asiático han crecido rápidamente, pero han crecido a la antigua, por medio de un extraordinario proceso de mejora de la fuerza de trabajo, así como de una continua acumulación de capital. Eso no le resta méritos en modo alguno a su éxito, pero nos dice que las mejoras tecnológicas pueden no ser el factor más importante. No es que el Banco Mundial centrara obstinadamente la atención en esta cuestión. Se trata simplemente de una cuestión de énfasis. En el resto de este apartado, vemos cómo algunos factores pueden afectar, y afectaron, al cálculo del crecimiento de la PTF en este estudio.

Dado que el progreso técnico es el término residual en toda la contabilidad de la PTF, es imprescindible medir correctamente los factores de producción y ver exactamente a qué ritmo han crecido. Recuérdese la ecuación de la PTF del apartado anterior:

$$\frac{\Delta Y(t)}{Y(t)} = \theta_K(t) \frac{\Delta K(t)}{K(t)} + \theta_P(t)) \frac{\Delta P(t)}{P(t)} + \text{PTFG}(t), \qquad [4.13]$$

Cuadro 4.1. Crecimiento medio de la PTF, 1966-90.[a]

	Hong Kong	*Singapur*[b]	*Corea del Sur*	*Taiwan*
Economía[c]	2,3	0,2	1,7	2,1
Industria manufacturera[b]	ND	−1,0	3,0	1,7
Otras industrias	ND	ND	1,9	1,4
Servicios	ND	ND	1,7	2,6

Fuente: Young [1995]. [a] ND significa no disponible. [b] En el caso de Singapur, los datos se refieren al periodo 1970-90. [c] Excluida la agricultura en el caso de Corea y Taiwan.

Cuadro 4.2. Comparación del crecimiento de la PTF de algunos países.

País	*Periodo*	*Crecimiento*	*País*	*Periodo*	*Crecimiento*
Canadá	1960-1989	0,5	Brasil	1950-1985	1,6
Francia	1960-1989	1,5	Chile	1940-1985	0,8
Alemania	1960-1989	1,6	México	1940-1985	1,2
Italia	1960-1989	0,5	Brasil [a]	1960-1980	1,0
Japón	1960-1989	2,0	Chile [a]	1960-1980	0,7
Reino Unido	1960-1989	1,3	México [a]	1940-1970	1,3
Estados Unidos	1960-1989	0,4	Venezuela	1950-1970	2,6

Fuente: Young [1995]. [a] Industria manufacturera solamente.

En primer lugar, hay que preguntarse qué es una buena medida de $P(t)$. Desde luego, no la población, puesto que la población activa creció mucho más deprisa que la población en los cuatro países estudiados por Young. Este crecimiento se debió a un aumento de la tasa de actividad. En el periodo 1966-90, las tasas de actividad pasaron de 38 a 49% (Hong Kong), de 27 a 50 (Singapur), de 27 a 36 (Corea del Sur) y de 28 a 37 (Taiwan) (Young [1995, cuadro I]). Si utilizamos la población en lugar de la verdadera población activa en la ecuación [4.13], es evidente que $P(t)$ crecerá a un ritmo más lento de lo que creció realmente la población activa. Esto tiende a elevar artificialmente la estimación del crecimiento de la PTF. Si se tiene en cuenta esta sobreestimación, el crecimiento de la PTF disminuye significativamente: un 1% al año en el caso de Hong Kong, un 1,2 y 1,3% al año en el caso de Corea y Taiwan y nada menos que un 2% en el de Singapur (Young [1995, pág. 644]).

A continuación, si nos interesa el crecimiento de la PTF en el sector no agrícola y, especialmente, en la industria manufacturera, no basta con tener en cuenta simplemente el aumento de las tasas de actividad de la economía en su conjunto. Hemos de tener en cuenta la migración de las zonas rurales a las urbanas, ya que eso significa que la tasa de crecimiento de la población activa no agrícola *fue superior* a la de la población activa total. Haciendo esta corrección, el crecimiento de la PTF disminuye aun más. Estos efectos son especialmente significativos en el caso de Corea del Sur y Taiwan, donde el empleo agrícola disminuyó rápidamente en porcentaje del empleo total.

Por último —y esto es algo que ya hemos señalado— debemos incluir las variaciones del capital físico y humano. El capital físico ya está en la ecuación [4.13] y debe medirse cuidadosamente. Las ratios entre inversión y PIB han aumentado vertiginosamente en los países del este asiático estudiados por Young (con la excepción de Hong Kong). Eso significa que las tasas de crecimiento de $K(t)$ son superiores a las de $Y(t)$ en la ecuación [4.13], lo que reduce el crecimiento del residuo (que es PTF). La corrección para tener en cuenta los niveles de educación entra en $P(t)$. La cantidad del factor trabajo debe ponderarse por los niveles de estudios. Una mano de obra más educada equivale a más mano de obra y Young observa que esta corrección eleva el crecimiento de la población activa alrededor de un 1% al año.

Este apartado nos enseña que algunos factores como los analizados deben tenerse muy en cuenta antes de valorar la importancia del progreso técnico en el crecimiento. De lo contrario, las recomendaciones de política económica pueden estar muy distorsionadas.

4.6 Resumen

Hemos estudiado algunas de las teorías más recientes del crecimiento económico. Comenzamos con el *capital humano*, concepto de trabajo cualificado que puede crearse o aumentarse por medio de la educación o de la formación. Es posible, pues, acumular capital humano, junto con el capital físico, y el trabajo no puede concebirse ingenuamente como si fuera un único factor. Con este modelo ampliado, observamos que se debilitan considerablemente las predicciones de convergencia: en los países pobres, la tasa de rendimiento del capital físico tiende a ser mayor debido a su escasez en relación con el trabajo *no cualificado*, pero esos mismos países también tienen escasez de capital humano, lo que reduce la tasa de rendimiento del capital físico. El efecto neto es ambiguo y podría servir para explicar por qué las tasas de crecimiento no parece que varíen sistemáticamente con la renta per cápita.

No obstante, hemos señalado que este modelo ampliado continúa prediciendo la convergencia condicional: cuando se tiene en cuenta el nivel de capital humano, los países más pobres deberían tender a crecer más deprisa. Las regresiones de países en las que las tasas de crecimiento son las variables dependientes y la renta per cápita (inicial), así como las medidas del capital humano, son las variables independientes, confirman en alguna medida esta idea. El coeficiente estimado de la renta per cápita es negativo, mientras que el del capital humano es positivo.

La segunda clase de teorías del crecimiento que hemos estudiado se ocupan del progreso técnico más detalladamente. En lugar de concebirlo como una caja negra exógena, hemos considerado que procede de dos fuentes: la innovación *deliberada*, fomentada por la asignación de recursos (como capital físico y humano) a la I+D, y la *difusión* de los conocimientos de una empresa o industria a otras empresas o industrias. Hemos señalado, sin embargo, que para que persista la primera fuente de progreso técnico es necesario un cierto grado de protección por medio de patentes. A continuación hemos elaborado un modelo de progreso técnico en el que surgen nuevos planos como consecuencia de actos deliberados de I+D: estas innovaciones consumen recursos, pero tienen rendimientos a largo plazo. Podemos imaginar que la función de producción se desplaza indefinidamente debido a estos cambios en los conocimientos y que los países que tienen mayores stocks de capital humano y físico son capaces de conseguir desplazamientos más rápidos y frecuentes (porque pueden asignar más recursos a la investigación). Se trata de un modelo alternativo que debilita la hipótesis de convergencia, a pesar de que los rendimientos marginales del capital físico pueden ser decrecientes *en algún momento del tiempo*. El fenómeno de los rendimientos decrecientes es contrarrestado por la continua expansión del saber.

A continuación hemos pasado a estudiar los efectos-difusión y la forma en que dan lugar a un ritmo de crecimiento subóptimo desde el punto de vista social. Hemos comenzado esta parte del capítulo introduciendo la idea de las *externalidades* y distinguiendo entre externalidades *positivas* y *negativas*. En el contexto de la teoría del crecimiento, hemos señalado que el acto de una empresa de acumular capital físico afecta positivamente a la productividad de otras. Se trata de una externalidad de un tipo específico, que hemos denominado *complementariedad*. Surge una complementariedad cuando lo que hace un agente aumenta los incentivos de otros para hacer lo mismo. En el ejemplo del crecimiento, la acumulación de capital de una persona puede elevar la productividad de otra, lo que anima a esta última a acumular también más capital.

Las complementariedades permiten que existan *equilibrios múltiples*. En el contexto del ejemplo del crecimiento, es posible que la *misma* economía experimente dos o más sendas imaginables de acumulación de capital. A lo largo de una senda, la acumulación es lenta debido simplemente a que todo el mundo espera que todos los demás acumulen lentamente, lo que lleva a creer que la productividad aumentará lentamente. Las expectativas más optimistas contribuyen a que la acumulación sea rápida a lo largo de la otra senda, en la cual el crecimiento de la productividad también lo es. En el siguiente capítulo veremos cómo pueden surgir equilibrios múltiples y cómo contribuyen a ellos las diferentes expectativas de los agentes económicos.

Por último, hemos estudiado la *medición* del progreso técnico. Hemos señalado por qué su medición es importante: empíricamente podemos medir el papel que desempeña en el crecimiento económico el cambio técnológico, y separar su efecto del de otros factores, como el aumento de las tasas de ahorro. La idea es muy sencilla. Utilizando una función de producción y suponiendo que todos los factores perciben su producto marginal, podemos estimar el aumento que "debería" experimentar la producción debido *solamente* a la acumulación de factores productivos. Si observamos que la producción crece más deprisa de lo que indican los cálculos realizados a partir de la pura acumulación, debe ser porque está creciendo la *productividad total de los factores* (PTF). Por lo tanto, el crecimiento de la PTF se obtiene como un residuo, es decir, como la diferencia entre las tasas efectivas de crecimiento de la producción y las tasas de crecimiento de los factores, ponderadas por su contribución a la producción. Para aplicar esos cálculos de la PTF de una manera sensata, hemos de tener cuidado con varias cosas. En particular, necesitamos asegurarnos de que medimos adecuadamente el crecimiento de los factores. Por ejemplo, el crecimiento de la población activa *no* es simplemente la tasa de crecimiento de la población: las tasas de actividad, así como el nivel de estudios de la población trabajadora pueden variar sistemáticamente con el paso del tiempo.

Hemos aplicado la metodología de la PTF al "milagro" del rápido crecimiento del este asiático. ¿Qué parte de este crecimiento puede "explicar" el progreso técnico? Un cálculo correcto de la PTF revela que el progreso técnico *es* importante, pero no tanto como se suponía. Parece que las rápidas tasas de acumulación de capital —tanto físico como humano— desempeñan un papel más importante en la explicación del milagro del este asiático.

Apéndice: capital humano y crecimiento

En este apéndice mostramos cómo se demuestra la hipótesis de la convergencia en el modelo del capital humano y el crecimiento, resumido por las ecuaciones [4.1], [4.2] y [4.3]. Utilizando la [4.2] y la [4.1], observamos que

$$\frac{k(t+1)}{k(t)} = s\,\frac{y(t)}{k(t)} + 1 = sr(t)^{1-\alpha} + 1, \qquad [4.14]$$

mientras que

$$\frac{h(t+1)}{h(t)} = q\,\frac{y(t)}{h(t)} + 1 = qr(t)^{-\alpha} + 1, \qquad [4.15]$$

donde $r(t)$ no es más que el cociente entre el capital humano y el físico en el periodo t: $r(t) \equiv (h(t))/(k(t))$.

Combinando las ecuaciones [4.14] y [4.15], observamos que

$$\frac{r(t+1)}{r(t)} = \frac{qr(t)^{-\alpha}+1}{sr(t)^{1-\alpha}+1},$$

y manipulando algo esta expresión tenemos las dos formas equivalentes:

$$r(t+1) = \frac{q}{s} \frac{1+(r(t)^{\alpha}/q)}{1+(r(t)^{1-\alpha}/s)} = r(t) \frac{(q/r(t))+r(t)^{\alpha-1}}{s+r(t)^{\alpha-1}}. \qquad [4.16]$$

Ahora podemos utilizar las dos formas de la ecuación [4.16] para hacer las dos afirmaciones siguientes:

(1) Si en cualquier periodo t, tenemos que $r(t) > q/s$, entonces debe ser que

$$r(t) > r(t+1) > q/s.$$

(2) Si en cualquier periodo t, tenemos que $r(t) < q/s$, entonces debe ser que

$$r(t) < r(t+1) < q/s.$$

Estas dos observaciones, unidas a la afirmación (véase el texto principal) de que una vez que $r(t)$ *es igual a* q/s, ya no varía, constituyen la prueba de la hipótesis de la convergencia.

Demostraremos la primera observación; la de la segunda es análoga.

Imaginemos que en el mismo periodo, tenemos que $r(t) > q/s$. En ese caso, es fácil ver que

$$\frac{1+(r(t)^{\alpha})/q}{1+(r(t)^{1-\alpha})/s} > 1,$$

y combinando este resultado con la primera igualdad de la ecuación [4.16], vemos que $r(t+1) > q/s$.

También es fácil ver que

$$\frac{q/(r(t))+r(t)^{\alpha-1}}{s+r(t)^{\alpha-1}} < 1,$$

y combinando esta observación con la segunda igualdad de la ecuación [4.16], concluimos que $r(t) > r(t+1)$. Eso demuestra la primera observación. Según el análisis anterior, la demostración de la hipótesis de la convergencia está completa.

Ejercicios

■ (1) Considere dos fuentes de acumulación de capital humano —la educación y la formación en el trabajo— y piense qué factores podrían favorecer a cada una de ellas. En el caso de la educación, tenga presente la distinción entre la educación primaria y la educación superior. Indique qué cabría esperar en las siguientes sociedades:

(a) Las sociedades en las que los individuos normalmente cuidan de sus padres durante la vejez en comparación con las sociedades en las que los padres no esperan beneficios económicos de sus hijos.

(b) Las sociedades en las que la educación es suministrada por el libre mercado en comparación con las sociedades en las que el Estado es responsable de la educación.

(c) Las sociedades en las que una elevada proporción de la población vive en zonas rurales y las faenas agrícolas son realizadas normalmente por los miembros de la familia.

(d) Las sociedades en las que los empresarios no pueden firmar contratos a largo plazo con sus asalariados.

(e) Las sociedades en las que las personas que tienen estudios superiores pueden emigrar fácilmente y en las que se piden préstamos frecuentemente para estudiar.

■ (2) Piense en el modelo de capital humano y de crecimiento presentado en este capítulo. Una característica de este modelo que resulta muy útil es que explica simultáneamente por qué las tasas de rendimiento del capital físico, así como el salario de los trabajadores no cualificados, suelen ser bajos en los países en vías de desarrollo (véase la figura 4.1 para un resumen). Pero este argumento tiene un problema.

(a) Utilizando una función de producción Cobb-Douglas con tres factores en lugar de dos, demuestre que un modelo de ese tipo predice que la retribución del *capital humano* debe ser mayor en los países en vías de desarrollo. Explique por qué es un problema comparando los salarios de los administradores, los médicos, los abogados, los educadores, etc. de los países desarrollados y en vías de desarrollo.

(b) Adapte la función Cobb-Douglas de la parte (a) para tener en cuenta las diferencias tecnológicas entre los países desarrollados y los países en vías de desarrollo. Ahora es posible crear situaciones en las que el rendimiento de cada factor sea más bajo en los países en vías de desarrollo. ¿Qué factor es probable que tenga el rendimiento más bajo (en un sentido relativo)?

(c) Indique algunas de las causas de las diferencias tecnológicas sistemáticas entre los países desarrollados y los países en vías de desarrollo. Si se conocen los avances tecnológicos, ¿por qué no se imitan inmediatamente?

■ (3) El capital podría trasladarse de los países ricos a los pobres de una de las dos formas siguientes. Los empresarios o las empresas de los países desarrollados podrían establecer plantas y fábricas en los países en vías de desarrollo: a esto podemos llamarle una inversión exterior *directa*. O el capital podría trasladarse en forma de préstamos a los países en vías de desarrollo o de tenencias de acciones en estos países: se trataría de una inversión *indirecta*. Piense en los distintos factores que podrían afectar a cada uno de estos tipos de inversión.

■ (4) Suponga que la producción depende de tres factores: tierra, capital y trabajo. Imagine que la extensión total de tierra está dada y no puede modificarse. Suponga que dos países tienen la misma función de producción y las mismas tasas de crecimiento de la población y de ahorro, pero diferentes cantidades de tierra. Explique cómo pondría a prueba la hipótesis de la convergencia condicional.

■ (5) Distinga entre dos tipos de progreso técnico. Uno *va incorporado* a la introducción de nuevos bienes o maquinaria. El otro *no*: con exactamente los mismos factores los métodos de producción mejoran. Analice algunos ejemplos de cada uno. ¿Qué fuerzas impulsan la difusión de ese progreso (en cada una de estas dos dimensiones) a los países en vías de desarrollo?

■ (6) Suponga que aparecen nuevos conocimientos técnicos en el mundo desarrollado y que se difunden más tarde al mundo en vías de desarrollo. Los países que se encuentran más rezagados en la jerarquía mundial de la renta tendrían acceso entonces a un acervo mayor de nuevas ideas (aun no adoptadas). ¿Permitiría esto a esos países crecer más deprisa que los más desarrollados (que, al fin y al cabo, tienen que invertir recursos en la creación de los nuevos conocimientos)? ¿Es ésta una vía para la convergencia? Analice su respuesta.

■ (7) La protección de la propiedad intelectual basada en patentes da temporalmente poder de monopolio a los inventores, permitiéndoles conseguir una retribución por su patente. Pero la protección basada en patentes también frena el ritmo de difusión de la tecnología entre los competidores, reduciendo los incentivos competitivos para innovar. Contraste estos dos efectos y analice sus ventajas relativas si aumenta exógenamente el grado de la protección de las patentes.

■ (8) He aquí una manera de ver por qué un aumento de la variedad de factores en la producción favorece el progreso técnico (véase también el capítulo 5, en el que se aborda más detalladamente este tema). Suponga que se produce una cantidad Y con n tipos distintos de máquinas, X_1, X_2, ..., X_n. No es indispensable ninguna máquina y cada una de ellas tiene rendimientos decrecientes, pero el proceso en su conjunto tiene rendimientos constantes de escala. Una manera de plasmar este supuesto es mediante la función de producción:

$$Y(X_1^\alpha + X_2^\alpha + ... + X_n^\alpha)^{1/\alpha},$$

donde α se encuentra entre cero y 1.

(a) Demuestre que si se multiplican todas las máquinas por un factor λ, la producción también se multiplica por ese mismo factor. Eso significa que la producción tiene rendimientos constantes de escala.

(b) Demuestre que si hay al menos dos tipos distintos de máquinas, cada factor tiene rendimientos decrecientes.

(c) Ahora suponga que cada máquina tiene un nuevo plano para su fabricación, pero que una vez que se conoce el plano, es posible producir B unidades de cualquiera de ellas utilizando una unidad de "capital" (que se mide en las mismas unidades que la producción final). Demuestre que si se dispone de una cantidad dada de capital K, éste debe utilizarse para fabricar la misma cantidad de cada máquina si se quiere maximizar la cantidad final de producción.

(d) Demuestre que dada una variedad de máquinas (es decir, dado n), la función de producción puede expresarse como una función del "capital" *agregado* K de la forma siguiente:

$$Y = n^{1-\alpha/\alpha}BK.$$

(e) Ahora demuestre por medio de esta expresión que un aumento tanto de la productividad en la producción de máquinas como de la variedad de máquinas favorece el progreso técnico. Explique intuitivamente por qué un aumento de la variedad de máquinas favorece un aumento de la productividad total.

■ (9) La economía de Magilandia produce pócimas mágicas utilizando capital (K) y trabajo (L). La producción total crece a una tasa del 5% al año. El precio de alquilar una unidad de capital es de 0,1 botellas de pócima mágica. El cociente entre el capital físico y la producción es igual a 3. Los stocks de capital y de población están creciendo a una tasa de 3 y 2%, respectivamente. Suponga que todo el mundo trabaja.

(a) Si toda la producción se paga en salarios y precios de alquiler, calcule las participaciones del capital y del trabajo en la renta nacional.

(b) Estime la tasa de progreso técnico (o crecimiento de la PTF) de Magilandia.

(c) Suponga que la duplicación de los factores multiplica la cantidad inicial de pócima mágica por 2,5. ¿Cómo afecta este supuesto a la respuesta que ha dado en la parte (b)?

(d) Suponga que los propietarios del capital poseen derechos de patente sobre sus inventos y que el precio de alquiler es el precio de monopolio. ¿Cómo afecta eso al cálculo del crecimiento utilizado en las respuestas anteriores?

(e) Suponga que sólo la mitad de la población trabajadora se dedica a producir. ¿Cómo afecta este supuesto a su respuesta? Si se incrementa esta proporción con el paso del tiempo, ¿qué ocurre con su estimación?

Capítulo 5

HISTORIA, EXPECTATIVAS Y DESARROLLO

5.1 Introducción

En el capítulo anterior hemos estudiado algunas de las teorías clásicas del crecimiento económico y sus inferencias. Algunas de esas inferencias, como la relación positiva entre las tasas de inversión y las tasas de crecimiento, son confirmadas, desde luego, por los datos. Otras parece que no. Una de las consecuencias más importantes del modelo de Solow que *no* es confirmada por los datos es la predicción de la convergencia de los niveles de vida de los distintos países. Para ser precisos, ninguno de estos modelos, cuyas afirmaciones son, en realidad, del tipo "si, entonces", predice esa convergencia incondicional. Así, por ejemplo, el modelo de Solow establece que *si* las tasas de ahorro y *si* las tasas de crecimiento de la población de dos países son iguales y *si* nada impide que el progreso técnico circule de un país a otro, *entonces* las rentas per cápita de los dos convergirán con el paso del tiempo. Esas predicciones las denominamos *convergencia condicional* en el capítulo anterior.

Ahora bien, las afirmaciones sobre la convergencia condicional suelen basarse en la similitud de los parámetros de los países (como las tasas de ahorro) que provisionalmente consideramos exógenos. No se basan en ninguna característica profunda, de las que probablemente *determinarían* las tasas de inversión o las tasas de progreso técnico o incluso las tasas de crecimiento de la población en un modelo más amplio. ¿Qué ocurre si esas características (como las actitudes sociales o la expresión de las preferencias personales) dependen de la *historia* del desarrollo de un país o quizá de lo que *esperen* sus ciudadanos de su propio futuro? Eso no quiere decir que los modelos anteriores sean erróneos sino que dan explicaciones a un cierto nivel y que, para comprender más, deberemos profundizar en el análisis de la realidad, dejando de considerar como exógenos algunos de los parámetros exógenos de estos modelos.

Lo que buscamos (en el contexto del crecimiento económico) es, pues, una explicación de las *razones* precisas por las que las tasas de inversión son sistemáticamente diferentes o por las que una determinada tasa de ahorro se traduce en unas tasas de crecimiento distintas dependiendo de las circunstancias. En términos más generales, nos interesa ver cómo las fuerzas históricas y las expectativas de la gente configuran la evolución económica de un país o una región. Tal vez el lector en el momento de leer este libro no haya asistido a muchas conferencias sobre desarrollo económico, pero yo sí. Son muchas las veces en las que se plantean estos temas y muchas las ocasiones en las que el ponente se pone serio e invoca solemnemente el complejo y profundo papel que desempeñan la cultura, la sociedad y las "fuerzas históricas". No hay duda de que las cuestiones que plantea el desarrollo económico son difíciles y para comprenderlas hay que entender todas las complejidades de la sociedad en sus numerosas formas. Sin embargo, *afirmar* simplemente que las cosas son complicadas no lleva muy lejos (aunque sorprende la frecuencia con que se califican de "perspicaces" declaraciones de este tipo, que por lo visto tienen la virtud de "ir más allá de las estrictas fronteras de nuestra disciplina", etc.).

Lo cierto es que todas las personas son intrínsecamente iguales: son seres humanos, con sus mismas dosis de esperanza y con los mismos deseos. ¿Por qué se comportan de forma tan distinta las culturas y las economías si están hechas del mismo material intrínseco? Si existe una única receta para lograr el éxito económico, ¿por qué no convergen todos los países utilizando esa receta? Esta pregunta exige una respuesta.

El propósito de este capítulo es analizar algunas cuestiones que son importantes para comprender esta cuestión. Vamos a centrar la atención en dos aspectos que ya han aparecido en capítulos anteriores: el papel de la *historia* y el papel de las *expectativas*.

Tanto nuestra historia como nuestras expectativas cambian la manera en que nos comportamos hoy y en el futuro. Exploraremos dos ideas clave para comprender el porqué. Una vez que veamos cómo operan estas ideas, observaremos su presencia en toda una variedad de situaciones y podremos utilizarlas para comprender y clasificar muchos fenómenos económicos.

La historia y las expectativas se influyen mutuamente y actúan principalmente a través de dos canales: las *complementariedades* y los *rendimientos crecientes*. Los dos principales apartados de este capítulo se refieren a estos dos canales.

5.2 Complementariedades

5.2.1 Introducción: QWERTY

Observe el lector la disposición de las teclas de su ordenador o de su máquina de escribir. La fila superior izquierda comienza con la conocida secuencia *q, w, e, r, t, y, ...* ¿Se ha preguntado alguna vez cómo surgió exactamente esta secuencia? David [1985] ofrece una explicación fascinante de la historia de la máquina de escribir y señala que tiene su origen principalmente en la necesidad de evitar que se trabaran las varillas en las que van los tipos. ¿Ha visto el lector alguna vez una de las máquinas de escribir originales? Eran mecánicas, por supuesto. Se pulsaba la tecla que se deseaba y una larga varilla que llevaba impresa la letra de esta tecla subía y golpeaba la cinta de la máquina. Si se pulsaban dos teclas a la vez o una detrás de otra muy deprisa, las dos varillas se trababan. El objetivo del teclado QWERTY era, en parte, reducir la probabilidad de que las varillas se amontonaran. No era en modo alguno *el* mejor teclado para un objeto más moderno, como una máquina de escribir electrónica o un teclado de ordenador. De hecho, el sistema Dvorak, introducido en 1932, era una alternativa que ganó repetidamente en los concursos de velocidad mecanográfica. Muchos ordenadores permiten hoy utilizar distintos teclados. ¿Por qué sigue predominando el teclado QWERTY a pesar de ser claramente ineficiente?

Para comprenderlo es importante darse cuenta de que los conocimientos mecanográficos formaban parte (hasta hace muy poco) de la tupida red empresarial. Los mecanógrafos procedían de escuelas de mecanografía y eran contratados casi exclusivamente por empresas.[1] Dado que todas las empresas contrataban mecanógrafos formados para utilizar el teclado QWERTY, no tenía mucho sentido para *ninguna* de estas empresas invertir, por ejemplo, en teclados como el Dvorak y formar a sus mecanógrafos para esos teclados; los costes del reciclaje eran sencillamente demasiado altos. Esta afirmación es perfectamente compatible con el hecho de que si *todas* las empresas y las escuelas de mecanografía hubieran adoptado (en un increíble acto de coordinación) un sistema distinto, la eficiencia habría mejorado significativamente. Nos encontramos, pues, ante una situación que se autojustifica y de la que es difícil salir para una persona, ya que el rendimiento que obtiene cada una depende de lo que hagan todas las demás. No podemos preguntar en el vacío a una persona "¿quiere QWERTY o Dvorak? Su respuesta depende de lo que hayan respondido los demás.

Esta divergencia entre los costes individuales y la ganancia social existe siempre que un sistema de producción o una forma de organización posee *externalidades,* por lo que el coste o el beneficio que tiene para una persona la adopción de ese sistema depende de *cuántas* lo hayan adoptado (ya hablamos de externalidades en el capítulo 4). Lo que tenemos aquí es el caso especial ya conocido de las complementariedades.

Concretamente, los costes de la adopción de un sistema pueden reducirse si aumenta el número de personas que lo adoptan. En el caso del teclado QWERTY, la creación de escuelas de mecanografía y de una reserva de mecanógrafos que recibieron una determinada formación redujo el coste de la adopción de ese mismo sistema por parte de otras personas. Sin embargo, es perfectamente posible que el teclado QWERTY tenga una *curva* de costes más alta.

Obsérvese la figura 5.1, que representa el coste que tiene para una persona adoptar una tecnología en relación con el número de personas que ya la han adoptado. La curva de costes ineficiente más alta corresponde al teclado QWERTY. Es cierto que el coste de la adopción del teclado disminuye conforme aumenta el número de personas que lo adoptan. Ese es el significado de las complementariedades. Sin embargo, imaginemos que hay otro sistema (Dvorak) que tiene una *curva* de costes más baja. Es decir, cualquiera que sea el tamaño de la población de usuarios, el coste de la adopción del teclado Dvorak es más bajo. La curva de costes más baja del teclado Dvorak representa, pues, un sistema rival más eficiente.

Y aquí es donde entra el papel de la historia. Es posible que el teclado Dvorak tenga una curva de costes mejor, pero *el teclado QWERTY ya está ahí gracias a la ventaja de su precedencia histórica,* por lo que tiene una cuota de mercado *N.* La nueva tecnología actualmente no tiene ninguna cuota de mercado, por lo que cuando se comparan los *niveles* de costes, lo que se compara realmente es un punto como el *A* en el caso del teclado QWERTY y uno como el *B* en el del sistema rival. Ante estos niveles de costes, un nuevo

---

[1] Estamos considerando la época anterior al crecimiento del mercado de máquinas de escribir personales.

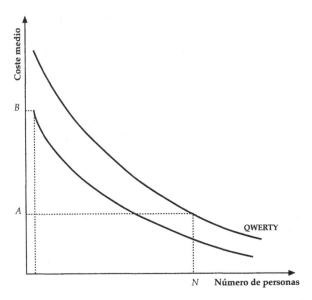

Figura 5.1. Curvas de costes con complementariedades en la adopción.

usuario adoptará el teclado QWERTY, no el Dvorak, lo que perpetúa la cuota de mercado del primero.

Existen muchos ejemplos de la situación de lock-in o bloqueo producida por el teclado QWERTY. En el momento de escribir este libro, en la industria de ordenadores personales dominaba Intel, el principal fabricante de chips, junto con el sistema operativo de Microsoft. Existen otros chips: un ejemplo es la línea de chips RISC. Estos chips, adoptados por Apple en su línea PowerPC o utilizados por DEC en los chips Alpha, suelen ir a una velocidad muy superior a la de los chips de Intel. De ahí que se haya dicho que los chips de RISC tienen un potencial mayor que los de Intel, pero para aprovechar ese potencial, las empresas deben crear sistemas operativos que exploten las cualidades del chip. ¿Quién va a crear un sistema operativo de ese tipo si otras empresas se muestran reacias a crear programas para ese sistema y quién va a crear el programa para un sistema totalmente nuevo si muchos clientes ya están atrapados en otro sistema? Este es otro ejemplo de cómo la historia crea una situación de bloqueo de la que es difícil salir.[2]

Recuérdese otro ejemplo de complementariedades: el modelo de crecimiento endógeno estudiado en el capítulo 4 y basado en la difusión de la tecnología. En ese modelo, un aumento de la tasa de acumulación de capital en el conjunto de la economía eleva la pro-

---

[2] Microsoft ha desarrollado una versión de Windows NT específica para el chip Alpha, pero las empresas se muestran reticentes a desarrollar otros programas, a menos que haya un gran número de compradores (domésticos) que utilicen el chip Alpha. Y a la inversa, el chip Alpha no se venderá a menos que se desarrollen programas para él. En el momento de escribir este libro, no está claro cómo se resolverá este fallo de coordinación.

ductividad de todas las empresas y, por lo tanto, la tasa de rendimiento individual. Eso aumenta el rendimiento de la inversión, por lo que la inversión realizada por un agente produce un efecto positivo en la inversión realizada por otro. También hemos señalado la posibilidad de que haya equilibrios múltiples en ese modelo. Dependiendo de la experiencia histórica, la economía puede asentarse en cualquiera de estos equilibrios. Queremos que el lector se dé cuenta de que la estructura del problema es igual que la del ejemplo del teclado QWERTY o de Intel y RISC. Extraiga los elementos comunes para comprenderlo. Más adelante tendremos ocasión de utilizarlos.

El hecho de que las externalidades adopten la forma de una complementariedad desempeña un papel fundamental en este tipo de argumento. Cuando las externalidades son tales que el coste de una acción *aumenta* conforme aumenta el número de personas que emprenden la misma acción, éstas no pueden ser responsables de los equilibrios múltiples o de una situación de bloqueo, lock-in, histórico. Para verlo, consideremos otra situación en la que se producen "efectos de congestión". Existen dos carreteras, *A* y *B*, entre dos ciudades. El coste de la persona que se desplaza depende de la congestión de la carretera que utilice: cuanto mayor sea el tráfico (o el número de "usuarios" de esa carretera), *más alto* será para ella el coste de utilizarla. Este ejemplo es exactamente el contrario del ejemplo del teclado QWERTY. Es fácil ver que en este caso los usuarios utilizarán *ambas* carreteras.

Como este ejemplo es tan sencillo, lo representamos gráficamente para compararlo con el dei teclado QWERTY. La figura 5.2 muestra el número total de usuarios por medio de la línea recta *XY* situada en el eje de abscisas. Contamos el número de personas que utilizan la carretera *A* de izquierda a derecha y el número de personas que utilizan la carretera *B* de derecha a izquierda. La curva de coste de utilizar la carretera *A* se representa de la forma habitual; la de la carretera *B* está trazada en sentido inverso, porque en el caso de esa carretera contamos de derecha a izquierda. Obsérvese que estas curvas tienen *pendiente positiva*, a diferencia del ejemplo del teclado QWERTY, porque un aumento del número de personas que utilizan una de las carreteras causa externalidades negativas al usuario elevando su coste de transporte.

Obsérvese ahora que la historia no tiene ninguna influencia en la distribución del tráfico de equilibrio en estas carreteras. Supongamos, por ejemplo, que al principio sólo existe la carretera *A* y que la *B* se construye después. Inicialmente, nadie utiliza la carretera *B*, por lo que el coste de desplazarse por ella sólo es *YM* (véase el gráfico). La carretera *A* tiene un coste de *YN*, que es más alto. Por lo tanto, el tráfico comienza a desviarse hacia la nueva carretera, lo que eleva sus costes y reduce los de la antigua. Finalmente, *XZ* personas utilizan la *A* y el resto, *ZY*, utiliza la *B*, y los costes de transporte de las dos carreteras se igualan. Esta solución acaba alcanzándose independientemente de cuál fuera la carretera que se construyó primero.

¿Qué nos enseña este análisis? Tres cosas: en primer lugar, es posible que a causa de las complementariedades, haya "equilibrios múltiples" en un sistema. Al fin y al cabo, la utilización del teclado Dvorak en todo el mundo también sería una situación estable (siempre que pudiéramos llegar a ella de alguna forma). Así pues, en este ejemplo la

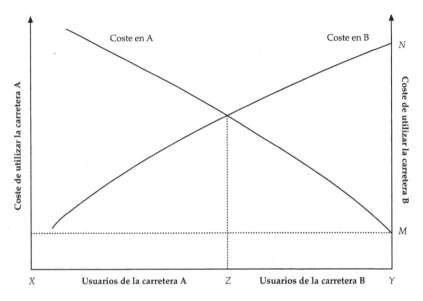

Figura 5.2. Tráfico: un caso de "anticomplementariedades".

adopción universal del sistema QWERTY y la adopción universal del sistema Dvorak representan dos equilibrios, en los que ninguna persona puede influir actuando unilateralmente. En segundo lugar, el equilibrio *concreto* en el que se encuentre la sociedad depende de la historia de esa sociedad. Por ejemplo, el teclado QWERTY fue popular y bueno al principio debido a que las varillas de las máquinas de escribir se trababan. Estas máquinas de escribir desaparecieron, pero no así el teclado QWERTY. La historia y las externalidades se conjugaron para crear una situación de bloqueo o lock-in. Finalmente, hemos visto que las externalidades pueden crear equilibrios múltiples y *sólo* se produce una situación de bloqueo histórico cuando las externalidades adoptan la forma de complementariedades.[3]

5.2.2 Fallos de coordinación

La presencia de muchas complementariedades puede llevar, pues, a una situación en la que una economía caiga en una "trampa de equilibrio de bajo nivel", cuando existe al mismo tiempo otro equilibrio mejor que podría alcanzarse si todos los agentes pudieran *coordinar* debidamente sus acciones. Esta visión del subdesarrollo ha gozado de una cier-

---

[3] Esta afirmación es demasiado fuerte. Lo que podemos demostrar es que sólo puede haber equilibrios múltiples *comparables en el sentido de Pareto* cuando hay complementariedades. Por otra parte, no afirmamos que en todos los casos en los que hay complementariedades deba haber *necesariamente* dependencia histórica y equilibrios múltiples.

ta popularidad.[4] Su génesis se encuentra en un artículo clásico de Rosenstein-Rodan [1943], que pasó desapercibido por los economistas convencionales durante muchas décadas.

Según esta teoría, el subdesarrollo económico es el resultado de un *fallo general de coordinación*, en el que algunas inversiones no se realizan simplemente porque no se realizan otras inversiones complementarias, ¡y estas últimas inversiones no existen simplemente porque faltan las primeras! El argumento parece circular. Lo es y no lo es, como en seguida veremos. De momento, obsérvese que este concepto puede explicar por qué economías parecidas se comportan de forma muy distinta, dependiendo de su historia.

La siguiente parábola de la fábrica de calzado proviene de Rosenstein-Rodan. Imaginemos el caso de una región en la que existe la posibilidad de invertir en diferentes empresas. Supongamos, además, que toda la producción de las empresas debe venderse dentro de la región.[5] Supongamos que en la región se instala una gigantesca fábrica de calzado, que produce zapatos por valor de un millón de euros y, por lo tanto, crea un millón de euros de renta en salarios, alquileres y beneficios. ¿Puede sobrevivir la empresa? Sólo si la gente se gasta toda su renta en calzado, lo cual es absurdo. Los receptores de la nueva renta querrán gastar su dinero en toda una variedad de objetos, pero, ¡desde luego no sólo en zapatos! Por lo tanto, la fábrica de calzado no puede ser viable por sí sola.

Consideremos ahora otro tipo de experimento hipotético. Imaginemos que se crea el porcentaje correcto de empresas de cada tipo correspondientes a lo que la gente gasta en diferentes bienes. Supongamos, por ejemplo, que gasta el 50% de su renta en alimentos, el 30% en ropa y el 20% en zapatos. En ese caso, la creación de *tres* empresas en unos porcentajes del 50, 30 y 20 generaría, de hecho, una renta que revertiría en estas empresas. La conjunción de las tres empresas sería viable *conjuntamente*, lo cual no ocurriría con cada una de ellas por separado.[6]

Es aquí donde aparece la cuestión de la coordinación. Supongamos que ningún empresario es suficientemente grande para invertir en más de una empresa. Obsérvese que cada uno invertiría *si creyera que los demás también van a invertir*, pero ninguno invertiría si no confiara en la inversión de los demás. Tenemos, pues, dos equilibrios: uno en el que la región carece de inversiones y otro en el que los tres empresarios invierten en la proporción adecuada.

Que surja o no un equilibrio coordinado depende de las expectativas que tenga cada empresario sobre los demás. En la medida en que la historia pasada influya en la formación de las expectativas, puede muy bien ocurrir que una región históricamente estanca-

---

[4] Véase, por ejemplo, Murphy, Shleifer y Vishny [1989a], Matsuyama [1991], Krugman [1991a], Rodríguez-Clare [1996], Ciccone y Matsuyama [1996] y Baland y Francois [1996].

[5] Este es el importante supuesto de la *ausencia de comercio*, que analizaremos más adelante.

[6] Naturalmente, cuanto más variada y diversa sea la gama de bienes en los que la gente gasta su renta, más variadas y diversas tendrán que ser las empresas que se creen. Debe señalarse también que hay otras sutiles consideraciones que dificultan la construcción de esos equilibrios múltiples, como la distribución entre los empresarios y los trabajadores de los beneficios obtenidos con las inversiones (véase Murphy, Shleifer y Vishny [1989a]).

da continúe estándolo, mientras que otra históricamente activa continúe floreciendo. Al mismo tiempo, puede no haber nada intrínsecamente diferente entre las dos regiones.[7]

¿Es esta situación igual que la del ejemplo del teclado QWERTY? Sí. Imaginemos que "invertir" y "no invertir" son dos opciones similares a adoptar el teclado QWERTY o el Dvorak. Obsérvese que el rendimiento de la inversión depende positivamente de las inversiones que realicen otros. Por lo tanto, nos encontramos en el modelo convencional de complementariedades y, desde este punto de vista, no debería sorprender la posibilidad de que hubiera múltiples resultados de equilibrio.

El fallo de coordinación se debe a las complementariedades y la situación que genera suele denominarse *juego de coordinación*.[8] El "fallo" se manifiesta en la incapacidad de un grupo de agentes económicos, cuyas acciones son "complementarias" en el sentido antes descrito, para lograr un equilibrio "deseable", debido a la presencia de otro equilibrio "indeseable" en el que están atrapados. Este concepto de coordinación está estrechamente relacionado con el de *linkages* o *conexiones*, del que nos ocupamos a continuación.

5.2.3 Conexiones (linkages) y política económica

La parábola de la fábrica de calzado es especialmente convincente si son muchas las industrias que tienen que coordinarse para alcanzar un equilibrio "deseable". La figura 5.3 muestra un ejemplo de interacción de varias industrias. En este gráfico sólo aparece un pequeño número de ellas, pero permite entender lo que queremos decir. Las flechas tienen por objeto indicar que una industria puede fomentar el desarrollo de otra facilitando las condiciones de producción de la segunda.

Obsérvese que es muy posible que estas conexiones puedan estar simultáneamente en dos estados: uno en el que no hay actividad y otro en el que las conexiones están activas. El problema radica en que si todas las industrias se encuentran simultáneamente en un estado de inactividad, puede ser difícil "avivar" toda la red de conexiones hasta alcanzar un estado más activo.

Especialmente interesante es la estructura de conexiones que conectan diferentes industrias. Hirschman [1958] distingue entre las conexiones *hacia atrás* (backward linkages) y las conexiones *hacia delante* (forward linkages). Así, en la figura 5.3 la industria siderúrgica facilita el desarrollo de otras industrias, como el ferrocarril, aumentando las existencias de acero y/o bajando su precio. Se trata de un ejemplo de conexión hacia adelante, que actúa influyendo en la posibilidad de *ofrecer* otro producto. En este gráfico, las conexiones hacia adelante se representan por medio del sentido de las flechas. Por otra parte, la industria siderúrgica tiene una conexión hacia atrás con la industria del carbón: la expansión de la primera eleva la *demanda* de la segunda. Asimismo, el sector del trans-

---

[7] Este argumento se aleja, pues, del determinismo histórico, en el sentido de que permite que un acontecimiento accidental inicial produzca efectos a largo plazo totalmente distintos y, sin embargo, permite que haya cambios repentinos provocados totalmente por cambios coordinados. Más adelante volveremos a la cuestión de la historia y las expectativas.

[8] Para una descripción de los juegos de coordinación, véase el apéndice 1.

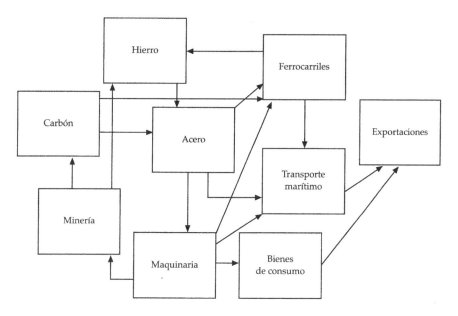

Figura 5.3. Conexiones y coordinación.

porte marítimo tiene una conexión hacia adelante con las exportaciones y hacia atrás con los ferrocarriles: la primera porque facilita el transporte de exportaciones; la segunda porque crea una demanda de transporte de mercancías del interior a los puertos. Normalmente, invirtiendo el sentido de las flechas de la figura 5.3 se crea una conexión hacia atrás. Si la industria *A* facilita la producción en la industria *B*, una expansión de la industria *B* (por alguna otra razón) generalmente elevará la demanda del producto de la industria *A*. Por lo tanto, las conexiones hacia atrás son como "tirones" y las conexiones hacia adelante son como "empujones".

El concepto de conexiones es importante por su impacto en la política económica. Supongamos que una economía se encuentra en un equilibrio deprimido; ¿qué política debe adoptarse para que la economía alcance un equilibrio mejor? Rosenstein-Rodan introdujo la idea de *gran empujón*, política que provoca simultáneamente una inversión coordinada en muchos sectores de la economía. Ese tipo de política tiene dos características importantes. En primer lugar, requiere una enorme inversión (probablemente pública) en muchos sectores de la economía a la vez. En segundo lugar, es necesario tener una idea de la distribución *cuantitativa* de la inversión entre los diferentes sectores de la economía. Volviendo al ejemplo del apartado anterior, el Gobierno o el responsable de la política económica debería saber qué proporciones de la renta gastan los consumidores en los diferentes bienes. En el ejemplo mostrado en la figura 5.3, sería necesario saber cuál es la combinación correcta de inversiones, pues de lo contrario se realizarían, por ejemplo, demasiadas inversiones en el transporte marítimo y demasiado pocas en el carbón.

Ambos requisitos son difíciles de lograr. La inversión necesaria probablemente sea enorme. En la mayoría de los países en vías de desarrollo, sería necesaria una inyección de ayuda extranjera que probablemente sea demasiado grande. En Europa, el Plan Marshall facilitó una enorme cantidad de fondos tras la Segunda Guerra Mundial, y fue en el contexto de esas posibilidades, de las reparaciones en particular, en el que Rosenstein-Rodan expuso su argumento original. Mucho más problemática que la magnitud de la inversión necesaria es la obtención de la información indispensable para realizar esta política económica. Sencillamente, es imposible que el Gobierno tenga la información necesaria para distribuir la inversión entre los diferentes sectores o para gestionar cada sector.

Hay otra objeción contra ésta que es más importante que cualquiera de las dos anteriores, a saber, esta política no explota el hecho de que el resultado deseable *también es un equilibrio*. En otras palabras, si se proporcionan los incentivos adecuados, podemos confiar (¡aunque no totalmente!) en el mercado para corregir este fallo de coordinación. Es ahí donde cobra importancia el concepto de conexiones.

La idea de Hirschman es sencilla pero profunda: en lugar de dar el gran empujón, que es similar a una política de "crecimiento equilibrado", sigamos una política deliberada de crecimiento *des*equilibrado. Es decir, fomentemos selectivamente el desarrollo de ciertos sectores clave de la economía y a medida que se dejen sentir las conexiones generadas por estos sectores clave, el mercado responderá a la situación desequilibrada realizando espontáneamente las inversiones restantes.

¿Cómo se elegirían esos *sectores líderes* o clave? Aquí conviene tener en cuenta varias consideraciones. Aunque, para empezar, recuerde algo evidente: todas las consideraciones siguientes se basan en el hecho de que los recursos de que dispone el responsable de la política económica son limitados. Si no fuera así, podrían realizarse inversiones en todos los sectores sin tener en cuenta el coste de oportunidad.

(1) El *número* de conexiones que tiene un determinado sector es, desde luego, un factor importante: la ayuda pública a la música y a las artes es un ideal realmente noble y deseable, pero no es el sector que hay que empujar para resolver un fallo de coordinación que afecte a toda la economía. Sin embargo, incluso después de eliminar los candidatos obvios, quedan muchos y muy serios aspirantes. ¿El carbón o el acero? ¿Los ferrocarriles o las carreteras? ¿La industria pesada o las empresas intensivas en trabajo? Ninguna de estas decisiones es fácil y las respuestas han de depender de la configuración de la economía. En todos estos casos, queremos conseguir el máximo de una sola vez; es decir, influir en el mayor número de sectores como consecuencia del desarrollo del sector elegido.

(2) No sólo es importante el número de conexiones; también cuenta la *fuerza* de cada una. En este sentido, el carácter de la conexión, tanto si es hacia adelante o hacia atrás, cobra cierta importancia. Las conexiones hacia adelante crean en esencia facilidades: aumentan la viabilidad de algún otro sector desde el punto de vista de la producción, desde el punto de vista de la oferta por así decirlo. Las conexiones hacia atrás aumentan la demanda del producto de otro sector. A primera vista, parece que ambas influencias son equivalentes: ¿qué más da que un sector se estimule por una bajada de costes o por una subida de precios si lo que importa es que obtenga beneficios? En general, no da lo

mismo: desde el punto de vista del sector que se beneficia de la conexión, una conexión hacia atrás eleva directamente el precio de su producto, estimulando la producción o la oferta. Una conexión hacia adelante reduce el precio de *uno* de sus factores de producción, pero generalmente hay muchos factores. El efecto total es mucho más difuso. Por otro lado, el descenso del precio de un factor podría afectar a más de un sector en el que se utiliza como factor de producción. La cuestión es que el efecto de esta conexión hacia delante es relativamente pequeño en cada sector y, por lo tanto, es menos probable que le permita superar el umbral necesario para alcanzar un régimen de elevada inversión. El carácter difuso de una conexión hacia adelante también tiene consecuencias desde el punto de vista de la información. En el caso de los sectores que no se expanden a partir del crecimiento de las empresas existentes sino por la entrada de nuevas empresas, las conexiones hacia atrás suministran un flujo más nítido de información. Si el precio del cuero sube como consecuencia de una expansión de la industria de calzado, está bastante claro que invertir en el cuero ahora es un proyecto más rentable. Sin embargo, si el precio del carbón baja como consecuencia de un aumento de su oferta, ahora hay toda una variedad de posibilidades, por lo que el flujo de información es más ruidoso y más complejo.

(3) Por último, es importante examinar la "rentabilidad intrínseca" de cada sector. Este término es, desde luego, vago. Al fin y al cabo, acabamos de afirmar que la rentabilidad de un sector depende de las inversiones que se realicen en otros. No obstante, se trata de un criterio útil. Supongamos que observamos que el sector exportador tiene muchas más conexiones que el desarrollo de carreteras a igualdad de inversión. Se trata de un sector que también es muy rico en conexiones hacia atrás y aunque es cierto que la inversión en carreteras podría elevar la demanda de factores que se utilizan para construir carreteras, debería ser bastante obvio que sus principales conexiones son hacia adelante. ¿Es un argumento a favor que el Gobierno realice grandes inversiones en el sector exportador a expensas de las carreteras? No necesariamente, y la razón se halla en que es más probable que sea el sector privado el que exporte, ya que de la exportación pueden obtenerse beneficios. Es difícil (aunque no imposible) convertir la construcción y el mantenimiento de carreteras en una empresa rentable, sobre todo en los países pobres en los que cobrar peajes para obtener beneficios podría ser inviable desde el punto de vista político o económico. En este caso, *el Gobierno maximiza las probabilidades de resolver el fallo de coordinación invirtiendo en la actividad menos rentable*, siempre, por supuesto, que esas actividades también tengan conexiones. Así pues, un sector líder no tiene por qué ser intrínsecamente rentable, pero debe espolear a otros sectores que lo sean. Esta sencilla observación también indica que el papel del Estado suele ser el de realizar actividades intrínsecamente poco rentables, y nos advierte de que deberíamos evitar afirmaciones genéricas como "el Estado es incapaz de cubrir sus costes", sin estudiar cada caso.

Todo ello nos lleva a pensar en varios ejemplos de sectores líderes. Entre ellos se encuentran la industria pesada, las exportaciones, el turismo, el transporte y la agricultura. En este libro examinaremos en varias ocasiones algunos de estos sectores, por ejemplo, el papel de la agricultura en el capítulo 10 y el de las exportaciones en el 17 y el 18. El recuadro de este capítulo muestra que el Estado ha fomentado deliberadamente, al menos en un país, la industria pesada como sector líder.

La industria pesada como sector líder: los primeros intentos de planificación de la India

Como mejor se describe la economía india es con el calificativo de "mixta". Aunque la mayor parte de los bienes de consumo y casi toda la agricultura están en manos de la empresa privada, muchos bienes de capital y servicios de infraestructura (por ejemplo, la maquinaria pesada, la siderurgia, los fertilizantes, los ferrocarriles, etc.) se producen en el sector público. Las autoridades económicas indias, influidas en gran parte por el experimento soviético de planificación (véase el recuadro del capítulo 3), creían que la industria pesada era *el* sector líder que había que fomentar: su crecimiento tiraría del resto de la economía.

Hasta hace muy poco, el Gobierno indio estaba dotado de poderosos instrumentos (como la política de licencias industriales)[9] que controlaban el volumen y la distribución de la inversión incluso en los sectores que estaban en gran parte en manos privadas. La adquisición de esos poderes por parte del Gobierno indio en el momento del nacimiento de la República (en 1947) demostró que éste no estaba dispuesto a apoyarse únicamente en el mecanismo del mercado. En otras palabras, el Gobierno indio quería impulsar ciertos sectores que el mercado podía no fomentar por sí solo.

El 15 de marzo de 1950 se creó la Comisión de Planificación, bajo la presidencia del primer ministro de la India, Jawaharlal Nehru. El primer Plan Quinquenal abarcó el periodo comprendido entre 1951-52 y 1955-56. Al igual que en la teoría de Harrod-Domar, se puso énfasis en el aumento de las tasas totales de inversión. El segundo Plan Quinquenal (que va de 1955-56 a 1960-61) dio un paso más. Uno de sus principales artífices fue el profesor P. C. Mahalanobis, eminente estadístico y asesor del primer ministro Nehru.

El modelo de Mahalanobis, que sirvió de base al segundo plan, se parecía mucho a un modelo enunciado por el economista soviético Feldman en 1928, en el que se basó en gran medida la planificación soviética en los años treinta. *Ambos modelos sostenían que para conseguir un rápido crecimiento, había que prestar especial atención no sólo al volumen de inversión sino también a su composición.* En particular, estos modelos subrayaban la necesidad de realizar considerables inversiones en el sector de bienes de capital con el fin de expandir la base industrial y eliminar en el futuro los posibles estrangulamientos de la capacidad de producción de maquinaria. Esta política implica que el crecimiento de los bienes de *consumo* inicialmente es bajo, pero se acelera una vez que se amplía lo suficiente la base industrial. Este énfasis del segundo Plan Quinquenal de la India en la industria pesada lo muestra el hecho de que el 34,4% de la inversión planeada se realizó en el sector de bienes de inversión y sólo el 18,2 en bienes de consumo y el 17,2 en la agricultura (Hanson [1966, pág. 126]).

Durante el periodo del plan, la renta nacional creció un 4% al año en promedio. Dado que la economía india había permanecido casi estancada en los cincuenta años anteriores o más, esta cifra era bastante espectacular. Raj [1965] ha señalado que "el aumento porcentual de la renta nacional registrado en los últimos trece años ha sido mayor que el aumento porcentual registrado en la India durante los cincuenta años anteriores".[10]

---

[9] Las inversiones en la industria que superaban una determinada cuantía debían ser autorizadas por el Gobierno indio. Controlando el número de licencias concedidas, el Gobierno pretendía controlar el tamaño de algunas industrias de acuerdo con sus planes y su política.

[10] Sin embargo, el crecimiento de la población fue superior durante este periodo a las expectativas y, lo que es más alarmante, mostró una tendencia ascendente, debido principalmente al descenso de la tasa de mortalidad provocado por las mejoras sanitarias. Por consiguiente, la renta nacional per cápita sólo creció un 1,8% al año, lo cual, aunque es meritorio, es considerablemente menos alentador.

La industria, al recibir la mayor proporción de la inversión, obtuvo unos resultados muy superiores a la media del país. La producción industrial total creció a una tasa media del 7% al año durante el periodo de los dos primeros planes. Sólo en el periodo del segundo plan, el índice general de producción industrial creció alrededor de un 35% entre 1955-56 y 1960-61 y el de producción de maquinaria se situó en un nivel del 250% de su nivel de partida en el corto espacio de cinco años (Hanson [1966, pág. 169]). Sin embargo, hubo algunas graves deficiencias en el sector de infraestructura: la producción de energía se quedó 1,2 millones de kilovatios por debajo de su objetivo de 6,9 millones y la subinversión en los ferrocarriles provocó estrangulamientos y tensiones hacia el final del periodo (Hanson [1966]).

En conclusión, aunque los dos primeros planes quinquenales colocaron a la India en una senda de crecimiento agregado sin precedentes en su historia, las condiciones de vida inmensamente pobres de la mayoría de la población al comienzo de los planes, unidas a las crecientes presiones demográficas durante todo el periodo, apenas dejaron margen para la complacencia al comienzo del periodo del tercer plan.

5.2.4 Historia frente a expectativas

Hasta ahora hemos analizado la idea de las complementeriedades y hemos visto que esas externalidades pueden provocar un fallo de coordinación. El caso de varios sectores que funcionan simultáneamente en un nivel subóptimo exige una política que ayude a la economía a pasar de esta situación subóptima a otra más eficiente. En el apartado anterior, hemos examinado ese tipo de política.

Todo este análisis se basa en el supuesto de que de alguna manera la *historia* determina el equilibrio y hace que resulte difícil a las empresas, a los individuos o a los sectores escapar de una manera coordinada de la trampa de equilibrio de bajo nivel. Sin embargo, también hemos afirmado que si fuera posible modificar de alguna manera las expectativas de los agentes económicos, se produciría, mágicamente por así decirlo, un desplazamiento de un equilibrio al otro. ¿Qué impide que cambien las expectativas? Al fin y al cabo, en otras situaciones observamos que éstas experimentan grandes cambios. Por ejemplo, el elemento básico de la moda es la creencia de la mayoría de un grupo de que algo (unos pantalones con grandes agujeros, los tatuajes en las nalgas, las películas de Amitabh Bachhan o ciertos músicos contemporáneos innombrables) es "moderno" y, por lo tanto, debe "experimentarse" con ello para no parecer anticuado. Este "algo" cambia y cambia con frecuencia. ¿Por qué no observamos la misma facilidad de movimientos para desplazarse de los equilibrios malos a los equilibrios buenos? ¿Por qué debemos recurrir a Hirschman y a Rosenstein-Rodan?

Se trata de una buena pregunta, que volverá a rondarnos en varias ocasiones en este libro (véase, por ejemplo, el capítulo 9). Echemos un primer vistazo a esta cuestión; ya habrá más ocasiones de volver sobre el asunto.

Quizá pueda ayudar el siguiente ejemplo. Consideremos el desarrollo de un sector de exportación, especializado en componentes electrónicos. Puede que ese sector dependa de un suministro continuo y fiable de ingenieros cualificados. Puede que haya, de hecho, buenas escuelas de ingeniería en el país o, al menos, oportunidades para adquirir esas cualificaciones en el extranjero. Si surgiera ese sector, los ingenieros obtendrían una elevadísima tasa de rendimiento gracias a su formación, a medida que las empresas fueran invirtiendo para aprovechar el trabajo cualificado. El problema es cómo se desarrolla por sí solo el sector. Las externalidades que impone la ausencia *actual* de personal y de conocimientos pueden hacer que los costes de invertir en este incipiente sector sean muy altos. Por ello, inicialmente, la demanda de personal cualificado sería bastante escasa, por lo que las tasas de rendimiento de esas cualificaciones podrían ser demasiado bajas para fomentar su adquisición. Sin embargo, tanto la inversión en el sector como la inversión en educación técnica podrían muy bien prosperar si se dieran de alguna manera simultáneamente. He aquí otro ejemplo de un conocido fallo de coordinación.

Este argumento se resume cómodamente utilizando un sencillo modelo.[11] La figura 5.4 muestra dos sectores: Viejo y Nuevo. Tanto en el panel Viejo como en el Nuevo suponemos que hay externalidades: el rendimiento que obtiene cualquier persona participando en un sector depende positivamente del número de personas que ya participen en él. Estas observaciones se recogen trazando en ambos paneles unas líneas que representan las tasas de rendimiento y cuyas pendientes son positivas conforme aumenta el número de personas que hay en ese sector. Para completar la descripción, situamos la distribución inicial de los individuos entre los dos sectores (que viene dada por la historia). Es *OA* en Viejo y *OB* en Nuevo. Podemos imaginar que el segmento *AB* es el número total de personas que hay en la economía: cuando cambia la distribución de la gente, lo único que varía es la *posición* de *AB*, pero no su longitud.

La figura 5.4 tiene por objeto mostrar dos cuestiones. En primer lugar, la curva de la tasa de rendimiento de Nuevo es "mejor" que la de Viejo: si se superpusieran en el mismo panel, la curva de Nuevo se encontraría por encima de la curva de Viejo. En segundo lugar y en contraste con la primera observación, en la posición de partida, la tasa *efectiva* de rendimiento de Viejo, r_0, es superior a la de Nuevo, r_N.

Obsérvese que todos los ejemplos analizados hasta ahora encajan bastante bien en este modelo. Por ejemplo, podemos interpretar que el rendimiento de Nuevo son los salarios pagados a las personas que decidieron adquirir las cualificaciones de ingeniería, *una función del número de personas que ya las han adquirido*. En esta interpretación, si pensamos que la ocupación alternativa no genera externalidades, podemos imaginar que la curva de la tasa de rendimiento de Viejo es casi plana, mientras que la de Nuevo tiene pendiente positiva. También podemos imaginar que Nuevo está formado por mecanógrafos que utilizan el sistema Dvorak o, lo que es lo mismo, por otros tipos de chips más eficientes, mientras que Viejo contiene los teclados QWERTY o los chips de Intel. La tasa de rendimiento es, en ese caso, la cantidad total de satisfacción que obtiene un consumidor o un usuario, una vez descontado el coste de compra o de uso. En todos estos ejemplos, resulta útil imaginar que *OA* es un segmento grande, mientras que *OB* es muy pequeño, quizá cero.

---

[11] Para un minucioso análisis de modelos parecidos, véase, por ejemplo, Acemoglu [1997], Krugman [1991a] y Matsuyama [1991].

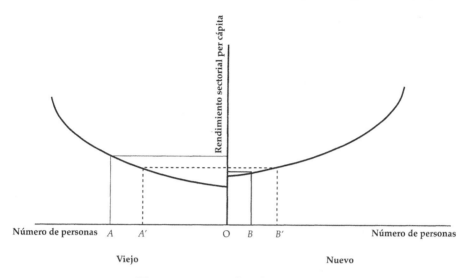

Figura 5.4. Externalidades e historia.

Ya nos encontramos en condiciones de poner en marcha este modelo. Imaginemos que, como indica la figura 5.4, la tasa de rendimiento de Viejo es superior a la de Nuevo. A medida que pasa el tiempo se desplazan algunas personas de Nuevo a Viejo. Este caso describe el fracaso de un sector nuevo y apasionante cuando no hay suficiente masa crítica para seguir impulsándolo. En este caso, todo el mundo acaba en Viejo y no queda nadie en Nuevo. Los mercados privados no son capaces de incorporar la externalidad social, lo que da un resultado ineficiente. Esa es precisamente la esencia de los ejemplos anteriores.

La figura 5.4 también muestra que si hubiera habido suficiente masa crítica, las cosas habrían sido totalmente distintas. Supongamos, por ejemplo, que la historia nos sitúa inicialmente en la distribución *OA'* y *OB'*, donde las tasas de rendimiento de los dos sectores son exactamente iguales. En ese caso, la más leve inclinación hacia Nuevo puede desencadenar un ritmo creciente de cambio beneficioso, a medida que la gente opta por la nueva tecnología (o por el nuevo producto o por el nuevo modo de vida).

Veamos a continuación un caso distinto basado totalmente en las expectativas. Comencemos de nuevo en la situación en la que hay *OA* personas en Viejo y el resto, *OB*, se encuentra en Nuevo. Imaginemos ahora que por alguna razón *todo el mundo* cree que *todas las demás personas* estarán en Nuevo mañana. Da lo mismo a qué se deba esta creencia. Obsérvese simplemente que *si* alguien cree realmente eso, también debe creer que Nuevo es el sector en el que hay que estar porque su rendimiento será mayor. Por consiguiente, se trasladará a Nuevo mañana. Sin embargo, si todo el mundo piensa lo mismo, todo el mundo estará en Nuevo, por lo que ¡quedará totalmente justificada esta creencia aparentemente absurda! Según este argumento, la historia no desempeñaría ningún papel. *Independientemente* de cuál sea la situación inicial, sólo hay dos resultados posibles que se autojustifican —todo el mundo en Viejo o todo el mundo en Nuevo— y *ambos* resultados siempre son posibles, dependiendo únicamente de las expectativas.[12]

¿Cómo cuadramos este caso con el que hemos descrito antes?

Para responder a esta pregunta, es importante reconocer un grave problema del análisis del párrafo anterior. No tiene en cuenta el hecho de que estos desplazamientos sectoriales llevan *tiempo*. Es posible que una multitud de personas se desplace de Viejo a Nuevo, pero eso no quiere decir que las tasas de rendimiento de estar en ese sector se ajusten *de inmediato* al nuevo nivel tal como muestra el gráfico. Recuérdese el ejemplo que ha motivado este modelo. Una oferta de ingenieros cualificados provoca el desarrollo del sector de exportación, elevando así los rendimientos de estas cualificaciones *con el paso del tiempo*. Por lo tanto, aunque creamos que el gráfico es una descripción exacta de los rendimientos a largo o incluso a medio plazo, no puede ser una buena descripción de lo que ocurra *inmediatamente*.

Una vez que reconocemos el papel del factor tiempo, el argumento comienza a aclararse.[13] Ya no es cierto que aun creyendo que todos los demás se trasladarán a Nuevo, nuestro individuo se desplace de inmediato a ese sector. Esperará hasta que la tasa de rendimiento de ese sector sea superior a la tasa de rendimiento que está obteniendo actualmente en Viejo, con lo que ésta continuará siendo más alta a corto plazo. Si nuestro hombre piensa de esta forma, otros también pensarán lo mismo, por lo que la gente pospondrá el desplazamiento y, por lo tanto, dejará de estar justificada la creencia de que todos los demás se desplazarán mañana. De esta manera la historia vuelve a hacer una entrada triunfal: ahora las *expectativas* no desempeñan ningún papel y la situación inicial debe determinar, una vez más, el resultado final.

Lo esencial del argumento anterior es que la gente pospondrá sus decisiones más de lo que espera que las pospongan otros, con el fin de evitar el periodo de tiempo que tardan en aumentar los rendimientos. Esta tendencia a posponer un desplazamiento que puede ser costoso puede atrapar a la economía. Eso es precisamente lo que ocurre en las situaciones descritas por Rosenstein-Rodan y Hirschman: todo el mundo quiere que todos los demás sean los primeros. El problema no tiene solución.

El problema de posponer el desplazamiento también nos explica por qué es más fácil crear una nueva moda que sacar a una economía de un fallo de coordinación. Una de las características de la moda es que los usuarios iniciales pueden ser unos "innovadores": no les importa ser diferentes; de hecho, probablemente les *guste* la idea de serlo. Por lo tanto, no se incurre en ningún coste por "ser el primero" y es probable que se obtenga alguna ganancia. Una vez dados los primeros pasos, los seguidores pueden imitarlos a su debido tiempo. En el caso de un fallo de coordinación económica, ser el primero significa sufrir pérdidas económicas. A menos que haya empresarios que vayan deliberadamente en contra de la corriente, por un exceso de optimismo o por mera arrogancia, no pode-

---

[12] También hay un tercer resultado en el que las tasas de rendimiento de los dos sectores se igualan totalmente, pero es posible excluirlo por motivos de "estabilidad".

[13] Véase Adserà y Ray [1997] y, en un contexto distinto pero relacionado con éste, Chamley y Gale [1994].

mos eliminar un fallo de coordinación de la misma forma que se eliminan las viejas modas. Lo cierto es que a veces hay empresarios de ese tipo.[14]

Este argumento también nos enseña que las expectativas desempeñan un papel importante cuando tiene alguna ventaja ser el primero. Una de esas ventajas son los costes de entrar en un sector nuevo. Es posible que los primeros que entren se consoliden en los mejores puestos de trabajo, por ejemplo, por tener más años de experiencia. También puede ocurrir que si concebimos los dos sectores literalmente como dos regiones geográficas, la congestión eleve los costes de trasladarse más tarde, debido por ejemplo a que sea difícil encontrar una buena vivienda. En esos casos, es posible que los agentes económicos sopesen los rendimientos *actuales* más bajos de trasladarse hoy y los costes más altos de trasladarse en el futuro, lo cual podría desencadenar un proceso de "migración" de Viejo a Nuevo, aun cuando Viejo sea actualmente más rentable. Para que se mantenga esta migración es necesario que se crea que otros también migrarán. En este sentido, las expectativas podrían vencer en alguna medida a la historia.[15]

5.3 Rendimientos crecientes

5.3.1 Introducción

Una actividad productiva posee *rendimientos crecientes de escala* si aumentando la escala disminuyen los costes unitarios de funcionamiento. En otras palabras, un aumento proporcional de los factores de producción variables provoca un aumento más que proporcional de la producción generada por la actividad.

En las teorías del crecimiento como los modelos de Harrod-Domar o de Solow, los rendimientos crecientes no desempeñan un papel tradicionalmente importante (pero recuérdense los modelos de crecimiento endógeno del capítulo 4). Destaca una importante excepción en la primera literatura del crecimiento: el artículo clásico de Young [1928], que subraya el papel que desempeñan los rendimientos crecientes en el desarrollo. La idea es sencilla, pero muy poderosa. Consta de dos partes. En primer lugar, la capacidad para obtener las ganancias derivadas de los rendimientos crecientes depende de las dimensiones del mercado del producto. Si éste es pequeño, es posible que un producto rentable nunca entre en el mercado. En segundo lugar, y lo que es más sutil, las propias dimensiones del mercado pueden depender de la capacidad de explotar los rendimientos crecientes, expandir la producción y pagar una renta a los trabajadores. Es posible, pues, que una economía caiga en una trampa de bajo nivel muy parecida a la que hemos descrito en el apartado anterior, pero que tiene un origen distinto.[16]

---

[14] Para los ciclos de la moda, véase, por ejemplo, Pesendorfer [1995]. Sobre los empresarios superoptimistas, véase Manove [1997].

[15] Para estas cuestiones, véase Matsuyama [1991] y Krugman [1991a].

[16] En realidad, la diferencia no es tan grande como parece a primera vista. Las complementariedades son un tipo de rendimientos crecientes de escala, que se producen en el caso de la sociedad, no del productor o del consumidor. Lo que vamos a defender es que la historia también es importante si los rendimientos crecientes de escala no se manifiestan en forma de externalidades, sino que son "internos" a la persona, la empresa o la organización.

5.3.2 Rendimientos crecientes y entrada en los mercados

Consideremos un ejemplo. Supongamos que un país en vías de desarrollo tiene un pequeño mercado interior de automóviles que actualmente son importados de conocidos fabricantes internacionales. Imaginemos ahora que un fabricante local diseña un automóvil especialmente idóneo para las características del país. Por ejemplo, puede ser un automóvil que consuma poca gasolina y que tenga una baja velocidad máxima. Con esa baja velocidad podría no ser un automóvil idóneo para las autopistas alemanas, pero es absolutamente adecuado para la capital de este país en vías de desarrollo, donde el tráfico es especialmente denso y las carreteras no son muy buenas. Por otra parte, el bajo consumo de combustible es algo positivo, dada la situación actual de su balanza de pagos. Concluyamos, pues, que aunque este nuevo modelo no sea el mejor para una carretera ideal, es adecuado para la situación de este país.

El fabricante está deseoso de comenzar a producir este nuevo diseño, pero pronto se topa con una dificultad. Se da cuenta de que el mercado está saturado actualmente de automóviles y que su única esperanza de expandirse es adquirir una importante cuota de mercado. Este es un reto que está dispuesto a asumir, pero existen otras dificultades. La producción de automóviles, como muchas tecnologías de producción en serie, tiene rendimientos crecientes de escala, por lo que deberá vender una gran cantidad de automóviles para reducir los costes de producción hasta un nivel rentable.

Là figura 5.5 muestra la situación. En el eje de ordenadas se encuentra el coste unitario de producción y en el de abscisas la producción de automóviles, ajustada para tener en cuenta la calidad. Por lo tanto, como por hipótesis su diseño de bajo consumo es efi-

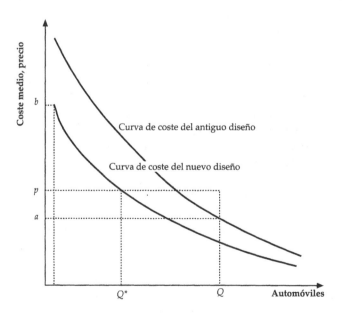

Figura 5.5. Rendimientos crecientes e historia.

ciente localmente, nuestro productor tiene una curva de coste medio de producción que es *uniformemente* más baja que el coste medio de producción de los fabricantes ya establecidos. Como consecuencia de los rendimientos crecientes, ambas curvas de coste medio tienen pendiente negativa a medida que aumenta la cantidad vendida. El problema estriba en que el mercado existente se encuentra actualmente en un punto como el Q con un coste medio de a. Aunque nuestro productor tiene una *curva* de coste más baja, inicialmente se encuentra en un punto más alto de esa curva, con un nivel actual de producción de (casi) cero y un coste unitario de b, que es superior a a.

Ahora bien, nada de eso sería un problema si los consumidores cambiaran *inmediatamente* de fabricante cuando se introdujera la nueva tecnología. Nuestro productor podría vender la cantidad Q desde el primer día, por debajo del precio que estuviera vigente en el mercado, pero ¿es razonable que esto ocurra? Quizá no. Lo más probable es que la nueva tecnología tenga que irse abriendo camino en el mercado y que, poco a poco, cada vez sea mayor el número de personas que optan por el nuevo automóvil al darse cuenta de sus ventajas. Roma no se construyó en un día y tampoco los nuevos productos o industrias. Esta transición gradual conduce al siguiente dilema: *durante el periodo de transición en el que los consumidores van optando poco a poco por el nuevo producto, nuestro productor debe incurrir en pérdidas.* Este razonamiento es bastante fácil de ver en la figura 5.5. Si el precio vigente en el sector es p, nuestro productor debe cobrar un precio más bajo desde el primer día para que se ponga en marcha el proceso de transición. Tendrá, por lo tanto, que incurrir en pérdidas al menos hasta que los niveles de producción alcancen el punto Q^*.

Las pérdidas no serían un problema si los mercados de capitales fueran perfectos. Nuestro productor podría conseguir un préstamo para cubrir las pérdidas transitorias. Sin embargo, si los mercados de capitales son imperfectos o no existen, no puede acceder a ese crédito y puede hundirse todo el proyecto (que es socialmente valioso).[17]

¿A qué se debe este problema? A tres cosas: (1) hay rendimientos crecientes de escala en la producción, (2) no hay mercados crediticios o son incompletos y (3) los consumidores tardan en cambiar de producto, por lo que lleva tiempo adquirir cuota de mercado. Obsérvese que en ausencia de rendimientos crecientes de escala, los otros aspectos dejan de tener importancia. Si los costes medios no disminuyen al aumentar el nivel de producción, una sustitución socialmente eficiente de una tecnología más antigua siempre puede invadir el mercado, produciendo poco al principio si fuera necesario y aumentando la cantidad de producción con el paso del tiempo. Para verlo, coja el lector un lápiz y represente el ejemplo de la figura 5.5 invirtiendo las pendientes de las dos curvas de coste, pero manteniendo sus niveles relativos (es decir, siga suponiendo que la nueva tecnología es más eficiente). Es fácil ver que para que el productor cubra costes y empiece a obtener un beneficio no es necesario ningún nivel como Q^*. Incluso es posible vender una pequeña cantidad y obtener un beneficio, que aumenta ininterrumpidamente a medida que es mayor el número de clientes que adoptan el nuevo producto.

---

[17] La *razón* por la que podrían faltar los mercados es un tema que se analiza en otra parte del libro (véanse, por ejemplo, capítulos 7 y 14).

Si combinamos el concepto de externalidades positivas en el plano de la sociedad con los rendimientos crecientes de escala en el plano de la empresa, es posible llevar el argumento un paso más allá. *Si se sabe o se percibe de alguna manera que las nuevas tecnologías no pueden invadir los mercados existentes por una o varias de las razones anteriores, y si el desarrollo de esas tecnologías representa un coste, los incentivos para desarrollarlas se reducen seriamente.* Esto tiene consecuencias trascendentales. Es razonable (aunque discutible) que las tecnologías creadas en los países desarrollados sean adecuadas a las características de esas economías. Sin embargo, si estas tecnologías ya se utilizan en los países en vías de desarrollo, puede resultar extraordinariamente difícil crear tecnologías nuevas que aprovechen las características propias de los países en vías de desarrollo. Es posible que el sector privado no pueda hacerlo por sí solo.

5.3.3 Rendimientos crecientes y dimensiones del mercado: interacción

En el apartado anterior, hemos estudiado una situación en la que un mercado existente ya es abastecido por una empresa rival. Hemos afirmado que cuando hay imperfecciones en el mercado de capitales y las lealtades de los consumidores cambian lentamente, una nueva empresa tiene dificultades para penetrar en ese mercado. El argumento se basa fundamentalmente en la presencia de rendimientos crecientes. Por lo tanto, incluso una empresa más eficiente debe incurrir en pérdidas en los niveles de producción bajos y puede no tener los fondos necesarios para asumirlas. Las condiciones históricas dictan, pues, el rumbo de los nuevos acontecimientos.

Al formular este argumento, hemos supuesto que el mercado tenía unas dimensiones dadas. Por ello, el análisis que hemos realizado podría denominarse de *equilibrio parcial*, en el que hemos visto que el mercado restringe la entrada y la producción, pero no nos hemos ocupado de los efectos de la falta de producción sobre la dimensión del mercado. Este enfoque analítico es correcto, desde luego, para estudiar la suerte de una única empresa, como nuestro innovador productor de automóviles. Al fin y al cabo, la contribución de una empresa a la renta nacional y a la demanda en el mercado de productos finales es insignificante.

Sin embargo, este tipo de análisis no tiene en cuenta la situación más general. Si *muchas* actividades son limitadas por estas razones, su demanda resultará afectada a través de un mecanismo de retroalimentación. Como esta afirmación resulta vaga, pondremos inmediatamente un ejemplo económico concreto.[18]

El ejemplo que vamos a analizar está relacionado con la provisión de los factores intermedios necesarios para obtener el producto final en la economía. Una característica del desarrollo económico es la creación y el uso de métodos de producción cada vez más sofisticados, que se caracterizan por ser "indirectos". Casi todas las actividades productivas pueden servir de ejemplo. Pensemos en la construcción. En los países en vías de desarrollo, la construcción es una actividad bastante intensiva en trabajo. Hay que limpiar

---

[18] Nuestro análisis se basa en Ciccone y Matsuyama [1996]. Pero la formulación general ha sido utilizada por otros muchos autores: véase, por ejemplo, Dixit y Stiglitz [1977], Grossman y Helpman [1991], Romer [1990] y Rodríguez-Clare [1996].

el terreno a mano, hay que retirar los escombros en pequeños cestos que se transportan a mano, a menudo hay que mezclar el cemento en la obra y transportarlo a mano y hay que levantar las paredes ladrillo a ladrillo. En las economías industrializadas, se han automatizado todas estas tareas: se utilizan excavadoras para los fundamentos y se levantan paredes prefabricadas en la obra. Cada instrumento automatizado se produce, a su vez, por medio de una compleja actividad: pensemos en cómo se producen las propias excavadoras y las propias paredes prefabricadas. Por lo tanto, la producción final de una vivienda se reduce a una larga serie de pasos automatizados, cada uno de los cuales es muy sofisticado y exige muchos factores intermedios.

Los costes de producción de estos sofisticados factores pueden ser muy altos si se venden en mercados diminutos. Para fabricar y vender excavadoras es necesario que haya una demanda bastante alta en la construcción y lo mismo ocurre con las paredes prefabricadas. De lo contrario, no merece la pena construir plantas para fabricar estos artículos. En otras palabras, los factores intermedios suelen producirse en condiciones de rendimientos crecientes de escala.

Al mismo tiempo, la provisión de factores intermedios y la consiguiente producción indirecta pueden tener muchas consecuencias desde el punto de vista productivo, ya que la producción no sólo se beneficia de la *escala* sino también de la *variedad* de factores que se emplean. Para verlo concretamente, supongamos que se produce utilizando una tecnología que tiene rendimientos constantes de escala y que emplea como factores bienes intermedios y trabajo. Si se duplica la cantidad de trabajo, así como la de todas las variedades *existentes* de factores intermedios, la producción se duplica: ésta no es más que la característica de los rendimientos constantes de escala. Este concepto induce a pensar que si se duplica el presupuesto destinado a la producción, también se duplica la producción. Pero no es así, porque una duplicación de todos los factores no es más que *una de las opciones* posibles cuando se duplica el presupuesto. También es posible ampliar la *variedad* de factores intermedios que se utilizan en la producción. La opción de ampliar la variedad lleva a una situación en la que la producción se duplica con creces: cuando hay variedad de factores, se consiguen unos rendimientos crecientes de escala siempre que la función de producción subyacente muestre rendimientos constantes. Así pues, la productividad de la economía depende de la escala y de la variedad de operaciones del sector de factores intermedios. En este contexto, véase también el capítulo 4 y los problemas de ese capítulo.

Nos encontramos ya en condiciones de ver cómo lleva esta situación a la aparición de equilibrios múltiples. Supongamos que la economía es "pobre" y que tiene una baja demanda del producto final. En este caso, no es posible la producción intermedia en una escala económicamente viable, lo cual significa que los precios de los bienes intermedios son altos. Por consiguiente, las empresas utilizan trabajo bruto en lugar de bienes intermedios, lo cual reduce la productividad debido al argumento del párrafo anterior y genera una baja renta en la economía. La baja renta genera, a su vez, una baja demanda del bien final, completando así el círculo vicioso. La otra cara de la moneda es un círculo virtuoso. Una elevada demanda del bien de consumo final eleva la demanda de bienes intermedios y como estos bienes intermedios se producen en condiciones de rendimientos crecientes de escala, sus precios bajan. El descenso de los precios fomenta la utilización de bienes intermedios en lugar de trabajo, lo cual eleva la productividad de la economía. La renta aumenta como consecuencia, y lo mismo ocurre con la demanda, completando así el círculo virtuoso.

Los rendimientos crecientes son fundamentales en este tipo de argumento. Es su presencia la que permite que un sector prospere cuando la demanda (o las dimensiones del mercado) es alta, reduciendo los precios de ese sector. Eso produce el efecto acumulado de expandir aún más la producción, lo que refuerza el efecto inicial. Por otra parte, los rendimientos decrecientes son esencialmente *ahistóricos*. La producción en gran escala no puede elevar el nivel de productividad, por lo que no es posible una cadena de causación acumulada. Eso excluye la posibilidad de que haya equilibrios múltiples, algunos de los cuales son inequívocamente mejores que otros.

En conclusión, obsérvese el paralelismo entre los rendimientos crecientes y las complementariedades. Cuando hay rendimientos crecientes, un aumento de la escala de operaciones produce un efecto saludable en los costes unitarios de la propia organización. Las externalidades positivas que adoptan la forma de una complementariedad trasladan esos efectos beneficiosos a otros agentes económicos. En este sentido, las complementariedades pueden concebirse como un tipo de rendimientos crecientes en la sociedad. No es de extrañar que los dos produzcan efectos parecidos.

5.4 Competencia, multiplicidad y comercio internacional

Existe otra interesante manera de analizar las externalidades. Todas las externalidades pueden concebirse como la ausencia de un conjunto adecuado de mercados o la presencia de mercados imperfectos. El empresario que construye un sistema de transporte público en una ciudad eleva los precios de las propiedades inmobiliarias cercanas al sistema y, por lo tanto, crea una externalidad. He aquí otra manera de analizar esta cuestión: no existe un "mercado competitivo" en el que los propietarios de los inmuebles susceptibles de beneficiarse puedan compensar al empresario por la construcción del sistema de transporte. Si existiera ese mercado, la externalidad se internalizaría totalmente y el sistema se construiría si y sólo si fuera socialmente beneficioso.

A veces esta manera de pensar no es muy útil. Tomemos el caso de una congestión de tráfico en una calle concurrida. Ésta afecta en distinto grado a las personas atrapadas en el atasco. Imaginemos que existe un sistema de mercado competitivo que determina las indemnizaciones que deben pagar unos conductores a otros en todas las contingencias imaginables (por ejemplo, si el conductor va camino de un hospital para tener un hijo, si llega tarde a una reunión, si ha salido a dar tranquilamente una vuelta en coche, etc.). Si existieran esos mercados y pudieran verificarse inmediatamente todas las contingencias, se internalizarían todas las externalidades y (por ejemplo) en las calles de Calcuta se circularía eficientemente. Sin embargo, ésta es una visión de los mercados llevada a tal extremo que resulta absurda.[19] El ejemplo de externalidad basado en el teclado QWERTY

---

[19] Una de las razones por las que es absurdo se halla en que las contingencias *no* son verificables, por lo que generalmente no puede ponerse en práctica el sistema necesario de pagos.

entra dentro de esta categoría, al igual que el modelo de Romer de difusión de los conocimientos que analizamos en el capítulo 4.

Por otra parte, esta concepción a veces aporta ideas útiles, sobre todo cuando se analizan las teorías de los fallos de coordinación y de las conexiones de Rosenstein-Rodan, Hirschman y sus seguidores. Recuérdese la figura 5.3. ¿Dónde se encuentra exactamente la externalidad? La figura indica, por ejemplo, que la industria siderúrgica no puede expandirse porque el mercado de productos que utilizan acero es pequeño. Estos mercados tan estrechos van de un producto a otro, repercutiendo finalmente en la industria siderúrgica (véase en la figura algunos de estos circuitos de retroalimentación). La cuestión es cómo se le aparece a un productor este concepto de "mercado limitado".

La pregunta sólo tiene una respuesta. Se le aparece en forma de temor a que un aumento de la producción provoque un descenso del precio del bien. Esto es así por la dificultad de encontrar compradores, lo cual no es más que otra manera de decir que no es posible vender cantidades adicionales a un precio positivo. El descenso del precio es, por supuesto, una externalidad positiva para el comprador del producto, pero al inversor no le interesa la suerte del comprador.

De forma similar, consideremos ahora una conexión hacia atrás. Si un productor cree que si aumenta fácilmente su producción esto hará subir el precio de sus *factores*, puede que desista de aumentarla aun cuando esto sea socialmente bueno (la subida del precio impone una externalidad al proveedor del factor).[20]

Es muy importante comprender que esas respuestas sólo tienen sentido si el sistema de mercado no es competitivo en el sentido habitual de los libros de texto, a saber, que *hay un precio al que se pueden comprar o vender cantidades ilimitadas de un bien*. Si un productor (o un comprador) es insignificante en comparación con las dimensiones globales del mercado, sus acciones no pueden influir significativamente en el precio, ni su producción puede quedarse sin vender al precio vigente en el mercado. En este caso, las externalidades que se deben a conexiones hacia atrás y hacia adelante son internalizadas totalmente por el precio fijo, por lo que no son válidos nuestros argumentos anteriores.

Por consiguiente, los mercados competitivos no pueden relacionarse con los fallos de coordinación o con la incapacidad de internalizar las conexiones hacia atrás y hacia adelante. Esta observación también sigue siendo cierta en el caso del apartado anterior. Cuando los mercados son competitivos y la conducta es precio-aceptante, no es cierta la idea de que el tamaño del mercado limita la producción eficiente.

Debemos averiguar, pues, si es razonable o no abandonar la hipótesis de que los mercados son competitivos en algunas situaciones. ¿Tiene sentido suponer que un vendedor puede vender cantidades "ilimitadas" de un bien a un precio dado? Quizá sí (al menos como aproximación) cuando los agentes económicos en cuestión son pequeños en relación con las dimensiones globales del sector. Si no hay fricciones en el comercio internacional, la hipótesis de los mercados competitivos puede ser convincente: los empresarios

---

[20] Estas externalidades son *pecuniarias* o monetarias, a diferencia de las externalidades "no pecuniarias" o tecnológicas de la congestión, del teclado QWERTY, etc. Para un análisis véase Scitovsky [1954]. No vamos a hacer demasiado hincapié en esta distinción, porque plantea dificultades conceptuales.

de un país pueden ser "pequeños" en relación con las dimensiones de la economía mundial. En ese caso, es imposible que haya un fallo de coordinación persistente, ya que siempre es posible exportar la producción o importar factores.[21]

En capítulos posteriores analizaremos detalladamente el comercio internacional. De momento, es importante darse cuenta de que los modelos de este apartado se basan en un comercio limitado de los bienes en cuestión. Por ejemplo, si uno de los sectores del apartado 5.2 es la infraestructura, es razonable que los productos de ese sector no se comercien en los mercados internacionales o, al menos, que se produzcan o se instalen internamente. En ese caso, la posibilidad de que el mercado sea reducido es real.[22] Asimismo, muchos bienes intermedios no se comercian. La utilización de un factor intermedio lleva aparejados los servicios del productor de formación, instalación y mantenimiento. Éstos normalmente se producen y se suministran dentro del país. La cuestión no es, pues, que los propios bienes no puedan comerciarse —cosa que pueden— sino que tienen que producirse y comerciarse en gran medida dentro del país para que las consideraciones de este capítulo sean importantes.[23]

5.5 Otros papeles de la historia

La historia desempeña un papel importante en la determinación de las sendas de desarrollo de varias formas distintas. En este capítulo hemos centrado la atención en dos. Merece la pena mencionar, al menos, otras dos, que también veremos más adelante en este libro.

5.5.1 Las normas sociales

A lo largo de todo este libro nos basamos en la creencia de que la sociedad está formada por individuos racionales que buscan mejoras allí donde existen. Al mismo tiempo, lo que éstos pueden hacer depende de lo que la sociedad piensa que es aceptable. ¿Es aceptable obtener beneficios en un negocio? ¿Es aceptable renunciar a los viejos lazos con el clan familiar y emigrar? ¿Es aceptable utilizar anticonceptivos? ¿Es aceptable que trabajen las mujeres? ¿Es aceptable cobrar intereses por un préstamo? ¿Es aceptable no esperar el turno en una cola? La lista es infinita.

---

[21] Esta afirmación debe interpretarse con cautela. *Es* posible que existan equilibrios múltiples incluso cuando los mercados son competitivos. La cuestión es que estos equilibrios no tienen comparaciones de bienestar inequívocas. Empeora el bienestar de unas personas en uno de los equilibrios, mientras que mejora el de otras. En cambio, los equilibrios múltiples de un fallo de coordinación tienen una propiedad más poderosa: normalmente, *todas* las personas disfrutan de un bienestar mayor en uno de los equilibrios que en el otro. En otras palabras, los equilibrios pueden ordenarse según el criterio de Pareto.

[22] Así, Murphy, Shleifer y Vishny [1989] analizan un ejemplo de fallo de coordinación generado por la provisión (o la falta de) un sistema ferroviario. Sin el ferrocarril, es posible que no se cree una industria dentro de un país. Sin la industria, no hay incentivos financieros para construir el ferrocarril. Si fuera posible importar de alguna manera los servicios ferroviarios (lo cual es absurdo), el fallo de coordinación no se produciría y desaparecerían los equilibrios múltiples ordenados según el criterio de Pareto.

[23] Rodríguez-Clare [1996] realiza un útil análisis de la imposibilidad de comerciar los factores intermedios y del papel que desempeña esta imposibilidad en el mantenimiento de equilibrios múltiples.

Lo fascinante es que todas las sociedades tienen sus normas, algunas de las cuales cuentan con el respaldo de la ley. Al mismo tiempo, dista de estar claro que sobrevivan únicamente las "mejores" normas. Las normas que son mejores en un entorno, en una historia, pueden ser negativas para el desarrollo en otro entorno. Eso no significa, sin embargo, que las normas desaparezcan de la noche a la mañana. El deseo de los seres humanos de cumplir las normas es inmenso, y en la medida en que eso sea fundamental, las normas tardarán tiempo en cambiar.

La manera en que hemos expuesto estas ideas tal vez induzca a pensar que las normas siempre son un obstáculo y que su cumplimiento no puede sino frenar el ritmo de desarrollo. Nada más lejos de la verdad. Sin normas de decoro y de conducta social correcta, la vida económica se vendría abajo. Habría que vigilar a todos y cada uno de los pasajeros que bajaran de un taxi, no fuera a ser que se marcharan sin pagar. También hay normas más sutiles. ¿Qué decir del uso de la información privilegiada, prohibido por ley en Estados Unidos y mal visto en el mundo empresarial, pero perfectamente legal en Suiza? ¿Y de la norma que obliga a cualquiera que viva en Bangladesh a cuidar de su clan familiar?

No obstante, existen, desde luego, situaciones que exigen una modificación de las normas, simplemente porque ha cambiado la situación. En el capítulo 9, vemos cómo las normas colectivas que conceden mucho valor a tener un gran número de hijos frenan la reducción de la fecundidad. Es posible que esos valores fueran socialmente útiles en una sociedad cuyas tasas de mortalidad eran altas, pero son menos relevantes en una sociedad en la que la mortalidad ha disminuido. Aun así, el deseo de cumplir las normas permite que éstas perduren.

Supongamos que en una región se ha considerado tradicionalmente que el cultivo del arroz es un modo de vida, una noble actividad que permite obtener los medios necesarios para subsistir. Este concepto no sólo podría estar arraigado en las actitudes individuales y considerarse la forma "correcta" de cultivar la tierra, sino que, además, podría formar parte del folclor, de los rituales sociales y culturales, de las fiestas de celebración y, de hecho, de las ideas de cómo se reparte el año entre el trabajo y el ocio. Ahora bien, si hay otras regiones, quizá otros países, que cultivan el arroz más eficientemente y tienen mejores modos de transporte para llevarlo a la primera región, quizá ésta haría mejor en dedicarse al cultivo comercial del azúcar o del algodón en lugar del arroz. ¿Cómo podría producirse este cambio? Con dificultades, como imaginará el lector. Es posible que el primer innovador fuera mal visto por la sociedad, que ésta pensara que se ha vendido, que ha dejado de utilizar su tierra para su fin natural (y quizá sagrado). Podría ocurrir incluso que fuera sancionado por los ancianos del pueblo. Si el deseo de cumplir las normas es suficientemente fuerte, puede que no rompa con la tradición. Es, pues, la *historia* de este pueblo la que frena el cambio. No hay nada en la estructura genética de los residentes de este pueblo que lo frene; se trata simplemente de la veneración de una norma que ha sobrevivido a su tiempo.[24]

---

[24] El conservadurismo agrícola no sólo es peculiar de los países en vías de desarrollo, aunque lo sugiera esta historia con sus fiestas de la cosecha y los ancianos del pueblo. En Europa, Norteamérica y en algunos países como Japón, pocos sectores están tan protegidos y subvencionados como la agricultura. Hay

Es importante comprender que en un sentido conceptual el papel que desempeñan las normas de grupo encaja perfectamente en los modelos de equilibrios múltiples basados en externalidades que hemos estudiado antes en este capítulo. La observancia de la norma suele ser similar al equilibrio malo, como en el ejemplo anterior. La externalidad es creada por el hecho de que cuanto mayor es el número de personas que se alejan de la norma, más fácil resulta para *otras* alejarse también. Cuando la gente hace cosas distintas, el deseo de cumplir las normas es menos poderoso.

5.5.2 El statu quo

Por último, la historia desempeña un papel importante porque establece un *statu quo*, del que suele depender que se adopte o no una nueva política. El argumento que analizaremos ahora tiene dos aspectos principales: (i) en la mayoría de los casos, unos ganan y otros pierden con la nueva política, aun cuando sea deseable en algún sentido global y (ii) la promesa de indemnizar a los que pierden puede no ser creíble o viable. En el capítulo 17 veremos que esta cuestión crea considerables barreras al libre comercio.

Supongamos que se decide construir una nueva presa que permitirá regar de una manera controlada una extensa zona agrícola y generar energía eléctrica. Con la construcción de la presa, algunos pueblos resultarán seriamente dañados o incluso desaparecerán bajo las aguas y habrá que realojar a varios miles de personas. También se destruirá parte de la tierra cultivable. En pocas palabras, la decisión beneficiará a unos y perjudicará a otros, y del reparto histórico de la tierra dependerá quién sale ganando y quién sale perdiendo. Cuando se formen grupos de personas, como se formarán invariablemente, para presionar a favor o en contra de esta propuesta, se pondrán del lado de los que pueden salir perdiendo y ganando.

No hemos escogido este ejemplo al azar. Consideremos, por ejemplo, la enorme controversia suscitada por la construcción de la presa de Sardar Sarover en el río Narmada de la India. La construcción de la presa (y de los canales de riego conectados con ella) desplazará a cientos de miles de personas. A parte de las cuestiones relacionadas con el medio ambiente que plantea la construcción, la principal preocupación es el realojo de los habitantes de los pueblos afectados y el pago de una indemnización adecuada. Los principales beneficios son un extraordinario aumento de las posibilidades de controlar las crecidas, expandir el riego y generar electricidad. El conflicto provocado por la presa ha sido explosivo. Los miembros de un movimiento creado a tal fin —el *Narmada Bachao Andolan*—[25] han protestado contra la construcción amenazando con ahogarse en las aguas del río. Los defensores de la presa son los Gobiernos de los estados de la India y el Banco Mundial, que aportó inicialmente la financiación.

Examinemos ahora este ejemplo desde otra perspectiva: a menudo es posible simplemente sumar todas las ganancias y las pérdidas generadas por una determinada política.

razones complejas, pero no cabe duda de que la idea de la agricultura como medio de vida que debe ser protegido, tanto en aras de la tradición como de la autonomía nacional, ha influido en el mantenimiento de esas tendencias proteccionistas.

[25] La traducción literal es Movimiento para Salvar el Narmada.

Por ejemplo, debería ser posible, desde luego, estimar la pérdida de suelo y de producción provocada por la presa y las pérdidas causadas a los residentes desplazados, así como los posibles beneficios que reportaría a las zonas circundantes. Si los beneficios fueran superiores a las pérdidas, como deberían serlo, desde luego, si se construyera la presa, debería ser posible que los que salieran ganando indemnizaran a los que salieran perdiendo. Sin embargo, el pago de una indemnización adecuada plantea al menos tres problemas.

(1) *Valoraciones.* A menudo es extraordinariamente difícil valorar las diversas consecuencias de un proyecto. ¿Cómo valorar la indemnización que ha de pagarse a un residente que se ve obligado a abandonar el hogar de sus antepasados? Una respuesta especialmente cínica sería utilizar el precio de mercado de sus tierras para calcular la indemnización, pero eso es insuficiente, además de cínico. Puede no ser fácil definir perfectamente el precio actual de mercado de unas tierras que corren el riesgo de quedar anegadas dentro de poco, y ¿cómo estimar la renta que pierde un peón sin tierra de ese pueblo? También puede ser difícil estimar los beneficios, y si se tienen en cuenta las externalidades positivas, suele haber tantas probabilidades de que se subestimen los costes como de que se subestimen los beneficios. Los detractores mantendrán que se exageran los beneficios, se midan como se midan, y se subestiman los costes. Los defensores sostendrán que los beneficios son inmensos. El análisis coste-beneficio es una "ciencia" peligrosa.

(2) *¿Quiénes salen ganando y quiénes salen perdiendo?* El caso de la presa de Narmada es un buen ejemplo de un proyecto en el que los grupos de personas que salen ganando y de personas que salen perdiendo están perfectamente definidos, pero en muchos proyectos, puede ser difícil identificarlos. Pensemos en la adopción de una medida de liberalización inequívoca del comercio. ¿Se beneficiarán los ingenieros de un país? ¿Los trabajadores textiles o los peones agrícolas? Es difícil y complejo responder a estas preguntas: depende de cómo se comporte la economía después de la reforma, de los sectores que tengan éxito en el mercado internacional y de los que desaparezcan. A veces es posible estimar con bastante exactitud las consecuencias, pero suele ser muy difícil. Fernández y Rodrik [1991] sostienen que cuando existe esta incertidumbre, *una política reformista que todo el mundo sabe, y coincide en creer que es beneficiosa ex post puede ser vetada ex ante.* Imaginemos que sometemos una medida de ese tipo a referéndum. Un votante puede saber que esa medida beneficiará al 60% de la población en 100 euros y perjudicará al 40% restante en 100 euros, pero ¿forma parte este votante del 60% o del 40? Quizá no sepa responder a *esa* pregunta y si teme los riesgos, puede muy bien ocurrir que vote en contra.[26]

(3) *Consistencia.* Los puntos 1 y 2 están estrechamente relacionados con la cuestión de la *consistencia,* aunque son conceptualmente distintos. Muchas políticas podrían llevarse fácilmente a la práctica si los que salen ganando se comprometieran de alguna manera a indemnizar debidamente a los que salen perdiendo, pero el problema es que incluso aunque sea posible identificar los dos grupos, puede ocurrir que después los perjudica-

---

[26] El argumento de Fernández-Rodrik es, en realidad, más sutil. Más adelante volveremos a verlo (véanse, por ejemplo, los problemas del capítulo 18).

dos no sean indemnizados. Por ejemplo, puede ser imposible gravar a todos los posibles beneficiarios de un proyecto *antes* de realizarlo, pero una vez concluido, nos encontramos políticamente (aunque no moralmente y quizá no legalmente) en un nuevo *statu quo*, en el que la situación es que el proyecto ya se ha realizado. En ese momento, es posible que no se llegue nunca a indemnizar a los perjudicados. La promesa de pagar una indemnización puede no ser consistente en el tiempo.

La posibilidad de que no se hayan calculado debidamente las ganancias y las pérdidas agrava, desde luego, esta cuestión. Puede que no se llegue nunca a un acuerdo sobre la cuantía de la indemnización y que, por lo tanto, ésta no se pague jamás o sea insuficiente. Asimismo, el hecho de que sea difícil identificar a los que salen ganando y perdiendo también reduce las posibilidades de poner en práctica un plan de indemnización (pensemos en la cola de posibles solicitantes que se formaría una vez creado un sistema de libre comercio; ¿a quién indemnizaríamos?).

Si se piensa que no habrá indemnizaciones, que éstas van a ser insuficientes o que se trata en cierto modo de una vana promesa, pierde relevancia la viabilidad de un proyecto evaluado sumando todas las ganancias y las pérdidas. La viabilidad depende de las presiones que ejerzan en contra del proyecto los que salen perdiendo y de las presiones que ejerzan los que salen ganando para que éste se mantenga, y la simple suma de las ganancias y las pérdidas puede no tener nada que ver con el resultado final. En algunas situaciones en las que los que salen ganando están concentrados espacialmente o presionan con más eficacia por alguna razón, es posible que se lleven a cabo ciertas medidas incluso aunque las pérdidas sean superiores a las ganancias. Un ejemplo es la imposición selectiva de un arancel prohibitivo que resulte beneficioso para una determinada industria pero perjudicial para todos los consumidores de una manera muy difusa. Las pérdidas pueden ser superiores a las ganancias, pero las presiones de la industria pueden tener más éxito porque las ganancias están mucho más concentradas.

5.6 Resumen

Comenzamos este capítulo con una pregunta suscitada, a su vez, por nuestros estudios anteriores. ¿En qué sentido es importante la situación de partida para el desarrollo económico? ¿Podrían quedarse atrapados dos países que tienen las mismas posibilidades de desarrollo en dos equilibrios diferentes, uno "bueno" y uno "malo"? Hemos centrado la atención en dos aspectos, la *historia* y las *expectativas*, y hemos señalado que ambos están interrelacionados de muchas formas.

Primero hemos estudiado las *complementariedades*, que son un tipo de externalidades que "refuerzan" una acción común, como la decisión de adoptar un nuevo método de producción o de exportar un determinado producto. Hemos puesto el ejemplo de las teclas de una máquina de escribir. El teclado QWERTY se desarrolló inicialmente para frenar la velocidad de las máquinas de escribir mecánicas, pero persiste hasta hoy debido a un efecto de bloqueo o lock-in. Si todo el mundo utiliza el teclado QWERTY, a mí también me sale a cuenta aprender a utilizarlo. Este enfoque es perfectamente compatible con la idea de que puede haber una tecnología para mecanografiar mejor para todos los afectados. Asimismo, es posible que una región esté deprimida: nadie invierte en ella porque los demás no invierten, pero podría darse fácilmente la situación alternativa en la que todo el mundo invirtiera. A veces una historia de falta de inversión, unida a la creencia de que la situación no variará, se perpetúa por sí sola.

La posibilidad de que una economía o, en términos más generales, un grupo de agentes económicos, se encuentre atrapada en un equilibrio "malo", cuando hay a la vista un equilibrio "bueno", se denomina *fallo de coordinación*. Si pudieran coordinarse de alguna manera las acciones de todos los afectados, la economía podría trasladarse al equilibrio "bueno". Sin embargo, los individuos actúan independientemente y pueden no ser capaces de realizar el cambio de una manera coordinada: de ahí el término "fallo de coordinación". Para resolver esos fallos, es importante el concepto de *conexiones o linkages*. Una actividad puede crear las condiciones necesarias para realizar otra: en ese caso, hay una *conexión* entre las dos actividades. No es un caso muy diferente de la complementariedad, pero analizamos la idea más detalladamente. En el campo de la producción, existen conexiones *hacia adelante* y *hacia atrás*. Una conexión hacia adelante reduce el coste de producción de otra actividad; por ejemplo, un aumento de la producción de acero reduce el coste de la construcción de barcos. Una conexión hacia atrás eleva la demanda de otra actividad; por ejemplo, un aumento de la producción de acero puede elevar la demanda de carbón. Hemos utilizado el concepto de conexiones, tanto hacia adelante como hacia atrás, para analizar las medidas que pueden tomarse para resolver un fallo de coordinación.

¿Por qué influye tanto una historia de fallos de coordinación en los acontecimientos futuros? Parece que la gente se coordina fácilmente para cambiar las modas; ¿por qué son entonces diferentes las tecnologías o las inversiones? ¿Por qué no pueden cambiar las expectativas de la noche a la mañana, si al final acaban cumpliéndose? Para abordar esta cuestión hemos estudiado más detalladamente la interacción de la historia y las expectativas. Hemos mostrado que muchos problemas de coordinación pueden expresarse como *problemas de migración*. Para ello consideramos dos sectores: el Viejo y el Nuevo. La tasa de rendimiento (o el salario) de vivir en Viejo es constante, pero la de Nuevo varía *positivamente* con el número de personas que se establecen en él. En un equilibrio malo, todo el mundo vive en Viejo. Hay otro equilibrio en el que todo el mundo vive en Nuevo. El problema es que el desplazamiento de un equilibrio a otro requiere un acto coordinado de migración. Hemos observado que si las externalidades se manifiestan con un retardo, el desplazamiento puede ser cada vez más difícil, cuando no imposible. Se necesitan inconformistas —personas a las que no les importe asumir pérdidas— para trasladar la economía de una situación a otra. Es bastante fácil encontrar inconformistas en la moda, pero cuando hay pérdidas económicas, es más difícil. Esa es la razón por la que los equilibrios determinados históricamente pueden ser muy persistentes.

A continuación hemos pasado a analizar el papel de los *rendimientos crecientes* en la generación de situaciones en las que se dan equilibrios múltiples. La idea básica es muy sencilla: supongamos que abastecer un determinado mercado tiene unos costes fijos, por lo que los costes medios disminuyen conforme aumenta el volumen de producción. En ese caso, si ya hay una empresa en el mercado en virtud de su precedencia histórica, puede ser difícil que otra entre en ese mercado, aun cuando tenga acceso a una tecnología superior. El problema estriba en que para explotar la tecnología superior, la nueva empresa debe producir un gran volumen. Si los clientes no cambian inmediatamente de empresa, ésta tendrá que experimentar pérdidas a corto o medio plazo, lo cual puede ser imposible si los mercados de capitales son imperfectos. Por lo tanto, cuando hay rendimientos crecientes, el orden cronológico de llegada a un mercado desempeña un papel fundamental.

A continuación hemos estudiado la influencia de los rendimientos crecientes en las dimensiones del mercado. Una vez más, la idea básica es sencilla. Si no es posible utilizar plenamente las tecnologías de rendimientos crecientes en una economía porque el tamaño del mercado es pequeño, el nivel de producción generalmente es ineficiente y los pagos de renta son menores. Estas rentas cierran un círculo vicioso: como las rentas son bajas, el tamaño del mercado es pequeño. Hemos explicado este fenómeno estudiando la *producción indirecta* como fuente potencial de rendimientos crecientes.

A continuación hemos señalado el papel que desempeñan la *competencia limitada* y el comercio internacional limitado, en particular, en la generación de estos tipos de resultados. Si es posible vender toda la producción en cantidades ilimitadas al precio vigente y nada restringe el volumen, no puede haber estos fallos de coordinación. La posibilidad de participar en el comercio internacional se parece a la competencia perfecta: las probabilidades de que un productor no pueda vender la cantidad que desee en el mercado mundial son mucho menores. Por lo tanto, los modelos de este capítulo se basan en cierta medida en que el comercio internacional es limitado.

Hemos acabado este capítulo describiendo las otras dos vías a través de las cuales los acontecimientos históricos pueden influir en los resultados futuros. La primera son las *normas sociales*. Las normas se construyen en torno a actividades tradicionales y permiten de muchas maneras que éstas funcionen fluidamente. Al mismo tiempo, las normas sociales pueden impedir que se produzcan cambios productivos. Hemos comenzado aquí este tema, pero reaparecerá en capítulos posteriores. En segundo lugar, hemos examinado la influencia del *statu quo* en el éxito de una nueva política. Supongamos que un proyecto eleva la renta nacional total, pero que unos salen ganando y otros perdiendo en relación con el *statu quo* (existente en el momento de debatir el proyecto). Sin embargo, si los beneficios o las rentas *totales* son mayores, no debería haber ningún problema: los que salen ganando pueden simplemente compensar a los que salen perdiendo. El pago de una indemnización es una compleja cuestión plagada de problemas de incentivos, de información y de aplicación. Hemos visto cómo y por qué surgen estos problemas. Hemos llegado a la conclusión de que si no puede pagarse una indemnización, el *status quo* supone una rémora mucho mayor para la aplicación de una política que podría ser socialmente beneficiosa en el sentido de que elevaría la renta total. El aumento de la renta total no es suficiente si no puede pagarse una indemnización: la política debe elevar la renta de *cada* grupo. Desgraciadamente, pocas políticas tienen esas gratas propiedades, por lo que el *statu quo* puede bloquear muchas vías que llevan al desarrollo.

Ejercicios

■ (1) Suponga que en Nubilandia se puede disponer de pronto de faxes. Las empresas están considerando la posibilidad de instalar un fax. Esta decisión depende, en parte, de cuántas *otras* empresas se espere que instalen uno. Indique gráficamente cuántas empresas *instalarán* un fax en función del número de empresas que se *espera* que instalen uno.

(a) Si hay complementariedades en la adopción de faxes, describa la forma de este gráfico.

(b) Ahora suponga que aunque no se espere que ninguna empresa de Nubilandia instale un fax, A empresas instalarán uno (para comunicarse con el mundo exterior). Si se espera que x empresas instalen uno, un número adicional de $(x^2)/1.000$ empresas (superior a A) instalarán uno, hasta un máximo de un millón (que es el número total de empresas que hay en Nubilandia). Represente gráficamente esta relación.

(c) Imagine que A es el poder de contacto con el mundo exterior. Analice la adopción de equilibrio de faxes en Nubilandia conforme varía A. Preste atención a la posibilidad de que haya equilibrios múltiples. ¿Con qué valores de A existe un equilibrio *único*? Responda intuitivamente.

■ (2) Las complementariedades surgen en todo tipo de situaciones. He aquí un problema de evasión de impuestos. Suponga que cada uno de los N ciudadanos de un país tiene que pagar todos los años un impuesto de T al Estado. Cada uno puede decidir pagarlo o evadirlo. Si un evasor es sorprendido, la ley del país establece que debe pagar una multa cuya cuantía es F, donde $F > T$. Sin embargo, la vigilancia del Estado no es perfecta, porque tiene recursos limitados para detectar a los evasores. Suponga que de todas las personas que evaden impuestos, el Estado tiene capacidad para sorprender a una solamente, y esta persona es elegida aleatoriamente. Por lo tanto, si n personas han decidido evadir impuestos, cada una tiene una probabilidad $1/n$ de ser sorprendida. Suponga que la gente calcula las pérdidas esperadas con cada estrategia y elige aquella cuyas pérdidas esperadas sean menores.

(a) Si el número de evasores es m, muestre que la pérdida (esperada) media de un evasor es F/m. Compárela con la pérdida segura a la que se enfrenta la persona que paga los impuestos, que es T.

(b) ¿Por qué se parece esta situación a un juego de coordinación? Describa la complementariedad creada por las acciones de un ciudadano.

(c) Muestre que la situación en la que ningún miembro de la sociedad evade impuestos siempre es un equilibrio. ¿Hay también otro equilibrio? Hállelo y descríbalo cuando exista.

■ (3) Considere el caso de una economía hipotética en la que cada trabajador tiene que decidir si adquiere educación y se convierte en un trabajador muy cualificado o sigue teniendo bajas cualificaciones. La educación tiene un coste de C. Suponga que todo el mundo tiene acceso a préstamos libres de intereses para estudiar. Sean I_H e I_L las rentas que perciben un trabajador muy cualificado y otro poco cualificado, respectivamente.

Estas rentas son $I_H = (1 + \theta)H$ y $I_L = (1 + \theta)L$, donde H y L son constantes ($H > L$) y θ es la fracción de la población que decide adquirir una alta cualificación. Esta formulación recoge la idea de que la productividad de una persona está relacionada positivamente no sólo con sus propias cualificaciones sino también con las de sus compañeros de trabajo. Suponga que todas las personas deciden simultáneamente adquirir cualificaciones o no adquirirlas.

(a) Explique por qué es como un problema de coordinación. ¿Cuál es la complementariedad?

(b) Muestre que si $H - L < C < 2(H - L)$, hay tres equilibrios posibles: uno en el que todo el mundo adquiere cualificaciones, otro en el que nadie adquiere cualificaciones y otro en el que sólo las adquiere una proporción de la población. Formule una expresión algebraica de esta proporción en el último caso y explique intuitivamente por qué este equilibrio es "inestable" y por qué es probable que deje paso a uno de los dos casos extremos.

(c) Modifique algo el ejemplo anterior. Suponga que ahora el rendimiento de las ocupaciones poco cualificadas viene dado por $I_L = (1 + \lambda\theta)L$, donde λ es una constante. El rendimiento del trabajo muy cualificado es el mismo que antes. Muestre que si el valor de λ es suficientemente alto, sólo hay un equilibrio posible.

(d) Explique por qué surgen equilibrios múltiples en el primer caso, pero no en el segundo.

(e) Considere otra variación. Las rentas de las diferentes ocupaciones son independientes del número de personas muy cualificadas que haya en la economía. Concretamente, $I_H = H$ e $I_L = L$. Sin embargo, el coste de la educación es variable y viene dado por $C(\theta) = (1 - \theta)/\theta$ (la idea es que es más fácil aprender si hay más personas educadas alrededor). Muestre que, una vez más, hay tres equilibrios posibles. Descríbalos.

■ (4) He aquí otros ejemplos de problemas de coordinación. Analícelos y piense en otras situaciones que pueden analizarse de esta forma.

(a) *La deuda internacional*: suponga que un país considera la posibilidad de no devolver su deuda internacional a un país acreedor. Si no la devuelve, el país acreedor puede dejar de comerciar con él, aun cuando esta medida tenga costes para el país acreedor. Por lo tanto, cuanto mayor sea el número de países que pueden no devolver la deuda, más difícil resulta para el acreedor "castigar" al que no la devuelva. Demuestre que esta situación da lugar a un problema de coordinación entre los países que no devuelven la deuda y describa exactamente la complementariedad entre los países prestatarios.

(b) *Invertir en la bolsa de valores*: suponga que los rendimientos de unas acciones son superiores a la media del mercado si nadie las vende en un momento de pánico. Ahora imagine que cada vez que a una persona le entra el pánico y vende sus acciones, la tasa de rendimiento de éstas disminuye. Demuestre por qué es un problema de coordinación y describa los equilibrios posibles.

(c) *Ciudades*: piense en la aparición de las ciudades como un resultado de juegos de coordinación. ¿Qué entenderíamos por equilibrios múltiples en este contexto? Analice esta respuesta con respecto a la concentración de ciertos tipos de industrias en determinados lugares, por ejemplo, las empresas informáticas de Silicon Valley.

■ (5) Usted es ministro de planificación de un país en vías de desarrollo cuyo sector industrial está poco desarrollado. Le gustaría crear un clima en el que los industriales invirtieran y generaran crecimiento económico. Tras muchas investigaciones, se da cuenta de que se encuentra ante el siguiente problema básico. Comenzaremos con una serie de ejemplos.

Nadie quiere invertir en la industria del carbón porque no existe un ferrocarril desarrollado para demandar carbón ni hornos que lo utilicen. Nadie quiere invertir en ferrocarriles porque se teme que nadie quiera transportar productos en ellos (hay pocos productos que transportar ahora mismo). También se teme que no haya carbón para hacer funcionar el ferrocarril. Nadie quiere desarrollar nuevos productos para cuya venta sea necesario transportarlos porque no hay un sistema ferroviario. En la extracción de mineral de hierro hay un problema parecido al del carbón. No hay una industria siderúrgica; así que, ¿quién va a querer extraer grandes cantidades de hierro? Además, no hay una empresa que fabrique buena maquinaria de extracción. Hablando con los inversores, usted observa que se debe a que esa maquinaria necesita una industria extractiva que demande sus productos y ¡no existe ninguna industria de ese tipo! Naturalmente, los posibles inversores en acero le dicen que no encuentran empresas que les vendan hierro, etc.

Usted se da cuenta de que se enfrenta a dos tipos de cuestiones. Una es como el problema del "huevo y la gallina": la industria *A* necesita a la *B* y viceversa. Ninguna de las dos quiere entrar hasta que no entre la otra. El otro es un problema de "conexiones": hay una cadena de industrias, cada una de las cuales tiene conexiones "hacia adelante" con los sectores que demandan su producto y conexiones "hacia atrás" con los sectores que producen los productos que demanda.

(a) Basándose en nuestros ejemplos y ampliándolos con otros, represente gráficamente estas diferentes cuestiones.

(b) Usted va a recomendar que el Estado asuma la tarea de gestionar algunas de estas industrias (los fondos son limitados, por lo que el Estado no puede hacerlo todo). ¿En qué tipo de industrias de su gráfico debe entrar el Estado?

(c) "Un sector líder es un sector de la economía que puede estimular el desarrollo de otros muchos sectores". Utilizando lo que ha aprendido en este problema, trate de explicar las características de un poderoso sector líder.

■ (6) ¿Por qué podría ayudar la presencia de "empresarios superoptimistas" —los que sobreestiman sistemáticamente los beneficios de las nuevas actividades— a resolver los fallos de coordinación? Relacione esta observación con los frecuentes cambios relativos de los equilibrios de coordinación en la industria de la moda.

■ (7) Compare las conexiones hacia atrás y hacia adelante generadas por (a) las exportaciones de programas informáticos, (b) la producción interior de alimentos, (c) el transporte, (d) las exportaciones de textiles y (e) la industria pesada.

■ (8) Considere el caso de una sociedad en la que la gente tira basura a la calle. Las personas que tiran basura imponen externalidades negativas a otras: suponga que el coste monetario (psíquico) para cualquier persona es an, donde $a > 0$ es una constante positiva y n es el número de (otras) personas que tiran basura a la calle. Suponga que su propio acto de tirar basura a la calle le reporta una "ganancia monetaria de comodidad" (psíquica) de G (porque no tiene que ir hasta el cubo de basura más próximo) y una "pérdida monetaria causada por la vergüenza" (psíquica) de c/n, donde $c > 0$ y n, una vez más, es el número de personas que también tiran basura (la idea es que la vergüenza es menor cuanto mayor es el número de personas que tiran basura a la calle).

(a) Muestre que la inexistencia de personas que tiran basura a la calle siempre es un equilibrio en este ejemplo.

(b) Muestre que hay un umbral de población tal que si la población lo traspasa, la situación en la que todo el mundo arroja basura a la calle *también* es un equilibrio. ¿Por qué depende ese umbral de los parámetros G y c, pero es *independiente* de a? Explíquelo intuitivamente.

(c) Partiendo de una situación en la que todo el mundo arroja basura a la calle, evalúe las probabilidades de desplazarse al equilibrio bueno de la parte (a) de la noche a la mañana. ¿Por qué considera que es improbable ese desplazamiento? Analícelo haciendo referencia a los argumentos del texto.

(d) Considere una política que impone una multa $F > 0$ a todo el que tire basura a la calle. Demuestre que el umbral de población necesario para mantener el equilibrio malo aumenta con la multa.

(e) Suponga que la multa es tal que la población real es menor que el umbral de población. En este caso, explique por qué la política de la multa puede abandonarse después de unos años cuando cambian para siempre las normas sociales.

■ (9) Usted está introduciendo un nuevo diseño de aspirador en una sociedad tropical que funciona muy bien en condiciones de humedad. El aspirador se produce con rendimientos crecientes, por lo que el coste unitario de producción disminuye conforme sube la cantidad. Indique cómo afectan los siguientes factores a la probabilidad de que tenga éxito: (a) la proporción de la población que ya utiliza aspirador; (b) la renta per cápita de la sociedad; (c) el mercado de préstamos; y (d) el flujo de información. Si los aspiradores se producen con rendimientos decrecientes de escala, ¿cuál de estos factores continuará siendo importante?

■ (10) Un país está considerando la posibilidad de adoptar una de las dos redes telefónicas siguientes. La red A es más antigua. Implica unos gastos iniciales de capital de 2 millones de euros, pero rendirá 120.000 euros al año durante cincuenta años. La red más nueva B implica un gasto de capital de 5 millones, pero rendirá 200.000 euros al año durante cincuenta años. Suponga que no se descuenta el futuro, por lo que para hacer comparaciones el Gobierno suma simplemente los costes y los ingresos y examina el rendimiento neto, eligiendo el proyecto que tiene el mayor.

(a) ¿Qué red elegirá un Gobierno que no tenga *ninguna* red telefónica instalada?

(b) Suponga que un Gobierno acabara de instalar la red A (antes de que existiera la nueva tecnología B). ¿Se cambiaría ahora a la red B?

(c) Explique por qué este ejemplo nos ayuda a comprender las razones por las que la adopción de nuevas infraestructuras se produce a saltos.

■ (11) Suponga que es posible extraer diamantes con un coste de 100 euros por diamante. Los consumidores los valoran de acuerdo con la siguiente fórmula, expresada en euros:

$$V = 10.000\sqrt{x},$$

donde x es el número de diamantes extraídos.

(a) Represente gráficamente el coste total y el valor total de extraer diamantes colocando x, la cantidad de diamantes, en un eje y los costes y los valores totales en el otro.

(b) ¿Cuál es el nivel de extracción de diamantes socialmente óptimo, suponiendo que se da el mismo peso a las valoraciones de los consumidores y a los costes de extracción? Calcule esta cantidad e indique el razonamiento económico que lo lleva a esta conclusión. Muestre también el nivel de extracción socialmente óptimo en el mismo gráfico que ha utilizado en la parte (a).

(c) Muestre que un productor monopolista de diamantes produciría exactamente el nivel de diamantes socialmente óptimo siempre que tuviera poder para cobrar precios distintos por cada diamante que vendiera. ¿Cómo se reparte el excedente total entre los consumidores y el productor?

(d) Ahora suponga que muchos pequeños productores producen diamantes y consideran dado su precio cuando toman sus decisiones de extracción. Suponga que cada uno tiene una capacidad de producción muy pequeña (con la que puede extraer como máximo 100 euros por diamante), pero que en el mercado puede entrar un número ilimitado de productores. Demuestre que se producirá, una vez más, el nivel socialmente óptimo. ¿Cómo se reparte el excedente total entre los consumidores y los productores?

(e) Vuelva ahora a la parte (c) y suponga que *no* se permite a los monopolistas cobrar precios distintos por cada diamante que venden, sino que deben cobrar el mismo precio por todos los diamantes. Ahora muestre que la producción será *inferior* al nivel socialmente óptimo. Esta discrepancia puede entenderse observando que el productor no internaliza totalmente la ganancia social marginal derivada de un diamante adicional producido. Compruebe con cuidado que lo comprende realmente.

(f) Demuestre que estas ideas pueden utilizarse para ampliar y comprender el análisis del texto sobre las externalidades y el comercio internacional.

■ (12) Suponga que las actitudes de la gente pueden ser de tres tipos: L, M y R, donde puede imaginar que L es izquierdista, R es derechista y M es centrista. Considere el caso de una sociedad en la que *se sabe que* una proporción α es del tipo M y el resto $1 - \alpha$ está repartido por igual entre L y R, pero a primera vista no se sabe de qué tipo es cada persona. Suponga que cada una obtiene una satisfacción S expresando sus verdaderas opiniones, pero experimenta una pérdida ("desaprobación social") si su postura no es la centrista. La cuantía de la pérdida depende de la proporción α de tipo M: suponga que es igual a la cantidad $\alpha/(1 - \alpha)$.

(a) Demuestre que hay un umbral α tal que todos los miembros de la sociedad expresarán su propia opinión si a es inferior a ese umbral, pero todos expresarán una opinión centrista si es superior al umbral.

(b) ¿Qué ocurre si cambiamos algo la especificación para decir que la "pérdida causada por la desaprobación social" es igual a $\beta/(1 - \beta)$, donde β es la proporción esperada de personas que *deciden* expresar opiniones centristas (y no necesariamente la verdadera proporción de personas de tipo M)?

(c) Indique cómo ampliaría el análisis a un caso en el que cada una de las posturas L, M, y R y no sólo M, lleva aparejado un posible deseo conformista.

Capítulo 6

LA DESIGUALDAD ECONÓMICA

6.1 Introducción

Hasta ahora hemos estudiado los países en su integridad. El crecimiento económico se refiere a las variaciones de la renta agregada o media. Se trata de un buen indicador del desarrollo de un país, pero dista de ser el único. En este capítulo, iniciamos el estudio de un tema que se repite a lo largo de todo el libro: el análisis de la *distribución* de la renta o de la riqueza entre los diferentes grupos de la sociedad. El crecimiento económico que reparte sus beneficios equitativamente entre toda la población siempre es positivo; el crecimiento que se distribuye desigualmente ha de evaluarse no sólo desde el punto de vista de su evolución global sino desde el punto de vista de la equidad.

Hay dos razones para tener interés en la desigualdad de la distribución de la renta y de la riqueza. En primer lugar, hay motivos filosóficos y éticos para tener aversión a la desigualdad *per se*. No hay razón alguna por la que las personas deban recibir un trato diferente en su acceso a los recursos económicos durante toda su vida.[1] Es posible, afirmar, por supuesto, que los individuos toman decisiones —buenas y malas— a lo largo de su vida de las que son los únicos responsables. Son pobres porque "se lo han buscado". En algunos casos, puede ser realmente cierto pero, en la mayoría, el trato desigual comienza desde el primer día. La riqueza de los padres y su acceso a los recursos pueden hacer que dos niños no comiencen en igualdad de condiciones y hay pocos argumentos éticos para defender este hecho. Responsabilizar a los descendientes de los pecados de sus antepasados quizá sea excesivo. Al mismo tiempo, existe otro dilema ético. Para contrarrestar el trato desigual desde el primer día de la vida de las personas, debemos privar a los padres del derecho a legar su riqueza a sus hijos. Puede que no haya forma de resolver filosóficamente este dilema.

No obstante, podemos luchar por conseguir una sociedad que tenga unos niveles tolerables de desigualdad en la vida diaria. Este objetivo reduce el dilema del párrafo anterior, ya que disminuye la posibilidad de que los niveles de acumulación sean totalmente desiguales (aunque, por supuesto, no puede eliminar totalmente el problema). Por lo tanto, no podemos hablar de desarrollo sin considerar seriamente el problema de la desigualdad.

En segundo lugar, *aun cuando* no nos interese este problema en sí mismo, hay buenas razones para que nos preocupe. Supongamos que sólo nos interesa el crecimiento global, pero observamos que la desigualdad de la renta y de la riqueza reduce de alguna manera

---

[1] Hacemos esta afirmación suponiendo que no existe ninguna diferencia fundamental, como la presencia de un impedimento o una enfermedad, en la necesidad de que dos personas tengan acceso a los recursos económicos.

las posibilidades de este crecimiento global (o las aumenta; en esta fase de la discusión carece de importancia el sentido del cambio). En ese caso, nos interesará la desigualdad desde lo que podríamos llamar *nivel funcional*; para nosotros, la desigualdad será importante no en sí misma, sino porque influye en otros aspectos económicos que nos interesan.

En este libro, prestaremos atención tanto a los aspectos intrínsecos de la desigualdad como a los funcionales. Para ello debemos aprender primero a analizar la desigualdad desde un punto de vista conceptual. Nos referimos a su *medición*, que es el tema de este capítulo. En el 7 analizaremos tanto desde un punto de vista empírico como desde un punto de vista teórico cómo interactúa la desigualdad con otras variables económicas, como la renta agregada y su crecimiento.

6.2 ¿Qué es la desigualdad económica?

6.2.1 El contexto

Desde el punto de vista filosófico, el concepto de desigualdad puede desencadenar una serie interminable de cuestiones semánticas. En última instancia, la desigualdad económica es la disparidad fundamental que permite a una persona ciertas opciones materiales y se las niega a otra. A partir de este punto de partida básico, surge un árbol con muchas ramas. João y José pueden ganar la misma cantidad de dinero, pero José puede tener un impedimento físico y João no. John es más rico que James, pero John vive en un país que le niega muchas libertades, como el derecho a votar o a viajar libremente. Shyamali ganaba más que Sheila hasta que cumplieron cuarenta años; a partir de entonces, Sheila empezó a ganar más. Estos sencillos ejemplos sugieren algo obvio: la desigualdad económica es un concepto escurridizo estrechamente relacionado con conceptos como la duración de la vida, la capacidad personal y las libertades políticas.[2]

No obstante, no hay razón alguna para tirar la toalla y decir que *no* es posible realizar comparaciones que tengan sentido. Las diferencias de renta y de riqueza personales existentes en un momento del tiempo, por nimias que puedan parecer en relación con cuestiones más generales como la posibilidad de vivir en libertad o la capacidad individual, significan *algo*. Esta afirmación es aun más cierta cuando se estudian las disparidades económicas existentes *dentro* de un mismo país, ya que puede considerarse (al menos aproximadamente) que algunas de las cuestiones más generales afectan a todo el mundo de la misma manera. Es con este espíritu con el que estudiamos las desigualdades de la renta y de la riqueza: no porque representen *todas* las diferencias sino porque representan un importante componente de esas diferencias.

6.2.2 La desigualdad económica: observaciones preliminares

Teniendo presentes las matizaciones anteriores, pasemos a analizar la desigualdad *económica*: las diferencias de riqueza o de renta. En este caso especial, es necesario hacer

---

[2] Para estas y otras cuestiones relacionadas con ellas, véanse los perspicaces análisis de Sen [1985].

algunas advertencias, aun cuando no las tengamos totalmente en cuenta en el análisis siguiente.

(1) Dependiendo del contexto, puede interesarnos la distribución de los *flujos* actuales de gasto o de renta, la distribución de la riqueza (o *stocks* de activos) o incluso la distribución de la renta obtenida a lo largo de toda la vida. El lector puede ver de inmediato que estas tres posibilidades nos llevan gradualmente de las consideraciones *a corto plazo* a las consideraciones *a largo plazo*. La renta actual nos transmite alguna información sobre la desigualdad existente en un momento del tiempo, pero esa desigualdad puede ser relativamente poco perjudicial, tanto desde el punto de vista ético como desde el punto de vista de su repercusión en el sistema económico, siempre que sea temporal. Para aclarar este punto, veamos el siguiente ejemplo. Imaginemos dos sociedades. En la primera, hay dos niveles de renta: 2.000 euros al mes y 3.000 al mes. En la segunda sociedad, también hay dos niveles de renta, pero están más dispersos: 1.000 euros al mes y 4.000 al mes. Supongamos que la primera sociedad carece de movilidad social: la gente comienza a trabajar en uno de los dos niveles de renta, y permanece en él para siempre. En la segunda sociedad, la gente cambia de trabajo todos los meses, alternando el trabajo mal remunerado con el bien remunerado. Estas sociedades son, evidentemente, caricaturas poco realistas, pero bastan para lo que queremos decir. La primera parece más igual si se mide la renta en un momento del tiempo; sin embargo, si se utiliza la renta anual media, todo el mundo gana lo mismo en la segunda.

Así pues, nuestra idea de la desigualdad existente en un momento cualquiera del tiempo debe matizarse teniendo en cuenta la *movilidad* social. El hecho de que cada tipo de trabajo sea "rígido" o "fluido" tiene consecuencias sobre la verdadera distribución de la renta. A menudo no podemos evaluar la movilidad social con tanto cuidado como nos gustaría, por falta de datos, pero eso no significa que no debamos ser conscientes de ello.

(2) También puede ser interesante saber (y nos ocuparemos de esto más adelante en el presente libro) no sólo *cuánto* gana la gente sino *cómo* lo gana. Esta es la distinción entre la distribución *funcional* de la renta y la distribución *personal*. La distribución funcional transmite información sobre los rendimientos que obtienen los diferentes factores de producción, como el trabajo (de diferentes cualificaciones), los diversos tipos de capital, la tierra, etc. Como imaginará el lector, ésta no es más que la mitad de la historia. El paso siguiente es describir cómo poseen los miembros de la sociedad estos diferentes factores de producción.

La figura 6.1 muestra este proceso. De izquierda a derecha, el primer grupo de flechas describe cómo se genera la renta en el proceso de producción. Se genera de varias formas. La producción exige trabajo, por el cual se pagan salarios. Requiere la utilización de tierra o de equipo de capital, por los cuales se pagan alquileres. Genera beneficios, que también se reparten. La producción también significa el pago a diversos factores de producción distintos del trabajo. Pero estos otros factores se producen, por lo que en el análisis último, todas las rentas que se generan pueden clasificarse en pagos al trabajo de diferentes cualificaciones, alquileres y beneficios. La distribución de la renta entre estas categorías es la *distribución funcional de la renta*.

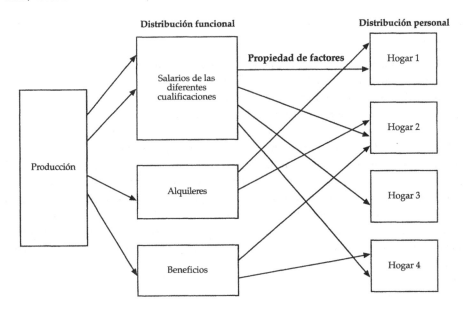

Figura 6.1. Distribución funcional y personal de la renta.

El segundo grupo de flechas nos dice cómo se canalizan los diversos tipos de renta hacia los hogares. El sentido y la magnitud de estos flujos dependen de quién posea los factores de producción (y de qué cantidad posea de cada uno). Los hogares que sólo tienen trabajo que ofrecer (por ejemplo, el hogar 3 del gráfico) sólo reciben una renta salarial. En cambio, los hogares que poseen una participación en una empresa y que tienen tierra para alquilar y trabajo para ofrecer (como el hogar 2) reciben pagos de estas tres fuentes. Combinando la distribución funcional de la renta con la distribución de la propiedad de factores, llegamos a la distribución *personal* de la renta, que es una descripción de los flujos de renta que reciben los individuos o los hogares, no los factores de producción.

Tal vez se pregunte el lector qué tiene de interés dar tantos pasos. ¿No basta para nuestro análisis con conocer directamente la distribución personal? No y, al menos, por dos buenas razones. En primer lugar, de cómo comprendamos el *origen* de las rentas puede muy bien depender cómo valoremos el resultado final. El dinero procedente de instituciones benéficas o del Estado de bienestar puede verse de forma muy distinta al dinero procedente de la renta del trabajo. Amartya Sen, en un contexto estrechamente relacionado con éste, señala que se trata de un problema de "reconocimiento" o de autoestima (véase Sen [1975]):

> "El empleo puede contribuir a nuestra autoestima y, de hecho, a que nos estimen los demás... Si el paro obliga a una persona a aceptar un empleo que considera que no es el indicado para ella o no es acorde con su formación, puede continuar sintiéndose insatisfecha y, de hecho, puede llegar incluso a no considerarse ocupada".

Aunque posiblemente no podamos hacer mucho para resolver este tipo de dificultades (al menos desde el punto de vista de la teoría de la medición), debemos tenerlo presente cuando hagamos una valoración final de la desigualdad.[3]

En segundo lugar, y lo que posiblemente sea más importante, la distribución funcional suministra mucha información sobre la relación entre la desigualdad y otros aspectos del desarrollo, como el crecimiento. Para comprender cómo se crean las desigualdades económicas en una sociedad es necesario comprender cómo *se paga* a los factores y cómo *se poseen* factores.

El análisis anterior dibuja el mapa de carreteras de nuestro estudio de la desigualdad. Analizamos las desigualdes económicas desde dos ángulos. En este capítulo, introducimos todas las fuentes de renta en una caja negra y centramos la atención en la evaluación de la distribución de la renta (o de la riqueza o de la renta percibida durante toda la vida). Esta parte del estudio es *normativa*. A todos nos gustaría que (manteniéndose todo lo demás constante) la sociedad fuera igualitaria, pero el término "igualitario" no es más que una palabra: ¿qué significa cuando nos encontramos ante diferentes distribuciones de la renta que debemos evaluar? ¿Cómo ordenamos o clasificamos estas distribuciones? En esta parte del capítulo vamos a ver cómo medimos la desigualdad o, en otras palabras, cómo ordenamos las distintas distribuciones en función del grado de desigualdad que entrañan.

Una vez solventadas las cuestiones de la medición, en el capítulo 7 pasamos al análisis económico de las distribuciones de la renta: cómo evoluciona la desigualdad en la sociedad, qué repercusión tiene en otros aspectos del desarrollo económico, como la producción, el empleo y las tasas de crecimiento, y cómo afectan, a su vez, estos otros aspectos a la distribución de la renta y de la riqueza. Esta parte del estudio es *positiva*. Nos guste o no el concepto de igualitarismo *per se*, la desigualdad afecta a otros aspectos del desarrollo.

6.3 Medición de la desigualdad económica

6.3.1 Introducción

Si existe una gran diferencia entre las rentas de los miembros de una sociedad, los signos de esa desigualdad económica suelen ser bastante visibles. Probablemente sepamos que una sociedad es muy desigual cuando la vemos. Si dos personas deben repartirse una tarta y una de ellas la tiene toda, eso es desigualdad. Si se reparten la mitad para cada una, eso es igualdad. Podemos evaluar incluso los repartos intermedios (por ejemplo, 30-70 o 40-60) con bastante precisión.

---

[3] A menudo algunas ingeniosas teorías de la medición pueden resolver en alguna medida este tipo de dificultades. Por ejemplo, podría ser importante para nuestra medición del porcentaje de personas que saben leer y escribir saber si una persona que posee estos conocimientos tiene acceso a *otras* que también saben leer y escribir. Para estas cuestiones, véase Basu y Foster [1997].

Sin embargo, eso es imposible cuando tenemos más de dos personas y tratamos de ordenar los repartos intermedios de la tarta. ¿Cómo comparar un reparto porcentual de 20-30-50 entre tres personas con un reparto de 22-22-56? En esos casos, e incluso en otros más complicados, podría resultar útil intentar "medir" la desigualdad. Eso significa desarrollar o examinar índices de desigualdad que permitan ordenar las distribuciones de la renta, o de la riqueza, de dos situaciones distintas (países, regiones, periodos, etc.).

Es lógico preguntarse qué propiedades debe satisfacer un índice de desigualdad "deseable". Es difícil que exista total unanimidad al respecto y, de hecho, no existe. Si para evitar controversias establecemos únicamente unos criterios poco estrictos, podemos sugerir muchos índices de desigualdad, todos compatibles con los criterios, pero que probablemente darán resultados muy distintos cuando se utilicen para hacer comparaciones reales de la desigualdad. Si adoptamos, por el contrario, unos criterios más estrictos, reducimos extraordinariamente el número de índice admisibles, pero los criterios dejan de ser aceptables para mucha gente.

Como veremos, este problema es endémico, por lo que aún hay más razones para tener una idea clara de cuáles son los criterios en los que se basa cualquier medida. Recuérdese que al "creernos" la información que transmite una medida de la desigualdad, identificamos nuestras ideas intuitivas sobre la desigualdad con esa medida. Si somos responsables de la política económica o asesores, este tipo de identificación puede resultar útil o peligrosa, dependiendo de lo bien que comprendamos los criterios en los que se basa la medición.

6.3.2 Cuatro criterios para medir la desigualdad

Supongamos que la sociedad está formada por n personas.[4] Utilizamos el índice i para representar una persona genérica; así, $i = 1, 2, ..., n$. Una *distribución de la renta* es una descripción de la cantidad de renta y_i que recibe cada persona i: $(y_1, y_2, ..., y_n)$.

Tenemos interés en comparar la "desigualdad" relativa de dos distribuciones de la renta, para lo cual necesitamos condensar algunas de nuestras ideas intuitivas sobre la desigualdad en unos criterios aplicables.

(1) *Principio del anonimato.* Desde el punto de vista ético, da lo mismo *quién* gane la renta. Una situación en la que David gane x y Raimundo gane y debe considerarse idéntica (desde el punto de vista de la desigualdad) a una situación en la que David gane y y Raimundo gane x. A David puede muy bien no gustarle este tipo de cambio (si resulta que x es mayor que y), pero le resultará muy difícil convencer a otras personas de que la desigualdad total de su sociedad ha empeorado por este motivo. Por lo tanto, las permutaciones de renta entre personas no deberían ser importantes para juzgar la desigualdad: éste es el principio del *anonimato*. Formalmente, significa que siempre podemos presentar nuestra distribución de la renta de tal manera que:

---

[4] En este apartado, la "renta" es la variable fundamental cuya desigualdad queremos medir. Podríamos sustituirla por la riqueza, por la renta obtenida a lo largo de toda la vida, etc. Asimismo, la unidad receptora se denomina individuo. Podríamos sustituirla por el "hogar" o por cualquier otra agrupación de personas que nos interesara.

$$y_1 \leq y_2 \leq \ldots \leq y_{n'}$$

lo que equivale a ordenar los individuos del más pobre al más rico.

(2) *Principio de la población.* La clonación de toda la población (y de su renta) no debería alterar la desigualdad. En términos más formales, si comparamos una distribución de la renta entre *n* personas con una distribución de la renta entre otra población de 2*n* personas en la que el reparto de la renta se repita dos veces, no debería existir ninguna diferencia de desigualdad entre las dos distribuciones de la renta.[5] El principio de la población es una forma de decir que su tamaño no importa: lo único que importa son las *proporciones* de la población que perciben diferentes niveles de renta.

El primer criterio y el segundo nos permiten ver las distribuciones de la renta de una forma algo distinta. Normalmente, ninguna base de datos es suficientemente rica para saber cuál es la renta de todos y cada uno de los individuos de un país, por lo que los datos suelen presentarse de la siguiente manera. Hay un conjunto de *clases* de renta, cada una de las cuales normalmente corresponde a un intervalo de rentas; por ejemplo, "100 euros o menos al mes", "300-400 euros al mes", etc.

La figura 6.2 muestra este procedimiento por medio de un ejemplo hipotético. En este ejemplo, una grupo de personas gana una renta comprendida entre cero y 1.000 euros. Los datos sin elaborar se muestran en el panel de la izquierda de la figura (los datos de una población real casi nunca se expresan así). El principio del anonimato nos dice que podemos numerar a las personas en orden ascendente según su renta y no se pierde ninguna información útil. El principio de la población nos dice que da lo mismo el número de personas que haya; podemos expresarlo todo en porcentajes. El panel de la derecha muestra una manera habitual de condensar esta información. Las clases de renta se encuentran en el eje de abscisas y el porcentaje de la población que pertenece a cada clase de renta en el de ordenadas. No importa el nombre de las personas ni el número de ellas que pertenece realmente a cada clase de renta.

(3) *Principio de la renta relativa.* De la misma manera que los porcentajes de la población son importantes y los valores absolutos no lo son, es posible afirmar que sólo deben importar las rentas *relativas*, no así sus niveles absolutos. Si se obtiene una distribución de la renta a partir de otra aumentando o reduciendo la renta de *todo el mundo* en el mismo porcentaje, la desigualdad debe ser la misma en las dos distribuciones. Por ejemplo, en una distribución de la renta entre dos personas de (1.000 euros, 2.000 euros) hay la misma desigualdad que en una distribución de la renta de (2.000 euros, 4.000 euros), y lo mismo ocurre si se sustituyen los euros por cruceiros o yenes. Éste es el principio de la renta relativa: equivale a decir que los *niveles* de renta, en y por sí mismos, no significan nada en lo que se refiere a la *medición de la desigualdad*. Las rentas absolutas son impor-

---

[5] Advertencia: la clonación de un solo segmento de la población manteniendo el resto igual puede muy bien afectar a nuestro concepto de desigualdad. Supongamos que hay dos rentas, 100 y 1.000 euros. Según el principio de la población, todas las distribuciones de la renta son igual de desiguales siempre que el mismo porcentaje de personas gane 100 euros. Si la *proporción* de personas que ganan la renta baja varía, la desigualdad resultará afectada en general.

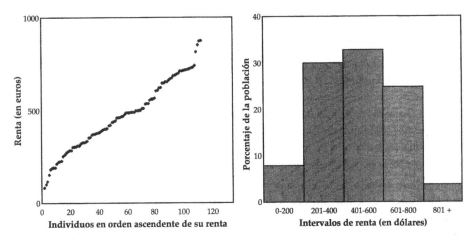

Figura 6.2. Distribución de la renta ordenada según las clases de renta.

tantes, desde luego, en nuestra evaluación global del desarrollo, aunque puede no ser fácil trazar la distinción entre "absoluto" y "relativo" en el contexto de la medición de la desigualdad.[6]

Una vez formulado el principio de la renta relativa, ya es posible presentar los datos de una forma aún más simple. Tanto la población como la renta pueden expresarse en porcentajes del total. La principal ventaja de este enfoque radica en que nos permite comparar las distribuciones de la renta de dos países que tienen diferentes niveles medios de renta. La figura 6.3 muestra la manera de hacerlo a partir de los datos hipotéticos que hemos utilizado para realizar la figura 6.2. En la 6.3 hemos dividido la población en diferentes grupos de igual tamaño y ordenados del más pobre al más rico. Como el tamaño de la población no es importante para medir la desigualdad (según el principio de la población), basta con utilizar porcentajes. Utilizamos quintiles (también podríamos utilizar deciles dependiendo del detalle de los datos originales). Anotamos el porcentaje de la renta que gana cada quintil de la población. Como hemos ordenado los individuos del más pobre al más rico, estos porcentajes de renta aumentan conforme pasamos del primer quintil al quinto. El principio de la renta relativa nos dice que los *porcentajes* de renta es lo único que necesitamos para medir la desigualdad.

---

[6] ¿Es tan fácil aceptar el principio de la renta relativa como el principio de la población? Realmente no. Lo que buscamos es, en cierto sentido, la desigualdad de la "felicidad" o utilidad, cualquiera que sea la forma en que pueda medirse. Tal como están las cosas, nuestra presunción de que la desigualdad puede cuantificarse de alguna manera nos obliga a afirmar que es posible comparar las utilidades de diferentes personas (para el marco analítico de la comparabilidad interpersonal necesaria para hacer valoraciones sistemáticas sobre la igualdad, véase, por ejemplo, Sen [1970] y Roberts [1980]). Sin embargo, el principio de la renta relativa necesita algo más. Afirma que las utilidades son proporcionales a las rentas. Se trata de un supuesto muy fuerte. No obstante, lo postulamos porque en el capítulo 8 introduciremos algunas modificaciones viendo qué ocurre cuando la renta absoluta es inferior a un determinado umbral de pobreza.

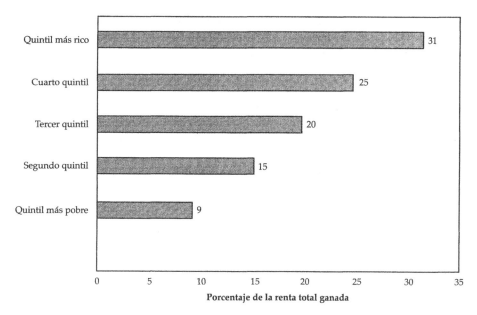

Figura 6.3. Distribución de la renta por quintiles de la población.

(4) *El principio de Dalton.* Nos encontramos ya en condiciones de formular nuestro último criterio para evaluar la desigualdad. Este criterio, formulado por Dalton [1920],[7] es fundamental para elaborar medidas de la desigualdad. Sea $(y_1, y_2, ..., y_n)$ una distribución de la renta y consideremos dos rentas, la y_i y la y_j, tales que $y_i \leq y_j$. Una transferencia de renta de la persona que "no es más rica" a la que "no es más pobre" se denomina *transferencia regresiva.* El principio de Dalton establece que si es posible conseguir una distribución de la renta a partir de otra realizando una serie de transferencias regresivas, la distribución final debe considerarse más desigual que la inicial.

¿Hasta dónde nos llevan estos cuatro criterios? Comprenderlo es la tarea de la que nos ocuparemos en el siguiente apartado. Antes, definamos formalmente una medida de la desigualdad. Es una regla que asigna un grado de desigualdad a cada distribución posible de la tarta nacional. En otras palabras, toma cada distribución de la renta y le asigna un valor que puede concebirse como la desigualdad de esa distribución. Si el valor de la medida es más alto, significa que la desigualdad es mayor. Un índice de desigualdad puede interpretarse, pues, como una función de la forma

$$I = I(y_1, y_2, ..., y_n)$$

definida para todas las distribuciones imaginables de la renta $(y_1, y_2, ..., y_n)$.

La condición de que la medida de la desigualdad debe satisfacer el principio del anonimato puede formularse formalmente de la manera siguiente: la función I es totalmente

---

[7] Véase también Pigou [1912], en honor al cual el principio se denomina principio de Pigou-Dalton.

insensible a todas las permutaciones de la distribución de la renta $(y_1, y_2, ..., y_n)$ entre los individuos $\{1, 2, ..., n\}$. Asimismo, la condición del principio de la población puede interpretarse de la forma siguiente: para toda distribución $(y_1, y_2, ..., y_n)$,

$$I(y_1, y_2, ..., y_n) = I(y_1, y_2, ..., y_n; y_1, y_2, ..., y_n),$$

por lo que la clonación de todos los miembros de la población y de las rentas no produce efecto alguno. Por consiguiente, tomando el mínimo común múltiplo de las poblaciones de cualquier conjunto de distribuciones de la renta, siempre podemos considerar que cada distribución tiene, de hecho, el mismo tamaño de la población. El principio de la renta relativa puede incorporarse exigiendo que para todo número positivo λ,

$$I(y_1, y_2, ..., y_n) = I(\lambda y_1, \lambda y_2, ..., \lambda y_n).$$

Por último, I satisface el principio de la transferencia de Dalton si, para toda distribución de la renta $(y_1, y_2, ..., y_n)$ y toda transferencia $\delta > 0$,

$$I(y_1, ..., y_i, ..., y_j, ..., y_n) < I(y_1, ..., y_i - \delta, ..., y_j + \delta, ..., y_n),$$

siempre que $y_i \leq y_j$.

6.3.3 La curva de Lorenz

Existe una manera muy útil de ver qué información nos suministran los cuatro criterios del apartado anterior. Se dice que una imagen vale más que cien palabras y, en el caso de la medición de la desigualdad, existe una excelente manera de representar gráficamente la distribución de la renta de cualquier sociedad. El gráfico resultante se denomina *curva de Lorenz* y suele utilizarse muy a menudo en las investigaciones y los análisis económicos, por lo que merece la pena dedicar algo de tiempo a comprenderla.

Supongamos que ordenamos los miembros de una población en sentido ascendente según su renta. La figura 6.4 muestra una curva de Lorenz típica. En el eje de abscisas representamos los porcentajes *acumulados* de la población ordenada en sentido ascendente según su renta. Así, los puntos situados en ese eje se refieren al 20% más pobre de la población, a la mitad más pobre de la población, etc. En el eje de ordenadas, medimos el porcentaje de la renta nacional correspondiente a cada porcentaje de la población así ordenada. Por ejemplo, el punto A corresponde a un valor de 20% en el eje de la población y de 10% en el eje de la renta. Eso quiere decir que el 20% más pobre de la población sólo gana el 10% de la renta total. En cambio, el punto B corresponde al 80% en el eje de la población y al 70% en el de la renta. Este punto contiene, pues, la información de que el 80% "más pobre" disfruta del 70% de la renta nacional. Una forma equivalente de describirlo es empezando por "arriba": el 20% más rico tiene el 30% de la renta bruta. El gráfico que conecta todos estos puntos se denomina curva de Lorenz.

Obsérvese que la curva de Lorenz comienza y termina en la recta de 45°: el 0% más pobre gana el 0% de la renta nacional por definición y el 100% más pobre coincide con toda la población, por lo que debe ganar el 100% de la renta. ¿Cómo sería la curva de Lorenz si todo el mundo tuviera la misma renta? Bien, coincidiría *en todos los puntos* con la

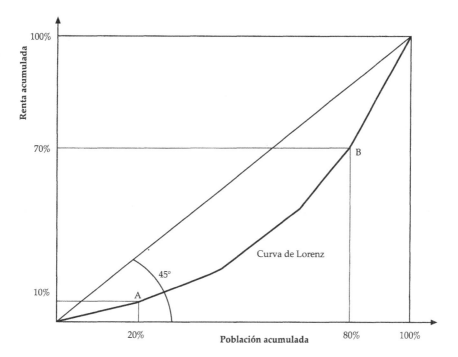

Figura 6.4. La curva de Lorenz de una distribución de la renta.

recta de 45°, es decir, con la diagonal de la caja. El 10% más pobre (independientemente de cómo se seleccionara) tendría entonces exactamente el 10% de la renta nacional, mientras que el 10% más rico también tendría el 10%. En otras palabras, cualquier porcentaje acumulado de la población tendría exactamente ese porcentaje de la riqueza nacional. Como la recta de 45° expresa la relación $Y = X$, *sería* nuestra curva de Lorenz en este caso. Cuando aumenta la desigualdad, la curva de Lorenz se sitúa por debajo de la diagonal, abombándose siempre hacia la derecha del diagrama; no puede curvarse en el otro sentido. La pendiente de la curva en cualquier punto es simplemente la contribución de la persona que se encuentra en ese punto al porcentaje acumulado de la renta nacional. Como hemos ordenado las personas de la más pobre a la más rica, esta "contribución marginal" nunca puede ser menor que la de la persona que le precede, lo cual equivale a decir que la curva de Lorenz nunca puede tener menos pendiente a medida que nos desplazamos de izquierda a derecha.

Así pues, en la figura 6.4, la "distancia total" entre la recta de 45° y la curva de Lorenz indica el grado de desigualdad presente en la sociedad que representa. Cuanto mayor es el grado de desigualdad, más lejos se encuentra la curva de Lorenz de la recta de 45°. Por lo tanto, incluso sin utilizar ninguna fórmula para medir la desigualdad, podemos hacernos una idea intuitiva del grado de desigualdad que hay simplemente estudiando la curva de Lorenz.

Algunos de los problemas conceptuales que plantea la medición de la desigualdad también pueden mostrarse con la ayuda de este gráfico. En la figura 6.5, se representan las curvas de Lorenz de dos distribuciones de la renta diferentes, $L(1)$ y $L(2)$. Dado que la segunda curva $L(2)$ se encuentra totalmente *por debajo* de la primera, es lógico esperar que un buen índice indique que hay más desigualdad en el segundo caso. Tratemos de comprender el porqué. El hecho de que $L(1)$ se encuentre por encima de $L(2)$ tiene la interpretación siguiente: si elegimos el $x\%$ más pobre de la población (da lo mismo el valor de x que escojamos), en $L(1)$ este $x\%$ más pobre siempre gana al menos tanto como en $L(2)$. Por consiguiente, cualquiera que sea el valor de x que elijamos, la curva $L(1)$ siempre está "sesgada" hacia el $x\%$ más pobre de la población en relación con $L(2)$. Es razonable considerar que $L(1)$ es más igual que $L(2)$.

Este criterio para comparar la desigualdad se conoce con el nombre de *criterio de Lorenz*. Establece que si la curva de Lorenz de una distribución se encuentra siempre a la derecha de la curva de Lorenz de otra, la primera debe considerarse más desigual que la segunda. De la misma manera que hemos exigido que una medida de la desigualdad sea coherente con los criterios del apartado anterior, exigimos que sea coherente con este criterio. Por consiguiente, una medida de la desigualdad I es *coherente con el criterio de Lorenz* si para todo par de distribuciones de la renta $(y_1, y_2, ..., y_n)$ y $(z_1, z_2, ..., z_m)$,

$$I(y_1, y_2, ..., y_n) \geq I(z_1, z_2, ..., z_m),$$

siempre que la curva de Lorenz de $(y_1, y_2, ..., y_n)$ se encuentre siempre a la derecha de $(z_1, z_2, ..., z_m)$.

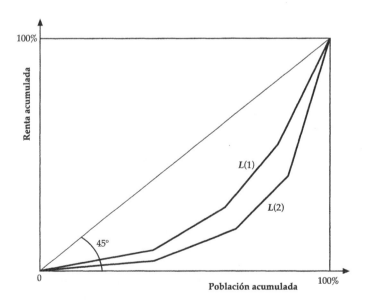

Figura 6.5. Utilización de la curva de Lorenz para hacer valoraciones.

Todo esto es muy bonito, pero ahora empieza la confusión. Acabamos de dedicar todo un apartado a analizar cuatro criterios razonables para comparar la desigualdad y ¡ahora hemos introducido un quinto! ¿Son éstos los únicos criterios independientes que nos deben guiar? Afortunadamente, existe una clara relación entre los cuatro criterios del apartado anterior y el criterio de Lorenz que acabamos de introducir: *una medida de la desigualdad es coherente con el criterio de Lorenz si y sólo si es coherente simultáneamente con los principios del anonimato, de la población, de la renta relativa y de Dalton.*

Este resultado es muy útil.[8] En primer lugar, impide que aumentemos el número de criterios, al establecer que los cuatro primeros juntos son equivalentes exactamente al criterio de Lorenz. En segundo lugar, y lo que es más importante, condensa nuestros cuatro criterios en una imagen bien clara que nos indica exactamente su valor conjunto. De esta forma podemos resumir los criterios éticos que expresamos verbalmente en una sencilla gráfica.

La observación anterior es tan importante para comprender la desigualdad que merece la pena detenerse un minuto para ver por qué es cierta. Obsérvese, en primer lugar, que la curva de Lorenz incorpora automáticamente los principios del anonimato, de la población y de la renta relativa, porque la curva deja de lado toda la información sobre las *magnitudes* de la renta o de la población y se queda solamente con la información sobre los *porcentajes* de la renta y de la población. Lo que hay que comprender es cómo encaja el principio de Dalton. Para verlo, realicemos un experimento hipotético. Tomemos cualquier distribución de la renta y transfiramos algunos recursos de unas personas, por ejemplo, del cuadragésimo percentil de la población, a las que pertenecen al octagésimo percentil de la población. Se trata de una transferencia regresiva, y el principio de Dalton dice que la desigualdad aumenta como consecuencia de ello.

La figura 6.6 nos indica qué ocurre con la curva de Lorenz. La curva de trazo más grueso indica la curva de Lorenz original y la de trazo más fino muestra la curva de Lorenz tras la transferencia de recursos. ¿Qué ocurre con la nueva curva? Bien, no cambia nada hasta que nos acercamos al cuadragésimo percentil, momento en que como se han transferido recursos, el porcentaje de la renta de este percentil *disminuye*. La nueva curva de Lorenz se encuentra, pues, por debajo y *a la derecha* de la curva de Lorenz inicial en este punto. Y lo que es más, se encuentra por debajo durante un tiempo. Observemos el punto situado alrededor del sexagésimo percentil de la población. En este punto, los porcentajes de la renta también disminuyen, pese a que no se alteró la renta de las personas que se encuentran en torno a este punto. La causa de la reducción se halla en que las curvas de Lorenz representan porcentajes *acumulados* de la población en el eje de abscisas y el correspondiente porcentaje *acumulado* de la renta en el de ordenadas. Como se ha "gravado" a las personas del cuadragésimo percentil en beneficio de las del octagésimo percentil, el nuevo porcentaje de la renta correspondiente a la población del sexagésimo percentil (y de hecho, de todos los percentiles comprendidos entre el cuadragésimo y el octogésimo) también debe ser menor que el antiguo. La situación persiste hasta que

---

[8] Para un análisis útil de la historia de este resultado, véase el estudio de Foster [1985].

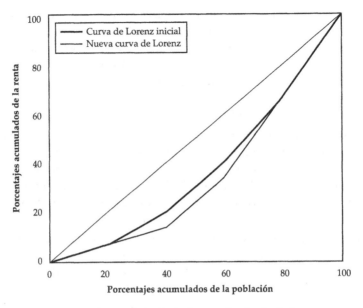

Figura 6.6. El principio de Dalton y el criterio de Lorenz.

llegamos al octagésimo percentil, en el que desaparece el efecto de la transferencia. En este estadio, los porcentajes *acumulados* de la renta vuelven exactamente al mismo nivel en el que se encontraban antes. En otras palabras, las curvas de Lorenz coinciden de nuevo después de este punto. En suma, la nueva curva de Lorenz está combada hacia la derecha de la antigua (al menos en un intervalo), lo cual significa que el criterio de Lorenz refleja el principio de Dalton, es decir, coinciden.

La comparación inversa también es cierta: si dos curvas de Lorenz son comparables según el criterio de Lorenz, como en el caso de $L(1)$ y $L(2)$ en la figura 6.5, *debe* ser posible concebir una serie de transferencias que aumenten la desigualdad y que lleven de $L(1)$ a $L(2)$. Dejamos los detalles para un ejercicio que se encuentra al final de este capítulo.

Llegados a este punto, parece que ya hemos terminado. Tenemos una serie de criterios que tienen una clara reformulación gráfica. Parece que podemos comparar las curvas de Lorenz utilizando estos criterios, por lo que aparentemente ya no es necesario hablar más de la medición de la desigualdad. Desgraciadamente, las cosas son algo más complicadas. Dos curvas de Lorenz pueden *cortarse*.

La figura 6.7 muestra dos curvas de Lorenz que se cortan. En este gráfico hay dos distribuciones de la renta representadas por las curvas de Lorenz $L(1)$ y $L(2)$. Obsérvese que ninguna de las dos se encuentra uniformemente a la derecha de la otra. Cuando dos distribuciones de la renta están relacionadas entre sí de esta forma, el criterio de Lorenz no es válido. Como este criterio equivale a los otros cuatro principios, tampoco éstos son válidos, pero ¿qué significa que "no son válidos" estos criterios? Significa que *no podemos*

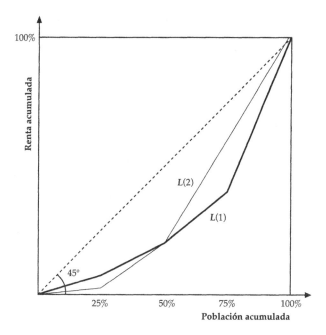

Figura 6.7. Comparaciones ambiguas: dos curvas de Lorenz que se cortan.

pasar de una distribución a otra por medio de una serie de transferencias regresivas de Dalton. En otras palabras, debe haber *tanto* transferencias "progresivas" *como* transferencias "regresivas" para pasar de una distribución a otra. Véamoslo con un ejemplo.

Ejemplo. Supongamos que la sociedad está formada por cuatro personas que ganan una renta de 75, 125, 200 y 600. Consideremos ahora una segunda distribución de la renta, que viene dada por (25, 175, 400, 400). Comparemos las dos. Podemos pasar de la primera distribución a la segunda de la siguiente manera. Primero transferimos 50 de la primera persona a la segunda: esta transferencia es regresiva. A continuación transferimos 200 de la cuarta persona a la tercera: esta transferencia es progresiva. Hemos llegado a la segunda distribución. Naturalmente, estas transferencias son imaginarias y no algo que tenga que haber ocurrido (por ejemplo, las dos distribuciones pueden corresponder a dos sociedades diferentes formadas por cuatro personas). Probemos con otro ejemplo. Transfiramos 50 de la primera persona a la tercera: esta transferencia es regresiva. Transfiramos ahora 150 de la cuarta a la tercera: esta transferencia es progresiva. Por último, transfiramos 50 de la cuarta a la segunda: esta transferencia también es progresiva. Una vez más, llegamos a la segunda distribución.

Así pues, hay muchas maneras imaginarias de pasar de la primera distribución a la segunda, pero la cuestión es que *todas ellas* exigen necesariamente como mínimo una transferencia regresiva y una progresiva (inténtelo el lector). En otras palabras, los cuatro principios del apartado anterior no son suficientes para poder realizar una comparación. En este caso, *tenemos* que sopesar de alguna manera en nuestra mente el "coste" de la(s) transferencia(s) regresiva(s) y el "beneficio" de la(s) transferencia(s) progresiva(s). Estas comparaciones son casi imposibles de cuantificar de manera que todo el mundo las acepte.[9]

¿Qué ocurre con las curvas de Lorenz en este ejemplo? Reflejan, en efecto, las complicaciones de la comparación. El 25% más pobre de la población gana el 7,5% de la renta en la primera distribución y sólo el 2,5% en la segunda. Se obtiene la comparación contraria cuando se llega al 75% más pobre de la población, que disfruta solamente del 40% de la renta total en la primera distribución, pero del 60% en la segunda.

Examinemos de nuevo la figura 6.7. Vemos que $L(1)$ y $L(2)$ son precisamente las curvas de Lorenz de las dos distribuciones de este ejemplo.

A pesar de estas ambigüedades, las curvas de Lorenz constituyen una clara imagen visual de la distribución global de la renta de un país. La figura 6.8 muestra varios ejemplos de curvas de Lorenz de diferentes países. Observándolas, podemos hacernos una idea de la desigualdad de la renta existente en las diferentes partes del mundo y superponiendo mentalmente dos gráficos cualesquiera, podemos comparar la desigualdad de dos países.

6.3.4 Medidas completas de la desigualdad

Las curvas de Lorenz representan gráficamente el grado de desigualdad de una sociedad. Este tipo de representación plantea dos problemas. En primer lugar, a los responsables de la política económica y a los investigadores a menudo les interesa resumir la desigualdad por medio de una *cifra*, que es algo más concreto y operativo que una imagen. En segundo lugar, cuando las curvas de Lorenz se cortan, no pueden suministrar una ordenación útil de la desigualdad. Podemos considerar, pues, que una medida de la desigualdad que suministre una cifra para cualquier distribución de la renta imaginable es como una *ordenación completa* de las distribuciones de la renta. Como veremos, esta ordenación completa no está exenta de problemas: en algunas situaciones diferentes medidas de la desigualdad tienden a dar valores discrepantes.

A continuación analizamos algunas medidas de la desigualdad que se utilizan frecuentemente.[10] Empleamos la siguiente notación. Hay m rentas distintas y en cada clase de renta j, el número de personas que perciben esa renta se representa por medio de n_j. Por lo tanto, el número total de personas n es simplemente igual a $\sum_{j=1}^{m} n_j$ donde el símbolo $\sum_{j=1}^{m}$ indica de aquí en adelante la *suma* de las clases de renta 1 a m. La *media μ* de

---

[9] Shorrocks y Foster [1987] defienden un quinto principio, que denominan sensibilidad de las transferencias. Este principio trata de comparar las transferencias progresivas en el extremo inferior de la distribución de la renta con las transferencias regresivas en el extremo superior y sostiene que si ambas implican una transferencia de la misma magnitud, debe "permitirse éticamente" que la primera sea superior a la segunda: la desigualdad debe disminuir con la transferencia compuesta. Este principio amplía aún más las posibilidades de realizar comparaciones, pero sigue siendo insuficiente para excluir las ambigüedades.

[10] Véase Sen [1997] para un análisis de éstas y otras medidas y para un análisis global exhaustivo del tema de la desigualdad económica.

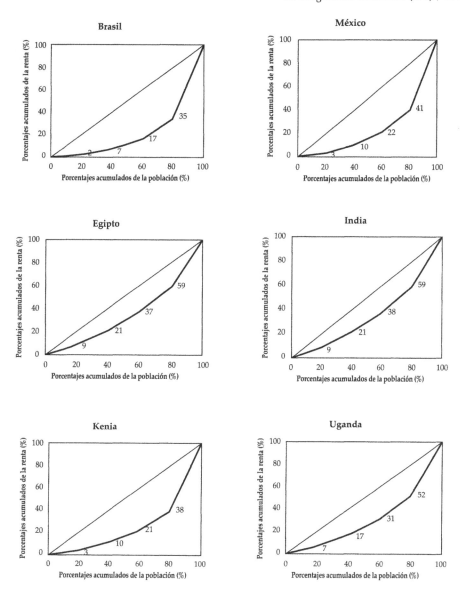

Figura 6.8. Curvas de Lorenz de diferentes países. *Fuente:* base de datos de Deininger y Squire; véase Deininger y Squire [1996a].

cualquier distribución de la renta es simplemente la renta media, o sea, la renta total dividida por el número total de personas. Por lo tanto,

$$\mu \equiv \frac{1}{n} \sum_{j=1}^{m} n_j y_j .$$

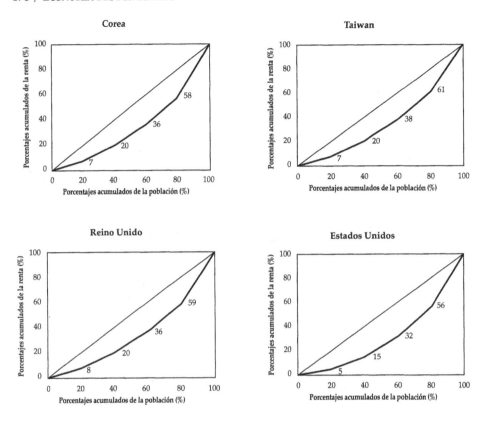

Figura 6.8. Curvas de Lorenz de diferentes países. *Fuente:* base de datos de Deininger y Squire; véase Deininger y Squire [1996a] (continuación).

A menudo se utilizan las siguientes medidas (completas) de la desigualdad.

(1) *El recorrido*. Este valor viene dado por la diferencia entre las rentas de las personas más ricas y las rentas de las más pobres, dividida por la media para obtener una cifra que sea independiente de las unidades en las que se mida la renta. Así, el recorrido R viene dado por

$$R = \frac{1}{\mu}\,(y_m - y_1). \tag{6.1}$$

Como es obvio, esta medida es bastante rudimentaria. No presta atención en absoluto a las personas que se encuentran entre la más rica y la más pobre en la escala de la renta. En particular, no satisface el principio de Dalton, ya que, por ejemplo, una pequeña transferencia de la segunda persona más pobre a la segunda más rica no altera la medida. Sin embargo, el recorrido suele utilizarse como una medida burda, aunque útil, cuando no se dispone de información detallada sobre la distribución de la renta.

(2) *Los índices de Kuznets*. Simon Kuznets introdujo estos índices en su estudio pionero de la distribución de la renta de los países desarrollados y en vías de desarrollo. Estos índices se refieren al porcentaje de la renta que obtiene el 20 o el 40% más pobre de la población o el 10% más rico o, en términos más generales, al *cociente* entre el porcentaje de la renta que obtiene el $x\%$ más rico y el que obtiene el $y\%$ más pobre, donde x e y representan cifras como 10, 20 o 40. Los índices son esencialmente "segmentos" de la curva de Lorenz y, al igual que el recorrido, son útiles en las situaciones en las que no se dispone de datos detallados sobre la distribución de la renta.

(3) *La desviación absoluta media*. Ésta es la primera medida que tiene en cuenta toda la distribución de la renta. La idea es sencilla: la desigualdad es proporcional a la distancia con respecto a la renta media. Basta, pues, con tomar todas las distancias de la renta con respecto a la renta media, sumarlas y dividir por la renta total para expresar la desviación media en porcentaje de la renta total. Eso significa que la desviación absoluta media M se define de la forma siguiente:

$$M = \frac{1}{\mu n} \sum_{i=j}^{m} n_j \, | \, y_j - \mu \, |, \qquad [6.2]$$

donde la notación $| \cdot |$ representa el valor absoluto (se prescinde de los signos negativos). Aunque M parece una medida prometedora de la desigualdad que tiene en cuenta toda la distribución de la renta, adolece de un serio inconveniente: suele ser insensible al principio de Dalton. Supongamos que hay dos personas que tienen las rentas y_j e y_k tales que y_j es inferior a la renta media de la población e y_k es superior a la renta media de la población. En ese caso, una transferencia regresiva de renta de y_j a y_k aumenta, desde luego, la desigualdad medida por M. Esta conclusión es evidente en la fórmula, ya que la distancia tanto de y_j como de y_k aumenta y no se altera ninguna otra, por lo que M aumenta inequívocamente. Sin embargo, el principio de Dalton debe aplicarse a *todas* las transferencias regresivas, no sólo a las transferencias de las rentas inferiores a la media a las rentas superiores a la media. Tomemos, por ejemplo, dos rentas cualesquiera y_j e y_k que son ambas superiores a la media y hagamos una transferencia de la más baja de ellas, por ejemplo, la y_j, a la más alta. Es evidente que si la transferencia es suficientemente pequeña para que ambas rentas sigan siendo superiores a la media después de la transferencia, no habrá ninguna diferencia en la suma de la diferencia absoluta con respecto a la renta media. La desviación absoluta media no variará en ese caso y, por lo tanto, no cumple el principio de Dalton. Debemos concluir, pues, que utilizando como utiliza toda la distribución de la renta, la desviación absoluta media no es una buena medida de la desigualdad.

(4) *El coeficiente de variación*. Una manera de evitar la insensibilidad de la desviación absoluta media es dar más peso a las mayores desviaciones de la media. Una conocida medida estadística que hace precisamente eso es la desviación típica (véase el apéndice 2), que eleva al cuadrado todas las desviaciones con respecto a la media. Como el cuadrado de un número aumenta más que proporcionalmente que el propio número, en realidad es lo mismo que dar un peso mayor a las mayores desviaciones con respecto a la media. El coeficiente de variación (C) no es más que la desviación típica dividida por la media, por lo que sólo son importantes las rentas relativas. Así pues,

$$C = \frac{1}{\mu n} \sqrt{\sum_{j=1}^{m} n_j (y_j - \mu)^2}. \tag{6.3}$$

Resulta que la medida C tiene unas propiedades satisfactorias. Satisface los cuatro principios y, por lo tanto, es coherente con el criterio de Lorenz. En particular, siempre satisface el principio de la transferencia de Dalton. Consideremos una transferencia de j a k, donde $y_j \leq y_k$. Implica una transferencia de un número menor [es decir, $(y_j - \mu)$] a uno mayor [es decir, $(y_k - \mu)$], lo que aumenta el *cuadrado* del número mayor más de lo que reduce el cuadrado del número menor. El efecto neto es que C experimenta invariablemente un aumento cuando se realiza una transferencia regresiva. El lector debe comprobarlo probando con varios ejemplos para ver que siempre es así.

(5) *El coeficiente de Gini*. Llegamos ahora a una medida que se utiliza frecuentemente en los estudios empíricos: el coeficiente de Gini. El método de Gini parte de una base que es totalmente diferente de las medidas como M y C. En lugar de tomar las desviaciones con respecto a la renta media, toma la diferencia entre *todos* los pares de renta y simplemente suma las diferencias (absolutas). Es como si la desigualdad fuera la suma de todas las comparaciones posibles de "desigualdades entre pares de personas". El coeficiente de Gini se normaliza dividiendo esa suma por la población al cuadrado (dado que se suman todos los pares y hay n^2 pares), así como por la renta media. En símbolos, el coeficiente de Gini viene dado por

$$G = \frac{1}{2n^2\mu} \sum_{j=1}^{m} \sum_{k=1}^{m} n_j n_k |y_j - y_k|. \tag{6.4}$$

El doble sumatorio significa que primero sumamos todas las ks, manteniendo constantes todas las j y a continuación sumamos todas las j. Es como sumar todos los pares de diferencias de renta (ponderadas por el número de pares que hay, $n_j n_k$). Obsérvese que como cada $|y_j - y_k|$ se cuenta dos veces (la segunda vez como $|y_k - y_j|$), toda la expresión se divide finalmente por 2, así como por los factores normalizadores de la población y la renta.

El coeficiente de Gini tiene unas propiedades satisfactorias. Satisface los cuatro principios y, por lo tanto, es coherente con el criterio de Lorenz, exactamente igual que el coeficiente de variación. La figura 6.9 muestra por qué es coherente con el criterio de Lorenz. En esta figura, ordenamos las rentas de todo el mundo de menor a mayor. Ahora tomamos dos rentas, por ejemplo, la y_j y la y_k, siendo $y_j \leq y_k$, y transferimos una pequeña cantidad[11] δ de y_j a y_k. La figura 6.9 nos muestra cómo varían estas dos rentas. Veamos ahora cómo ha variado el coeficiente de Gini como consecuencia de esta transferencia regresiva. Lo único que tenemos que hacer es observar la variación de los pares en los que figuran j o k. Consideremos las rentas situadas a la izquierda de y_j. Como y_j ha disminuido, la diferencia entre estas rentas e y_j se ha reducido en δ. Esta reducción es contrarrestada exactamente por el hecho de que y_k ha aumentado en la misma cuantía, por lo que la

---

[11] Suponemos que el valor de δ es bajo para preservar la colocación de los individuos en orden ascendente según su renta. El argumento cuando el valor de δ es más alto se demuestra dividiendo la transferencia en cantidades más pequeñas y aplicando la lógica del texto.

Figura 6.9. Coherencia del coeficiente de Gini con el criterio de Lorenz.

distancia entre y_k y las rentas situadas a la izquierda de y_j ha aumentado en la misma cuantía. El razonamiento es el mismo en el caso de las rentas situadas a la derecha de y_k: la distancia entre ellas e y_k se reduce, pero la distancia con respecto a y_j aumenta en la misma cuantía, por lo que todos estos efectos se anulan. Nos quedamos, pues, con las rentas comprendidas entre y_j e y_k. Sin embargo, la distancia entre cada una de estas rentas y tanto y_j como y_k ha aumentado. Lo mismo ha ocurrido con la distancia entre y_j e y_k. El efecto global es, pues, un aumento del coeficiente de Gini. Esto demuestra por qué el coeficiente de Gini es consistente con el criterio de Lorenz.

El coeficiente de Gini tiene otra propiedad interesante que lo relaciona estrechamente con la curva de Lorenz. Recuérdese que cuanto más combada está la curva de Lorenz, mayor es nuestra percepción intuitiva de la desigualdad. Resulta que el coeficiente de Gini es precisamente el cociente entre el *área* situada entre la curva de Lorenz y la recta de 45°, y el *área* del triángulo situado debajo de la recta de 45°.

Hemos analizado, pues, cinco índices. Los dos primeros son indicadores muy burdos de la desigualdad, pero útiles cuando no se dispone de datos detallados. El tercero no debe utilizarse. Por último, tanto el coeficiente de variación (C) como el coeficiente de Gini (G) parecen índices totalmente satisfactorios, que cumplen nuestros cuatro principios (o lo que es lo mismo, la consistencia de Lorenz),[12] pero eso plantea una duda. Si tanto C como G son satisfactorios en este sentido, ¿por qué utilizar ambas medidas? ¿Por qué no una solamente?

Esto nos lleva de nuevo a las curvas de Lorenz que se cortan. Acabamos de ver que tanto C como G son consistentes con el criterio de Lorenz. Eso significa que cuando *pueden* compararse las curvas de Lorenz, tanto C como G generan exactamente la misma ordenación, ya que ambos están de acuerdo con el criterio de Lorenz. El problema surge cuando dos curvas de Lorenz se cortan. En ese caso, es posible que el coeficiente de Gini y el coeficiente de variación den ordenaciones contradictorias, lo cual no es más que un reflejo del hecho de que nuestra percepción intuitiva de la desigualdad es esencialmente

---

[12] Naturalmente, también se utilizan otras medidas. Una es la *varianza logarítmica*, que no es más que la desviación típica del logaritmo de las rentas. Aunque es fácil calcularla y utilizarla, desgraciadamente discrepa del principio de Dalton en algunos casos. Otra medida, introducida para evaluar la desigualdad por Henri Theil y conocida con el nombre de *índice de Theil*, se deriva de la teoría de la entropía. Aunque parece extraña a primera vista, resulta que es la *única* que satisface los cuatro principios y un útil principio de desagregación que nos permite dividir la desigualdad existente en dos componentes, uno entre grupos y otro dentro de grupos (Foster [1983]), lo que hace de este índice una medida excepcionalmente útil cuando queremos descomponer la desigualdad en varias categorías, por ejemplo, la desigualdad existente dentro y entre divisiones étnicas, religiosas, de castas, ocupacionales o geográficas.

incompleta. En esas situaciones, probablemente convenga recurrir a más de una medida de la desigualdad. Podría también ser una buena idea estudiar las dos curvas de Lorenz.

Consideremos a modo de ejemplo hipotético dos sociedades, formadas cada una por tres personas solamente. Sea la distribución de la renta de las dos sociedades (3, 12, 12) y (4, 9, 14), respectivamente. El lector puede comprobar fácilmente que en la primera de las dos sociedades hipotéticas, el coeficiente de variación es 0,27, mientras que en la segunda es 0,26. Utilizando, pues, C como índice podemos extraer la conclusión de que la primera sociedad es más desigual que la segunda. Sin embargo, si calculamos el coeficiente de Gini, los valores son 0,22 y 0,25, respectivamente. De acuerdo con la segunda medida, la desigualdad parece, pues, mayor en la segunda sociedad que en la primera.[13]

No se trata en absoluto de una mera posibilidad hipotética. En la vida real también se observan esas diferencias contradictorias entre los índices de desigualdad. Consideremos, por ejemplo, el estudio de Weisskoff [1970] sobre la evolución de la desigualdad de Puerto Rico, Argentina y México durante la década de 1950. El cuadro 6.1, elaborado por Fields [1980] a partir del estudio de Weisskoff, muestra las ambigüedades que surgen.

El cuadro llama la atención por la distinta evolución de las medidas de la desigualdad. En los tres países, existe una cierta ambigüedad. Por ejemplo, en Puerto Rico disminuyó el porcentaje de la renta obtenido *tanto* por el 40% más pobre *como* por el 5% más rico de la población, claro signo de que la nueva curva de Lorenz corta a la antigua. Eso no significa que el coeficiente de Gini y el coeficiente de variación discrepen *necesariamente*, pero en realidad es así. En el caso de Argentina, los porcentajes de la renta que obtienen los más ricos y los más pobres no parecen indicar que la nueva curva de Lorenz corte a la antigua, pero éstas tienen que cortarse, al menos durante el periodo 1953-61. ¿Comprende el lector por qué? Por último, obsérvese el caso de México durante el periodo 1957-63. En este caso, el coeficiente de Gini y el coeficiente de variación coinciden, pero la variación de los porcentajes de la renta también muestra claramente que la nueva curva de Lorenz corta a la antigua (compruébelo el lector). Debería estar, pues, meridianamente claro que a menos que estemos ante un caso claro en el que pueda realizarse una comparación basada en el criterio de Lorenz, debemos consultar distintas medidas de la desigualdad antes de extraer ninguna conclusión.

En este caso, estamos claramente ante un dilema: el resultado de nuestra comparación es sensible al índice que elijamos, pero no tenemos ninguna razón intuitiva clara para preferir uno a otro. Hay dos maneras de resolver este dilema. La primera, como hemos dicho antes, es examinar más detenidamente nuestro *concepto* de desigualdad e idear unos criterios más estrictos. Como hemos señalado, el resultado será inevitablemente subjetivo y discutible. La segunda solución es darse cuenta de que en el mundo abundan los pensamientos e ideas que son ordenaciones *incompletas*: todo el mundo está

---

[13] Advertencia: no existe ninguna relación, por ejemplo, entre un valor de 0,25 obtenido con el coeficiente de Gini y el mismo valor obtenido con C. Es como comparar manzanas con naranjas. Lo único que hace este ejemplo es contrastar diferentes tendencias de las variaciones de estos índices al variar la distribución de la renta.

Cuadro 6.1. Cambios de la desigualdad en Puerto Rico, Argentina y México.

País/periodo	Gini	Coef. de variación	Porcentaje de la renta correspondiente al 5% más rico	Porcentaje de la renta correspondiente al 40% más pobre
Puerto Rico				
1953	0,415	1,152	23,4	15,5
1963	0,449↑	1,035↓	22,0↓	13,7↑
Argentina				
1953	0,412	1,612	27,2	18,1
1959	0,463↑	1,887↑	31,8↑	16,4↑
1961	0,434↓↑	1,605↓↓	29,4↓↑	17,4↓↑
México				
1950	0,526	2,500	40,0	14,3
1957	0,551↑	1,652↓	37,0↓	11,3↑
1963	0,543↓↑	1,380↓↓	28,8↓↓	10,1↑↑

Fuente: Fields [1980]. *Nota:* la primera flecha indica el cambio de la desigualdad con respecto a la observación anterior; la segunda indica el cambio de la desigualdad con respecto a dos observaciones antes.

de acuerdo en que Shakespeare es un escritor mejor que el columnista que escribe los sábados en el periódico local; sin embargo, usted y yo podemos discrepar sobre si es mejor que Tagore o que Tolstoy e incluso *yo mismo* puedo no estar muy seguro. La desigualdad relativa puede ser perfectamente discernible en unos casos, como la fuerza literaria relativa, y difícil de juzgar en otros. Podemos aprender a vivir con eso. Si una sociedad consigue aumentar significativamente la justicia económica y conseguir una distribución más humanitaria entre sus miembros, este hecho quedará recogido en todos los índices razonables de la desigualdad, por lo que ¡no tendremos que pelearnos por tecnicismos! Conviene ser consciente, sin embargo, de las dificultades que plantea la medición.

En el siguiente capítulo, dejamos la mera medición y volvemos al análisis económico. Nuestro objetivo será relacionar la desigualdad con otras características del proceso de desarrollo.

6.4 Resumen

En este capítulo hemos estudiado la medición de la *desigualdad* de la distribución de la riqueza o de la renta. Hemos afirmado que hay dos razones para que interese la desigualdad: la *intrínseca*, por el hecho de valorar la igualdad por sí misma, lo que nos lleva a considerar la reducción de la desigualdad como un objetivo en sí mismo, y la *funcional*, por la que estudiamos la desigualdad para comprender su influencia en *otros* aspectos del proceso de desarrollo.

Como preludio del estudio de la medición, hemos reconocido que había varias cuestiones conceptuales. Por ejemplo, la desigualdad de la renta puede ser compatible con la igualdad global simplemente porque una sociedad puede tener un elevado grado de *movilidad*: el movimiento de personas de una clase de renta a otra. También hemos prestado atención a la *distribución funcional* de la renta por oposición a la *distribución personal* de la renta: la *forma* en que se obtiene la renta puede tener tanto valor social como *la cantidad* que se obtiene.

Teniendo en cuenta estas advertencias, hemos introducido cuatro criterios para medir la desigualdad: (1) el *principio del anonimato* (los nombres dan igual), (2) el *principio de la población* (el tamaño de la población no es importante en la medida en que la *composición* de las diferentes clases de renta sea la misma en términos porcentuales), (3) el *principio de la renta relativa* (para medir la desigualdad sólo son importantes las rentas relativas, no las cantidades absolutas) y (4) el *principio de la transferencia de Dalton* (si se realiza una transferencia de renta de una persona relativamente pobre a una persona relativamente rica, la desigualdad, cualquiera sea la forma en que se mida, aumenta). Resulta que estos cuatro principios generan una ordenación de la distribución de la renta idéntica a la que genera la *curva de Lorenz*, que muestra la forma en que los sucesivos porcentajes de la población, ordenada de los más pobres a los más ricos, van poseyendo los porcentajes acumulados de renta.

Sin embargo, la ordenación no es completa. A veces dos curvas de Lorenz se cortan. En esas situaciones, los cuatro principios no son suficientes para una valoración inequívoca de la desigualdad. Hemos afirmado que, en este sentido, nuestros conceptos de desigualdad son fundamentalmente incompletos, pero que tratar de conseguir que sean más completos introduciendo más axiomas puede no ser necesariamente una buena idea.

Existen medidas completas de la desigualdad. Son medidas que asignan un grado de desigualdad (un número) a *todas* las distribuciones de la renta imaginables, por lo que generan ordenaciones completas. Hemos estudiado ejemplos de ese tipo de medidas que se utilizan comúnmente en la literatura: el *recorrido*, los *índices de Kuznets*, la *desviación absoluta media*, el *coeficiente de variación* y el *coeficiente de Gini.* Las dos últimas medidas son especialmente interesantes porque coinciden totalmente con nuestros cuatro principios (y, por lo tanto, con la ordenación de Lorenz). Es decir, siempre que la ordenación de Lorenz establece que la desigualdad ha aumentado, estas dos medidas también lo indican. Sin embargo, es posible que estas medidas (y otras) discrepen cuando las curvas de Lorenz *se cortan*: hemos puesto un ejemplo numérico, así como ejemplos de la vida real extraídos de estudios de la desigualdad en Latinoamérica.

Así pues, la teoría de la medición de la desigualdad desempeña un doble papel. Nos presenta unos principios éticos de aceptación general y que podemos utilizar para ordenar diferentes distribuciones de la renta o de la riqueza, pero también nos advierte de que esos principios son incompletos, por lo que no debemos tomar al pie de la letra los valores que obtengamos con cualquier medida completa. Como puede ser que no tengamos información directa sobre las curvas de Lorenz, es una buena idea utilizar más de una medida antes de hacer una valoración de la variación de la desigualdad (si es que es posible hacer esa valoración).

Ejercicios

■ (1) Relacione y contraste los siguientes conceptos: (a) desigualdad de la renta actual frente a desigualdad de la renta obtenida a lo largo de toda la vida, (b) distribución funcional de la renta frente a distribución personal de la renta, (c) eficiencia frente a equidad, (d) desigualdad de la renta frente a desigualdad de las oportunidades y (e) desigualdad de los salarios frente a desigualdad de la renta. En todos los casos, asegúrese de que comprende cada uno de los conceptos y cómo están relacionados entre sí.

■ (2) La economía de Cortavida tiene dos tipos de puestos de trabajo, que son las únicas fuentes de renta de sus habitantes. En uno de ellos se ganan 200 euros y en el otro 100. Los miembros de esta economía viven dos años. En cada uno de ellos, sólo la mitad de la población consigue el puesto de trabajo bien remunerado. La otra mitad tiene que conformarse con el mal remunerado. Al final de cada año, todo el mundo es despedido y las personas asignadas a los puestos bien remunerados al año siguiente se eligen aleatoriamente. Eso significa que en cualquier momento cada persona, independientemente de lo que ganara antes, tiene una probabilidad de 1/2 de ser elegida para ocupar el puesto de trabajo bien remunerado.

(a) Calcule el coeficiente de Gini basado en la renta que tienen las personas en un periodo cualquiera y demuestre que induce a pensar que existe una gran desigualdad. Ahora halle la renta media que recibe cada persona por periodo *durante toda su vida* y calcule el coeficiente de Gini basándose en *estas* rentas. ¿Sugiere esta medida que hay más desigualdad o menos? Explique por qué.

(b) Ahora cambie algo el decorado. Suponga que cada persona que ocupa uno de los tipos de puesto de trabajo tiene una probabilidad de 3/4 de ocupar el mismo tipo de puesto al año siguiente. Calcule la renta (media anual) que espera ganar a lo largo de toda su vida una persona que actualmente tiene un puesto bien remunerado y haga lo mismo en el caso de una persona que tenga un puesto mal remunerado. Calcule el coeficiente de Gini basado en estas rentas esperadas por periodo y compárelo con la medida obtenida en el caso (a). Explique la diferencia que observa.

(c) Generalice esta idea suponiendo que usted tiene su puesto actual con la probabilidad p y cambia con la probabilidad $1 - p$. Halle una fórmula de la desigualdad medida por medio del coeficiente de Gini para cada p, observe cómo varía con p y explique su respuesta intuitivamente.

■ (3) Trace las curvas de Lorenz y calcule el coeficiente de Gini y el coeficiente de variación de las distribuciones de la renta (a) – (f). En cada situación, el primer conjunto de números representa las diferentes rentas, mientras que el segundo representa el número de personas que perciben cada una de ellas:

(a) (100, 200, 300, 400); (50, 25, 75, 25).

(b) (200, 400, 600, 800); (50, 25, 75, 25).

(c) (200, 400, 600, 800); (100, 50, 150, 50).

(d) (200, 400, 600, 800); (125, 25, 125, 50).

(e) (100, 200, 300, 400); (50, 15, 95, 15).

(f) (100, 200, 300, 400); (50, 35, 55, 35).

Trate de comprender las transferencias implícitas que le llevan de una distribución de la renta a la otra (salvo en el caso de las tres primeras, que deberían tener la misma desigualdad; ¿por qué?).

■ (4) ¿Cuáles son los principios éticos que hemos utilizado en nuestra medición de la desigualdad? Demuestre que estos principios se resumen exactamente en el concepto de la curva de Lorenz. Demuestre que si hay dos distribuciones de la renta con las que las curvas de Lorenz no se cortan, el coeficiente de Gini y el coeficiente de variación no pueden discrepar cuando se mide la desigualdad de estas dos distribuciones.

■ (5) En un mundo en el que hay unas necesidades mínimas fijas para sobrevivir, demuestre que la aplicación del principio de la renta relativa plantea problemas. ¿Cómo trataría de modificar el principio para evitar este problema?

■ (6) Suponga que hay n personas en la sociedad, ordenadas (sin pérdida de generalidad) en sentido ascendente según la renta. Sean $x = (x_1, ..., x_n)$ e $y = (y_1, ..., y_n)$ dos distribuciones de la renta (en las que las rentas *totales* son iguales en los dos casos).

(a) Demuestre que la curva de Lorenz de x debe encontrarse dentro de la curva de Lorenz de y si (y sólo si)

$$\sum_{i=1}^{k} x_i \geq \sum_{i=1}^{k} y_i,$$

para todos los valores de k y siendo la desigualdad estricta para algún valor de k.

(b) Pregunta difícil. Suponga ahora que se cumple la condición de la parte (a). Demuestre que es posible alcanzar y a partir de x por medio de una serie de transferencias regresivas. Para más detalles, véase Fields y Fei [1978].

■ (7) El principio de la transferencia de Dalton puede no ser una buena manera de juzgar los aumentos de la *polarización* (para una definición, véase Esteban y Ray [1994] y Wolfson [1994]). Para verlo, comience con una sociedad en la que las rentas toman todas ellas valores múltiplos de 100 y comprendidos entre 100 y 1.000 euros y en la que una proporción igual de la población (1/10) pertenece a cada una de estas clases. Muestre esta distribución de la renta en un gráfico colocando las rentas en el eje de abscisas y las proporciones de la población en el de ordenadas. Ahora trace otro gráfico colocando la mitad de la población en el nivel de renta de 250 euros y la otra mitad en el nivel de renta de 750. Ordene intuitivamente estas dos distribuciones de la renta: cuál tiene más posibilidades de provocar malestar social, cuál podría mostrar una concienciación mayor de la desigualdad, etc.

Ahora demuestre que es posible obtener la segunda distribución a partir de la primera por medio de una serie de transferencias *progresivas* de Dalton. ¿Cree usted que su idea intuitiva es acorde con el principio de la transferencia en este ejemplo?

■ (8) La economía de Nintendo tiene diez personas. Tres viven en el sector moderno y ganan 2.000 euros al mes. El resto vive en el sector tradicional y sólo gana 1.000 euros al mes. Un día se crean dos nuevos puestos de trabajo en el sector moderno y se trasladan dos personas del sector tradicional al moderno.

(a) Demuestre que las curvas de Lorenz de la distribución de la renta anterior y de la posterior deben cortarse. Hágalo de dos formas: (i) representando las curvas de Lorenz y (ii) expresando primero ambas distribuciones de la renta como repartos de una tarta de tamaño 1 y demostrando después que las dos distribuciones están relacionadas por medio de transferencias de Dalton en ambos sentidos.

(b) Calcule los coeficientes de Gini y los coeficientes de variación de las dos distribuciones.

■ (9) ¿Son las siguientes afirmaciones verdaderas, falsas o dudosas? Respalde su respuesta en cada caso con una explicación breve pero precisa.

(a) Los índices de Kuznets satisfacen el principio de la transferencia de Dalton.

(b) Si las curvas de Lorenz de dos situaciones no se cortan, el coeficiente de Gini y el coeficiente de variación no pueden discrepar.

(c) Si una persona relativamente pobre pierde renta en favor de una relativamente rica, la desviación absoluta media *debe* aumentar.

(d) La curva de Lorenz debe encontrarse *necesariamente* en el triángulo inferior del gráfico, limitada por arriba por la recta de 45° y por abajo por los ejes del gráfico.

(e) Los principios éticos de la medición de la desigualdad —anonimato, población, renta relativa y transferencias— son suficientes para comparar dos distribuciones cualesquiera de la renta desde el punto de vista de la desigualdad relativa.

(f) Si la renta de todo el mundo aumenta en una cantidad monetaria constante, la desigualdad *debe* disminuir.

Capítulo 7

DESIGUALDAD Y DESARROLLO: INTERCONEXIONES

7.1 Introducción

En la introducción al capítulo 6, afirmamos que nuestro interés por la desigualdad puede deberse a dos grandes razones. Para muchos de nosotros, la igualdad *per se* puede tener interés en sí misma, pero incluso sin que nuestro objetivo sea reducirla o eliminarla, puede interesarnos por razones *funcionales*. La presencia de desigualdad afecta al funcionamiento de la economía e impide (¡o quizá fomenta!) algún otro objetivo que nos interese. El propósito de este capítulo es examinar las conexiones entre la desigualdad y otros aspectos del desarrollo económico.

Existen buenas razones para creer que los aspectos funcionales de la desigualdad son mucho más importantes en los países en vías de desarrollo que en aquellos cuya economía está desarrollada. Como ya hemos visto, la mayor parte de la población mundial tiene acceso a unos recursos muy limitados, *aun rigiéndonos simplemente por el criterio de la renta media*. Al estar distribuidas desigualmente las rentas bajas, las consecuencias para la pobreza, la desnutrición y el mero despilfarro de la vida humana son literalmente inimaginables. La influencia de la desigualdad en los resultados económicos agregados es, en consecuencia, mayor. Los bajos niveles de renta afectan seriamente las tasas de ahorro, al igual que la capacidad para trabajar en algo útil; también afectan la capacidad para proporcionar incentivos económicos. El acceso al crédito y a los recursos financieros es limitado, lo cual reduce la eficiencia de éstos y otros mercados. En el presente capítulo nos ocuparemos de estos temas.

Los párrafos anteriores sugieren que las conexiones entre la desigualdad y otros aspectos del desarrollo van en los dos sentidos causales, lo cual no debería sorprender, sobre todo si se tienen en cuenta nuestros análisis anteriores de la endogeneidad del proceso de crecimiento (véanse los capítulos 3 y 4). Siempre que tengamos claro el sentido de la causalidad (y en la mayoría de los casos, no será demasiado difícil), no habrá problemas.

Resulta útil imaginar la siguiente secuencia. Comencemos con la sencilla historia de la producción y el intercambio que todos hemos aprendido en nuestras clases de introducción a la economía. Podemos recapitularla en un párrafo. Los individuos poseen unas dotaciones de diferentes bienes, incluidos factores de producción potenciales, y participaciones en empresas. Pueden comprar y vender bienes y factores y quizá transformar los factores en productos por medio del acto de producir. Los bienes se compran y se venden a precios de mercado, y estos precios sirven para igualar la oferta y la demanda de todos los bienes. Al final, cada persona tiene su propio perfil de consumo, siempre que permanezca dentro de sus posibilidades presupuestarias y productivas. Algunas personas pueden ahorrar; otras piden préstamos.

Hemos comenzado esta historia afirmando que *los individuos tienen dotaciones de diferentes bienes, incluidos factores de producción potenciales*. ¿De dónde proceden estas dotaciones y qué determina su distribución entre las personas en cada momento del tiempo? Esta pregunta tiene sentido y es útil. Tiene sentido porque *dada* la distribución actual de las dotaciones y las interacciones económicas actuales en el mercado (de las que hablaremos más en seguida), generamos una nueva distribución de las dotaciones de mañana. Por ejemplo, los ahorradores hacen crecer sus dotaciones de partida y los prestatarios las reducen. Los jóvenes de ambos sexos adquieren educación y de esta forma renuevan o aumentan su dotación de capital humano. Los accionistas obtienen beneficios o experimentan pérdidas. Podemos decir, pues, algo útil sobre la desigualdad (o sobre las tenencias de dotaciones) siempre que sepamos (a) cómo se distribuyeron éstas anteriormente y (b) qué tipo de interacciones económicas se produjo en el "periodo anterior". En este sentido, la distribución actual de la riqueza da lugar, por medio de las interacciones económicas, a su futura distribución y el proceso se repite interminablemente con el paso del tiempo y durante generaciones. El crecimiento económico y la desigualdad económica se entrelazan, pues, y evolucionan conjuntamente.

Sin embargo, desde otro punto de vista la cuestión de los determinantes de las dotaciones carece de utilidad. Debemos detenernos en la distribución de las dotaciones existente en algún momento del pasado, exactamente igual que en el párrafo anterior. Sencillamente, no existe suficiente documentación histórica para remontarnos al comienzo de los tiempos. Por lo tanto, el objetivo no es explicar el pasado; es ver cómo un pasado determinado influye en el futuro a través de las repetidas interacciones económicas antes descritas. Hay, pues, una pregunta, en particular, que cobra especial importancia y que ya nos hemos hecho al referirnos a países enteros. ¿Es importante la historia? Por ejemplo, ¿garantiza la libertad de mercado la desaparición de las desigualdades históricas *con el paso del tiempo*, permitiendo a los individuos o a las generaciones "converger" en un nivel común e invariable de desigualdad? Si es realmente así, ¿cuál es el proceso que sirve para eliminar las ventajas y las desventajas históricas? Si no es así, ¿por qué persisten las desigualdades y al persistir, qué efectos producen en el desarrollo económico de un país?

Hemos delineado de esta manera el marco para analizar las teorías económicas y los resultados empíricos. Estos análisis consideran *dada* por la historia una distribución inicial de los activos, pero se preguntan si estas desigualdades empeoran con el paso del tiempo o disminuyen. ¿Cómo afecta la desigualdad a agregados como la renta, el empleo, la riqueza y las tasas de crecimiento? ¿Cómo afectan, a su vez, estas variables a la evolución de la desigualdad?

7.2 La desigualdad, la renta y el crecimiento

7.2.1 La hipótesis de la U invertida

Consideremos primero las relaciones empíricas entre la desigualdad y la renta per cápita. Comenzamos con el estudio pionero de Kuznets [1955], que es el primer intento de correlacionar la presencia de desigualdad económica con otras variables como la renta.

Dados los limitados datos de que disponía, Kuznets utilizó como medida de la desigualdad el cociente entre el porcentaje de la renta obtenido por el 20% más rico de la población y el obtenido por el 60% más pobre. Comparó un pequeño grupo de países en vías de desarrollo (la India, Sri Lanka y Puerto Rico) y un pequeño grupo de países desarrollados (Estados Unidos y el Reino Unido).

Los cocientes eran 1,96 (India), 1,67 (Sri Lanka) y 2,33 (Puerto Rico) frente a 1,29 (Estados Unidos) y 1,25 (el Reino Unido). Estos valores indican la posibilidad de que los países en vías de desarrollo, en general, tiendan a tener un grado más alto de desigualdad que los desarrollados. Kuznets [1963] confirmó en un estudio posterior esta posibilidad. En este estudio, los datos procedían de dieciocho países y la muestra era de nuevo un grupo de países desarrollados y otro de países en vías de desarrollo. El estudio mostraba claramente que los porcentajes de la renta obtenidos por los grupos de *renta más alta* eran significativamente menores en los países desarrollados que en los países en vías de desarrollo. La comparación opuesta parecía ser válida en el caso de los porcentajes de la renta obtenidos por los grupos de renta más baja, aunque en este caso los resultados eran mucho menos claros. Estas conclusiones, aunque muy superficiales, eran sugerentes.

Incluso con observaciones como las anteriores, harto limitadas y algo impresionistas, parece que el desarrollo económico es fundamentalmente un proceso secuencial y desigual. En lugar de beneficiarse todo el mundo al mismo tiempo, parece que el proceso mejora la situación de ciertos grupos aunque permite que los demás los alcancen más tarde. En la fase inicial, la desigualdad aumenta. Más tarde, cuando todos los demás grupos acortan distancias, la desigualdad disminuye. Este tipo de razonamiento (que analizaremos más adelante) llevó a Oshima [1962] y a Kuznets [1955, 1963] a sugerir una hipótesis general sobre el desarrollo: el progreso económico, medido por medio de la renta per cápita, va acompañado inicialmente de un aumento de la desigualdad, pero estas disparidades acaban desapareciendo a medida que los beneficios del desarrollo llegan a más personas. Así pues, si representamos la renta per cápita en un eje y alguna medida de la desigualdad en el otro, la hipótesis se traduce en una curva que tiene forma de "U" invertida; de ahí el nombre de *hipótesis de la U invertida*. Esta hipótesis generó una gran cantidad de estudios, innovadores y no tan innovadores, sobre el proceso de desarrollo. En el recuadro sobre el efecto del túnel describimos un ejemplo del primer tipo.

El efecto del túnel

Suponga el lector que va conduciendo por un túnel de dos carriles, que van ambos en el mismo sentido y, adivine qué, se queda atrapado en un enorme atasco. Por lo que usted ve, ningún automóvil se mueve. Usted se encuentra en el carril izquierdo y no está precisamente de muy buen humor. Sin embargo, pasado un rato, los automóviles del carril derecho comienzan a moverse. ¿Se siente mejor o peor? Depende de cuánto se haya movido el carril derecho. De momento, sabe que el atasco ha disminuido más adelante y que usted pronto empezará a moverse. Dada esta inminente perspectiva de moverse, su humor mejora considerablemente, aun cuando aún no se haya movido. Sin embargo, si el carril derecho continúa moviéndose bastante sin que haya indicios de que las cosas vayan a mejorar en el carril izquierdo, pronto acabará frustrado y es posible que se cuele en el carril derecho. Naturalmente, si se cuelan muchas personas, probablemente todo el mundo se detendrá.

Hirschman y Rothschild [1973] utilizaron este ejemplo para analizar una cuestión aparentemente muy diferente: la aceptación de la desigualdad de la distribución de la renta a lo largo de una senda de desarrollo económico.

En algunas economías en vías de desarrollo, el nivel de desigualdad de la distribución de la renta aumenta en las fases iniciales de desarrollo. Las respuestas a ese aumento de la desigualdad han sido diversas, tanto en las distintas economías como dentro de una misma economía en diferentes momentos del tiempo y han ido desde la entusiasta aceptación del proceso de crecimiento que acompañó al aumento de la desigualdad hasta la aparición de violentas protestas contra él en forma de convulsiones sociales y políticas. Esas diferencias en lo que se refiere a la aceptación de la desigualdad podrían explicarse con la ayuda de la analogía del túnel.

Supongamos que el bienestar de una persona depende en cualquier momento del tiempo tanto de su nivel actual de satisfacción (o como variable aproximada, de su nivel de renta) como del futuro esperado. Aunque generalmente tiene buena información sobre su renta actual, su información sobre su renta futura puede ser mucho menor.

Supongamos ahora que mejora la posición económica o social de algunas otras personas que lo rodean. La respuesta del individuo a esa mejora dependerá de lo que crea que esto implica para sus propias perspectivas. Si cree que esa mejora de la suerte de otros indica que mejorarán sus perspectivas en un futuro previsible, la mejora de la renta relativa de otros no empeorará su situación; en realidad, puede mejorar a pesar de esta disminución de su renta relativa, dado que espera obtener más renta en el futuro. Hirschman y Rothschild llaman *efecto del túnel* al aumento que experimenta la utilidad de una persona (y, por lo tanto, la aceptación de un aumento de la desigualdad) cuando mejora la situación económica de otros.

Naturalmente, si esa mejora del bienestar de los demás durara mucho tiempo sin que mejorara su bienestar, la aceptación inicial de la mejora de la situación de los demás pronto dejaría paso al enfado y a la frustración, como en el ejemplo del túnel. Por otra parte, el individuo puede no tolerar el aumento de la desigualdad si cree que la relación entre la mejora de la suerte de los demás y su propio bienestar es escasa o inexistente. Cuanto mayor sea el grado de segregación existente en la sociedad, más posibilidades hay de que ocurra eso. Así pues, la existencia de grandes diferencias raciales, culturales, sociales y económicas podría llevar a una persona a pensar que sus circunstancias son totalmente diferentes de las de otros que han tenido éxito.

Esas diferencias de respuesta de la gente a una mejora de la suerte de otros explica las diferencias que existen entre las sociedades en lo que se refiere a la aceptación de la desigualdad. En las sociedades más heterogéneas, algunos grupos de personas pueden creer que su suerte no está ligada a la de otros grupos o, lo que es peor, está correlacionada negativamente con ella. Por ejemplo, es posible que algunos países como la India o Pakistán tiendan a tolerar menos la desigualdad que las sociedades (relativamente) más homogéneas, como México. Sin embargo, incluso dentro del propio México el grado de aceptación de la desigualdad fue mucho mayor en las fases iniciales del proceso de desarrollo. La continua mejora de la vida de unos pocos a costa de las masas debilitó el efecto del túnel, lo que provocó convulsiones como la matanza de Tlatelolco en 1968, que dio rienda suelta a la frustración de los que se encontraban en el "carril izquierdo".

La hipótesis del efecto del túnel de Hirschman nos enseña una lección importante. Si se considera que el crecimiento y la equidad de la distribución de la renta son los dos principales objetivos del proceso de desarrollo económico, la estrategia de desarrollo ha de idearse teniendo presente el contexto social y político. Si, dada la estructura social, el efecto del túnel es débil (es decir, el grado de aceptación de la desigualdad es bajo), es improbable que tenga éxito una estrategia de "crecer primero, distribuir después". Incluso con un poderoso efecto inicial del túnel, el proceso de desarrollo puede frustrarse si los grupos gobernantes y los responsables de la política económica son insensibles al debilitamiento de estos efectos con el paso del tiempo.

7.2.2 Contraste de la hipótesis de la U invertida

¿Muestran los datos de corte transversal una U invertida?

Algunos estudios pretenden contrastar esta hipótesis. Existen dos maneras de contrastarla. Lo ideal sería seguir la evolución de un país y observar los cambios que experimenta la desigualdad. Sin embargo, podemos contar con los dedos de una mano los países con los que es posible realizar este ejercicio, ya que la obtención de estimaciones fiables es un fenómeno moderno (y probablemente los datos publicados sean, incluso hoy, más dudosos que fiables en casi todos los países). Los países que supuestamente han completado su senda en forma de "U invertida" generalmente carecen, pues, de datos sobre la desigualdad que se remonten a muchos siglos atrás.

Dada la escasez de datos que hay en casi todos los países, la segunda vía consiste en realizar lo que se denomina un estudio de *corte transversal*: examinar las diferencias entre los niveles de desigualdad de países que se encuentran en diferentes fases del proceso de desarrollo. Esos estudios tienen sus propias limitaciones: los países son muy diferentes y, a menos que exista una manera sistemática de tener en cuenta las diferencias internacionales, los resultados siempre deben intepretarse con cautela. Al mismo tiempo, los estudios de corte transversal de las diferencias entre los niveles de desigualdad tienen la gran ventaja de que reproducen precisamente lo que es difícil hacer con un único país, es decir, es posible obtener datos de (diferentes países en) diferentes fases del desarrollo. A menos que consideremos imposible aprender algo de un país estudiando otro, no se pueden descartar los análisis de ese tipo.

Uno de los primeros ejemplos de un análisis de corte transversal es el de Paukert [1973]. Este autor clasificó cincuenta y seis países en diferentes clases de renta según el PIB per cápita que tenían en 1965 en dólares de Estados Unidos. Midió la desigualdad por medio del coeficiente de Gini. El cuadro 7.1 muestra algunos de sus resultados y revela dos cosas. En primer lugar, parece que existe una relación entre la desigualdad y el PIB del tipo que predicen Oshima y Kuznets. Existe, desde luego, al menos cuando se agregan los datos por clases de renta, como hemos hecho en la segunda columna del cuadro 7.1. Esta relación sugiere que las grandes tendencias descritas antes en este apartado se cumplen, *en promedio*, en los distintos países y a lo largo del tiempo en el desarrollo de cada país. Sin embargo —y ésta es la segunda característica— las diferencias *dentro* de

Cuadro 7.1. ¿Muestran los datos de corte transversal una U invertida?

Clase de renta (Dólares EEUU de 1965)	Coeficiente de Gini medio	Campo de variación del coeficiente de Gini
Menos de 100	0,419	0,33-0,51
101-200	0,468	0,26-0,50
201-300	0,499	0,36-0,62
301-500	0,494	0,30-0,64
501-1.000	0,438	0,38-0,58
1.001-2.000	0,401	0,30-0,50
2.001 o más	0,365	0,34-0,39

Fuente: Paukert [1973].

una misma clase distan de ser, desde luego, insignificantes. La tercera columna del cuadro 7.1 muestra los máximos y los mínimos del coeficiente de Gini de los países de cada clase. Basta echar una rápida ojeada a este cuadro para que se desvanezca la idea de que la U invertida es inevitable en la historia del desarrollo de cada país.[1]

La utilización de una base de datos más amplia corrobora las observaciones de Paukert. Consideremos, por ejemplo, la figura 7.1 (que reproduce la 2.6 del capítulo 2). Este gráfico utiliza datos de corte transversal[2] para mostrar la posibilidad de que exista una U invertida. No he intentado controlar los países y ni siquiera los años de los que se dispone de datos (cuestión que analizaremos más detenidamente en el texto siguiente). Se trata de una simple representación de los años más recientes para los que se dispone de datos sobre la desigualdad existente en varios países. Obsérvese cómo aumenta el porcentaje de la renta obtenido por el 20% más rico de la población y a continuación disminuye a medida que vamos considerando países cuya renta per cápita es mayor. Ocurre exactamente lo contrario con el porcentaje de la renta obtenido por el 40% más pobre de la población. Por lo tanto, la hipótesis de la U invertida tiene algún fundamento cuando se analizan datos muy burdos de corte transversal.

Parece que las regresiones realizadas con datos de corte transversal confirman la misma pauta. Consideremos, por ejemplo, el estudio de Ahluwalia [1976], que analizó una muestra de sesenta países: cuarenta en vías de desarrollo, catorce desarrollados y seis socialistas, utilizando cifras del PNB expresadas en dólares de Estados Unidos a precios de 1970. Muy consciente de que las medidas sintéticas de la desigualdad podrían jugarle una mala pasada (como en los casos analizados al final del capítulo 6), Ahluwalia dividió la población de cada país de la muestra en cinco quintiles, que iban del 20% de la

---

[1] La tercera columna no da, desde luego, una idea exacta de las diferencias existentes dentro de las clases de renta. Sin embargo, un análisis más detenido no hace más que reforzar nuestras conclusiones. Por ejemplo, Fields [1980, pág. 69] realizó una regresión del coeficiente de Gini con respecto al PIB per cápita (exactamente con la misma base de datos), utilizando también el cuadrado del PIB como variable independiente, para recoger los aspectos no lineales de la U invertida. Resulta que estas variables sólo "explican" el 22% de la variación total del coeficiente de Gini.

[2] Para una descripción de esta base de datos, véase Deininger y Squire [1996a].

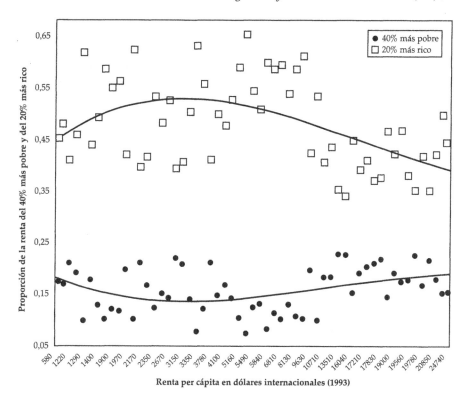

Figura 7.1. La hipótesis de la U invertida vista en los datos. *Fuente:* Deininger y Squire [1996a].

población que tenía el porcentaje de la renta más bajo al quintil que tenía el más alto. De esta forma pudo seguir la evolución de toda la distribución de la renta. Ahluwalia realizó la regresión siguiente para cada quintil:

$$s_i = A + by + cy^2 + D + \text{error,} \qquad [7.1]$$

donde s_i es el porcentaje de la renta obtenido por el quintil i-ésimo, y es el logaritmo del PNB per cápita, D es una variable ficticia que toma el valor 1 si el país en cuestión es socialista y 0 en caso contrario[3] y A, b y c son los coeficientes que se estiman con la regresión.

¿Por qué entran en la regresión tanto y como y^2? La razón es sencilla: incluyendo solamente y como variable explicativa en la regresión, no es posible contrastar la presencia de una curva en forma de U, invertida o no. Una regresión lineal no puede tener en cuenta los cambios de sentido. En cambio, la inclusión del término cuadrático permite que la curva ajustada cambie de pendiente (por ejemplo, permite que la desigualdad aumente primero y después disminuya conforme aumenta la renta). Representando varias

---

[3] La utilización de una variable ficticia para recoger el socialismo se basa en la posibilidad de que existan diferencias estructurales sistemáticas entre los países socialistas y el resto, por lo que los datos sobre la desigualdad procedentes de estos dos grupos de países no deben unirse incondicionalmente.

Cuadro 7.2. Contraste de la hipótesis de la U invertida de Kuznets.

Porcentaje de la renta	Constante	y	y^2	Variable ficticia que recoge la existencia de un régimen socialista	R^2
20% superior	–57,58 (2,11)	89,95 (4,48)	–17,56 (4,88)	–20,15 (6,83)	0,58
40% intermedio	87,03 (4,81)	–45,59 (3,43)	9,25 (3,88)	8,21 (4,20)	0,47
20% inferior	27,31 (4,93)	–16,97 (3,71)	3,06 (3,74)	5,54 (8,28)	0,54

Fuente: Ahluwalia [1976]. *Nota:* las cifras entre paréntesis indican los valores de *t*.

curvas, podemos convencernos de que sólo pueden tener forma de U si *b* y *c* tienen diferente signo. Por ejemplo, si *b* > 0 y *c* < 0, la curva debe adoptar la forma de una "U invertida". En cambio, si *b* < 0 y *c* > 0, la curva debe adoptar la forma de una "U normal".

Esto nos dice qué debemos buscar. Recuérdese que el porcentaje de la renta obtenido por el quintil inferior está relacionado *negativamente* con la desigualdad. Por lo tanto, si la hipótesis de Oshima y Kuznets es correcta, la curva resultante de las regresiones de los quintiles inferiores debería tener la forma de una U normal, es decir, el signo del valor estimado de *b* debería ser negativo y el de *c* positivo. En cambio, los signos de los coeficientes correspondientes al quintil superior deberían ser exactamente los contrarios. El cuadro 7.2 resume los resultados.

Las regresiones de Ahluwalia dan los resultados esperados, como muestra el resumen del cuadro 7.2. En todos los quintiles salvo en el superior, el porcentaje de renta tiende a disminuir inicialmente conforme aumenta el PNB per cápita y a continuación aumenta una vez traspasado un determinado punto. Esta afirmación se deduce del hecho de que el valor estimado de *b* es negativo en *todos* estos casos, mientras que el de *c* es positivo. En el quintil superior, ocurre exactamente lo contrario: conforme aumenta la renta per cápita, el porcentaje de la renta primero aumenta y después comienza a disminuir. En *todos* los casos, los coeficientes de las regresiones son estadísticamente significativos (véase el apéndice 2 para un análisis de este concepto).[4] Parece que hay una U invertida oculta en los datos de corte transversal, ¿o no?

Advertencia

La literatura sobre la hipótesis de la U invertida se parece en alguna medida a la búsqueda del Santo Grial. Va a la búsqueda de datos que confirmen una implacable ley del desarrollo.[5] Hay alguna evidencia de que existe una relación en forma de U invertida en los

---

[4] Aunque cada una de estas regresiones contribuye a confirmar la hipótesis de la U invertida, el "punto de giro" en el que la desigualdad alcanza un máximo y después disminuye varía de un quintil a otro. Parece que el grupo más rico pierde peso en la renta en los niveles de renta relativamente bajos. En cambio, el quintil más pobre no comienza a ganar hasta que se alcanza un elevado nivel de renta per cápita.

[5] Otros estudios basados en datos de corte transversal son los de Adelman y Morris [1973], Ahluwalia, Carter y Chenery [1979], Bacha [1979], Papanek y Kyn [1986], Bourguignon y Morrisson [1989, 1990] y Anand y Kanbur [1993a, b].

datos de corte transversal de la distribución mundial de la renta, pero hay razones para dudar de estos resultados positivos.

En primer lugar, los datos muestran demasiadas diferencias internas para confirmar la existencia de una inexorable ley del cambio económico. Ya lo hemos señalado al analizar el estudio de Paukert [1973]. También se observan diferencias parecidas echando un simple vistazo a la figura 7.1. La renta per cápita puede "explicar" por sí sola algunas de las diferencias globales observadas entre los niveles de desigualdad de los países, pero no todas y ni siquiera la mitad. Naturalmente, eso no excluye la posibilidad de que un país, si se le deja solo, pueda seguir una evolución en forma de U invertida, pero hay otros muchos elementos, como los relacionados con la política económica, que interfieren. Por lo tanto, este tipo de crítica excluye la posibilidad de que la U invertida sea *inevitable*, pero acepta que exista un cierto sesgo en esa dirección.

En segundo lugar, la U invertida es en cierta medida un resultado de la metodología estadística que se emplea para medir la desigualdad. Para verlo, consideremos el siguiente ejemplo, adaptado del estudio de Fields [1980]. Supongamos que una sociedad está formada por cinco personas, repartidas entre un sector agrícola y uno industrial. La renta del sector agrícola es 100 y la del industrial es 200. Supongamos que al principio todo el mundo se encuentra en el sector agrícola, por lo que la distribución de la renta es (100, 100, 100, 100, 100). Ahora supongamos que la sociedad se desarrolla por medio de un desplazamiento de personas de la agricultura a la industria. En la distribución de la renta aparecerá cada vez más veces la cifra de 200 [por ejempo, (100, 100, 100, 200, 200)] hasta que todo el mundo se encuentre en el sector industrial.

Este ejemplo es una caricatura del desarrollo, pero no es una mala caricatura. Como veremos en el capítulo 10, una gran parte del crecimiento de los países en vías de desarrollo puede atribuirse, de hecho, a desplazamientos de los sectores de renta baja, como la agricultura, a los de renta relativamente alta, como la industria. Ahora bien, si el lector resolvió los problemas del capítulo 6, sabe que las sucesivas curvas de Lorenz que se observan a medida que se va produciendo este cambio sectorial se cortan (salvo al principio y al final, en que la igualdad es total), por lo que no podemos afirmar inequívocamente que la desigualdad aumenta o disminuye en las fases intermedias. Calcule, sin embargo, el coeficiente de Gini de las diferentes distribuciones de la renta o el coeficiente de variación y verá que aumenta y después disminuye. Sin embargo, a lo largo de la "mayor parte" de este proceso se producen intersecciones entre las sucesivas curvas de Lorenz.

Los estudios que se basan en medidas agregadas de la desigualdad sólo pueden recoger estos efectos estadísticos; por lo que se refiere a la "desigualdad real", cualquiera que pueda ser su significado, es posible que se pueda decir muy poco. Este razonamiento es la causa por la que un estudio como el de Ahluwalia, que distingue entre los porcentajes de la renta de los diferentes grupos, es muy útil y no está sujeto a esta crítica (como podría estarlo el de Paukert).

En tercer lugar, una regresión de la forma descrita en la ecuación [7.1] no es la *única* forma funcional que puede admitir una U invertida. Por ejemplo, ¿qué ocurre con la formulación alternativa

$$s_i = A + by + c\,\frac{1}{y} + D + \text{error},\qquad\qquad [7.2]$$

adoptada por Anand y Kanbur [1993a] o por Deininger y Squire [1996b]? Es aquí donde la teoría económica debe desempeñar un papel importante: postulando un modelo concreto que relacione la renta y la desigualdad, debemos ser capaces de obtener una ecuación de regresión a partir de ese modelo. Desgraciadamente, como veremos en seguida, existen numerosas razones teóricas para esperar que exista una relación entre la renta y la desigualdad, y cada una de estas razones genera un tipo distinto de relación. Para distinguir una forma funcional como la [7.1] de una como la [7.2] puede ser necesario un modelo demasiado detallado y concreto como para que resulte intuitivamente atractivo o creíble y, sin embargo, la elección de la forma funcional puede ser importante, como sostienen con razón Anand y Kanbur [1993a, b].

Series temporales

Ya hemos señalado un problema más serio de los estudios basados en datos de corte transversal: agrupando diferentes países y realizando una regresión, se supone implícitamente que en *todos* los países se observa la *misma* relación entre la desigualdad y la renta. Es decir, no sólo se cree que los siguen la misma evolución cualitativa (como una U invertida) sino también la misma evolución *cuantitativa*: la curva que relaciona la renta y la desigualdad es *la misma curva* para todos.

Esta idea es difícil de tragar. Los países tienen parámetros estructurales diferentes y eso debe tenerse en cuenta. Al mismo tiempo, no está claro cómo debe afrontarse el problema. El extremo opuesto es decir que todos los países son (*a priori*) totalmente diferentes: uno puede tener un tipo de curva y el otro puede tener otra y no existe ninguna relación entre los dos. Eso equivale a decir que todos los países deben estudiarse por separado y que no se gana nada agrupando los datos. Esta idea es buena si tenemos una enorme cantidad de datos de cada país, pero no es así. Es difícil conseguir datos de la distribución de la renta y si además tratamos de remontarnos a cien años atrás o así, nos quedamos realmente con muy pocos países. Por ejemplo, Lindert y Williamson [1985] reunieron parte de la información que poseemos sobre la evolución de la desigualdad de los países en un horizonte bastante largo. Siguieron la evolución de la desigualdad en algunos países europeos y en Estados Unidos utilizando datos del siglo pasado y de periodos anteriores. En Inglaterra, es claramente visible el aumento que experimentó la desigualdad durante la revolución industrial. Los autores eligieron otros países que se encontraban en una fase posterior (por falta de datos anteriores), en los cuales la desigualdad disminuyó sistemáticamente. Sin embargo, hay pocos datos en general.

Existe una posibilidad intermedia. Podríamos aceptar que los países son diferentes, pero que existe *alguna* relación entre sus curvas que relacionan la desigualdad y la renta. Modifiquemos, por ejemplo, la ecuación [7.2]:

$$\text{desig}_{it} = A_i + b_i y_{it} + c_i \frac{1}{y_{it}} + \text{error,} \qquad [7.3]$$

donde i ahora representa el país y t el tiempo. Ahora si permitimos que A_i, b_i y c_i varíen *todos ellos* de unos países a otros, renunciamos esencialmente a la idea de que existe alguna relación entre los países (con la única salvedad de la hipótesis de que las relaciones tienen todas ellas la misma *forma* funcional general).

Sin embargo, existen otras maneras de enfocarlo. Podríamos suponer, por ejemplo, que la renta *adicional* afecta a la desigualdad de la misma forma en todos los países, por lo que b_i y c_i son iguales cuando variamos i, pero que en algunos países hay alguna razón estructural para que tengan más desigualdad o menos. Eso equivale a decir que las curvas (por países) son todas ellas *paralelas*, desplazadas hacia arriba y hacia abajo por variables propias de cada país que afectan a la constante de las curvas estimadas.

A modo de ejemplo y de incentivo, consideremos lo que podría denominarse el *efecto latino*. ¡La mayoría de los países de renta media que tienen un elevado grado de desigualdad son latinoamericanos! Son más ricos que algunos países como la India, Sri Lanka o Bangladesh, pero más pobres que Corea o Taiwan. Ambos grupos de países asiáticos tienen un nivel más bajo de desigualdad que los latinoamericanos. Podría ser que la U invertida no fuera más que una consecuencia artificial del hecho de que los países latinoamericanos se encuentran en medio; de ahí el "efecto latino".

En otras palabras, ¿se debe la U invertida que observamos en los datos de corte transversal a que los países de renta media tienen un nivel más alto de desigualdad, o a que los países de renta media son, en gran parte, latinoamericanos, o a que los países latinoamericanos tienen un nivel más alto de desigualdad por otras razones estructurales? Podría haber injusticias ancestrales en la propiedad de la tierra, una escasa o nula aplicación de la legislación sobre salario mínimo (debido a menudo a la elevada inflación) y una política económica insensible a la desigualdad. Si el número de casos fuera muy grande, cabría esperar que estos efectos desaparecieran, pero el mundo no es una muestra *tan* grande cuando cada país se cuenta como una unidad.

Una manera razonable de averiguar si tiene sentido esta afirmación es incluir en la regresión una *variable ficticia* correspondiente a los países latinoamericanos. En ese caso, podemos considerar que el coeficiente estimado de la variable es la "importancia" (en lo que a la desigualdad se refiere) de ser latinoameriano *per se*. Ahluwalia lo comprobó en su estudio de 1976. Sin embargo, una vez que incluimos una variable ficticia latina, también podemos probar con variables ficticias que correspondan a cada uno de los países de la muestra.

Este método nos da una cierta flexibilidad para tener en cuenta las diferencias estructurales entre países. Al mismo tiempo, nos permite utilizar una base combinada de datos o "panel" (que puede utilizarse para estimar con mayor precisión los coeficientes comunes *b* y *c*). Todas estas ideas sirven, desde luego, de poco si no tenemos datos de muchos países en muchos momentos del tiempo. La base de datos compilada por Deininger y Squire [1996a], que ya hemos utilizado en parte, sí tiene esta propiedad, así como algunas otras que la hacen atractiva.[6] La base de datos contiene una media de más de seis observaciones por país (en diferentes momentos). De hecho, contiene cincuenta y ocho países con cuatro observaciones o más para cada uno.

¿Qué ocurre si se utilizan variables ficticias de los países en lugar de la constante A_i? Deininger y Squire [1996b] observaron que la hipótesis de la U invertida de Kuznets casi desaparece. Los coeficientes *b* y *c* de esa regresión no se corresponden con los que darían lugar a una U invertida y, de hecho, no son significativos. Eso induce a pensar que las diferencias estructurales entre los países o las regiones pueden llevar a creer que existe una U invertda, cuando en realidad no existe esa relación.

Cuando se examinan los países por separado, existen algunas pruebas de que hay una relación *directa* en forma de U entre los países que tienen una larga base de datos; es el caso de Estados Unidos, el Reino Unido y la India.[7] En los nueve países en los que puede observarse una U invertida, parece que los resultados son extraordinariamente sensibles a la inclusión de las observaciones atípicas o de cambios estructurales recientes: los autores observan que México, Trinidad y Filipinas probablemente sean los tres únicos países que sobreviven a la especificación en forma de U invertida. En el 80% de la muestra, no existe una relación significativa entre la desigualdad y los niveles de renta, al menos al nivel estadístico del 5% (véase el apéndice 2).

Fields y Jakubson [1994] fueron los primeros que analizaron este tipo de cuestión que abordan Deininger y Squire, pero su base de datos es algo más reducida: sólo contiene 35 países, pero muchos tienen datos de varios años sobre la desigualdad. Sustituyendo la constante por variables ficticias de los países (efectos fijos por países), examinaron los datos permitiendo que se produjeran desplazamientos paralelos de la relación entre la desigualdad y la renta en los distintos países. Sus resultados son muy parecidos a los de Deininger y Squire y arrojan más dudas sobre la existencia de una relación en forma de U invertida. Desde su punto de vista, si es posible extraer alguna conclusión media, es la de que la desigualdad disminuye a medida que avanza el desarrollo, al menos a lo largo del siglo XX (Fields [1994]).

---

[6] Los autores adoptaron tres grupos de condiciones para admitir diferentes encuestas en su base de datos: las observaciones debían basarse en encuestas a los hogares (no en la contabilidad nacional), en una amplia cobertura de la población y en una amplia cobertura de las fuentes de renta. Véase Deininger y Squire [1996a] para más detalles.

[7] La observación de que el Reino Unido muestra una "U positiva" en lugar de invertida no contradice los resultados de Lindert y Williamson [1985], antes citados. Los datos utilizados en el estudio de Deininger y Squire son todos "modernos": comienzan en la década de 1960. El aumento que ha experimentado recientemente la desigualdad en Estados Unidos y en el Reino Unido es una cuestión a la que volveremos brevemente cuando analicemos la política comercial; véase el capítulo 17.

7.2.3 Renta y desigualdad: cambios desiguales y compensatorios

Tipos de crecimiento de la renta

Debería estar claro después del análisis anterior que la renta y la desigualdad no guardan una sencilla relación. Cuando en un país aumenta la renta per cápita, el cambio puede deberse aproximadamente a tres fuentes. La primera —y la más plácida— son los cambios que ocurren diariamente: la gente acumula riqueza, adquiere cualificaciones, aumenta continuamente su productividad en el trabajo, etc. Imaginémoslo como una sucesión continua de subidas salariales anuales del 2 o 3% y como aumentos graduales de nuestra renta de capital generados por la acumulación de riqueza.

La segunda fuente de cambios es inherentemente desigual: un sector (como la ingeniería, el diseño de programas informáticos o la contabilidad) despega, por lo que aumenta frenéticamente la demanda de personas que tienen estas cualificaciones. La economía en su conjunto crece, por supuesto, pero este crecimiento está muy concentrado en un número relativamente pequeño de sectores. Imaginemos que estos aumentos del crecimiento son los movimientos iniciales en un único carril del túnel de Hirschman: estos aumentos *crean* intrínsecamente desigualdad.

Por último, hay cambios que "compensan" el segundo: cuando el aumento del crecimiento se manifiesta en unas rentas elevadas en algunos sectores, las rentas se difunden por la economía a medida que aumentan las demandas de todos los demás tipos de bienes y servicios. Los ingenieros compran viviendas, los informáticos compran automóviles e incluso los contables se van de vacaciones. También puede ocurrir que cada vez sea mayor el número de personas que adquieren las cualificaciones que están demandándose en ese momento, reduciendo las tasas de rendimiento de esas cualificaciones y repartiendo al mismo tiempo los aumentos de la renta de una manera más uniforme por toda la sociedad.

¿Son los cambios primeramente desiguales y después compensatorios?

Es probable que en cualquier momento del tiempo actúe alguna combinación de los tres fenómenos. La U invertida es una posibilidad teórica si se producen cambios desiguales en los niveles de renta bajos, mientras que en los niveles de renta más altos se producen cambios compensatorios. Examinemos los siguientes argumentos a favor de este punto de vista:

(1) Una característica básica del desarrollo económico es un gran desplazamiento de gente de los sectores de la economía relativamente pobres a los sectores relativamente avanzados. En el capítulo 10, nos extenderemos más sobre la "economía dual", en la que coexisten sectores económicamente atrasados con sectores avanzados y la sociedad se desarrolla recurriendo el sector avanzado al sector atrasado en busca de recursos para impulsar su propio crecimiento. Sin embargo, debería quedar bastante claro que el desarrollo económico, visto desde esta perspectiva, no puede difundirse por igual entre toda la población, al menos en un mismo momento del tiempo. Al principio sólo unas pocas personas tienen acceso al sector avanzado o moderno. Este punto de vista también pare-

ce indicar que los países desarrollados que han terminado la transición de los sectores "viejos" a los "nuevos" deberían tener menos desigualdad que los países en vías de desarrollo que se encuentran en medio del proceso de transición, en el que la población se reparte entre ambos sectores. Este argumento sugiere que el cambio primero es desigual y después compensatorio.

(2) El progreso técnico beneficia inicialmente al sector industrial (relativamente) pequeño. En cambio, los métodos agrícolas modernos ahorradores de trabajo de los países desarrollados son menos aplicables a las economías agrícolas con una elevada población en el sector rural. Por consiguiente, la desigualdad debería ser mayor en los países en vías de desarrollo y el progreso técnico debería beneficiar solamente a una parte de la economía: a la población del sector industrial. Una vez más, en la medida en que la existencia de rentas bajas se deba a que hay, en promedio, pocas personas en el sector industrial, es probable que el progreso técnico tenga un carácter más desigual en los niveles de renta bajos.

(3) El progreso técnico también puede aumentar de otras formas la desigualdad en los países en vías de desarrollo. Cabe afirmar que el progreso técnico está sesgado inicialmente en contra del trabajo no cualificado y tiende a reducir su salario. Estas diferencias de cualificaciones acaban siendo compensadas por la mejora del nivel de estudios de la población trabajadora, pero este proceso es más lento. Sin embargo, cuando ocurre, la desigualdad tiende a disminuir.

(4) Incluso sin el impacto desigual del progreso técnico, la propia industrialización produce enormes beneficios a una minoría que posee las dotaciones financieras y la iniciativa empresarial necesarias para aprovechar las nuevas oportunidades que surgen. Es lógico imaginar que estas mejoras acaben beneficiando a todo el mundo, al subir los salarios como consecuencia del aumento de la demanda de trabajo. Sin embargo, ponemos énfasis en la palabra "acaben": en muchos países en vías de desarrollo, hay un excedente de trabajo, por lo que los salarios no suben inmediatamente y no existen leyes que protejan a los trabajadores o, si existen, son difíciles de aplicar.

Esos cambios pueden muy bien crear una situación en la que la desigualdad aumente primero y después disminuya en el curso del desarrollo. Por otra parte, las fuentes de desigualdad que se identifican son muy básicas. La agricultura y la industria, los trabajadores no cualificados y los cualificados: es probable que el proceso de crecimiento afecte de forma muy distinta a estas categorías. No es, pues, improbable que algún subgrupo o combinación de los factores mencionados pueda explicar las diferencias de desigualdad entre los países en vías de desarrollo y los desarrollados, pero pasar de esta observación a la afirmación de que todo país *debe* pasar por una evolución en forma de U invertida es un acto de fe. Al fin y al cabo, no sólo podrían producirse cambios desiguales (y compensatorios) en estas situaciones, también en otras. Es posible, pues, que todos los países pasen por ciclos alternantes de aumento y disminución de la desigualdad, dependiendo del carácter de su senda de crecimiento en los diferentes niveles de renta. La complejidad de estas sendas y las diferencias entre ellas (sirva de ejemplo el reciente aumento que ha experimentado la desigualdad en Estados Unidos) pueden hacer que las teorías simplistas, como la hipótesis de la U invertida, no tengan poder explicativo alguno.

7.2.4 Desigualdad, ahorro, renta y crecimiento

Introducción

Un buen ejemplo de lo difícil que resulta establecer una conexión entre la desigualdad y la renta nos lo proporciona la relación entre la desigualdad y la tasa total de ahorro. Si el lector ha leído atentamente el capítulo 3, verá inmediatamente que se trata de una cuestión importante. La tasa de ahorro afecta al nivel de renta per cápita a largo plazo y, en muchos casos, a la tasa de crecimiento de la economía. Por lo tanto, la relación entre la desigualdad y el ahorro crea una vía más a través de la cual la desigualdad interactúa con la renta y con el crecimiento de la renta.

La fuerza política de los argumentos aquí presentados tampoco debe tomarse a la ligera. La idea de que niveles moderados o altos de desigualdad de la distribución de la renta concentran el dinero en las manos de los que están dispuestos a ahorrar, a acumular y a invertir, elevando así la tasa de crecimiento, se ha esgrimido más de una vez para justificar (o para presionar con el fin de conseguir) la no intervención de los Gobiernos en materia redistributiva. Sin embargo también hay opiniones contrarias, según las cuales un cierto grado de redistribución de la renta puede aumentar el ahorro y elevar las tasas de crecimiento.

Para centrar nuestro estudio pongamos el siguiente ejemplo. Imaginemos que seleccionamos aleatoriamente dos personas de una sociedad en la que los activos están distribuidos desigualmente. Consideremos dos perfiles: Ronaldo es un alto ejecutivo de una gran empresa y gana mucho para los niveles de un país en vías de desarrollo. Supongamos que su renta es de 55.000 euros al año. Pablo, del mismo país, es peón en una empresa de construcción. Su renta aún podría ser alta en comparación con la renta media de ese país, pero es más baja que la de Ronaldo, por ejemplo, 5.000 euros al año. Realicemos ahora el siguiente experimento hipotético. Inventemos dos profesores idénticos de la universidad sita en la ciudad en la que viven Ronaldo y Pablo —llamémoslos Téllez y Téllez— y démosles una renta de 30.000 euros a cada uno. Hagamos aparecer con un chasquido de los dedos a Téllez y Téllez y eliminemos a Ronaldo y Pablo de la faz de la tierra. ¿Cómo afecta este cambio a las tasas totales de ahorro?

Naturalmente, Ronaldo y Pablo consumen y ahorran cantidades diferentes y estas cantidades son, a su vez, diferentes de las que consumen y ahorran los Téllez. Dadas las enormes diferencias de renta, ¿habría sido lógico esperar otra cosa? Sin embargo, ¿qué ocurre con el consumo y el ahorro *globales* en el mundo de Ronaldo y Pablo en comparación con el de los Téllez? [Naturalmente, el hecho de que Ronaldo y Pablo (y los Téllez) consuman cantidades diferentes puede tener un interés normativo en sí mismo, pero ya hemos analizado eso y no es lo que nos interesa en este apartado]. Obsérvese que una vez que aparecen los Téllez, pueden consumir exactamente la media de lo que consumían Ronaldo y Pablo, pueden consumir más o pueden consumir menos. ¿Qué criterios debemos emplear para predecir lo que va a ocurrir?

Tasas marginales de ahorro

Este análisis nos obliga a profundizar algo más. No basta con estudiar el ahorro *total* generado por varios individuos, sino su conducta *marginal* de ahorro. La figura 7.2 lo muestra. El argumento básico no es diferente de los numerosos ejemplos de razonamiento que ya ha encontrado el lector en los cursos de economía, de los que hay más por llegar en este libro. Supongamos que cuando aumenta la renta, también aumenta la tasa marginal de ahorro (consúltese la figura 7.2a). En ese caso, si transfiriéramos un euro de renta de una persona pobre a una rica, como consecuencia de la transferencia se ahorraría una cantidad *mayor* de ese euro. La conclusión sería la contraria si se ahorrara menos dinero del euro marginal cuando aumenta la renta (figura 7.2b). Para asegurarnos de que comprendemos este razonamiento, apliquemos el caso de la figura 7.2b a Ronaldo, Pablo y los Téllez.

Obsérvese que podemos hallar el ahorro *medio* generado por Ronaldo y Pablo conectando los puntos del gráfico que representan su configuración de ahorro y renta y, a continuación, observar el ahorro representado por el punto medio de esta línea. Ahora bien, la *renta* correspondiente a este punto medio es exactamente igual a 30.000 euros, es decir, la renta de cada uno de los Téllez. ¿Qué ahorra un Téllez? La respuesta se halla observando el gráfico del ahorro desde este punto de renta. El lector puede ver claramente que el ahorro de uno de los dos Téllez idénticos es mayor que la media generada por Ronaldo y Pablo. La respuesta es, pues, que si la relación entre la renta y el ahorro es como la de la figura 7.2b, una reducción de la desigualdad *aumentará* el volumen de ahorro de la economía. Convénzase el lector de que esta técnica gráfica no es diferente del argumento del "euro marginal" utilizado en el párrafo anterior.

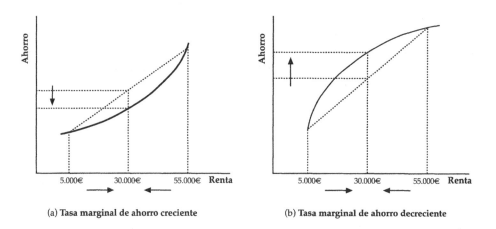

(a) **Tasa marginal de ahorro creciente**   (b) **Tasa marginal de ahorro decreciente**

Figura 7.2. La función de ahorro y la conducta marginal de ahorro.

Asimismo, si la función de ahorro tiene la forma de la figura 7.2a, una disminución de la desigualdad reduce la tasa de ahorro de la economía. Por último, si la renta no afecta a las tasas marginales de ahorro, por lo que la función de ahorro es una línea recta, un cambio de la desigualdad *no* afecta en absoluto al ahorro de la economía en su conjunto.

Los argumentos anteriores constituyen, por cierto, un buen ejemplo de lo que tiene que enseñarnos la teoría económica. Obsérvese que hasta ahora no hemos llegado a ninguna conclusión precisa sobre la relación entre desigualdad y ahorro. En este sentido, no hemos aprendido nada y, sin embargo, tenemos una idea mejor de *lo que debemos buscar* para obtener una respuesta: la conducta del ahorro individual cuando varía la renta. Gracias al razonamiento teórico, sabemos exactamente qué tipo de pregunta debemos formularnos o (en el caso de un estudio empírico) qué tipo de datos debemos buscar para obtener la respuesta deseada.[8] En este sentido, *hemos* aprendido algo.

Debemos preguntarnos, pues, cómo varía el ahorro con la renta. Si representamos el ahorro en función de la renta individual, ¿obtendremos una curva parecida a la figura 7.2a o a la figura 7.2b? ¿O es la curva más complicada que cualquiera de estos dos?

Son varios los factores que hay que analizar antes de poder llegar a una conclusión. Consideremos, por ejemplo, los siguientes.

Necesidades de subsistencia: el sustrato básico de nuestra vida económica es nuestra necesidad de alimentos, ropa y alojamiento. Estas necesidades no suelen preocupar a la afortunada minoría del mundo industrializado. Sin embargo, son esas las consideraciones que determinan el gasto corriente de los millones de personas que viven en los países en vías de desarrollo. Aunque a todo el mundo le gustaría ahorrar para el futuro, a muchos se lo impiden las necesidades del presente. Es posible que los pobres no puedan permitirse ahorrar, ya sea en promedio o en el margen.

Consumo conspicuo: en el otro extremo del espectro se encuentran los superricos de los países en vías de desarrollo. Deseosos de alcanzar los niveles de consumo de los ricos de todo el mundo, elevan su propio consumo. Eso no quiere decir que no ahorren, y en mayores cantidades que sus conciudadanos menos acomodados. La cuestión es que su *tasa media* de ahorro puede muy bien ser baja y, por lo tanto, también su propensión a ahorrar a partir de un aumento marginal de renta.

Aspiraciones y ahorro: el deseo de imitar el mundo industrialmente desarrollado y de alcanzar sus elevados niveles de consumo ha sido a menudo considerado como un insulto hacia el modo "tradicional" de vida y una vulgar imitación de los modos de Occidente. No existe, sin embargo, nada intrínsecamente antitradicional u occidental en el bienestar económico, y luchar por conseguir mejorar nuestra posición económica es, en gran parte, lo que hacemos todos. Obsérvese, además, que esas aspiraciones surgen tanto de compararse con los propios conciudadanos como con el comportamiento de los ciudadanos de las economías industrializadas.

No hay ningún grupo de personas para el que sea eso más cierto que para los que han escapado de la pobreza, pero se hallan a considerable distancia de las comodidades

---

[8] Para datos de la literatura empírica al respecto, véase, por ejemplo, Gersovitz (1988).

económicas de que disfrutan las personas que son muy ricas. Este grupo comprende no sólo nuestra concepción normal de la "clase media" sino, quizá, también personas más pobres, es decir, personas y familias cuya conducta es moldeada por sus *aspiraciones* a disfrutar de una vida económica mejor. Estas aspiraciones son casi siempre desinteresadas y se refieren a un horizonte temporal muy lejano: las personas de este grupo están construyendo la vida de sus hijos y de sus nietos. Normalmente ahorran una gran parte de su renta, tanto en promedio como en el margen.

Lo que se desprende de este análisis no es, pues, una imagen clara, pero sí interesante para nuestros fines. La figura 7.3 intenta resumir estos factores por medio de un único gráfico que relaciona el ahorro y la renta. Es más complicada que la figura 7.2. Cuando aumenta la renta individual, el ahorro total es inicialmente cero o incluso negativo. Pero llega un punto en el que el ahorro se vuelve positivo y aumenta a partir de entonces. En esta región, el gráfico podría tener la forma de la figura 7.2a, porque cada euro marginal de renta ganada revierte cada vez más en ahorro. Esta es la zona de la renta en la que las aspiraciones económicas no sólo son importantes (puesto que son importantes para todo el mundo), sino que pueden alcanzarse. Finalmente, cuando entramos en las regiones de renta alta, aunque el ahorro *total* continúe aumentando, la tasa *marginal* de ahorro comienza a disminuir, porque las aspiraciones apenas influyen en los que ya son ricos. Este segmento del gráfico se parece localmente al de la figura 7.2b.

Estas observaciones permiten extraer dos consecuencias de suma importancia.

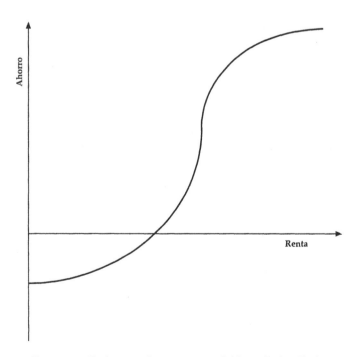

Figura 7.3. El ahorro y la renta: una visión más detallada.

Influencia de la desigualdad en el ahorro y en el crecimiento

Es probable que la influencia de una reducción de la desigualdad de la renta en la tasa de ahorro y, por lo tanto, en la tasa de crecimiento, sea compleja. En un país extraordinariamente pobre, medidas redistributivas pueden reducir la tasa de ahorro y, por lo tanto, la tasa de crecimiento a medio e incluso a largo plazo. Para verlo, volvamos de nuevo a la forma inicial de la figura 7.3 (o a la figura 7.2a). Una redistribución en esta región reduce la tasa de ahorro nacional. Sin redistribución, una parte de la población (por pequeña que sea) desea acumular riqueza y tiene los medios para conseguirlo. *Con* redistribución, nadie ahorra cantidades significativas.

Nos encontramos aquí ante un dilema devastador. La pobreza y la desigualdad de las sociedades pobres llevan, como es comprensible, a adoptar políticas igualitarias. Sin embargo, estas mismas políticas pueden reducir la tasa de ahorro y, por consiguiente, la tasa de crecimiento.

¿Qué conclusiones podemos sacar de esta observación desde un punto de vista *normativo*? En aras del crecimiento, ¿podemos recomendar la adopción de medidas poco igualitarias? La decisión es difícil, pero ¡razón de más para estudiar más claramente las opciones! De hecho, a medida que el lector vaya avanzando, se encontrará con otros muchos aspectos de la interacción de la desigualdad y el desarrollo en las sociedades pobres, algunos de los cuales obligan a tomar decisiones difíciles.

Por lo que se refiere a los países de renta media, la cuestión puede muy bien ser absolutamente diferente. Las medidas redistributivas pueden provocar un aumento del ahorro a escala nacional, porque crean una nutrida clase media que ambiciona mejorar su situación. Este caso está representado por el tramo final de la figura 7.3 (o por la figura 7.2b). Una redistribución en este tramo eleva la tasa media de ahorro, ya que las tasas de ahorro relativamente bajas de los pobres (que no pueden permitirse ahorrar) y de los ricos (que no necesitan ahorrar) se transforman en el elevado ahorro de los que tienen aspiraciones.

De la renta y el ahorro a la evolución de la desigualdad

Examinemos a continuación *la influencia del ahorro en la evolución de la desigualdad económica*. Pensemos en una sociedad aislada y en la evolución de la desigualdad en el seno de esa sociedad o, si lo prefiere el lector, imaginemos que estamos estudiando la desigualdad mundial en su conjunto. Como hemos señalado antes, los miembros de esta sociedad aspiran todos ellos a alcanzar los niveles establecidos por la sociedad en general, *pero estos niveles también están evolucionando*. Obsérvese ahora que, dependiendo de la situación histórica de partida de la desigualdad económica, la sociedad puede evolucionar a largo plazo siguiendo dos sendas muy diferentes. Si la desigualdad es baja inicialmente, estos niveles bajos de desigualdad pueden mantenerse con el paso del tiempo. Cuando ni los niveles de vida ni las rentas (o riquezas) que hay detrás de ellos son demasiado heterogéneos, cabe esperar que todo el mundo ahorre y que eso mantenga unidos a los diferentes grupos económicos de la sociedad en el transcurso del tiempo.[9]

---

[9] Recuérdese, sin embargo, que estamos refiriéndonos a un *único* aspecto de un escenario increíblemente complicado. Hay otros muchos factores que afectan a la evolución de la desigualdad económica,

En cambio, si el grado inicial de desigualdad es alto, ésta puede mantenerse o incluso aumentar con el paso del tiempo. La clave para comprender este proceso está en constatar que en muchos grupos de la sociedad ahora existe una notable diferencia entre su nivel de vida *deseado* y su nivel de vida *real*. Como ya hemos señalado, eso influye en la conducta del ahorro. Imaginemos para simplificar el análisis que el nivel de vida deseado lo marcan los grupos más ricos de la sociedad.[10] La figura 7.4 muestra qué puede ocurrir con el ahorro cuando la renta individual es inferior a la que se considera necesaria para conseguir el nivel de vida deseado. El eje de abscisas mide la diferencia entre esta renta y el nivel deseado; los más ricos se encuentran, por definición, en cero. A medida que aumenta la diferencia, se crean aspiraciones, lo que al principio eleva la tasa de ahorro de esos grupos de renta, pero este efecto no puede durar indefinidamente. A medida que continúa aumentando la diferencia, los grupos más pobres observan que una elevada tasa de ahorro tiene unos costes excesivos por los efectos perjudiciales sobre su consumo *actual* tan necesario, por lo que la tasa de ahorro comienza a disminuir de nuevo, descendiendo con toda probabilidad a un nivel inferior al de las personas muy ricas.

A diferencia de lo que ocurre en los modelos convencionales de crecimiento económico descritos en el capítulo 3, la decisión de ahorrar no sólo depende de la renta sino también de las aspiraciones de la gente y estas dependen de las desigualdades de la renta y de la riqueza. Por lo tanto, las personas relativamente pobres podrían encontrarse en una trampa persistente de renta baja, mientras que la clase media crece más deprisa que las clases más ricas y más pobres. Podríamos observar, pues, la presencia de un elevado grado de movilidad entre

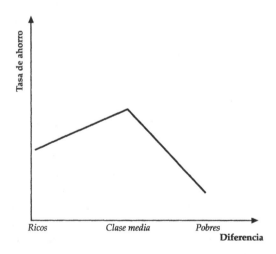

Figura 7.4. Niveles de vida deseados, renta y tasas de ahorro.

que conoceremos mejor a medida que avancemos en este libro. La descripción anterior no debe interpretarse literalmente sino sólo como una manera de recoger los efectos de un conjunto (muy importante) de factores.

[10] Los niveles deseados pueden muy bien ser diferentes dependiendo de los niveles de renta existentes, pero aquí evitaremos estas complicaciones.

los grupos de renta alta y media y la aparición de un muro infranqueable entre estos grupos y los pobres.

Esta argumentación está considerablemente simplificada, pero pone de relieve un hecho notable. Una *misma* sociedad puede comportarse de formas totalmente diferentes, dependiendo de las circunstancias históricas iniciales. Naturalmente, eso será cierto si la historia cambia la tecnología o las preferencias, pero en el caso que contemplamos no ocurre ninguna de las dos cosas. Hablamos de una sociedad con los mismos grupos sociales en las dos circunstancias históricas, la misma estructura global de preferencias y sin haber recurrido en nuestro análisis a diferencias tecnológicas.

La idea de que las circunstancias históricas configuran la estructura y el rumbo del desarrollo de un país, sin recurrir a explicaciones basadas en diferencias intrínsecas (por ejemplo tecnológicas o en las preferencias), no es nueva. La hemos visto y la veremos de nuevo en varios capítulos de este libro.

7.2.5 Desigualdad, redistribución política y crecimiento

En el apartado anterior hemos visto cómo puede afectar la desigualdad al crecimiento a través de su efecto sobre el ahorro agregado. Hemos señalado que la existencia de grandes desigualdades puede ser perjudicial para el crecimiento si la clase media tiene una tasa marginal de ahorro superior a la de los ricos o los pobres.

Los estudios de Alesina y Rodrik [1994], Persson y Tabellini [1994] y otros autores[11] ponen de relieve una segunda relación entre la desigualdad y el crecimiento. La existencia de un elevado grado de desigualdad económica puede retrasar el crecimiento económico al plantear demandas políticas de redistribución. La redistribución puede adoptar una de las dos grandes formas siguientes. En primer lugar, una política puede pretender redistribuir la *riqueza existente* entre la población en general. Un buen ejemplo es una reforma agraria. Si la propiedad de la tierra es muy desigual, el Gobierno tiene la opción de confiscar la tierra a los grandes terratenientes y redistribuirla entre los pequeños campesinos o los peones sin tierra. También puede establecer impuestos confiscatorios que transfieran al Estado grandes cantidades de riqueza no relacionada con la tierra para redistribuirlas entre los pobres.

Ni que decir tiene que la creación y la aplicación de ese tipo de medidas exige una extraordinaria voluntad política, así como la existencia de datos en que basarlas. No es infrecuente que las personas elegidas para ocupar los cargos públicos tengan grandes propiedades de tierra y aunque lo fuera, los grandes terratenientes suelen actuar como bancos de votos, que inclinan a su favor los votos de todo un pueblo o incluso de grupos de pueblos. En esas situaciones, la aprobación de una amplia reforma agraria que reduzca las desigualdades se convierte en algo realmente difícil.

Pero aunque existiera la voluntad política, la aplicación de las medidas redistribuidas aprobadas plantea dificultades casi insuperables. Por ejemplo, para redistribuir una gran

---

[11] Véase, por ejemplo, Bertola [1993], Perotti [1992] y Somanathan [1995].

cantidad de riqueza es necesario saber *quién* la tiene. Existen enormes cantidades de riqueza que no están sujetas ni siquiera a impuestos, simplemente porque no existe la información necesaria para aplicar esos impuestos. Incluso cuando la riqueza consiste en tierra, que puede decirse que es muy fácil de observar, es difícil fijar límites a la superficie de tierra que se puede poseer. Un poderoso terrateniente puede poner sus tierras a nombre de varios miembros de su familia para que cada parcela sea inferior al límite impuesto por la ley.

Ante estas dificultades, la mayoría de los Gobiernos recurre a medidas redistributivas que siguen una vía totalmente distinta: gravan los *incrementos* de la cantidad de riqueza en lugar de la riqueza existente. Así, los tipos marginales del impuesto sobre las rentas altas tienden a ser elevados, hay impuestos sobre consumos específicos y sobre las ventas de diversos productos y también se gravan los beneficios empresariales. Estos impuestos, que afectan las *rentas marginales,* tienden a reducir la tasa de inversión y, por lo tanto, la tasa de crecimiento económico.

Comprender por qué la inversión podría disminuir con unos "impuestos sobre el margen" (y no con unos impuestos de cuantía fija) es un ejercicio de teoría económica elemental. La figura 7.5 representa el caso de una persona a la que le gustaría distribuir la riqueza que tiene para consumirla en dos periodos. El consumo que realizará "mañana" puede obtenerlo dejando de consumir (parcialmente) hoy e invirtiendo los fondos que no consuma a una determinada tasa de rendimiento.

El punto A de la figura 7.5 representa el caso de nuestra persona en el nivel de utilidad antes de impuestos (representado por la curva de indiferencia U^0). Ahora supongamos que el Gobierno desea transferir parte del poder adquisitivo de esta persona a otros

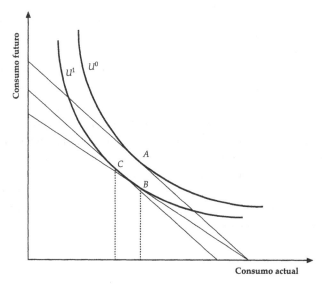

Figura 7.5. Impuestos de cuantía fija frente a impuestos sobre los rendimientos de las inversiones.

miembros de la sociedad, para lo cual establece un impuesto sobre el rendimiento de la inversión. Este impuesto hace girar en sentido descendente la recta de la tasa de rendimiento, como muestra el gráfico, por lo que ahora nuestra persona se encuentra en el punto B de la curva de indiferencia U^1.

Consideremos ahora el caso de un impuesto de cuantía fija sobre esta persona que la lleva exactamente a la misma curva de indiferencia U^1. Naturalmente, eso significa (por definición) que le darán igual los dos sistemas de tributación. Sin embargo, obsérvese que en este caso reduce más su consumo actual (compárese el punto C con el B). En otras palabras, el impuesto sobre la tasa de rendimiento reduce el ahorro en relación con el impuesto de cuantía fija. La razón es sencilla. Tanto los impuestos de cuantía fija como los impuestos sobre la renta (sobre la inversión) producen unos efectos-renta que tienden a reducir el consumo. Sin embargo, el impuesto sobre la renta (sobre la inversión) produce un "efecto-precio" adicional que tiende a reducir la tasa de ahorro y de inversión.

De esta forma, la presencia de un elevado grado de desigualdad puede retrasar el crecimiento económico, ya que esa desigualdad da lugar a una exigencia política de redistribución que sólo puede satisfacerse estableciendo impuestos sobre los *incrementos* de la riqueza y no sobre la riqueza existente. Ese tipo de impuestos puede reducir los incentivos para acumular riqueza y, por consiguiente, la tasa de crecimiento económico.

7.2.6 Desigualdad y crecimiento: evidencia

¿Retrasa la desigualdad inicial el crecimiento? Es relativamente difícil conseguir datos empíricos sobre esta cuestión. El malo es, una vez más, la falta de suficientes datos. La utilización de datos *contemporáneos* sobre la desigualdad y el crecimiento no tiene mucho sentido, ya que plantea graves problemas de endogeneidad. Al fin y al cabo, en los análisis teóricos que hemos realizado hasta ahora (y en los siguientes) hemos tenido cuidado de señalar que las relaciones causales, si las hay, pueden ser de doble sentido. Necesitamos, pues, datos sobre la *desigualdad* existente al *comienzo* de un periodo de tiempo relativamente largo y sobre el crecimiento del periodo posterior.

Una vez más, pues, ¿qué variable es buena para recoger aproximadamente la desigualdad inicial? Nos gustaría tener una idea de cuáles son las desigualdades de la *riqueza* o de los activos existentes al comienzo del periodo de tiempo considerado, pero es sumamente difícil conseguir datos. Una variable que recoge aproximadamente la desigualdad de la riqueza es la desigualdad de la *renta* existente en ese momento, pero debemos admitir que es una variable imperfecta. Las desigualdades de la riqueza existentes en un determinado momento son, en cierto sentido, la suma de todas las desigualdades de la renta habidas hasta esa fecha y no hay razón alguna para que los últimos datos de desigualdad de la renta reflejen debidamente la historia de todas sus predecesoras.

Otra variable que recoge aproximadamente la desigualdad de la riqueza es la desigualdad de un activo (relativamente) fácil de observar, como la tierra. Es más fácil conseguir datos sobre la desigualdad de la distribución de la tierra, aunque suelen estar llenos de problemas. El más grave es la distorsión provocada en los países en los que una reforma agraria limita el tamaño de la propiedad de la tierra. En esos países, tierra que en realidad pertenece a una sola persona u hogar puede estar a nombre de varias personas, lo que hace creer que la desigualdad es menor de lo que realmente es. Aparte de este problema, la desigualdad de la tierra sólo puede ser una buena variable de la desigualdad global de la riqueza si la agricultura es considerablemente importante en la economía (al comienzo del periodo de tiempo examinado) o, al menos, lo ha sido hasta poco antes. Afortunadamente para nuestros fines, los países en vías de desarrollo satisfacen perfectamente esta condición.

Alesina y Rodrik [1994] han realizado regresiones del crecimiento de la renta per cápita del periodo 1960-85 con respecto a diversas variables independientes, como la renta per cápita inicial y una medida del capital humano inicial (ya nos hemos encontrado con este tipo de ejercicio en el capítulo 4, en el que analizamos el estudio de Barro [1991]). De hecho, por lo que se refiere a estas variables, Alesina y Rodrik utilizan los mismos datos que Barro. Incluyen, además, datos sobre la desigualdad inicial de la renta y la desigualdad inicial de la tierra.[12]

Los resultados de sus regresiones indican la existencia de una considerable relación negativa entre la desigualdad inicial y el crecimiento posterior. Especialmente notable es la influencia del coeficiente de Gini que representa la desigualdad inicial de la propiedad de la *tierra*. Sus resultados parecen indicar que un aumento del coeficiente de Gini correspondiente a la propiedad de la tierra en una desviación típica (lo que en este caso sólo representa un aumento de 0,16) reduciría el crecimiento económico posterior nada menos que en 0,8 puntos porcentuales al año. El cuadro 7.3 resume los resultados de algunas de las regresiones en las que se incluyen los coeficientes de Gini de las distribuciones iniciales de la tierra.

Las variables independientes son la renta per cápita de 1960 (PIB60), las tasas de escolarización de la enseñanza primaria de 1960 (Prim60), el coeficiente de Gini de la renta

Cuadro 7.3. Desigualdad inicial y crecimiento posterior.

| | Influencia en el crecimiento per cápita, 1960-85 | | |
	Versión 1	Versión 2	Versión 3
Constante	6,22 (4,69)	6,24 (4,63)	6,21 (4,61)
PIB60	−0,38 (3,25)	−0,39 (3,06)	−0,38 (2,95)
Prim60	2,66 (2,66)	2,62 (2,53)	2,65 (2,56)
Gini60	−3,47 (1,82)	−3,45 (1,79)	−3,47 (1,80)
TierraGini	−5,23 (4,38)	−5,24 (4,32)	−5,21 (4,19)
Dem*LGini		0,12 (0,12)	
Dem			0,02 (0,05)

Fuente: Alesina y Rodrik [1994].

Nota: las cifras entre paréntesis indican los valores de *t*.

---

[12] Los datos sobre la desigualdad de la renta proceden de Jain [1975] y Fields]1989]. Los datos sobre la distribución de la tierra proceden de Taylor y Hudson [1972].

de 1960,[13] el coeficiente de Gini inicial de la distribución de la tierra (TierraGini) y una variable ficticia que recoge la existencia de un sistema democrático (Dem).

La primera regresión agrupa todos los países de los que se dispone de datos sin tener en cuenta su sistema político. Obsérvese que el coeficiente de Gini de la tierra es especialmente significativo y negativo (el coeficiente de Gini de la renta inicial es menos significativo y negativo; sólo es significativo al nivel del 10%). También es interesante señalar de pasada que los resultados iniciales de Barro continúan siendo válidos: el coeficiente de la renta per cápita inicial es negativo, mientras que el de la medida del capital humano es positivo.

Estos resultados no varían cuando tenemos en cuenta las diferencias estructurales entre los sistemas políticos democráticos y los no democráticos. Y lo que es más, la variable ficticia que recoge la existencia de un sistema democrático no es significativa ni por sí misma (versión 3) ni cuando interactúa con el coeficiente de Gini de la tierra (versión 2). Parece que los sistemas políticos desempeñan un papel poco importante en esta relación.

El uso de la base de datos más amplia de Deininger y Squire [1996b] confirma los resultados de Alesina y Rodrik. La desigualdad inicial de la tierra es más significativa que la desigualdad inicial de la renta y sigue siéndolo incluso cuando se introducen diversas variaciones en las regresiones básicas (como la utilización de variables ficticias regionales, que como recordará el lector, echan por tierra la hipótesis de la U invertida de Kuznets).[14] La investigación de Deininger y Squire también confirma la escasa importancia del sistema político.

Desde esta perspectiva, quizá no sea sorprendente que los países del este asiático como Corea y Taiwan tengan algunas de las tasas de inversión más altas del mundo. Las tempranas reformas agrarias llevadas a cabo en estos países los situaron entre aquellos en los que las desigualdades de la propiedad de la tierra eran menores y fomentaron, sin lugar a dudas, la igualdad económica global, dada la importancia que tenía la agricultura en todos los países en vías de desarrollo hacia 1960. Los coeficientes de Gini de la distribución de la tierra de Corea y Taiwan eran 0,34 y 0,31 en 1960 y estas cifras son muy bajas incluso en comparación con los niveles asiáticos relativamente moderados. Por ejemplo, en la India y Filipinas, las cifras correspondientes son muy superiores a 0,5 y en Latinoamérica el coeficiente de Gini supera con creces la cifra de 0,8 en algunos países como Brasil y Argentina.

Parece, pues, que apenas hay dudas de que existe una estrecha relación negativa entre la desigualdad inicial de la riqueza (al menos cuando ésta se mide aproximadamente por medio de la distribución de la renta) y el crecimiento económico posterior. La cuestión es saber a qué se debe esta relación. ¿No podría ser que la reducción de la des-

---

[13] Los datos sobre la desigualdad de la renta plantean algunos problemas, ya que los más antiguos de los que se dispone son muy posteriores a 1960, lo que plantea problemas de endogeneidad. Alesina y Rodrik lo tuvieron en cuenta utilizando una variable instrumental para la desigualdad inicial de la renta y realizando regresiones para el periodo más breve 1970-85.

[14] El problema de las regresiones de Deininger y Squire se halla en que incluyen las tasas de inversión como una variable independiente, lo cual tiene problemas de endogeneidad. En cambio, las regresiones de Alesina y Rodrik no tienen variables ficticias regionales.

igualdad fomentara el ahorro y la inversión, lo cual elevaría las tasas de crecimiento de la manera analizada en el apartado 7.2.4, o lo que se observaría sería una consecuencia de la redistribución política?

Es difícil responder a estas preguntas con los datos existentes. Por ejemplo, podríamos decir, como Deininger y Squire [1996b], que la regresión no confirma la explicación de la redistribución porque la variable ficticia que recoge la existencia de un sistema democrático no es significativa. Al fin y al cabo, las demandas políticas de redistribución deberían ser más importantes en una democracia, pero no está claro que sea necesariamente así: a los dictadores les gusta permanecer en el poder tanto como a los gobiernos democráticos, por lo que podrían reaccionar ante un elevado grado de desigualdad estableciendo impuestos elevados en el margen, exactamente igual que un gobierno democrático.

Debemos conformarnos, pues (de momento), con la posibilidad de que exista una relación *empírica* sólida y negativa entre la desigualdad y el crecimiento posterior.[15] La causa de esta relación sigue siendo en gran medida una incógnita, pero es de esperar que eso avive nuestro deseo de conocer mejor la posible relación entre la desigualdad y el desarrollo. A continuación pasamos a analizar algunos otros aspectos de esta relación.[16]

7.2.7 Desigualdad y composición de la demanda

Es un hecho que la renta determina no sólo el *nivel* de consumo, sino también su forma o *composición*. El ejemplo más importante de este cambio en la composición del consumo quizá sea la disminución que experimenta el peso de los alimentos en el consumo a medida que aumenta la renta. Las necesidades de alimentos, ropa y alojamiento son fundamentales y, por lo tanto, absolutamente dominantes en los niveles de renta bajos. A medida que varía la renta, aparece toda una multitud de nuevas posibilidades de consumo y comienza a aumentar el peso de estos nuevos bienes en el presupuesto familiar.

Al mismo tiempo, la pauta global de gasto de una sociedad afecta a la distribución de la renta. Los diferentes productos demandados por los consumidores deben producirse y ofrecerse. En general, estos productos crean *demandas derivadas* de factores de producción, por lo que influyen en la distribución de los pagos a los factores productivos en forma de salarios (del trabajo no cualificado y de las diferentes categorías de trabajo cualificado), rendimientos del equipo de capital, alquileres de las propiedades, etc. De esta forma, la composición de la demanda de productos influye en la distribución funcional de la renta y (a través de la propiedad de estos factores de producción) en la distribución personal de la renta. La figura 7.6 resume esta influencia mutua.[17]

---

[15] Obsérvese que incluso esta afirmación requiere una investigación más minuciosa; por ejemplo, utilizando variables ficticias regionales y eliminando la inversión del segundo miembro de las regresiones de Deininger y Squire.

[16] Véase también el capítulo 13, en el que se analizan otras conexiones en el contexto específico de las economías pobres.

[17] Para una muestra de la literatura que estudia la desigualdad y la composición de productos, véase de Janvry y Sadoulet [1983], Murphy, Shleifer y Vishny [1989b], Baland y Ray [1991] y Mani [1997].

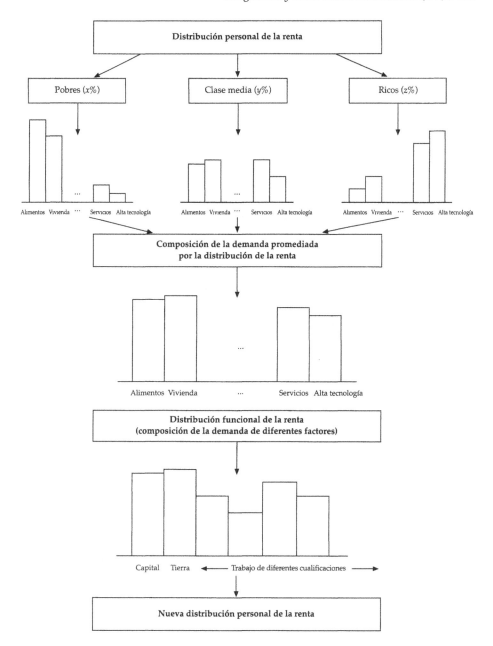

Figura 7.6. De una distribución a otra a través de la demanda de productos.

Este fenómeno lleva lógicamente a preguntarse si las desigualdades históricas se perpetúan a largo plazo. La respuesta es compleja, pero el análisis anterior contiene algunas sugerencias. Imaginemos a modo de ejemplo que sólo hay dos factores de producción (capital y trabajo) y dos bienes que se producen (un bien de consumo de masas y un bien de lujo). Supongamos que todo el mundo posee la misma cantidad de trabajo, pero diferentes cantidades de capital. Eso significa que algunas personas (las que tienen más capital) disfrutan de una renta más alta; el exceso procede de los rendimientos del capital. ¿Disminuirán estas desigualdades históricas con el paso del tiempo, se agrandarán o no variarán?

En nuestro ejemplo, la respuesta depende de las pautas de demanda y de cómo se traduzcan esas pautas en demandas de factores. Si existe inicialmente un alto grado de desigualdad, la economía tendrá una demanda proporcionalmente mayor del bien de lujo. ¿Cómo se traduce eso en una demanda derivada de capital y de trabajo? La respuesta depende de que la producción del bien de lujo sea intensiva en capital o intensiva en trabajo (en relación con el bien de consumo de masas). En el primer caso, la desigualdad engendrará desigualdad: la mayor demanda del bien de lujo se traduce en una demanda relativamente mayor de capital, lo que eleva los rendimientos del capital y, por lo tanto, mantiene o agranda la desigualdad inicial. En el segundo caso, las desigualdades históricas se corrigen: la desigualdad eleva la demanda de trabajo en relación con el capital, lo que reduce la desigualdad futura.

Como imaginará el lector, al producirse y consumirse muchos bienes diferentes y al haber muchos factores de producción diferentes, nuestras conclusiones distan de ser claras. Sin embargo, se me ocurre un *método*: estudiar las cestas de bienes consumidas por los diferentes grupos de renta y ver si las demandas de factores que implican provocan o no un aumento de la igualdad.

Siguiendo este método vamos a ver que como en el apartado anterior las diferencias históricas hacen que la evolución del desarrollo varíe de unos países a otros, *no porque* los ciudadanos de cada país sean intrínsecamente diferentes, sino porque reaccionan de forma distinta a los diferentes contextos económicos. De hecho, lo que se observa no es sólo que las desigualdades económicas sean diferentes: muchas otras también son distintas. Cada país se diferencia notablemente del resto en lo que produce y consume. En la medida en que cada bien utiliza capital en distinta medida, también puede haber grandes diferencias entre los niveles de renta per cápita y entre las tasas de crecimiento. En particular, no existe razón alguna para esperar que los países converjan cuando se tiene en cuenta la dinámica de la distribución de la renta.

Ejemplo 1. Inglaterra y Estados Unidos eran distintos en muchos aspectos a lo largo del siglo XIX. En Estados Unidos, los fabricantes eran expertos en la producción en serie de muchos bienes y conseguían versiones bastante buenas de lo que en Inglaterra era producido, con un alto grado de calidad, por artesanos cualificados. En Estados Unidos, la demanda de esos productos procedía de una gran clase media, que carecía de los recursos económicos (y quizá también de la inclinación) necesarios para demandar las versiones intensivas en mano de obra cualificada, de elevada calidad y, desde luego, más caras, que se producían en Inglaterra. Lo importante es que la producción en serie permitía la existencia de un grupo numeroso de gente —ni muy rica, ni muy pobre— cuya demanda mantenía la producción en serie. En cambio, en Inglaterra la producción de productos artesanos intensivos en trabajo cualificado no generó una clase media que permitiera cerrar el círculo.[18]

Ejemplo 2. Un ejemplo destacado de cómo puede resultar afectada la dinámica interna del proceso que estamos describiendo nos lo proporciona el papel del Estado. En Estados Unidos, el gasto público aumentó significativamente durante las dos guerras mundiales y la Gran Depresión. Lindert y Williamson [1985] han estudiado la influencia de este aumento del gasto público en la demanda de trabajo cualificado en comparación con el trabajo no cualificado. Han observado que los servicios públicos eran significativamente intensivos en mano de obra no cualificada, mientras que la composición de las compras del Estado no tenían un efecto tan diferente del resto de la economía sobre la demanda de mano de obra cualificada. De hecho, el aumento del peso de los empleados públicos en la población trabajadora durante este periodo está relacionado con el aumento significativo de la igualdad que se registró en Estados Unidos durante ese mismo periodo.

Estos ejemplos están relacionados con la hipótesis del "goteo", expresión que se ha manejado mucho no sólo en los círculos de poder de los países en vías de desarrollo sino también en economías de mercado industrializadas como Estados Unidos. La idea es sencilla: con suficiente crecimiento y poca intervención para corregir la desigualdad de la renta, los frutos del desarrollo económico acaban llegando a los pobres a modo de goteo, a medida que aumenta la demanda de lo que ellos (generalmente mano de obra no cualificada) pueden ofrecer. Ni que decir tiene que esta hipótesis dista de haberse demostrado. Como hemos señalado, es muy posible que en una sociedad desigual las personas más acomodadas perpetúen su propia posición relativa. No es que eso se logre gracias a una acción unilateral deliberada —generalmente, las personas tienen demasiada poca entidad para influir en el funcionamiento de la economía— sino que puede ocurrir que los ricos demanden unos productos que sólo los propios ricos pueden ofrecer.

7.2.8 Desigualdad, mercados de capitales y desarrollo

El problema de la garantía del crédito

A menudo damos por sentado que los mercados existen y funcionan. Cuando compramos en la tienda de alimentación, raras veces se da el caso (aunque ocurre) de que como consumidores tomamos lo que necesitamos y nos vamos sin pagar, o de que el tendero acepta nuestro dinero y luego se niega a darnos lo que hemos comprado. La tienda de alimentación funciona porque esas situaciones son muy excepcionales. ¿Por qué son la excepción? Una posible respuesta es que la gente generalmente es honrada y no engaña. Este argumento es correcto hasta cierto punto, pero no lo explica todo. Oculta que, entre bastidores, actúan una enorme cantidad de condicionamientos sociales que permiten esos intercambios simultáneos, así como una coacción legal en favor del cumplimiento de la norma social del intercambio.

---

[18] ¡Dejamos al lector que juzgue si este círculo es vicioso o virtuoso! Para un análisis de la composición de productos en Inglaterra y Estados Unidos, véase Rosenberg [1972] y Murphy, Shleifer y Vishny [1989b].

Los mecanismos sociales (como la vergüenza pública) son muchos más débiles cuando transcurre un tiempo entre el acto de "comprar" y el de "pagar". Un ejemplo perfecto es el de los préstamos, en los que se adelanta dinero que debe devolverse más tarde. La experiencia diaria nos enseña que los prestatarios son seleccionados con mucha más atención que los compradores. Los prestatarios normalmente se seleccionan en función de su capacidad para devolver los préstamos, así como de su historial crediticio, que indica no sólo su capacidad económica para devolver el préstamo sino también su buena disposición a devolverlo. También sabemos que las personas que no devuelven un préstamo suelen ser objeto de diversos tipos de sanciones. No obstante, si las normas sociales y legales existentes les permiten no devolver los préstamos, pueden muy bien no devolverlos.

Esto nos lleva a afirmar algo obvio: los mercados no pueden funcionar si el contrato social subyacente no está claramente formulado *y si no existe un mecanismo claro y perfectamente definido para castigar a quienes se desvían de la norma.* Si no pago la cuenta de mi tarjeta de crédito, apareceré en la lista negra del ordenador de todas las agencias de calificación crediticia y no podré utilizar mi tarjeta de crédito durante mucho tiempo, durante más tiempo del que me gustaría. Por lo tanto, haré todo lo posible para evitar no pagar. Asimismo, al pequeño agricultor que quiere que el banco local le preste, hace todo lo posible para devolver los créditos porque no devolverlos puede significar cerrarse las puertas en el futuro. Si tiene activos de su propiedad puede que los utilice como garantía del préstamo, que perderá si no lo devuelve. Asimismo, los países son "animados" a devolver las deudas pasadas con la amenaza de ser objeto de sanciones cuando pidan préstamos en el futuro o cuando comercien con otros países.

En el capítulo 14 estudiaremos detalladamente esos mercados de crédito. De momento, la moraleja es realmente sencilla: *las garantías que se puedan presentar y el grado en que se valore el futuro en relación con el presente determinan el acceso al mercado de crédito.*

Esta moraleja tiene un corolario interesante. En las sociedades desiguales, los pobres pueden carecer de acceso a los mercados de crédito precisamente porque carecen de garantías. En la medida en que el crédito es necesario para (a) poner en marcha un pequeño negocio, (b) educarse uno mismo y educar a los hijos, (c) comprar factores para cultivar la tierra arrendada, (d) mantener el nivel de gastos de consumo en un entorno fluctuante y toda una multitud de cosas, los pobres no tienen acceso ni a (a), (b), (c), (d) ni a todo lo demás que el crédito puede permitir (estamos refiriéndonos aquí a las actividades diarias, no a los grandes e infrecuentes préstamos necesarios para estudiar en una facultad universitaria ni a los créditos hipotecarios). Obsérvese bien que la imposibilidad de acceder al mercado de crédito no tiene *nada* que ver con las características intrínsecas de estas personas. Pueden ser (y, de hecho, son) personas tan honradas como cualquier otra, pero ningún banco o prestamista se la jugará.

La ausencia de un mercado crediticio o la existencia de un mercado crediticio imperfecto para los pobres es una característica fundamental de las sociedades desiguales. Las consecuencias macroeconómicas pueden ser muy graves, como muestra el sencillo ejemplo siguiente.[19]

---

[19] El análisis siguiente se basa en ideas de Banerjee y Newman [1993] y Galor y Zeira [1993].

Un ejemplo

Imaginemos que queremos convertirnos en empresarios y montar un negocio. Supongamos que tenemos activos personales por valor de 100.000 euros. Desgraciadamente, la inversión necesaria para poner en marcha el negocio es de 200.000, por lo que debemos conseguir un préstamo. Podemos utilizar estos activos como garantía.

He aquí una descripción del negocio. Consiste en instalar una pequeña fábrica que dará empleo a cincuenta trabajadores, a los cuales la empresa pagará 5.000 euros, y producirá y venderá artilugios obteniendo un ingreso total de 500.000 euros. Imaginemos para simplificar el análisis que la empresa dura un año, tras el cual hay que devolver el préstamo.

He aquí una descripción de cómo funcionan los bancos. Ya hemos dicho que debemos presentar nuestros activos como garantía. El tipo de interés del préstamo es del 10%. Si no lo devolvemos, el banco se quedará con nuestros activos. También hay un 50% de probabilidades de que nos detengan, en cuyo caso iremos a la cárcel. El equivalente monetario esperado de este castigo es de 50.000 euros. Además, nos confiscarán nuestros beneficios empresariales de ese año. Nuestra pérdida esperada, si ocurre eso, es $(1/2) \times$ beneficios (donde 1/2 refleja la probabilidad del 50% de que nos detengan), es decir, 125.000 euros. Naturalmente, si no devolvemos el préstamo, nos embolsaremos el préstamo más los intereses.

Teniendo en cuenta estos pros y estos contras, debemos decidir si devolvemos o no el préstamo. Calculemos los costes y los beneficios de su devolución. El cuadro 7.4 muestra los datos. Es fácil ver que en este ejemplo los costes de no devolverlo son superiores a los beneficios, por lo que lo devolveremos.

¿Qué ocurriría si sólo presentáramos una garantía de 20.000 euros? En ese caso, observando el mismo balance del cuadro 7.4, es fácil ver que ahora que los costes de no devolver el préstamo son iguales a 197.000 euros. Esta cantidad es menor que el coste de la devolución, por lo que no lo devolveremos.

Se trata, desde luego, de una descripción caricaturesca de los cálculos que se hacen en el mundo real, pero no es una mala caricatura. Por ejemplo, podríamos argumentar que no devolver el préstamo tiene otros costes, entre los cuales se encuentran la pérdida de la propia reputación, pero nada nos impide monetizar también estos costes e incluir-

Cuadro 7.4. Consideraciones económicas en las que se basa la decisión de devolver o no un préstamo.

Aspectos	Si devolvemos el préstamo	Si no lo devolvemos
Pago directo	220.000	0
Pérdida de la garantía	0	110.000
Cárcel	0	50.000
Confiscación de los beneficios	0	125.000
Total	220.000	285.000

los en los cálculos anteriores. En ese caso, quizá sea más difícil no devolver el préstamo, pero no cambia el mensaje cualitativo del ejemplo.[20]

La moraleja básica de este ejemplo es que *los mercados de crédito pueden estar cerrados para las personas que sólo pueden presentar garantías de poco valor*, ya que estas personas difícilmente pueden convencer a sus acreedores de que no incumplirán sus obligaciones crediticias.

Elección de la ocupación y restricción crediticia

El ejemplo anterior pretende reflejar una de las maneras en que la ausencia de un mercado influye en la economía, a saber, influyendo en la capacidad para elegir libremente la ocupación o las inversiones y, por lo tanto, en la evolución de la desigualdad y de la producción. Para ver cómo encaja el ejemplo en el contexto más general, consideremos el caso de una economía muy sencilla, en la que sólo hay tres ocupaciones: productor de bienes de subsistencia, obrero industrial y empresario. Supondremos que ni los productores de bienes de subsistencia ni los obreros industriales necesitan ningún capital para establecerse. Los productores de bienes de subsistencia pueden producir una cantidad fija z con su trabajo. Los obreros industriales pueden percibir un salario w (la determinación endógena de w es una cuestión fundamental en el modelo). Un empresario dirige un tipo de negocio que *contrata* obreros industriales, pero necesita capital para establecerse, y es ahí donde entra el mercado de crédito.

En general, para ser empresario, hay que reunir las condiciones necesarias para obtener un préstamo. Se obtendrá o no el préstamo dependiendo de consideraciones como las descritas en el ejemplo anterior. ¿De cuánta riqueza se dispone como garantía? ¿Cuán rentable será el negocio? ¿Qué tipo de castigos existen en caso de que no se devuelva el préstamo? Estos factores limitan la cuantía máxima del préstamo.

Supongamos que lo que cuesta montar el negocio (por ejemplo, comprar planta y equipo) es la cantidad I. El propio negocio consiste en contratar m obreros industriales para producir la cantidad q. El empresario les paga un salario de w a cada uno, por lo que los beneficios son iguales a $q - wm$. Si el préstamo se devuelve a un tipo de interés r, es bastante fácil calcular cuál es el beneficio neto: es simplemente $(q - wm) - (1 + r)I$.[21]

Con esta información, podemos averiguar fácilmente si una persona que tiene una *determinada riqueza inicial W* recibirá un préstamo suficiente para ser empresario. Supongamos que presentamos nuestra riqueza W como garantía. En ese caso, instalamos nuestra fábrica y obtenemos beneficios. Ahora llega el momento de devolver $I(1 + r)$. Podría-

---

[20] Asimismo, es posible realizar algunos ajustes para tener en cuenta la honradez innata, en caso de que el lector considere que este ejemplo es alarmantemente cínico. Tal como lo hemos descrito, no hemos tenido en cuenta los escrúpulos de conciencia del prestatario, pero en la medida en que los individuos se mueven en *cierta* medida por las consideraciones económicas descritas aquí, es fácil elaborar una variante de este ejemplo para incluir la (un cierto grado de) honradez.

[21] Este cálculo supone, para simplificar el análisis, que todas las ocupaciones económicas individuales sólo duran un periodo. Es bastante fácil ampliarlo incluyendo muchos periodos, pero no es necesario para nuestras observaciones principales.

mos tratar de no devolver el préstamo. Naturalmente, perderíamos nuestra garantía, una cantidad que ahora vale $W(1 + r)$. También correríamos el riesgo de ser detenidos y castigados, pero eso es incierto en los países en vías de desarrollo (¡y a menudo también en los países desarrollados!). Resumamos la larga lista de posibilidades diciendo que el *coste esperado* de no devolver el préstamo es una sanción (quizá la cárcel), representada por F, y una proporción λ de los beneficios generados por nuestro negocio. El hecho de que λ sólo sea una fracción recoge el hecho de que no existe la certeza de que seamos detenidos y de que aun cuando exista, puede que no sea posible para las autoridades crediticias quedarse con *todos* nuestros beneficios. Por lo tanto, *devolveremos* el préstamo si

$$I(1 + r) \le W(1 + r) + F + \lambda\{q - mw(t)\},$$

y reordenando esta expresión, obtenemos la condición

$$W \ge I - \frac{F + \lambda\{q - mw(t)\}}{1 + r} .\qquad [7.4]$$

La desigualdad [7.4] es fundamental para comprender el modelo. Nos dice que los bancos o los prestamistas sólo concederán préstamos a las personas cuya riqueza inicial sea "suficientemente elevada", en el sentido establecido en la condición [7.4]. Si la riqueza inicial es menor, no podemos convencer *creíblemente* al banco de que devolveremos el préstamo. *Las personas que comienzan teniendo una riqueza inferior a este nivel crítico no pueden, pues, convertirse en empresarios aunque quieran.* Obsérvese que cuanto menores son los valores de F (el coste esperado de ser encarcelado) y de λ (la proporción de los beneficios empresariales que puede quedarse el banco),[22] más rigurosa es la condición de la riqueza inicial, lo cual tiene sentido. Si es muy difícil detener a un infractor, lo único que le queda al banco es la garantía presentada inicialmente. En el caso extremo en el que tanto el valor de F como el de λ son cero, el mercado de crédito deja de funcionar: todas las empresas tienen que financiarse con su riqueza inicial. En la condición [7.4], la restricción se reduce a $W \ge I$, pero si tenemos ese tipo de riqueza, podemos financiar nuestra propia inversión.

Las condiciones del mercado, como el salario vigente, también determinan el acceso al mercado de crédito. Si los salarios son relativamente bajos, los beneficios derivados de la actividad empresarial son altos, por lo que es de esperar que sea más fácil conseguir un préstamo para montar el negocio. Por lo tanto, la cantidad mínima de riqueza necesaria para obtener un préstamo debería disminuir.

Con esto damos por terminada la descripción del mercado de crédito, que no es más que una extensión directa de nuestro ejemplo anterior (con álgebra en lugar de números).

Distribución de la riqueza y equilibrio

Ahora introducimos la idea de que la riqueza normalmente siempre está distribuida de una manera desigual en la economía. Concibamos la riqueza como una herencia de nues-

---

[22] Comprende, por supuesto, la probabilidad de ser detenido.

tros padres (o como el total de activos que tenemos del periodo anterior). Esta distribución determina la proporción de personas que tienen acceso a la actividad empresarial; el resto se dedica a la producción de bienes de subsistencia o se convierte en obrero. Estas decisiones conjuntas determinan, pues, el salario de la economía en ese momento. Finalmente, en este proceso se crea nueva riqueza, pasamos al periodo siguiente y se repite de nuevo todo el proceso.

En suma, partimos de una distribución dada de la riqueza en la economía en el periodo t. Averiguando cómo se determinan las variables endógenas de la economía (el salario en este caso) en el periodo t, nuestro modelo sigue la evolución de la economía hasta llegar a una *nueva* distribución de la riqueza en el periodo $t + 1$. Obtenemos, pues, un resultado muy parecido al de la figura 7.6, pero a través de canales totalmente distintos.

La distribución inicial de la riqueza nos suministra la importante información siguiente: nos dice cuál es la proporción de la población que tiene las puertas cerradas a la actividad empresarial a cada valor imaginable del salario de mercado w. ¿Cómo obtenemos esta información? La condición [7.4] nos dice cuál es el nivel mínimo de riqueza para cada salario w que se exige para tener acceso al crédito. Utilizando la distribución inicial de la riqueza, obtenemos la proporción de la población que comienza teniendo unos niveles de riqueza inferiores al mínimo exigido. Este proceso bietápico puede mostrarse fácilmente combinando la distribución de la riqueza con el hecho de que el nivel mínimo de riqueza es creciente con respecto al salario; véase la figura 7.7.

Obsérvese que cuanto más alto es el salario, mayor es la proporción de la población que no puede dedicarse a la actividad empresarial, debido a que la riqueza mínima necesaria para acceder al crédito aumenta, algo que ya hemos observado. Estas personas deben elegir entonces entre el trabajo de subsistencia y trabajar para el mercado y la elección depende, por supuesto, del salario. Los salarios inferiores a z, que es la renta de subsistencia, provocarán una participación nula en el mercado de trabajo. Todo el que no

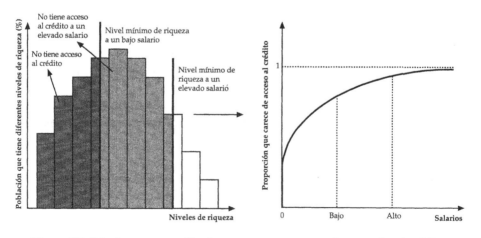

Figura 7.7. Salarios y proporción de personas que no pueden acceder al crédito.

quiera ser empresario optará por la producción de bienes de subsistencia. En el caso en que $w = z$, hay un salto en la oferta de trabajo, porque ahora se revisan todos los casos en los que se ha elegido la producción de bienes de subsistencia y se opta por el mercado de trabajo. Cuando los salarios son más altos, la oferta de trabajo aumenta ininterrumpidamente, a medida que es mayor el número de personas que tienen cerradas las puertas a la actividad empresarial y ahora deben cambiar de ocupación y dedicarse al trabajo asalariado. Este proceso continúa hasta que llegamos a un salario lo bastante alto, llamémoslo $\bar{w}$, como para que los beneficios que se obtienen gestionando una empresa sean exactamente iguales a los ingresos derivados del trabajo.[23] A partir de *este* punto, debería estar claro que todo el mundo, independientemente de que pueda convertirse o no en empresario, se irá al mercado de trabajo. Si los salarios son superiores a $\bar{w}$, la renta generada por el trabajo es superior a la renta generada por los beneficios, por lo que nadie querrá ser empresario.

El resultado de este análisis es, pues, una *curva de oferta* de trabajo, una descripción del número de personas que entran en el mercado de trabajo cuando varía el salario. La figura 7.8 resume las propiedades de esta curva. Es indudablemente una curva de oferta, pero obtenida de una manera bastante poco convencional. Por ejemplo, su pendiente es determinada por la distribución existente de la riqueza y por ¡la forma en que funcionan los mercados de crédito! En los modelos convencionales, la pendiente normalmente refleja las preferencias de la población por el trabajo y el ocio.

Pasamos a continuación a analizar la *demanda* de trabajo. Comenzamos con un elevado salario que es superior a $\bar{w}$. Evidentemente, con ese salario no hay ninguna demanda

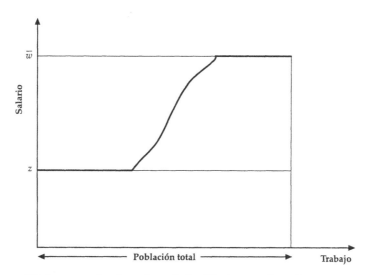

Figura 7.8. La curva de oferta de trabajo. Obsérvense los saltos en z y en $\bar{w}$.

---

[23] Este salario crítico es la solución de la ecuación $(q - m\bar{w}) - (1 + r)I = \bar{w}$. Naturalmente, estamos suponiendo que el nivel de subsistencia z es menor que $\bar{w}$ de lo contrario, no habría ningún sector industrial en el modelo.

de trabajo, ya que nadie quiere dedicarse a la actividad empresarial. Al llegar a $\bar{w}$, observamos un salto repentino en la demanda de trabajo al entrar ahora gente en el mundo empresarial (este salto se corresponde exactamente con el que se produce en la curva de oferta de trabajo en $\bar{w}$). A partir de ese punto, a medida que baja el salario, la demanda de trabajo aumenta ininterrumpidamente, recogiendo el hecho de que, con unos salarios más bajos, aumenta el número de personas que tienen acceso al mercado de crédito. La figura 7.9 resume la demanda de trabajo.

Ahora juntamos las dos curvas (figuras 7.8 y 7.9) para determinar el *salario de equilibrio*. Las curvas de oferta y demanda de trabajo determinan el salario vigente en el periodo t. Obsérvese bien que la distribución existente de la riqueza, al influir en la elección de la ocupación, determina la forma de estas curvas de oferta y demanda y, por consiguiente, el salario. Los tres paneles de la figura 7.10 describen los tres resultados posibles.

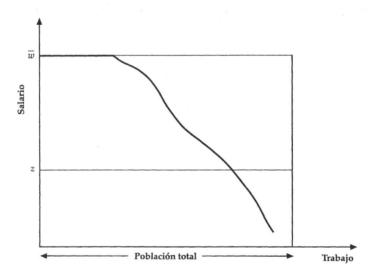

Figura 7.9. La curva de demanda de trabajo. Obsérvese el salto en $\bar{w}$.

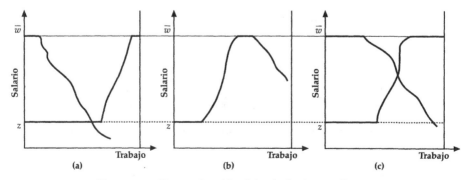

Figura 7.10. Determinación del salario de equilibrio.

El primer panel, la figura 7.10a, muestra qué ocurre si la distribución de la renta es muy desigual (o si la economía es sumamente pobre), por lo que hay un elevado número de personas que tienen muy poca riqueza. Esta situación crea una considerable oferta de trabajo a cualquier salario superior al de subsistencia, simplemente porque hay un número mayor de personas que no pueden dedicarse a la actividad empresarial. Exactamente por la misma razón, la curva de demanda de trabajo es baja, cualquiera que sea el salario. El resultado es una intersección de las dos curvas en el salario mínimo de subsistencia z. Sin embargo, los beneficios (y, por lo tanto, la renta y la riqueza) de los pocos afortunados que son empresarios son altos.

En cambio, si hay mucha igualdad (o si la economía es muy rica), son relativamente pocas las personas que no pueden dedicarse a la actividad empresarial. En general, pues, sólo entrarán personas en el mercado de trabajo cuando los salarios sean suficientemente altos para constituir una alternativa atractiva a la actividad empresarial. Por consiguiente, la curva de oferta de trabajo se desplaza hacia dentro y la curva de demanda se desplaza hacia fuera, lo que lleva a un salario de equilibrio de $\bar{w}$. Obsérvese que en esa situación, la renta *actual* de todo el mundo se iguala; véase la figura 7.10b.

Por último, la figura 7.10c muestra una situación intermedia de desigualdad moderada o riqueza media, donde un considerable número de personas no puede acceder a los mercados de crédito, mientras que otra considerable proporción sí puede acceder. Las curvas de demanda y oferta se cortan en un salario que se encuentra entre el de subsistencia z y el salario alto $\bar{w}$.

La ineficiencia de la desigualdad

Merece la pena señalar dos características de este modelo. Volvamos primero al caso de grandes desigualdades, en el que los salarios industriales se reducen hasta el nivel de subsistencia. En esta situación, hay algunas personas en el sector de subsistencia. ¿Qué habría ocurrido si algunas de estas personas hubieran podido convertirse en empresarios? En ese caso, habrían generado unos beneficios para sí mismas, que habrían sido superiores sin lugar a dudas al nivel de renta de subsistencia, y habrían llevado a más personas a trasladarse al sector industrial. Este caso crea una mejora de la eficiencia (de hecho, una mejora en el sentido de Pareto): es posible mejorar el bienestar de un segmento de la población sin empeorar el de ningún otro. Esta no es sino otra forma de decir que cuando hay un elevado grado de desigualdad, el equilibrio de mercado es ineficiente: existen alternativas que pueden mejorar la suerte de algunas personas sin perjudicar a ninguna otra.

¿Por qué no permite el mercado que se produzcan estas mejoras por sí solas? La razón se halla en que las mejoras requieren tener más acceso al crédito, y ese acceso lo impide la desigualdad de la riqueza. Vemos, pues, aquí otra consecuencia funcional de la desigualdad: impidiendo el acceso a los mercados de crédito, crea ineficiencia en la economía en su conjunto. Aunque no nos preocupe la desigualdad *per se*, la ineficiencia podría importarnos.

Esta ineficiencia no existe sólo en los regímenes en los que hay grandes desigualda-des, aunque desaparece cuando hay suficiente igualdad. Consideremos, por ejemplo, la figura 7.10b, en la que el acceso a la actividad empresarial es tan fácil que los salarios in-dustriales suben hasta su nivel máximo. En este caso, no sirve para nada facilitar más el acceso al mercado de crédito: el resultado es de entrada eficiente. En el régimen de des-igualdad moderada representado en la figura 7.10c, la ineficiencia continúa persistiendo. Si pudieran convertirse en empresarios algunos trabajadores más, aumentaría su renta,[24] así como la renta del resto, debido a las consiguientes presiones al alza sobre los salarios (la demanda aumenta, la oferta disminuye). Una vez más, el fallo de los mercados de crédito impide que mejore la eficiencia.

Si el lector ha seguido de cerca este razonamiento, podría poner una objeción lógica llegado a este punto. Podría decir, mire, todos estos problemas sólo ocurren aquí y ahora. *Con el paso del tiempo*, la gente ahorrará y su riqueza aumentará. Tarde o temprano, todo el mundo dejará de tener restricciones crediticias, ya que podrá presentar una garantía suficiente para ser empresario si lo desea. Después de algún tiempo, todo debería ser, pues, como en la figura 7.10b. La ineficiencia de la que usted habla sólo es temporal, así que ¿a qué viene tanto alboroto?

Se trata de una buena pregunta.[25] La manera de abordarla seriamente es pensar en qué consiste exactamente el coste de montar un negocio que hemos denominado tan ale-gremente y sin más explicaciones *I*. Probablemente el coste de montar un negocio com-prende la compra de planta y equipo, en otras palabras, de capital físico. Si vamos más allá del sencillísimo modelo de este apartado, también desempeña un papel importante el capital *humano* inicial: técnicos cualificados, investigadores, científicos, directivos forma-dos, etc. Todo esto entra dentro de *I*. Si consideramos la evolución de la economía confor-me pasa el tiempo, estos costes de montar un negocio variarán a medida que varíe la ri-queza total. Por ejemplo, es de esperar que los costes relacionados con el capital humano aumenten junto con la riqueza nacional: los salarios de los científicos y de los ingenieros subirán. Incluso es posible que los costes del capital *físico* también aumenten. Los costes de poner en marcha un negocio son, pues, endógenos en una visión ampliada de este mo-delo y probablemente aumentarán conforme se acumule riqueza. Toda la cuestión depen-de, pues, de cómo varíe el *cociente* entre los costes de poner en marcha un negocio y la ri-queza. Por ejemplo, si se acumulara riqueza más deprisa de lo que aumentan los costes de poner en marcha un negocio, su objeción sería correcta: la ineficiencia sólo es efímera. De no ser así —si los costes de poner en marcha un negocio aumentan al mismo ritmo que la acumulación de riqueza— estas ineficiencias pueden persistir indefinidamente y la desigualdad producir efectos duraderos (y negativos) en los resultados agregados.[26]

[24] Este resultado se deriva del hecho de que en el régimen intermedio, $w < \bar{w}$. Por lo tanto, $(q - mw) - (1 + r)I > w$.

[25] La literatura existente no resuelve satisfactoriamente este problema, aunque es posible elaborar mo-delos ampliados siguiendo las líneas sugeridas en el texto. Banerjee y Newman [1993] y Galor y Zeira [1993] suponen que la acumulación indefinida de riqueza no es posible, por lo que la "trampa del crédito" puede persistir a largo plazo.

[26] Por lo tanto, en las nuevas investigaciones sobre este tema habrá que estudiar la composición de los costes de poner en marcha un negocio y la influencia del proceso de desarrollo en los diversos componentes.

La desigualdad engendra desigualdad

La segunda característica de este modelo es que recoge la tendencia intrínseca de la desigualdad a engendrar desigualdad. Observemos de nuevo la figura 7.10a. Su resultado se debe al hecho de que la mayoría de las personas tienen cerrado el acceso al crédito, por lo que el mercado de trabajo se ve inundado de personas que ofrecen trabajo, mientras que la demanda de trabajo es escasa. Esta reacción del mercado tiende a reforzar precisamente las desigualdades iniciales. Las personas que perciben un salario de subsistencia no pueden adquirir riqueza, mientras que los empresarios ricos obtienen elevados beneficios gracias a que el trabajo es barato. En el siguiente periodo, la distribución de la riqueza tiende, pues, a reproducir la distribución de la riqueza que llevó precisamente a esta situación.

Así pues, la existencia de grandes desigualdades no sólo genera unos resultados ineficientes sino que también tiende a reproducirse, lo cual prolonga la ineficiencia. La ausencia de convergencia (de los agentes económicos) se debe a que los pobres no tienen acceso a los proyectos (como la actividad empresarial) que tienen elevadas tasas de rendimiento, por lo que las diferencias de riqueza no desaparecen con el tiempo.

Es interesante señalar que un bajo grado de desigualdad *también* puede perpetuarse. Consideremos, por ejemplo, la situación representada en la figura 7.10b. En este caso, todos los agentes económicos ganan lo mismo y a medida que pasa el tiempo, no hay razón alguna para que varíe la situación (a menos que los individuos tengan diferentes tasas de ahorro, pero esa es otra cuestión). El apéndice de este capítulo contiene una descripción algebraica muy sencilla de estos "múltiples estados estacionarios".

Uniendo los análisis de los dos últimos párrafos, vemos aquí otro ejemplo de posible *dependencia histórica*. El modelo no nos dice cómo surge una historia de grandes desigualdades, pero sí sugiere que una historia de grandes desigualdades puede persistir indefinidamente y hacer que la producción sea ineficiente. Una misma economía puede tener diferentes niveles de producción y de inversión si tiene una historia de escasas desigualdades iniciales.

Esta multiplicidad de sendas de desarrollo que dependen de la historia induce a pensar que el sistema de mercado puede carecer de un mecanismo para corregir las grandes desigualdades iniciales, sobre todo si para acceder al mercado de crédito, hay que tener una garantía suficiente. Puede que baste una única decisión redistributiva (por ejemplo, una reforma agraria) para llevar la economía a una senda de crecimiento diferente (y más rápida). Este tipo de teoría concuerda perfectamente con las observaciones empíricas antes analizadas.

Resumen

Resumimos enumerando las tres principales lecciones de este modelo.

(1) Si los mercados de capitales fueran perfectos, la riqueza de una persona no influiría en la cantidad de crédito que pudiera obtener para consumir o invertir, en la medida en que fuera una cantidad cuya devolución fuese *factible*. En cambio, una vez que es po-

sible no devolver el préstamo, la cantidad cuya devolución es *factible* puede no corresponder a la cantidad que se devuelve *realmente*. En esas situaciones, los incentivos para devolver el préstamo cobran importancia en la determinación de la asignación del crédito. En la medida en que la posesión de riqueza es importante como garantía de un crédito, pasa a tener importancia para convencer de que el crédito se devolverá y, por lo tanto, para acceder al mercado de crédito.

(2) La desigualdad influye en la producción agregada. En este modelo, cuanto mayor sea la igualdad de la distribución de la riqueza, mayor será el grado de eficiencia económica, ya que disminuyen las restricciones que constituyen un obstáculo para el mercado de capitales.

(3) Por último, la desigualdad no tiene una tendencia innata a desaparecer a largo plazo. Una situación histórica de desigualdades se perpetúa, a menos que el Gobierno adopte medidas para modificarla, como una redistribución de los activos. Eso significa, en particular, que dos países que tengan exactamente los mismos parámetros de producción y preferencias pueden no converger en lo que se refiere a distribución de la riqueza y niveles de producción.

7.2.9 Desigualdad y desarrollo: capital humano

Lo que hemos analizado hasta ahora no es más que una muestra fascinante de los numerosos y diversos nexos que existen entre la desigualdad y el desarrollo. Es difícil analizar exhaustivamente todas estas conexiones, por lo que no lo intentaremos. He aquí algunos comentarios generales.

El apartado anterior es de suma importancia porque muestra un principio general que tiene numerosas aplicaciones. *La desigualdad tiene una tendencia intrínseca a generar ineficiencia, ya que no permite a las personas del extremo inferior de la distribución de la riqueza o de la renta aprovechar plenamente sus capacidades.* En el apartado anterior lo hemos indicado con la imposibilidad de que un segmento de la población pueda convertirse en empresario, a pesar de que ello haría aumentar la eficiencia económica. Sin embargo, esto no es más que un ejemplo. En el capítulo 13 veremos que la desigualdad impide alcanzar un nivel de nutrición adecuado, lo cual es ciertamente malo en sí mismo, pero contribuye, además, a una menor productividad del trabajo. Sustituya el lector nutrición por *capital humano*, concepto más general que comprende el capital nutritivo, así como las habilidades y la educación, y podrá comenzar a comprender una cuestión más general.

Un bajo nivel de riqueza dificulta o impide por completo tomar decisiones educativas productivas, debido al fallo del mercado de crédito. En estas condiciones puede ser difícil conseguir préstamos para financiar los estudios por razones como las que hemos descrito en el apartado 7.2.8. De hecho, en el caso de la educación, la cuestión posiblemente sea más grave, ya que no es posible confiscar capital humano a un prestatario moroso y transferirlo a su acreedor. Por ello, no es posible utilizar el capital humano como garantía, mientras que sí es posible, al menos hasta cierto punto, utilizar como garantía una vivienda o una empresa. Las condiciones a las que están sujetos los préstamos para adquirir capital humano son, pues, aun más duras, por unidad monetaria de crédito solicitada.

Así pues, los pobres tienen que financiar sus decisiones educativas con sus ahorros, con su riqueza o absteniéndose de realizar un trabajo productivo. Como son pobres, el coste marginal puede ser prohibitivo (también es cierto que los *rendimientos* marginales de esas inversiones son altos, pero a partir de un determinado punto domina el efecto del coste marginal). Si una persona más rica prestara dinero a una pobre para que estudiara, mejoraría la eficiencia en toda la economía. Invirtiendo dinero en la adquisición de capital humano, la persona pobre posiblemente pueda sacar a este dinero más rendimiento que la persona rica (que ya ha aprovechado al máximo sus oportunidades educativas) y, por lo tanto, pueda compensar a la persona rica por el coste de oportunidad de la inversión. Sin embargo, este mercado de crédito no existe, debido a la dificultad de garantizar la devolución del préstamo.

En las sociedades en las que hay grandes desigualdades puede ocurrir, pues, que haya centros avanzados de educación y de investigación que figuren entre los mejores del mundo y que, al mismo tiempo, se dediquen a la enseñanza primaria unos recursos patéticamente bajos. Este fenómeno no tiene nada de paradójico, si comprendemos el fallo del mercado de crédito que lo explica.

Las desigualdades educativas se retroalimentan, por supuesto, y refuerzan las desigualdades iniciales. Esta parte de la explicación es análoga al modelo del apartado anterior. Pueden surgir múltiples sendas de desarrollo: una caracterizada por un elevado grado de desigualdad, un bajo nivel de educación primaria y unos resultados de mercado ineficientes y otra caracterizada por un bajo grado de desigualdad, un alto nivel de educación primaria y una igualación de las tasas de rendimiento de la educación de los distintos grupos de la sociedad, lo que aumenta la eficiencia. Como señala Loury [1981],

> ... Las inversiones en nutrición y en educación preescolar en la primera infancia dependen fundamentalmente de la renta. Tampoco es de esperar que un mercado de préstamos competitivo elimine totalmente las diferencias entre las tasas esperadas de rendimiento de la formación de las distintas familias... Legalmente, los padres pobres no pueden obligar a sus hijos a devolver las deudas que contraen en su nombre. Tampoco pueden los hijos de las familias ricas que acaban de llegar a la edad adulta embargar los activos (humanos) de los menos acomodados, si estos últimos deciden por la razón que sea no devolver sus préstamos (el impago ha sido un problema general de los programas de préstamos para estudiar garantizados por el Estado, que no existirían sin esa garantía)... La ausencia de préstamos interfamiliares en este modelo refleja un aspecto importante de la realidad, cuyas consecuencias por lo que respecta a la asignación de recursos merecen ser estudiadas.

Loury se refiere a la economía de Estados Unidos, al igual que Okun [1975] cuando considera que la acumulación restringida de capital humano es "una de las ineficiencias más graves de la economía estadounidense en la actualidad". Es el mismo fenómeno que, amplificado varias veces, se da en los países en vías de desarrollo.

7.3 Resumen

En este capítulo hemos estudiado el aspecto *funcional* de la desigualdad: su relación con otros aspectos del desarrollo, como la renta per cápita y las tasas de crecimiento de la renta.

Hemos comenzado con una investigación empírica de la *hipótesis de la U invertida* de Simon Kuznets, según la cual la desigualdad aumenta en los niveles bajos de renta per cápita y después disminuye. Los primeros datos inducen a pensar que el grado de desigualdad es mayor, en promedio, en los países en vías de desarrollo que en los desarrollados. Pero una investigación más minuciosa de esta cuestión pone en evidencia que estos datos tienen problemas. No existen suficientes datos para investigar exhaustivamente la *evolución* de la desigualdad en un único país, por lo que la mayoría de los estudios recurren a analizar la desigualdad basándose en datos de *corte transversal* de varios países.

El primer estudio de este tipo que contiene indicios de la existencia de una U invertida es el de Paukert. Aunque su base de datos de cincuenta y seis países indicaba grandes diferencias entre los niveles de desigualdad, parecía, en conjunto, que había una relación en forma de U invertida en los datos de corte transversal. Algunas bases de datos más recientes (y exhaustivas) confirman esta observación, al igual que (a primera vista) los métodos estadísticos más formales, como los análisis de regresión. Hemos analizado en particular el estudio de Ahluwalia, cuyas regresiones también confirman la hipótesis de la U invertida en una muestra de países mayor que la que estudió Paukert.

Deben ponerse varias objeciones a los resultados obtenidos por estos estudios. Las diferencias internacionales entre los niveles de desigualdad son excesivas como para que puedan predecirse con la renta per cápita solamente. Algunas medidas generan una conducta en forma de U invertida cuando hay ambigüedad en las comparaciones de las curvas de Lorenz subyacentes. Por último, estos resultados podrían depender de la forma funcional de la regresión.

Existe una objeción más seria que las anteriores; se debe a lo que hemos denominado *efecto latino*. ¿Qué ocurre si los países de renta media (en los que la desigualdad es mayor) son principalmente latinoamericanos (que lo son) y estos países poseen un elevado grado de desigualdad debido simplemente a características estructurales que son comunes a Latinoamérica, pero que no tienen nada que ver con su renta per cápita? En otras palabras, ¿tiene cada país su propia curva de Kuznets? La manera de examinar esta cuestión es incluir en la regresión variables ficticias correspondientes a la región o al país, enfoque adoptado por Fields y Jakubson, así como por Deininger y Squire. Naturalmente, este enfoque exige contar con datos de varios años sobre cada país de la muestra, condición que afortunadamente satisfacen las bases de datos recientes. Cuando se tienen en cuenta estos efectos fijos, la hipótesis de Kuznets no se cumple.

El fracaso de la hipótesis de la U invertida cuando se contrasta con datos de corte transversal (una vez tenidos en cuenta el efecto propio de cada grupo de países) suscita una manera de analizar las variaciones de la renta. Hemos identificado dos tipos de cambios. Los *cambios desiguales* de la renta refuerzan la suerte de un subgrupo de personas o de un sector de la economía. Esos cambios aumentan por su propia naturaleza la desigualdad. En cambio, la renta experimenta *cambios compensatorios* cuando los beneficios de un cambio inicialmente desigual se propagan por toda la sociedad; esos cambios reducen la desigualdad. Traducir a este lenguaje la hipótesis de la U invertida equivale más o menos a afirmar que el desarrollo es como un gigantesco cambio desigual seguido de un gigantesco cambio compensatorio. *Esa* evolución provocaría primero un aumento de la desigualdad y después una disminución. Aunque existen algunos datos que confirman esta hipótesis, no hay razón alguna para pensar que se trata de una ley inexorable.

A continuación hemos estudiado diversas conexiones entre la desigualdad y la renta (y su crecimiento). Una es el ahorro. Hemos mostrado que si el *ahorro marginal* aumenta con la renta, un aumento de la desigualdad eleva el ahorro. En cambio, si el ahorro marginal disminuye con la renta, un aumento de la desigualdad reduce el ahorro nacional. Hemos pasado a analizar la evolución del ahorro marginal en función de la renta. Las *necesidades de subsistencia*, el *consumo conspicuo* y las *aspiraciones* son todos ellos conceptos útiles en este contexto. Hemos analizado la influencia de la desigualdad en el ahorro y, por consiguiente, en el crecimiento. Y a la inversa, hemos analizado la influencia del ahorro y del crecimiento en la desigualdad.

A continuación hemos pasado a examinar otra conexión entre la desigualdad y el crecimiento. Un elevado grado de desigualdad desencadena una demanda política de *redistribución*. Los Gobiernos pueden responder con política puntual de redistribución de activos, pero para eso hace falta voluntad política e información sobre los propietarios de los activos, por lo que es más normal que los Gobiernos reaccionen estableciendo impuestos sobre los *incrementos* de los ingresos. Sin embargo, esos impuestos son distorsionadores: reducen los incentivos para acumular riqueza y, por lo tanto, reducen el crecimiento.

¿Existen pruebas de que la desigualdad reduce el crecimiento futuro, como sugieren estos modelos? Este ha sido nuestro tema de investigación siguiente. Hemos analizado los artículos de Alesina y Rodrik y otros autores que sugieren que se da esa relación empírica, pero sus causas no están claras. Concretamente, es difícil saber con la evidencia empírica de que se dispone si la desigualdad influye en el crecimiento a través del ahorro y de la inversión, a través de las demandas de redistribución pública o a través de una vía totalmente diferente.

Animados por esta evidencia (por muy poco claras que estén las causas que la explican), hemos estudiado otras conexiones entre la desigualdad y el desarrollo. Hemos estudiado la relación entre la desigualdad y la *composición de la demanda de productos*. La gente consume diferentes bienes (quizá de distinta sofisticación técnica) según su nivel de renta, por lo que en cualquier momento del tiempo la desigualdad total de la distribución de la renta debe influir necesariamente en la composición de bienes que se producen y se consumen en una sociedad. La composición de productos afecta, a su vez, a la demanda de factores de producción, en general, y de diversas habilidades, en particular. Por ejemplo, si los ricos consumen bienes muy intensivos en mano de obra cualificada, la existencia de desigualdad genera una demanda de trabajo cualificado que refuerza esa desigualdad con el paso del tiempo.

La desigualdad sólo puede perpetuarse si algunas cualificaciones están fuera del alcance de las personas más pobres de la sociedad. ¿Por qué podría suceder esto? Al fin y al cabo, si los mercados de crédito son perfectos, la gente debería poder pedir suficientes préstamos para invertir en las cualificaciones que quisieran. Esta paradoja nos ha llevado a estudiar la naturaleza de los mercados de crédito de las sociedades en vías de desarrollo (en el capítulo 14 profundizaremos en esta cuestión). Hemos visto que cuando existe la posibilidad de que no se devuelvan los préstamos, éstos sólo se ofrecen a las personas que pueden presentar una *garantía* suficiente, por lo que la desigualdad produce el efecto de que algunos segmentos de la población no pueden acceder al mercado de crédito (porque sus garantías son insuficientes). Hemos mostrado que eso genera ineficiencia, en el sentido de que el mercado no consigue ciertas mejoras en el sentido de Pareto. La desigualdad produce, pues, un efecto negativo en los resultados económicos agregados. Cuanto mayor es la igualdad de la distribución de la riqueza, mayor es el grado de eficiencia económica cuando disminuyen las restricciones que limitan el funcionamiento del mercado de capitales.

También hemos señalado que la desigualdad no tiene una tendencia innata a desaparecer con el paso del tiempo. Una situación histórica de desigualdad puede perpetuarse, a menos que el Gobierno adopte alguna medida puntual, como la redistribución de activos. Eso significa, en particular, que dos países que tengan exactamente los mismos parámetros de producción y preferencias pueden no converger en lo que se refiere a distribución de la riqueza y a niveles de producción.

Apéndice: estados estacionarios múltiples con mercados de capitales imperfectos

Completamos el estudio de los mercados de crédito imperfectos del apartado 7.2.8 con una sencilla descripción algebraica de la acumulación de riqueza. Esta descripción sólo pretende ser ilustrativa: hay muchas extensiones realistas posibles, como la del crecimiento esbozada en el texto.

Al igual que en los modelos de crecimiento del capítulo 3, vamos a seguir la evolución de las variables, por lo que los valores como t y $t + 1$ entre paréntesis representan los periodos. Así, $W(t)$ representa la riqueza de una persona en el periodo t, $w(t)$ representa el salario en el periodo t, etc.

Consideremos el caso de una persona que tienen inicialmente la riqueza $W(t)$ y que tiene que elegir entre las tres ocupaciones descritas en el texto. La renta que generan estas ocupaciones se suma a su riqueza (más los intereses a un tipo fijo r) y se consume del total una proporción fija. El resto se convierte en el *nuevo* nivel de riqueza W_{t+1} en el periodo $t + 1$. El lector también puede imaginar fácilmente si quiere que es el nuevo nivel de riqueza del *descendiente* de esta persona, por lo que cada periodo o fecha corresponde a toda la "historia vital" de una generación.

Si el individuo elige la producción de bienes de subsistencia, produce para sí mismo una renta de z. En ese caso, el total de activos de que dispone es $(1 + r)W(t) + z$, donde, si recuerda el lector, r representa el tipo de interés. Si se transfiere una proporción dada s al periodo siguiente (o a la generación siguiente),

$$W(t + 1) = s\{(1 + r)W(t) + z\} \qquad [7.5]$$

es la ecuación que describe la futura riqueza inicial.

También podría optar por trabajar en el mercado de trabajo a cambio de una renta salarial, cuyo valor vigente es $w(t)$ (recuérdese que es endógeno).

Lo que ocurre en este caso se parece a la opción de la subsistencia, pero ahora $w(t)$ ocupa el lugar de z. Ahora la futura riqueza viene dada por

$$W(t + 1) = s\{(1 + r)W(t) + w(t)\}. \qquad [7.6]$$

Por último, podría decidir ser empresario. Recuérdese que en este caso los beneficios vienen dados por $(q - wm) - (1 + r)I$, que deben sumarse a su riqueza inicial. Si se transfiere, al igual que antes, una proporción s a la siguiente generación, la ecuación correspondiente que describe la evolución de la riqueza en el caso de un *empresario* es

$$W(t + 1) = s[W(t) + (q - w(t)m) - (1 + r)I]. \qquad [7.7]$$

Supuesto 1. *La subsistencia repetida no puede hacer que una persona sea indefinidamente rica con el paso del tiempo*: $s(1 + r) < 1$.

Supuesto 2. *Ser empresario cuando los salarios son de subsistencia es mejor que ser obrero*: $(q - mz) - (1 + r)I > z$.

Según el supuesto 1, la subsistencia repetida no puede provocar un aumento indefinido de la riqueza. Obsérvese la ecuación [7.5] para comprender por qué eso exige la desigualdad algebraica al final de ese supuesto (pista: inviértase la desigualdad y véase qué ocurre con la riqueza a medida que pasa el tiempo cuando se aplica repetidamente la ecuación [7.5]).

Este supuesto elimina cuestiones complejas relativas al crecimiento (recuérdese nuestro análisis del texto sobre las variaciones de los costes de poner en marcha un negocio). No se lo tome en serio el lector sino que piense que es una manera fácil de estudiar la distribución de la riqueza a largo plazo (véase el texto siguiente).

El supuesto 2 ya está implícito en la exposición del texto.

Queremos estudiar en este modelo las *distribuciones de la riqueza en el estado estacionario*, es decir, una distribución que se reproduce exactamente. Pregúntese el lector cuál es la riqueza a largo plazo de una persona (o de una serie de generaciones, dependiendo de la interpretación) que gana el salario de subsistencia z año tras año. El nivel de "riqueza de subsistencia" a largo plazo W_S se reproduce: si $W(t) = W_S$, entonces $W(t + 1) = W_S$ también. Utilizando esta información en la ecuación [7.5] (o [7.6], que es la misma en este caso, ya que los salarios son de subsistencia), vemos que

$$W_S = s(1 + r)W_S + sz,$$

y despejando W_S, tenemos que

$$W_S = \frac{sz}{1 - s(1 + r)}. \tag{7.8}$$

Ahora bien, para llegar a este nivel de riqueza, hemos supuesto dos cosas. En primer lugar, hemos supuesto que esas personas no tenían acceso al mercado de crédito. En el lenguaje de nuestro modelo, eso significa que W_S no puede satisfacer la condición de la riqueza mínima [7.4], sustituyendo w por z. En segundo lugar, hemos supuesto que los salarios descienden hasta el nivel de subsistencia, por lo que las curvas de demanda y oferta se cortan como en la figura 7.10a. Eso significa que una proporción suficientemente grande de la población debe encontrarse en este nivel de subsistencia.[27]

¿Qué ocurre con los empresarios? Bien, están obteniendo beneficios en cada periodo por valor de $(q - zm) - (1 + r)I$ y podemos utilizar este resultado para calcular su riqueza a largo plazo W_R. El procedimiento es exactamente el mismo que el que se utiliza para calcular W_S, con la salvedad de que ahora utilizamos la ecuación [7.7]. Los cálculos muestran que

$$W_R = \frac{s[(q - zm) - (1 + r)I]}{1 - s(1 + r)}. \tag{7.9}$$

Para asegurarnos de que este nivel de riqueza es compatible con la actividad empresarial, W_R *debe* satisfacer, a diferencia de W_S, la condición de la riqueza mínima [7.4] (sustituyendo w por z). Si observamos las expresiones [7.4], [7.8] y [7.9], veremos fácilmente que no existe ninguna incoherencia entre la afirmación de que W_S no satisface la condición [7.4] y la de que W_R sí la satisface.

Si se cumplen todas estas condiciones, hemos generado una distribución de la riqueza en el estado estacionario. Una proporción de la población tiene una riqueza a largo plazo igual a W_S; el resto tiene una riqueza a largo plazo igual a W_R. El nivel de riqueza W_S no permite acceder al mercado de crédito, mientras que el nivel de riqueza W_R sí lo permite. Se trata de un estado estacionario ineficiente en el que hay grandes desigualdades y que se perpetúa a sí mismo.

El mismo modelo es capaz de generar una distribución igual de la riqueza, que también es un resultado persistente. A continuación examinamos esta posibilidad, para lo cual imaginamos que los salarios se encuentran en el nivel $\bar{w}$, el elevado nivel representado en la figura 7.10b. Si todos los trabajadores perciben estos salarios y todos los empresarios pagan esos salarios, ¿cuál sería la riqueza a largo plazo?

Obsérvese que en ese caso no puede haber *ninguna* desigualdad a largo plazo, puesto que ya hemos señalado que con un nivel de salarios $\bar{w}$ tanto los trabajadores como los empresarios tienen la misma renta. Realizando exactamente los mismos cálculos que

---

[27] Si el lector quiere saber cuál es la magnitud exacta de esta fracción, observe la deducción siguiente: al salario de subsistencia, la demanda de trabajo es mn, donde n es el número de personas que son empresarias, y la oferta es $N - n$, donde N es la población total. Para que sea válida la figura 7.10a, la oferta debe ser superior a la demanda al salario z, de tal forma que $N - n \geq mn$. Eso significa que $n \leq N/(m + 1)$.

hemos efectuado para obtener las expresiones [7.8] y [7.9], vemos que la riqueza a largo plazo *de todo el mundo* viene dada por

$$W_E = \frac{s\bar{w}}{1 - s(1 + r)}.$$ [7.10]

¿Es posible este caso? La respuesta es afirmativa, siempre que este nivel de riqueza no impida dedicarse a la actividad empresarial. En otras palabras, W_E debe satisfacer la condición [7.4] (sustituyendo w por $\bar{w}$). De esa manera tenemos una distribución en el estado estacionario *eficiente* con perfecta igualdad. Dependiendo de las circunstancias iniciales, una economía podría tender hacia un estado estacionario o hacia el otro.

Ejercicios

■ (1) Considere el caso de una economía formada por 10 personas y dos sectores (moderno y tradicional) cuya renta anual es igual a 1.000 y 2.000 euros. Suponga que todo el crecimiento es fruto de la transferencia de personas del sector tradicional al sector moderno.

(a) Represente los valores del coeficiente de Gini y del coeficiente de variación a medida que los individuos se trasladan del sector tradicional al sector moderno.

(b) ¿Puede inventar una medida de la desigualdad coherente con el criterio de Lorenz que *no* tenga la propiedad de la U invertida en este caso?

■ (2) Describa lo que se conoce empíricamente sobre la relación entre el nivel del PNB per cápita de un país y su grado de desigualdad. Cite al menos *dos* razones posibles por las que podríamos observar empíricamente esa relación.

■ (3) Si usted tiene un panel de datos con varias observaciones anuales sobre cada país, explique qué haría para contrastar la hipótesis de la U invertida. ¿Cómo cambiaría su contraste (por razones pragmáticas) cuando cambiara el número de observaciones por país?

■ (4) Piense en algunas fuentes de rápido crecimiento que hemos encontrado en la historia mundial que son desiguales (en el sentido de que han beneficiado a unos sectores o subpoblaciones, quizá a costa de otros) y en otras que han sido iguales, en el sentido de que se han repartido por igual entre toda la población. A este respecto, lea el recuadro del capítulo 17 sobre la reciente evolución de los salarios y del paro en los países de la OCDE.

■ (5) Utilice argumentos muy breves para describir las siguientes *posibilidades*. Puede utilizar un gráfico y/o un ejemplo sencillo para explicar su argumento.

(a) En el curso del desarrollo económico, el cociente entre el salario de los trabajadores cualificados y el de los no cualificados primero aumenta y después disminuye.

(b) Los estudios basados en datos de corte transversal de diferentes países muestran la existencia de una relación en forma de U invertida en la desigualdad.

(c) Un aumento de la desigualdad puede reducir las tasas de crecimiento.

(d) En las economías en las que la gente tiene restringido el acceso a los mercados de capitales, es probable que un aumento de la desigualdad reduzca los salarios de equilibrio.

■ (6) Suponga que en la economía hay tres personas que tienen tres niveles de riqueza. Represente los niveles de riqueza por medio de A, B y C y suponga que $A < B < C$.

(a) Suponga que la persona que tiene el nivel de riqueza A gana una renta anual de w_A y ahorra la proporción s_A. Si el tipo de interés de la tenencia de activos es r, formule una expresión de la riqueza que tendrá esta persona el año que viene.

(b) Muestre que el salario que gana cada persona es proporcional a la riqueza (es decir, $w_B/w_A = B/A$ y $w_C/W_B = C/B$) y si todas las personas tienen la misma tasa de ahorro, el año que viene la desigualdad de la riqueza debe ser la misma que este año, medida por medio de la curva de Lorenz.

(c) Mantenga los mismos supuestos sobre la renta y sobre la riqueza de la parte (b), pero ahora suponga que las tasas de ahorro satisfacen la condición $s_A < s_B < s_C$. ¿Qué diferencia hay ahora entre la curva de Lorenz correspondiente a la riqueza del próximo año con la curva de Lorenz correspondiente a la de este año?

(d) Realice el mismo ejercicio que en la parte (c), pero ahora suponga que todos los salarios son iguales y, por lo tanto, también las tasas de ahorro.

(e) Trate de comprender estos resultados intuitivamente como fuerzas que cambian la desigualdad con el paso del tiempo. ¿Qué aspectos (además de los estudiados en esta pregunta) podrían afectar también a la desigualdad en este ejemplo?

■ (7) Este problema pone a prueba su comprensión de la influencia de la distribución de la renta en las tasas de ahorro.

La economía de Sonrisa está formada por personas que pertenecen a tres clases de renta: pobres, clase media y ricos. Los pobres ganan 500 euros al año y tienen que gastarlos todos para satisfacer sus necesidades de consumo. La clase media gana 2.000 al año, de los cuales gasta 1.500 y el resto lo ahorra. Los ricos ganan 10.000 al año, consumen el 80% y ahorran el resto.

(a) Calcule la tasa total de ahorro de Sonrisa suponiendo que el 20% de las personas es pobre y el 50% pertenece a la clase media.

(b) Suponga que todo el crecimiento es fruto de la transferencia de personas de la categoría de los pobres a la de la clase media. ¿Aumentará con el tiempo la tasa de ahorro o disminuirá? Utilizando el modelo Harrod-Domar y suponiendo que el crecimiento de la población es cero y que todas las demás variables son exógenas, prediga si la tasa de crecimiento resultante aumentará o disminuirá con el paso del tiempo.

(c) Esboce otro caso de crecimiento en el que la tasa de crecimiento evolucione en sentido contrario a la de (b).

(d) Comprenda perfectamente que en este problema se le pregunta cómo evolucionan las *tasas* de crecimiento. En el sencillo modelo Harrod-Domar, la tasa de crecimiento se mantiene constante con el paso del tiempo porque se supone que la tasa de ahorro no varía con el nivel de renta. ¿Comprende por qué son distintas aquí las cosas?

■ (8) Explique por qué es probable que una única redistribución de la tierra produzca un efecto negativo menor en la inversión que una redistribución de la renta llevada a cabo durante varios periodos (pero que dé lugar a una distribución de los valores actuales de los activos similar a la redistribución de la tierra).

■ (9) Pooh es un país en el que sólo hay dos ocupaciones. Usted puede trabajar de peón o convertirse en empresario, que contrata trabajo y obtiene beneficios. Para convertirse en empresario, necesita un préstamo de 20.000 pahs (un pah es la unidad monetaria de Pooh). Con 20.000 pahs puede montar una fábrica y contratar diez trabajadores, cada uno de los cuales debe recibir una renta de w pahs al año. Los trabajadores producen conjuntamente para usted una cantidad de 30.000 pahs. Al final del año, usted debe vender la fábrica (por 20.000 pahs) y devolver el préstamo. En Pooh, el tipo de interés es del 10% al año.

(a) Suponga que considerara la posibilidad de huir. Imagine que fuera detenido y multado con 5.000 pahs y que le embargaran sus beneficios empresariales. También perdería la garantía que hubiera presentado en el banco (más los intereses), pero conseguiría quedarse con los 20.000 pahs (más los intereses que también debe). Halle una fórmula que describa la cantidad de garantía que debería pedir el banco (en pahs) para concederle un préstamo. Examine la garantía que se exigiría con diferentes niveles de renta salarial: $w = 1.000$, 2.000 y 2.500. ¿Aumenta la garantía exigida con el salario o disminuye? Explique su respuesta.

(b) Suponga que en Pooh el salario mínimo es fijo por ley e igual a 500 pahs. Halle la garantía que se exige para conseguir un préstamo si w es el salario mínimo. Considere la siguiente afirmación: "Si más del x por ciento de los habitantes de Pooh no puede presentar esta garantía, algunas personas no pueden encontrar trabajo, ni de peón ni de empresario". Calcule x.

■ (10) Un mercado de crédito imperfecto puede manifestarse de dos formas: en forma de un tipo de interés más alto y en forma de una limitación de la cuantía máxima de los préstamos. Explique a qué pueden deberse estos dos fenómenos. En particular, ¿por qué un tipo de interés más alto no puede compensar siempre la posibilidad de que no se devuelva el préstamo y por qué hay que limitar el crédito? Véase el capítulo 14 para más información sobre estas cuestiones.

■ (11) Explique detenidamente por qué un aumento de la desigualdad de la distribución de la riqueza tiende a desplazar la curva de oferta de trabajo hacia la derecha y la de demanda hacia la izquierda cuando los mercados de capitales son imperfectos. Explique al mismo tiempo cómo dependen las curvas de oferta y de demanda del salario y explique con cuidado por qué las posiciones de estas curvas dependen de la distribución global de la riqueza.

■ (12) Utilice el modelo estudiado en el apartado 7.2.8 para explicar por qué es probable que si se dispone de mayor información sobre los solicitantes de créditos y sobre su historial crediticio, disminuya la influencia negativa de la desigualdad en la producción.

Capítulo 8

POBREZA Y DESNUTRICIÓN

8.1 Introducción

No hay una característica del subdesarrollo económico más visible que la pobreza. También es la más espantosa: el resultado de una desigualdad tras otra. Tenemos, en primer lugar, la desigualdad de la distribución mundial de la renta y por si esto no fuera poco, tenemos la desigualdad de la distribución de la renta dentro de un mismo país. Además, como veremos en este capítulo, existe desigualdad dentro del seno familiar: a las mujeres, ancianos o niñas se les puede negar sistemáticamente un acceso igual a los recursos. El resultado es para muchos millones de personas la indigencia, la miseria y la falta de esperanza.

Es facilísimo poner ejemplos "ilustrativos" del proceso de desarrollo: hay muchos en este libro y en todos los libros de texto sobre desarrollo económico, pero no es fácil describir los horrores de la pobreza y todo lo que lleva aparejado: analfabetismo, desnutrición, mala salud y unas perspectivas absolutamente sombrías. La pobreza golpea no sólo la propia existencia. Al privar al ser humano del derecho a gozar de buena salud, recibir educación y disfrutar de un nivel de nutrición suficiente, también destruye sus aspiraciones, sus esperanzas y su goce del futuro. La pobreza era un azote medieval por una buena razón: entonces el mundo era pobre. Hoy la pobreza no tiene excusa.

Teniendo en cuenta que el mundo ha generado un gran crecimiento de la renta per cápita, su historial en lo que se refiere a la pobreza es bastante patético. Durante el periodo 1965-75, el consumo per cápita creció un 32% en los países en vías de desarrollo y durante el periodo 1975-85 otro 26%.[1] Sin embargo, según algunas estimaciones bastante conservadoras que analizaremos después, en 1990 había más de mil millones de pobres en el mundo (de un total de algo menos de seis mil millones de personas). La cifra ya es asombrosa por sí sola.

La pobreza es importante, al igual que la desigualdad, tanto desde el punto de vista intrínseco como desde el punto de vista funcional. La mayoría de la gente diría que su erradicación es un objetivo fundamental del desarrollo económico. Por lo tanto, precisar cómo se caracteriza la pobreza y hallar un indicador apropiado de la pobreza son elementos importantes de toda política destinada a aliviar la pobreza. Sin embargo, la pobreza no sólo tiene un interés intrínseco: tiene enormes consecuencias sobre el propio funcionamiento de la economía. Algunas de estas consecuencias funcionales ya se han puesto de manifiesto en el análisis de la desigualdad, pero hay otras específicas de la pobreza.

Este capítulo está dividido en cuatro partes. En primer lugar, analizamos el *concepto* de pobreza y —algo que está relacionado evidentemente con ella— cómo se mide. A conti-

---

[1] Véase el *World Development Report* (Banco Mundial [1990, cuadro 3.1]). Las cifras se refieren al consumo a precios PPA de 1985.

nuación, aplicamos algunas de estas medidas para hacernos una idea del grado de pobreza que hay en el mundo actualmente. Además de estas estimaciones cuantitativas, también describimos *todo lo que lleva aparejado la pobreza*: las características que comparten, en general, los pobres. La comprensión de estas características no sólo ayuda a identificar a los pobres sino que, además, puede servir para elaborar medidas destinadas a erradicar la pobreza. En tercer lugar, analizamos el efecto *funcional* de la pobreza. Esta cuestión está relacionada con el contenido de otros capítulos de este libro, por lo que nos remitiremos a ellos para no repetirnos. Por último, analizamos algunas medidas destinadas a reducir la pobreza.

8.2 Pobreza: primeros principios

8.2.1 Cuestiones conceptuales

Un elemento básico de todos los estudios sobre la pobreza es el concepto de *umbral de pobreza*, que es el nivel mínimo de renta, de consumo o, en términos más generales, de *acceso* a los bienes y servicios por debajo del cual se considera que los individuos son pobres. El umbral de pobreza representa, pues, un nivel mínimo de participación económica "aceptable" en una determinada sociedad y en un determinado momento. Por ejemplo, podríamos recoger datos sobre los niveles mínimos de nutrientes que constituyen una dieta suficiente, sobre los precios de los alimentos que contienen esos nutrientes y sobre los costes de la vivienda y el vestido y sumar los gastos de consumo necesarios para cubrir estas necesidades básicas con el fin de conseguir una estimación del umbral de pobreza de una sociedad. Podríamos también utilizar el salario mínimo legal vigente en un país para estimar su umbral de pobreza. O podríamos fijar alguna otra regla, por ejemplo, el 60% de la renta media de un país, para estimar su umbral de pobreza.

No es infrecuente que el umbral de pobreza se base en la nutrición. El que se emplea en Estados Unidos se basa en las estimaciones de Orshansky [1963, 1965], que multiplica por tres una estimación del presupuesto mínimo necesario para satisfacer las necesidades mínimas de alimentos (se multiplica esa cifra para tener en cuenta otras necesidades como la vivienda y el vestido). El umbral de pobreza de la India se ha trazado tradicionalmente utilizando estimaciones de los gastos necesarios para garantizar un consumo mínimo de calorías. Naturalmente, esos umbrales de pobreza (y probablemente *todos*) deben interpretarse con cierta cautela y una buena dosis de escepticismo: cuanto más pobre es el país, mejor es la aproximación basada en la nutrición. La forma de elevar esta cifra para tener en cuenta otros gastos plantea más problemas a medida que aumenta el nivel medio de vida.

En los siguientes subapartados explicamos algunas de las cuestiones que suscita la medición de la pobreza.

¿Gasto total o consumo de diversos artículos?

¿Debemos declarar pobre a una persona cuando su *cesta de consumo* observada es inferior a ciertos umbrales fijados de antemano o cuando su *gasto* (o su renta total) es inferior al mínimo necesario para conseguir estos niveles de consumo? Podríamos evocar, desde luego, ejemplos en los que los dos enfoques dan resultados distintos; por ejemplo, ¿cómo clasificamos al asceta rico que se mata permanentemente de hambre? Poniéndonos más serios, puede ocurrir que los niveles de nutrición no aumenten inequívocamente con la renta.[2] Por ejemplo, los alimentos enlatados pueden ser bastante populares en ciertos niveles de renta, incluso aunque su valor nutritivo sea discutible. Así pues, aunque las elasticidades sean altas con respecto a las variaciones de la renta, las elasticidades de los nutrientes pueden no serlo. La renta representa la *capacidad* para consumir, no el propio consumo. No obstante, resulta mucho más fácil utilizar umbrales de pobreza basados en la renta o en el gasto (agregado), dada la escasez de datos de que disponemos.

¿Absoluta o relativa?

El concepto de pobreza tiene claramente algún componente absoluto. Independientemente de la sociedad en la que viva, la gente necesita unos niveles suficientes de alimentos, de ropa y de vivienda. Mientras que es cierto, desde luego, que existen diferencias de opinión sobre lo que deba considerarse "suficiente" (la vivienda, en particular, podría ser objeto de interpretaciones distintas dependiendo de la sociedad), nadie negaría, por ejemplo, el imperativo biológico de la nutrición o las normas casi universales de lo que es un nivel suficiente de ropa. Al mismo tiempo, no está claro que la expresión "niveles aceptables de participación en la sociedad" tengan un significado absoluto, independiente de las características específicas de la sociedad de que se trate. En algunas sociedades, puede considerarse socialmente necesario tener un televisor para vivir una vida "plena"; en otras no. Asimismo, el nivel mínimo de ocio, el acceso a la educación científica, la propiedad de medios privados de transporte, etc. son aspectos todos ellos que deben evaluarse en *relación* con el nivel socioeconómico de la sociedad. Estas consideraciones obligan lógicamente a que todos los umbrales de pobreza compartan algunos componentes, pero varíen (quizá mucho) de un país a otro.

Obsérvese atentamente que aunque los umbrales de pobreza deben incluir (e incluyen) conceptos relativos de lo que constituye una "necesidad" o de lo que son las "necesidades básicas", tienen que satisfacer alguna noción absoluta de la capacidad de funcionar en una sociedad. En el párrafo anterior hemos elegido cuidadosamente nuestros ejemplos para explicarlo.[3] Por ejemplo, sería una insensatez definir la pobreza por medio del porcentaje de la población que gana menos de la mitad de la renta media de la sociedad. Esa medida confunde pobreza con desigualdad. Por ejemplo, la medida no variaría en absoluto si se redujeran todas las rentas en la misma proporción, ¡sumiendo a la mitad de la población en una hambruna!

¿Temporal o crónica?

Como veremos, la renta y el consumo de la gente que vive en (o casi en) la pobreza, cualquiera que sea la forma en que se mida ésta, suelen experimentar considerables fluctua-

---

[2] Para esta cuestión, véase, por ejemplo, Behrman y Deolalikar [1987] y el recuadro sobre nutrición y renta en el sur de la India que se encuentra más adelante en este capítulo.

[3] Para un análisis más detallado de estas cuestiones, véase Sen [1983].

ciones. Es el caso sobre todo de los pobres o casi pobres de los países en vías de desarrollo, donde es posible que una gran parte de la población dependa de una agricultura que a su vez depende de la meteorología. Estas fluctuaciones, expresadas en porcentaje de sus ingresos medios, son grandes. Como señala Morduch [1994], los conceptos de pobreza "estructural" o "crónica" deben complementarse, pues, con un estudio de la "pobreza temporal". La pobreza es temporal cuando a causa de perturbaciones económicas negativas (como unas escasas lluvias o unos precios bajos de los productos cultivados), grupos de gente entran temporalmente a formar parte de los pobres. Esta distinción no se hace simplemente por hacerla: las medidas necesarias para luchar contra la pobreza temporal pueden ser muy distintas de las medidas para luchar contra la pobreza crónica que su renta.

La distinción entre pobreza temporal y crónica está estrechamente relacionada con la distinción de Friedman [1957] entre renta temporal y permanente. La renta de un determinado año puede distar mucho de recoger el sustrato uniforme o "permanente" de consumo de que disfruta una persona o un hogar a lo largo del tiempo. Por este motivo, suele considerarse que los gastos de los hogares o de los individuos son más fiables para evaluar la pobreza crónica que su renta.

¿Hogares o individuos?

A menudo sólo se dispone de datos sobre los gastos y la renta de los hogares. Es tentador, pues, expresar simplemente el consumo de los hogares en forma de medias individuales (a fin de poder tener en cuenta el tamaño del hogar) y aplicar a estas medias entonces nuestra medida favorita de la pobreza. Sin embargo, este procedimiento no tiene en cuenta una cuestión sumamente importante: la distribución de los gastos en el *seno* del hogar suele ser muy desigual. Entre las víctimas posibles se encuentran las mujeres y las personas de edad avanzada. Existen algunas pruebas de que esa discriminación aumenta con el nivel total de pobreza del hogar, por lo que las estimaciones macroeconómicas de la pobreza deben complementarse con "estudios microeconómicos" que analicen la distribución de los gastos dentro del hogar. Más adelante estudiaremos algunos ejemplos.

Prescindiendo totalmente de los problemas de distribución, el hecho de que los hogares mayores normalmente tengan más hijos plantea otra serie de cuestiones. Es deseable tener en cuenta la presencia de hijos, ya que consumen algo menos que los adultos. La elaboración de *escalas de equivalencia* —factores de conversión que expresan el consumo de los hijos en porcentaje de un adulto representativo— soslayaría este problema.[4]

Por último, la creación y gestión de un hogar conlleva unos costes fijos. Los hogares más pequeños no pueden repartir estos costes fijos entre muchos miembros, por lo que están en desventaja. Más adelante volveremos a analizar esta cuestión y otras relacionadas con ella.

---

[4] La construcción de esas escalas plantea algunas cuestiones conceptuales, aunque es posible, desde luego, mejorar la práctica de utilizar el gasto (o la renta) per cápita del hogar. Para un análisis más extenso, véase Deaton [1997, apartado 4.3]).

A todo esto, ¿por qué un umbral de pobreza?

Cabría argumentar que un concepto fijo de umbral de pobreza es insostenible, debido en parte a algunas cuestiones ya planteadas; por ejemplo, la relatividad de la pobreza o su carácter fluctuante. Aunque utilicemos una medida de la pobreza crónica basada en la nutrición, *no* encontraremos un nivel mágico de nutrición por debajo el cual la gente literalmente se esfuma (en cuyo caso probablemente no habría ninguna pobreza de la que hablar). Como veremos más adelante en este capítulo, la desnutrición no es como un desastre natural inmediato y evidente y, por lo tanto, es más insidiosa. En el mundo puede sobrevivir indefinidamente personas desnutridas, que viven y se alimentan con dificultades. Aunque en seguida volveremos a referirnos a esas cuestiones, es importante darse cuenta de que los umbrales de pobreza *siempre* son aproximaciones a un umbral que es realmente difuso, sobre todo porque los efectos de las continuas privaciones tardan tiempo en dejarse sentir. Es realmente poco lo que se puede hacer ante esta crítica, salvo darse cuenta de que las estimaciones cuantitativas de los umbrales de pobreza no deben memorizarse hasta el tercer decimal y de que son esencialmente (importantes) indicadores de un concepto más profundo y menos cuantificable.

8.2.2 Medidas de la pobreza

Teniendo presentes las matizaciones anteriores, consideraremos que un umbral de pobreza es el nivel de gasto que se considera mínimamente necesario para participar "aceptablemente" en la vida económica. Diremos que las personas situadas por debajo de este umbral son *pobres*.

Resultará útil emplear algunos símbolos. Al igual que en el capítulo 6, *y* representa la renta (o el gasto) y los subíndices i, j, ..., los individuos. Sea p el umbral de pobreza[5] y m la renta media de la economía.

Una de las medidas lógicas que se nos ocurren es *contar* simplemente el número de personas que se encuentran por debajo del umbral de pobreza. Puede interesarnos el número *per se* o la *incidencia relativa* de los pobres. En el segundo caso, dividimos el número de pobres por la población total del país o de la región en cuestión. La primera medida se conoce con el nombre de *recuento* y la segunda con el de *tasa de pobreza*, que no es más que el recuento en porcentaje de la población. Estas medidas se utilizan con frecuencia, debido en parte a que pueden calcularse fácilmente con los datos existentes. Utilizando nuestra notación, el recuento de pobres (NP) viene dado por el número de personas i tales que $y_i < p$, mientras que la *tasa de pobreza* (TP) no es más que

$$TP = \frac{NP}{n},$$ [8.1]

donde n es la población total.

---

[5] Se supone que se denomina en las mismas unidades monetarias que la renta o el gasto. Así, por ejemplo, si el umbral de pobreza se basa en las calorías, p representa la cantidad de dinero necesaria para alcanzar el umbral aceptable de calorías.

Un problema obvio de la tasa de pobreza es que no recoge el *grado* en que la renta (o el gasto) individual se encuentra por debajo del umbral de pobreza. Este problema está relacionado, por supuesto, con la quinta observación ("En todo caso, ¿por qué un umbral de pobreza?") del apartado anterior que deja claro que la pobreza no es un concepto de "blanco-negro". Las personas que se encuentran aún más por debajo del umbral de pobreza son "más pobres" que las que se encuentran más cerca y el recuento es insensible a esta observación. Sin embargo, la cuestión es más grave que por una mera insensibilidad: la utilización del recuento puede llevar a adoptar políticas de dudosa efectividad, como indica el siguiente ejemplo.

Ejemplo 1: Imagínese que usted es un planificador de Ping, un país pobre, en la que el umbral de pobreza se ha fijado en 1.000 pahs al año. Resulta que en Ping hay dos grupos de igual tamaño por debajo del umbral de pobreza. Uno está formado por 100 personas: tienen unos ingresos iguales de 500 pahs al año cada una. El segundo también consta de 100 personas: ganan 900 pahs al año cada una. Naturalmente, también hay personas que se encuentran por encima del umbral de pobreza. Se nos ha asignado un presupuesto de 20.000 pahs al año. Debemos repartirlo entre las 200 personas pobres.

(i) Supongamos que nos olvidáramos del umbral de pobreza. ¿A quién le daríamos el dinero?

(ii) Supongamos ahora que el presidente de Ping nos dice taxativamente que debemos utilizar este dinero para reducir lo más posible el número de pobres. ¿A quién le daríamos el dinero?

Lo que queremos decir con este ejemplo es muy sencillo. La utilización del recuento para medir la pobreza sesga sistemáticamente la política que se adopte en favor de las personas que se encuentran muy cerca del umbral de pobreza. Estadísticamente, estas personas permiten conseguir más por menos, ya que son las más fáciles de situar por encima del umbral de pobreza. Sin embargo, de todos los pobres, son las que necesitan relativamente menos ayuda. Un Gobierno benevolente, perfectamente seguro de sí mismo y que no tema perder las próximas elecciones, puede hacer caso omiso de este problema y hacer lo que sea mejor para la gente, pero la mayoría de los Gobiernos, como la mayoría de las personas, tienen más interés en aplicar aquellas medidas que proporcionan resultados fácilmente observables y susceptibles de ser interpretados como éxitos objetivos.

Una manera de contrarrestar parcialmente este sesgo y de tener más en cuenta el grado de pobreza es utilizar una medida que tenga en cuenta la distancia entre la renta y el umbral de pobreza. Un ejemplo es la *brecha relativa de pobreza*, que es el cociente entre la renta (o consumo adicional) media necesaria para situar a todos los pobres en el umbral de pobreza y la renta (o consumo) media de la sociedad. La razón para dividir por la media de la sociedad en su conjunto se halla en que nos da una idea de la magnitud de la brecha en relación con los recursos que pueden utilizarse para eliminarla. En este sentido, la brecha relativa de pobreza no es, en realidad, una medida de la propia pobreza, sino una medida de los recursos necesarios para erradicarla.

Utilizando nuestra notación, la brecha relativa de pobreza (BRP) viene dada por

$$\text{BRP} = \frac{\sum_{yi<p} (p - y_i)}{nm}, \qquad\qquad [8.2]$$

donde, como recordará el lector, m es la renta media.

Dividiendo por la renta media de toda la economía podríamos obtener una impresión engañosa de la pobreza existente en las sociedades en las que existen grandes desigualdades (pero que son ricas en conjunto) y hay un elevado número de pobres. En esas sociedades, la brecha relativa de pobreza podría parecer bastante baja, aun cuando esta maniobra no reduzca las penurias de los pobres. Por consiguiente, suele utilizarse un pariente cercano de esta medida, llamado *brecha relativa de renta*. Se trata exactamente de la misma medida de la distancia total entre la renta de los pobres y el umbral de pobreza, con la salvedad de que dividimos esa cifra por la renta total necesaria para situar a todos los pobres en el umbral de pobreza. Esta medida da una perspectiva algo distinta. Recoge más directamente la gravedad de la pobreza, ya que la mide en relación con la renta total necesaria para eliminar esa pobreza.[6] Así pues, la brecha relativa de renta (BRR) se obtiene aplicando la fórmula

$$\text{BRR} = \frac{\sum_{yi<p} (p - y_i)}{p\text{NP}}, \qquad\qquad [8.3]$$

donde recordamos que NP no es más que el número (recuento) de pobres.

La BRP o la BRR no produce los mismos sesgos que el recuento, como muestran los siguientes ejemplos.

Ejemplo 2: Volvamos al problema del ejemplo 1. Imaginemos ahora que se nos ha dado instrucciones para que reduzcamos lo más posible la BRG o la BRR. ¿Difiere ahora la forma en que gastamos el dinero de cómo lo hacíamos en la parte (i) del ejemplo 1?

Debería quedar claro tras este análisis que la BRG o la BRR evitan el problema de la "rentabilidad" de la política económica, al hacer caso omiso deliberadamente del *número* o del porcentaje de personas que se encuentran por debajo del umbral de pobreza. En cierto sentido, la BRG y la BRR sólo recogen la "intensidad per cápita" de la pobreza. El recuento de pobres (o la tasa de pobreza), cualesquiera que sean sus demás fallos, no tiene este problema. Por ese motivo, es una buena idea utilizar *conjuntamente* medidas de cada tipo, siempre que sea posible, para evaluar el grado de pobreza.

Por último, debe señalarse que *tanto* los índices relacionados con el número de pobres *como* los relacionados con las brechas de pobreza comparten otro inconveniente, que tiene que ver con el hecho de que ambas medidas no tienen en cuenta la importante cuestión de las *privaciones relativas* de los pobres.[7] "Privaciones relativas" no es más que otra expresión para referirse a la desigualdad *entre los pobres*. Esta nueva expresión se emplea para recoger el hecho de que sólo nos interesa la desigualdad entre los que padecen privaciones, o sea, entre los pobres. El siguiente ejemplo muestra esta cuestión.

---

[6] Naturalmente, esta medida tiene el problema *contrario*: al no tener en cuenta la riqueza total de la sociedad, no nos indica en qué medida es fácil abordar el problema, al menos dentro de un país.

[7] Para un análisis más detallado de esta cuestión, véase Sen [1976].

Ejemplo 3: Vuelva el lector al ejemplo 1, en el que, como recordará, hay 200 personas que se encuentran por debajo del umbral de pobreza; la mitad tiene una renta de 500 pahs y el resto tiene una renta de 900.

(i) Suponga que cada una de las personas que ganan 500 pahs da 50 a cada una de las que ganan 900. Los nuevos niveles de renta son, en ese caso, 450 y 950 pahs. ¿Qué cree usted que ocurriría con el grado de pobreza en esta nueva situación en relación con la inicial? Calcule ahora la TP y la BRP (o la BRR) en ambas situaciones. Compare lo que indican estas medidas con lo que le dice su intuición.

(ii) Para que resulte aun más claro lo que queremos decir, transfiera 110 pahs a cada persona (en lugar de 50) en los mismos grupos y repita el ejercicio.

Aunque utilizáramos *conjuntamente* los indicadores relacionados con el número de pobres y los relacionados con las brechas de pobreza, hay otros aspectos de la pobreza que pueden quedar excluidos. Esto nos lleva a analizar otras medidas más sofisticadas de la pobreza que han sido propuestas por economistas como Sen [1976] y Foster, Greer y Thorbecke [1984]. Con buenos datos es fácil calcular estas medidas. En el apéndice de este capítulo analizamos el índice de Foster, Greer y Thorbecke.

8.3 Pobreza: observaciones empíricas

Pasamos a analizar a continuación los datos disponibles para hacernos una idea del grado de pobreza y de las características de los pobres. Comenzamos con un umbral de pobreza universal para facilitar las comparaciones internacionales. Dése cuenta el lector de que ésta es una empresa difícil. Ya hemos indicado el hecho de que la pobreza tiene un componente relativo y un componente absoluto. Eligiendo un umbral de pobreza "universal", en unos países la "pobreza real" es excesivamente alta y en otros la pobreza es demasiado baja. Para evitar este problema, el *World Development Report* (Banco Mundial [1990]), que marca un hito en el estudio de la pobreza en los países en vías de desarrollo, experimentó con dos umbrales de pobreza: 275 y 370 dólares por persona y año, expresados en precios de 1985 en PPA. Eligió ese intervalo para tener en cuenta el hecho de que los umbrales de pobreza de algunos de los países más pobres se encuentran entre estos dos límites.[8]

El cuadro 8.1 reúne datos sobre la pobreza procedentes de dos números del *World Development Report*. Teniendo presente que los umbrales de pobreza elegidos son bastante conservadores, los resultados son como mínimo asombrosos. Se estima que en 1990 más de *mil millones* de personas ganaban menos de 370 dólares al año (o 420 al año a precios de 1990 en PPA). La tendencia temporal no parece tampoco invitar a la esperanza. A excepción del este asiático, que experimentó elevadísimas tasas de crecimiento, el número absoluto de pobres aumentó significativamente entre 1985 y 1990. El porcentaje total de personas que viven en la pobreza (en el umbral de 370 dólares) se mantuvo más o menos

---

[8] Son Bangladesh, Egipto, India, Indonesia, Kenia, Marruecos y Tanzania. El límite inferior, 275 dólares, coincide con el umbral de pobreza utilizado para la India.

Cuadro 8.1. La pobreza en los países en vías de desarrollo, 1985 y 1990, basada en umbrales de pobreza "universales".

| | 1985 | | | | | | 1990 | |
| | Ultrapobres (menos de 275$) | | | Pobres (menos de 370$) | | | Pobres | |
Región	HC (millones)	HCR (%)	PGR	HC (millones)	HCR (%)	PGR	HC (millones)	HCR (%)
África subsahariana	120	30	4,0	184	48	11,0	216	48
Este de Asia	120	9	0,4	182	13	1,0	169	11
Sur de Asia	300	29	3,0	532	52	10,0	562	49
Este de Europa	3	4	0,2	5	7	0,5	5,0	7
Oriente Medio /Norte de África	40	21	1,0	60	31	2,0	73	33
Países latinoamericanos/caribeños	50	12	1,0	87	22	1,0	108	26
Total PMD	633	18	1	1.051	31	3,0	1.133	30

Fuente: Banco Mundial, *World Development Report*, 1990, 1992.
Nota: los umbrales de pobreza se expresan a precios PPA de 1985. El informe de 1992 actualiza y modifica la información de 1985 sobre el número de pobres y contiene datos de 1990. Los PGR de 1985 no varían con respecto al informe de 1990.

constante durante este periodo en un 30% de la población de todos los países en vías de desarrollo.

Aunque utilizáramos el umbral de pobreza ultraconservador de 275 dólares por año y persona, observaríamos que en 1985 más de 600 millones de personas eran pobres incluso según estos criterios poco exigentes. El número total de pobres sería considerablemente más alto si utilizáramos umbrales de pobreza aplicados a cada país.

Pasamos a analizar a continuación las características de los pobres.

8.3.1 Características demográficas

No es sorprendente que los hogares cuyos miembros se encuentran por debajo del umbral de pobreza también tiendan a ser mayores en relación con la familia media. En el caso de Brasil, según Fishlow [1972], el 29% de todas las familias tenía seis miembros o más y más de la mitad de esas familias se encontraba por debajo del umbral de pobreza. Asimismo, en el caso de Malasia, Anand [1997] señala que la incidencia de la pobreza aumenta conforme mayor es la familia y va desde un 24% en el caso de los hogares de un miembro hasta un 46% en el de los hogares de diez miembros o más. Según el *World Development Report* (Banco Mundial [1990], en Pakistán el 10% más pobre de los hogares tenía en 1984 una media de 7,7 miembros; la media nacional correspondiente era de 6,1.

Como cabría esperar, en estas familias pobres más numerosas suele haber una elevada proporción de personas dependientes, que suelen ser niños. En todos los ejemplos citados, el número de hijos por familia estaba correlacionado significativamente con su pobreza. Este hecho es muy preocupante, ya que parece indicar que la carga de la pobreza suele recaer desproporcionadamente en los jóvenes. Dado el papel sumamente importante que desempeñan la nutrición y la educación de la infancia, se trata de una doble tragedia que los indicadores basados en el número de pobres y en las brechas de pobreza no recogen totalmente.

Es evidente que el tamaño de la familia puede ser tanto una causa de la pobreza como un efecto. Las familias mayores, especialmente las que tienen más hijos, tienden a tener una renta per cápita más baja debido simplemente a que son más los que no trabajan. Algunas instituciones como el trabajo infantil reducen, desde luego, en parte esta dependencia de los niños, pero éstos no suelen ganar mucho. Y lo que es más significativo, la pobreza puede alimentarse a sí misma, creando incentivos para tener un elevado número de hijos. En el capítulo 9 explicamos por qué puede ocurrir eso. Baste decir que aquí destacamos la existencia de una correlación, pero como siempre, no podemos saber cuál es el sentido de la causación sin un estudio más detenido.

Sin embargo, existen dos razones para dudar del elevado grado de correlación observado entre el tamaño de los hogares y la pobreza. En primer lugar, la utilización de los gastos (o de la renta) per cápita del hogar como indicador relevante, como hace la mayoría de los estudios, plantea un problema. Como ya hemos señalado, los hogares mayores tienen una proporción mayor de niños, y en la medida en que los niños consumen menos que los adultos, la utilización de los gastos per cápita sobreestima la pobreza. En segundo lugar, debe tenerse en cuenta en alguna medida el hecho de que los hogares mayores disfrutan de considerables economías de escala. Una vez más, las medidas per cápita generalmente sobreestiman su grado de pobreza.

No es fácil tener en cuenta estos factores de una forma conceptualmente satisfactoria, pero la utilización de algún tipo de escala de equivalencia es mejor que nada. Por ejemplo, podríamos utilizar una ponderación de 0,5 para los niños (aunque en este caso también es deseable establecer algunas diferencias dependiendo de la edad y del sexo). Esta ponderación reduce, desde luego, las estimaciones de la pobreza de los hogares grandes. La corrección de los datos para tener en cuenta los rendimientos crecientes de escala —los costes fijos de crear y administrar un hogar— también tiene sus propios problemas conceptuales. Una manera de resolverlos es probar con diferentes valores de rendimientos de escala y ver si los valores "razonables" eliminan la correlación observada entre la pobreza y el tamaño del hogar.[9]

---

[9] Anand y Morduch [1996] utilizaron para ello la encuesta de presupuestos familiares de Bangladesh de 1988-89. Sea x el gasto agregado de los hogares y m el tamaño del hogar. En ese caso, x/m es el gasto del hogar per cápita. Introduzcamos ahora un factor de escala α comprendido entre 0 y 1 e imaginemos que m^α es el tamaño *efectivo* del hogar. Dado que $0 < \alpha < 1$, m^α aumenta más despacio que α, y ésta es una forma de recoger los rendimientos de escala. Cuanto más bajo es el valor de α, mayores son los rendimientos de escala. Este procedimiento recoge también algunas de las cuestiones relativas a las escalas de equivalencia, ya que implica que cuanto mayor es el hogar, mayor es la proporción de niños y, por lo tanto, el tamaño efectivo del hogar (en número equivalente de adultos) aumenta a un ritmo más lento. Los valores de α que giran en torno a 0,8 o menos son suficientes para eliminar la correlación positiva observada entre el tamaño del hogar y la pobreza en los datos de Bangladesh. Sin embargo, para saber si este valor de α representa unos rendimientos de escala "altos" o "moderados" es necesario realizar una investigación más minuciosa.

También debe señalarse que las mujeres están representadas desproporcionadamente entre los cabeza de familia de los hogares pobres. Según el estudio de Fishlow sobre Brasil que hemos citado antes, hay el doble de hogares cuyo cabeza de familia es una mujer en el grupo de los pobres que en el resto. Esta tendencia está muy extendida y se observa en África, en otras partes de Latinoamérica y en el sur y este de Asia.[10] Parece que la ausencia de un sustentador principal masculino está estrechamente relacionada con la pobreza.

Para más información sobre las relaciones entre las diferencias por sexo y la pobreza, véase el último apartado de este capítulo.

8.3.2 Pobreza rural y urbana

Incluso teniendo en cuenta las diferencias entre el coste de la vida rural y urbana, la pobreza es significativamente mayor en las zonas rurales. Incluso los países que han hecho notables avances en la creación de una agricultura más equitativa tienen una pobreza rural superior a la media nacional. El cuadro 8.2 resume las diferencias entre la pobreza rural y la urbana, así como las diferencias entre dos grandes indicadores del bienestar, de algunos países.

8.3.3 Activos

Una característica lógica de la pobreza es que está correlacionada con la ausencia de propiedad de activos productivos. Debemos tener cuidado como siempre de no establecer una relación causal de sentido único entre la falta de propiedad de activos y la pobreza. De la misma manera que la escasez de activos lleva a la pobreza, una situación de pobreza lleva a la venta de activos. En pocas palabras, la escasez de activos y la pobreza deben considerarse fenómenos estrechamente relacionados entre sí.

Dado que la pobreza está tan relacionada con el hecho de vivir en zonas rurales, no es sorprendente que la mayor parte de los pobres se encuentre entre los que carecen total o casi totalmente de tierra. La pobreza y la agricultura en pequeña escala están especialmente correlacionadas en África: la mayoría de los pobres de países como Botsuana, Ghana, Kenia y Nigeria son pequeños agricultores o pastores (*World Development Report*, Banco Mundial [1990]). A excepción del sur de África, donde los pobres de las zonas rurales venden su trabajo, los pobres trabajan en gran medida por cuenta propia. En cambio, en el sur de Asia, hay más trabajadores sin tierra en el grupo de los pobres. En la India, Pakistán y Bangladesh, los pobres son tanto trabajadores sin tierra como pequeños terratenientes. Obsérvese, sin embargo, que hay un punto en el que la distinción entre pequeño terrateniente y peón sin tierra se difumina o carece de sentido: estamos hablando, en todo caso, de una cantidad de tierra patéticamente pequeña.

---

[10] Como han señalado Meesook [1975] y Fields [1980], parece que Tailandia es una excepción a esta regla. En ese país, las costumbres sociales prestan más ayuda a las mujeres que viven en hogares en los que no hay un cabeza de familia masculino.

Cuadro 8.2. Pobreza rural y urbana en la década de 1980.

Región y país	Población rural (% de la población total)	Pobres rurales (% del total de pobres)	Mortalidad infantil (por 1.000 nacidos vivos)		Acceso a agua potable (% de la población)	
			Zonas rurales	Zonas urbanas	Zonas rurales	Zonas urbanas
África subsahariana						
Costa de Marfil	57	86	121	70	10	30
Ghana	65	80	87	67	39	93
Kenia	80	96	59	57	21	61
Asia						
India	77	79	105	57	50	76
Indonesia	73	79	74	57	36	43
Malasia	62	80	–	–	76	96
Filipinas	60	67	55	42	54	49
Tailandia	70	80	43	28	66	56
Latinoamérica						
Guatemala	59	66	85	65	26	89
México	31	37	79	29	51	79
Panamá	50	59	28	22	63	100
Perú	44	52	101	54	17	73
Venezuela	15	20	–	–	80	80

Fuente: Banco Mundial, *World Development Report*, 1990.

No obstante, es cierto que existe una diferencia significativa en lo que se refiere a la pobreza cuando pasamos de la propiedad inapreciable o casi inapreciable de tierra a la propiedad de una extensión de tierra algo mayor. El cuadro 8.3 muestra esta diferencia.

Latinoamérica presenta la misma concentración de la pobreza entre las personas sin tierra que entre las que no tienen casi tierra. En Costa Rica, el trabajo asalariado representa una considerable proporción de los pobres, mientras que en Perú éstos son pequeños terratenientes y pastores. La pobreza también afecta al empleo no agrícola rural, principalmente a las industrias artesanales y tradicionales, cuyos productos se destinan al consumo doméstico o a los mercados locales.

La pobreza urbana muestra la misma composición de trabajo por cuenta propia y trabajo asalariado. La mayoría de los pobres reside en el "sector informal", que estudiaremos más detalladamente en el capítulo 10. El trabajo por cuenta propia es frecuente: vendedores ambulantes, pequeños comerciantes, propietarios de puestos de té, mendigos, limpiabotas, gente que busca entre la basura, porteadores, personas que tiran de calesas orientales, vendedores ambulantes al borde de las carreteras, etc. El empleo asalariado suele ser eventual y no está sujeto a la legislación sobre salario mínimo. Dada la falta crónica de activos, la vulnerabilidad de los pobres, aparte de sus bajos niveles medios de vida, puede ser aterradora.

La escasez de activos físicos va acompañada de un bajo nivel de capital humano. El determinante más importante del acceso al capital humano es la capacidad para abando-

Cuadro 8.3. La pobreza y la propiedad de la tierra en las zonas rurales de Bangladesh, 1978-79.

Propiedad de acres de tierra	% del total de hogares en cada clase	Renta (taka al mes)	Propiedad media de tierra (acres)	HCR
Sin tierra	7,1	508	0	93
0-0,5	36,1	560	0,1	93
0,5-1,0	10,5	711	0,7	84
1,0-1,5	8,9	783	1,2	78
1,5-2,5	12,1	912	2,0	68
2,5-5,0	13,8	1.163	3,5	45
5,0-7,5	5,7	1.516	6,0	23
7,5+	5,8	2.155	14,0	10
Total	100,0	865	2,1	70

Fuente: Banco Mundial, *World Development Report*, 1990.

nar temporalmente la población activa y dedicar ese tiempo a adquirir cualificaciones. Este periodo debe cubrirse financieramente, bien mediante préstamos, bien mediante la ayuda de familiares y de parientes cercanos. Este tipo de cobertura financiera es lo último que uno puede asociar con los pobres, por lo que no sorprende que la mayoría de los pobres tengan un escaso o nulo capital humano. Las tasas de analfabetismo son realmente altas y, por lo que se refiere a los que no son analfabetos, existen pocos indicios de que tengan algo más que estudios primarios.

8.3.4 Nutrición

Existe una estrecha relación entre la pobreza y la desnutrición, sobre todo en los países de baja renta. Cuando una persona tiene una renta baja, le resulta difícil adquirir un nivel suficiente de consumo de alimentos y de nutrientes para ella misma y para su familia. "Suficiente" es, como veremos, una palabra tendenciosa, ya que el concepto depende fundamentalmente del tipo de actividades a las que se dedique el individuo, así como de la historia de su nutrición. No obstante, no es difícil ver los efectos de la desnutrición. En los niños son especialmente graves: debilidad muscular, atrofia y aumento de la vulnerabilidad a enfermedades e infecciones. La desnutrición también puede afectar a sus capacidades cognitivas. En los adultos, la desnutrición crónica reduce la fuerza muscular, la inmunidad a las enfermedades y la capacidad para realizar un trabajo productivo. En el siguiente apartado veremos cómo un bajo nivel de nutrición puede repercutir en la capacidad de una persona para trabajar, y perpetuar así la situación de pobreza en la que se encuentra.

En muchos países, la pobreza y la desnutrición están estrechamente relacionadas, ya que la definición del umbral de pobreza suele basarse en los gastos necesarios para obtener una determinada cantidad mínima de alimentos o de nutrientes (más un margen para los artículos no alimenticios). Ejemplos son Malasia y la India. Algunos autores como Lipton [1983] han afirmado que el umbral de pobreza basado en las calorías, o sea, la utilización del criterio de un *nivel suficiente de alimentos*, es un buen indicador para medir los niveles moderados o extremos de pobreza en los países en vías de desarrollo.[11] En esos ejemplos, no es sorprendente que la pobreza y la desnutrición estén estrechamente correlacionados. Algunos países como Brasil han utilizado medidas que no se basan claramente en la nutrición, pero persiste, no obstante, la correlación entre las subregiones o subpoblaciones de estos países que muestran el mayor grado de pobreza y el mayor grado de desnutrición. Debe mencionarse, sin embargo, que a medida que aumenta la renta media, la *pobreza*, medida por medio del consumo del hogar o per cápita (ajustado para tener en cuenta la proporción de niños que hay en el hogar), muestra una correlación menor con las medidas antropométricas directas de la *desnutrición*, como las medidas de la atrofia o del peso anormalmente bajo de los niños.[12]

Aunque la incidencia de la pobreza y la incidencia de la desnutrición pueden estar relacionadas *ordinalmente*, en el sentido de que una persona pobre tiene más probabilidades que una rica de estar desnutrida, la relación entre el *aumento* de la renta (o del gasto) y el *aumento* de la nutrición puede no ser tan estrecha. Imaginemos que trazamos diversos gráficos para mostrar las relaciones hipotéticas entre la renta percibida y las calorías consumidas. Todos estos gráficos pueden ser crecientes en el sentido de que un aumento de la renta se traduce en un incremento del consumo de calorías. Es más probable, pues, que las personas más pobres estén desnutridas, pero las curvas más planas de esos gráficos inducen a pensar que un aumento de la renta puede traducirse (al menos en algún intervalo) en un aumento pequeño del consumo de calorías, mientras que las curvas más inclinadas inducen a pensar que el consumo de calorías es más sensible a la renta. Así pues, dependiendo de los datos, es perfectamente posible que los pobres estén desnutridos pero que, al mismo tiempo, los suplementos nutritivos directos sean mejores paliativos de la desnutrición que un aumento de la renta.

Hay dos efectos que podrían explicar este fenómeno y que tienen efectos contrarios. En primer lugar, la gente da importancia a la nutrición. Un estado de buena nutrición es deseable en sí mismo, ya que significa mayor resistencia, salud física y mental y mayor inmunidad a las enfermedades. Sin embargo, la nutrición también es útil en un sentido funcional, como en seguida veremos: aumenta la capacidad para trabajar y, por lo tanto, para percibir ingresos. Por ambas razones, un aumento del poder adquisitivo tiende a elevar el nivel de nutrición, sobre todo si es bajo inicialmente.

---

[11] Eso no quiere decir que debamos identificar pobreza con desnutrición. En primer lugar, las personas que se encuentran por debajo del umbral de pobreza en un año cualquiera pueden ser "temporalmente pobres" (recuérdese nuestro análisis anterior). En segundo lugar, las necesidades nutritivas varían de una persona a otra, mientras que el nivel suficiente de alimentos utilizado para medir la pobreza es una media global.

[12] Véase, por ejemplo, el ejercicio realizado por Glewwe y Van der Gaag [1990] sobre Costa de Marfil con datos de la encuesta sobre el nivel de vida de Costa de Marfil de 1985. Sin embargo, Costa de Marfil no padeció en 1985 una escasez general visible de alimentos. Los niños estaban relativamente bien alimentados incluso en el caso de los pobres. No ocurre así en los países en los que las existencias generales de alimentos son mucho menores.

El segundo efecto está relacionado con las preferencias personales por los alimentos que tienen buen sabor o, más insidiosamente, por los alimentos de los que se hace mucha publicidad y están bien presentados o, lo que es peor aún, por los alimentos que se consideran indicadores del nivel social y económico.[13] Es bastante fácil en las sociedades económicamente desarrolladas minusvalorar la importancia de este efecto, pero en las sociedades en las que los alimentos tienen un extraordinario peso en el presupuesto, se concede un gran valor al consumo de diferentes artículos alimenticios, y puede que su valor nutritivo no sea lo que más pese en la toma de decisiones. Por ejemplo, es posible que se dé al consumo de carne o de variedades caras de arroz o incluso de alimentos enlatados mucha más importancia social (como indicador del estatus o de la riqueza) de lo que estaría justificado por su valor nutritivo.[14] Por un lado el deseo de mejorar la nutrición y, por el otro, el deseo de aumentar el consumo de alimentos por su valor culinario o como indicador de posición social pueden dar lugar a una mejora moderada de la nutrición con el aumento de la renta.

La evidencia sobre esta cuestión es diversa y va desde una considerable mejora de la nutrición ante aumentos del presupuesto hasta una débil respuesta. En general, puede decirse que un aumento de la renta influye en la ingesta de calorías. Sin embargo, el efecto no es tan significativo como cabría esperar.

¿Qué cabe esperar? Como mejor se responde a esta pregunta es utilizando *elasticidades*: ¿qué variación porcentual experimenta el consumo de calorías[15] cuando los presupuestos de los hogares varían un punto porcentual? Una elasticidad igual a 1 significa que el consumo de calorías experimenta una variación porcentual equivalente a la de los presupuestos. Dado que hay unos niveles mínimos de nutrición por debajo de los cuales es difícil vivir, una elasticidad igual a 1 posiblemente sea *a priori* demasiado alta. En otras palabras, si la renta disminuye por debajo de un cierto mínimo, la gente puede obtener su nutrición de otras fuentes (de la ayuda de familiares, por ejemplo). A medida que aumenta la renta, probablemente se vaya prescindiendo de estas fuentes alternativas. Por lo tanto (y simplemente como una conjetura razonable, no más), elasticidades comprendidas entre 0,6 y 0,8 podrían ser un buen indicador de que la gente ajusta considerablemente sus niveles de nutrición a la renta.

¿Es eso lo que observamos? Parece que no. Las estimaciones de las elasticidades van desde casi cero hasta el intervalo correspondiente a nuestras expectativas *a priori*.[16] El

---

[13] Una aplicación clásica de la programación lineal es el llamado *problema de la dieta*: hallar la cesta de alimentos de menor coste que aporta al menos un determinado número de calorías, una determinada cantidad de proteínas, ciertas cantidades mínimas de diversas vitaminas, etc. En las soluciones que suelen darse al problema de la dieta, el coste de los niveles mínimos necesarios es bajísimo, pero los alimentos no parecen muy apetitosos.

[14] El mero *despilfarro* de alimentos también puede ser un indicador de la posición social. Es lamentable que el despilfarro deliberado de un recurso escaso sea con mucha frecuencia una poderosa manera que tiene una persona de indicar su posición social. Visto desde esta perspectiva, el despilfarro de alimentos no es más horroroso que el consumo excesivo de energía, madera, papel, espacio geográfico y otros muchos recursos en los países desarrollados.

[15] También hay otros nutrientes importantes: véase el recuadro sobre la nutrición y la renta en el sur de la India.

[16] Behrman [1993] analiza algunas de estas estimaciones.

cuadro 8.4 resume las estimaciones obtenidas en varios estudios; las elasticidades de la ingesta de calorías se han ordenado en sentido ascendente. Naturalmente, la idea no es tomar una media de todos estos resultados, ya que la metodología y las bases de datos son muy diferentes, pero podemos hacernos una idea del tipo de cifras que se barajan.

En conjunto, existen datos que avalan que las decisiones de consumo de los hogares no se basan sólo en factores nutritivos. Sin embargo, deben hacerse dos matizaciones a esta conclusión. En primer lugar, existen indicios de que los hogares más pobres reaccionan más a las variaciones de su presupuesto comprando más nutrientes. En segundo lugar, al juntar los datos de las temporadas agrícolas altas y bajas se puede distorsionar la estimación de las elasticidades. Dado que las existencias de alimentos son más abundantes en la temporada alta o de recolección, una variación del presupuesto no se traduce en un aumento significativo del consumo de nutrientes. En cambio, si las existencias de alimentos son escasas, como ocurre en la temporada baja, y los mercados de crédito son imperfectos, por lo que no es posible mantener un nivel de consumo constante (véase el capítulo 14), un aumento de la renta del hogar en la temporada baja queda más reflejada, en una demanda de nutrientes. Behrman, Foster y Rosenzweig [1994] (y otros autores) han hecho estas dos observaciones. Behrman, Foster y Rosenzweig utilizan una base de datos de las zonas rurales de Pakistán y observan que una distinción clara entre la temporada baja y la temporada alta da sus frutos. Las elasticidades estimadas son altas y significativas en la temporada baja. Por otra parte, son especialmente altas en el caso de las personas que no tienen ninguna o casi ninguna tierra.

Más adelante en este capítulo, pasaremos a analizar una relación inversa. ¿Qué relación existe entre la nutrición y la *capacidad* para generar renta o, en términos más generales, la capacidad para realizar un trabajo económicamente productivo?

Nutrición y renta: estudio del sur de la India

¿Cómo estimamos la relación entre la nutrición y la renta? Para empezar hay que establecer la cesta de alimentos consumidos por los hogares. La elección de la cesta por parte del estadístico depende de los datos de que disponga. Los datos sobre nutrición que recogen información sobre la cantidad de nutrientes que contiene cada alimento (sus calorías, proteínas, calcio y demás nutrientes) permiten elaborar estimaciones medias. Supongamos ahora que aumenta el gasto de los hogares. En ese caso, variará la demanda de cada uno de estos alimentos, por lo que podemos medir estas variaciones. Si multiplicamos todas las variaciones por el contenido medio de nutrientes (por ejemplo, calorías por gramo o proteínas por litro) de cada alimento y los sumamos, obtenemos una medida de la variación que experimenta el consumo de *nutrientes* cuando varía el gasto.

Este método tiene en cuenta el cambio que experimenta la composición de la cesta de alimentos cuando aumenta el gasto, por lo que es posible tener en cuenta la sustitución de alimentos menos nutritivos por otros más nutritivos conforme ascendemos por la escala de gasto. El problema estriba en que el *grado* en que sea posible tener constancia de esos efectos depende de la riqueza de los datos que describen los grupos de alimentos. A menudo, los datos son insuficientes. Por ejemplo, aunque tuviéramos datos sobre el "arroz" en lugar de datos más genéricos

Cuadro 8.4. Estimaciones de la demanda de calorías con respecto al presupuesto de los hogares, en orden ascendente.

Elasticidad de las calorías[a]	País y año	Autores
0,01	Indonesia 1978	Pitt y Rosenzweig [1985][b]
0,06	Nicaragua 1977-78	Behrman y Wolfe [1984][b]
0,07	India 1976-78	Bhargava [1991][b]
0,08	Filipinas 1984-85	Bouis y Haddad [1992][c]
0,09	Filipinas 1984-85	Bouis y Haddad [1992][b]
0,09	Brasil 1974-75	Strauss y Thomas [1990][c]
0,12	Bangladesh 1981-82	Pitt, Rosenzweig y Hassan [1990][c]
0,15	Indonesia 1981	Ravallion [1990][c]
0,15	Kenia 1984-87	Kenney [1989][b]
0,17	India 1976-78	Behrman y Deolalikar [1987][c]
0,20	Brasil 1974-75	Williamson-Gray [1982][b]
0,29	Pakistán 1986-87	Alderman [1989][c]
0,30	Tailandia 1975-76	Trairatvorakul [1984][c]
0,33	Filipinas 1984-85	García y Pinstrup-Andersen [1987][c]
0,34	India 1983	Subramanian y Deaton [1996][c]
0,41	India 1983-84	Alderman [1987][c]
0,47	Indonesia 1976	Timmer y Alderman [1979][c]
0,48/0,37[d]	Gambia 1985-86	Von Braun, Puetz y Webb [1989][c]
0,51	Nepal 1982-83	Kumar y Hotchkiss [1988][b]
0,53	Brasil 1973-75	Ward y Sanders [1980][b]
0,54	Indonesia 1978	Chernichovsky y Meesook [1984][c]
0,56	Sri Lanka 1984	Edirisinghe [1987][c]
0,57	Ghana 1987-88	Alderman y Higgins [1992][c]
0,58/0,34[d]	India 1976-78	Behrman y Deolalikar [1989][b]
0,62	Sri Lanka 1980-81	Sahn [1988][c]
0,80	Bangladesh 1974-75	Pitt [1983][c]
0,86	Sierra Leona 1974-75	Strauss [1984][c]

Fuente: Behrman, Foster y Rosenzweig [1994, cuadro 1].

[a] La elasticidad de las calorías se calcula en los valores medios muestrales.

[b] El presupuesto se midió por medio de la renta de los hogares.

[c] El presupuesto se midió por medio de los gastos de los hogares.

[d] La primera cifra se refiere a la temporada baja y la segunda a la temporada alta, en la que hay más abundancia de alimentos.

sobre "cereales", hay sustituciones de las variedades de grano corto por las de grano largo y viceversa que no aparecen en los datos. Con la llegada de los alimentos enlatados, elaborados y envasados, las posibilidades de sustitución son interminables. En otras palabras, *no podemos suponer que la cantidad de nutrientes de un alimento permanece constante, cuando pasamos de los niveles más bajos de gasto a otros más altos. Normalmente, y por desgracia, esa cantidad parece que disminuye.*

Behrman y Deolalikar [1987] mostraron claramente esta posibilidad. Utilizaron el método anterior para estudiar seis pueblos de dos estados de la región semiárida de la India, conocidos con el nombre de pueblos del ICRISAT.[17] Durante los años 1976-77 y 1977-78, se realizaron encuestas especiales sobre nutrición y se registró la ingesta de nutrientes de los hogares. Estas encuestas suministraron información sobre nueve nutrientes: calorías, proteínas, calcio, hierro, caroteno, tiamina, riboflavina, niacina y ácido ascórbico. La existencia de estos datos sugiere un método *directo* para resolver el problema: simplemente relacionar el consumo de estos nutrientes con el gasto de los hogares.[18] Compárese con el enfoque de la cesta de alimentos, analizado también por los autores: en este caso consideraron las variaciones del consumo de seis alimentos básicos: azúcar, legumbres, verduras, leche, carne y cereales. El cuadro 8.5 resume algunos de sus resultados. También indica las *elasticidades* del gasto en varios artículos con respecto a una variación del presupuesto de los hogares, primero en el caso de los grupos de mercancías y a continuación en el de nutrientes.[19] Así, por ejemplo, la cifra de 0,57 correspondiente al azúcar significa que *si* los gastos de los hogares variaran un 10%, el gasto en azúcar aumentaría un 5,7%. Una elasticidad de 1 significa que el gasto en ese artículo aumenta a la misma proporción que el gasto total.

Vemos en el cuadro 8.5 que las elasticidades son altas y significativas en el caso de los alimentos (la media ponderada de los grupos de alimentos es 1,18), mientras que, a excepción del caroteno, no ocurre así en el de los nutrientes (ninguno de los coeficientes estimados es significativo al nivel del 5%). Eso plantea una duda de cierta importancia: ¿por qué los pobres que gene-

Cuadro 8.5. Elasticidades de la demanda de algunos grupos de alimentos y de nutrientes.

Tipo de alimento	Elasticidad	Nutriente	Elasticidad
Cereales	1,52*	Calorías	0,37
Azúcar	0,57*	Proteínas	0,19
Legumbres	1,00	Calcio	–0,22
Verduras	0,51*	Hierro	0,30
Leche	–0,13	Caroteno	2,01*
Carne	1,05*	Tiamina	0,18
		Riboflavina	0,69
		Niacina	0,21
		Ácido ascórbico	1,25

Fuente: Behrman y Deolalikar [1987, cuadro 2].

Nota: los asteriscos indican que los gastos de los hogares influyen significativamente en la variable (véase el apéndice 2 para un análisis de "significación"). Las elasticidades se evaluaron en los valores medios muestrales.

---

[17] Para una introducción a los pueblos del ICRISAT, véase el capítulo 10.

[18] Naturalmente, la propia ingesta de nutrientes se calcula con respecto a una cesta de alimentos y, por lo tanto, tiene lógicamente al mismo problema. Sin embargo, se realizaron observaciones directas sobre 120 alimentos, por lo que la muestra es realmente rica, lo que reduce en gran medida los errores de composición que hemos analizado.

[19] Las cifras que mencionamos son estimaciones que tienen en cuenta los efectos fijos del pueblo y del hogar, para lo cual se toman diferencias. Los resultados globales son similares sin estos controles, aunque las estimaciones de la elasticidad de algunos alimentos, sobre todo de la leche, varían bastante. Para más detalles, véase Behrman y Deolalikar [1987].

ralmente consumen menos alimentos de los necesarios (y los individuos de esta muestra consumían, en promedio, menos) no responden significativamente a los aumentos del presupuesto incrementando su ingesta de nutrientes?

Hemos analizado este estudio con cierto detalle porque sus resultados contrarios a la intuición no dejan de ser provocadores. Eso no quiere decir que todos los estudios posteriores hayan encontrado esa misma escasa relación entre la renta (o el gasto) y la ingesta de nutrientes. Existen notables diferencias entre los países, así como entre los estudios sobre periodos diferentes dentro de un mismo país, como indica el libro.

8.4 El efecto funcional de la pobreza

Es difícil encontrar palabras que expresen debidamente la degradación, la indignidad y la deshumanización de la pobreza económica extrema, por lo que no lo intentaremos. A menudo oímos hablar de los placeres de una vida sencilla y pobre, libre de ambiciones materialistas, rica en muchos otros aspectos. Apenas existen dudas de que la pobreza puede hacer que los seres humanos den lo mejor de sí mismos, en un entorno en el que compartir ganancias y pérdidas pasajeras tiene tan inmenso valor. Por otra parte, no existe excusa alguna para que haya pobreza, y a las personas que cantan las virtudes del pobre sencillo, honrado, leal y noble les vendría bien experimentar unas buenas dosis de pobreza. La pobreza económica es la peor cruz que le puede tocar a una persona.

Pasemos, pues, a analizar los argumentos que *relacionan* la incidencia de la pobreza con los mecanismos que la provocan. También es importante comprender los mecanismos informales que surgen espontáneamente para hacer frente a la pobreza. Estos mecanismos transmiten alguna información sobre las causas de la pobreza, así como sobre los efectos más generales que ésta produce en el sistema económico, y son fundamentales para elegir la política económica correcta.

La característica fundamental de la pobreza es que afecta al acceso de los pobres a los mercados, y esto tiene repercusiones en toda la economía. Casi todos los mercados resultan afectados: la capacidad para obtener crédito, para vender trabajo, para arrendar tierra con el fin de cultivarla. A continuación analizamos algunos de estos efectos. Lógicamente, lo que tengamos que decir está relacionado con los capítulos que dedicamos al estudio de esos mercados, como el 13 y el 14, por lo que nos referiremos brevemente a estas cuestiones y remitiremos al lector a la información adicional que pueden encontrar en otras partes de este libro.

8.4.1 Pobreza, crédito y seguro

Crédito

Es evidente que el mercado crediticio falla en el caso de los pobres. Éstos no pueden obtener préstamos con los cuales mejorar su vida invirtiendo en actividades productivas. El fallo se debe a diversas causas.

En primer lugar, los pobres no pueden presentar garantías para avalar el préstamo. Las garantías se piden por varias razones. En primer lugar, el proyecto para el que se solicita el préstamo puede resultar *verdaderamente* un fracaso, en cuyo caso el prestatario *no puede* devolver el préstamo. Una garantía es un seguro contra esta posibilidad. Sin embargo, ésta no es ni mucho menos la razón principal. Si los proyectos, *en promedio*, tienen éxito un prestamista espabilado se da cuenta de que existen posibilidades de ganancias y se ofrece a proporcionar préstamos. En este caso la garantía es sobre todo un instrumento para impedir que el prestatario *no devuelva intencionadamente* el préstamo.[20] La posibilidad de perder la garantía entregada reduce los incentivos para no devolver el préstamo. El problema es que los pobres carecen de los medios necesarios para presentar garantías suficientes y, por lo tanto, ven denegadas sus peticiones de préstamos.[21] En el capítulo 7 analizamos detalladamente un modelo que consideraba esta cuestión. Por último, también pueden exigirse garantías para conseguir una autoselección de los prestatarios de bajo riesgo o (si el éxito del proyecto depende sistemáticamente de los esfuerzos del prestatario) para incentivar estos a poner el máximo esfuerzo en que su proyecto tenga éxito.

Como veremos más detenidamente en el capítulo 14, la incapacidad de los pobres para presentar unas garantías suficientes les cierra las puertas del mercado formal de crédito. A veces fuentes informales de crédito pueden cubrir este hueco al aceptar algunos tipos de garantías que el sector formal no aceptaría. El más importante es el trabajo. En las sociedades cada vez más móviles, este tipo de garantía es cada vez más raro, ya que aunque los servicios laborales desempeñan la primera función de una garantía (que es respaldar al prestatario en el caso de que éste no devuelva el préstamo involuntariamente), su utilidad para impedir que el prestatario no devuelva intencionadamente el préstamo es limitada.

En segundo lugar, cabe argumentar que los incentivos de los pobres para devolver los préstamos son limitados, independientemente de (y aparte de) su incapacidad para presentar una garantía. Para comprenderlo, basta señalar que cada unidad adicional de dinero significa más para un pobre que para un rico: se trata simplemente del conocido principio de la *utilidad marginal decreciente*. Así pues, cuando llega el momento de devolver el préstamo y el prestatario se pregunta si lo devuelve o no, sus cálculos se inclinan lógicamente del lado de no devolverlo. La figura 8.1 lo muestra.

En esta figura, observamos dos rentas, Y_P (por pobre) e Y_R (por rico). Comparemos los dos casos en una situación en la que hay que devolver el mismo préstamo L. Dado que la función de utilidad muestra una utilidad marginal decreciente, es evidente que la *pérdida de utilidad* que experimenta el pobre devolviendo el préstamo (representada por

---

[20] Así, por ejemplo, si el prestamista local acepta como garantía de un préstamo el reloj de la bisabuela de una persona, para la cual es una reliquia de familia, no se trata tanto de que podrá conseguir un buen precio por el reloj si el prestatario no devuelve el préstamo como de que el reloj es valioso para *el prestatario*, por lo que si está considerando la posibilidad de no devolver el préstamo en una situación en la que pueda devolverlo, se lo pensará dos veces.

[21] Para un análisis más completo de esta cuestión, véase Banerjee y Newman [1994].

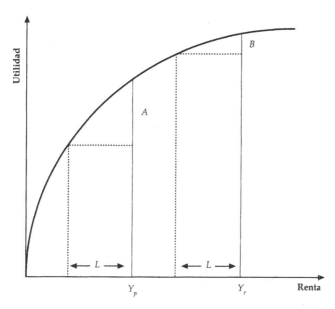

Figura 8.1. Incentivos de los pobres y de los ricos para devolver un préstamo: comparación.

el segmento de longitud *A* en el gráfico) es superior a la que experimenta el rico (representada por el segmento de longitud *B*).

Naturalmente, podría decirse en respuesta a esta observación que el supuesto de que los préstamos son de la misma cuantía no es razonable. Normalmente, el pobre recibe préstamos más pequeños, lo que invalida las fáciles comparaciones de la figura 8.1. También podría argumentarse que no estamos teniendo en cuenta los *costes* de no devolver el préstamo (como hicimos explícitamente en el capítulo 5). Es posible que los pobres se jueguen mucho más: tienen más que perder si no devuelven el préstamo, especialmente la imposibilidad de acceder al crédito en el futuro.

Podríamos hacer estas dos observaciones y tendríamos toda la razón al hacerlas. Los pobres *reciben* préstamos más pequeños, en promedio, y precisamente por serlo. También es posible que tengan mucho más que perder no devolviendo el préstamo, pero eso corrobora (desde otro ángulo) nuestro argumento de que la pobreza reduce el acceso al mercado de crédito. Al prestamista le interesa asegurarse de que los préstamos no cambian permanentemente la situación económica de su prestatario, de manera que la amenaza de cortarle el crédito en el *futuro* mantenga su eficacia.

Ya hemos visto en el capítulo 7 que esta falta de acceso implica una pérdida de producción nacional, ya que las oportunidades productivas no son aprovechadas como se aprovecharían si el mercado del crédito funcionara como es debido. En la medida en que los prestamistas no pueden apropiarse de una parte de los rendimientos de estas actividades (ante el temor de que no recuperar los préstamos), no prestan para permitir que se aprovechen estas oportunidades.

La imposibilidad de acceder al mercado del crédito también afecta el acceso de los pobres a los mercados de arrendamientos de tierras. Para más información sobre esta cuestión, véase el capítulo 12.

Seguro

Por otra parte, posiblemente los pobres tengan más facilidades para asegurarse mutuamente. Para ver por qué funciona mejor una red informal de seguridad en condiciones de pobreza, es importante analizar brevemente los factores que limitan el seguro. En el capítulo 15, dedicado al seguro, nos ocuparemos de esta cuestión mucho más detalladamente.

Brevemente, pues, ¿por qué se asegura la gente? Las razones son bastante obvias. El futuro entraña riesgos que no estamos dispuestos a correr. Nuestra casa puede incendiarse, podemos caer enfermos o quedar incapacitados, podemos ser despedidos, podemos atropellar a alguien con el automóvil, etc. Para *asegurarnos* contra estas contingencias, normalmente pagamos una cantidad de dinero, por ejemplo, todos los años, a una compañía de seguros. Ésta recibe el dinero y normalmente no desempeña ningún papel en nuestra vida (salvo tratar de convencernos de que aseguremos otras cosas) hasta que ocurre un siniestro, por ejemplo, hasta que se incendia nuestra casa. En ese caso, la compañía de seguros debe pagar la cantidad por la que la aseguramos.

Veamos ahora qué es necesario para que un seguro pueda funcionar bien. La primera característica de todo seguro es que el siniestro contra el que nos aseguramos debe ser *verificable*, al menos hasta cierto punto. No podemos comprar un seguro contra la posibilidad de que mañana estemos de mal humor. El problema no es la rareza del suceso contra la que uno se asegura —se sabe de personas que se aseguran contra cosas mucho más extrañas— sino de que el suceso no es verificable, sobre todo para la compañía de seguros.

La segunda característica que debe poseer un seguro es que cualquiera que sea la contingencia contra la que uno se asegura, no debe ser susceptible de plantear un problema del *riesgo moral*. El riesgo moral es un importante concepto económico que estudiaremos minuciosamente en los capítulos 12-14, pero es fácil transmitir su sentido. Supongamos que tenemos un ordenador personal y que lo aseguramos contra daños. Ahora que *estamos* asegurados, es posible que tengamos menos cuidado de que no se nos caiga el café en el teclado, ya que el seguro ha reducido el coste que los daños del ordenador tienen *para nosotros*. La cuestión es que *hay siniestros contra los que podríamos querer asegurarnos, en los que nuestros actos influyen en la probabilidad de que ocurran*. Eso plantea un dilema. El seguro perfecto es una buena idea en principio, pero si tiene como consecuencia que la gente se sienta menos responsable de sus propios actos, puede hacer aumentar mucho los costes de la compañía de seguros o, en todo caso, de *alguna otra persona*.[22]

---

[22] Un ejemplo clásico de riesgo moral es el seguro médico. Estados Unidos es el caso destacado. Cuando el nivel del seguro es alto, se abusa del sistema médico, ya que los pacientes acuden al médico al menor síntoma y reciben unos tratamientos en una escala sin parangón en otras partes del mundo. ¿Es gratuito todo esto? Por supuesto que no. Con el paso del tiempo, las primas se disparan y alcanzan niveles astronómicos, dando lugar a muchos costes tanto personales como sociales.

Para evitar el riesgo moral las compañías normalmente no ofrecen un seguro completo. Los contratos de seguro suelen contener franquicias, es decir, cláusulas según las cuales el asegurado paga una parte del coste del siniestro. Normalmente incurrimos en algunos de estos costes si un accidente daña la carrocería de nuestro coche; y si compramos un seguro de vida, las compañías no pagan nada en caso de suicidio, al menos durante los primeros años del seguro. La lista de restricciones es larga y variada.

En los países en vías de desarrollo, es relativamente raro que haya sistemas *formales* de seguro por las dos razones mencionadas. Dado que el sistema jurídico formal es lento, con pocos recursos y limitados poderes para verificar los hechos, es difícil, cuando no imposible, obtener una descripción formalmente verificable de los siniestros, como por ejemplo hasta qué punto ha sido mala la cosecha del asegurado. Esta misma falta de información agrava los problemas de riesgo moral: es cierto que nuestra cosecha depende de los caprichos meteorológicos (que es, para empezar, la razón por la que queremos asegurarnos), pero también es cierto que en la cosecha puede influir la intensidad con que hayamos trabajado la tierra, lo cual es muy difícil de controlar para una compañía de seguros. Por otra parte, en muchos casos, lo que se necesita son seguros no monetarios. Si en una familia cae enferma alguna persona, ésta puede tener que recurrir a los cuidados de otro residente del mismo pueblo o contratar más mano de obra en la época de la recolección. Dados estos enormes problemas, casi nunca existe un seguro formal.

En el capítulo 14 veremos que estos sistemas formales normalmente son sustituidos por sistemas informales dentro del propio pueblo. Los habitantes de un mismo pueblo tienen acceso a una información mucho mejor y, por lo tanto, pueden autoasegurarse como grupo de una forma que no puede reproducir ninguna empresa aseguradora.

Naturalmente, siguen existiendo problemas de riesgo moral. Un seguro perfecto contra las fluctuaciones idiosincrásicas de la cosecha puede llevar a la explotación agrícola familiar a escamotear esfuerzos. Sin embargo, la cuestión es que *los problemas de riesgo moral tienden a ser menores en el caso de los pobres.*

Es fácil ver por qué. El coste de oportunidad del trabajo es, casi por definición, menor para los pobres que para los ricos. Los pobres tienen más probabilidades de estar en paro o subempleados. Y aunque no fuera así, es probable que perciban un salario más bajo cuando trabajan y que el coste de su tiempo sea menor, en general. Esta característica les permite, a su vez, ofrecer creíblemente más esfuerzo para realizar la tarea de que se trate (por ejemplo, faenas agrícolas) con lo cual no necesita aceptar una gran franquicia para poder contratar un seguro. A este bajo coste de oportunidad del esfuerzo se suma el hecho de que la utilidad marginal de su consumo es muy alta (véase el análisis del subapartado anterior). Por lo tanto, aunque la gente pobre participe en sistemas que los aseguren con sólo pequeñas franquicias, raras veces se aprovechan de ello. Así pues, cuando la gente es pobre, resulta mucho más fácil tener sistemas informales que impliquen una gran cantidad de trabajo y de esfuerzo compartidos, además de transferencias de dinero (o de cereales) para sortear una mala época.

En el capítulo 15 nos extenderemos más en este tipo de análisis y haremos también algunas matizaciones.

8.4.2 Pobreza, nutrición y mercados de trabajo

Introducción

Ya hemos señalado que incluso según algunas estimaciones muy conservadoras, en 1990 había más de mil millones de pobres en todo el mundo. También hemos señalado que una elevada proporción de estas personas tiene unos niveles de nutrición inadecuados.

Los efectos de la desnutrición son muy diversos. Ya hemos mencionado algunas de sus consecuencias como la debilidad muscular, el retraso en el crecimiento, el aumento de las enfermedades, la vulnerabilidad a las infecciones y la disminución de la capacidad para trabajar. Además, las personas desnutridas se fatigan fácilmente y muestran claros cambios psicológicos, que se manifiestan en fenómenos como apatía mental, depresión, introversión, reducción de su capacidad intelectual y falta de motivación. La esperanza de vida de las personas desnutridas es baja, pero los desnutridos no se mueren inmediatamente.

En este apartado estudiamos la relación que existe entre el estado de nutrición de una persona y su capacidad para trabajar y en el capítulo 13 vemos que esta relación crea un círculo vicioso en el mercado de trabajo: la pobreza lleva a la desnutrición y, por lo tanto, a la incapacidad para trabajar, lo que a su vez incide en el grado de pobreza. La desnutrición desempeña, pues, un papel *funcional*, aparte de tener un interés intrínseco. Dado que afecta a la capacidad para trabajar, afecta de una manera fundamental al funcionamiento de los mercados de trabajo.

Balance energético

Para comenzar a analizar seriamente este problema, resulta útil examinar la descripción más sencilla de balance energético dentro del cuerpo humano.[23] Consta de cuatro grandes componentes.

1. *Aporte de energía*. El consumo periódico de alimentos es la principal fuente de aporte de energía al cuerpo humano. También es el punto de encuentro obvio entre la nutrición y la economía. En la mayoría de los casos, el acceso a los alimentos es equivalente al acceso a la *renta*. En el caso de los pobres, la renta se obtiene principalmente del rendimiento de su trabajo y (en menor medida) de sus activos no laborales, como una pequeña cantidad de tierra.

2. *Metabolismo en reposo*. Es una proporción *significativa* de las necesidades del cuerpo. Representa la energía necesaria para mantener la temperatura del cuerpo, mantener la actividad cardíaca y respiratoria, satisfacer las necesidades mínimas de energía de los tejidos en reposo y mantener los gradientes iónicos de las membranas celulares. En el caso del "hombre de referencia" de la Organización de las Naciones Unidas para la Agricultura y la Alimentación (FAO), que es un hombre europeo de 65 kilos de peso, esta cifra gira en torno a las 1.700 calorías diarias. Naturalmente, la cifra exacta varía signifi-

---

[23] El contenido de este subapartado se basa en Dasgupta y Ray [1986, 1987, 1990], Ray y Streufert [1993] y Ray [1993].

cativamente con las características del individuo y con el entorno en el que vive. Por ejemplo, un condicionante importante es la masa corporal: una masa corporal mayor eleva el metabolismo en reposo.

3. *Energía necesaria para trabajar.* El segundo componente importante es la energía necesaria para realizar un trabajo físico. Según la estimación de 1973 de la FAO, aplicada a su hombre de referencia, es de 400 kilocalorías diarias para una "actividad moderada". Desgraciadamente, como señalan Clark y Haswell [1970, pág. 11], el hombre de referencia de la FAO "parece que es un europeo de 65 kilos de peso que pasa la mayor parte del día de una manera que se define de forma bastante ambigua, pero que aparentemente no trabaja mucho". Esta cifra puede ser una estimación algo conservadora en el caso de los pobres de los países menos desarrollados, que tienen que realizar un trabajo sumamente extenuante. Aunque es imposible realizar estimaciones precisas sin conocer el tipo exacto de trabajo, probablemente no nos equivoquemos si decimos que esta cifra es significativamente superior a 400 kcal. diarias.

El interesante libro de Clark y Haswell contiene información sobre la energía necesaria para realizar diversos tipos de actividad física, procedente de estudios de diferentes autores. Así, en los estudios de la agricultura de África occidental, las estimaciones del consumo de calorías van desde 213 kcal. por hora para transportar un tronco de 20 kilos hasta 274 para utilizar la azada, 372 para desbrozar la tierra y hasta 502 para talar un árbol. Naturalmente, se trata de actividades que no se realizan (ni pueden realizarse) continuamente durante largos periodos de tiempo, pero el hombre de referencia europeo con su asignación de calorías para actividades físicas tendría muchas dificultades para realizar mínimamente cualquiera de éstas. La cuestión es, pues, bastante clara. El trabajo de los pobres suele ser trabajo físico y el trabajo físico exige una considerable cantidad de energía.

4. *Almacenamiento y uso de reservas.* Debería ser ya bastante evidente que seguramente existe, al menos durante un periodo de tiempo, algún tipo de equilibrio entre el primer componente, el aporte de energía, y la *suma* del segundo y el tercero. Sin embargo, a corto o medio plazo, el cuerpo humano puede compensar (en alguna medida) los excesos o las carencias. Las carencias energéticas se satisfacen recurriendo a las reservas del cuerpo. Los excesos de energía en parte desaparecen y, en parte, se almacenan. A las personas bien alimentadas de los países desarrollados les preocupa el segundo problema (especialmente la posibilidad de que los excesos de energía se almacenen y no desaparezcan). Para los cientos de millones de personas que padecen desnutrición, el verdadero problema es el primero: hacer frente a la amenaza de experimentar un déficit de energía. Un déficit continuado lleva a la desnutrición, y —a la larga— a la destrucción del cuerpo como consecuencia de las enfermedades, de la debilidad o de la muerte.

De lo que debemos darnos cuenta —y es ésta una cuestión que analizaremos detalladamente en el capítulo 13— es de que *no sólo* los mercados de trabajo generan renta y, por lo tanto, crean la principal fuente potencial de nutrición y buena salud sino que también una buena nutrición *afecta, a su vez, a la capacidad del cuerpo para realizar tareas que generan renta*. Se trata de un ciclo que nos alerta sobre la posibilidad de que en los países en vías de desarrollo, una proporción significativa de la población se encuentre sumida en la trampa de la pobreza.

Para afianzar las ideas, prescindamos de momento del almacenamiento o del uso de reservas energéticas. La figura 8.2 muestra la relación entre la nutrición y la capacidad para realizar un trabajo productivo, que denominamos *curva de capacidad*.

Obsérvese atentamente la denominación de los ejes de la figura 8.2. En particular, el eje de abscisas, que en realidad debería ser "nutrición", se ha denominado "renta", porque se supone implícitamente que toda la renta se gasta en nutrición. No se pierde nada esencial sustituyendo este supuesto por uno más realista en el que, por ejemplo, el 70% de la renta se gaste en nutrición, pero como veremos, la exposición es más sencilla de esta forma. El eje de ordenadas se ha denominado con la vaga expresión "capacidad para trabajar". ¿Cómo podemos concebirla conceptualmente? La idea es concebir la capacidad para trabajar como una medida del número total de tareas que puede realizar una persona durante el periodo examinado, por ejemplo, el número de quintales de trigo que puede recolectar al día. La curva de capacidad se halla conectando diferentes niveles de nutrición (o de renta) con los correspondientes niveles de capacidad para trabajar.

Para comprender la forma de la curva de capacidad, pregúntese el lector qué ocurre cuando nos desplazamos de izquierda a derecha a lo largo del eje de abscisas, es decir, cuando aumentamos la cantidad de renta (nutrición) de que dispone el individuo. Al principio, la mayor parte de esta nutrición se dedica a mantener el metabolismo en reposo y, por lo tanto, a mantener la estructura básica del cuerpo. En esta fase, queda muy poca energía extra para trabajar (recuérdese de nuevo que estamos excluyendo de momento el uso de las reservas de energía del cuerpo). Por lo tanto, en esta fase, la capacidad para trabajar es baja (cercana a cero, si se quiere) y no aumenta demasiado deprisa a medida que varían los niveles de nutrición. Sin embargo, una vez atendido el metabolismo en reposo, la capacidad para trabajar aumenta considerablemente, ya que ahora la mayor parte del aporte adicional de energía puede canalizarse hacia el trabajo. Esta fase

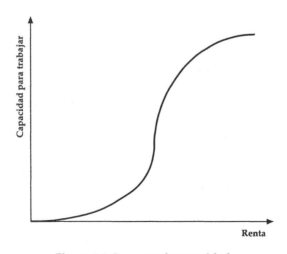

Figura 8.2. La curva de capacidad.

va seguida de otra de rendimientos decrecientes, ya que los límites naturales que impone el cuerpo restringen la conversión del aumento de nutrición en una capacidad cada vez mayor para trabajar (la curva probablemente comienza a tener incluso pendiente negativa a partir de un determinado punto, debido a las preocupaciones habituales del mundo desarrollado, pero aquí prescindiremos de esa posibilidad).

Nutrición y capacidad para trabajar

El análisis de la relación biológica entre nutrición y capacidad para trabajar tiene por objeto alertarnos sobre una línea de pensamiento que seguiremos detalladamente en el capítulo 13. Aunque un bajo nivel de renta provoca un bajo nivel de nutrición, *un bajo nivel de nutrición puede generar un bajo nivel de renta*. Éste es el aspecto funcional de la desnutrición: aparte de ser una cuestión de interés social y ético por derecho propio, repercute en la capacidad para obtener ingresos. No es difícil, pues, imaginar la existencia de un círculo vicioso de la pobreza en muchos países de renta baja, en los cuales las bajas rentas son responsables de la desnutrición, la cual perpetúa, a su vez, estas bajas rentas.

En el capítulo 13 abordaremos este tema más detalladamente, pero de momento merece la pena ver cuál sería el argumento. Se nos ocurren varias consideraciones.

(1) *Si es posible que exista un círculo de baja renta-desnutrición-baja renta en los países pobres, ¿por qué no es posible que exista en el caso de algunos grupos de personas en los países ricos?*

Esta pregunta nos lleva a preguntarnos si puede existir aisladamente el círculo vicioso que acabamos de describir, independientemente de que la economía sea rica o pobre. La respuesta es, en general, negativa, y la razón está relacionada con la oferta total de trabajo.

Un mercado de trabajo experimenta *tensiones* si las alternativas a trabajar en una determinada empresa son relativamente abundantes y atractivas. Según la teoría convencional de la oferta y la demanda, para que un mercado de trabajo experimente tensiones, debe haber una baja oferta en relación con la demanda *en ese mercado* u oportunidades atractivas en *otros* mercados de trabajo.

Ahora bien, si existen tensiones en el mercado de trabajo, en el sentido que acabamos de describir, los rendimientos del trabajo son altos incluso aunque una persona tenga poca capacidad para trabajar. El círculo no puede cerrarse por completo. Estos elevados rendimientos, en general, permiten al individuo tener un nivel de nutrición suficiente y, por lo tanto, aumentan su capacidad para trabajar con el paso del tiempo. El grado en que puede aumentar la renta de un trabajador no depende de consideraciones biológicas sino de las oportunidades que tenga ese trabajador en otros sectores del mercado de trabajo. Si estas oportunidades son abundantes, la teoría del círculo vicioso basada en la desnutrición deja de ser válida.

La existencia de tensiones en algunos mercados de trabajo de determinados países es una cuestión que sólo puede resolverse realizando estudios empíricos minuciosos.[24]

---

[24] Tomemos el caso del mercado de trabajo rural de la India, en el que participa la mayor parte de la población activa de ese país. Parece que apenas hay dudas de que esos mercados se caracterizan por tener unos elevados y persistentes niveles de paro, al menos durante una parte significativa del año. La evidencia procede de varias fuentes. Por ejemplo, según Krishnamurty [1988], cuyo estudio se basa en datos de la

(2) *¿No podría la gente pedir un préstamo para salir del círculo vicioso?*

Es ésta una cuestión sutil que no podemos abordar satisfactoriamente hasta que no estudiemos los capítulos 13 y 14, pero es posible dar algunas respuestas provisionales. En primer lugar, el mercado de crédito puede estar simplemente cerrado a las personas pobres, por razones ya esbozadas en los apartados anteriores. Esto es especialmente cierto en el caso del crédito para el consumo. A los prestamistas suele interesarles financiar proyectos de producción tangibles, por lo que es difícil conseguir préstamos para consumo en condiciones razonables.

Hay otra respuesta más delicada. ¡Una economía en la que haya trampas de desnutrición del tipo que estamos considerando aquí puede muy bien ser óptima en el sentido de Pareto! Es decir, puede que *no* sea posible (a corto plazo) mejorar el bienestar de los pobres desnutridos sin una cierta cantidad de redistribución de la renta del segmento de la población que tiene más acceso a la renta y a los activos.[25] Recuerde el lector lo que significaba optimalidad en el sentido de Pareto en el curso de introducción a la economía. Significaba que no es posible reasignar las dotaciones, la producción y el consumo de tal manera que mejore simultáneamente el bienestar de todos los agentes económicos. La optimalidad en el sentido de Pareto suena muy bonita y en cierto sentido lo es, pero es perfectamente compatible con la idea de que algunas personas obtienen una cantidad muy pequeña de las cosas buenas. Como mejor se comprende es repartiendo una tarta entre dos personas. Mientras no tiremos algún trozo de tarta, *cualquier* reparto es óptimo en el sentido de Pareto, incluido el reparto en el que una persona se la come toda.

La optimalidad en el sentido de Pareto tiene sus consecuencias. Si una economía está funcionando de tal forma que su asignación de los bienes y servicios es óptima en el sentido de Pareto, ¡la introducción de un mercado de crédito en el que la gente pueda pedir préstamos para aprovisionarse de capacidad de trabajo no puede surtir ningún efecto! La razón se halla en que para que alguien preste en ese mercado, debe obtener una ganancia. Las personas que piden préstamos probablemente también salgan ganando. Las que no participan no resultan afectadas.[26] En esa situación, la nueva asignación lograda por el mercado de crédito debe mejorar el bienestar de algunas personas sin empeorar el de ninguna otra. Eso contradice el postulado de que la asignación inicial era óptima en el sentido de Pareto.

---

encuesta muestral nacional, las tasas rurales de paro fueron altas y crecientes en los años setenta, aunque hubo muchas diferencias entre los estados. Visaria [1981] y Sundaram y Tendulkar [1988] han observado, además, que las tasas de paro de los hogares agrícolas que participan principalmente en el mercado de trabajo rural eran realmente altas. La tesis de Mukherjee [1991] contiene una minuciosa revisión de la literatura sobre la cuestión y realiza, además, un detallado estudio del pueblo de Palanpur, que refuerza los resultados anteriores. El elevado paro es una característica tan aceptada para los investigadores que estudian el caso de la India que los análisis teóricos de los mercados de trabajo suelen tener como objetivo explicar y comprender esta característica crucial. El excelente estudio panorámico de Drèze y Mukherjee [1991] de las teorías de los mercados de trabajo rurales lo muestra perfectamente.

[25] Este es el argumento que se defiende en Dasgupta y Ray [1986].

[26] El lector cauto se dará cuenta de que el argumento es algo frágil. Puede haber efectos en los precios relativos que sí alteren las asignaciones del consumo de los que no participan, pero en el sencillo modelo de un bien que analizamos en el capítulo 13, estas afirmaciones son verdaderas.

Este argumento se basa en el supuesto de que la situación inicial es óptimo en el sentido de Pareto. En el capítulo 13 nos extenderemos más sobre este modelo.

(3) *Si la capacidad para trabajar afecta a la cantidad de trabajo realizada en el futuro, ¿no desearán los empresarios ofrecer contratos de larga duración para aprovechar esa circunstancia?*

No está claro que se pueda obligar a cumplir esos contratos a menos que exista alguna razón *distinta* para que los trabajadores quieran cumplirlos (puede muy bien haber alguna, como veremos más adelante en este libro). Es improbable que una empresa firme un contrato de larga duración con su empleado *simplemente* para extraer futuras ganancias del aumento de su capacidad de trabajo. No existe garantía alguna de que el empleado seguirá ahí mañana: podría trabajar para otra empresa, quizá de otro pueblo; podría emigrar. En estas circunstancias, es difícil que un empresario esté dispuesto a invertir en aumentar el nivel de nutrición de sus empleados. En segundo lugar, si otros empresarios pueden identificar a la persona que goza de buena salud, el mercado presionará al alza sobre el salario de ese trabajador. Eso significa esencialmente que éste recogerá todo el beneficio de la inversión financiada por el empresario, en forma de un salario más alto. De ser eso así, ¿para qué realizar la inversión?

El problema puede resolverse si el trabajador firma un contrato que le prohíba trabajar en otra parte en el futuro incluso aunque las condiciones sean mejores, pero un contrato así tiene connotaciones poco éticas que impiden que un tribunal pueda obligar a cumplirlo, y con razón, desde el punto de vista moral.

(4) *Por cierto, si existieran de alguna manera esas relaciones de larga duración por otros motivos, ¿influiría eso en el estado de nutrición de los trabajadores?*

Podría influir, pero en una relación en la que la nutrición sea utilizada positivamente por el empresario para que el trabajador aumente su capacidad de trabajo, *tiene que haber un factor o un grupo de factores específico que de estabilidad a esa relación, en el sentido de que sustituir al trabajador tenga un coste elevado*. Examinemos rápidamente tres ejemplos.

La economía esclavista: la esclavitud quizá sea el mejor ejemplo. Los esclavos eran comprados y, por lo tanto, cada sustitución entrañaba un elevado gasto, aparte de los costes diarios que suponía el mantenimiento de los esclavos. De hecho, en el sur de Estados Unidos, los precios de los esclavos subieron vertiginosamente en las décadas anteriores a la Guerra de Secesión (Fogel y Engerman [1974, págs. 94-102]). Un esclavo tenía, pues, un enorme valor para su propietario. Resulta que la dieta de los esclavos era abundante y variada.[27] De hecho, era superior a la cantidad diaria de nutrientes recomendada en Estados Unidos en 1964. Y lo que quizá sea más importante, en 1879 el valor calórico de la dieta media de los esclavos era más de un 10% superior al de la dieta de todos los "hombres libres" (Fogel y Engerman [1974, pág. 113]). Por otra parte, en los manuales de los capataces se hacía hincapié repetidamente en que el mantenimiento de la salud de los esclavos era uno de los objetivos fundamentales [Fogel y Engerman [1974, pág. 117]).

---

[27] Fogel y Engerman [1974, pág. 111] señalan que entre los "productos de las plantaciones que consumían los esclavos se encontraban la carne de vacuno, la carne de ovino, pollo, leche, nabos, guisantes, calabacines, boniatos, manzanas, ciruelas, naranjas, calabazas y peras", además de maíz y cerdo.

Industria: la influencia de un nivel suficiente de nutrición en la productividad de los trabajadores se ha destacado repetidamente en los manuales. Por ejemplo, la monografía de Keyter [1962] sobre Suráfrica contiene muchas referencias de ese tipo y un apartado final con cincuenta y cuatro recetas. Ese libro centra la atención en las prácticas alimentarias de los obreros industriales y en su análisis aborda directamente las razones evidentes para dar de comer en el centro de trabajo: cambiando la composición de los salarios de esta manera, se obliga al trabajador a consumir una proporción mayor de su salario en forma de alimentos.[28]

Servicio doméstico: éste es otro buen ejemplo de un mercado de trabajo que es probable que sea inflexible. Los sirvientes adquieren en el trabajo unas características que hacen que resulte difícil sustituirlos. No sólo es importante la pérdida de un sirviente sino que, además, la adquisición de uno nuevo que tenga unas características mínimamente aceptables suele obligar a llevar a cabo un arduo proceso de formación. Resulta interesante considerar los estudios sobre este mercado en el contexto de la India; los datos empíricos nos dicen a primera vista que esos estudios confirmarían en buena medida nuestra tesis.[29] Remitimos a una excelente monografía de McBride [1976] sobre el tema, que cita varios manuales de gobierno del hogar escritos para las amas de casa inglesas y francesas en el siglo XIX. Aunque McBride considera que la dieta de los criados era, en general, escasa (en relación con la del señor y la señora), más de un manual sugiere explícitamente medios para garantizar a los sirvientes un elevado nivel de energía. Por ejemplo, un popular manual francés de principios del siglo XIX recomienda que se obligue a los sirvientes a abandonar la práctica tradicional parisina del café con leche por la mañana y la sustituyan por un desayuno consistente en una sopa hecha con restos de carne de la noche anterior, a fin de que el sirviente tenga suficiente energía para trabajar hasta las 5 de la tarde sin parar. Según el estudio de Booth sobre la vida de los trabajadores londinenses, "la calidad de los alimentos dados a los sirvientes domésticos... normalmente es muy buena y en todos los casos, salvo en algunos muy raros, muy superior a la que pueden obtener los miembros de las familias de clase obrera de la que proceden los sirvientes" (Booth [1903, vol. 8]).

8.4.3 La pobreza y el hogar

El desigual reparto de la pobreza

Una de las grandes tragedias de la pobreza es que los pobres quizá no puedan permitirse el lujo de repartir su pobreza por igual. El desigual reparto se debe fundamental-

---

[28] A este respecto, véase también el estudio de Rodgers [1975] sobre algunos pueblos de Bihar, aunque en este estudio las razones para alimentar a los trabajadores en el centro de trabajo son considerablemente más ambiguas.

[29] Los hogares indios de clase media y alta muestran un grado extraordinariamente alto de preocupación paternalista por la nutrición y la atención médica de sus sirvientes. Esa preocupación no parece especialmente acorde con los salarios monetarios que pagan a los sirvientes. Aunque este cuidado paternalista haya sido moldeado por las costumbres sociales para que parezca genuino, apenas hay dudas sobre los motivos fundamentales de esa conducta.

mente al hecho de que hay que dedicar a cada persona (incluido cada niño) ciertas cantidades mínimas de nutrición, cuidado y recursos económicos para que su vida sea productiva y sana. En las situaciones de extrema pobreza, el reparto igualitario de los recursos del hogar podría no ayudar a nadie, ya que las cantidades medias son demasiado pequeñas. La posible ventaja del reparto desigual radica en que ayuda a *algunos* miembros del hogar a ser mínimamente productivos en circunstancias extremas. Eso nos lleva directamente a los conocidos problemas de la "ética del bote salvavidas": un bote salvavidas sólo puede llevar dos personas y hay tres que se quieren salvar. Una debe morir.

La curva de capacidad muestra claramente cómo el problema de la nutrición fomenta los repartos desiguales. La figura 8.3 representa la curva de capacidad *OAEB*. La línea recta *OAB* parte del origen, por lo que el segmento *OA* es igual al *AB*. El nivel de renta correspondiente a la capacidad *B* está representado por *Y**. Por definición, el nivel de renta correspondiente a la capacidad *A* debe ser *Y**/2.

Consideremos ahora el caso de un hogar formado por dos personas solamente y supongamos que sus curvas de capacidad son idénticas y están representadas por la curva de la figura 8.3. Supongamos que la *renta total del hogar* viene dada por *Y**. Pensemos en dos opciones: o bien el hogar se reparte esta renta por igual, o bien una persona la consu-

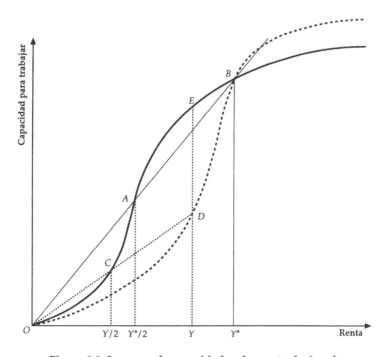

Figura 8.3. La curva de capacidad y el reparto desigual.

me toda.[30] Obsérvese que de acuerdo con la definición de Y^*, estas dos opciones generan al hogar exactamente la misma capacidad total para trabajar: por el teorema de los triángulos semejantes, la altura de B debe ser exactamente el doble de la de A.

Supongamos ahora que el hogar tiene una renta inferior a Y^*, por ejemplo, Y (véase el gráfico). Si se reparte por igual, significa que cada miembro recibe $Y/2$ y que, por lo tanto, cada persona tiene una capacidad para trabajar igual a la altura de C. La capacidad *total* del hogar es, pues, el doble de esta altura, que es exactamente la altura del punto D. Compárese con la capacidad total que tiene el hogar si una persona recibe toda la renta para consumo: es la altura del punto E, que es mayor. Por lo tanto, en los niveles de renta inferiores al umbral crítico Y^*, *los repartos desiguales del consumo aumentan la capacidad del hogar para trabajar*. En la medida en que el aumento de la capacidad del hogar es bueno para obtener renta en el futuro, nos encontramos aquí ante un dilema.

En cambio, en los niveles de renta de los hogares superiores al umbral Y^*, un reparto igual es mejor que uno desigual. La curva de puntos ODB se ha trazado a partir de la curva de capacidad: nos dice cuál es la capacidad del hogar cuando su renta se reparte por igual. Se encuentra *por debajo* de la curva de capacidad individual hasta el punto B, a partir del cual se encuentra por encima.

Este argumento sugiere por qué la pobreza está correlacionada con el reparto desigual. Obsérvese bien quién es el culpable: es el segmento "convexo" de la curva de capacidad, que recoge el hecho de que para que la productividad aumente, es necesario un cierto aporte mínimo de nutrientes. Sin este segmento, siempre serían preferibles los repartos iguales.[31]

Una reacción a este argumento es que no es realista: es absurdo imaginar que se va a dejar que una persona se muera de hambre en aras de la maximización de la capacidad del hogar. Esta no es, desde luego, la lección con la que queremos que se quede el lector: este resultado es extremo debido a la sencillez del modelo. Existen varias razones para que no se dé un resultado tan desigual, comenzando por el hecho de que cada miembro de la familia es amado y apreciado. Sin embargo, una situación como ésa da pie a una *tendencia* hacia el trato desigual, en la medida en que a la familia le preocupa la capacidad del hogar de obtener renta en el futuro.

Una solución habitual al problema del bote salvavidas es echarlo a suertes: esta solución tiene, al menos, la virtud de ser igualitaria *ex ante*. Echarlo a suertes no es una proposición totalmente absurda: la gente que presta ayuda de emergencia en las grandes catástrofes no lo hace de otra manera. Sin embargo, aquí no estamos hablando de una catástrofe repentina sino de un proceso continuo de desarrollo nutritivo (por lo que echarlo a suertes diaria o semanalmente produce el mismo efecto que el consumo igualitario). Por lo tanto, el blanco de la discriminación se establece de una vez por todas: hay ciertos individuos a los que se les niega *sistemáticamente* el alimento y la atención médica, a fin de poder dedicar mejor los escasos recursos a un subgrupo de miembros de la familia.

---

[30] Naturalmente, estas dos opciones extremas son una exageración. También son posibles evidentemente otras divisiones intermedias, pero prescindimos de ellas para simplificar el análisis.

[31] Para un análisis más detallado de este tipo, véase Mirrlees [1976] y Stiglitz [1976].

Los que menos reciben

¿Quiénes son los individuos a los que se les niega tanto? Normalmente mujeres, tanto adultas como niñas y —a pesar de la supuesta armonía del clan familiar—, personas de edad avanzada y enfermos. Quizá sea relativamente fácil comprender por qué se trata así a las personas de edad avanzada, sobre todo teniendo en cuenta el modelo anterior: la nutrición y la atención médica desempeñan un papel funcional, aparte de tener una finalidad en sí mismas. Constituyen los elementos necesarios para tener capacidad para percibir renta en el futuro. Las personas de edad avanzada se encuentran en peores condiciones para aportar esta capacidad. En la medida en que los objetivos de ganar renta se internalicen en la dinámica social de la familia, se discriminará a estas personas. Es decir, *nadie* toma abiertamente decisiones tan duras, pero la discriminación se manifiesta en lo que hacen todos y cada uno de los miembros de la familia, quizá incluso las propias personas de edad avanzada.

Consideremos el caso de las mujeres viudas. Rahman, Foster y Mencken [1992] han estudiado las tasas de mortalidad de las mujeres viudas de las zonas rurales de Bangladesh, y Chen y Drèze [1992] han realizado un estudio parecido sobre varios pueblos del norte de la India. La pérdida del marido puede ser devastadora desde el punto de vista económico, a menos que la viuda posea activos como tierra, aunque en este caso las cosas también son complicadas, ya que la posibilidad de perder la tierra puede depender, a su vez, de la viudedad (Cain [1981]). Como señalan Chen y Drèze [1992], "el problema básico no radica únicamente en que una viuda suele depender de otros miembros del hogar para sobrevivir *sino también en que estos otros miembros del hogar normalmente no dependen de ella para nada esencial*" (el subrayado es mío).

El cuadro 8.6 muestra cómo varían las tasas de mortalidad por edades con la viudedad en las zonas rurales de Bangladesh. Los resultados son sorprendentes. Las tasas totales de mortalidad se multiplican casi por 3 si la mujer está viuda en lugar de casada. En este grupo, las viudas que son cabeza de familia se encuentran en una situación relativamente mejor que la media de todas las viudas. Las que viven en hogares en los que ellas, o alguno de sus hijos, no son cabeza de familia se encuentran en una situación especialmente mala[32] y la explicación no puede deberse a que esos hogares sean por alguna razón intrínsecamente más pobres que otros: no existen pruebas de que los gastos per cápita de los hogares en los que hay una viuda sean inferiores a los de los hogares en los que no hay ninguna (Drèze [1990]).

Este tipo de observaciones no se limita a las viudas. Por lo que se refiere a la atención médica, según un estudio de Kochar [1996] sobre los clanes familiares del sur de Asia, los gastos médicos que se realizan en las personas de edad avanzada varían sistemáticamente (e inversamente) con su capacidad para obtener ingresos, lo cual implica que el hogar como *unidad de producción* parece que desempeña un importante papel cuando se reparten los gastos dedicados a la nutrición o a la salud. Este sesgo se observa no sólo en que

---

[32] Naturalmente, el temor a no tener un hijo que sirva de ayuda puede influir, a su vez, en las decisiones anteriores de tener hijos, y eso puede explicar en parte la elevada fecundidad de algunos grupos que se sabe que discriminan a las viudas (véase el capítulo 9 para más información).

Cuadro 8.6. Tasas de mortalidad por edades de las viudas en Bangladesh.

Grupo de edad	Mujeres casadas	Total viudas	Viudas cabeza de familia del hogar	Viudas de un hogar cuyo cabeza de familia es un hijo	Viuda de un hogar cuyo cabeza de familia es ella o un hijo
			Tasa de mortalidad (muertes al año por cada 100 personas)		
45-54	0,89	1,36	1,68	1,15	1,63
55-59	1,78	2,06	2,21	2,13	1,23
60-64	3,10	3,83	2,42	3,86	5,84
65-69	3,81	5,56	5,20	5,15	8,27
70-79	9,43	9,99	8,63	9,88	11,67
80+	9,38	17,50	15,04	17,66	18,52
Total	1,87	5,29	3,75	5,37	7,59

Fuente: Rahman, Foster y Mencken [1992] y Chen y Drèze [1992].

se asignan menos gastos médicos a las personas de edad avanzada *en relación con* la incidencia esperada de las enfermedades en estos grupos de edad más avanzada *sino también algunas veces en términos absolutos.*[33]

Una vez que aceptamos el argumento de que el reparto de los gastos en el seno del hogar se debe a razones funcionales e intrínsecas, es fácil comprender el fenómeno de la discriminación que padecen las personas mayores. Algo más difícil resulta comprender por qué ocurre más o menos lo mismo con las mujeres, tanto adultas como niñas. A menos que creamos que los hombres están mejor preparados que las mujeres para realizar algunos tipos de tareas, no podemos justificar la discriminación de las mujeres atribuyéndola *únicamente* al argumento del bote salvavidas. La discriminación de las mujeres en el seno del hogar se debe más en general a un sesgo en contra de la mujer. Supongamos, por ejemplo, que las mujeres realizan las tareas domésticas, mientras que los hombres obtienen ingresos. Si las tareas del hogar no se monetizan debidamente en la psicología del reparto de los recursos dentro del hogar, es válido el argumento del bote salvavidas y sería de esperar que se discriminara a las mujeres en ese reparto. Asimismo, aunque tanto las mujeres como los hombres tengan un empleo remunerado, si los salarios que perciben las mujeres por realizar un trabajo similar son más bajos, habrá un sesgo en contra de ellas en el reparto de los recursos.

Los problemas de las carencias nutritivas complican más la cuestión. Quizá no baste con observar simplemente que las mujeres reciben menos nutrición que los hombres: la

---

[33] La presencia de mujeres y niños agrava el problema, ya que acentúa la tendencia a asignar menos gastos a las personas de edad avanzada. Sin embargo, la observación de que es más probable que se recurra a gastar los ahorros para el tratamiento de las personas mayores que para el de los hombres jóvenes, una vez tenida en cuenta la gravedad de la enfermedad, complica el análisis. El artículo de Kochar contiene un perspicaz análisis de las causas posibles de esta aparente anomalía.

Cuadro 8.7. Ingesta y necesidades de calorías por sexo en las zonas rurales de Bangladesh (1975-76).

Edad (años)	Hombres		Mujeres	
	Ingesta de calorías	*Necesidades de calorías*	*Ingesta de calorías*	*Necesidades de calorías*
10-12	1.989	2.600	1.780	2.350
13-15	2.239	2.753	1.919	2.224
16-19	3.049	3.040	2.110	2.066
20-39	2.962	3.122	2.437	1.988
40-49	2.866	2.831	2.272	1.870
50-59	2.702	2.554	2.193	1.771
60-69	2.569	2.270	2.088	1.574
70+	2.617	1.987	1.463	1.378

Fuente: Sen [1984, cuadro 15.3].

cuestión es saber si reciben menos nutrición en relación con la que necesitan. La evidencia a este respecto no es tan clara como cabría esperar. Por ejemplo, el Institute of Nutrition and Food Science (INFS) realizó una encuesta por muestreo sobre la ingesta de calorías de los hogares de las zonas rurales de Bangladesh.[34] También utilizó los conceptos de "necesidades", a saber, las recomendaciones por edad y sexo del FAO/WHO Expert Committee (1973). El cuadro 8.7 resume algunas de las observaciones del INFS sobre la ingesta de calorías.

El cuadro es interesante por dos razones. En primer lugar, la segunda columna y la cuarta nos dicen que las mujeres reciben sistemáticamente menos nutrición en *todos* los grupos de edad encuestados (y la clasificación por edades es bastante detallada). El déficit va desde un mínimo del 11% (en el grupo de edad más joven) hasta un máximo del 44% en el grupo de edad 70+ (lo que coincide con las observaciones que hemos hecho antes sobre las viudas).

En segundo lugar y en contraste con la primera observación, si el déficit se mide en relación con las *necesidades* establecidas, esta discrepancia desaparece. Persiste el déficit en relación con las necesidades en los dos grupos de edad más jóvenes, pero también hay un déficit en el caso de los hombres, lo que lleva a preguntarse cuáles son exactamente las necesidades y cómo se miden. Aparte de las consideraciones relacionadas con la masa corporal, ¿suponen que los hombres y las mujeres realizan tareas distintas? Por otra parte, ¿cómo es que se estima exactamente el consumo de energía de estas tareas sin definirlas totalmente? Como señala Sen [1984, pág. 351], "...existen buenas razones para poner en cuestión los supuestos sobre el consumo de energía de las actividades realizadas por las mujeres, que no son tan 'sedentarias' como tienden a suponer los cálculos de

---

[34] Este análisis procede de Sen [1984, capítulo 15].

calorías. Además, es preciso reconocer más plenamente la nutrición adicional que necesitan las mujeres embarazadas y las madres lactantes". Medir los déficit en relación con un concepto arbitrario de "necesidades" puede ser sumamente engañoso.

Así pues, el sesgo en contra de las mujeres puede o no manifestarse directamente en los cocientes entre consumo y necesidades, en lo que se refiere a la nutrición. Es posible que tengamos que profundizar más. Puede que intervengan algunos factores muy distintos en el reparto de los recursos, incluso algunos que no tengan ningún coste de oportunidad directo. Puede ocurrir que no se lleve a una niña a la clínica cuando está enferma, incluso aunque los servicios médicos sean gratuitos. El coste de llevarla *no* es el coste de la atención médica sino posiblemente el coste implícito de la dote si sobrevive hasta la madurez. Puede suceder que no se dé a las niñas educación o que ésta se desatienda simplemente porque no se espera que su educación se traduzca en un aumento de la renta de *ese* hogar (y es posible que no reduzca tampoco el coste de una dote). El recuadro sobre la rivalidad entre hermanos en Ghana es un ejemplo de investigación que busca indicadores directos como éstos. Por último, las diferencias entre las tasas de mortalidad infantil por sexos podrían explicar una gran parte de la discriminación: es posible que los *supervivientes* reciban relativamente el mismo trato, pero cuando los consideramos, no tenemos en cuenta a los muertos.

Estos problemas se agravan cuando carecemos de datos directos sobre el reparto de los recursos en el seno del hogar y tenemos que arreglárnoslas con datos indirectos. Deaton [1994] ha analizado un método de ese tipo: analizar el consumo de ciertos "bienes para adultos" (como el tabaco) en el hogar y relacionarlo con la proporción de niñas que hay en él (teniendo el cuenta el número total de niños). Si las niñas son discriminadas en el consumo, eso debería traducirse en un aumento global del consumo de los adultos cuando hay más niñas que niños. Deaton [1989], Subramanian y Deaton [1991], Ahmad y Morduch [1993] y Rudd [1993], entre otros autores, han aplicado esta interesante metodología a los datos. No han obtenido ningún resultado claro, ni siquiera en aspectos en los que otros indicadores de la discriminación (como la proporción entre el número de mujeres y el de hombres) eran positivos. Deaton [1994] señala que "es ciertamente algo enigmático que el análisis de las pautas de gasto no muestre sistemáticamente la existencia de una considerable influencia del sexo, incluso cuando se sabe que existe".

La rivalidad entre hermanos: evidencia de Ghana

Al igual que ocurre en otras muchas economías de renta baja, en Ghana los padres suelen invertir menos en el capital humano de sus hijas que en el de sus hijos. Las tasas de escolarización en la enseñanza primaria son bastante parecidas, pero en la escuela secundaria sólo asiste el 28% de las mujeres de 16 a 23 años, mientras que la cifra correspondiente a los hombres es de 42%.

Garg y Morduch [1997] han visto cómo los problemas económicos agravaban las diferencias de sexos en Ghana. Este estudio constata que incluso cuando los padres quieren invertir en el capital humano de sus hijos, su falta de recursos personales puede impedirlo. Además, por mucho que los rendimientos esperados de la inversión sean altos, pueden tener dificultades para conseguir préstamos con el fin de financiar esas inversiones. Los hijos deben competir, pues, con sus hermanos por los recursos de que disponen los padres. Los chicos tienen una ventaja en esta lucha si los padres creen que la inversión en ellos genera unos rendimientos más altos. Si el número total de hermanos se mantiene constante, los hijos que tienen menos hermanos varones pueden recibir más recursos de los que recibirían en caso contrario.

El estudio de Garg y Morduch confirma esta hipótesis en el caso de Ghana. Por ejemplo, el estudio muestra que los hijos de 12-23 años que tienen tres hermanos poseen por encima de un 50% de probabilidades más de asistir a la escuela media o secundaria cuando sus hermanos son chicas que cuando los tres son chicos. También se obtienen resultados parecidos en el caso de la atención médica. El estudio concuerda con la idea de la "rivalidad entre hermanos" provocada por la dificultad de los padres para conseguir préstamos con el fin de realizar inversiones de capital humano en sus hijos. Sus conclusiones indican que es importante considerar las cuestiones de los sexos en el contexto de los mercados y de las instituciones a los que tienen acceso los hogares. Los resultados inducen a pensar que la mejora de los sistemas financieros puede ser beneficiosa indirectamente para la salud y la educación de los hijos en Ghana.

Lo que hemos aprendido hasta ahora es que hay aspectos en los que se discrimina a las mujeres, pero el indicador obvio de la discriminación —la nutrición— no es válido, a menos que tengamos una idea precisa de cuáles son las necesidades nutritivas. Existe otro problema, y es que resulta difícil obtener datos directos de lo que ocurre dentro de los hogares. Cuando existen —como en el estudio de Ghana descrito en el recuadro— y cuando se recogen datos sobre otros aspectos distintos de la nutrición, como la atención médica y la educación, existen claras pruebas de que las niñas son discriminadas (véase también Subramanian [1994]).

Debemos tratar, pues, de complementar este tipo de investigación con indicadores de las diferencias entre los niveles de estudios, con indicadores antropométricos directos de las diferencias entre los niveles de nutrición o con indicadores de las diferencias entre las tasas de mortalidad y de morbilidad. Estos indicadores tampoco están exentos de problemas,[35] pero constituyen otra vía para comprender la relación entre la pobreza y el reparto de los recursos en el seno del hogar.

Consideremos los estudios. Según el *World Development Report* (Banco Mundial [1996]), en 1995 había en el conjunto de los países de renta baja casi el doble de mujeres

---

[35] Kumar [1991], en su perspicaz estudio de Kerala, señala que la incidencia de las enfermedades en ese estado de la India es muy superior a la media nacional, especialmente en el caso de enfermedades como la tuberculosis. ¿Demuestra eso que Kerala es el estado más enfermo de la India? No. Los datos sobre morbilidad, o sea, sobre la incidencia de las enfermedades, tienen dos componentes: la incidencia *real* de las enfermedades, que no es observada por el investigador, y su *percepción* (que comprende declarar la enfermedad). Kerala, con su nivel de educación más alto y sus porcentajes más elevados de personas que saben leer y escribir, podría muy bien registrar valores más altos del segundo componente, elevando así la morbilidad observada. Estas mismas ideas pueden aplicarse a la utilización de la morbilidad para averiguar si existe discriminación entre los niños y las niñas. Si las niñas caen enfermas con más frecuencia, pero las enfermedades no se declaran, sus tasas de morbilidad podrían parecer mucho más bajas.

analfabetas que de hombres (las tasas de analfabetismo eran del 45% en el caso de las mujeres y del 24% en el de los hombres). Esta disparidad se refleja en las cifras de escolarización: en los países de renta baja considerados en su conjunto, la tasa de escolarización masculina en las escuelas primarias era más de un 12% mayor que la femenina y la cifra superaba el 30% en el caso de las escuelas secundarias.[36] Obsérvese bien que son medias de los países en su conjunto. En la medida en que las personas relativamente ricas de estos países no tienen problemas de recursos que fomenten la discriminación, las cifras correspondientes a los pobres de esos países deben ser aún más dramáticas.[37]

Consideremos ahora la proporción de hombres y mujeres en los países en vías de desarrollo. En Norteamérica y Europa, la esperanza de vida de las mujeres es algo mayor que la de los hombres. Las causas de esta diferencia no están claras: pueden ser biológicas, pero también pueden ser sociales y ocupacionales. En estos países, el cociente medio entre la población femenina y la masculina gira en torno a 1,05; es decir, hay alrededor de 105 mujeres por cada 100 hombres. La figura 8.4 muestra esta misma relación en un buen número de países en vías de desarrollo. El primer panel muestra los datos de África, el segundo los datos de Asia y el tercero los datos de Latinoamérica. Es evidente que la menor proporción de mujeres es predominantemente un problema asiático. El gráfico de Asia está salpicado de puntos comprendidos entre 90 y 100, y hay varios casos en que los valores son aún más bajos.[38]

Estas diferencias indican la existencia de enormes discrepancias *absolutas*. Si en la India hay 93 mujeres por cada 100 hombres, y la India tiene alrededor de 440 millones de hombres (Naciones Unidas [1993]), *sólo* en la India faltan alrededor de 30 *millones* de mujeres.[39] Por lo tanto, una relación en torno a 95 mujeres por cada 100 hombres constituye un indicio *prima facie* de la existencia de un considerable grado de discriminación, que podría incluir la desatención en la infancia o en la niñez (con resultado de muerte) y el aborto selectivo.

Que unas proporciones tan bajas de mujeres no se den en África suscita una interesante observación. Como ya hemos señalado antes, la pobreza no puede ser responsable

---

[36] Estas cifras se refieren a 1993.

[37] Estas discrepancias comienzan a desaparecer en los países de renta media, al menos en los datos agregados que utiliza el Banco Mundial. No obstante, las tasas masculinas de analfabetismo son sistemáticamente más bajas que las femeninas.

[38] Hemos dejado de lado algunos de los países del Golfo, porque es difícil interpretar las proporciones de la población femenina y masculina. Una proporción baja de población femenina puede deberse en gran parte a la inmigración de hombres (podría añadirse que procedentes principalmente de otras partes de Asia, por lo que estas discrepancias deberían incluirse en el cálculo de la media de Asia en su conjunto). Por ejemplo, en 1988 el cociente entre los dos sexos de la población kuwaití (nativa) es de alrededor de 100 (Ministerio de Planificación, Estado de Kuwait (1997).

[39] Eso es así si adoptamos la hipótesis contrafactual de que también "debería haber" 440 millones de mujeres. Hay dos razones por las que la cifra de 30 millones probablemente sea una *subestimación*. En primer lugar, también hay hombres que mueren en la infancia o en la niñez debido a las elevadas tasas de mortalidad infantil (naturalmente, el número adicional de mujeres que eso implicaría no sería atribuible todo él a la discriminación). En segundo lugar, la hipótesis supone que el número de hombres es igual que el de mujeres: si se toman como referencia las cifras de Europa o de Norteamérica, el número de mujeres desaparecidas sería aún más alto. Sobre estas y otras cuestiones relacionadas con ellas, véase, por ejemplo, Coale [1991], Coale y Banister [1994], Klasen [1994] y Sen [1992].

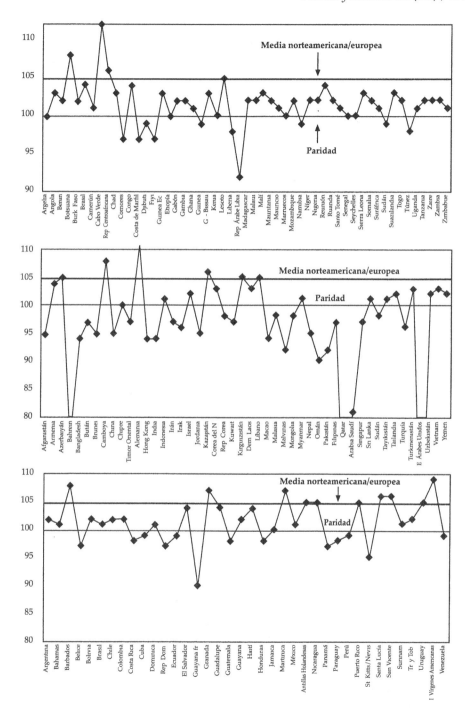

Figura 8.4. Número de mujeres por cada 100 hombres en el mundo en vías de desarrollo. *Fuente:* Secretaría de las Naciones Unidas [1996].

por sí sola del sesgo en contra de las mujeres que observamos en Asia, aunque contribuya a reforzarlo. También desempeña un papel importante la discriminación que se practica en la sociedad en su conjunto. Pensemos, por ejemplo, en la institución de la dote, que podría inducir a las familias a recurrir al aborto selectivo y al infanticidio femenino o a la desatención de las niñas durante la infancia (hasta extremos que equivalen a un infanticidio). Se prefiere a los niños porque son una fuente de renta y de ayuda; las niñas no, porque imponen costes. No obstante, *una vez* que una niña sobrevive, puede que no se la discrimine en cuestiones como la nutrición y la atención médica. Al fin y al cabo, los costes relacionados con la posibilidad de contraer matrimonio aumentan si no se la atiende adecuadamente. Comprobar la existencia de discriminación sexual es, pues, complicado y es posible que se manifieste de forma desigual en los distintos indicadores posibles. No hay razones para esperar que todas las formas y tipos de discriminación se manifiesten por igual.

8.5 Resumen

La pobreza tiene, al igual que la desigualdad, aspectos intrínsecos y funcionales. Nos interesa por derecho propio, como algo que hay que eliminar, pero también porque tiene efectos económicos y sociales indirectos. Crea diversos tipos de ineficiencia y puede agravar las distintas clases de discriminación existentes, como la discriminación contra las mujeres.

Primero hemos estudiado las cuestiones relacionadas con la *medición de la pobreza*. Ésta se basa en el concepto de *umbral de pobreza*, que se elabora a partir de estimaciones monetarias de las necesidades mínimas. Hemos señalado varios problemas del concepto, incluso en este nivel fundamental: ¿debe utilizarse la renta o el gasto para identificar a los pobres? ¿Son los conceptos de umbral de pobreza "absolutos" o "relativos"? ¿Es la pobreza temporal o crónica? ¿Debemos utilizar en nuestros estudios como unidad básica el hogar o los individuos? Etc.

A continuación hemos pasado a analizar conocidas medidas de la pobreza, entre las cuales se encuentran la *tasa de pobreza*, que mide la proporción de la población que se encuentra por debajo del umbral de pobreza. Dicha tasa es un índice empleado con frecuencia, pero no tiene suficientemente en cuenta el grado de pobreza. En particular, un planificador que la utilice con fines políticos procurará aplicar medidas que favorezcan a los pobres que se encuentran muy cerca del umbral de pobreza (y que posiblemente no son los que más ayuda necesitan). Para remediar este defecto, podemos utilizar índices como la *brecha relativa de pobreza* o la *brecha relativa de renta*, que miden la distancia total entre la renta de los pobres y el umbral de pobreza y la expresan en porcentaje de la renta nacional (en el caso de la brecha de la pobreza) o en porcentaje de la renta total necesaria para situar a todos los pobres en el umbral de pobreza (en el caso de la brecha de la renta). Estos índices complementan la información que contiene la tasa de pobreza, pero tienen sus propios inconvenientes: en particular, son insensibles a las *privaciones relativas* de los pobres (véase el apéndice de este capítulo para más información).

Posteriormente hemos descrito algunas características de los pobres. Incluso según estimaciones conservadoras, como el umbral de pobreza de la India aplicado al mundo en su conjunto, vemos que en 1990 había más de 600 millones de pobres. Los hogares pobres tienden a ser grandes (aunque deben hacerse algunas matizaciones a esta afirmación) y en ellos están sobrerrepresentadas las mujeres que son cabeza de familia. La pobreza tiende a ser mayor en las zonas rurales. Está estrechamente correlacionada con la no propiedad de activos productivos, como la tierra. Está correlacionada con la falta de educación y estrechamente relacionada con la nutrición, aunque no parece que los niveles de nutrición aumenten con la renta del hogar tan deprisa como cabría suponer *a priori*.

La consecuencia fundamental de la pobreza es la imposibilidad de los pobres de acceder a los mercados, sobre todo a los mercados de crédito, seguro, tierra y trabajo. Hemos visto que la dificultad para aportar garantías limita el acceso de los pobres a los mercados de crédito y que los problemas de riesgo moral y de información incompleta limitan el acceso a los seguros. A continuación hemos comenzado a estudiar el acceso imperfecto al mercado de trabajo (cuestión de la que volveremos a ocuparnos en el capítulo 13). La idea básica es que la pobreza y la desnutrición afectan a la *capacidad para trabajar*. La relación entre la nutrición y la capacidad para trabajar puede expresarse por medio de la *curva de capacidad*. La existencia de esta curva hace que la gente pobre caiga en la *trampa* de la desnutrición. De la misma manera que las rentas bajas son responsables de los niveles de nutrición bajos, los niveles de nutrición bajos reducen los ingresos en función de la curva de capacidad. Hemos afirmado que la existencia de esa trampa es mucho más probable en los países que tienen una renta per cápita baja (debido a los efectos sobre la oferta de trabajo), en los que es difícil pedir préstamos para salir de la trampa de la desnutrición (la imposibilidad de acceder al crédito también es relevante en este caso, aunque no necesaria) y en los que pueden no darse espontáneamente contratos de larga duración que permitan salir de la trampa de la desnutrición.

Por último, hemos analizado la relación entre la pobreza y el reparto de los recursos *en el seno* del hogar. Hemos visto que la pobreza extrema fomenta el trato desigual dentro del hogar, debido al "problema del bote salvavidas": para que la gente tenga una vida productiva necesita ciertos mínimos y un trato igualitario puede negar simultáneamente a todo el mundo esos mínimos. Hemos visto también que no hace falta actitudes extremas para que se produzca esta discriminación, utilizando la curva de capacidad para analizar el problema del reparto de los recursos en el seno del hogar. A continuación nos hemos preguntado qué subgrupos son los que menos reciben (cuando el trato es desigual). Las personas de edad avanzada (sobre todo las viudas) se encuentran entre esos grupos, así como las mujeres, aunque este fenómeno debe analizarse más minuciosamente. En particular, no parece que las mujeres que *sobreviven* reciban un trato discriminatorio en cuanto a nutrición, lo cual induce a pensar que una gran parte de la discriminación consiste en la desatención activa que lleva a la muerte en la infancia o quizá en prácticas como el aborto selectivo. Sin embargo, algunos otros indicadores del trato desigual, como el acceso a la educación, constituyen pruebas más contundentes de la existencia de discriminación sexual incluso en el caso de las niñas que sobreviven.

Apéndice: reconsideración de los índices de pobreza

Los umbrales de pobreza parecen indicar que existe un nivel mágico por debajo del cual la gente es pobre y por encima no lo es. Esta medida plantea no sólo serias dificultades conceptuales sino también problemas prácticos. Los responsables de la política económica tienen incentivos para reducir los indicadores de la pobreza basados en el número de pobres con lo cual dirigirán su política no hacia los más pobres sino hacia los que es fácil situar por encima del umbral. El índice de la brecha de la pobreza soslaya hasta cierto punto esta dificultad, pero sigue dando problemas. Consideremos una aplicación lógica del principio de transferencia de Pigou-Dalton a la medición de la pobreza:[40]

Principio débil de transferencia. *Una transferencia de renta de una persona cualquiera que se encuentre por debajo del umbral de pobreza a otra menos pobre, manteniendo el conjunto de pobres constante, debe aumentar la pobreza.*[41]

Este principio parece inocuo, pero como hemos visto en el texto, *ni* la tasa de pobreza *ni* la brecha de la pobreza (ni la brecha de la renta) satisfacen este criterio. ¿Estamos buscando tres pies al gato o existen fenómenos reales que corresponden a estos problemas conceptuales? En el *World Development Report* (Banco Mundial [1990, recuadro 2.2]) se analiza el efecto de una subida de los precios del arroz sobre la pobreza en Java (Indonesia) en 1981. Muchos hogares pobres son agricultores: son *productores* netos de arroz, por lo que la subida del precio probablemente los benefició y, de hecho, el índice de pobreza basado en el número de pobres descendió. Sin embargo, eso enmascara otro fenómeno: muchas de las personas *más pobres* no producen arroz sino que son peones sin tierra o agricultores que tienen otras fuentes de ingresos. Son *consumidores* netos de arroz y resultan perjudicados. Los índices de pobreza que son "sensibles a las transferencias" podrían reflejar este cambio, mientras que las medidas tradicionales registran una disminución de la pobreza.

Los índices más conocidos que tienen en cuenta las consideraciones distributivas de la pobreza pertenecen a la clase que proponen Foster, Greer y Thorbecke [1984]. La idea es muy sencilla. Examinemos una variante de la brecha relativa de pobreza de la ecuación [8.2]:

$$\text{BRP}' = \frac{1}{n} \frac{\sum_{y_i < p} (p - y_i)}{p}, \qquad [8.4]$$

que es simplemente la suma de todas las brechas de pobreza individuales, en porcentaje del umbral de pobreza, dividida por el número total de personas que hay en la sociedad. La sensibilidad distributiva se logra elevando las brechas de pobreza a una potencia, al igual que hicimos en nuestro análisis del coeficiente de variación como medida de la desigualdad. Para cualquier potencia α, definamos una clase de índices de pobreza, llamada clase *Foster-Greer-Thorbecke* (FGT), de la manera siguiente:

---

[40] Este es el enfoque de la pobreza adoptado por primera vez por Sen [1976]. Para un análisis del índice de pobreza desarrollado por él, véase Foster [1984].

[41] Este principio se denomina principio *débil* de la transferencia porque sólo tiene en cuenta las transferencias entre personas pobres. Para más análisis sobre esta cuestión, véase Foster [1984].

$$P_\alpha = \frac{1}{n} \sum_{y_i < p} \left(\frac{p - y_i}{p} \right)^\alpha. \qquad\qquad [8.5]$$

Cuando variamos los valores de α, obtenemos consecuencias interesantes. En primer lugar, obsérvese que en el caso en que $\alpha = 0$, la medida P_0 no es más que la tasa de pobreza. En el caso en que $\alpha = 1$, la medida P_1 es la brecha relativa de pobreza de la ecuación [8.4]. Cuando el valor de α es superior a 1, las mayores brechas de pobreza comienzan a adquirir más peso y el índice es cada vez más sensible a estas diferencias y, por lo tanto, a las cuestiones distributivas, como las que plantea la subida de los precios de Java.

El caso $\alpha = 2$ tiene interés por sí mismo. Tras algunas manipulaciones, podemos demostrar que

$$P_2 = TP[BRR^2 + (1 - BRR)^2 C_p^2], \qquad\qquad [8.6]$$

donde TP es la tasa de pobreza, BRR es la brecha relativa de renta y C_p es simplemente el coeficiente de variación correspondiente al grupo de personas pobres (véase el capítulo 6 para una definición). Esta es una forma útil de entender el índice FGT en el caso en que $\alpha = 2$. Nos dice que cuando no hay desigualdad entre los pobres, la pobreza puede medirse por medio de una sencilla función de la tasa de pobreza y la brecha relativa de renta, pero la presencia de desigualdad aumenta la pobreza. Para verlo, imaginemos que la curva de Lorenz de las rentas de los pobres empeora, mientras que no varía ni la tasa de pobreza ni la brecha relativa de renta. En ese caso, como el coeficiente de variación es coherente con el criterio de Lorenz, C_p aumentará y lo mismo ocurrirá con el índice FGT.

Existe otra razón por la que es interesante el caso $\alpha = 2$. Marca la frontera entre las medidas de la pobreza que no sólo satisfacen el principio de transferencia sino también lo que podríamos denominar *sensibilidad a las transferencias*:

Principio de sensibilidad a las transferencias. *Una transferencia regresiva entre dos pobres debe ser más importante si se reducen por igual las dos rentas (iniciales) de las personas en cuestión.*

Es posible comprobar que el principio de sensibilidad a las transferencias se satisface si y sólo si $\alpha > 2$. Si $\alpha = 2$, el índice FGT es exactamente igual de insensible a este principio.

La familia de índices de pobreza FGT también resulta interesante porque puede descomponerse. Supongamos que nos interesa saber cuánto contribuyen diversos subgrupos a la pobreza total de un país, por ejemplo, puede interesarnos examinar las diferencias entre las mujeres y los hombres o entre varios grupos étnicos.[42] Sería útil que la suma de estos "índices de pobreza de los subgrupos", debidamente ponderadas por el peso numérico de cada uno, fuera igual a la pobreza total medida por el mismo índice. Los índices FGT tienen esta propiedad (véase Foster, Greer y Thorbecke [1984] para un análisis más extenso).

---

[42] Véase, por ejemplo, Anand [1977].

Ejercicios

■ (1) ¿Es la pobreza un concepto absoluto o relativo? Hay claramente algunos componentes (como el acceso a los alimentos, el vestido y la vivienda) que consideraríamos necesarios en cualquier sociedad, pero hay otros que son claramente propios de cada una.

(a) Identifique algunos componentes de las "necesidades mínimas" que considera propios de una sociedad, pero no de otra.

(b) ¿Cree usted que estos componentes relativos son puramente sociales (o culturales) o, por el contrario, es probable que cambien con la renta per cápita?

(c) Dado que la pobreza tiene estos componentes relativos, considere el siguiente índice de pobreza: todo el que tenga menos de la mitad (o alguna fracción determinada de antemano) de la renta per cápita de una sociedad es pobre. ¿Por qué no es bueno este enfoque para medir la pobreza?

(d) Trate de identificar algunas "capacidades" básicas que podría querer que tuviera cualquier ser humano, por ejemplo, toda persona debería poder obtener un nivel suficiente de nutrición, toda persona debería poder obtener un nivel suficiente de vivienda, medios de transporte, etc. Considere que el derecho a esas capacidades es absoluto. ¿Puede conciliar ahora el concepto absoluto de pobreza y el relativo utilizando estas capacidades absolutas como punto de partida? Para éstas y otras cuestiones relacionadas con ellas véase Sen [1985].

■ (2) Lea el *World Bank Development Report* de 1990 para ver cómo se realizan los cálculos internacionales de la pobreza. A la luz de la pregunta (1), ¿cómo evaluaría esos cálculos? Busque en el informe una clara descripción de las características de los pobres e información adicional sobre la pobreza que no contiene este libro.

■ (3) Evalúe las siguientes afirmaciones ofreciendo una breve explicación o análisis.

(a) La brecha relativa de renta y la tasa de pobreza, como índices de pobreza, pueden llevar a los poderes públicos a luchar de forma muy distinta contra la pobreza.

(b) La pobreza mundial mostró una continua tendencia descendente durante las décadas de 1970 y 1980.

(c) La brecha relativa de pobreza y la brecha relativa de renta centran la atención en aspectos distintos del problema de la pobreza.

(d) Tanto la brecha relativa de pobreza como la brecha relativa de renta son insensibles a la desigualdad entre los pobres.

(e) Los índices FGT (véase el apéndice) son tanto más sensibles a la distribución de la renta entre los pobres, cuanto mayor es el valor de α.

■ (4) Suponga que estamos comparando dos economías, A y B. Los índices FGT (cuando $\alpha = 2$) de los dos países son iguales. Sin embargo, el número de pobres y la brecha relativa de renta son ambos más altos en el caso de la economía A que en el de la B. ¿Qué puede decir sobre el coeficiente de variación de la distribución de la renta entre los pobres en estas dos economías? ¿Y sobre la desigualdad de *todas* las distribuciones de la renta en estas dos economías?

■ (5) Explique por qué un prestamista que recurre a congelar los créditos futuros para obligar a devolver un préstamo hoy estará poco dispuesto a conceder préstamos a los pobres para proyectos que garanticen sus ingresos futuros. Analice el papel que desempeña las garantías en la obtención de esos préstamos.

■ (6) Analice la curva de capacidad y explique por qué tiene un segmento inicial en el que la capacidad para trabajar muestra rendimientos crecientes con respecto al aporte de nutrientes. En el capítulo 13 analizamos más detalladamente las consecuencias, pero el siguiente ejercicio le permitirá hacerse una idea intuitiva.

Suponga que necesita que se realicen 8.000 unidades de trabajo (en unidades de capacidad) y puede contratar a todos los trabajadores que quiera. Suponga que toda la renta que ganan los trabajadores procede de lo que les paga usted y que toda se gasta en nutrición. La curva de capacidad de cada trabajador es la siguiente: la capacidad correspondiente a todas las rentas pagadas inferiores a 100 euros es cero y a partir de esa cifra comienza a aumentar 2 unidades por cada euro adicional pagado, hasta que la renta es de 500 euros. A partir de ese punto, un euro más aumenta la capacidad 1,1 unidades solamente, hasta que la renta total pagada es de 1.000 euros. En ese punto, las rentas adicionales pagadas no influyen en la capacidad para trabajar.

(a) Suponga que le gustaría que se realizara su trabajo con el menor coste posible. Indique cuántos trabajadores contrataría para que le hicieran el trabajo y cuánto le pagaría a cada uno de ellos.

(b) Realice de nuevo el ejercicio suponiendo que la capacidad es cero en el caso de todas las rentas pagadas inferiores a 275 euros y aplique a los euros adicionales pagados las mismas reglas que en el problema original. Interprete su respuesta.

■ (7) Parta de la misma curva de capacidad que en el problema (6a). Suponga que en una familia de cinco miembros, cada uno tiene esta curva de capacidad. Suponga que esta familia tiene acceso a una fuente de renta no laboral, valorada en 400 euros. Suponga, además, que cada unidad de capacidad puede generar una renta de 50 céntimos y que toda la renta se gasta en nutrición. Vamos a examinar el reparto de la renta entre los miembros de la familia.

(a) Muestre que si toda la renta no laboral se reparte *por igual* entre los miembros de la familia, nadie podrá mantener la capacidad para trabajar, por lo que la renta del trabajo será cero.

(b) Halle los repartos de la renta no laboral que generan una renta salarial positiva. Compare y contraste estos repartos con el reparto igualitario utilizando varios criterios (incluida la optimalidad en el sentido de Pareto).

Capítulo 9

CRECIMIENTO DE LA POBLACIÓN Y DESARROLLO ECONÓMICO

9.1 Introducción

El mundo está hoy más poblado que nunca. Aunque las tasas de crecimiento de la población han disminuido y continuarán disminuyendo, actualmente la población mundial crece en alrededor de un millón de personas cada *cuatro días*, una vez *descontadas* las muertes. Según las proyecciones realizadas por las Naciones Unidas, la población probablemente continuará experimentando un aumento anual cercano a los noventa millones hasta el año 2015.

La población mundial tardó 123 años en pasar de mil millones (1804) a dos mil millones (1927). Tardó 33 en aumentar otros mil millones y 14 y 13 años en aumentar los siguientes mil millones. Se prevé que sólo tardará 11 años en aumentar otros mil millones hacia 1998, momento en el que habremos llegado a la asombrosa cifra de seis mil millones. Tal es el poder del crecimiento exponencial.

Sin embargo, tras esta evolución hay algo más que un mero crecimiento exponencial uniforme. La población no ha crecido a lo largo de los milenios a un ritmo exponencial. La propia tasa de crecimiento de la población ha aumentado y la tendencia sólo se ha invertido en los últimos años. El objetivo de este capítulo es, en parte, describir esta compleja e interesante evolución.

Pero éste no es nuestro único objetivo, ya que este libro trata de economía, no de estadística demográfica. Nos interesa saber principalmente cómo el proceso de crecimiento ha impulsado (o retardado) el crecimiento de la población y, lo que es más importante, saber cómo afecta, a su vez, el crecimiento de la población al desarrollo económico. Al igual que ocurre con la evolución de variables ya conocidas como la renta per cápita y la desigualdad económica, la población y el desarrollo están entrelazados y pretendemos comprender las dos vertientes de esta relación.

Cuando queremos saber cómo afecta el crecimiento de la población al desarrollo nos encontramos inmediatamente con una dificultad. ¿Cómo valorar la vida de las personas que aún no han nacido? ¿Es el bienestar de una pequeña población que vive rodeada de lujos mayor que el de una gran población que tiene una posición económica modesta? ¿Cómo comparar una situación con un número elevado de personas que pueden disfrutar de una "posición económica modesta" con otra situación en la que los bienes de lujo son accesibles a un número menor de personas por el simple hecho de haberse impedido de alguna forma que nacieran las demás?

Se trata de una pregunta difícil a la que no pretendemos dar una respuesta fácil. De hecho, eludimos esta cuestión utilizando el bienestar (y la distribución) per cápita como patrón de medida, lo que significa que éticamente somos "neutrales" hacia la población: una vez que nace una persona, la incluimos considerándola merecedora de todos los derechos y privilegios de la humanidad que ya existe. Al mismo tiempo, al centrar la atención en el bienestar per cápita, queremos decir que los que no han nacido nos resultan indiferentes y que estamos dispuestos a favorecer un crecimiento bajo de la población si ésta afecta negativamente al bienestar per cápita.

Esta valoración ética está implícita en las advertencias expresadas a nuestro alrededor, especialmente en los países desarrollados en los que el crecimiento de la población del "Tercer Mundo" da miedo. El crecimiento de la población no puede ser bueno. Usa recursos y producción, y resulta en una cantidad per cápita menor para repartir.

Eso es así. Nosotros también adoptamos una perspectiva per cápita. Sin embargo, eso no quiere decir que seamos necesariamente reacios al crecimiento de la población desde un punto de vista *funcional*. Es posible que la existencia de un volumen de población significativo haya sido esencial para muchos de los logros que ha experimentado el mundo. No se sabe qué habría logrado Robinson Crusoe él solo, incluso con la ayuda de Viernes. En primer lugar, lo que puedan inventar uno o dos cerebros no es mucho. En segundo lugar, la necesidad es la madre de la invención y sin la presión de la población sobre los recursos, es posible que no hubiera necesidades y, por lo tanto, inventos. No sabemos cuál ha de ser exactamente el volumen de población para aprovechar plenamente estos efectos saludables, pero lo cierto es que el crecimiento de la población puede influir positivamente en la propia cantidad total de recursos existentes.

Las catastróficas predicciones relacionadas con el crecimiento de la población tienen además un sesgo particular. La idea (quizá defendible) de que el crecimiento de la población es inequívocamente negativo para la humanidad lleva a menudo a la conclusión, que a veces se expresa de una manera muy sofisticada, de que si no hacemos algo para frenar el crecimiento de la población en los países en vías de desarrollo, el mundo estará desequilibrado de alguna forma en favor de las personas de esos países. Este punto de vista no es aceptable.

Estas dos ideas carecen, en cierta medida, de fundamento y, llevadas al extremo, pueden resultar peligrosas. Sin embargo, deshacer errores no es nuestro principal objetivo. Estas afirmaciones son corolarios de cuestiones más graves relacionadas con la interacción del crecimiento de la población y el desarrollo económico que abordaremos en este capítulo.

(1) ¿Cómo crece la población en los distintos países y cómo está correlacionado este crecimiento con otros aspectos del desarrollo en estos países? Concretamente, ¿existe una estrecha relación entre la evolución demográfica que han experimentado los países que hoy están desarrollados y la que están experimentando hoy los países en vías de desarrollo? Esta cuestión nos llevará a analizar la *transición demográfica*, fenómeno que presentamos brevemente en el capítulo 3.

(2) ¿Qué relación guarda el crecimiento de la población en su conjunto con las decisiones de fecundidad que se toman en cada hogar? ¿Qué aspectos del entorno social y

económico afectan esas decisiones? En particular, ¿cómo afecta el desarrollo económico a las decisiones relacionadas con la fecundidad?

(3) ¿Pueden considerarse "racionales" las decisiones sobre el número de hijos y son atribuibles al entorno en el que se encuentran? ¿O tienen los hogares más hijos de los que les conviene? Se trata de una pregunta difícil que debemos abordar en dos niveles. El primero es lo que podríamos denominar "nivel interno": dado un nivel económicamente racional de fecundidad *para la pareja*, ¿se alejan sistemáticamente las parejas de este nivel debido a un error de cálculo o a la ausencia de métodos anticonceptivos eficaces? El segundo nivel es "externo" y se basa en el significado de la expresión en cursiva de la frase anterior. ¿Existen razones para creer que las decisiones de la pareja sobre el número de hijos tienen un efecto social que *no* es internalizado plenamente por ella?

(4) Por último, invirtiendo el sentido de la causalidad, es decir, yendo de la economía a la demografía, ¿es inequívocamente cierto que el crecimiento de la población es perjudicial para el desarrollo económico de un país? ¿Qué explica la interesante dicotomía entre la creencia de que el crecimiento de la población mundial es "malo" y la creencia, tan extendida en los países desarrollados, de que el crecimiento de la población "los" hará poderosos a costa "nuestra"?

No pretendemos tener respuestas definitivas a todas estas preguntas, pero algunas de las que veremos probablemente sean muy provocativas y merecedoras de un estudio más detenido. Sin embargo, antes de iniciar un análisis serio, resultará útil pasar revista a algunos conceptos y términos básicos que utilizan los demógrafos. Esta será la tarea del siguiente apartado.

9.2 La población: algunos conceptos básicos

9.2.1 Tasas de natalidad y de mortalidad

Para que el análisis de la población y de su interacción con el desarrollo económico sea útil, es necesario comprender algunos conceptos básicos. La mayor parte de lo que estudiamos en este apartado son meras definiciones fáciles de comprender con un poco de paciencia. Estas definiciones se formulan en el lenguaje en el que analizamos las cuestiones demográficas.

Un concepto fundamental para estudiar la población es el de *tasa de natalidad* y *tasa de mortalidad*. Estas normalmente se expresan en números por mil habitantes. Así, por ejemplo, si decimos que la tasa de natalidad de Sri Lanka es de 20 por 1.000, significa que en Sri Lanka cada año nacen 20 niños por cada mil habitantes. Asimismo, una tasa de mortalidad de 14 por 1.000 significa que cada año mueren, en promedio, 14 de cada 1.000 habitantes.

La *tasa de crecimiento de la población* es la tasa de natalidad menos la tasa de mortalidad. Aunque se formula por medio de un número por 1.000 (6 en nuestro ejemplo anterior), lo normal es expresar las tasas de crecimiento de la población en porcentajes. Así, en nuestro ejemplo la tasa de crecimiento de la población es de 0,6% al año.

El cuadro 9.1 contiene datos sobre las tasas de natalidad, de mortalidad y de creci-miento de la población de algunos países de renta baja, media y alta. Se observa una pauta en los datos internacionales de la que nos ocuparemos más detalladamente cuan-do estudiemos la transición demográfica, pero cabe mencionar de inmediato algunas de sus características.

En primer lugar, los países *muy* pobres, como Malaui y Guinea-Bissau parece que tie-nen *tanto* unas elevadas tasas de natalidad *como* unas elevadas tasas de mortalidad, que giran en torno a 50 por 1.000 en el caso de los nacimientos y a 20 por 1.000 en el de las muertes. Este es el grupo I del cuadro. Los países del grupo II no son tan pobres: sus tasas de mortalidad son mucho menores que las del grupo I, pero sus tasas de natalidad siguen siendo altas. Esta pauta no es uniforme en todos los países pobres: en algunos, como la India y Bangladesh (grupo III), parece que las tasas de natalidad han comenzado a experimentar un descenso que está cobrando impulso. Otros países relativamente po-bres, como China y Sri Lanka (grupo IV), ya han hecho significativos avances en este sentido: tanto sus tasas de natalidad como sus tasas de mortalidad son bajas y están des-cendiendo. El grupo V comprende algunos países latinoamericanos, en los que las pautas son diversas: en algunos, como Guatemala y Nicaragua, las tasas de mortalidad han des-cendido (como en los países del grupo II), pero aún no han disminuido las de natalidad. En otros, como Brasil y Colombia, el proceso está en marcha, al igual que en el este y gran parte del sur de Asia (grupo VI): algunos países como Corea y Tailandia tienen unas tasas de natalidad y de mortalidad bajísimas (otros, como Malasia, aún no han termina-do este proceso).

El cuadro 9.1 ordena los países más o menos en sentido ascendente según su renta per cápita. Se observa la siguiente tendencia general: en los niveles de renta per cápita muy bajos, tanto las tasas de natalidad como las de mortalidad son altas. De hecho, es probable que esta afirmación sea una subestimación: las tasas de mortalidad *por edades* probablemente sean aún más altas (véase el texto siguiente). A continuación, las tasas de mortalidad descienden. Finalmente, las tasas de natalidad disminuyen. Veremos esta pauta mucho más claramente cuando sigamos la evolución histórica de un país.

Examinemos ahora otro concepto. Conviene comprender que las cifras agregadas, como las tasas de natalidad y de mortalidad, y especialmente las tasas de crecimiento de la población, ocultan importante información sobre la "estructura demográfica" subya-cente del país.

Por ejemplo, dos países que tengan las mismas tasas de crecimiento de la población pueden tener unas estructuras de edades extraordinariamente distintas, debido a que uno de los dos países (llamémoslo A) puede tener una tasa de natalidad *y* una tasa de mortalidad significativamente superiores a las del otro país (B) (por lo que las dos se anulan en la comparación de las tasas netas de crecimiento de la población). Al mismo tiempo, el país A está añadiendo más jóvenes a su población que el B. A menos que las tasas más altas de mortalidad del país A estén totalmente concentradas en los jóvenes, lo cual es improbable, habrá más jóvenes en A que en B. Podríamos decir en ese caso que el país A tiene una "distribución por edades más joven" que la del país B. Como en seguida

Cuadro 9.1. Tasas de natalidad y de mortalidad (1992) y tasas de crecimiento de la población de algunos países.

País	Renta per cápita	Tasa de natalidad	Tasa de mortalidad	Tasa de crecimiento de la población (%)
I.				
Malí	520	51	20	3,1
Malaui	690	51	20	3,1
Sierra Leona	750	49	25	2,4
Guinea-Bissau	840	43	21	2,2
II.				
Kenia	1.290	45	12	3,3
Nigeria	1.400	45	15	3,0
Ghana	1.970	42	12	3,0
Pakistán	2.170	41	9	3,2
III.				
India	1.220	29	10	1,9
Bangladesh	1.290	36	12	2,4
IV.				
China	2.330	18	7	1,1
Sri Lanka	2.990	21	6	1,5
V.				
Nicaragua	1.900	41	7	3,4
Perú	3.220	27	7	2,0
Guatemala	3.350	39	8	3,1
Brasil	5.370	25	8	1,7
Colombia	5.490	24	6	1,8
VI.				
Tailandia	6.260	19	6	1,3
Malasia	7.930	29	5	2,4
República de Corea	9.630	16	6	1,0

Fuente: Banco Mundial, *World Development Report,* 1995, y Programa de las Naciones Unidas para el Desarrollo, *Human Development Report,* 1995.

veremos, la distribución por edades influye considerablemente en las tasas totales de natalidad y de mortalidad.

9.2.2 Distribución por edades

La distribución por edades de una población viene dada por las proporciones de esa población que pertenecen a los diferentes grupos de edad. El cuadro 9.2 muestra la distribución por edades de la población de diferentes partes del mundo en 1995. Es evidente en el cuadro que la distribución por edades de los países en vías de desarrollo es significativamente más joven que la de los desarrollados. No conocemos a ninguna persona a la que no le hayan asombrado estas cifras al verlas por primera vez, y lo mismo le ocurrirá al lector. El mundo en vías de desarrollo es muy joven.

De la misma forma que las tasas de natalidad y de mortalidad afectan las distribuciones por edades, en estas tasas influye, a su vez, la distribución por edades existente en un determinado momento. Una tasa agregada de natalidad es el resultado de la distribución

Cuadro 9.2. Distribución por edades de la población mundial.

Región	Población (millones)	0-15 %	15-64 %	65+ %
Total mundial	**5.716**	**32**	**62**	**6**
África	**728**	**44**	**53**	**3**
África oriental	227	46	51	3
África central	82	46	51	3
Norte de África	160	39	57	4
Sur de África	47	37	58	5
África occidental	210	46	51	3
Latinoamérica	**482**	**34**	**61**	**5**
Caribe	35,0	29	63	6
Centroamérica	126,0	38	58	4
Suramérica	319,0	33	62	5
Asia	**3.457**	**32**	**63**	**5**
Asia oriental	1.424	25	68	7
Asia meridional y central	1.381	37	59	4
Sureste asiático	484	35	61	4
Asia occidental	168	38	58	4
Norteamérica	**292**	**22**	**65**	**13**
Europa	**726**	**19**	**67**	**14**
Europa oriental	308	21	67	12
Norte de Europa	93	20	65	15
Sur de Europa	143	17	69	14
Europa occidental	180	17	68	15
Oceanía	**29**	**26**	**64**	**10**
Australia y N. Zelanda	21,6	22	67	11
Melanesia	5,8	39	58	3
Micronesia	0,4	–	–	–
Polinesia	0,5	–	–	–

Fuente: Naciones Unidas, *Demographic Yearbook,* 1995.

Nota: las cifras pueden no sumar cien debido a los redondeos.

por edades de un país, de las tasas de fecundidad por edades de las mujeres de ese país y de la proporción de la población perteneciente a los diferentes grupos de edades. Asimismo, la tasa agregada de mortalidad es un compuesto que procede de las tasas de mortalidad por edades de un país, así como de la distribución global por edades de ese país.

Como veremos, estas observaciones tienen consecuencias importantes. De momento sigamos con esta visión más desagregada. Una *tasa de fecundidad por edades* es el número anual medio de hijos nacidos de las mujeres pertenecientes a un determinado grupo de edad. La *tasa total de fecundidad* se halla sumando todas las tasas de fecundidad por edades de los diferentes grupos de edad: es el número total de hijos que se espera que tenga una mujer durante toda su vida. En los países en vías de desarrollo, puede llegar a ser de 7 u 8 y a menudo más. En el país desarrollado representativo, es de 2 o quizá menos.

Naturalmente, una tasa total de fecundidad elevada contribuye a una elevada tasa de natalidad, pero nuestro análisis debería haber dejado claro que la tasa total de fecundidad no es el *único* factor que determina la tasa total de natalidad. En un país en el que la distribución por edades sea joven, la tasa de natalidad puede ser significativamente alta, incluso aunque no lo sea la tasa total de fecundidad, debido simplemente a que en un país joven el porcentaje de la población en años reproductivos es mayor.

Lo mismo ocurre con las tasas de mortalidad. Las poblaciones jóvenes tienden a tener una baja tasa de mortalidad, incluso aunque las tasas de mortalidad por edades sean altas. Merece la pena señalar que aunque la mayoría de los países en vías de desarrollo tengan unas tasas de mortalidad más altas en cada grupo de edad en relación con los desarrollados, estas diferencias no se reflejan en las tasas totales de mortalidad, que son mucho más parecidas. De hecho, es posible que el país *A* tenga unas tasas de mortalidad por edades más altas en *todos* los grupos de edad en comparación con el *B* y, sin embargo, una tasa de mortalidad más baja. La razón se halla en que la distribución por edades es joven.

Así pues, una elevada tasa de crecimiento de la población lleva a una población más joven y de ahí a unas elevadas tasas de natalidad y a unas bajas tasas de mortalidad, lo que produce un "efecto eco" que mantiene alto el crecimiento de la población.

Una consecuencia importante de esta observación es que el crecimiento de la población posee un enorme grado de inercia. Imaginemos que un país que ha tenido unas elevadas tasas de crecimiento de la población adopta medidas para reducir las tasas totales de fecundidad. La cuestión es que *aunque esas medidas tuvieran éxito, el tamaño de la población rebasaría probablemente los límites deseados antes de estabilizarse en un nivel aceptable.* La razón es sencilla. Al ser altas anteriormente las tasas de crecimiento de la población, la distribución por edades es joven. Una proporción relativamente grande de la población continúa encontrándose en la edad en la que está a punto de casarse y de tener hijos. Aunque las tasas totales de fecundidad descendieran, el mero número de jóvenes daría como resultado un elevado número de nacimientos, en porcentaje de *toda* la población. Esta es la sombría inercia del crecimiento de la población, y más de un país ha observado, para su desconsuelo, que incluso teniendo las mejores intenciones y aplicando las medidas apropiadas, detener el crecimiento de la población es algo así como conseguir que un tren expreso haga una parada de emergencia.

9.3 Del desarrollo económico al crecimiento de la población

9.3.1 La transición demográfica

El crecimiento de la población es, al igual que el crecimiento económico, un fenómeno moderno. De hecho, aunque supiéramos muy poco del mundo, podríamos deducirlo rápidamente retrotrayéndonos en el tiempo. Actualmente, la población mundial gira en torno a los seis mil millones. Retrocedamos y reduzcamos esta cifra un 2% al año. Este ejercicio nos daría una población de 250.000 hace 500 años aproximadamente, o sea, ¡una población de 10 hace más o menos 1.000 años! Evidentemente, eso es absurdo, como indican los datos mencionados al principio de este capítulo. Demuestra que el crecimiento anual de la población de un 2% aproximadamente es un fenómeno reciente.

En primer lugar, debe señalarse que la "capacidad del mundo para mantener a la población" era muy diferente en el Paleolítico que en el Neolítico y considerablemente menor que hoy. Dado que los aperos no permitían labrar en profundidad y que el arte de la agricultura estaba poco desarrollado, la población tenía que vivir en las cuencas de los ríos. La inanición era frecuente, al igual que la muerte prematura provocada por multitud de causas. La llegada de la agricultura lo cambió todo o, por lo menos, una gran parte. El aumento de la capacidad de la Madre Naturaleza para mantener a la población estuvo acompañado de un aumento de la población, pero el crecimiento neto continuó siendo mínimo, ya que las tasas de mortalidad eran altas y persistentes. Las hambrunas siguieron siendo moneda corriente, al igual que las pestes, las pestilencias y las guerras. Todavía en el siglo XVIII, Malthus [1798] habla de cómo Dios frena la energía sexual de las mujeres y de los hombres. Una tasa de reproducción espontáneamente alta era contrarrestada por toda clase de catástrofes, como la aparición periódica de pestes, pestilencias y hambrunas. Por lo tanto, aunque las tasas de natalidad fueran altas, las tasas de mortalidad eran suficientemente elevadas para que las tasas de crecimiento fueran bajas. Podemos imaginar que esta descripción corresponde a la *primera fase* de la historia demográfica.

Sin embargo, estaba produciéndose un gran cambio, posiblemente incluso mientras Malthus escribía sobre los sombríos castigos de la Naturaleza. Con la llegada de las redes de saneamiento y el aumento de la productividad agrícola, las tasas de mortalidad comenzaron a descender alrededor de 1700 y el aumento de la productividad industrial provocó en Europa una verdadera explosión demográfica. El cuadro 9.3 permite al lector hacerse una idea.

La explosión demográfica no se habría producido, desde luego, si las tasas de natalidad hubieran descendido inmediatamente después de las de mortalidad. Sin embargo, no ocurrió así y por dos razones. En primer lugar, las propias fuerzas que provocaron el descenso de las tasas de mortalidad también provocaron el aumento de la productividad económica. Por ejemplo, al aumentar la productividad agrícola, no sólo disminuyó la incidencia de las hambrunas (reduciendo así las tasas de mortalidad) sino que, además, aumentó la capacidad total de la economía para mantener a la población en las épocas normales. Al tener cabida una población mayor, disminuyeron las restricciones

Cuadro 9.3. Distribución geográfica de la población mundial.

	1650	*1750*	*1800*	*1850*	*1900*	*1933*	*1995*
Población mundial (millones)	**545**	728	906	1.171	1.608	**2.057**	**5.716**
Porcentajes							
Europa	**18,3**	19,2	20,7	22,7	24,9	**25,2**	**12,7**
Norteamérica	**0,2**	0,1	0,7	2,3	5,1	**6,7**	**5,1**
Oceanía	**0,4**	0,3	0,2	0,2	0,4	**0,5**	**0,5**
Latinoamérica	**2,2**	1,5	2,1	2,8	3,9	**6,1**	**8,4**
África	**18,3**	13,1	9,9	8,1	7,4	**7,0**	**12,8**
Asia	**60,6**	65,8	66,4	63,9	58,3	**54,5**	**60,5**

Fuente: Carr-Saunders [1936, fig. 8] y Naciones Unidas, *Demographic Yearbook*, 1995.

malthusianas, por lo que desapareció la urgencia de reducir la tasa de natalidad. En segundo lugar, aunque no hubiera sido así, las tasas de natalidad probablemente habrían continuado siendo altas debido a la inercia que caracteriza a las decisiones de fecundidad de los hogares. Esta inercia es tan importante para comprender las tendencias de la población que le dedicaremos bastante espacio en el siguiente apartado. De momento, baste señalar que las tasas de natalidad continuaron siendo altas incluso cuando descendieron las tasas de mortalidad. Eso significa que en esta época las tasas de crecimiento de la población aumentaron, lo que denominamos *segunda fase* de la historia demográfica.

Por último, las tasas de natalidad disminuyeron cuando el tiempo venció a la inercia y cuando la población mundial aumentó hasta absorber la capacidad del mundo para mantener a esa población. Las tasas de crecimiento de la población descendieron, hasta situarse en su nivel actual en el mundo desarrollado, que es de alrededor de 0,7% al año. Esta es la *tercera y última fase* de la historia demográfica.

Estas tres fases constituyen conjuntamente lo que se conoce con el nombre de *transición demográfica*. Juntas muestran una imagen que han visto casi todas las regiones de Europa y Norteamérica: un aumento y una disminución de la tasa de crecimiento de la población, es decir, el paso de unas elevadas tasas de natalidad y de mortalidad a unas bajas tasas de natalidad y de mortalidad. Como veremos, los países en vías de desarrollo están atravesando estas tres fases a un ritmo acelerado. Casi todos los países del mundo se encuentran actualmente en la segunda o en la tercera fase de la transición.

9.3.2 Tendencias históricas en los países desarrollados y en vías de desarrollo

Es *sumamente* importante comprender que desde alrededor de 1700 hasta bien entrado este siglo, las poblaciones de Europa y de Norteamérica (la mayor parte del mundo desarrollado moderno) no sólo crecieron en términos absolutos sino también en relación con la población de los países que hoy conocemos con el nombre de países en vías de desarrollo. Para observar este cambio demográfico resulta útil adoptar una perspectiva a largo plazo. El cuadro 9.3 procede de una estimación revisada de la evolución de la población mundial en los últimos siglos (Carr-Saunders [1936]). Hemos añadido a este cuadro las estimaciones de 1995 procedentes del *Demographic Yearbook* de las Naciones Unidas. Los resultados son muy interesantes.

El cuadro se ha elaborado con la idea de hacer hincapié en los siglos anteriores. Prescindamos de momento de la última columna. Lo que tenemos en ese caso es una serie de porcentajes de población que van desde 1650 hasta 1933. Obsérvese el descenso de África, debido en gran medida a la emigración, y el ascenso de Norteamérica debido en gran parte a la inmigración. Al mismo tiempo, el porcentaje de la población mundial correspondiente a Europa aumentó ininterrumpidamente durante este periodo, a pesar de la emigración. Fijémonos en la primera columna y en la penúltima (ambas en negrita) para ver cómo cambió la situación entre 1650 y 1933. Lo que vemos aquí es el periodo en el que Europa inició su transición demográfica, mientras una gran parte del mundo en vías de desarrollo actual aún se encontraba aletargada en la primera fase de la historia demográfica.[1] En 1650, la población europea era de unos 100 millones. En 1933, incluso teniendo en cuenta la emigración (que era grande), había sobrepasado los 500 millones.

Veamos ahora la última columna del cuadro 9.3, que se refiere a 1995. Es evidente que nos encontramos en pleno cambio de tendencia. Asia, que perdió alrededor de seis puntos porcentuales en el periodo 1650-1933, ha retornado casi exactamente al porcentaje de 1650. África también ha retrocedido, pero sigue teniendo un porcentaje significativamente inferior al de 1650. Los dos que han ganado han sido Norteamérica y Latinoamérica. También es instructivo sumar los porcentajes correspondientes aproximadamente al mundo en vías de desarrollo. El porcentaje de población de Asia, África y Latinoamérica en conjunto era de 81,1 en 1650. En 1933, había descendido a 67,6. En 1995, era de 81,7. Tenemos el círculo completo.

Sin esta perspectiva histórica, es bastante fácil ser alarmista respecto a la expansión de la población en los países en vías de desarrollo. Nadie duda de que esa expansión puede ser perjudicial, pero no es cierto, desde luego, que estos países hayan crecido más de lo "que les corresponde". Lo que alarma a muchos Gobiernos del mundo desarrollado no es el crecimiento de la población sino el crecimiento *relativo* de la población. Una gran población significa más pobreza y menos acceso per cápita a los recursos, pero en el escenario internacional, significa más poder político y económico. Los mismos Gobiernos que abogan por el control de la población en el mundo en vías de desarrollo son perfectamente capaces de adoptar una política en favor de la natalidad en su propio país.[2]

---

[1] Esta descripción es algo simplista. Las poblaciones de Japón y de China también aumentaron significativamente durante la segunda mitad del siglo XVII. La expansión de China prosiguió en el siglo XVIII. El aumento demográfico de Europa es aun más impresionante si se tienen en cuenta estos cambios.

[2] Para éstas y otras cuestiones relacionadas con ellas, véase Teitelbaum y Winter [1985].

Cómo es valorado el tamaño de la población[3]

La mayoría de las personas y de los Gobiernos, si se les preguntara, coincidirían en que la evolución de la población mundial es un problema. Sin embargo, cuando llega la hora de valorar la evolución de la población de su propio país, las cosas suelen ser muy distintas. Podemos deplorar una medida porque consideramos que es perjudicial para los intereses de la sociedad y, sin embargo, empeñarnos en que se tome esa misma medida, simplemente porque otros se empeñan. Sin embargo, los cambios recientes de actitud con respecto al tamaño de la población indican una transición positiva.

En la Conferencia Internacional sobre Población y Desarrollo, celebrada en el Cairo en septiembre de 1994, muchos Gobiernos aclararon su postura sobre la cuestión de la población. Era evidente que muchos estaban adoptando por todos los medios medidas demográficas para limitar la población y, de hecho, el crecimiento de la población ha disminuido significativamente en muchos países en vías de desarrollo. Este hecho está correlacionado con algunos cambios de opinión de los Gobiernos sobre el crecimiento de la población. Aunque el porcentaje de países que consideran que sus tasas de crecimiento demográfico son demasiado *bajas* ha disminuido continuamente, el número de Gobiernos que consideran que el crecimiento de la población es demasiado *alto* también ha descendido algo. Los países en vías de desarrollo han sido los primeros en cambiar de actitud. En los países desarrollados ha habido pocos cambios. De hecho, un creciente número de estos países considera que su tasa de crecimiento demográfico es demasiado baja y está preocupado por la disminución de la fecundidad y el envejecimiento de la población.

En África, observamos que un número creciente de países están sumándose a la guerra contra la población: Namibia, Sudán y Tanzania adoptaron medidas oficialmente para reducir el crecimiento de la población. El Gobierno tunecino se declara actualmente satisfecho de la tendencia descendente de su tasas de crecimiento demográfico. Asimismo, en Asia, son más los Gobiernos que se han declarado satisfechos con su evolución demográfica, aunque muchos siguen considerando que sus tasas de crecimiento de la población son demasiado altas. Tanto China como Corea consideran que su situación actual es satisfactoria.

En cambio, en Europa ha aumentado el número de países preocupados por el envejecimiento y la disminución de su población. Portugal y Rumania consideran que sus tasas de crecimiento demográfico son demasiado bajas y Croacia ha adoptado medidas para fomentar la fecundidad.

En Latinoamérica, al igual que en Asia, un creciente número de países considera que su tasa de crecimiento demográfico es satisfactoria. Las excepciones se encuentran en las zonas densamente pobladas del Caribe y en Centroamérica.

En otros lugares han ocurrido pocos cambios. En Norteamérica, Estados Unidos y Canadá siguen estando satisfechos con sus tasas de crecimiento demográfico, al igual que Australia y Nueva Zelanda en Oceanía. La mayoría de los países en vías de desarrollo de Oceanía considera que sus tasas de crecimiento demográfico son demasiado altas (Tonga es una excepción debido a sus elevadas tasas de emigración). En Europa oriental, cuatro países (Bielorrusia, Bulgaria, Hungría y Ucrania) consideran que su tasa de crecimiento demográfico es demasiado baja. En la antigua Unión Soviética, parece que la mayoría de los Gobiernos están satisfechos con su evolución demográfica actual.

---

[3] Este recuadro se basa en gran parte en un informe del Secretario General de las Naciones Unidas, presentado en la 280 sesión de la Comisión sobre la Población, 1995.

Al mismo tiempo, no podemos evitar preocuparnos por la evolución futura de la población. Observemos de nuevo el cuadro 9.3. Europa y Norteamérica tardaron nada menos que 300 años en conseguir que aumentara su población; tardaron alrededor de 50 en conseguir que disminuyera. Si extrapolamos estas tendencias, ¿no corremos el peligro de que estalle una enorme explosión demográfica y que la mayor parte se produzca en los países en vías de desarrollo?

Para examinar esta importante cuestión, hay que tener en cuenta una diferencia radical entre las transiciones demográficas del mundo desarrollado y del mundo en vías de desarrollo. La segunda está avanzando a un ritmo muchísimo más rápido que la primera. La segunda fase de la historia demográfica de los países en vías de desarrollo muestra una intensidad sin parangón en el mundo actualmente desarrollado.

En los países desarrollados, el descenso de la tasa de mortalidad fue relativamente gradual, limitado por el proceso de prueba y error de las innovaciones. La mejora de la producción de alimentos, la creación de métodos de saneamiento y la mejora de la comprensión y del control de las enfermedades gracias a los avances médicos no se transplantaron de un acervo de conocimientos existente previamente sino que tuvieron que descubrirse o inventarse.

Las tasas de natalidad nunca alcanzaron las cifras que observamos hoy en los países en vías de desarrollo por varias razones, entre las cuales se encuentran la costumbre de casarse más tarde de muchas sociedades europeas. Al mismo tiempo, las tasas de natalidad descendieron lentamente, debido en parte a que el progreso técnico permitió que aumentara la capacidad de Europa para mantener a la población. Así pues, la segunda fase de la historia demográfica fue prolongada y el periodo de tiempo (siglos) contrarrestó con creces la tasa neta de crecimiento (relativamente) baja. En estos países, el crecimiento de la población fue una cocción a fuego lento más que una violenta explosión y su enorme efecto se dejó sentir a lo largo de siglos.

Compárese con lo que ha ocurrido en los países en vías de desarrollo. El descenso de la mortalidad ha sido general y repentino. Había antibióticos para luchar contra toda una variedad de enfermedades; no tuvieron que reinventarse. Los insecticidas como el DDT eran baratos y permitieron reducir la malaria a proporciones controlables. Comenzaron a surgir por todos lados organizaciones de salud pública en todos los países en vías de desarrollo, algunas financiadas por instituciones internacionales como la Organización Mundial de la Salud. Por último, pero no por ello menos importante, se extendieron los métodos elementales de saneamiento e higiene. Todos estos avances han sido una bendición, ya que han alargado la vida y mejorado la salud de la población.

Sin embargo, el hecho cierto es que la fácil aplicación general de estas técnicas nuevas ha provocado un vertiginoso descenso de las tasas de mortalidad. El ritmo de descenso no tiene parangón en el norte u oeste de Europa. Todo depende, pues, de la tasa de natalidad. ¿Cuánto tarda ésta en descender una vez que desciende la tasa de mortalidad? De esta cuestión pende el futuro de la población mundial y, ciertamente, el futuro económico de muchos países en vías de desarrollo.

9.3.3 El ajuste de las tasas de natalidad

Macroinercia y microinercia

La descripción anterior de la transición demográfica se basa en algo enormemente importante: el hecho perfectamente documentado de que la tasa de natalidad no desciende inmediatamente después de la tasa de mortalidad. Recuérdese que en el apartado anterior hemos visto que lo que impulsa principalmente el aumento de las tasas de crecimiento de la población es el hecho de que las tasas de mortalidad descienden rápidamente, mientras que al mismo tiempo las tasas de natalidad se mantienen firmes. Eso se debe a varias razones.

Es cierto, desde luego, que en los siglos pasados los factores que provocaron el descenso de las tasas de mortalidad también estuvieron relacionados con un aumento de la capacidad de la tierra para mantener a la población. El principal ejemplo es el aumento de la productividad agrícola. Ésta es una de las explicaciones de que las tasas de natalidad no descendieron (en esa época). Desgraciadamente, este argumento no es válido hoy. Muchos de los factores que están reduciendo actualmente las tasas de mortalidad en los países en vías de desarrollo están relacionados con el saneamiento y con la sanidad: no contribuyen a aumentar la capacidad de la tierra para mantener a la población.

En el siguiente apartado estudiamos los diversos factores que mantienen alta la tasa de natalidad. Al principio, resultará útil distinguir entre dos tipos de inercia en las tasas de natalidad: uno se encuentra en la población en general (macroinercia) y el otro en la familia (microinercia).

Como ya hemos señalado antes, la distribución de la población por edades desempeña un papel importante. El hecho de que tanto la tasa de natalidad como la de mortalidad sean altas inicialmente en un país pobre hace que la tasa neta de crecimiento de la población sea baja, exactamente igual que en los países ricos, pero con una consecuencia muy distinta: la población del primer tipo de países es muy joven, en promedio. Esta característica tiende a mantener altas las tasas totales de natalidad, aun cuando disminuyan las tasas de fecundidad de los diferentes grupos de edad. La mera inercia de la distribución por edades garantiza que continuarán entrando en la población jóvenes que se encuentran en edad reproductiva. Esta inercia podría denominarse macroinercia, inercia en el nivel agregado.

La macroinercia no es el único tipo de inercia que mantiene altas las tasas de natalidad. También existe lo que podríamos denominar microinercia, inercia en el hogar, quizá en conjunción con las normas sociales sobre los hijos u otros factores socioeconómicos. Esta cuestión será en la que centraremos la atención en el resto de este apartado.

Decisiones relacionadas con la fecundidad y mercados inexistentes

En este apartado vemos que los hijos generalmente sustituyen a algunas instituciones y mercados inexistentes, sobre todo a la institución de las pensiones de vejez. La inexistencia de estos mercados suele obligar a una pareja a decidir su fecundidad basándose en el reconocimiento de que algunos de sus hijos morirán. La posibilidad de que algunos mueran se contrarresta teniendo un número mayor de hijos.

Naturalmente, los padres disfrutan de los hijos, al igual que en todas las sociedades, pero ésa no es la única razón por la que los tienen. Los hijos, además de poseer este aspecto de "bien de consumo", desempeñan el papel de "bien de inversión", es decir, son una fuente de ayuda para la familia en la vejez y, en términos más generales, una especie de seguro. Si fuera posible obtener un seguro para la vejez de otra fuente más eficiente, estas razones desaparecerían. Como ya hemos visto y volveremos a ver en varias ocasiones, el hecho de que no exista un mercado afecta a aspectos aparentemente insospechados de la vida económica.

Veamos, pues, en primer lugar qué mercados faltan en este contexto. Si vivimos y trabajamos en un país desarrollado, pagamos una buena parte de la renta que ganamos a un fondo público que suele llamarse seguridad social. Cuando nos jubilamos, este fondo nos paga una pensión de jubilación. Para percibir prestaciones, es necesario cotizar a este fondo, aunque en muchos países la pensión es progresiva (los mayores cotizantes no recuperan todo lo que han pagado). La segunda fuente de fondos para la vejez son los planes de jubilación subvencionados por las empresas (a los que cotiza tanto el trabajador como el empresario). Por último, podemos ahorrar para nuestra propia jubilación, no necesariamente bajo el paraguas de un plan de jubilación.

En segundo lugar, existen varios tipos de seguro, tanto durante la vida laboral como durante la vejez. Quizá el más importante sea el seguro médico, pero también hay otros tipos de seguro. El seguro de vida es uno de los más importantes. Si fallecemos, nuestro cónyuge recibe una indemnización de la compañía de seguros que le ayuda a mantenerse. También es posible comprar un seguro para protegerse de una pérdida repentina del empleo o de una incapacidad o de catástrofes naturales o de robos. No ocurre así en los países en vías de desarrollo, donde no existen estos mercados. En general, estas instituciones sólo son accesibles para las personas que trabajan en la economía no sumergida. En la economía sumergida, en la que el empleo es en gran medida eventual y los salarios son bajísimos, los incentivos para establecer un sistema de jubilación entre el empresario y el trabajador son escasos o nulos y aunque la ley diga que debe establecerse, es imposible llevarlo a la práctica. Asimismo, es difícil, cuando no imposible, saber cuánto debería cotizarse a un sistema público de pensiones. Una gran parte de la población vive en zonas rurales o trabaja en la economía sumergida de las ciudades. Por las mismas razones ya expuestas relacionadas con la falta de información es muy difícil para una compañía de seguros evaluar la veracidad de los sinistros, como una mala cosecha o una disminución repentina de los ingresos de un vendedor ambulante. Las dificultades son especialmente significativas en la agricultura, debido a que la disminución de los ingresos puede afectar a muchos titulares de pólizas, lo cual obliga a las compañías de seguros a pagar grandes indemnizaciones. Naturalmente, las compañías que actúan a escala nacional pueden evitar estas situaciones, pero entonces suelen carecer de experiencia local para poder recabar suficiente información. Por lo tanto, en el sector agrícola y en la economía urbana sumergida no suele haber mercados de seguros.

¿Qué ocurre con los seguros de vida o con los ahorros personales? Estas dos vías de protección son algo más factibles. Si existe un sistema bancario de una mínima solvencia, la gente podrá ahorrar para su jubilación. Puede resultar imposible comprobar que la cosecha ha sido mala, pero es, desde luego, más fácil comprobar que una persona ha muerto. Por lo tanto, normalmente existen estas vías para mantenerse durante la vejez.

Sin embargo, la gente no suele aprovechar estas vías, debido a que sus ingresos son bajos. Las necesidades presentes de consumo suelen ser tan acuciantes que apenas queda nada que ahorrar, por lo que la gente suele aferrarse a los activos que ha heredado, como tierra o joyas, y sólo los vende cuando no le queda más remedio. Estos activos constituyen su seguro para la vejez.

Obsérvese que cuanto más difícil sea vender un activo para consumir hoy, más fácil será ahorrar conservándolo. El lector podría alegar que si es difícil vender ese activo hoy, ¿por qué va a ser más fácil venderlo cuando sea realmente necesario el dinero? La respuesta está relacionada con el tipo de dificultad. En la sociedad existen normas sobre la venta de activos como tierra y joyas. Está bien venderlas cuando no queda más remedio, pero venderlas en "épocas normales" puede estar mal visto o considerarse una señal de que la familia está sumida en la más absoluta pobreza. Así pues, la dificultad para vender estos activos se deriva de la existencia de normas sociales que protegen de alguna manera el ahorro.

A este respecto, veamos de nuevo el caso de los hijos. Los hijos son activos por excelencia. No hay que comprarlos, aunque su crianza tiene costes (véase el texto siguiente), y pueden generar ingresos, tanto hoy como en el futuro. Dado que la esclavitud está prohibida (y, en todo caso, es socialmente inaceptable), generalmente no es posible (aunque desgraciadamente, no es imposible) cambiarlos por dinero en efectivo. Al mismo tiempo, cuando los hijos crecen, pueden convertir su fuerza de trabajo en renta, tanto para ellos mismos como para sus padres. No es de extrañar, pues, que la gente que carece de seguridad en la vejez, decida invertir para el futuro en forma de hijos. Es dentro de este marco conceptual en el que investigaremos las teorías sobre las decisiones de fecundidad.

Mortalidad y fecundidad

Consideremos la probabilidad de que unos padres críen un hijo para que los cuide. Esta probabilidad depende de varios factores. El niño puede morir joven; la infancia es el principal obstáculo. Como vimos en el capítulo 2, la mortalidad infantil puede ser cercana a 150 o 200 por 1.000 en algunos países en vías de desarrollo, lo que se traduce en un 15% de probabilidades de que el hijo muera en su primer año de existencia. Una vez traspasada esta barrera, aún están las enfermedades infantiles, que siguen siendo uno de los mayores factores de la mortalidad en muchos países en vías de desarrollo hasta los cinco años aproximadamente.

En tercer lugar, existe la posibilidad de que el hijo no sea un buen perceptor de ingresos. Cuanto más pobre es la economía, mayor este temor.

En cuarto lugar, un hijo puede no cuidar a sus padres en la vejez. Éste es un factor social interesante que puede jugar tanto a favor como en contra de tener hijos. En la sociedades en las que la norma de cuidar a los padres casi ha desaparecido o es relativamente inexistente, los cálculos mentales de los que vamos a hablar pueden no ser pertinentes para las decisiones de fecundidad. Por ejemplo, algunos historiadores económicos como Williamson [1985] han afirmado que la reducción que experimentó la fecundidad durante el siglo XIX en el Reino Unido puede atribuirse al aumento de las tasas de emigración de los hijos adultos. Si los emigrados envían poco dinero a casa de los padres, eso reduce considerablemente el valor presente de los hijos (como inversión).

Al mismo tiempo, en las sociedades en las que es habitual cuidar de los padres, la *pequeña* posibilidad de que un hijo no cuide a los padres puede producir el efecto contrario en la fecundidad: en lugar de reducirla, puede aumentarla, ya que los padres tratan de compensar esta contingencia.

Por último, existe la posibilidad de que los propios *padres* prevean que no llegarán a viejos. Ésta es, desde luego, una posibilidad en las sociedades cuya tasa de mortalidad es muy alta, pero generalmente tiene una importancia secundaria. En la etapa de la vida en la que se toman las decisiones de tener hijos, la gente ya ha vivido la mayor parte de la fase (si se exceptúa la vejez) en la que la mortalidad es alta.

Resumamos por medio de p la probabilidad global de que un determinado hijo consiga crecer y acabar cuidando a sus padres. Esta probabilidad tiene en cuenta la mortalidad durante la infancia y la niñez, la posibilidad de que el hijo sobreviva pero no sea un buen perceptor de ingresos y la posibilidad de que obtenga suficientes ingresos, pero no los cuide. ¿Qué valor puede tomar p? Es difícil saberlo sin tener datos detallados sobre cada una de estas posibilidades, pero la propia mortalidad infantil podría ser responsable de que p fuera claramente superior a $1/5$. Teniendo en cuenta los demás factores, p podría muy bien ser superior a $1/3$ y la posibilidad de que los padres consideren que el valor de p es de $1/2$ (o cercano a esta cifra) puede ser, desde luego, perfectamente razonable.

Comparemos ahora esta probabilidad con la que una pareja considera *aceptable* como probabilidad mínima de recibir ayuda al menos de uno de los hijos; llamémosla q. Se trata de una cuestión de actitudes hacia el riesgo y varía extraordinariamente de una pareja a otra. Hagamos algo de introspección: ¿qué probabilidad de no tener ningún tipo de ayuda en la vejez le parecería aceptable al lector? Si pudiera tolerar honradamente una probabilidad significativamente superior a $1/10$, sería una persona poco corriente. Podemos imaginar, pues, que q tiene un valor superior a $9/10$ —quizá incluso $95/100$— cifra ciertamente superior al valor de p. El resto es cuestión de simple aritmética: ¿cuántos hijos necesitamos tener —cada uno tiene una probabilidad p de cuidarnos— para que la probabilidad global de tener al menos *uno* que nos cuide sea al menos q?

Es fácil de calcular (¡o debería serlo!). Supongamos que tenemos n hijos. En ese caso, la probabilidad de que *ninguno* de ellos nos cuide es $(1-p)^n$. Por consiguiente, la regla consiste en elegir un valor de n —el número de hijos— suficientemente alto para que

$$1 - (1-p)^n > q. \qquad [9.1]$$

Verifiquémoslo con algunas cifras. Supongamos que $p = 1/2$ y $q = 9/10$. En ese caso, ¡es bastante fácil ver utilizando la condición [9.1] que n debe ser 4 como mínimo! Si somos más reacios al riesgo, de tal forma que para nosotros el valor aceptable de q es $95/100$, necesitamos tener cinco hijos y eso, como antes, apenas nos lleva a nuestro mínimo aceptable, como podrá comprobar el lector realizando un cálculo directo.

El sesgo en contra de uno de los sexos

En este contexto, el sesgo en contra de uno de los sexos puede tener enormes costes. Supongamos que por alguna razón una pareja desea recibir ayuda de un hijo varón. En ese caso, las familias considerarán que n es el número deseado de hijos *varones*. Ese planteamiento duplica sencillamente y de forma devastadora el número esperado de hijos que tendrá el hogar.

Por ejemplo, si $p = 1/2$, si $q = 9/10$ y si la pareja desea recibir ayuda de uno de sus hijos varones, esa pareja tendrá, en promedio, ocho hijos, ¡únicamente para tener la seguridad de que un hijo varón los cuide!

En muchas sociedades se considera que prestar ayuda a los padres ancianos es una tarea exclusiva de los hijos varones. Aunque la ayuda (especialmente no monetaria) de las hijas es exactamente igual de valiosa, recibir ayuda de las hijas en lugar de los hijos puede ser un estigma. Este hecho es, desde luego, una fuente de discriminación en favor de los hijos varones.

Esta no es, por supuesto, la única causa de este sesgo; puede haber otras muchas. Por ejemplo, el estudio de Cain [1981, 1983] sobre Bangladesh muestra la importancia de los hijos varones como ayuda para las viudas: *el que las viudas puedan conservar sus tierras depende de que tengan o no hijos varones capacitados*, sobre todo en situaciones en las que los derechos de propiedad no están bien definidos o son difíciles de aplicar.

Información, renta y fecundidad

Resumamos el análisis presentado hasta ahora. La gente decide el número de hijos con la intención de recibir ayuda en su vejez. Un hijo puede no prestar esta ayuda por varias razones: (1) puede morir en la infancia o más tarde, (2) puede no ganar lo suficiente para ayudar a los padres y (3) puede romper los lazos con sus padres y no ayudarlos deliberadamente, aunque tenga capacidad económica para hacerlo. Hemos representado por medio de p la probabilidad conjunta de que ocurran estos hechos inciertos.

La incertidumbre descrita en el párrafo anterior tiene que compararse con el umbral de tolerancia de los padres, que es la probabilidad mínima de que necesiten ayuda en la vejez, y este umbral varía con el grado de aversión de los padres al riesgo. Su grado de aversión al riesgo, a su vez, depende en parte de su seguridad económica. Cuando el nivel de seguridad es mayor, generalmente el grado de aversión al riesgo es menor.

Estos factores nos ayudan a descubrir hasta cierto punto las razones por las que la tasa de fecundidad no varía, aun cuando estén descendiendo rápidamente las tasas de mortalidad. El primer elemento es la *información*. ¿Cómo se traslada el fenómeno social del descenso de la tasa de mortalidad a las decisiones personales? Ya nos hemos referido a la rapidez con la que están descendiendo las tasas de mortalidad en los países en vías de desarrollo. En veintiún países en vías de desarrollo, la tasa de mortalidad descendió, en promedio, desde el periodo inmediatamente anterior a la Segunda Guerra Mundial hasta 1950 en 7 por 1.000 cada diez años (Coale y Hoover [1958, pág. 14]). Para un demógrafo histórico y, de hecho, para cualquier científico social, se trata de un cambio realmente notable y sin parangón en la historia por su rapidez. Como señalan Coale y Hoover [1958, pág. 14], "este ritmo de mejora es superior al conseguido nunca en las zonas habitadas del norte y oeste de Europa". Sin embargo, ¡sería realmente maravilloso que estos cambios hubieran aparecido en los periódicos en su época! Lo cierto es que la gente se deja guiar a menudo por su propia experiencia, es decir, por su visión de la experiencia de sus *padres* y hermanos y amigos de sus padres. Es la generación anterior la que proporciona la única experiencia directa que es relevante en este contexto.

Así pues, el descenso de las tasas de mortalidad puede no traducirse inmediatamente en una revisión de la estimación de la mortalidad (véase el recuadro titulado "Tres generaciones").

Tres generaciones[4]

El pueblo indio de Rampur fue estudiado por Lewis [1952] y, más tarde, por Das Gupta [1994]. La historia de Umed Singh procede de esos estudios. El padre de Umed Singh era Siri Chand, que nació hacia 1900. Las pestes y el cólera diezmaron su familia, incluidos su padre y su madre. Siri Chand fue criado por su tío. Era agricultor, por lo que vivía en un grado de incertidumbre difícil de imaginar para nosotros: una mala cosecha tras otra, hambrunas, grandes cosechas de vez en cuando, la pérdida de *seis* de los nueve hijos nacidos vivos: dos niñas y un niño sobrevivieron hasta la edad adulta. La vida del niño, Umed Singh (que nació hacia 1935) contrasta claramente con la de su padre.

Umed Singh terminó los estudios secundarios y se hizo policía. Ganaba un salario estable y también percibía una renta procedente de su tierra (que heredó de su padre). Sin embargo, la incertidumbre que rodeó la vida de su padre nunca dejó de asaltarlo. Era el único hijo varón superviviente de una familia que había engendrado nueve hijos. Sin ninguna razón objetiva que justificara esta inseguridad, Umed Singh estaba cada vez más preocupado. Sus dos primeros hijos fueron niñas. Como quería un niño, insistió en tener más hijos. Tuvo tres más, dos de los cuales fueron niños, pero continuó temiendo que sus hijos murieran, y este temor no le abandonó hasta que nació su tercer hijo varón. *Todos* sus hijos sobrevivieron.

Mientras Umed Singh estaba reviviendo las angustias de su padre, la gente que lo rodeaba ya estaba cambiando. Su mujer, cuando fue entrevistada, declaró que pensaba que deberían haber dejado de tener hijos mucho antes. Lo mismo opinaban los primos de Umed Singh y sus colegas de la policía.

Das Gupta concluye la historia de esta manera: "La segunda generación de personas que llevan una vida estable y segura no experimenta las angustias que quedan de la inseguridad pasada. La hija mayor de Umed Singh ha terminado un curso de formación profesional y se casará dentro de poco. Dice que no tiene intención de tener tantos hijos como su madre; tendría tres como máximo. Es una mujer relajada, confiada, a la que no le hacen mucha gracia las angustias de su padre por su familia".

---

[4] Este recuadro se basa en Das Gupta [1994].

Aunque el descenso de las tasas de mortalidad es fundamental para que descienda la fecundidad, hay otros factores en la construcción de p que tienen poco que ver con el descenso de las tasas de mortalidad. Ya hemos mencionado antes dos factores de ese tipo, que dependen de la situación económica de la región. Cuanto más pobre sea ésta, mayor es la probabilidad prevista de que un hijo único no gane lo suficiente en la edad adulta para ayudar a sus padres; por lo tanto, mayor es el incentivo para tener más hijos que contrarresten esta posibilidad. Asimismo, el descenso de las tasas de mortalidad no influye en la presión social de cumplir con las obligaciones para con los padres. Estos son fenómenos independientes que continúan dejando su huella incluso cuando descienden las tasas de mortalidad, por lo que podrían mantener altas las tasas de natalidad.

Por último, el sesgo a favor del sexo masculino introduce otras complicaciones. Una vez más, no existe garantía alguna de que un descenso de las tasas de mortalidad influya en este sesgo. Al hacer esta afirmación, distinguimos en realidad entre dos tipos de sesgo. Uno es lo que podríamos denominar sesgo observable, es decir, los indicadores objetivos de la diferencia entre el trato que reciben los hijos y el que reciben las hijas. Con el desarrollo, ese sesgo disminuye realmente, a medida que disminuyen las limitaciones de recursos. El segundo tipo de sesgo está relacionado con la valoración intrínseca de las mujeres en la sociedad e incide en la percepción de las mujeres como fuente de ayuda en la vejez. Este sesgo aumenta realmente con el progreso económico, al menos hasta cierto punto. Una causa importante de este aumento potencial es que el progreso económico va acompañado de una disminución de la importancia de la agricultura. En la medida en que las mujeres desempeñan un papel importante en la agricultura, es posible que ahora se consideren relativamente menos capaces de prestar ayuda por sí solas en la vejez. Ya hemos visto que esos sesgos, además de ser intrínsecamente inaceptables, pueden afectar brutalmente las decisiones de fecundidad.

Acumular hijos o procrearlos según las necesidades

Hasta ahora nuestro análisis contiene un supuesto implícito: los padres deciden tener o no más hijos sin utilizar la información sobre la suerte de sus hijos anteriores. ¿Es este supuesto razonable? Una vez más, la respuesta depende de qué componentes de p dominen en la psicología de los padres. Por ejemplo, si los padres temen que un hijo no gane lo suficiente en la edad adulta para ayudarles en su vejez, la estrategia de "esperar a ver qué pasa" no parece adecuada. Para entonces, ¡no será posible tener otro hijo! Si ésta es la causa de la incertidumbre de los padres, a estos les conviene comprar por adelantado todos los billetes, por así decirlo. Este fenómeno puede denominarse *acumulación*: hay que acumular hijos por adelantado, antes de saber cuál de ellos (si es que alguno) prestará la ayuda necesaria.

Compárese este caso con la situación en que la mortalidad infantil (la muerte del niño antes de cumplir el año) es el tipo predominante de incertidumbre. En esa situación, la estrategia de "esperar a ver qué pasa" es viable. Una pareja puede tener un hijo y subordinar su decisión de tener otro a la supervivencia de éste. El número deseado de hijos puede alcanzarse *secuencialmente*. Evidentemente, esta estrategia resulta, en general, en unas tasas de fecundidad más bajas, ya que el número total de hijos no tiene que decidirse "por adelantado".

El paso del régimen demográfico de acumulación al de procreación secuencial puede provocar una reducción espectacular de la tasa de fecundidad. Una vez más, el ritmo al que se produzca ese cambio depende fundamentalmente de los tipos de incertidumbre que más preocupen a la pareja. Es cierto, sin embargo, que un descenso de la tasa de mortalidad es indudablemente un factor que ayuda a provocar este cambio de régimen.

El coste de los hijos

Hasta ahora hemos ignorado el coste de la crianza de un hijo. Hay dos tipos de coste. En primer lugar, la crianza de los hijos tiene costes directos: hay que alimentarlos, vestirlos, mantenerlos en buen estado de salud, cuidarlos y escolarizarlos. En segundo lugar, la crianza de los hijos tiene costes indirectos o de *oportunidad* que se miden por la cantidad de renta a la que se renuncia en el proceso de criar al hijo. El tiempo que se pasa en casa con el hijo es tiempo que no se dedica a percibir ingresos, por lo que el coste de oportunidad de los hijos es más o menos proporcional al salario multiplicado por el número de horas dedicadas al cuidado del hijo.

En las sociedades en las que este coste de oportunidad es bajo, las tasas de fecundidad tienden a ser altas. El sesgo del sexo también desempeña un papel importante. En muchas sociedades (incluidos muchos países desarrollados), se supone que las mujeres deben dedicar parte de su tiempo a criar a los hijos. En esas sociedades, los salarios de las mujeres también son bajos, lo que reduce el coste de oportunidad de tener hijos y mantiene altas las tasas de natalidad.

Asimismo, si las tasas de paro son altas, los costes de oportunidad de los hijos son menores, lo que, una vez más, puede aumentar la fecundidad.

Este análisis de las decisiones de fecundidad basado en el enfoque coste-beneficio es habitual entre economistas. Becker [1960] lo introdujo en las ciencias sociales. En muchas ocasiones, sin embargo, constituye una metodología poco útil: decir simplemente que los padres tienen hijos hasta el punto en el que el beneficio marginal es igual al coste marginal puede ser una jerga que impresiona, pero no transmite mucha información. Para que el enfoque coste-beneficio sea útil, debemos analizar los beneficios y los costes relevantes para la situación de que se trate. Eso es lo que hemos hecho hasta ahora con el concepto de beneficios. En lugar de afirmar que los hijos reportan "utilidad" a los padres, la hemos llamado concretamente ayuda en la vejez, y esta descripción nos permite extraer las conclusiones a las que hemos llegado hasta ahora. Lo mismo ocurre con los costes. Es necesario comprender que los diferentes *tipos* de costes tienen diferentes tipos de consecuencias demográficas. En el análisis siguiente, lo explicamos examinando un caso concreto: la influencia de los aumentos de renta en la fecundidad.

La figura 9.1 muestra las preferencias de una pareja respecto al número de hijos que quiere tener y "otros bienes" expresados en dinero. Los hijos se encuentran en el eje de abscisas y "otros bienes" en el de ordenadas. En el análisis siguiente no prestaremos mucha atención a la forma exacta de las preferencias, que representamos por medio de curvas de indiferencia en la figura 9.1. Por ejemplo, estas preferencias pueden reflejar el

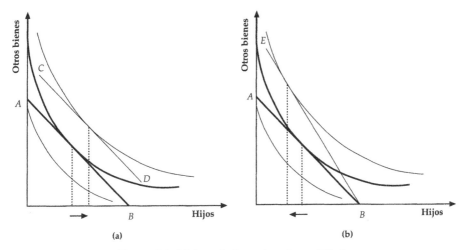

Figura 9.1. Mejora de la renta y fecundidad.

deseo de recibir ayuda en la vejez o simplemente el placer intrínseco de tener hijos. Lo que nos interesa son los costes.

Consideremos, en primer lugar, la renta *potencial* total de la pareja si no tiene hijos. Esta renta puede proceder del trabajo asalariado o de los rendimientos de la tierra por ejemplo. En el primer caso, la renta potencial comprende todos los ingresos que ganan los dos cónyuges, en el supuesto de que no tengan hijos que cuidar. Esta cantidad está representada por la altura del punto *A* en la figura 9.1.

Ahora bien, debería estar claro que cuando comienza a aumentar el número de hijos, la renta que queda para "otros bienes" comienza a disminuir por dos razones. En primer lugar, los hijos ocasionan gastos directos. En segundo lugar, la renta que gana la pareja también disminuye, ya que uno de los padres o los dos pasan algún tiempo en casa al cuidado de los hijos. La "recta presupuestaria" *AB* se construye teniendo en cuenta estos costes. Cuando el número de hijos es muy grande, la renta residual de la que disponen los padres puede reducirse a cero: éste es el punto *B* en el cual la recta presupuestaria corta el eje de abscisas. El panel (a) de la figura representa esta descripción.

La *pendiente* de la recta presupuestaria (véase el ángulo señalado en la figura 9.1) es una medida del coste unitario de tener hijos. Si se gana una renta, será el salario multiplicado por las horas a las que se renuncia por cada hijo. También hay costes directos por hijo.

El ejercicio que realizamos a continuación está relacionado con un aumento de la renta de la familia. Para afianzar las ideas, supongamos primero que la fuente de aumento de la renta no es la renta salarial. Por ejemplo, los padres pueden ser unos terratenientes cuya renta procede toda ella del arrendamiento de tierra. Cuando suben los alquileres de la tierra, la recta presupuestaria sufre un desplazamiento paralelo, pasando a la posición *CD* [véase el panel (a)]. ¿Cómo afecta este desplazamiento a la fecundidad? Bien, si los hijos son "bienes normales", el efecto-renta debe elevar la demanda de hijos, por lo que las tasas de fecundidad aumentan como consecuencia del incremento de la renta.

Compárese este cambio con una variación de la renta *salarial*. En este caso, la recta presupuestaria no sólo se desplaza hacia fuera sino que también *gira*, debido a que ha aumentado el coste de oportunidad de los hijos. En la figura 9.1(b) lo mostramos desplazando la recta presupuestaria hacia fuera y haciéndola girar al mismo tiempo en torno al punto *B*, por lo que la nueva recta presupuestaria es *EB*. La renta potencial ha aumentado, pero *también ha aumentado el coste de oportunidad de los hijos*, lo cual provoca un efecto-sustitución en contra de los hijos, así como un efecto-renta. El efecto-sustitución reduce la fecundidad y el efecto-renta la aumenta. El efecto neto es ambiguo.

A pesar de la ambigüedad, hay una cosa clara en la figura 9.1: la fecundidad no aumenta, desde luego, tanto como en el caso en el que el aumento de la renta puede atribuirse a fuentes no salariales. La idea intuitiva es sencilla. La renta salarial impone un coste de oportunidad de tener un hijo más, mientras que la renta procedente de alquileres no. Por lo tanto, los aumentos de la renta salarial producen un efecto mayor en la reducción de la fecundidad que los aumentos de renta procedente del arrendamiento de tierras. Esto muestra la utilidad del enfoque coste-beneficio, al menos hasta cierto punto.

Es fácil extender este razonamiento al caso de la discriminación en contra de uno de los sexos. Supongamos que las mujeres son las únicas que cuidan de los hijos. En ese caso, un aumento de la renta procedente de arrendamientos produce el mismo efecto que una subida de los salarios de los hombres: ambos provocan un desplazamiento paralelo de la recta presupuestaria, como en el movimiento de *AB* a *CD*. Los salarios masculinos no imponen ningún coste de oportunidad a la crianza de los hijos si los hombres no desempeñan ningún papel en ella. En cambio, el aumento de los salarios *femeninos* hace que gire la recta presupuestaria. El coste de oportunidad de tener hijos aumenta, de donde se deduce que en una sociedad que discrimine a la mujer tiene más probabilidades de que disminuya la fecundidad cuando suben los salarios de las mujeres. Este argumento ha sido examinado por Galor y Weil [1996] y por otros muchos autores (véase el recuadro adjunto).

Salarios de las mujeres y disminución de la fecundidad: un estudio de Suecia

Durante los últimos cien años o más, han subido los salarios de las mujeres en relación con los de los hombres. Es el caso, desde luego, en los países actualmente desarrollados. Este aumento ha ido acompañado de una reducción de la fecundidad. ¿Es ésta una prueba clara de que existe una relación *causal* entre los salarios de las mujeres y la fecundidad? Puede que no. Por ejemplo, cabe imaginar que la fecundidad haya disminuido por alguna otra razón y que esta reducción haya estado relacionada con el aumento de la inversión de las mujeres en educación, lo que ha elevado sus salarios. En esta situación hipotética, la fecundidad y los salarios femeninos están *correlacionados*, pero no hay pruebas de que exista una relación *causal*. Lo que necesitamos son pruebas *independientes*, totalmente distintas de las medidas que hayan tomado las propias mujeres "en el lado de la oferta", de que hay más demanda de empleo femenino. Entonces podremos atribuirle la disminución de la fecundidad.

Schultz [1985] plantea precisamente esta cuestión y la aborda de una forma interesante utilizando el caso de Suecia como ejemplo. En la segunda mitad del siglo XIX, el mercado mundial de cereales atravesó una fase de declive de enormes proporciones. Las exportaciones de cereales suecos se hundieron. Ante esta disminución de la demanda de cereales, se produjo una considerable reasignación de los recursos en la agricultura. La beneficiada fue la cría de ganado. Las exportaciones suecas de mantequilla se dispararon.

Ahora bien, las granjas lecheras y la elaboración de la leche daban empleo a una proporción mayor de mujeres que el cultivo de cereales. Como consecuencia de esta reasignación, la demanda de trabajo femenino aumentó considerablemente, al igual que los salarios pagados a las mujeres.

La conveniencia de centrar la atención en el auge de la mantequilla radica en que recoge realmente el efecto puro de la demanda sobre los salarios femeninos, sin mezclas con posibles efectos del lado de la oferta. ¿Disminuyó la fecundidad en respuesta al auge de la mantequilla?

Sí. Schultz demuestra que en las regiones en las que el precio de la mantequilla en relación con el del centeno (el cereal básico en Suecia) era alto, el cociente entre los salarios femeninos y los masculinos también era alto y las tasas de fecundidad eran más bajas. De hecho, siguiendo con la relación entre los precios de la mantequilla y los salarios femeninos, Schultz estimó que alrededor de una cuarta parte de la disminución que experimentó la tasa total de fecundidad de Suecia entre 1860 y 1910 podía atribuirse a la subida de los salarios femeninos. La conclusión es que "el aumento del valor del tiempo de las mujeres en relación con el de los hombres desempeñó un importante papel en la transición de la fecundidad sueca".

9.3.4 ¿Es demasiado alta la fecundidad?

Hasta ahora hemos tratado de explicar por qué las tasas de fecundidad pueden ser altas aunque estén descendiendo las de mortalidad, pero "alto" no significa necesariamente "subóptimo": si una familia *decide* tener muchos hijos, ¿por qué habrían de dictar otra cosa las consideraciones sociales? Esta pregunta tiene tres respuestas.[5]

Información e incertidumbre

La primera respuesta se basa en que la *información* no es completa, cuestión que ya hemos analizado. Sencillamente, la gente puede no internalizar en el momento de tomar sus decisiones el hecho de que las tasas de mortalidad hayan descendido, como ocurre en el ejemplo de Umed Singh, policía de Rampur (véase el recuadro). En ese caso, el número de hijos que tienen las parejas puede no ser socialmente óptimo. La pareja, de tener información sobre los cambios ocurridos, revisaría a la baja sus decisiones de tener hijos.

---

[5] Existe también otra, a saber, las familias (especialmente las analfabetas y pobres) no saben qué es lo mejor para ellas. En particular, procrean sin pensar en los métodos anticonceptivos eficaces o sin conocerlos. Desde este punto de vista, un aumento de la oferta de métodos anticonceptivos y una buena charla resolverán el problema. Aquí no analizamos este punto de vista, pero véase el subapartado sobre las normas sociales que se encuentra al final del apartado 9.3.

La segunda respuesta se basa en la distinción entre las decisiones que se toman *ex ante* y sus consecuencias *ex post*. Consideremos el caso de una familia que sólo quiere tener un hijo, pero que acaba teniendo cinco con la intención de aumentar las probabilidades de recibir ayuda en la vejez. Como ya hemos visto, esas decisiones se basan tanto en la probabilidad de que muera un hijo como en el grado de aversión de la familia al riesgo. Por lo tanto, no es improbable (sobre todo en las familias pobres que son muy reacias al riesgo) que, en realidad, un elevado porcentaje de los hijos sobreviva *ex post*. Esas familias tendrán demasiados hijos y sufrirán económicamente por ello, ya que deberán cuidarlos y alimentarlos. Es difícil evaluar cuál es la decisión óptima en este caso. Si se pregunta a una familia que tiene muchos hijos si es feliz en esta situación, es posible que responda que no, pero si se le pregunta si volvería a tomar exactamente las mismas decisiones de fecundidad (dada la incertidumbre que rodea la supervivencia de los hijos), podría muy bien responder afirmativamente. No existe contradicción alguna entre estas respuestas aparentemente contradictorias.[6]

Externalidades

La tercera respuesta y la más importante, se basa en la existencia de *externalidades*. Es decir, las decisiones de tener hijos que toma una persona o una pareja pueden tener consecuencias para otros miembros de la familia o, de hecho, para otras familias. En la medida en que el(los) que toma(n) las decisiones no internalicen esos efectos, las decisiones de tener hijos que son óptimas para ellos pueden no serlo para la sociedad.

Como indican los casos siguientes, las externalidades relacionadas con la fecundidad normalmente son *negativas* (aunque no tiene por qué ser siempre así). Por lo tanto, las decisiones privadas relacionadas con la fecundidad generalmente llevan a tener un excesivo número de hijos.

Comencemos estudiando algunas externalidades que imponen unas familias *a otras*. Estas externalidades son especialmente frecuentes en las situaciones en las que el Estado proporciona infraestructura con un coste escaso o nulo para sus usuarios. En esos casos, es imposible que cada familia valore estos recursos según su verdadero coste social, ya que ése no es el coste que pagan ellas (o sus hijos). Eso no quiere decir que esos servicios siempre deban prestarse a precios de mercado (a menudo ofrecerlos gratuitamente es la única manera de redistribuir la renta en una sociedad desigual), pero su existencia fomenta las externalidades negativas.

Consideremos, por ejemplo, la educación pública gratuita en una zona urbana. Si un planificador social benevolente pudiera dictar el número de hijos que deben tener todas las familias de esa zona, tendría en cuenta el coste social marginal de los recursos educativos. Sin embargo, si la educación es gratuita, el coste *privado* que tiene para la familia la

---

[6] Incluso las decisiones *ex ante* pueden ser subóptimas, ya que no existen mercados. Concretamente, en ausencia de un mercado de seguros, en general, y de un mercado de pensiones, en particular, las familias tienden a invertir excesivamente en hijos. Si se ofrecieran estas opciones, el número de hijos por familia pobre disminuiría sin lugar a dudas. Sin embargo, la cuestión es que las decisiones *son* óptimas *ex ante* dado que faltan los mercados.

educación de sus hijos es más bajo que el coste social, por lo que no se internalizará debidamente. El número de hijos que decidirá tener la gente será, pues, superior al óptimo social.

Lo mismo ocurre con otros servicios suministrados por el Estado que no se valoran a su verdadero coste marginal, como la vivienda o los servicios sanitarios subvencionados. Como ya hemos señalado, a menudo ésta es la única forma posible de ayudar a los pobres en una sociedad en la que es difícil conseguir información directa sobre sus circunstancias económicas. Estos servicios producen el mismo efecto que la educación: reducen los costes marginales privados por debajo de los costes marginales sociales y hacen que la fecundidad sea superior al óptimo social.

Lo mismo ocurre con los recursos cuyo precio no se fija debidamente, como el medio ambiente. Esos recursos pueden agotarse aun cuando sean renovables: entre ellos se encuentran las pesquerías, las aguas subterráneas, los bosques, la calidad del suelo y, por supuesto, la capa de ozono. La principal característica de esos recursos es que generalmente tienen un precio privado demasiado bajo, por lo que se utilizan abusivamente. En la medida en que esos precios demasiado bajos reducen el coste de criar hijos, la fecundidad está sesgada al alza.

Todos estos efectos pueden resumirse en un modelo muy general. En la figura 9.2 mostramos los costes y los beneficios de tener hijos (por ejemplo, para una familia). Para simplificar el análisis, consideramos que la curva de costes es una línea recta (por lo que cada nuevo hijo cuesta la misma cantidad adicional), aun cuando tener más hijos tenga rendimientos decrecientes. Eso significa que la función de beneficios tiene la conocida forma cóncava.

Fijémonos ahora en los costes. La línea recta de trazo grueso muestra los costes *privados* de un hijo más y la más fina muestra los costes *sociales*. El análisis anterior indicaba que en muchas situaciones los costes privados son menores que los costes sociales. Gráficamente, esta posibilidad se representa por medio de una recta de "coste social" más inclinada que la de "coste privado". El número socialmente óptimo de hijos se halla maximizando la distancia vertical entre la curva de beneficios y la recta de coste social. Este punto se encuentra igualando el beneficio marginal y el coste social marginal; es el punto A y genera un número de hijos igual a n^*. En cambio, el número de hijos óptimo desde el punto de vista privado se halla maximizando la distancia vertical entre la curva de beneficios y la recta de coste privado, lo que ocurre en el punto B, que genera el número n^{**}. Obsérvese que $n^{**} > n^*$.

Este tipo de análisis resume las diversas situaciones antes enumeradas y nos dice cómo debemos estudiar otras. He aquí dos ejemplos que sirven para ampliar el análisis.

En primer lugar, quizá no siempre exista una divergencia entre los costes sociales y los privados. Además, también pueden existir diferencias entre los beneficios sociales y los privados. Supongamos que existen empleos remunerados que tienen un salario elevado, por ejemplo, 1.000 euros al mes, pero que hay cola para conseguirlos. Imaginemos que cada familia manda a sus hijos mayores a buscar un empleo de ese tipo y que la probabilidad de que uno lo consiga es simplemente el número total de puestos de trabajo que haya

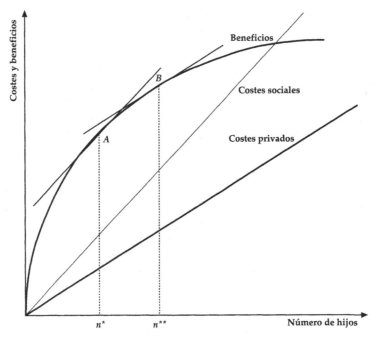

Figura 9.2. Costes privados y sociales y decisiones relacionadas con la fecundidad.

de ese tipo dividido por el número total de demandantes de empleo. Ahora tener un hijo más es exactamente igual que comprar un billete más de lotería, que jugar dos veces. Para la familia, se duplica la probabilidad de conseguir, al menos, una oferta de empleo. Sin embargo, debemos tener cuidado: el número de demandantes de empleo también aumenta. Este efecto es minúsculo en el caso de la familia en cuestión, pero el efecto conjunto que produce en *otras* familias el hecho de que *muchas* compren sus dos billetes de lotería cada una es significativo y negativo. A la larga, cada familia tiene, por ejemplo, dos billetes pero no aumentan las probabilidades de nadie de conseguir el empleo. Y lo que es peor aún, ese segundo billete tiene costes: es un hijo que hay que vestir y alimentar.

Este tipo de situación es bastante fácil de analizar en el modelo general que hemos presentado. Podemos comprobar fácilmente que en este ejemplo no existe una divergencia entre los costes privados y los sociales, pero sí entre los *beneficios* privados y los sociales. El beneficio social de un hijo más es la ganancia esperada privada *más* las pérdidas que se ocasionan a todas las demás familias cuando se suma una persona más a las filas de los demandantes de empleo. Se trata de una externalidad.

Nuestro segundo ejemplo tiene por objeto mostrar que también puede haber externalidades en el *seno* de la familia, sobre todo si en el hogar hay otros miembros, además de la pareja que toma las decisiones de tener hijos. Consideremos, por ejemplo, un clan familiar: normalmente una familia en la que dos hermanos o más aúnan sus recursos para vivir bajo el mismo techo. No sabemos si el lector habrá comprobado alguna vez las maravillas de una familia de ese tipo; tengo amigos que sí. A primera vista, es imposible distinguir al padre de la tía o del tío, porque la tía y el tío participan significativamente en la crianza de los hijos. Los efectos son de doble sentido, por supuesto: mis primos también son atendidos por mis padres. Se trata de una situación potencialmente agradable (a menudo lo es y a menudo no lo es), pero la cuestión en la que queremos fijarnos es la de que los clanes familiares crean lógicamente una externalidad *dentro* de la familia. ¡El hecho de saber que el cuñado y la cuñada sufragarán parte de los costes de la crianza de los hijos reduce los costes privados de tener hijos y aumenta la fecundidad!

Ahora bien, este razonamiento tiene algo de sospechoso. Tiene forzosamente que existir una "ley de conservación de los costes". No es posible reducir simultáneamente los costes de todo el mundo. Por ejemplo, el cuñado y la cuñada están traspasando, sin duda alguna, parte de los costes de la crianza de sus hijos a *mis* padres; entonces, ¿por qué no se anulan todos estos beneficios mutuos, con lo que no se alterarían las decisiones de fecundidad en relación con las que habría tomado en una familia nuclear? La respuesta es sencilla. Es cierto que mis padres están asumiendo parte de los costes de criar a sus sobrinos y sobrinas, pero se trata de un coste que no pueden controlar, ya que las decisiones de tener sobrinos y sobrinas son tomadas por *otra persona*. Por lo tanto, estos costes son costes fijos en lo que se refiere a mis padres, mientras que los costes de sus propios hijos que ellos traspasan, a su vez, son *variables*, ya que toman las decisiones relacionadas con sus propios hijos, y en la decisión de tener hijos sólo cuentan los costes *variables*. Eso es lo que nos enseña implícitamente la figura 9.2. Los determinantes clave de la fecundidad no son los niveles de los costes privados y sociales sino sus *pendientes*. No es fácil verlo en esa figura, por lo que remitimos al lector a la figura 9.3. La línea de trazo fino de esta figura representa el coste que tienen los hijos de una pareja para la gran familia. Como parte de este coste se traspasa a los desafortunados cuñado y cuñada, el coste variable para la *pareja* está representado por la línea de trazo grueso más plana que parte del origen del gráfico. Ahora bien, como hemos dicho, la pareja en cuestión se enfrenta al mismo tipo de transferencia de costes, lo que eleva sus costes totales, pero sólo desplaza su recta de costes en paralelo (véase la figura 9.3). Este desplazamiento de los niveles no afecta al número de hijos que deciden tener, que es n^{**}, cifra superior al nivel óptimo para el clan familiar en su conjunto (o para la pareja si fuera nuclear), que es n^*.

El razonamiento es el mismo si hay abuelos que cuidan de los hijos. Si la pareja no internaliza totalmente los costes de los abuelos, es posible que tenga demasiados hijos en relación con lo que es óptimo para *su* familia, y no digamos para el conjunto de la sociedad.

Así pues, la estructura familiar es muy importante en la creación de externalidades que llevan a una excesiva fecundidad. Cuando cambia la estructura y se pasa de un clan familiar a una familia nuclear, los costes de los hijos recaen más directamente sobre la pareja, lo que provoca una disminución de la fecundidad.[7]

---

[7] Incluso es posible extender este tipo de argumento a las externalidades creadas en la pareja. En la medida en que los hombres y las mujeres se dedican desproporcionadamente a criar a los hijos, una de las partes (normalmente el hombre) puede pasar por alto los costes y no tomar las medidas oportunas para reducir la fecundidad o los riesgos de embarazo.

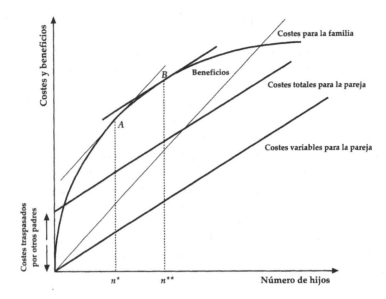

Figura 9.3. Decisiones relacionadas con la fecundidad en los clanes familiares.

En todos los casos anteriores, la decisión de tener hijos produce unos efectos externos negativos, por lo que el número de hijos que se decide tener normalmente es superior al óptimo social. Hay situaciones en las que también podría haber externalidades positivas, sobre todo si para esa sociedad el óptimo consiste en una mayor natalidad con el propósito de conseguir poder económico o militar. También pueden tener como objetivo una mayor natalidad aquellas sociedades que tras una larga historia de bajo crecimiento de la población, está demasiado envejecida, lo que constituye una inmensa carga para su sistema de pensiones. En la medida en que la familia no internaliza estos objetivos, el Estado puede subvencionar la crianza de los hijos en un intento de dar los oportunos incentivos. Como ya hemos visto, esas medidas en favor de la natalidad son una excepción más que una regla, aunque existen.[8]

Normas sociales

Muchas veces la gente hace lo que ve que hacen los demás. El conformismo es lo que mantiene las relaciones sociales y une las sociedades. El conformismo garantiza la estabilidad y limita la necesidad de velar por el cumplimiento de la ley y la manifestación de un conformismo compartido es, de hecho, lo que conocemos con el nombre de cultura. Ya hemos analizado las normas sociales en el capítulo 5.

---

[8] Un interesante giro de este argumento es que las medidas en favor de la natalidad pueden ser contraproducentes a escala mundial, en la medida en que imponen externalidades negativas a otros países. El análisis de este segundo nivel de externalidades es exactamente igual que el de las externalidades negativas analizadas en el texto.

El propio poder de esas normas se convierte en un obstáculo cuando comienza a cambiar el entorno de una sociedad. Una práctica apropiada y aceptada durante muchos siglos puede convertirse de pronto en un estorbo que puede tardar en cambiar. Porque para que el cambio tenga lugar, la sociedad tiene que ponerse de acuerdo sobre una *nueva* norma, lo que exige un elevado grado de coordinación. En el capítulo 5 vimos que la coordinación es difícil cuando existen múltiples equilibrios y está implicado un elevado número de personas, como en el caso de la adopción de una nueva tecnología. Aquí sustituimos "tecnología" por "norma".

Las normas acaban cambiando y adaptándose a las nuevas circunstancias, pero puede transcurrir mucho tiempo hasta que eso suceda. Consideremos el caso de una sociedad pobre que tiene una elevada tasa de mortalidad infantil y utiliza el trabajo infantil en la agricultura, así como para ayudar a los miembros ancianos de la familia. No es sorprendente observar que ese tipo de sociedad celebre el nacimiento de muchos hijos (especialmente varones). Esas sociedades desarrollan normas sobre la edad "apropiada" para casarse, el papel de las mujeres, la importancia de los métodos anticonceptivos, la conveniencia de dar educación primaria, el culto a los antepasados e incluso sobre algunas prácticas como la lactancia materna. Imaginemos ahora que los avances logrados en la sanidad pública y la medicina reducen espectacularmente las tasas de mortalidad infantil. Supongamos que la sociedad depende cada vez menos de la agricultura (o que la mecanización está aumentando, por lo que el trabajo infantil es menos importante). Supongamos también que se crean mecanismos institucionales de seguridad para la vejez. ¿Cambiará la fecundidad de la noche a la mañana?

Ya hemos visto que no, pero hay una razón más: la gente continúa queriendo seguir las viejas prácticas de tener hijos y celebrarlo, de casarse pronto, etc., *simplemente porque todo el mundo hace lo mismo*.[9]

Esta tendencia conformista puede verse reforzada por las prácticas sociales y religiosas, como el culto a los antepasados, que exigen la continuidad de cada linaje, a menudo a través de los varones. La poliginia puede ser un factor que mantenga las tasas de fecundidad elevadas, al igual que unos clanes familiares sólidos (lo que reduce los costes privados de criar a los hijos como ya hemos descrito). Incluso los derechos de propiedad pueden desempeñar un papel importante. Por ejemplo, si la tierra es de propiedad comunal, podría ser difícil internalizar los costes de la fecundidad en el sentido de la fragmentación de las tierras.

No es fácil conseguir que la sociedad se desplace rápidamente a un "nuevo equilibrio". Es necesario un cambio *coordinado*. Un ejemplo de un cambio de ese tipo es aquel en el que se permite rendir culto a los antepasados a través de hijos adoptivos. Si todo el mundo piensa que eso es aceptable, entonces lo es. Es en este sentido en el que algunos

---

[9] El deseo de cumplir este tipo de normas puede tener sorprendentes consecuencias. A primera vista, cabría pensar que en el margen se producirá un *cierto* alejamiento de la práctica aceptada, ya que la gente sopesa su deseo de cumplir las normas y su deseo de hacer lo que es mejor para ella, pero incluso esos movimientos marginales pueden bloquearse en los equilibrios conformistas (sobre esta cuestión, véase Bernheim [1994]).

programas como los de planificación familiar desempeñan un importantísimo papel. Estos programas, aparte de difundir importante información sobre la existencia, costes y eficacia de diferentes métodos anticonceptivos, constituyen un tipo de *legitimación social* de su uso. Consideremos el experimento de planificación familiar de Bangladesh conocido con el nombre de proyecto Matlab. En 1977 se puso en marcha un programa de control de la natalidad/planificación familiar en setenta "pueblos experimentales" y se utilizó como "pueblos de control" otros setenta y nueve. La utilización de anticonceptivos pasó en dieciocho meses del 7 al 33% en los pueblos experimentales. En 1980, la tasa de fecundidad de estos pueblos había descendido a dos tercios de la tasa de los pueblos de control.

¿Qué nos enseña el experimento de Matlab? Una respuesta es que los anticonceptivos eran seguramente desconocidos y que la gente *quería* tener sólo dos tercios del número de hijos que tenía, pero no podía. Es una explicación posible, pero improbable. Es mucho más probable que los programas transmitieran la idea de que reducir la tasa *deseada* de fecundidad es, en realidad, bueno: es no sólo tolerado sino propiciado por la sociedad en general. Es posible, pues, que el programa desempeñara dos funciones al mismo tiempo: en primer lugar, facilitar anticonceptivos a muchas personas; en segundo lugar, y lo que quizá sea más importante, señalar la llegada de una nueva norma social, según la cual era "bueno" reducir la fecundidad. Así, Phillips, *et al.* [1988], dijeron del experimento Matlab que "un programa llevado con decisión puede permitir superar motivos reproductivos débiles o ambivalentes y crear una demanda de servicios anticonceptivos allí donde no se habrían adoptado".

Las normas sociales también pueden alterarse de otras formas. Los medios de comunicación son inmensamente poderosos y pueden "transmitir" normas de una comunidad a otra. El uso de la televisión y del cine para sugerir que las familias pequeñas son igualmente felices puede ser de enorme valor.

Normas sociales y nueva disminución de la fecundidad[10]

Según la revisión de las estimaciones y proyecciones oficiales de la población mundial llevada a cabo por las Naciones Unidas en 1994, las pautas de fecundidad están cambiando en algunos países del África subsahariana y del sur y centro de Asia. En estos países, los niveles de fecundidad han sido tradicionalmente muy altos.

Las tasas totales de fecundidad han disminuido en Madagascar (de 6,6 en 1980-85 a 6,1 en 1994), en Ruanda (de 8,1 a 6,5), en la República Unida de Tanzania (de 6,7 a 5,9), en Namibia (de 5,8 a 5,3), en Suráfrica (de 4,8 a 4,1) y en Mauritania (de 6,1 a 5,4). También han descendido en Zambia, Zimbabue y Gambia. Si sumamos a esta lista Kenia y Botsuana, donde ya existen pruebas de que ha disminuido la fecundidad, vemos los inicios de una disminución general de la fertilidad en el África subsahariana.

---

[10] Este recuadro resume la información publicada por la División de Población de las Naciones Unidas, Departamento de Información Económica y Social y Análisis de Política, http://www.undp.org/popin/.

En los países del sur y centro de Asia continúa disminuyendo la fecundidad: ésta ha descendido en Irán (de 6,8 a 5,0) y continúa descendiendo en Bangladesh (de 6,2 a 4,4), en la India (de 4,5 a 3,7) y en Nepal (de 6,3 a 5,4).

Como hemos señalado en el texto, es posible que el cambio general de las normas sociales esté desempeñando un papel fundamental. Parece que la disminución de la fecundidad que está registrándose en todos los países va acompañada de un aumento significativo del uso de anticonceptivos. Debemos tener cuidado de no deducir en este caso ningún tipo de relación causal, pero el hecho de que se recurra más a los métodos anticonceptivos indica que está produciéndose una transformación social. El uso de métodos anticonceptivos ha experimentado un enorme aumento en Kenia (de 7% de las parejas en 1977-78 a 33% en 1993), en Ruanda (de 10% en 1983 a 21 en 1992), en Bangladesh (de 19% en 1981 a 40 en 1991) y en Irán (de 36% en 1977 a 65 en 1992).

Las normas sobre la edad de matrimonio seguramente también desempeñan un papel importante. Por ejemplo, en Tanzania la utilización de métodos anticonceptivos es escasa (10% en 1991-92), pero la edad media que tienen las mujeres cuando se casan ha aumentado de 19 años en 1978 a 21 en 1988. Lo mismo ocurre en los países en que ha aumentado significativamente el uso de anticonceptivos.

La fecundidad no está disminuyendo, desde luego, en toda esta región y sigue siendo alta en los grandes países como Nigeria, Zaire, Etiopía y Pakistán, pero, en general, puede decirse que está produciéndose un cambio.

9.4 Del crecimiento de la población al desarrollo económico

De la misma forma que el desarrollo económico tiene consecuencias sobre el ritmo de crecimiento de la población, este último tiene efectos sobre el ritmo de desarrollo económico. Esta relación se considera en gran parte negativa. Cuando la población es grande, hay menos recursos por persona, por lo que la renta per cápita disminuye. Sin embargo, la relación es mucho más sutil de lo que pueda parecer a primera vista. Cuanto mayor es el número de personas, más se consume, pero también *se produce* más. El efecto neto depende de que el aumento de la producción sea superior o no al del consumo. En los dos subapartados siguientes, explicamos el argumento negativo y hacemos algunas matizaciones que ponen de relieve las ventajas que puede tener un crecimiento de la población.

9.4.1 Algunos efectos negativos

La teoría malthusiana

Desde Thomas Malthus, es habitual pensar que el crecimiento de la población produce efectos negativos en el bienestar per cápita. Malthus era especialmente pesimista. Según este autor, siempre que los salarios suben y son superiores al nivel de subsistencia, acaban siendo erosionados por una orgía de procreación: la gente se casa antes y tiene más hijos, lo cual reduce el salario a su mínimo biológico. Así pues, a largo plazo, la endogeneidad de la población mantiene estancada la renta per cápita en un nivel de subsistencia.

Esta visión del progreso humano no es totalmente descabellada. Probablemente concuerda bastante bien con lo que ocurrió entre los siglos XIV y XVIII. Incrementos de productividad, como los observados en la agricultura, aumentaban la capacidad del planeta para mantener a la población, que crecía hasta dejar las cosas como antes. Es difícil evaluar esta hipótesis desde un punto de vista normativo. Con el paso del tiempo era posible mantener una población mayor, aun cuando per cápita la teoría malthusiana predecía la invariabilidad de la renta en el nivel mínimo de subsistencia. La evaluación de esta predicción depende de cómo comparemos la perspectiva de no nacer con la de vivir con lo mínimo para subsistir. Como ya hemos señalado, no vamos a entrar en esta cuestión y centramos la atención únicamente en el bienestar *per cápita*. Según este patrón de medida, la visión a largo plazo de la teoría malthusiana sobre el crecimiento de la población es neutral.

Merece la pena examinar un ingrediente fundamental del argumento malthusiano. ¿Es cierto que los seres humanos reaccionan ante el progreso económico teniendo más hijos? La experiencia moderna parece indicar justamente lo contrario. La gente comprende que tener hijos conlleva unos costes, y quizá sea cierto que los costes aumentan con el desarrollo económico, mientras que los beneficios (económicos) disminuyen. Por ejemplo, en apartados anteriores hemos afirmado que el desarrollo económico va acompañado de un aumento de los sistemas de pensiones. Hemos visto que esas instituciones probablemente sean más eficaces que ninguna otra para reducir las tasas de fecundidad en los países en vías de desarrollo. La gente tiene hijos por algo, no simplemente porque sea *viable* tenerlos.

Asimismo, el progreso económico puede llevar a las sociedades a sustituir el sistema de clanes familiares por un sistema de familias nucleares. A medida que aumenta la tasa de actividad, cada vez es más improbable que los miembros de una clan familiar encuentren todos ellos trabajo en la misma localidad. Al mismo tiempo, es probable que los motivos que sustentan el sistema de clanes familiares —como la seguridad mutua— pierdan importancia. Con las familias nucleares, se internalizan más los costes de la crianza de los hijos, lo cual reduce la fecundidad.

Hay otros aspectos que también hemos analizado, como el hecho de que con el desarrollo aumentan los salarios de las mujeres o disminuye la mortalidad infantil. Todos estos factores reducen la fecundidad. Es absurdo, pues, pensar que la gente reacciona a un aumento de su renta teniendo automáticamente más hijos. Es cierto que la teoría malthusiana explica bastante bien lo que ocurrió en Europa durante el siglo XIV, pero en las sociedades pobres es muy difícil separar los diversos determinantes de la fecundidad: es posible que ésta fuera bastante alta (por otras razones) en relación con la renta per cápita y que, por lo tanto, tuvieran más validez los pesos y contrapesos malthusianos.

Así pues, en principio quizá no sea una mala idea considerar que el crecimiento de la población es una variable exógena que depende de factores distintos de la renta per cápita. En todo caso, en las sociedades que no son muy pobres, lo probable es que si el crecimiento de la población es endógeno, este crecimiento sea una función *decreciente* de la renta per cápita[11] y no creciente, como sugiere Malthus. Algunos datos como los que se muestran en el cuadro 9.1 confirman, desde luego, esta hipótesis más que la alternativa.

Utilización de los modelos de crecimiento

Los modelos de crecimiento del capítulo 3 constituyen un buen punto de partida. Recuérdense los ingredientes del modelo clásico de crecimiento: la gente toma decisiones de consumo y de ahorro. El ahorro se traduce en inversión y el stock de capital de la economía crece con el paso del tiempo. Entretanto, la población también crece.

Ya sabemos cómo averiguar el efecto neto de todo esto. La tasa de ahorro determina a través de la inversión la tasa de crecimiento del stock de capital. Esta última determina, a través de la relación capital-producto, la tasa de crecimiento de la renta nacional. ¿Se traduce todo este crecimiento en un aumento de la renta *per cápita*? No necesariamente. La población también crece, y este aumento se come sin duda alguna (en lo que se refiere al crecimiento *per cápita*) parte del aumento de la producción nacional. En el capítulo 3 reunimos estos elementos por medio de un sencillo análisis algebraico que nos permitió escribir la ecuación [3.6], que reproducimos aquí:

$$s / \theta = (1 + g^*) (1 + n) - (1 + \delta),$$ [9.2]

donde *s* es la tasa de ahorro, *n* es la tasa de crecimiento de la población, δ es la tasa de depreciación del stock de capital y g^* es la tasa de crecimiento de la renta *per cápita*. Este es el modelo Harrod-Domar, y sus consecuencias son cristalinas. Según este modelo, el crecimiento de la población produce un efecto inequívocamente negativo en la tasa de crecimiento. Para verlo, basta observar la ecuación [9.2] y constatar que si todos los parámetros se mantienen constantes, mientras que la tasa de crecimiento de la población *n* aumenta, la tasa de crecimiento per cápita g^* *debe* disminuir.

Ahora bien, esta predicción es criticable. El modelo Harrod-Domar, en el que se basa la ecuación [9.2], considera que la relación capital-producto es *exógena* y, por lo tanto, no tiene en cuenta el hecho de que un aumento de la población eleva la producción. Al fin y al cabo, suponer que la relación capital-producto se mantiene constante, equivale a suponer que un aumento de la población no influye en la producción. ¿No podría ocurrir que un aumento de la tasa de crecimiento de la población redujera la cantidad de capital necesaria para producir cada unidad de producción, ahora que hay más trabajo disponible?

Ya hemos examinado antes esta posibilidad que nos lleva al modelo de Solow. En el mundo de Solow, una *función de producción* es una relación entre capital y trabajo de un lado y la producción. Además, la tecnología mejora a una tasa constante. Ese modelo nos permitió concluir que *una vez que se tiene en cuenta el cambio de la relación capital-producto*, la tasa de crecimiento del estado estacionario es *independiente* de la tasa de ahorro y de la tasa de crecimiento de la población (véase el análisis del capítulo 3). ¡Lo único que cuenta para el crecimiento a largo plazo es la tasa de progreso tecnológico!

---

[11] Para ser más precisos, es cierto si la renta per cápita recoge bien otros aspectos del desarrollo. Para estas cuestiones, véase el análisis del capítulo 2.

Esto es extraño, ya que ahora parece que el modelo de Solow nos lleva al otro extremo. ¡Parece como si el crecimiento de la población no tuviera efecto alguno! Sin embargo, eso no es cierto: hasta ahora hemos mostrado que el crecimiento de la población no influye en la tasa de *crecimiento* a largo plazo de la renta per cápita. Sin embargo, influye en el nivel de renta per cápita. Recordemos brevemente el análisis del capítulo 3.

Recuérdese por qué las tasas de crecimiento de la población no influyen en la tasa de crecimiento. En el modelo Harrod-Domar, se supone implícitamente que el trabajo y el capital no son sustituibles entre sí. El aumento del crecimiento de la población es, pues, una rémora para el crecimiento de la renta per cápita, al tiempo que no aporta nada significativo al proceso de producción. En el modelo de Solow, por el contrario, el crecimiento de la población, al tiempo que continúa produciendo el primer efecto, contribuye al potencial productivo, ya que el aumento de la población trabajadora se convierte en actividad productiva a través de una variación de la relación capital-trabajo. De hecho, el modelo de Solow supone implícitamente que el capital y el trabajo pueden sustituirse mutuamente de una manera indefinida, aunque el proceso de sustitución puede tener cada vez más costes.[12] Como consecuencia, en el modelo de Solow el crecimiento de la población no produce ningún efecto a la larga en la tasa de crecimiento.

Eso *no* significa que en el modelo de Solow el aumento de la tasa de crecimiento de la población *no* produzca ningún efecto. Reduce el *nivel* del stock de capital per cápita del estado estacionario, expresado en unidades de capital por unidad de trabajo efectivo, y de esta forma afecta al nivel de renta per cápita, expresado de nuevo en unidades de trabajo efectivo. La manera más fácil de verlo es recordar la figura 3.4, que se reproduce aquí en la 9.4.

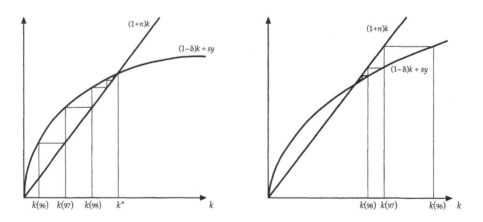

Figura 9.4. El estado estacionario en el modelo de Solow.

---

[12] Los costes se expresan, por supuesto, por medio de la relación marginal de sustitución entre los dos factores de producción y se recoge por medio del grado de curvatura de las isocuantas.

Recuérdese que el estado estacionario k^*, expresado en unidades de trabajo efectivo, se encuentra en la intersección de dos curvas. Son, respectivamente, el segundo y el primer miembro de la ecuación que describe la evolución de los stocks de capital en el modelo de Solow con progreso técnico:

$$(1 + n)(1 + g)\hat{k}(t + 1) = (1 - \delta)\hat{k}(t) + s\hat{y}(t).$$ [9.3]

Ahora es fácil ver que si n aumenta, el primer miembro de la ecuación [9.3] gira en sentido ascendente y reduce el nivel del stock de capital del estado estacionario, expresado en proporción del trabajo efectivo. Eso significa que aunque las variaciones de la tasa de crecimiento de la población no afectan a la tasa de crecimiento a largo plazo, toda la *trayectoria* del crecimiento se desplaza en sentido descendente. Véase la figura 9.5 para una descripción.

Así pues, en los modelos clásicos de crecimiento del capítulo 3, un aumento del crecimiento de la población produce efectos negativos en el nivel de renta. Estos efectos son perfectamente intuitivos, aunque como ya hemos visto, pueden manifestarse de una forma distinta en cada modelo. Cuando crece la población, un nivel dado de producción debe repartirse entre un número cada vez mayor de personas, por lo que un aumento de las tasas de crecimiento de la población reduce el tamaño de la tarta per cápita. En el modelo Harrod-Domar, el efecto es claramente negativo, ya que el crecimiento de la población no produce efectos compensatorios, como aumentar la productividad del capital cuando hay más trabajo. En el modelo de Solow, este elemento compensatorio está presente en parte. Un aumento de la tasa de crecimiento de la población eleva las demandas sobre la tarta nacional *y también* la capacidad del capital para producir dicha tarta. El efecto neto producido en la tasa de crecimiento per cápita a largo plazo es nulo. No obstante, disminuye el nivel de renta per cápita en cualquier momento del tiempo.[13] Esta

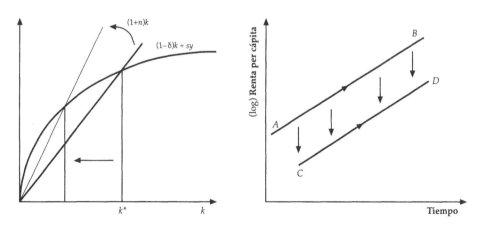

Figura 9.5 Las tasas de crecimiento no resultan afectadas, pero los niveles se desplazan en sentido descendente.

[13] Estas dos últimas afirmaciones son perfectamente coherentes, como muestra la figura 9.5.

conclusión se deduce del supuesto del modelo de Solow de que todos los factores tienen rendimientos decrecientes, por lo que un aumento de la intensidad con que se utiliza el trabajo en la producción (exigido por el aumento del crecimiento de la población) reduce el nivel de producción per cápita a largo plazo en términos de unidades de trabajo eficiente.

Los modelos de crecimiento nos enseñan que una vez que se abandona el supuesto malthusiano de la procreación sin restricciones, el crecimiento de la población no condena, desde luego, a la sociedad al nivel de subsistencia para siempre. Aún es posible que crezca la renta per cápita. Al mismo tiempo, el aumento del crecimiento de la población no afecta negativamente a esta tasa de crecimiento (como en el modelo Harrod-Domar) y, aunque no altere la tasa de crecimiento a largo plazo, afecta al nivel de la trayectoria (como en el modelo de Solow).

Población y ahorro

El crecimiento de la población también produce otro efecto negativo que no se considera en los modelos de crecimiento ya presentados, pero que es bastante fácil de incorporar a dichos modelos. Un aumento del crecimiento de la población reduce la tasa agregada de ahorro, debido simplemente a que el crecimiento de la población "se come" la renta agregada. Si es cierto que los ricos ahorran una parte mayor de su renta, la tasa de ahorro puede resultar afectada negativamente. Y lo que es más importante, cuando se acelera el crecimiento demográfico, la estructura de la población se rejuvenece, y de esa forma aumenta la tasa de dependencia en las familias. Dado que los niños consumen más de lo que producen, eso tiende a reducir también la tasa de ahorro. Éste es uno de los efectos en los que hacen hincapié los demógrafos Coale y Hoover [1958] en su estudio clásico sobre el tema.

El efecto del ahorro y los efectos directos de la tasa de crecimiento de la población actúan de una forma muy parecida. En el modelo Harrod-Domar, el efecto del ahorro exacerba la reducción de las tasas de crecimiento [al disminuir también s en la ecuación [9.2]]. En el modelo de Solow, nada de esto afecta al crecimiento, pero la trayectoria temporal a largo plazo de la renta per cápita se desplaza en sentido descendente.

Población, desigualdad y pobreza

Una elevada tasa de crecimiento de la población agrava el problema de la pobreza, si son válidos los argumentos del apartado anterior. También empeora la desigualdad si el crecimiento de la población ocurre sobre todo entre los más pobres.

¿Tienen los pobres más hijos? Según el análisis de los apartados anteriores de este capítulo, parece que sí, aunque las conclusiones no son en absoluto inequívocas. Es más probable que los pobres necesiten hijos para que los ayuden en la vejez. Es más probable que las tasas de mortalidad infantil sean más altas entre las familias pobres, por lo que es más probable que los pobres tengan más hijos para compensarlo. Ya sabemos que eso se traduce en un aumento del número esperado de hijos *supervivientes* (ya que las parejas reacias al riesgo generalmente compensan por exceso estos riesgos).

Es algo más difícil comparar los costes relativos de la crianza de los hijos. En las familias pobres, la tasa de actividad femenina tiende a ser más alta, debido simplemente a que la renta adicional tiene más importancia. Eso aumenta los costes de oportunidad de tener hijos. Sin embargo, también es cierto que el crecimiento de la renta plantea una disyuntiva en el caso de los hijos entre la cantidad y la calidad. Es posible que los hogares más ricos quieran invertir proporcionalmente más en la educación de sus hijos, por lo que los costes de un hijo más (dadas las consideraciones relacionadas con la calidad) son proporcionalmente mucho más altos, lo cual reduce el número total de hijos deseados.

Estas consideraciones inducen a pensar que las tasas de fecundidad de los pobres pueden ser más altas que las de los ricos. En la medida en que sea cierto, una elevada tasa total de crecimiento de la población afectará desproporcionadamente más a los que ya son pobres o se encuentran cerca del umbral de pobreza.

Crecimiento de la población y medio ambiente

Recuérdese la discusión sobre la posibilidad de que la fecundidad sea excesiva. En ese análisis, uno de los aspectos más importantes es el hecho de que el precio de las infraestructuras es demasiado bajo. La educación, la sanidad y el transporte públicos pueden estar todos ellos subvencionados. También hemos visto por qué lo están: puede ser una manera (subóptima) de transferir recursos a los pobres (óptima si resulta inviable realizar transferencias directas por ser imposible identificar sin grandes errores a los pobres).

Esta observación tiene dos corolarios. En primer lugar, estos recursos son consumidos en gran medida por los pobres. En segundo lugar, el hecho de que la gente no internalice los costes de estos recursos provoca un aumento de la fecundidad y, por lo tanto, un aumento de las presiones sobre esos mismos recursos.

El argumento de que los precios son demasiado bajos no se limita a la infraestructura solamente. También es válido en el caso de recursos como los bienes de propiedad común (los pastos, las pesquerías, las aguas subterráneas) y el medio ambiente (la superfície forestal, la contaminación, la capa de ozono). El crecimiento de la población ejerce presiones adicionales sobre estos recursos escasos. Por otra parte, la teoría del crecimiento no puede aplicarse a muchos de estos recursos: la existencia de más personas no "produce" más bosques, pesca, agua u ozono. Esto hace que los efectos del crecimiento de la población sean, pues, mayores y más inmediatos.

9.4.2 Algunos efectos positivos

En el apartado anterior, empezamos exponiendo el ingenuo argumento de que lo único que hace el crecimiento de la población es comerse la producción existente. Este supuesto está implícito en el modelo Harrod-Domar, por ejemplo, pero sabemos que el crecimiento de la población significa también una población trabajadora mayor, que genera producción adicional. Por lo tanto, tenemos como mínimo un conflicto entre la capacidad productiva de una población creciente y sus demandas de consumo. El modelo de

Solow lo recoge perfectamente. El crecimiento a largo plazo de la renta per cápita no varía en el modelo de Solow porque estas dos fuerzas se contrarrestan. Sí hemos señalado la existencia de un efecto en el nivel: hay más trabajo en relación con el capital en la senda de crecimiento a largo plazo, lo cual reduce el *nivel* de renta medido por unidad de trabajo (efectivo). Se trata de un ejemplo de rendimientos decrecientes del trabajo. Un aumento de la relación capital-trabajo reduce su producto medio.

Sin embargo, ¿es para producir para lo único que es bueno el trabajo? La respuesta es afirmativa en un sentido general, pero resulta útil volver a la distinción entre dos conceptos de producción: la producción que utiliza las mismas técnicas, plasmada en la función de producción o en los conocimientos técnicos existentes en un determinado momento del tiempo, y la producción, invención o aplicación de *nuevos* métodos; en suma, el progreso técnico. En otras palabras, el ritmo de progreso técnico puede que sea endógeno en el sentido de que sobre él influya el tamaño de la población. Aunque ya hemos analizado antes la endogeneidad del progreso técnico (véase el capítulo 4), merece la pena prestar más atención al efecto que produce en él el crecimiento de la población.

El efecto que produce el crecimiento de la población en el progreso técnico puede dividirse, a su vez, en dos partes. En primer lugar, el crecimiento de la población puede impulsar el progreso técnico gracias a las presiones creadas por una elevada densidad de población. Este es el enfoque del progreso técnico "impulsado por la demanda" analizado por Boserup [1981]. En segundo lugar, el crecimiento de la población crea un fondo mayor de posibles innovadores y, por lo tanto, un acervo mayor de ideas e innovaciones a las que puede darse un uso económico. Este es el enfoque del progreso técnico "impulsado por la oferta" que adoptan Simon [1977] y Kuznets [1960].[14]

Población, necesidad e innovación

La necesidad es la madre de la invención y las presiones demográficas han creado históricamente necesidades. En ninguna otra parte es eso más cierto que en la agricultura, donde el aumento de la población ha ejercido históricamente enormes presiones sobre las existencias de alimentos. Es cierto, desde luego, que esas presiones solían ser reducidas por las armas malthusianas de las hambrunas y de las enfermedades que segaban la vida de grandes segmentos de la población. Sin embargo, también es cierto que la escasez ha llevado al hombre a innovar, a crear o a aplicar nuevos métodos de producción para hacer frente al aumento de la población, con el consiguiente resultado de un enorme incremento de la producción de alimentos.

Hay varios indicadores que nos permiten ver este fenómeno incluso en el mundo contemporáneo. Boserup [1981] ha clasificado los países según su densidad de población: *muy escasamente poblados*, entre 0 y 4 personas por kilómetro cuadrado; *escasamente poblados*, entre 4 y 16 personas por kilómetro cuadrado; *intermedios*, entre 16 y 64 perso-

---

[14] El argumento del progreso técnico impulsado por la demanda ha sido estudiado en un modelo formal por Lee [1988] y el del progreso técnico impulsado por la oferta también ha sido analizado de forma parecida por Kremer [1993].

Cuadro 9.4. Densidad de población y sistemas de suministro de alimentos.

Muy densa	→ Caza y recolección, pastoreo, y barbecho largo (una o dos cosechas seguidas de un periodo de barbecho durante unas dos décadas)
Escasa e intermedia	→ Barbecho medio (una o dos cosechas seguidas de un periodo de barbecho de alrededor de una década)
Media	→ Barbecho corto (una o dos cosechas seguidas de uno o dos años de barbecho) con animales domésticos
Densa	→ Cosecha anual con cría intensiva de animales
Muy densa	→ Cultivos múltiples

nas por kilómetro cuadrado; *densamente poblados*, entre 64 y 256 personas por kilómetro cuadrado; y *muy densamente poblados*, 256 personas o más por kilómetro cuadrado.[15]

Consideremos ahora un indicador como el riego. ¿Qué países tienen más? Como cabría esperar, los países densamente poblados: en 1970, todos los países de la muestra de Boserup (de cincuenta y seis) en los que más del 40% de la tierra cultivable era de regadío eran países densa o muy densamente poblados, en el sentido definido en el párrafo anterior. O consideremos el uso de fertilizantes químicos: aumenta sistemáticamente con la densidad de población. Fijémonos, además, en los cultivos múltiples: cuatro de cada cinco países muy densamente poblados (de una muestra de veinticuatro) dedicaba más de un 50% de la tierra a cultivos múltiples; ningún otro país de la muestra alcanzaba este porcentaje. Boserup presenta el emparejamiento de densidades de población y sistemas de suministro de alimentos mostrado en el cuadro 9.4 como resumen de sus observaciones.

La conclusión que debe extraerse es simple, quizá obvia. En la agricultura, por lo menos, una elevada densidad de población va acompañada de métodos agrícolas tecnológicamente más intensivos. Eso no demuestra por sí solo que esas técnicas se *inventaran*, de hecho, en las sociedades densamente pobladas, aunque es casi seguro que así fuera, pero sí sugiere que estos métodos, aunque fueran conocidos por todos, se aplicaban más a menudo en las sociedades densamente pobladas.[16]

La agricultura es un ejemplo destacado de cómo el crecimiento de la población impulsa el progreso tecnológico, pero no es el único. He aquí de nuevo a Boserup [1981, pág. 102]:

En Europa, el aumento de la densidad demográfica facilitó el desarrollo de oficios especializados y de bienes manufacturados. En las zonas densamente pobladas, un gran número de

[15] Esta escala, que es en realidad una simplificación de la división más desagregada utilizada por Boserup, es logarítmica, como la escala de Richter para las intensidades de los terremotos. Cada categoría más alta utilizada por Boserup tiene el doble de densidad que la inmediatamente anterior.

[16] Para que el análisis de este tema sea más minucioso, hay que tener en cuenta la simultaneidad de las observaciones de la población y de la técnica: es posible, aunque improbable, que algún otro conjunto de fuerzas (como la invención exógena) impulsara primero la adopción de ciertos métodos agrícolas, los cuales aumentaron entonces la capacidad de la tierra para mantener a esa sociedad. Esta alternativa no puede excluirse desde un punto de vista lógico en la forma en que Boserup presenta los datos.

compradores vivía en un territorio relativamente pequeño. Era posible el contacto directo con los consumidores y se podían mantener bajos los costes de transporte de los productos. Las industrias manufactureras... necesitaban trabajadores cualificados y comerciantes, así como los servicios financieros y los conocimientos administrativos que estaban concentrados en las zonas urbanizadas. Las zonas de Europa en las que primero se desarrollaron las industrias manufactureras fueron, pues, las más densamente pobladas: la Toscana y los Países Bajos... En Francia e Inglaterra, esa concentración no se produjo hasta más tarde.

El argumento es claro, pero no resulta fácil evaluarlo. El primer problema importante radica en que una gran parte de lo que se atribuye al crecimiento de la población también puede atribuirse al aumento de la renta per cápita. La renta crea demanda exactamente igual que la población, y es probable que sea la conjunción de las dos la que impulse la innovación o, al menos, el tipo de innovación motivada por el deseo de obtener beneficios económicos. En otras palabras, un aumento de la población podría significar un aumento de las necesidades sociales, pero esas necesidades deben manifestarse en una demanda *económica* a través del mercado para que respondan los innovadores. El papel de la renta posiblemente cobra mayor importancia relativa cuando las necesidades básicas (como los alimentos) dejan de suponer una amenaza: es difícil imaginar que un mero aumento de la población pueda impulsar las innovaciones que dan origen a productos más sofisticados si no hay más renta para gastar en esos productos.

El segundo problema del enfoque del progreso técnico "impulsado por la demanda" es que predice que las rentas per cápita son hasta cierto punto cíclicas: las innovaciones elevan la renta per cápita al aumentar los niveles de producción tras una innovación, pero se produce un largo paréntesis mientras la población crece y cubre el vacío recién creado, proceso durante el cual las rentas per cápita disminuyen de nuevo hasta que la presión de los recursos provoca otra oleada de innovaciones. Como veremos en el siguiente apartado, ésta no es la pauta que se observa a largo plazo.

Estas dos observaciones están relacionadas con una tercera poco probable que la población sea *por sí sola* un factor importante en el lado de la demanda de innovación, a menos que nos encontremos en un mundo en el que las presiones demográficas afecten directamente al propio innovador. La agricultura, en sus primeros tiempos, en los que el agricultor y el innovador solían ser la misma persona, probablemente sea el único ejemplo convincente de ese fenómeno. Una vez que el innovador se separa o queda relativamente aislado de las presiones globales de la población, son las fuerzas del mercado las que tienen que impulsar la actividad innovadora; el crecimiento de la población no basta por sí solo.

Población, diversidad e innovación

Una población grande es una población diversa, por lo que hay más probabilidades de que alguna persona tenga suficiente suerte o sea suficientemente inteligente para dar con una idea que beneficie a todo el mundo.[17] Esa es la esencia del argumento del progreso técnico impulsado por la oferta. La manera más fácil de comprender este tipo de razonamiento es imaginar que todo el mundo tiene una probabilidad *independiente* de dar con

---

[17] Este análisis procede de Kremer [1993].

una idea que beneficie al resto del género humano. Se entiende de inmediato la forma en que progresan las cosas en esta situación: cuanto mayor es la población, mayor es el número de personas que tienen ideas útiles y, por lo tanto, mayor es la tasa de cambio técnico. Son varias las matizaciones que podríamos hacer a esta afirmación y las haremos, pero mantengámosla de momento.

Combinamos esta afirmación, que se refiere a la forma en que reacciona el progreso técnico a la población, con una afirmación sobre la manera en que podría responder la población al progreso técnico. Concretamente, supongamos que el crecimiento de la población aumenta con la renta per cápita hasta un determinado punto y después disminuye. Se trata de una versión simple de la transición demográfica que ya hemos utilizado en un contexto distinto (véase el capítulo 3). El panel izquierdo de la figura 9.6 muestra una curva que representa lo que podríamos considerar una relación característica entre la renta per cápita y el crecimiento de la población.

Comencemos ahora el análisis considerando un nivel inicial de renta per cápita tan bajo que el crecimiento de la población aumente con la renta per cápita. Eso significa que nos encontramos en el segmento ascendente de la curva del panel izquierdo de la figura 9.6.

La población está creciendo y de nuestro primer postulado se deduce que el ritmo del progreso técnico debe acelerarse. Obsérvese que la renta per cápita *no puede* permanecer estancada durante esta fase. Para demostrarlo, supongamos lo contrario, a saber, que la renta per cápita no varía. En ese caso, después de un tiempo la población es mayor, por lo que el progreso técnico también es mayor. Por consiguiente, ahora la tasa de crecimiento de la población necesaria para mantener estancada la renta per cápita debe ser aun más alta. Sin embargo, la única manera de conseguirlo es aumentando la renta per cápita,[18] lo cual contradice nuestro supuesto de que la renta per cápita se mantiene estancada durante todo este tiempo.[19]

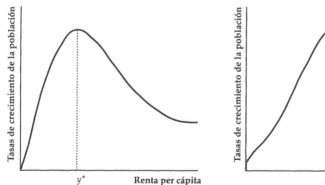 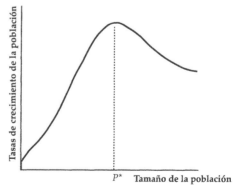

Figura 9.6. Crecimiento de la población, renta per cápita y niveles de población.

---

[18] Debido a que nos encontramos en el tramo ascendente de la curva de la figura 9.6.

[19] Eso no excluye la posibilidad de que hubiera una fase inicial en la que la renta per cápita disminuyera en realidad, pero esta fase debe ser temporal; véase Kremer [1993] para un riguroso análisis.

Así pues, mientras nos encontremos en el segmento ascendente de la curva, la renta per cápita debe aumentar y, por lo tanto, también la *tasa* de crecimiento de la población. Así pues, durante esta fase obtenemos la predicción de que la *tasa* de crecimiento de la población aumenta con el tamaño de la población. Esta situación se mantiene hasta que llegamos al punto en el que las tasas de crecimiento de la población comienzan a descender a medida que aumenta la renta. Sin embargo, mientras las tasas de crecimiento sean positivas, la población seguirá creciendo, por lo que el progreso técnico continuará acelerándose. Eso, unido al ritmo decreciente de crecimiento de la población, implica una aceleración de la tasa de crecimiento a largo plazo de la renta per cápita. Por lo tanto, las tasas de crecimiento de la población descienden aún más deprisa. Este periodo va acompañado, pues, de una estabilización y consiguiente disminución de la tasa de crecimiento de la población. Las tasas de crecimiento de la población ya no aumentarán con la población: deberán disminuir.

Recapitulando, pues, si el progreso técnico es "impulsado por la oferta", el crecimiento de la población debe ser inicialmente una *función creciente* de la propia población, pero esta tendencia debe invertirse en algún momento. El panel derecho de la figura 9.6 reúne gráficamente estas observaciones: P^* es el nivel de población que permite que haya progreso técnico a una tasa tal que se alcance exactamente la renta per cápita y^* (véase el panel izquierdo): a partir de este punto, las tasas de crecimiento de la población descienden a medida que la renta per cápita aumenta aun más.

¿Confirman los datos empíricos esta afirmación? La figura 9.7, que procede de Kremer [1993], reúne varias estimaciones de la población mundial y de las tasas anuales implícitas de crecimiento desde 1 millón de años a.C. hasta 1900. Representa las tasas observadas de crecimiento demográfico en relación con los valores iniciales de la población.

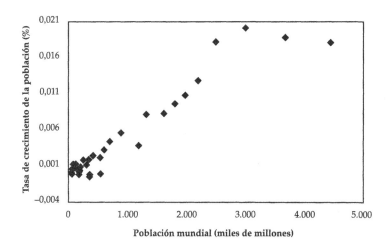

Figura 9.7. El crecimiento de la población en la historia mundial. *Fuente:* Kremer [1993, cuadro 1 y figura 1].

Parece claro que durante una gran parte de la historia escrita, las tasas de crecimiento demográfico han aumentado con el tamaño de la población. La tendencia no se invirtió hasta que la población sobrepasó los tres mil millones, es decir, alrededor de 1960.

Así pues, el sencillo modelo de la innovación "impulsada por la oferta" funciona sorprendentemente bien. Predice la misma forma cualitativa que observamos en los datos, pero no debemos interpretarlo demasiado literalmente. Por ejemplo, tal como lo hemos formulado, el modelo también predice que los países cuyo volumen de población es elevado deben tener una elevada tasa de progreso técnico. Es decir, la predicción correspondiente a datos de series temporales se convierte en una predicción aplicable a datos de corte transversal, la cual es mucho más dudosa, por decirlo suavemente. Sin embargo, podemos utilizar una sencilla extensión del modelo para explicar esta aparente discrepancia: basta con que el progreso técnico sea una función no sólo del tamaño de la población sino también de la renta per cápita de la sociedad. Al fin y al cabo, para investigar se necesitan tanto cerebros como recursos económicos. Introduciendo esta modificación es evidente que desaparece la predicción (errónea) relativa a los datos de corte transversal, pero sobrevive indemne la predicción correspondiente a las series temporales. Después de todo, si la renta per cápita aumenta con el paso del tiempo (como hemos afirmado que sucede en este modelo), esta extensión no puede invalidar los aspectos cualitativos antes analizados.

9.5 Resumen

En este capítulo hemos estudiado el crecimiento de la población y su interacción con el desarrollo económico. Nuestros objetivos eran los siguientes:

1. Describir y comprender las pautas de crecimiento de la población observadas en los diferentes países; en particular, el fenómeno de la *transición demográfica*;

2. Analizar los factores sociales y económicos que afectan a las decisiones relacionadas con la fecundidad en el hogar.

3. Señalar los posibles aspectos que crean un sesgo sistemático entre los niveles de fecundidad que son óptimos desde el punto de vista *privado* (para el hogar) y los que son *socialmente* óptimos; y

4. Comprender la influencia del crecimiento de la población en el desarrollo económico.

Hemos comenzado con un poco de terminología —los conceptos de *tasas de natalidad* y *tasas de mortalidad*— y hemos analizado datos de varios países. En los más pobres, parece que tanto las tasas de natalidad como las de mortalidad son relativamente altas. En el grupo siguiente, las tasas de mortalidad disminuyen, mientras que las de natalidad continúan siendo altas. Por último, los países que tienen una renta per cápita más alta, o se han esforzado sistemáticamente en controlar el crecimiento de la población, también tienen unas bajas tasas de natalidad. Así pues, las tasas de crecimiento de la población, que son simplemente la diferencia entre las tasas de natalidad y las de mortalidad, parece que aumentan y después disminuyen en el curso del desarrollo.

Hemos observado que el concepto de *distribución por edades* es importante. Las sociedades que crecen deprisa también son sociedades jóvenes, y esta característica refuerza la tasa de natalidad (un número relativamente grande de personas está entrando en la edad reproductiva) y mantiene las tasas de mortalidad en un nivel algo inferior al nivel en el que se encuentran las tasas de algunos grupos de edad (ya que la mayoría de las personas son jóvenes). Así pues, una política que reduzca la *tasa total de fecundidad* puede no impedir que la población sobrepase el nivel deseado debido a la propia inercia.

De estas diversas observaciones se desprende el concepto fundamental de *transición demográfica*, que es una descripción de tres fases. En la primera, tanto la tasa de natalidad como la de mortalidad son altas. En la segunda, las tasas de mortalidad descienden debido a las mejoras de la higiene, el saneamiento y la medicina, pero las tasas de natalidad siguen siendo altas. En la tercera, las tasas de natalidad siguen a la las de mortalidad en su descenso.

La observación de que las tasas de natalidad continúan siendo altas incluso cuando las tasas de mortalidad descienden es fundamental para comprender la explosión demográfica, no sólo en el mundo actual en vías de desarrollo sino también históricamente, por ejemplo, en Europa. ¿Por qué no descienden las tasas de natalidad cuando disminuyen las de mortalidad? Una respuesta es la *macroinercia* de las tasas de natalidad en una población que es joven. También hay una *microinercia*. Si la circulación de la información demográfica es limitada, las parejas pueden recurrir instintivamente a la experiencia de generaciones anteriores para tomar sus decisiones de tener hijos. Pero la escasa información no es el único factor que explica la lenta reducción de la fecundidad. Resulta que la ausencia de mercados, sobre todo la ausencia de un mercado de pensiones, también es fundamental para comprender este fenómeno. Hemos estudiado la conexión entre el deseo de tener seguridad en la vejez, la mortalidad y las decisiones relacionadas con la fecundidad. El sesgo en contra de uno de los sexos también desempeña un papel importante a este respecto: en la medida en que las familias deseen tener hijos varones, ese deseo puede aumentar extraordinariamente las tasas de fecundidad. En general, estos factores aportan colectivamente alguna luz sobre la rigidez de las tasas de natalidad.

A continuación hemos pasado a analizar los factores que provocan una diferencia sistemática entre las decisiones óptimas desde el punto de vista privado (desde el punto de vista de la familia) y las decisiones óptimas desde el punto de vista de la sociedad. La falta de información y la incertidumbre desempeñan un papel importante, al igual que la presencia tanto de *externalidades* en el seno del hogar como de *externalidades* producidas por unas familias a otras. Las externalidades surgen porque existe una divergencia entre los costes (o los beneficios) sociales de tener hijos y los privados. En este contexto, tiene una gran importancia el papel que desempeñan los clanes familiares o las externalidades relacionadas con el medio ambiente o con el empleo. Las normas sociales que provocan un elevado grado de aceptación de las tasas de fecundidad exageradas también son importantes.

Por último, hemos pasado a analizar la influencia del crecimiento de la población en el desarrollo económico. Los efectos son tanto negativos como positivos. El efecto negativo más sencillo se deriva de la observación de que el crecimiento de la población se come un nivel dado de recursos o de renta, por lo que quedan menos recursos per cápita. Este tipo de predicción se deduce directamente del modelo Harrod-Domar de crecimiento económico, en el que el trabajo no se considera un factor esencial de producción (recuérdese que la relación capital-producto se mantiene fija en ese modelo). Sin embargo, esta observación es excesivamente ingenua, por la sencilla razón de que una población mayor significa más trabajo, lo cual expande la producción. En el modelo de Solow, estos dos efectos se anulan exactamente en lo que se refiere a las tasas de crecimiento a largo plazo: el ritmo de crecimiento de la población no afecta a estas tasas. Sin embargo, se produce un efecto en el nivel: un aumento de la tasa de crecimiento de la población lleva a la economía a una trayectoria más baja de la renta per cápita (con la misma tasa de crecimiento que antes). Esto resume el argumento generalmente aceptado de que el crecimiento de la población es inequívocamente negativo para el desarrollo económico.

Sin embargo, también hay argumentos positivos —dos— y es con ellos con los que terminamos el capítulo. En primer lugar, el crecimiento de la población crea necesidades económicas, lo que obliga a adoptar o a crear nuevas ideas que aumentan la capacidad de los recursos para mantener a la población. Este es el argumento del lado de la demanda: el crecimiento de la población impulsa el desarrollo porque las presiones que ejerce exigen oleadas de innovaciones. El segundo argumento se refiere al desarrollo impulsado por la oferta: el crecimiento de la población fomenta el desarrollo simplemente porque muchas cabezas son mejor que una. Si imaginamos que cada ser humano es un depósito de ideas, más seres humanos significan más ideas que pueden utilizarse en beneficio económico de la humanidad. Así pues, la tasa de progreso técnico debe aumentar con el tamaño de la población. Al final del capítulo examinamos más detalladamente estos argumentos.

Ejercicios

■ (1) Repase los conceptos de tasa de natalidad, tasa de mortalidad y distribución por edades y la forma en que interactúan. Ponga un ejemplo de dos países, *A* y *B*, en el que *A* tiene unas tasas de mortalidad más altas que las de *B* en *todos* los grupos de edad y, sin embargo, una tasa total de mortalidad más baja.

■ (2) ¿Por qué cuando la distribución por edades es joven es más difícil para un país tratar de frenar su tasa de crecimiento de la población? Suponga que un país reduce de repente su tasa total de fecundidad a dos (lo que daría lugar a una población a largo plazo estacionaria) y describe la senda que tomará esa población antes de estabilizarse en este nivel a largo plazo.

■ (3) Analice los factores que han alterado la capacidad del planeta para mantener a la población. Explique cómo podrían acabar afectando esos aumentos de la capacidad a las decisiones del hogar relacionadas con la fecundidad.

■ (4) Explique por qué un país podría adoptar una postura en favor de la natalidad por razones militares o políticas y por qué si *todos* adoptaran esa misma postura, podría empeorar el bienestar de todos ellos en comparación con una postura neutral respecto a la población.

■ (5) En este capítulo, hemos estudiado un modelo en el que una familia quiere un hijo superviviente para que la ayude en la vejez. Supongamos que la probabilidad de que *un* hijo cualquiera viva para cuidar a los padres en la vejez es de $1/2$. Sin embargo, la familia quiere que este nivel de seguridad sea mayor, por ejemplo, una probabilidad de $q > 1/2$.

(a) Describa las decisiones de la familia sobre la fecundidad correspondientes a diferentes valores de q, elaborando primero un modelo que recoja este caso y examinando después los resultados correspondientes a los diferentes valores de q.

(b) Calcule el número *esperado* de hijos supervivientes de esta familia correspondiente a diferentes valores de q (para una definición de "valor esperado", véase el apéndice 1).

■ (6) Repase los conceptos de *selección* y *acumulación*. Analice los distintos componentes de la "probabilidad de supervivencia" p (véase el ejercicio 5 y el análisis del texto) que afectan al predominio relativo de estos dos tipos de conducta reproductiva.

■ (7) En un mundo en el que las familias se basan en la experiencia de sus padres para decidir su propia fecundidad, analice la influencia de los medios de comunicación (como la televisión) en la fecundidad.

■ (8) ¿Por qué es probable que la prohibición del trabajo infantil reduzca las tasas de fecundidad si se obliga a respetarla?

■ (9) Los sistemas organizados de pensiones, asistencia sanitaria, etc. provocan una reducción de las tasas de fecundidad, pero también de las tasas de ahorro. El efecto neto producido en las tasas de crecimiento de la renta per cápita es ambiguo. Comente esta afirmación.

■ (10) En la tierra de Oz, hay *tres* factores de producción: capital, capital físico y trabajo mental. Los hombres de Oz tienen más fuerza de trabajo físico que las mujeres, pero tanto los hombres como las mujeres tienen la misma cantidad de fuerza de trabajo mental.

(a) ¿Quién gana más en Oz? ¿Los hombres o las mujeres? ¿De qué dependen estas diferencias?

(b) Ahora imagine que la tecnología es tal que un aumento del capital eleva el producto marginal del trabajo mental más deprisa de lo que eleva el trabajo físico. A medida que crece la economía de Oz con el paso del tiempo, su stock de capital físico aumenta continuamente. ¿Cómo es de esperar que varíe el salario *relativo* de los hombres en relación con el de las mujeres conforme pasa el tiempo? Explique su respuesta.

(c) Las mujeres tienen una unidad de tiempo de trabajo que pueden repartir entre criar a los hijos y formar parte de la población trabajadora. ¿Cómo afectan a esta distribución los cambios temporales que ha encontrado en su respuesta a la pregunta (b)? Analice las consecuencias para los niveles de fecundidad de la población.

■ (11) Estudios de muchos países indican que la participación de las mujeres en la población activa tiende a tener una pauta en forma de U con respecto al crecimiento de la renta per cápita. Explique por qué contrasta esta conclusión con los resultados del ejercicio 10. Analice las razones por las que la curva de participación de las mujeres en la población activa puede tener forma de U. La utilización del efecto-renta y el efecto-sustitución le ayudará a formular la respuesta.

■ (12) Evalúe la validez de las siguientes afirmaciones.

(a) Es probable que un país en vías de desarrollo tenga una tasa total de mortalidad menor que la de un país desarrollado.

(b) La población de Europa y de Norteamérica creció entre 1750 y 1900 a una tasa conjunta significativamente superior a la tasa de crecimiento de la población que experimentaron los países en vías de desarrollo en esa época.

(c) Si la tasa de crecimiento de la población del país *A* es menor que la del *B*, la mujer media del país *A* tiene menos hijos que la del *B*.

(d) Las tasas de natalidad pueden ser altas incluso aunque estén descendiendo las tasas de mortalidad.

(e) Si la mortalidad infantil total permaneciera constante, pero *afectara* a los primeros años de vida más que a la segunda infancia, las tasas de fecundidad deberían disminuir.

■ (13) Observe los datos sobre las transiciones demográficas de un país desarrollado y de uno menos desarrollado. Por ejemplo, podría estudiar las transiciones demográficas de Inglaterra y de Sri Lanka (véase Gillis, Perkins, Roemer y Snodgrass [1997, capítulo 7]) y asegúrese de que comprende las principales tendencias de las tasas de natalidad, las tasas de mortalidad y las tasas netas de crecimiento de la población. Piense y explique las razones por las que el caso de Sri Lanka parece más "comprimido" en el tiempo que el de Inglaterra.

■ (14) Suponga que está recogiendo datos demográficos en un pueblo. Sospecha que las familias tienen un *sesgo en contra de uno de los sexos*, es decir, tienen hijos hasta que nace un *determinado número de varones*, pero carece de pruebas directas. Lo único que tiene es información sobre el sexo y el orden de nacimiento de cada niño nacido en cada familia del pueblo. ¿Cómo puede utilizar los datos para contrastar su hipótesis de que existe un sesgo en contra de uno de los sexos?

■ (15) He aquí más sobre el sesgo en contra de uno de los sexos. En muchos países del sur asiático hay pruebas de que el cociente entre los niños y las niñas es demasiado alto (véase también el capítulo 8). No es infrecuente encontrar una proporción de 110 niños por cada 100 niñas. Una hipótesis obvia que se nos ocurre es que las niñas reciben peor trato que los niños (o quizá incluso son abortadas o matadas selectivamente), por lo que sus tasas de mortalidad son más altas. Estas afirmaciones podrían tener mucho de cierto. No obstante, merece la pena investigar otras posibilidades.

(a) Comience observando la regla sobre el número deseado de hijos varones analizada en el ejercicio 14. Simplifíquela utilizando el siguiente supuesto: las familias tienen hijos hasta que nace un varón y entonces deciden no tener más. Muestre entonces que las familias más grandes tienen, en promedio, más hijas.

(b) Ahora utilice las ideas de la parte (a) para argumentar que en las sociedades pobres la tasa de mortalidad de las niñas puede ser más alta que la de los niños aunque no haya discriminación.

Número de hijos	Beneficio total (euros)	Coste adicional
Uno	500	100
Dos	750	100
Tres	840	100
Cuatro	890	100
Cinco	930	100
Seis	950	100
Siete	960	100
Ocho	960	100

■ (16) Esta pregunta se refiere a los clanes familiares, las externalidades y las decisiones relacionadas con la fecundidad. Suponga que Ram y Rani son los cabezas de familia de una familia nuclear, que toman decisiones relacionadas con la fecundidad. Suponga para simplificar el análisis que no existe un sesgo en contra de uno de los sexos ni cuestiones de supervivencia de los hijos. El cuadro adjunto muestra los costes y los beneficios (en euros, por ejemplo) de diferentes números de hijos.

(a) Basándose en la información del cuadro, ¿cuántos hijos tendrían Ram y Rani para maximizar su beneficio neto?

(b) Ahora considere dos familias nucleares idénticas: Ran y Rani (como antes) y Mohan y Mona. Ram y Mohan son hermanos y las dos parejas forman un clan familiar. Los costes y los beneficios de tener hijos para ambas parejas son exactamente iguales que los del cuadro. Suponga ahora que el 50% de los costes de la crianza de cada hijo (por ejemplo, el cuidado de los niños) puede pasarse a la otra familia. Cada pareja toma sus decisiones independientes, teniendo en cuenta solamente su propio bienestar. ¿Cuántos hijos tendrá ahora cada pareja?

(c) Explique las causas de este resultado aparentemente paradójico, utilizando el concepto de externalidades, y trate de comprender por qué las familias más grandes (integradas por personas de varias generaciones o integradas por hermanos de la misma generación) tenderán a tener un número mayor de hijos por pareja.

■ (17) Analice la influencia del crecimiento de la población en la renta per cápita y en su crecimiento.

Capítulo 10

CIUDAD Y CAMPO

10.1 Visión panorámica

10.1.1 El punto de vista estructural

La literatura sobre el crecimiento económico, estudiada en gran parte en los capítulos 3 y 4, podría llevar al lector a concebir el desarrollo económico (o al menos el crecimiento económico) como un proceso que transforma todas las rentas y todos los sectores de la economía de una manera armoniosa y uniforme. Pero nuestro estudio de la desigualdad, la pobreza y el crecimiento de la población de los capítulos posteriores nos alerta de la posibilidad de que el crecimiento sea *desigual*, de que el proceso de crecimiento beneficie primero a algunos grupos de la sociedad. Lo mismo suele ocurrir con algunos *sectores* de la economía. El desarrollo económico entraña casi siempre un rápido crecimiento de algunos sectores de la economía, mientras otros se quedan rezagados y se estancan o incluso se reducen. La transformación estructural que acompaña inevitablemente todo cambio constituye una parte integral del proceso de desarrollo y para estudiarla debemos analizar las economías de una forma más desagregada.

La característica estructural más importante de los países en vías de desarrollo es con mucho la distinción entre el sector rural y el sector urbano. Como vimos en el capítulo 2, en los países en vías de desarrollo una proporción significativa de la población vive *en* el campo. Una parte considerable de esa proporción vive *de* la agricultura. Como cabría esperar, la agricultura suele representar también una gran parte de la producción nacional (aunque generalmente menor que la correspondiente proporción de la población) y casi siempre tiene un peso desproporcionado en la pobreza total.

Al margen de estas características intrínsecas de la agricultura, hay otra en la que merece la pena hacer hincapié: la interconexión de la agricultura y el resto de la economía, sobre todo el sector industrial. A medida que avanza el desarrollo económico, la gente emigra de las zonas rurales a las urbanas: la agricultura provee de trabajo a la industria.

Al mismo tiempo, la oferta de trabajo no es lo único que importa. Si la importación de cereales no es una opción (y no suele serlo, ya que a los Gobiernos les da miedo no ser autosuficientes en la producción de alimentos), sólo puede surgir un sector no agrícola si la agricultura produce más alimentos de los que necesitan sus productores para su *propio* consumo. Es decir, la agricultura debe ser capaz de producir un *excedente* que pueda utilizarse para alimentar a los que realizan actividades no agrícolas. Por lo tanto, la agricultura también provee de alimentos a la industria. Estos dos recursos —alimentos y trabajo— han de evolucionar al unísono para que haya desarrollo. Más adelante profundizaremos en esta cuestión. Antes, he aquí una visión panorámica de los sectores agrícola y no agrícola.

10.1.2 Sector urbano formal e informal

Comencemos con el sector no agrícola, es decir, con la actividad económica que se realiza en las zonas urbanas o semiurbanas. La gente que vive en estas zonas trabaja en empresas industriales, tanto en puestos de producción como en puestos de gestión y en diversos sectores de servicios, como el comercio o el turismo. Una vez que comenzamos a desagregar nuestra economía, resulta útil llevar el proceso algo más allá, y hay lógicamente otra división más que se nos ocurre. En todos los países en vías de desarrollo, son evidentes dos tipos de actividad económica urbana (aunque la línea divisoria no sea muy nítida). Hay empresas que funcionan de acuerdo con las normas impuestas por el Gobierno. Los trabajadores de estas empresas suelen estar sindicados y no es infrecuente la negociación colectiva entre empresas y trabajadores. Estas empresas están obligadas a pagar el salario mínimo y deben cumplir ciertas normas de seguridad y de contribución a la Seguridad Social, etc. Esas empresas pagan impuestos, pueden recibir servicios de infraestructura, como el acceso a electricidad subvencionada, y pueden tener acceso a una cierta cantidad de divisas o derecho a importar determinados factores. Aunque las normas varían de un país a otro, la cuestión es que esas empresas obedecen, en general, esas normas y se benefician, a su vez, de la ayuda económica del Estado.

Denominamos estas empresas como el *sector formal* de la economía. Este sector se parece mucho a los de los países desarrollados. Como está establecido de tal forma que permite la creación y el mantenimiento de registros, sus empresas son entidades relativamente tangibles: pueden emitir acciones y repartir dividendos, pueden ser auditadas y están protegidas por la legislación sobre quiebras y por sistemas implícitos o explícitos de seguro. Naturalmente, la entrada en el sector formal normalmente tiene costes. Es posible que sólo estén justificados los costes iniciales de montar una empresa si existe un cierto volumen mínimo de actividad económica: es posible que se exija una licencia para funcionar, que haya que llevar registros para el pago de los impuestos, que haya que contribuir al sistema de pensiones de los trabajadores, etc.

En cambio, el *sector informal* urbano (que a veces se conoce como economía sumergida) es una amalgama de organizaciones (normalmente pequeñas) que escapan a la cobertura de muchas de las normas del Estado y que no tienen acceso a los servicios que presta el Estado. El sector informal generalmente no se rige por las normas sobre salarios mínimos, planes de jubilación o prestaciones por desempleo. No paga impuestos y recibe poca ayuda del Estado. Estas empresas o negocios no son ilegales en un sentido estricto, pero viven en una oscura penumbra y a los Gobiernos suele convenirles hacer la vista gorda. Es difícil obligar a un vendedor ambulante de cacahuetes a pagar sus impuestos, debido en parte a que es imposible averiguar cuánto gana. Lo mismo ocurre con el limpiabotas adolescente, el servicio doméstico, los mendigos profesionales, los dueños de puestos de té, los que conducen triciclos y los jóvenes que se dedican a revender billetes de autobús o a llevar las bolsas de la compra.

Como ya hemos visto, una enorme parte de la población trabajadora se encuentra en este sector. Los costes de montar un negocio son relativamente bajos: el volumen de negocio o de comercio suele ser pequeño y no hace falta comprar una licencia o pagar impuestos (aunque puede ser necesario un soborno de vez en cuando).

El sector formal e informal de Bolivia[1]

En 1986, la población activa de Bolivia ascendía oficialmente a 1,6 millones, es decir, alrededor de la mitad de la población económicamente activa, o sea, una cuarta parte de la población total. El sector informal, o economía sumergida, era grande y dada la inexistencia de buenas estadísticas, la cifra de 1,6 millones probablemente sea una subestimación considerable.

A finales de los años ochenta, casi la mitad de todos los trabajadores se encontraba en la agricultura. La industria representaba otro 20% y el resto los servicios. Como señalamos en el capítulo 2, el rápido crecimiento que ha experimentado el sector servicios en los países en vías de desarrollo suele ser un indicador de que el sector agrícola está liberando trabajo más deprisa de lo que puede absorberlo el sector industrial. Bolivia no es una excepción. El sector servicios ha crecido ininterrumpidamente (y principalmente a costa de la agricultura) desde 1950. Los trabajadores urbanos vivían apiñados en las ciudades de La Paz (40%), Santa Cruz (20%) y Cochabamba (20%). Las rentas urbanas eran muy superiores a las rentas rurales; las rentas más bajas se encontraban en la altiplano del sur. Bolivia tiene una importante historia de poderosos sindicatos: éstos son fuertes y las huelgas o las manifestaciones no son infrecuentes.

Naturalmente, la mayor parte de los trabajadores no sindicados se hallaba en el sector informal. En este sector se encuentran los trabajadores por cuenta propia no profesionales, las ayudas familiares no remuneradas, los sirvientes domésticos y las empresas de cinco asalariados o menos. La Paz era el centro del sector informal, pero también había un componente ilegal relacionado con la industria de la coca.

El sector informal se caracterizaba por la facilidad de entrada, el uso de crédito procedente de fuentes no institucionales y el incumplimiento de las reglamentaciones, sobre todo de las relacionadas con la venta de bienes de contrabando. Podemos imaginar, pues, que las rentas informales eran muy variadas. Los propietarios de pequeñas empresas podían tener, en promedio, una renta doce veces mayor que el salario mínimo. En cambio, los trabajadores asalariados y los sirvientes domésticos ganaban mucho menos: normalmente, alrededor de la mitad del salario mínimo.

Entre las actividades informales se encontraba el transporte (normalmente autobuses o taxis sin registrar), las lavanderías, los servicios eléctricos, las transacciones de moneda en el mercado negro, los préstamos de dinero, las tiendas familiares de alimentación y la venta de alimentos, ropa y artículos de consumo de contrabando. Los trabajadores industriales del sector informal eran costureras, tejedores, carpinteros y carniceros.

10.1.3 Agricultura

¿Qué ocurre con la agricultura? En la mayoría de los casos, la agricultura es en sí misma un gigantesco sector informal si nos guiamos por la definición anterior. Las autoridades fiscales no tienen forma alguna de saber cuánto produce un agricultor y aun cuando la tengan, no pueden demostrarlo en los tribunales, por lo que la agricultura no

---

[1] Estas observaciones proceden del material elaborado por la Federal Research Division de la United States Library of Congress en el marco del Country Studies / Area Handbook Program patrocinado por el Department of the Army.

suele pagar impuestos. También es muy difícil, cuando no imposible, aplicar el salario mínimo a la mano de obra rural. No existen, en general, ni seguro de desempleo ni un sistema organizado de pensiones de vejez. No obstante, como veremos en los capítulos siguientes, existe una serie de instituciones informales que sustituyen a estas fuentes de ayuda inexistentes. Estos sustitutos son necesarios: la gente que trabaja en la agricultura suele ser muy pobre y corre muchos riesgos. Sin estos sustitutos informales, ninguna ciudad de un país en vías de desarrollo podría soportar el flujo de emigración de las zonas rurales a las urbanas que se produciría como consecuencia de ello.

La principal ocupación en la agricultura es, por supuesto, el cultivo de la tierra. Los productos básicos, como el trigo y el arroz, se cultivan tanto para autoconsumo como para venderlos en el mercado. Se cultivan otros muchos productos y el grado de autoconsumo depende del tipo de cultivo. Los cultivos comerciales, como el de algodón, azúcar y las variedades de arroz de lujo, son los que están más orientados hacia el mercado y los que se producen principalmente para venderlos.

La producción está organizada de muchas formas. Hay explotaciones agrícolas familiares que cultivan su propia tierra, a menudo principalmente para su propio consumo. Hay grandes agricultores que cultivan su propia tierra o explotaciones capitalistas que utilizan técnicas agrícolas modernas y grandes cantidades de mano de obra contratada. Hay agricultores que arriendan la tierra a terratenientes que no se dedican a la agricultura (o que sólo se dedican en parte), a los cuales pagan un arrendamiento. Por último, hay peones que trabajan a cambio de un salario o de una comisión en la tierra de otros. Estos pueden ser trabajadores eventuales (por ejemplo, trabajadores que se contratan solamente mientras dura la recolección) o trabajadores permanentes.

Como veremos, el concepto de riesgo e incertidumbre es fundamental para entender la forma de organización agrícola en los países en vías de desarrollo. En más de un país en vías de desarrollo, la meteorología afecta a la estabilidad macroeconómica, a la balanza de pagos e incluso al devenir político, ya que afecta a la cosecha. Para los agricultores una buena cosecha significa una elevada renta en aquel año, pero el siguiente puede ser totalmente distinto. La meteorología también afecta a la renta de los peones agrícolas, aunque no sea su propia tierra la que cultivan, ya que el volumen de empleo agrícola depende del tiempo. Por lo tanto, la incertidumbre agrícola es un hecho fundamental que desempeña un papel clave en el proceso de desarrollo.

Para que el lector se haga una idea mejor de la actividad agrícola de los países en vías de desarrollo, presentaremos los datos del ICRISAT, referidos a un grupo de pueblos de la India perfectamente estudiado.

10.1.4 Los pueblos del ICRISAT

En el Tercer Mundo, la agricultura se practica principalmente en regiones conocidas con el nombre de trópico semiárido, que se caracterizan por depender de las lluvias (aunque éstas sean escasas e inciertas tanto en lo que se refiere a fechas como a volumen), por tener una tecnología primitiva y unos cultivos intensivos en mano de obra, una mala infraestructura y a menudo enormes presiones demográficas sobre la tierra. No se dispone de muchos datos sistemáticos y fiables sobre esas regiones; la mayor parte de los que se han recogido hasta ahora (que no son muchos) son erráticos y a menudo poco fiables. El *International Crop Research Institute for the Semi-Arid Tropics* (ICRISAT) situado en Hyderabad (India) es una excepción a esta regla. Desde 1975, el ICRISAT recoge datos minuciosos que siguen la evolución de una muestra de hogares representativos de ocho pueblos situados en el trópico semiárido de la India.[2] El volumen de datos con que cuenta actualmente el ICRISAT permite hacerse una buena idea del funcionamiento de las economías rurales.[3]

Fertilidad de la tierra

Existen considerables diferencias en lo que se refiere a la textura y calidad de la tierra y, por lo tanto, en lo que se refiere a su productividad, tanto *dentro* de los pueblos del estudio como *entre* ellos. Por ejemplo, en Aurepalle los agricultores dividen toda la tierra del pueblo en cinco grandes grupos y cuando afinan al máximo la clasificación, reconocen veintiuna clases diferentes. Consideremos a modo de contraste el caso de Shirapur y Kalman, pueblos situados ambos en el distrito de Sholapur perteneciente al estado de Maharashtra. Shirapur tiene una rica dotación de tierra negra y profunda, mientras que Kalman tiene más tierras altas con suelos más superficiales que no retienen suficiente humedad para obtener una buena cosecha en la estación postmonzónica (aunque de todas maneras son mejores que las de algunos otros pueblos). Un hecho que confirma las diferencias entre los dos pueblos en lo que se refiere a fertilidad de la tierra es que las tierras de Shirapur que son cultivadas por su propietario tienen un valor medio de 29,68 rupias por acre, mientras que las de Kalman tienen un valor medio de 17,55, lo que equivale al 60% solamente del valor de Shirapur (Shaban [1987]).

Regímenes pluviométricos y pautas de cultivo

Aunque los pueblos se encuentran bastante próximos, los regímenes pluviométricos varían mucho de unos a otros, y lo mismo ocurre dentro de un mismo pueblo *de unos años a otros*. Los agricultores reaccionan claramente a estas diferencias: el resultado puede ser la adopción de estrategias de cultivo muy diferentes de unos pueblos a otros. Por ejemplo, en los pueblos de los distritos de Mahbubnagar y Akola, más del 90% de la superficie cultivada se siembra durante la estación *kharif* o lluviosa, porque en estos pueblos las precipitaciones son más copiosas y menos variables y el suelo es más superficial, por lo que tiene menos capacidad para retener la humedad.

En cambio, la tierra de los pueblos de Sholapur es (relativamente) profunda y rica y puede retener la humedad durante periodos más largos. Las precipitaciones son relativamente escasas y su llegada mucho más errática. Los agricultores de estos pueblos esperan, pues, hasta que termina el monzón y siembran sobre todo en la temporada *rabi* o

---

[2] Los pueblos son Aurepalle, Dokur (situado en el distrito de Mahbubnagar del estado de Maharashtra), Shirapur, Kalman (situado en el distrito de Sholapur del estado de Maharashtra), Kanzara, Kinkheda (situado en el distrito de Akola de Andhra Pradesh), Boriya y Rampura.

[3] Este apartado se basa principalmente en Walker y Ryan [1990].

postmonzónica. Si sembraran en suelo seco al comienzo del monzón, aumentaría sin lugar a dudas el riesgo de obtener una mala cosecha en estos pueblos, debido a la incertidumbre sobre el momento en que las lluvias hacen su aparición.

Al mismo tiempo, en Sholapur la importancia relativa de los cultivos que se siembran en la estación monzónica y en la postmonzónica puede variar considerablemente de un año a otro. Durante los años en los que las precipitaciones son "normales", los cultivos sembrados en la estación lluviosa representan alrededor de un 40% de la superficie bruta cultivada, mientras que durante una estación excepcionalmente seca (por ejemplo, en 1977-78), esta proporción puede ser inferior al 10%. A veces los agricultores también reaccionan a las condiciones meteorológicas adversas cultivando otros productos. En Aurepalle ocurrió un caso de este tipo en 1976-77, en que el monzón del sudeste llegó tarde y la mayoría de los agricultores plantaron ricino, resistente cultivo comercial, en lugar de sorgo,[4] más vulnerable a las plagas si las lluvias son escasas al principio.

Riego

El riego puede reducir, desde luego, la incertidumbre que rodea al errático régimen pluviométrico. Sin embargo, como los agricultores son pobres y la oferta de capital es escasa, el riego no está muy extendido. A finales de los años setenta, la proporción de superficie bruta cultivada que se regó fue desde un máximo de 32% en Dokur hasta menos de 1% en Kinkheda (en 1975-76 la media correspondiente a seis pueblos, excluidos Boriya y Rampura, fue de alrededor de un 12%).

Sin embargo, gracias al aumento de las inversiones públicas en infraestructura agrícola, el riego está aumentando. En 1983-84, se regó, en promedio, el 20% de la tierra en los seis pueblos. La tecnología del riego también está cambiando: el riego con aguas subterráneas está extendiéndose más y sustituyendo al riego superficial con agua procedente de pequeños embalses. Por otra parte, como consecuencia de la rápida electrificación de las zonas rurales, del abaratamiento del crédito institucional y de los avances tecnológicos en la extracción de aguas subterráneas, las bombas eléctricas han sustituido rápidamente a los mecanismos tradicionales de extracción tirados por animales y movidos por gasóleo. Por ejemplo, en Aurepalle, los pozos agrícolas aumentaron un 25% entre 1974 y 1984; la cifra giraba en torno a 190 en 1984. Durante ese mismo periodo, el número de bombas eléctricas pasó de 75 a 136. Salvo en los pueblos de Akola, la propiedad conjunta de pozos es bastante frecuente. Por lo que se refiere a los hogares de la muestra, el número medio de propietarios por pozo era de 4,8, 2,4 y 1,0 en Shirapur, Aurepalle y Kanzara, respectivamente.

Hay que comparar la propiedad de pozos con la propiedad de tierra, que es privada y se cultiva intensivamente (para más información, véase el capítulo 12). La tierra pública y en barbecho es escasa. La cantidad y la calidad de la "tierra propiedad de los pue-

---

[4] El sorgo se utiliza como alimento y como forraje y se cultiva en todo el trópico semiárido. Es originario del cuadrante nororiental de África y se difundió gracias al comercio y a las rutas del transporte marítimo por toda África y en la India pasando por Oriente Medio hace 3.000 años como mínimo. Actualmente se encuentra mucho en las zonas más secas de África, Asia, las Américas y Australia. La página web del ICRISAT (http://www.cgiar.org/icrisat/, de donde procede esta descripción, contiene más información sobre el sorgo.

blos" —la tierra comunal y de libre acceso que se utiliza para pastos— han disminuido con el paso de los años, pasando en los pueblos estudiados de alrededor de un 20% de la superficie total a principios de los años cincuenta a alrededor del 10% en la actualidad.

El uso de fertilizantes

Para que la utilización de fertilizantes tenga éxito, es necesario un buen drenaje. No es sorprendente, pues, que la utilización de fertilizantes y la existencia de riego vayan unidos. En los lugares en los que el acceso al riego es limitado, el uso de fertilizantes también es escaso. En los pueblos de Mahbubnagar, se riega el 40% de la tierra, la cual recibe el 98% del volumen total de fertilizantes utilizados. En Akola, sólo el 5% de la superficie bruta cultivada era de regadío, pero ésta recibía el 37% de los fertilizantes utilizados. En conjunto, el consumo medio de nutrientes (es decir, el uso de fertilizantes) en kilogramos por hectárea de superficie bruta cultivada va desde 2 solamente en los pueblos de Sholapur propensos a padecer sequías, hasta la cifra algo más recomendable de 25 en los pueblos mejor irrigados de Mahbubnagar.

Fuerza de tracción

Muchas faenas agrícolas importantes, como las de arar, gradar y labrar, requieren fuerza de tracción. En todos los pueblos, la mayoría de los agricultores recurren a la fuerza de tracción animal tradicional, principalmente a los bueyes. La fuerza de tracción mecanizada, como la de los tractores y las cosechadoras, sigue estando fuera del alcance de la mayoría de los agricultores, debido a los elevados gastos de capital que exige. De hecho, existe una grave escasez de fuerza de tracción, incluso de bueyes. Al igual que ocurre en el resto de la India, muchos hogares que poseen pequeñas extensiones de tierra carecen de bueyes. Es el caso sobre todo de los pueblos de Sholapur, donde menos de uno de cada tres hogares que poseen tierra tiene un buey. Las grandes fluctuaciones de los precios del forraje hacen que el buey no sólo sea un activo caro sino también de alto riesgo.

El problema de la escasez de animales de tiro es algo menor si existe un mercado de *alquiler* de bueyes que funcione bien, pero no ocurre así por dos razones. En primer lugar, la mayoría de las faenas agrícolas deben realizarse en un espacio de tiempo muy corto, por lo que todos los agricultores del pueblo necesitan la fuerza de los bueyes más o menos al mismo tiempo: su uso no puede repartirse escalonadamente entre ellos. En segundo lugar, hay un problema fundamental de incentivos en el alquiler de los bueyes: el arrendatario normalmente fuerza demasiado al animal, que presta un servicio mejor, pero a costa de agotar su salud y su valor como ganado (coste que el arrendatario no internaliza). La escasez de bueyes y el mercado incompleto de alquiler de bueyes explican algunas de las características que se observan frecuentemente en la agricultura tradicional, por ejemplo, el tipo de contratos de arrendamiento de la tierra (véase el capítulo 12).

Cambio técnico

Donde más destacado ha sido el cambio técnico en los pueblos estudiados no es en el desarrollo de infraestructura o en el aumento de la intensidad de capital de los cultivos sino en la adopción de nuevos y mejores factores de producción, especialmente semillas. En la India se introdujeron a mediados de los años sesenta variedades de semillas de alto rendimiento para muchos cultivos populares. Algunas de estas variedades mejores se adoptaron en gran escala y a un ritmo considerablemente rápido en muchos pueblos, mientras que otras se rechazaron con la misma rapidez. Entre las variedades de alto rendimiento cuya adopción ha tenido éxito se encuentran el mijo perlado híbrido[5] y algunas variedades modernas del ricino en Aurepalle, algunas variedades mejores del arroz en Aurepalle y Dokur y algunos híbridos del sorgo y variedades mejoradas del algodón de las tierras altas en Kanzara y Kinkheda. Las tasas de adopción de estas variedades (la proporción de agricultores que se dedican a ese cultivo y que están utilizando variedades de alto rendimiento) eran superiores al 70% y a veces cercanas al 100%.

Por cierto, algunas de estas variedades plantean problemas técnicos y económicos. Por ejemplo, el rendimiento de los híbridos del sorgo no es bueno en los pueblos de Mahbubnagar de tierra roja, ya que sufren muchas enfermedades y plagas. Los híbridos del algodón, aunque son prometedores en cuanto a rendimiento, requieren una protección intensiva, un suelo muy fértil y abundante agua para que tengan éxito: su adopción en los pueblos de las tierras altas y secas de Akola ha sido, pues, limitada. Estos ejemplos muestran la necesidad de adaptar el desarrollo y la introducción de semillas a las características locales, así como la necesidad de proporcionar factores y servicios económicos complementarios, como riego y créditos.

Los pueblos del ICRISAT reaparecerán más de una vez en los capítulos siguientes, cuando estudiemos más detalladamente la estructura del sector rural. No sólo veremos cómo se lleva a cabo la actividad productiva sino que también estudiaremos los lubricantes de esa actividad, como los mercados de crédito, los sistemas de arrendamiento de la tierra, los sistemas de seguros y los contratos laborales.

Antes, sin embargo, resultará útil estudiar la interacción global del sector rural y el urbano. Eso es de lo que trata este capítulo.

10.2 Interacción del sector rural y el urbano

10.2.1 Dos flujos fundamentales de recursos

De las numerosas interacciones del sector rural y el urbano, la más importante es el papel sinérgico que desempeña la agricultura en el desarrollo del sector no agrícola. De la agricultura procede la mano de obra que va a trabajar a la industria y el excedente de alimentos que permite a la población trabajadora no agrícola sobrevivir. Estos son los dos flujos fundamentales de recursos que proceden de la agricultura y que se encuentran

---

[5] El mijo perlado, que probablemente sea el cultivo más resistente del mundo, es un alimento básico en el trópico semiárido. Se ha utilizado como cereal durante miles de años en África y en algunas zonas del Cercano Oriente y se cultiva como forraje y como cereal. Actualmente se cultiva en muchos países de África y en algunos países asiáticos, especialmente en la India. Véase la página web de ICRISAT (http://www.cgiar.org/icrisat/) para más información.

en el centro de la transformación estructural que está experimentando la mayoría de los países en vías de desarrollo.

También hay otras conexiones. La industria suministra factores a la agricultura: tractores, bombas, productos químicos de distintos tipos, etc. Al vivir una gran parte de la población en el sector rural, la agricultura suele ser una importante fuente de demanda de productos industriales, entre los que se encuentran no sólo productos duraderos sino también bienes de consumo finales. Las exportaciones agrícolas pueden constituir una fuente de divisas vitales, que permiten importar factores para la producción industrial. Aunque estas conexiones son importantes, el flujo de mano de obra de la agricultura a la industria y el flujo paralelo de excedente agrícola para alimentar a los trabajadores de la industria suelen ser fundamentales para el proceso de desarrollo.[6]

10.2.2 El modelo de Lewis

La economía dual

Lewis [1954] esbozó una teoría del desarrollo basada en los flujos fundamentales de recursos antes citados. Este enfoque, que concibe el desarrollo económico como la transformación progresiva de un sector "tradicional" en un sector "moderno", va más allá del mero movimiento de transformación de la agricultura en la industria, pero se basa esencialmente en ella. El punto de partida del modelo de Lewis es la idea de la *economía dual*.[7] En pocas palabras, el dualismo es la coexistencia de lo "tradicional" y lo "moderno" (las palabras entrecomilladas pueden tener varios significados). El sector tradicional suele identificarse con el sector agrícola, que, al fin y al cabo, produce los bienes tradicionales en todas las sociedades. En cambio, el sector moderno es el sector industrial, que produce bienes manufacturados. Al mismo tiempo, "tradicional" puede significar el uso de técnicas de producción más antiguas que son intensivas en mano de obra y que utilizan instrumentos sencillos. En cambio, "moderno" podría referirse al uso de nueva tecnología, intensiva en el uso de capital. Por último, y lo que quizá sea más importante desde el punto de vista conceptual, "tradicional" se refiere a los modos tradicionales de *organización* económica, basados en la familia por oposición al trabajo asalariado, en los que la producción total no se distribuye en forma de salarios y de beneficios sino en forma de

---

[6] Toda regla tiene, desde luego, excepciones. En algunos países, la creación de un excedente agrícola no fue fundamental para el desarrollo económico. Estos países recurrieron a la exportación de bienes manufacturados para importar productos alimenticios. Con el comercio internacional de cereales, es posible en principio que *nadie* trabaje en el sector agrícola. Los países pueden recurrir enteramente a los alimentos importados. Esos países no siguen la regla general que hemos esbozado, pero ¿por qué son esos casos la excepción en lugar de la regla? La respuesta a esta pregunta se encuentra, en última instancia, en el concepto de *autosuficiencia* en la producción de alimentos: éstos son tan básicos y constituyen hasta tal punto la base de toda actividad que la mayoría de los Gobiernos no quieren ni pensar en una contingencia en la que su país tenga que depender de otros para su necesidad más básica de todas. Esa actitud explica en cierta medida por qué la agricultura disfruta de una protección extraordinaria en muchos países desarrollados, como Estados Unidos, Japón o la Unión Europea.

[7] Véase también Nurkse [1953], Jorgenson [1961], Ranis y Fei [1961], Sen [1966], Dixit [1970], Amano [1980] y Rakshit [1982].

las partes que recibe cada uno de los miembros de la familia.[8] En cambio, "moderno" describe la producción organizada según los principios capitalistas, que se basa en el uso de trabajo asalariado y que se realiza para obtener un beneficio económico.

Estas distinciones son en cierta medida algo vagas. La actividad agrícola puede ser comercial, muy intensiva en capital y utilizar trabajo asalariado, exactamente igual que cualquier otra organización económica "moderna". Los términos intensivo en trabajo e intensivo en capital no están relacionados biunívocamente, desde luego, con los términos tradicional y moderno. Tampoco está claro el significado de modos de organización "tradicionales": el modo de organización puede depender simplemente del entorno (de la presencia de incertidumbre, de la ausencia de un mercado de capitales o de las limitaciones de recursos). Sin embargo, aunque no podamos establecer una distinción totalmente lógica entre ambos conceptos, resultan útiles y nos ayudan a organizar nuestras ideas.

La economía dual consta esencialmente de dos sectores que pueden caracterizarse de varias formas; cada caracterización tiene sus ventajas, pero también la posibilidad de inducirnos a error. Llamamos "agricultura" e "industria" a estos dos sectores, pero reconocemos que se trata de etiquetas provisionales que pueden cambiar cuando la cuestión que analicemos requiera una descripción más precisa. Por ejemplo, puede ser útil en algunos casos considerar que el sector informal urbano forma parte del sector "tradicional".

Trabajo excedentario

Arthur Lewis propone un modelo de desarrollo económico en cuyo centro sitúa el desplazamiento de trabajo del sector tradicional al moderno. En esta teoría, se considera que el sector tradicional tiene un excedente de mano de obra, mientras que el papel del sector moderno es absorber este excedente. ¿Por qué no se absorbe instantáneamente? La respuesta se halla en que la oferta de capital limita las dimensiones del sector moderno. Por lo tanto, el motor del desarrollo es la acumulación de capital en el sector moderno. El supuesto fundamental es, pues, que la oferta de trabajo es casi ilimitada y procede de un vasto sector tradicional, mientras que la tasa de ahorro y de inversión limitan el ritmo de desarrollo. En este último sentido, Lewis coincide con la teoría de Harrod-Domar sobre el crecimiento económico (véase Lewis [1954]):

> El problema fundamental de la teoría del desarrollo económico es comprender el proceso por el que una comunidad que antes invertía y ahorraba un 4 o 5% de su renta nacional o menos, se convierte en una economía en la que el ahorro voluntario representa entre un 12 y un 15% de la renta nacional o más.

Ya vimos la teoría de Harrod-Domar y sus numerosas extensiones en los capítulos 3 y 4, y en la descripción de la expansión del sector moderno de Arthur Lewis y de otros muchos autores que han escrito sobre la economía dual contiene poco que añadir a lo que ya hemos estudiado. Por ello vamos a centrar la atención en el supuesto de que la oferta de trabajo es "ilimitada" y en el problema concomitante de un excedente agrícola suficiente. Para comprender estos elementos, nos fijamos en el sector tradicional de la economía.

---

[8] Para el llamado modo de producción campesino, basado en el concepto de explotaciones agrícolas familiares organizadas tradicionalmente, véase Georgescu-Roegen [1960] y Chayanov [1991].

El modelo de Lewis se basa principalmente en la idea de que existe un gran excedente de trabajo en el sector tradicional de la economía que puede eliminarse con un coste potencial escaso o nulo. Por coste entendemos *coste de oportunidad*: la pérdida de producción del sector tradicional a la que se renuncia cuando se reduce la oferta de trabajo. La figura 10.1 explica este concepto en un contexto concreto.

Esta figura representa la función de producción de una explotación agrícola familiar. Las cantidades de trabajo se encuentran en el eje de abscisas y la producción en el de ordenadas. En el trasfondo hay una cantidad fija de tierra, a la que se aplica este trabajo. Como la cantidad de tierra es fija, el trabajo tiene rendimientos decrecientes. Dado que hemos supuesto que la explotación familiar utiliza técnicas de producción "tradicionales", prescindimos del uso de capital.

La función de producción se ha trazado de tal forma que a partir de una cierta cantidad de trabajo, la producción apenas varía. Al fin y al cabo, una parcela de tierra sólo puede cultivarse con una determinada intensidad y hay un punto a partir del cual las cantidades adicionales de trabajo pueden no surtir efecto alguno. Así pues, el producto marginal del trabajo es cero o cercano a cero en algunos puntos, como el *A*.

Consideremos ahora el caso de una reducción de la cantidad de trabajo de *A* a *B*. Dado que se supone que el producto marginal del trabajo es casi cero, la producción total permanece casi constante cuando se reduce la cantidad de trabajo. Como la explotación agrícola familiar tiene tanto trabajo en relación con la tierra, hay un *excedente* de trabajo.

¿Cuándo puede darse una situación de ese tipo? En primer lugar, en aquellas economías en las que hay grandes presiones demográficas, por lo que el número de personas por acre de tierra cultivable es elevado. Según Lewis [1954]:

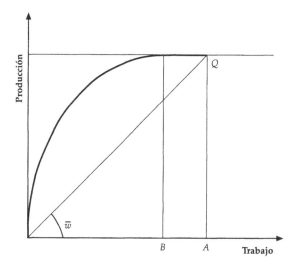

Figura 10.1. Trabajo excedentario en la explotación agrícola familiar.

"Evidentemente, no ocurre así en el Reino Unido o en el noroeste de Europa. Tampoco ocurre en algunos de los países que suelen agruparse bajo el epígrafe de subdesarrollados; por ejemplo, existe una grave escasez de mano de obra masculina en algunas zonas de África y de Latinoamérica. En cambio, es un supuesto claramente pertinente en las economías de Egipto, la India o Jamaica... puede decirse que existe una oferta ilimitada de trabajo en los países en los que la población es tan grande en relación con el capital y con los recursos naturales que hay grandes sectores de la economía en los que la productividad marginal del trabajo es inapreciable, cero o incluso negativa".

Pero el fenómeno no es exclusivo de la agricultura. Una vez más, Lewis [1954] es quien mejor lo expresa:

"Otro gran sector en el que se da esta situación es el de los trabajos eventuales —los trabajadores que deambulan por los puertos en espera de un trabajo, los hombres jóvenes que se nos acercan corriendo en cuanto aparecemos a pedirnos que les dejemos llevar la bolsa, el jardinero eventual, etc.—. En estas ocupaciones normalmente hay muchas más personas de las necesarias y cada una gana muy poco trabajando de forma eventual; a menudo su número podría reducirse a la mitad sin que disminuyera la producción de este sector. El pequeño comercio también es exactamente de este tipo; está enormemente expandido en las economías superpobladas...".

Si el lector recuerda nuestra descripción estadística de la proporción de la población trabajadora que se encuentra en los "servicios" (véase el capítulo 2), esta descripción le sonará.

En tercer lugar, una visión simplista basada en la densidad agregada de población podría ser errónea en muchos casos. Latinoamérica tiene una dotación per cápita de tierra relativamente grande, pero al mismo tiempo su distribución es muy desigual, por lo que hay un gran número de explotaciones agrícolas familiares que se encuentran en la situación descrita en la figura 10.1. En ese caso, cabría preguntarse por qué los que tienen mucha tierra no contratan el trabajo sobrante. Eso es posible y se hace, pero al mismo tiempo también puede ocurrir que las grandes *haciendas* utilicen métodos de producción intensivos en capital y no contraten trabajo en una proporción acorde con sus dimensiones. En una palabra, la propia agricultura puede ser dualista. En el capítulo 12 nos extenderemos más sobre este fenómeno y otros relacionados con él.

Reparto de la renta y trabajo excedentario

Llegados a este punto es lógico hacerse la siguiente pregunta: si el producto marginal del trabajo es cercano a cero, ¿por qué se contrata ese trabajo, a menos que los propios salarios también sean cercanos a cero? Todos hemos aprendido en el curso de introducción a la microeconomía que un empresario sólo contrata trabajo hasta el punto en el que el producto marginal es igual al salario. De contratar una cantidad mayor de trabajo, podrá obtener beneficios reduciendo el trabajo utilizado y la nómina. En otras palabras, ¿cómo podemos conciliar la observación de que el salario es positivo (y, por lo menos, permite subsistir) con la observación paralela de que el producto marginal es cercano a cero?

Eso trae a la palestra a la segunda asimetría entre el sector tradicional y el moderno. Ya hemos visto una asimetría en los *métodos de producción*. Hemos concebido el sector tradicional como una actividad intensiva en trabajo (y en tierra, en el caso de la agricultura), pero que no requería una cantidad significativa de capital. La segunda asimetría se encuentra en la *organización*. Una empresa maximizadora de los beneficios considera que los salarios de sus trabajadores constituyen un coste de producción, que se resta de los ingresos para calcular los beneficios finales. En cambio, una explotación agrícola familiar valora los ingresos que obtiene cada uno de sus miembros. Por ejemplo, la producción de la explotación puede repartirse por igual entre sus miembros.[9] Por ello puede ocurrir que una explotación agrícola familiar emplee *más* trabajo de aquel al que el producto marginal es igual al "salario", ya que el salario no es realmente un salario sino la producción media de la explotación (que es lo que cada miembro recibe como retribución). En la figura 10.1, si la cantidad total de trabajo es A y la producción total es AQ, la renta media es simplemente la producción AQ dividida por la cantidad de trabajo A, que se representa por medio del ángulo $\bar{w}$. Compárese con el producto marginal, que es la pendiente de la tangente (casi) plana a la función de producción en el punto Q. Este tipo de reglas de reparto protege a los miembros de la familia de las dificultades de encontrar trabajo en otra parte.

El reparto de los ingresos no es sólo un fenómeno agrícola y no sólo se lleva a cabo dentro de las familias. No es infrecuente verlo también en el sector informal urbano. Así, por ejemplo, un clan familiar puede llevar la tienda del barrio y repartir los ingresos entre los hermanos. Un taxista puede compartir la utilización del taxi con un amigo. El conductor de un autobús abarrotado puede subarrendar parte de su obligación de expedir billetes a un sobrino adolescente. En estas relaciones hay aspectos de seguro mutuo que también tienen valor. A estos aspectos Lewis añade el prestigio social y la caridad:

> El prestigio social exige que la gente tenga sirvientes, por lo que es posible que un gran señor tenga que mantener a todo un ejército de criados que, en realidad, son poco más que una carga para su bolsillo. Este fenómeno no sólo existe en el servicio doméstico sino en todos los sectores. En la mayoría de los negocios de los países subdesarrollados hay un gran número de "recaderos", cuya contribución es casi inapreciable; se les ve sentados en la puerta de las oficinas o deambulando por el patio. E incluso en las recesiones más graves, el agricultor o el comerciante debe conservar su mano de obra de una u otra forma: sería inmoral echarla, pues ¿qué comería, en unos países en los que el único tipo de subsidio de desempleo es la caridad de los familiares? Así pues, resulta que incluso en los sectores en los que la gente trabaja a cambio de un salario y, sobre todo, en el sector doméstico, la productividad marginal puede ser insignificante o incluso cero.

Lewis no es el único que afirma que existe trabajo excedentario. Ya en la década de 1940 se dijo que había un gran excedente de personas capacitadas en los sectores agrícolas del este y sureste de Europa y en la Unión Soviética. Rosenstein-Rodan [1943] y Nurkse [1953] se encuentran entre los que defendían esta idea.[10] Estos autores se dieron

---

[9] El supuesto del reparto igualitario es simplificador y puede no ser válido en todas las situaciones. Por ejemplo, en el capítulo 8 estudiamos la posibilidad de que la producción se repartiera de forma desigual entre los miembros de la familia en las explotaciones agrícolas familiares muy pobres, debido a consideraciones relacionadas con la nutrición.

[10] Véase el estudio panorámico de Kao, Anschel y Eicher [1964].

cuenta de que dada la presencia de trabajo redundante en el sector agrícola, se podría transferir el excedente de población del sector agrícola sin que disminuyera la producción agrícola. El trabajo excedentario es, pues, una oferta de trabajo que, dada la preponderancia del sector agrícola en las economías menos desarrolladas, es probable que tenga una gran importancia cuantitativa en el proceso de desarrollo de las economías menos desarrolladas. Ésta es la tradición clásica que heredó Lewis.

Trabajo excedentario: un experimento natural

Desarrollo económico con una oferta ilimitada de trabajo —la frase de Arthur Lewis era suficientemente provocativa para generar una oleada de investigaciones sobre la existencia de paro oculto en la agricultura—. Hemos visto que el paro oculto se refiere a una situación en la que el producto marginal es menor que el salario vigente. Sin embargo, Lewis pensaba en algo peor: la posibilidad de que "existan grandes sectores de la economía en los que la productividad marginal del trabajo sea insignificante, cero o incluso negativa". Aunque esta afirmación no es estrictamente necesaria para el modelo de Lewis, sugiere la existencia de un recurso gratuito en la agricultura: el trabajo.

Uno de los estudios más interesantes sobre el trabajo excedentario es el de Schultz [1964], que estudió el efecto de la epidemia de gripe en la India (1918-19). Esta epidemia fue repentina; la tasa de mortalidad alcanzó un máximo en pocas semanas y a continuación disminuyó rápidamente. Hubo un gran número de muertos. Schultz eligió dos años, uno anterior a 1916-17 y otro posterior a 1991-20, en los que las condiciones meteorológicas fueron aproximadamente las mismas. A continuación estimó la existencia de trabajo excedentario comparando la reducción del número de hectáreas sembradas con la reducción de la población trabajadora.

Según sus resultados, como consecuencia de la epidemia, la población agrícola disminuyó un 8,3% durante estos dos años. Este es su comentario [1964, pág. 67]:

> Sin embargo, la superficie sembrada en 1919-20 fue 10 millones de acres menor, o sea, un 3,8% menor que en el año de referencia 1916-17. En general, las provincias de la India que tuvieron las tasas de mortalidad más altas atribuidas a la epidemia también tuvieron la disminución porcentual mayor del número de acres sembrados. Sería difícil encontrar pruebas en estos datos que confirmaran la doctrina de que una parte de la población trabajadora agrícola de la India tenía un producto marginal nulo durante la epidemia.

Según Schultz, pues, en la India no había trabajo excedentario durante la epidemia.

Este estudio es interesante porque utiliza un "experimento natural" para abordar una cuestión económica. Sin embargo, ¿es suficientemente "natural"? Consideremos la *forma* en que disminuyó la población. La epidemia de gripe ataca a familias enteras y la de 1918-19 no fue una excepción. El resultado es que quedaron parcelas enteras sin cultivar durante este periodo. Como señala Sen [1967] en su comentario sobre el estudio de Schultz, si la tierra no se redistribuye tras la desaparición del trabajo, no es sorprendente que disminuya el número de hectáreas sembradas. En este corto espacio de tiempo, no pudo llevarse a cabo esta redistribución. Compárese con la idea implícita en las teorías de Lewis y de otros autores, a saber, que en cada unidad familiar hay un excedente de trabajo. La forma en que desaparece el trabajo en la agricultura afecta de una manera fundamental a la suerte de la producción agrícola.

Dos extensiones del concepto de trabajo excedentario

Hay dos extensiones del concepto de trabajo excedentario que tienen un cierto interés. Obsérvese, en primer lugar, que el trabajo excedentario tal como lo hemos definido en el apartado anterior es un concepto puramente *tecnológico*: hay simplemente demasiado trabajo en relación con la tierra o, en términos más generales, demasiadas personas en relación con otros factores de producción, por lo que hay un excedente de personas en relación con las posibilidades de producción: transfirámoslas a otras actividades y la producción no variará, ya que la fuerza de trabajo sobrante no tiene utilidad alguna: el producto marginal del trabajo es literalmente cero.

Algunos economistas han criticado la idea de que el trabajo no puede elevar *nada* la producción considerando que es poco realista (véase, por ejemplo, el recuadro sobre la epidemia de gripe de la India). Por ejemplo, según Viner [1957]:

> Me resulta imposible imaginar cualquier tipo de explotación agrícola en la que, manteniéndose constante la cantidad e incluso la forma de otros factores de producción, no sea posible aumentar la cosecha por medio de métodos conocidos utilizando más trabajo para seleccionar y sembrar mejor las semillas, desherbar de una forma más intensiva, cultivar, podar y abonar, hacer las tareas de recolección más duras, cosechar y limpiar la cosecha.

Así pues, el concepto tecnológico estricto de trabajo excedentario puede no ser aplicable, salvo en casos especiales. ¿Existe una caracterización más general y que, aún así, sea útil? Eso nos lleva a preguntarnos por qué nos interesa exactamente el concepto de trabajo excedentario. Esta pregunta puede responderse desde dos puntos de vista, cada uno de los cuales lleva a una extensión útil del concepto.

(1) *Paro encubierto*. La primera cuestión se refiere a la *asignación* eficiente. Si el producto marginal es cero en una actividad y positivo en otra, es posible mejorar la eficiencia transfiriendo recursos de la primera a la segunda. ¿Por qué el mercado no hace esta transferencias espontáneamente? La razón se halla en que la actividad en la que el producto marginal es cero suele caracterizarse por tener un sistema retributivo que no se basa (y no puede basarse) en el producto marginal. Como hemos visto en el apartado anterior, suele basarse en el reparto de los ingresos, lo cual significa que las personas que realizan esas actividades reciben el producto *medio*, que con seguridad es positivo (véase la figura 10.1 para verificarlo). En la medida en que el producto medio de esta actividad sea igual al producto marginal de otras actividades, ninguna persona tendrá interés en cambiar de trabajo (aunque véase el problema de este capítulo sobre la migración de una parte de la familia).

Este argumento indica que si la asignación eficiente de los recursos es el objetivo subyacente que motiva el concepto de trabajo excedentario, el concepto es sin lugar a dudas demasiado estricto. No es necesario que el producto marginal sea *exactamente* cero en la actividad tradicional. En la medida en que el producto marginal sea *menor* que en las demás actividades, es posible mejorar la eficiencia reasignando los recursos (el trabajo). Si suponemos que hay un sector capitalista en alguna otra actividad que paga un salario acorde con el producto marginal, la economía pagará un salario (en el caso del trabajo no cualificado) que es un verdadero indicador del producto marginal de otras actividades y será posible mejorar la eficiencia mientras el producto marginal de la actividad tradicional sea *inferior al salario*, independientemente de que sea cero o no. Este concepto ampliado se conoce con el nombre de *paro encubierto*. La cantidad de paro encubierto puede medirse aproximadamente por medio de la diferencia entre la cantidad de trabajo existente en la actividad tradicional y la cantidad de trabajo para la cual el producto marginal es igual al salario.[11]

Desde esta perspectiva, el trabajo excedentario puede concebirse como un caso especial de paro encubierto, pero la generalización aumenta extraordinariamente el valor del concepto más estricto.

(2) *Trabajo excedentario frente a trabajadores excedentarios.* La siguiente extensión nos lleva de nuevo al concepto más estricto de trabajo excedentario y parte de nuevo de la crítica de Viner. Esta extensión está motivada por una segunda respuesta posible a la pregunta de por qué nos interesa el trabajo excedentario. La respuesta es que cuando se reduce la cantidad de trabajo dedicada a las actividades agrícolas, cobra mucha importancia la cuestión de mantener un excedente suficiente de alimentos en la economía. Recuérdese que en las economías en las que el comercio internacional de alimentos es limitado, es necesario un excedente agrícola producido dentro del propio país para poder mantener un sector industrial.[12] Al fin y al cabo, los trabajadores del sector industrial demandan alimentos en el mercado y si no existen esos alimentos, la espiral inflacionista resultante puede dar al traste con las perspectivas de industrialización.[13]

Por lo tanto, desde este punto de vista la cuestión de *mantener* la producción agrícola (o, al menos, de no dejar que disminuya demasiado) tiene interés en sí misma, totalmente al margen del cálculo de la eficiencia que subyace a las comparaciones de los productos marginales.[14]

Esto plantea una nueva cuestión. Suprimimos *trabajadores*, no trabajo. El significado de esta críptica frase se halla en que el *resto* de los trabajadores que hay en la actividad tradicional normalmente ajusta *su* cantidad de trabajo una vez que se suprimen algunos trabajadores (por ejemplo, emigrando del sector rural al urbano). Si aumenta el esfuerzo laboral del resto de los trabajadores, la producción total puede no disminuir, aun cuando el producto marginal sea cero. Este argumento fue expuesto inicialmente por Sen [1966] (véase también Takagi [1978]).

¿Por qué van a trabajar los miembros de una explotación agrícola familiar más horas para compensar la partida de algunos de sus parientes? La respuesta depende de los

---

[11] Esta estimación es, en realidad, exagerada. Cuando se libera trabajo de actividades tradicionales y se pone a trabajar en otras, el producto marginal normalmente disminuye en estas otras actividades. Pero como estimación microeconómica de una explotación agrícola concreta, no es un mal indicador.

[12] Repetimos que este supuesto del comercio limitado de cereales, aunque es realista, es fundamental para el argumento. Sin él no tiene sentido el argumento de la eficiencia que acabamos de examinar.

[13] Para algunas teorías de las trampas del desarrollo y de las espirales inflacionistas basadas en un excedente limitado, véase Rao [1952], Kalecki [1976] y Rakshit [1982].

[14] Naturalmente, no basta con limitarse a *mantener* la producción. El exceso también debe llevarse al mercado para que sea consumido por los trabajadores no agrícolas. Volveremos a analizar esta cuestión después de examinar el modelo de Lewis-Ranis-Fei.

demás fines a los que pueda dedicarse el trabajo que se utiliza en la explotación agrícola. Esos fines pueden ser el ocio o trabajar a tiempo parcial en otra actividad. Si el producto marginal de esas opciones (que es exactamente el coste marginal de trabajar en la explotación agrícola) aumenta conforme más trabajo se suprime, no se compensarán totalmente los trabajadores perdidos, pero sí *en parte*. En el caso extremo en el que el coste marginal del trabajo sea constante, se compensarán totalmente los trabajadores perdidos. Incluso aunque el producto marginal del trabajo no sea cero, la explotación agrícola tendrá un excedente de trabajadores, en el sentido de que conforme se supriman trabajadores en la explotación agrícola, la producción no disminuirá.[15]

La razón es muy sencilla. Para que la asignación de los recursos en la explotación agrícola familiar sea eficiente, es necesario que el valor del producto marginal del esfuerzo sea igual al coste marginal. El primer panel de la figura 10.2 muestra que este conocido cálculo permite obtener la cantidad total de trabajo de la familia. Ahora bien, la cuestión es simplemente ésta: *si el coste marginal del trabajo de la familia es constante*, el coste total es simplemente una línea recta, como muestra la figura, ¡y la cantidad total de trabajo de la familia *no depende* del tamaño de la familia! En otras palabras, la supresión de algunos miembros no afecta a la producción total (pero obsérvese que el producto marginal del trabajo *es* positivo). La idea es que la partida de algunos miembros de la familia no afecta al coste marginal si el coste marginal del trabajo de todos y cada uno de los miembros es constante (e idéntico).

Naturalmente, la situación varía si el coste marginal aumenta conforme aumenta el esfuerzo. El segundo panel de la figura 10.2 muestra este caso. La curva de coste total de la familia se desplaza ahora en sentido ascendente conforme se suprimen trabajadores (el

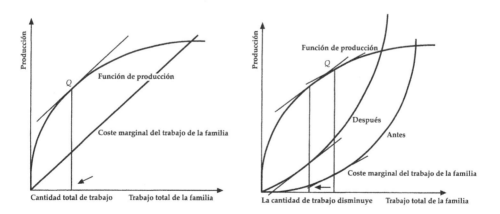

Figura 10.2. Trabajo excedentario y trabajadores excedentarios.

[15] Eso no puede ocurrir, desde luego, si se suprimen muchos miembros de la familia, ya que los pocos que quedan tendrán que realizar enormes esfuerzos para compensarlo y el coste marginal de esos esfuerzos será, sin lugar a dudas, mayor que antes.

mismo nivel de esfuerzo de la *familia* que antes implica ahora un coste marginal más alto). La producción disminuye, pero aún así, merece la pena darse cuenta de la distinción entre *esfuerzo* laboral y *número* de trabajadores.

Desarrollo económico y excedente agrícola

Pertrechados con estos conceptos, podemos describir la interrelación del sector rural y el urbano que concibió Lewis y que más tarde ampliaron Ranis y Fei [1961].

En el sector agrícola tradicional, hay paro encubierto, quizá incluso un núcleo de trabajo excedentario y el salario viene dado por el reparto de la renta. El sector industrial es capitalista. La economía se desarrolla como consecuencia de la transferencia de trabajo de la agricultura a la industria y *la transferencia simultánea de la producción excedentaria de cereales, que mantiene a la parte de la población trabajadora que no se dedica a la actividad agrícola.*

La figura 10.3, que se basa en el estudio de Ranis y Fei [1961], contiene una descripción esquemática de cómo se transfieren la población trabajadora y el correspondiente excedente agrícola en el proceso de desarrollo. En todos los paneles de la figura, la población trabajadora industrial se representa de izquierda a derecha, mientras que la población trabajadora agrícola se representa de derecha a izquierda. Supongamos para simplificar el análisis que la población trabajadora está repartida entre la agricultura y la industria. En ese caso, la anchura de los paneles corresponde a toda la población trabajadora de la economía.

Es mejor observar esta figura de abajo arriba. En el panel inferior, hemos representado una función de producción agrícola representativa, con la salvedad de que la hemos trazado de derecha a izquierda para reflejar la forma en que representamos el trabajo agrícola en los paneles. La función de producción hace horizontal exactamente igual que en la figura 10.1 y hay una fase de trabajo excedentario siempre que toda la población trabajadora se encuentre en la agricultura. Este caso está representado por el segmento *AB* del gráfico. Por otra parte, si los "salarios" de este sector se deciden repartiendo la renta, el salario medio es simplemente $\bar{w}$, que es proporcional al ángulo mostrado en este panel. Resulta que éste es el salario del incipiente sector industrial, como en seguida veremos. Por lo tanto, el segmento *BC* no tiene ningún trabajo excedentario, pero sí muestra paro encubierto, ya que en la agricultura el producto marginal del trabajo es menor que el salario $\bar{w}$ del trabajo en este segmento. A la derecha de *C*, acaba la fase de paro encubierto.

En los párrafos siguientes realizaremos un experimento hipotético. Partiendo de una situación en la que toda la población trabajadora se dedica a la agricultura, averiguaremos las consecuencias de transferir trabajo al sector industrial. En particular, describiremos el coste mínimo de contratar trabajo transferido a la industria. De esa manera tendremos algo así como una "curva de oferta" de trabajo a la industria.[16] El panel superior de la figura 10.3 muestra esta curva de oferta.

---

[16] No se trata exactamente de una curva de oferta en el sentido tradicional, ya que para trazarla tenemos en cuenta las variaciones del precio relativo de la producción agrícola en relación con la producción industrial, así como las variaciones del salario agrícola provocadas por la transferencia. Véase la descripción siguiente para más detalles.

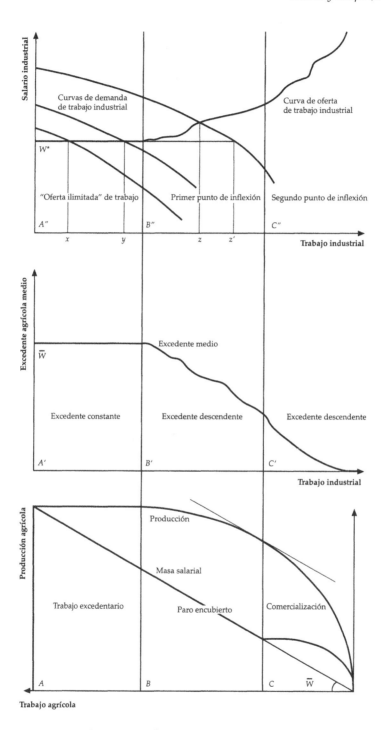

Figura 10.3. El modelo de Lewis-Ranis-Fei.

Comencemos suponiendo que toda la población trabajadora se encuentra en la agricultura y que la reducimos en una pequeña cuantía, por lo que seguimos encontrándonos en la fase de trabajo excedentario. En ese caso, la masa salarial total de la agricultura disminuye conforme indica la línea recta diagonal del panel inferior, *siempre que el salario no suba en la agricultura*. Al mismo tiempo, la producción no disminuye, ya que nos encontramos en la fase de trabajo excedentario. Por lo tanto, surge un *excedente agrícola*, representado por la distancia vertical entre la función de producción y la recta de la masa salarial. Si dividimos este excedente por el número de trabajadores transferidos, obtenemos el excedente agrícola *medio*, donde tomamos el excedente agrícola medio o per cápita en relación con los trabajadores transferidos. Es fácil ver que el excedente agrícola medio en la fase de trabajo excedentario debe ser exactamente $\bar{w}$. En palabras de Nurske [1953], es como si cada trabajador simplemente abandonara la agricultura con su paquete de comida bajo el brazo.

El panel intermedio de la figura 10.3 representa el excedente medio. Como hemos señalado en el párrafo anterior, el excedente medio no varía en la fase de trabajo excedentario y es igual a $\bar{w}$. Se representa por medio de una línea recta horizontal de altura $\bar{w}$.

Ahora bien, obsérvese que cada trabajador transferido a la industria debe ser capaz de comprar su comida, puesto que ya no trabaja en el sector agrícola sino en la industria. El salario industrial mínimo necesario para comprarlo está representado en el panel superior. Dado que se expresa en unidades de bienes industriales, debemos multiplicar por el precio relativo, o sea, la *relación de intercambio*, entre la agricultura y la industria para llegar al salario industrial mínimo necesario, representado por el valor w^* en el panel superior. En la fase de trabajo excedentario, el salario industrial mínimo necesario como compensación no varía, ya que el excedente agrícola medio no varía.

Eso crea una oferta de trabajo perfectamente elástica en la fase de trabajo excedentario, que se representa por medio de una línea recta horizontal que parte del punto w^* en el panel superior. Esta es la zona en la que es posible tener desarrollo económico con "ofertas ilimitadas" de trabajo: una expansión del sector industrial no eleva el salario.

Al entrar ahora en la fase de paro encubierto, el excedente agrícola medio comienza a disminuir, ya que la producción total del sector agrícola empieza a reducirse, mientras que los que continúan en este sector siguen consumiendo la misma cantidad per cápita. Esta disminución se representa por medio del segmento descendente en la zona B'C' del panel intermedio.

Ahora bien, ¿cuál es el salario mínimo en la industria? Bien, si el salario sigue siendo w^* como antes, los trabajadores transferidos *no* podrán compensarse a sí mismos por el traslado, ya que es físicamente imposible que cada uno de ellos compre $\bar{w}$ unidades de alimentos, puesto que el excedente agrícola medio ha disminuido y es inferior a $\bar{w}$. El efecto inmediato es una subida de los precios de los alimentos: la relación de intercambio entre el sector urbano y el rural comienza a desplazarse en contra de la industria. Para compensar este efecto de los precios, el salario industrial debe subir.

Sin embargo, una subida de los salarios no puede resolver el problema. Independientemente de cuánto suba el salario industrial, los trabajadores no pueden comprar su antiguo paquete de alimentos, ya que sencillamente no hay suficientes. La única manera de conseguir esa compensación es, pues, que los trabajadores industriales consuman una mezcla de productos agrícolas e industriales y que estos últimos les compensen por la pérdida de los primeros.

¿Es posible esa compensación? Depende de lo cerca que se encuentre el salario tradicional del nivel mínimo de subsistencia. Cuanto más cerca se encuentre $\bar{w}$ del nivel mínimo de subsistencia, mayor es la compensación necesaria y mayor es la subida del salario industrial necesario. Y a la inversa, cuanto más fácil sea sustituir consumo agrícola por consumo industrial, menor será la subida necesaria del salario industrial compensatorio.

Ranis y Fei [1961] llamaron "primer punto de inflexión" a esta fase, en la que la curva de oferta de trabajo con respecto al salario se vuelve descendente.

Continuemos con la transferencia de trabajo hasta alcanzar el punto C, en el que concluye la fase de paro encubierto. En este punto, el producto marginal del trabajo comienza a ser superior al salario dado tradicionalmente. Entonces resulta rentable pujar activamente por conseguir mano de obra, ya que la contribución adicional de ésta a la producción agrícola es superior al coste de contratarla. En esta situación, el salario agrícola sube. Como consecuencia, la masa salarial disminuye más despacio que antes a lo largo de la línea diagonal del panel inferior. Ahora su senda es la de la curva representada a partir de C, ya que los salarios suben a medida que disminuye la población trabajadora agrícola.

Este fenómeno, que podemos concebir como la *comercialización de la agricultura*, va acompañado de una disminución aun mayor del excedente agrícola medio. En el panel superior, este fenómeno provoca un segundo punto de inflexión en el salario industrial. El salario no sólo debe compensar la disminución del excedente agrícola y la variación de la relación de intercambio en contra de la industria sino que ahora también debe compensar a los trabajadores por perder una renta más alta en el sector agrícola, lo cual provoca una subida aún mayor del salario industrial. Con esto completamos la construcción de la curva de oferta.

Nos encontramos ya en condiciones de ver cómo funciona el modelo. El sector industrial demanda trabajo para la producción. El panel superior de la figura 10.3 muestra una familia de curvas de demanda; comencemos por la inferior. Esta demanda de trabajo da lugar a una situación en la que la cantidad de trabajo industrial es x, contratada al salario w^*. Con la producción industrial se obtienen beneficios, una parte de los cuales se reinvierte como capital adicional en el sector industrial. Esta parte del modelo es muy parecida a los paradigmas de Harrod-Domar y Solow. Al aumentar el capital, también aumenta la demanda de trabajo (se produce un desplazamiento a la segunda curva de demanda del panel superior). Como la economía se encuentra en la fase de trabajo excedentario, este trabajo procede del sector tradicional sin que en él se produzca ninguna subida del salario, como ya hemos señalado. Ahora el empleo industrial se encuentra en el punto y. Sin embargo, al aumentar la inversión, la curva de demanda de trabajo se desplaza a un punto en el que el salario compensatorio debe subir. El empleo aumenta hasta z. Sin embargo, aumentaría aún más (hasta el punto z') si no hubiera habido un punto de inflexión. La disminución del excedente agrícola amortigua en alguna medida el empleo industrial, ya que eleva los costes de contratar trabajo industrial.

Ahora nuestra descripción está completa. La acumulación de capital en el sector industrial es el motor del crecimiento. Más capital significa más demanda de trabajo, lo cual provoca, a su vez, un aumento de la migración del sector rural al urbano. A medida que se desarrolla la economía, la relación de intercambio se vuelve gradualmente en contra de la industria: los precios de los alimentos suben, ya que un número menor de agricultores debe mantener a un número mayor de trabajadores no agrícolas. La subida del precio de los alimentos provoca una subida del salario industrial. El ritmo de desarrollo depende de la acumulación de capital, pero la capacidad de la economía para producir un excedente de alimentos lo limita.

A pesar de todas las matizaciones e imperfecciones que señalaremos posteriormente, éste es el núcleo del modelo de Lewis-Ranis-Fei: la economía se desarrolla como consecuencia de la transferencia *conjunta* de trabajo y de excedente agrícola del sector agrícola "tradicional" al sector industrial "moderno". Las posibilidades de expandir el sector industrial dependen, en parte, de las condiciones de producción de la agricultura. En particular, sin la existencia de un excedente en este último sector, es difícil crear crecimiento en el primero.

Cuestiones de política económica

Como veremos en este apartado, hay que hacer varias matizaciones al modelo de desarrollo económico de Lewis: los detalles no deben interpretarse literalmente, pero el modelo ayuda a organizar ideas y aporta luz sobre algunas medidas que pueden adoptarse en el proceso de desarrollo.

(1) **Impuestos a la agricultura.** El supuesto de que el salario se mantiene fijo en la agricultura hasta que se alcanza la fase de comercialización es muy fuerte. Observemos de nuevo la figura 10.3. A medida que se retira trabajo gradualmente del sector agrícola, queda más renta para repartir entre el *resto* de los trabajadores. ¿Por qué no se la reparten y suben el salario por encima de $\bar{w}$? Si lo suben, se producen dos efectos: (i) el excedente agrícola de que puede disponer la industria disminuye y (ii) el salario compensatorio pagado a los trabajadores transferidos debe subir *incluso* en la fase de trabajo excedentario. Aunque los agricultores vendan voluntariamente el excedente liberado (si el precio es correcto), el efecto (ii) persiste, y la curva de oferta de trabajo a la industria no llega a ser perfectamente elástica.

Esta observación pone al descubierto una cuestión problemática de la teoría de Lewis-Ranis-Fei: la industria tiene interés en que se grave a la agricultura, ya que es la única manera de que la renta de los agricultores de las explotaciones agrícolas familiares permanezcan bajas cuando se suprime trabajo (como muestra la figura 10.3). De hecho, el modelo supone implícitamente que las explotaciones agrícolas familiares son gravadas cuando se desplaza mano de obra, manteniendo así constante la renta per cápita en la agricultura y permitiendo que la curva de oferta de trabajo a la industria siga siendo perfectamente elástica. En cambio, si no se establecen impuestos, la renta agrícola aumentará —independientemente de que haya o no trabajo excedentario— y los salarios industriales deberán subir para mantener los incentivos a la migración. La subida de los salarios industriales reduce los beneficios industriales, y ésta es la causa de las tensiones entre la agricultura y la industria.

¿Quién defendería los impuestos agrícolas? Los industriales: esos impuestos mantienen bajas las rentas agrícolas, lo que reduce los salarios industriales. Los trabajadores industriales en cambio se opondrían a esos impuestos, no necesariamente por solidaridad con los agricultores sino porque estos impuestos hacen aumentar la migración y la competencia por los puestos de trabajo. Los pequeños agricultores se oponen, desde luego, a esta política: ¡son los que tienen que pagar los impuestos! Por lo que se refiere a los grandes terratenientes, la cuestión es más compleja. Su respuesta depende de la cuantía de los impuestos y de la facilidad con que puedan evadir en parte su pago. Desde luego, prefieren que no haya ningún impuesto a que haya alguno, pero los impuestos también reducen los salarios rurales. Si los grandes terratenientes contratan un gran número de trabajadores, el efecto de los impuestos puede resultarles beneficioso.

Vemos, pues, que una política de impuestos agrícolas puede plantear graves problemas políticos, aun cuando sea beneficiosa para el crecimiento industrial. Es el caso sobre todo de los países en los que una gran parte de la población trabaja en la agricultura: los Gobiernos de esos países suelen recurrir a los agricultores en busca de apoyo político.

Todo este análisis tiene una posdata. Hemos supuesto en el análisis anterior que los impuestos agrícolas contribuyen al desarrollo industrial, pero es posible que esta visión sea corta de miras. Hay consideraciones a más largo plazo. Si los agricultores creen que cualquier producción adicional será absorbida sistemáticamente por los impuestos, perderán todos los incentivos para crear, mejorar o mantener los factores productivos, como los sistemas de riego o la calidad del suelo. Se invertirá excesivamente poco en la agricultura, lo cual tendrá consecuencias para la existencia de un excedente en el *futuro*.

La tensión entre una concepción estática o a corto plazo de la agricultura como un sector que debe ser explotado para obtener *hoy* un excedente y una concepción dinámica o a largo plazo de la agricultura como un sector en el que hay que invertir y que hay que fomentar para que genere excedente en el *futuro*, constituye una cuestión económica de suma importancia. Caminar por esta cuerda floja no es una tarea fácil y puede tener enormes consecuencias políticas.

Agricultura frente a industria en la nueva Unión Soviética

Dobb [1966, pág. 208] dice de la Unión Soviética recién creada en los años veinte: "El ritmo al que podía expandirse la producción agrícola y suministrar una cantidad creciente de materias primas a la industria *y alimentos a los trabajadores industriales* parecía la cuestión fundamental en los análisis económicos de la segunda mitad de la década: una cuestión en la que se basaban todas las demás esperanzas y posibilidades" (el subrayado es nuestro). No era que no se realizaran inversiones en la agricultura: en la década de 1920 se importaron muchos tractores, que se destinaron en su mayoría a las explotaciones agrícolas colectivas o estatales. Sin embargo, el excedente *comercializado* de cereales continuó siendo enormemente bajo: en 1925-26, aunque la superficie agrícola total cultivada era cercana al número de hectáreas sembradas antes de la guerra, el excedente existente en el mercado era igual a un 70% aproximadamente de la cantidad existente antes de la guerra. Con la reforma agraria de 1917, la tierra quedaba distribuida más igualitariamente y era evidente que el nuevo campesinado estaba comiendo más y vendiendo menos.

La preocupación y el enfado por el problema de la agricultura eran enormes. Curiosamente, algunos partidarios intelectuales de la línea dura encabezados por Trosky continuaban considerando a mediados de los años veinte que "el desarrollo sólo podría proseguir en las condiciones existentes en Rusia si la industria se expandía a *costa* del campesinado" (Dobb [1966, pág. 183]). Esta opinión contrastaba con las ideas anteriores relativamente moderadas de Lenin, para quien la agricultura era un sector que debía considerarse (al menos provisionalmente) complementario del proceso de desarrollo, creando y conservando un *smytchka* o vínculo entre el campesino y el trabajador industrial. A mediados de los años veinte, el Gobierno se embarcó en un programa de estabilización de los precios de los alimentos que limitó la competencia entre los compradores de cereales y obligó a todos los comerciantes privados a inscribirse en los registros oficiales. Las organizaciones estatales encargadas de recoger los cereales, que limitaban los precios de compra, pasaron a tener más peso en el comercio de cereales. La política de estabilización de los precios tuvo éxito: los precios de los alimentos sólo subieron un 2% entre octubre de 1926 y marzo de 1927, pero las compras de cereales se hundieron. Así pues, disminuyó extraordinariamente la entrada de cereales en las ciudades, al igual que las exportaciones de cereales a cambio de las importaciones necesarias de factores industriales.

En 1928, Stalin describió así la situación:[17]

> El 1 de enero de este año había un déficit de 128 millones de puds de cereales en comparación con el año pasado... ¿Qué se podía hacer para recuperar el terreno perdido? Era necesario, en primer lugar, ponerse duro con los *kulaks* (campesinos ricos) y con los especuladores... En segundo lugar, era necesario enviar la mayor cantidad posible de bienes a las regiones cerealeras... las medidas tomadas fueron eficaces, y a finales de marzo habíamos recogido 275 millones puds de cereales... [Pero] desde abril hasta junio no pudimos recoger ni siquiera 100 millones... De ahí la segunda adopción de medidas de emergencia, la arbitrariedad administrativa, el incumplimiento de las leyes revolucionarias, los ataques contra las casas campesinas, las búsquedas ilegales, etc., que afectaron a la situación política del país y que eran una amenaza para el *smytchka* entre los trabajadores y los campesinos.

Esta situación era una espada de doble filo: se querían los cereales, pero a pesar de la intención de enviar la "mayor cantidad posible de bienes a las regiones cerealeras", los incentivos que tenían los agricultores eran absolutamente mínimos. El aumento a corto plazo de la confiscación de alimentos sólo conseguía exacerbar la resistencia a más largo plazo. Finalmente, se tomó la decisión histórica de embarcarse en una colectivización estatal masiva de la agricultura, lo que tiene su propia historia. Otros Gobiernos, para los que la colectivización en gran escala no es una opción deseable, tendrán que resolver este problema de otra forma, pero el problema *es* el mismo.

---

[17] Stalin pronunció este discurso ante la organización del partido de Leningrado y se cita en Dobb [1966].

(2) **Fijación de los precios agrícolas**. Los impuestos agrícolas no constituyen el único instrumento para extraer un excedente agrícola. Como hemos visto, esta política plantea varios problemas: de información (¿puede verificar el Gobierno cuánto se produce o, de hecho, cuánta tierra posee un agricultor?), políticos (los agricultores constituyen un poderoso colectivo de votantes) y económicos (los impuestos reducen los incentivos a largo plazo para invertir en la agricultura, lo que reduce el excedente futuro). Se puede conseguir que se lleven alimentos al mercado utilizando la persuasión en lugar de la coacción por medio de la fijación de unos precios lucrativos o de la concesión de subvenciones a los factores agrícolas. Una subida del precio del producto es, desde luego, una vía que aumenta los costes desde los capitalistas industriales: para ellos, toda concesión a la agricultura tiene repercusiones en el salario industrial, bien directamente (al aumentar las rentas agrícolas), bien indirectamente (al subir el precio relativo de los alimentos).

Un programa típico de mantenimiento de los precios consiste en ofrecer unos precios garantizados a los que el Estado está dispuesto a comprar cereales. La idea es, por supuesto, aumentar el volumen comercializado de cereales. Al mismo tiempo, los Gobiernos no suelen estar dispuestos a trasladar estos precios a los consumidores urbanos, debido en parte a que a estos consumidores normalmente les indignan las subidas de los precios (da lo mismo que sus salarios se ajusten como consecuencia) y, en parte, al efecto que producen en el salario industrial. Las políticas de mantenimiento de precios suelen ir acompañados, pues, de la concesión de una subvención a los consumidores urbanos: el Estado vende los alimentos adquiridos a precios de mercado o inferiores. Naturalmente, alguien tiene que pagar esta subvención, y normalmente sale de los presupuestos del Estado.

Una alternativa a la fijación de unos elevados precios de compra de cereales es la política de mantener bajos los precios de los *factores*. Se puede suministrar gratuitamente o a un bajo precio el agua, la electricidad y los fertilizantes. En la India, *sólo* la subvención a los fertilizantes representa una buena parte del presupuesto del Estado: a finales de los años ochenta, ¡su cuantía era muy superior a los ingresos totales generados por los impuestos sobre la renta de las personas!

Otra opción, que tiene la dudosa ventaja de que es menos transparente, consiste en mantener un tipo de cambio sobrevalorado (véase el capítulo 17 para más información sobre esta cuestión). La sobrevaloración se mantiene restringiendo las importaciones por medio de aranceles o de contingentes. Por cierto, un tipo de cambio sobrevalorado desempeña muchas funciones, y no es éste el lugar para analizarlas, pero una de sus consecuencias es que los precios de las exportaciones se mantienen artificialmente bajos (expresados en la moneda nacional). Si el país exporta alimentos, esta política reduce los incentivos para exportarlos y desplaza la venta de alimentos al mercado interior. La política es suficientemente opaca —los agricultores pueden no ser conscientes de que el tipo de cambio está sobrevalorado y reduce sus ingresos por exportaciones— y produce el efecto deseado de facilitar alimentos a los consumidores urbanos sin que suba su precio.

Pero es importante señalar que algunas medidas como la restricción de las exportaciones, por muy opacas que sean, reducen seriamente la eficiencia y pueden provocar graves problemas de balanza de pagos en el país. Si, además, se liberaliza de repente el tipo de cambio, la política puede dejar de ser opaca inmediatamente y ser sustituida por otra política (ahora más transparente) de prohibición total de las exportaciones de alimentos. El Gobierno indio se ha encontrado con este dilema en la década de 1990.

Tal vez no exista otra solución que soportar la subida a corto plazo de los precios de los alimentos y el desplazamiento inherente de la renta nacional en favor de la agricultura, con la idea de que eso será bueno para toda la economía a largo plazo. Ciertamente, en los países en los que (al principio) se controlaba artificialmente la venta en el mercado, la mera política de permitir la libertad produjo efectos significativos. Compárense las reformas de Rusia y de China. La agricultura rusa nunca se ha recuperado realmente de los programas de colectivización de la década de 1930: es un sector que ni Gorbachov ni Yeltsin tocaron en serio. La productividad y la producción de los colectivos burocráticos han sido bajas, por lo que los rusos han tenido que importar alimentos, sobre todo del resto del bloque soviético (a cambio de armamento y de otros productos de la industria pesada). La desaparición del bloque soviético, la reducción de la demanda de armamento y la necesidad de pagar ahora en moneda fuerte han provocado una escasez de alimentos y una elevada inflación.

China se encuentra en el extremo opuesto. Este país inició las reformas posteriores a 1978 con la agricultura. Se entregó tierra a los agricultores (en arriendo a largo plazo) de acuerdo con el nuevo "sistema de responsabilidad de los hogares" y se desmantelaron las explotaciones agrícolas colectivas. Los agricultores fueron autorizados a vender sus productos en el mercado y se liberalizaron los precios. Este plan se diferenciaba de la política china anterior en dos aspectos básicos: la introducción de incentivos basados en los precios y el abandono del programa de autosuficiencia cerealera regional, en vigor desde el Gran Salto Adelante de 1958, que obligaba, de hecho, a cada región a sembrar cereales para ser autosuficiente, independientemente de que fuera apta o no su cultivo.

El aumento que experimentó la productividad (y la producción) agrícola como consecuencia de estos cambios fue impresionante. En la década de 1970, la productividad total de los factores era en la agricultura un 20-30% más baja que en 1952, un año antes de la colectivización. Unos cuantos años después de las reformas, había recuperado el nivel en que se encontraba en 1952 y continuó creciendo ininterrumpidamente durante toda la década de 1980 (Wen [1993]). La producción agrícola aumentó más de un 40% entre 1978 y 1984 (véase McMillan, Whalley y Zhu [1989]).

¿Qué parte del crecimiento de la productividad puede atribuirse a los nuevos incentivos basados en los precios y qué parte al abandono de la política de autosuficiencia? Parece que los primeros explican casi todo el aumento de la productividad según un análisis realizado por Lin y Wen [1995]. La política de autosuficiencia, a pesar de lo macabra que era, parece que no fue la principal culpable del estancamiento previo de la productividad.

La subida inicial de los precios provocó, pues, la mayor parte del incremento de la producción. A más largo plazo, gracias a eso China pudo evitar el *persistente* problema de una subida de los precios de los alimentos, o de una escasez de alimentos, lo cual permitió, a su vez, que los salarios industriales siguieran siendo competitivos e impulsó el crecimiento industrial.

La cuestión es si políticamente puede tolerarse la subida *inicial* de los precios de los alimentos derivada de una política de precios favorable a los agricultores. En el caso de la China de Deng Xiao Ping, las bases del Partido Comunista Chino estaban formadas por agricultores (que apoyaron al partido durante el episodio de Tiananmen).

Sin embargo, es poco lo que se puede conseguir con una política de precios, a menos que se parta de una situación de excepcional represión. Aunque es razonable, desde luego, la observación de Lipton [1968] de que suele haber "un sesgo urbano en la planificación rural", unos precios de los alimentos excesivamente inflados no pueden más que retrasar el desarrollo industrial. Hay otros problemas que resolver: como veremos en los capítulos siguientes, las dificultades para acceder al capital y al crédito, así como los desincentivos intrínsecos que producen los contratos agrarios (que se deben principalmente a que esos contratos han de desempeñar el doble papel de proporcionar *algunos* incentivos y *algún* seguro), suelen limitar el crecimiento agrícola. La reforma agraria, la expansión del crédito y la inversión en infraestructura son todos ellos factores que contribuyen en gran medida a garantizar el crecimiento agrícola e industrial. No sería necesario llevarlas a cabo si los mercados funcionaran fluidamente, pero como veremos, no es así. Dejamos para los capítulos 12-15 el análisis más detenido de estas cuestiones.

10.3 Migración del sector rural al sector urbano

10.3.1 Introducción

El modelo de Lewis nos dice que los excedentes agrícolas y el trabajo deben transferirse al mismo tiempo para que comience el desarrollo industrial. Pero como ya hemos señalado, el trabajo se traslada de un sector a otro siguiendo sus propios deseos y objetivos. Si estos objetivos no coinciden con los objetivos sociales, la migración a las ciudades podría ser excesiva o escasa. El propósito de este apartado es analizar las pautas de migración del sector rural al sector urbano.

La teoría clásica de la migración del sector rural al sector urbano se basa en el trabajo de Harris y Todaro [1970]. Comenzaremos refiriéndonos a la teoría básica y a continuación ampliaremos el modelo en varias direcciones.

El modelo Harris-Todaro se basa principalmente en la idea de que el sector urbano formal paga un elevado salario a los trabajadores y es este elevado salario el que genera paro urbano (el mecanismo se examinará a continuación). Puede explicarse de muchas formas por qué el salario urbano es excesivamente alto. Puede ocurrir, por ejemplo, que los sindicatos sean más poderosos en la industria y obliguen a la negociación colectiva de los salarios mientras que otros sectores de la economía no estén ni remotamente tan organizados, por lo que los salarios en ellos sean más flexibles. El sector formal urbano suele utilizarse, además, como escaparate de la política del Gobierno, por lo que es posible que la ley exija un salario mínimo, sistemas de pensiones, prestaciones por desempleo, y servicios sociales. Estas instituciones pueden no subir el salario directamente, pero equivalen a lo mismo, ya que estas ventajas aumentan la utilidad del trabajador.

Por último, puede muy bien ocurrir que las empresas del sector formal urbano paguen *deliberadamente* unos salarios superiores a los de otros sectores para poder contratar trabajadores de la mejor calidad y despedir a los trabajadores inferiores una vez descubierto su nivel. Pero aunque no existan diferencias de calidad entre los trabajadores, es posible que se paguen unos salarios más altos si las empresas quieren que éstos se esfuercen. La idea es que si no se esfuerzan, son despedidos y devueltos al mercado de trabajo informal o rural. La amenaza del despedido obliga a esforzarse más. Naturalmente, el despido no es una amenaza si el paquete salarial no es diferente del que puede conseguir el trabajador en otro sector; en otras palabras, para que el despido sea un castigo grave, la empresa debe "comprar la amenaza" pagando un salario mayor de lo normal. En el capítulo 13 nos extenderemos más sobre este tipo de contrato.

Los bajos salarios del sector urbano informal y del sector rural, a diferencia de los elevados salarios que se pagan en el sector urbano formal, fluctúan dependiendo de la oferta y de la demanda. No existe sindicación y es difícil obligar a cumplir la política del gobierno. Por otro lado, si la mayor parte del trabajo es trabajo familiar (como ocurre en una gran parte de los negocios informales urbanos, así como en las explotaciones agrícolas familiares rurales) y si es fácil controlar la mayor parte del esfuerzo laboral (como ocurre en las faenas de la recolección), en estos sectores existirán pocos incentivos para pagar unos salarios más altos como amenaza. Aunque existieran incentivos de ese tipo, es poco probable que el efecto neto fuera superior a las enormes primas que se pagan en el sector formal urbano.

En el modelo Harris-Todaro se considera, pues, que la migración es una respuesta a la considerable diferencia salarial que existe entre los dos sectores. Naturalmente, el sector formal no puede absorber a todo el mundo a estos elevados salarios: algunas personas no tienen suerte y no encuentran trabajo, en cuyo caso vuelven al sector informal urbano a cambio de un escaso sustento. Por lo tanto, la decisión de emigrar se parece a dejar atrás una cosa relativamente segura (un empleo como trabajador agrícola o en la explotación agrícola familiar) a cambio de un empleo muy incierto como trabajador formal. Los que no encuentran trabajo en el sector formal pasan a engrosar las filas de los parados, quizá de parados encubiertos en el sector informal. Así pues, en el sector informal urbano (en la teoría de Harris-Todaro) se encuentran los que soñaban con trabajar en el sector formal y han fracasado: los billetes de lotería que no salieron premiados.

10.3.2 El modelo básico

Comenzamos suponiendo que sólo hay dos sectores en la economía: un sector rural y un sector urbano formal. Supongamos, únicamente con el fin de tener un punto de referencia, que los salarios son totalmente flexibles en *ambos sectores*. Más adelante, supondremos que el salario formal urbano es rígido.

La figura 10.4 recoge el modelo básico. La longitud del eje de abscisas es la población trabajadora total de la economía. Está repartida entre el sector agrícola, que representamos mediante *A*, y el sector urbano formal, que representamos mediante *F*. El eje de la izquierda de la figura representa diversos salarios formales del sector urbano, mientras que el de la derecha representa los salarios agrícolas. La curva *AB* puede concebirse como una curva de demanda de trabajo en el sector formal urbano: como la mayoría de las curvas de demanda, tiene pendiente negativa, por lo que el sector sólo puede absorber más trabajo a un salario más bajo. Asimismo, la curva *CD* representa la absorción de trabajo en la agricultura (el lector puede imaginar también que es una curva de demanda, pero hay otras interpretaciones que analizaremos en seguida). Al igual que ocurre en el sector urbano, sólo puede absorberse más trabajo agrícola a un salario más bajo.

Ahora es bastante fácil combinar estas dos "curvas de absorción" para analizar el equilibrio de esta sencilla economía. Para reducir la persistente migración de un sector a otro, deben igualarse los salarios de los dos sectores.[18] Se igualan en la intersección de las curvas *AB* y *CD*, que nos da el salario de equilibrio y la distribución del trabajo entre los dos sectores. En la figura 10.4, el salario de equilibrio se representa por medio de w^* y hay L_A^* individuos en el sector agrario y L_F^* en el sector urbano.

10.3.3 Topes mínimos a los salarios del sector formal y equilibrio de Harris-Todaro

¿En qué falla el razonamiento anterior? No parece que en mucho: lo que tenemos en la figura 10.4 y en el análisis que la acompaña es un caso de equilibrio competitivo de libro

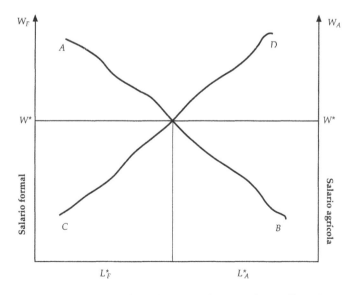

Figura 10.4. Equilibrio del mercado con salarios flexibles.

[18] Prescindimos aquí de los costes de migración, que pueden introducirse fácilmente en el modelo.

de texto. El problema estriba en que supone que el salario urbano es totalmente flexible. Ya hemos visto que no es así. De hecho, es bastante razonable sostener que el salario urbano formal es demasiado alto para que se equilibre el mercado como se describe en la figura 10.4. Hemos aducido varias razones. Veamos ahora cuáles son las consecuencias. Imaginemos, en nuestro sencillo modelo, que el salario del sector formal es fijo y demasiado alto para que se alcance el salario de equilibrio del mercado w^*. La figura 10.5 recoge esta situación representando el salario formal mínimo, $\bar{w}$, en un nivel que se encuentra por debajo de la intersección de las dos curvas de absorción. Se deduce que las empresas formales del sector privado no contratarán una cantidad superior a $\bar{L}_F$ de trabajo a este salario. ¿Adónde irá el resto?

Una posibilidad es que el resto de la gente trabaje en el sector agrícola. En ese caso, la figura 10.5 nos dice que el salario del sector agrícola debe bajar a $\underline{w}$. Retrocedamos ahora y observemos el resultado final. En ambos sectores tenemos pleno empleo, por lo que *ningún* demandante de empleo debe temer quedarse en paro si busca trabajo en cualquiera de los dos sectores. No obstante, los salarios $\bar{w}$ y $\underline{w}$ son diferentes. Ésta *no puede* ser una situación de equilibrio para la economía, porque al haber pleno empleo en los dos sectores, los trabajadores querrán emigrar al sector cuyo salario sea más alto.

Por otra parte, imponer unos salarios iguales en los dos sectores también plantea problemas. Probémoslo. La figura 10.5 muestra que en ese caso el sector agrícola sólo puede absorber la cantidad $\bar{L}_A$. Si los dos únicos sectores que hay en la economía son el sector

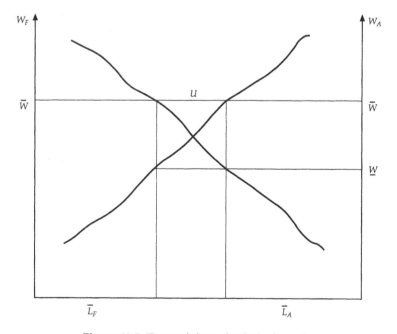

Figura 10.5. Tope mínimo al salario formal.

formal y el sector agrícola, debe haber una reserva de parados (en la figura, U representa las dimensiones de la reserva resultante de parados). Esta tampoco puede ser una situación de equilibrio. Dado que los salarios agrícolas son flexibles, los parados no pueden encontrarse físicamente en la agricultura. Si se encontraran en ese sector, entrarían a raudales en el mercado de trabajo y, por consiguiente, reducirían los salarios. Por lo tanto, deben encontrarse en el sector urbano. Ahora tenemos una situación en la que estos trabajadores emigran racionalmente al sector formal urbano, aun cuando los salarios sean idénticos a los de la agricultura *y* existe un considerable grado de riesgo de quedarse en paro. De ninguna manera podría calificarse esa situación de equilibrio, ni siquiera desde el punto de vista *ex ante*.

Aunque estas alternativas no son descripciones del resultado final, sugieren cuál podría ser el equilibrio. La idea principal es que los emigrantes potenciales eligen entre una opción relativamente segura (aunque posiblemente desagradable), que es permanecer en el sector agrícola, y la apuesta de trasladarse al sector urbano, en el que pueden o no conseguir un trabajo formal bien remunerado. La probabilidad de conseguir un trabajo de ese tipo depende, a su vez, del cociente entre el número de demandantes de un empleo formal y los puestos de trabajo formales que existan. Los que no consiguen un empleo podrían denominarse parados, pero esta descripción no es totalmente precisa (y aquí es donde entra el sector informal). Los demandantes de un empleo formal frustrados pueden entrar en el sector informal, donde es bastante fácil encontrar un empleo o montar un negocio pero donde se gana (relativamente hablando) una miseria. La figura 10.6 recoge esquemáticamente la apuesta.

En este gráfico, hay dos grupos de casillas. El de la izquierda está formado por una única casilla: la agricultura con su salario w_A.[19] El grupo de la derecha describe las diversas opciones existentes en el sector urbano, junto con las probabilidades de acceso. En primer lugar, está el sector formal con un elevado salario $\bar{w}$. La probabilidad de conseguir un puesto de trabajo de ese tipo depende del cociente entre las vacantes y los demandantes de empleo. Representémosla por medio de p. A continuación, está el sector urbano informal, en el que puede ser absorbido nuestro emigrante si no encuentra ningún empleo formal. Representemos el salario de este sector por medio de w_I y supongamos que es fijo independientemente del número de personas que haya en ese sector.

Lo que necesitamos es calcular el *valor esperado* de estas dos opciones. El valor esperado se calcula como siempre: se pondera cada resultado por la probabilidad de que suceda y se suman todos los resultados. Por lo tanto, el salario esperado en el sector urbano no es ni $\bar{w}$ ni w_I sino la combinación $p\bar{w} + (1 - p)w_I$. Es este salario *esperado* el que se compara con el salario del sector agrícola.

En el cálculo anterior, hemos supuesto implícitamente que sólo hay dos opciones en el sector urbano: empleo formal o informal. Sin embargo, una vez que comprendemos cómo se efectúa el cálculo, es bastante fácil expandir el sector urbano para incluir más

---

[19] Este planteamiento es, desde luego, una simplificación. La agricultura puede tener diversos salarios, dependiendo del tipo de contrato y de trabajo, pero para simplificar el análisis, prescindimos aquí de esta variedad.

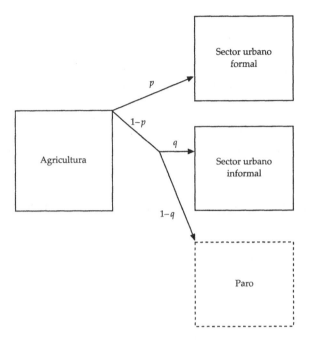

Figura 10.6. Opciones de un posible emigrante.

posibilidades. Por ejemplo, es razonable suponer que no todo el mundo tiene garantizado que va a percibir siquiera el salario más bajo w_I en el sector informal. Puede ocurrir que algunas personas no consigan empleo, por lo que son parados "visibles". Esta opción adicional se representa por medio de la casilla de puntos de la figura 10.6; su salario es igual a cero.

¿Cómo podemos calcular ahora los valores esperados? Necesitamos conocer la probabilidad de conseguir trabajo en el sector informal, una vez que ha sido imposible entrar en el sector formal: representémosla por medio de q. Tras no poder entrar en el sector formal, el emigrante consigue, pues, entrar en el informal con la probabilidad q y permanece como parado visible con la probabilidad $1 - q$. El valor esperado de este último conjunto de posibilidades es $qw_I + (1 - q)0 = qw_I$. Por lo tanto, ahora el salario esperado total es $p\bar{w} + (1 - p)qw_I$.

Una vez terminada esta pequeña digresión, volvamos al caso más sencillo en el que sólo hay dos resultados urbanos: el empleo en el sector formal y el empleo en el sector informal. Supongamos que representamos el empleo informal por medio de L_I. En ese caso, podemos ver que el cociente

$$\frac{L_F}{L_F + L_I}$$

recoge la probabilidad de conseguir trabajo en el sector formal. El número de personas ocupadas L_F nos dice cuántos puestos de trabajo hay, mientras que el número $L_F + L_I$ es la medida del número total de demandantes de trabajo potenciales. El cociente entre los dos indica, pues, las probabilidades de que un residente urbano consiga trabajo en el sector formal o en el informal.[20]

Ahora podemos deducir el importante concepto de equilibrio introducido por primera vez por Harris y Todaro [1970]. Podemos considerar que la emigración del sector rural es una decisión irreversible, al menos en un futuro inmediato. Dado que la suerte de un emigrante potencial no se conoce, debemos considerar la *renta esperada* de la migración y compararla con la renta realmente percibida en la agricultura. Podemos concluir, pues, que si

$$\frac{\bar{L}_F}{\bar{L}_F + L_I} \, \bar{w} + \frac{L_I}{\bar{L}_F + L_I} \, w_I = w_{A'} \qquad [10.1]$$

nos encontramos en un equilibrio en el que ninguna persona desea emigrar de un sector al otro. Esta es la *condición de equilibrio de Harris-Todaro.*

Deben hacerse algunas observaciones. En primer lugar, la condición de equilibrio representa una situación en la que *ex ante*, a la gente le es indiferente emigrar que no emigrar; *ex post*, no le es indiferente. El grupo afortunado que encuentra trabajo en el sector formal estará encantado de haber emigrado, mientras que los que buscan consuelo en el sector informal se lamentarán de haber emigrado.

En segundo lugar, obsérvese que el concepto de equilibrio implica una *determinada* distribución del trabajo entre los tres sectores de la economía, ya que es la distribución del trabajo la que afecta a las probabilidades que cree que tiene un trabajador de conseguir trabajo. Si se sabe, por ejemplo, que el sector formal representa una proporción menor del empleo urbano total, la gente se lo pensará mucho antes de aspirar a encontrar trabajo en el sector formal. Su cálculo del salario esperado dará un salario más bajo. Esta perspectiva reducirá el tamaño de la población trabajadora urbana, pero aumentará el tamaño del sector formal en porcentaje del empleo urbano total, lo cual influirá, a su vez, en la probabilidad de conseguir trabajo en el sector formal.

En tercer lugar, el concepto de equilibrio no exige en modo alguno que supongamos que sólo hay *dos* subsectores en el sector urbano (formal e informal) o sólo uno en la agricultura. La condición fundamental es que los salarios *esperados* de los dos sectores sean iguales para alcanzar el nivel de migración de equilibrio, pero estas expectativas pueden ser el resultado de tener en cuenta los salarios de tres sectores urbanos o más (por ejemplo, el paro visible puede concebirse simplemente como otro sector en el que los salarios son cero) o de varios sectores agrícolas.

El equilibrio de Harris-Todaro puede representarse en el tipo de gráfico que hemos utilizado hasta ahora, pero no con total claridad.[21] Recuérdese la figura 10.5 y obsérvese

---

[20] El lector atento observará que esta afirmación sólo es correcta si hay una tasa suficientemente rápida de rotación en el sector formal, de tal manera que el nivel actual de *empleo* puede ser igual aproximadamente al número de *vacantes*. Si la tasa de rotación es más baja, el número de vacantes no es L_F, sino algo menor y el número de demandantes de empleo también es inferior a $L_F - L_I$. El análisis es muy parecido.

[21] El principal problema radica en que el sector informal no puede representarse explícitamente en este gráfico.

que el salario agrícola $\bar{w}$ era demasiado alto para ser un equilibrio y que $\underline{w}$ era demasiado bajo. Es lógico que el salario agrícola de equilibrio se encuentre entre estos dos extremos. Obsérvese que no existe necesariamente una relación entre este salario de equilibrio y el salario w^* que surgía en el caso en que el mercado era flexible. La figura 10.7 representa una condición de equilibrio de Harris-Todaro representativa.

En esta figura, el salario agrícola de equilibrio es w_A. Hay L_A personas que trabajan en la agricultura, $\bar{L}_F$ en el sector urbano formal y el resto, L_I, se refugia en el sector informal en el que percibe unos ingresos de w_I. La distribución es tal que se cumple la ecuación (10.1).

10.3.4 Política económica

La paradoja de la creación de empleo urbano

Según esta teoría, pues, el sector informal es consecuencia de que los salarios del sector formal son demasiado altos, por lo que no todo el mundo puede conseguir trabajo en ese sector. Al mismo tiempo, no todo el mundo puede permanecer en la agricultura, pues eso haría que el sector formal pareciera demasiado atractivo y provocaría un gran volumen de migración. El sector informal es el resultado de esta migración. Según Harris-Todaro, el sector informal es un contrapeso necesario del atractivo del sector formal y frena el ritmo de migración del sector rural al sector urbano.

Sin embargo, para el observador urbano y para las autoridades, el sector informal es un problema de características no muy agradables. La actividad económica no regulada

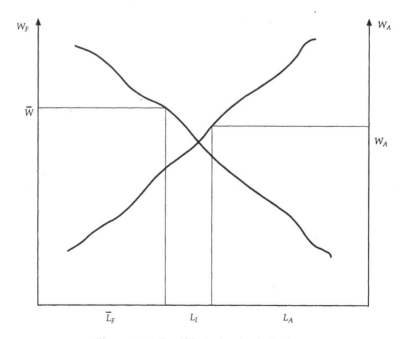

Figura 10.7. Equilibrio de Harris-Todaro.

de este sector suele ser responsable de la congestión, de la contaminación y de la elevada tasa de delincuencia. Un problema que puede resolverse de varias formas, y en el resto de este apartado estudiaremos algunas de ellas.

La política más evidente que a uno se le ocurre es acelerar de alguna manera la tasa de absorción de trabajo en el sector formal. Aunque los salarios sean fijos e iguales a $\bar{w}$, es posible generar más demanda de trabajo formal ofreciendo incentivos para montar empresas (como vacaciones fiscales) o incentivos a la inversión (como un trato mejor en el mercado de crédito). El propio Gobierno puede aumentar la demanda de trabajo formal expandiendo el empleo de las empresas del sector público.

No cabe duda de que esas medidas reducen inicialmente las dimensiones del sector informal, canalizando gente de este sector hacia los puestos de trabajo formales, que ahora son más numerosos, pero la cosa no termina ahí. Las dimensiones del sector urbano son endógenas y la migración aumentará en respuesta a esta política. El concepto de equilibrio de Harris-Todaro nos ayuda a analizar la naturaleza del resultado final, *una vez* tenida en cuenta la nueva migración del sector rural al sector urbano.

Para verlo, representemos el efecto de estas políticas en la condición de equilibrio de Harris-Todaro. Imaginemos que la curva de demanda de trabajo formal se desplaza hacia fuera y hacia la derecha, de tal manera que, en particular, la demanda de trabajo al salario $\bar{w}$ aumenta de $\bar{L}_F$ a $\bar{L}'_F$. A corto plazo, todo este trabajo adicional procede simplemente del sector informal. Eso significa que en relación con el resultado inicial, L_F aumenta y L_I disminuye, lo que eleva la probabilidad de conseguir un puesto de trabajo formal. Por consiguiente, *el salario urbano esperado debe subir inicialmente*.

Pero la subida inicial no puede sostenerse en su totalidad. La migración del sector rural al sector urbano se acelera. Entran más emigrantes en el sector urbano. Naturalmente, se suman al sector informal, que tras su disminución inicial, ahora comienza a aumentar de nuevo. Este fenómeno pone en marcha dos fuerzas relacionadas entre sí. En primer lugar, al disminuir la población trabajadora en la agricultura, el salario agrícola tiende a subir (la subida depende de la pendiente o elasticidad de la curva de absorción agrícola). En segundo lugar, al continuar la emigración, el salario urbano esperado comienza a bajar de nuevo (en relación con la enorme subida inicial). La ecuación [10.1] nos dice por qué. La proporción $L_F/(L_F + L_I)$ comienza a disminuir a medida que continúa la migración, lo que reduce la probabilidad de conseguir un puesto de trabajo formal (en relación con la probabilidad existente justo después de la adopción de la medida) y el salario urbano esperado disminuye con ella.

Al subir el salario agrícola y bajar el salario urbano esperado, los dos están abocados a equilibrarse de nuevo. En ese proceso, tenemos una nueva distribución del trabajo entre los tres sectores: $(\bar{L}_F', L_A', L_I')$. La nueva distribución debe satisfacer la nueva condición de equilibrio de Harris-Todaro:

$$\frac{\bar{L}'_F}{\bar{L}'_F + L'_I}\,\bar{w} + \frac{L'_I}{\bar{L}'_F + L'_I}\,w_I = w'_{A'} \qquad [10.2]$$

donde w'_A representa el nuevo salario agrícola tras la adopción de la medida.

¿Cómo comparamos las magnitudes de las ecuaciones [10.1] y [10.2]? Recordando que el salario agrícola sube (o, al menos, no baja) tras la adopción de la medida, el nuevo salario esperado del sector urbano debe ser superior al salario esperado inicial. Sólo puede ocurrir eso en el modelo si

$$\frac{\bar{L}_F'}{\bar{L}_F' + L_I'} > \frac{\bar{L}_F}{\bar{L}_F + L_I};$$

en otras palabras, si aumenta la proporción que representa el sector formal en el empleo total del sector urbano. Esta consecuencia de la medida es beneficiosa: el sector informal se reduce, *en porcentaje del sector urbano total.*

Sin embargo, el resultado también puede verse desde otra perspectiva, consistente en comparar las dimensiones resultantes del sector informal en porcentaje de la población trabajadora total. ¿Es posible que este sector aumente aunque sea cierta la afirmación del párrafo anterior? La respuesta es afirmativa, lo cual no deja de ser interesante. Aunque el sector informal se reduce en porcentaje de la población trabajadora urbana, también es cierto que el tamaño de la población trabajadora urbana ha aumentado. Si el segundo efecto es mayor que el primero, el sector informal puede muy bien expandirse, ¡una consecuencia de una medida destinada directamente a *reducir* las dimensiones de ese sector!

Para verlo, imaginemos que el sector agrícola se encuentra en la fase de trabajo excedentario de Lewis, por lo que su salario se ajusta muy poco o nada a medida que los nuevos emigrantes abandonan la agricultura. En ese caso, la proporción que representa el sector informal en el sector urbano total casi no varía [obsérvese simplemente las ecuaciones [10.1] y [10.2] y utilícese el hecho de que w_A' es muy cercano a w_A]. Al mismo tiempo, no cabe duda de que el sector urbano total ha crecido entre el primer equilibrio y el segundo. Eso debe significar que el sector informal también se ha expandido.

¿A qué se debe esta aparente paradoja? ¿Cómo es que una medida pensada para absorber gente del sector informal acaba expandiéndolo? En realidad, no hay ninguna paradoja, sino un hecho que vemos repetido en un país en vías de desarrollo tras otro. Los intentos de aumentar la demanda de trabajo en el sector formal pueden aumentar el tamaño del sector informal, ya que los emigrantes responden a la mejora de las condiciones de trabajo. El efecto sobre la migración puede ser mayor que la "absorción" inicial.

Este fenómeno no se limita solamente a los casos en que hay un aumento de la demanda de trabajo en el sector formal. También se observa en relación con la congestión urbana, la contaminación y la provisión de servicios sanitarios. En todos estos casos, medidas destinadas a reducir directamente la congestión urbana (por ejemplo, construyendo más carreteras), a reducir la contaminación (por ejemplo, construyendo un ferrocarril subterráneo) o a aumentar la provisión de sanidad (por ejemplo, construyendo nuevos hospitales públicos) pueden producir el efecto paradójico de acabar empeorando la situación. En todos los casos, el empeoramiento último se debe a que la nueva migración en respuesta a la mejora de la situación acaba exacerbando la propia situación que la medida inicial trataba de mejorar.[22]

---

[22] Este fenómeno suele conocerse con el nombre de paradoja de Todaro.

Distribución eficiente y política migratoria

Recordemos por un momento el caso de los salarios totalmente flexibles con el que comenzamos nuestro análisis de la migración. El equilibrio correspondiente tiene una interesante propiedad de eficiencia siempre que interpretemos las dos curvas de absorción *AB* y *CD* (véase la figura 10.4) como curvas de demanda de trabajo competitivas. Sabemos por la teoría económica elemental que la curva de demanda de trabajo competitiva no es más que la curva del valor del producto marginal, en la que este valor se calcula utilizando el precio del producto final. En esta situación, la intersección de estas dos curvas corresponde al caso en el que se *igualan* los valores de los productos marginales de los dos sectores. En todas las demás distribuciones, existe una discrepancia entre los dos productos marginales. Además, en el sector informal el valor del producto marginal (que viene dado por w_I) es aún menor, por lo que estas distribuciones no pueden maximizar el valor del producto nacional total. La razón es sencilla. En la medida en que los productos marginales no son iguales, una pequeña transferencia de trabajo del sector en el que el producto marginal es menor al sector en el que es mayor eleva el valor total de la renta nacional.

Esta observación debería llevarnos a pensar con cuidado qué es lo que trata de conseguir exactamente la política del Gobierno. No es que el sector informal *per se* sea algo que deba eliminarse. De hecho, en las medidas que examinaremos a continuación, el principal problema no es en modo alguno erradicar el sector informal. El objetivo de la política del Gobierno debería ser acercarse lo más posible a una distribución eficiente del trabajo, representada por el punto de intersección de las dos curvas de demanda.

Queremos insistir en que esta recomendación sólo es válida en el caso en el que las dos curvas de demanda sean el resultado de la maximización competitiva de los beneficios, por lo que correspondan al valor del producto marginal. Cuando no es así, no está claro que la intersección de las dos curvas de absorción represente una distribución eficiente y deba ser de alguna manera el objetivo a alcanzar. Pero prescindamos de momento de este detalle.

Consideremos dos medidas que reducen o eliminan el sector informal. Una consiste en *limitar la migración* físicamente. La figura 10.8 lo muestra. Se impide entrar en las ciudades a todas las personas que no tengan un empleo en el sector formal. Si es posible cumplir esta medida (y ésta no es una cuestión trivial), la limitación de la migración elimina, desde luego, el sector urbano informal. Ahora el número de personas que hay en el sector urbano es solamente $\bar{L}_F$; el resto, L_A^M, permanece en la agricultura.

Obsérvese, sin embargo, que la mera erradicación del sector informal no garantiza que el resultado sea eficiente. Comparemos la distribución que se logra de esta forma con la que se logra en el caso en el que los salarios sean totalmente flexibles. Es evidente que con una política de limitación de la migración hay menos personas en las ciudades que con una distribución eficiente.

La segunda medida consiste en ofrecer una subvención a los empresarios del sector formal por cada trabajador que contraten. Supongamos que la subvención consiste en financiar *s* euros del salario por cada hora adicional de trabajo que sea contratada por un

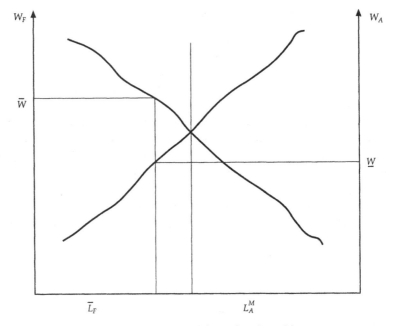

Figura 10.8. Limitación de la migración.

empresario del sector formal. En este caso, el salario que paga el empresario es realmente $\bar{w} - s$, pero el trabajador recibe todo el salario completo $\bar{w}$. Por lo tanto, la demanda de trabajo correspondiente al salario formal $\bar{w}$ aumenta, como muestra la figura 10.9.

Obsérvese que cuando aumenta la subvención, la demanda de trabajo formal también aumenta. Llega un punto en el que aumenta tanto que los salarios agrícolas suben hasta ser iguales a $\bar{w}$, que es el salario del sector formal. En este punto no hay ningún sector informal urbano y ningún incentivo para emigrar. Esta situación se muestra en la figura 10.9, en la que ahora el empleo formal es L_F^S y el empleo agrícola es L_A^S con la subvención.

Más adelante volveremos a ver cómo se financia la subvención y si es posible ponerla en práctica. Dejando a un lado estas cuestiones, vemos que aunque el sector informal urbano haya desaparecido, ahora hay *más* trabajo en el sector urbano del que correspondería a una distribución eficiente. Por lo tanto, las subvenciones salariales consiguen en cierta medida exactamente lo contrario de lo que logra la limitación de la migración, aun cuando ambas medidas sirvan para eliminar el sector informal urbano.

Es en este contexto en el que consideramos una política mixta que combine la limitación de la migración con la concesión de subvenciones salariales en el sector formal. La figura 10.10 muestra este caso. La subvención se elige concienzudamente de tal manera que la demanda de trabajo formal aumente hasta alcanzar exactamente el nivel de equilibrio flexible, que es L_F^*. Obsérvese que los trabajadores siguen percibiendo el salario $\bar{w}$

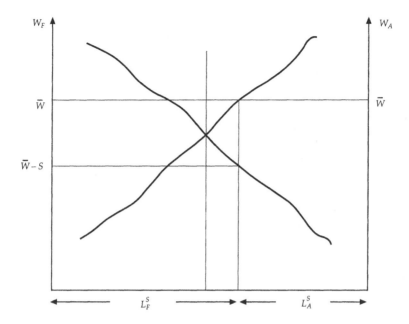

Figura 10.9. Una subvención salarial al sector formal.

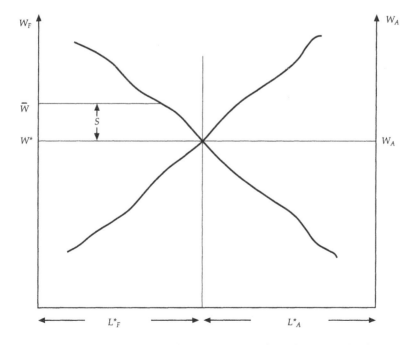

Figura 10.10. Una política de limitación de la migración y de concesión de subvenciones salariales.

en el sector formal, por lo que en esta situación el salario agrícola flexible sigue siendo más bajo que el salario formal, si el resto de los trabajadores permanece en la agricultura. Por lo tanto, la limitación de la migración sigue siendo necesaria en esta política para asegurarse de que el resto de los trabajadores (L_A^*) permanece en el sector agrícola.

¿Existe alguna medida que pueda conseguir el mismo resultado sin limitar la migración? Existe y, curiosamente, implica la concesión de subvenciones al empleo en la agricultura ¡aun cuando este sector tenga unos salarios perfectamente flexibles! Consideremos la concesión de una subvención *uniforme* de s euros por hora de trabajo tanto a la agricultura como a la industria.[23] El primer panel de la figura 10.11 muestra cómo funciona esta medida, partiendo de un equilibrio de Harris-Todaro. La demanda de trabajo aumenta tanto en la agricultura como en el sector formal debido a que las retribuciones salariales en estos sectores, *desde el punto de vista del empresario*, son $\bar{w} - s$ y $w_A - s$ (en lugar de $\bar{w}$ y w_A). El *trabajador*, en cambio, continúa comparando los salarios $\bar{w}$ y w_A. Dado que el sector informal debe haber disminuido, el salario urbano esperado debe haber subido (aun cuando no haya variado ninguno de los salarios por separado). Para restablecer el equilibrio, el salario agrícola debe subir.

Este proceso continúa hasta que la subvención uniforme alcanza el nivel $\bar{w} - w^*$, donde w^* es el equilibrio inicial de salarios flexibles. En este punto, ¡el salario agrícola también debe haber subido exactamente hasta $\bar{w}$! Este proceso se muestra en el segundo panel de la figura 10.11. Ahora hay pleno empleo tanto en la agricultura como en el sector urbano formal, no hay ningún sector informal y no es necesario limitar la migración, ¡ya que los salarios de los dos sectores acaban siendo exactamente iguales!

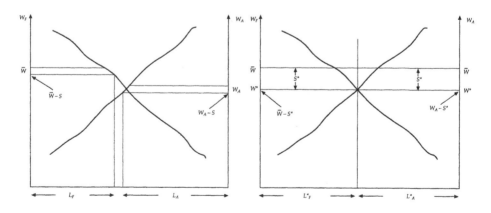

Figura 10.11. Una subvención salarial uniforme.

[23] Bhagwati y Srinisavan [1974] han analizado la subvención uniforme que estudiamos en este libro.

10.3.5 Comentarios y extensiones

Algunas observaciones sobre política económica

¿Existe, pues, una fórmula mágica que resuelva el problema de la migración y restablezca el resultado eficiente sin limitar coercitivamente la circulación de mano de obra? Para responder a esta pregunta es necesario traspasar los rígidos confines de este sencillo modelo y examinar la solidez de sus predicciones. Pueden plantearse varias objeciones, que examinaremos por separado.

En primer lugar, cabe argumentar que para fijar la subvención *exactamente* correcta podría ser necesario conocer con más exactitud de lo que es habitual los parámetros de la economía; concretamente, sería necesario conocer la posición y la forma de las dos curvas de absorción. Obsérvese que en la figura 10.11 se elige una subvención igual a $\bar{w} - w^*$, para lo cual el Gobierno o el planificador *sabe* cuál debe ser el salario de equilibrio flexible, y eso es mucho pedir.

Afortunadamente, esta crítica puede rebatirse fácilmente.[24] Para verlo supongamos que no se eligiera "correctamente" la cuantía de la subvención s^* en el segundo panel de la figura 10.11 sino una algo mayor. En ese caso, es fácil ver que la única consecuencia sería una subida uniforme de los salarios brutos, es decir, incluida la subvención, por lo que el salario neto (pagado por los empresarios) se mantendría estable automáticamente en w^*. La figura 10.12 muestra este caso. En esta figura, se ha elegido una subvención superior a s^*, lo que eleva el salario del sector formal que se paga realmente a los trabajadores situándolo *por encima* del mínimo institucional $\bar{w}$. Lo mismo ocurre en la agricultura. Es como si esta subvención mayor fuera contrarrestada exactamente por un aumento de los costes salariales brutos, por lo que el efecto neto es cero.

Eso implica, pues, que una política de subvención uniforme no exige saber cuáles son exactamente los parámetros del modelo. Los errores cometidos al elegir la cuantía de la subvención, mientras no se trate de una subvención demasiado *pequeña*, tienden a desaparecer.

La segunda crítica es que ninguna subvención es gratuita. Tiene que financiarse de alguna manera. ¿No deberían tenerse en cuenta los costes de financiación para saber en qué medida es eficiente el resultado global? La respuesta es afirmativa, pero en principio hay una manera de que esta política se financie sola: basta con establecer un impuesto sobre los beneficios de las empresas y devolver los ingresos en forma de subvención salarial. El impuesto sobre los beneficios genera los fondos necesarios para financiar la subvención.

A primera vista, parece absurdo. ¿Cómo es que una política financiera que no produce un efecto neto en los balances de las empresas afecta, no obstante, su conducta? La respuesta es simple. El impuesto y la subvención dependen de dos indicadores *diferentes* del comportamiento de la empresa: los beneficios y el empleo. Si la empresa obtiene elevados beneficios pero no aumenta el empleo, pagará en términos netos un impuesto. Pero la cuestión es que la empresa *querrá* aumentar el empleo para beneficiarse de la sub-

---

[24] Para esta cuestión y su resolución, véase Basu [1980].

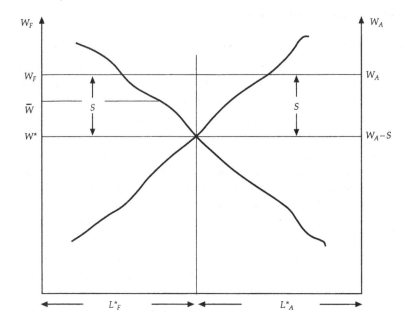

Figura 10.12. Una subvención salarial uniforme excesivamente generosa.

vención. Por lo tanto, aun cuando impuestos y subvenciones se equiparen al final, es posible modificar significativamente la conducta de las empresas.

La tercera crítica es seria y probablemente sea la razón más importante por la que resulta difícil, cuando no imposible, poner en práctica una política de subvenciones salariales. A menudo es muy difícil verificar las cifras de empleo. Si no pueden verificarse bien, no es posible pagar una subvención basada en el empleo. Naturalmente, en principio, quizá sea posible verificar perfectamente que cada empresario dice la verdad sobre el número de trabajadores que tiene, pero eso costaría una enorme cantidad de recursos, que deberían tenerse en cuenta en una evaluación de la eficiencia global de la política de migración.

La verificación es un problema especialmente grave en la agricultura, que es un "sector informal" por excelencia. Quizá podríamos idear un sistema en el que se cotejaran las declaraciones de impuestos de los trabajadores con los de su centro de trabajo, a fin de que no pudieran inventarse trabajadores ficticios,[25] pero para eso necesitaríamos que todos los trabajadores presentaran su declaración de impuestos, lo cual generalmente no ocurre así en la agricultura, por lo que no es posible recurrir, como en otros casos, a estas fuentes complementarias de información.

A continuación pasamos a analizar algunas extensiones del modelo básico de migración.

---

[25] Eso no quiere decir que ese tipo de sistema sea infalible.

Una digresión sobre el riesgo y la aversión al riesgo

En este subapartado introducimos el concepto de *aversión al riesgo*, al que concedemos una gran importancia porque desempeña un destacado papel no sólo en este contexto sino también en los capítulos siguientes.

El resultado final de muchos proyectos económicos y procesos de producción es considerablemente incierto. Al mismo tiempo, es probable que haya que tomar las decisiones de inversión mucho antes de que desaparezca esta incertidumbre. En el caso de la producción agrícola, un agricultor puede tener que decidir cuánto fertilizante va a utilizar o con qué intensidad va a cultivar su tierra antes de saber si el tiempo será favorable o no para obtener una buena cosecha. Podría tener que optar incluso por un cultivo enteramente nuevo sin estar seguro del rendimiento que obtendría. Asimismo, en la industria manufacturera una empresa puede tener que tomar sus decisiones de producción sin saber exactamente cuál va a ser la situación del mercado. Por ejemplo, cuando Coca Cola decidió fabricar y comercializar sus productos en China, tomó unos compromisos de inversión sin saber con seguridad cuáles serían sus perspectivas en ese país. Casi todos los proyectos económicos entrañan un riesgo en lo que se refiere a la evaluación de sus rendimientos. Ese riesgo afecta extraordinariamente, a su vez, a la forma en que unas personas contratan a otras. La decisión de emigrar no es una excepción, como ya hemos visto.

Veamos un sencillo ejemplo que pondrá en evidencia algunas de estas cuestiones. Supongamos que usted es Nazim, empresario turco que está a punto de participar en un proyecto de inversión para producir sombreros de seda. Este proyecto puede generar dos posibles cantidades de dinero. Si sus sombreros de seda tienen mucho éxito entre la burguesía turca, obtendrá unos considerables beneficios de 10.000 dólares. Sin embargo, si su fábrica de sombreros es saboteada, obtendrá unos beneficios de 2.000 solamente. Dado que usted se angustia un poco por todo, piensa que hay un 50% de probabilidades de sufrir un sabotaje. Ahora póngase sin reservas en la piel de este empresario y hágase la siguiente pregunta: si lo único que le preocupa es el dinero, ¿cuál es la compensación *mínima* por la que estaría dispuesto a renunciar al derecho a embolsarse los beneficios de este proyecto? Una vez lo haya pensado, tal vez quiera anotar la cifra en un papel y reconsiderar su decisión después del análisis siguiente.

Comenzamos examinando un término muy conocido para los estadísticos, llamado esperanza matemática. Es un concepto que ya hemos utilizado implícitamente para calcular el salario esperado del sector urbano. En el ejemplo anterior, la esperanza matemática (esperanza para abreviar) de los rendimientos del proyecto (antes de que se conozca el resultado real) es 1/2 10.000 euros + 1/2 2.000 euros = 6.000 euros, es decir, una media ponderada de los diferentes resultados *posibles*, donde la ponderación de cada resultado es la probabilidad de que ocurra. En términos más formales, si un proyecto tiene n resultados posibles indiciados por medio de i (es decir, $i = 1, 2, ..., n$) y el i-ésimo resultado tiene un valor monetario de x_i con una probabilidad de que ocurra de p_i, la esperanza del proyecto viene dada por

$$E = \sum_{i=1}^{n} p_i x_i. \hspace{2cm} [10.3]$$

Volviendo al ejemplo anterior, compruebe el lector si la compensación mínima aceptable que ha anotado es mayor o menor que el valor esperado del proyecto, a saber, 6.000 euros. Si ha dedicado un tiempo a pensar la cuestión y si es psicológicamente similar a la mayoría de la gente, la cantidad que ha escrito debería ser inferior al valor esperado de 6.000 euros, ya que a la gente suele desagradarle el riesgo; prefiere cobrar *con seguridad* una cantidad igual o inferior al valor esperado de un proyecto a la incierta perspectiva de que el rendimiento sea mayor o menor que el valor esperado con una probabilidad en torno al 50%. Así pues, la gente generalmente está dispuesta a percibir una compensación garantizada algo inferior al rendimiento esperado para renunciar a su derecho a los beneficios. Esta actitud se conoce con el nombre de *aversión al riesgo*. Naturalmente, cuanto más reacia al riesgo sea una persona, menor será la compensación mínima que habrá que pagarle. En cambio, una persona a la que le dé lo mismo disfrutar de los rendimientos inciertos de un proyecto o su valor esperado garantizado se dice que es *neutral hacia el riesgo*.

Una manera de describir la actitud de un individuo hacia el riesgo es imaginar que tiene una función de utilidad del dinero.[26] La idea es que el individuo actúa como si maximizara el valor esperado de esta utilidad en diversas circunstancias inciertas.

¿Cuál sería la función de utilidad de una persona neutral hacia el riesgo? Recuérdese que esa persona actúa para maximizar el valor esperado de su rendimiento *monetario*, lo cual equivale a postular que su función de utilidad coincide con la cantidad de dinero que obtiene; en otras palabras, que su función de utilidad del dinero puede representarse por medio de una línea recta. En este caso, la utilidad marginal del dinero para esa persona es independiente de la cantidad de dinero que posea. Desde esta perspectiva, resulta que la aversión al riesgo puede identificarse con el concepto de utilidad marginal *decreciente* del dinero. La figura 10.13 muestra la conexión. En este gráfico, la función de utilidad se ha trazado de tal forma que la utilidad marginal sea decreciente: es una función estrictamente cóncava.

Supongamos que esta función de utilidad representa las preferencias de Nazim. El punto A muestra la utilidad que obtiene cuando sus beneficios son de 2.000 euros y el B muestra la utilidad correspondiente a unos beneficios de 10.000. ¿Cómo calculamos la *utilidad esperada* de Nazim en estas circunstancias suponiendo que la probabilidad de cada resultado posible es 1/2? Esta pregunta no es muy difícil: calculamos el valor esperado de la utilidad exactamente igual que el valor esperado de un juego monetario o el número esperado de huevos que podría poner una gallina en un día. Tomamos el valor A, lo multiplicamos por 1/2 y lo sumamos al valor de B multiplicado también por 1/2. Hay una sencilla manera de hacerlo en el gráfico. Basta con conectar los puntos A y B por

---

[26] Aunque no tenemos ningún reparo en afirmar que esta exposición es un tanto simplista, debemos señalar que el postulado de una función de utilidad del dinero es algo engañoso. Lo que hace la literatura es comenzar con las preferencias de los individuos por varios juegos arriesgados, lo cual no es más que una extensión de las preferencias habituales en la teoría del consumidor respecto a los bienes y servicios. En ese caso, la teoría de la toma de decisiones en condiciones de incertidumbre muestra que estas preferencias pueden representarse (en algunas condiciones) por medio de una función de utilidad del dinero y del postulado de que una persona actúa para maximizar el valor esperado de esta utilidad. Véase Arrow [1971] para una exposición de esta teoría.

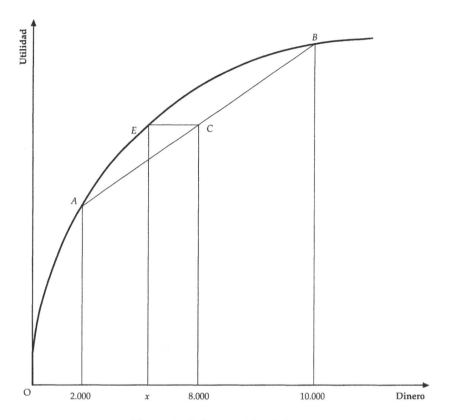

Figura 10.13. La aversión al riesgo.

medio de una línea y hallar el punto C entre los dos que se encuentre a una distancia proporcional a las probabilidades de los dos resultados posibles, en este caso a mitad de camino entre A y B. El punto C (su altura) representa la utilidad esperada del juego que está considerando Nazim.

Obsérvese que si la función de utilidad tiene la curvatura que muestra la figura 10.13, el punto C debe encontrarse en realidad *por debajo* de la función de utilidad. Esta observación gráfica significa que la *utilidad esperada del juego es menor que la utilidad del valor esperado del juego*, lo cual no es más que otra forma de decir que Nazim es averso al riesgo; le gusta el juego menos de lo que le gusta recibir su valor esperado con seguridad. Eso significa que una cantidad de dinero menor que el valor esperado será suficiente para que le compense renunciar al proyecto arriesgado. Para hallar esta cantidad en el gráfico, basta con hallar la cantidad de dinero cuya utilidad es igual a la utilidad esperada del juego. Es fácil hacerlo: se traza simplemente un segmento horizontal hacia la izquierda de C hasta que corta a la función de utilidad (en E). La cantidad de dinero correspondiente a esta utilidad es la cantidad necesaria. Como ya hemos señalado, si la función de utilidad tiene la forma que muestra en la figura 10.13, esta cantidad, indicada por medio de x en el gráfico, será menor que el valor esperado. Por lo tanto, esta forma de la curva describe la idea de la aversión al riesgo.

Cuando la utilidad marginal es decreciente, un euro perdido siempre es más preciado que un euro ganado. Esa es la razón por la que una persona aversa al riesgo que se encuentra ante la perspectiva de ganar o de perder un euro (o cualquier cantidad mayor) con la misma probabilidad, estará dispuesta a pagar una prima (por ejemplo, a un agente de seguros) para evitar ese riesgo. En cambio, la función de utilidad del dinero de una persona neutral al riesgo puede representarse por medio de una línea recta. Esa persona estará, en realidad, absolutamente dispuesta a asumir el riesgo (si se le paga una pequeña cantidad). Por lo tanto, en una economía en la que existen riesgos, los mecanismos óptimos son aquellos en los que los sujetos neutrales al riesgo soportan todo el riesgo, mientras que las personas aversas al riesgo prefieren un nivel de renta estable, pagando implícita o explícitamente una prima a los sujetos que asumen el riesgo. El seguro es un sencillo ejemplo de un sistema de ese tipo: una compañía de seguros promete cubrir el riesgo de siniestros en nombre de sus clientes y cobra una prima a cambio. Otros muchos sistemas contractuales (por ejemplo, entre empresas y trabajadores, entre terratenientes y arrendatarios) también tienen un aspecto de seguro, como veremos en los siguientes capítulos.

Por último, ¿de qué depende la actitud de una persona hacia el riesgo? Es, en parte, una cuestión de gustos personales: algunas personas tienden simplemente a ser más cautas que otras. Sin embargo, también depende de las circunstancias económicas de cada cual. En particular, hay dos características del entorno económico que desempeñan un papel importante: la riqueza y la diversificación.

Es razonable afirmar que las personas más ricas son más capaces y están más dispuestas a asumir una determinada cantidad (absoluta) de riesgo que las personas relativamente pobres. Una misma pérdida puede significar la ruina para una persona que vive de unos modestos ahorros, mientras que un millonario podría fácilmente sobreponerse a ella. Pensemos en los sombreros de seda de Nazim y supongamos que es multimillonario. En ese caso, sería razonable esperar que Nazim evaluara su proyecto a su valor esperado; para él no habría ninguna "prima de riesgo". En cambio, si suponemos que Nazim sólo tiene unos cuantos miles de dólares, el riesgo del proyecto cobra su antiguo significado.[27]

Otra cuestión fundamental es el grado de diversificación de las fuentes de ingresos de un agente. Una persona cuyos ingresos procedan de muchas fuentes, cada una con sus

---

[27] Esto suele expresarse suponiendo que los individuos tienen una *aversión absoluta al riesgo decreciente*, donde el calificativo "absoluta" se refiere al hecho de que estamos hablando del mismo juego, pero considerando diferentes valores de la renta o de la riqueza. Sin embargo, las cosas son más complicadas cuando nos referimos a un juego cuyas cantidades mantienen una determinada proporción con respecto a la riqueza o la renta. Por ejemplo, podríamos considerar una variante de la historia de Nazim: puede obtener una cantidad igual a su riqueza si "gana" y una cantidad igual a una quinta parte de su riqueza si "pierde". Ahora no estamos hablando del mismo juego (cuando varía la riqueza) sino de la misma cantidad *relativa* de riesgo. La posibilidad de que la aversión relativa al riesgo aumente o disminuya al variar la riqueza es una cuestión más sutil. No sería descabellado, desde luego, suponer que la aversión relativa al riesgo es constante.

riesgos *independientes* (por ejemplo, de una cartera diversificada de acciones), será menos sensible a los riesgos de cada una de las fuentes, ya que en conjunto sus efectos tienden a anularse. Es sumamente improbable que todas las fuentes obtengan malos resultados al mismo tiempo. Eso explica por qué las grandes compañías de seguros pueden asumir los riesgos de sus clientes y actuar como si fueran neutrales al riesgo: en cualquier momento del tiempo es probable que sólo una pequeña proporción de su clientela sufra siniestros. En cambio, las personas que sólo tienen una o dos grandes fuentes de ingresos (por ejemplo, las que dependen exclusivamente de una renta salarial o las que trabajan por cuenta propia y sólo tienen una ocupación o sólo cultivan un producto) probablemente serán mucho más sensibles al riesgo. Por lo tanto, riqueza y diversificación son dos factores clave que afectan positivamente a la capacidad y disposición de asumir riesgos.

Aversión al riesgo y migración

Es bastante fácil aplicar la teoría de la aversión al riesgo a las decisiones de emigrar. Recuérdese que la condición original de equilibrio de Harris-Todaro [véase la ecuación (10.1)] igualaba el salario esperado del sector urbano y el salario de la agricultura. Por lo tanto, suponíamos implícitamente que todas las personas eran *neutrales al riesgo*. El hecho de que su renta esperada procediera de una lotería intrínsecamente incierta no tenía ninguna consecuencia para ellas. Para ellas la renta esperada de una lotería es igual que una renta garantizada, en la medida en que las dos tengan el mismo valor. Ahora vemos que si la gente es aversa al riesgo, esta equivalencia desaparece.

Tratemos de comprender cómo se sentiría un emigrante potencial averso al riesgo si se cumpliera la condición de equilibrio de Harris-Todaro en el conjunto de la economía. Si el lector ha leído y asimilado el análisis del subapartado anterior, la respuesta le parecerá muy sencilla: esta persona no emigrará. La razón se halla en que comparará el salario *seguro* de la agricultura con la perspectiva *incierta* del sector urbano, los cuales tienen ambos el mismo valor esperado. Sin embargo, un mismo valor esperado no es suficientemente atractivo para la persona aversa al riesgo. También quiere un seguro. Dado que el sector urbano es arriesgado, para emigrar necesita un salario esperado que sea *estrictamente* más alto que el que percibe en la agricultura. Consideremos, una vez más, la figura 10.13. Obsérvese que la perspectiva arriesgada tiene el mismo valor esperado que la segura, pero la *utilidad* esperada de la perspectiva arriesgada es menor.

Veamos ahora cómo afecta eso a la distribución del empleo entre sectores. Es evidente que una economía formada por personas aversas al riesgo tendrá *menos* migración que una economía formada por personas neutrales al riesgo, por lo que en esa economía el sector informal urbano será algo menor y el sector agrícola algo mayor de lo que predice el modelo Harris-Todaro. En este equilibrio, el salario esperado del sector urbano será superior al del sector informal y la diferencia reflejará el grado de aversión al riesgo de la economía.

Capital social y migración

El salario del sector agrícola no suele ser una medida completa del rendimiento de trabajar en la agricultura. El sector rural puede ser relativamente atractivo por su capacidad de ofrecer ciertos tipos de ayuda social, seguros, créditos de emergencia y utilización de propiedades comunales, que el sector urbano, en el que el emigrante sea probablemente anónimo, puede no ser capaz de ofrecer.[28] La mayor parte de estos tipos de ayuda se basa en dos características que un sector tradicional suele poseer con relativa abundancia: información y escasa movilidad. En los capítulos siguientes, veremos que estas dos características contribuyen a que se proporcionen diversos tipos de ayuda, pero no está de más presentar aquí una breve visión panorámica del asunto.

Consideremos el caso del seguro, es decir, la provisión de ayuda en efectivo, en especie o en forma de servicios si un amigo agricultor o trabajador agrícola tiene dificultades económicas. Esas dificultades pueden deberse, por ejemplo, a que el agricultor tiene una mala cosecha por alguna razón "localizada" o idiosincrásica relacionada con ese agricultor, como una plaga (si todo el mundo tiene una mala cosecha, todo el mundo está en dificultades, por lo que deja de ser relevante la posibilidad de que un agricultor sea asegurado por sus vecinos). Los daños pueden deberse a que el agricultor haya utilizado de manera negligente los pesticidas o simplemente a su despreocupación o, por el contrario, a acontecimientos que escapan a su control. Es ahí donde interviene la información. Si la gente conoce perfectamente la vida diaria de sus vecinos, hay más probabilidades de que sepa a *qué* se han debido exactamente los daños. Es muy importante que la gente lo sepa y que el *agricultor* sepa que la gente lo sabe, ya que sólo en este caso es posible un verdadero seguro. Si no se puede distinguir entre la mala suerte y una conducta deliberada, el seguro no hará más que dar incentivos al agricultor para esforzarse menos o para reducir el uso de otros factores y el sistema se vendrá abajo. La información desempeña, pues, un papel importante en la provisión de ayuda social.

La movilidad desempeña un papel distinto, pero igualmente importante, cuando es escasa. Una gran parte de la ayuda social que observamos en el sector informal se basa en el concepto de *reciprocidad*. Yo te ayudo hoy (por ejemplo, con un préstamo) porque sé que tú vendrás mañana a devolvérmelo y quizás a ayudarme si tengo problemas. Si no existe esta relación entre el presente y el futuro, es muy poco probable que yo te conceda un préstamo o te preste ayuda. Por lo tanto, cuando la movilidad es escasa, está justificada la creencia de que será posible una verdadera reciprocidad.

Una baja movilidad también desempeña una función relacionada con la anterior. Permite imponer sanciones sociales a los que se desvían de la norma. Consideremos, una vez más, el caso del seguro. Si he venido participando informalmente en un sistema de seguro con mis vecinos agricultores (nos ayudamos en los momentos de dificultades) y decido de repente no ayudar, puedo ser sancionado negándoseme el seguro en el futuro. En cambio, si puedo emigrar fácilmente a otro pueblo sin experimentar grandes pérdidas personales, la amenaza de esta sanción tiene un escaso valor punitivo, por lo que el sistema de seguro se vendrá abajo.

Podemos imaginar que una baja movilidad y una abundante información son un tipo de *capital social*: permiten que haya mecanismos que aumenten la productividad que de

---

[28] Para estas cuestiones, véase Das Gupta [1987]. Para un modelo de la migración del sector rural al urbano que tiene en cuenta estos aspectos, véase Banerjee y Newman [1997].

no ser así, no serían posibles. En la medida en que el sector urbano carezca de este capital social, el ritmo de migración del sector rural al urbano será menor, ya que ahora un emigrante potencial tiene en cuenta el coste de esta pérdida. Al mismo tiempo, el propio capital social disminuye como consecuencia de la migración (lo que sirve para aumentar la movilidad y reducir la información). Así pues, un aumento inicial de la migración de una región, al erosionar el capital social, puede multiplicarse, haciendo que ahora sea rentable para otros (y para otros más) sumarse al éxodo.

Migración y estructura de la familia

De la misma manera que la aversión al riesgo o la existencia de capital social en la agricultura reducen la cantidad de migración en comparación con el modelo Harris-Todaro de referencia, hay otras variantes que predicen un aumento de la migración. Hay un ejemplo especialmente interesante que nos obliga a analizar la curva de absorción de trabajo en la agricultura. Al discutir la política económica, hemos interpretado esta curva como la curva de demanda de trabajo competitiva en la agricultura resultante de la maximización de los beneficios, pero ya sabemos de situaciones en las que no puede hacerse esta interpretación. Si la agricultura está formada principalmente por explotaciones agrícolas familiares que se reparten los ingresos entre sus miembros, puede considerarse que esta curva es la curva de producto *medio*. Sigue teniendo, desde luego, pendiente negativa, en la medida en que el trabajo tiene rendimientos decrecientes en la agricultura.

En este caso, la intersección de las dos curvas de absorción de trabajo tiene una interpretación diferente. Si el sector industrial es capitalista, la curva de demanda de trabajo es la curva de producto marginal. Sin embargo, la curva de absorción de trabajo en la agricultura es la curva de producto medio, como ya hemos señalado, y, por lo tanto, la intersección de las dos curvas *no* corresponde al punto de distribución eficiente de los recursos (que es la distribución con la que los productos marginales son iguales). El análisis de la política económica ha de revisarse entonces teniendo presente este cambio (cosa que no vamos a hacer aquí).

Mencionemos de pasada que lo mismo ocurre en los casos en los que hay incertidumbre y la gente es aversa al riesgo o cuando tenemos en cuenta la presencia de capital social en la agricultura (como en el apartado anterior). En todos estos casos, para averiguar la distribución eficiente hay que tener en cuenta estas características adicionales.

Es interesante, sin embargo, hacer hincapié en un aspecto algo distinto del modelo de explotación agrícola familiar. Supongamos que los trabajadores toman sus decisiones de emigrar pensando en maximizar la *renta familiar*, no la renta individual. Sigamos los pasos del razonamiento. Si se reparte toda la renta familiar, independientemente de que se gane en el sector rural o en el urbano, un posible emigrante que pretenda maximizar la renta familiar verá en la mayor renta esperada en el sector urbano una ganancia derivada de la emigración, exactamente igual que antes. Sin embargo, los costes de la migración son diferentes. La contribución de esta persona a la explotación agrícola, su producto *marginal*, *no* se mide por su renta ganada, que como hemos visto es igual al producto medio. Dado que el producto medio es superior al producto marginal (consúltese de nuevo la figura 10.1), un maximizador de la renta familiar emigrará, *aun cuando la renta urbana esperada sea menor que la renta agrícola por persona*, siempre que la primera sea superior a su producto marginal en la explotación agrícola. Como consecuencia, la migración será superior a la prevista por la ecuación Harris-Todaro (véase el problema sobre este tema al final del capítulo).

10.4 Resumen

Este capítulo contiene un detallado estudio de la *interacción de los sectores* en el proceso de desarrollo, principalmente del sector agrícola y el industrial. La base de este estudio es la idea de que el desarrollo raras veces está distribuido de una manera uniforme entre los sectores; normalmente se manifiesta en una *transformación estructural*: se transfieren recursos de un sector para impulsar el crecimiento de otro.

La transformación estructural más importante que puede sufrir una economía en vías de desarrollo es con mucho el paso de una economía predominantemente rural a una economía industrial. Este cambio de la composición sectorial normalmente va acompañado de una sustitución de los modos tradicionales de organización por modos modernos: una economía en la que coexisten esos modos de organización suele denominarse *economía dual*.

Hemos comenzado con una descripción del sector urbano y hemos introducido los conceptos de *sector formal y sector informal*. A continuación, hemos descrito las características básicas del sector agrícola y las hemos complementado con una introducción a los pueblos del ICRISAT, que reaparecerán en varias ocasiones en este libro. Hemos señalado que el paso de una economía rural a una economía urbana está marcado por dos grandes flujos de recursos: el movimiento de trabajo y el movimiento paralelo de alimentos para satisfacer las necesidades básicas de las personas que ya no se dedican a la agricultura. El estudio del equilibrio de estos flujos de recursos suele ser fundamental para comprender el desarrollo económico.

Un modelo teórico que estudia la transformación estructural es el *modelo de Lewis*, que hemos pasado a analizar a continuación. El desarrollo se caracteriza por una continua transferencia de trabajo y de recursos de un "sector tradicional" a un "sector moderno". La continua acumulación de capital del sector moderno impulsa las continuas transferencias. Lewis sostiene que el sector tradicional se caracteriza por tener *trabajo excedentario* (situación en la que es posible eliminar trabajo sin que disminuya la producción). En principio, eso permite el desarrollo industrial *con una oferta ilimitada de trabajo*, al menos hasta que concluye la fase de trabajo excedentario.

La parte del modelo de Lewis que se refiere a la acumulación industrial es bastante convencional, por lo que hemos centrado la atención en el sector tradicional. Hemos estudiado primero el significado de trabajo excedentario y los tipos de organización económica que permiten que exista. Una definición estricta de una situación en la que hay trabajo excedentario es simplemente aquella en la que el producto marginal físico del trabajo es igual a cero. Sin embargo, esta situación no puede persistir en una organización capitalista que paga un salario positivo, por lo que el concepto de trabajo excedentario lleva lógicamente a analizar la organización económica del sector tradicional. Normalmente, los modos tradicionales de organización se caracterizan por el reparto de la renta (o por una remuneración acorde con el producto *medio*), lo cual permite a las explotaciones agrícolas familiares pagar unos "salarios" positivos incluso cuando el producto marginal del trabajo es cercano a cero. Este modo de organización tiene interés en sí mismo, con o sin trabajo excedentario.

A continuación hemos vuelto a analizar el trabajo excedentario *per se* y hemos introducido dos extensiones, una de las cuales es el *paro encubierto*, situación en la que el producto marginal del trabajo es positivo, pero menor que el salario vigente. Hemos afirmado que este concepto es tan importante como el de trabajo excedentario (y una generalización de él): ambos indican que la distribución del trabajo entre los sectores es ineficiente. La segunda extensión distingue minuciosamente entre los conceptos de *trabajadores* excedentarios y trabajo excedentario.

A continuación hemos integrado el sector tradicional y el moderno en un modelo interactivo. Resulta que la oferta de trabajo a la industria era perfectamente elástica en la fase de trabajo excedentario, pero comenzaba a aumentar a partir de entonces conforme el excedente de alimentos per cápita comenzaba a disminuir y la *relación de intercambio* entre la agricultura y la industria se volvía en contra de esta última. El modelo pone de manifiesto la existencia de un conflicto fundamental entre el desarrollo agrícola y el desarrollo industrial: a los industriales les gusta mantener bajos los precios agrícolas, ya que eso garantiza una baja masa salarial. En cambio, una política que mantenga bajos los precios agrícolas reduce los incentivos en la agricultura y puede estrangular el desarrollo industrial a más largo plazo.

Este análisis nos ha llevado al tema de los *impuestos agrícolas*: ¿cómo debe abordar el problema de la agricultura un gobierno interesado en fomentar la industria? ¿Debe gravar la agricultura lo más posible, garantizando así un gran excedente de alimentos a corto y medio plazo o debe invertir en la agricultura y pensar en las posibles ganancias a largo plazo? El gran debate que suscitó este tema en la Unión Soviética durante los años 20 sigue siendo relevante hoy, por lo que lo hemos analizado brevemente.

Una cuestión relacionada con los impuestos agrícolas es la *política de fijación de los precios* agrícolas: los programas de mantenimiento de los precios, las subvenciones a los factores de producción como el agua, la electricidad y los fertilizantes, y la política de tipos de cambio. Existen datos en China y en otros países que indican que la producción agrícola reacciona considerablemente a los incentivos de los precios, lo cual induce a pensar que una actitud más liberal hacia los precios de los alimentos a corto plazo puede rendir frutos a más largo plazo.

Todos estos argumentos se basan, desde luego, en la premisa de que por razones económicas o políticas, el libre comercio de cereales plantea problemas. Los alimentos constituyen un bien especial: los gobiernos desean ser autosuficientes por razones políticas. Estas consideraciones tienen gran importancia en la medida en que una economía pretenda ser autárquica en alimentos. Como economistas, podríamos *querer* que los países no se comportaran de esa forma, pero las consideraciones pragmáticas de la realidad nos obligan a considerar el tema del suministro autárquico de alimentos como una cuestión de suma importancia.

Por último, hemos pasado a analizar explícitamente el otro flujo de recursos que implica la transformación estructural: la circulación de trabajo. Hemos estudiado la emigración de las zonas rurales a las urbanas en el marco del *modelo Harris-Todaro*, modelo teórico en el que los salarios del sector formal están sometidos a topes, mientras que los salarios informales y agrícolas son flexibles. Esta tesis lleva a una visión del equilibrio de la migración en la que el sector formal se caracteriza por tener un exceso de oferta de trabajo y el exceso emigra al sector urbano informal o se manifiesta en forma de paro visible. Por lo tanto, lo que se iguala no son los salarios de los distintos sectores sino el *valor esperado* de esos salarios: en el equilibrio de Harris-Todaro, la media de diversos salarios urbanos *ponderada por la probabilidad de tener empleo en el sector formal y en el informal* es igual al salario agrícola. Este modelo predice endógenamente las dimensiones del sector informal urbano y nos permite ver cómo afectan diferentes medidas económicas a este sector. Especialmente interesante es la llamada *paradoja de Todaro*, en la que una expansión del empleo formal provoca una expansión del sector informal, ya que entran nuevos emigrantes del sector rural en el sector urbano en respuesta a esta política.

También hemos analizado algunas medidas económicas que llevan a la economía a un reparto eficiente del trabajo: entre ellas se encuentran la *limitación de la migración* y las *subvenciones salariales*. Por último, hemos estudiado varias extensiones del modelo Harris-Todaro. Son un análisis de la *aversión al riesgo* (de hecho, en este capítulo hemos introducido este importante concepto que utilizaremos más adelante), un análisis del *capital social* en el sector tradicional y, por último, el papel de la estructura familiar en la emigración del sector rural al sector urbano.

Ejercicios

■ (1) Repase los conceptos de sector formal e informal. Explique por qué el trabajo podría recibir un trato mejor (desde el punto de vista de la remuneración o de las condiciones de trabajo) en el sector formal. ¿Por qué cree usted que persisten esas diferencias? ¿Por qué los trabajadores del sector informal no pueden entrar simplemente en el sector formal ofreciendo trabajo a cambio de un salario inferior al de los trabajadores del sector formal?

■ (2) Describa los dos flujos fundamentales de recursos que relacionan el sector agrícola con el industrial. Analice las fuerzas del mercado que son relevantes para las magnitudes de estos flujos.

■ (3) Repase el modelo de desarrollo económico de Lewis. En particular, analice los conceptos siguientes: excedente agrícola, excedente agrícola medio, trabajo excedentario, paro encubierto, explotación agrícola familiar, explotación agrícola capitalista y las tres fases del desarrollo del modelo de Lewis.

■ (4) (a) Considere el caso de una explotación agrícola familiar que se encuentra en la fase de trabajo excedentario. Ahora suponga que algunos miembros emigran a trabajar a otra parte. Describa lo que ocurre con la renta media de la explotación agrícola familiar.

(b) Concilie su observación con la afirmación de que la curva de oferta es perfectamente elástica (o plana) en la fase de desarrollo de trabajo excedentario. En otras palabras, indique cuándo es coherente la observación de (a) con la observación de este párrafo.

■ (5) Exponga argumentos por los que, manteniéndose todo lo demás constante, la curva de oferta de trabajo industrial es más inclinada, cuando la economía se encuentra inicialmente más cerca del nivel mínimo de subsistencia. Si los alimentos pueden comerciarse libremente en el mercado mundial, ¿cree usted que la curva de oferta será más plana o más inclinada? Justifique su respuesta.

■ (6) Los impuestos sobre los beneficios industriales dejan menos margen para la acumulación de capital y frenan la tasa de crecimiento. ¿Tienen las personas que ya trabajan en el sector industrial un incentivo para presionar para que se establezcan esos impuestos, cuyos ingresos les llegarían en forma de beneficios adicionales? Demuestre que la respuesta depende, entre otras cosas, de la pendiente de la curva de oferta de trabajo a la industria. Sostenga, en particular, que si la curva de oferta es horizontal (como en la primera fase del modelo de Lewis), la tendencia de las personas que ya tienen trabajo a votar a favor de los impuestos industriales será mayor.

■ (7) Considere una economía con excedente de trabajo que produce un único producto, que se consume (como alimentos) o se invierte (como capital). El trabajo, una vez que tiene empleo, debe percibir un salario fijo de w que se consume totalmente. Todos los excedentes de la producción se reinvierten.

(a) Represente gráficamente la distribución de la producción entre consumo y reinversión, dado un nivel elegido de empleo. Muestre el nivel de empleo que maximiza los beneficios: llámelo L^*.

(b) El excedente reinvertido eleva el consumo mañana. Suponga que a un planificador social le preocupan el consumo actual *y* el consumo futuro. Demuestre que siempre deseará elegir un nivel de empleo que no sea inferior a L^*.

(c) Suponga que el planificador desea emplear $\hat{L}$ unidades de trabajo, donde $\hat{L} > L^*$. Describa minuciosamente un sistema de subvenciones para los empresarios maximizadores de los beneficios que los lleve a elegir este nivel de empleo.

■ (8) Pim y sus tres hermanas poseen una pequeña explotación en el sector agrícola de la tierra de Grim. Trabajan por igual y el valor de su producto, expresado en la moneda local, *nice*, es de 4.000 nices, que se reparten por igual. El sector urbano de Grim tiene dos tipos de puestos de trabajo. Hay puestos informales que *cualquiera puede conseguir*, cuyo salario es de 500 nices, y puestos formales cuyo salario es de 1.200 nices. La probabilidad de conseguir estos puestos depende del cociente entre la proporción de puestos de ese tipo y la población trabajadora urbana, exactamente igual que en el modelo Harris-Todaro.

(a) Suponga que Pim compara sus *propios* rendimientos esperados en los dos sectores y que la migración no tiene costes. Calcule el valor mínimo del cociente entre los puestos de trabajo formales y la población trabajadora urbana que disuadirá *exactamente* a Pim de emigrar.

(b) El cuadro adjunto muestra la función de producción completa de la explotación agrícola de Pim.

Número de personas que trabajan en la explotación	Producción (en nices)
Una hermana	1.500
Dos hermanas	2.500
Tres hermanas	3.300
Cuatro hermanas	4.000

Suponga que Pim no trata de maximizar simplemente su renta sino que él y sus hermanas tratan de maximizar su *renta familiar total*. Suponga que el valor mínimo que ha obtenido en la parte (a) *existe realmente* en el sector urbano. Demuestre ahora que Pim emigrará.

(c) ¿Deseará emigrar *también* alguna de las hermanas de Pim?

(d) Realice una breve descripción utilizando su intuición económica para contrastar los casos (a) y (b).

■ (9) Un hogar de una zona rural de México dedicado a la agricultura está formado por cinco hermanos adultos y ninguna otra persona a su cargo. La renta anual total depende del número de hermanos que trabajan en la explotación durante el año y se muestra en el cuadro adjunto:

Número de hermanos	1	2	3	4	5
Producción agrícola total (en euros)	1.000	1.800	2.400	2.800	3.000

Cada hermano, a comienzos de año, puede decidir emigrar a Ciudad de México, donde un empleo representativo, acorde con sus cualificaciones, tiene un salario de 1.300 euros al año, pero la tasa de paro es nada menos que del 50%. Una persona que emigra a la ciudad no puede volver y trabajar en la explotación agrícola ese año. Por otra parte, todos los puestos de la ciudad son temporales y duran un año. Suponga también en todas las preguntas siguientes que los hermanos son neutrales hacia el riesgo y que no existe ninguna diferencia entre el coste de vida de la ciudad y el del campo. Ahora considere tres casos diferentes.

(a) Suponga que la familia es totalmente individualista: los hermanos que trabajan en la explotación agrícola se reparten por igual la renta agrícola. No se envían y se reciben remesas de los miembros que se van a la ciudad. Halle el número de hermanos que emigrarán.

(b) Ahora suponga que la familia es totalmente altruista: la renta familiar total, ya provenga de un puesto de trabajo urbano o de la explotación agrícola, se aúna y se reparte por igual. ¿Cuántos hermanos enviará esta familia a Ciudad de México en busca de trabajo?

(c) He aquí la tercera posibilidad. Los hermanos que emigran a la ciudad se vuelven egoístas y nunca mandan remesas a casa, aunque tengan empleo (es posible que los que trabajan en el campo no puedan verificar si los hermanos que viven en la ciudad tienen trabajo). Sin embargo, la familia se sienta y toma la siguiente decisión: los hermanos que prueben suerte en la ciudad recibirán cada uno 200 euros al año de la renta de la explotación agrícola para asegurarlos contra una posible falta de trabajo (suponga que este contrato siempre se cumple). Averigüe cuántos hermanos decidirán emigrar (suponga que si a un hermano le da lo mismo emigrar que no emigrar, emigrará).

(d) Compare las cifras de las partes (a)-(c). A la luz de esa comparación, analice la siguiente afirmación. "El volumen de migración del sector rural al urbano depende, *ceteris paribus*, de la naturaleza y del grado de relaciones altruistas dentro de las familias".

■ (10) ¿Son las siguientes afirmaciones verdaderas, falsas o inciertas? Fundamente su respuesta con una breve explicación.

(a) En el modelo de la economía dual, en la fase de paro encubierto la curva de oferta de trabajo industrial debe ser horizontal.

(b) Un grado bajo o moderado de desigualdad de la propiedad de la tierra debe frenar el ritmo de migración del sector rural al sector urbano.

(c) La limitación de la migración por sí sola hace que demasiadas personas emigren al sector informal.

(d) En el modelo Harris-Todaro, un aumento de la demanda de trabajo del sector formal a un salario fijo *debe* reducir el peso de las personas que hay en el sector informal, en porcentaje de la población trabajadora urbana.

(e) Si los Gobiernos no pueden gravar la agricultura, en el modelo de Lewis la curva de oferta de trabajo a la industria siempre tiene pendiente positiva.

■ (11) En la década de 1950, ante el enorme paro existente en las ciudades (la mayor parte encubierto en el sector informal), el Gobierno de Kenia se embarcó en una política "keynesiana" de crear nuevos puestos de trabajo urbanos por medio de inversiones públicas. Según numerosos estudios, durante los meses siguientes el sector informal de Kenia aumentó en lugar de disminuir. Explique desde el punto de vista económico este fenómeno utilizando el modelo Harris-Todaro.

■ (12) Repase atentamente las diferentes medidas de migración estudiadas en este capítulo. Explique en qué circunstancias el reparto de equilibrio flexible es el reparto eficiente y en qué situación se encuentran las diferentes medidas en relación con el reparto eficiente.

■ (13) (a) Calcule los valores esperados de las siguientes loterías: (i) 100 con una probabilidad de 0,4 y 200 con una probabilidad de 0,5; (ii) 100 con una probabilidad p y 200 con una probabilidad $1 - p$ (¿cuál es la cantidad cuando p oscila entre 0 y 1? ¿tiene sentido?); (iii) 100 con una probabilidad p y si eso no ocurre (lo cual sucede con una probabilidad $1 - p$), otra lotería en la que se obtendría 50 con una probabilidad q y 200 con una probabilidad $1 - q$; (iv) 100 con una probabilidad p, 200 con una probabilidad q, 300 con una probabilidad r y nada con la probabilidad $1 - p - q - r$.

(b) Suponga que se le pide que participe en una lotería en la que obtiene 1.000 con una probabilidad de 0,1 y 200 en caso contrario. Si es neutral al riesgo, ¿cuál es la cantidad máxima que pagaría por participar en la lotería? ¿Estaría dispuesto a pagar más si fuera averso al riesgo? Ahora suponga que la probabilidad de ganar es desconocida. Si es averso al riesgo y está dispuesto a pagar 600 por participar en la lotería, ¿cuál es la probabilidad *mínima* de ganar 1.000?

■ (14) Suponga que dos personas A y B se reúnen y emprenden un proyecto conjunto cuyos rendimientos son iguales a 1.000 con una probabilidad de 0,5 y 2.000 en caso contrario. Están negociando un acuerdo sobre el reparto de los rendimientos. Es decir, deciden una regla de reparto *antes* de que el proyecto llegue a buen término y saben cuál es el resultado. Un ejemplo: si el resultado es 1.000, A paga 20 a B y B obtiene 1.200. Si es 2.000, se reparten 1.000 cada una.

Demuestre que si A es aversa al riesgo y B es neutral al riesgo, cualquier regla de reparto eficiente dará la *misma* cantidad a A independientemente del resultado del proyecto y B soportará todo el riesgo (nota: la regla de reparto es eficiente en el sentido de que no existe ninguna otra regla en la que *ambas* partes disfruten de una mayor utilidad esperada *ex ante*).

Capítulo 11

LOS MERCADOS EN LA AGRICULTURA: INTRODUCCIÓN

11.1 Introducción

En el capítulo anterior hemos explicado cómo interactúan el sector rural y el sector urbano en el proceso de desarrollo. El objetivo de los capítulos siguientes es analizar detenidamente los mercados y las instituciones que constituyen el sector rural y que influyen profundamente en la vida de los individuos que viven en los países en vías de desarrollo. En particular, estudiamos los mercados de la tierra, del trabajo, del crédito y del seguro. Aunque hacemos hincapié en los mercados rurales, el análisis también se aplica en algunos aspectos a los mercados informales del sector urbano.

El estudio de la organización rural es interesante desde otro punto de vista. En todo este libro subrayamos la importancia de la información, de los incentivos y de las dificultades para obligar a cumplir los contratos. Estos tres aspectos cobran importancia cuando los mercados no existen o son imperfectos, un ingrediente esencial que complica las cosas en las economías reales. Si todos los mercados fueran perfectos, sólo tendríamos que estudiar detenidamente la oferta y la demanda, y nada más.

Una propiedad esencial de los mercados imperfectos es que parece como si fueran contagiosos: un fallo del mercado en un sector puede plantear problemas en otros. Los mercados que estudiamos en los capítulos siguientes están especialmente interrelacionados, por lo que a menudo analizamos la falta de eficiencia en una área invocando las imperfecciones que hay en otras. Este tipo de razonamiento será nuevo para algunos lectores, ya que hemos sido criados con una estricta dieta de competencia perfecta y esta dieta no ha comenzado a cambiar hasta hace poco, al menos en los libros de texto (por cierto, el paradigma competitivo sigue siendo muy útil, ya que nos ayuda a identificar las imperfecciones como desviaciones de ese paradigma).

Este breve capítulo es una introducción al tipo de mundo en el que vamos a entrar, ofreciendo una visión panorámica y poniendo varios ejemplos que afianzarán nuestros conocimientos. Desde el punto de vista de la economía del desarrollo, la falta o imperfección de los mercados constituye un elemento fundamental en los problemas económicos de los países en vías de desarrollo. También constituyen la clave que explica la presencia de *instituciones informales*, que no son más que reacciones a las lagunas de los mercados, lagunas que no pueden colmarse debido a problemas legales de información o incentivos.

11.2 Algunos ejemplos

Las ideas fundamentales en las que se basa nuestro análisis son muy simples. La ausencia de información, la necesidad de dar unos incentivos correctos y las dificultades para obligar a cumplir los contratos crean ineficiencias. A menudo una distribución desigual de la renta o de la riqueza exacerba estos problemas, que estudiamos ahora en situaciones concretas. Veamos varios ejemplos.

Información: acciones que no pueden observarse

Supongamos que usted es un terrateniente que arrienda sus tierras. Como terrateniente espera que el arrendatario trabaje mínimamente la tierra. En el mejor de los casos así lo establece el contrato: "nuestro acuerdo exige que trabaje diez horas al día con una pausa para las comidas". Sin embargo, este tipo de cláusula es inútil, por ejemplo, si usted es un terrateniente absentista que vive en la ciudad y no puede observar lo que hace el arrendatario. Sin embargo, usted podría replicar: "No *necesito* ver cuánto trabaja el arrendatario. Puedo saberlo observando simplemente lo que produce". ¿Puede realmente? Son muchos los factores que determinan la producción: el arrendatario trabajador o perezoso, las lluvias, las plagas, etc. ¿Cómo puede estar usted seguro de que la baja producción observada se debe a la pereza y no a la mala suerte? Sus contratos tienen que ser, pues, necesariamente imperfectos: el mercado incompleto se debe en este caso a la imposibilidad de observar lo que realmente ocurre. Como veremos, eso tiene profundas consecuencias para la eficiencia de las relaciones entre los terratenientes y los arrendatarios. La dificultad para observar el comportamiento de la gente lleva a lo que se conoce con el nombre de problema de *riesgo moral* —el peligro de que un sujeto actúe en beneficio propio y no en nuestro beneficio— y es fundamental en el estudio de los contratos.[1]

La información: tipos de información que no pueden observarse

Una organización no gubernamental (ONG) está prestando dinero a agricultores pobres. Aunque la ONG no tiene por qué tener ánimo de lucro, le gustaría cubrir los costes de los préstamos. El problema estriba en que algunos prestatarios son riesgos intrínsecamente malos, pero la ONG no puede descubrirlo mirándoles la cara. Además, los prestatarios suelen carecer de historial crediticio. ¿Qué puede hacer la ONG? Tiene dos posibilidades: cobrar una prima de riesgo en forma de un tipo de interés más alto por el préstamo o exigir una garantía adecuada. Sin embargo, unos tipos de interés elevados di-

---

[1] Continuemos con el ejemplo del terrateniente y el arrendatario. Supongamos que puede observarse perfectamente el esfuerzo del arrendatario. ¿Se puede especificar ahora el nivel de esfuerzo en un contrato? No siempre. Para que se pueda obligar a cumplir el contrato, un tercero, por ejemplo, un tribunal, debe poder *verificar* que la afirmación de que el esfuerzo ha sido escaso es realmente cierta, y eso puede ser imposible. Este tipo de imperfección también limita los contratos y puede tener curiosas consecuencias. Una de ellas es que ahora el terrateniente puede querer establecer relaciones a largo plazo con el arrendatario utilizando su información sobre el esfuerzo pasado para redactar un contrato en el futuro con recompensas y castigos implícitos ligados a los resultados observados. En cambio, la teoría pura de los mercados competitivos sería insensible a estos factores: el hecho de que el terrateniente arriende sus tierras a un nuevo arrendatario o al que tenía antes no tiene ninguna consecuencia en esa teoría.

suaden a los buenos prestatarios, a los que a la ONG le gustaría prestar y no impide que los malos prestatarios no devuelvan los préstamos (de hecho, los animará aún más a no devolverlos). Por otro lado, dado que los agricultores son pobres, es posible que no puedan presentar una garantía. Una solución innovadora es prestar a grupos de cuatro o cinco personas y dejar de prestarles si una de ellas no devuelve el préstamo. Si los agricultores tienen más información que la ONG sobre las características de los demás agricultores, se autoseleccionarán en "grupos seguros". La concesión de préstamos a grupos es, pues, una respuesta a la información incompleta.

Los incentivos: conflicto con el seguro

El problema del riesgo moral esbozado en el primer ejemplo se debe a que la información es limitada. Por lo tanto, los contratos han de redactarse de tal forma que den los oportunos incentivos. Por ejemplo, si una gran empresa contrata a un trabajador y no puede controlar sus actividades, puede ofrecer un contrato que estipule el pago de un salario atractivo, siempre y cuando no haya pruebas (directas o indirectas) de que el trabajador holgazanea; en ese caso, lo despedirá. Obsérvese que las "pruebas" pueden ser indirectas y a veces imprecisas; por ejemplo, la cosecha puede ser mala debido a que las lluvias han sido insuficientes, no a que el trabajador no haya echado suficiente fertilizante. Por lo tanto, los contratos basados en pruebas indirectas crean incertidumbre a los agentes económicos, a quienes desagrada la incertidumbre, y esta falta de seguridad constituye una ineficiencia. Sin embargo, el empresario puede hacer poco para resolver esta ineficiencia: para dar los incentivos adecuados debe pagar diferentes cantidades por el éxito y el fracaso, aun cuando éstos estén sólo vagamente relacionados con los esfuerzos del trabajador.

Los incentivos: los contratos de corta duración

La detestable tradición de la esclavitud tenía un subproducto perversamente beneficioso. Como los empresarios podían *poseer* esclavos, los trataban como un bien de capital e invertían en ellos, sobre todo en su nutrición y en su salud (véase el capítulo 8). Compárese este mundo con uno más progresista en el que ningún empresario tiene un derecho ilimitado sobre sus trabajadores: un trabajador puede romper legalmente un contrato en cualquier momento, por lo que es posible que los empresarios tengan pocos incentivos para invertir en sus trabajadores nutriéndolos debidamente o dándoles una buena formación en el trabajo. En las sociedades pobres, eso puede dar lugar a una situación en la que toda la población de trabajadores esté desnutrida a causa de los bajos salarios, lo cual influye, a su vez, en la eficiencia económica global. A la larga, puede empeorar el bienestar tanto de los empresarios como de los trabajadores (aunque ¡esto no es, desde luego, una llamada al restablecimiento de la esclavitud!).

Imposibilidad de obligar a cumplir los contratos: responsabilidad limitada

Supongamos que usted es un prestamista. Concede un crédito y sabe que éste se utilizará para realizar un proyecto de inversión arriesgado. Si el proyecto es un éxito, usted recuperará su dinero con intereses, pero en caso contrario no recibirá nada. ¿Por qué? Bien, una de las razones puede ser que el prestatario sea pobre y no pueda recurrir a su riqueza para pagarle porque tenga poca o ninguna. Esta *responsabilidad limitada* tan natural puede tener importantes consecuencias: es posible que los prestatarios que están protegidos de esta forma quieran invertir demasiado en proyectos arriesgados, ya que en realidad no son ellos sino el prestamista el que asume el riesgo de que las cosas vayan mal. Un resultado puede ser el *racionamiento del crédito*, en el cual no se cumple el supuesto competitivo convencional de que los prestatarios pueden obtener todos los préstamos que quieran al tipo de interés vigente. Usted no se atreve a conceder más préstamos porque teme perder más si el proyecto se hunde y, sin embargo, teme subir los tipos de interés, ya que de esta forma atraerá a los prestatarios más dispuestos a jugársela.

Imposibilidad de obligar a cumplir los contratos: ruptura de los acuerdos

Un grupo de agricultores pobres puede tratar de asegurarse mutuamente contra las fluctuaciones de su cosecha. El agricultor A puede transferir dinero al B cuando el A tenga una buena cosecha y el B no. Si los dos cumplen el acuerdo, puede mejorar el bienestar de ambos, pero ¿cómo se obliga a cumplir este plan de seguro mutuo cuando le toca pagar a B (tras haber disfrutado, por ejemplo, de un par de años de transferencias) y no paga? Pueden no existir tribunales para obligar a cumplir esos acuerdos (o puede que no tengan los medios para verificar debidamente que no se han cumplido). Un seguro informal debe basarse, pues, en un acuerdo social implícito, unido a la posibilidad de imposición de sanciones a los que no cumplan el acuerdo. Un factor fundamental para este tipo de seguro es que haya un flujo adecuado de información. Ha de ser posible que otros obtengan información fiable sobre la "mala conducta" de una persona.

Una gran parte de lo que hemos visto en estos casos se explica perfectamente cuando se comprende que las instituciones informales son criaturas espontáneas surgidas o de la necesidad de tener en cuenta los fallos de información, o de la necesidad de dar unos incentivos adecuados a los agentes económicos, o de la necesidad de asegurarse de que los contratos que no pueden imponerse por ley se obligue a cumplir de alguna manera por medio de mecanismos sustitutivos. El estudio de ciertas instituciones informales nos ayudará a resolver o, al menos, a comprender algunas observaciones aparentemente enigmáticas. Por ejemplo,

¿Por qué surge la aparcería o contrato de reparto de la cosecha en lugar del arrendamiento puro, que ahorraría a los terratenientes la tarea de verificar y medir la producción?

¿Por qué puede no obligarse a un arrendatario endeudado a abandonar su tierra?

¿Por qué algunos prestamistas conceden préstamos a un tipo de interés bajo o incluso nulo?

¿Por qué hay trabajadores de características similares a los que se ofrece contratos de valor diferente?

Para abrirle algo más el apetito, he aquí un ejemplo interesante de una institución informal de África Occidental.

Cuadrillas de trabajadores y torneos en las zonas rurales de África Occidental

Los incentivos son fundamentales para la institución del trabajo contratado. Afectan a diversas situaciones: desde las fábricas hasta las explotaciones agrícolas, desde los altos directivos hasta los niveles más bajos del centro de trabajo o de la cadena de montaje. En pocas palabras, el problema es éste: cuando la propiedad y el trabajo están separados, el incentivo de los trabajadores para esforzarse es moderado; se tiende a realizar el trabajo relajadamente y a descuidarlo en lugar de hacerlo de una manera enérgica y creativa. Hay multitud de instituciones y prácticas del mercado de trabajo que pueden concebirse como un intento de resolver este problema fundamental de incentivos y de motivación de los trabajadores.

En la agricultura intensiva en trabajo, el problema es mayor. La negligencia en tareas fundamentales, como labrar y sembrar, puede causar considerables daños y frenar el ritmo de trabajo y, por consiguiente, reducir la productividad. La agricultura subdesarrollada ha resuelto tradicionalmente este problema de distintas formas.

En las zonas rurales de África occidental, se ha desarrollado un sistema único, que sólo tiene un paralelismo en los niveles superiores de la jerarquía directiva de las grandes empresas y no en la organización del trabajo agrícola.[2] Posee dos características: la organización de los trabajadores en cuadrillas, cuya remuneración depende de los *resultados de la cuadrilla,* y el sistema de distribución de la remuneración *dentro* de la cuadrilla de acuerdo con los *rendimientos relativos.* Es como si los miembros de la cuadrilla compitieran entre sí en un torneo para ganar premios que dependen de su *clasificación* en ese torneo en función de su rendimiento en el trabajo. Los trabajadores que producen más al final del día ocupan un puesto más alto y obtienen un premio mejor.

Las cuadrillas de trabajadores y las cooperativas de trabajo tienen, en realidad, una larga tradición histórica en África Occidental. Tienen más de cien años en Benin Central, donde se denominan *adjolou* o *donkpe.* Un *donkpe* normalmente está formado por todos los hombres jóvenes del pueblo, dirigidos por un jefe especial (conocido con el nombre de *donkpegan*), que realizan en equipo tareas como preparar los campos o construir casas. Prestan sus servicios a las familias de sus miembros y también pueden ser contratados por personas ajenas al grupo a cambio de unos honorarios. El *donkpe* también presta inestimables servicios en la provisión de servicios públicos, como la construcción de carreteras.

Los grupos de trabajadores no son, desde luego, un producto exclusivo de África. En las explotaciones agrícolas del sur de Estados Unidos existían antes de la Guerra de Secesión ejércitos de esclavos organizados en "cuadrillas" de ese tipo. Los miembros de las cuadrillas estaban divididos en subgrupos y cada subgrupo tenía encomendada una tarea, por ejemplo, arar, escarificar o rastrillar. Estas tareas seguían una secuencia natural y, por lo tanto, el trabajo que realizaba un grupo era un acicate para el grupo siguiente, dando lugar a un intenso ritmo de trabajo similar al que provoca la cadena de montaje moderna. El trabajador o el grupo que realizaba las tareas lentamente interrumpía en seguida ese proceso en cadena y era detectado, reprendido y castigado. Esa especialización e interdependencia, que son posibles en grandes grupos de trabajo, hacía que las grandes plantaciones, que trabajaban con verdaderos ejércitos de esclavos, fueran mucho más productivas que las pequeñas, que recurrían a trabajadores independientes y aislados. Fogel y Engerman [1974] describen el proceso de la forma siguiente:

> La intensidad del ritmo de estas cuadrillas se mantenía de tres formas:
>
> En primer lugar, eligiendo como labradores y escarificadores que iniciaban la operación de la siembra a los más fuertes y más capaces.

---

[2] Véase Houantchekon [1994], de donde procede una gran parte de este recuadro.

En segundo lugar, por medio de la interdependencia de los distintos tipos de trabajadores... esta interdependencia presionaba a todos los que trabajaban en la cuadrilla y los obligaba a mantener el ritmo de los cabecillas.

En tercer lugar, asignando encargados o capataces que exhortaban a los cabecillas, amenazaban a los rezagados y hacían lo que fuera necesario para mantener la calidad y el ritmo de trabajo de cada cuadrilla.

Fogel y Engerman estiman que con la aplicación de la misma cantidad de trabajo, tierra y capital, la explotación agrícola sureña media producía un 35% más que la explotación agrícola norteña media y una gran parte de la diferencia se atribuye al tipo de organización del trabajo del sur. Incluso en el caso de las explotaciones agrícolas sureñas, las que recurrían a trabajo esclavo (las plantaciones que trabajaban en gran escala y recurrían a ejércitos de trabajadores eran casi invariablemente explotaciones agrícolas esclavistas) eran un 28% más productivas que las que contrataban trabajo libre. Dejando a un lado la absoluta atrocidad de la esclavitud, esta explicación ayuda a comprender la posible superioridad de los equipos de trabajo frente a los individuos por razones relacionadas principalmente con el carácter físico y secuencial de las faenas agrícolas.

La productividad también puede incrementarse por medio de equipos dando incentivos monetarios. Actualmente, en África Occidental los contratos suelen estipular un salario básico para los miembros del equipo y un objetivo de producción o de trabajo. Si no se alcanza el objetivo en el plazo establecido, se impone una sanción al equipo. Al fijarse un *objetivo para el equipo*, sus miembros se supervisan unos a otros: tienen un incentivo para impedir que los demás haraganeen. En este aspecto, el trabajo en equipo es similar a la concesión de préstamos a un grupo (véase el segundo ejemplo antes en este capítulo y nuestro análisis del Bangladesh Grameen Bank del capítulo 14). Un ejemplo de las sanciones que se imponen dentro de los equipos son las duras multas que impone la mayoría de los equipos a sus miembros por absentismo: en el grupo étnico de los *Kpelle* de Liberia, las multas son de 5 dólares por cada día de absentismo y de 2 por llegar tarde al trabajo, mientras que el salario diario oscila entre 50 centavos y 1 dólar.

La productividad de los equipos se incrementa aún más por medio de torneos, que inducen a sus miembros a competir entre sí en un intento de obtener mejores resultados que los demás y embolsarse la prima correspondiente. El pago de primas para conseguir que los trabajadores se esfuercen más no es, desde luego, raro. Sin embargo, el que se organice en forma de torneo hace que este sistema sea especial, ya que la prima no depende del rendimiento *absoluto* sino del *relativo*. La ventaja del sistema radica en que la prima sólo se paga a un miembro, pero el incentivo que da a *todos* los trabajadores puede ser considerable.

Los detalles de los torneos varían de un grupo étnico a otro. En el grupo étnico de los *Kpelle* de Liberia, la explotación agrícola está dividida en parcelas y el equipo en grupos de dos. Cada grupo tiene asignada una parcela y el trabajo en varias parcelas comienza simultáneamente. El grupo que termina primero gana el torneo. En cambio, en Benin Central el equipo trabaja de una manera colectiva y rítmica la mayor parte inicial de la jornada, manteniendo un rápido ritmo de trabajo por medio del tipo de interdependencia que se utilizaba en las explotaciones agrícolas esclavistas del sur de Estados Unidos antes de la guerra. El torneo se anuncia dos horas antes de que termine la jornada de trabajo, lo que provoca una enorme actividad, en la que el vencedor se decide en función del número de surcos desbrozados, limpiados o arados. Cualquiera que sea la variante, hay un tema común: la competencia entre los miembros puede aumentar enormemente la productividad global del equipo y aumentar su valor para los patronos.

11.3 Tierra, trabajo, capital y crédito

11.3.1 Tierra y trabajo

Imaginemos una sociedad agrícola en la que hay varias personas que viven de la agricultura. Para simplificar lo más posible el análisis, supongamos que sólo se usan dos factores de producción: tierra y trabajo. Pronto ampliaremos este caso para incluir más factores de producción, así como un mercado de crédito.

La tierra y el trabajo son importantes activos económicos de los que cada persona probablemente posea cantidades diferentes. De la misma manera que imaginamos una distribución de la renta (véase el capítulo 6), podemos imaginar una *distribución de la tierra*, en la que sustituimos los dólares de renta por las hectáreas de tierra. Normalmente, la distribución de la tierra es desigual: unos pocos suelen tener grandes parcelas de tierra, mientras que la mayoría tiene poca tierra o ninguna.

También hay una distribución de las dotaciones de trabajo. Basta una breve introspección para ver que la distribución de la propiedad de la tierra probablemente es mucho más desigual que la distribución de las dotaciones de trabajo. Cabe esperar, pues, que en ausencia de cualquier tipo de mercado de factores, las familias cultiven su tierra con unas relaciones trabajo-tierra muy diferentes: los pequeños propietarios tienen excesiva mano de obra familiar, mientras que los grandes terratenientes tienen que dejar sin cultivar una gran parte de sus propiedades por falta de mano de obra.

No sorprenderá, pues, al lector enterarse de que en estas circunstancias es probable que surja un mercado de factores de producción. O bien las personas que tengan trabajo que ofrecer pedirán empleo a los grandes terratenientes o bien se arrendará (o se venderá) tierra a los pequeños terratenientes, o ambas cosas a la vez.

En el mercado laboral, normalmente hay grandes agricultores que contratan el trabajo de los que tienen poca o ninguna tierra a cambio de un salario. En este caso, el mercado agrícola se equilibra transfiriendo el trabajo de los que tienen poca tierra a los que tienen mucha. El resultado final es parecido al de las grandes plantaciones que contratan trabajo y este trabajo es supervisado por personas contratadas o por el(los) propietario(s) de la explotación agrícola.

En el mercado (de arrendamiento) de tierras, normalmente los terratenientes la arriendan a los arrendatarios a cambio de un alquiler o de una parte de la cosecha. El resultado final es una distribución operativa de la tierra que *en la práctica* es relativamente igual, con muchos arrendatarios.

No debe sorprender a nadie que en el mundo real operen ambos mercados. En casi todas las sociedades agrarias, podemos observar que hay mucha tierra arrendada y también actividad en el mercado de trabajo. Sin embargo, si nos hemos criado con una abundante dieta de mercados competitivos, esto puede sonar raro. ¿Por qué tienen que funcionar *ambos* mercados si parece que uno es un sustitutivo perfecto del otro? ¿No es cierto que el desplazamiento de trabajo para trabajar la tierra a cambio de un salario es lo mismo que el desplazamiento de la tierra hacia el trabajo en busca de un arrendamiento?

Estaría absolutamente justificado plantear esta pregunta si los mercados fueran perfectamente competitivos, si la producción tuviera rendimientos constantes de escala y si no hubiera incertidumbre. Por ejemplo, un mercado de trabajo generaría unos salarios de equilibrio. El resto serían los arrendamientos que recibiría el terrateniente. Si hay rendimientos constantes de escala, el precio de arrendar una hectárea debe ser siempre el mismo.[3] En este caso, un contrato de arriendo a cambio del mismo arrendamiento debe generar, como residuo, la misma renta que el salario de equilibrio del trabajador.

La cuestión sería diferente si no se cumplieran las condiciones anteriores. Por ejemplo, si se dieran rendimientos crecientes de escala (en un intervalo al menos) se arrendarían grandes extensiones de tierra y también sería necesario un mercado de trabajo para asignar el trabajo a estas grandes extensiones de tierra. Asimismo, si hay incertidumbre, un único mercado puede no ser capaz de repartir las perturbaciones aleatorias de una manera eficiente entre la población de terratenientes y trabajadores. Consideremos el siguiente ejemplo.

Un problema de seguro en los arrendamientos de tierras

Suponga que usted arrienda tierra a un arrendatario pobre. Éste la cultivará y a cambio le pagará un alquiler fijo todos los años. Si el nivel de producción de la tierra fuera totalmente seguro, podría subir el alquiler hasta que el valor monetario de lo que gana el arrendatario (el valor de la producción menos el alquiler) fuera igual a lo que pudiera obtener en su siguiente mejor alternativa. Como veremos en el capítulo 12, este tipo de sistema de arrendamiento fijo sería eficiente en estas circunstancias, y aunque tiene un coste para usted (en el sentido de que tiene que compensar al arrendatario por su coste de oportunidad), elimina todo «coste de transacción».

Consideremos, por el contrario, la situación más realista en la que la producción de la tierra es incierta. Si el arrendatario es pobre y averso al riesgo, esta incertidumbre tiene un coste, *además* del coste de oportunidad del arrendatario.[4] Tendrá que compensarlo por este coste. Esto puede hacerse de muchas formas. En este ejemplo, basta pensar que tendrá que bajar el alquiler que le cobra. Esta reducción adicional, para compensar al arrendatario por su aversión al riesgo, es representativa de un coste de transacción en el mercado de arrendamientos de tierras.

Posiblemente más importante que todo ello, y un hecho que será fundamental en nuestros análisis, sea que tanto el mercado de tierra como el de trabajo tienen problemas intrínsecos de incentivos, por lo que es difícil que exista exclusivamente uno de ellos. Como veremos en el capítulo 12, los contratos de arrendamiento tienen limitaciones cuando hay problemas de incentivos. La contratación de trabajo también plantea un problema de incentivos, como muestra el ejemplo siguiente.

---

[3] Cuando hay rendimientos constantes de escala, podemos utilizar funciones de producción por hectárea. Una vez que se conoce el salario, se determina el producto marginal del trabajo y, por lo tanto, el producto marginal de la tierra, que debe ser la tasa de alquiler (sombra).

[4] Es una ineficiencia que podría evitarse si los mercados de seguros fueran perfectos, en cuyo caso desaparecería la incertidumbre. La imperfección de los mercados de seguros es fundamental en este caso.

Un problema de incentivos en el mercado de trabajo

En lugar de arrendar su exceso de tierra, decide cultivarla con la ayuda de trabajo contratado. Existe trabajo a su coste de oportunidad, que no es más que el salario vigente en el pueblo. Si el trabajo puede supervisarse sin costes, no hay ningún coste de transacción adicional y el contrato de trabajo es eficiente. Sin embargo, ¿qué ocurre si la supervisión tiene costes? En ese caso, debemos contratar supervisores para controlar debidamente al trabajo o debemos dar a los trabajadores un incentivo para que trabajen. En el primer caso, los salarios pagados a los supervisores (¡y quizá también el coste de supervisar*los*!) son una medida de los costes de transacción. En el segundo caso, el salario adicional pagado a los trabajadores como incentivo sería la medida correcta; más adelante nos extenderemos sobre esta cuestión.

Lo que queremos decir con estos dos ejemplos debería estar claro. Tan pronto como nos alejamos del modelo de los mercados perfectos que se presenta en los libros de texto de introducción, surgen costes de transacción en algunos mercados. El que en una sociedad predominen las transacciones de tierras o las transacciones de trabajo dependerá fundamentalmente de la magnitud relativa de estos costes.

Veamos si podemos utilizar estas sencillas ideas para decir algo sobre la incidencia del arrendamiento de tierras en economías en las que hay diferentes grados de desigualdad de la propiedad de la tierra. Comencemos con el caso en el que la tierra está distribuida totalmente por igual. En ese caso, debe haber un desajuste relativamente pequeño entre las dotaciones de tierra y las dotaciones de trabajo. Naturalmente, las diferentes familias pueden seguir siendo de diferente tamaño, lo que impulsará las transacciones de tierra y de trabajo, pero en conjunto, sería de esperar que tanto los arrendamientos de tierras, como la actividad del mercado de trabajo, fueran poco importantes.

Eso es lo que ocurre en muchas economías africanas, así como en las sociedades en las que han tenido éxito las reformas agrarias. Ejemplos destacados de este último caso son Taiwan y Corea.

Supongamos ahora que cada vez es mayor la desigualdad de la propiedad de la tierra. Imaginemos una curva de Lorenz de la distribución de la tierra que va combándose gradualmente. Ahora surgirán discrepancias entre las dotaciones de trabajo y las de tierra. Estas discrepancias deben resolverse por medio de un aumento de la actividad del mercado de trabajo y/o del mercado de arrendamiento de tierras. Los agricultores que tengan más tierra en relación con la dotación de trabajo familiar estudiarán la posibilidad de cultivar la tierra adicional contratando trabajo o arrendándola. La opción que elijan dependerá de los costes de transacción relativos de los dos mercados. En muchas situaciones, no merecerá la pena introducir un sistema de supervisión del trabajo (como la contratación de supervisores), a menos que haya que contratar un gran número de trabajadores. Quizá sea mejor incurrir simplemente en los costes de transacción del arrendamiento de la tierra, que no conlleva esos costes fijos. Por lo tanto, es probable que los arrendamientos aumenten a medida que se acreciente moderadamente la desigualdad de la propiedad de la tierra. Esta situación se observa en los países en vías de desarrollo del sur y sudeste asiático, así como en algunas zonas de Latinoamérica.

Esta descripción debe compararse con el caso de una gran desigualdad de la propiedad de la tierra, en el que algunos agricultores pueden contratar tanto trabajo que les compense incurrir en los costes fijos de supervisión. En esos casos, la incidencia de los arrendamientos puede ser mínima o *invertirse*, es decir, puede ocurrir que los pequeños terratenientes arrienden tierra a los grandes terratenientes, que se encuentran en mejores condiciones de asumir los costes fijos de supervisión. En todo caso, es probable que los grandes agricultores cultiven su propia tierra utilizando mucho trabajo contratado. Puede seguir habiendo una cantidad mínima de tierra arrendada, pero es más probable que eso ocurra en el caso de los agricultores relativamente pequeños. En muchos países latinoamericanos, la agricultura refleja este tipo de situación.

La utilización de mercados de tierra y de trabajo depende, pues, de los costes de funcionamiento del mercado de cada uno de estos factores. En los capítulos siguientes, estudiaremos más detalladamente estos costes.

11.3.2 Capital y crédito

El razonamiento precedente tiene unas características generales que aclaran y matizan la discusión de este capítulo. Se basa en la idea general de que cuando existe algún desequilibrio en la *propiedad* de ciertos factores, surgen mercados de esos factores. Así, por ejemplo, si la tierra está repartida muy desigualmente, mientras que las dotaciones de trabajo son relativamente iguales, es de esperar que surjan instituciones que igualen el uso real de la tierra. Estos son los mercados de arrendamiento y venta de tierras que, junto con el mercado de trabajo, analizaremos en los siguientes capítulos.

Ahora bien, nuestra idea de que la economía rural se caracteriza por el uso agrícola de trabajo y de tierra es excesivamente simplista en algunos aspectos. El más importante puede sintetizarse en una sola frase: la existencia de otros factores agrícolas que pueden determinar el funcionamiento del mercado de tierras y de trabajo. Por ejemplo, un factor fundamental es la fuerza animal. En ese caso, la propiedad de bueyes cobra importancia. Ahora tenemos, por tanto, tres tipos de factores: tierra, trabajo y animales de tiro. Normalmente, la propiedad de estos tres factores está distribuida desigualmente entre la población. La utilización de mercados de factores equilibra las dotaciones de estos factores, por lo que pueden utilizarse eficientemente en la agricultura. Si uno de estos mercados falla totalmente, los otros tienen que compensarlo de alguna forma. El mercado de alquiler de animales de tiro, que cuando funciona, funciona mal, es especialmente vulnerable. Este fallo del mercado se debe a dos causas principales: (1) se suele obligar a los animales alquilados a trabajar excesivamente y a veces incluso son maltratados, porque el que los arrienda no tiene interés en ellos como bien de capital y, por lo tanto, tratará de sacarles el máximo de partido inmediato y (2) los animales suelen utilizarse en épocas muy determinadas del año, por lo que toda la gente del pueblo necesita energía animal al mismo tiempo. Ahora bien, si el mercado de bueyes funciona mal, los otros dos factores deben contribuir a compensar esta situación, por lo que no es sorprendente observar que la distribución del uso de la tierra sea a menudo semejante a la distribución de la propiedad de los bueyes. Podemos utilizar esta observación para matizar el análisis del apartado anterior. En lugar de que las familias que tienen mucha tierra arrienden parte de ella a las familias que tienen poca, puede ocurrir lo contrario. Las familias que tienen muchos bueyes pueden acabar siendo arrendadores de tierra y contratar trabajo.

Llegados a este punto, debe hacer su aparición otro mercado más. Es el mercado del crédito o del capital. Obsérvese que si este mercado funciona con fluidez, carece de sentido una gran parte del análisis anterior. Los bueyes, otros factores y, también, la tierra deben poderse adquirir todos ellos, siempre que su adquisición sea rentable. Un mercado perfecto de crédito pone a disposición de los compradores los fondos necesarios, por lo que, si esto es así, podemos prescindir en gran parte de nuestro modelo de mercados que equilibran el uso de las distintas dotaciones de factores. Sin embargo, si el mercado de crédito falla, los demás mercados tendrán que ajustarse. Por ejemplo, sin acceso a capital circulante (que permite la compra de otros factores como fertilizantes o pesticidas), un agricultor puede verse obligado a arrendar una parte de su tierra o incluso toda, *así como su trabajo*. En otras palabras, la ausencia de un mercado de capitales podría crear una situación en la que la tierra y el trabajo fluyeran de los que no tienen acceso al capital a los que lo tienen.

Dada la creciente complejidad del análisis, es mejor tener presente una única regla práctica: los mercados más flexibles intentarán ajustarse para compensar los fallos de los menos flexibles, llevando los factores "flexibles" a un equilibrio con los "inflexibles". Así, por ejemplo, en una situación de restricción del crédito, es probable que tanto el mercado de tierra como el de trabajo canalicen los factores hacia los que tienen acceso a equipo de capital o a animales de tiro. O si es posible alquilar fácilmente parte del equipo de capital (por ejemplo, trilladoras), el mercado de "alquiler de equipo" será relativamente activo. Vemos, pues, que nuestra historia simplificada en la que los únicos factores son la tierra y el trabajo debe matizarse extraordinariamente cuando se tiene en cuenta el mercado del crédito.

Tras esta visión panorámica, pasamos a estudiar algunos mercados de factores.

Capítulo 12

LA TIERRA

12.1 Introducción

Como hemos explicado en el capítulo 11, una economía puede reaccionar ante una distribución desigual de la tierra de diversas formas. Puede abrirse el mercado de la tierra, en el cual los terratenientes arriendan o venden tierra a los que tienen relativa abundancia de trabajo o de otros factores de producción (incluido el acceso a los mercados de crédito). También puede ocurrir que se vuelva activo el mercado de trabajo y se contrate trabajo para cultivar las mayores extensiones de tierra. Ya hemos analizado las consecuencias de niveles relativos de actividad distintos de estos dos mercados. En este capítulo, centraremos la atención en el mercado de la tierra.

El buen funcionamiento del mercado de la tierra es muy importante para el desarrollo global de la economía. Si la tierra está distribuida desigualmente y son muchos los que no pueden acceder a ella, es probable que abandonen la agricultura en busca de un medio de vida menos precario. Como señalamos en el capítulo 10, eso puede crear una situación en la que un gran número de emigrantes abarrote las ciudades, situación que puede ser inaceptable desde el punto de vista político, ecológico y económico.

Al margen de que eso sea aceptable desde el punto de vista político, hay una cuestión que nos concierne más directamente que es la eficiencia *económica* de la agricultura. Los mercados de factores, como el mercado de la tierra, existen para equilibrar las proporciones entre los diversos factores de tal manera que la producción sea eficiente. ¿Cumplen este fin los mercados de la tierra o tienen limitaciones?

En este capítulo formulamos las siguientes preguntas:

(1) ¿Cómo resuelve el mercado de arrendamiento de tierras las considerables desigualdades de la propiedad de la tierra? ¿Cuáles son las principales clases de arrendamientos y cómo determina el entorno económico el tipo de contrato de arrendamiento de la tierra?

(2) ¿Son eficientes los arrendamientos de la tierra? En caso negativo, ¿qué tipos de entornos económicos son más susceptibles de generar ineficiencia?

(3) En términos más generales, ¿es ineficiente la desigualdad de la propiedad? ¿Son las pequeñas explotaciones agrícolas más productivas que las grandes?

(4) Si la respuesta a la tercera pregunta es afirmativa, ¿por qué no se observa con más frecuencia que los ricos vendan tierra a los pobres? ¿Cuál es el papel de una reforma agraria?

12.2 Propiedad y arrendamiento

El cuadro 12.1 muestra el grado de desigualdad de la tierra en los países de Asia y Latinoamérica. Un enorme porcentaje de la población rural carece de tierra o posee una extensión muy pequeña, mientras que un pequeño porcentaje de la población es propietario de enormes cantidades de tierra. Obsérvense, por ejemplo, los coeficientes de Gini de la distribución de la tierra. Son muy altos en comparación con las estimaciones de la desigualdad de la distribución de la renta (véase el capítulo 6).

Aunque la desigualdad de la distribución de la tierra es considerable en Asia, es mucho mayor en Latinoamérica. También es cierto que las tenencias medias de tierra son menores en Asia y la densidad demográfica rural es muchísimo mayor, lo que quizá explique en cierta medida por qué no puede haber mucha desigualdad. Al fin y al cabo, una explotación agrícola tiene que tener una extensión mínima por debajo de la cual no es rentable cultivarla. Si existieran en Asia los niveles latinoamericanos de desigualdad, las explotaciones serían, sin duda, tan pequeñas que no resultaría viable cultivarlas. En este sentido, una elevada densidad de población limita el grado de desigualdad.

La figura 12.1 muestra las curvas de Lorenz de la desigualdad de la tierra de dos países asiáticos (la India y Tailandia) y dos países latinoamericanos (Honduras y Colombia), basadas en datos algo más recientes. Las diferencias son bastante evidentes.

Cuadro 12.1. Distribución de la propiedad de las explotaciones agrícolas y de la tierra agrícola en Asia y Latinoamérica a principios de los años setenta.

País	Extensión media efectiva de la explotación agrícola (hectáreas)	Porcentaje de explotaciones agrícolas y de tierra agrícola				Coeficiente de Gini de la concentración de la tierra
		Menos de 5 hectáreas		Más de 50 hectáreas		
		Ex. agríc.	Superficie	Ex. agríc.	Superficie	
Asia						
Bangladesh	1,6	90,6	67,6	n.a.	n.a.	0,42
India	2,3	88,7	46,7	0,1	3,7	0,62
Indonesia	1,1	97,9	68,7	0	13,6	0,56
Nepal	1,0	97,2	72,1	0	0,8	0,56
Filipinas	3,6	84,4	47,8	0,2	13,9	
Tailandia	3,7	72,3	39,4	0	0,9	0,45
Latinoamérica						
Brasil	59,7	36,8	1,3	16,3	84,6	0,84
Costa Rica	38,1	48,9	1,9	14,5	79,7	0,82
Colombia	26,3	59,6	3,7	8,4	77,7	0,86
Perú	16,9	78,0	8,9	1,9	79,1	0,91
Uruguay	214,1	14,3	0,2	37,6	95,8	0,82
Venezuela	91,9	43,8	0,9	13,6	92,5	0,91

Fuente: Otsuka, Chuma y Hayami [1992, cuadro 2].

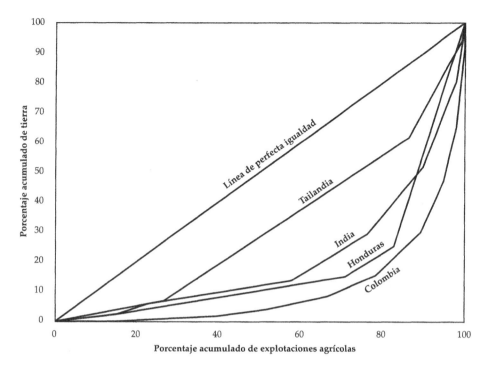

Figura 12.1. Curvas de Lorenz de la propiedad de la tierra en dos países asiáticos y dos latinoamericanos. *Fuente:* Censos agrícolas de Colombia [1988], Honduras [1993], India [1986] y Tailandia [1988].

La poca extensión media de las propiedades de tierra de Asia y el elevado grado de desigualdad de la propiedad de la tierra de Latinoamérica producen un efecto similar: una proporción significativa de las explotaciones agrícolas es gestionada y cultivada por su propietario. En Asia, esta proporción es especialmente alta y gira en torno al 86% (véase Otsuka, Chuma y Hayami [1992]). El porcentaje latinoamericano es menor y comprende también un elevado porcentaje de explotaciones muy grandes que se cultivan con mano de obra contratada. El cuadro 12.2 muestra el porcentaje de explotaciones agrícolas cultivadas por su propietario en diferentes partes del mundo.

Los países africanos se alejan algo de esta pauta. Una gran parte de la tierra es propiedad comunal y apenas existen derechos individuales sobre esas tierras. Vemos, pues, que una pequeña proporción de la tierra es cultivada por su propietario simplemente porque los derechos de propiedad no están bien definidos. Los datos publicados probablemente sean una subestimación a efectos prácticos, debido a la ambigüedad de los derechos de propiedad (los derechos de *uso* de las parcelas están mejor definidos).

Obsérvese también que algunos países reconocen la propiedad o los derechos de uso de la tierra a los arrendatarios que la han trabajado durante un periodo determinado de

Cuadro 12.2. Distribución de las explotaciones agrícolas y de la tierra agrícola según el régimen de tenencia en el Censo Mundial de la Agricultura de 1970.

	Asia	África	Latinoamérica	Europa	Norteamérica	Mundo
Países	10	4	15	12	2	46
Explotaciones agrícolas (millones)	93,3	3,5	8,6	11,9	3,1	120,4
Dimensiones de las explotaciones (hectáreas)	2,3	0,5	46,5	7,6	161,2	10,0
Distribución de las explotaciones agrícolas (%)						
Cultivadas por su propietario	85,8	5,2	60,3	67,6	63,2	79,2
Arrendamiento puro	5,9	1,6	17,1	9,3	12,0	7,1
Propiedad y arrendamiento	8,2	6,9	6,6	23,0	24,8	10,0
Otras	0,0	86,3	16,0	0,1	0,0	3,7
Distribución de la tierra agrícola (%)						
Cultivada por su propietario	84,0	9,2	80,4	58,9	36,6	61,1
Arrendamiento puro	5,9	3,0	6,2	12,5	11,9	9,0
Propiedad y arrendamiento	10,1	29,1	5,6	28,5	51,5	27,2
Otras	0,0	58,7	7,8	0,1	0,0	2,7
Porcentaje de la tierra arrendada en régimen de aparcería	84,5	0,0	16,1	12,5	31,5	36,1

Fuente: Otsuka, Chuma y Hayami [1992, cuadro 1].

tiempo. Esta estipulación legal suele reducir el número de arrendatarios y en el caso de Asia existe un número considerable de arrendatarios que no aparecen en los datos. En algunos países latinoamericanos, se defiende como principio básico que la tierra pertenece al que la cultiva y se ha legalizado este principio considerando que el régimen de arrendamiento constituye la base para reconocer los derechos de uso o la propiedad. Es el caso, por ejemplo, de algunos países como México o Brasil. Esa legislación no siempre ha producido el efecto de dar la tierra al que la trabaja. En Latinoamérica, la reacción a leyes de este tipo ha sido frecuentemente el desahucio del arrendatario, seguido de la mecanización en gran escala de las faenas agrícolas.

En la India, por ejemplo, el porcentaje de tierra cultivada únicamente por el propietario es con casi toda seguridad menor de lo que sugieren los datos. Véase el recuadro sobre arrendamientos en los pueblos del ICRISAT, en los que parece que este tipo de arreglo es más frecuente de lo que sugieren los datos nacionales. En palabras de Jodha [1981]:

> ...en la India, antes de la independencia, se consideraba que el arrendamiento era principalmente un instrumento para explotar a los débiles. Su regulación se convirtió, pues, en una característica clave de la India después de la independencia... [La consecuencia es que] los intentos de estudiar el arrendamiento *per se* generalmente no han tenido éxito. Dada la gran capacidad de los agricultores para ocultarlo, el arrendamiento agrícola desaparece instantáneamente una vez que se comienza a investigar por medio de encuestas.

Al mismo tiempo, en algunos países asiáticos como Corea y Taiwan no es sorprendente el predominio de los agricultores que son propietarios de sus tierras. En estos países, existe un grado relativamente bajo de desigualdad de la propiedad de la tierra, por lo que es menos necesario equilibrar la tierra y el trabajo.

Aunque el arrendamiento existe en todo el mundo, adopta muchos regímenes diferentes. En Latinoamérica, se basa principalmente en un *alquiler (o arrendamiento) fijo*: el arrendatario paga una cantidad fija de dinero al propietario a cambio del derecho a cultivar la tierra. En cambio, en Asia es muy frecuente la *aparcería*, sistema en el que el arrendatario entrega al propietario una parte acordada de la cosecha. Los porcentajes de tierra arrendada en régimen de aparcería van desde alrededor del 30% (Tailandia) hasta el 90% en Bangladesh, pasando por el 50% (la India) o el 60% (Indonesia). En cambio, en Latinoamérica los porcentajes son mucho más bajos (menos de un 10% en algunos países como Costa Rica o Uruguay e insignificante en Perú, aunque relativamente alto —50%— en Colombia) (véase Otsuka, Chuma y Hayami [1992]).

¿Por qué tiene interés el tipo de contrato de arrendamiento? La respuesta a esta pregunta debe posponerse hasta que examinemos más detalladamente los tipos de arrendamiento, pero no está fuera de lugar en esta fase hacer una observación preliminar. Normalmente, con arrendatarios ricos se utiliza el sistema de alquiler fijo, porque el propietario queda libre de todo riesgo: el alquiler es el mismo independientemente de que la cosecha sea buena o mala. Así pues, en este sentido, el arrendamiento con un alquiler fijo exige que el arrendatario quiera y pueda asumir los riesgos de la producción agrícola. Generalmente es así cuando el arrendatario posee suficiente riqueza. Esto es un elemento a favor (hay que reconocer que indirecta) de la afirmación de que en Latinoamérica las explotaciones agrícolas arrendadas son explotadas por grandes agricultores e incluso quizá una confirmación de la conjetura de que en muchos casos son los agricultores relativamente pobres los que arriendan tierra *a* los agricultores relativamente ricos.

Esta observación es coherente con nuestro análisis del capítulo anterior. En un país en el que las explotaciones agrícolas sean muy grandes, la agricultura puede estar muy mecanizada, ser capitalista y utilizar trabajo asalariado donde sea necesario. En ese sistema, puede ser mejor para los pequeños terratenientes ceder su tierra a los grandes propietarios a cambio de un alquiler.

Compárese este caso con el de Asia, donde la mayor parte de las explotaciones agrícolas arrendadas se rige por el sistema de la aparcería. Como veremos en los apartados siguientes, la aparcería es un sistema que tiene especial vigencia cuando el arrendatario es pequeño y averso al riesgo: si paga como alquiler una *proporción* dada de la cosecha, está protegido en cierta medida de las fluctuaciones de la producción, ya que las comparte con el propietario. Eso induce a pensar que en Asia probablemente los terratenientes relativamente grandes arriendan tierra a propietarios relativamente pequeños. Sin embargo, no debe considerarse que ésta sea la regla general, ni siquiera en Asia.

Comenzamos nuestro estudio de los mercados de la tierra describiendo los contratos de arrendamiento.

12.3 Contratos de arrendamiento de tierra

12.3.1 Tipos de contratos

Supongamos que un terrateniente quiere arrendar su tierra. Existen varios tipos de contratos. El más sencillo es el que se denomina *contrato de alquiler fijo*, en el cual el terrateniente cobra una cantidad de dinero (al año o por temporada) por el arriendo de la tierra y permite al arrendatario cultivarla. Este tipo de contrato es común en todas partes, pero no es en modo alguno el único y ni siquiera (dependiendo de la región) el predominante. Un segundo tipo de contrato suele denominarse de *aparcería*. La aparcería es de muchas clases, pero todas suponen el reparto de la cosecha del arrendatario en una proporción establecida de antemano entre el propietario y el arrendatario. Las proporciones varían de un país a otro y de una región a otra dentro de un mismo país, aunque lo normal es que la producción se reparta a partes iguales. Entre las variantes del contrato de aparcería se encuentra el reparto de la cosecha en proporciones diferentes dependiendo de que también se repartan entre el propietario y el arrendatario los costes de los *factores* y exista alguna relación crediticia entre ambos. Estas relaciones consisten normalmente en el adelanto de dinero por parte del terrateniente al arrendatario (además de o en lugar del reparto de los costes): estos contratos "interrelacionados" se analizarán en el capítulo 14.

Existe una sencilla pero útil manera de expresar una clase general de contratos de alquiler que incluyen como casos especiales los contratos de alquiler fijo y los contratos de aparcería.[1] Si Y representa la producción agrícola de la tierra arrendada, el alquiler total se expresa de la forma siguiente:

$$R = \alpha Y + F. \qquad\qquad [12.1]$$

Si $\alpha = 0$ y $F > 0$, se trata de un contrato de alquiler fijo en el que el alquiler es F. Si $F = 0$ y α se encuentra entre 0 y 1, se trata de un contrato de aparcería, en el que la proporción del terrateniente es α y la del arrendatario es $1 - \alpha$. Por último, si $\alpha = 0$ y $F < 0$, puede interpretarse como un "contrato salarial puro", en el que el salario es simplemente $w = -F$: el arrendatario no es en modo alguno un verdadero arrendatario sino un trabajador que cultiva la tierra del propietario. Los contratos laborales se analizarán en el capítulo 13.

El sistema de arrendamiento en los pueblos del ICRISAT

Ya hemos presentado el estudio del ICRISAT en el capítulo 10. Continuamos aquí estudiando el sistema de arrendamiento de la tierra de estos pueblos.

La distribución de la propiedad de la tierra estaba (y continúan estando) bastante sesgada en todos los pueblos del estudio, pero en la mayoría tienden a ser cada vez más igualitarias. Los hogares que tenían grandes propiedades de tierra parece que se han deshecho de algunas a lo largo de las décadas, mientras que muchas familias que antes no tenían tierra han conseguido alguna.

---

[1] Véase Stiglitz [1974]. La clase que describimos puede extenderse fácilmente para incluir el reparto del coste de los factores.

En la muestra, el 20% de la población de los pueblos estaba formado por personas que no tenían tierra en 1950, pero poseían su propia parcela en 1982. La proporción de familias que antes tenía tierra y que la habían perdido toda en 1982 era del 4% solamente. En suma, mientras que en 1950 sólo el 62% de la población tenía tierra, en 1982 esa proporción era del 82%. Parece que esas transferencias de tierras (que no estaban en régimen de arrendamiento) se produjeron en gran parte como consecuencia de ventas más que de reformas agrarias que reconocieran los derechos de propiedad a los arrendatarios que llevaban mucho tiempo cultivándolas. Durante las tres décadas, la cantidad de tierra comprada y vendida anualmente, en porcentaje de la dotación total de tierra de los hogares de la muestra, va desde un 1% en el caso de Kalman hasta un 4% en el de Dokur, cifras nada insignificantes.

Estos datos deben interpretarse con mucha cautela. Dadas las leyes que limitan la cantidad máxima de tierra que puede tener un terrateniente, es posible (aunque improbable) que las transferencias de tierra por medio del arrendamiento se declaren como transferencias de propiedad, dándose la situación de que un arrendatario tiene la obligación de declarar que posee una cantidad de tierra superior a la permitida cuando en realidad no es así.[2] Esta sospecha es confirmada en cierta medida por un estudio anterior de Jodha [1981], que se basa en la misma zona de estudio, pero en datos anteriores recogidos a partir de mayo de 1975 durante un periodo de dos años. Partiendo de la idea de que el arrendamiento se oculta en muchos casos, recogió datos de un periodo de dos años para averiguar si la tierra estaba en régimen de arriendo o no y "el ocultamiento inicial de parcelas arrendadas desaparecía con el paso del tiempo". Según Jodha, las transferencias de tierra también fueron frecuentes durante este periodo, pero la mayor parte (entre el 77 y el 97%) se debió a transacciones por medio del arrendamiento.

Es probable, pues, que los datos siguientes (aunque, desde luego, mucho más indicativos que el Censo Nacional Indio de la Agricultura de la extensión del sistema de arrendamiento) sigan subrepresentando la incidencia del sistema de arrendamiento o, al menos, de los tipos de arrendamiento que implican la transferencia de tierra de terratenientes relativamente grandes a personas sin tierra o a pequeños terratenientes. Algunos datos más circunstanciales confirman indirectamente esta opinión, como veremos posteriormente.

En los pueblos del ICRISAT, el arrendamiento de tierra agrícola es frecuente (aunque no predominante en relación con el cultivo por parte de los propietarios). Alrededor de un 20% de todos los hogares son aparceros y el porcentaje de arrendatarios que pagan un alquiler fijo es muy inferior (menos del 5%). El cuadro 12.3 muestra algunas estimaciones más detalladas del periodo 1975-82.[3]

El cuadro agrupa todos los hogares que arriendan tierra. Algunos son arrendatarios "puros", pero la mayoría también posee tierra propia. Por ejemplo, los "arrendatarios que pagan un alquiler fijo" en el cuadro son hogares que tienen *alguna* tierra arrendada a cambio de un alquiler fijo.

Es interesante señalar que el 80% de todos los arrendatarios cultiva alguna tierra de su propiedad (Shaban [1987]).

---

[2] La razón por la que es improbable este sesgo se halla en que la tierra puede estar a nombre de varios miembros de la familia en un intento de no traspasar la cantidad máxima permitida. En todo caso, eso es algo diferente de la fuente de sesgo más aceptada: se declara menos tierra arrendada por miedo a la legislación que establece que la tierra es de quien la trabaja. Esta fuente normalmente clasifica la tierra arrendada como cultivada por el propietario, mientras que el posible sesgo que estamos analizando aquí clasifica la tierra arrendada como tierra propiedad del arrendatario (y cultivada por él).

[3] La muestra de cada pueblo contiene hogares observados en todas las estaciones de cada año. Por lo tanto, un mismo hogar puede aportar múltiples observaciones (en diferentes periodos).

Cuadro 12.3. El sistema de arrendamiento en los pueblos del ICRISAT por hogares.

Pueblos	Hogares	Propietarios	Arrendatarios en régimen de aparcería (%)	Arrendatarios con un alquiler fijo (%)	Arrendatarios mixtos (%)
Aurapalle	406	90,7	1,2	8,1	0,0
Dokur	220	82,3	15,9	0,9	0,9
Shirapur	437	69,1	30,4	0,5	0,0
Kalman	296	68,6	30,7	0,7	0,0
Kanzara	320	80,6	11,0	5,3	3,1
Kinkheda	187	85,0	14,5	0,0	0,5
Boriya	186	56,5	29,0	12,9	1,6
Rampura	216	76,4	14,8	5,6	3,2
Total	2.268	76,8	18,2	4,1	1,0

Fuente: Shaban [1987, cuadro 1 (adaptado)].

El mercado de arrendamiento de tierras es bastante activo (incluso sin tener en cuenta los casos no declarados). También es interesante observar que, en conjunto, el sistema de aparcería es el modo de arrendamiento predominante, lo cual es sorprendente cuando se considera el argumento marshalliano sobre la ineficiencia del sistema de aparcería (véase el siguiente apartado). El 15% de todas las parcelas se rige por un sistema de aparcería, mientras que menos del 2% se rige por un sistema de arrendamiento con un alquiler fijo. Pero existen diferencias entre los pueblos. El arrendamiento con un alquiler fijo predomina, por ejemplo, en el pueblo de Aurapalle.

El cuadro 12.4 contiene estimaciones de la distribución de los distintos tipos de arrendamiento en los pueblos del ICRISAT. Los porcentajes de tierra que tienen diferentes sistemas de arrendamiento son bastante parecidos a los porcentajes correspondientes por hogares. El cuadro pone de manifiesto otros aspectos interesantes que tienen que ver con el *tamaño* y el *valor* de las parcelas.[4] Obsérvese que los valores de las parcelas son más altos en el caso de las parcelas ocupadas por sus propietarios que en el de las parcelas arrendadas. No es sorprendente que los propietarios de las parcelas de mejor calidad se queden con ellas para cultivarlas.

Obsérvese ahora la *superficie* de las parcelas del cuadro 12.4. En varios casos, la superficie es significativamente mayor en la tierra arrendada que en la tierra cultivada por su propietario, lo cual induce a pensar que aunque los arrendatarios arriendan tierra a los que poseen más, le extraen, desde luego, un buen rendimiento. De hecho, esta observación, también indica que el "arrendamiento inverso" —el arrendamiento de tierra de agricultores relativamente pequeños por parte de agricultores relativamente grandes— puede estar presente en los datos.

El arrendamiento inverso —el fenómeno aparentemente perverso de *pequeños terratenientes* que arriendan su tierra a grandes terratenientes— se ha observado en muchos lugares y ha sido objeto de una cierta atención por parte de los investigadores (aunque no de la suficiente). No es raro, desde luego, en los datos del ICRISAT. En el régimen de arrendamiento, el 47% de las partes

---

[4] En el valor de las parcelas, que se supone que refleja el precio potencial de mercado de la parcela (por hectárea), influye sobre todo la percepción de la calidad del suelo de esa parcela y el hecho de que tenga acceso o no a un sistema de riego.

Cuadro 12.4. El sistema de arrendamiento en los pueblos del ICRISAT por parcelas.

Pueblo	Cultivadas por su propietario			En régimen de aparcería			Con un alquiler fijo		
	Parcelas (%)	Superficie (acres)	Valor (rupias por acre)	Parcelas (%)	Superficie (acres)	Valor (rupias por acre)	Parcelas (%)	Superficie (acres)	Valor (rupias por acre)
Aurapalle	96,4	1,9	21,2	0,5	1,5	13,8	3,1	2,0	14,0
Dokur	84,1	1,6	42,2	14,9	2,2	40,2	1,0	1,9	40,0
Shirapur	64,5	1,6	29,7	35,5	2,5	24,9	0,0	0,2	21,3
Kalman	77,6	1,6	17,6	22,1	2,0	13,4	0,3	4,0	10,0
Kanzara	83,9	2,6	22,6	12,3	3,7	18,9	3,8	3,6	11,7
Kinkheda	92,2	3,5	15,1	7,7	2,9	10,6	0,1	2,0	10,0
Boriya	67,1	0,7	39,3	25,5	0,8	39,3	7,4	0,7	35,2
Rampura	80,7	1,0	62,8	16,1	1,2	60,7	3,1	1,4	56,2
Total	80,9	1,8	29,20	17,5	2,2	27,08	1,6	1,8	27,45

Fuente: Shaban [1987, cuadro 2].

contratantes procedía, en promedio, del mismo grupo de tamaño de la explotación agrícola, el 32% eran arrendamientos inversos (de pequeños agricultores a grandes) y el 22% de la tierra era arrendado por grandes agricultores a otros más pequeños. Sin embargo, en Dokur, nada menos que el 55% de los arrendamientos eran inversos. Jodha [1981] y Shaban [1991] han analizado esta cuestión más detalladamente. En todo caso, debemos interpretar con cierta cautela el elevado porcentaje de arrendamientos inversos: como ya hemos señalado antes, los arrendamientos de tierra de grandes a pequeños agricultores pueden ser mucho más numerosos de lo que indican las cifras.

La mayoría de los arrendamientos analizados en el estudio eran de breve duración: no solían ser superiores a un año. El periodo de vigencia de alrededor del 60% de los contratos sólo abarcaba una temporada de recolección. Los terratenientes solían cambiar y rotar a sus arrendatarios; los sistemas tradicionales de arrendamiento de larga duración, como el sistema *rehan* de Aurepalle, casi han desaparecido por completo. Esta desaparición puede atribuirse en gran parte a la ley de reforma agraria que facilita a los arrendatarios que llevan mucho tiempo cultivando una parcela su adquisición en propiedad. Esta tendencia produce algunos efectos negativos inmediatamente evidentes: al acortarse el periodo de arrendamiento, el arrendatario pierde los incentivos para utilizar la debida cantidad de algunos factores como el estiércol, que se sabe que produce efectos residuales y duraderos (que sobrepasan el año) en el rendimiento de la cosecha.

Las condiciones y la flexibilidad de los contratos de arrendamiento varían de unos pueblos a otros. En Dokur, donde se usan muchos factores comprados, más del 90% de los contratos estipula el reparto de la producción a partes iguales, *así como el reparto del coste de los factores*. En cambio, en Shirapur, donde se utilizan mucho menos factores comprados, el arrendatario es responsable de suministrar todos los factores y recibe entre el 50 y el 75% de la producción. En muchos casos, cuando el terrateniente no suministra la parte que le corresponde de los factores o cuando los costes de cultivar la tierra que asume el arrendatario son mayores debido a determinados ajustes en la producción dentro de la temporada, el reparto de la producción se renegocia y se reajusta. En los casos en los que el terrateniente participa en el coste de los factores, éste posee una influencia mucho mayor en la elección de la cosecha.

12.3.2 Contratos e incentivos

Existe una larga tradición en economía según la cual el sistema de aparcería es esencialmente inferior al de arrendamiento con un alquiler fijo. El argumento no es nuevo y puede encontrarse ya en Adam Smith. Alfred Marshall lo formula claramente en sus *Principios*. Quizá no sea una casualidad el hecho de que los primeros que lo formularon fueran predominantemente economistas ingleses. En aquella época, el sistema de arrendamiento predominante en Inglaterra era el de alquiler fijo, mientras que en Francia era la aparcería (o *métayage*, como se llamaba, en el cual solía repartirse la producción a partes iguales).

Dado que Marshall está estrechamente relacionado con la opinión de que la aparcería es un sistema contractual inferior, el argumento en que se sustenta esta opinión suele conocerse con el nombre de ineficiencia marshalliana. Se basa fundamentalmente en la idea de la *provisión adecuada de incentivos*.

La idea es muy sencilla. En un contrato de alquiler fijo, el arrendatario paga una cantidad fija al terrateniente independientemente de la cantidad que produzca. En otras palabras, el arrendatario se queda con el 100% de la cosecha obtenida. En cambio, en la aparecería el arrendatario se queda con una *parte* de la cosecha, con un porcentaje del 50 o 60%, dependiendo del tipo exacto de contrato. Por lo tanto, *si el propietario no puede supervisar y controlar el esfuerzo del arrendatario, éste tiene un incentivo para no esforzarse lo suficiente*, ya que, en el contrato de aparcería, parte de lo que produce va a parar al propietario. Sería mejor, por tanto, cobrar el arrendamiento en forma de una cantidad *fija* y dejar al arrendatario a su aire.

Aunque este argumento es bastante convincente, no está completo. Si tuviéramos ánimo de discutir, podríamos replicar diciendo: "Pero ¿qué tiene de sacrosanto que el arrendatario se quede con el 100% de la cosecha? ¿Por qué no dejarle que se quede con el 110% o incluso con el 120% y cobrarle un alquiler aun más alto? En ese caso, el arrendatario se esforzaría incluso más. Si aumentando el porcentaje de 60 a 100, aumenta la eficiencia, ¿por qué no ocurrirá lo mismo al pagar de 100 a 120?"

Para responder en parte a esta pregunta (absolutamente válida), pero principalmente para introducir un tipo de argumento que resultará útil en capítulos posteriores, es necesario formular más detalladamente el argumento marshalliano.

Aunque la demostración siguiente es más general, se describe fácilmente suponiendo que el arrendatario sólo tiene un factor de producción variable: trabajo. Hemos representado en la figura 12.2 la función de producción que relaciona la producción y el trabajo utilizado en una parcela arrendada de tierra, que viene dada por la curva *OA*. También observamos que el trabajo tiene costes para el arrendatario. El trabajo puede utilizarse para otros fines. Por ejemplo, el arrendatario puede alquilar una parte de su trabajo a cambio de un salario. Aun cuando no sea así, el arrendatario puede trabajar en la parcela de tierra de otra persona o puede tener alguna tierra de su propiedad a la que desee dedicar parte de su trabajo. Otra posibilidad (aunque menos convincente en los casos en los que hay un exceso de oferta de trabajo) es que el arrendatario simplemente valore el ocio. Cualquiera que sea la razón, la aplicación de trabajo a la parcela alquilada tiene un coste, representado por la línea recta *OB*.[5]

Esta descripción muestra claramente cuánto excedente económico produce el sistema de arrendamiento. El excedente es precisamente la diferencia entre el valor de la producción y el coste de producirla, es decir, la distancia vertical entre la curva *OA* y la recta *OB*. El excedente varía, desde luego, dependiendo de la cantidad de trabajo utilizada. Nos interesa saber cuál es el nivel de trabajo que genera el *máximo* excedente económico posible. Es el punto en el que la distancia vertical entre las curvas *OA* y *OB* es máxima. En la figura 12.2, se alcanza con la cantidad de trabajo *L**. Una característica de este punto es que el valor del producto marginal del trabajo, que viene dado por la tangente a la función de producción en este punto, es igual al coste unitario de oportunidad del trabajo, que viene dado por la pendiente de la línea recta *OB*. El excedente está representado por el segmento *CD*.

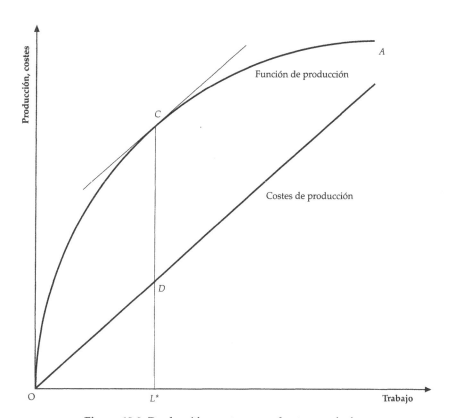

Figura 12.2. Producción, coste y excedente económico.

[5] En la función de producción de la figura 12.2, el trabajo tiene rendimientos decrecientes, mientras que su coste de oportunidad está representado por una línea recta. Ninguna de estas dos características es necesaria para el resultado que vamos a describir, pero facilita la exposición.

Ese es el *quid* del sistema de arrendamiento. El arrendatario tiene que ser compensado por los esfuerzos realizados para cultivar la tierra. Esa es la razón por la que un aumento de la producción *per se* no es necesariamente mejor, ya que el coste de producir esa cantidad mayor también es más alto. Por lo tanto, el excedente económico se maximiza en algún punto intermedio, como muestra la figura 12.2.

Lo fundamental es que el arrendatario no tiene ningún interés en tratar de maximizar este excedente (eligiendo la cantidad de trabajo adecuada), a menos que resulte en su interés hacerlo. Éste es el problema de los incentivos. Obsérvese la figura 12.3, que describe la influencia del sistema de aparcería en los incentivos de los arrendatarios. Mostramos la función de producción inicial por medio de la línea de trazo discontinuo *OA*. Introduzcamos ahora un contrato de aparecería, en el que el arrendatario cede una parte de la producción al propietario. Dado que el arrendatario sólo se queda con una parte de la producción, su *rendimiento efectivo* es la línea *OE*, que es simplemente la función de producción *OA* multiplicada por una fracción (la parte de la producción con la que se queda el arrendatario). La diferencia entre *este* rendimiento efectivo y el coste *OB* del arrendatario es lo que a éste le interesa que sea lo más grande posible, ya que representan sus ganancias netas según el contrato.

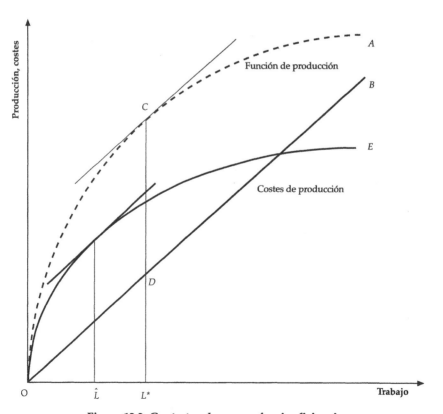

Figura 12.3. Contratos de aparcería e ineficiencia.

¿Es eso lo mismo que maximizar el excedente económico tal como lo hemos definido antes? La respuesta es negativa, y la razón se halla en que el rendimiento efectivo del arrendatario no se mide a partir de un desplazamiento descendente de la función de producción sino que también implica un aplanamiento de esa función. Por lo tanto, cuando el arrendatario maximiza su rendimiento efectivo (una vez deducidos los costes), generalmente lo maximiza con una cantidad de trabajo $\hat{L}$ que es *menor* que L^*, la cantidad que maximiza el excedente económico total. La figura 12.3 lo muestra claramente. Como el arrendatario sólo recibe una parte de su producción, *su* rendimiento marginal es menor que el valor efectivo del producto marginal. Por lo tanto, el arrendatario dejará de aplicar trabajo en un punto anterior, o sea, $\hat{L} < L^*$.

Compárese la figura 12.3 con la 12.4, que muestra los efectos de un contrato de alquiler fijo. En este caso, el rendimiento del arrendatario puede representarse por medio de un simple desplazamiento descendente *paralelo* de la función de producción que se obtie-

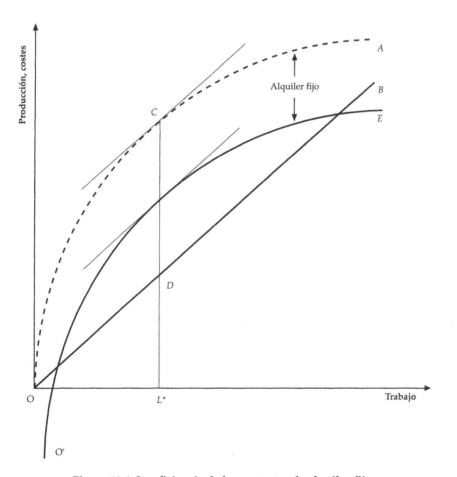

Figura 12.4. La eficiencia de los contratos de alquiler fijo.

ne restando el alquiler fijo en todos sus puntos. El resultado es la curva $O'E$, que no es más que la función de producción inicial OA menos el alquiler fijo. La diferencia entre *este* rendimiento efectivo y su coste del trabajo, OB, es lo que el arrendatario trata de maximizar eligiendo la cantidad de trabajo.

La observación clave es que este ejercicio es esencialmente idéntico a la maximización del excedente económico. La imposición de un alquiler fijo no influye en los incentivos del arrendatario *en el margen*, aunque, desde luego, si el alquiler fijo es demasiado alto, puede no aceptar el arrendamiento. La figura 12.4 lo recoge perfectamente mostrando que la diferencia entre $O'E$ y OB y OA y OB se maximiza con la misma cantidad de trabajo L^*.

Ahora lo único que nos queda por hacer es ver que el excedente económico total se reparte entre el terrateniente y el arrendatario. Si este último recibe lo mismo con ambos contratos (lo cual siempre puede garantizarse ajustando el nivel del alquiler fijo para que corresponda al rendimiento que obtiene el arrendatario con el contrato de aparcería), el terrateniente debe disfrutar de un bienestar mayor con un contrato de alquiler fijo, ya que el excedente económico total se maximiza con este tipo de contrato.[6]

Con este análisis, podemos explicar fácilmente por qué la concesión de un rendimiento marginal del 100% al arrendatario tiene especial importancia y por qué no es óptimo ofrecer contratos con unos rendimientos marginales mayores (por ejemplo, de 110 o 120%). En esos contratos, la cantidad de trabajo del arrendatario es *superior* al nivel L^* que maximiza el excedente económico y, por lo tanto, reduce también el excedente económico. Como ya hemos señalado, el hecho de que la *producción* sea mayor no significa que el *excedente* económico lo sea. La figura 12.5 recoge los detalles de este argumento. En ese contrato, el terrateniente probablemente gana su dinero cobrando un elevado alquiler fijo, por lo que el rendimiento efectivo del arrendatario se desplaza inicialmente en sentido descendente en la cuantía de este alquiler y después aumenta y se acerca a la función de producción cuando se concede al arrendatario una cantidad superior al 100% del producto marginal. Lo único que se consigue es inducir al arrendatario a trabajar más de lo que es necesario para maximizar el excedente. Por lo tanto, en este caso también disminuye el excedente económico. Dado que el terrateniente obtiene el excedente económico una vez descontado lo que le entrega al arrendatario, el primero disfruta de un bienestar mayor entregando la misma cantidad al arrendatario en forma de un alquiler fijo puro, como describe la figura 12.4.

Recapitulando, todos los contratos que no sean de alquiler fijo introducen una *distorsión* en la oferta del trabajo del arrendatario y la aleja del nivel eficiente. En particular, parece que (i) el sistema de aparecería lo lleva a ofrecer una cantidad insuficiente de factores y (ii) un terrateniente racional que trate de maximizar los ingresos derivados del arrendamiento de la tierra siempre preferirá un contrato adecuado de alquiler fijo a un contrato de aparcería.

---

[6] Gráficamente, el rendimiento del terrateniente es la distancia vertical entre la función de producción y el rendimiento efectivo del arrendatario. El rendimiento neto del arrendatario es, como ya hemos señalado, la línea del rendimiento efectivo menos su coste de oportunidad del trabajo. Si sumamos estas dos cantidades, obtenemos la distancia vertical entre la función de producción y el coste de oportunidad del trabajo, que es precisamente el excedente económico.

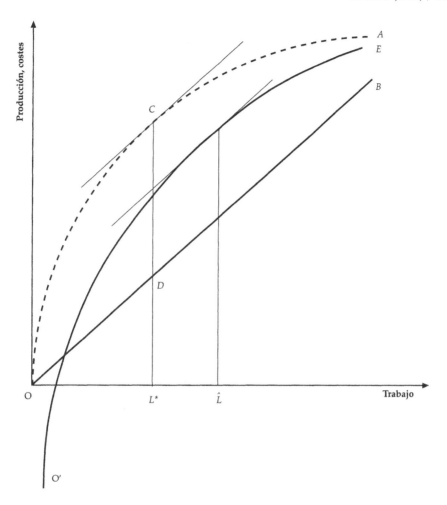

Figura 12.5. Por qué los rendimientos marginales del arrendatario no deben ser superiores al 100%.

Es este resultado el origen del famoso enigma marshalliano de la aparecería. Si se puede demostrar que un sistema de alquiler fijo es superior a un sistema de aparcería, no sólo desde el punto de vista de la eficiencia social sino también desde el punto de vista de la racionalidad individual del terrateniente, ¿por qué la aparecería goza en la práctica de popularidad desde hace tanto tiempo? No cabe duda de que tiene que haber algo más.

La persistencia del sistema de aparcería puede parecer un enigma intrascendente pendiente de ser explicado. No parece que nada de gran importancia dependa de ella, sólo que los contratos son, en realidad, más diversos de lo que predice la teoría. Sin embargo, esta percepción es falsa por varias razones.

En primer lugar, si observamos un sistema de aparcería donde la teoría nos dice que no debe haber ninguno, algo erróneo hay en la teoría. En todo caso, es necesario ampliarla con una descripción más completa de la realidad. Además, este esfuerzo por enriquecer la teoría puede ayudarnos a comprender otras situaciones en las que la teoría de los incentivos también es importante. En segundo lugar, y pasando a un nivel más práctico, si la aparcería existe a pesar de las pérdidas de producción que parece que genera, esto induce a pensar que hay otros elementos para los que un sistema de ese tipo es adecuado. Si estos elementos pueden corregirse mediante una política adecuada, la reducción resultante del sistema de aparecería hará disminuir las ineficiencias. En tercer lugar, los contratos de aparcería pueden tener consecuencias para otros tipos de relaciones entre propietarios y arrendatarios, como los créditos al arrendatario, los desahucios y los incentivos para mejorar a largo plazo la tierra.[7]

¿Son más bajos los rendimientos en el sistema de aparcería?

El argumento de la ineficiencia del sistema de aparcería se basa en el supuesto de que la aplicación de factores por parte del arrendatario, por ejemplo, de trabajo, no puede ser controlada e impuesta por el terrateniente. Si fuera posible controlarla perfectamente, el tipo de contrato de arrendamiento dejaría de ser relevante para comprender la eficiencia productiva, ya que el uso eficiente del trabajo sería dictado por el terrateniente, cualquiera que fuese el tipo de contrato.

¿Puede el terrateniente controlar e imponer sin costes los niveles de trabajo y demás factores elegidos por el arrendatario? Los estudios empíricos pueden aportar alguna luz sobre esta cuestión. El estudio de Shaban [1987], basado en datos del ICRISAT, es una de las aportaciones más minuciosas a este campo. No basta con verificar simplemente si existen diferencias de rendimiento por hectárea entre la tierra en régimen de aparcería y otros tipos de uso del suelo. Debemos ser muy cuidadosos y tener en cuenta otros factores que varían sistemáticamente con el tipo de arrendamiento (y no sólo la aplicación del trabajo o de otros factores no controlados). El estudio de Shaban resuelve en gran medida estas serias dificultades.[8]

La idea principal (que elimina la influencia de una gran cantidad de factores, por lo demás, incontrolables) es estudiar la productividad del *mismo hogar* que posee su propia tierra y que trabaja en régimen de aparcería en otra. Ya hemos visto que los datos del ICRISAT están llenos de este tipo de familias "mixtas".

Esta idea permite al investigador controlar por todo tipo de características de las familias que varían sistemáticamente de la tierra en propiedad a la tierra en régimen de aparcería. Por ejemplo, las familias que poseen tierra pueden tener más acceso al capital circulante que las que tienen un contrato de aparcería, en cuyo caso la productividad de la tierra de propiedad puede ser más alta; sin embargo, esa diferencia no puede atribuirse directamente a la ineficiencia mar-

---

[7] Véase Singh [1989] para un estudio de las teorías de la aparecería, que complementa las observaciones que hacemos más adelante en este capítulo.

[8] También es notable el estudio anterior de Bell [1977], que fue quien primero sugirió el tipo de metodología ampliada más tarde por Shaban y otros autores.

shalliana. Y a la inversa, puede ocurrir que un aparcero pobre tenga pocas actividades alternativas a las que dedicar su trabajo y, por lo tanto, dedique más esfuerzo a cultivar la tierra a pesar del efecto desincentivador identificado por Marshall. Bajo las circunstancias estudiadas, en cambio, la productividad por hectárea de la tierra propiedad del agricultor no será muy distinta de la productividad de la tierra trabajada en régimen de aparcería, pero eso no excluye la posibilidad de que exista ineficiencia.

Eso no es todo. Es posible que la calidad de la tierra varíe sistemáticamente de la tierra arrendada a la tierra no arrendada. De hecho, ya hemos visto que ocurre en los pueblos del ICRISAT. Por lo tanto, un buen estudio debe tener en cuenta estas diferencias sistemáticas. El instrumento ideal en este sentido es la regresión múltiple (véase el apéndice 2): la introducción de varios términos en el segundo miembro nos permite tener en cuenta los efectos de estas diferencias sistemáticas. Shaban incluyó los valores de las parcelas (véase el cuadro 12.4), así como variables ficticias para recoger el acceso al riego y otras medidas de la calidad del suelo. Una vez tenidas en cuenta todas estas variables, las únicas diferencias restantes tienen que deberse al tipo de contrato de arrendamiento.

Los resultados son sorprendentes:

(1) La producción y la cantidad de factores utilizada por hectárea son mayores en las parcelas *propiedad* de un aparcero mixto que en las parcelas que trabajan en régimen de aparcería: la diferencia media es del 33% en el caso de la producción y de entre el 19 y el 55% en el de los factores principales.

(2) Una gran parte de esta diferencia se debe al acceso al riego, pero, desde luego, no toda. Una vez incluido el riego en la regresión, la producción por hectárea es un 16% mayor en las parcelas propiedad del aparcero que en las que trabaja en régimen de aparcería. El trabajo familiar masculino es un 21% mayor, el trabajo familiar femenino es un 47% mayor y el uso de bueyes es un 17% mayor. Estas diferencias también persisten incluso cuando sólo se tienen en cuenta los aparceros-propietarios que cultivan un mismo producto en los dos tipos de parcelas.

(3) Una vez considerados el acceso al riego y la calidad del suelo, no existe ninguna diferencia sistemática entre las parcelas arrendadas por un alquiler fijo y las parcelas cultivadas por su propietario, exactamente como predice la teoría marshalliana.

Estas observaciones plantean una duda desconcertante. Si es cierto que el sistema de aparcería es ineficiente, ¿por qué existe? De hecho, es el tipo *dominante* de arrendamiento en los pueblos del ICRISAT: ¿por qué es tan frecuente? Así pues, tanto los razonamientos teóricos como los datos empíricos nos llevan a la misma cuestión, que analizamos a continuación en el texto.

12.3.3 Riesgo, arrendamiento y aparcería

Recuérdese el análisis de la aversión al riesgo del capítulo 10. En pocas palabras, una persona es *aversa al riesgo* si prefiere una cantidad segura de dinero *A* a una lotería que tiene el mismo valor esperado *A*. Por lo tanto, *el propio hecho* de que una determinada cantidad sea el valor esperado de una lotería es intrínsecamente desagradable para una persona aversa al riesgo. Eso no quiere decir que las personas aversas al riesgo no puedan ser compensadas por asumirlo. Pueden, pero cuanto mayor sea la aversión al riesgo, mayor tendrá que ser la compensación (por encima del valor esperado de la lotería).

Obsérvese que las actitudes hacia el riesgo significan algo más que la capacidad de comparar un juego arriesgado con una cantidad dada de dinero *seguro*. También permiten comparar dos juegos arriesgados. Como esta comparación es relevante para el análisis de la elección del tipo de contrato para el uso de la tierra de cultivo, vamos a continuar con un ejemplo introducido cuando estudiamos por primera vez la aversión al riesgo en el capítulo 10. Nos referimos a Nazim, el vendedor turco de sombreros. Recuérdese que Nazim estaba considerando la posibilidad de realizar una inversión que rendía o bien 10.000 euros o bien 2.000, cada caso con una probabilidad de 1/2. Compárese ahora este proyecto, no con una cantidad segura de dinero como hicimos inicialmente sino con otro proyecto arriesgado. Supongamos que Nazim compara *dos* proyectos arriesgados: el proyecto inicial y otro que rinde menos (8.000 euros) si tiene éxito, pero más (4.000) si fracasa. Invertir en cada proyecto cuesta lo mismo. Obsérvese que los proyectos pueden compararse de la siguiente manera: en primer lugar, ambos tienen el mismo valor esperado de 6.000 euros; en segundo lugar, el último proyecto implica una "dispersión" menor de los rendimientos. Intuitivamente tiene sentido que si Nazim es aversión al riesgo, prefiera el segundo proyecto al primero. ¿Recoge la función de utilidad introducida en el apartado anterior esta idea intuitiva? La figura 12.6 muestra que sí. Los dos proyectos están representados en esta figura: el primero es la combinación de los puntos A y B y el segundo es la combinación de los puntos A' y B'. Es evidente que la *utilidad* esperada del segundo se encuentra por encima de la del primero (los valores *monetarios* esperados son, por supuesto, los mismos).

Aplicaremos esta idea directamente a los contratos de arrendamiento de tierra, para lo cual dejamos totalmente de lado el enfoque de la función de producción y suponemos, en vez, que se aplica una cantidad fija de trabajo y de otros factores a la tierra arrendada. Por lo tanto, eliminamos de momento el efecto de los incentivos (analizado en el apartado anterior). Más adelante consideraremos ambos efectos conjuntamente.

Ahora introducimos la idea de incertidumbre en la producción agrícola, tema que reaparecerá en diferentes contextos en los capítulos siguientes. Aunque se apliquen debidamente todos los factores que puede controlar razonablemente un agricultor, el tamaño de la cosecha sigue dependiendo mucho de la Naturaleza y, por lo tanto, es variable. Para simplificar el análisis, supongamos que sólo hay dos niveles de producción posibles. Representamos sus valores por medio de M ("mucho") y de P ("poco"). Supongamos que la probabilidad de que se produzca mucho es p.

A continuación consideramos una situación en la que un terrateniente relativamente rico arrienda tierra a un arrendatario relativamente pobre (una gran parte de la tierra arrendada, por no decir toda, es de este tipo). Es razonable suponer, pues, que en lo que se refiere al rendimiento de esta parcela de tierra, el terrateniente es menos averso al riesgo que el arrendatario. Si el terrateniente es rico, esta renta no es más que una de sus numerosas fuentes de ingresos, por lo que no le concede la misma importancia. Además, las demás fuentes de ingresos pueden no estar correlacionadas con la presente fuente, lo que permite al terrateniente diversificar. En realidad, simplificaremos suponiendo que el terrateniente es neutral al riesgo, mientras que el arrendatario es averso al riesgo.

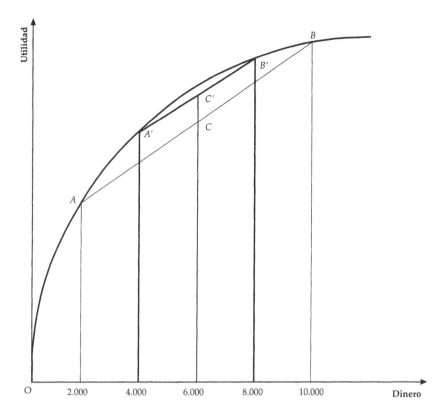

Figura 12.6. Comparación de dos proyectos arriesgados.

Consideremos primero el caso de un contrato de alquiler fijo en el que el arrendatario debe pagar un alquiler de R al terrateniente, independientemente de los resultados que obtenga la parcela. En este caso, el arrendatario recibe $M - R$ si las cosas van bien y $P - R$ en caso contrario. El terrateniente recibe una cantidad segura R.

Imaginemos ahora que sustituimos este contrato por uno de aparcería, en el que el reparto se elige a propósito de tal forma que el terrateniente obtenga exactamente el mismo rendimiento esperado que antes (la razón por la que se hace eso quedará clara en seguida). Por lo tanto, si s es la parte de la cosecha que obtiene el terrateniente, su rendimiento esperado es

$$psM + (1 - p)sP.$$

Si se iguala esta expresión al rendimiento que obtiene el terrateniente con un arrendamiento de alquiler fijo, R, vemos que la parte que obtiene el terrateniente con el nuevo contrato debe venir dada por la ecuación

$$s = \frac{R}{pM + (1 - p)P}. \tag{12.2}$$

Obsérvese que, por supuesto, el rendimiento esperado del arrendatario *también* es el mismo con los dos tipos de contrato. Sin embargo, el arrendatario no es neutral al riesgo, por lo que aún necesitamos averiguar cuál de los dos contratos prefiere *él*. De hecho, podemos imaginar que estas dos situaciones son parecidas a los dos proyectos de Nazim y trazar la analogía. Para verlo, comparemos primero los rendimientos que obtiene el arrendatario en el estado bueno con los dos contratos. Con un alquiler fijo, es $M - R$, mientras que con el sistema de aparcería, es $(1 - s)M$. Utilizando la ecuación [12.2], podemos concluir que

$$(1 - s)M - (M - R) = R - sM = R - \frac{MR}{pM + (1 - p)P} < 0,$$

por el hecho de que $M > P$. Podemos concluir, pues, que el contrato de aparcería *reduce* el rendimiento del arrendatario en el estado bueno. Como el reparto se ha decidido de tal manera que los valores monetarios esperados sean los mismos para ambas partes en los dos contratos, podemos concluir que el contrato de aparcería aumenta el rendimiento del arrendatario en el estado malo (en relación con el alquiler fijo). Ahora debería quedar clara la analogía con el ejemplo de Nazim: el arrendamiento en régimen de aparcería y con un alquiler fijo son como dos proyectos que tienen el mismo valor esperado, pero la "dispersión" de los rendimientos del arrendatario es menor en el sistema de aparcería.

Así pues, si el arrendatario es averso al riesgo, preferirá un contrato de aparcero a un contrato de alquiler fijo. El terrateniente puede aprovecharse de esta preferencia reduciendo algo más la parte de la cosecha que obtiene el arrendatario, pero no demasiado, para que el arrendatario *siga* prefiriendo el contrato de aparcero. Ahora el terrateniente, que es neutral al riesgo, disfruta de un rendimiento esperado mayor, por lo que sustituirá el contrato de alquiler fijo por el de aparcería.[9]

Así pues, el sistema de aparcería es una forma de repartir, no sólo el resultado de la actividad productiva sino también el riesgo que ésta conlleva. Un arrendatario que paga un alquiler fijo se ve obligado a asumir toda la incertidumbre de la producción. Puede muy bien ser que prefiera compartir parte de esta incertidumbre con el terrateniente. El sistema de aparcería lo logra a base de modificar el alquiler debido en función de la cosecha.

Hemos simplificado algo esta explicación, por lo que es el momento de retroceder y examinar los pasos que faltan. La principal objeción a nuestra teoría puede resumirse de la forma siguiente: si el objetivo del contrato es traspasar riesgo de la parte reacia al riesgo (el arrendatario) a la parte neutral al riesgo (el terrateniente), ¿por qué limitarse a un

---

[9] Ahora debería quedar clara la razón por la que se supone inicialmente que la tasa de reparto es tal que los rendimientos del terrateniente son iguales con los dos tipos de arrendamiento. Hemos mostrado que en este caso el arrendatario preferirá el sistema de aparcería. Por lo tanto, aun cuando eligiéramos para el terrateniente una parte algo mayor de la producción, el arrendatario seguiría prefiriendo el sistema de aparcería, por lo que se observa que ahora el bienestar de ambas partes es mayor. Eso demuestra que puede haber algún otro contrato que sea superior al de alquiler fijo. Este método de demostración es conocido en la teoría de los contratos.

sistema de aparcería? Hay formas de reducir aun más la incertidumbre del arrendata-rio.[10] Consideremos, por ejemplo, la posibilidad de pagar un *salario* fijo al arrendatario igual al valor esperado de su rendimiento en el sistema de aparecería. Un arrendatario que sea averso al riesgo preferirá el salario al contrato de aparcería, hasta el punto de estar dispuesto a renunciar a parte de sus ingresos a cambio del seguro que proporciona el salario. Esta parte de los ingresos podría embolsárselos el terrateniente.

Este argumento parece indicar que en los casos en los que hay grandes terratenientes y pequeños arrendatarios potenciales que son muy aversos al riesgo, la institución del arrendamiento podría desaparecer. Al fin y al cabo, el pago de una renta fija al arrendata-rio equivale a contratarlo como trabajador. Tenemos, pues, una situación en la que se contrata trabajo en lugar de arrendarse la tierra, lo cual puede muy bien ocurrir en mu-chas situaciones (véase también nuestro análisis del capítulo 11).

Sin embargo, hay dos consideraciones que impiden extraer una conclusión inequívo-ca. En primer lugar, en muchos casos el terrateniente y el arrendatario pueden ser *ambos* aversos al riesgo, aunque probablemente sea razonable suponer que el segundo lo sea más que el primero. Con un alquiler fijo, toda la incertidumbre recae en el arrendatario, pero con un salario fijo toda la incertidumbre recae en el terrateniente. Si ambas partes son aversas al riesgo, ninguno de estos dos contratos extremos puede ser una solución aceptable. Es posible que se prefiera una solución intermedia en la que ambas partes compartan el riesgo. Esos contratos intermedios deben parecerse mucho al sistema de aparcería, aunque evidentemente la teoría no es suficientemente precisa para predecir que la proporción de la cosecha que reciba cada persona vaya a ser independiente de su volumen (como ocurre en el caso del sistema de aparcería).

La segunda consideración que impide una solución salarial es el problema de los in-centivos. Recuérdese el argumento de Marshall. El hecho de que en este apartado haya-mos supuesto que el trabajo es fijo no significa que lo sea en una situación contractual real. Cuanto menor sea la proporción de la producción que obtiene el arrendatario, me-nores serán sus incentivos para esforzarse. En el caso extremo, la contratación de trabajo asalariado es imposible, a menos que exista un sistema de supervisión directa que garan-tice que el trabajador se esfuerza lo necesario. Observamos, pues, que existe un conflicto entre la necesidad de dar incentivos al arrendatario y la necesidad de asegurarlo. Este conflicto es el que motiva nuestra forma de ver el problema de la contratación. El terrate-niente ofrece un contrato apropiado para equilibrar incentivos y seguro, pero ofrecer un seguro incompleto significa necesariamente que no se alcanza plenamente la eficiencia: esa eficiencia es incompatible con los propios objetivos del terrateniente.

Volveremos a analizar este tema en varias ocasiones a lo largo de este libro. El proble-ma de hallar el contrato apropiado se analiza a partir del llamado *modelo del principal y el agente,* y tiene tal importancia y tantas aplicaciones que le dedicamos el apéndice 1 que se encuentra al final de este capítulo.

---

[10] Para verlo algebraicamente, modificamos los valores de α y F en la ecuación [12.1], pero mantene-mos constante el valor esperado del alquiler total.

Existe otra objeción al argumento a favor del sistema de aparcería basado en el reparto del riesgo (véase Newbery [1977]). En un mundo en el que sólo haya contratos de salarios fijos y de alquileres fijos, un agente (un terrateniente o un arrendatario) puede controlar su grado de exposición al riesgo con sólo diversificando sus activos y recursos entre los contratos de alquiler fijo y los contratos salariales. Por lo tanto, los terratenientes pueden arrendar una parte de su tierra a cambio de un alquiler fijo y obtener de esta forma una renta segura. El resto de sus tierras pueden ser cultivadas mediante trabajo asalariado contratado, que produce unos rendimientos esperados mayores, pero traslada todo el riesgo al terrateniente. Asimismo, una persona sin tierra puede dedicar parte de su tiempo a trabajar como asalariada para obtener unos ingresos mínimos e invertir el resto en el cultivo de tierra arrendada por un alquiler fijo, arriesgándose en este proyecto. Este tipo de diversificación puede tener el beneficio añadido de que los efectos desincentivadores y las distorsiones sean menores que en un sistema totalmente desarrollado de aparcería, ya que el arrendamiento de tierra agrícola a cambio de un alquiler fijo garantiza los máximos incentivos.

Pueden ponerse tres objeciones a esta crítica. En primer lugar, como ya hemos señalado, los contratos de salarios fijos tienen sus propios problemas de incentivos, por lo que dista de estar claro que la *combinación* de contratos de alquileres fijos (que son buenos para los incentivos) y contratos de salarios fijos (que son malos para los incentivos) sea superior al sistema de aparcería (que se encuentra en una situación intermedia desde el punto de vista de los incentivos). Todo depende de la facilidad con que pueda soslayarse el problema de supervisar al trabajo contratado. Como hemos señalado en varias ocasiones, es posible en los casos en los que se contratan muchos trabajadores, porque en estos casos sale a cuenta contratar supervisores especializados.

La segunda objeción es que la combinación de diferentes contratos puede ser difícil de llevar a la práctica. Todo depende de la estructura del mercado de trabajo. Algunos terratenientes pueden exigir que se trabaje a tiempo completo en su parcela, especialmente durante la temporada de la recolección, en la que el calendario manda. Una persona que encuentra empleo durante esta temporada (que es la temporada en la que hay más empleo) quizás no pueda compatibilizarlo con la recogida de la cosecha en la tierra arrendada.

Por último, hemos prescindido de otros tipos de incertidumbre que existen en el mercado de trabajo y que hacen que el propio salario sea incierto. Ahora bien, aunque la combinación de distintos tipos de contratos sea posible y aunque no tengamos en cuenta los problemas de incentivos, puede resultar imposible encontrar un "activo seguro", por ejemplo, un contrato con un salario fijo que no tenga ninguna incertidumbre. En esas circunstancias, el sistema de aparcería puede muy bien ser superior a todo lo que pueda conseguirse combinando el arrendamiento a un alquiler fijo con un contrato salarial arriesgado (Newbery [1977]).

12.3.4 Tipos de arrendamiento: otras consideraciones

Hasta ahora hemos estudiado los dos principales ingredientes que afectan a la estructura de los contratos de arrendamiento de tierra: los incentivos y el riesgo. Hay otros aspectos de este asunto que también son importantes. En este apartado analizamos algunos de ellos.

El problema de los dobles incentivos

¿La tierra arrendada, la cultiva solamente el arrendatario, su familia y los trabajadores contratados por ellos? Depende. Si la tierra es arrendada por un pequeño terrateniente a un gran arrendatario o por un terrateniente absentista al que sólo le interesa tener una fuente segura de renta procedente de sus arrendamientos, el terrateniente normalmente no mostrará un interés continuado por su tierra arrendada. Normalmente, esos arrendamientos se realizan a cambio de un alquiler fijo, ya que exigen del terrateniente una actividad mínima (como la verificación de la producción del arrendatario). De hecho, al terrateniente le da incluso lo mismo que la tierra se cultive o no, mientras se le pague el alquiler.

En cambio, hay situaciones en las que el terrateniente está profundamente interesado en los cultivos de su tierra, en los métodos que se emplean para cultivarla, en los factores que se utilizan y en el buen mantenimiento y cuidado de los campos arrendados. Puede incluso estar en condiciones de hacer sugerencias, de ayudar a gestionarla y de suministrar factores de producción. Posiblemente algunos de estos factores no pueden adquirirse, de la misma manera que el terrateniente no puede contratar el trabajo del arrendatario porque no puede observarlo ni verificarlo.

Volvamos a la ineficiencia marshalliana del sistema de aparcería. Prescindamos del riesgo o supongamos que todo el mundo es neutral al riesgo con el fin de presentar el problema de los incentivos de la manera más sencilla. Recuérdese que el problema tiene su origen en la observación de que si el arrendatario no consigue quedarse con todo el producto marginal resultante de la producción, tendrá un incentivo para no esforzarse lo suficiente. Sin embargo, ¿qué ocurre si *tanto* el terrateniente *como* el arrendatario deben esforzarse, como en la descripción del párrafo anterior? Concibamos este problema como un *problema de doble incentivo*.

Si el arrendatario consigue quedarse con todo el producto marginal de la tierra, el terrateniente no se queda con ninguno (éste es el sistema de arrendamiento basado en un alquiler fijo). Naturalmente, el arrendatario trabajará entonces mucho, pero el terrateniente no tendrá ningún incentivo para dedicar ningún esfuerzo a la tierra arrendada. Supongamos ahora que el terrateniente consigue quedarse con todo el producto marginal de la tierra, pero el arrendatario no se queda con ninguno (éste es el caso del trabajo asalariado en el que el terrateniente es realmente un empresario y el arrendatario es realmente un asalariado). En este caso, el terrateniente tendrá muchos incentivos para esforzarse y el arrendatario-trabajador ninguno.

Estamos, pues, en un doble aprieto: el argumento marshalliano se aplica en ambos sentidos, por lo que ya no podemos decir que el arrendamiento a cambio de un alquiler fijo sea mejor que el sistema de aparcería. El sistema de aparcería puede ser una solución de compromiso en la que tanto el terrateniente como el arrendatario se esfuerzan algo. Eswaran y Kotwal [1985a] estudian esta situación.

Reparto de los costes de los factores

El sistema de aparcería puede ser el contrato preferido cuando el terrateniente y el arrendatario se reparten los costes de los factores. Para verlo examinemos de nuevo el argumento marshalliano. Como no es posible contratar el trabajo del arrendatario, su coste marginal recae totalmente en este último. Sin embargo, en el sistema de aparcería una parte (por ejemplo, la mitad) del producto marginal va a parar al terrateniente. Por lo tanto, el arrendatario, en lugar de igualar el producto marginal de su trabajo y su coste marginal, iguala de hecho *la mitad* del producto marginal de su trabajo y su coste marginal. Eso significa que deja de aplicar trabajo en un punto en el que el producto marginal aún es superior al coste marginal, por lo que el resultado es ineficiente.

Supongamos, sin embargo, que sea posible observar el esfuerzo del arrendatario. Si tenemos dificultades para observar el trabajo de la familia, supongamos en aras del argumento que el único factor de producción es el fertilizante y que su uso es observable. Quizá varíe, de un año a otro, la cantidad óptima de fertilizante, por lo que no merece la pena indicar una cantidad exacta en el contrato. En ese caso, el terrateniente puede ser que sufrague parte del coste del fertilizante. Veamos cómo estas circunstancias influyen sobre la decisión del arrendatario de emplear fertilizante. Éste igualará el producto marginal del fertilizante *que recibe* y el coste marginal del fertilizante *que paga*. En el sistema de aparcería, el producto marginal que recibe es la mitad del verdadero producto marginal y, con el reparto de los costes, el coste marginal que tiene que pagar también se divide por la mitad, lo que restablece la eficiencia, ya que en ese caso el producto marginal es igual al coste marginal.

La cuestión es más compleja cuando hay muchos factores de producción, unos observables y otros no. En ese caso, la ineficiencia marshalliana sigue aplicándose a los factores que no son observables, mientras que con un sensato reparto de los costes la ineficiencia puede evitarse en el caso de los factores observables.[11] Si el arrendatario es neutral al riesgo, aún es mejor (dejando a un lado las consideraciones analizadas en el subapartado anterior) arrendar la tierra a cambio de un alquiler fijo, pero si el arrendatario es averso al riesgo, el sistema de aparcería tiene ventajas, como hemos visto. Si es posible contratar algunos factores y pueden repartirse los costes, es mayor la ventaja relativa del sistema de aparcería. Newbery y Stiglitz [1979] estudian algunas de estas cuestiones.

La breve descripción siguiente de los contratos de aparcería de la región pakistaní de Sindh expone algunas de las cuestiones planteadas en este subapartado y también es relevante para algunas de las observaciones que hemos hecho en el subapartado anterior.

---

[11] Estas afirmaciones son algo vagas. La ineficiencia marshalliana no se define realmente "factor por factor", sino por todo el complejo de reacciones a un determinado contrato. Eso también significa que si no es posible contratar algunos factores, el reparto óptimo de los costes de los factores que pueden contratarse generalmente no es igual al reparto de la producción.

El sistema de aparcería en el Sindh (Pakistán)

Los contratos de arrendamiento en régimen de aparcería que existen en el Sindh se denominan *batai*, que significa, literalmente, división.[12] El terrateniente arrienda la tierra a cambio de una parte de la cosecha; el arrendatario aporta el trabajo. Los costes de otros factores —semillas, fertilizante y pesticidas, por ejemplo— son financiados *tanto* por el terrateniente *como* por el arrendatario de acuerdo con toda una variedad de reglas de reparto de los costes. La proporción de la *cosecha* y la proporción de los *costes* están, desde luego, estrechamente relacionadas. Por ejemplo, un arrendatario que asume por entero la preparación de la tierra (es decir, pone todo el trabajo) y que financia la mitad del coste de todos los demás factores recibe la mitad de la cosecha. Se considera que este acuerdo es el tipo más frecuente de *batai*.

Sin embargo, el reparto al 50% es cada vez menos frecuente, sobre todo en el Sindh. La proporción de la cosecha y la proporción de los costes correspondientes al arrendatario oscilan entre la mitad y un sexto, pero también se observan las proporciones intermedias de un tercio, un cuarto o un quinto. La mecanización es en parte responsable de la disminución de la proporción correspondiente al arrendatario. Las tareas intensivas en trabajo, como la preparación de la tierra y la trilla, que eran tradicionalmente responsabilidad exclusiva del arrendatario, ahora se realizan total o parcialmente con máquinas. Por lo tanto, el terrateniente participa activamente en la explotación de la tierra.

Los cultivos múltiples también han aumentado el uso de trabajo contratado en la tierra arrendada. El año agrícola consta normalmente de dos temporadas. En una, se cultivan alimentos (trigo o arroz) y en la otra se cultivan productos comerciales (algodón, caña de azúcar y frutas). Con la llegada de los cultivos múltiples, es posible que haya que recolectar simultáneamente dos o más productos (como algodón y caña de azúcar), mientras está sembrándose otro (guindillas, por ejemplo). Este fenómeno ha aumentado espectacularmente el uso de trabajo contratado en la parcela del aparcero. Estos cambios han elevado los costes monetarios del cultivo y han reducido el papel del arrendatario como suministrador de trabajo y de animales de tiro. Los arrendatarios que reciben una cuarta parte de la cosecha o menos, normalmente no tienen animales de tiro y no son responsables de la preparación de la tierra. El arrendatario paga una proporción de los costes de los trilladores y de la mano de obra contratada igual a la proporción que recibe de la cosecha.

Los cultivos múltiples y el aumento de los cultivos comerciales han hecho de la agricultura un negocio más lucrativo. Si no surgen otras oportunidades para los arrendatarios al mismo ritmo (por ejemplo, debido al aumento de la mecanización), es probable que en el futuro reciban una proporción menor de la cosecha. A veces ésta varía dependiendo del producto cultivado. Pueden recibir la mitad o un tercio del cultivo de alimentos, pero sólo un cuarto o un quinto del cultivo comercial. En algunos casos, los arrendatarios trabajan como mano de obra asalariada agrícola en la temporada en la que se produce el cultivo comercial y como aparceros en la temporada en la que se cultivan alimentos.

---

[12] Agradezco a Ghazala Mansuri la información suministrada en la que se basan estas observaciones.

Responsabilidad limitada y sistema de aparcería

Si el arrendatario es pobre y su producción es incierta, entonces al margen de las consideraciones de la aversión al riesgo, puede haber estados del mundo en el que no *pueda* pagar un alquiler fijo. Esta restricción, que se debe a la pobreza del arrendatario y a lo poco que puede producir, se conoce con el nombre de *responsabilidad limitada*.

Los terratenientes que cobran un alquiler fijo saben, pues, que ese alquiler no siempre se puede pagar. Si el arrendatario es pobre y la cosecha es mala, el terrateniente tendrá que perdonar el alquiler o considerarlo un adelanto como si fuera un préstamo. Sin embargo, no existe garantía alguna de que recuperará este préstamo en el futuro, por lo que es posible que tenga que perdonar realmente el alquiler, en parte o en su totalidad.

El problema de este sistema estriba en que da un incentivo al arrendatario para invertir excesivamente en métodos de producción arriesgados, ya que si la producción fracasa, se le perdonará el alquiler, mientras que si tiene éxito, el arrendatario se quedará con la totalidad de las ganancias adicionales (en el sistema de arrendamiento basado en un alquiler fijo). Este problema de incentivos se analizará más detalladamente cuando se estudien los contratos crediticios: véase el capítulo 14. El terrateniente puede contrarrestar esta situación reduciendo el alquiler en los estados malos y subiéndolo en los buenos. De esa manera, el arrendatario también tiene interés en que los resultados no sean malos y reduce su tendencia a invertir excesivamente en métodos de producción arriesgados.

Obsérvese ahora que la reducción del alquiler en los estados malos y la subida en los buenos se parece al sistema de aparcería. Naturalmente, a medida que el arrendatario tiene más riqueza, la restricción de la responsabilidad limitada se deja sentir cada vez menos y entonces se puede volver al arrendamiento con un alquiler fijo. Eso también significa que debería haber más arrendamientos con un alquiler fijo cuando la riqueza de los arrendatarios fuera mayor. Esta observación está relacionada con el concepto de *escalas de arrendamiento*; véase Shetty [1988] y Sengupta [1997], que estudian los efectos de la responsabilidad limitada sobre los contratos de aparecería. Basu [1992] analiza la tendencia a invertir excesivamente en riesgo.

Selección

Un contrato de aparcería ofrecido junto con otros tipos de contratos puede ser un buen método de selección para conseguir arrendatarios de buena calidad. Supongamos que un terrateniente no sabe con seguridad cuál es la verdadera capacidad y productividad de un posible arrendatario, aunque el propio arrendatario sabe con exactitud cuáles son sus capacidades. En esa situación, a veces es posible *separar* los diferentes tipos de arrendatarios ofreciendo contratos diferentes.

Este argumento se basa en la idea de que los arrendatarios muy capacitados preferirán los contratos en los que puedan quedarse con una parte mayor de su (elevado) producto marginal, mientras que a los pocos capacitados les gustará repartirse su (bajo) producto marginal con el terrateniente. A los terratenientes les gustaría descubrir los arrendatarios muy capacitados en un mundo en el que se desconocen en gran medida sus capacidades. De esa manera, podrían utilizar su mayor productividad para extraer más alquiler.[13] Obsérvese bien que no es posible extraer *todo* el excedente adicional implícito por medio de un alquiler más alto, ya que en ese caso todo arrendatario muy capacitado evitará elegir el contrato apropiado para no revelar sus capacidades. Es ahí donde puede ser fundamental un menú de contratos elegido astutamente.

Supongamos concretamente que el terrateniente pide al arrendatario que elija entre dos contratos: uno en el que se ofrece un reparto de la producción y otro en el que tiene que pagar un alquiler fijo. En algunas circunstancias, es posible elegir este menú de tal forma que se cumplan las siguientes condiciones.

(1) Un arrendatario muy capacitado preferirá el contrato de alquiler fijo al de aparcería, aun cuando el alquiler implícito en el contrato de alquiler fijo sea más alto. La razón se halla en que le permite quedarse con todo su elevado producto marginal. En el contrato de aparcería, debe renunciar a una parte.

(2) Un arrendatario poco capacitado preferirá el contrato de aparcería al de alquiler fijo. El alquiler fijo es demasiado alto en relación con el producto marginal adicional con que se quedaría.

Si se cumplen estas dos condiciones, los dos tipos de arrendatarios "se separarán" eligiendo diferentes contratos. Desde este punto de vista, el sistema de aparcería es un mecanismo de selección para dejar los contratos de alquiler fijo en manos de los arrendatarios más productivos. Esta teoría de la selección también explica la *coexistencia* del sistema de aparcería con otros tipos de contratos.

Obsérvese que esta teoría tiene varios problemas. En primer lugar, la capacidad no se desconoce *indefinidamente*: ¿qué ocurre cuando el arrendatario revela su capacidad? Cuando ocurre eso, no es necesario dar al arrendatario poco capacitado un contrato de aparcería (a menos que haya otras consideraciones que ya hemos analizado, como la aversión al riesgo). Por lo tanto, la teoría de la selección atribuye en el mejor de los casos al sistema de aparcería un papel efímero, que sólo será permanente cuando haya una entrada continua de nuevos arrendatarios.

En segundo lugar, si una persona muy capacitada sabe que una vez que revela su capacidad le subirán el alquiler para extraer el excedente adicional que genera, ¿qué incentivo tiene para revelarla? En un contexto intertemporal, aún es posible distinguir a los arrendatarios, pero es una proposición más costosa.

En tercer lugar, si los arrendatarios potenciales pueden pujar por los contratos y la única incertidumbre se refiere a su capacidad personal, son como empresarios que pueden pujar por otros factores, incluida la tierra. El tipo de arrendamiento de equilibrio será el de alquiler fijo. Para que pueda haber selección, más de un factor de producción debe tener una calidad incierta.

A pesar de estos problemas, los modelos de selección son útiles por dos razones. En primer lugar, porque ponen en evidencia los sutiles problemas de incentivos que plantea la elección de los contratos de arrendamiento de tierras. En segundo lugar, en las situa-

---

[13] Sin embargo, véase la siguiente observación sobre la competencia.

ciones más generales en las que hay múltiples tipos de información incompleta (y no sólo sobre la capacidad del arrendatario), los equilibrios basados en la idea de selección podrían tener más sentido. Por esta razón, en el apéndice 2 de este capítulo analizamos en términos más formales el modelo de selección.

12.3.5 Los contratos de arrendamiento de tierras, el desahucio y los derechos de uso

Hasta ahora hemos analizado los problemas de incentivos y de reparto del riesgo en un contexto estático. Hemos prescindido de la posibilidad de que un contrato de arrendamiento pueda o no *renovarse*. Cuando el terrateniente puede no renovar un contrato o desahuciar al arrendatario, tiene un instrumento más para incentivar el esfuerzo.

Es bastante fácil ver cómo actúa esa posibilidad. Supongamos que se ofrece a un arrendatario un contrato de aparcería por una o más de las razones que ya hemos analizado. El problema de la ineficiencia marshalliana podría resolverse en cierta medida con la amenaza de un desahucio en caso de poco rendimiento.[14]

El desahucio tiene varias consecuencias. En primer lugar, introduce un nuevo tipo de riesgo para el arrendatario, por lo que tendrá que ser compensado por él; de lo contrario, no aceptará ese tipo de contrato. En segundo lugar, el valor del contrato debe ser superior al de la siguiente mejor oportunidad del arrendatario; de lo contrario, la amenaza de desahucio no sirve para nada. Por lo tanto, el terrateniente tendrá que calcular cuidadosamente si vale la pena pagar la compensación adicional necesaria para poder utilizar el instrumento del desahucio.

Hay, además, otras consideraciones que también pueden ser una fuente de pérdidas para el terrateniente. Las principales son las actividades que aumentan la posibilidad de obtener un rendimiento a largo plazo de la tierra, que el arrendatario ahora estará menos dispuesto a llevar a cabo. Pero también hay ventajas. Por ejemplo, el terrateniente puede utilizar la amenaza del desahucio para conseguir un rendimiento mayor, así como para obligar a devolver un posible préstamo (para esta cuestión, véase el capítulo 14).

Existen dos situaciones en las que vale la pena utilizar contratos que contengan la amenaza de desahucio.

(1) *Responsabilidad limitada.* Consideremos los contratos de responsabilidad limitada estudiados en el apartado anterior. Dada la necesidad de dar buenos incentivos, esos contratos de responsabilidad limitada suelen proporcionar al arrendatario un rendimiento superior a su coste de oportunidad. En esas situaciones, la amenaza de rescindir el contrato mañana si la producción no es satisfactoria hoy sirve para algo. Ante esa amenaza, el arrendatario se esforzará más. Recuérdese que los arrendatarios pobres tienen más probabilidades de encontrarse en una situación en la que realmente su responsabilidad sea limitada. Por lo tanto, la amenaza de desahucio puede emplearse con más eficacia en el caso de los arrendatarios pobres.

---

[14] Entre los estudios sobre esta cuestión se encuentran los de Singh [1983], Bardhan [1984], Dutta, Ray y Sengupta [1989] y Banerjee y Ghatak [1996].

(2) *Información (no verificable) sobre el esfuerzo del arrendatario.* Supongamos que el terrateniente puede obtener alguna información sobre el esfuerzo del arrendatario, pero no puede incluir la posibilidad de esta información en un contrato porque no tiene ningún valor ante un tribunal. Por ejemplo, el terrateniente puede *saber* que el arrendatario ha dedicado demasiado tiempo a trabajar en su propia parcela o en otro lugar y no en la parcela arrendada, pero no puede *demostrarlo.* En esas situaciones, no es posible obligar a cumplir cláusulas del tipo "...y si yo, el terrateniente, observo que usted ha trabajado más de la mitad del tiempo en su propia tierra y no en la arrendada, me reservo el derecho de elevar el alquiler en otro 10% de la cosecha".

En cambio, esa información no verificable puede tenerse en cuenta en la decisión de *renovar* un contrato. Si el arrendatario no es intrínsecamente peor que otros, el terrateniente no tendrá ningún motivo para aprovecharse indebidamente de un acuerdo (informal) de ese tipo. Al mismo tiempo, el arrendatario será consciente de que es creíble, desde luego, que el terrateniente no le renueve el contrato si él, el arrendatario, holgazanea. Por lo tanto, en este caso, la decisión de no renovar un contrato puede basarse en cierta información que un contrato ordinario *no puede* contener. Esa información puede aumentar la eficiencia contractual.

Es necesario analizar con cautela las consecuencias que tiene desahuciar a un arrendatario para su bienestar. Nuestra primera reacción seguramente sea visceral: si existe la posibilidad de desahuciar a los arrendatarios, entonces su bienestar *debe* empeorar. Esta reacción, como muchas reacciones viscerales, probablemente sea correcta, pero hay un argumento paradójico contrario que debe abordarse primero.

Es éste: el desahucio sólo puede dar incentivos adicionales si el bienestar del arrendatario es *estrictamente* mayor trabajando para el terrateniente actual que si éste le rescinde el contrato. Eso es así si el paquete contractual es más atractivo que otro en el que al arrendatario le dé lo mismo trabajar para el terrateniente actual que buscar otras oportunidades. En otras palabras, si el terrateniente decide utilizar un contrato que contiene la posibilidad de desahucio como amenaza, este contrato tiene que ser *mejor* para un arrendatario nuevo que las oportunidades que se le ofrecen en otros lugares. Si se prohíbe el desahucio y hay un exceso de oferta de arrendatarios potenciales, un arrendatario *nuevo* no recibirá más que en su siguiente mejor alternativa. No es sorprendente, pues, que a pesar de las vicisitudes y las incertidumbres del sistema de arrendamiento, éste sea preferible al trabajo sin tierra.

Este argumento es correcto tal y como está, pero no distingue suficientemente entre *ex ante* y *ex post.* La prohibición del desahucio puede aumentar extraordinariamente el bienestar económico de los arrendatarios *que ya tienen un contrato de arrendamiento,* ya que altera el reparto del poder de negociación entre el arrendatario y el terrateniente. Este último ya no puede ofrecer un contrato al que el arrendatario sólo pueda responder "sí" o "no". Ahora el contrato puede negociarse bilateralmente, ya que el terrateniente no puede ofrecer sus tierras a otro arrendatario.

Una vez dicho eso, la prohibición del desahucio puede tener unas consecuencias totalmente distintas para los arrendatarios potenciales, como los que no tienen tierra. Para ellos resulta mucho más difícil conseguir nuevos contratos de arrendamiento y, mante-niéndose todo lo demás constante, eso reducirá su bienestar.

Por último, la prohibición del desahucio puede aumentar la productividad. Eso pare-ce paradójico. Si esto hace posible aumentar la productividad y la eficiencia, ¿por qué no se aprovecharía de ello el terrateniente no desahuciando a sus arrendatarios? La respuesta se halla en que la productividad aumenta *debido a la transferencia de poder de negociación del terrateniente al arrendatario,* lo que hace que la renta del arrendatario sea mucho mayor. Re-cuérdese que al terrateniente no le interesa maximizar la productividad sino su *propio* ren-dimiento. Estos dos objetivos a veces son compatibles, por ejemplo, en una situación de neutralidad global hacia el riesgo y arrendamiento con un alquiler fijo, pero no siempre.

Es importante insistir algo más en esta observación, para lo cual continuamos con el razonamiento que introdujimos a favor del sistema de aparcería basado en el reparto del riesgo: véase el apartado 12.3.3. Recuérdese que en nuestro análisis de la eficiencia mar-shalliana, un contrato de alquiler fijo maximiza *tanto* el rendimiento del terrateniente como el excedente social. Sin embargo, tan pronto como añadimos realismo introducien-do la incertidumbre y la aversión al riesgo, el arrendamiento basado en un alquiler fijo se vuelve demasiado arriesgado para el arrendatario. Como ya hemos visto, las fluctuacio-nes de la producción que afectan al arrendatario pueden reducirse algo por medio del sistema de aparcería, pero también hemos señalado que eso plantea un problema de in-centivos, que reduce la productividad. Hemos llegado a la conclusión de que existe una disyuntiva fundamental entre la provisión de incentivos y la provisión de seguro, y este conflicto significa que *no* se logrará, en general, la máxima productividad.

Maticemos esta afirmación: no se logrará, en general, la máxima productividad, *a menos que el terrateniente aumente considerablemente la parte de los ingresos de la explotación de las tierras que va a parar al arrendatario.* Sin embargo, al terrateniente no le interesa la pro-ductividad *per se:* ¿qué gana si el aumento de la productividad (en ese caso, sólo una parte) pasa al arrendatario? Pero este cambio *puede* lograrse por medio de una legislación eficaz. Si se prohíbe el desahucio, el arrendatario puede aumentar su parte porque tiene más poder de negociación.[15] Al mismo tiempo, pueden disminuir los incentivos, ya que no es posible aplicar el instrumento del desahucio. ¿Qué efecto predomina? Se trata de una cuestión empírica. El recuadro sobre la operación Barga, programa de legislación sobre el arrendamiento llevado a cabo en Bengala occidental, resume un contraste empí-rico de estas ideas realizado por Banerjee y Ghatak [1996].

Operación Barga

La ley de reforma agraria de la India (1955) y sus enmiendas posteriores establecían que todos los aparceros tienen un derecho de uso *permanente* de la tierra que arriendan y, además, que ese derecho es heredable. Los aparceros podrían reclamar ese derecho siempre y cuando entregaran a sus terratenientes la parte legal de la cosecha o no dejaran la tierra sin cultivar *o a menos que el terrateniente quisiera recuperar la tierra para cultivarla personalmente.*

---

[15] Ésta es una manera de interpretar la observación hecha por Mookherjee [1997].

Las lagunas existentes en la legislación, como la frase subrayada anterior, han retrasado durante décadas la aplicación de la reforma agraria. Los terratenientes se han valido automáticamente de la cláusula sobre el cultivo personal para desahuciar a los arrendatarios.

Existía otro gran obstáculo. Un arrendatario tenía que registrar oficialmente su situación (de arrendatario). Pero pocos se registraban, ante la posibilidad de ser intimidados por sus terratenientes, de perder otros tipos de ayuda, como créditos de consumo, y de enzarzarse en una larga y ardua batalla legal si querían recurrir contra un desahucio.

El Frente de la Izquierda llegó al poder en el Estado de la India de Bengala occidental en 1977. En la legislación existente sobre arrendamientos encontró la posibilidad de poner en marcha su programa de reforma agraria. Aunque estas leyes sólo reconocían el derecho de uso y no de propiedad, podían servirle. El Frente de la Izquierda llevó a cabo un ataque en dos frentes. Se tomó en serio la cláusula de la tierra no cultivada y eliminó esta laguna. Simultáneamente, fomentó que los arrendatarios se registraran por medio de un programa ampliamente divulgado y llamado Operación Barga (el término *barga* significa aparcería). Las organizaciones campesinas de los partidos políticos gobernantes trabajaron conjuntamente con las Administraciones municipales para fomentar el registro. De esta forma frustraron los pactos entre terratenientes y autoridades locales e impidieron toda intimidación. Los "campamentos de asentamiento", que ya estaban siendo utilizados por los responsables de la reforma agraria para mantener y actualizar los registros de la tierra, se utilizaron activamente como instrumentos de registro; se emitieron certificados de registro *in situ*. Durante el periodo 1977-90, la proporción de aparceros registrados pasó de 23 a 65%.

Debemos tener cuidado al evaluar el efecto directo de este sistema de registro. Durante ese mismo periodo, en Bengala occidental se expandió el riego público y privado y hubo cambios tecnológicos, por lo que es necesario tener en cuenta estas variables. Banerjee y Ghatak [1996] mostraron, no obstante, que la Operación Barga explica una proporción significativa del crecimiento total que experimentó la producción agrícola durante este periodo: 36% es la cifra estimada.[16]

Parece, pues, que en el caso de la Operación Barga la pérdida posible de rendimiento debida a la imposibilidad del desahucio fue compensada con creces por el aumento del rendimiento provocado por la mayor participación del arrendatario en la producción. En la muestra estudiada por Banerjee y Ghatak [1966], sólo el 10% de todos los arrendatarios recibía más de un 50% de la producción antes de la reforma. Tras ésta, alrededor de la mitad de todos los arrendatarios registrados e incluso una cuarta parte de todos los arrendatarios *sin registrar* recibía más de un 50%.

12.4 La propiedad de la tierra

12.4.1 Breve historia de la desigualdad de la tierra

¿Por qué está la propiedad de la tierra distribuida como está? Se trata, en última instancia, de una cuestión histórica. Cuando la población era escasa y la tierra abundante, la cuestión no era tanto utilizar correctamente la *tierra* como utilizar correctamente el *traba-*

---

[16] El efecto directo probablemente sea incluso mayor, ya que el sistema de aparcería representaba algo menos de la mitad del sector agrícola en Bengala occidental.

jo. Por lo tanto, los comienzos de la historia moderna están marcados no tanto por la lucha por la tierra como por la lucha por el control (y la propiedad) del trabajo. Esta situación cambió primero en aquellas zonas del mundo en las que la densidad demográfica comenzó a traspasar ciertos límites y la tierra se convirtió en el factor de producción fundamental. El concepto de derechos de propiedad empezó a surgir lentamente, comenzando con la idea de los derechos comunales o tribales a parcelas de tierra y culminando en la estructura que conocemos actualmente en muchas partes del mundo: los derechos de propiedad de una única persona o de una familia.

El proceso por el que se han establecido los derechos de propiedad raras veces ha sido fluido. Históricamente, los derechos de propiedad de la tierra se han establecido principalmente por medio de la fuerza. Era totalmente lógico que surgiera una clase de caciques o de gobernantes, que exigiera un tributo a los que cultivaban la tierra a cambio de protección. Esos tributos quedaron consagrados en la tradición, en las costumbres sociales, en las normas religiosas y finalmente (pero no por ello menos importante) en los mandatos legales del Estado. A medida que aumentó la población en todo el mundo, estas normas, reglamentaciones y tradiciones fueron suplantadas y reforzadas por el poder del mercado. Los pagos por la tierra y su precio subieron a medida que comenzó a escasear la tierra en relación con el trabajo. Al ser barata la oferta de trabajo, desaparecieron gradualmente las leyes que defendían la esclavitud.

Binswanger, Deininger y Feder [1995] señalan en su exhaustivo estudio de la evolución de las relaciones de propiedad y uso de la tierra que el aumento de la población no fue el único factor que determinó la relación sesgada entre el trabajo y la tierra. Los campesinos libres se trasladaron a las grandes posesiones señoriales bajo la presión de medidas que reducían sistemáticamente sus opciones fuera de ellas: (1) se asignó a los miembros de la clase gobernante grandes extensiones de tierra sin ocupar, incluidas parcelas de buena calidad, reduciendo así la cantidad de tierra libre de que podían disponer los pequeños agricultores, (2) se establecieron elevados impuestos sobre los campesinos libres, (3) se limitó el acceso a los mercados estableciendo sistemas de comercialización que restringían las fuentes de compra y (4) se mejoró selectivamente la infraestructura y se concedieron subvenciones a las explotaciones agrícolas que pertenecían a la clase gobernante. Ni que decir tiene que esta medidas exigían un elevado grado de connivencia entre el Estado y la clase gobernante, algo que no era muy difícil, puesto que muchos representantes del Estado procedían precisamente de esta clase.

No es sorprendente, pues, que en los albores del siglo XX la desigualdad de la propiedad de la tierra fuera enorme, y que buena parte de esta desigualdad se mantenga intacta a principios del siglo XXI. Esta desigualdad plantea cuatro grandes interrogantes:

(1) ¿Es compatible esa desigualdad con la eficiencia productiva, al margen de la aversión ética intrínseca que podamos sentir hacia ella?

(2) Si hay una pérdida de eficiencia, ¿puede repararse por medio de los mercados de arrendamiento de tierras?

(3) Si los mercados de arrendamiento de tierras no son suficientes para restablecer la eficiencia, ¿restablecería espontáneamente el equilibrio la venta de tierra de los ricos a los pobres?

(4) Si no bastan ni los mercados de arrendamiento de tierras ni los mercados de ventas, ¿qué papel desempeña una *reforma* agraria?

Ya hemos examinado detalladamente la segunda cuestión. En el resto de este capítulo, abordamos conjuntamente el resto.

12.4.2 El tamaño de la explotación agrícola y su productividad: conceptos

La productividad

¿Son más productivas las explotaciones agrícolas pequeñas que las grandes? Para abordar esta cuestión, es importante aclarar qué entendemos por "productividad". Examinemos dos conceptos. Uno es la *productividad total de los factores*: ¿tienen las explotaciones agrícolas pequeñas una *función* de producción que se encuentra "por encima" de la función de las explotaciones grandes? Esta comparación es difícil de realizar por dos razones. En primer lugar, las explotaciones agrícolas pequeñas y las grandes generalmente no utilizan los mismos factores, por lo que es necesario comparar los factores de alguna manera, probablemente multiplicando por los precios de mercado, para obtener un valor agregado. En segundo lugar, es difícil valorar los factores no comercializados, como el trabajo de la familia. En lo que sigue no tenemos razón teórica alguna para creer que las explotaciones agrícolas pequeñas son más eficientes en este estricto sentido tecnológico. Buscamos en todo caso un concepto de productividad más amplio.

El segundo concepto de productividad es la "productividad en el sentido de eficiencia de mercado". Esta idea es más vaga, por lo que podemos traducirla más o menos preguntándonos si las explotaciones agrícolas pequeñas producen una cantidad por hectárea más cercana a la producción de "mercado eficiente" que la de las grandes. Sin embargo, ¿qué entendemos por eficiencia de mercado? En un mundo en el que algunos mercados son ineficientes o poco funcionales, no está claro que las reglas convencionales de la eficiencia de *un* mercado fomenten la eficiencia económica en general.[17] Podemos decir, de una manera muy provisional, que se logra la eficiencia productiva cuando los valores del producto marginal de todos los factores son iguales a sus verdaderos costes marginales. Este es el punto de vista que utilizaremos para exponer los siguientes argumentos teóricos.[18]

---

[17] La llamada teoría de segundo óptimo (véase Lipsey y Lancaster [1956]) establece que en un mundo en el que en algunos mercados no se cumplen las condiciones de eficiencia, puede ser malo conseguir que se cumplan en *uno* de ellos. Veremos que esta lógica se aplica especialmente en las uniones aduaneras (véase el capítulo 18).

[18] Todas las pérdidas de eficiencia no surgen "en el margen", sobre todo en las situaciones en las que, por ejemplo, hay que incurrir en unos costes fijos de supervisión del trabajo. En este caso, las condiciones de eficiencia *marginal* pueden muy bien cumplirse, pero hay, no obstante, una pérdida de eficiencia debida a la supervisión del trabajo.

Esta segunda idea, aunque sutil, suele ser fácil de verificar directamente: basta con preguntarse si la producción por hectárea (quizá corregida para tener en cuenta la calidad de la tierra) es mayor en parcelas pequeñas que en parcelas grandes. Eso supone que siempre que se violan las condiciones anteriores de eficiencia, se violan por *aplicar una cantidad insuficiente* de factores. Los argumentos que examinamos a continuación sugieren que podría ser así, pero resulta útil tener siempre presentes las distinciones conceptuales de este apartado.

La tecnología

Examinemos, en primer lugar, la cuestión de la tecnología. Evidentemente, no es rentable cultivar la tierra, al menos en el caso de algunos productos, cuando ésta no tiene una mínima extensión. Además, las grandes parcelas pueden mecanizarse y cultivarse con métodos intensivos en capital, a diferencia de las pequeñas. Por lo tanto, desde el punto de vista puramente tecnológico, es razonable suponer que la tierra tiene una productividad unitaria constante (aumentando todos los demás factores en la misma proporción) a partir de una determinada escala mínima o una productividad creciente una vez que pueden utilizarse técnicas agrícolas en gran escala.

¿De dónde provienen las economías de escala en la producción agrícola? En primer lugar, del uso de animales de tiro, que sólo es económico cuando la tierra tiene una mínima extensión. La *fuerza* de tracción animal puede existir en unidades divisibles si hay mercados de alquiler de animales, pero estos mercados son muy débiles por varias razones. Los animales son bienes de capital y es necesario atenderlos bien para mantener su valor durante un largo periodo de tiempo. Si se arriendan, corren el peligro de ser obligados a trabajar excesivamente o de ser maltratados. Por otra parte (dentro de un mismo pueblo) la necesidad de usar fuerza animal suele coincidir en el tiempo, por lo que los animales suelen estar utilizándose en los campos de sus propietarios durante la época en que lo necesitan los campesinos que podrían arrendarlos. Por ello, los bueyes normalmente son de propiedad individual y la ausencia de un mercado de alquiler impide que sean divisibles.

La maquinaria —tractores, cosechadoras, trilladoras, bombas— genera economías de escala mayores que las de los animales de tiro. La extensión mínima de tierra necesaria para que sea eficiente ser propietario de una de estas máquinas es grande, pero la posibilidad de que exista un mercado de alquiler es mayor. Se puede trillar en cualquier momento del año; el alquiler de cosechadoras o de bombas puede ser más complicado cuando su uso se limita a un cierto periodo de tiempo. En conjunto, tener maquinaria en propiedad reporta ciertas ventajas.

Así pues, desde el punto de vista estrictamente tecnológico, parece que apenas hay discusión. Las grandes parcelas siempre pueden dar exactamente los mismos rendimientos que las pequeñas, aunque sólo sea porque pueden dividirse en otras más pequeñas y cultivarse de la misma manera que las parcelas pequeñas. Pueden aprovechar, además, los métodos existentes de producción en gran escala (como el cultivo con tractores).

Los mercados imperfectos de seguros y la productividad de la pequeña explotación agrícola

Insistir en la tecnología es correr el riesgo de pasar por alto una característica básica de la agricultura: el trabajo desempeña un papel fundamental en este sector. Tanto en este capítulo como en el siguiente, nos hemos esforzado en hacer hincapié en los graves problemas de incentivos que plantea el empleo de trabajo, bien directamente, bien indirectamente por medio de una de las formas de arrendamiento. Como veremos en el capítulo 13, la supervisión del trabajo suele plantear graves problemas; o bien se paga directamente por medio de la contratación de capataces o indirectamente por medio de contratos que contienen los incentivos apropiados. Por lo que se refiere a los arrendamientos de tierras, en la mayor parte de este capítulo nos hemos ocupado de los problemas de incentivos que surgen también en este sistema. Estos problemas de incentivos no ocurrirían si todo el trabajo fuera neutral al riesgo, pues en ese caso el arrendatario que pagara un alquiler fijo tendría los mismos incentivos que si la tierra fuera de su propiedad y sería posible un cultivo libre de distorsiones (como en el ideal de Marshall).

Sin embargo, peones y arrendatarios no son neutrales al riesgo y no pueden acceder perfectamente a los mercados de crédito o de seguro (como veremos en los capítulos 14 y 15). Por lo tanto, los terratenientes pueden ganar dinero intentando asegurarlos contra la incertidumbre propia de la agricultura. Pero para eso no les queda más remedio que ofrecer contratos que no garantizan la eficiencia en la producción. Incluso algunos experimentos como la operación Barga, que sólo reconocen los derechos de uso (y no los derechos de propiedad), han evidenciado que una transferencia de poder del terrateniente al arrendatario puede elevar la productividad debido al aumento de la producción marginal de que disfruta el arrendatario. Algunos estudios como el de Shaban [1987], que también hemos analizado, estiman la magnitud del aumento de la productividad debido a este tipo de incentivos.

Ahora bien, si es posible aumentar la eficiencia, ¿por qué el terrateniente (o el empresario) no intentan aumentarla modificando los contratos? Ya hemos respondido antes a esta pregunta (véase, por ejemplo, el apartado sobre el desahucio) y ahora la respuesta es la misma. Si no hay responsabilidad limitada (o mercados perfectos de crédito) ni incertidumbre (o mercados perfectos de seguro o neutralidad hacia el riesgo), todo el aumento de eficiencia que se *pueda* conseguir lo *conseguirá* el terrateniente eligiendo correctamente el contrato, ya que siempre puede idear un contrato que genere este aumento de productividad y apropiarse después de las consiguientes ganancias con un impuesto de cuantía fija (es decir, un alquiler fijo) sobre el arrendatario. Sin embargo, en un mundo de arrendatarios aversos al riesgo o sometidos a restricciones crediticias, eso ya no es posible. En realidad, para ser precisos, *es* posible ofrecer un contrato que aumente la eficiencia, pero el terrateniente no puede quedarse con los beneficios de ese contrato sin exponer al arrendatario a un nivel de riesgo que éste no pueda aceptar (o que no puede absorber si tiene limitaciones para conseguir un crédito). Por lo tanto, será imposible ofrecer un contrato que maximice la productividad; véase Mookherjee [1997].

Eso significa que la propiedad de pequeñas extensiones de tierra cultivadas predominantemente por una familia va unida a una ventaja intrínseca de productividad que no puede reproducirse contratando trabajo (a menos que se cumplan algunas condiciones especiales). Esta ventaja es un aumento de la eficiencia en el segundo sentido descrito en el subapartado anterior.

Los mercados imperfectos de trabajo y la productividad de la pequeña explotación agrícola

El argumento anterior se basa en la ausencia de mercados perfectos de crédito y de seguro. Esa es la razón por la que el contrato de arrendamiento de la tierra (o el de trabajo) tiene que desempeñar un doble papel: debe dar incentivos y asegurar al mismo tiempo. Al tratar de cumplir las dos funciones, no cumple ninguna de las dos perfectamente. En particular, la provisión de incentivos no es eficiente y la productividad es menor en las explotaciones agrícolas que se arriendan o que utilizan trabajo contratado.

El resultado es similar si los mercados de *trabajo* son imperfectos; en particular, si hay paro. Para comprenderlo, supongamos primero que hay pleno empleo. Ahora evaluemos el coste de oportunidad que tiene para un terrateniente la utilización de una unidad de trabajo en sus campos. Si este trabajo es *contratado*, el coste de oportunidad del terrateniente es simplemente el salario vigente por unidad de trabajo,[19] pero ¿qué ocurre si se trata del *propio* trabajo del terrateniente (o el de su familia)? La respuesta es que también es el salario vigente, ya que es lo que *podría* ganar una unidad de trabajo si no se utilizara en sus tierras. En suma, el coste de oportunidad es el mismo, independientemente de que el trabajo se contrate o sea ofrecido internamente por la familia.

Pero el argumento anterior se va a pique cuando hay paro. Para una persona que contrate trabajo, el coste de oportunidad de otra unidad de trabajo sigue siendo el salario de mercado que tiene que pagar por esa unidad, pero en el caso del trabajo de la familia. En este caso el coste de oportunidad es *menor*, ya que existe la posibilidad del paro.

¿Cuál es *exactamente* el coste de oportunidad en el caso del trabajo de la familia cuando hay paro? Depende de cómo funcione el mercado de trabajo. Los detalles son innecesarios (pero se indican en la nota a pie de página)[20] en la medida en que estemos de acuerdo en que debe ser menor que el salario de mercado. En estas circunstancias es fácil ver que las explotaciones agrícolas pequeñas utilizarán más trabajo por hectárea que las grandes y producirán más por hectárea.

---

[19] Puede ser más alto si hay problemas de incentivos como en el subapartado anterior, pero prescindimos de ellos para que nuestro razonamiento sea lo más sencillo posible.

[20] Hay dos formas de plasmar en un modelo el coste de oportunidad. En primer lugar, la familia *sabe* si puede conseguir empleo o no. En caso afirmativo, el coste de oportunidad es simplemente el salario de mercado, al igual que en el caso de pleno empleo. En caso negativo, el coste de oportunidad es, de hecho, cero (prescindiendo del ocio para simplificar el análisis). En promedio, pues, algunas familias tendrán un coste de oportunidad muy bajo y otras tendrán el mismo coste de oportunidad que el que emplea trabajo. En el segundo modelo, la familia no sabe si puede conseguir un empleo en otra parte. Si p es la probabilidad de obtener un empleo y w es el salario vigente, el coste de oportunidad de una familia neutral hacia el riesgo es simplemente el valor esperado, que es pw.

La figura 12.7 reúne estas observaciones trazando las funciones de producción por hectárea (más o menos de la misma forma que hicimos en el caso del modelo de Solow en el capítulo 3).[21] Cuando el coste de oportunidad del trabajo es más bajo (debido a la posibilidad de estar en paro), las explotaciones agrícolas pequeñas que utilizan trabajo de la familia emplean L^{**} unidades de trabajo por hectárea (éste es el punto en el que el producto marginal es igual a *su* coste marginal). Las explotaciones agrícolas grandes que contratan trabajo utilizan menos unidades por hectárea (se encuentran en L^*). Por lo tanto, la producción por hectárea de las explotaciones pequeñas tenderá a ser mayor.

¿Se trata de un argumento a favor del aumento de la productividad en el sentido de que mejora la eficiencia de *mercado*? Nos encontramos aquí en terreno resbaladizo: la respuesta depende del "verdadero" coste marginal del trabajo. Si hay paro en el mercado de trabajo, no es descaminado pensar que el salario es demasiado alto en relación con el coste social de oportunidad del trabajo. Por lo tanto, un cálculo de los beneficios que se base en el salario de mercado probablemente lleve a utilizar demasiado poco trabajo en relación con el nivel eficiente, por lo que parecía que las explotaciones agrícolas familiares que incluyen en sus cálculos del coste de oportunidad la probabilidad de estar en paro se acercan más a la asignación eficiente de los recursos. Sin embargo, para responder definitivamente a esta pregunta hay que analizar minuciosamente las imperfecciones del mercado de trabajo

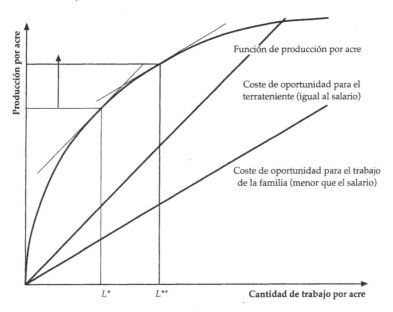

Figura 12.7. Mercados de trabajo imperfectos y productividad de las pequeñas explotaciones agrícolas.

---

[21] Estas funciones de producción por hectárea suponen que la tierra y el trabajo tienen rendimientos constantes de escala (véase el apéndice del capítulo 3). Una vez más, se trata de una simplificación. Ya hemos reconocido las posibles ventajas de los rendimientos crecientes y lo incluiremos en nuestro resumen, pero no lo tendremos en cuenta de momento.

Mancomunar la tierra

Es posible tratar de eludir el debate sobre la productividad proponiendo justo el argumento contrario al que hemos analizado unos cuantos subapartados antes: las explotaciones agrícolas pequeñas *siempre* superarán a las grandes primero porque los incentivos juegan a su favor y, segundo, porque los pequeños terratenientes pueden *mancomunar* su tierra, si lo desean, para aprovechar los rendimientos de escala tecnológicos.

⋅ Sin embargo, este argumento plantea problemas. Mancomunando la tierra vuelve a surgir en *cierta* medida el problema de los incentivos, aunque puede evitarse en mayor o menor medida dependiendo de la fuente precisa de los rendimientos de escala. Supongamos, por ejemplo, que estos rendimientos se obtienen en la comercialización a gran escala. En ese caso, es probable que los problemas de incentivos *puedan* resolverse con más facilidad. Se trataría de seguir cultivando la tierra por separado y construir un fondo común para pagar los costes fijos de aunar la comercialización. No es ninguna sorpresa que las cooperativas cuyo principal incentivo para crearse haya sido la comercialización de sus productos hayan tenido un mayor éxito (las cooperativas lecheras de la India constituyen un ejemplo especialmente visible).[22]

Si suponemos, en cambio, que la fuente de rendimientos crecientes se encuentra en la producción (por ejemplo, en el uso de tractores) el problema de los incentivos resurge con todo su vigor: mientras la *producción* sea conjunta, los propietarios individuales tenderán a esforzarse menos. De hecho, la producción *debe* ser conjunta si es el cultivo de los campos lo que genera los rendimientos de escala.

La razón del problema de incentivos que plantea la explotación conjunta de la tierra debe sernos ya familiar. La producción conjunta crea una *externalidad*. Los esfuerzos adicionales de cualquier agricultor provocan un aumento de la producción, pero esta producción adicional se *reparte* entre todo el grupo. La parte del producto marginal que va a parar a otros miembros de la cooperativa constituye una externalidad para nuestro agricultor, y a menos que éste sea tan altruista que la internalice, no se esforzará lo suficiente. Por cierto, todos los demás harán lo mismo y la productividad será inferior a la eficiente. Se trata del *problema del polizón (free-rider)* característico de situaciones como el dilema de los presos.

Hemos utilizado este tipo de argumento para explicar la ineficiencia marshalliana del sistema de aparcería y en otros contextos.[23] Dejamos los detalles del argumento para un ejercicio que se encuentra al final de este capítulo.

Así pues, aunque veamos cooperativas prósperas que explotan los rendimientos crecientes *fuera* de la esfera del cultivo de la tierra (como en el proceso de transformación o comercialización), no es probable que veamos cooperativas prósperas de cultivo comu-

---

[22] Otro ejemplo de cooperación que ha tenido relativo éxito es el de las cooperativas azucareras de Maharashtra (India). En este caso, la fuente de rendimientos crecientes es el proceso de triturar el azúcar, proceso intensivo en capital, en el que la posibilidad de que exista un problema de riesgo moral es mínima. El *cultivo* de la caña de azúcar se lleva a cabo por separado. Para más información sobre el papel de las cooperativas en el desarrollo rural, véase Attwood y Baviskar [1988].

[23] Véase, por ejemplo, nuestro análisis de las decisiones de fecundidad de un clan familiar. En el apéndice 1 (teoría de los juegos) que se encuentra al final del libro se ponen de relieve las características comunes.

nal del trigo o arroz. Ya hemos visto en el capítulo 10 que la descolectivización de la agricultura china a finales de los años setenta trajo consigo un considerable aumento de la producción agrícola. Tras la colectivización a principios de los años cincuenta, la PTF disminuyó entre el 20 y el 30% en los años setenta. Unos años después de las reformas (que reconocieron esencialmente los derechos de uso de la tierra), la PTF retornó al nivel en el que se encontraba antes de la colectivización y continuó creciendo ininterrumpidamente durante la década de 1980 (Wen [2993]).[24] En Vietnam ocurrió lo mismo tras la descolectivización (Pingali y Xuan [1992]).

Resumen de lo analizado hasta ahora

Podemos resumir las observaciones de este apartado diciendo que la tecnología es, en el mejor de los casos, neutral en lo que se refiere al tamaño de la explotación agrícola y puede favorecer a las grandes explotaciones agrícolas debido a que es posible introducir la mecanización en gran escala. Por otra parte, cuando los mercados de seguros son imperfectos, los incentivos favorecen el cultivo de la tierra por parte de sus propietarios y de la mano de obra familiar: los trabajadores contratados y los arrendatarios normalmente aceptarán contratos que reducen la eficiencia. Los mercados de trabajo imperfectos con paro favorecen aún más la productividad de las explotaciones familiares al reducir el coste de oportunidad del trabajo de la familia en relación con el del trabajo contratado. Por último, las ventajas que tiene la tecnología en las explotaciones agrícolas grandes no pueden aprovecharse fácilmente en las pequeñas mancomunando la tierra, ya que esta solución plantea el problema del polizón. Así pues, hay realmente dos conjuntos opuestos de fuerzas. ¿Cuál domina? Se trata, en última instancia, de una cuestión empírica.

12.4.3 Extensión de la explotación agrícola y productividad: evidencia empírica

La evidencia existente induce a pensar que el aumento de la productividad provocado por los incentivos (en presencia de mercados imperfectos) es superior a los rendimientos de escala tecnológicos de las grandes explotaciones, al menos en los países en vías de desarrollo (el enorme grado de mecanización que se observa en Estados Unidos y en Canadá es una cuestión totalmente distinta). En términos generales, parece que se observa la siguiente tendencia: las explotaciones agrícolas más productivas son las que están ocupadas por su propietario y utilizan predominantemente mano de obra familiar (aunque las explotaciones muy pequeñas no tienen inequívocamente una productividad mayor).[25]

---

[24] Las comunas chinas utilizaban un sistema en el que el reparto de la producción se basaba en parte en el cociente entre los puntos de trabajo acumulados por el individuo y el número total de puntos de trabajo registrados en la comuna. Este sistema servía en cierta medida para paliar el problema del polizón, ya que el esfuerzo podía influir en el propio *reparto* de la producción (véase Sen [1964]), pero eso supone que el esfuerzo es *totalmente* observable, lo cual es improbable.

[25] Las cuestiones relacionadas con la escala de operaciones pueden ser importantes realmente en las explotaciones agrícolas muy pequeñas. Por otra parte, los agricultores más pequeños pueden carecer de acceso a factores de producción complementarios debido a que tienen graves restricciones crediticias (Binswanger, Deininger y Feder [1995]).

Van seguidas de las explotaciones agrícolas grandes, mecanizadas y cultivadas por su propietario con la ayuda de trabajo asalariado. La contratación de trabajo reduce la eficiencia, pero parece que esta reducción es contrarrestada (en parte) por la mecanización. Las menos productivas son las explotaciones que se rigen por un sistema de aparcería, en las cuales, como hemos visto, es más probable que surjan problemas de incentivos a causa del reparto del riesgo. Nuestras teorías no parecen ir muy desencaminadas.

De todas maneras, los estudios empíricos sobre la productividad deben interpretarse con suma cautela. Hay razones para creer que las parcelas pequeñas suelen ser de mayor calidad. La tierra buena puede estar más fragmentada por efecto de las herencias. También puede ocurrir que los agricultores que venden tierra por tener dificultades económicas (y se convierten así en pequeños terratenientes) vendan la que es relativamente menos fértil. Como señalan Binswanger, Deininger y Feder [1995], no hay muchos estudios que examinen esta cuestión (aunque Walker y Ryan [1990] han rechazado empíricamente la hipótesis de que existe una correlación negativa entre la extensión de la explotación agrícola y la productividad en los pueblos del ICRISAT).

El estudio de Abhijit Sen [1981] de una muestra procedente de Bengala occidental utiliza el valor de la producción por unidad de superficie como medida de la productividad (véase el texto anterior para una defensa provisional de este enfoque). El cuadro 12.5 resume sus resultados. Parece que existen claras pruebas de la presencia de una relación negativa entre la productividad y la extensión de la explotación agrícola en el caso de las explotaciones que son cultivadas por su propietario. Por lo que se refiere a las que tienen alguna tierra arrendada (en régimen de aparcería), no existe una tendencia clara. Las explotaciones muy pequeñas son las que tienen una productividad más baja en este caso, pero en el caso de las clases restantes, la productividad continúa disminuyendo confor-

Cuadro 12.5. Rupias de producción por acre según la extensión de la explotación agrícola y el régimen de tenencia: Bengala occidental.

		Explotaciones agrícolas que están parcialmente en régimen de aparcería		
Extensión cultivada (acres)	Propietarios puros (rupias por acre)	Productividad total (rupias por acre)	Productividad de la tierra cultivada por su propietario (rupias por acre)	Productividad de la tierra en régimen de aparcería (rupias por acre)
0-3	1.313	798	867	604
3-5	1.044	909	1.099	709
5-8	960	842	1.130	676
8-12	691 }	843[a]	959[a]	604[a]
12+	624 }			
Total	902	851	1.047	658

Fuente: Sen [1981, cuadro 7].

[a] Los dos últimos grupos según la extensión se han fusionado debido a que no había un número suficiente de observaciones.

me aumenta la extensión. Obsérvese, sin embargo, que en todas las clases de explotaciones agrícolas según su extensión, la productividad por unidad de superfície en régimen de aparcería es menor que la productividad de esas *mismas* explotaciones cuando son cultivadas por su propietario. Aparece de nuevo la ineficiencia marshalliana, como en el estudio de Shaban [1987]. En promedio, la productividad de la tierra cultivada por su propietario es alrededor de un 50% superior a la productividad de la tierra en régimen de aparcería.

Esta relación inversa también aparece a nivel agregado, incluso cuando no se tiene en cuenta explícitamente la diferencia entre la tierra ocupada por su propietario y la tierra arrendada. Los cuadros 12.6 y 12.7, que contienen información agregada de la India (en su conjunto), del noreste de Brasil, del Punjab (Pakistán) y de Muda (Malasia), proceden del estudio de Berry y Cline [1979]. Estos datos agregados confirman la relación negativa entre extensión y productividad.[26] Parece que, independientemente del régimen de ex-

Cuadro 12.6. Extensión de las explotaciones agrícolas y productividad de la tierra: la India.

Extensión de las explotaciones agrícolas (acres)	Extensión media de las explotaciones agrícolas (acres)	Renta por acre (rupias)
0-5	3,0	737
5-15	9,3	607
15-25	19,5	482
25+	42,6	346

Fuente: Berry y Cline [1979, cuadro A-1].

Cuadro 12.7. Extensión de las explotaciones agrícolas y productividad de la tierra: algunas regiones.

Extensión de las explotaciones agrícolas	Noreste de Brasil	Punjab (Pakistán)	Muda (Malasia)
Explotación agrícola pequeña (hectáreas)	563 (10,0-49,9)	274 (5,1-10,1)	148 (0,7-1,0)
Explotación agrícola grande (hectáreas)	100 (500+)	100 (20+)	100 (5,7-11,3)

Notas: Datos normalizados de tal forma que la mayor productividad agrícola es igual a 100. "Explotación agrícola pequeña" se refiere al segundo intervalo de extensión más pequeño. *Fuente:* Berry y Cline [1979].

---

[26] Estos estudios utilizan la renta por hectárea en lugar del valor de la producción por hectárea. Es decir, todos los estudios descuentan el coste de los factores comprados, por lo que el efecto del trabajo familiar (en el que hemos centrado la atención en los apartados teóricos) está incluido en los cálculos de la renta neta.

plotación, la extensión *per se* desempeña un papel importante (como ya hemos señalado, el efecto de la disminución de la productividad persiste en el caso de los arrendatarios del estudio de Sen, salvo en el caso de las explotaciones agrícolas muy pequeñas). Esta situación sugiere la posibilidad de que las propias imperfecciones del mercado de trabajo desempeñen un papel importante, superpuesto a los efectos de los incentivos, pero la verificación de esta cuestión debe aguardar a un estudio empírico más detenido.

Los estudios de Berry y Cline también inducen a pensar que cuanto mayores son las diferencias de extensión, mayores son las diferencias de productividad. En el noreste de Brasil, ¡las explotaciones agrícolas pequeñas son *cinco* veces más productivas que las mayores! El cociente se reduce a 1,5 (que sigue siendo un margen considerable) en el caso de la región relativamente uniforme del río Muda. Así pues, como señalan Binswanger, Deininger y Feder [1995], existen algunos datos provisionales que confirman la hipótesis de que las regiones en las que hay más desigualdad tienen proporcionalmente más que ganar, desde el punto de vista de la eficiencia, llevando a cabo una reforma agraria.

Rosenzweig y Binswanger [1993] hacen hincapié en otro interesante aspecto de la relación entre productividad y extensión. Utilizan los datos del ICRISAT. Al igual que otros estudiosos, también observan que las explotaciones agrícolas más pequeñas son más productivas, en promedio, que las grandes. Sin embargo, observan que las ventajas son sistemáticamente menores cuando el riesgo es alto. La variable que mejor mide este riesgo en su estudio es la variabilidad de la fecha de llegada de las lluvias monzónicas. Cuanto mayor es la variabilidad de este indicador, menor es la rentabilidad de los activos.[27] Las pequeñas explotaciones agrícolas reaccionan a esta variable de forma más extrema que las grandes, por lo que, en un mal año, aparte de la disminución general de la rentabilidad en todos los niveles de riqueza (salvo en los grupos más ricos), también se reduce el diferencial de productividad.

Por lo tanto, el acceso al crédito y al seguro desempeña claramente un papel fundamental en este caso. En particular, cuanto mayores son las imperfecciones de estos mercados, menor es probablemente la diferencia de productividad. De ello se deduce que una reforma agraria puede producir unos efectos superiores a las ganancias que indican los cálculos agregados de las diferencias de productividad. Si la propiedad de la tierra también significa mayor acceso al crédito, la productividad por hectárea de los beneficiarios de la reforma puede aumentar aún más en relación con los valores existentes antes de la reforma.[28]

---

[27] Rosenzweig y Binswanger calculan, a diferencia de otros autores, el cociente entre los beneficios y el total de activos. Si la agricultura es la principal ocupación (que lo es), este cociente estará estrechamente correlacionado con la producción neta por hectárea, una vez restados los costes de producción.

[28] La posibilidad de que el acceso a mejores mercados crediticios influya significativamente en los rendimientos también se observa en otros estudios. Por ejemplo, se ha señalado que en Burkina Faso el hecho de tener unos ingresos no agrícolas o acceso al crédito influye significativamente en los rendimientos agrícolas (Reardon, Crawford y Kelley [1994] y Udry [1996]).

12.4.4 La compraventa de tierras

Hasta ahora hemos visto que una distribución más igualitaria de la tierra podría aumentar significativamente la productividad de la economía. Aunque una venta de tierras pueda suponer desaprovechar posibles rendimientos crecientes, parece que esto se compensa con creces por la mejora de los incentivos. También hemos visto que los contratos de arrendamiento no permiten sacar todo el provecho de esta situación. La razón se halla en que los contratos de alquiler fijo no suelen ser óptimos en un mundo con restricciones. Por otra parte, la contratación de trabajo en gran escala genera costes de supervisión.

Eso nos lleva a la cuestión de la *compraventa* de tierras. Concretamente, después de lo que hemos visto, parecería que si los pequeños terratenientes pudieran comprar tierra a los ricos, podría aumentar la productividad. La cuestión es si los mercados de tierra funcionan correctamente.

Todos los datos empíricos de que se dispone inducen a pensar que no. Aunque las personas relativamente ricas venden tierra a las relativamente pobres, esto no es muy frecuente. Existen algunas pruebas de la venta de tierra por parte de personas relativamente ricas, por ejemplo, para financiar un aumento repentino del consumo, como una boda o grandes inversiones (véase, por ejemplo, el recuadro sobre los pueblos del ICRISAT que ya ha aparecido en este capítulo o Cain [1981]), pero parece que la mayor parte de las ventas son ventas por dificultades económicas que realizan los *pobres* a los *ricos* (véase, por ejemplo, Rosenzweig y Wolpin [1985]). Consisten, mayoritariamente en dar tierras para cubrir una deuda, véase el capítulo 14 para un análisis de la transferencia de garantías).

¿Por qué están tan poco desarrollados los mercados de compraventa de tierras? Consideremos el valor de la tierra. Cuando los mercados de crédito son imperfectos, el valor de la tierra consta de dos componentes. El primero es la suma descontada de las corrientes de renta que se obtienen trabajando la tierra. El segundo procede de los mercados de crédito imperfectos: la tierra puede utilizarse como garantía, y esta posibilidad tiene un valor (medido por la rentabilidad de los préstamos que puedan obtenerse hipotecando la tierra). Obsérvese que este segundo valor sería cero si hubiera mercados de crédito competitivos y fuera posible obtener todos los préstamos que se quisieran al tipo de interés vigente. En estas condiciones, un vendedor querrá vender la tierra a un precio que no sea inferior a la *suma* de estos dos valores. Veamos ahora qué está dispuesto a pagar un comprador. Si puede comprar la tierra con sus propios fondos, obtiene también estas dos ganancias, pero si tiene que pedir un préstamo para comprar la tierra y si debe hipotecar ese trozo de tierra para conseguir el préstamo, no puede apropiarse del valor de la tierra como garantía hasta que no devuelva el préstamo. Por lo tanto, las ventajas de la compra de tierra como garantía no pueden aprovecharse hasta que no se devuelva el préstamo en un lejano futuro, por lo que la *valoración actual* de la tierra que hace el comprador debe ser menor que la del vendedor. Por lo tanto, no habrá venta; véase Feder, *et al.* [1998] y Binswanger, Deininger y Feder [1995].

En el argumento anterior hay, sin embargo, una laguna. No tiene en cuenta el aumento de la productividad que hemos analizado en el apartado anterior. Si los pequeños agricultores son realmente más eficientes que los grandes debido al problema de los incentivos, la suma descontada de las corrientes de renta (por hectárea) será mayor en el caso de los pequeños agricultores que en el de los grandes. Queda por ver si la diferencia es superior al valor que la tierra tiene como garantía. De ser así, la ausencia de un mercado de tierra no puede explicarse con este argumento.

Esta cuestión ha sido analizada por Mookherjee [1997], que muestra que el argumento anterior puede rescatarse estudiando explícitamente los problemas de incentivos que plantea el *contrato crediticio* que hay que firmar para comprar la tierra. Concretamente, el contrato óptimo que elaborará el prestamista implicará el pago de unas cuotas que dependerán en parte de la cantidad que produzca el prestatario. Intuitivamente, el acreedor se convierte, de hecho, en el terrateniente del prestatario mientras dura el préstamo. El pago de intereses fijos por la deuda pendiente es como el arrendamiento con un alquiler fijo y, como ya hemos visto, el arrendamiento con un alquiler fijo no es un contrato óptimo para el terrateniente. Por esa misma razón, el pago de unas cuotas fijas tampoco es un contrato óptimo para el prestamista. El contrato crediticio tendrá, pues, las mismas características que un contrato de arrendamiento y, por lo tanto, afectará a la productividad de la tierra recién adquirida por el prestatario: concretamente, reducirá la productividad exactamente por la misma razón por la que la reduce un contrato de arrendamiento. Eso elimina la ventaja que reportaría el aumento de productividad mientras el prestatario esté endeudado y resucita el argumento basado en la garantía.[29]

12.4.5 La reforma agraria

Recapitulando todo lo que hemos analizado hasta ahora, parece que (i) la productividad es mayor en las explotaciones pequeñas que en las grandes, (ii) que este aumento de la productividad no puede conseguirse con un sistema de arrendamiento, porque el contrato de arrendamiento erosiona la productividad y (iii) que los mercados de compraventa de tierras no pueden sustituir adecuadamente a los mercados de arrendamiento de tierras.

Para que aumente la productividad, nos quedamos, pues, con la opción de transferir tierra de los ricos a los pobres, bien sin una compensación adecuada, bien con una compensación total pagada por el Estado o por donantes extranjeros, *pero no enteramente por*

---

[29] Los mercados de crédito imperfectos (y la consiguiente existencia del valor de la tierra como garantía) no son los únicos factores que hacen que el precio de la tierra sea superior al valor actual descontado de la producción que genera ésta. También lo hacen los márgenes especulativos sobre la tierra, sobre todo en el caso de la tierra agrícola cercana a una ciudad en expansión, o la inflación o las medidas de los Gobiernos que discriminan en favor de los grandes agricultores. Y a la inversa, las ventas por dificultades económicas pueden concebirse como una situación en la que el precio que pide el vendedor es *inferior* al valor actual descontado de la corriente de renta generada por la tierra: precisamente el caso opuesto. En este caso, las ventas de tierra se convierten en una proposición viable. Desgraciadamente, el vendedor normalmente es el agricultor pobre.

los beneficiarios. Esta última frase es importante. Si toda la compensación es pagada por los beneficiarios, no es diferente de la venta de tierras, que, como ya hemos visto, no se produciría espontáneamente.

A menos que el Estado quiera gastar su presupuesto en compensar a los beneficiarios o al menos que algún donante extranjero desprendido (el Banco Mundial, ¡quizá!) destine fondos especialmente para este fin, es difícil ver cómo puede llevarse a cabo una reforma agraria con éxito. Se necesita una tremenda voluntad política (capacidad de resistencia ante poderosos grupos de presión, en particular) para llevar a cabo un programa de reforma agraria. Existe la posibilidad de que los grandes terratenientes acepten *algunas* reformas si existe una amenaza creíble de que vaya a haber violencia o de que se apruebe una expropiación forzosa (para un razonamiento relacionado con éste, véase Horowitz [1993]).[30] Por lo demás, las grandes reformas agrarias han sido el resultado de convulsiones políticas de la sociedad, como en Cuba, Japón, Corea y Taiwan. Las convulsiones políticas tienen la ventaja de que los grandes terratenientes son considerados enemigos o colaboradores del régimen anterior, por lo que la reforma agraria goza de un inmenso apoyo popular (sin los grupos de presión que lo contrarresten).

Existen, desde luego, soluciones intermedias entre la ausencia de intervención del Estado y la redistribución en gran escala. Una de ellas es el reconocimiento del *derecho de uso* ilimitado de la tierra a los arrendatarios. Hemos analizado un caso al estudiar el desahucio (véase el recuadro sobre la operación Barga). Aunque esas reformas van sin duda alguna en la dirección correcta y pueden producir efectos significativos en la productividad, no aprovechan todas las ventajas posibles cuando los mercados de crédito son imperfectos. Sin derechos de propiedad, no es posible entregar en garantía la tierra para realizar inversiones que mejoren la productividad. La tierra expropiada también puede redistribuirse en forma de propiedades colectivas, como en México o en Perú, pero ya hemos señalado los problemas de incentivos que plantea la agricultura colectiva. Por último, puede optarse por limitar la superficie de tierra en propiedad. Aunque en muchos países en vías de desarrollo se limita por ley la superficie de tierra en propiedad, esta medida se soslaya fácilmente dividiendo los latifundios en varias parcelas y poniéndolas a nombre de amigos y familiares.

Terminamos este capítulo estudiando las reformas agrarias de Corea y de México. Los contrastes entre las dos son evidentes. Nuestro análisis se basa en gran medida en el libro de Powelson y Stock [1987].

---

[30] En el modelo de Horowitz, se considera que la reforma agraria es una respuesta a la posibilidad de que surjan conflictos destructivos. Los terratenientes pueden aceptar medidas que redistribuyan parte de su tierra, porque la alternativa es mucho peor para ellos. Lo interesante es que una reforma puede dar impulso a otras alterando el *statu quo* en el que se encuentran los propios agentes. Así pues, aunque no llegue nueva información o no varíen los parámetros intrínsecos del posible conflicto, la reforma agraria puede parecer una continua serie de episodios redistributivos relativamente pequeños en lugar de un acontecimiento catastrófico. Para algunas cuestiones relacionadas con ésta, así como para un perspicaz análisis de las relaciones agrarias latinoamericanas, véase de Janvry [1981].

Las reformas agrarias: Corea del Sur y México

Corea del Sur

En Corea se llevaron a cabo grandes reformas agrarias tras la Segunda Guerra Mundial. Corea era una colonia japonesa antes de la guerra. La derrota de Japón y el establecimiento de un Gobierno militar estadounidense no sólo introdujeron un importante cambio en las relaciones políticas internacionales de Corea sino también una reorientación radical en las fuerzas políticas internas que preparó el terreno para una redistribución general de la tierra. A diferencia de lo que ha ocurrido en otros muchos países, la reforma agraria coreana no se limitó a documentos legales y proclamaciones oficiales: fue rápida y eficaz.

El elemento fundamental del sistema de redistribución de la tierra fue la ley de reforma agraria de 1949 (enmendada en 1950). Los japoneses, en su constante búsqueda de fuentes baratas de arroz, se habían mostrado vivamente interesados en la agricultura coreana y habían adquirido considerables extensiones de tierra en ese país. La mayor parte de esta tierra se transfirió a sus antiguos arrendatarios a cambio de unos bajos alquileres: éstos tenían que pagar al Estado un 20% de su producción anual durante quince años. Se transfirieron, pues, 240.000 hectáreas de tierra de propiedad japonesa a los campesinos coreanos. También se transfirió tierra de los grandes terratenientes coreanos a sus arrendatarios de acuerdo con el principio de "la tierra para el que la trabaja" y se indemnizó a los propietarios originales. La ley establecía que el Estado compraría y vendería a los arrendatarios toda la tierra arrendada más la tierra en propiedad que tuviera una extensión superior a 3 *chongbo*.[31] Los terratenientes fueron indemnizados con bonos del Estado cuyo valor era 1,5 veces la producción anual de la tierra. Los arrendatarios, por otra parte, tenían que pagar al Estado un 30% por ciento del rendimiento anual de la tierra adquirida durante cinco años. En 1952, se redistribuyeron 330.000 hectáreas.

Una gran parte de la transferencia de tierra se realizó por medio de la venta directa del terrateniente al arrendatario. Como ahora veremos, eso no contradice los argumentos anteriores del texto, ya que el clima general de reforma agraria redujo, de hecho, el precio de venta del terrateniente por debajo del valor actual de la renta procedente de la tierra.

El Gobierno fomentó los acuerdos mutuos en primer lugar pero, aún más importante, las condiciones económicas y políticas eran tales que existían incentivos para llegar a acuerdos directos y para eludir los cauces oficiales. A finales de los años cuarenta, los arrendatarios habían conseguido suficiente influencia y patrocinio políticos, tanto que en muchos casos dejaron de pagar los alquileres, asumiendo *de facto* la propiedad. Cuando se iniciaron las reformas oficiales, el Gobierno tardó en redimir los bonos utilizados como indemnización; su valor de mercado cayó tanto que acabaron valiendo alrededor de 3,5 *sok* de arroz por *chongbo*. En cambio, la obligación del arrendatario con el Estado, expresada en valor actual descontado, fue de alrededor de 19 *sok* por *chongbo*. La considerable diferencia dejó un gran margen para las negociaciones privadas. Como consecuencia, se transfirieron nada menos que 550.000 hectáreas de tierra por medio de la venta directa. Obsérvese, sin embargo, que la posición de reserva del terrateniente *no* era la retención de su tierra: iba a quedarse de todas formas sin esa tierra, y ésa es la razón por la que el mercado de tierras estuvo tan activo.

El cuadro 12.8 muestra que la reforma transformó espectacularmente la propiedad de la tierra agrícola en menos de dos décadas. En 1945, el 4% de las familias de agricultores tenía menos de 3 *chongbo* de tierra y representaba el 26% de las hectáreas cultivadas. En 1960, sólo el 0,3% de

---

[31] Un *chongbo* es casi 1 hectárea; 0,992 hectáreas para ser precisos.

Cuadro 12.8. La tierra por grandes grupos de ocupaciones en Corea, 1947 y 1964.

	Proporción de la tierra (%)	
Categoría	1947	1964
Propietario	16,5	71,6
Propietario en parte	38,3	23,2
Arrendatario	42,1	5,2
Trabajadores agrícolas	3,1	0

Fuente: Powelson y Stock [1987].

las familias poseía más de 3 *chongbo* y juntas controlaban solamente el 1,2% del número total de hectáreas. La mitad de la tierra agrícola del país se había redistribuido entre dos tercios de su población rural. Es evidente que en Corea del Sur se llevó a cabo una distribución extraordinariamente igualitaria de la tierra, partiendo de una distribución de la propiedad muy sesgada, característica de tantos países atrasados, en un espacio de tiempo considerablemente breve.

Al margen del enorme éxito de la reforma agraria coreana, algunas de sus características especiales reclaman nuestra atención; unas cuantas constituyen sin duda alguna la razón de ese enorme éxito.

En muchos países, los intentos de los Gobiernos de llevar a cabo una reforma agraria se han visto frustrados por los grupos de presión formados por los grandes terratenientes, que han utilizado la manipulación subrepticia de la maquinaria estatal y burocrática. Los terratenientes se aprovechan de las lagunas de la legislación y desobedecen de forma flagrante la propia ley. Los terratenientes coreanos podían permitirse pocos lujos de ese tipo. La mayoría de los grandes terratenientes había cooperado con los japoneses, por lo que había perdido toda su influencia política y el patrocinio del Estado, lo que provocó la ruptura de las relaciones de poder tradicionales en las zonas rurales. Fue fácil introducir reformas en esa situación.

En segundo lugar, a pesar de las grandes transferencias, la distribución de la tierra según su extensión cultivada permaneció más o menos intacta. Se dividió muy poca tierra y los mismos agricultores siguieron cultivando en gran parte las mismas parcelas. La única diferencia era que muchos de los antiguos arrendatarios habían asumido los derechos de propiedad. Por consiguiente, apenas se temió que las convulsiones de la transición redujeran la productividad. Por último, el programa de redistribución de la tierra no fue acompañado de una intervención del Estado en otras esferas de la actividad agrícola, como la comercialización, el crédito o el suministro de factores, hecho habitual en otros países en los que se ha intentado llevar a cabo una reforma agraria. La independencia del agricultor permaneció intacta y la adquisición de tierra por parte del arrendatario no contenía cláusulas que hicieran que su dependencia del Estado fuera excesiva.

Aparte del aspecto igualitario de las reformas agrarias coreanas, su repercusión en la productividad agrícola global no fue menos buena. En los ocho años inmediatamente posteriores a las reformas, el valor añadido de la agricultura creció a una tasa anual del 4%. Si consideramos un horizonte más largo, la producción agrícola aumentó un 3,5% al año entre 1952 y 1971 y un 3,8 entre 1971 y 1982, lo que equivale a una tasa anual de crecimiento del 2% per cápita en este último periodo.

México

En México se adoptaron medidas de reforma agraria tras la revolución de 1910-17. La propiedad de la tierra pasó a manos del Estado en aplicación del artículo 27 de la Constitución de 1917. Sin embargo, el Gobierno se reservó el derecho discrecional de transferirla a particulares. La "revolución del sur" se había llevado a cabo para implantar la agricultura comunal (la creación de *ejidos* o explotaciones agrícolas comunales), mientras que la "revolución del norte" se llevó a cabo para exigir pequeñas propiedades privadas. El Gobierno adoptó una solución de compromiso permitiendo ambos tipos, dependiendo de las necesidades locales.

La legislación mexicana de reforma agraria ha sido, pues, muy arbitraria, lo que quizá sea tanto un síntoma como una causa de su incapacidad para modificar radicalmente la estructura de propiedad y poder en el campo. La redistribución de la tierra se ha llevado a cabo, en la práctica, a un ritmo muy lento y ha durado varias décadas; se ha realizado en breves periodos durante ciertas presidencias [sobre todo en la de Lázaro Cárdenas (1934-40)] y ha alternado con largos periodos de inactividad. Las últimas expropiaciones importantes se realizaron en 1975.

A diferencia de lo ocurrido en Corea del Sur, los terratenientes ricos tenían considerable influencia política en México incluso tras la revolución. Valiéndose de su influencia en los círculos gubernamentales y burocráticos y aprovechando algunas lagunas de la legislación, pudieron cortocircuitar en gran medida el proceso de redistribución. En La Antigua, con una extensión de 10.000 hectáreas, los ingenios azucareros y las mejores hectáreas de cultivo que los rodeaban fueron excluidos de la expropiación en la década de 1920. Los terratenientes utilizaron frecuentemente la violencia contra los partidarios de la reforma, hasta llegar al asesinato de líderes campesinos. En San Andrés-Tuxtla se cultivaban algunos productos comerciales y la mitad de las tierras se dedicaban al pastoreo. En el desaparecido Porfiriato, existían muchas y grandes haciendas de tabaco orientadas hacia la exportación y gestionadas por ricos terratenientes. Durante las décadas de 1920 y 1930 las ligas de campesinos desplegaron una intensa actividad en estas regiones; sin embargo, los ganaderos y los grandes propietarios continuaron dominando, recurriendo en parte a la violencia.

En los casos en los que se llevó a cabo realmente una redistribución, los beneficiarios no se eligieron de acuerdo con unos criterios públicos perfectamente definidos sino comerciando favores políticos. En realidad, las transferencias de tierra (dejando ahora aparte lo poco que se repartieron las tierras) fueron utilizadas cínicamente por el partido gobernante para conseguir poder político sobre el campesinado.

Podemos concluir que la razón por la que el Gobierno llevó a cabo de una forma poco entusiasta las reformas agrarias fue doble. En primer lugar, éstas no daban suficiente poder sobre la vieja aristocracia terrateniente; de hecho, ésta se había infiltrado en gran medida en el Gobierno. Además, el Gobierno no estaba totalmente dispuesto a resolver la cuestión de la tierra de una vez por todas: la cuestión debía seguir viva para que los campesinos y sus organizaciones estuvieran bajo la órbita del partido gobernante. Esa dependencia se reforzó por medio del control gubernamental de los instrumentos de crédito y de los canales de suministro de factores, como lo revela el siguiente extracto de un artículo publicado en *The Wall Street Journal* el 14 de febrero de 1984 (citado en Powelson y Stock [1987]):

"Ellos tienen que venir primero a nosotros si quieren tierra", declara un responsable de la confederación de campesinos. "Una vez consigan tierra, tienen que acudir a nosotros para conseguir agua. Si consiguen agua, siguen necesitando créditos y fertilizantes. El partido nunca perderá el control del campo".

El carácter irregular, incierto e impredecible de las expropiaciones y de las transferencias de tierra, unido a los problemas del polizón provocados por la formación de cooperativas cuyos derechos de propiedad estaban mal definidos, redujo sin lugar a dudas la productividad de la agricultura mexicana y provocó su estancamiento durante un largo periodo. El cuadro 12.9 habla por sí solo.

Cuadro 12.9. Índice de la producción agrícola mexicana en conjunto y per cápita.

	Producción agrícola (1975 = 100)					
	1961	*1966*	*1971*	*1975*	*1979*	*1983*
Total	66	85	96	100	116	131
Per cápita	106	115	108	100	103	103

Fuente: FAO, *Production Yearbook,* 1973 y 1983; procedente de Powelson y Stock [1987].

12.5 Resumen

En este capítulo hemos estudiado los mercados de la tierra. Hemos comenzado estudiando los contratos de *alquiler* de tierra. Un terrateniente arrienda su tierra a un arrendatario para que la cultive y le cobra un alquiler. El contrato puede ser un *contrato de arrendamiento con un alquiler fijo*, en el que el arrendatario paga una cantidad constante al terrateniente independientemente de lo que produzca, o un *contrato de arrendamiento en régimen de aparcería*, en el que el arrendatario entrega al propietario en concepto de alquiler una parte de la producción. Estos tipos de contrato son extremos, desde luego; hemos señalado diversas variantes, como la concesión de crédito como parte del contrato de arrendamiento o el reparto de los costes de los factores de producción entre el terrateniente y el arrendatario.

El sistema de aparcería plantea un enigma. Algunos economistas como Adam Smith y Alfred Marshall han defendido la superioridad del arrendamiento a cambio de un alquiler fijo desde el punto de vista de los incentivos. El alquiler fijo permite al arrendatario quedarse con *todo* el producto marginal de sus esfuerzos y, por lo tanto, no distorsiona su elección de los factores de producción. En cambio, el sistema de aparcería reduce el producto marginal del esfuerzo o, al menos, la parte que va a parar al arrendatario, por lo que la productividad de la tierra es menor: sufre lo que se conoce en la literatura con el nombre de *ineficiencia marshalliana*. Por cierto, este argumento supone que los factores del arrendatario no pueden observarse.

La ineficiencia marshalliana se observa empíricamente, lo cual induce a pensar que la preponderancia del sistema de aparcería en Asia es improductiva. Hemos visto que, a pesar de esta ineficiencia, su prevalencia puede ser un resultado de equilibrio. Un elemento importante es la incertidumbre, unida a que los seguros son imperfectos o no existen. En esas situaciones, la provisión de incentivos crea una gran incertidumbre al arrendatario. Éste está dispuesto a pagar una prima por la eliminación (o la reducción) de esta incertidumbre, y hemos visto que el terrateniente tiene un incentivo para proporcionar ese seguro parcial en el arrendamiento de tierras. Eso significa esencialmente asumir parte de los riesgos del arrendatario.

El sistema de aparcería también desempeña otras funciones. Entre ellas se encuentran las situaciones en las que *tanto* los terratenientes *como* los arrendatarios participan en la producción (el problema de los *dobles incentivos*), en las cuales el arrendatario tiene limitaciones (físicas, legales o sociales) para devolver el préstamo (*responsabilidad limitada*), o las situaciones en las que el *reparto de los costes* de los factores está muy extendido.

Hemos terminado el análisis de los contratos de alquiler de tierras analizando el fenómeno del desahucio. Hemos visto que es otro instrumento que puede utilizar el terrateniente para dar incentivos y hemos analizado algunas situaciones en las que en los acuerdos de arrendamiento puede haber cláusulas de desahucio implícitas o explícitas. Especialmente interesantes en este contexto son las situaciones en las que se reconoce al arrendatario *derechos de uso* de la tierra (aunque no tenga la propiedad como en una reforma agraria plena, el terrateniente no puede desahuciarlo). Hemos visto que este tipo de reforma agraria parcial puede afectar a la productividad de la tierra.

A continuación hemos estudiado la propiedad de la tierra, la compraventa de tierras y las reformas agrarias. Con este propósito nos hemos preguntado si las explotaciones agrícolas pequeñas son más productivas que las grandes. Hemos explicado qué entendemos por "productividad" en este contexto y hemos expuesto algunos argumentos teóricos y datos empíricos relacionados con esta cuestión. Entre las cuestiones teóricas se encuentran (i) los rendimientos crecientes de escala, (ii) los problemas de incentivos de las explotaciones agrícolas en régimen de arrendamiento y de las grandes explotaciones agrícolas que utilizan trabajo contratado y (iii) las diferencias de productividad provocadas por la existencia de paro en el mercado de trabajo. La evidencia empírica confirma la tesis de que las explotaciones agrícolas pequeñas tienen, en general, una productividad mayor.

Si las explotaciones agrícolas pequeñas son más productivas, ¿por qué no surge espontáneamente un mercado de *compraventa* para transferir tierra de los terratenientes grandes a los relativamente pequeños? Desgraciadamente, la evidencia induce a pensar que la venta de tierra no es muy frecuente y que incluso cuando se realiza, suele tratarse de una venta, motivada por dificultades económicas, de los pequeños terratenientes a los grandes. Hemos analizado los argumentos teóricos por los que no existe un mercado de compraventa de tierras.

Por último, hemos estudiado brevemente las *reformas agrarias*: la transferencia de tierra de los grandes terratenientes a los pequeños con o sin una compensación parcial.

Apéndice 1: Teoría del principal y el agente y sus aplicaciones

12.A.1 Riesgo, riesgo moral y problema de la agencia

Información oculta y acción oculta

Durante los últimos veinte años, ha quedado cada vez más patente que la información incompleta y asimétrica entre agentes económicos influye poderosamente en las estructuras del mercado, en la naturaleza de las transacciones económicas y en el tipo de acuerdos contractuales a que llegan los individuos. Por ejemplo, el ataque marshalliano al sistema de aparcería parte del supuesto de que el terrateniente *no observa* el esfuerzo del arrendatario y éste no puede concretarse. Se trata de un ejemplo de información incompleta y, de hecho, esa información incompleta influye en la elección del contrato por parte del terrateniente.

En realidad, se sabe que hay dos tipos de problemas de información que tienen consecuencias importantes. Uno es el problema de la *información oculta*. Por ejemplo, los trabajadores pueden tener diferentes niveles de habilidad. Un trabajador puede saber cuál es su propio nivel de habilidad, pero la persona que está considerando contratarlo sólo puede adivinarlo más o menos. Naturalmente, el trabajador podría comunicarle su información, pero la propia comunicación está llena de problemas de incentivos. Por ejemplo, a todo trabajador le gustaría decir que sus habilidades son enormes, pero ¿cómo puede decirlo de una manera que sea creíble? En este caso, el problema consiste en idear un contrato o un sistema que revele exactamente la información que posee el agente. Un ejemplo de este tipo de problema es el modelo de selección, presentado en el texto y descrito más extensamente en el apéndice 2 de este capítulo.

El segundo problema es la *acción oculta*, llamado a menudo problema de *riesgo moral*. En el problema de la acción oculta, el beneficio que obtiene una de las partes en la transacción depende de lo que haga la otra; sin embargo, esta última puede no tener ningún incentivo para realizar la acción que beneficia a la primera una vez firmado el contrato entre las dos. Este es precisamente el problema del contrato de salario fijo, en el que la acción en cuestión tiene que ver con la elección del esfuerzo. El elemento clave es que la acción que debe realizarse no puede observarse, por lo que es difícil o imposible demostrar ante un tribunal que la otra parte no ha realizado la tarea asignada. Un ejemplo clásico es el del seguro contra incendios. Una vez que se ha asegurado a todo riesgo un edificio contra los daños accidentales que puede causar un incendio, su propietario no tiene ningún incentivo para instalar y mantener unos dispositivos contra incendios que son caros. Si no los instala, aumenta significativamente el riesgo de que se incendie el edificio y disminuye la capacidad de la compañía para ofrecer un seguro a cambio de una prima asequible. Esta situación puede acabar perjudicando a ambas partes: los clientes tienen que pagar unas primas muy altas y es posible que no puedan comprar un seguro suficientemente completo; por otro lado, las compañías de seguros sufren considerables pérdidas. Una gran parte de la literatura sobre la teoría de los contratos se refiere a esos problemas y se pregunta cómo pueden redactarse los contratos de tal forma que den incentivos automáticos que eviten el problema del riesgo moral de una manera óptima.

Riesgo y riesgo moral: interacción

Aquí nos hemos ocupado de la acción oculta o del problema de riesgo moral. A primera vista, parece que es bastante fácil de resolver. Bastaría pedir al agente cuyas acciones son difíciles de controlar que pagase una cantidad fija. Ante todos los incentivos residuales, el agente elegirá la acción correcta. Esta es precisamente la lógica que subyace a la demostración marshalliana de la eficiencia del arrendamiento a cambio de un alquiler fijo.

Sin embargo, lo que hace difícil, cuando no imposible, llevar a la práctica este tipo de solución es el hecho de que *la provisión de incentivos va íntimamente ligada a la provisión de un seguro*. En particular, una cantidad mayor de lo primero significa una menor de lo segundo. Obsérvese que para ofrecer un seguro al arrendatario, el rendimiento de este último debe volverse más insensible a la producción que obtenga. De hecho, la protección contra las fluctuaciones externas es lo que importa del seguro. Debería ser evidente que en este caso los incentivos para trabajar disminuyen. Los dos aspectos —el riesgo y el riesgo moral— interactúan y la resolución satisfactoria de esta interacción es la cuestión que se estudia en los *modelos del principal y el agente*, que pasamos a analizar a continuación.

Teoría del principal y el agente

Existe una gran clase de modelos económicos en la que una entidad económicamente poderosa, llamada el principal, intenta idear acuerdos contractuales con una o más personas, llamadas agentes, que mejor sirvan a sus intereses. Ejemplos son la contratación de trabajadores por parte de una empresa, la contratación por parte del Estado de un constructor de un bien público como una carretera, la regulación de los servicios públicos o la relación entre terrateniente y arrendatario. Se supone que el principal tiene el control de los activos escasos o de los procesos de producción que le dan un poder de monopolio o de cuasimonopolio, por lo que puede dictar los términos del contrato y hacer ofertas del tipo "o lo tomas o lo dejas". Sin embargo, deben satisfacerse dos restricciones.

En primer lugar, los agentes tienen usos y oportunidades alternativos para su esfuerzo y sus recursos. Para aceptar un contrato, deben ser compensados por el coste de oportunidad de sus recursos y de su tiempo.[32] La utilidad que podría obtener un agente representativo destinando al mejor uso alternativo sus recursos suele denominarse "utilidad de reserva". El principal, al idear el contrato, tiene que tener cuidado de que el acuerdo reporte al agente como mínimo su utilidad de reserva (de lo contrario, rechazará su oferta). Esta restricción a la que están sometidas las decisiones del principal se denomina *restricción de la participación*.

El segundo problema es la acción oculta. Un principal debe entender que el agente hará lo más acorde con sus propias preferencias. Para impedirlo, los términos del contrato deben modificarse de tal forma que el agente tenga un grado de motivación suficiente para llevar a cabo la alteración. Esta restricción se conoce con el nombre de *restricción de los incentivos*.

---

[32] En toda la literatura sobre el principal y el agente, los agentes tienen libertad para rechazar una oferta. Por lo tanto, las economías esclavistas y el trabajo atado quedan fuera del análisis.

El contrato óptimo es aquel que genera el mayor rendimiento posible al principal, sujeto a la satisfacción de estas dos restricciones. Veamos ahora cómo funciona en el caso del arrendamiento de tierras.

12.A.2 Reconsideración de los contratos de arrendamiento

La relación entre el terrateniente y el arrendatario muestra perfectamente el conflicto entre el reparto del riesgo y los incentivos. Comencemos con un terrateniente que posee una parcela de tierra y desea elaborar el contrato más rentable con un posible arrendatario/trabajador. Por lo tanto, en este caso el terrateniente es el principal y el arrendatario es el agente. El arrendatario tiene una utilidad de reserva (es decir, la utilidad que obtendrá utilizando de la mejor manera posible su tiempo y sus recursos de otra manera) $\bar{U}$, que viene dada exógenamente. El contrato que ofrece el terrateniente debe proporcionar al arrendatario una utilidad esperada de $\bar{U}$ como mínimo para que lo acepte. Esta condición es la *restricción de la participación*.

Sea Q la producción obtenida tras cultivar la tierra. Supongamos que Q puede tomar dos valores: "mucho" (M) o "poco" (P). La probabilidad de que se produzca mucho depende fundamentalmente de la cantidad de esfuerzo del agente. En particular, supongamos que puede elegir entre dos niveles de esfuerzo, e: $e = 0$ o $e = 1$. Cuando el esfuerzo es nulo, la probabilidad de que produzca mucho es q. En cambio, cuando se realiza el máximo nivel de esfuerzo, hay una probabilidad mayor $p (> q)$ de que se produzca mucho. Sin embargo, el nivel mayor de esfuerzo tiene un coste E para el arrendatario, por lo que no estará dispuesto a esforzarse mucho, a menos que el esfuerzo afecte significativamente lo que recibe del principal. Suponemos, sin perder generalidad, que un bajo nivel de esfuerzo no tiene ningún coste.

El arrendatario es averso al riesgo, idea que se recoge atribuyéndole una función de utilidad del dinero de la forma $U = U(w)$ (w es el pago monetario que recibe), donde $U(\cdot)$ es una función estrictamente creciente y cóncava. La concavidad de $U(\cdot)$ implica, por definición, la desigualdad

$$\theta U(w_1) + (1 - \theta)U(w_2) < U(\theta w_1 + (1 - \theta)w_2),\qquad [12.3]$$

donde θ está comprendido entre 0 y 1 y w_1 y w_2 son dos valores posibles de la renta monetaria del agente. La desigualdad [12.3] dice meramente que siempre que el agente se enfrenta a alguna incertidumbre, es decir, tiene la posibilidad de obtener dos niveles de renta inseguros, cada uno con una determinada probabilidad, su *utilidad esperada* es menor que si recibiera *con seguridad* la renta *monetaria* esperada (véase el análisis en este capítulo y en el 10 y consúltese especialmente la figura 10.13).

La utilidad total no es más que la utilidad del dinero menos el coste del esfuerzo (si lo tiene).

Suponemos que el principal es neutral al riesgo, por lo que su objetivo es redactar un contrato que maximice su propio rendimiento monetario esperado.

Para que el problema resulte interesante y no sea trivial, imponemos dos condiciones:

(1) Suponemos que la realización de un elevado esfuerzo maximiza el excedente neto esperado (y, por lo tanto, es eficiente en el sentido de Pareto). En términos matemáticos, este supuesto puede formularse por medio de la siguiente condición:

$$pM + (1-p)P - E > qM + (1-q)P. \tag{12.4}$$

Tras algunas manipulaciones, se convierte en

$$(p-q)(M-P) > E. \tag{12.5}$$

(2) Suponemos que cualquiera que sea el esfuerzo que se elija realmente, la producción neta esperada generada siempre es suficiente para pagar al agente una compensación que le dé al menos su utilidad de reserva. Dado el supuesto anterior, lo único que necesitamos especificar es que en el caso del bajo nivel de esfuerzo, el excedente generado sea suficiente. En términos matemáticos,

$$qM + (1-q)P \geq \bar{w}, \tag{12.6}$$

donde $\bar{w}$ es el pago seguro que reportará al agente exactamente su utilidad de reserva, es decir,

$$U(\bar{w}) = \bar{U}. \tag{12.7}$$

El contrato de primer óptimo (esfuerzo observado)

Supongamos que el terrateniente puede observar sin costes (y existe una ley que garantiza la verificación sin costes por parte de terceros) el esfuerzo que realiza el agente. En ese caso, el contrato puede estipular que se pagará al agente dependiendo de que realice el esfuerzo establecido y el terrateniente puede negarse, mediante un acuerdo previo, a pagarle (o incluso puede imponerle una multa) si el agente no cumple la condición relativa al esfuerzo. Por lo tanto, en esta situación sólo es importante la restricción de la participación, no la restricción de los incentivos.

En ese caso, el contrato óptimo para el principal es aquel que pide al agente que realice $e = 1$, prometiendo el pago seguro de $\bar{w}_c$ [donde $U(\bar{w}_c) = \bar{U} + E$] si y sólo si el arrendatario realiza este esfuerzo. Para el principal es preferible pedir un esfuerzo nulo y pagar la compensación menor $\bar{w}$, ya que de acuerdo con el supuesto 1 anterior, el esfuerzo mayor genera un excedente esperado *neto* mayor, por lo que el principal puede apropiarse de todo él si puede observar y especificar el nivel de esfuerzo del agente.

Por otra parte, en el contrato óptimo se paga necesariamente lo mismo al agente, independientemente del resultado, ya que el principal (al ser neutral hacia el riesgo) disfruta de un bienestar mayor asumiendo él mismo todo el riesgo. Precisemos más el argumento. Supongamos que el principal ofreciera un contrato aceptable con un salario de w_1 en el caso de que produjera mucho y de w_2 en el caso de que produjera poco, siendo $w_1 \neq w_2$. Obsérvese, en primer lugar, que si este contrato reportara una utilidad esperada mayor que $\bar{U}$, el principal podría obtener mejores resultados reduciendo algo cualquiera de los pagos. Por lo tanto, un principal maximizador intentará que se cumpla que

$$pU(w_1) + (1-p)U(w_2) \, \bar{U}. \tag{12.8}$$

Sea $\bar{w}$ el pago esperado en el sistema anterior, es decir,

$$\bar{w} = pw_1 + (1-p)w_2. \qquad [12.9]$$

De acuerdo con el supuesto de que $u(\cdot)$ es una función cóncava, tenemos que

$$U(\bar{w}) > pU(w_1) + (1-p)U(w_2), \qquad [12.10]$$

que, conjuntamente con las ecuaciones [12.8] y [12.9], implica que

$$U(\bar{w}) > \bar{U}. \qquad [12.11]$$

Por lo tanto, si en lugar de efectuar los pagos condicionales (w_1, w_2), el principal ofreciera el pago fijo $\bar{w}$ con seguridad, proporcionaría al agente una utilidad *superior* a la de reserva. Por lo tanto, el principal puede ofrecer un pago seguro de algo menos de $\bar{w}$ (por ejemplo, $\bar{w} - \delta$) y satisfacer al mismo tiempo la restricción de la participación. Al principal, al ser neutral hacia el riesgo, sólo le preocupa minimizar el pago *monetario* esperado y, por lo tanto, prefiere claramente la segunda solución (pagar $\bar{w} - \delta$ independientemente del resultado) a la primera (pagar w_1 o w_2 dependiendo de la producción final). Por lo tanto, el contrato óptimo en el caso en que la información es completa implica pagar una cantidad fija al agente que sea suficiente para cubrir su utilidad de reserva. Este contrato no es más que el contrato de trabajo con un salario determinado de antemano.

El contrato de segundo óptimo (esfuerzo no observado)

Supongamos ahora algo que resulta más realista en la mayoría de las situaciones, a saber, que el principal *no* puede observar el esfuerzo real del arrendatario. ¿Qué características tiene el mejor contrato que puede idear el principal en estas circunstancias? Ese tipo de contrato suele denominarse contrato de "segundo óptimo" para distinguirlo del anterior (es decir, el mejor contrato en el caso en que puede observarse totalmente el esfuerzo). En este caso el principal querrá subordinar el pago a la producción y pagar una cantidad mayor cuando también lo sea la producción.

Supongamos para comenzar que el mejor contrato de segundo óptimo es tal que *induce* al agente a elegir un grado de esfuerzo elevado. Más tarde comprobaremos si es óptimo o no formular ese tipo de contrato. Supongamos de momento que el principal está tratando de idear un contrato que induzca al agente a elegir $e = 1$ y averigüemos cómo puede lograr este objetivo de la mejor manera posible.

Supongamos que el contrato especifica un pago de w_H en el caso en que se produzca mucho y de w_L en el caso en que se produzca poco. El problema es hallar los valores de w_H y w_L que maximizarán el rendimiento esperado del principal, sujeto a las restricciones que existen. La primera es la *restricción de los incentivos*. Para que el agente elija voluntariamente un elevado esfuerzo, el sistema de pago debe ser tal que la utilidad esperada de esforzarse mucho sea, al menos, tan grande como la de esforzarse poco. Eso implica la desigualdad

$$pU(w_M) + (1-p)U(w_P) - E \geq qU(w_M) + (1-q)U(w_P),$$

que, tras algunas manipulaciones, se convierte en

$$(p - q)[U(w_M) - U(w_P)] \geq E. \qquad [12.12]$$

Es obvio inmediatamente que como $p > q$ y $E > 0$ por hipótesis, debemos tener que $w_H > w_L$ para que se cumpla la desigualdad. Por lo tanto, cualquier sistema de pago que dé al agente un incentivo para esforzarse mucho debe pagarle más en los estados buenos (es decir, cuando produce mucho) que en los malos. La idea intuitiva es clara: el agente interesado sólo se preocupará de conseguir un resultado mejor si tiene algo que ganar con ello.

La segunda restricción a la que se enfrenta el principal es la *restricción de la participación*. La utilidad esperada del agente con el contrato no debe ser inferior a la utilidad de reserva, lo que se traduce en la desigualdad

$$pU(w_M) + (1 - p)U(w_P) - E \geq \bar{U}. \qquad [12.13]$$

A continuación hacemos la siguiente afirmación.

Observación 1. *Para que el contrato sea óptimo, la restricción de los incentivos [12.12] debe cumplirse como igualdad.*

La razón es la siguiente. Consideremos cualquier contrato (que haga que $e = 1$) con el que se cumpla la desigualdad [12.12] en sentido estricto. Ahora permitamos que el principal realice los dos ajustes siguientes. En primer lugar, reduce w_M y aumenta w_P en una pequeña cuantía para que el valor esperado $pw_M + (1 - p)w_P$ sea el mismo que antes. Como la restricción de los incentivos se cumple como desigualdad, continuará satisfaciéndose si el ajuste es suficientemente pequeño.

Sin embargo, este ajuste aumenta la utilidad que espera obtener el agente con el contrato, ya que reduce el riesgo de su renta (véase la figura 12.6 y el análisis correspondiente) y mantiene al mismo tiempo su valor esperado. Por lo tanto, dado que se ha satisfecho inicialmente la restricción de la participación [12.13], ahora debe satisfacerse en sentido estricto, ya que ha aumentado la utilidad esperada del agente.

Ahora el principal puede realizar un segundo ajuste en los términos del contrato: puede reducir rentablemente w_P en una pequeña cuantía, lo que hace que los incentivos (para esforzarse más) sean incluso mejores y la restricción de la participación sigue cumpliéndose si la reducción es pequeña. Mientras que con el primer ajuste el principal ni gana ni pierde, porque el pago esperado sigue siendo el mismo, con el segundo sale ganando claramente. Por lo tanto, partiendo de un contrato en el que la restricción de los incentivos se cumple en sentido estricto, el principal siempre tiene una manera viable de modificarlo para aumentar su rendimiento neto esperado. Por lo tanto, la observación 1 debe ser verdadera.

Consideremos ahora la siguiente afirmación.

Observación 2. *En el contrato óptimo, si $w_P > 0$, la restricción de la participación [12.13] debe cumplirse también como igualdad.*

La demostración es similar a la anterior. Supongamos que inicialmente la restricción de la participación se satisface en sentido estricto. En ese caso, reduciendo algo w_P seguirá satisfaciéndose esa restricción. Obsérvese también que continúa satisfaciéndose la restricción de los incentivos, por lo que se deduce que el principal realizará, desde luego, esta reducción si puede. La única posibilidad que se lo impide es que w_P sea cero para empezar, por lo que reducirlo aún más significaría pedir al agente que pagara una multa (en lugar de recibir un pago) si la cosecha fuera mala. Por razones jurídicas, institucionales o éticas o por causas debidas a las imperfecciones del mercado de crédito (es improbable que un arrendatario/trabajador pobre representativo tenga mucha riqueza almacenada para pagar una multa), es muy improbable que un terrateniente pueda ejercer esa opción.[33]

Las afirmaciones anteriores y la técnica para hallar los valores óptimos de w_M y w_P pueden mostrarse por medio de un sencillo diagrama. Si formulamos las restricciones de los incentivos y de la participación en forma de igualdades en lugar de desigualdades débiles, tenemos las ecuaciones

$$(p - q)[U(w_M) - U(w_P)] = E \qquad [12.14]$$

y

$$pU(w_M) + (1 - p)U(w_P) = \bar{U} + E. \qquad [12.15]$$

Colocando $U(w_M)$ y $U(w_P)$ en los ejes de las Y y las X, respectivamente, podemos representar estas dos ecuaciones; véase la figura 12.8. Es fácil ver que la ecuación [12.14] representa una línea recta cuya pendiente es igual a 1 y cuya ordenada en el origen es $E/(p - q)$ (la línea recta AB de cada panel de la figura), mientras que la ecuación [12.15] representa otra línea recta de pendiente negativa, cuya pendiente es $-(1 - p)/p$ y cuya ordenada en el origen es $(\bar{U} + E)/p$ (representada por medio de la línea recta CD en cada panel de la figura). La tarea del terrateniente es elegir un par (w_M, w_P) o, en otras palabras, un punto $(U(w_M), U(w_P))$ en la figura 12.8 que satisfaga las dos restricciones. Obsérvese que todos los puntos que se encuentran por encima de la recta AB satisfacen la restricción de los incentivos, mientras que los que se encuentran por encima de la recta CD satisfacen la restricción de la participación. El *conjunto viable* de puntos del que puede elegir el terrateniente su contrato viene dado, pues, por el área común, representada por las áreas sombreadas de la figura.

A continuación podemos trazar las curvas de indiferencia del terrateniente. Cualquier curva de indiferencia es un conjunto de pares $(U(w_M), U(w_P))$ que generan el mismo rendimiento esperado al terrateniente. Tienen pendiente negativa y son cóncavas y las más bajas representan un rendimiento esperado mayor para el terrateniente. Para que éste pague una cantidad mayor en cualquiera de los estados, debe pagar una cantidad menor en el otro para que su rendimiento esperado sea el mismo; eso explica la pen-

---

[33] La condición de que no es posible ofrecer al agente el pago de cantidades negativas, es decir, no es posible pedirle que pague una multa, en cualquier contingencia, se conoce con el nombre de restricción de la responsabilidad limitada; véase el texto. No hay nada, en principio, que impida al terrateniente imponer multas si los resultados son negativos. Sin embargo, en muchos contextos, parece lógico y realista imponer al agente la restricción de la responsabilidad limitada. No es necesario, sin embargo, que el pago mínimo en cualquier contingencia sea cero. Puede ser cualquier cantidad positiva o negativa que parezca conveniente.

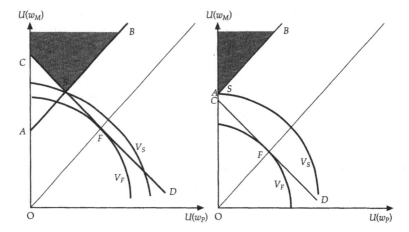

Figura 12.8. Determinación del contrato óptimo.

diente negativa. Si se reduce el pago en un estado y se mantiene constante el pago en el otro, el rendimiento esperado del terrateniente aumenta, ya que tiene que hacer un pago esperado menor; eso explica por qué las curvas de indiferencia más bajas significan unos rendimientos esperados mayores. El argumento a favor de la concavidad es algo más sutil y depende de la concavidad de la función $U(\cdot)$. Partamos de un punto de una curva de indiferencia en el que $U(w_M) \geq U(w_P)$. A continuación, supongamos que w_P se reduce algo y w_M se aumenta simultáneamente para que el pago esperado sea el mismo. Ahora el agente se enfrenta a una renta arriesgada. Debido a la aversión al riesgo, la pérdida de w_P pesa más desde el punto de vista de la utilidad que la correspondiente ganancia de w_M. Cuanto mayor es la transferencia (que no afecta a la media) de w_P a w_M, menor es el aumento de $U(w_M)$ en relación con la disminución de $U(w_P)$. De ahí la forma cóncava de las curvas de indiferencia del terrateniente.[34]

Merece la pena señalar otra característica de las curvas de indiferencia. En su punto de intersección con la recta de 45º (es decir, siempre que $w_H = w_P$), cada curva de indiferencia tiene una pendiente de $-(1-p)/p$, ya que esos puntos representan una renta totalmente segura, por lo que el agente está casi dispuesto a aceptar una transferencia *muy pequeña* de renta entre los estados buenos y los malos que no afecte a la media.

Volviendo a la figura 12.8, hemos representado por separado dos casos. En el panel izquierdo de la figura, $(\bar{U} + C)/p > E/(p - q)$, por lo que la ordenada en el origen de CD es mayor que la de AB. Es evidente que el terrateniente, al tratar de alcanzar la curva de indiferencia más baja, elegirá el punto de esquina S del conjunto viable. Este punto representa, pues, el contrato de segundo óptimo. Los valores correspondientes en los dos ejes $U(w_M^*)$ y $U(w_P^*)$ nos dan el sistema óptimo de pagos (w_M^*, w_P^*) de la función de utilidad. Obsérvese que la línea recta AB (en la que se encuentra S) es meramente un desplaza-

---

[34] El argumento es paralelo en el caso menos relevante en el que w_P es inicialmente superior a w_M.

miento ascendente de la recta de 45°. Por lo tanto, en el contrato óptimo, debe ser cierto que $U(w_M^*) > U(w_P^*)$, lo cual implica, a su vez, que $w_M^* > w_P^*$. Eso confirma lo que hemos afirmado antes verbalmente.

El caso representado en el panel derecho es muy similar al primero, sólo que más extremo. En este caso, $(\bar{U} + C)/p < E/(p - q)$, por lo que la ordenada en el origen de CD es menor que la de AB. Como consecuencia, la restricción de la participación nunca es relevante: la restricción de los incentivos determina exclusivamente el conjunto viable. El punto óptimo se encuentra en la esquina A, que implica un pago de OA en el estado bueno, pero nulo en el caso en el que el nivel de producción es bajo. Se trata de un ejemplo extremo de incentivos en un contrato: el terrateniente se niega a pagar nada (o paga la menor cantidad posible) si el rendimiento es bajo.

Resulta instructivo comparar este contrato con el que se ofrece en el caso en el que el esfuerzo sea observable (es decir, el contrato de primer óptimo). En este último contrato, la restricción de los incentivos es irrelevante, por lo que el terrateniente elige la curva de indiferencia más baja sin llegar a situarse por debajo de la recta CD (que representa la restricción de la participación). Evidentemente, el mejor punto es un punto de la recta CD que es tangente a una de las curvas de indiferencia del terrateniente. Recuérdese que CD tiene una pendiente de $-(1 - p)/p$, que es la pendiente de las curvas de indiferencia en su punto de intersección con la recta de 45°. Por lo tanto, la tangencia se encuentra en el punto F, en el que CD corta a la recta de 45°. Este punto representa, pues, el contrato de primer óptimo. Al encontrarse en la recta de 45°, reporta la misma utilidad $U(\bar{w}_c)$ al agente en cualquiera de los dos estados, es decir, implica el pago de la misma cantidad $\bar{w}_c$ en cada estado, lo cual confirma la afirmación de que en el caso en el que es posible observar el esfuerzo, el contrato óptimo debe proporcionar al agente un seguro de renta a todo riesgo.

Obsérvese, además, que la curva de indiferencia V_S que pasa por S se encuentra por encima de la curva que pasa por $F(V_F)$. Por lo tanto, cuando no se puede observar el esfuerzo del arrendatario, el rendimiento esperado del terrateniente es menor que en el caso en el que la información es completa. En otras palabras, dar incentivos para conseguir un elevado nivel de esfuerzo tiene costes para el terrateniente.

De hecho, ¿podría mejorar el bienestar del terrateniente no dando ningún incentivo y dejando simplemente que el arrendatario eligiera un nivel de esfuerzo menor? En este último caso, es mejor para el terrateniente pagar $\bar{w}$ en cualquiera de los dos resultados. Para que el mejor contrato con incentivos para conseguir un elevado grado de esfuerzo sea realmente óptimo, es necesario que el rendimiento esperado del terrateniente sea, al menos, tan grande como el que obtendría no dando ningún incentivo. Eso equivale a la condición

$$p(M - w_M^*) + (1 - p)(P - w_P^*) \geq qM + (1 - q)P - \bar{w}, \qquad [12.16]$$

que tras algunas manipulaciones, se convierte en

$$(p - q)(M - P) \geq pw_M^* + (1 - p)w_P^* - \bar{w}. \qquad [12.17]$$

Obsérvese que si el aumento de la probabilidad de que el nivel de producción sea alto con un elevado grado de esfuerzo $(p - q)$ y la diferencia de magnitud entre un nivel de producción alto y uno bajo $(M - P)$ es suficientemente grande en relación con el coste de dar incentivos (el segundo miembro de la desigualdad [12.17]), el terrateniente preferirá el contrato con un elevado nivel de esfuerzo.

Resumen

En un mundo de información perfecta, el mejor contrato que puede idear el principal es aquel contrato en el que paga al agente un salario fijo independientemente del resultado de la producción. Este es bueno para el agente porque se vuelve inmune a la aleatoriedad de su renta. También es bueno para el principal porque al ofrecer implícitamente un seguro de renta al agente (que el principal puede permitirse perfectamente debido a su propia neutralidad al riesgo), también le extrae implícitamente una prima.

Surgen problemas cuando las acciones y los factores del agente están ocultos, es decir, cuando hay posibilidades de que se plantee un problema de riesgo moral. Si el contrato da al agente una compensación fija, éste tiene muchos incentivos para ofrecer la menor cantidad posible del factor (debido a que el esfuerzo tiene costes) y acusar entonces de los malos resultados al mal tiempo o a cualquier otro factor exógeno que escape a su control. Para asegurarse de que el agente aporta una cantidad significativa, cuando no eficiente, del factor, tiene que tener algo que ganar en el resultado del contrato. Por lo tanto, debe cobrar más cuando el resultado es bueno, pero tiene que ser penalizado con un salario más bajo si el resultado es malo. Eso introduce, sin embargo, una cierta aleatoriedad en la renta del agente, ya que incluso si ofrece una buena cantidad del factor, el resultado puede ser malo debido simplemente a la mala suerte. Como el seguro es mutuamente rentable, está claro que la provisión de incentivos en el contrato entraña una pérdida en forma de un seguro menor. Cuanto mayores sean los incentivos que el principal desee ofrecer, mayor es la pérdida de seguro. Esta disyuntiva entre seguro e incentivos constituye la cuestión más fundamental en la literatura sobre las relaciones entre el principal y el agente. Las investigaciones teóricas intentan identificar los tipos de contrato que encuentran el equilibrio óptimo entre ambos aspectos y tratan de explicar al mismo tiempo los acuerdos e instituciones contractuales que existen en la realidad.

Apéndice 2: selección y sistema de aparcería

Este sencillo modelo muestra cómo puede surgir un sistema de aparcería cuando los terratenientes no están seguros de la verdadera capacidad y productividad de sus arrendatarios, con lo que ofrecen distintos tipos de contratos idóneos para cada clase de agente.

Supongamos que existen dos tipos de arrendatarios posibles: uno está muy capacitado y el otro poco. Cultivando una parcela dada de tierra, el arrendatario muy capacitado puede producir la cantidad Q_M, mientras que el arrendatario poco capacitado puede producir Q_P, siendo $Q_M > Q_P$. La capacidad del arrendatario es el único factor que afecta a la producción. Dejamos, pues, de lado las incertidumbres naturales y los problemas que plantea la posibilidad de que el arrendatario holgazanee o se esfuerce poco y que son fundamentales en el modelo anterior. Partimos de este supuesto únicamente para centrar la atención en una serie de cuestiones diferente. Supongamos que ahora el terrateniente no sabe cuál es la verdadera capacidad del arrendatario, pero asigna una probabilidad p al hecho de que el arrendatario esté muy capacitado en lugar de poco capacitado.

Sea $\bar{w}$ la renta de reserva del agente (la misma para los dos tipos). Los contratos, para que sean aceptables, deben proporcionar al agente al menos esa cantidad. Como en este caso no hay riesgo, no es necesario introducir una función de utilidad como antes; al arrendatario sólo le interesa la renta monetaria que genera el contrato (porque cualquiera que sea ésta, es segura).

Veamos primero cuánto puede esperar ganar el terrateniente si ofrece solamente un contrato de alquiler fijo. Después lo compararemos con el caso en el que puede ofrecer al arrendatario dos tipos de contratos —uno de alquiler fijo y otro de aparcería— entre los que éste puede elegir. Mostraremos que en este último caso el rendimiento esperado del terrateniente generalmente es mayor que en el primero.

Supongamos que el terrateniente considera la posibilidad de ofrecer un único contrato de alquiler fijo. ¿Cuál es el alquiler máximo que debe cobrar? Existen dos posibilidades. El terrateniente quizá quiera que el agente acepte el contrato, cualquiera que sea la clase a la que pertenezca. En este caso, el alquiler fijo cobrado debe ser suficientemente bajo para cubrir el salario de reserva en caso de que el arrendatario esté *poco* capacitado (si un arrendatario poco capacitado considera aceptable un determinado contrato, también lo considerará aceptable un arrendatario muy capacitado, ya que tienen el mismo salario de reserva, pero la productividad del segundo es mayor). El terrateniente, para maximizar sus rendimientos, cobrará un alquiler suficientemente alto para que al agente, si está poco capacitado, le resulte indiferente aceptarlo o rechazarlo. Eso implica que el alquiler que debe cobrar es

$$R_1 = Q_P - \bar{w}. \qquad [12.18]$$

Existe una segunda posibilidad. Es posible que el terrateniente quiera pedir el alquiler máximo que el arrendatario muy capacitado está dispuesto a pagar y arriesgarse así a ver rechazada su oferta si resulta que el arrendatario está poco capacitado. En este caso, el alquiler cobrado es

$$R_2 = Q_M - \bar{w} > R_1. \qquad [12.19]$$

Sin embargo, el terrateniente sólo percibirá este alquiler con una probabilidad p, ya que el arrendatario sólo aceptará el contrato si tiene una elevada productividad. Por lo tanto, el rendimiento que *espera* obtener el terrateniente con el contrato es $pR_2 = p(Q_M - \bar{w})$. El terrateniente decidirá cobrar claramente R_1 cuando $R_1 > pR_2$ y R_2 cuando $pR_2 \geq R_1$. Obsérvese la importancia de la magnitud de p: el terrateniente decidirá pedir el alquiler más bajo R_1 cuando p sea suficientemente bajo (o sea, cuando $1 - p$ sea suficientemente alto). Este razonamiento es bastante intuitivo, ya que el terrateniente no puede optar por olvidarse de la posibilidad de que el arrendatario esté poco capacitado si piensa que es muy probable que el arrendatario con el que está negociando tenga, en realidad, una productividad más baja. Supondremos que es así, es decir, que no hay tan pocos arrendatarios poco capacitados como para que puedan dejarse de lado en el problema de la elaboración del contrato del terrateniente. En otras palabras, suponemos que $R_1 > pR_2$. En ese caso, el alquiler cobrado por el terrateniente si sólo ofrece un contrato de alquiler fijo sería

$$\bar{R} = Q_P - \bar{w}. \tag{12.20}$$

Supongamos a continuación que el terrateniente considera la posibilidad de ofrecer dos contratos y dejar que el agente elija uno. En particular, considera la posibilidad de ofrecer un contrato con un alquiler fijo R y otro —un contrato de aparcería— que especifica la parte de la producción, $1 - \alpha$, que debe pagársele (por lo tanto, el arrendatario *se queda* con una parte α de la producción). ¿Cómo debe elegir óptimamente el terrateniente los valores de R y α y cuál es el rendimiento esperado (maximizado) correspondiente? La razón por la que el terrateniente podría querer ofrecer estos múltiples contratos es utilizar cada uno con un tipo diferente de arrendatario: si el *mismo* contrato es más atractivo para el arrendatario independientemente de su capacidad, el otro contrato es realmente redundante y podría no ofrecerse. Basta reflexionar un momento para ver que el contrato de alquiler fijo es mejor para el arrendatario muy capacitado: como tiene una productividad mayor, puede permitirse pagar una cantidad estipulada más alta y percibir aún así su salario de reserva como mínimo. En ese caso, el análisis sugiere lógicamente un par de *restricciones de los incentivos*, una para cada agente. Estas dicen meramente que cada tipo de agente debe recibir al menos tanto rendimiento del contrato redactado para él como del otro. En el presente modelo, las restricciones de los incentivos correspondientes al tipo de agente muy capacitado y al tipo de agente poco capacitado, respectivamente, implican las desigualdades

$$Q_M - R \geq \alpha Q_M \tag{12.21}$$

y

$$\alpha Q_P \geq Q_P - R. \tag{12.22}$$

Además, hay un par de *restricciones de la participación*. Cada tipo, al elegir el contrato pensado para él, debe ser capaz de conseguir al menos su renta de reserva. Eso implica que

$$Q_M - R \geq \bar{w} \tag{12.23}$$

y

$$\alpha Q_P \geq \bar{w}. \tag{12.24}$$

¿Cuál es el rendimiento esperado del terrateniente cuando ofrece un par de contratos representados por (R, α)? Es una media ponderada de los rendimientos generados por un arrendatario muy capacitado y de los rendimientos generados por un arrendatario poco capacitado, y las ponderaciones son las respectivas probabilidades de que el arrendatario tenga un nivel de capacidad o el otro. En términos matemáticos,

$$V = pR + (1 - p)(1 - \alpha)Q_P, \tag{12.25}$$

donde V es el rendimiento esperado del terrateniente. Su objetivo es, pues, elegir el valor de (R, α) que maximice V y satisfacer al mismo tiempo las restricciones de los incentivos y de la participación antes mencionados.

Podemos simplificar el problema eliminando dos de las cuatro restricciones (la restricción de los incentivos del arrendatario poco capacitado y la restricción de la participación del arrendatario muy capacitado ([12.22] y [12.23], respectivamente) y considerar explícitamente sólo las otras dos. Nuestro razonamiento es que en la medida en que las desigualdades [12.21] y [12.24] se cumplan, también se cumplen automáticamente las desigualdades [12.22] y [12.23]. Si el contrato de aparcería paga al arrendatario poco capacitado su salario de reserva, paga aun más al arrendatario muy capacitado, ya que es más productivo. El hecho de que este último se vea, en cambio, inducido a elegir un contrato de alquiler fijo significa que el contrato de alquiler fijo le reporta como mínimo lo mismo, cuando no más (de acuerdo con la restricción de los incentivos). En otras palabras, combinando las desigualdades [12.21] y [12.24] y el hecho de que $Q_M > Q_P$, tenemos que

$$Q_M - R \geq \alpha Q_M > \alpha Q_P \geq \bar{w}. \qquad [12.26]$$

Por lo tanto,

$$Q_M - R > \bar{w}. \qquad [12.27]$$

Vemos, pues, que la desigualdad [12.23] se satisface automáticamente cuando se satisfacen las otras restricciones, por lo que puede eliminarse. Sin embargo, es importante resaltar algo de la desigualdad [12.27]: en el sistema de dos contratos, el arrendatario muy capacitado siempre disfruta de un "excedente", es decir, de alguna renta, además de su salario de reserva, debido a la falta de información del terrateniente sobre la verdadera productividad del arrendatario y suele conocerse con el nombre de "renta relacionada con la información". También muestra por qué el terrateniente nunca pregunta ingenuamente al arrendatario a qué tipo pertenece realmente y espera que le dé una respuesta honrada: el arrendatario, aunque esté muy capacitado, tiene un incentivo para no declarar cuáles son sus verdaderas cualificaciones con el fin de conseguir un contrato "más suave".

¿Por qué eliminamos la restricción de los incentivos del arrendatario poco capacitado? En pocas palabras, el contrato óptimo tiene la propiedad de que al arrendatario muy capacitado le es indiferente elegir entre el contrato de alquiler fijo y el contrato de aparcería (es decir, la expresión [12.21] se convierte en una igualdad). De ser así, el arrendatario poco capacitado preferirá *estrictamente* el contrato de aparcería; en términos matemáticos, podemos verificar que cuando la expresión [12.21] se cumple como igualdad, la [12.22] necesariamente se convierte en una desigualdad estricta. Basta, pues, centrar la atención en las condiciones [12.21] y [12.24].

A continuación afirmamos que cuando el terrateniente idea el contrato óptimamente, tanto la condición [12.21] como la [12.24] deben cumplirse como *igualdades*. La razón es la siguiente. Supongamos que la condición [12.21] se cumple con el signo "mayor que" (>). En ese caso, el terrateniente sale ganando si eleva R en una pequeña cuantía. El arrendatario muy capacitado continúa prefiriendo el contrato de alquiler fijo si el incremento es suficientemente bajo. El arrendatario poco capacitado, que antes prefería el contrato de aparcería, ahora lo prefiere con más razones todavía tras el aumento del alquiler. Por lo tanto, continúan satisfaciéndose las dos restricciones de los incentivos. Ya hemos mencionado que en la medida en que se satisfagan otras restricciones, el arrendatario muy capacitado gana estrictamente una cantidad superior a su salario de reserva. Por lo tanto, su restricción de la participación continúa satisfaciéndose incluso tras el pequeño incremento del alquiler. No hay problema con la participación del tipo poco capacitado, ya que no se ha alterado el contrato de aparcería. En suma, es posible aumentar algo R siempre que la condición [12.21] se cumpla como una desigualdad en sentido estricto, por lo que en el contrato óptimo, la condición [12.21] debe cumplirse como una igualdad.

En segundo lugar, supongamos que la condición [12.24] se cumple como una desigualdad en sentido estricto. En ese caso, el terrateniente puede aumentar algo la parte de la producción que debe recibir $(1 - \alpha)$ y seguir satisfaciendo todas las restricciones. El arrendatario poco capacitado seguirá siendo inducido a participar mientras el aumento de $1 - \alpha$ sea pequeño. Al arrendatario muy capacitado le resulta más atractivo el contrato de alquiler fijo, ya que ahora el contrato de aparcería paga incluso menos que antes después del aumento de la parte de la producción que debe entregarse al terrateniente. Por consiguiente, las dos restricciones relevantes ([12.21] y [12.24]) continúan satisfaciéndose, y ya hemos dicho que mientras sea cierto, podemos hacer caso omiso sin riesgo alguno de las otras dos.

De ahí a hallar el par óptimo (R, α) no hay más que un paso. Expresando las condiciones [12.21] y [12.24] en forma de igualdades, tenemos el par de ecuaciones

$$(1 - \alpha)Q_M = R \tag{12.28}$$

y

$$\alpha Q_P = \bar{w}. \tag{12.29}$$

Despejando el par de valores de α y R en el sistema de ecuaciones simultáneas [12.28] y [12.29], tenemos que

$$\alpha = \frac{\bar{w}}{Q_P} \tag{12.30}$$

y

$$R = (Q_P - \bar{w}) \frac{Q_M}{Q_P}. \tag{12.31}$$

Introduciendo estos valores en la ecuación [12.25], podemos calcular los ingresos que espera obtener el terrateniente con el mejor par de contratos. Son

$$V = p(Q_P - \bar{w}) \frac{Q_M}{Q_P} + (1 - p) \frac{(Q_P - \bar{w})}{Q_P} Q_P \tag{12.32}$$

$$= (Q_P - \bar{w}) \frac{pQ_M + (1 - p)Q_P}{Q_P}.$$

Dado que $Q_M > Q_P$, $pQ_M + (1 - p)Q_P > Q_P$. Por lo tanto,

$$\frac{pQ_M + (1 - p)Q_P}{Q_P} > 1. \tag{12.33}$$

Por lo tanto,

$$V > Q_P - \bar{w} = \bar{R}. \tag{12.34}$$

La desigualdad [12.34] muestra que la renta que espera obtener el terrateniente con el par de contratos (tanto un contrato de alquiler fijo como un contrato de aparcería) es mayor que la que espera obtener con el mejor contrato único de alquiler fijo (compárese con la expresión [12.18]), suponiendo que la probabilidad de que el arrendatario tenga poca capacidad no sea demasiado baja. Así pues, en las situaciones en las que los arrendatarios sin tierra que tienen unas cualificaciones bastante diversas interactúan con un terrateniente monopolista cabe esperar teóricamente ambos tipos de acuerdos contractuales (de alquiler fijo y de aparcería).

Ejercicios

■ (1) Una familia de agricultores posee alguna tierra. Suponga que en un año cualquiera se necesita el equivalente de dos personas para cultivar cada hectárea de tierra de su propiedad. Usted recibe la información siguiente: (i) hay seis personas en la familia; (ii) el salario anual vigente por persona (que cada persona puede ganar si así lo decide) es de 1.000 euros; (iii) cada hectárea de tierra produce por valor de 3.000 euros (si es cultivada correctamente por dos personas, como se ha señalado antes); (iv) la familia siempre puede arrendar la tierra, pero el trabajo necesario para cultivarla debe remunerarse con 1.000 euros por persona; (v) la familia siempre puede contratar trabajo, pero el trabajo contratado es inútil sin supervisión, y contratar *un* supervisor que supervise al trabajo (independientemente del número de trabajadores que se contraten) cuesta 2.000 euros al año.

(a) Calcule el alquiler por hectárea que puede esperar la familia arrendando la tierra.

(b) En el caso de una familia de seis miembros, ¿cuál es el número mínimo de hectáreas necesario para que sea óptimo arrendar la tierra? Explique su respuesta.

(c) ¿Hay un número de hectáreas mínimo a partir del cual la familia ya no arrendará la tierra sino que contratará un supervisor y empleará trabajo asalariado?

Piense por qué obtiene estas respuestas. Utilice estas observaciones para evaluar la validez de las siguientes afirmaciones: (i) un elevado grado de igualdad de la propiedad de la tierra significa que predominan las explotaciones agrícolas familiares que utilizan mano de obra familiar; (ii) cuando hay un grado muy alto de desigualdad, sólo hay explotaciones agrícolas familiares o explotaciones agrícolas capitalistas que contratan trabajo; (iii) un grado moderado de desigualdad de la tierra suele ir acompañado de un sistema de arrendamiento.

■ (2) (a) Generalice el caso del ejercicio (1). Hay distribuciones de la propiedad de la tierra, del trabajo, de los animales de tiro y del acceso a capital circulante. Explique detenidamente cómo está relacionada la distribución *operativa* de la tierra con estas distintas distribuciones de la propiedad.

(b) Suponga a modo de ilustración que sólo hay tres factores de producción: tierra, trabajo y fuerza animal. Suponga que para producir una unidad se necesita una unidad de tierra, una unidad de trabajo y una unidad de fuerza animal combinadas en unas proporciones *fijas* (una unidad de cada). Ahora suponga que toda la economía tiene 100 unidades de cada uno de estos tres factores, pero que cada uno de ellos está distribuido desigualmente entre la población. ¿Cuántos mercados de (alquiler) de factores tendrán que funcionar perfectamente para que la producción sea eficiente? Utilice esta respuesta para mostrar que la distribución operativa de los factores que tienen mercados debe ser acorde con la distribución de la propiedad de los factores que no tienen mercados.

■ (3) Compare y contraste las características de la estructura agraria de Latinoamérica y Asia, prestando especial atención al problema de la propiedad de la tierra.

■ (4) (a) Muestre que en una economía en la que existen muchas posibilidades de asegurar perfectamente la cosecha, el arrendamiento con un alquiler fijo debe predominar independientemente de que los posibles arrendatarios sean reacios al riesgo o neutrales.

(b) Muestre que en una economía en la que el riesgo es un factor importante, en la que los arrendatarios son aversos al riesgo y en la que los factores del arrendatario pueden ser supervisados sin costes por el terrateniente (y verificados en los tribunales), se preferirá el sistema de aparcería al sistema de arrendamiento con un alquiler fijo.

(c) En esta pregunta, ¿por qué hemos añadido el comentario adicional de que los factores pueden ser verificables? ¿Qué ocurre si abandonamos este supuesto? Estudie el apéndice 1 de este capítulo para averiguarlo.

■ (5) Considere el caso de una cooperativa de producción en la que sólo hay dos agricultores. Cada uno elige independientemente la cantidad de trabajo que va a ofrecer a la cooperativa. Cada unidad de trabajo se ofrece con un coste de oportunidad de w. La producción se lleva a cabo por medio de una función de producción convencional (que muestra rendimientos decrecientes), en la que los factores de producción son la cantidad agregada de trabajo ofrecida por los dos agricultores. No existe ningún otro factor de producción variable.

(a) Represente la producción y el coste total en función de la cantidad del factor trabajo. Halle (gráficamente) la cantidad de trabajo que maximiza el excedente agrícola.

(b) Ahora vuelva al problema en el que el trabajo se ofrece independientemente. Muestre que si la producción total se reparte por igual entre los dos agricultores, la producción será menor que la obtenida en la parte (a).

(c) Suponga a continuación que el agricultor 1 recibe una parte $s > 1/2$ de la producción total, mientras que el agricultor 2 recibe $1 - s$ (todo lo demás se mantiene igual que antes). Describa lo que ocurre con la producción y con el esfuerzo cuando s oscila entre $1/2$ y 1.

(d) Ahora modifique el problema suponiendo que para cada agricultor ofrecer trabajo tiene un coste marginal *creciente* en lugar de un coste marginal constante w (pero suponga que la función de coste de cada agricultor es la misma). Ahora explique cómo hallaría el excedente que maximiza la cantidad de trabajo y la producción total, exactamente igual que en la parte (a).

(e) Suponga que rehiciera la parte (c) con las condiciones de la (d). ¿En qué cambiaría su respuesta?

(f) Trate de relacionar intuitivamente este ejercicio con el problema de la ineficiencia marshalliana del sistema de aparcería.

■ (6) No es infrecuente observar que en los contratos de aparcería con reparto de los costes, la parte de los costes que asume el arrendatario es igual a la parte de la producción que recibe (véase, por ejemplo, el recuadro sobre el sistema de aparcería existente en la región pakistaní de Sindh). Explique cuál puede ser la causa.

■ (7) (a) ¿Por qué podrían producir efectos contraproducentes en la seguridad del arrendatario las leyes sobre arrendamiento que reconocen el derecho de uso permanente al agricultor que ha trabajado durante algunos años una parcela de tierra?

(b) Explique por qué la presencia de responsabilidad limitada puede dar lugar a situaciones en la que la amenaza del desahucio sea utilizada por el terrateniente en contra del arrendatario. Analice los distintos factores que afectan a la productividad del arrendatario si la ley prohíbe el desahucio.

■ (8) Una característica frecuente de la agricultura atrasada es la relación inversa que existe entre la extensión de la explotación agrícola y la productividad, es decir, las explotaciones grandes tienden a producir menos por hectárea que las pequeñas. En los puntos (a) y (b) se esbozan brevemente dos explicaciones posibles de este fenómeno. Amplíe estos argumentos utilizando gráficos si es necesario.

(a) Se ha sugerido que las explotaciones agrícolas más pequeñas utilizan principalmente mano de obra familiar para cultivar la tierra, mientras que las grandes recurren más a trabajo contratado. Como consecuencia de las elevadas tasas de paro existentes en muchos mercados de trabajo rurales, el coste de oportunidad de la mano de obra familiar puede ser mucho menor que el salario de mercado, lo cual puede inducir a las explotaciones pequeñas a aplicar más trabajo por acre que en las grandes.

(b) El esbozo siguiente es una explicación "malthusiana" alternativa. La tierra más fértil, al constituir una abundante fuente de alimentos, hace que las familias que sobreviven gracias a esa tierra crezcan mucho. Cuando los hijos de esas familias se convierten en adultos independientes, la tierra tiende a fragmentarse, haciendo que las explotaciones agrícolas sean más pequeñas.

(c) Compare estas dos explicaciones propuestas desde el punto de vista de (i) el sentido de la causalidad y de (ii) las consecuencias para la política redistributiva.

(d) Suponga que quiere averiguar empíricamente cuál de estas teorías explica mejor la realidad. Esta tarea no es sencilla, ya que ambas tienen la misma consecuencia observable: la existencia de una relación inversa entre la extensión de la explotación agrícola y la productividad. Sugiera una forma de elegir entre las dos hipótesis rivales analizando los datos agrícolas. En particular, ¿qué tipo de datos buscará para realizar el ejercicio? Pista:

examine los datos recogidos en una región en la que se hayan llevado a cabo *recientemente* grandes reformas agrarias.

■ (9) Considere algunos tipos de derechos sobre la tierra: (i) la propiedad comunal, (ii) los derechos de uso individuales sin propiedad y (iii) los derechos plenos de propiedad. Indique cómo afectan estos derechos a la productividad agrícola.

Capítulo 13

El trabajo

13.1 Introducción

Continuamos aquí el análisis que iniciamos en el capítulo 11. Recuérdese que en muchas situaciones surgen mercados de la tierra y del trabajo porque existe un desequilibrio entre la propiedad de diversos factores de producción. En particular, puede darse un desequilibrio de los propios factores de producción tierra y trabajo. Concretamente, la distribución de la propiedad de la tierra puede ser más desigual que la distribución de la propiedad de trabajo. En esas situaciones, surge un mercado de la tierra o un mercado del trabajo o ambos a la vez para equilibrar las tenencias *operativas* de tierra y de trabajo.

En el capítulo 12 hemos señalado que el funcionamiento de los mercados de la tierra puede ser insuficiente *por sí solo* para conseguir el equilibrio necesario entre las dotaciones de tierra y trabajo. Los mercados de arrendamientos de tierras deberían permitir un equilibrio entre las necesidades de seguridad del arrendatario y unos incentivos adecuados para que éste trabaje la tierra. Se trata del problema del principal y el agente que, como hemos visto en el capítulo anterior, no puede resolverse sin costes. De alguna manera hay que sacrificar eficiencia. También hemos visto que algunas consideraciones similares impiden que el mercado de venta de tierras funcione eficientemente.

Los mercados de la tierra pueden no ser capaces, pues, de salvar satisfactoriamente la distancia existente entre la propiedad y las necesidades operativas. Surge de esta manera un mercado del *trabajo*, cuando los pequeños propietarios o las personas sin tierra ofrecen trabajo a los grandes terratenientes que necesitan más trabajo que el que proporciona su familia para cultivar adecuadamente sus tierras.

También hemos señalado que en algunas situaciones los mercados de la tierra y del trabajo pueden ser *complementarios* en lugar de sustitutivos. Es el caso sobre todo de las actividades agrícolas mecanizadas que deben realizarse en gran escala. En esta situación, aquellos que tienen acceso al capital emplean tanto tierra como trabajo.

Al mismo tiempo, los mercados de trabajo tampoco funcionan perfectamente, como veremos en este capítulo. Muchos de los problemas planteados en el capítulo anterior encuentran su correspondiente expresión en los mercados de trabajo. Así pues, incluso en las situaciones en las que los mercados de la tierra y del trabajo son sustitutivos en lugar de complementarios, los mercados de la tierra desempeñan un cierto papel. La labor de este capítulo es, pues, comprender el(los) mercado(s) de trabajo, las distintas formas que adopta y sus consecuencias para el proceso de desarrollo.

13.2 Clases de trabajo

Incluso en una región geográficamente contigua, no existe un único mercado de trabajo homogéneo. Podemos distinguir en términos muy generales entre dos tipos de trabajo contratado: (1) los trabajadores *eventuales* contratados por días o durante un breve periodo de tiempo fijado de antemano (por ejemplo, para el periodo de recolección) y (2) los trabajadores que tienen un contrato de larga duración (implícito o explícito). Como veremos, la distinción entre estas dos clases es importante, ya que sus mercados funcionan de forma muy diferente.

El trabajo eventual normalmente se contrata para realizar tareas que pueden observarse fácilmente. La recolección y la escarda entran dentro de esta categoría. Las tareas del trabajo de larga duración son algo más diversas. En las grandes parcelas de tierra, un trabajador permanente puede ejercer de supervisor, junto a los propietarios de la explotación. Puede ser responsable de tareas que requieren un cuidado especial y que son relativamente difíciles de controlar, como la aplicación de fertilizantes y pesticidas o del riego. También pueden realizar tareas "ordinarias" junto a los trabajadores eventuales, por ejemplo, participar en el proceso de recolección.

El sentido común nos dice que esta división de las tareas es de esperar. En una relación de larga duración, es posible pedir cuentas a un trabajador por los errores o por una mala administración que sólo se conocen cuando ha pasado algún tiempo (por ejemplo, la aplicación incorrecta de fertilizantes o pesticidas), lo cual puede ser mucho más difícil en el caso de los trabajadores eventuales, incluso residiendo en el mismo pueblo. Es interesante ver cuál es exactamente la causa de la dificultad. No es que el culpable no pueda ser identificado por ser un trabajador eventual (aunque esto podría ocurrir cuando el número de trabajadores es elevado). Es que las posibilidades de "castigar" al trabajador eventual son mucho menores. En el caso de un trabajador permanente, es posible negarle el empleo en el futuro o modificar sus condiciones.

Este tipo de argumento plantea una duda. Los modelos convencionales de oferta y demanda del mercado de trabajo nos dicen que éste "se vacía" al salario que refleja exactamente el coste de oportunidad del tiempo del trabajador: si se le niega el empleo, el trabajador puede encontrar otro al mismo salario, o incluso aunque esté en paro, la utilidad del ocio adicional compensa la pérdida de salarios (véase el texto siguiente para más detalles). En ese caso, el empresario no tiene ningún poder adicional sobre el trabajador permanente, ya que la denegación del empleo no tiene consecuencias negativas. Eso induce a pensar que el modelo convencional puede no ser adecuado para analizar las relaciones de larga duración. Los contratos de larga duración deben entrañar el pago de una cantidad superior a los rendimientos esperados que obtendría el trabajador en caso de despido.

El objetivo de este capítulo es, pues, estudiar el funcionamiento de los mercados de trabajo eventual y permanente y poner de relieve algunas diferencias clave entre los dos tipos de mercado.

Los mercados de trabajo en los pueblos del ICRISAT

Los contratos de trabajo

Los mercados de trabajo de los pueblos del ICRISAT no son en modo alguno homogéneos o uniformes; sus acuerdos son extraordinariamente variados. Existen dos clases de mano de obra contratada: trabajadores eventuales, que se contratan por días y a veces por semanas, y trabajadores permanentes, que tienen contratos de larga duración de meses o incluso años. Existen contratos tanto en la agricultura como fuera de ella; en el segundo caso, son principalmente para trabajar en proyectos públicos de construcción, que pueden estar a cientos de kilómetros de distancia, lo que lleva a los trabajadores a emigrar en cuadrillas durante meses; un incentivo fundamental es la concesión de un préstamo inicial o de un adelanto de dinero en efectivo. En los pueblos de Maharashtra, la mano de obra contratada por días cobra en efectivo. En cambio, en Aurepalle, situado en la comarca de Andhra, se paga principalmente en especie: sobre todo en arroz, sorgo o ricino. Los trabajadores que participan en la recolección, cuyo rendimiento es más fácilmente observable, trabajan a destajo, mientras que los que realizan labores anteriores a la recolección reciben un jornal.

Los contratos de trabajo de larga duración adoptan principalmente la forma del peón agrícola, cuya principal obligación suele ser cuidar del ganado y arar y cultivar la tierra. El periodo contractual va desde tres meses hasta doce y suele renovarse. Existen algunos sirvientes domésticos permanentes, principalmente mujeres y chicos. En cambio, los jornaleros tienen una tasa de rotación muy alta. Los peones agrícolas son demandados casi exclusivamente por los terratenientes más ricos que poseen muchas hectáreas y cuyo fin es asegurarse un suministro continuo de mano de obra durante la temporada. Los contratos de trabajo permanentes son verbales y hasta 1980 casi siempre se cumplían. Últimamente, está aumentando el número de casos en que se incumplen y se renegocian: la tendencia a haber exceso de demanda en el mercado de trabajo y las favorables condiciones creadas por la prohibición de la servidumbre son algunas de las principales causas. Los contratos de sirviente están en declive.

Los peones agrícolas percibían unos salarios mensuales significativamente superiores a los ingresos esperados de los jornaleros, lo cual es coherente en parte con la teoría que analizaremos más adelante. Sin embargo, también tenían que trabajar más horas y realizar tareas más arduas y cuando se tiene en cuenta este factor, la diferencia retributiva disminuye considerablemente.

El hecho de que en los pueblos de Mahbubnagar y Akola la mano de obra contratada constituya el 60-80% de toda la mano de obra utilizada muestra la importancia fundamental del mercado de trabajo. La contribución de los hombres y de las mujeres al total de mano de obra utilizada es más o menos la misma. Sin embargo, los hombres constituyen una elevada proporción de la mano de obra familiar utilizada en la tierra propia, mientras que las mujeres predominan en el mercado de trabajo contratado. El 80-90% de toda la mano de obra femenina utilizada era contratado en los pueblos de Mahbubnagar y Akola.

Los salarios, el empleo y la tasa de actividad

En 1975-76, las tasas medias de *actividad* (la proporción de tiempo dedicada a la realización de actividades agrícolas en la tierra propia o en otra) giraba en torno al 42% en el caso de los hombres y al 40% en el de las mujeres en los seis pueblos. Las cifras correspondientes a las tasas medias de actividad del *mercado de trabajo*, que excluyen el trabajo realizado en la explotación agrícola propia, eran de alrededor del 30 y el 37%, respectivamente.

La tasa de paro involuntario debe definirse con cuidado debido a la existencia de una continua reorganización del mercado de trabajo diario. La mejor definición es la siguiente: la tasa de paro es el número de días que un jornalero representativo no encuentra trabajo en porcentaje del número total de días que lo ha intentado. El cuadro 13.1 muestra las tasas medias de paro del periodo 1975-76.

Cuadro 13.1. Tasas de paro, pueblos del ICRISAT, 1975-76.

	Tasas de paro (%)		
	Temporada alta	*Temporada baja*	*Total*
Hombres	12	39	19
Mujeres	11	50	23

Fuente: Walker y Ryan [1990].

Este cuadro permite hacer dos observaciones: (i) las tasas de paro son significativas, por lo que el coste de oportunidad del trabajo suele ser muy inferior al salario de mercado y (ii) la demanda de trabajo es muy estacional, por lo que las tasas de paro de la temporada alta y de la temporada baja son muy diferentes.

Todos los pueblos tienen una característica interesante: a pesar de la elevada tasa de actividad femenina, las mujeres ganan, en promedio, significativamente menos que los hombres. Las tareas suelen ser específicas de cada sexo, por lo que el hecho de que los salarios femeninos sean más bajos podría deberse tanto a la discriminación como a que sólo realizan tareas menos valoradas. Los datos sobre los salarios reales de periodos más largos muestran una tendencia ascendente muy pequeña: sin embargo, durante el periodo estudiado, subieron considerablemente en la mayoría de los pueblos analizados. En Aurepalle y Shirapur, la subida fue de alrededor del 50% durante el periodo 1975-84, aunque en Shirapur fue mucho más pequeña (11%).

13.3 Un modelo conocido

Resultará útil comenzar con el modelo convencional de oferta y demanda y modificarlo después conforme avancemos, a fin de tener en cuenta las características de los mercados rurales. La figura 13.1 resume el paradigma habitual: según este modelo, la demanda de trabajo depende, entre otras cosas, del salario "vigente" (representado por w) que se paga a los trabajadores contratados. Es lógico que si el salario vigente baja, se estimula la demanda de trabajo (o, al menos, ésta no debe disminuir), por lo que la curva de demanda resultante tiene pendiente negativa. Por otra parte, la curva de oferta de trabajo se obtiene calculando los costes y los beneficios de trabajar. Cuando sube el salario vigente, el uso de trabajo está mejor remunerado, por lo que debe aumentar la oferta de trabajo de *cada* trabajador, así como animar a un número mayor de trabajadores a entrar en el mercado de trabajo. Por estas dos razones, tiene sentido suponer que la curva de oferta de

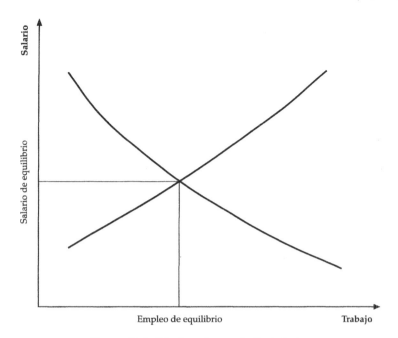

Figura 13.1. Oferta y demanda de trabajo.

trabajo tiene pendiente positiva.[1] Como sabrá el lector, la intersección de las curvas de oferta y demanda indica, pues, el *salario de equilibrio*.

Hay varios aspectos preocupantes en esta descripción aparentemente inocua de los mercados de trabajo. Obsérvese, *en primer lugar*, que este modelo no hace (y en la versión presentada, no puede hacer) una distinción entre el trabajo eventual y el permanente. Es como si los diferentes periodos de tiempo estuvieran nítidamente separados: lo que ocurra en el mercado de trabajo mañana no influye en lo que ocurre hoy y viceversa. Más adelante veremos por qué este supuesto no es bueno en algunos contextos.

En segundo lugar, el modelo no distingue entre *fuerza* de trabajo y *trabajadores*. Ya vimos en el capítulo 8 que esta distinción puede ser importante. Por ejemplo, algunas personas pueden ser excluidas del mercado de trabajo porque su capacidad de trabajo no les permite participar con la intensidad suficiente.

En tercer lugar, en el equilibrio de este modelo a cada trabajador le dará lo mismo trabajar para quien trabaja actualmente que entrar en el mercado de trabajo en busca de otro empleo. Cuando es difícil supervisar las tareas y sólo puede castigarse al trabajador

---

[1] En realidad, el modelo convencional permite obtener algunos resultados algo más complejos. Es posible que la curva de oferta de trabajo "se vuelva hacia atrás" cuando el salario es superior a un determinado nivel. La razón se halla en que un elevado salario (por hora) puede animar al trabajador a ofrecer menos horas y a disfrutar de más ocio. En las sociedades económicamente desarrolladas, es un caso importante que merece la pena estudiar. Omitimos su análisis en el caso de las sociedades pobres.

que haraganea rescindiendo su contrato, la situación representada en la figura 13.1 puede alterarse. En otras palabras, la teoría convencional supone que todo el trabajo es perfectamente controlable.

En cuarto lugar, y este punto se deduce del anterior, en un equilibrio del modelo convencional en el que algunos trabajadores no encuentran trabajo, a todos los trabajadores debe darles lo mismo trabajar que no trabajar. No existe el paro *involuntario* en el modelo. Si no se incluye este fenómeno, se deja fuera un aspecto fundamental de la realidad.

En quinto lugar, en los mercados de trabajo rurales la producción agrícola está rodeada de una gran incertidumbre y/o es muy estacional. Estas dos características pueden añadirse fácilmente al modelo convencional. Supongamos, por ejemplo, que el nivel de precipitaciones es incierto y que eso afecta al volumen de la cosecha. En ese caso, la demanda total de trabajo para llevar a cabo la recolección también resultará afectada. Considerando todos estos acontecimientos, podemos pensar que la propia curva de demanda de trabajo es incierta; fluctúa entre los máximos y los mínimos representados por las líneas de puntos de la figura 13.2. Naturalmente, los salarios de equilibrio correspondientes también fluctúan. En la figura 13.2, las fluctuaciones de los salarios se encuentran en una banda comprendida entre w_M y w_P.

Ahora bien, aunque este modelo recoge, desde luego, algunos aspectos de la incertidumbre, no lo explica todo. Y lo que es más importante, no muestra cómo pueden hacer frente los trabajadores y los empresarios a esta incertidumbre "antes del hecho", firmando contratos o llegando a acuerdos informales que aseguren a una de las partes o a la otra contra los efectos de las fluctuaciones de las precipitaciones (en este ejemplo).

Asimismo, puede ocurrir que los trabajadores deseen aislar su renta salarial de las fluctuaciones estacionales y prefieran a los empresarios que estén dispuestos a ayudarles. El modelo convencional es demasiado simplista para tener en cuenta estos aspectos.

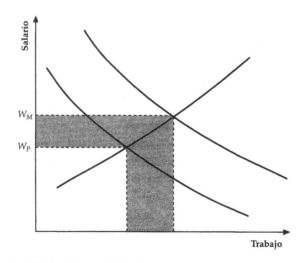

Figura 13.2. Equilibrio del mercado de trabajo en condiciones de incertidumbre.

El objetivo de este capítulo es analizar estas variantes del modelo convencional, en el contexto de los mercados de trabajo rurales de los países en vías de desarrollo. Comenzamos abordando un tema iniciado en el capítulo 8: la conexión entre la nutrición y los mercados de trabajo. Inicialmente no centraremos la atención en ningún tipo de mercado de trabajo concreto. Posteriormente, examinaremos más detenidamente el caso de los mercados de trabajo eventual.

13.4 Pobreza, nutrición y mercados de trabajo

13.4.1 El modelo básico

La curva de capacidad

Recuérdese el modelo basado en la nutrición del capítulo 8. En su versión más sencilla, introduce una relación entre la nutrición y la capacidad para trabajar, que llamamos *curva de capacidad*. La figura 13.3 muestra una curva de capacidad representativa.

He aquí un breve resumen del análisis del capítulo 8. Dado que el eje de abscisas de la figura 13.3 se denomina "renta", suponemos implícitamente que toda la renta se convierte en nutrición. No perdemos nada esencial introduciendo una modificación para analizar una situación más realista en la que se gasta, por ejemplo, un 70% de la renta en nutrición. El eje de ordenadas se denomina "capacidad para trabajar": imaginemos que es una medida del número total de tareas que puede realizar un individuo durante un determinado periodo, por ejemplo, el número de quintales de trigo que puede recolectar en un día. La curva de capacidad se halla uniendo los diferentes puntos de nutrición (o de renta) y los correspondientes niveles de capacidad para trabajar generados por el individuo.

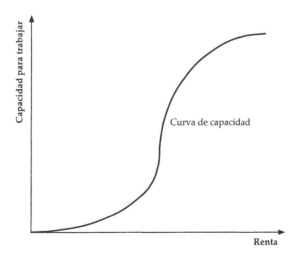

Figura 13.3. La curva de capacidad.

Para comprender la forma de la curva de capacidad, recuérdese que inicialmente la nutrición se destina en su mayor parte al mantenimiento del metabolismo en reposo del cuerpo. En este tramo, apenas queda energía adicional para trabajar, por lo que en esta región la capacidad para trabajar es casi nula y no aumenta demasiado deprisa cuando varían los niveles de nutrición. Sin embargo, una vez atendido el metabolismo en reposo, la capacidad para trabajar aumenta considerablemente conforme aumenta la nutrición. Por último, hay una fase de rendimientos decrecientes, ya que los límites corporales naturales frenan la transformación del aumento de la nutrición en una capacidad para trabajar cada vez mayor.

Trabajo a destajo

La renta determina, pues, la capacidad para trabajar, pero ésta determina también la renta. Tratemos de describir esta situación de la manera más sencilla posible. Imaginemos que la renta se obtiene trabajando en un mercado en el que la remuneración se basa en el rendimiento, es decir, se paga en función de las tareas terminadas, por ejemplo, 10 rupias por quintal recolectado o 100 pesos por hectárea escardada.[2]

La remuneración del trabajo a destajo tiene una fácil representación gráfica en los mismos ejes utilizados en la figura 13.3. Si se paga la renta por unidad de tarea —por ejemplo, 10 rupias por quintal recolectado— vemos que existe una relación entre el número de unidades obtenidas (quintales que se recolectan) y la renta total. La figura 13.4 muestra el gráfico que representa esta relación. La remuneración del trabajo a destajo aparece, pues, como una *relación* entre el número de unidades obtenidas y la *renta total* de la persona.

Ahora superpongamos la figura 13.3 sobre la 13.4. El resultado se muestra en la figura 13.5. Se representan cuatro remuneraciones distintas. Las hemos llamado v_1, v_2, v_3 y v_4. Por lo tanto, v_1 significa algo así como "tú percibes v_1 rupias por cada quintal que recolectas". Si el lector ha realizado el ejercicio anterior, verá inmediatamente que v_1 es mayor que v_2, el cual es superior, a su vez, a v_3, que es mayor que v_4.

La oferta de trabajo

Supongamos ahora que un trabajador (llamémoslo Mihir) trata de obtener el *mayor* nivel de renta posible, dadas las restricciones que impone su curva de capacidad. Supongamos, en primer lugar, que la remuneración vigente es v_1. Mihir elegirá claramente el punto A, que le reporta la mayor renta posible. Cuando la remuneración desciende a v_2, esta renta máxima disminuye. En el gráfico, Mihir ahora se desplaza en sentido descendente al punto B, que implica menos trabajo total y menos renta.

En v_3, ocurre algo interesante. Se trata de una remuneración que tiene la propiedad de que es *exactamente* tangente a la curva de capacidad por encima de su joroba. Con esta remuneración, Mihir puede elegir exactamente el punto C. Si la remuneración disminuye

---

[2] Evidentemente, no todo el trabajo puede remunerarse de esta forma. Algunas tareas no son observables o aun cuando lo sean, no pueden cuantificarse fácilmente o atribuirse inequívocamente a una persona. Así, por ejemplo, la recolección puede retribuirse basándose en el rendimiento. Puede no ocurrir lo mismo con la siembra o con la aplicación de fertilizantes.

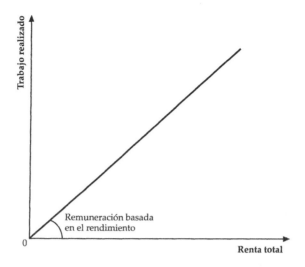

Figura 13.4. Remuneración basada en el rendimiento.

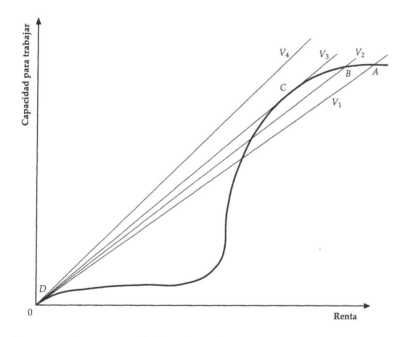

Figura 13.5. Remuneración basada en el rendimiento y esfuerzo laboral.

algo más, la cantidad de trabajo que puede ofrecer Mihir disminuye espectacularmente, saltando, por así decirlo, de un punto como el *C* a otro como el *D* (que es la intersección de la remuneración más baja con la curva de capacidad). Este salto se debe precisamente a que la curva de capacidad tiene la forma que tiene: los niveles de nutrición bajos sólo permiten un nivel de trabajo muy bajo y los niveles entre moderados y altos provocan un rápido aumento de la capacidad de trabajo.

Toda esta información puede utilizarse para representar una curva de oferta de trabajo, que nos indica los diferentes niveles de fuerza de trabajo ofrecidos con diferentes remuneraciones. Lo único que hay que hacer es colocar nuestra información en un gráfico, tras multiplicar la oferta de trabajo de Mihir (a cada remuneración posible) por el número de trabajadores que hay como él en la economía. La figura 13.6 muestra la transición de la oferta de trabajo individual a la agregada.

El panel de la izquierda de la figura 13.6 muestra la oferta de trabajo de Mihir, trasplantando simplemente la información de la figura 13.5. La diferencia de oferta de trabajo correspondiente a la remuneración v_3 recoge nuestro análisis anterior de que a partir de un determinado salario mínimo, la oferta de trabajo de Mihir debe aumentar de una manera discontinua. El panel de la derecha multiplica esta curva de oferta individual por el número de trabajadores. Ocurren dos cosas. En primer lugar, el número de trabajadores como Mihir amplía el eje de abscisas, por lo que debemos darnos cuenta de que a cada remuneración las cantidades son mayores que la oferta de trabajo de Mihir. En segundo lugar, hemos "rellenado" la brecha con puntos, cuyo significado quedará claro en seguida.

El equilibrio

Para completar nuestra descripción de este mercado de trabajo, introducimos una curva de demanda de trabajo. Es una curva de demanda perfectamente convencional. En general, tiene pendiente negativa para recoger el hecho de que si el trabajo es más barato, las empresas demandarán una cantidad mayor. La figura 13.7 muestra las curvas de demanda y oferta en el mismo diagrama. Hay dos casos interesantes.

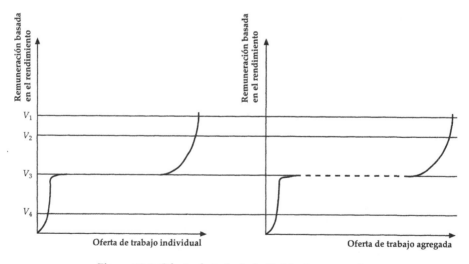

Figura 13.6. Oferta de trabajo individual y agregada.

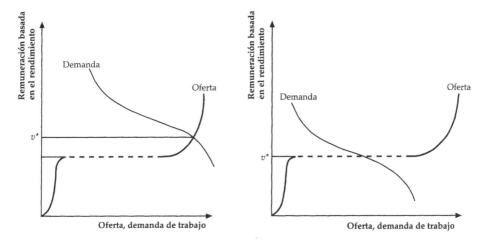

Figura 13.7. "Equilibrio" en el mercado de trabajo.

En el primero, representado en el panel de la izquierda de la figura 13.7, la curva de demanda de trabajo corta a la de oferta en un punto que se encuentra más allá de la brecha de la curva de oferta. Este caso es absolutamente normal: el mercado determina una remuneración de equilibrio v^* y todo el mundo ofrece un "elevado" nivel de esfuerzo, es decir, un nivel que se encuentra en algún punto de la joroba de la curva de capacidad de cada trabajador.[3] El mercado se equilibra de la manera convencional. Este caso se obtiene si la demanda es alta en relación con la oferta.

El panel de la derecha representa el caso interesante. Aquí la *oferta* es alta en relación con la demanda, por lo que la curva de demanda pasa por el tramo de puntos de la curva de oferta agregada. Ahora tenemos un problema para determinar la remuneración de equilibrio. Si es superior a v^*, tenemos un exceso de oferta, que reduce la remuneración. En cambio, si es inferior a este nivel crítico, hay un exceso de demanda, por lo que los salarios son presionados al alza.

Obsérvese, sin embargo, que una remuneración exactamente de v^* puede concebirse como un equilibrio, siempre que admitamos la idea del paro. Podemos "rellenar", exactamente igual que en la figura 13.6, la brecha de la curva de oferta agregada permitiendo que trabajen algunas personas y limitando a otras el acceso al mercado de trabajo. Este paro es *involuntario*, en el sentido de que el bienestar de los parados es estrictamente peor que el de los trabajadores que tienen la suerte de encontrar empleo. Sin embargo, la remuneración no puede reducirse, ya que nadie puede ofrecer "creíblemente" la misma cantidad de trabajo a cambio de una remuneración más baja.

---

[3] En otras palabras, la remuneración de equilibrio basada en el rendimiento se parece a v_1 o a v_2 en la figura 13.5.

Vemos, pues, que el círculo vicioso se ha cerrado en este pequeño modelo. La falta de oportunidades en el mercado de trabajo explica los bajos salarios, pero no se trata sólo de que los salarios determinan la capacidad de trabajo: ¡una baja capacidad de trabajo influye, a su vez, en la situación reduciendo el acceso a los mercados de trabajo!

Otros activos y mercado de trabajo

Si el lector ha asimilado este modelo básico, podemos dar un paso más. Lo que vamos a hacer en este apartado es introducir la posibilidad realista de que la gente tenga otras fuentes de renta. Eso significa que, estrictamente hablando, no es correcto *igualar* la renta total y los salarios ganados en el mercado de trabajo. Por ejemplo, en las zonas rurales, alguna gente posee pequeñas propiedades de tierra que arriendan su cultivo. En la medida en que esos activos aumenten las posibilidades de obtener renta, sus propietarios pueden participar más fácilmente en el mercado de trabajo.

Este caso se muestra gráficamente en la figura 13.8, que compara dos personas. El panel de la izquierda de esta figura representa otro trabajador, Timir, que tiene acceso a una fuente de renta no laboral, por ejemplo, de cuantía R (pensemos en el alquiler que percibe por la tierra de su propiedad que arrienda). Ahora la capacidad de trabajo depende del alquiler *más* el salario. Podemos representarlo fácilmente en el mismo tipo de gráfico, pero si el eje de abscisas sólo representa la renta salarial, se hace "desplazando" la curva de capacidad, por así decirlo, horizontalmente hacia la izquierda en la cantidad R. Es lo que hemos hecho exactamente en el panel izquierdo de la figura 13.8.

El panel de la derecha superpone este gráfico sobre el correspondiente a Mihir, que no tiene ninguna fuente de renta no laboral. Naturalmente, esta curva es la que hemos venido estudiando. Obsérvese que aunque Mihir puede ser biológicamente igual que Timir, su curva de capacidad se encuentra a la derecha y por debajo de la de Timir, que disfruta de algunas rentas de la tierra.

Dibujamos dos remuneraciones, v_1 y v_2. Obsérvese, en primer lugar, que con v_1, Mihir sólo puede ofrecer una pequeña cantidad de trabajo, por las razones analizadas en

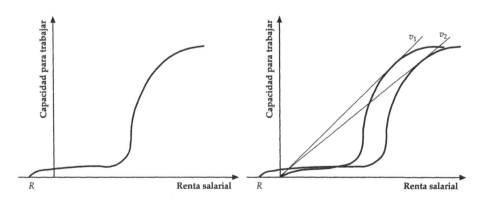

Figura 13.8. Cómo afectan los activos no laborales a la renta laboral.

el apartado anterior; está excluido, de hecho, del mercado de trabajo. No ocurre así con Timir, que puede ofrecer trabajo a cambio de v_1. Aunque las remuneraciones sean tan altas que ambos puedan ofrecer trabajo (como en el caso de v_2), obsérvese que Timir sigue percibiendo más renta que Mihir. Es importante señalar que el hecho de que la renta de Timir sea mayor no se debe simplemente a sus activos no laborales: *percibe·una renta salarial mayor.* Por lo tanto, las desigualdades del mercado de activos aumentan aún más las desigualdades del mercado de trabajo, al menos en el caso de los pobres.[4] La gente que no tiene activos sufre una doble maldición. No sólo no disfruta de una renta no laboral sino que, además, tiene una desventaja en el mercado de trabajo en relación con la que posee activos.

Desigualdad de la propiedad de activos, renta no laboral y mercado de trabajo

Investiguemos aún más los efectos de la desigualdad de la propiedad de activos.[5] La manera más fácil de analizarlos es imaginarse que la economía sólo produce un bien, que consiste en alimentos. Éstos se producen utilizando tierra y fuerza de trabajo. Supongamos ahora que hay muchas personas en esta economía simplificada y que cada una tiene acceso a la misma *curva de capacidad* que hemos descrito en los apartados anteriores. El único otro activo es la tierra. Es lógico suponer que cada persona tiene una cantidad diferente de tierra; en particular, algunas pueden no tener absolutamente ninguna. Se trata de un mundo artificial, pero nos permite comprender algunas ideas importantes que continúan siendo válidas en casos más generales y más realistas.

Obsérvese, para empezar, que la curva de demanda de trabajo (de los apartados anteriores) es justamente la suma de las demandas de trabajo que tienen todos los hogares para cultivar su tierra.[6] Por cierto, en el caso de algunos hogares (que tienen mucha tierra), su demanda será superior a la que puedan ofrecer ellos mismos: estos hogares contratarán trabajo. Los que tengan poca tierra o ninguna serán oferentes netos de trabajo. Por último, los que tengan más o menos la tierra necesaria para absorber su propio trabajo y ninguno más serán explotaciones agrícolas familiares, que no participan activamente en el mercado de trabajo. Para realizar este ejercicio, podemos imaginar que *todo el mundo* participa en un gigantesco mercado de trabajo, en el que el trabajo por cuenta propia se considera parte del mercado global.

Recurramos ahora a una idea del apartado anterior. Sigamos la evolución de la *remuneración mínima por unidad obtenida* a la que cada persona, con tierras o sin ellas, podrá ofrecer trabajo en el mercado. El panel de la izquierda de la figura 13.9, que recoge esencialmente las ideas del apartado anterior, muestra algo obvio: la gente que tiene mayores cantidades de renta no laboral (renta de alquileres procedentes de la tierra, en este caso) puede ofrecer su trabajo a cambio de una remuneración mínima, debido simplemente a

[4] Estas observaciones no son válidas en el caso de las personas más ricas, que se encuentran en puntos más altos de la curva de capacidad de trabajo, por lo que esta teoría tiene pocas aplicaciones.

[5] El análisis siguiente se basa en Dasgupta y Ray [1986, 1987].

[6] Es fácil ver que si suponemos que hay rendimientos constantes de escala en la producción, la curva de demanda agregada será independiente de la distribución de la propiedad de la tierra en la economía.

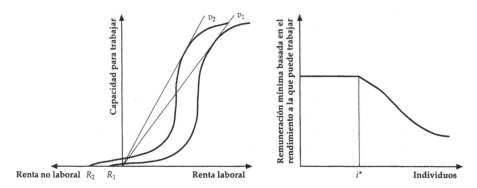

Figura 13.9. La remuneración mínima basada en el rendimiento que determina la capacidad para trabajar.

que su renta procedente de los alquileres satisface algunas de sus necesidades nutritivas. El panel de la derecha de la figura representa este mínimo en relación con las personas ordenadas en sentido ascendente según la renta que obtienen de sus tierras. Las personas que se encuentran por debajo del índice i^* no tienen tierra, por lo que la remuneración mínima por unidad obtenida no varía en su caso. A partir de ahí, la remuneración mínima disminuye a medida que aumenta la renta procedente de la tierra.

Esta remuneración mínima representa la cantidad mínima a cambio de la cual una persona *podrá* trabajar en el mercado de trabajo. Sin embargo, hay otra consideración más. Probablemente, el salario mínimo al que estará *dispuesta* a trabajar una persona aumenta con la cantidad de renta no laboral, ya que una persona que tiene otras fuentes de renta, valora más el ocio y sólo está dispuesta a sacrificarlo si recibe una compensación suficientemente elevada.

Por lo tanto, hay aquí dos fuerzas opuestas, pero podemos decir algo razonable sobre la forma en que interactúan. En los niveles muy bajos de renta no laboral, la gente está dispuesta a trabajar por cualquier cosa, por lo que la consideración realmente relevante es la remuneración mínima a la que *puede* trabajar. A medida que aumenta la renta no laboral, esta remuneración mínima "basada en la capacidad" disminuye y llega un punto en el que la disposición a trabajar se convierte en una restricción relevante: la capacidad ya no es una cuestión importante.

Podemos combinar, pues, las dos remuneraciones mínimas, mostradas por medio de la línea de trazo grueso en la figura 13.10. La curva en forma de U resultante representa la remuneración mínima a la que los individuos quieren y pueden trabajar. De hecho, podemos averiguar qué partes de la curva corresponden a cada régimen. Dado que los individuos están colocados en orden ascendente según su renta no laboral, el segmento descendente de la curva corresponde a la zona en la que la capacidad individual es la restricción relevante. La parte ascendente representa la zona en la que la disposición a trabajar es la restricción relevante.

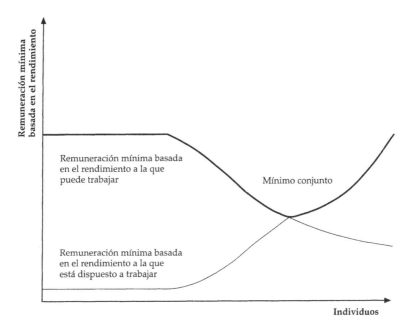

Figura 13.10. Capacidad y disposición: el efecto conjunto.

Utilizando la figura 13.10, es posible obtener la curva de oferta de trabajo de una manera muy sencilla pero general. La figura 13.11 muestra cómo. La oferta de trabajo correspondiente a cada remuneración viene dada por las cantidades trabajadas por todas aquellas personas cuya remuneración mínima se encuentra *por debajo* del salario de mercado vigente. Son las personas que quieren *y* pueden trabajar a la remuneración vigente. Alterando ésta, trazamos una curva de oferta. La curva de demanda se traza exactamente igual que antes. La intersección de las dos curvas representa el equilibrio del mercado.[7]

El panel de la izquierda de la figura 13.11 representa una de esas remuneraciones y el segmento de personas que ofrecen trabajo a esa remuneración, representado por la línea

---

[7] Debemos tener cuidado en este caso para poder realizar un análisis más preciso. Hemos de tener en cuenta también la endogeneidad del alquiler de la tierra de la manera siguiente. Utilizamos la función de producción correspondiente a cada remuneración "vigente" basada en el rendimiento para hallar el volumen de trabajo con el cual el producto marginal del trabajo es igual a esa remuneración. Esta igualdad determina, a su vez, el producto marginal de la tierra y, por lo tanto, el alquiler correspondiente a la remuneración vigente del trabajo basada en el rendimiento. Multiplicando el alquiler por el número de hectáreas de cada persona obtenemos las rentas no laborales de todas las personas. A continuación podemos trazar la curva de remuneraciones basadas en el rendimiento de la figura 13.10 y a partir de ella, la oferta de trabajo correspondiente a cada remuneración vigente basada en el rendimiento, como en la figura 13.11. Si el lector ha seguido atentamente este razonamiento, verá que la curva de remuneraciones mínimas basadas en el rendimiento variará en general, cuando se altera la remuneración vigente basada en el rendimiento, ya que el alquiler correspondiente de la tierra varía. Aparte de esta pequeña complicación, el resto del análisis es el mismo (véase Dasgupta y Ray [1986, 1987] para los detalles más morbosos).

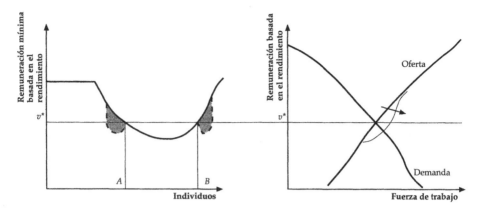

Figura 13.11. Equilibrio del mercado.

AB (la cantidad exacta de trabajo que se ofrece depende de la curva de capacidad, de la cuantía de las rentas no laborales, así como de la propia remuneración vigente de la forma que hemos analizado detalladamente en los apartados anteriores). La gente que se encuentra a la "izquierda" de *A* y a la "derecha" de *B* está en paro, pero observe el lector más detenidamente la figura y verá que está en paro por razones muy diferentes. Las personas que están a la derecha de *B* *pueden* trabajar, pero no quieren. Podemos llamarlos *parados voluntarios* o, para mantener el sabor rural de este modelo, latifundistas. Su renta no laboral, derivada del alquiler de la tierra, es demasiado alta para que la remuneración vigente en el mercado de trabajo los atraiga. Compárese este caso con el de las personas situadas a la izquierda de *A*, que están en paro, no porque no quieran trabajar, sino porque *no pueden* a la remuneración vigente (sus rentas resultantes no son suficientemente altas para generar la capacidad de trabajo necesaria). Podemos denominarlos *parados involuntarios*.[8] Naturalmente, el lector no debe interpretar literalmente este tipo de paro. Quizá esas personas puedan trabajar a corto plazo. La cuestión es que el salario vigente no les permite trabajar de una manera continua sin poner en peligro su salud y su fuerza física. Para más información sobre estas cuestiones, véase el siguiente apartado.

Este modelo puede utilizarse para analizar los efectos de los cambios de la distribución de la propiedad de riqueza. En el caso aquí presentado, equivale a analizar las reformas agrarias, en las que se transfiere tierra de los que tienen mucha a los que tienen poca o ninguna. Ciertamente, esas reformas agrarias perjudican a los que pierden tierra y benefician a los que la ganan; esto es exactamente lo que cabe esperar. Pero, además, pode-

---

[8] El significado intuitivo de este término debe presentarse con más cuidado. El paro involuntario normalmente se refiere al tratamiento diferenciado de individuos *idénticos* en el mercado de trabajo. Si queremos hilar muy fino, podemos afirmar que las personas situadas a la izquierda de *A* no son idénticas a las personas situadas *en A* (su renta no laboral es diferente). Eso es cierto, pero, en realidad, son muy poco diferentes, mientras que la consiguiente repercusión en su comportamiento en el mercado de trabajo es grande. El concepto clásico de paro involuntario puede ampliarse para tener en cuenta esta discontinuidad (véase Dasgupta y Ray [1986]).

mos decir algo sobre lo que ocurre con la producción *total*. Para ello volvamos de nuevo a la figura 13.11. Supongamos que las propiedades de tierra se transfieren de los latifundistas que se encuentran exactamente a la derecha de *B* a los parados involuntarios que se encuentran exactamente a la izquierda de *A*.

Esta transferencia produce inmediatamente dos efectos. En primer lugar, los beneficiarios de la reforma ahora están "más capacitados" para trabajar a cambio de la remuneración vigente. Es decir, su remuneración mínima disminuye, ya que su renta no laboral ha aumentado. En segundo lugar, los que pierden tierra se muestran más dispuestos a trabajar, ya que su renta laboral ha disminuido, ¡por lo que su remuneración mínima también disminuye! Así pues, la reforma agraria reduce la remuneración mínima de todas las personas afectadas directamente por la reforma. Este caso se muestra en la figura 13.11 por medio de las líneas de puntos que aparecen a la izquierda de *A* y a la derecha de *B*.

¿Qué efecto produce en la oferta de trabajo? Bien, a la remuneración vigente que hemos representado en el gráfico, la oferta de trabajo debe *aumentar*, ya que hay algunas personas más que pueden trabajar y hay más personas que están dispuestas a trabajar, lo que se muestra por medio del desplazamiento de la curva de oferta de trabajo señalado en el panel de la derecha del gráfico.[9] Se deduce que la cantidad de trabajo de equilibrio *aumenta*, lo cual implica, a su vez, que la producción total de la economía también aumenta.

Por lo tanto, una reforma agraria bien llevada tiene la capacidad de aumentar la producción total de la economía. Esa reforma produce tres efectos. En primer lugar, los parados constituyen una fuerza de trabajo más atractiva para las empresas a medida que aumenta su renta no salarial. En segundo lugar, los pobres que tienen trabajo son más productivos en la medida en que también reciben tierra. Por último, expropiando tierra a los latifundistas, sus salarios de reserva bajan y, si este efecto es suficientemente significativo, podría inducirlos a renunciar a su paro voluntario y a entrar en el mercado de trabajo. Por todas estas razones, el volumen de mano de obra de la economía aumenta, lo que lleva a la economía a un equilibrio de la producción más alto.

Repetimos, en una situación general de desnutrición, las reformas agrarias pueden considerarse deseables por principio. Pero es que, además, tienen unas consecuencias prácticas que hemos decidido subrayar aquí. En definitiva, no tiene por qué haber un conflicto entre las medidas destinadas a aumentar la igualdad y el nivel de la producción agregada en una economía que tiene pocos recursos.[10]

---

[9] La curva de oferta puede no desplazarse hacia fuera a *cada* remuneración basada en el rendimiento, ya que en el caso de algunas otras remuneraciones, la reforma agraria puede no influir en el conjunto de personas que hay en el mercado de trabajo.

[10] Merece la pena señalar, sin embargo, que el empleo total de *personas* puede *no* aumentar con la reforma agraria, incluso aunque deba aumentar el número total de unidades de fuerza de trabajo empleadas. Se produce un "efecto desplazamiento" en el trabajo, por el que los trabajadores que ahora son productivos son capaces de desplazar a los trabajadores menos productivos que antes tenían trabajo. Sin embargo, como muestran Dasgupta y Ray [1987], una reforma agraria general, en la que se igualen las propiedades de activos, debe aumentar la producción *y* el empleo.

13.4.2 Nutrición, tiempo y mercados de trabajo eventual

En 1943, Paul Rosenstein-Rodan señaló que una de las características fundamentales de los mercados de trabajo que carecen de una estructura contractual es que no tienen en cuenta la existencia de externalidades posiblemente beneficiosas. El ejemplo en el que centró la atención fue la formación en el trabajo. Las empresas que imparten formación en el trabajo a sus trabajadores no sólo contribuyen a aumentar sus propios beneficios sino que elevan el nivel de cualificación y de conocimientos de toda la economía.

El problema estriba en que las empresas casi nunca recogen *todo* el beneficio de las actividades de formación de sus trabajadores. Al fin y al cabo, éstos pueden cambiar de empleo, lo que genera una externalidad. La formación en el trabajo exige considerables inversiones por adelantado en el trabajador sin garantía alguna de que éste se quede para que la empresa pueda recoger los frutos de esas inversiones. La cuestión es que si la *empresa* tiene que incurrir en esos gastos, le gustaría recoger los frutos.

Aunque Rosenstein-Rodan centró la atención en el tema de la formación, sus perspicaces comentarios también son válidos en el caso del estado de nutrición de los trabajadores que ofrecen trabajo en un mercado eventual sin reglamentaciones ni salvaguardas. Los trabajadores bien alimentados son ventajosos para la empresa a largo plazo, siempre que exista alguna manera de asegurarse de que se quedarán. En ausencia de esas garantías, el empeoramiento del estado de nutrición en el mercado de trabajo rural pobre puede ser general.

La nutrición no es más que una parábola de todos los tipos de inversiones a largo plazo que puede hacer una empresa en un trabajador. Ya hemos analizado la formación en el trabajo. Otras inversiones que producen un efecto beneficioso son el seguro médico facilitado por la empresa, así como la financiación de la formación técnica y de la educación superior.

Ésta es la maldición del mercado de trabajo eventual, maldición especialmente cruel en los países pobres. Para asegurarse de que las empresas recuperan sus inversiones, la circulación de trabajo debe estar sometida a restricciones y estas restricciones tienen sus propios costes (la esclavitud es el ejemplo extremo). No está claro qué puede hacerse al respecto.

13.4.3 Un modelo del estado de nutrición

Utilizamos la parábola de la nutrición para desarrollar un modelo de inversiones concretas en las personas que producen efectos *a lo largo del tiempo*.[11] Ampliamos nuestras ideas en un aspecto importante: el estado actual de nutrición de un trabajador y, por lo tanto, su capacidad para realizar un trabajo continuado dependen no sólo de su consumo *actual* de nutrientes sino también de la *historia* de ese consumo.

La figura 13.12 trata de recoger esta observación por medio de un único gráfico. Las curvas *A* y *B* son curvas de capacidad que corresponden a distintos historiales de nutri-

---

[11] En este apartado utilizamos y ampliamos las ideas de Ray [1993], Ray y Streufert [1993] y Bose [1997].

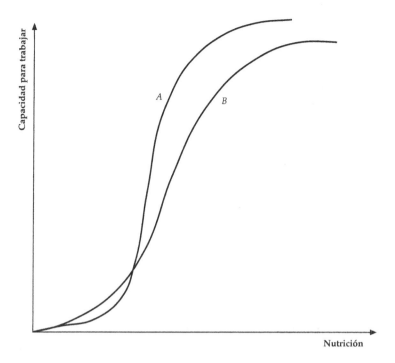

Figura 13.12. Historial de nutrición y curva de capacidad.

ción. Obsérvese que la capacidad de trabajo varía con la nutrición actual (lo cual se recoge por medio de la pendiente positiva de la curva correspondiente a cualquier historial *dado*), pero también le afecta la nutrición pasada (lo que lleva a distintas curvas como la *A* y la *B*). De momento no responderemos a la pregunta de qué historial de nutrición es el "mejor" historial o de por qué puede ser que las curvas se corten como se cortan.

Comencemos recordando algunos conceptos del capítulo 8 para interpretar mejor estas curvas. He aquí un breve resumen.

La ingesta de nutrientes (que se supone que es una variable escalar que se mide, por ejemplo, en calorías para simplificar el análisis) de una persona está dividida en la que sirve para el mantenimiento del cuerpo y la que corresponde a distintos tipos de actividad física. Sea x_t la ingesta de energía del individuo en el momento t, r_t la *tasa metabólica en reposo*, q_t la energía gastada en la actividad física y b_t la energía liberada (o almacenada) por el cuerpo. En ese caso, prescindiendo de las pérdidas causadas por la ineficiencia del metabolismo energético, formulamos la ecuación fundamental del equilibrio energético de la manera siguiente:

$$x_t = r_t + q_t - b_t \qquad [13.1]$$

para todos los periodos t. Los términos utilizados ya se introdujeron en el capítulo 8.

Existen conexiones entre estas variables que ahora es necesario desarrollar. Para ello introduzcamos el concepto de *estado de nutrición*, que es, en términos generales, el estado de salud física de una persona en cualquier periodo y que varía de un periodo a otro dependiendo del estrés al que esté sometida, así como de su acceso a elementos nutritivos. No es necesario medir o cuantificar exactamente este concepto, pero en aras de la concreción lo equipararemos a *masa corporal*, que representamos por medio de m.[12]

Lo primero que debe señalarse sobre m es que los préstamos que toma del cuerpo tienden a reducirla, mientras que el almacenamiento tiende a aumentarla. Podemos representar este hecho esquemáticamente de la forma siguiente:

$$\text{dado } m_t \rightarrow \text{cuanto mayor es } b_t \rightarrow \text{menor es } m_{t+1}. \qquad [13.2]$$

De hecho, las ecuaciones [13.1] y [13.2] representan precisamente la disyuntiva a la que se enfrenta un empresario que contrata a esta persona. El empresario paga un salario, que el individuo utiliza para comprar nutrición x, pero el empresario también dicta el ritmo de trabajo, que afecta a q. Sin embargo, no puede conseguir algo a cambio de nada. Dado un salario fijo, cuanto más trabajo exija, mayor será la cantidad que se sustrae al cuerpo (véase la ecuación [13.1]) y menor será el estado de nutrición en el siguiente periodo (véase la ecuación [13.2]).

Para seguir avanzando tenemos que comprender ahora cómo influye, a su vez, el estado de nutrición (representado por la masa corporal) en las variables de interés, como la capacidad para realizar una actividad productiva. Dado un genotipo, el metabolismo en reposo está relacionado positivamente con la masa corporal. Por lo tanto, una reducción de la masa corporal reduce el metabolismo en reposo. ¿Es este tipo de adaptación positiva? Quizá. Si observamos de nuevo la ecuación [13.1], veremos que una reducción de r crea algún espacio en la ecuación de equilibrio energético: el cuerpo gasta menos para el metabolismo en reposo y puede utilizar esta energía adicional más "eficientemente" para trabajar. Llamémoslo *efecto del metabolismo en reposo*.

Debemos tener cuidado, sin embargo, de distinguir entre este tipo de adaptación protectora y la afirmación de que esa adaptación es, por consiguiente, algo *bueno*. Los peligros que conlleva un estado de nutrición peor (en lo que se refiere a un aumento de la vulnerabilidad a las enfermedades, deterioro físico y muerte) no pueden dejarse de lado desde un punto de vista social, independientemente de lo eficiente que parezca la adaptación desde el punto de vista económico.

Por otra parte, incluso desde el punto de vista económico una reducción de la masa corporal puede afectar a la forma en que el trabajo utilizado q se traduce en trabajo efectivo. Una mejora de la salud y de la fuerza física puede permitir al individuo realizar tareas difíciles o imposibles para una persona desnutrida. En otras palabras, una mejora del estado de nutrición puede aumentar la capacidad para trabajar: llamémoslo *efecto de la capacidad*.

---

[12] Debe recordarse que estamos analizando el estado de nutrición de las economías pobres, por lo que la masa corporal no es un concepto incorrecto. En el caso de las personas que viven en los países desarrollados, ¡la masa corporal puede estar relacionada *inversamente* con el estado de nutrición!

Uniendo los dos efectos anteriores obtenemos un resultado neto interesante. *Dada una cantidad de desgaste físico, la curva de capacidad de una persona que tiene un estado de nutrición peor tiende a desplazarse en sentido ascendente, debido al efecto del metabolismo en reposo: puede canalizarse más energía hacia el trabajo.* Al mismo tiempo, una persona mejor nutrida puede utilizar mejor el aumento de la energía disponible para trabajar, sobre todo en los niveles altos de trabajo efectivo: éste es el efecto de la capacidad. Parece, pues, razonable postular que en los niveles de trabajo bajos, predomina el primer efecto, por lo que la curva de capacidad se desplaza en sentido descendente a medida que mejora el estado de nutrición, mientras que en los niveles de trabajo más altos ocurre lo contrario. Este es exactamente el tipo de situación representada en la figura 13.12. Ahora podemos considerar que la curva *B* corresponde a un estado de nutrición mejor.

Analicemos ahora la situación de la siguiente manera. Si un empresario puede elegir entre crear el estado de nutrición que viene dado por *A* y el que viene dado por *B*, ¿cuál elegiría? Una respuesta es que el efecto del metabolismo en reposo domina de todas maneras, por lo que el empresario *se beneficia*, de hecho, contratando personas desnutridas para realizar sus tareas. Eso es posible, pero improbable si las tareas requieren la realización de un duro trabajo físico. En ese caso, domina el efecto de la capacidad. Es más probable que el empresario prefiera sacrificar alguna producción actual de su trabajador y / o pagar un salario más alto (aumentando, pues, x_t), *siempre que el trabajador esté ahí mañana para que él, el empresario, pueda recoger los beneficios de esta inversión.*

La frase subrayada del último párrafo es precisamente el problema que surge en los mercados de trabajo eventual. Este problema tiene, en realidad, dos aspectos. En primer lugar, como el empleo es eventual, el trabajador puede no estar presente físicamente en el siguiente periodo. Es posible que trabaje para otro empresario, quizá en otro pueblo. En estas circunstancias, el empresario es extraordinariamente reacio a realizar una inversión en un activo cuando existe la posibilidad de que éste desaparezca en un periodo posterior. En segundo lugar, si una persona que tiene un buen estado de salud puede ser identificada por otros empresarios, el mercado presionará al alza sobre su salario. Eso significa esencialmente que esta persona recogerá todos los frutos de la inversión financiada por el empresario en forma de un salario más alto. Si es así, ¿para qué realizar la inversión?

Obsérvese que este problema puede resolverse si tanto el empresario como el trabajador firmaran un contrato que exigiera a este último trabajar para el empresario actual en el futuro. Eso significa, en particular, que el trabajador debería renunciar a su derecho a aceptar otro empleo en el futuro. Sin embargo, a menudo es imposible imponer legalmente esos contratos.

Así pues, ante la dificultad de quedarse con los frutos de su inversión, el empresario puede carecer de incentivos para mejorar el estado de nutrición de sus trabajadores. No tiene ningún incentivo para pagar un salario más alto ni para reducir las horas de trabajo, sobre todo si existe exceso de oferta en el mercado de trabajo, cuestión a la que volveremos más adelante.

Ahora llega el final. Si nuestro empresario tiene incentivos para comportarse de esta forma, también lo tienen todos los demás empresarios. Por consiguiente, participar en el mercado de trabajo eventual generalmente no mejora el estado de nutrición de los trabajadores. Sin embargo, otra cuestión de interés es que este proceso generalmente *también* empeora el bienestar de los empresarios, ya que tienen que contratar trabajadores cuyo estado de nutrición es inferior, lo cual eleva sus costes laborales incluso a corto plazo (siempre que el efecto de la capacidad sea superior al del metabolismo en reposo).

Éste es un caso clásico del dilema de los presos. Como los mercados eventuales no tienen en cuenta el futuro, crean externalidades relacionadas con la nutrición que todo el mundo acaba pagando: los trabajadores, porque su estado de nutrición es malo, y los empresarios, porque tienen que contratar trabajo ineficiente.

La observación de que el estado de nutrición es malo cuando hay mercados de trabajo eventual es aún más válida, de hecho, si aumenta la capacidad para adaptarse (mediante una disminución del metabolismo en reposo). Cuanto mayor es el efecto del metabolismo en reposo, menor es la necesidad de los empresarios de subir los salarios hoy o de reducir el esfuerzo exigido. Cuando hay un exceso de oferta de trabajo, es probable que el mercado de trabajo eventual reaccione a las posibilidades de adaptación reduciendo aún más el salario.

Recapitulemos el análisis de este subapartado. Hemos analizado la interacción entre una ecuación plausible de equilibrio energético, fundamental para el cuerpo humano, y el mercado de trabajo que exige un esfuerzo físico. Es de esperar que esta interacción sea especialmente acusada en las economías en las que haya un exceso de oferta de trabajo y los salarios sean bajos. En esas economías, se cumple una verdad simple pero básica: el mercado de trabajo y su funcionamiento constituyen la clave para comprender el estado de nutrición de la población.

Mientras que la observación de que el mercado de trabajo es un determinante básico del estado de nutrición es bastante evidente por sí sola, los nexos causales que llevan a nuestro resultado final requieren un detenido análisis. Hemos mostrado que un mercado de trabajo eventual empeora el estado de nutrición de los trabajadores, donde este estado se mide por medio de la masa corporal (para un genotipo *fijo*). Este empeoramiento puede producir, además, un efecto negativo en los empresarios, que ahora se enfrentan a una reserva de trabajadores que tienen un estado "básico" de nutrición bajo. Paradójicamente, este bajo nivel de nutrición es causado por los propios empresarios. La situación es parecida a la del dilema de los presos.

13.5 Mercados de trabajo permanente

13.5.1 Tipos de trabajo permanente

Utilizaremos los términos "trabajador permanente", "trabajador fijo" y "trabajador en exclusiva" indistintamente para identificar al trabajador que se compromete a trabajar para un empresario durante un largo periodo. Este periodo contrasta con el de los trabajadores eventuales, que suelen ser contratados por jornadas y a veces para tareas que duran a lo sumo unos días.

Imaginemos dos grandes clases de trabajadores fijos. Por un lado están los que realizan tareas especiales que exigen cierto nivel de habilidad, tareas que pueden resultar difíciles de supervisar. Arar, regular las bombas de riego, conducir y mantener los tractores, supervisar y reclutar mano de obra eventual y manejar las trilladoras son ejemplos de tareas agrícolas que plantean problemas de supervisión, simplemente porque tienen un efecto sobre la producción final (o sobre el mantenimiento de la maquinaria) que puede ser difícil de distinguir de otros muchos efectos, como el que resulta del mal tiempo o de fallos de alguna otra actividad complementaria. En cambio, sembrar, recolectar o tejer cestos son actividades que pueden fácilmente supervisarse y a menudo esas tareas pueden remunerarse según el rendimiento.

Un empresario puede ahorrarse realizar tareas de supervisión esencialmente de tres formas. En primer lugar, puede encomendárselas a miembros de su *familia*, a los cuales les interesa por razones obvias que la explotación agrícola funcione bien. Esta suele ser una buena idea en el caso de explotaciones pequeñas. En segundo lugar, el empresario puede contratar trabajo eventual lo que, en principio, le exigiría supervisarlo directamente. Sin embargo, incluso supervisándolo directamente, no sería posible seguir paso a paso todas las actividades de un trabajador, por lo que su valoración deberá basarse en la producción final obtenida. Sin embargo, como acabamos de decir, la producción final es un indicador impreciso. Además, suele ser un indicador *tardío*. Muchas tareas que se realizan en la temporada baja, como arar, no pueden valorarse en función de su resultado hasta que no se ha recolectado. Para entonces ya se ha pagado al trabajor eventual contratado durante la temporada baja. Eso nos lleva a una tercera opción, que es contratar a una parte de la plantilla con carácter "fijo" o "en exclusiva", entendiendo implícita o explícitamente que su empleo es de larga duración, pero que puede revocarse si los indicadores de su rendimiento son sistemáticamente bajos.

En el segundo grupo de trabajadores fijos, están los que no realizan tareas especiales. Este trabajo permanente podría utilizarse para realizar las tareas de los trabajadores eventuales. Sin embargo, ¿para qué contratar esos trabajadores por medio de contratos de larga duración? En otras palabras, ¿generan los contratos de larga duración algún valor adicional al empresario o al trabajador (o a ambos) que no generan los contratos de corta duración? Veremos que hay situaciones en las que generan valor añadido.

13.5.2 ¿Por qué estudiar el trabajo fijo?

Hay varias razones por las que puede ser interesante estudiar esta clase de trabajo. En primer lugar, recuérdese que en el capítulo 10 vimos que la emigración excesiva de las zonas rurales a las urbanas es motivo de gran preocupación en el proceso de desarrollo. En ese capítulo, estudiamos los posibles factores que provocan una emigración excesiva, en relación con la capacidad de la economía para expandir su sector no agrícola. En este contexto, la institución del trabajo fijo frena el rápido ritmo de emigración, de la misma forma que también lo frena la existencia de explotaciones agrícolas familiares ocupadas por sus propietarios.

En segundo lugar, la institución del trabajo permanente crea toda una variedad de contratos de trabajo agrícolas que tienen un interés intrínseco. Como veremos, el bienestar de los que tienen un contrato de trabajo permanente no tendría por qué ser mayor que el de los trabajadores eventuales, aunque casi siempre lo sea. Por lo tanto, los puestos de trabajo permanentes o de larga duración suelen ser la primera forma de seguro contra los caprichos de un entorno económico fluctuante. El trabajo fijo está, pues, más relacionado con la estabilidad que con el cambio. Los trabajadores eventuales se enfrentan, por el contrario, a una situación de mayor riesgo.

La tercera razón se deriva de las dos primeras. La institución del trabajo permanente muestra ciertas tendencias a largo plazo a medida que un país se desarrolla que, por su complejidad, conviene analizar. En muchos casos, la incidencia de los contratos de trabajo permanentes disminuye significativamente con el desarrollo, acelerando así el ritmo de desarrollo pero reduciendo el nivel de seguridad económica. Sin embargo, también hay situaciones en las que un aumento del ritmo de desarrollo crea nuevos nichos para el trabajo permanente. Comprender los tipos de sendas de crecimiento que provocan una disminución (o un aumento) a largo plazo del trabajo permanente es, pues, importante, debido a que (a través del primer factor anterior) tiende a afectar a la tasa de migración y a que (a través del segundo factor anterior) tiende a alterar el nivel de seguridad implícito en el sector agrario.

Cambios seculares del trabajo fijo en la India

Hacemos tres observaciones generales sobre los mercados de trabajo fijo de la India.[13] En primer lugar, la segunda clase de trabajo fijo, que comprende todos los tipos de tareas, no sólo las que no pueden supervisarse, predominaba en el pasado. En segundo lugar, la incidencia de este tipo de vínculo ha sufrido una vertiginosa disminución hasta llegar a los bajos niveles actuales. Por último, en esta clase existen grandes diferencias regionales en lo que se refiere al grado de vinculación.

Existen abundantes datos en la literatura sobre la organización socioeconómica de los pueblos que demuestran que en algunos pueblos de la India, *toda* la población trabajadora agrícola podía estar repartida entre los grupos de trabajo fijo de los diferentes terratenientes, según el sistema *jajmani*. Lewis y Barnouw [1958] describen este sistema de la forma siguiente:[14]

> En este sistema, cada casta del pueblo debe prestar ciertos servicios estandarizados a las familias de otras castas... Cada hombre trabaja para una determinada familia o grupo de familias con las que tiene unos vínculos hereditarios... La familia o el jefe de familia al que sirve una persona se conoce con el nombre de *jajman*, mientras que el hombre que realiza el servicio se denomina *kamin* del *jajman* o *kam karne-wala* (literalmente, trabajador).

---

[13] Estas observaciones del recuadro proceden de Mukherjee y Ray [1995].
[14] Esta descripción coincide con las de Srinivas [1955, 1960], Beteille [1979] y Hopper [1957, 1965].

Otra clase de trabajo fijo, que está algo menos estructurado y formalizado, se denomina vagamente *relaciones proveedor-cliente* (véase Beteille [1979]). En este sistema, al igual que en el del *jajmani*, el empresario debe garantizar el bienestar general del asalariado y, en particular, ayudarlo en los momentos de crisis, como en una enfermedad, muerte o sequía. A cambio, el trabajador debe conceder la máxima importancia a las necesidades del patrono a la hora de asignar su tiempo. Un gran número de *kamins* o clientes que realizan tareas ocasionales era pagado por días (además de recibir sus pagos tradicionales) y tenía libertad para trabajar para otros cuando el *jajman* o proveedor no los necesitaba.[15]

Cuadro 13.2. Disminución secular de la proporción de trabajadores atados en Thanjavur (India).

		Porcentaje de trabajadores	
Pueblo	*Año*	*Fijos*	*Eventuales*
Kumbapettai	1952	52	48
	1976	21	79
Kirippur	1952	74	26
	1976	20	80

Fuente: Gough [1983].

Hopper [1957], Lewis y Barnouw [1958], Breman [1974], Gough [1983] y Vyas [1964], así como algunos otros estudiosos, describen el declive de este sistema tradicional de proveedor-cliente. El cuadro 13.2 documenta las proporciones de trabajadores fijos existentes en los pueblos de la India estudiados por Gough en 1952 y en 1976.

Aparte de la disminución de la proporción de trabajadores fijos, también existen grandes diferencias regionales en lo que se refiere a la proporción de trabajadores fijos que realizan tareas ocasionales. Aunque según algunos estudios de Bengala occidental (Bardhan y Rudra [1978] y Tamil Nadu (Sundari [1981]), una elevada proporción de los trabajadores fijos realiza tareas totalmente supervisadas u ocasionales, según algunos estudios contemporáneos de otras partes de la India estos sistemas son relativamente inexistentes. Es el caso de los pueblos situados en las zonas semiáridas de la India estudiadas por el ICRISAT y de los estudios de Chen [1991], Reddy [1985], así como del estudio más reciente de las relaciones agrarias de Uttar Pradesh, Bihar y Punjab realizado por Mukherjee [1992].

13.5.3 El trabajo fijo: las tareas no supervisadas

En este apartado estudiamos el primer tipo de trabajo permanente. Formulamos el modelo más sencillo posible que nos ayuda a entender las cuestiones básicas.[16]

---

[15] Véase, por ejemplo, Sundari [1981], Gough [1983], Breman [1974] y Hopper [1957].

[16] En el análisis siguiente nos basamos en Eswaran y Kotwal [1985b], pero utilizamos un modelo distinto más sencillo. Otros estudios relacionados con esta cuestión son los de Bowles y Gintis [1994, 1996], y Shapiro y Stiglitz [1984].

Las condiciones de producción

Consideremos el caso de una explotación agrícola que puede elegir entre diferentes técnicas de producción. Cada técnica contiene diferentes proporciones de tareas que deben supervisarse y de tareas que pueden dejarse a trabajadores eventuales. Por ejemplo, una técnica de producción que se basa principalmente en el uso apropiado y a su debido momento del riego y de los fertilizantes (como ocurre con algunos tipos de semillas de alto rendimiento) es más probable que sea intensiva en tareas difíciles de supervisar. Imaginemos la producción de la misma cantidad con diferentes combinaciones de tareas supervisadas y tareas no supervisadas. Probablemente la cantidad de capital físico necesaria también varía de una técnica a otra, pero de momento prescindiremos de esta complicación.

Imaginemos que para realizar cada unidad de cada tarea se necesita una unidad (por ejemplo, una hora-hombre) de trabajo. Las tareas no supervisadas serán realizadas por trabajadores permanentes (más adelante veremos cuánto perciben exactamente). Las tareas supervisadas se realizarán con trabajo eventual. Por lo tanto, la isocuanta que describe diversas combinaciones de tareas no supervisadas y tareas supervisadas (aplicadas a una determinada parcela de tierra) para producir una cosecha de una determinada cantidad puede representarse por medio de las diversas combinaciones de *trabajo* permanente y eventual necesarias para conseguir el mismo nivel de producción. Representamos estas cantidades por medio de L_p y L_c, respectivamente. La figura 13.13 muestra las isocuantas pertinentes.

Imaginemos ahora que el trabajo fijo y el eventual perciben salarios distintos (en seguida nos ocuparemos de la determinación de los salarios, pero la dejaremos de lado por ahora). Llamemos a estos salarios w_p y w_c, respectivamente. Para que la producción sea eficiente, es necesario elegir una técnica que minimice el coste total de los factores, que es $w_p L_p + w_c L_c$, cualquiera que sea el nivel de producción elegido. Ésta es una situación muy habitual: vemos que la recta de costes (que tiene una pendiente de $-w_c/w_p$ en la figura 13.13) debe ser *tangente* a la isocuanta correspondiente.[17]

Obsérvese que cuando varía el *cociente* entre los salarios permanentes y los eventuales, los empresarios eligen técnicas de producción diferentes y, por lo tanto, diferentes proporciones de trabajo permanente y eventual en la explotación agrícola. Obsérvese, en particular, que cuando *disminuye* el cociente entre los salarios de los trabajadores fijos y de los eventuales, la recta de costes se vuelve más inclinada. El punto de tangencia en el que se minimizan los costes se desplaza entonces de A a A', lo que provoca un aumento de la proporción de trabajo permanente.[18] Hacemos, pues, la siguiente simple observa-

---

[17] Ésta sólo es, por supuesto, la condición de *minimización de los costes*. Se necesitan más condiciones para averiguar el nivel de producción correcto. Este dependerá, entre otras cosas, del objetivo económico del agricultor, como la maximización de los beneficios, así como de la forma en que el factor fijo (la tierra) restrinja la producción de mayores cantidades.

[18] El argumento gráfico es algo impreciso porque supone que se obtiene el mismo nivel de producción cuando varía el cociente entre los salarios, lo cual generalmente no es cierto. Sin embargo, aunque varíe la producción, este resultado es cierto en la medida en que las isocuantas sean paralelas o, en la jerga económica, "homotéticas".

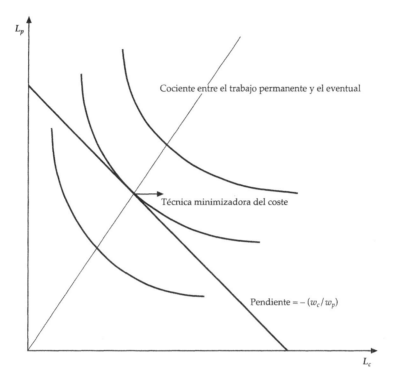

Figura 13.13. Combinaciones de trabajo permanente y eventual necesarias para obtener una cantidad de producción fija.

ción que resultará útil en el análisis siguiente: *la proporción de trabajo permanente y de trabajo eventual depende inversamente del cociente entre el salario de los trabajadores permanentes y el salario de los trabajadores eventuales.* Claro que esta observación, por sí sola, no es de gran ayuda, ya que el salario eventual es una variable endógena. En el análisis siguiente ponemos al descubierto esta endogeneidad y profundizamos en ella.

Determinación del salario de los trabajadores permanentes

Consideremos el caso de un empresario representativo que tiene que pagar un determinado salario de mercado al trabajo eventual. Si los mercados son competitivos, este empresario no puede hacer nada para alterar el salario de un trabajador eventual. La cuestión es saber cuál es el salario mínimo que debe pagar a un trabajador permanente para que éste tenga los incentivos necesarios para realizar correctamente las tareas que no pueden supervisarse.

Conviene entender el salario permanente como una prima que el trabajador perderá si no se esfuerza lo suficiente. La determinación de este salario dependerá, pues, fundamentalmente de la importancia que conceda el trabajador a sus *futuras* pérdidas y ganancias. Introducimos un sencillo modelo que tiene en cuenta el *horizonte temporal mental* del trabajador: el grado en que le preocupa el futuro cuando toma sus decisiones actuales (véase también el apéndice 1.4 sobre la teoría de los juegos, en el que se introduce otro concepto distinto, el *descuento*, que se utiliza más a menudo).

Supongamos concretamente que, en cada periodo, el trabajador adopta un horizonte de N periodos y tiene en cuenta las consecuencias de sus decisiones actuales sobre sus ganancias y pérdidas de los N periodos venideros. Para simplificar supongamos que tenga que decidir si se esfuerza o haraganea. Las consecuencias futuras de esta decisión las reducimos a la posibilidad de que no le renueven el contrato permanente.

Estas consideraciones nos llevan a centrar la atención en las siguientes cuestiones:

(1) ¿Qué gana inmediatamente un trabajador fijo haraganeando?

(2) ¿En cuánto valora el trabajador sus pérdidas futuras si pierde el empleo actual?

(3) ¿Con qué facilidad puede descubrirse (más tarde) que el trabajador ha haraganeado?

(4) Si el trabajador pierde su puesto, ¿reconocerán otros empresarios que es un holgazán y no le darán un nuevo puesto permanente?

La ganancia inmediata que obtiene el trabajador haraganeando es parecida a la que se obtiene no devolviendo un préstamo. Lo más práctico quizá sea resumirlo diciendo que cuando el trabajador se esfuerza, esto *le supone un coste*. Puede ser un coste psicológico, como la aversión al esfuerzo *per se*, o puede ser el coste de oportunidad del esfuerzo (que es la remuneración de alguna otra actividad). Haraganear es, pues, la opción que le permite reducir este coste de oportunidad.

Para dar respuesta a la segunda cuestión utilizaremos la idea del horizonte mental del trabajador antes descrita.

Las preguntas (3) y (4) las trataremos en forma de casos particulares. Claro que podríamos desarrollar un modelo más general, pero no es necesario para comprender el argumento esencial. Supondremos, pues, que es posible detectar al final del periodo actual al trabajador que haraganea y que en este caso es despedido. Suponemos, además, que al trabajador despedido se le terminará denegando cualquier otro empleo permanente, por lo que a partir de entonces deberá trabajar como trabajador eventual.

Ahora es fácil formular la ecuación que describe la restricción de no haraganear, para lo cual basta introducir el símbolo que representa la ganancia actual que obtiene el trabajador cuando haraganea: G. Así pues, la restricción de no haraganear establece simplemente que esta ganancia G no puede ser superior a la consiguiente pérdida. Para el empresario no tiene sentido, desde luego, pagar un salario permanente más alto que el que tiene que pagar para asegurarse de que se satisface esta restricción, por lo que con el salario permanente elegido, la ganancia será exactamente *igual* a la pérdida percibida:

$$G = N(w_p - w_c).$$

El segundo miembro de esta ecuación representa la pérdida que el trabajador piensa que experimentará haraganeando, ya que su horizonte mental es de N periodos, y en cada uno de ellos perderá $w_p - w_c$ si haraganea hoy. Resulta útil expresar esta restricción dividiéndola por el salario permanente:

$$\frac{G}{w_p} = N \left(1 - \frac{w_c}{w_p} \right).$$ [13.3]

Por lo tanto, el empresario elegirá w_p para asegurarse de que se cumple la ecuación [13.3].

El equilibrio

Ahora podemos completar la descripción del modelo. La ecuación (13.3) determinará el salario permanente correspondiente a cada salario eventual imaginable, y de esta forma podemos hallar la demanda de trabajo eventual y permanente utilizando la descripción de la tecnología de producción resumida por las isocuantas de la figura 13.13. Sumando estas dos demandas obtenemos la demanda total de trabajo cuando varía el salario eventual. La figura 13.14 resume la curva de demanda de trabajo. Si la oferta total de trabajo es fija e igual a la cantidad $\bar{L}$, el salario al que la demanda total de trabajo es igual a $\bar{L}$ es el equilibrio de la economía.

Obsérvese que la figura 13.14 no es completamente transparente sobre la estructura del equilibrio. Una parte de la demanda total de trabajo será, en realidad, demanda de trabajo *permanente*. Obsérvese que de acuerdo con la ecuación [13.3], ese trabajo debe recibir una prima —w_p debe ser superior a w_c— por lo que todo el mundo preferirá el empleo permanente. De hecho, los trabajadores se ofrecerán a cambio de un salario inferior

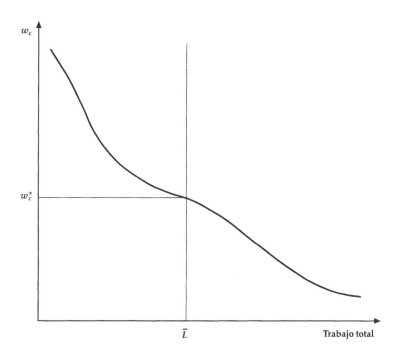

Figura 13.14. Equilibrio en el mercado de trabajo.

al permanente (siempre que este salario sea superior al eventual) con el fin de conseguir ese empleo. Sin embargo, los empresarios rechazarán esas ofertas, porque saben que unos salarios más bajos significan que los trabajadores haraganearán: w_p es el salario mínimo al que se satisface la restricción de no haraganear. Por lo tanto, trabajadores idénticos *deben* recibir un trato distinto en este equilibrio: los afortunados que consiguen un empleo permanente deben percibir una prima para que no haraganeen. El resto conseguirá un empleo eventual al salario eventual más bajo.

Trabajo fijo y desarrollo económico

Ya tenemos los ingredientes necesarios para averiguar cómo cambia la incidencia del trabajo fijo cuando varían las condiciones económicas. La principal relación que necesitamos viene dada por la ecuación [13.3], que describe cómo se elige el salario permanente en respuesta al salario eventual.

Supongamos que el salario eventual sube. ¿Cuál será su efecto sobre el salario permanente? La respuesta, como veremos, depende fundamentalmente de cómo varíen las ganancias que obtienen los trabajadores fijos haraganeando. Comencemos examinando un caso en el que un cambio de la situación económica no altera estas ganancias. Puede ocurrir, por ejemplo, si las ganancias de haraganear vienen dadas por el rendimiento monetario de alguna actividad privada, como el cultivo de una parcela propia (y el incumplimiento de las obligaciones para con la parcela del empresario). En términos algebraicos, esto se resume diciendo que G no varía. En este caso, vamos a ver que *cuando sube el salario eventual, el cociente entre el salario permanente y el eventual debe disminuir*.

Para verlo basta subir el salario permanente en la misma proporción que el salario eventual. En ese caso, el cociente w_c/w_p no variará, mientras que el cociente G/w_p debe disminuir. Por lo tanto, si se cumplía antes la restricción de no haraganear [13.3], el primer miembro de esa condición ahora debe ser estrictamente menor que el segundo. En otras palabras, hemos subido el salario permanente *más* de lo necesario para garantizar que no se haraganeará, lo cual contradice el hecho de que el empresario elige un salario permanente que minimice sus costes. Bastará un salario permanente más bajo. Podemos concluir, pues, que hay que subir el salario permanente un porcentaje menor que el eventual, y hemos terminado.

Consideremos, por el contrario, una situación en la que las ganancias de haraganear aumentan exactamente en la misma proporción que el salario eventual. Ocurre, por ejemplo, si el trabajador haraganea *totalmente* en forma de aceptar al mismo tiempo un empleo eventual en otra parte (en este caso, G es simplemente igual a w_c). En esa situación, el salario permanente debe subir exactamente en la misma proporción que el salario eventual. Para verlo basta estudiar una vez más la restricción de no haraganear [13.3]. Si se eleva el salario permanente en una proporción menor, el cociente w_c/w_p experimenta un aumento. El segundo miembro de la ecuación [13.3] debe, pues, disminuir. Por otra parte, como G ha aumentado en la misma proporción que w_c y w_p no, el primer miembro de esa misma ecuación debe aumentar. Sin embargo, eso significa que las ganancias de haraganear ahora son superiores a las pérdidas, por lo que habrá que subir aún más el nuevo salario permanente. Este proceso continúa hasta que el salario permanente ha subido exactamente en la misma proporción que el eventual, por lo que, una vez más, la expresión [13.3] se convierte en una igualdad.

La situación real probablemente sea una mezcla de estos dos extremos, es decir, G aumenta con el salario real, pero no proporcionalmente.[19] En esta situación intermedia, es bastante fácil comprobar que el primero de los dos resultados continúa cumpliéndose: el salario permanente sube, pero no a la misma tasa que el eventual. Podemos concluir que el salario eventual y el *cociente* entre el salario permanente y el eventual probablemente estén correlacionados negativamente.

Ahora podemos ver qué podría ocurrir si cambiaran los parámetros exógenos del modelo. Supongamos, por ejemplo, que se reduce la población activa, por lo que la oferta de trabajo $\bar{L}$ disminuye. Esto ocurre, por ejemplo, si aumenta la emigración de las zonas rurales a las urbanas, por lo que la mano de obra rural es menos abundante. Es evidente en la figura 13.14 que en ese caso aumenta el salario eventual de equilibrio. De acuerdo con el argumento que acabamos de exponer, podemos deducir que el cociente entre el salario permanente y el eventual disminuye. Sin embargo, ahora deben utilizarse unas técnicas de producción más intensivas en trabajo permanente, por lo que la proporción de empleo permanente aumenta. La idea subyacente es muy sencilla. Como el trabajo escasea, la prima *relativa* que hay que pagar al trabajo permanente disminuye, pero, naturalmente, la prima *absoluta* debe aumentar. Este cambio provoca un aumento del empleo relativo de trabajo permanente.

Este efecto puede reproducirse fácilmente por medio de un aumento de la demanda de trabajo. Supongamos que aumenta la demanda del producto final, por lo que aumenta la demanda derivada de todos los tipos de trabajo. En la figura 13.14, eso provoca un desplazamiento de la demanda de trabajo hacia la derecha. Con la misma oferta de trabajo que antes, el salario eventual de equilibrio sube. Ahora se aplica *exactamente* el mismo argumento y se llega a la conclusión de que la proporción de trabajo permanente ocupado en la producción aumenta.

Existen, de hecho, datos empíricos que confirman este tipo de cambio. Por ejemplo, Richards [1979] ha estudiado la incidencia de los contratos de trabajo permanentes en Chile. A finales del siglo XIX, la agricultura chilena experimentó un notable auge al abrirse los mercados europeos de cereales. Richards demuestra que el número de contratos fijos aumentó extraordinariamente en la agricultura chilena.

Llegados a este punto resultará útil volver a discutir la forma en que expresamos la tecnología de producción. Recuérdese que comenzamos distinguiendo las tareas que son fáciles de supervisar y las que no. A continuación identificamos las tareas que no pueden

---

[19] ¿Podrían aumentar las ganancias de haraganear aun más deprisa que el salario del trabajo eventual? Sí, pero es difícil imaginar por qué podría ocurrir así. Los rendimientos de trabajar en otra parte no pueden aumentar más que el salario del trabajo eventual. Es improbable que dicho salario afecte al valor de disfrute del tiempo de ocio (o del cultivo de la tierra propia) e incluso aunque lo afectara, es difícil ver por qué iba a afectarlo *más que* proporcionalmente. Eso no quiere decir que *no sea posible* formular un modelo en el que cuando w_c sube, G aumenta más que proporcionalmente. Pero estas posibilidades pueden analizarse de la misma forma en el texto.

supervisarse con el uso de trabajo permanente e identificamos las tareas supervisadas con el uso de trabajo eventual. Esta interpretación nos permite decir algo más sobre el uso de trabajo permanente. Supongamos, por ejemplo, que disminuye el coste del capital del agricultor, lo que le permite utilizar métodos de producción más intensivos en capital. En la medida en que esos métodos van más unidos a tareas no supervisadas, como el uso y el mantenimiento correcto de maquinaria delicada, y en la medida que en estas tecnologías reducen el uso de trabajo eventual, sería de esperar que aumentara el trabajo permanente cuando disminuye el coste del capital.

También es probable que se produzcan unos efectos similares cuando la tecnología agrícola experimenta cambios exógenos que provocan un aumento de las actividades no supervisadas. La mecanización de la agricultura es un cambio de ese tipo. El uso de métodos de labranza a gran escala y mecanizados, como tractores, aumenta claramente la complejidad de la producción. Puede ser más difícil averiguar quién es el culpable —el hombre o la máquina— si algo va mal o, si se realizan más tareas conjuntamente y con coordinación, *qué* hombre o qué máquina. En ese caso, la necesidad de los contratos de larga duración es mucho mayor. Sin embargo, también es importante señalar que con esa mecanización, al disminuir la importancia de los fenómenos naturales como, por ejemplo, el mal tiempo, también puede ser más fácil asignar las responsabilidades. En ese caso, la mano de obra permanente puede disminuir. La repercusión del cambio tecnológico en la cantidad de mano de obra permanente es una compleja cuestión.

Nuestro modelo permite incorporar fácilmente estos efectos. Volvamos a la descripción de la tecnología de la figura 13.13 y ampliémosla suponiendo que las "tareas no supervisadas" son, en realidad, un compuesto de uso de maquinaria (como tractores y bombas de agua) y de actividades difíciles de supervisar (como el manejo correcto de esta maquinaria). En ese caso, "una unidad" de cada factor puede concebirse como una amalgama o compuesto de estos factores. Como tal, su precio unitario es, en realidad, la *suma* de los costes del trabajo permanente y del coste del capital.

El modelo ampliado no es más complicado que el sencillo, pero nos permite hacer algunas observaciones más. Por ejemplo, el lector puede comprobar, siguiendo el razonamiento expuesto dos párrafos antes, que una disminución del coste del capital reduce el precio de este factor compuesto y, por lo tanto, fomenta su uso en sustitución de otros factores, elevando así la proporción de trabajo permanente en la producción.

Esta ampliación también permite otras observaciones interesantes. Por ejemplo, el lector puede comprobar que en la medida en que el coste del capital es constante, un aumento de la demanda de trabajo (o una reducción de la oferta de trabajo) eleva el porcentaje del trabajo permanente, *aun cuando* el salario permanente suba exactamente en la misma proporción que el salario eventual. Por lo tanto, nuestros resultados anteriores salen, en todo caso, reforzados.

Ha llegado ahora el momento de hacer una importante matización a nuestros argumentos. Obsérvese que estos resultados se refieren en realidad a la intensidad de las tareas no supervisadas en la tecnología de producción y no necesariamente al trabajo permanente *per se*. Es cierto que los contratos de trabajo permanentes son necesarios para dar buenos incentivos a los trabajadores que realizan las tareas no supervisadas, pero ¿es éste el *único* contexto en el que se observa trabajo permanente? Como ya hemos visto, la respuesta es negativa. De hecho, el lector recordará que hemos distinguido explícitamente entre dos tipos de trabajo permanente. Hasta ahora sólo hemos analizado uno de ellos. A continuación pasamos a estudiar el segundo.

13.5.4 El trabajo permanente: tareas ocasionales

Estacionalidad y fluctuaciones de la renta

Vamos a explicar con calma el segundo tipo de trabajo permanente. Imaginemos la vida agrícola en un país en vías de desarrollo. La realidad primera en la agricultura es la existencia de *temporadas*. En términos generales, podemos dividir un ciclo de producción agrícola en una temporada *baja* y una temporada *alta*. En la primera, la actividad agrícola es relativamente escasa, mientras que en la segunda tiene lugar la parte más importante de la actividad: la recolección. Por lo tanto, la demanda de trabajo es relativamente escasa en la temporada baja y se dispara en la temporada alta. Esta fluctuación se refleja lógicamente en la evolución de los salarios (para trabajos ocasionales) del mercado spot: tiene la forma de zigzag, con mínimos en la temporada baja y máximos en la alta.

Hay que añadir que, aparte de las fluctuaciones naturales que impone la presencia de temporadas, hay otra fluctuación que tiene otro origen: la *incertidumbre*. En la temporada baja, es difícil predecir cuál será el salario en la temporada alta, salvo constatar que es probable que sea más alto que en la temporada baja. La incertidumbre se debe al hecho de que la demanda de trabajo en la temporada alta depende de lo abundante que sea la cosecha, lo cual a su vez depende del buen tiempo que haya, así como de otros muchos factores que pueden escapar al control (o a la capacidad de predicción) del agricultor.

Es posible matizar algo estas observaciones señalando que, en todas las partes del mundo, los cultivos múltiples están en auge, sobre todo en las regiones en las que la existencia de sistemas de riego o de nuevas variedades de semillas permite depender menos de los ciclos estacionales. Si se plantan cultivos diferentes, el ciclo agrícola se vuelve más uniforme y el papel de la estacionalidad es menos importante, pero sigue siéndolo lo suficiente para que merezca prestarle atención.

Aversión a las fluctuaciones

La consecuencia fundamental que extraemos de la estacionalidad es que los salarios en el campo tienen una tendencia intrínseca a fluctuar a lo largo del tiempo de forma que sólo puede predecirse imperfectamente. Para comprender las consecuencias de ello, recuérdese el análisis de la aversión al riesgo que introdujimos en el capítulo 10 y que utilizamos en el 12. Recuérdese que la aversión al riesgo puede describirse suponiendo que la renta genera una utilidad marginal decreciente. Diez euros adicionales significan más cuando ganamos 100 al mes que cuando ganamos 1.000. Esta tendencia de la utilidad marginal a disminuir está relacionada con la aversión al riesgo de la siguiente manera: cualquier persona siempre preferiría transferir dinero del estado en el que tiene una elevada renta al estado en el que tiene una baja renta, ya que la pérdida de utilidad derivada de una reducción monetaria en el estado en que tiene una elevada renta es menor que la misma ganancia monetaria en el estado en el que tiene una elevada renta. El lector puede volver si lo desea al capítulo 10 y repasar el análisis de la aversión al riesgo antes de avanzar.

La aversión al riesgo está estrechamente relacionada con lo que podríamos denominar *aversión a las fluctuaciones*, situación en la que una persona reacciona ante la perspectiva de recibir una corriente de renta fluctuante, aunque quizá perfectamente determinada. En la figura 13.15, representamos una corriente de dos rentas: un salario de 100 pesos al mes en la temporada baja y de 200 al mes en la alta. Supongamos para simplificar el análisis que las dos temporadas duran lo mismo. La utilidad que reportan al trabajador 100 pesos está representada por el punto *A* y la que le reportan 200 está representada por el punto *B*.

¿Qué utilidad *media* obtiene el trabajador? De acuerdo con nuestro supuesto simplificador de que las dos temporadas tienen la misma duración, la utilidad media es, por supuesto, la altura media de los puntos *A* y *B*. Este caso es bastante fácil de representar en el gráfico. Basta trazar la cuerda que une *A* y *B* y observar la altura del punto medio de esta cuerda, denominado *C*. Ésta es la utilidad media generada por la corriente fluctuante de rentas (100, 200).

Hagámonos ahora una pregunta algo distinta: ¿qué utilidad genera una corriente de renta que no fluctúa y resulta en un flujo constante de 150 pesos al mes? Es claramente la

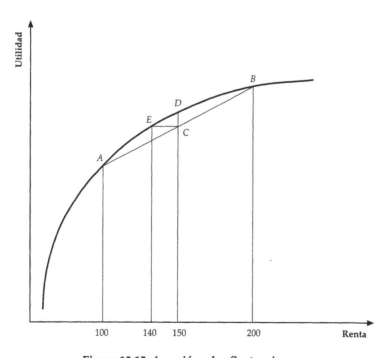

Figura 13.15. Aversión a las fluctuaciones.

altura del punto *D* de la figura 13.15. Obsérvese que si la función de utilidad tiene una utilidad marginal decreciente, la altura del punto *D* debe ser superior a la del *C*. En otras palabras, *la utilidad de la renta media de un flujo variable de rentas debe ser superior a la utilidad media generada por este flujo.* Parece difícil, pero en realidad es muy sencillo, y si el lector lee de nuevo el apartado sobre la aversión al riesgo no debería tener ninguna dificultad para seguir el razonamiento. La aversión a las fluctuaciones y la aversión al riesgo están estrechamente relacionadas.[20]

Contratos permanentes que estabilizan la renta

Supongamos que una persona que *contrata* trabajo es neutral al riesgo y no le importa que los pagos o los ingresos experimenten fluctuaciones siempre que conserven el mismo valor medio. Supongamos, además, que desea contratar trabajo tanto en la temporada baja como en la alta. En ese caso, puede decirle lo siguiente a un aspirante a trabajar con él: "Imagínese que le pago 150 pesos al mes *durante todo* el año, ya sea temporada baja o alta. Ésta es la cantidad media que recibirá de todas maneras. Como usted es reacio a las fluctuaciones, preferirá esto a una corriente de renta fluctuante que tenga el mismo valor medio. De hecho, incluso si rebajara algo esta cantidad, por ejemplo, a 140 pesos al mes, usted debería *seguir* prefiriendo este salario estable a una renta fluctuante de 150 pesos de media (compare los puntos *C* y *E* de la figura 13.15). Por lo tanto, le voy a pagar 140 pesos, porque tanto usted como yo salimos ganando".

El argumento es muy sencillo. Si los empresarios son neutrales al riesgo y los trabajadores reacios al riesgo, la actitud será similar en el caso de las fluctuaciones, por lo que es posible igualar contractualmente las rentas de la temporada baja y de la temporada alta. Y de esta manera se llega a un tipo de trabajo permanente (interestacional), el segundo al que nos referimos al comienzo de este apartado.

El argumento a favor de estos contratos es convincente, quizá demasiado convincente. ¿Por qué no ocurre que toda la población trabajadora sea "fija" de esta forma? El trabajo eventual debería ser la excepción, no la regla. De hecho, como muestra el recuadro sobre el trabajo fijo en la India, antes era así. Sin embargo, este tipo de trabajo permanente ha experimentado una tendencia claramente descendente. El recuadro documenta brevemente esta tendencia en la India, y lo mismo ocurre en otros países, así como en regiones desarrolladas, como Europa, en el pasado. Actualmente, el empleo fijo en el campo, aunque existe, no es, desde luego, predominante (véase, por ejemplo, el cuadro 13.3 para el caso de algunos pueblos de la India).

¿Por qué no predominan los contratos permanentes?

Probablemente son varias las razones (algunas falsas) por las que este tipo de trabajo permanente no es universal.

---

[20] La correspondencia entre la aversión al riesgo y la aversión a las fluctuaciones es menor cuando ampliamos la teoría convencional de la utilidad esperada. El análisis de estas cuestiones queda fuera del alcance de este libro.

En primer lugar, parece que nuestro argumento sólo es válido en el caso de empresarios que pretenden contratar un determinado trabajador tanto en la temporada baja como en la alta. Si la demanda de trabajo es muy diferente en las dos temporadas, esta situación es posible que no se de. ¿Por qué mantener a un trabajador al que no podemos encomendar ninguna tarea en la temporada baja? Pero este argumento es poco convincente: aunque los empresarios no tengan ninguna tarea que encomendar a un trabajador en la temporada baja, pueden de todas maneras contratarlo y pagarle alguna cantidad en esa temporada, a cambio de que se comprometa a trabajar durante la temporada alta. En ese caso, el trabajador podría complementar el salario de la temporada baja trabajando en otra parte y de esa forma se obtendría el mismo efecto homogeneizador.[21]

En segundo lugar, es posible que la propia estacionalidad haya disminuido con el paso del tiempo, lo que obvia la necesidad de utilizar el tipo de contrato permanente que estamos analizando. La reducción de la estacionalidad podría deberse a avances tecnológicos o a mejoras de la infraestructura (como el riego) que permiten los cultivos múltiples y, por lo tanto, uniformar la actividad agrícola a lo largo del año. Ya nos hemos referido a esta posibilidad y lo cierto es que puede desempeñar un papel importante, aunque no por sí sola. En cualquier caso, en la medida en que exista *alguna* estacionalidad, es posible un contrato permanente del tipo aquí descrito.

En tercer lugar, puede haber una considerable incertidumbre sobre la cantidad de mano de obra que se necesitará en la temporada alta. Por ejemplo, si el estado del tiempo es impredecible, puede ser difícil predecir, *ex ante*, cuántos trabajadores se van a necesitar durante la temporada de la recolección. Sería una tontería ofrecer a todos los trabajadores potenciales un contrato permanente. Este argumento es correcto (véase Bardhan [1983]), pero no excluye la posibilidad de que exista una gran población trabajadora fija. A título de ejemplo, considérense los estudios de pueblos realizados por el ICRISAT en la India.[22] Se midieron las fluctuaciones de la proporción de mano de obra contratada durante un periodo de diez años en tres pueblos estudiados por el ICRISAT. La diferencia entre el valor máximo y el mínimo es del 30% en el caso del pueblo más propenso a la sequía, que es Shirapur. En los otros dos, las diferencias correspondientes son 22 y 25%, respectivamente. Estas cifras y el argumento de este párrafo (considerado por separado) inducen a pensar que la cantidad de mano de obra fija puede llegar al 70%, sin ningún riesgo de pérdida para el empresario, aunque la cantidad de mano de obra fija existente en los pueblos del ICRISAT no llega ni mucho menos a esta cifra. Véase el cuadro 13.3.

En cuarto lugar, consideremos el acceso del trabajador al crédito, concretamente, al crédito de consumo. Las rentas fluctuantes plantean pocos problemas o ninguno si pueden estabilizarse recurriendo al crédito. Los trabajadores pueden pedir un préstamo a cuenta de la renta de la temporada alta para consumir más en la baja. Si el tipo de in-

---

[21] Véase Mukherjee y Ray [1995] para más detalles. Este artículo también contiene un riguroso análisis de algunas de las ideas presentadas en este apartado.

[22] Para más información sobre los pueblos del ICRISAT, véase el capítulo 12. Para los datos mencionados, en particular, véase Walker y Ryan [1990, pág. 120].

Cuadro 13.3. Proporciones de trabajadores atados en los pueblos del ICRISAT.

Pueblo	Tipo de explotación agrícola	Porcentaje de explotaciones que emplean sirvientes agrícolas
Aurepalle	Pequeña/Intermedia/	13
	Grande	47
Shirapur	Pequeña/Intermedia/	6
	Grande	7
Kanzara	Pequeña/Intermedia/	0
	Grande	7

Fuente: Pal [1993].

terés es razonablemente bajo, el consumo se estabiliza, aun cuando no ocurra así con la renta.

Este argumento es razonable siempre que no nos pasemos e imaginemos que los mercados de crédito son perfectos. Hay varios factores que impiden que lo sean y todos tienen que ver con el flujo de información y con la dificultad de obligar a cumplir los contratos de crédito: abordaremos estas cuestiones en el capítulo 14 y en el siguiente argumento que analizamos. Por lo tanto, los mercados de crédito podrían contribuir en cierta medida a reducir la variabilidad del consumo. Es posible, además, que el acceso al crédito haya mejorado con el tiempo y explique así la disminución del trabajo fijo. Así expresada, una mejora del funcionamiento de los mercados de crédito se parece a una disminución de la estacionalidad y produce en gran medida los mismos efectos.[23]

El argumento anterior nos dice que un contrato de trabajo permanente se parece mucho a un contrato de crédito. Podemos concebir el pago adicional en la temporada baja como un "préstamo" y la consiguiente diferencia entre el salario de la temporada alta y el salario permanente como una devolución de ese préstamo. Sin embargo, en ese caso cabe preguntarse hasta qué punto es fácil devolver el préstamo. En otras palabras, un contrato que homogeneiza la renta *debe* tener la propiedad de que en ciertos momentos el salario prometido en el acuerdo debe ser inferior al salario vigente en el mercado de trabajo eventual. ¿Qué garantiza que un trabajador no se aprovechará de estas circunstancias?

Una posibilidad es que si el trabajador no cumple, no vuelva a ser contratado, pero esta sanción sólo es suficiente si se cumplen algunas condiciones. En primer lugar, *el contrato debe ofrecer estrictamente más utilidad que la opción de ser despedido.* Este argumento es muy similar a la restricción de no haraganear que obtuvimos en el caso del trabajo permanente no supervisado (y que reaparecerá cuando analicemos los mercados de crédito). Por lo tanto, cualquiera de los dos tipos de contrato permanente debe ser estrictamente mejor para los trabajadores que los empleos eventuales.

---

[23] El argumento también puede aplicarse, además, al primer tipo de trabajo permanente, como en Caselli [1997].

Pero también hay otra condición: una vez despedido, *el trabajador debe tener dificultades para conseguir otro empleo permanente similar*. De no ser así, en realidad da lo mismo que el empleo permanente ofrezca una prima de utilidad en comparación con los empleos eventuales. Si un trabajador puede conseguir un contrato similar con suma facilidad, la amenaza de ser despedido del puesto *actual* no sirve de nada.

En los apartados anteriores de este capítulo, hemos simplificado este problema suponiendo que un trabajador despedido de un empleo permanente no era contratado por *ningún* empresario. Es decir, el empresario contrariado difundiría por todas partes la información sobre el carácter del trabajador, lo que bloquearía en el futuro el acceso de ese trabajador a cualquier contrato permanente. ¿Es razonable este supuesto? Depende. La capacidad para transmitir eficazmente información sobre la "conducta reprochable" de un trabajador varía de una sociedad a otra. Es razonable pensar que en un pueblo en el que haya muy poca movilidad, en el que todo el mundo se conozca, esa información fluirá libremente y sin problemas. También es posible que en una sociedad avanzada en la que la informática sustituye a la propagación oral de la información, ésta también circule fluidamente. Si el lector reside en Estados Unidos y ha dejado alguna vez de pagar la deuda de su tarjeta de crédito, sabrá lo que quiero decir. Pero actualmente hay muchas sociedades que se encuentran en una fase de desarrollo intermedia en la que la movilidad y la migración están aumentando y en la que las redes de información tan características de una sociedad tradicional están comenzando a desaparecer. Como veremos en el capítulo 14, incluso los prestamistas profesionales que prestan dinero en los pueblos dedican considerables recursos a verificar las referencias de los posibles prestatarios.

Es precisamente en las "sociedades intermedias" que están transformándose y creciendo rápidamente y que, sin embargo, no poseen una tecnología de información avanzada, en las que resulta muy difícil seguir la historia laboral de cada persona. En esas sociedades, las ofertas de contratos permanentes disminuyen porque los empresarios observan que es cada vez más difícil obligar a cumplirlos.

En consecuencia, el porcentaje de contratos permanentes disminuye hasta el punto en que pueden ofrecerse sin temor a que se incumplan, pero ¿por qué el hecho de que sean raros permitiría obligar a cumplirlos más fácilmente? La respuesta es simple: la razón es que si es más difícil conseguir contratos permanentes, los que son suficientemente afortunados para conseguir uno no lo incumplirán. Incluso en ausencia de información, será difícil conseguir un contrato nuevo, ya que hay relativamente pocos. Es en este sentido en el que el aumento actual de la movilidad y la transformación de las sociedades en vías de desarrollo provocan una disminución de los contratos de larga duración que se basan en gran parte en la confianza mutua y en la reciprocidad.

Las calesas de Santiniketan

Santiniketan, situado en el Estado indio de Bengala occidental, se encuentra a un par de horas de Calcuta y alberga una universidad fundada por el poeta bengalí Rabindranath Tagore. Es una ciudad universitaria, pero linda con un concurrido centro agrícola. También es un lugar cada vez más popular para poseer residencias de invierno o para jubilarse, por lo que en los últimos años su población se ha disparado.

Las calesas tiradas por bicicletas constituyen el principal tipo de transporte público. El desplazamiento de la estación de ferrocarril al centro de Santiniketan cuesta alrededor de 15 rupias (es posible que esta cifra haya variado). Pero esta tarifa aumenta espectacularmente durante el Festival de Invierno, que atrae a miles de visitantes de Calcuta y de otras zonas de la India. No es infrecuente que ascienda a 50 rupias o más, ya que la población turista aumenta espectacularmente la demanda en relación con la oferta.

A los residentes permanentes de Santiniketan les desagrada lógicamente esta subida de tarifas. Nadie aprecia el poder de las fuerzas del mercado cuando funcionan "incorrectamente". Un familiar mío, que vive en Santiniketan todo el año, hizo lo que a otros muchos les gustaría hacer: llegó a un acuerdo de larga duración con un conductor de calesas. Si la tarifa era de 10 rupias, le daba 11 o le ayudaba de vez en cuando con un *dhoti* más o con un adelanto para comprar un ventilador. El acuerdo, aunque era implícito y se basaba en la decencia y la buena voluntad de ambas partes, era claro: durante el Festival de Invierno, no iba a tener que pagar 50 rupias. He aquí, pues, un prototipo de "contrato" de trabajo permanente.

Este tipo de acuerdo ha sido frecuente entre los residentes de Santiniketan durante muchos años. La razón por la que ha sobrevivido se halla en que la población "central" de Santiniketan era experta en el intercambio de información: un conductor de calesas incumplidor pronto perdía el flujo de renta de la temporada "baja" (fuera del festival), a medida que se difundía la noticia de su mala conducta. Pero esos acuerdos están en declive y las relaciones personalizadas con los conductores de calesas están dejando paso a transacciones más impersonales y basadas en el mercado.

La experiencia de mi familiar con uno de esos conductores (llamémoslo Krishna) hace dos años constituye un buen ejemplo. Durante la temporada alta del Festival de Invierno, Krishna rompió el acuerdo. En lugar de estar (razonablemente) disponible, se le veía periódicamente trasladando a turistas a la estación de ferrocarril y vuelta. Mi familiar estaba enfadado, pero le resultó difícil vengarse: Santiniketan está lleno de personas nuevas que no conocen su comportamiento, y un año después Krishna no tuvo dificultades para acordar *otra* relación "permanente" con una de estas personas, para romperla seguro una vez que llegara el siguiente Festival de Invierno.

Ahora bien, simpatizo en alguna medida con Krishna y es posible que en su lugar yo hubiera hecho lo mismo. Los "contratos" en exclusiva no son realmente contratos: son un tipo de reciprocidad. Cuando aumenta la movilidad y cesa la información, esa reciprocidad es cada vez más difícil de mantener. Krishna no hacía más que responder a las fuerzas del mercado y, al igual que todos los agentes económicos, se aprovechaba de lo que le ofrecía la estructura informativa y económica o, más concretamente, de lo que le permitía llevarse. Mi familiar no volverá a realizar ningún contrato de ese tipo y, probablemente, tampoco la próxima víctima de Krishna. Al mismo tiempo (y ésta es la paradoja), el bienestar de Krishna empeorará y lo mismo ocurrirá con el de mi familiar: la imposibilidad de obligar a cumplir los contratos ha impedido que lleguen a un acuerdo mutuamente beneficioso.

13.6 Resumen

En este capítulo hemos estudiado el trabajo rural. Los mercados del trabajo, al igual que los de la tierra, son mecanismos de ajuste de la propiedad de los factores y de la forma en que se utilizan.

Hemos distinguido entre el *trabajo eventual* y diversos tipos de *trabajo permanente*. El trabajo eventual normalmente se contrata para realizar tareas que pueden observarse fácilmente. Las tareas propias de un empleo fijo son algo más diversas. En las grandes explotaciones agrícolas, un trabajador fijo puede realizar labores de supervisión y puede ser responsable de tareas que requieren un cuidado especial y son relativamente difíciles de supervisar. Además, los trabajadores fijos pueden realizar tareas "ordinarias" junto a sus compañeros eventuales, por ejemplo, participando en las faenas de recolección.

Hemos comenzado el capítulo con el paradigma convencional de oferta y demanda: los empresarios demandan trabajo, los trabajadores ofrecen trabajo y el salario se ajusta para igualar la oferta y la demanda. Sin embargo, este modelo es deficiente por varias razones: no distingue entre trabajo eventual y fijo, no tiene en cuenta la *capacidad para trabajar* individual y cómo influye en ella el mercado de trabajo, no tiene en cuenta el *paro involuntario* y no recoge la *estacionalidad* y la *incertidumbre* de la producción agrícola. Por cierto, estas deficiencias están interrelacionadas. Por ejemplo, la distinción entre eventual y permanente es útil, debido en parte a que representa una reacción al carácter estacional de la producción agrícola.

Hemos pasado luego a analizar estas consideraciones. Hemos dedicado todo un apartado a la relación entre la pobreza, la nutrición y los mercados de trabajo. Observamos dos elementos básicos: en primer lugar, la capacidad de trabajo de una persona afecta a su renta en el mercado de trabajo y, en segundo lugar (y éste es el aspecto en el que hemos centrado la atención), la renta individual afecta, a su vez, a la capacidad para trabajar. El primer efecto queda reflejado en el supuesto de que el mercado paga una *remuneración por obra terminada* en las tareas verificables, por lo que multiplicando la capacidad por la remuneración obtenemos la renta laboral total. El segundo efecto se resume en la *curva de capacidad*, que relaciona la nutrición y la capacidad para trabajar. Hemos afirmado que para que una persona pueda realizar un trabajo productivo necesita un nivel mínimo de nutrición. Esta característica genera una curva de oferta de trabajo individual que muestra una discontinuidad: con remuneraciones bajas, el trabajador no puede funcionar adecuadamente en el mercado de trabajo, pero existe una remuneración crítica a la que puede ofrecer trabajo. En general, ésta depende tanto de las características del individuo como de sus demás dotaciones económicas, como la propiedad de tierra.

El equilibrio del mercado de trabajo de este modelo puede generar paro involuntario y esta posibilidad aumenta con la abundancia de trabajadores en relación con los puestos de trabajo.

La existencia de activos no laborales, como la tierra, también puede tenerse en cuenta en el modelo. Hemos mostrado que la obtención de otras rentas se traduce en una ventaja adicional en el mercado de trabajo: en el caso de los pobres, la desigualdad en la propiedad de activos aumenta aún más las desigualdades en el mercado de trabajo. En este sentido, puede decirse que el mercado de trabajo acentúa las desigualdades ya existentes.

El modelo del mercado de trabajo basado en la nutrición también pone de manifiesto el efecto beneficioso de una reforma agraria. Ésta no sólo reduce las desigualdades sino que, además, produce un efecto relacionado con la producción total, que aumenta.

Este sencillo modelo de la nutrición, aunque resulta útil, tiene defectos. Concretamente, no tiene en cuenta algunas características *dinámicas* importantes de la relación entre nutrición y capacidad laboral. No se trata de que la nutrición produzca un efecto inmediato en la capacidad: una persona es capaz de "almacenar" recursos nutritivos, lo que se traduce en la existencia de diferencias entre el *estado* de nutrición de una persona (que suele expresarse por medio de la masa corporal) en un periodo y su estado de nutrición en otro. Por ello, hemos ampliado el modelo para incluir el tiempo. En particular, los empresarios tienen un incentivo para acumular capacidad de trabajo en sus trabajadores esencialmente invirtiendo en unos salarios más altos. ¿Lo hacen? La respuesta es negativa si el trabajo es eventual: al empresario puede serle imposible recoger *ex post* los frutos de una mejora de la nutrición. Por lo tanto, los mercados de trabajo eventual pueden fomentar la desnutrición, ya que los empresarios no internalizan los beneficios a largo plazo que genera una población trabajadora bien nutrida. Naturalmente, este tipo de conducta empeora el estado de nutrición de la población trabajadora en general y puede provocar una situación tipo dilema de los presos, en la que empeora el bienestar tanto de los empresarios como de los trabajadores.

A continuación hemos pasado a analizar el trabajo permanente (o, lo que es lo mismo, el *trabajo fijo* o el *trabajo en exclusiva*). Hemos hecho una distinción entre los trabajadores fijos que realizan tareas de supervisión o tareas difíciles de supervisar y los trabajadores permanentes que realizan las mismas tareas que los trabajadores ocasionales. Las dos clases requieren un análisis diferente. Hemos señalado que la existencia de la primera clase se basa en (1) el predominio de grandes explotaciones agrícolas que no tienen acceso a suficiente mano de obra familiar para realizar las tareas de supervisión y las tareas difíciles de controlar y (2) el uso de una tecnología de producción en la que esas tareas surgen de forma natural (como el cuidado de los animales o el mantenimiento y el manejo correcto de la maquinaria agrícola, como trilladoras o bombas de agua). Dado que esas actividades son difíciles de supervisar, este tipo de trabajo permanente debe conseguirse con incentivos como la amenaza del despido (acontecimientos posteriores, como el tamaño de la cosecha o las averías de la maquinaria agrícola, son indicadores del rendimiento y pueden utilizarse para renovar los contratos). Para que la amenaza sea creíble, los trabajadores permanentes deben recibir una prima: eso significa que los empleos permanentes sean empleos valorados, aun cuando las personas que los ocupan no tengan ninguna capacidad especial. Hemos estudiado un modelo que tiene en cuenta estos efectos y hemos extraído conclusiones de interés sobre la incidencia de este tipo de trabajo permanente cuando varían las características de la economía.

Por último, hemos estudiado los trabajadores permanentes que realizan tareas ocasionales. La causa por la que existen los contratos fijos en este caso es el seguro implícito (o la homogeneización del consumo en la temporada baja y en la alta), pero hay aquí un problema de incentivos. Si se suben los salarios de los trabajadores permanentes en la temporada baja y se reducen en la temporada alta, éstos tienden a romper el contrato en la temporada alta, en la que los salarios eventuales son más altos que el salario permanente contratado. El contrato se cumplirá o no dependiendo de (a) la magnitud de la ganancia y de (b) la facilidad con la que el trabajador que lo rompe pueda entrar más tarde en el mercado de trabajo permanente. Hemos afirmado que ambas consideraciones limitan la incidencia del trabajo permanente (de este tipo). Para hacer frente a la condición (a), sólo puede proporcionarse un seguro limitado, de tal forma que la diferencia entre los salarios eventuales de la temporada alta y el salario contractual no sea demasiado grande. Para hacer frente a la condición (b), la economía no debe tener demasiados contratos permanentes. Por cierto, si es posible informar a todos los posibles empresarios de que el trabajador permanente ha incumplido el contrato, el número de contratos permanentes existente es menos importante: los empresarios no contratarán de todas formas a este trabajador. Se deduce que en las economías menos móviles, en las que el flujo de información es mayor, tiende a haber más contratos permanentes. Dándole la vuelta al argumento, si el desarrollo se caracteriza por un aumento de la movilidad y del anonimato, es probable que este tipo de contrato permanente desaparezca con el tiempo.

Ejercicios

■ (1) Repase el modelo convencional de oferta y demanda para el estudio del equilibrio del mercado de trabajo. Analice algunas características de los mercados de trabajo que exigen ampliar considerablemente o modificar el modelo convencional de oferta y demanda.

■ (2) En un gráfico en el que la renta total se encuentra en el eje de abscisas y el número de tareas en el de ordenadas, ¿por qué aparece la remuneración por tarea realizada en forma de línea recta? Muestre que si esta remuneración *aumenta*, la recta se vuelve *más plana*. ¿Cómo serían los contratos siguientes en el mismo gráfico con los mismos ejes?

(a) Un contrato por el que se pagan 10 pesos por quintal por los 20 primeros quintales y 20 pesos por quintal por cada quintal adicional.

(b) Un contrato por el que se paga un salario fijo de 100 pesos, más 10 pesos por quintal.

(c) Un contrato por el que se pagan 200 pesos y *hay* que recolectar al menos 20 quintales.

■ (3) En esta pregunta repasamos varios aspectos de la curva de capacidad.

(a) Examine la ecuación de equilibrio energético [13.1] que hemos estudiado. Recuérdese que tiene la forma siguiente:

$$x_t = r_t + q_t - b_{t'}$$

donde x es la cantidad de energía, r es el metabolismo en reposo, q es la energía necesaria para trabajar y b es el uso que hace el cuerpo de esta energía.

¿Cuándo será negativo o positivo este uso? ¿Qué cree usted que ocurre si el individuo tiene que continuar usando del almacén del cuerpo para hacer frente a sus necesidades de trabajo?

Supongamos que el cuerpo almacena energía en forma de grasa. Es bien sabido que el almacenamiento de energía tiene más costes que su uso (se necesita más energía para almacenar 1 gramo de grasa que la energía que éste libera). Suponiendo que sea cierto, piense qué persona tendrá mejor estado de nutrición a largo plazo: la persona *A*, que tiene una cantidad fija de energía, o la *B*, que tiene una cantidad de energía fluctuante con la misma ingesta media que la de *A*. ¿Qué tipo de consecuencias tendría para las personas que se ganan la vida trabajando en el mercado de trabajo eventual, en el que el empleo es incierto?

(b) Ahora examine las consecuencias a largo plazo de almacenar y usar energía para la masa corporal mediante el siguiente ejercicio numérico.

Suponga que el metabolismo en reposo necesita 30 calorías diarias por cada kilogramo de peso corporal. Suponga a continuación que sólo se realiza un tipo de tarea en la economía, que exige un gasto de 1.000 calorías diarias. Suponga, por último, que el salario le permite consumir 2.500 calorías diarias.

Averigüe el peso corporal a largo plazo (en kilogramos) de una persona que trabaja en este entorno. Intente describir la senda temporal del peso corporal si parte de un peso diferente al del nivel a largo plazo.

■ (4) (a) Hemos mostrado que cuando la oferta de trabajo es elevada (y cuando no existen efectos a largo plazo de almacenar o usar), la remuneración de equilibrio basada en el rendimiento se asienta en un nivel en el que la línea que describe la remuneración es tangente a la curva de capacidad. Explique por qué.

(b) Para ayudarle a comprender cómo funciona la remuneración en este mercado, comience con la situación descrita en el párrafo anterior. Ahora imagine que todos los trabajadores reciben una pequeña cantidad de renta no laboral. Muestre gráficamente que la relación entre la *renta salarial* y la capacidad total resulta afectada como consecuencia. Ahora trate de predecir con la misma cantidad de trabajo lo que ocurrirá con la nueva remuneración de equilibrio. Muestre detenidamente que *debe disminuir*.

(c) Demuestre que si hay paro tanto antes como después de la variación de la renta no laboral, la *renta total* (no sólo la renta laboral) de los trabajadores que tienen empleo también debe disminuir. ¿A qué se debe este paradójico resultado?

(d) Compare el resultado de (c) con la observación (véase el texto) de que si hay personas que tienen rentas no laborales y otras que no las tienen, los individuos que tienen rentas no laborales siempre obtendrán mejores resultados que los que no las tienen.

■ (5) Suponga que los salarios del mercado spot fluctúan entre los dos valores 50 y 100 euros, cada uno con una probabilidad de 1/2. Suponga que a un trabajador averso al riesgo le desagradan las fluctuaciones de su renta y quiere cobrar un salario uniforme. Acude, pues, a un empresario, que es neutral al riesgo y rige sus decisiones por los valores esperados. Acuerdan un contrato (w_1, w_2), por el que el empresario paga w_1 al trabajador en el caso en el que el salario en el mercado spot es de 50 euros y w_2 en el caso en el que el salario en el mercado spot es de 100.

(a) Describa exactamente el conjunto de contratos $[(w_1, w_2)]$ que sería aceptable para el *empresario*, en el sentido de que preferiría pagar utilizando ese contrato en lugar de pagar los salarios del mercado spot.

(b) Demuestre utilizando la parte (a) que si el empresario y el trabajador acuerdan un contrato, debe cumplirse que $(w_1 + w_2)/2 < 75$ y, además, que $w_1 > 50$ y $w_2 < 100$.

(c) Ahora considere una versión continua de este contrato entre el empresario y trabajador. Observe que en cada periodo, *si* el salario vigente en el mercado spot es de 100 euros, el trabajador tiene un incentivo para romper el contrato y marcharse. ¿Por qué? ¿Qué gana a corto plazo haciendo eso?

(d) Ahora piense en la pérdida a largo plazo que experimenta el trabajador si rompe el contrato. Perderá, sin duda alguna, contratos futuros con el empresario actual. Ésta es una fuente de pérdida real si, en el contrato original, el empresario desistiera de reducir la remuneración del trabajador hasta el equivalente de lo que podría ganar en otra parte. Observe que esto es cada vez más importante si el trabajador puede conseguir un contrato permanente en otra parte sin que lo sepa el empresario actual. Demuestre que si este problema se agrava, el empresario no ofrecerá un contrato permanente.

■ (6) Considere una segunda razón para contratar trabajo permanente, que es realizar las tareas que el empresario no puede controlar fácilmente. En este caso, la única forma de castigar que puede tener el empresario es despedir al trabajador permanente. Considere la siguiente información: (i) el trabajador permanente debe ser contratado a un salario fijo, llamémoslo w, que se paga por adelantado. (ii) El siguiente empleo mejor que puede conseguir el trabajador permanente es eventual, por ejemplo, a cambio de 100 euros por temporada (prescinda de la incertidumbre y de la estacionalidad). (iii) El trabajador no puede ser controlado, por lo que siempre se corre el riesgo de que haraganee, lo cual no puede averiguarse inmediatamente, pero supongamos que las pruebas pueden hacerse evidentes al comienzo de la siguiente temporada.

Demuestre que el empresario siempre debe fijar un salario w estrictamente superior a 100 euros, incluso aunque exista una gran oferta potencial de trabajadores permanentes. Indique cómo afectan a la diferencia entre w y 100 euros (a) los usos alternativos del tiempo del trabajador permanente (cuando haraganea), (b) la probabilidad de que consiga otro empleo permanente si es despedido y (c) una variación del salario eventual, que actualmente es de 100 euros.

■ (7) En este problema vemos cómo puede una escasez de alimentos limitar el empleo industrial y cómo afecta la desigualdad a esta situación.

Suponga que una persona en paro que no está haciendo un trabajo productivo arduo necesita 100 kilos de trigo al año para sobrevivir. Suponga, además, que una persona de baja renta que trabaja necesita 200 kilos para sobrevivir y realizar actividades productivas. Suponga, por último, que una persona rica consume 250 kilos de trigo al año, directa o indirectamente. Y suponga que estas demandas son totalmente inelásticas.

Considere una economía que produce 1 millón de kilos de trigo al año y que sólo tiene los tres tipos de personas antes indicados. Suponga que en esta economía viven 5.000 personas.

(a) Si n (comprendido entre 0 y 5.000) es el número de personas ricas, halle una fórmula del número mínimo de personas de esta economía que deben estar en paro. Describa cómo varía este número con n en la fórmula y explique verbalmente esta variación.

(b) Suponga que el Gobierno de este país prueba la solución de contratar parados por medio de un sistema financiado mediante déficit. Ya sabemos por los cálculos anteriores que el número de parados no puede reducirse por debajo de un cierto límite. Trate de describir los mecanismos que devolverán a la economía a su número inicial de ocupados.

(c) ¿Existe *alguna* medida que puede reducir la tasa de paro?

Capítulo 14

EL CRÉDITO

14.1 Introducción

14.1.1 Los límites del crédito y del seguro

En este libro, el crédito y el seguro (o su inexistencia) desempeñan un importante papel. No es una casualidad. Muchas actividades económicas se extienden a lo largo del tiempo. La adopción de una nueva tecnología o de un nuevo cultivo exige invertir hoy, pero los frutos se recogen más tarde. Incluso una actividad productiva continuada requiere el uso de factores por adelantado, pero los ingresos se obtienen más tarde. Por último —sobre todo en el caso del trabajo eventual o de los trabajadores por cuenta propia— las corrientes de renta pueden fluctuar (debido a la estacionalidad o a la incertidumbre de la demanda), y esas fluctuaciones se transmiten al consumo, a menos que se estabilicen por medio de algún tipo de crédito.

En este libro hemos partido en algunas ocasiones del axioma de que el mercado de crédito puede no funcionar del todo bien. No es difícil comprender por qué. Este mercado tiene dos características que pueden plantear problemas. En primer lugar, a menudo es muy difícil controlar exactamente lo que se hace con un préstamo. Puede pedirse por una razón claramente productiva, pero puede utilizarse para otras necesidades (como el consumo) que al no crear riqueza dificultan la devolución del dinero. También puede ocurrir que se destine a una actividad productiva arriesgada que puede no dar sus frutos. En ese caso, se plantea un problema de "incapacidad de devolver" el préstamo o de *impago involuntario*, en cuyo caso el prestamista poco puede hacer para recuperar su dinero.[1]

El segundo problema es el impago *voluntario* o *estratégico*, situación en la que el prestatario *puede* devolver, en principio, el préstamo, pero sencillamente no le interesa hacerlo. Ocurre sobre todo cuando el sistema jurídico que regula la devolución de los préstamos es débil. Cabe citar dos ejemplos. Uno pertenece al campo de la deuda internacional (véase el capítulo 17). No existe un tribunal internacional eficaz y los prestamistas contrariados deben recurrir a medidas punitivas que suelen tener un efecto limitado, como la amenaza de no conceder nuevos préstamos (que suele carecer de credibilidad) o de interrumpir las relaciones comerciales (que puede suscitar objeciones de otros agentes económicos del país prestamista que se benefician de ese comercio). El segundo ejemplo, en el que centramos la atención aquí, se refiere a la situación en los países en vías de desa-

---

[1] Es posible castigar al prestatario con una dura condena de cárcel, por ejemplo (aunque incluso en este caso la ley impone límites) y ese castigo puede ser útil desde el punto de vista de la reputación, pero no sirve para recuperar el préstamo en una situación *dada*.

rrollo. Los tribunales en estos países suelen ser débiles o ineficientes, por lo que muchos prestamistas tienen que recurrir a los mismos mecanismos punitivos que en el caso de la deuda internacional, como la amenaza de no conceder ningún préstamo más en el futuro. Ahora bien, cuanto menos eficaces son estas amenazas, más limitan el funcionamiento de los mercados de crédito.

Los mercados de seguros, que estudiaremos en el capítulo 15, adolecen de los mismos tipos de complicaciones, aunque la devolución no es la cuestión principal. Consideremos el caso del seguro de la cosecha. Si una compañía proporciona ese seguro sin poseer una información detallada sobre los asegurados, éstos pueden afirmar que tuvieron una mala cosecha y el asegurador no tiene forma infalible alguna de verificarlo. Puede que existan indicios, por ejemplo de los efectos de la meteorología, de los que la compañía puede hacer depender la indemnización, pero casi siempre se mezclan con perturbaciones específicas de la propia explotación agrícola. En la medida en que es difícil observar y verificar (públicamente) estas perturbaciones, las grandes compañías de seguros pueden verse incapacitadas para cubrir una necesidad tan importante como es el seguro de la cosecha.

De hecho, incluso aunque puedan verificarse los *resultados* (como la producción de la explotación agrícola), el seguro plantea problemas si el uso de los *factores* no pueden verificarse. Por ejemplo, el tener un seguro sobre la cosecha puede animar al campesino a no esforzarse lo suficiente, confiando en que si la cosecha no es buena ya se la pagará el seguro.

El hecho de que exista una estrecha correlación entre la producción agrícola de las distintas explotaciones agrícolas exacerba aún más todas estas cuestiones. El mal tiempo puede llevar a todo un pueblo o a toda una región a reclamar una indemnización. Para que las compañías aseguradoras puedan hacer frente a esas indemnizaciones deben diversificar sus actividades en zonas más extensas, pero esa misma diversificación es un obstáculo para conocer la situación propia de un determinado pueblo.

No es sorprendente, pues, que en las economías rurales los sistemas de seguro sean a menudo *informales*: grupos de campesinos se aseguran mutuamente al disponer de mejores condiciones de información. Como agricultor que soy y residente en el mismo pueblo, mi vecino que es algo vago lo tiene difícil para convencerme de que la meteorología le ha jugado una mala pasada cuando yo sé perfectamente lo que hace él cada día. Es, por lo tanto, más probable que yo pueda controlar mejor su esfuerzo y él el mío. Sin embargo, esos sistemas, aunque se basen en una información mejor, evidentemente no pueden servir para asegurar contra un acontecimiento correlacionado (como una inundación que afecte a todo un pueblo). También adolecen del segundo problema que hemos analizado en el caso del crédito: la imposibilidad de obligar a cumplir los compromisos. Una persona que se encuentre en buena situación este año puede no estar tan dispuesta a ayudar a otra que no lo esté. Sabe que si no la ayuda, es posible que en el futuro no pueda acceder a un seguro (y que se enfrente también a la reprobación de su comunidad), pero eso puede no ser razón suficiente para covencerse.

Todos estos argumentos, así como otros expuestos en este libro, parece que se basan en el feo supuesto de que el único objetivo del hombre sea buscar su propio provecho y de que el altruismo no existe. Supuesto que puede o no ser cierto, en promedio, pero ésta no es, en realidad, la cuestión. El principal argumento es que a menos que existan razones poderosas para que cada individuo participe en una determinada institución económica o se acomode a ella, esa institución deberá adaptarse o morir. Naturalmente, no estamos diciendo que no existan actos altruísticos de generosidad económica. Pueden muy bien existir, pero esos actos por si solos no constituyen una institución socioeconómica.

14.1.2 La demanda de crédito

En este capítulo estudiamos los mercados de crédito. Podemos dividir la demanda de crédito o de capital en tres partes. La primera es el capital necesario para montar un nuevo negocio o para expandir considerablemente las líneas de producción existentes. El mercado de crédito que satisface estas necesidades se denomina mercado de *capital fijo*: capital que se destina a la compra y a la organización de factores fijos como fábricas, procesos de producción, máquinas o almacenes. En cambio, el crédito para realizar una actividad productiva continua se necesita porque existe un desfase entre los gastos que exige la producción normal y los ingresos generados por las ventas. Así, por ejemplo, los comerciantes que compran productos de artesanía a artesanos pobres les adelantan o "prestan" dinero que éstos utilizan para comprar materiales. Cuando el producto está acabado, estos adelantos se deducen del precio que paga el comerciante. Este mercado se denomina mercado de *capital circulante*. Por último, el *crédito al consumo* normalmente es solicitado por personas pobres que andan cortas de dinero, bien debido a una disminución repentina de su producción, bien debido a una caída repentina del precio de lo que venden, bien debido a un aumento de las necesidades de consumo provocado por una enfermedad, una muerte o una celebración.

Es esta última razón de demanda de crédito la que también explica la demanda de seguro. La posibilidad de tener una mala cosecha o de padecer una enfermedad repentina puede llevar a grupos de personas a establecer algún tipo de relación recíproca. Ciertamente, esa reciprocidad sólo puede mantenerse si existe la *posibilidad recurrente* de que cada participante se encuentre algún día en la misma situación desafortunada.

Aunque el crédito para adquirir capital fijo influye considerablemente en el crecimiento global de la economía, el crédito para adquirir capital circulante y el de consumo son fundamentales para comprender cómo ayuda la economía a sus pobres y desfavorecidos. En ningún sector es eso más cierto que en la agricultura. La estacionalidad de la producción agrícola y la baja renta de los que viven en el campo y trabajan en la agricultura aumentan la importancia del capital circulante en la producción.

Al comienzo del ciclo agrícola, el campesino necesita una considerable cantidad de capital circulante: dinero para comprar semillas, fertilizantes, pesticidas, etc. Estos gastos se concentran al principio, por lo que a menudo el agricultor no tiene suficientes fondos para financiarlos. Necesita, pues, un préstamo, que devolverá una vez recolectada y vendida la cosecha. La obtención y devolución de préstamos de forma repetida constituye una característica propia de la vida del agricultor y la facilidad con que puedan obtenerse esos préstamos afecta extraordinariamente a la productividad en el sector agrícola y al bienestar económico de millones de personas.

Cuando añadimos a la estacionalidad la incertidumbre que rodea toda actividad productiva, el *crédito al consumo* también adquiere suma importancia. Una mala cosecha causa enormes dificultades temporales que sólo pueden paliarse con préstamos. Los salarios agrícolas suelen ser más bajos en la temporada baja que en la de recolección, en la que la demanda de trabajo es alta. Por otra parte, en la temporada baja la tasa de paro suele ser alta. Los ingresos de los campesinos y, en particular, de los trabajadores sin tierra que viven de sus salarios, fluctúan considerablemente de un mes a otro. Esas personas necesitan créditos para estabilizar su consumo a lo largo del año.

14.2 Mercados de crédito rural

14.2.1 ¿Quién proporciona crédito rural?

Prestamistas institucionales

En primer lugar, existen prestamistas *formales* o institucionales: bancos públicos, bancos comerciales, institutos de crédito, etc. A menudo se crean bancos especiales, como en Tailandia, Filipinas, India y en otros muchos países, para atender especialmente a las necesidades de la producción rural.

El principal problema de estas instituciones de crédito estriba en que no suelen conocer las características y las actividades de su clientela. A menudo no puede controlar el destino que se le da al préstamo. No se trata solamente de un problema de producción frente a consumo: por ejemplo, el temor a que un préstamo concedido claramente para un fin productivo se despilfarre utilizándolo para pagar los gastos de una boda. Hay otras razones más sutiles por las que existen divergencias entre lo que los prestamistas quieren que se haga con el dinero y lo que desean los prestatarios.

Para entender estas divergencias, consideremos un ejemplo muy sencillo. Imaginemos que los préstamos tienen un tipo de interés del 10% y que existen diversos proyectos, cada uno de los cuales tiene un coste inicial de 100.000 pesos. Supongamos que estos proyectos se ordenan en función de su tasa de rendimiento y que hay dos proyectos cuya tasa de rendimiento es de entre 15 y 20%. Si no existe incertidumbre sobre los proyectos y todos ellos dan todos sus frutos en el siguiente periodo, esto equivale a decir que estos proyectos generarán unos ingresos brutos de 115.000 y 120.000 pesos, respectivamente.

Obsérvese que en este caso coinciden totalmente los intereses del banco y del prestatario. El banco quiere su 10% y probablemente también quiere que el prestatario lo invierta en el mejor proyecto. Dado que el prestatario quiere ganar la mayor cantidad de dinero posible, no hay razón alguna para que no lo invierta en el proyecto que tiene un rendimiento del 20%. Todo el mundo está contento.

Cambiemos ahora algo las cosas. Supongamos que el rendimiento del primer proyecto es *incierto*. Mantengamos, pues, el segundo exactamente igual que antes, pero supongamos que el primero rinde 230.000 pesos con una probabilidad de 1/2 y nada con una probabilidad de 1/2. El rendimiento *esperado* es exactamente el mismo que antes: si el lector recuerda cómo lo calculamos en capítulos anteriores, verá que el rendimiento esperado del proyecto es simplemente (1/2)230.000 + (1/2)0 = 115.000.

Pensemos ahora en la ordenación de estos proyectos desde el punto de vista del prestatario y del prestamista. Supongamos para ello que si un proyecto fracasa, el prestatario no puede devolver el dinero al prestamista: se declara simplemente en quiebra. Más adelante volveremos a examinar este supuesto. Al banco le gustaría financiar el proyecto del 20%, exactamente igual que antes; de hecho, más que antes, ya que el proyecto del 20% le garantiza el pago de los intereses (y el principal) con seguridad, mientras que sólo recuperaría el dinero prestado con una probabilidad de 1/2 en el caso del proyecto del 15%.

¿Qué ocurre con el rendimiento esperado del prestatario? Suponiendo que sea neutral al riesgo como el banco,[2] su rendimiento esperado es igual a 120.000 − 110.000 = 10.000 en el caso del proyecto seguro e igual a (1/2)[230.000 − 110.000] + (1/2)0 = 60.000 en el caso del proyecto arriesgado. ¡Su rendimiento esperado es *mucho* mayor en el caso del proyecto *más arriesgado* que tiene una tasa de rendimiento *más baja*! Por lo tanto, tratará de desviar el préstamo hacia este proyecto, lo que no gustará nada al banco.

¿En qué ha fallado el mercado en este caso? Lo que sucede es que el prestatario tiene *responsabilidad limitada*. En este ejemplo, devuelve el préstamo si todo va bien, pero si el proyecto fracasa, no devuelve nada (tampoco obtiene nada, pero esa no es la cuestión principal). El resultado es que el prestatario tiende artificialmente, en cierto sentido, a asumir demasiado riesgo: se beneficia del proyecto si sale bien, pero está protegido si sale mal. Al banco le gustaría impedir que asumiera este riesgo, pero a menudo no puede. Más adelante volveremos a examinar este caso más detalladamente, puesto que constituye la base de las teorías del racionamiento del crédito.

Obsérvese que si de alguna forma se pudiera obligar al prestatario a devolver el préstamo en cualquier contingencia, volveríamos a una situación equivalente a la de certeza absoluta. Al banco le daría lo mismo lo que hiciera el prestatario con el dinero y éste elegiría el proyecto que tuviera la tasa de rendimiento esperada más alta. Sin embargo, ¿quién puede devolver un préstamo en todas (o casi todas) las contingencias? Sólo los prestatarios relativamente *ricos*, que pueden echar mano de sus recursos para devolver el préstamo aunque el proyecto vaya mal. Vemos, pues, de una forma especialmente clara, una razón importante por la que los bancos discriminan a los prestatarios pobres.

Los organismos crediticios institucionales suelen exigir, pues, una garantía antes de conceder un préstamo. Para un banco interesado en ganar dinero, esto es razonable. Sin embargo, para los campesinos pobres eso hace que el crédito institucional sea una opción inviable. No es que carezcan de garantías, sino que sus garantías suelen ser de un tipo muy concreto. Un agricultor puede tener una pequeña cantidad de tierra que estaría dispuesto a hipotecar, pero un banco puede considerar que no es una garantía aceptable, simplemente porque el coste de vender la tierra en caso de impago es demasiado alto.

---

[2] También puede elaborarse un ejemplo parecido, aunque el prestatario sea reacio al riesgo.

Asimismo, un trabajador sin tierra puede buscar fondos para costear una enfermedad repentina de un miembro de su familia y utilizar su trabajo como garantía: *trabajará* para devolver el préstamo. Sin embargo, ningún banco aceptará el trabajo como garantía.

Préstamos oficializados en Tailandia[3]

En los países en vías de desarrollo que surgieron tras la Segunda Guerra Mundial, muchos Gobiernos reconocieron la importancia de su sector agrícola, por lo que la política agraria pasó a ser un componente integral de la política económica en general. Los programas de crédito rural constituían, a su vez, un componente fundamental de la política agraria.

Tradicionalmente, los hogares pobres que vivían en el campo sólo podían obtener préstamos de los prestamistas locales, que cobraban unos intereses exorbitantes. Sólo se pedían préstamos en casos de verdadera necesidad. El propósito de la intervención del Estado en los mercados de crédito rural probablemente fue doble: el motivo igualitarista de facilitar crédito barato a las familias rurales pobres y el motivo de elevar la productividad y la eficiencia agrícolas financiando la adopción de nuevos factores y tecnología en mayor escala. La experiencia de Tailandia a este respecto contiene muchas ideas y lecciones.

En 1966, el Gobierno de Tailandia fundó el Banco para la Agricultura y las Cooperativas Agrarias (BACA). Su único fin era prestar a las familias de agricultores. En 1974, había establecido sucursales en cincuenta y ocho de las setenta y una provincias del país. En agosto de 1975, dos años después de que llegara al poder un Gobierno democrático y en un clima de intenso apoyo político de las masas rurales, el Banco de Tailandia envió una circular a todos los bancos comerciales. Cada uno de ellos tenía que prestar a familias de agricultores al menos un 5% de su total de préstamos y adelantos. El banco que no pudiera hacerlo (debido quizá a la falta de sucursales en las zonas rurales) tendría que depositar la cantidad establecida en el BACA, el cual la canalizaría hacia el sector agrícola. El porcentaje exigido se incrementó gradualmente durante los años siguientes, hasta que se estabilizó en un 11% del total de depósitos en 1979.

En 1975, el BACA ya había concedido préstamos por valor de 4,5 millones de bath. Tras diez años de rápida expansión, esta cantidad era de 23.300 millones en 1986. El valor total de los préstamos agrícolas procedentes de los bancos comerciales también experimentó un aumento espectacular: según las estimaciones oficiales, pasó de 3.900 millones de bath en 1975 a alrededor de 50.700 en 1986.

¿Tuvo éxito la política tailandesa de crédito rural? ¿Se canalizó crédito barato hacia todos los hogares? ¿Desaparecieron los prestamistas de los pueblos y los tipos de interés exorbitantes? Desgraciadamente, las estadísticas oficiales agregadas son algo engañosas y las encuestas realizadas sobre el terreno revelan que, a pesar de algunas mejoras, la situación no es tan halagüeña como se preveía.

En primer lugar, los datos sobre préstamos de los bancos comerciales son muy exagerados. El banco central no podía controlar realmente las actividades de los bancos. Se basaba en la "persuasión moral". Los bancos comerciales, por su parte, calificaban diversos tipos de préstamos de "préstamos agrícolas", forzando así el significado del término para que se adecuara a sus fines y

---

[3] Este recuadro se basa en Siamwalla, *et al.* [1993].

cumpliendo al mismo tiempo, al menos en teoría, la política oficial. Las encuestas indican que el grado de exageración giraba en torno al 25% y probablemente más.

Otro problema era que los bancos comerciales concedían claramente préstamos muy superiores a los del BACA: en promedio, los préstamos eran el *triple* de grandes, por lo que el número de hogares beneficiarios era relativamente pequeño (y estos hogares eran, desde luego, los más ricos).

Lo asombroso es que aunque interpretemos literalmente el espectacular aumento de este tipo de préstamos, a finales de los años ochenta ¡los préstamos informales aún representaban la mitad del total de préstamos! La encuesta de Siamwalla y sus colaboradores muestra claramente que los prestatarios relativamente pobres estaban muy representados en la categoría informal. De hecho, los hogares más pobres parece que *no* tenían acceso a ningún préstamo, informal o no: el 42% nada menos declaró que no había recibido ningún préstamo durante el periodo de la encuesta y en este 42% están comprendidos los hogares más pobres.

Es evidente que los bancos comerciales y el BACA desconocían personalmente las necesidades y las características de sus clientes. Tampoco podían seguirlos de cerca o controlar sus acciones. Para garantizar la recuperación de los préstamos, estas instituciones tenían que tratar de conseguir una buena garantía contra el dinero prestado. Era inevitable, pues, que sus puertas estuvieran cerradas a los agricultores pobres.

Incluso dentro del sector informal, existe una clara tendencia a la segmentación. En una encuesta nacional, más del 70% de los prestatarios del sector informal declaró que sólo había pedido préstamos a *un* prestamista en los últimos tres años. Se tarda tiempo en tener solvencia: ¡el tiempo medio de interacción con el prestamista era cercano a los siete años!

Es precisamente la posesión de información y la posibilidad de controlar al prestatario, gracias a estos largos periodos de contacto, lo que da una ventaja al prestamista tradicional en los pueblos frente a las instituciones formales. Esos prestamistas prestan principalmente en su pueblo o en los pueblos vecinos. Pueden valerse (y se valen) de su conocimiento de la capacidad económica del prestatario o de su historial crediticio para fijar la cuantía del préstamo y se aseguran la devolución del préstamo a su debido tiempo estando presentes durante la recolección. En los casos en los que la devolución del préstamo parece difícil, poseen un enorme poder mediante presiones sociales o amenazando con no volver a conceder préstamos en el futuro. Dada la falta de información que tienen sobre el prestatario las personas de fuera y dada la costumbre algo extendida de pedir un depósito del título de propiedad de la tierra del prestatario[4] hasta que se devuelva el préstamo, los prestamistas han podido crear y mantener unos grupos aislados y limitados de clientes sobre los que ejercen mucho poder.

El peso del sector informal en el crédito rural total ha disminuido, pues, en Tailandia con respecto a la asombrosa cifra del 90% de 1975, aunque aún es del 50%. Sin embargo, esta disminución del *peso* no se debe a una disminución del *volumen* total de transacciones realizadas en el mercado informal. La rápida comercialización de la agricultura registrada durante este periodo ha aumentado extraordinariamente la necesidad de pedir préstamos, especialmente para financiar el capital circulante. De hecho, una gran parte de los préstamos desembolsados por el sector

---

[4] Eso no es lo mismo que pedir una garantía. El prestamista, al conservar el título de propiedad del prestatario, no adquiere un derecho legal o contractual a quedarse con ella en caso de impago. De hecho, el valor de la tierra puede ser demasiado bajo para cubrir el coste del préstamo. Sin embargo, la costumbre de pedir ese depósito garantiza que el cliente no podrá pedir préstamos a múltiples fuentes al mismo tiempo, lo que reduce significativamente la probabilidad de que no se devuelva el préstamo.

formal tienen el carácter de "crédito puente", es decir, tienen por objeto financiar el capital circulante en el ciclo de producción ordinario. Es en las contingencias imprevistas —en los periodos de dificultades financieras debidas a enfermedades, crisis familiares o incluso a una boda por todo lo alto— en las que los agricultores, especialmente los más pobres, deben recurrir al prestamista tradicional. El sector formal no ha ayudado a la gente a estabilizar su consumo.

Según la encuesta realizada por Siamwalla *et al.* en la provincia tailandesa de Nakhon Ratchasima, aunque 43.743 hogares pidieron préstamos exclusivamente al sector formal, 88.145 hogares —alrededor del doble de esa cifra— sólo pidieron préstamos al sector informal. El hecho de que la decisión de estas últimas no fuera una cuestión de elección sino de falta de acceso al sector formal ante una necesidad se refleja en la existencia de espectaculares diferencias entre los tipos de interés de los dos sectores: el sector formal cobraba entre el 12 y el 14% al año, mientras que los tipos del sector informal giraban en torno al 25% en las Llanuras Centrales, en las que eran más bajos, y en torno al 60% o más en otras regiones. El acceso imperfecto de todos los prestatarios al crédito formal, los costes de control e información de los préstamos sin garantía y, quizá, el cuasimonopolio de los prestamistas de los pueblos sobre sus clientes explican por qué, a pesar de las grandes inyecciones de crédito subvencionado por el Estado en la economía rural, muchos hogares tailandeses pobres siguen teniendo que pedir préstamos a tipos exorbitantes incluso para cubrir sus necesidades más acuciantes.

Prestamistas informales, información y garantía

En el apartado anterior hemos analizado el problema de la garantía y hemos señalado que algunos agentes económicos ofrecen garantías que resultan inaceptables para los prestamistas institucionales. Sin embargo, el tipo "correcto" de prestamista *informal* puede estar dispuesto a aceptar esta clase de garantías. Un gran terrateniente que posea tierra contigua a la de un agricultor pobre puede tener interés en la pequeña parcela como garantía (de hecho, quizá le interese más la parcela que la recuperación del préstamo). Una persona que contrate trabajo rural aceptará trabajo como garantía, en caso de que el trabajador-prestatario no devuelva el préstamo.[5]

No es sorprendente, pues, observar que los bancos no pueden llegar realmente a los prestatarios pobres, mientras que los prestamistas informales —el terrateniente, el tendero, el comerciante— lo hace mucho mejor.

---

[5] Estas afirmaciones plantean un problema conceptual más profundo. El hecho de que algunos agentes acepten, por ejemplo, trabajo como garantía y que otros no, significa que existe un mercado imperfecto de algún tipo. Al fin y al cabo, ¿por qué no puede aceptar el banco el trabajo como garantía y venderlo a un empresario rural? ¿Por qué no puede aceptar tierra y venderla, si es necesario, al gran terrateniente que está interesado en la parcela? Estas preguntas tienen varias respuestas. La reventa de fuerza de trabajo por parte de un banco puede no distinguirse de la esclavitud, por lo que está prohibida por la ley. La reventa de tierra puede tener problemas de información en la identificación correcta de un comprador. Por último, si un banco tiene unos fondos limitados que desea desembolsar en el sector rural, no hay razón alguna para suponer que realizará gustosamente estas complejas transacciones de crédito con una multitud de pequeños prestatarios en lugar de llegar a acuerdos más fáciles y más seguros con un número relativamente pequeño de grandes prestatarios.

Existe otra razón por la que en el campo predomina el préstamo informal. Aparte de la posibilidad de aceptar algunos tipos exóticos de garantías, el prestamista informal suele tener mucha mejor información sobre las actividades y las características de su clientela. En el resto de este capítulo, tendremos ocasión de matizar algo esta afirmación, pero como observación general es válida. El comerciante local que concede préstamos para financiar capital circulante suele ser el primero en tener derecho sobre la cosecha del agricultor-prestatario; llega con su camión al campo el día de la recolección. Un latifundista vecino tiene más posibilidades que cualquier banco comercial de saber qué está haciendo su arrendatario con el préstamo. Por lo tanto, el sector de crédito informal florece incluso en los países en los que el Estado se esfuerza en extender el crédito rural. Pensemos en el caso de la India. Justamente después de la independencia política del país, a principios de los años cincuenta, la mayoría de los hogares rurales pedían préstamos al prestamista del pueblo. La encuesta *All India Rural Credit Survey*, publicada por el Banco de la Reserva de la India, revela que en 1951 sólo el 7,2% de todos los préstamos procedía del Estado, de bancos y de cooperativas. En 1981, esta cifra había llegado al 61,2% (Bell [1993]), gracias principalmente a la campaña del Gobierno indio para extender el crédito rural a través de cauces oficiales. Pero los prestamistas no desaparecieron; el 24,3% de toda la deuda seguía correspondiendo a ellos. En Tailandia, el peso del sector informal en el crédito rural total también disminuyó, pasando de la elevada cifra del 90% en 1975 al 50% —cifra aún significativa— a finales de los años ochenta (véase el recuadro). Por otro lado, hay países en los que la mayor parte de la población rural recurre casi por completo a prestamistas informales. Nigeria es un buen ejemplo. Según un estudio de finales de los años ochenta (véase Udry [1994]), sólo el 7,5% (en valor) de todos los préstamos procedía de bancos o empresas. En el siguiente recuadro estudiamos más detalladamente el caso de los prestamistas informales de Filipinas.

Los prestamistas informales en Filipinas[6]

El sistema financiero de Filipinas tiene, al igual que el de cualquier país en vías de desarrollo, un componente formal y uno informal. El sistema financiero formal, supervisado directamente por el banco central de Filipinas, está formado por bancos comerciales, cajas de ahorro, bancos rurales, ciertos bancos públicos especializados e instituciones financieras no bancarias, como sociedades de inversión, compañías de seguros, sociedades financieras y mercados de títulos. El sector informal está formado por familiares, amigos, cooperativas de crédito, asociaciones rotatorias de ahorro y crédito y toda la serie de terratenientes, molineros, comerciantes y demás agentes para los cuales los negocios financieros constituyen una importante actividad secundaria.

La importancia *cuantitativa* del sector financiero informal no se conoce exactamente. La mayor parte de las estadísticas financieras del país sólo reflejan los datos de las instituciones formales. Sin embargo, puede extraerse mucha información de las diversas fuentes de microdatos procedentes de numerosas encuestas por muestreo y de los estudios que las acompañan.

El sector informal es muy diverso. En un extremo del espectro se encuentra el sistema sumamente personalizado de flujos financieros entre familiares y amigos, situado dentro de un siste-

---

[6] Este recuadro se basa en Floro y Ray [1997].

ma de reciprocidad en el que los préstamos no tienen intereses. Estos préstamos se destinan principalmente a resolver los problemas diarios de tesorería para satisfacer las necesidades de consumo y de producción del hogar. A continuación se encuentran las cooperativas, las asociaciones de crédito y otras organizaciones de ayuda mutua que son propiedad de sus miembros y gestionadas por ellos mismos. Estas alianzas normalmente utilizan fondos mancomunados para conceder préstamos y a veces prestan otros servicios financieros a los miembros. En el otro extremo del espectro se encuentra la compleja estructura de crédito destinado al comercio y a la producción que es facilitado por proveedores de factores y compradores de productos a sus productores clientes. También son frecuentes otros ejemplos de transacciones de este tipo, como las que realizan un terrateniente y un trabajador o arrendatario.

Consideremos un importante grupo de prestamistas informales de las zonas rurales de Filipinas llamado *agentes de comercialización*. Su importancia en las tres últimas décadas, sobre todo en las zonas arroceras, se debe a la rápida comercialización y a la intensificación del comercio. Una gran parte del arroz comercializado es comprado por agentes privados que son comerciantes de arroz o comisionistas, molineros arroceros, mayoristas y minoristas. Estos agentes normalmente prestan dinero para adquirir un derecho sobre la cosecha y para asegurarse una parte en el mercado del producto (arroz), lo cual implica una cascada de transacciones crediticias paralelas a la cadena de distribución en la comercialización. La figura 14.1 muestra un canal representativo de comercialización y el canal de crédito correspondiente. Obsérvese que los diferentes niveles de las actividades de comercialización no están asignados a distintos agentes. Los comerciantes suelen realizar varias tareas.

El predominio del crédito facilitado por el agente de comercialización se debe a las considerables ventajas que tienen estos agentes a la hora de acceder a la información y de obligar a devolver el préstamo. Los prestamistas que son agentes de comercialización conceden préstamos a la inmensa mayoría de los pequeños agricultores, que son excluidos por las instituciones financieras formales en la creencia de que no tienen solvencia y son un riesgo elevado, y consiguen unas tasas muy altas de devolución de los préstamos.

Existen pruebas de la considerable interacción existente entre las instituciones financieras formales y las informales incluso sin intervención del Estado. Estas relaciones normalmente consisten en un significativo flujo de fondos entre los dos sectores. Los prestamistas informales suelen *pedir préstamos* a las instituciones formales; los bancos constituyen una importante fuente de fondos.

Algunos estudios documentan el flujo de fondos del sector de crédito formal al informal. Geron [1989] ha estudiado 125 prestamistas rurales que ejercen sus actividades en los pueblos productores de arroz y de cocos. Alrededor del 70% de los encuestados obtuvo préstamos bancarios. Un estudio de Umali [1990] sobre los comerciantes, comisionistas y molineros arroceros que se dedican a la comercialización de arroz en Filipinas contiene más pruebas de la importancia de los bancos como fuente de los fondos prestables del comerciante. En este estudio, nada menos que el 80% de los préstamos solicitados por los molineros arroceros procedía de instituciones bancarias formales. Según un estudio de Larson [1988] sobre Filipinas, el 70% de los comerciantes encuestados obtenía el 60% de sus fondos en los bancos. Una encuesta realizada en 1978 a 163 prestamistas informales rurales de tres provincias filipinas muestra que más de la mitad de los prestamistas informales encuestados eran ahorradores o pedían préstamos a los bancos. De hecho, tres prestamistas informales eran al mismo tiempo *propietarios* de bancos locales (Agabin, *et al.* [1988]). Ochenta y cuatro (el 52% de los) prestamistas informales rurales pedían préstamos, en particular, al sector

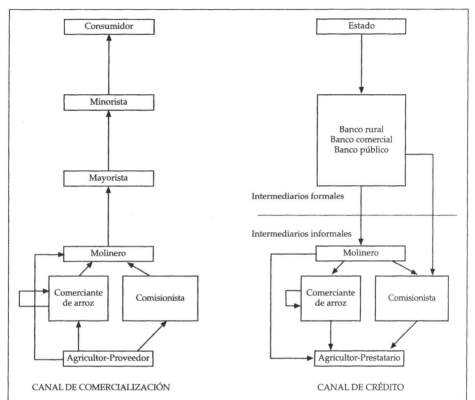

CANAL DE COMERCIALIZACIÓN   CANAL DE CRÉDITO

Figura 14.1. Canales de comercialización y de crédito en la producción de arroz de Filipinas.

formal. Los préstamos bancarios representaban cerca de la mitad de sus fondos operativos totales. La mayor parte (el 80%) de esos préstamos procedía de bancos comerciales.

Una encuesta comparativa reciente realizada a prestamistas *formales* (bancos) por el Institute for Development Studies y el Agricultural Credit Council de Filipinas confirma aún más los resultados anteriores. Esta encuesta se realizó en 1986 a sesenta y seis bancos, entre los que se encontraban veintisiete bancos comerciales, veintitrés bancos rurales y dieciséis bancos privados de desarrollo de ocho provincias. Parece que el grado de relación entre el sector formal y el informal varía según el tipo de institución. Cerca del 33% de los bancos comerciales y de los bancos de desarrollo y el 17% de los bancos rurales de la muestra han prestado a prestamistas informales. El porcentaje del total de préstamos bancarios que ha ido a parar a estos prestamistas informales oscila entre el 15% en el caso de los bancos rurales y el 55% en el de los bancos de desarrollo.

El resultado predecible es una estratificación de los créditos *en* los dos sectores. He aquí una descripción representativa. Los banqueros facilitan crédito comercial a los molineros arroceros y, en cierta medida, a los grandes comerciantes del sector agrícola. Estos clientes a los que los bancos prestan capital circulante se convierten, de hecho, en minoristas de fondos bancarios en el mercado informal de crédito, ya que vuelven a prestar, directamente a los pequeños agricultores o indirectamente en forma de crédito estratificado a otros intermediarios o comisionistas (Agabin, *et al.* [1988, 1989]).

14.2.2 Algunas características de los mercados de crédito rural

Si los mercados de crédito rural fueran perfectamente competitivos y funcionaran de forma eficiente, no sería necesario este capítulo. Al igual que ocurre en el caso de cualquier mercancía, habría una curva de demanda de crédito y una curva de oferta de crédito y la intersección de las dos curvas determinaría el volumen de crédito y su "precio" de equilibrio, que es simplemente el tipo de interés. No habría mucho más que decir. Desgraciadamente, los mercados de crédito rural distan mucho de ser perfectamente competitivos.[7] Ya debió imaginárselo el lector en el apartado anterior.

Información limitada

La causa fundamental por la que los mercados de crédito sean imperfectos es la información limitada. Ya hemos expuesto este argumento (y nos referiremos a él en muchas más ocasiones). Para resumir el análisis realizado hasta ahora, recuérdese que la ausencia de información ocurre en dos niveles básicos. En primer lugar, hay falta de información sobre el *uso* al que se destina el préstamo. En segundo lugar, hay falta de información sobre la decisión de devolverlo. Esta deficiencia se basa en la deficiente información sobre las características del prestatario que pueden ser importantes en sus decisiones, así como la deficiente información sobre las necesidades y actividades futuras del moroso, que pueden reducir sus incentivos para no devolver el préstamo. *Todas* las características importantes de los mercados de crédito pueden concebirse como respuestas a uno de estos dos problemas de información.

Segmentación

Una característica del mercado de crédito rural es su tendencia a la *segmentación*. Muchas relaciones de crédito son personales y se tarda tiempo en establecerlas. Normalmente, un prestamista rural atiende a una clientela fija, a cuyos miembros presta repetidamente; es sumamente reacio a prestar fuera de este círculo. Los clientes de un prestamista proceden casi siempre de su pueblo o de uno cercano, por lo que el prestamista mantiene un estrecho contacto con ellos y está perfectamente informado de sus actividades y de su paradero. Los préstamos repetidos —es decir, la concesión de préstamos a personas a las que el prestamista ya les ha prestado antes (o con las que tiene una estrecha relación)— son muy frecuentes. Por poner un ejemplo, consideremos el exhaustivo estudio realizado por Aleem [1993] a catorce prestamistas de la región pakistaní de Chambar. Según esta encuesta, nada menos que diez prestamistas prestaban más del 75% de sus fondos a antiguos clientes, es decir, a clientes con los que habían hecho tratos en el pasado. Por lo que se refiere a los cuatro restantes, el porcentaje más bajo de préstamos repetidos era del 52%. Ya hemos hecho algunas observaciones similares en el caso de Tailandia.

---

[7] Para un análisis más extenso véase Besley [1995].

Interrelación

La tercera característica, que puede considerarse una ampliación de la segunda, es la existencia de lo que podríamos denominar *transacciones de crédito interrelacionadas*. De hecho, es este un buen momento para que el lector se olvide de la imagen del prestamista astuto cuyo único fin es prestar dinero a prestatarios desafortunados a unos tipos de interés exorbitantes. La mayoría de los prestamistas de los pueblos *no* tienen la usura como única ocupación. La mayoría también son ricos terratenientes, vendedores o comerciantes que se dedican a la comercialización de los cultivos. Dada la segmentación del mercado, probablemente no sorprenderá saber que los terratenientes tienden a conceder créditos principalmente a sus arrendatarios o a los trabajadores agrarios, mientras que los comerciantes tienden a prestar a quienes les venden cereales (véase el recuadro sobre Filipinas). Por lo tanto, la segmentación suele ocurrir por ocupaciones y la complementariedad de algunas relaciones de producción (arrendatario y terrateniente o agricultor y comerciante) facilita la relación crediticia. Esta interconexión de los mercados —personas que realizan sus actividades en diferentes mercados (de la tierra, trabajo, crédito, etc.) con los mismos socios comerciales lo que, de hecho, hace que los términos de las transacciones realizadas en un mercado dependan de los términos y de las condiciones de las transacciones realizadas en otro— es muy distinta del aire impersonal que se les da a los mercados en los libros de texto de economía.

Diferencias entre los tipos de interés

La segmentación tiene un corolario lógico: los tipos de interés de los préstamos informales son muy diferentes y varían según el lugar geográfico, el origen de los fondos y las características del prestatario. A veces son extraordinariamente altos. Según el estudio de Aleem sobre la región pakistaní de Chambar, el tipo de interés anual medio era nada menos que del 78,7% y tenía un elevado grado de dispersión. En algunos casos, iba desde un mínimo del 18% (que, no obstante, es superior al de 12% que cobran los bancos) hasta la asombrosa cifra de 200% al año. Siamwalla *et al.* señalan que en la mayor parte de Tailandia, el tipo de interés del sector informal oscila entre el 5 y el 7% *al mes*, cifras espectacularmente superiores al 12% *anual* que cobran los bancos.

Sin embargo, los tipos de interés no tienen por qué ser siempre altos en las transacciones de crédito informales. Según un estudio de Udry [1994] sobre Nigeria (véase también el recuadro sobre Nigeria del capítulo 15), los tipos de interés de los préstamos entre familias eran bajos (y dependían *ex post* de las circunstancias financieras tanto del prestatario como del prestamista). No es infrecuente que los préstamos concedidos por los comerciantes tengan un tipo de interés bajo o incluso nulo (Floro y Yotopoulos [1991]; Kurup [1976]). Sin embargo, más adelante veremos que la ausencia de tipos de interés es engañosa: dada la naturaleza interrelacionada de muchas de estas transacciones, los tipos de interés pueden estar ocultos en otras características del acuerdo global (como el precio al que un comerciante compra la producción al agricultor o el salario implícito al que debe trabajar un trabajador para devolver un préstamo teóricamente libre de intereses).

Las diferencias entre los tipos de interés plantean una duda: ¿por qué estas diferencias no acaban desapareciendo? En otras palabras, ¿por qué los sujetos listos y emprendedores no piden préstamos a los prestamistas que cobran unos tipos de interés relativamente bajos y prestan ese dinero a los prestatarios que están pagando tipos más altos? La respuesta está relacionada con la segmentación y (una vez más) con las deficiencias de información que ésta provoca. Las características personales de la gente son importantes, y lo mismo ocurre con la naturaleza o la duración de la relación entre un prestatario y un prestamista. El prestamista, antes de prestar a un cliente, se hace preguntas como las siguientes: ¿lo conozco bien? ¿Es de mi pueblo? ¿Es un buen agricultor? ¿Cuánta tierra posee? ¿Tiene una bomba de agua para regar su tierra si escasean las lluvias? La decisión del prestamista de prestar o no y, en caso afirmativo, los términos y las condiciones que decide dependen extraordinariamente de las respuestas a estas preguntas. Por lo tanto, las oportunidades de arbitraje pueden no ser más que un espejismo: el tipo al que presta un terrateniente al cliente A del pueblo X puede no ser el mismo tipo al que está dispuesto a prestar al cliente B del pueblo Y.

Racionamiento

En los mercados de crédito informales está muy extendido el *racionamiento*, es decir, la cantidad máxima que recibe un prestatario de un prestamista es limitada. A primera vista, parece lógico: ¿por qué va a adelantar un prestamista una cantidad infinita de dinero? Sin embargo, obsérvese que el racionamiento significa que, *al tipo de interés vigente*, al prestatario le gustaría pedir un préstamo más elevado pero no puede. En este sentido, el racionamiento del crédito no deja de ser un enigma: si el prestatario quiere pedir un crédito más amplio del que recibe, existirá un exceso de demanda del que podría aprovecharse el prestamista para subir el tipo de interés. Esto sería así hasta que el precio (el tipo de interés) fuera tal que el prestatario recibiera prestado a ese tipo de interés exactamente la cantidad deseada. ¿Por qué persiste entonces el racionamiento del crédito?

Obsérvese que el racionamiento comprende el caso especial de la exclusión completa de algunos prestatarios de las listas de clientes potenciales de algunos prestamistas. Es decir, en las condiciones que ofrece el prestamista, a algunos prestatarios les gustaría pedir préstamos, pero el prestamista no les presta. Por eso, el racionamiento está estrechamente relacionado con el concepto de segmentación.

Exclusividad

Por último, muchas transacciones de crédito informales se caracterizan por ser *tratos en exclusiva*. A los prestamistas no suele gustarles que sus prestatarios pidan préstamos a otros. Insisten en que el prestatario trate exclusivamente con ellos, es decir, que no acuda a ningún otro prestamista para obtener préstamos complementarios. Por ejemplo, cuando Aleem preguntó, en su encuesta, a los prestamistas si estaban dispuestos a prestar a los agricultores que también pedían préstamos a otros, diez de los catorce encuestados contestaron negativamente. Lo mismo se observa en los datos tailandeses que ya hemos analizado (véase el recuadro). Dadas la segmentación y la exclusividad de los tratos, parece erróneo tratar de averiguar cuánta competencia existe en un mercado de crédito informal *contando* simplemente el número de prestatarios y de prestamistas activos. Una descripción mejor consiste en constatar que a pesar del trasfondo general de competencia, *algunos* acuerdos suelen ser bilaterales (aunque no siempre), y las ventajas informativas, geográficas e históricas suelen tender a conceder a los prestamistas la bendición de un "monopolio local", que no tardan en explotar.

14.3 Teorías de los mercados de crédito informal

14.3.1 Monopolio del prestamista

Según una explicación, los elevadísimos tipos de interés que se observan a veces se deben a que el prestamista tiene un poder de monopolio exclusivo sobre sus clientes y, por lo tanto, puede cobrar por los préstamos un precio muy superior a su coste de oportunidad (que suele ser el tipo competitivo que ofrecen los bancos del sector formal y los mercados de crédito urbano). Esta explicación tiene dos problemas. El primero es empírico. Es cierto, desde luego, que el mercado de crédito está segmentado, pero eso no justifica necesariamente el supuesto de que el monopolio sea absoluto. Siamwalla, *et al.* [1993] señalan, refiriéndose a Tailandia, que conviven muchos prestamistas. La encuesta realizada por Aleem en 1980-81 en la zona de Chambar situada en Sind (Pakistán) revela que "la idea frecuente de que en el pueblo sólo hay un prestamista que tiene poder de monopolio sobre los clientes de ese pueblo no es cierta en el caso de Chambar". El monopolio puro existe en algunas circunstancias, pero en las sociedades rurales actuales, podemos suponer, a lo sumo, que los prestamistas tienen un "monopolio local" dentro de ciertos límites.

El segundo problema es teórico. Como veremos en los siguientes análisis, el poder de monopolio *no* explica necesariamente los elevados tipos de interés, al menos los elevados tipos de interés *explícitos*. Desde el punto de vista de la generación eficiente de excedente, suele ser mejor recoger los beneficios de la concesión de un préstamo por una vía distinta de los tipos de interés. Posponemos de momento este análisis.

14.3.2 La hipótesis del riesgo del prestamista

La *hipótesis del riesgo del prestamista* explica de una forma algo más satisfactoria los elevados tipos de interés observados. En su versión extrema (véase, por ejemplo, Bottomley [1975]), mantiene que los prestamistas *no* obtienen un rendimiento (*ex ante*) por su dinero superior a su coste de oportunidad. Lo que ocurre, según esta hipótesis, es que en los mercados de crédito rural existe un elevado riesgo de que los prestatarios ni paguen los intereses ni devuelvan los créditos.

Existen dos tipos de riesgo. El primero es el riesgo de *impago involuntario*: a causa de la mala suerte (una mala cosecha, el paro, una enfermedad, la muerte, etc.), el prestatario puede no disponer de suficiente dinero cuando vence el préstamo. El segundo es el impago voluntario o *estratégico*: el prestatario puede coger el dinero e irse o negarse empecinadamente a devolverlo. En las regiones en las que los tribunales carecen de fuerza o funcionan muy lentamente, esa es una posibilidad real.

En la versión más sencilla de la teoría, existe una probabilidad exógena p de que el prestatario devuelva el dinero prestado (es decir, $1 - p$ es la probabilidad de que no lo devuelva). La competencia entre los prestamistas provoca una reducción del tipo de interés hasta un punto en el que cada prestamista gana, en promedio, un beneficio esperado nulo (por encima del coste de oportunidad que tienen los fondos para los prestamistas). Consideremos el caso del prestamista representativo de un pueblo que se encuentra en este mercado competitivo. Sea L la cantidad total de fondos que presta, r el coste de oportunidad de los fondos para cada prestamista e i el tipo de interés cobrado en el equilibrio competitivo en el sector informal. Dado que sólo se devuelve una proporción p de los préstamos, el beneficio esperado del prestamista es $p(1 + i)L - (1 + r)L$. La condición de beneficio nulo implica que este valor debe ser cero en condiciones de equilibrio, es decir,

$$p(1 + i)L - (1 + r)L = 0,$$

que tras algunas manipulaciones se convierte en

$$i = \frac{1 + r}{p} - 1. \tag{14.1}$$

Obsérvese que cuando $p = 1$, es decir, cuando no hay riesgo de impago, tenemos que $i = r$: los tipos de interés informales son iguales que los del sector formal. Sin embargo, en el caso en que $p < 1$, tenemos que $i > r$: el tipo informal es más alto para cubrir el riesgo de impago. Para hacerse una idea de las magnitudes de las que estamos hablando, pensemos que el tipo del sector formal es del 10% anual (cifra que no es poco habitual) y supongamos que hay un 50% de probabilidades de que no se devuelva el préstamo, es decir, $p = 1/2$. El lector puede calcular fácilmente a partir de la ecuación [14.1] que ¡i es nada menos que de 120% al año! Es evidente que incluso en condiciones de competencia los tipos del sector informal son muy sensibles al riesgo de impago.

El sencillo ejemplo anterior toca un aspecto importantísimo de la realidad de los mercados de crédito rural: el riesgo de impago. En los sofisticados mercados de crédito de los países industrializados, este riesgo es considerablemente menor, gracias principalmente a una maquinaria jurídica bien desarrollada que obliga a cumplir rigurosamente los contratos y a que muchos préstamos están respaldados por garantías. En ausencia de esos mecanismos, existen muchas posibilidades de que no se devuelva el préstamo, lo que nos lleva a sospechar que ésta es la característica que configura algunos de los rasgos peculiares de los mercados de crédito informales que hemos descrito antes. Sin embargo, si observamos los datos, lo cierto es que las tasas *efectivas* de impago de los mercados de crédito rural son realmente bajas. Según muchos estudios de casos concretos, aunque las tasas de impago del sector formal representan alrededor de una cuarta parte del total de préstamos concedidos, en el sector informal estas tasas son significativamente más bajas. Por ejemplo, Aleem [1993] estima que son inferiores a un 5% en la mayoría de los casos estudiados. Esta baja estimación induce a pensar que aunque el impago *potencial* puede ser importante, los prestamistas se las arreglan para idear contratos y crear incentivos que soslayen el problema. Comprender las distintas formas en que los prestamistas manipulan y reducen el riesgo de impago es la clave para explicar algunas de las principales características de los mercados de crédito informales. Los argumentos que exponemos a continuación van en ese sentido.

14.3.3 Impago y préstamos para adquirir capital fijo

El análisis del apartado anterior tiene un defecto en un importante aspecto. Supone que la probabilidad de que no se devuelva un préstamo es *independiente* de la cantidad que haya que devolver. Es bastante fácil describir situaciones en las que no debería ser así; por ejemplo, uno de los modelos del capítulo 7 se basa exclusivamente en esta posibilidad.

Cuanto mayor es la cantidad que hay que devolver, posiblemente también sea mayor el riesgo de impago. Esta afirmación induce a pensar que algunos préstamos no se conceden bajo *ninguna* circunstancia, independientemente de la prima de riesgo que se añada a los tipos de interés, ya que la *propia prima afecta a la probabilidad de que se devuelva*. Asimismo, los grandes préstamos aumentan las probabilidades de impago y, por lo tanto, no se conceden. ¿Qué significa "grande"? Depende, por supuesto, de las características de la sociedad, como la riqueza per cápita y la existencia de otras oportunidades, como la emigración a otra zona (en caso de impago).

Podemos ampliar este razonamiento no sólo a la *cuantía* del préstamo sino también al *uso* que se hace de él. Si el prestatario puede utilizar el préstamo para llegar a una situación *permanente* en la que nunca tenga que volver a pedir otro, es posible que ese préstamo no se conceda. Supongamos, por ejemplo, que un trabajador rural desea pedir un préstamo para poder emigrar a la ciudad y montar un pequeño negocio. De hecho, dados sus contactos y su espíritu emprendedor, puede ser eficiente desde el punto de vista social que lo haga, pero sería sorprendente que un prestamista rural le concediera ese préstamo. En ausencia de un mecanismo jurídico que obligue a devolver los préstamos, el prestamista suele tener un único instrumento que es la amenaza de no conceder otros créditos en el futuro. Pero si el prestatario nunca va a necesitar más préstamos en el futuro, la amenaza carece de valor.

Es razonable, pues, que en presencia de impagos estratégicos, los préstamos informales sean en su inmensa mayoría para comprar capital circulante o para consumo, no para realizar inversiones fijas que pueden reducir permanentemente la necesidad del prestatario de pedir créditos en el futuro.

14.3.4 Impago y garantía

El temor al impago también lleva a pedir una garantía, siempre que sea posible. Esta puede adoptar muchas formas. Una es la transferencia de ciertos derechos de propiedad mientras está pendiente el préstamo: que se hipoteque la tierra en favor del prestamista y que éste tenga los derechos de uso de la producción de esa tierra mientras dure el préstamo. Otra posibilidad es que se hipoteque el trabajo y que se utilice más tarde, si es necesario, para devolver el préstamo. Existen otros tipos más exóticos de garantía que no son infrecuentes. Por ejemplo, según el estudio de Kurup [1976] sobre Kerala (la India), las cartillas de racionamiento (que se utilizan para comprar comida subvencionada en el sistema público de distribución) suelen entregarse al prestamista mientras dura el préstamo. Se trata de un caso especial raro de lo que generalmente se concibe como una hipoteca de los derechos de usufructo. Por ejemplo, un prestatario que tenga cocoteros en su tierra puede hipotecar sus derechos a la producción de cocos mientras dura el préstamo. Lo mismo puede ocurrir con la tierra en la que se producen otros cultivos.

La garantía es fundamentalmente de dos tipos: hay una en la que tanto el prestamista como el prestatario valoran mucho la garantía y otra en la que el prestatario la valora mucho, pero el prestamista no (la tercera variante, evidentemente, no existe). Desde el punto de vista del impago estratégico, da lo mismo que se utilice el primer tipo de garantía o el segundo. El prestamista que acepta mi reloj favorito (heredado de mi abuela) como garantía de un préstamo puede no tener especial interés en vender el reloj si no devuelvo el préstamo y es posible que tampoco pueda venderlo a un elevado precio. Pero sabe que para mí tiene un valor sentimental y que, por lo tanto, devolveré el préstamo incluso aunque el tipo de interés sea alto.

La garantía que tiene valor para *ambas* partes posee, además, la ventaja de que también protege al prestamista del impago involuntario. En el caso de estos tipos de garantía, el crédito puede ser simplemente una excusa para adquirir una garantía, como muestra el sencillo modelo siguiente.[8] Obtenemos como subproducto de este modelo una perspectiva distinta de los tipos de interés usurarios.

Supongamos que un pequeño agricultor necesita, por ejemplo, un préstamo de cuantía L para hacer frente a una emergencia familiar. Acude al gran terrateniente local, que se sabe que presta dinero para esos fines. El terrateniente le pide que entregue la tierra en garantía del préstamo. Nuestro agricultor tiene una parcela de tierra contigua a la del gran terrateniente y es lo que le entrega.

Sigamos ahora la pista de algunas de las variables relevantes introduciendo algunos símbolos. Sea i el tipo de interés cobrado por el préstamo L y V_B (B por "bajo") el valor (monetario) que tiene para el pequeño agricultor su tierra. Sea V_A (A por "alto") el valor que tiene para el gran terrateniente la misma parcela de tierra. Dado que la parcela es colindante, V_A no tiene un valor insignificante: podemos imaginar, desde luego, algunos casos en los que V_A sea superior a V_B. Tenemos, pues, aquí un ejemplo del primer tipo de garantía, en el que ésta tiene valor para ambas partes.

Asignemos a continuación un valor monetario (exactamente igual que hicimos en el capítulo 7) a la pérdida que experimenta el agricultor si no devuelve el préstamo, además de la pérdida de su garantía. Esa pérdida puede comprender el temor a no recibir más préstamos en el futuro o incluso la amenaza de sufrir un castigo físico. Resumamos el valor monetario de esta pérdida por medio de F.

---

[8] Las siguientes observaciones se basan en Bhaduri [1977].

Cuando llega el momento de devolver el préstamo, podemos imaginar dos posibilidades:

(1) El prestatario puede encontrarse en una situación de impago involuntario: sencillamente, no posee los medios necesarios para devolver el dinero. En ese caso, pierde, por supuesto, la tierra, que pasa a manos del gran terrateniente.

(2) El prestatario puede considerar la posibilidad de no devolver intencionadamente el préstamo y probar suerte en el mercado de trabajo sin tierra o incluso emigrar a la ciudad. La pérdida total que experimenta en este caso es $V_B + F$, mientras que la ganancia consiste en que consigue quedarse con el principal más los intereses que debe. Por lo tanto, el prestatario preferirá devolver el préstamo si

$$L(1 + i) < V_B + F. \tag{14.2}$$

Consideremos ahora las preferencias del prestamista. ¿Prefiere que le devuelvan el préstamo o quedarse con la garantía? Preferirá que le devuelvan su dinero si

$$L(1 + i) > V_A. \tag{14.3}$$

Combinando las expresiones [14.2] y [14.3], podemos concluir que la devolución del préstamo interesa a *ambas* partes sólo si

$$V_A < V_B + F, \tag{14.4}$$

lo que equivale a decir que la valoración del prestamista no debe ser muy superior a la valoración del prestatario. En el caso especial en el que $F = 0$, de tal manera que la garantía es la *única* forma de obligar a devolver el préstamo, la expresión [14.4] establece que el valor que tiene para el prestamista la garantía debe ser menor que el que tiene para el prestatario.

Démosle la vuelta. Supongamos que la expresión [14.4] *no* se cumple, por lo que $V_A > V_B + F$. En este caso, se deduce que siempre que el prestatario prefiere devolver el préstamo, ¡el prestamista en realidad no quiere que lo devuelva! Le gustaría que la transacción de crédito fuera una excusa para adquirir la garantía (barata). Por lo tanto, la garantía que tiene un elevado valor *tanto* para el prestamista *como* para el prestatario puede hacer (paradójicamente) que las tasas de impago de las transacciones de crédito sean excesivas.[9]

En el presente modelo, ¿cómo podría provocarse una elevada tasa de impago? Subiendo el tipo de interés de tal manera que no se cumpliera la expresión [14.2]. En este caso, si el prestatario no incumple involuntariamente, las circunstancias lo inducirán a incumplir voluntariamente. El tipo de interés de esas transacciones de crédito será realmente alto, ¡pero el objetivo principal de la transacción *no* es ganar intereses!

Este ejemplo puede tener alguna importancia para explicar por qué aumenta la desigualdad de la propiedad de la tierra en las sociedades pobres. La tierra pasa de los pobres a los ricos en sustitución de la deuda no devuelta; eso es lo que cabe esperar. Sin em-

---

[9] Estas tasas son, en cierto sentido, ilusorias: se deben a que al prestamista le gustaría llevar al prestatario a una situación de impago.

bargo, lo que nos enseña este caso es que el contrato de deuda puede redactarse de tal forma que provoque deliberadamente esas transferencias.

Por cierto, la tierra no es el único ejemplo. El trabajo fijo es otro. Puede ocurrir que se conceda un préstamo con el fin expreso de conseguir mano de obra barata del prestatario. En este caso, la fuerza de trabajo constituye la garantía que acaba transfiriéndose al final.

Por último, obsérvese que este tipo de análisis se aplica mucho mejor a los préstamos para consumo que a los préstamos para producción. En el caso de los préstamos para consumo (que se piden, por ejemplo, para sufragar los gastos de la enfermedad de un miembro de la familia), la cantidad suele ser fija y no puede variar con el tipo de interés. En el caso de los préstamos para producción, un elevado tipo de interés puede ser contraproducente, ya que el prestatario puede aminorar la cantidad del préstamo reduciendo su actividad productiva. Esto apunta a una posible explicación de la causa de que los tipos de interés sean altos en el caso de algunos tipos de transacciones de crédito, pero no en el de otros. Más adelante en este capítulo nos extenderemos sobre este tema.

14.3.5 Impago y racionamiento del crédito

Pasamos a analizar otra consecuencia del impago: el "racionamiento" del crédito. Definámoslo primero: el *racionamiento del crédito* se refiere a una situación en la que *al tipo de interés vigente en la transacción de crédito*, al prestatario le gustaría conseguir un préstamo mayor, pero no se lo permite el prestamista. La frase subrayada es importante. Salvo en casos muy especiales, el concepto de racionamiento no tiene sentido, a menos que se especifique el "precio" de la mercancía racionada.

Si imaginamos, pues, la curva de demanda de préstamos, el racionamiento del crédito se refiere a todas las combinaciones préstamo-tipo de interés que se encuentran a la "izquierda" de la curva de demanda.

Resulta que la posibilidad de que el prestatario no devuelva el préstamo está estrechamente relacionada con la existencia de racionamiento del crédito, como muestra el sencillo modelo siguiente. Supongamos que un prestamista desea asignar sus fondos de tal manera que le reporten la máxima tasa de rendimiento. Imaginemos que hay un gran número de agricultores a los que podría prestar, cada uno de los cuales utiliza el préstamo como capital circulante para comprar factores de producción. En la figura 14.2, mostramos la función de producción de un agricultor representativo que convierte el capital circulante (L) en producción. En la función de producción, el capital circulante tiene rendimientos decrecientes (debido a otros factores fijos como la tierra). En ese mismo gráfico, mostramos los costes totales que tiene para el prestatario un préstamo cuya cuantía es L: es $L(1 + i)$, donde i es el tipo de interés cobrado por el préstamo.

Al prestamista le gustaría que esta recta de costes fuera lo más inclinada posible eligiendo un tipo de interés i alto: ésta es la tasa de rendimiento que trata de maximizar.[10]

---

[10] El lector atento se habrá dado cuenta de que el objetivo de maximizar i supone que hay muchas oportunidades de prestar de este tipo. Si hubiera una oportunidad limitada (por ejemplo, si sólo hubiera un prestatario de ese tipo), el objetivo correcto sería maximizar $L(i - r)$, donde r es el coste de oportunidad de los fondos del prestamista.

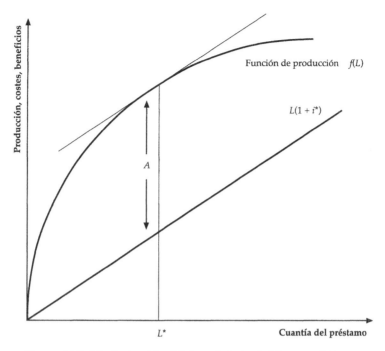

Figura 14.2. Maximización del tipo de interés *i* de un préstamo.

Al mismo tiempo, no puede presionar demasiado al prestatario. No tiene un poder de monopolio ilimitado y hay *un punto a partir del cual* el agricultor siempre puede pedir el préstamo a otros prestamistas. Resumimos de una forma muy sencilla estas opciones diciendo que el agricultor siempre puede tener acceso a un beneficio neto de *A* pidiendo un préstamo a otro prestamista. Por lo tanto, nuestro prestamista no puede elegir un valor de *i tan* alto que haga que el beneficio del agricultor sea inferior a *A*.

La figura 14.2 nos muestra la solución de este problema. Obsérvese que la diferencia vertical entre la función de producción y la recta de costes (la producción menos los costes del préstamo) es el beneficio que obtiene el agricultor con la actividad productiva: esta diferencia debe ser como mínimo *A*. Es fácil encontrar el tipo de interés más alto *i* acorde con esta condición. Obsérvese el beneficio máximo que puede obtener el agricultor con cada elección del tipo de interés imaginable. Se halla igualando el producto marginal y el coste marginal $1 + i$ o, gráficamente, eligiendo un préstamo tal que la tangente a la función de producción sea paralela a la recta de costes. La diferencia vertical entre la función de producción y la recta de costes en este punto de tangencia representa el excedente máximo del que puede disponer el agricultor al tipo de interés *i*. Por lo tanto, la solución de este problema es bastante sencilla: elegir el tipo de interés más alto *i* tal que el excedente (maximizado) del agricultor no sea inferior a *A*. La figura lo muestra gráficamente con un tipo de interés i^* tal que el excedente es *exactamente A*: fíjese un tipo de interés más alto, y el agricultor se irá a otra parte.

Ahora bien, queremos que el lector se dé cuenta de algo importante en la solución del problema: al tipo de interés i^*, el agricultor recibe el préstamo de la cuantía que desea, *dado que el tipo de interés que debe pagar es i^**. En otras palabras, la solución puede significar un tipo de interés "alto" o "bajo" (dependiendo de las opciones del agricultor resumidas por medio de A), *pero evita cualquier racionamiento del crédito en el sentido en que lo hemos definido antes*. El agricultor puede no estar contentísimo con el tipo de interés que está pagando por el préstamo, pero *dado* el tipo de interés, está consiguiendo el préstamo de la cuantía que desea. Por lo tanto, (hasta ahora) no hay racionamiento del crédito.

Introduzcamos ahora la posibilidad del impago estratégico. Concretamente, supongamos que el agricultor puede decidir voluntariamente no devolver el préstamo. Eso probablemente signifique (y es lo que suponemos) que nuestro prestamista nunca volverá a prestarle. Sin embargo, el agricultor siempre puede acudir a su siguiente alternativa mejor y garantizarse un beneficio de A de ahí en adelante.

Para estudiar el problema del impago, pues, hemos de tener en cuenta la importancia que concede el prestatario a las ganancias y pérdidas *futuras*. Éstas influyen en los términos del contrato de crédito que son inmunes al impago. Necesitamos, pues, un modelo sencillo pero manejable que incluya el *horizonte temporal mental* del prestatario, que indique el grado en que le preocupa el futuro cuando toma sus decisiones actuales. Ya utilizamos un modelo de este tipo en el capítulo 13 cuando analizamos los contratos de trabajo permanentes.

Concretamente, supongamos que en cada periodo el agricultor se fija un horizonte de N periodos y toma sus decisiones en función de las ganancias y las pérdidas que experimentará en los N periodos venideros (véase también el apéndice 1.4 dedicado a la teoría de los juegos, en el que se introduce el concepto de *descuento*). Es necesario recurrir al análisis algebraico elemental para descubrir el proceso de decisión. Utilicemos la expresión $f(L)$ para describir el valor de la producción correspondiente a cada cuantía del préstamo L. $f(L)$ es, pues, una expresión que describe la función de producción: cuando aumenta L, también aumenta el valor de $f(L)$.

A continuación formulamos las ecuaciones relevantes. La condición de que el agricultor ha de querer un préstamo a algún tipo de interés y para alguna cuantía L no es más que la afirmación de que

$$f(L) - L(1 + i) \geq A. \qquad [14.5]$$

De hecho, esta expresión representaba la restricción a la que estaba sometida la elección del tipo de interés por parte del prestamista en el problema anterior. De acuerdo con las mismas consideraciones que hicimos al estudiar los contratos de arrendamiento de tierra (capítulo 12), la llamamos *restricción de la participación*.

Además, cuando es posible el impago, aparece una nueva restricción. Veamos qué obtiene el agricultor en todo su horizonte mental de N periodos. Es la cantidad por periodo multiplicada por N: $N[f(L) - L(1 + i)]$. Ahora bien, ¿qué obtiene si decide no devolver el préstamo? Bien, hoy obtendrá la cantidad $f(L)$ en su totalidad [ya que se embolsa $L(1 + i)$]. A partir de mañana, nuestro prestamista no vuelve a prestarle, por lo que sólo podrá obtener A por periodo. Por lo tanto, el beneficio total obtenido en el horizonte mental de N periodos es $f(L) + (N - 1)A$. Para que el prestatario *devuelva* el préstamo, la primera expresión tiene que ser superior a la segunda, es decir,

$$N[f(L) - L(1 + i)] \geq f(L) + (N - 1)A.$$

Manipulando algo esta expresión, vemos que

$$f(L) - \frac{N}{N - 1} L(1 + i) \geq A. \qquad [14.6]$$

Ahora obsérvese que esta condición se parece a la restricción de la participación [14.5], con la excepción del término $N/(N - 1)$ que multiplica la recta de costes. Como este término siempre es superior a 1, la nueva restricción [14.6] es *más restrictiva* que la restricción de la participación y, por lo tanto, la incluye. La denominamos *restricción de no impago*. Obsérvese que cuanto más breve es el horizonte temporal, más difícil es satisfacer la restricción de no impago. Por ejemplo, si $N = 1$, por lo que el agricultor nunca tiene en cuenta las consecuencias futuras de sus acciones actuales, nunca puede satisfacerse la restricción [14.6]. El agricultor nunca devolverá el préstamo, por lo que no conseguirá ninguno más en el futuro.[11] En cambio, si el agricultor es muy previsor, N es muy grande y la proporción $N/(N - 1)$ tiene un valor cercano a 1: volvemos entonces efectivamente al viejo problema en el que sólo importa la restricción de la participación. En el análisis siguiente centraremos la atención en las situaciones en las que el valor de N no es ni demasiado alto (ya que ese caso equivale al viejo problema) ni demasiado bajo (ya que en ese caso el prestatario nunca devolvería un préstamo).

La figura 14.3 muestra que el estudio gráfico de la restricción de no impago se parece mucho al análisis de la 14.2. Lo único que tenemos que hacer es modificar la recta de costes multiplicándola por el factor $N/(N - 1)$. Ahora seguimos los mismos pasos que antes. A cada tipo de interés i es necesario que se cumpla la restricción [14.6]. Eso sucede maximizando la diferencia vertical entre la función de producción y la recta de costes *modificada* y averiguando si esta diferencia maximizada no es menor que A. Para hallar este máximo, debemos igualar el producto marginal de la función de producción y la pendiente de la recta de costes modificada, que es $N/(N - 1)(1 + i)$. La figura 14.3 los iguala eligiendo la cuantía del préstamo L con la que la tangente a la función de producción es paralela a la recta de costes modificada. Al tipo de interés i^{**}, la diferencia maximizada es *exactamente* igual a A. Si se elige un tipo de interés más alto, la restricción [14.6] no se cumple. Por lo tanto, el tipo de interés i^{**} y la cuantía del préstamo correspondiente L^{**} representan la solución óptima del prestamista cuando es posible no devolver el préstamo.

He aquí ahora la cuestión principal. Obsérvese que con la transacción de crédito óptima el prestamista concede un préstamo de L^{**}: el producto marginal del préstamo es

---

[11] Obsérvese que las consideraciones son las mismas cuando el agricultor puede pedir préstamos a *otros* prestamistas, por lo que si el lector va por delante del argumento, debe quejarse de que el horizonte mental del agricultor también debe afectar al valor de A. Prescindimos de esta complicación (aunque, en última instancia, no tiene ninguna importancia cualitativa) y suponemos que siempre es posible obligar a cumplir estos contratos alternativos. Véase, sin embargo, el apartado 14.3.7.

igual a $N/(N-1)(1 + i^{**})$ *y no al verdadero coste marginal que tiene el préstamo para el presta-tario*, que es $1 + i^{**}$. Se deduce que hay racionamiento del crédito: si le preguntáramos al prestatario si le gustaría pedir un préstamo mayor *al tipo de interés vigente* i^{**}, respondería afirmativamente. De hecho, le gustaría pedir prestada la cantidad L en un mercado com-petitivo, en el que fuera posible obligar a cumplir todos los contratos sin coste alguno (véase la figura 14.3).

Recuérdese que cuando presentamos el concepto de racionamiento del crédito, nos preguntamos por qué el prestamista no reaccionaba a esa situación subiendo el tipo de interés o concediendo un préstamo mayor al tipo de interés vigente (o alguna combina-ción de ambos). Ahora podemos responder a esta pregunta: el miedo a que no le devuel-van el préstamo impide que haga eso. Un préstamo mayor aumenta también el rendi-miento que obtiene el prestatario que no devuelve el préstamo, al permitirle embolsarse más dinero. Un tipo de interés más alto también aumenta el rendimiento, al permitir al prestatario que no devuelve el préstamo ahorrarse el pago de unos intereses mayores. El contrato que prefiere el prestamista implica, pues, el racionamiento del crédito.

El racionamiento del crédito puede deberse a consideraciones que no tienen que ver con el impago. En el siguiente apartado, abordamos este tema.

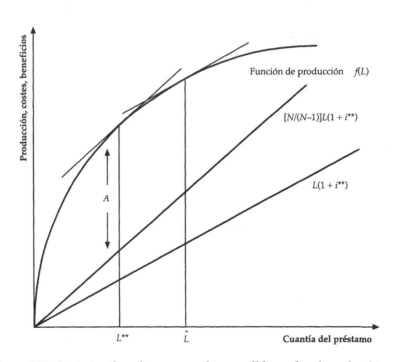

Figura 14.3. Contratos de préstamo cuando es posible no devolver el préstamo.

14.3.6 Asimetrías relacionadas con la información y el racionamiento del crédito

No todos los prestatarios entrañan el mismo riesgo. Hay prestatarios de alto riesgo y prestatarios de bajo riesgo. Un agricultor diligente que tenga una considerable cantidad de tierra cultivable puede ser considerado de bajo riesgo por un prestamista, porque la probabilidad de que tenga una mala cosecha y de que quiebre es baja. Un trabajador sin tierra y mal de salud es de alto riesgo. Un agricultor que posea una bomba de agua o el acceso garantizado al riego entraña menos riesgo que otro que no lo tenga. El producto que esté cultivándose también puede ser más o menos vulnerable a los caprichos del tiempo. En definitiva, el riesgo de prestar puede variar significativamente de un prestatario a otro.

El riesgo puede estar correlacionado con las características del prestatario que el prestamista puede observar (como la propiedad de tierra o el acceso al riego). Sin embargo, puede depender considerablemente de otras cualidades que *no* son observables (por ejemplo, de sus habilidades para trabajar la tierra o de su sagacidad mental en los momentos de crisis, de su capacidad de ahorro, de la calidad de su tierra, etc.). Cuando los factores que contribuyen al riesgo son observables, el prestamista puede seleccionar a sus clientes o cobrar unos tipos de interés más altos a los clientes de alto riesgo. Sin embargo, en la medida en que los clientes entrañan diferentes grados de riesgo que el prestamista no puede discernir, se suma otro aspecto a las transacciones del mercado de crédito: ahora el tipo de interés afecta a la *combinación* de clientes que son atraídos (y, por lo tanto, a la probabilidad media de que no se devuelvan los préstamos). Esta nueva dimensión podría crear una situación en la que a los tipos vigentes, algunas personas que quieren obtener préstamos no pueden; sin embargo, los prestamistas no están dispuestos a aprovecharse del exceso de demanda y a subir los tipos de interés por miedo a acabar atrayendo a demasiados clientes de alto riesgo.

Si esta última afirmación parece sorprendente, piense el lector en el ejemplo que analizamos en el apartado 14.2.1. En ese ejemplo, un proyecto arriesgado suele ser más atractivo desde el punto de vista del prestatario, porque si fracasa, el prestatario puede no tener que devolver el préstamo. Por lo tanto, una subida del tipo de interés puede impedir la inversión en proyectos seguros, incluso aunque los proyectos arriesgados que no son atractivos desde el punto de vista social sean rentables desde el punto de vista del prestatario. Siguiendo a Stiglitz y Weiss [1981], partimos de esta idea para explicar el racionamiento del crédito.[12]

Consideremos el caso de un prestamista que se enfrenta a dos tipos de clientes posibles: llamémosles *tipo seguro* y *tipo arriesgado*. Cada tipo de prestatario necesita un préstamo de (la misma) cuantía L para invertir en algún proyecto o actividad. El prestatario sólo puede devolver el préstamo si la inversión genera suficientes rendimientos para devolverlo. Supongamos que el tipo seguro siempre puede obtener un rendimiento seguro de $R(R > L)$ por su inversión. En cambio, el tipo arriesgado tiene unas perspectivas incier-

---

[12] Véase también el trabajo anterior de Raj [1979].

tas; *puede* obtener un rendimiento mayor R' (donde $R' > R$), pero sólo con la probabilidad p. Con una probabilidad $1 - p$, su inversión fracasa y obtiene un rendimiento nulo (imaginemos, por ejemplo, que el segundo prestatario es un agricultor que produce un cultivo comercial que genera más dinero si la cosecha es buena, pero que también es más vulnerable a la meteorología).

Suponemos que el prestamista puede fijar libremente el tipo de interés sin temer que sus clientes acudan a otros prestamistas (este argumento también es válido en los mercados competitivos, pero es más sencillo plantearlo de esta manera). Supongamos que el prestamista tiene suficientes fondos para prestar solamente a un solicitante y hay dos (uno arriesgado y otro seguro). ¿Debe subir el tipo de interés hasta que abandone uno de los prestatarios? Veámoslo. ¿Cuál es el tipo de interés más alto i con el que el prestatario seguro quiere el préstamo? Dado que su rendimiento neto es $R - (1 + i)L$, el tipo máximo aceptable para él es $i_1 = R/L - 1$. En el caso del segundo prestatario, el rendimiento *esperado* es $p[R' - (1 + i)L]$; por lo tanto, el tipo máximo que está dispuesto a pagar es $i_2 = R'/L - 1$. Es evidente que como $R' > R$, tenemos que $i_2 > i_1$.

Detengámonos un momento para asimilar este resultado. *El prestatario arriesgado está dispuesto a pagar un tipo de interés más alto que el prestatario seguro, y este tipo de interés es independiente de su probabilidad de tener éxito, p.* La razón se halla en que en caso de quiebra su rendimiento es cero, pero en esa situación no devuelve el préstamo, por lo que sus beneficios esperados dependen *solamente* de la situación de éxito. En este sentido, el prestatario arriesgado actúa como si no le importara fracasar.[13] Naturalmente, al prestamista le importa.

Si el prestamista cobra i_1 o menos, ambos prestatarios solicitarán el préstamo. Si el prestamista no puede distinguirlos, tiene que conceder el préstamo aleatoriamente a uno de ellos, por ejemplo, tirando una moneda al aire. En cambio, si el tipo es algo superior a i_1, el primer prestatario abandona y el exceso de demanda del préstamo desaparece. El prestamista puede subir entonces el tipo de interés hasta i_2 sin miedo a perder el segundo cliente. En realidad, el prestamista tiene que elegir entre los dos tipos de interés i_1 e i_2. ¿Cuál debe cobrar?

Supongamos que cobra i_2. Sus beneficios esperados vienen dados, pues, por

$$\Pi_2 = p(1 + i_2)L - L. \qquad [14.7]$$

En cambio, si cobra i_1, atrae a cada tipo de cliente con una probabilidad de $1/2$. Sus beneficios esperados vienen dados, en ese caso, por

$$\Pi_1 = \tfrac{1}{2}i_1 L + \tfrac{1}{2}[p(1 + i_1)L - L]. \qquad [14.8]$$

¿En qué condiciones será reacio el prestamista a cobrar el tipo de interés *más alto*? Cuando $\Pi_1 > \Pi_2$. Utilizando los valores de Π_1 y Π_2 de las ecuaciones [14.7] y [14.8] e introdu-

---

[13] Esta nítida descripción de la conducta del prestatario arriesgado se debe en gran parte a la sencillísima especificación binaria de los resultados del proyecto. No obstante, la insensibilidad global al fracaso del proyecto persiste en los modelos más generales.

ciendo los valores de i_1 e i_2 antes obtenidos, llegamos a la condición (que el lector puede deducir fácilmente por sí mismo):

$$p < \frac{R}{2R' - R}. \qquad [14.9]$$

¡Esta condición es importante! Nos dice que si el tipo de alto riesgo es "suficientemente" arriesgado (recuérdese que cuando el valor de p es más bajo, significa que las probabilidades de que no se devuelva el préstamo son mayores), el prestamista no subirá su tipo de interés a i_2, atrayendo así solamente al tipo arriesgado, sino que preferirá el tipo más bajo i_1 y aceptará la probabilidad del 50% de conseguir al cliente seguro. Eso lo llevará a racionar el crédito *en condiciones de equilibrio*: de los dos clientes que demandan el único préstamo, sólo uno lo recibirá; el otro se quedará sin. Al igual que en el apartado anterior, el precio no se sube ni siquiera con exceso de demanda, pero la razón es distinta. Si el prestamista subiera el precio, automáticamente perdería al prestatario bueno y el rendimiento más alto que *podría* conseguir no compensaría la disminución de la probabilidad de recuperar el préstamo.

14.3.7 Impago y posibilidad de obligar a cumplir los contratos

Hasta ahora la posibilidad de no recuperar un préstamo ha desempeñado un papel fundamental en muchas de nuestras predicciones. Es hora de estudiar más detalladamente el proceso del impago y sus consecuencias.

Un buen punto de partida es el modelo del apartado 14.3.5. Recuérdese la restricción [14.6], que debe satisfacerse para impedir el impago. Esta restricción, como recordará el lector, depende fundamentalmente del horizonte mental del prestatario: del número de periodos futuros N que le preocupan cuando toma sus decisiones actuales. Por lo tanto, un impago hoy, seguido de $N - 1$ periodos de beneficios A, no debe ser más valioso que N periodos de cumplir los acuerdos con el prestamista. Eso es lo que recoge la restricción [14.6] en forma algebraica.

Una consecuencia fundamental de esta restricción es que los acuerdos del prestatario con el prestamista deben generarle un beneficio *mayor* que el que podría obtener no devolviendo el préstamo (de lo contrario, se embolsaría, desde luego, el dinero). Una manera algebraica de verlo es observar que los beneficios del prestatario son $f(L^{**}) - (1 + i^{**})L^{**}$, pero utilizando la restricción [14.6], podemos ver fácilmente que

$$f(L^{**}) - (1 + i^{**})L^{**} > f(L^{**}) - \frac{N}{N-1}(1 + i^{**})L^{**} = A.$$

La ecuación anterior también nos dice que los prestatarios que son "pacientes" o que tienen largos horizontes mentales N pueden recibir, en realidad, un trato relativamente *peor* sin que se tema que no devuelvan sus préstamos. Una diferencia menor entre la rentabilidad del crédito actual y la de la alternativa A bastará para que cumplan el acuerdo: como el prestatario es muy paciente, la amenaza de no conseguir créditos en el futuro se dejará sentir y, por lo tanto, el prestamista podrá cobrarle unos tipos más altos sin temer que no devuelva los préstamos.

Este modelo muestra cómo puede conseguirse la devolución del préstamo por medio de amenazas e incentivos dinámicos. Sin embargo, hasta ahora hemos dejado de lado lo que ocurre después de no devolver el préstamo. Un moroso debe recurrir a sus oportunidades alternativas, ya que el prestamista actual ya no le prestará más. De momento, no hemos dicho nada sobre cómo dispone de estas alternativas.

Normalmente, el prestatario tiene acceso a más de un prestamista, por lo que puede caer en la tentación de no devolver el préstamo al prestamista actual y buscar otro cuando éste se niegue a hacer nuevos tratos con él. De hecho, era precisamente este temor lo que llevaba al prestamista a ofrecer al prestatario una prima o excedente por el préstamo en comparación con sus oportunidades alternativas. No obstante, la existencia de otras fuentes de crédito refuerza el incentivo para no devolver un préstamo. ¿Cómo resuelven los prestamistas este problema, aparte de dar incentivos en sus transacciones de crédito para recuperarlo?

Una posible respuesta es que un sistema de reputación ayuda a disciplinar a los prestatarios. Si un prestatario incumple en sus transacciones con un prestamista, eso puede destruir su reputación en el mercado y marcarlo como un prestatario de alto riesgo. Como consecuencia, es posible que *otros* prestamistas sean reacios a prestarle en el futuro. Es evidente que para eso es necesario que la información sobre el impago del prestatario se difunda por toda la comunidad, por lo que no es sorprendente que cualquier prestamista tenga interés en hacer público un impago y, desde luego, querrá que el prestatario sepa de antemano que en caso de impago hará todo lo posible para que la gente sepa de su incumplimiento.

¿Es la rápida propagación de la información sobre impagos un postulado razonable en los mercados de crédito informales? Depende. En los mercados de crédito sofisticados como que existen en los países industrializados, los historiales crediticios pueden consultarse en las redes informáticas: un banco o una agencia de crédito puede enterarse de las infracciones pasadas de una persona con sólo pulsar un botón, y la posibilidad de enterarse rápidamente de esta información es un mecanismo que disciplina al prestatario. Vayamos al otro extremo y consideremos el caso de las sociedades rurales tradicionales en las que la movilidad es reducida. En estas sociedades, las relaciones entre sus miembros son muy estrechas: todo el mundo se conoce, lo cual puede no ser muy agradable si tenemos un lío amoroso que queremos mantener en la discreción o simplemente si no nos gustan los cotilleos, pero estas redes tienen un valor social: son mecanismos sancionadores creíbles en las situaciones en las que no existe una agencia de crédito informatizada. El incumplimiento de una promesa contractual no pasará desapercibida para otros, que limitarán sus tratos con el infractor como consecuencia. Es posible que se impongan incluso otros tipos de sanciones y censuras sociales al infractor. Estas amenazas permiten la reciprocidad y la cooperación (incluida la concesión y la devolución de los préstamos), algo que, de lo contrario, no sería posible.

A medida que se desarrollan las sociedades, la movilidad aumenta y los lazos tradicionales desaparecen. Con el paso del tiempo, las redes informales de información son sustituidas por mecanismos anónimos que observamos en las sociedades industrializadas actuales. Sin embargo, la sustitución puede tardar mucho tiempo en producirse. Existe, pues, una amplia variedad de casos intermedios en los que el flujo de información es mínimo. Es la fase de transición en la que se encuentran muchos países en vías de desarrollo. De hecho, es absolutamente razonable postular que el flujo de información sigue una pauta en forma de U: tanto en las sociedades tradicionales como en las económicamente avanzadas, ese flujo es muy importante, mientras que en las sociedades en transición no.

En esas sociedades, un prestamista que conoce a un nuevo solicitante de un préstamo tiene pocas formas (o quizá muy caras, ya que requerirían una gran cantidad de tiempo y de concienzudas investigaciones) de saber cuál es el comportamiento anterior del solicitante en sus relaciones crediticias. En esa situación, puede que un prestatario no tenga miedo de que su reputación sufra a causa de un impago. ¿Qué le impide no devolver periódicamente los préstamos y cambiar de prestamista? Además, si es así, ¿por qué le prestan?

Esa situación no es, desde luego, tan rara. Ya hemos visto que muchos prestatarios no pueden acceder al crédito y que es necesario tener un historial de préstamos para conseguir otro. El recuadro sobre los mercados informales de crédito pakistaníes pone de manifiesto situaciones parecidas. Al mismo tiempo, los mercados de crédito informales *sí* funcionan, por lo que no podemos recurrir exclusivamente al argumento de que, en ausencia de información, los mercados de crédito deben venirse *totalmente* abajo.

Cuando los prestamistas tienen una información limitada sobre la conducta anterior de los prestatarios, reaccionan de dos maneras. En primer lugar, buscan información sobre los nuevos prestatarios con mucha cautela (véase el recuadro sobre Pakistán o algunos estudios como el de Siamwalla *et al.* [1993]). Pueden dedicar esfuerzos y dinero a comprobar las credenciales del prestatario para ver si el riesgo que conlleva es realmente bajo.

La expresión "bajo riesgo" es importante. Un prestamista quiere saber si un prestatario no ha devuelto algún préstamo en el pasado simplemente porque esto le da una pista sobre la posibilidad de que sea *intrínsecamente* un mal candidato. Sin embargo, debemos distinguir conceptualmente entre los prestatarios que son estafadores de profesión y los que son unos oportunistas, en el sentido de que la restricción de no impago no se cumple en su caso, porque los términos del contrato de crédito no les impiden no devolver el préstamo. Si sólo varían estos últimos y no varía el *tipo intrínseco* del prestatario, al prestamista le sirve de poco saber que un prestatario no ha devuelto un préstamo en el pasado; lo mejor que puede hacer es ofrecer directamente un préstamo que satisfaga la restricción de no impago. De poco le sirve averiguar el historial del prestatario.

Cuando eso ocurre, el mercado de crédito se viene abajo por completo. Si los prestamistas no seleccionan a los prestatarios, nadie que conceda un préstamo lo recuperará realmente. Nos damos cuenta, pues, de que los intentos de un prestamista de seleccionar a los prestatarios tienen enormes externalidades (positivas): impiden que el prestatario no devuelva los préstamos de *otros* prestamistas. Sin embargo, como sabemos perfectamente, las externalidades no bastan para que una persona se esfuerce: sólo se esforzará si las circunstancias *le* benefician. En el presente contexto, ¡eso significa que la incertidumbre intrínseca sobre los tipos de prestatarios, a saber, la posibilidad de que algunos sean más propensos que otros a no devolver los préstamos permite que funcione un mercado de crédito que, de lo contrario, se vendría abajo! La presencia de tipos malos hace que existan prestamistas prudentes, que consideran que los impagos anteriores constituyen una señal de que el prestatario comporta un riesgo intrínsecamente elevado. Para evitar ser erróneamente etiquetadas, las personas cuyo riesgo es bajo (que, no obstante, pueden ser oportunistas) *sí* devuelven sus préstamos.

Podemos hacer, pues, las siguientes observaciones. En primer lugar, el incentivo para recabar información sobre un nuevo prestatario permite, en realidad, que funcione el mercado de crédito, ya que lleva al prestatario a temer que si no devuelve un préstamo, no pueda acceder al crédito en el futuro. En segundo lugar, el incentivo para seleccionar a los nuevos prestatarios depende de la creencia de que algunos prestatarios conllevan riesgos intrínsecamente altos. Combinando estas dos observaciones, vemos, paradójicamente, que la presencia de algunos tipos malos es esencial para que funcione, aunque sea parcialmente, el mercado de crédito en condiciones de información limitada.

Lo mismo ocurre con lo que podríamos denominar *préstamos a prueba*. Puede ocurrir que los prestamistas prefieran comenzar concediendo pequeños préstamos e ir incrementando su cuantía si los prestatarios los devuelven. Estos pequeños préstamos constituyen una prueba indirecta de la honradez del prestatario. La cuestión es que incluso los prestatarios honrados deben pasar por estas fases iniciales de prueba. Llevando el argumento algo más allá, podemos concluir que la existencia de préstamos a prueba da un incentivo a los prestatarios (honrados pero oportunistas) para devolver los préstamos, ya que saben que si no los devuelven, tendrán que volver a empezar el lento proceso de hacerse una buena reputación, lo cual tiene sus costes.

Obsérvese que en este sentido el mercado resuelve un tipo de fallo de información (la falta de información sobre los impagos anteriores) recurriendo a una característica *adicional* de la información (la falta de información sobre los tipos intrínsecos). Como consecuencia del segundo fallo, los prestamistas tienen algunos incentivos para seleccionar a los prestatarios o para conceder pequeños préstamos a prueba al comienzo de una relación, y la existencia de esta fase contribuye a impedir que se destruya una relación establecida.[14]

El coste de la información y el mercado de crédito: Chambar (Pakistán)

Cuando los países comienzan a desarrollarse e industrializarse, la estructura tradicional de las comunidades rurales aisladas y estrechamente unidas comienza a desintegrarse. La movilidad aumenta extraordinariamente: la gente se traslada de un pueblo a otro, de un pueblo a la ciudad y de la ciudad a la gran urbe en respuesta a las crecientes demandas del comercio. Es posible acceder a los mercados de regiones distantes y la gente realiza cada vez más transacciones con extraños. Al mismo tiempo, la introducción de factores modernos en la agricultura (por ejemplo, fertilizantes, pesticidas, bombas de riego, etc.) aumenta la necesidad de crédito y de capital circulante.

---

[14] Para algunas teorías que se basan en esta idea, véase Ghosh y Ray [1996, 1997], Kranton [1996] y Watson [1996].

En este entorno de relativo anonimato, el problema de la recuperación de los préstamos cobra especial gravedad. Ya no es posible recurrir a las presiones tradicionales de la comunidad ni existen cauces de información perfectamente desarrollados como en los países industrializados (por ejemplo, bases de datos que el historial crediticio de cada cliente y que los bancos y las agencias de crédito comprueban invariablemente antes de conceder un préstamo o una línea de crédito a un cliente). Por consiguiente, un agricultor o un trabajador puede no devolver un préstamo a un prestamista de una ciudad o de un pueblo y acudir a otro de otra ciudad en busca de futuros préstamos sin que apenas exista el riesgo de que sus delitos anteriores se conozcan en el nuevo lugar. ¿Qué impide esa conducta aberrante? ¿Cómo resuelven los mercados de crédito el problema de obligar a cumplir los contratos en un entorno de considerable movilidad y anonimato de los prestatarios? Un estudio de campo de Irfan Aleem sobre la región de Chambar situada en el distrito pakistaní de Sin nos da algunas pistas e ideas.

Chambar es una floreciente región comercial. Según sus estimaciones, cuando Aleen realizó el estudio, había sesenta prestamistas en la zona. Quince residían en la ciudad principal de Chambar, quince en los tres pueblos mayores y de los treinta restantes, la mayoría se encontraba en las ciudades vecinas más pequeñas (en un radio de treinta a setenta kilómetros). Evidentemente, los prestatarios pueden acceder a muchos prestamistas distintos y la comunicación entre todos ellos es escasa o inexistente, por lo que obligar a los prestatarios a devolver los préstamos es lógicamente una tarea difícil en ese entorno.

Sin embargo, el mercado de crédito informal tiene un éxito excepcional: de los catorce prestamistas entrevistados por Aleem, doce declararon que no recuperaban menos del 5% de sus préstamos.[15] Esta cifra contrasta claramente con la tasa media de impago de alrededor del 30% de los bancos y agencias de crédito del sector formal y es aún más notable si se tiene en cuenta el hecho de que once de los catorce prestamistas no pedían ninguna garantía.[16] ¿A qué se deben estas bajas tasas de impago?

Parece que la limitada información y los riesgos correspondientes que entraña la concesión de préstamos han llevado a los prestamistas a crear estrechos círculos de clientes de confianza y a no estar dispuestos a prestar fuera de estos círculos. Es esta clara segmentación del mercado la que induce a la mayoría de los prestatarios a cumplir los términos contractuales: un prestatario moroso, que es borrado de la lista de buenos clientes de su prestamista actual, tendrá enormes dificultades para encontrar una nueva fuente de préstamos. Por lo tanto, la limitación de la información restringe, *en realidad*, la aparente competencia entre los prestamistas y el libre acceso a múltiples fuentes y esta restricción contribuye, a su vez, a resolver los problemas de riesgo moral que plantea esa limitación de la información.

Antes de aceptar un nuevo cliente, un prestamista normalmente adopta varias medidas de precaución. Casi siempre opta por hacer tratos con el solicitante en otros mercados (por ejemplo, dándole empleo en su explotación agrícola o comprándole la cosecha) al menos durante dos temporadas (es decir, durante un año aproximadamente) antes de concederle un préstamo, si se lo concede. Estos tratos le suministran alguna información sobre lo despierto que es el solicitante del préstamo, sobre su honradez y sobre su capacidad para devolverlo. Nueve de los catorce prestamistas entrevistados no estaban dispuestos a conceder un préstamo sin esa interrelación previa. Al margen de lo anterior, los prestamistas también investigan exhaustivamente al nuevo cliente. Esa investigación suele consistir en viajar a su pueblo y entrevistarse con sus vecinos y

---

[15] En los dos casos restantes, la tasa más alta de impago es del 10%.

[16] De los otros tres, los porcentajes de su total de préstamos asegurados eran 2,5 y 10%.

anteriores socios para evaluar su fiabilidad y su carácter. La mayoría de los prestamistas también realizan algunas actividades secundarias, como comprar productos agrícolas y venderlos al por menor, por lo que la considerable cantidad de tiempo que lleva la recogida de información tiene un elevado coste de oportunidad: del orden de unas 20 rupias al día.[17] Según las estimaciones, el coste de administrar el préstamo marginal (incluido el coste del proceso de selección inicial y el posible coste posterior de ir a la caza de un préstamo vencido) representaba, en promedio, un 6,54% del valor del préstamo.

Si tras la exhaustiva selección y el periodo de espera, el prestamista acuerda conceder el préstamo (la tasa de rechazo de nuevos solicitantes giraba en torno al 50%), normalmente comienza con un pequeño "préstamo de prueba". La mayor parte de la información fiable sobre las características de un socio comercial puede proceder de los tratos realizados realmente con él; las indagaciones, por muchas que se hagan, no pueden suministrar la misma información que la interacción real. La realización de transacciones con la persona en cuestión es, pues, el "experimento" último que revelará sus características. Sin embargo, el experimento es arriesgado y, por lo tanto, los prestamistas andan con cautela al principio. Sólo confían más en el cliente cuando éste devuelve debidamente el préstamo de prueba y aumentan en consecuencia la cuantía del préstamo para satisfacer sus necesidades.

Son precisamente los factores antes mencionados —subproductos de la información imperfecta— los que contribuyen a disciplinar a la mayoría de los prestatarios. Si un prestatario no devuelve un préstamo a su prestamista actual y, por consiguiente, deja de acceder a los préstamos de ese mismo prestamista, puede solicitar un crédito a otro, pero en ese caso tendrá que pasar por un largo periodo de espera, un intenso escrutinio (durante el cual el nuevo prestamista puede sospechar y rechazar la solicitud) e incluso después por un periodo de duro racionamiento del crédito. Estas sanciones posteriores pueden ser fácilmente superiores a las ganancias temporales que puede reportar el impago.

Los préstamos no sólo tienen un coste de administración sino también, por supuesto, costes de capital, que comprenden el coste de oportunidad del dinero prestado, una prima por la deuda mala o irrecuperable y los intereses perdidos por los préstamos vencidos.[18] El coste de capital medio de los catorce prestamistas era de 38,8% en el caso del préstamo marginal, mientras que en el del préstamo medio, era de 27%.

La razón principal por la que el coste marginal es mayor que el coste medio se halla en que la mayoría de los prestamistas tenían que pedir préstamos a otros prestamistas del sector informal en el margen: normalmente, el 50% de los fondos del prestamista procedía de sus propios ahorros, el 30% de fuentes institucionales (directamente de bancos o indirectamente de mayoristas, molinos algodoneros, etc., que tenían acceso a préstamos bancarios) y el 20% restante de otros prestamistas institucionales o clientes que lo utilizaban como un depósito seguro (con un tipo de interés nulo) para poder disponer de un exceso de liquidez. Estas cifras indican que los prestamistas desvían una considerable cantidad de fondos del sector formal y de esta manera se dedican al arbitraje entre los mercados extraordinariamente segmentados del sector formal y del sector informal (compárese con el caso de Filipinas). El mercado global de crédito rural estaba integrado a su manera, aunque imperfecta.

---

[17] En 1981, el tipo de cambio fue, en promedio, de 9,9 rupias por dólar.

[18] En la mayoría de esos casos, no se exigían intereses durante el periodo de retraso, con el fin de mejorar las posibilidades de recuperar el principal y los intereses básicos.

El tipo de interés cobrado en promedio en la muestra era de 78,7% al año. Sin embargo, había muchas diferencias: desde un mínimo de 18% (aún más alto que el del 12% que cobraban los bancos) hasta un máximo de 200%. Sin embargo, a la luz del texto anterior, este elevado tipo puede atribuirse en gran parte a los altos costes de información y administración de los préstamos en el mercado informal. En realidad, Aleem estima que en la mayoría de los casos el tipo de interés era más o menos igual que el coste medio de los fondos, lo cual significa que los prestamistas obtenían unos beneficios económicos casi nulos. Parece que el mercado informal de crédito de la región se describe mejor por medio de un modelo de "competencia monopolística" (véase Hoff y Stiglitz [1997]). La facilidad de entrada en el negocio de los préstamos hace que los beneficios sean casi nulos y, sin embargo, los prestamistas gozan de un cierto grado de poder de monopolio sobre su clientela establecida, debido a que al tener más información sobre las características de sus clientes, con los que llevan tratando mucho tiempo, tienen una ventaja frente a otros prestamistas en su propio segmento del mercado.

14.4 Transacciones interrelacionadas

Muchas transacciones de crédito que se realizan en los países en vías de desarrollo suelen poseer la característica de que el crédito va ligado a los intercambios realizados en algún otro mercado, como el de trabajo, tierra o productos agrícolas. Por ejemplo, a menudo se observa que los terratenientes suelen ser la principal fuente de crédito para sus arrendatarios, ya que éstos utilizan su trabajo o incluso sus derechos de arrendamiento como garantía. Por otra parte, los comerciantes constituyen la principal fuente de recursos para los propietarios-agricultores, especialmente para los que no pueden acceder al sector formal del crédito. Los comerciantes suelen conjugar la concesión de créditos con la compra de la cosecha del prestatario.

Estos contratos interrelacionados son de diversos tipos. Mientras los préstamos están pendientes de devolución, el prestamista puede utilizar los derechos sobre la tierra o sobre otros activos del prestatario, como ya hemos señalado. En la medida en que puede beneficiarse directamente de los tipos de activos que posee el prestatario, eso hace que resulte más fácil obligar a cumplir las condiciones del crédito. Sin embargo, para que pueda beneficiarse directamente, suele ser necesario que las ocupaciones a las que se dedican el prestatario y el prestamista sean similares o complementarias.

La interrelación es, por lo tanto, como un matrimonio de conveniencia. Si la ocupación principal de un prestamista está estrechamente relacionada con la del prestatario, puede resultar cómodo llegar a acuerdos de crédito simultáneamente con otros acuerdos en un único contrato, explícito o implícito. Así, por ejemplo, un comerciante que transporta arroz también puede conceder un crédito a un arrocero, así como comerciar con el arroz producido por éste. Según esta forma de interrelación, no existe ninguna sinergia entre las dos actividades, salvo que *da la casualidad* de que ambas son realizadas por el mismo par de personas. Ninguna de las dos mitades del trato depende de la otra, y en este sentido la interrelación es mínima.

En cualquier caso, parece que cuando las ocupaciones se complementan, el prestamista que puede llegar a acuerdos interrelacionados tiene ventaja en la concesión de créditos.

En muchas partes del mundo en vías de desarrollo, el "prestamista puro" es una especie en extinción. Las personas que se dedican a prestar tienen con casi toda seguridad una ocupación principal que no es la concesión de préstamos. El cuadro 14.1 presenta una desagregación especialmente detallada de pares prestatario-prestamista según las ocupaciones de las dos personas; los datos proceden de las regiones pakistaníes de Punjab y Sindh.

Cuadro 14.1. Distribución de los préstamos informales según su cuantía y la situación de los prestatarios con respecto a la tenencia de la tierra, Punjab y Sindh, 1985.

	Punjab			Sindh		
Prestatario	Amigos/ familiares	Terrate- nientes	Comer- ciantes	Amigos/ familiares	Terrate- nientes	Comer- ciantes
Arrendatario						
Marginal	3	3	1	3	12	3
Pequeño	6	22	5	12	62	6
Mediano	5	17	5	5	13	2
Grande	2	16	6	2	2	1
Total arrendatarios	16	58	17	22	89	12
Propietario-arrendatario						
Marginal	2	2	1	–	–	–
Pequeño	9	11	7	4	4	6
Mediano	7	7	10	3	5	4
Grande	9	10	13	7	1	4
Total propietarios-arrendatarios	27	30	32	14	10	14
Propietarios						
Marginal	23	2	5	7	–	8
Pequeño	17	4	13	24	–	23
Mediano	10	4	12	17	–	18
Grande	7	2	21	16	–	25
Total propietarios	57	12	51	64	1	74
Total	100	100	100	100	100	100

Fuente: Mansuri [1997].

Este cuadro, procedente del estudio de Mansuri [1997], habla por sí solo. Muestra que, por lo que se refiere a los hogares arrendatarios, los terratenientes constituyen una importante fuente de crédito; de hecho, la predominante. El panorama cambia cuando pasamos a los propietarios. Fijémonos en la clase de los propietarios-arrendatarios, es decir, de los que poseen alguna tierra además de arrendar otras. Estos obtienen sus créditos más o menos por igual de los comerciantes y de los terratenientes. Por último, los propietarios-agricultores los obtienen principalmente de los comerciantes.[19]

[19] En el Punjab o el Sindh, casi todos los comerciantes proporcionan a los agricultores factores a crédito. Los comerciantes no exigen ninguna garantía ni cobran intereses, pero la mayoría de los préstamos están interrelacionados con la venta de la producción agrícola al comerciante. Existe un tipo de contrato,

También merece la pena señalar que un pequeño número de prestamistas de la zona estudiada concedía préstamos en metálico a tipos de interés explícitos. El tipo de interés de esos préstamos era en el momento del estudio de 30 rupias en el caso de un préstamo de 100 pedido para un periodo de tres o cuatro meses.

Por cierto, este tipo de relación no existe únicamente en el subcontinente indio. Floro y Yotopoulos [1991] distinguen en su estudio de los contratos interrelacionados de Filipinas varios tipos de interconexión:

> Cabe distinguir cinco tipos de interrelación..., dependiendo de que el préstamo vaya ligado (1) a la prestación de servicios de intermediación para conceder, a su vez, un préstamo a terceros y/o para comprar la cosecha; (2) a la venta de la cosecha al prestamista; (3) a la compra de factores o al alquiler de maquinaria agrícola del prestamista; (4) a la transferencia al prestamista de los derechos de usufructo de la tierra, y (5) a la prestación de servicios de trabajo al prestamista. [Nuestro estudio] indica que los tres primeros tipos predominan entre los comerciantes-prestamistas, mientras que los dos últimos predominan entre los agricultores-prestamistas.

En este apartado analizamos algunas razones por las que la interrelación es un tipo habitual de transacción de crédito.[20]

14.4.1 Intereses ocultos

En algunas sociedades, está prohibido cobrar explícitamente intereses o en todo caso está mal visto. Es así en las sociedades islámicas en las que la usura se considera inmoral, por lo que está prohibida por la ley Shaariat. En esas situaciones, es prudente cobrar los intereses de forma indirecta. Esta prohibición quizá explique por qué es tan frecuente la hipoteca usufructuaria en Kerala y por qué parece que en los países islámicos se conceden tantos préstamos libres de intereses.

Dada la necesidad de ganar unos intereses implícitos, los contratos interrelacionados constituyen una buena salida. Un gran terrateniente puede pedir el derecho a una parte de la producción del prestatario mientras el préstamo esté pendiente de devolución, incluso aunque en el contrato se diga que se trata de un préstamo libre de intereses. Un comerciante puede adelantar dinero a sus proveedores sin intereses, siempre que éstos acepten venderle la cosecha a un precio más bajo. Incluso el derecho a utilizar una cartilla de racionamiento, que permite acceder al sistema público de distribución de cereales

---

que suele denominarse *kachi bol*, en el que el comerciante especifica la cantidad de cosecha que exige como devolución del préstamo. Existe otro, que suele llamarse *kabala*, que exige la venta de una cantidad específica de cosecha al comerciante a un precio inferior al precio de apoyo anunciado o, en algunos casos, a un precio inferior al vigente en el momento de la recolección. Por último, algunos préstamos se conceden simplemente contra la promesa del agricultor de vender *toda* su cosecha al comerciante en el momento de la recolección al precio vigente en el mercado. Como el precio de mercado de la producción agrícola tiende a ser más bajo justo después de la recolección, la obligación de vender en la recolección introduce un elemento de intereses implícito en un contrato interrelacionado.

[20] Las interrelaciones no tienen por qué ir ligadas únicamente a transacciones de crédito, aunque se han estudiado sobre todo en este contexto. Para un ejemplo de la interrelación del trabajo y la tierra, véase el estudio de Sadoulet [1992] sobre el *inquilinaje* en Latinoamérica.

a precios subvencionados, constituye el cobro oculto de intereses mientras está pendiente el préstamo. Todos estos contratos pueden ser aceptables en una ley que prohibe *explícitamente* la usura.

Obsérvese que esta explicación no puede ser, desde luego, suficiente en las numerosas situaciones en las que *no* está prohibido cobrar intereses y, sin embargo, la interrelación es un fenómeno muy extendido.

14.4.2 Interrelaciones e información

Es posible que se llegue a un acuerdo interrelacionado porque de esta forma el prestamista puede ahorrarse algunos de los costes del seguimiento de las actividades del prestatario. Un comerciante de arroz que facilita un préstamo a un agricultor puede exigir que se lo devuelva en cereales, ya que es más fácil para el comerciante-prestamista recuperar el préstamo en las actividades diarias *normales*. En el momento de la recolección, puede acudir a las tierras de sus proveedores para recoger la cosecha a fin de transportarla. Si eso es algo que tiene que hacer de todas formas, de paso consigue ser el primero en hacer valer su derecho sobre la cosecha. Ese derecho es extraordinariamente poderoso, ya que otras deudas quedan relegadas a un segundo lugar. Asimismo, un trabajador o un agricultor arrendatario que trabaja en las tierras de un gran terrateniente en circunstancias normales es un candidato poco problemático como receptor de un crédito. Si no cumple las condiciones del préstamo, es posible recuperarlo en forma de trabajo (deduciéndole los salarios correspondientes en pago de la deuda). Todos estos recursos permiten reducir las probabilidades de impago involuntario sin tener que incurrir en los costes *adicionales* que impone el control o el seguimiento del prestatario.

14.4.3 Interrelaciones y posibilidad de obligar a cumplir los contratos

Este tipo de interconexiones múltiples a veces también son útiles para impedir el impago *estratégico*. Para verlo recuérdense dos modelos que tienen unas características muy parecidas. En primer lugar, piénsese en el modelo del impago estratégico que hemos analizado en un apartado anterior de este capítulo. Hemos señalado que para impedir el impago, el prestamista no puede llevar al prestatario al límite de su restricción de participación. Para evitar el impago, el prestamista tiene que proporcionar al prestatario un cierto excedente con respecto a su siguiente opción mejor. El prestatario probablemente compare la pérdida de este excedente para siempre con la ganancia puntual que puede obtener no devolviendo el préstamo.

En segundo lugar, recuérdese un modelo muy parecido del capítulo 13: el del trabajo permanente que realiza tareas que no son supervisadas. Las consideraciones generales son las mismas en ese caso. En cualquier momento, el trabajador permanente podía reducir su ritmo de trabajo, pero si esta desviación era detectada, el contrato permanente no se renovaba, y el trabajador se veía obligado a recurrir al mercado de trabajo eventual. Sin embargo, esta amenaza de despido sólo puede ser una verdadera amenaza si el trabajador gana menos en el mercado eventual que en su trabajo permanente actual. Por lo tanto, el contrato permanente debe ser un incentivo, que puede utilizarse como amenaza si no se cumple el contrato.

La sencilla observación que hacemos aquí es que con una relación interconectada, es posible utilizar una única zanahoria como dos palos, siempre que no haya desviaciones *simultáneas* en ambos frentes. Veámoslo. Supongamos, por ejemplo, que un terrateniente tiene un arrendatario al que ofrece un contrato de arrendamiento amenazándolo con desahuciarlo si su producción es inferior a un mínimo determinado previamente. Ese contrato debe llevar consigo un cierto excedente por las mismas razones examinadas en los modelos anteriores.[21] Ahora es fácil ver que la concesión de un préstamo al arrendatario puede apoyarse con una "amenaza interrelacionada": si el préstamo no se devuelve, también se rescindirá el contrato de *arrendamiento*. El excedente del arrendamiento desempeña, pues, un doble papel. Garantiza que el prestatario se esfuerza como es debido para cumplir el contrato de arrendamiento y, al mismo tiempo, es un incentivo para que devuelva los préstamos. En este sentido, el terrateniente tiene una clara ventaja cuando concede un préstamo a su arrendatario, ya que tiene a su disposición un instrumento de devolución que ya existía. En cambio, un prestamista puro que presta al mismo arrendatario debe concederle incentivos adicionales para que devuelva el préstamo *en el propio contrato de crédito*.

14.4.4 Interrelaciones y creación de un excedente eficiente

El hecho de que la interrelación impida "distorsiones" que reducen el excedente total que debe repartirse entre el prestamista y el prestatario proporciona una serie de razones nuevas de su existencia.[22] La mera concesión de un préstamo a un tipo anunciado previamente afecta, por lo general, a la cuantía del préstamo. El prestamista puede no querer que la cuantía del préstamo se decida de esta forma automática, si préstamos de otra cuantía generan un excedente mayor. La interrelación permite contrarrestar la distorsión que puede surgir en cuanto a la cuantía de los préstamos. Todo esto quizá parezca algo críptico, por lo que vamos a poner algunos ejemplos.

La devolución de un préstamo en forma de trabajo

Supongamos que un trabajador rural, Pedro, debe alimentar tanto a él como a su familia en la temporada baja y en la temporada alta del año agrícola. Para que la exposición sea lo más sencilla posible, imaginemos que no hay empleo en la temporada baja, mientras que en la alta es posible trabajar en la recolección a cambio de un salario de w. Para financiar su consumo en la temporada baja, Pedro debe pedir un préstamo. El análisis de este apartado se basa en Bardhan [1984].

Supongamos ahora que existe un gran agricultor, Octavio, que contrata trabajo para la recolección durante la temporada alta y que también tiene acceso a un cierto volumen

---

[21] Véase Dutta, Ray y Sengupta [1989] y su bibliogarafía para ejemplos de modelos de este tipo.

[22] Véase, por ejemplo, Bardhan [1984], Basu [1987], Braverman y Srinivasan [1981], Braverman y Stiglitz [1982] y Mitra [1983].

de recursos con un coste de oportunidad de i por unidad. En otras palabras, i es el equivalente de la tasa de rendimiento libre de riesgo que obtendría Octavio destinando estos recursos a la mejor oportunidad alternativa. Octavio se encuentra en condiciones de prestar dinero a Pedro.

Como Pedro es un trabajador y Octavio un empresario, Octavio tiene la posibilidad de *vincular* el contrato de crédito con el de trabajo. Una manera de ver este caso es imaginar que el acuerdo entre ellos tiene dos componentes: (i) la oferta de un préstamo (cuya cuantía decide Pedro) a un tipo de interés i^* (elegido por Octavio) y (ii) la oferta de un salario w^* al que Pedro promete ofrecer su trabajo a Octavio a cambio del préstamo. A priori, w^* e i^* podrían estar relacionados con w e i de diversas formas. En particular, w^* podría ser igual a w, lo que equivale a decir que no existe ninguna interrelación y que el trato en cuestión es un mero contrato de crédito. Nuestra labor es ver cómo se eligen w^* e i^*.

La figura 14.4 describe el rendimiento total que genera a Octavio un contrato de la forma (w^*, i^*), siempre que Pedro acepte un préstamo de cuantía L. La figura muestra diversas combinaciones de consumo de que puede disponer Pedro en la temporada baja y en la temporada alta con el contrato (w^*, i^*). El panel de la izquierda de la figura considera el caso en el que $w^* < w$ e $i^* > i$. El panel de la derecha corresponde al caso en el que $w^* < w$ e $i^* < i$. El primero corresponde al caso en el que el préstamo se devuelve con intereses tanto en efectivo como en trabajo. El segundo corresponde al caso en el que el préstamo está "subvencionado" en términos monetarios, pero la devolución se obtiene en forma de trabajo.[23] En ambos casos, el rendimiento total que obtiene Octavio es la suma algebraica de los segmentos AB (que puede interpretarse como el rendimiento en intereses) y BC (que puede interpretarse como el rendimiento en trabajo). En el panel de la iz-

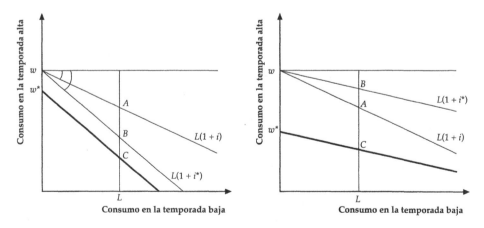

Figura 14.4. Rendimiento que obtiene Octavio con un contrato (w^*, i^*).

[23] También hay otros casos posibles. Por ejemplo, el préstamo puede concederse con una subvención al empleo ($w^* > w$). Estos casos pueden examinarse fácilmente utilizando un método gráfico parecido.

quierda, los dos términos son positivos. En el panel de la derecha, el primero es negativo, mientras que el segundo es positivo. *En ambos casos, el rendimiento neto que obtiene Octavio está representado por el segmento AC.* El lector debe comprender bien estos gráficos antes de seguir adelante.

La figura 14.5 muestra el método que utiliza Pedro para elegir el préstamo. Pedro tiene unas preferencias con respecto al consumo en la temporada baja y al consumo en la temporada baja. Sus preferencias están representadas por curvas de indiferencia. ¿Cuál es la recta presupuestaria de Pedro con el contrato (w^*, i^*)? Para hallarla, buscamos la ordenada en el origen w^* y trazamos una recta de pendiente negativa a partir de ese punto que representa su disyuntiva entre el consumo en la temporada baja y el consumo en la temporada alta. Ésta es precisamente la recta w^*C de la figura 14.4.

Pedro maximiza su utilidad en el punto C, que la sitúa en la curva de indiferencia U. Obsérvese que este contrato reporta a Octavio un beneficio de AC.

Hemos representado este gráfico suponiendo que el panel que está en vigor es el de la izquierda de la figura 14.4, pero debería quedar claro que podemos trazar un gráfico parecido en cualquiera de los casos.

Ahora la cuestión es saber si Octavio puede idear otro contrato que coloque a Pedro exactamente en la misma curva de indiferencia que antes, pero genere a Octavio un ren-

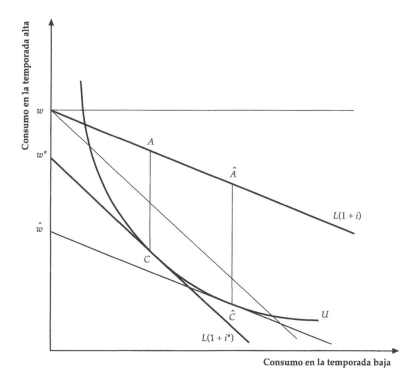

Figura 14.5. Rendimiento que obtiene Pedro con un contrato (w^*, i^*).

dimiento mayor. Si puede, concluimos que el contrato representado en la figura 14.4 *no puede* ser óptimo desde el punto de vista de Octavio, que es el prestamista.

Esta pregunta tiene una sencilla respuesta. Estudiemos la figura 14.5 y busquemos el punto en el que *se maximiza* la distancia vertical entre la curva de indiferencia U y la recta $L(1 + i)$. Es el punto $\hat{C}$, en el que la tangente a la curva de indiferencia es paralela a la línea $L(1 + i)$. Ahora bien, Octavio podría conseguir que Pedro eligiera este punto como cesta de consumo siempre que bajara algo más el salario (a $\bar{w}$), pero cobrara por los préstamos un tipo de interés exactamente igual que su propio coste de oportunidad, que es i. En ese caso, el rendimiento obtenido por Octavio es $\hat{A}\hat{C}$, *que es mayor que AC*. Podemos concluir, pues, que un contrato en el que Octavio pida servicios de trabajo subvencionados (al salario $\hat{w}$), pero proporcione a Pedro préstamos exactamente al tipo de interés i puede ser superior al contrato (w^*, i^*) representado en la figura 14.5.

El lector puede utilizar un razonamiento similar para demostrar que exactamente ese mismo contrato ($\hat{w}, i$) puede ser superior al contrato representado en el panel de la derecha de la figura 14.4.

Podemos concluir, pues, que el contrato dominante ¡es, de hecho, un contrato interrelacionado! No se cobran intereses por el préstamo; todos los pagos se efectúan en "unidades de trabajo". Hay una razón intuitiva muy sencilla que lo explica, no muy distinta del argumento marshalliano a favor del arrendamiento con un alquiler fijo que vimos en el capítulo 12. El contrato de crédito puede generar un "grado máximo de excedente". Este excedente viene dado por la diferencia entre la siguiente alternativa mejor para Pedro (representada por la curva de indiferencia U) y las condiciones en las que Octavio puede concederle préstamos (resumidas por el tipo de interés i). Resulta que el valor monetario de este excedente puede representarse precisamente por medio de la distancia vertical entre la curva de indiferencia U y la recta $L(1 + i)$, como muestra la figura 14.5. Sin embargo, para conseguir que Pedro acepte un préstamo que genere todo el excedente, el tipo de interés *no* debe alejarse de i (de lo contrario, Pedro elegirá una cesta de consumo distinta, como la que representa el punto C, distinto del $\hat{C}$). Por consiguiente, un contrato mejor es aquel que grava su trabajo, que Pedro concibe como un impuesto de cuantía fija que no distorsiona sus incentivos relacionados con el préstamo (tiene que "pagar el impuesto" de todas formas independientemente de la cuantía del préstamo).

Tenemos, pues, aquí otra explicación posible de las causas por las que la devolución de los préstamos puede consistir en trabajo, incluso cuando hay leyes que prohíben la usura.

La devolución de un préstamo en forma de producto

Pasamos a analizar otro ejemplo de posibles distorsiones de los contratos de crédito provocadas esta vez por préstamos relacionados con la *producción*.[24] Nuestro modelo tiene de nuevo dos agentes: Raúl, pequeño arrocero, y Justino, comerciante de arroz. Raúl vende su cosecha a Justino, que la comercializa. Raúl necesita capital circulante para

---

[24] El argumento siguiente se basa en Gangopadhyay y Sengupta [1987].

comprar la semilla, el fertilizante y otros factores para cultivar el arroz, para lo cual necesita pedir un préstamo. En este sentido, podemos concebir el préstamo para adquirir capital circulante como un factor de producción. En realidad, no lo es: los factores son lo que se puede *comprar* con este préstamo, pero si los precios de estos diversos factores físicos son fijos, podemos imaginar que la producción depende de la cantidad de dinero de que puede disponerse para comprar estos factores.

Representaremos la producción por medio de unidades físicas de arroz multiplicadas por el precio de mercado del arroz (una vez deducidos los costes de transporte), por lo que ahora los factores y los niveles de producción están expresados en unidades monetarias. La figura 14.6 describe esta "función de producción". El eje de abscisas representa diversas cantidades de capital circulante y el de ordenadas las cantidades resultantes de producción, evaluadas al precio de mercado del arroz, que representamos por medio de p por unidad. La función de producción que relaciona el factor y el producto tiene la forma habitual de rendimientos decrecientes (debido a los factores fijos, como la tierra).

Ahora bien, Justino tiene acceso a fondos prestables con un coste de oportunidad de i por unidad (en otras palabras, éste es el tipo de interés que puede percibir destinando estos fondos a otros fines o el tipo de interés que paga a los bancos por obtener fondos). Hemos representado en el mismo gráfico los costes totales de conceder diferentes présta-

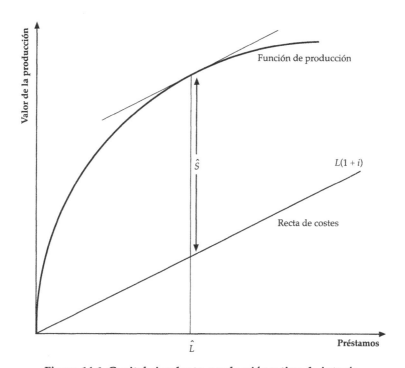

Figura 14.6. Capital circulante, producción y tipo de interés.

mos. En el caso de un préstamo de cuantía L, son simplemente $L(1 + i)$, exactamente igual que en el apartado anterior: en el gráfico, es la línea recta que parte del origen.

Imaginemos por un momento que Raúl puede conseguir estos préstamos al mismo tipo de interés o, en otras palabras, que Justino es dueño de la explotación agrícola de Raúl. En esta operación combinada, ¿cuál es el préstamo mejor? Es bastante fácil verlo: debe elegirse la cantidad de capital circulante que maximice el valor de la producción una vez descontado el coste del préstamo, lo que equivale a hallar el préstamo con el que es máxima la distancia vertical entre la función de producción y la recta de costes en la figura 14.6, que es el punto $\hat{L}$, en el que el producto marginal es exactamente igual a $1 + i$. Llamemos $\hat{S}$ al beneficio o excedente máximo generado por el negocio combinado (también se muestra en el gráfico).

Sin embargo, en realidad, Raúl no puede conseguir préstamos a este tipo de interés. A diferencia de Justino, es un pequeño agricultor y está sometido a las restricciones habituales de información y falta de garantía que ya hemos analizado detenidamente. Al mismo tiempo, aunque Justino tenga acceso a estas condiciones financieras, es un comerciante, no un agricultor. No obstante, el punto de referencia imaginario que hemos elaborado en el párrafo anterior es útil, porque nos dice algo sobre el excedente máximo que puede obtenerse. Ningún contrato de crédito puede generar un excedente mayor (ya que todos esos contratos pueden imitarse por medio de una operación combinada). Esta información será importante para describir el contrato de crédito óptimo.

Volviendo al modelo, imaginemos que en ausencia de préstamos de Justino, Raúl puede obtener algunos préstamos para adquirir capital circulante de otro prestamista y comercializar su producción a través de un comerciante. No será necesario analizar los detalles de esta opción, sólo el beneficio que puede obtener Raúl como consecuencia: llamémoslo A. Naturalmente, A es menor que $\hat{S}$, ya que las fuentes de crédito de Raúl no son tan buenas como las de Justino. Por lo tanto, A es una medida de la mejor alternativa de Raúl; Justino no puede obligar a Raúl a obtener un beneficio inferior a este nivel. Por lo tanto, la cantidad *máxima* que puede obtener Justino en sus tratos con Raúl es $\hat{S} - A$. ¿Puede Justino ofrecer un contrato que genere esta cantidad?

Justino puede ofrecer de una forma parecida a la del apartado anterior un contrato que prescriba *tanto* un tipo de interés *como* un precio al que comprará arroz a Raúl para comercializarlo. Podemos imaginar, pues, un contrato como un par de números (p^*, i^*), donde p^* es el precio de compra e i^* es el tipo de interés.[25] El contrato es un *contrato de crédito puro* si el precio ofrecido no es diferente del precio de mercado p (que, como recordará el lector, ya está definido una vez deducidos los costes de transporte y los beneficios normales del comerciante). De lo contrario, el contrato está interrelacionado, en el sentido de que las transacciones de crédito y de producción no pueden separarse.

---

[25] El lector atento se dará cuenta de que no permitimos que Justino especifique la cuantía del préstamo en el contrato. Ésta es elegida por Raúl. En la versión sencilla del modelo que presentamos aquí, esta restricción es importante (véase Ray y Sengupta [1989]), pero hay extensiones razonables de este modelo básico en las que nuestras observaciones son totalmente sólidas.

Consideremos ahora el caso de un contrato de crédito puro. Para que Justino gane dinero con ese contrato, el tipo de interés cobrado debe ser superior al coste de oportunidad *i*, mientras que al mismo tiempo Raúl no puede ganar menos de *A* (que es la opción alternativa). La figura 14.7 representa una situación de ese tipo. El tipo de interés es *i**, por lo que Raúl se enfrenta a un coste $L(1 + i^*)$ si acepta un préstamo de cuantía *L*. Estos datos dan lugar a una recta de costes más inclinada que la de la figura 14.6, pero también hemos trazado aquella línea por medio de puntos para poder hacer comparaciones. Ahora Raúl maximizará sus beneficios utilizando la nueva recta de costes y obtendrá unos beneficios máximos en el punto *L**, en el que el producto marginal es igual a $1 + i^*$. Es fácil ver que como el coste marginal es más alto que en la operación combinada imaginaria, la cuantía del préstamo elegida por Raúl debe ser *menor* que $\hat{L}$. Los beneficios de Raúl están representados por el segmento vertical *BC*, mientras que los rendimientos de Justino (una vez descontados los beneficios normales derivados del comercio) están representados por el segmento vertical *CD*. Naturalmente, *BC* + *CD* es el excedente *conjunto* generado por este contrato de crédito puro, que es simplemente la distancia vertical total entre la función de producción y la recta de coste de *oportunidad* $L(1 + i)$.

Obsérvese que este excedente debe ser inferior a $\hat{S}$, que por definición es la distancia vertical máxima entre la función de producción y la recta de coste de oportunidad.

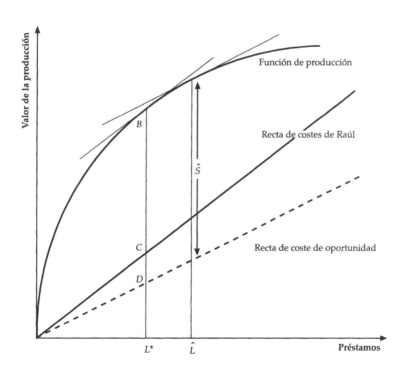

Figura 14.7. Un contrato de crédito puro.

Hemos mostrado, pues, que un contrato de crédito puro es ineficiente en el mismo sentido que en el apartado anterior: distorsiona la elección del préstamo de Raúl, pues lo aleja del punto maximizador del excedente. Este es el punto de partida de nuestra sospecha de que puede haber contratos mejores.[26]

¿Puede encontrar Justino un contrato mejor que un contrato de crédito puro? Sí. De hecho, hay un contrato con el que obtiene el máximo rendimiento posible $(\hat{S} - A)$. Se trata de un contrato interrelacionado. La idea de ese contrato es reducir *tanto* el coste marginal de producción de Raúl *como* el precio que percibe por su producción, pero reducirlos en la misma proporción de tal manera que no varíe el *cociente* entre el precio y el producto marginal en relación con $p/(1 + i)$. Este tipo de acción se parece a un impuesto sobre los beneficios de Raúl, que no es distorsionador en este caso. Raúl continuará eligiendo un préstamo de la misma cuantía $\hat{L}$ que en la operación combinada.

Para expresarlo en términos más formales, representemos por medio de $\hat{Q}$ el valor de la producción en la operación combinada (imaginaria). En ese caso,

$$\hat{S} = p\hat{Q} - (1 + i)\hat{L}.$$

Ahora establecemos un impuesto sobre los beneficios de t por euro en la operación conjunta y elegimos su valor de tal forma que $t\hat{S} = A$. Multiplicando por t los dos miembros de la ecuación anterior, tenemos que

$$t\hat{S} = pt\hat{Q} - (1 + i)t\hat{L}.$$

Definamos ahora un precio $\hat{p} \equiv pt$ y un tipo de interés $\hat{i}$ tal que $1 + \hat{i} = (1 + i)t$. Obsérvese que $\hat{p} < p$ e $\hat{i} < i$. Ofrezcamos a Raúl este par $(\hat{p}, \hat{i})$ como un contrato interrelacionado. En ese caso, por definición, es *como si* a Raúl se le hubiera ofrecido la operación combinada (al coste de oportunidad de los préstamos de Justino) y se hubieran gravado sus beneficios al tipo t. Ahora obsérvese que el impuesto sobre los beneficios no puede llevarle a elegir un préstamo distinto del nivel eficiente $\hat{L}$. Al fin y al cabo, si $\hat{L}$ fuera mejor en la operación combinada, debería seguir siéndolo también ahora: la maximización de los beneficios debe llevar a tomar la misma decisión que la maximización de t multiplicado por los beneficios.

Por lo tanto, con este contrato, Raúl obtiene A. Genera un excedente total de $\hat{S}$. Justino elige, pues, la diferencia: $\hat{S} - A$. No puede obtener mejores resultados. Hemos mostrado que un contrato interrelacionado es óptimo en estas circunstancias.

Obsérvese que el contrato interrelacionado implica *tanto* un precio de compra más bajo *como* un bajo tipo de interés sobre los préstamos. De hecho, ¡el tipo de interés cobrado es inferior al coste de oportunidad del prestamista!

---

[26] Sin embargo, se trata sólo de evidencia *prima facie*: hay muchas situaciones (como el modelo del principal y el agente que hemos estudiado en el capítulo 12) en las que es posible lograr la eficiencia total utilizando *cualquier* contrato. De hecho, esta observación explica la ineficiencia de los contratos de tierra y es la que motivó nuestro análisis de la reforma agraria. En las versiones más complicadas, pero realistas, del presente ejercicio en las que hay información imperfecta, también ocurriría lo mismo.

14.5 Políticas de crédito alternativas

Cada vez ha ido tomando más cuerpo la idea de que las grandes instituciones financieras, como los bancos comerciales, no bastan para satisfacer las necesidades de crédito rural. Como ya hemos señalado, la información microeconómica necesaria para realizar estas operaciones impide que estas grandes organizaciones cubran eficientemente el mercado.

Hay dos tipos de política para responder a esta observación. Una es reconocer explícitamente que los prestamistas informales se encuentran en condiciones mucho mejores que las instituciones para conceder préstamos a los pequeños prestatarios y para recuperarlos. Por lo tanto, la idea no es sustituir este tipo de préstamos sino *fomentarlo* concediendo más créditos formales a los agentes económicos que vayan a utilizar estos recursos en los mercados informales. El segundo enfoque consiste en idear organizaciones de crédito a escala microeconómica que aprovechen la información local de una manera innovadora. Analizamos las dos vías.

14.5.1 Relaciones verticales entre el sistema de crédito formal y el informal

Concesión de más créditos formales a los prestamistas informales

El préstamo formal de fondos a los mercados informales no es en absoluto un fenómeno nuevo. Los grandes terratenientes o los comerciantes se encuentran en condiciones mucho mejores para presentar una garantía: desde el punto de vista de los bancos, constituyen un buen riesgo crediticio. A continuación, estos fondos son utilizados por estos terratenientes aprovechando su ventaja de información en los mercados informales. Ya hemos visto pruebas de ello en Filipinas y Pakistán. La concesión de más préstamos del sector formal a estos agentes genera competencia entre ellos, lo que es de esperar que mejore las condiciones crediticias a las que se enfrentan las personas que se encuentran fuera del ámbito del sistema de crédito formal. También es posible conceder préstamos a cooperativas que se encuentran en mejores condiciones de prestar los fondos debido a los vínculos sociales o religiosos que existen entre sus miembros.

Podemos imaginar que esta política forja relaciones "verticales" entre el sistema de crédito informal y el formal en lugar de la política más tradicional de sustituir "horizontalmente" un sistema por otro.[27]

Relaciones verticales entre el sistema de crédito formal y el informal: Filipinas

El Gobierno filipino ha intentado por todos los medios integrar el sector informal en la estrategia general de desarrollo agrícola.[28] Ya se intentó en cierto sentido institucionalizar el sector informal en Filipinas en los años cincuenta con la creación de bancos rurales gestionados por familias. Los bancos rurales, pequeños por su base de capital y su modo de funcionamiento, se consi-

---

[27] Para algunos análisis de la opción "horizontal", véase, por ejemplo, Bell [1993] y Kochar [1991].
[28] Nos basamos en Floro y Ray [1997].

deraban entonces los baluartes de la concesión de crédito agrícola. Sin embargo, las cosas no eran tan sencillas. Von Pischke [1991] señala que estos banqueros rurales eran "destacados ciudadanos locales que solían dedicarse a prestar dinero. Al convertirse en banqueros rurales, podían obtener algún capital del Estado para complementar el suyo. Podían expandir sus operaciones de crédito solicitando depósitos". Pero en la práctica los bancos rurales no llegaban a la mayoría de los pequeños agricultores.

En los últimos años, se han concentrado más los esfuerzos en los prestamistas informales. El Gobierno ha adoptado diversos procedimientos para llegar indirectamente a los pequeños prestatarios rurales. La política de redescuento del banco central ha desempeñado un papel clave, junto con medidas fiscales que asignan recursos presupuestarios y préstamos externos a programas especiales de crédito. Estos programas implican el reforzamiento de los vínculos entre las instituciones financieras formales y los intermediarios informales, como los comerciantes.

Sin embargo, los comerciantes no constituyen el único tipo de intermediario informal. En 1987, el Land Bank de Filipinas lanzó un decidido programa de grandes préstamos a tipos de interés inferiores a los de mercado destinados a las cooperativas de crédito, en un intento de llegar a los pequeños agricultores (es decir, a los que tenían menos de 5 hectáreas). En 1991 y 1992, 500.000 y 700.000 familias, respectivamente, recibieron préstamos por un total de 270 y 320 millones de dólares. Estas cantidades se entregaron a las cooperativas (3.000 y 6.100 en 1991 y 1992, respectivamente).

Los programas patrocinados por el Estado se valen explícitamente de los prestamistas informales para encauzar los fondos del sector formal. En 1984, se lanzó un programa patrocinado por el Estado y destinado a conceder créditos al sector agrícola a unos tipos razonables valiéndose de los prestamistas informales como intermediarios. Este programa, llamado Programa Nacional de Productividad Agrícola comprendía doce programas relacionados con mercancías concretas encaminado a lograr la autosuficiencia en el terreno de la alimentación. Entre los prestamistas beneficiarios se encontraban los comerciantes, los molineros y los vendedores de factores. Los bancos comerciales y los bancos rurales participaron en el programa haciendo de intermediarios financieros entre el Estado y los prestamistas informales. El Estado también concedió préstamos directamente (a través de la Agencia Nacional de la Alimentación).

Dos programas especiales de financiación a bajo coste destinados principalmente a los proveedores de factores agrícolas son el Programa de Crédito para los Productos de los Plantadores y el Programa de Ayuda a los Usuarios Finales/Proveedores de Factores. En estos programas, los usuarios finales y los proveedores de factores reciben créditos a bajos tipos de interés con la condición de que concedan préstamos a los agricultores (en forma de créditos para la compra de fertilizantes y de pesticidas o de préstamos para cultivos comerciales).[29]

Los comerciantes y los molineros también se utilizaron como intermediarios en el Programa Intensificado de Producción de Arroz. El término "molineros-comerciantes" se refiere a los molineros-comerciantes acreditados por la Junta de Fondos de Garantía de Quedan que poseen servicios primarios como trilladoras, secadoras y molinos. Los agricultores se comprometen a suministrar a los molineros-comerciantes un determinado volumen de su producción a un precio de compra no inferior al precio de mantenimiento del Estado. Asimismo, los molineros-comerciantes tienen que llegar a un acuerdo sobre el "pago en especie" con la Agencia Nacional de Alimentación por el que entregan una cantidad de arroz molido equivalente al préstamo obtenido. Este

---

[29] Esguerra [1987] y Floro y Yotopoulos [1991] analizan esta cuestión más detalladamente.

"fomento de las relaciones entre los agentes aprovecha las ventajas de los dos sectores para complementar los recursos del sector informal" (Ghate [1992, pág. 867]).

La competencia "horizontal" del sector informal no parece que constituya, pues, una amenaza para las instituciones formales ni viceversa. La opinión de un alto responsable de uno de los mayores bancos comerciales de Filipinas [en una entrevista con María Floro (mayo de 1990)] es representativa del grupo dominante en el sector financiero formal: los banqueros comerciales. En su opinión, los prestamistas informales no son competidores de los bancos sino que complementan las operaciones de crédito del sector bancario. Según este responsable,

> Los prestamistas informales actúan en un segmento diferente del mercado. El mercado del banco se encuentra principalmente entre empresarios y comerciante que poseen, por lo general, garantías totales... En realidad, algunos de los prestamistas informales canalizan fondos bancarios. Así sucede en el caso de nuestros grandes clientes molineros y comerciantes de cereales que conceden créditos a los arroceros en el curso de sus operaciones ordinarias.

Al permitir a los comerciantes, a los proveedores de factores y a los molineros participar en el programa de préstamos, el Programa Nacional de Productividad Agrícola formalizó meramente lo que ya era habitual en el mercado de crédito informal: el uso de contratos que interconectan la concesión de crédito con transacciones concretas que se realizan en otros mercados.

Posibles efectos

¿Aumentan estos programas la competencia entre los prestamistas informales? No conozco ningún estudio empírico serio que haya abordado esta importante cuestión. El análisis teórico parece indicar, sin embargo, que la respuesta probablemente sea ambigua. He aquí tres razones.

Los costes de control. Es cierto que un aumento de la competencia *per se* tiende a reducir los tipos de interés en los mercados informales, pero hay que analizar sus efectos indirectos. Entre los más importantes se encuentran los costes fijos de los préstamos: los costes de administrarlos, de dar el visto bueno a los historiales crediticios y de seguir la pista al préstamo para asegurarse de que se devuelve. ¿Por qué hay que incurrir en estos costes? Como hemos visto, para convencerse de que el prestatario es un buen riesgo crediticio y de que devuelve el préstamo una vez obtenido.

Ahora bien, si se aumenta el crédito formal, es probable que aumente el número de prestamistas, lo cual aumenta las opciones de los prestatarios. Manteniéndose todo lo demás constante, eso eleva las probabilidades de que no se devuelvan los préstamos (ya que hay más fuentes para conseguir nuevos créditos). Para evitarlo, un prestamista tiene que dedicar más recursos a seguir la pista de su préstamo y también tiene que dedicar más tiempo y dinero a evaluar el historial crediticio de un prestatario. Si el mundo que describe Aleem es una buena descripción de la realidad —una descripción en la que los prestamistas en general ni ganan ni pierden debido a la competencia monopolística— el aumento de los costes administrativos *elevará* el tipo de interés de equilibrio de los préstamos. Por lo tanto, la intensificación de la competencia puede ser contraproducente desde el punto de vista de los prestatarios. Este tema ha sido analizado por Hoff y Stiglitz [1997].

La colusión. Puede ocurrir que los prestamistas pacten acuerdos colusivos, es decir, que acuerden implícita o explícitamente no invadir el territorio de los demás, dándose así mutuamente un monopolio local en su campo de influencia. Por ejemplo, dos comerciantes que trabajen en un pueblo o región pueden acordar dividir a los posibles prestatarios del pueblo en dos grupos, por ejemplo, según el tipo de producto que cultiven u otras características que hagan que cada grupo sea relativamente atractivo para uno de los comerciantes. *Ex post*, cada comerciante tendrá incentivos para invadir el territorio del otro (quizá ofreciendo un contrato de crédito algo mejor), pero la posibilidad de que estalle una "guerra de crédito" —una situación temporal o permanente en la que los comerciantes compiten ferozmente en castigo por la desviación inicial— frena estas invasiones. Este es el tipo de argumento propio de los juegos repetidos que aparece varias veces en este libro [véase el apéndice 1 (que se encuentra al final del libro) sobre la teoría de los juegos para una introducción al tema]. La colusión es un tipo de interacción que se mantiene gracias a la amenaza de volver a competir si se rompe el pacto.[30]

La probabilidad de que se llegue a un resultado de cooperación estratégicamente duradero depende, pues, (1) de los beneficios adicionales obtenidos inicialmente por ofrecer un precio inferior al del rival, (2) de la pérdida que se experimenta y que consiste en una reducción de los beneficios como consecuencia de la contrainvasión del comerciante rival y (3) del tiempo que transcurre entre que se detecta la invasión y se toma la represalia. La probabilidad de que la cooperación sea duradera es mayor si la ganancia que se obtiene inicialmente con la invasión es pequeña o si la pérdida que se experimenta como consecuencia de la contrainvasión es grande o si el periodo de tiempo que transcurre entre la invasión y la represalia es corto.

Ahora bien, la expansión del crédito del sector formal produce dos efectos contrarios: por una parte, tiende a intensificar la competencia, ya que ahora cada comerciante tiene un incentivo para ofrecer un precio inferior al de su rival. Por otra parte, tiende a reforzar las prácticas colusorias, al aumentar la gravedad de los castigos creíbles cuando uno de los comerciantes se desvía. El efecto neto depende de cuál de estas dos fuerzas domine.

Existen, en realidad, buenas razones para afirmar que la cooperación estratégica puede *mejorar*, de hecho, con la expansión del crédito. Por ejemplo, es más fácil detectar una invasión mayor del territorio rival. Por lo tanto, las ganancias derivadas de la invasión no aumentan tan deprisa como los posibles castigos, lo cual fomenta la cooperación estratégica. Esencialmente, el *cociente* entre los beneficios generados por la invasión y las pérdidas causadas por el castigo disminuye.

Otras variantes del modelo generan unos resultados parecidos. Consideremos, por ejemplo, una situación en la que el comerciante 1 se especializa en la transformación de un determinado cultivo *A*, mientras que el 2 se especializa en el *B*. Imaginemos un resultado colusivo por el que el comerciante 1 (respectivamente, 2) presta dinero a pequeños prestatarios especializados en la producción del cultivo *A* (respectivamente, el cultivo *B*).

---

[30] Una vez más, no existen pruebas contundentes de que los prestamistas se interrelacionen realmente de esta forma (y tampoco existen pruebas en contra), pero sí existen pruebas, desde luego, de que los comerciantes coluden en sus operaciones de comercialización: véase, por ejemplo, Umali [1990].

Ahora el comerciante 1, por ejemplo, ofrece un préstamo a un prestatario especializado en el cultivo *B* entendiendo que el agricultor dedicará parte de su tierra a la producción del cultivo *A*, que venderá entonces al comerciante. Supongamos que la función de producción del agricultor tiene rendimientos decrecientes en la producción de ambos cultivos (aunque en conjunto sea más adecuada para la producción del cultivo *B*). En ese caso, el resultado será una gran ganancia para el comerciante 1 si el grado de invasión es pequeño, pero la ganancia marginal será decreciente a medida que aumente el grado de intervención.

Aunque las ganancias derivadas de la desviación son pequeñas, la *pérdida* que puede imponerse tras una represalia al comerciante que se desvía puede ser considerablemente grande. Al modificar sus clientes el tipo de producción, el rival obtiene una ganancia marginal bastante pequeña pero positiva, pero el comerciante afectado negativamente experimenta grandes pérdidas marginales. En este caso, la expansión de las líneas de crédito a los comerciantes también provoca una disminución del cociente entre los beneficios generados por la invasión y las pérdidas causadas por la represalia, lo que aumenta las probabilidades de que se coluda.

Los ejemplos anteriores muestran cuán importante es comprender la naturaleza de la interacción entre prestamistas. La repercusión de cualquier política (de crédito) en el bienestar de los prestatarios depende fundamentalmente de los efectos que produzca en la competencia (o en la colusión). Floro y Ray [1997] presentan este argumento.

Diferencias de información. Bose [1997] analiza una tercera vía. Los prestamistas pueden tener información diferente sobre los prestatarios. Por ejemplo, el prestamista *A* puede ser capaz de distinguir fácilmente entre los riesgos crediticios buenos y los malos, mientras que el *B* no. En ese caso, el prestamista *A* acabará contaminando la reserva de prestatarios del prestamista *B*, ya que se llevará *todos* los prestatarios buenos. Naturalmente, si el *A* sólo puede conceder una cantidad máxima de crédito, no puede atraer a *todos* los prestatarios buenos. Por lo tanto, el prestamista *B* se enfrentará a una combinación de prestatarios. Esta podría ser aún suficientemente rentable para continuar concediendo préstamos. Ahora una expansión del crédito del sector formal permitirá al prestamista *A* quedarse con un número aún mayor de prestatarios buenos, lo que podría contaminar la reserva de prestatarios del prestamista *B* hasta el punto que ya no le resultara rentable conceder más préstamos. El aumento de las actividades de *A* puede ser contrarrestado con creces por el cese de las operaciones de crédito de *B*.

He aquí un ejemplo numérico para concretar el análisis. Supongamos que hay 100 prestatarios en la economía y que cada uno trata de pedir un préstamo de 1.000 euros. El coste de oportunidad de los fondos para cada prestamista es del 10% (supongamos que éste es el tipo de interés formal). Cada prestamista cobra un 50% por los préstamos informales.[31] Supongamos que cada uno puede prestar una cantidad limitada de fondos y re-

---

[31] Vamos a suponer para simplificar el análisis que el tipo de interés de los préstamos informales es fijo o que tiene, al menos, un tope. Podría ocurrir, por ejemplo, si ningún prestatario quisiera pedir préstamos (o pudiera o quisiera devolverlos) si el tipo de interés fuera superior al tope. Es fácil elaborar una variante con tipos de interés endógenos.

presentémosla por medio de x, que es el número total de prestatarios a los que puede prestar el prestamista a razón de 1.000 euros a cada uno.[32] La expansión del crédito del sector formal se recoge por medio de un aumento del valor de x.

Supongamos que 80 de los 100 prestatarios son "buenos" y los 20 restantes son "malos". Los buenos devolverán sus préstamos, es decir, devolverán 1.500 euros. Los malos no devolverán los suyos; no devolverán nada. El prestamista A puede averiguar cuáles son los buenos prestatarios, pero el prestamista B no.

Si la cantidad máxima que se puede prestar, x, es inferior a 80, el prestamista A utilizará todos sus recursos para prestar a los buenos prestatarios. Supongamos que ocurre así. En ese caso, el prestamista B se enfrenta a una población de $100 - x$, de los que $80 - x$ son buenos (ya que el prestamista A se ha quedado con x prestatarios buenos). Por lo tanto, el valor esperado de un préstamo viene dado por $(80 - x)/(100 - x)1.500$, que es la probabilidad de que se devuelvan los préstamos multiplicada por la cantidad total, más la probabilidad de impago multiplicada por cero. El prestamista B estará dispuesto, pues, a prestar en la medida en que

$$\frac{80 - x}{100 - x} 1.500 \geq 1.100,$$

donde el segundo miembro de esta desigualdad es el coste de oportunidad del prestamista. Esta desigualdad se satisfará en la medida en que x no sea superior a 25; de lo contrario, no se satisfará. Eso significa que si x se expande por medio de una política destinada a aumentar las líneas de crédito del sector formal, tanto el prestamista A como el B concederán más créditos, pero cuando x sea superior a 25, el prestamista B interrumpirá sus actividades. Por lo tanto, en el entorno de esa cifra, la expansión del sector formal provocará una disminución de los préstamos del sector informal.

Balance final

Eso no quiere decir que una expansión del crédito del sector formal esté abocada a fracasar, pero puede no ser cierta automáticamente la creencia simplista de que una expansión reducirá invariablemente los tipos de interés que tienen que pagar los pequeños prestatarios. En la valoración empírica de esos programas deben tenerse presentes estas posibles dificultades.

14.5.2 Microfinanzas

El Grameen Bank

Los préstamos institucionales también pueden reproducir fielmente los modos de los préstamos informales y explotar algunas de sus características. Por ejemplo, es posible idear un programa innovador de crédito rural en una zona cerealista en el que una insti-

---

[32] Por lo tanto, el valor de la cantidad máxima de crédito que puede concederse es $1.000x$.

tución formal actúe tanto de prestamista como de molinero. La actividad combinada permite a la institución formal aceptar la devolución de los préstamos en forma de cereal. Reproduciendo las actividades de un prestamista-comerciante, la institución formal puede realizar, de hecho, actividades de crédito que lleguen a los pequeños prestamistas y sean rentables al mismo tiempo.

Aunque resulte difícil poner en práctica esas instituciones mixtas, una institución de crédito construida inteligentemente puede encontrar la forma de utilizar la base de información de una comunidad. Un ejemplo es el Grameen Bank de Bangladesh.[33]

En Bangladesh, el crédito rural subvencionado que ofrecían los bancos del Estado constituía la base de su política de crédito rural, como en otros muchos países en vías de desarrollo. No daba resultado. Las tasas de devolución eran bajas y los préstamos (o la condonación de los préstamos pasados) solían concederse por razones políticas, lo que minaba la propia política crediticia.

El Grameen Bank, puesto en marcha a mediados de los años ochenta por Mohammed Yunus, presta a *grupos* de prestatarios muy pobres en lugar de prestar a individuos. El grupo representativo está formado por cinco prestatarios, cada uno de los cuales recibe un préstamo de forma rotatoria.[34] El préstamo medio gira en torno a 100 dólares. No se exige ninguna garantía y el tipo de interés nominal es de alrededor del 20% (un 12% aproximadamente en términos reales). Más del 90% de los prestatarios son mujeres. Las tasas medias de devolución superan el 97% (Morduch [1997], Christen, Rhyne y Vogel [1994]).

Los préstamos a grupos y el uso de la información

La característica fundamental de la política de préstamos del Grameen Bank es que en caso de impago, *ningún miembro del grupo puede volver a pedir un préstamo*. Eso significa que el grupo ha de formarse con mucho cuidado para eliminar a los malos prestatarios que pueden poner en peligro la solvencia del conjunto del grupo. Obsérvese cómo utiliza la información el banco, aun cuando no tenga acceso a ella *a priori*. La cuestión es que los *propios* prestatarios tienen un incentivo para utilizar su información para formar los grupos, lo que provoca una especie de *autoselección* que ningún sistema bancario que conceda préstamos a individuos puede reproducir.[35] Examinemos algunas de sus consecuencias concretas.

---

[33] Muchas de las observaciones de este apartado se basan en Morduch [1997].

[34] En este sentido, el Grameen Bank también se basa en la idea de las Asociaciones Rotatorias de Ahorro y Crédito (ROSCAS) (véase Besley, Coate y Loury [1993]), así como en las cooperativas de crédito, en las que se inspira indirectamente (véase Woolcock [1996]).

[35] Debe añadirse que el Grameen Bank es tanto un grupo social como un banco. Obliga a los prestatarios a observar ciertas normas de conducta: se comprometen a tener una familia pequeña, a hervir su agua, reparar y mantener su vivienda, a no entregar o recibir dotes, etc. Estos compromisos sociales hacen que el Grameen Bank sea muy diferente de una institución financiera ordinaria y pueden producir incluso efectos-difusión en la devolución de los préstamos (como ocurre con las cooperativas de crédito en Filipinas formadas a partir de una comunidad religiosa, en las que entre las oraciones del domingo se encuentra la promesa de devolver los préstamos a la cooperativa).

Acoplamientos positivos. La autoselección observada normalmente adopta la forma de acoplamientos positivos (positive assortative matching) (Becker [1981]), que agrupan a gente con riesgos crediticios buenos. Por cierto, tanto los riesgos malos como los buenos quieren por igual asociarse con los riesgos buenos, pero si éstos pueden identificar a otros riesgos buenos, formarán un grupo con ellos. Por lo tanto, la formación del grupo tiene la propiedad de que puede apartar del mercado a los tipos de más riesgo, ya que algunos de los costes del riesgo que entrañan son incurridos por otros prestatarios y no sólo por el banco. Como hemos visto antes en este capítulo, la concesión de préstamos a individuos produce exactamente el efecto contrario: en presencia de responsabilidad limitada, los tipos de más riesgo pujan más que los tipos seguros (ya que los costes del fracaso de sus proyectos son incurridos por el banco). Ghatak [1996] y van Tassell [1997] desarrollan este argumento (véanse también los ejercicios de este capítulo).

Supervisión mutua. Hasta ahora hemos supuesto que los prestatarios son *intrínsecamente* o bien seguros o bien de alto riesgo. Este supuesto es válido en muchas situaciones: los miembros de un grupo pueden no ser capaces de *controlar* lo que hacen los demás con su dinero, aunque sean capaces de predecirlo (por ejemplo, porque los conocen personalmente). En otras situaciones, los miembros del grupo pueden controlar la elección de los proyectos individuales y de influir en ella. En ese caso, el grupo querrá que estos proyectos sean seguros, en relación con el nivel de seguridad que elegirían como prestatarios individuales.

Para verlo obsérvese, una vez más, que los préstamos individuales en presencia de responsabilidad limitada llevan a asumir excesivos riesgos, ya que el prestatario no internaliza totalmente los costes del fracaso del proyecto, pero cuando los prestatarios se unen y forman grupos, una parte mayor de estos costes recae en los demás miembros, los cuales se presionan mutuamente para reducir el nivel de riesgo. Por lo tanto, los préstamos concedidos a grupos producen dos efectos que van en sentido contrario. En primer lugar, en relación con los préstamos individuales, *aumentan* el riesgo que asume cualquier prestatario por un grado *dado* de riesgo de los proyectos: se trata de un coste. En segundo lugar, el grupo presiona a sus miembros con el fin de reducir el grado de riesgo de los proyectos: se trata de una ganancia. ¿Puede ser la ganancia superior a la pérdida y dar lugar a una institución mejor en conjunto? Stiglitz [1990] sostiene que así es, en algunas condiciones.

Posibles inconvenientes. La concesión de préstamos a un grupo no carece de inconvenientes. Tal vez el más grave sea la posibilidad de que un miembro del grupo se encuentre con verdaderas dificultades económicas y no pueda devolver el préstamo. En ese caso, es una estrategia dominante para los demás miembros no devolver tampoco sus préstamos pendientes, ya que las dificultades de uno de los miembros acaba *de todas formas* con la solvencia crediticia del grupo (Besley y Coate [1995]). El Grameen Bank evita este problema al prestar *de forma rotatoria* a los miembros del grupo, minimizando así el contagio del impago de uno de ellos.[36]

---

[36] Los préstamos rotatorios también minimizan la posibilidad de que se produzca un fallo de coordinación, situación en la que todos los miembros del grupo son solventes, pero cada uno se declara insolven-

Los efectos del control de los miembros del grupo también pueden ser contraproducentes, es decir, puede haber excesivas presiones para invertir en proyectos demasiado seguros que no son socialmente óptimos desde el punto de vista de la rentabilidad media. Por ejemplo, para un grupo una pérdida potencial son a la vez los costes del fracaso de un proyecto (que también son una pérdida social), *así como* el coste de la imposibilidad de obtener créditos en el futuro. Este último coste es inevitable si debe utilizarse la amenaza de no conceder más préstamos para evitar el impago voluntario o estratégico, pero eso introduce una diferencia entre el cálculo del coste privado del grupo y la verdadera pérdida social del fracaso del proyecto (que, por lo tanto, es menor).[37] Así pues, un grupo tenderá en alguna medida a ser *excesivamente conservador* en su elección de los proyectos (Banerjee, Besley y Guinanne [1992] siguen una línea de razonamiento parecida en su estudio de las cooperativas de crédito alemanas del siglo XIX).

Por último, los sistemas basados en grupos pueden carecer de flexibilidad. En un entorno de rápidos cambios puede ocurrir que a algunos miembros del grupo les vaya mejor que a otros. En ese caso, el miembro al que le va peor frena al grupo en su conjunto (Madajewicz [1996]; Woolcock [1996]).

Viabilidad y resultados

Viabilidad. El Grameen Bank presta a los pobres. El tipo de interés que puede cobrar sin afectar gravemente a la capacidad de devolución es limitado y los préstamos son de pequeña cuantía. Eso significa que cada dólar que se presta tiene un elevado coste administrativo fijo. Conceder un préstamo, seguirle la pista y conseguir que se devuelva tiene costes y estos costes son costes fijos *por prestatario*, por lo que los préstamos de pequeña cuantía elevan estos costes. Por otra parte, como ya hemos visto, el Grameen Bank también presta varios servicios sociales, y a pesar de la extraordinaria dedicación de su personal, éstos no son gratuitos.

Grameen ha funcionado, pues, gracias a importantes subvenciones, tanto de donantes extranjeros como del banco central de Bangladesh. En el periodo 1991-92, las subvenciones representaron alrededor de veintidós centavos por cada dólar prestado. Según los cálculos realizados por Morduch [1997] sobre el periodo 1987-94, los tipos de interés anuales cobrados por el Grameen Bank iban desde el 12 hasta el 16,6%, pero tendría que haber cobrado a los prestatarios entre el 18 y el 22% para cubrir los costes de funcionamiento sin ninguna ayuda directa. Además, también se han dado subvenciones para financiar los costes de capital, en forma de unos tipos de interés inferiores a los de merca-

---

te en la creencia de que los demás harán lo mismo. La posibilidad de que se produzca un fallo de coordinación probablemente es reducida en los grupos pequeños en los que la comunicación es fácil, pero en los grupos mayores, como las cooperativas, puede provocar crisis debido a que se cumple esa expectativa (Huppi y Feder [1990]).

[37] Hemos sido un poco displicentes con este argumento. Según el argumento convencional de la responsabilidad limitada, los costes directos que tiene para el grupo el fracaso de un proyecto normalmente son menores que los costes sociales (ya que el banco asume algunos de los costes). Ahora al añadir el coste de la exclusión, significa que la comparación neta es ambigua, por lo que el resultado no tiene por qué ser un excesivo conservadurismo.

do por los préstamos que se conceden *a* Grameen, y éstas son más importantes que las ayudas directas. Para cubrir *estas* subvenciones, Morduch estima que los tipos de interés tendrían que subir a 32-45%.[38]

Resultados. ¿Cómo ha afectado el Grameen Bank a la vida de la gente? Esta pregunta equivale a la pregunta empírica siguiente: si *no hubiera existido* el programa, ¿hasta qué punto habría sido peor el bienestar de los prestatarios? Esta pregunta es muy difícil de responder, ¡debido precisamente a que el Grameen Bank ha sido capaz de identificar a los buenos prestatarios! En otras palabras, no basta con examinar la renta de un hogar prestatario en relación con la de los hogares no prestatarios, ni siquiera después de tener en cuenta las variables observables, como la edad y el nivel de estudios, que (los observadores estadísticos) podemos medir. La razón estriba en que no podemos observar algunas características, como el empuje, la creatividad, la inventiva o la iniciativa empresarial, características que utilizan los propios prestatarios cuando forman grupos. Es posible, pues, que sólo hayan tenido acceso al Grameen Bank los prestatarios más "capacitados", pero ¡la renta de esos prestatarios habría sido relativamente alta incluso aunque no hubiera existido el Grameen Bank! Se deduce, pues, que una regresión destinada a recoger la repercusión del crédito *sobreestimará* el efecto positivo del programa.

Este tipo de sesgo de selección también puede ir en sentido contrario. El Grameen Bank no sólo busca prestatarios buenos sino también malos: en particular, esos prestatarios pueden ser malos por razones que no pueden observarse y que no son recogidas por las características que podemos medir. En este caso, una regresión de corte transversal *subestimará* el efecto del Grameen Bank, ya que la renta de los beneficiarios del programa será, en promedio, más baja (al menos antes del programa). Eso se debe a que la "inclusión en el programa" no es aleatoria, y éste es un problema común a la hora de evaluar cualquier programa que vaya destinado a los desfavorecidos, como la creación de servicios sanitarios en zonas en las que existe un elevado grado de desnutrición y enfermedades o los servicios de capacitación agraria que se crean en zonas de bajos conocimientos o los programas de planificación familiar en las zonas de elevada fecundidad.

Una manera de soslayar este problema es encontrar una *variable* identificativa o *instrumental*: una variable que afecte a la participación en el programa pero no a los resultados de la participación. Es difícil encontrarlas en general. Las variables correlacionadas con la participación normalmente también afectan a la renta, lo que resucita el espectro del sesgo de selección.[39]

---

[38] Estos cálculos se basan en el supuesto de que las tasas de impago no varían cuando se sube el tipo de interés. Si se permite esta posibilidad, los tipos de interés son evidentemente aún más altos.

[39] McKernan [1996] sugiere el interesante uso como instrumento del número de familiares terratenientes de los posibles prestatarios. Se basa en la idea de que este número afectará a la participación en el programa: las probabilidades de que sufra restricciones crediticias una persona que tenga más familiares terratenientes son menores. Naturalmente, la existencia de esos familiares también podría influir en la renta. Por otra parte, algunas variables como éstas apenas influyen en las tasas de participación. Pitt y Khandker [1995] adoptan un enfoque distinto para soslayar el problema de la colocación en el programa. En la mayoría de los programas de microfinanciación hay que reunir una serie de condiciones para participar en ellos. En Bangladesh, sólo pueden participar los hogares que tienen menos de medio acre de tierra. Por lo tanto, los hogares que no cumplen esta condición pueden utilizarse para analizar los efectos

Una alternativa que puede ser mejor es realizar entrevistas a las mismas personas antes y después de su participación en el programa. De esa forma se evita el problema de los cambios en las características que no pueden observarse. Naturalmente, puede haber variaciones a lo largo del *tiempo* que no puedan observarse y que no tengan nada que ver con el programa, como una mejora económica de la sociedad en su conjunto. Este problema puede resolverse si *también* hay datos de grupos de personas de la misma localidad que no participaron en el programa. Desgraciadamente, pocos programas de microfinanciación tienen datos *tanto* de los resultados anteriores y posteriores a la participación *como* de algún "grupo de control" que no participó.[40]

Una vez controlados estos efectos de la mejor manera posible, parece que el efecto del Grameen Bank es de unos diecisiete centavos por dólar (Pitt y Khandker [1995]), es decir, cada dólar prestado sirve para aumentar el gasto anual del hogar alrededor de diecisiete centavos. Obsérvese que esta cifra es inferior a los veintidós centavos por dólar de la subvención, por lo que cabría concluir que el programa no merece la pena. Sin embargo, para extraer esa conclusión tendríamos que prescindir del hecho de que Grameen es una organización que se *propone ayudar a un determinado grupo* tanto más que una organización destinada a realizar transferencias: parece que el dinero llega a los que realmente están necesitados y son emprendedores, y eso no se podría haber conseguido por medio de transferencias indiscriminadas de dinero. Podemos interpretar que la diferencia de cinco centavos es el coste de destinar el programa a un grupo específico y ¿quién va a decir que este dinero no está bien gastado?

Además, el efecto de los diecisiete centavos no incluye los ingresos adicionales que se ahorran (obsérvese que las cantidades se refieren al *gasto* de los hogares, no a su renta) ni el valor de la educación social que proporciona el Grameen Bank. No incluye la aceleración a largo plazo de los ingresos que ha permitido y no recoge el efecto-difusión que puede haber producido en los hogares que no piden préstamos, aunque éste puede ser tanto negativo como positivo. Es, pues, necesario investigar más el éxito del Grameen Bank para realizar una evaluación definitiva.

Otras instituciones de microfinanciación

El ejemplo del Grameen Bank dio origen a otros muchos programas de microfinanciación. Morduch [1997] ha elaborado una lista de los numerosos países que han adoptado programas de financiación basados en el modelo Grameen: entre ellos se encuentran algunos de Latinoamérica, África, Asia y Estados Unidos. Algunos han tenido más éxito que el Grameen si nos regimos por los estrictos criterios de la viabilidad económica. Por ejemplo, el BancoSol de Bolivia presta a grupos en lugar de a individuos, exactamente

---

que produce pertenecer al pueblo. Ahora las diferencias *adicionales* entre los participantes del pueblo pueden atribuirse al programa de microfinanciación. La imposibilidad de observar las características de los prestatarios no es un problema en este caso, ya que los autores centran la atención en los efectos globales del programa.

[40] Para algunas evaluaciones de los programas de microfinanciación que analizan la situación de los beneficiarios antes y después de su participación, véase, por ejemplo, Churchill [1995] y Mosley [1996].

igual que el Grameen Bank, pero los grupos son significativamente más ricos que la clientela del Grameen. Por lo tanto, los préstamos medios son mayores, por lo que también son más altos los tipos de interés, lo que permite a BancoSol obtener un beneficio. El Bank Rakyat Indonesia (BRI) presta a individuos y pide una garantía. Una vez más, estamos hablando de una clientela cuyas características son muy diferentes de las de Bangladesh. El Grameen Bank continúa siendo, pues, un modelo de conducta por dos razones: por ser pionero e innovador en la concesión de pequeños préstamos y porque ha llegado a personas muy pobres. Este último objetivo ha reducido, como es lógico, su viabilidad estrictamente desde el punto de vista del beneficio económico, pero ¿cómo valorar su efecto social global? ¿Se valora de acuerdo con los criterios expuestos en el último apartado o también teniendo en cuenta que muchos programas actuales de microfinanciación deben su existencia al ejemplo del Grameen Bank?

14.6 Resumen

Hemos estudiado las principales características de los mercados de crédito informales. Normalmente se pide un crédito para financiar la producción ya en marcha (*capital circulante*) o para financiar un déficit de consumo (*crédito para consumo*). Se puede pedir un crédito para financiar un nuevo proyecto, como los gastos generales que hay que realizar para cambiar de cultivo (*capital fijo*).

Los mercados de crédito se caracterizan por plantear dos problemas fundamentales: el problema de la "incapacidad para devolver el préstamo" (*impago involuntario*) y el problema de la "negativa a devolverlo" (*impago estratégico*). Estos dos problemas son el resultado, a su vez, de la información imperfecta. Por ejemplo, si no es posible controlar el destino de un préstamo, puede destinarse al consumo o a realizar un proyecto excesivamente arriesgado, lo que provoca un impago involuntario. El temor a que eso ocurra puede impedir la realización de una transacción de crédito que sería rentable. Asimismo, la ausencia de un sistema jurídico para obligar a realizar las transacciones de crédito y la posible ausencia de un flujo de información sobre los prestatarios que no devuelven los préstamos pueden agravar el problema del impago estratégico.

Hemos distinguido entre los *prestamistas formales* o institucionales (el Estado o los bancos comerciales, las agencias de crédito, etc.) y los *prestamistas informales* (los prestamistas de los pueblos, los terratenientes, los comerciantes y los vendedores). Hay dos razones por las que los prestamistas formales se encuentran normalmente en desventaja en relación con los informales: (1) carecen de información sobre las características, el historial o las actividades actuales de sus clientes y (2) no pueden aceptar como garantía nada que no sea dinero como, por ejemplo, trabajo o producción. Un ejemplo del problema de información es el caso de *responsabilidad limitada*, en el que el prestatario devuelve el préstamo si tiene éxito, pero, si no lo tiene, sus recursos le impiden devolverlo totalmente. En esas situaciones, un préstamo que no es posible controlar debidamente puede utilizarse para realizar actividades excesivamente arriesgadas, ya que el prestatario no internaliza el riesgo de que las cosas salgan mal, que es asumido por el banco (debido a la responsabilidad limitada).

A continuación hemos pasado a analizar los mercados informales. Algunas de sus características son (1) la *limitación de su información* (que plantea problemas de devolución de los préstamos), (2) la *segmentación* (parece que los prestamistas negocian con grupos delimitados de prestatarios), (3) la *interrelación* (los prestatarios y los prestamistas completan simultáneamente varios acuerdos, al menos, en otro mercado, como el de tierra o el de producción), (4) las *diferencias de tipos de interés* entre los tipos de prestatarios, los fines de los préstamos o las dimensiones espaciales, (5) el *racionamiento del crédito* (puede ocurrir que un prestatario quiera pedir un préstamo mayor al tipo de interés acordado en la transacción, pero no se le permita) y (6) la *exclusividad* (un prestatario normalmente negocia con un solo prestamista).

Hemos analizado algunas teorías que aportan luz sobre algunas de estas características. Entre las teorías que explican los elevados tipos de interés se encuentran las que se basan en el concepto de *riesgo del prestamista* y los atribuyen a las primas de riesgo, así como las que consideran que el crédito es una excusa para transferir una garantía (como tierra) del prestatario al prestamista. Hemos prestado especial atención al impago: en particular, hemos afirmado que la posibilidad de que el prestatario no devuelva el préstamo limita la concesión de préstamos para la adquisición de capital fijo que reduce la dependencia del prestatario de futuros créditos y que el impago estratégico puede llevar a racionar el crédito. El racionamiento del crédito también puede deberse a la información asimétrica: los tipos de interés no pueden ser demasiado altos debido al temor a atraer solamente a prestatarios de alto riesgo que no internalizan el riesgo de que las cosas vayan mal. Hemos estudiado detalladamente la relación entre el impago y el flujo de información: las sociedades en las que hay mucha movilidad pueden perder información, lo que permite a un prestatario moroso conseguir préstamos más fácilmente en otro lugar y, por lo tanto, reduce el mercado de crédito informal, ya que los prestamistas se vuelven más reacios a ofrecer préstamos.

A continuación hemos pasado a analizar las *interrelaciones*: la vinculación de una transacción de crédito a la realización de transacciones en algún otro mercado, como el arrendamiento de tierra o la compraventa de cereales. Las interrelaciones pueden servir para cobrar intereses de forma oculta porque la ley o las costumbres prohiben cobrarlos explícitamente. Los contratos interrelacionados pueden servir para reducir el coste que tiene para el prestamista la adquisición de información sobre el prestatario o el seguimiento o control de un préstamo. Un contrato interrelacionado puede servir para reducir el impago estratégico (por ejemplo, un terrateniente puede encontrarse en una buena posición para prestar a su arrendatario porque puede recurrir a la amenaza adicional de rescindir el contrato de arrendamiento si no devuelve el préstamo). Por último, las interrelaciones pueden servir para mantener el precio relativo "correcto" en un conjunto de transacciones, lo que minimiza las distorsiones. Por ejemplo, un elevado tipo de interés puede disuadir de pedir un préstamo para la producción, pero un tipo de interés subvencionado *y* un bajo precio de compra del producto pueden mantener el incentivo para solicitar préstamos y permitir al mismo tiempo que el comerciante-prestamista adquiera un excedente a través del precio de compra más bajo.

Por último, hemos analizado algunas cuestiones que plantea la política del crédito. Ante la dificultad de llegar a los pequeños prestatarios por medio del crédito del sector formal, el Estado puede expandir el crédito concedido a los comerciantes y a los terratenientes con la esperanza de que éstos pasen estos recursos a los pequeños prestatarios y se vean obligados, como consecuencia del aumento de la competencia, a ofrecer mejores condiciones. Hemos evaluado este argumento y hemos observado que hay algunas razones teóricas para sospechar de que esta conclusión sea precipitada. Los costes de administración y control de los préstamos pueden aumentar conforme es mayor el número de prestamistas (ya que los prestatarios tienen más facilidades para no devolver los préstamos existentes), lo cual podría *elevar* los tipos de interés en lugar de bajarlos. El aumento del crédito del sector formal puede hacer que resulte más fácil para los prestamistas informales coludir (ya que aumenta su capacidad para entrar en una guerra de precios si alguno se desvía del acuerdo de colusión estratégica). Por otra parte, un aumento de los préstamos concedidos a los prestamistas que pueden seleccionar fácilmente a los buenos prestatarios puede "contaminar" fácilmente la reserva de prestatarios a la que pueden acceder otros prestamistas y hacer que éstos cesen en sus actividades.

Otra política consiste en tratar de utilizar la información que poseen las comunidades locales de una manera innovadora. El principal ejemplo de concesión de pequeños préstamos o *microfinanciación* es el Grameen Bank de Bangladesh. Este banco no presta a personas sino a grupos. Deniega la concesión de préstamos a todo el grupo en el futuro si alguno de sus miembros incumple. En esas circunstancias, para formar los grupos se utiliza la información local (desconocida para el banco, pero accesible a los posibles prestatarios). Los aspirantes a entrar en un grupo que sean malos riesgos crediticios serán excluidos, por lo que la selección de las personas a las que se pretende beneficiar será automáticamente mejor. Por otra parte, los prestatarios tendrán incentivos para instarse mutuamente a realizar proyectos más seguros (ya que ahora asumen una parte mayor del riesgo de que las cosas vayan mal debido a la amenaza de no poder volver a pedir préstamos en el futuro). También hemos analizado estos y otros posibles inconvenientes. Por último, hemos evaluado la viabilidad financiera y los resultados del Grameen Bank.

Ejercicios

■ (1) Explique verbalmente el concepto de *prima de riesgo*. Este ejemplo le ayudará a comprender cómo puede calcularse ésta. Suponga en cada uno de los casos (a)-(d) que siempre tiene la opción de tener dinero adicional en el banco a un tipo de interés del 10%, sin temor a perder este dinero. Calcule en cada caso el tipo de interés mínimo y, por lo tanto, la prima de riesgo, al que prestaría 1.000 euros en el mercado informal.

(a) El préstamo se devolverá con intereses con una probabilidad de 1/2 y no se devolverá con una probabilidad de 1/2.

(b) El préstamo se devolverá con intereses con una probabilidad de 1/2 y sólo se devolverá el principal con una probabilidad de 1/2.

(c) El préstamo se devolverá con intereses con una probabilidad de 1/3, sólo se devolverá el principal con una probabilidad de 1/3 y no se devolverá el préstamo con una probabilidad de 1/3.

(d) Exactamente igual que en el caso (a), con la salvedad de que si el préstamo no se devuelve, hay una probabilidad de 1/2 de recuperar activos del prestatario por valor de 500 euros.

■ (2) Si el coste del impago varía de unas personas a otras, de tal manera que para cada persona existe una cantidad de devolución a partir de la cual la carga es tan grande que siempre querrán incumplir, explique por qué ningún prestamista concederá nunca préstamos superiores a una determinada cuantía, incluso aunque el tipo de interés tenga unas primas de riesgo muy altas. Explique su respuesta gráficamente.

He aquí un caso especial que se basa en la pregunta general anterior. El cuadro adjunto muestra los riesgos de impago correspondientes a préstamos de distinta cuantía de un mercado de crédito informal.

Préstamo máximo (Dólares)	Préstamos sin impago (%)
50-99	5
100-149	10
150-199	20
200-249	25
250-300	30
> 300	50

Suponga que el tipo de interés del sector informal es del 18% anual y que el del sector formal (sin impago) es del 10% anual. Calcule el préstamo máximo que se ofrecerá en el mercado de crédito informal. ¿Cuál será el tipo de interés mínimo al que se ofrecerán los préstamos de 250-300 euros? Este ejemplo es más especial que la pregunta general del primer párrafo, ya que las tasas de impago también pueden depender del tipo de interés cobrado, lo cual no se tiene en cuenta en el ejemplo. ¿Cómo trataría de modificar el ejemplo para que encajara en el caso más general?

■ (3) Un *amante del riesgo* es una persona que entre una cantidad fija de dinero y una lotería con un valor esperado igual, prefiere ésta última. Muestre que en presencia de responsabilidad limitada, un prestatario neutral al riesgo o incluso averso al riesgo puede comportarse *como si* fuera un amante del riesgo cuando examina los proyectos en los que le gustaría invertir. Explique por qué esta característica (de la responsabilidad limitada) crea una diferencia entre los proyectos que el prestamista considera rentables y los que el prestatario considera rentables.

■ (4) Reproduzca cuidadosamente el ejemplo del terrateniente que presta a un trabajador, en el que éste devuelve el préstamo trabajando a un precio más bajo y pagando intereses. Demuestre que el préstamo se concederá al coste de oportunidad del prestamista, mientras que todos los intereses se cobrarán pagando un precio más bajo por el trabajo.

■ (5) Reproduzca cuidadosamente el ejemplo del comerciante que presta a un agricultor, en el que éste puede ser obligado a devolver el préstamo vendiendo su producto al comerciante a un precio más bajo (y pagando intereses directamente). Demuestre que el préstamo se concederá a un tipo de interés *inferior* al coste de oportunidad que tienen los fondos para el comerciante y que el comerciante obtiene todos los beneficios comprando el producto a un precio más bajo.

■ (6) He aquí otra manera de analizar la interrelación de un comerciante y un agricultor en la que el primero concede un crédito al segundo y le compra la producción. Recuérdese que el prestatario-agricultor maximiza *su* beneficio. Obsérvese que (i) el ingreso marginal es igual al precio multiplicado por el producto marginal de 1 euro adicional de préstamo y que (b) el coste marginal es igual a 1 euro más el tipo de interés de 1 euro.

(a) Demuestre que si PM es el producto marginal, p = precio e i es el tipo de interés, $PM = (1 + i)/p$.

(b) Hemos afirmado que las condiciones contractuales óptimas no deben distorsionar la cuantía del préstamo. Demuestre que si p^* es el precio contratado por el comerciante e i^* es el tipo de interés que cobra,

$$\frac{1 + i}{p} = \frac{1 + i^*}{p^*}.$$

■ (7) ¿Es de esperar que exista una discrepancia sistemática entre el tipo de interés de los préstamos que se conceden para producción y el de los que se conceden para consumo? Analice algunas de las causas de esta posible discrepancia.

■ (8) Un aumento del crédito de las instituciones financieras formales a los grandes prestamistas informales aumentará la competencia entre éstos y mejorará las condiciones de los créditos concedidos a los pequeños prestamistas que no tienen acceso al crédito formal. Analice esta afirmación.

■ (9) Considere el caso de un prestamista monopolista que presta repetidamente a las mismas personas. Los préstamos son informales y no están respaldados por contratos escritos. El prestamista no puede recuperar un préstamo si el prestatario decide no devolverlo. Sin embargo, amenaza con no conceder más créditos en el futuro al prestatario que no devuelva un préstamo. Los prestatarios descuentan las ganancias del siguiente periodo utilizando un factor de descuento de 0,5 (véase el apéndice 1 sobre la teoría de los juegos que se encuentra al final del libro para un análisis de este concepto).

Los prestatarios utilizan el préstamo para cultivar la tierra. Pueden cultivarla adoptando una de las dos técnicas siguientes. La primera exige un capital circulante inicial de 1.000 euros y genera una producción neta por valor de 300. La segunda exige 500 de capital circulante y genera una producción neta de 1.000. Halle la cuantía del préstamo que concederá el prestamista a cada prestatario en cada periodo para maximizar sus propios beneficios. ¿A cuánto asciende la devolución prevista y cuál es el tipo de interés implícito? ¿Cuáles son los beneficios? ¿Cuánto gana el prestatario en cada periodo con el trato?

Introduzca un nuevo factor. Suponga que el prestamista puede quedarse en caso de impago con una parte de los activos del prestatario (como joyas) entregados en garantía. El valor actual del activo para el prestatario es de 300 euros. Calcule de nuevo el préstamo óptimo, la cantidad que se devolverá, los intereses implícitos y los beneficios en este caso. Compare los dos casos y resuma la influencia de la garantía en los demás términos del préstamo. ¿Aumenta o reduce el bienestar del prestatario y el del prestamista?

■ (10) AutoAyuda es una nueva cooperativa de crédito financiada en parte por bancos oficiales. Sus miembros pueden depositar sus ahorros en la cooperativa y pueden recurrir a ella para pedir préstamos si lo necesitan. Si un prestatario no devuelve un préstamo concedido por AutoAyuda, es castigado (lo que equivale a una pérdida de valor monetario F) y no puede volver a pedir préstamos a AutoAyuda. El valor (para el prestatario) de estos futuros préstamos es una cifra S. Sin embargo, no es posible saber si AutoAyuda sobrevivirá en el futuro; represente la probabilidad de que sobreviva por medio de p.

(a) Si cada miembro es neutral hacia el riesgo, ¿cuál es el valor *esperado* de pedir préstamos a AutoAyuda en el futuro?

(b) Si un miembro tiene un préstamo pendiente de L y tiene que devolverlo (junto con intereses al tipo r), indique el valor de la ganancia *neta* generada por el impago.

(c) Ahora suponga que la probabilidad de que AutoAyuda sobreviva depende del porcentaje de prestatarios que devuelvan sus préstamos, así como de la cantidad de ayuda pública si la tasa de impago fuera alta. Represente gráficamente la tasa de devolución en un eje y la probabilidad de supervivencia en el otro y muestre cómo varía este gráfico con la cantidad de ayuda del Estado.

(d) Utilice las partes (b) y (c) para mostrar que en general puede haber dos resultados o equilibrios con los *mismos* parámetros: (i) no existe impago (voluntario o estratégico) y AutoAyuda sobrevive con poca o nula ayuda del Estado o (ii) hay elevadas tasas de impago y AutoAyuda sobrevive con una baja probabilidad a pesar de la ayuda del Estado.

(e) Demuestre que la promesa creíble del Estado de sacar de apuros a AutoAyuda en caso de dificultades puede llevar a un equilibrio único en el que todos los prestatarios devuelven los préstamos y se necesita, *en realidad*, poca ayuda del Estado [caso (i) de la parte (d)].

(f) Muestre utilizando la parte (b) cómo puede afectar la probabilidad de supervivencia de AutoAyuda a la cuantía de los préstamos que puede conceder a los prestatarios.

■ (11) Una organización de crédito, inspirada en el Grameen Bank, está intentando conceder préstamos a pequeños agricultores. Les presta en grupos de dos (por ejemplo).

(a) Exponga dos razones al menos por las que la estrategia de prestar a un grupo puede ser mejor que la de prestar a cada persona por separado. Exponga dos razones al menos por las que podría ser peor.

(b) La estrategia de conceder préstamos rotatorios es aquella en la que los miembros del grupo reciben los préstamos siguiendo un orden y ninguno lo recibe hasta que no lo haya devuelto el anterior. La estrategia de conceder préstamos simultáneos es aquella en la que todos los miembros del grupo reciben préstamos al mismo tiempo. Suponga en ambos casos que si uno de los miembros no devuelve el crédito, todo el grupo pasa a formar parte de la lista negra. Compare y contraste estas dos estrategias.

Capítulo 15

EL SEGURO

15.1 Conceptos básicos

En este capítulo abordamos el estudio del *seguro*. Las principales ideas que pretendemos exponer pueden explicarse con un ejemplo en el que sólo hay dos personas.

Supongamos que Armando y Gustavo son dos agricultores. Comenzamos suponiendo que producen el mismo cultivo y que utilizan la misma cantidad de tierra y de otros factores. Supongamos que la cosecha puede tomar uno de los dos valores siguientes: 2.000 dólares si es buena y 1.000 si sufre algunos daños. Supongamos que las probabilidades de que se produzca cualquiera de estos dos acontecimientos es de 1/2 y que estas probabilidades son iguales para Armando y Gustavo.

Si Armando y Gustavo no se conocen, tratarán de hacer algo por su propia cuenta para hacer frente a esta incertidumbre. Ya hemos visto varios ejemplos de aversión al riesgo que llevan a desear estabilizar el consumo a lo largo del tiempo, por lo que no es necesario repetir aquí los detalles. Baste decir que tanto a Armando como a Gustavo les gustaría mantener un mismo nivel de consumo. Les gustaría reducir algo su riqueza para compensar el déficit de consumo cuando la cosecha sea mala y almacenar parte del exceso cuando la cosecha sea buena.

El uso de la riqueza propia para reducir el efecto de perturbaciones imprevistas de la renta se denomina *autoseguro*. En esencia, las personas que tienen riqueza para hacer eso se protegen de los acontecimientos que escapan a su control. Pueden autoasegurarse de varias formas. Pueden reducir (o aumentar) con este fin el dinero en efectivo que tienen guardado o los ahorros acumulados en el banco. También pueden hacer lo mismo con sus existencias de cereales, aunque el mantenimiento de esas existencias puede tener costes, ya que los cereales no son totalmente duraderos. Sin embargo, es posible que se prefiera este tipo de ahorro si hay pocos bancos rurales y están muy distanciados o si no es fácil liquidar rápidamente los ahorros. También es posible recurrir a otros activos o acumularlos. El ganado y las joyas son dos activos de ese tipo, que pueden venderse como último recurso. El recuadro sobre el autoseguro en los pueblos de la India que utilizan bueyes para estos fines nos da una idea de cómo funciona el autoseguro en la práctica.

Autoseguro y bueyes

Posiblemente sea la compraventa de activos el mecanismo más importante para estabilizar el consumo, aparte del crédito obtenido en el mercado y de los préstamos intrafamiliares e interfamiliares. Los agricultores tienen muchos tipos de riqueza, entre los cuales se encuentran la tierra, las joyas, el dinero en efectivo, los bienes de capital (como las bombas de riego), los animales (como los bueyes) y las existencias de cereales. Es posible utilizar esos activos como *amortiguadores*, es decir, las familias acumulan reservas en los periodos de relativa abundancia y las agotan para financiar los gastos de consumo en las épocas de mayores dificultades. ¿Es frecuente que los hogares de las zonas rurales compren y vendan activos con este fin? Según un estudio de Rosenzweig y Wolpin (1993) basado en los pueblos indios del ICRISAT, realmente sí en el caso de algunos tipos de activos.

El capital inmovilizado —como la tierra y los edificios— constituye la mayor parte de la riqueza de los agricultores de este estudio: alrededor del 85% de la riqueza total. Sin embargo, es frecuente observar que aunque en estas regiones hay mucha actividad en el mercado de *alquiler* de tierra, hay poca en el mercado de tierra como activo. De todos los hogares rurales encuestados en 1970-71 por el National Council of Applied Economic Research de la India, sólo el 1,5% realizó algún tipo de venta de tierra, lo cual induce a pensar que este método raras veces se emplea para financiar el consumo en tiempos de necesidad. En la categoría de riqueza no inmobiliaria, los activos financieros (acciones, bonos, etc.) tienen un peso muy pequeño (menos del 5% incluso en el caso de los grandes agricultores) y, por lo tanto, desempeñan un papel insignificante. Las existencias medias de productos cultivados que se mantienen durante el año representan alrededor de una cuarta parte de esta riqueza; sin embargo, varían mucho de la temporada de recolección al resto del año y probablemente se utilizan más para estabilizar el consumo en un mismo año que para estabilizar el consumo de un año a otro. Una parte considerable (alrededor de un 19%, en promedio) de la riqueza que no consiste en tierra está formada por joyas, pero los datos indican que la compraventa de joyas también es mínima. El componente más importante lo constituyen con mucho los bueyes (que representan el 50% de la riqueza en el caso de los pequeños agricultores, más del 33% en el de los de tamaño medio y alrededor de un 27% en el de los grandes) y existen pruebas indiscutibles de que para los agricultores la modificación de la cantidad de bueyes que poseen constituye un instrumento primordial para estabilizar el consumo.

Los mercados de alquiler de bueyes y los mercados de bueyes como activo tienen exactamente las características contrarias a las del mercado de tierras. Aunque hay un mercado de bueyes integrado regionalmente y extraordinariamente bien organizado,[1] el alquiler de bueyes a corto plazo es muy infrecuente (véase el capítulo 12 para un análisis más extenso). La inexistencia del mercado de uso de bueyes (por oposición al mercado de propiedad de bueyes) implica que un agricultor que posee un animal o dos puede aumentar considerablemente su productividad; por lo tanto, desde el mero punto de vista de la productividad, sería de esperar que la rotación de la propiedad de bueyes fuera baja.[2] Sin embargo, según un estudio que abarca un periodo de diez años, el 86% de los hogares realizó, al menos, una compraventa de bueyes, lo cual indica que en muchos casos se trató probablemente de "ventas por dificultades", motivadas por la necesidad de satisfacer sus necesidades de consumo.

El análisis detenido de los datos muestra que eso es así. Dada la existencia de mercados de bueyes bien integrados, sus precios son en gran medida inmunes a las perturbaciones que sufre la producción en cada pueblo, que son precisamente el factor contra el que buscan un seguro los

---

[1] En muchas regiones de la India se celebran grandes "ferias" centralizadas de bueyes en determinadas épocas del año.

[2] La existencia de un activo mercado de alquiler de tierra atenúa en parte las pérdidas de eficiencia que pueden producirse a causa de la ausencia de libre circulación de servicios de fuerza de bueyes. Rosenzweig y Wolpin estiman que un agricultor que no posea un buey tiene un 63% más de probabilidades de arrendar tierra a otros que un agricultor que posea, al menos, uno.

agricultores. Lo demuestra el hecho de que más del 60% de los bueyes vendidos fue comprado por personas que no residían en el pueblo y un 10% fue adquirido por personas situadas a más de 20 kilómetros de distancia.[3] Los datos estadísticos muestran que la probabilidad de que se adquiera un buey aumenta significativamente cuando la renta es alta y la probabilidad de que se venda disminuye. Por otra parte, manteniéndose todo lo demás constante, las personas que poseen un mayor número de bueyes (o incluso de bombas de riego) tienen menos tendencia a realizar una compra en el futuro, lo cual induce a pensar que, en promedio, los agricultores tratan de mantener una determinada cantidad de activo, al igual que ocurre con cualquier otro amortiguador. Esta interpretación viene confirmada por los datos relativos a los pequeños y medianos agricultores. En el caso de los grandes, el ajuste es mucho más débil, lo cual induce a pensar que este grupo tiene muchas más facilidades para acceder al crédito y a otros instrumentos convencionales y no tiene que recurrir mucho a la venta de activos para lograr el nivel de consumo deseado.

¿Son menores la eficiencia y la producción agrícola media cuando es muy frecuente que se vendan bueyes en caso de dificultades (y no existe un mercado de alquiler de animales de tiro)? Rosenzweig y Wolpien piensan que sí. A los precios vigentes en el mercado de bueyes y de otros factores, sus estimaciones de la función de beneficios muestran que el número óptimo de bueyes para los agricultores medianos es de dos aproximadamente. Sin embargo, el número medio de bueyes es de 0,94. Haciendo simulaciones numéricas de su modelo econométrico, estiman que la provisión de un seguro actuarialmente justo contra las inclemencias meteorológicas no aumenta considerablemente el bienestar de los agricultores. El tiempo no es más que una fuente de riesgo, y los agricultores ya tienen algún seguro a través del crédito. Por otra parte, la creación de fuentes de renta complementarias aseguradas (por ejemplo, por medio de una política de creación de empleo rural) acerca más el número de bueyes a los niveles óptimos y, por lo tanto, aumenta la eficiencia agrícola.[4]

La segunda manera importante de mantener un consumo uniforme es recurrir al crédito. Ya lo hemos analizado detalladamente, por lo que no es necesario añadir nada más aquí.

En lo que nos gustaría centrar ahora la atención es en una tercera forma de homogeneizar la renta: la que consiguen los agentes económicos asegurándose mutuamente.

---

[3] Esta observación probablemente no es cierta en muchos países, sobre todo en las zonas en las que los pueblos están relativamente poco integrados. Por ejemplo, Czukas, Fafchamps y Udry [1997] tratan de averiguar si en Burkina Faso los hogares utilizan el ganado para uniformar el consumo. A diferencia de las observaciones sobre la India, los autores señalan que las perturbaciones aleatorias apenas influyen en las ventas de ganado, lo cual induce a pensar tanto que los mercados son locales como que existen un número razonable de opciones alternativas para uniformar el consumo.

[4] Debemos tener cuidado, sin embargo, a la hora de interpretar estos resultados y extraer la conclusión de que existe una seria "inversión insuficiente" en bueyes. Al fin y al cabo, la oferta *agregada* de bueyes debe ser bastante rígida al menos a corto plazo y sólo puede aumentar en la medida en que una mejora de las condiciones permita criar más. El problema estriba en que los cálculos de los beneficios y de la optimalidad se realizan basándose en el precio de los bueyes *vigente* en el mercado: si desaparece la necesidad de uniformar el consumo porque se crean otras fuentes de seguro, las condiciones de oferta y demanda de este mercado cambian totalmente, lo que lleva a unos precios de equilibrio y unos cálculos de la optimalidad totalmente nuevos. Sin embargo, la mera estabilización de la boyada provoca un cierto aumento de la producción y del bienestar, incluso aunque el tamaño *medio* de estas tenencias no aumente.

Conforme avance el análisis, el lector verá que llega un momento en el que es difícil distinguir entre esta forma de homogeneizar la renta y el crédito, pero pospondremos por ahora estas complicaciones.

Para desarrollar esta idea, reunamos a Armando y a Gustavo. Podemos imaginar cuatro situaciones posibles: (1) tanto Armando como Gustavo producen mucho; (2) ambos producen poco y [(3) y (4)] uno produce mucho y el otro produce poco. En los dos primeros casos, Armando y Gustavo poco pueden hacer para ayudarse mutuamente; se encuentran en una situación idéntica. En los dos últimos casos, pueden acordar repartirse la producción a partes iguales. A lo que se reduce eso es a la promesa de que Armando pagará a Gustavo 500 dólares cuando produzca mucho y Gustavo poco y Gustavo pagará a Armando 500 dólares cuando ocurra lo contrario.

Deben hacerse las siguientes observaciones. En primer lugar, *si las probabilidades de que la producción de Armando y la de Gustavo sean elevadas son independientes*, la teoría elemental de la probabilidad nos dice que la probabilidad de que se produzca cada uno de estos cuatro casos es de 1/4. Sin estabilizar el consumo, el consumo de Armando es en las cuatro situaciones (2.000, 1.000, 2.000, 1.000); lo mismo ocurre en el caso de Gustavo. Con el sistema de seguro mutuo, la corriente de consumo cambia y es (2.000, 1.000, 1.500, 1.500), debido a que en los dos primeros estados no es posible hacer nada por medio de un seguro mutuo, mientras que en los dos últimos la renta se iguala. ¿Mejora eso la utilidad esperada? Desde luego que la mejora si Armando y Gustavo son aversos al riesgo. El lector puede verlo exactamente de la misma forma que en capítulos anteriores. El seguro mutuo beneficia mutuamente a Armando y a Gustavo.

En segundo lugar, obsérvese que *en cualquier momento*, si se da el caso en que uno produce mucho y el otro poco, o bien Armando tendrá que pagar a Gustavo o Gustavo tendrá que pagar a Armando, pero no ambas cosas a la vez. El seguro mutuo exige que *ex post*, una vez revelado el resultado, una de las partes haga una transferencia unilateral a la otra. Una vez realizada esta transferencia, se hace borrón y cuenta nueva. Al año siguiente, es posible que la *misma* persona tenga que pagar de nuevo. La cuestión es que una transferencia anterior de una persona a la otra no supone una carga histórica para la que la recibe. Esa es la razón por la que un sistema de seguro puro es conceptualmente distinto del crédito. Un sistema de crédito liga las transferencias pasadas a la forma futura esperada de las transferencias. No ocurre así en el caso de un sistema de seguro en su versión más pura.

En tercer lugar, obsérvese que el poder del seguro mutuo depende extraordinariamente del *grado de correlación* de los niveles de producción de Armando y Gustavo.[5] Supongamos, por ejemplo, que el hecho de que la producción sea elevada o sea baja dependa de enteramente de la meteorología y no de una plaga que sólo afecte a una zona. Si Armando y Gustavo se encuentran en el mismo pueblo, la meteorología los afectará por igual, por lo que *nunca* ocurrirán los casos (3) y (4). Ambos agricultores siempre se encontrarán en la misma situación y no podrán asegurarse mutuamente. Poniendo un

---

[5] Véase el apéndice 2 que se encuentra al final del libro para un análisis detallado de este concepto.

ejemplo algo menos extremo, si los dos niveles de producción están muy correlacionados positivamente, habrá situaciones en las que la producción de uno sea alta y la del otro baja, pero la probabilidad de que eso ocurra es pequeña. Es *posible* obtener ganancias asegurándose mutuamente, pero su magnitud es pequeña *ex ante*.

Invirtiendo este argumento, imaginemos una situación en la que existe una correlación negativa perfecta entre la suerte de Armando y la de Gustavo. Tal vez sea difícil imaginar esa situación en la realidad, pero utilicémosla de momento como punto de referencia. En este caso, *siempre* ocurrirá que la producción de uno será alta y la del otro baja y las ganancias derivadas del seguro son enormes. Parece, pues, que es sumamente probable que los grupos que se formen para asegurarse mutuamente estén constituidos por personas cuya suerte está lo más negativamente correlacionada posible. Esta afirmación tiene algo de cierta, pero también hay razones para evitar esos extremos (aun cuando existan), a las que volveremos más adelante.

La cuestión general es que para que funcione el seguro mutuo, debe existir una cierta ausencia de correlación positiva entre la suerte de los agentes económicos participantes. Esa es una de las razones por las que es difícil asegurar la cosecha: la agricultura presenta grandes correlaciones a causa de la meteorología. Sin embargo, una vez dicho eso, hay que reconocer que existen situaciones que *son* idiosincrásicas de los distintos agentes económicos (enfermedades, celebraciones, daños de la cosecha local), y éstos pueden beneficiarse del seguro de la forma antes descrita.

Por último, supongamos que no sólo hay dos personas, sino muchas reproducciones de Armando y Gustavo. Supongamos de nuevo que su suerte es independiente. Ahora preguntémonos cuál será la renta *media* de este gran grupo de personas en un año cualquiera. Este problema es idéntico al de tirar una moneda al aire: se tira una moneda varias veces al aire y se apunta 1.000 cada vez que sale cara y 2.000 cada vez que sale cruz. La media de esta serie será cercana a 1.500 si se tira muchas veces la moneda al aire.[6] Exactamente por la misma razón, la renta media será de 1.500 dólares (identifique el lector cada tirada independiente de la moneda con una persona), siempre que el número de agricultores sea elevado.

Supongamos ahora que cada uno de estos agricultores sigue la regla de contribuir con 500 dólares a un fondo común si su renta es de 2.000 dólares y reclamar 500 de ese fondo si su renta es de 1.000. Si el número de agricultores es suficientemente grande, se deduce del argumento del párrafo anterior que en un año cualquiera esta regla es *viable*, en el sentido de que el superávit o el déficit del fondo serán insignificantes. De nuevo es cierto que en *un* año cualquiera un agricultor será un contribuyente neto o un receptor neto del fondo común, pero obsérvese que de esta manera cada agricultor consigue estabilizar *totalmente* su renta. En el caso de los dos agricultores, sólo sería posible si la correlación entre las dos rentas fuera negativa y perfecta, de tal manera que Armando obtendría 2.000 dólares siempre que Gustavo obtuviera 1.000 y viceversa. Sin embargo, es

---

[6] Es lo que se conoce en la teoría de las probabilidades con el nombre de *ley de los grandes números* (en sentido fuerte).

improbable que se dé esa situación. Cuando el número de agricultores es elevado, la independencia de su suerte es suficiente para conseguir estabilizar totalmente la renta.

Es importante señalar que estos sistemas de seguros raras veces se establecen de una manera formal. El recuadro (que se presenta más adelante) sobre los sistemas recíprocos de crédito-seguro de Nigeria dará al lector una idea de cómo se realizan estas transacciones. Los acuerdos se basan en alguna norma social de reciprocidad, una norma que lleva a los miembros de una comunidad a ayudarse en caso de necesidad. La transferencia puede ser en efectivo o en especie (como los intercambios recíprocos de trabajo agrario). Como hemos visto en más de una ocasión en este libro, las normas sociales no pueden sobrevivir durante mucho tiempo si los incentivos económicos que las mantienen comienzan a desaparecer y, por lo tanto, a pesar de nuestra aceptación de la reciprocidad y del seguro mutuo como institución *social*, vamos a buscar los fundamentos económicos que permiten que sobreviva esa institución.

15.2 El modelo del seguro perfecto

15.2.1 Teoría

El ejemplo del apartado anterior nos permite formular un modelo del seguro perfecto. Supongamos que en un pueblo habita un gran número de agricultores. Para simplificar el análisis, imaginemos que todos son idénticos, aunque este supuesto no es necesario desde el punto de vista conceptual. La renta que tiene cada agricultor en cada periodo se describe por medio de la ecuación

$$Y = A + \epsilon + \theta. \qquad [15.1]$$

La ecuación de la renta tiene tres componentes. Imaginemos que el primero (A) es la renta *media* de cada agricultor (por ejemplo, 1.500 dólares como en caso del apartado anterior). El segundo componente (ϵ) es una perturbación aleatoria que puede tener la misma distribución entre los agricultores, pero que afecta a cada uno *independientemente*. Por ejemplo, es posible que determinados animales se coman la cosecha o que un insecto la destruya o que no se riegue o se abone correctamente. La perturbación puede reducir la renta debido, por ejemplo, a un aumento repentino de las necesidades de consumo: es posible que haya que dedicar una parte de la renta a pagar los gastos de una enfermedad (en este caso, imaginemos que Y es la renta neta una vez realizados esos gastos necesarios). Es una fuente local o *idiosincrásica* de incertidumbre, que podría afectar a todos los agricultores, pero que los afecta de forma independiente. Por último, el tercer componente (θ) recoge toda la variación común o *agregada* que se registra en el pueblo. Ésta es una fuente de incertidumbre cuya realización en un año cualquiera afecta a *todos* los agricultores de la misma forma. La mejor manera de imaginarlo es suponer que esta variación común de la renta se debe a la meteorología (por ejemplo, al estado del monzón).

Como consideramos que A es la renta media, debemos imaginar que los términos aleatorios ϵ y θ tienen un valor medio igual a cero.

Ahora bien, basta una breve reflexión para convencerse de que si hay un elevado número de agricultores, toda la variación idiosincrásica representada por ϵ puede eliminarse por medio de un seguro, exactamente de la misma forma que en el apartado anterior. Los agricultores simplemente pagan a un fondo común su valor realizado de ϵ. Como ϵ tiene unas veces un valor positivo y otras negativo, eso equivale a decir que algunos agricultores hacen aportaciones positivas, mientras que otros reciben dinero del fondo común. De esta forma, es posible eliminar toda la variación idiosincrásica de ϵ. Con el seguro, ahora la *renta asegurada* de un agricultor representativo viene dada por

$$\bar{Y} = A + \theta. \qquad [15.2]$$

Compárense las ecuaciones [15.1] y [15.2]. La corriente de renta $\bar{Y}$ tiene menos riesgo que la corriente original Y, porque hemos eliminado el componente idiosincrásico. La renta media sigue siendo, por supuesto, A. Se deduce que si los agricultores son aversos al riesgo, prefieren este sistema de seguro mutuo.

¿Qué ocurre con la perturbación agregada θ? ¿Podemos repartirla entre todos de la misma forma? La respuesta es negativa y la razón se halla en que el valor o realización de θ es el *mismo* para todos los agricultores del pueblo, por lo que no es posible el seguro en este caso. Prescindiendo de momento del autoseguro y del crédito, los agricultores de un mismo pueblo no pueden asegurarse mutuamente contra un acontecimiento aleatorio que afecta a todo el mundo de la misma forma.

Por lo tanto, no es cierto que en un sistema de seguro perfecto las rentas aseguradas no fluctúen: fluctúan, pero la causa de la fluctuación es la incertidumbre agregada del sistema contra la que no es posible asegurarse utilizando un fondo común. Este razonamiento también indica que un importante determinante del seguro mutuo es la importancia relativa del riesgo idiosincrásico con respecto al riesgo agregado.

15.2.2 Contrastación empírica de la teoría

El modelo que hemos descrito también permite verificar de forma natural la existencia de un seguro perfecto en una comunidad, como todo un pueblo. Una vez descontadas las variaciones del consumo *agregado* del pueblo (que sirve de indicador del riesgo agregado contra el que no es posible asegurarse), las fluctuaciones de la renta de cada hogar o, de hecho, las perturbaciones idiosincrásicas, como el paro, *no* deben afectar el consumo de ese hogar.

Como hemos visto en más de una ocasión, el análisis de regresión constituye un buen instrumento de verificación.[7] Consideremos el consumo medio de la comunidad y la renta de los hogares como variables independientes. Si es posible, incluyamos también como variables independientes las perturbaciones que afectan al consumo (como el paro). La variable dependiente es el consumo de los hogares. En términos generales, si la teoría del seguro perfecto es correcta, los coeficientes estimados de todas las variables específicas de los hogares deben ser cero y el del consumo medio del grupo debe ser uno.

---

[7] Véase el apéndice 2 que se encuentra al final del libro para una introducción a las regresiones.

El consumo individual debe seguir al consumo del grupo más de cerca que a la renta individual.

Townsend [1993] ha querido comprobar estos resultados basándose en tres pueblos del estudio del ICRISAT, que ya debería resultar familiar al lector por las repetidas referencias a él que hemos hecho en los últimos capítulos. Recuérdese que los pueblos del ICRISAT, situados como están en el trópico semiárido del sur de la India, se hallan todos ellos inmersos en un elevado grado de riesgo. Este riesgo proviene principalmente de la agricultura, pero se difunde a los mercados de trabajo, por lo que un trabajador asalariado sin tierra también corre muchos riesgos. Los tres pueblos estudiados son Aurapalle, Shirapur y Kanzara. Existen datos anuales sobre el consumo de una muestra de cuarenta hogares de cada uno de estos tres pueblos en el periodo 1975-84. La renta varía mucho de unos hogares a otros, y si se utilizan estas variaciones como medida del riesgo de los hogares, quedan más de manifiesto los componentes idiosincrásicos. La mejor manera de verlo es comparar las *diferencias* entre la renta de los hogares y la renta media de la muestra. Restar la media es algo así como eliminar el riesgo agregado. En ese caso, si consideramos que lo que queda es el riesgo idiosincrásico, hay, desde luego, mucho: este residuo parece que fluctúa independientemente de unos hogares a otros (véase Townsend [1993, figura 1]). Eso significa que los tres pueblos del ICRISAT constituyen un caso potencialmente fértil para contrastar la hipótesis del seguro perfecto.[8]

La formulación de una ecuación de regresión apropiada plantea, sin embargo, un importante problema. Tenemos el consumo de cada hogar y medidas de la renta de cada hogar. ¿Qué utilizamos para representar el consumo medio? La respuesta a esta pregunta depende de cuál sospechemos que sea el grupo relevante que se asegura mutuamente. Una posibilidad es que *todo* el pueblo se asegure mutuamente como si se tratara de un único grupo. En ese caso, debemos incluir alguna medida del consumo medio del pueblo. Sin embargo, ¡lo único que tenemos son datos de la muestra!

Una opción es utilizar el consumo medio de la muestra como variable aproximada de la media del pueblo y confiar en que, de acuerdo con la ley de los grandes números, sea una buena estimación de la media del pueblo. Sin embargo, eso plantea otro tipo de problema: aunque realicemos las regresiones hogar por hogar, si la muestra es grande, ¡el coeficiente *medio* estimado del consumo del grupo debe ser uno! Ese resultado no es una señal de que el modelo del seguro perfecto supere la prueba estupendamente, sino el resultado de que la suma de los consumos individuales de la muestra debe ser equivalente a la media de la muestra (Deaton [1990]).

Una manera de soslayar este problema es realizar la regresión hogar por hogar (utilizando la media muestral calculada excluyendo el hogar en cuestión) y ver si *cada* uno de

---

[8] Al mismo tiempo, sea consciente el lector de que la estimación de la renta de los hogares contiene un considerable error de medición. Este tipo de error sesga invariablemente los coeficientes estimados de las variables de la renta de los hogares hacia cero. Este problema puede evitarse en parte promediando los datos de la renta de los hogares que utilizan la misma tecnología agrícola, pero este método dista mucho de ser la solución. El error de medición también puede corregirse (hasta cierto punto) mediante los procedimientos estadísticos oportunos. Véase Townsend [1993, apartado 6] para más detalles.

los coeficientes estimados de la media del grupo (y no sólo la media de estos coeficientes) es cercano a un valor de 1. Los resultados de este ejercicio son ambiguos.[9] Dependiendo de la duración del periodo de tiempo y de la elección de las categorías de consumo en las regresiones (véase la nota 9), los coeficientes se acercan más o menos a uno. La hipótesis de que los coeficientes son, de hecho, 1 supera el contraste estadístico formal cuando se utiliza toda la base de datos, pero el poder de este contraste disminuye cuando se utilizan otras variantes de la regresión.[10]

La observación de que los coeficientes de la renta de los hogares son, de hecho, cercanos a cero es más sólida y sugiere que las variaciones de la renta de los hogares no afectan significativamente a su consumo. Este resultado induce a pensar que el consumo tiende a estabilizarse bastante, pero es difícil saber si se debe al seguro *per se* o a algún otro factor de homogeneización (como el autoseguro o el crédito).

Otra manera de evitar el problema de la falta de datos agregados sobre el consumo es examinar las *diferencias* entre el consumo de cada hogar y la media muestral de los hogares, lo que equivale a restar las medias del grupo de ambos miembros de la regresión, por lo que ahora el segundo miembro sólo contiene términos individuales, como las diferentes clases de renta de los hogares, y variables ficticias que recogen una enfermedad o el paro. Ahora bien, para averiguar si el consumo del grupo afecta al consumo individual más que la renta individual basta saber si los coeficientes de las variables individuales son o no iguales a cero. En contraste con las regresiones anteriores, ahora estos coeficientes son significativamente diferentes de cero, pero de poca magnitud.[11] Por ejemplo, la influencia de la renta de cada hogar en el consumo individual parece que no es superior al 14%, cifra bastante baja. Equivale a decir que un aumento de la renta de un hogar en un dólar no eleva el consumo más que en catorce centavos. Por otra parte, acontecimientos como una enfermedad (que provoca la pérdida de trabajo) son insignificantes en la determinación del consumo del hogar.

Los resultados anteriores parecen indicar que aunque no podemos estar seguros de que exista un seguro mutuo en este caso, los hogares del ICRISAT logran estabilizar considerablemente su consumo de una u otra manera. Los mercados de crédito informales probablemente expliquen una gran parte de esta homogeneización. Existen otras pruebas de que los hogares del ICRISAT estabilizan su renta fluctuante acudiendo al crédito (véase Cain [1981] y Walker, *et al.* [1993]). Otras maneras de conseguirlo podrían ser el almacenamiento de cereales (Paxson y Chaudhuri [1994]), la tenencia de dinero en efectivo

---

[9] Un problema especialmente difícil es que en la recogida de datos del periodo 1982-84 se excluyeron algunas clases de consumo. Por cierto, eso produce el efecto espurio de hacer que el consumo individual evolucione con el consumo del hogar. Para sosoyalar este problema, podemos utilizar una serie restringida de clases de consumo (como el consumo de cereales) o realizar la regresión excluyendo estos dos últimos años. Los resultados sobre la evolución conjunta del consumo de los hogares y el consumo del grupo son predeciblemente más débiles.

[10] Para un análisis de la contrastación de hipótesis, véase el apéndice 2 que se encuentra al final del libro.

[11] Véase el apéndice 2 que se encuentra al final del libro para un análisis detallado de la diferencia entre *significación* y *magnitud*.

(Lim y Townsend [1994]) e incluso la compraventa de ganado (Rosenzweig y Wolpin [1993] y el recuadro sobre el autoseguro y los bueyes).

Obsérvese, sin embargo, que dentro del creciente número de estudios empíricos sobre esta cuestión, los pueblos del ICRISAT obtienen unos resultados bastante buenos en lo que se refiere a la homogeneización del consumo. Townsend [1995] calcula unas regresiones parecidas con datos de Tailandia. Los resultados parece que rechazan convincentemente el supuesto del reparto perfecto del riesgo, aunque en otros estudios sobre Tailandia no puede excluirse la existencia de un grado significativo de homogeneización (Paxson [1992] utilizó datos sobre los arroceros tailandeses). Asimismo, el estudio de Deaton [1994] sobre Costa de Marfil sugiere que aunque el consumo de los hogares evoluciona al unísono, puede rechazarse convincentemente la existencia de un seguro completo. La renta de los hogares influye significativamente en su consumo. Townsend [1995] analiza estos y otros estudios.

Incluso en el caso de los pueblos del ICRISAT, la capacidad para estabilizar el consumo puede variar significativamente de unos hogares a otros. Utilizando una forma de verificar la existencia del seguro algo diferente de la descrita aquí, Morduch [1995] encuentra considerables pruebas de que los agricultores relativamente acomodados estabilizan su consumo, pero no así los pequeños agricultores y los trabajadores sin tierra (el estudio de Townsend también contiene observaciones parecidas). Morduch también señala que el seguro podría parecer más importante de lo que es simplemente porque los hogares tratan de estabilizar su corriente de *renta* con el fin de que las fluctuaciones restantes puedan ser absorbidas por los mecanismos de estabilización del consumo. Por ejemplo, algunos hogares renuncian a cultivar un producto que tiene un elevado rendimiento esperado simplemente porque éste es más arriesgado y no es posible asegurarlo. En este caso, el hogar elige un cultivo "más seguro" y, por lo tanto, las fluctuaciones de su renta son menores y, por consiguiente, más fáciles de reducir.[12] La cuestión es que este procedimiento encubre un coste (que es el valor esperado sacrificado eligiendo un cultivo más seguro). Morduch [1995, pág. 108] concluye, pues, que "en el caso de los hogares menos acomodados de los pueblos del ICRISAT, el cultivo se elige pensando en primer lugar en reducir la probabilidad de sufrir perturbaciones".

15.3 Límites del seguro: información

El hecho de que el modelo del seguro perfecto no se ajuste en general a los hechos induce a pensar que la capacidad de los hogares de asegurarse mutuamente es limitada, incluso aunque las perturbaciones de la renta sean idiosincrásicas. ¿A qué se deben estos límites? La respuesta se basa en los mismos principios en que se basa nuestro estudio de los mercados de crédito: la información limitada y las pocas posibilidades de obligar a cumplir los acuerdos.

---

[12] Lo mismo ocurre con la *forma* en que se produce un determinado cultivo. Rosenzweig y Binswanger [1993] investigan esta cuestión en el caso de los pueblos del ICRISAT; véase también el estudio anterior de Bliss y Stern [1982] sobre la elección de los fertilizantes en Palanpur, pueblo situado al norte de la India.

15.3.1 Información limitada sobre el resultado final

Pensemos en dos tipos de problemas de información. En el primero, una persona puede pedir, o esperar, transferencias de su comunidad a la que suministra deliberadamente información falsa o engañosa sobre su situación económica: puede mentir sobre el tamaño de su cosecha, puede mentir sobre la enfermedad de uno de los miembros de su familia o, como mínimo, puede encontrarse en *condiciones* de mentir, en el sentido de que los miembros de su comunidad no tienen información para comprobar si dice la verdad.

Esa es, desde luego, una posibilidad si ampliamos exageradamente el significado del concepto de comunidad. Es improbable (incluso aunque sea posible realizar rápidas transferencias electrónicas de fondos de unos pueblos a otros) que un agricultor de un extremo del estado de Bahía acuerde asegurarse mutuamente con un agricultor desconocido del otro extremo de ese estado.[13] Aunque ese seguro fuera mutuamente beneficioso, sería muy difícil verificar las circunstancias en las que debe basarse. Por lo tanto, es cierto, desde luego, que este tipo de limitación de la información es importante e impide el seguro cuando se trata de grandes grupos anónimos o de grandes distancias geográficas, incluso aunque ese seguro sea, en principio, rentable para todos los afectados.

Sin embargo, ¿existe este tipo de problema de información en un pueblo? Es difícil saberlo y la respuesta probablemente varíe de un pueblo a otro. Una de las grandes ventajas de la sociedad tradicional es que está enormemente dotada de *capital social*. Una gran parte de ese capital social es simplemente el flujo de información. *A* sabe si la cosecha de *B* ha sido mala o si su suegro sufre realmente una intoxicación alimentaria. El capital social constituye un fondo de información socialmente accesible que permite a una comunidad interactuar por medio de mecanismos que no puede utilizar una sociedad anónima. Uno de esos mecanismos es el seguro; también hay otros. Ya hemos analizado en el apartado 14.3.7 el capital social en el contexto del crédito y antes, en el capítulo 13, en el contexto de los mercados de trabajo permanentes. En los pueblos en los que la movilidad está aumentando, este tipo de información está comenzando a desaparecer, lo que reduce la posibilidad de establecer redes de seguro. Asimismo, un pueblo dividido en subgrupos (por ejemplo, en castas o quizá incluso en grupos económicos, como los terratenientes y las personas sin tierra) puede ser incapaz de crear un sistema de seguro que traspase estas líneas divisorias, simplemente porque el flujo de información es limitado. Todas estas teorías sugieren que es necesario definir en los estudios empíricos con mayor precisión lo que entendemos por comunidad, y en la medida en que nuestro concepto de comunidad no recoja estas cuestiones más sutiles (debido principalmente a la falta de datos), podríamos estar ignorando la existencia de "subredes" de seguro simplemente porque buscamos una red gigantesca, que no existe.

---

[13] Eso no impide que una institución financiera organizada los vincule indirectamente, pero esa es otra cuestión.

15.3.2 Información limitada sobre las causas del resultado

El segundo tipo de problema de información es más sutil y, como veremos, no excluye totalmente la posibilidad de que exista un seguro. Se trata del problema de *riesgo moral*, es decir, de la posibilidad de que las acciones inobservables de una persona influyan en la aparición de algún acontecimiento asegurable. Ya nos encontramos con el riesgo moral cuando analizamos los mercados de la tierra (capítulo 12) y el racionamiento del crédito (capítulo 14). Evidentemente, el riesgo moral también es importante en el caso del seguro.

Consideremos el seguro mutuo de las cosechas. Todo el mundo sabe que hay perturbaciones idiosincrásicas que pueden afectar el estado de la cosecha de una determinada parcela. Puede ocurrir que se utilice mal (involuntariamente) el agua, los fertilizantes o los pesticidas o que el cultivo sufra daños causados por acontecimientos que escapan al control del agricultor o (y ésta es la causa del problema) que la cosecha sea mala porque el agricultor haya escatimado *deliberadamente* estos factores. El tamaño de la cosecha puede ser visible para todos (por lo que el primer problema de información es irrelevante), pero para saber *por qué* la cosecha es la que es, se necesita una información totalmente diferente. El problema estriba, por supuesto, en que en presencia de un seguro completo, es mayor el incentivo para utilizar deliberadamente una cantidad de factores menor de la debida.

Para verlo de la manera más sencilla posible, consideremos el caso de una comunidad formada por un gran número de agricultores idénticos. Supongamos que toda la incertidumbre es idiosincrásica. Supongamos, exactamente igual que en el ejemplo de Armando y Gustavo, que hay dos resultados posibles, que representamos por medio de P (poco) y M (mucho). Lo que cambia ahora es que cada uno de los agricultores tiene *dos* probabilidades posibles de producir mucho: llamémoslas p y q y supongamos que $p > q$. La idea es que poniendo más cuidado y aplicando mejor los factores, cada agricultor puede producir M con una probabilidad p, pero si utiliza una cantidad de factores menor de la debida, la probabilidad disminuye a q. Representemos el coste adicional del uso diligente del esfuerzo y de los factores por medio de C (expresado en unidades de utilidad). Por último, sea u la función de utilidad que describe cómo se traducen las producciones netas en unidades de utilidad para cada uno de los agricultores.

Comencemos analizando el problema del agricultor sin seguro. Si cultiva diligentemente la tierra, su utilidad esperada es $pu(M) + (1 - p)u(P)$, pero incurre en el coste adicional C inicialmente, por lo que su utilidad esperada *neta* viene dada por la expresión

$$pu(M) + (1 - p)u(P) - C.$$

Por otra parte, si no se esfuerza, la probabilidad de que la producción sea elevada desciende a q, aunque se ahorra el coste adicional, por lo que ahora su utilidad esperada es

$$qu(M) + (1 - q)u(P).$$

Supongamos que, por separado, a cada uno de los agricultores le gustaría esforzarse más; o sea, que el aumento de la probabilidad de que la producción sea elevada hace que merezca la pena. Eso equivale a suponer que

$$pu(M) + (1-p)u(P) - C > qu(M) + (1-q)u(P). \qquad [15.3]$$

Ahora bien, con el seguro podemos obtener unos resultados aun mejores. Ya hemos visto en varios ejemplos que si el agricultor es averso al riesgo, la utilidad de la producción esperada es superior a la utilidad esperada de la producción,

$$u(pM + (1-p)P) > pu(M) + (1-p)u(P),$$

por lo que el seguro puede ser claramente beneficioso. Por otra parte, si el número de agricultores es elevado, es posible establecer un sistema de seguro que lo garantice (aproximadamente) para cada agricultor. Para verlo supongamos que cada uno de los agricultores que tiene una elevada producción paga la cantidad $(1-p)(M-P)$ a un fondo común, mientras que cada uno de los que tiene una baja producción recibe la cantidad $p(M-P)$. Realice el lector los sencillos cálculos algebraicos necesarios para verificar que con este sistema cada agricultor obtiene *con seguridad* el valor medio de la producción, $pM + (1-p)P$. Ahora lo único que tenemos que hacer es asegurarnos de que este sistema es viable: que los pagos totales son iguales a los ingresos totales. Para verlo obsérvese que cuando el número de agricultores es alto, alrededor de una proporción p de ellos obtiene una elevada producción, por lo que el total de pagos al fondo es (aproximadamente) $p(1-p)(M-P)$. Al mismo tiempo, alrededor de $(1-p)$ de los agricultores tiene una baja producción, por lo que la salida total de pagos del fondo es $(1-p)p(M-P)$. Las entradas y las salidas son iguales, por lo que el sistema funciona.

Sin embargo, este argumento tiene un fallo. El sistema funciona si podemos garantizar de alguna forma que cada agricultor continúa esforzándose mucho. Pero no es posible garantizarlo con este sistema de seguro si el esfuerzo adicional no puede ser verificado por agentes externos. Si cada agricultor recibe $pM + (1-p)P$ *independientemente* de que su producción sea elevada o baja, ¿para qué realizar el esfuerzo adicional para aumentar la probabilidad de que la producción sea elevada? Cada agricultor tiene, pues, un incentivo para esforzarse menos con el sistema de seguro perfecto y, naturalmente, si todos los agricultores piensan de esta forma, el sistema no puede sobrevivir.

Obsérvese que el problema es idéntico al que nos encontramos en el modelo del principal y el agente. Existe una disyuntiva entre la provisión de seguro y la provisión de incentivos. Si la comunidad quiere mantener el esfuerzo en el nivel más alto, tendrá que ofrecer un seguro incompleto a fin de que no desaparezcan los incentivos individuales. ¿Cuánto seguro puede ofrecer sin riesgo alguno? Para resolver este problema, supongamos que X es el consumo neto de un agricultor cuando la producción es elevada e Y es su consumo neto cuando es baja en cualquier sistema de seguro. La condición de que el sistema sea aproximadamente viable equivale a la ecuación

$$pX + (1-p)Y = pM + (1-p)P. \qquad [15.4]$$

Si X e Y son demasiado parecidos, la gente se esforzará menos. Para ver en qué medida pueden parecerse, observemos de nuevo la ecuación [15.3] y sustituyamos M por X y P por Y. Obsérvese que se elegirá un elevado esfuerzo en la medida en que

$$pu(X) + (1-p)u(Y) - C \geq qu(X) + (1-q)u(Y)$$

o, lo que es lo mismo, reordenando estos términos, en la medida en que

$$(p - q)[u(X) - u(Y)] \geq C.$$

Por lo tanto, lo *más* que pueden parecerse X e Y sin perturbar los incentivos deseados viene dado por la ecuación

$$(p - q)[u(X) - u(Y)] = C. \tag{15.5}$$

Las ecuaciones [15.4] y [15.5] constituyen un sistema de dos ecuaciones con dos incógnitas. Utilicémoslas para hallar X e Y. Este es el *sistema de seguro de segundo óptimo*, es decir, el mejor que puede obtenerse cuando los incentivos son una restricción.

Obsérvese que en cualquier solución, debe cumplirse que $X > Y$ (examínese simplemente la ecuación [15.5]). Eso significa que en el sistema de segundo óptimo, *el consumo individual debe variar en el mismo sentido que la renta individual*. Este resultado es coherente con los datos, aunque para contrastar empíricamente este modelo es necesario un análisis más sutil.[14]

Para completar este modelo, consideremos un ejemplo numérico simplemente para ver hasta qué punto estas consideraciones restringen el seguro. Sean $M = 2.000$ y $P = 1.000$, exactamente igual que en el ejemplo de Armando y Gustavo. Sea $p = 3/4$ y $q = 1/4$. Supongamos que la función de utilidad viene dada por $u(x) = \sqrt{x}$. Por último, supongamos que el coste adicional de ser diligente toma el valor 2 en unidades de utilidad. Compruebe el lector que la condición [15.3] se satisface sin problemas, por lo que aisladamente cada agricultor realizará el nivel mayor de esfuerzo. Ahora hallamos el sistema de seguro de segundo óptimo, descrito por el par de números X e Y que resuelven las ecuaciones [15.4] y [15.5]. Estas dos ecuaciones se reducen a

$$\tfrac{3}{4} X + \tfrac{1}{4} Y = 1.750$$

y

$$\tfrac{1}{2}[\sqrt{X} - \sqrt{Y}] = 2.$$

Despejando, vemos que X es aproximadamente 1,832 dólares e Y es aproximadamente 1,505. Por lo tanto, los agricultores que tienen una buena cosecha pagan alrededor de 170 dólares cada uno y los que tienen una mala cosecha reciben alrededor de 500 cada uno. Sería deseable, desde luego, un seguro mayor, pero no es posible, ya que se violarían las restricciones determinadas por los incentivos.

Las limitaciones de la información plantean un verdadero problema al seguro eficaz. Los grupos que tienen más acceso a la información de sus miembros generalmente se encuentran en mejores condiciones de asegurarse mutuamente. Lo mismo ocurre con los grupos formados por miembros altruistas. En este caso, las restricciones que determinan los incentivos son algo menores, ya que cada miembro internaliza (quizá en parte) las consecuencias negativas que tiene para los demás miembros del grupo su conducta desviada. No es sorprendente, pues, que los sistemas de seguro entre miembros de clanes familiares o del mismo grupo de parientes[15] sean relativamente frecuentes.

---

[14] Ligon [1993] sigue esta línea de investigación.

[15] Para algunos estudios de los sistemas recíprocos dentro de grupos de parentesco, véase La Ferrara [1997].

La otra cara del argumento es que las posibilidades de diversificación dentro del clan familiar pueden ser relativamente reducidas. Lo serán si todos los miembros realizan una actividad similar y, por lo tanto, están expuestos a las mismas perturbaciones agregadas. Es de esperar, pues, que las familias intenten diversificar sus actividades o su localización espacial para reducir la correlación entre las rentas de sus miembros. Rosenzweig y Stark (1989) observan que familias de diferentes regiones geográficas tienden a establecer vínculos matrimoniales o familiares quizá para maximizar las posibilidades de asegurarse y mantener (o crear) al mismo tiempo los vínculos altruistas necesarios para contrarrestar la ausencia de información. Siguiendo la misma línea, Paulsen [1995] ha estudiado las remesas que envían los tailandeses que emigran a la ciudad a las familias que habitan en el campo.

15.4 Límites del seguro: posibilidad de obligar a cumplirlo

Pasamos a continuación a analizar un límite diferente del seguro, que tiene que ver con la *posibilidad de obligar a cumplir* los acuerdos de seguro.[16] Recuérdese que los sistemas de seguro mutuo raras veces son contratos escritos y respaldados o impuestos por ley. Son, más bien, acuerdos informales, establecidos en el contexto de una norma social que fomenta la reciprocidad y castiga las desviaciones por medio de sanciones sociales, como el ostracismo o una reprimenda pública. Éste es también un tipo de capital *social*.

¿Es suficiente la dotación de capital social de un pueblo para que pueda funcionar un sistema de seguro mutuo? Se trata de una pregunta a la que sólo es posible responder realizando un minucioso estudio empírico, pero es útil, en todo caso, analizar algunas cuestiones que plantea con la ayuda de un sencillo modelo.

15.4.1 Límites del seguro perfecto relacionados con la posibilidad de obligar a cumplirlo

Supongamos, una vez más, que hay un gran número de agricultores. El caso más sencillo es aquel en el que toda la incertidumbre es idiosincrásica, por lo que comencemos con él. Supongamos que hay dos niveles de producción, M y P, y que la probabilidad de que sea M es p. Como ya hemos analizado el problema de riesgo moral, a partir de ahora consideramos que la probabilidad de que la producción sea elevada es fija (en otras palabras, se controla perfectamente el nivel de esfuerzo).

Consideremos el seguro perfecto. Ya hemos visto qué obtiene con él cada persona. Cuando el número de agricultores es elevado, cada uno recibe la cantidad constante $pM + (1 - p)P$ independientemente de lo que produzca. Representemos esta "cantidad intermedia" por medio de I. Ya hemos analizado la posibilidad de que el problema de riesgo moral debilite ese sistema, por lo que no analizaremos aquí esta cuestión.

Imaginemos ahora una situación en la que existe un sistema de este tipo y se realizan transferencias anuales de acuerdo con él. Consideremos un año concreto en el que un

---

[16] Para un análisis más formal de algunas de las cuestiones de este apartado, véase Coate y Ravallion [1993], Fafchamps [1996], Kletzer y Wright [1995] y Thomas y Worrall [1994].

agricultor obtiene una elevada producción. Ese año *podría* obtener una utilidad de $u(M)$ si se embolsara toda esta producción, pero el sistema de seguro dicta que debe renunciar a una cierta cantidad en favor del fondo común, por lo que su utilidad con este sistema es, en realidad, $u(I)$, que es evidentemente menor. Podemos utilizar esta información para formular una medida de la *ganancia* de que disfruta el individuo que obtiene una elevada producción si decide hacer caso omiso del sistema de seguro existente y consume toda su producción él mismo. Representando la ganancia por medio de G, tenemos que

$$G = u(M) - u(I).$$

Ésta es una medida del incentivo para *no* cumplir el acuerdo. Naturalmente, ahí no acaba todo. Si el agricultor se desvía de esta manera, probablemente en el futuro no podrá acceder al seguro.[17] También hay que tener en cuenta las sanciones sociales, como ya hemos señalado. Todo esto constituye una *pérdida* futura si no cumple el acuerdo hoy.

De la misma forma que en el caso de los mercados de crédito (capítulo 14) y de los mercados de trabajo (permanente) (capítulo 13), la cuantía de la pérdida que supone no poder acceder al seguro en el futuro depende de la visión de futuro del agricultor. En cada periodo futuro pierde la cantidad $u(I) - [pu(M) + (1 - p)u(P)]$, que es simplemente la diferencia entre su utilidad con el seguro y su utilidad esperada si va por libre. Si tiene un horizonte mental de N periodos, la pérdida total no es más que esta expresión multiplicada por N, que es el número de periodos que toma como horizonte. A esta pérdida hay que añadir otra, S, que es una medida de la disminución de la utilidad provocada por las sanciones sociales (como una reprimenda pública en la plaza principal del pueblo). La pérdida total (L) provocada por la desviación viene dada, pues, por

$$L = N\{u(I) - [pu(M) + (1 - p)u(P)]\} + S.$$

Ahora comparamos ganancias y pérdidas para averiguar si el seguro perfecto es realmente viable. Para que lo sea, debe cumplirse que $L \geq G$, lo que da lugar a la expresión fundamental de la *restricción de la posibilidad de obligar a cumplir* el acuerdo de seguro

$$N\{u(I) - [pu(M) + (1 - p)u(P)]\} + S \geq u(M) - u(I). \qquad [15.6]$$

Esta ecuación parece fea (y lo es), pero nos permite comprender en parte la naturaleza de la restricción del cumplimiento del acuerdo.

En primer lugar, observemos el papel de S, que es el poder punitivo de las sanciones sociales. Es evidente que cuanto mayor sea S, más probable es que se cumpla la ecuación [15.6]. En segundo lugar, también es más probable que se cumpla la restricción del cumplimiento del acuerdo si la gente valora más las interacciones futuras. Esta idea se refleja en un valor de N más alto. El valor más alto de N puede interpretarse, en parte, como una visión de futuro mayor o una paciencia mayor del agricultor, pero también como

---

[17] Las consideraciones relacionadas con la información vuelven a ser relevantes en este caso. Dependiendo de la facilidad con que se difunda la noticia del "delito" en la comunidad, este individuo tendrá más o menos facilidad para formar parte de otro grupo. Ya hemos analizado esas cuestiones en el contexto de los mercados de crédito y de trabajo. Probablemente sean menos relevantes en el caso del seguro, al implicar a un grupo mayor de personas al mismo tiempo.

una medida de una fe mayor en la durabilidad del propio sistema. Si el agricultor espera que el seguro mutuo dure indefinidamente, valorará más la pérdida provocada por una desviación, por lo que es menos probable que se desvíe. Esto también pone de relieve una característica específica de esos sistemas (que también aparece en otras situaciones, como en las cooperativas de crédito). La inestabilidad de la que se cree que adolece el sistema de seguro puede acabar siendo cierta: N disminuye, la ecuación [15.6] no se cumple y el sistema se viene abajo simplemente porque se esperaba que así ocurriera. Las instituciones sociales se parecen mucho a los resultados de los juegos de coordinación y pueden tener, por supuesto, equilibrios múltiples.

En tercer lugar, ¿es cierto que cuanto mayores son las posibilidades de asegurarse, más probable es que el sistema sobreviva? Parece bastante obvio que sí, pero la ecuación [15.6] nos dice, en realidad, que generalmente no es cierto. El seguro es más beneficioso cuando los niveles de producción sin seguro son más dispersos; en este ejemplo, cuando existen grandes diferencias entre P y M. Por cierto, eso aumenta las pérdidas que el agricultor cree que experimentará si no participa en el sistema, pero también significa que hay que hacer una contribución mayor cuando la producción es elevada (recuérdese que la contribución es $(1 - p)(M - P)$, que aumenta con la dispersión). Eso significa que el agricultor tiene más que ganar desviándose. El efecto neto puede ir en cualquiera de los dos sentidos.

15.4.2 Posibilidad de obligar a cumplir el acuerdo y seguro imperfecto

¿Qué ocurre si no se cumple la ecuación [15.6]? Significa que el seguro *perfecto* es inalcanzable. Nos encontramos, pues, en una situación parecida a la que hemos analizado en el caso del fallo de información, en la que, no obstante, era posible algún tipo de seguro más limitado. Podemos seguir los pasos de ese análisis para ver qué ocurre en este caso. Una vez más, X representa el consumo de un agricultor que obtiene una elevada producción e Y el consumo de un agricultor que obtiene una baja producción. Para que el sistema sea viable, el "presupuesto del seguro" debe cuadrar, lo cual equivale a afirmar que debe cumplirse la ecuación [15.4], que reproducimos aquí:

$$pX + (1-p)Y = pM + (1-p)P = I. \qquad [15.7]$$

A continuación debe satisfacerse la restricción del cumplimiento, lo que equivale a decir que la ganancia derivada de una desviación no debe ser superior a las futuras pérdidas. La ganancia conseguida de una sola vez es $u(M) - u(X)$. La pérdida es

$$N\{[pu(X) + (1-p)u(Y)] - [pu(M) + (1-p)u(P)]\} + S,$$

por lo que la restricción del cumplimiento puede expresarse de la siguiente manera:

$$N\{[pu(X) + (1-p)u(Y)] - [pu(M) + (1-p)u(P)]\} + S \geq u(M) - u(X). \qquad [15.8]$$

Será útil expresarla de tal forma que las X y las Y se encuentren todas en un mismo miembro. Transponiendo términos, obtenemos la condición equivalente

$$u(X) + N\{pu(X) + (1-p)u(Y)\} \geq u(M) + N\{pu(M) + (1-p)u(P)\} - S. \qquad [15.9]$$

Estamos buscando el sistema de seguro de segundo óptimo. Ya sabemos que todo el mundo quiere uniformar lo más posible el consumo (sujeto a la restricción del cumplimiento), por lo que estamos buscando los valores de X e Y "menos dispersos" que sean compatibles tanto con la restricción [15.7] como con la [15.9]. Existe una sencilla manera de hacerlo gráficamente. La figura 15.1 muestra cómo varía el primer miembro de la restricción del cumplimiento [15.9] cuando alteramos X, partiendo del nivel correspondiente al seguro perfecto (que es, por supuesto, $pM + (1 - p)P$) y ascendiendo hasta el nivel correspondiente a la ausencia de seguro M. Implícitamente, el valor de Y varía, por lo que la condición de viabilidad [15.7] se cumple en todo este ejercicio. Por lo tanto, Y *disminuye* del nivel de seguro perfecto [también $pM + (1 - p)P$] al nivel correspondiente a la ausencia de seguro (pero esta variación no se muestra explícitamente en el gráfico).

¿Qué ocurre con el primer miembro de la condición [15.9]? *En* el punto correspondiente al seguro perfecto $X = pM + (1 - p)P$, el valor de esta expresión debe aumentar. La razón se halla en que el término $pu(X) + (1 - p)u(Y)$ apenas varía cuando las variaciones de X son pequeñas, en el punto correspondiente al seguro perfecto (porque en ese punto alcanza un máximo).[18] Sin embargo, $u(X)$ aumenta con X, por lo que la expresión conjunta $u(X) + N\{pu(X) + (1 - p)u(Y)\}$ debe aumentar con X.

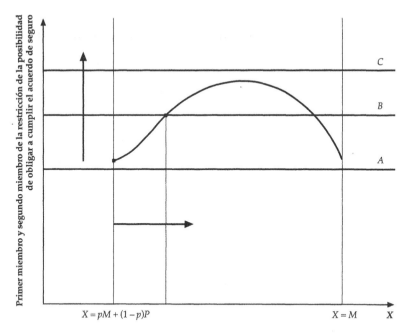

Figura 15.1. La restricción de la posibilidad de obligar a cumplir el acuerdo y el seguro imperfecto.

---

[18] Esta observación y las siguientes pueden verificarse fácilmente tomando derivadas de la expresión relevante con respecto a X, teniendo en cuenta al mismo tiempo la covariación de Y. Omitimos los detalles.

¿Qué significa esto en palabras? Significa que si nos alejamos del nivel de seguro de primer óptimo, es más fácil obligar a cumplir el acuerdo, debido a que la ganancia derivada de la desviación disminuye, mientras que las pérdidas que se experimentan por no poder acceder en el futuro al seguro no disminuyen tan deprisa, al menos inicialmente.

Pasado un tiempo, esta tendencia se invierte. La disminución de $pu(X) + (1 - p)u(Y)$ comienza a ser significativa cuando los valores de X son más altos y finalmente es superior a la ganancia de $u(X)$, por lo que la expresión conjunta alcanza un máximo y a continuación empieza a disminuir. Es posible que para entonces X ya haya alcanzado el punto M correspondiente a la ausencia de seguro, por lo que, en realidad, la expresión conjunta no empieza a disminuir. El resultado depende de los parámetros y no tiene mucha importancia para nosotros, por lo que también introducimos un segmento descendente en la figura 15.1 para completar el análisis.

La línea recta horizontal de la figura 15.1 representa el segundo miembro de la restricción del cumplimiento [15.9]. Es plana porque es independiente del valor de X. Obsérvese que su altura depende de varios parámetros, entre los cuales se encuentra el valor de las sanciones sociales. Cuanto más baja sea la línea, mayor será la variedad de sistemas de seguro que satisfacen la restricción del cumplimiento.

Representamos tres casos de este segmento horizontal. En el caso de los valores representados por la línea *A*, es posible obligar a cumplir el seguro perfecto y no es necesario buscar otros sistemas. Imaginemos ahora que las normas sociales de esta economía comienzan a desaparecer, por lo que disminuye el valor de las sanciones sociales. Eso desplaza la línea horizontal en *sentido ascendente* hasta la línea *B*. En este nivel, el seguro perfecto se viene abajo. El sistema de seguro de segundo óptimo se logra por medio de un valor más alto de X (y, por consiguiente, de un valor más bajo de Y). Eso significa que el consumo individual tiene que variar con la renta individual. Cuanto más bajo sea el valor de las sanciones sociales, mayor será la variabilidad. Por último, hay un punto (representado por la línea *C*) en el que *no* es posible ningún seguro.

Por lo tanto, la imposibilidad de obligar a cumplir el acuerdo limita el seguro y crea estructuras de seguro de segundo óptimo en las que la gente debe enfrentarse en cierta medida a su propia suerte. Este modelo puede modificarse de muchas formas para ir comprendiendo aspectos diferentes.

Autoseguro y seguro mutuo

En primer lugar, podemos hacer que el autoseguro o el crédito complementen el seguro mutuo. Tras abandonar el seguro mutuo, es posible autoasegurarse en alguna medida. Eso significa que los castigos son, de hecho, menores, por lo que aumenta la tendencia de los sistemas de seguro mutuo a venirse abajo. Cuanto mayores sean las posibilidades de autoasegurarse, más probable es que los sistemas de seguro mutuo comiencen a derrumbarse. El resultado es en cierto sentido lógico: cuando aparecen otras opciones, los sustitutivos informales pueden desaparecer sin grandes dificultades. Pero es importante darse cuenta de que el proceso posee una ineficiencia inherente. El valor de una desviación del seguro mutuo es el rendimiento *actual* (una elevada producción) más el rendimiento futuro del autoseguro. Si este valor es mayor que los rendimientos generados por el seguro mutuo y si no existen sanciones sociales adicionales, el seguro mutuo se vendrá abajo. Obsérvese, sin embargo, que *en* el punto de colapso, el sistema de seguro mutuo genera un valor mayor que el autoseguro, siempre que las sanciones sociales tengan poco poder.[19] En este sentido, la transición es ineficiente.

Perturbaciones correlacionadas

También podemos ampliar el modelo para incluir perturbaciones agregadas (correlacionadas) de la producción (véase Coate y Ravallion [1993]). Es bastante fácil formular una restricción del cumplimiento para este problema. Esa restricción tiene una característica interesante. Si toda la economía atraviesa una depresión, los agricultores a los que les va *relativamente* bien en esa situación tendrán más incentivos para desviarse de cualquier sistema de seguro mutuo, debido a la utilidad marginal decreciente: cuando la producción total es menor, el valor de *no* contribuir al fondo de seguro debe aumentar. Al mismo tiempo, las expectativas futuras de ganancias derivadas del seguro no varían (si las perturbaciones están distribuidas independientemente a lo largo del tiempo).

Por consiguiente, resulta más difícil satisfacer la restricción del cumplimiento cuando la economía en su conjunto atraviesa dificultades y, por lo tanto, el seguro se debilita en esas épocas. Sin embargo, debemos tener cuidado: compárese este fenómeno con aquel en el que mejora permanentemente la suerte de uno de los miembros del grupo (o de algunos de ellos). Ante una mejora permanente, tampoco contribuirán al seguro mutuo. Por lo tanto, una situación agregada de depresión económica o una situación selectiva de bienestar puede contribuir a la destrucción de las oportunidades de crear un seguro que sea posible obligar a cumplir.

La difuminación de la distinción entre el crédito y el seguro

La tercera (y última) extensión es mucho más sutil que las otras dos y tiene profundas consecuencias para la distinción conceptual entre el crédito y el seguro. Recuérdese que la característica distintiva del seguro es que no tiene en cuenta hasta cierto punto la historia. Es posible (aunque quizá improbable) que Armando haya tenido una mala cosecha durante tres años consecutivos y que Gustavo haya disfrutado de una elevada producción durante esos tres años. Nuestro sistema de seguro dicta que Gustavo debe hacer contribuciones a Armando durante esos tres años. Por otra parte, una vez que concluyen los tres años, se hace borrón y cuenta nueva. Por lo tanto, el seguro puro tiene algo de unilateral: las transferencias no entrañan la obligación de devolverlas. De hecho, por extraño que parezca, esta propiedad del sistema de seguro perfecto es necesaria en el modelo que hemos descrito. No es que no exista en absoluto ese tipo de sistemas en el

---

[19] El rendimiento actual de una desviación, si el agricultor ha tenido una elevada producción, siempre es mayor que el rendimiento que puede proporcionar cualquier sistema de seguro. Por lo tanto, si el valor de *S* es bajo, ya no es posible obligar a cumplir el sistema de seguro mutuo en un punto en el que sigue siendo mejor que el autoseguro. El lector puede demostrarlo formalmente adaptando primero la restricción del cumplimiento [15.6] para incluir un sistema de autoseguro más débil tras la desviación. Iguale *S* a 0. Ahora examine el punto en el que el seguro mutuo no satisface la restricción del cumplimiento.

mundo en que vivimos: el seguro médico tiene esa propiedad, pero es más difícil imaginar sistemas informales que la tengan.

Resulta que la restricción del cumplimiento aporta algunas interesantes ideas sobre esta cuestión. Es cierto, como ya hemos mencionado, que el sistema de primer óptimo tiene la propiedad de que es "independiente de la historia". Sin embargo, ¿qué ocurre si la restricción del cumplimiento impide poner en práctica un sistema de primer óptimo? Esa es precisamente la situación que hemos analizado hasta ahora; sin embargo, al formular nuestro sistema de segundo óptimo, nos aferramos firmemente al seguro puro y no permitimos que las transferencias pasadas influyeran en el futuro. Pues bien, si abandonamos esta condición, podemos obtener aún mejores resultados (Fafchamps [1996]; Kletzer y Wright [1995]; Thomas y Worrall [1994]).

Para ver mejor este sistema, volvamos a la formulación del sistema de segundo óptimo analizado en las ecuaciones [15.7]-[15.9] y en la figura 15.1. Recuérdese la idea básica de esta formulación: las personas que tienen una elevada producción pueden mostrarse reacias a contribuir al sistema de seguro porque puede interesarles más quedarse con toda la producción. Comparan estas ganancias con las pérdidas que experimentarían por no poder participar en el sistema en el futuro (también hay sanciones sociales, pero aquí prescindimos de ellas, ya que no son necesarias para el argumento principal). Antes hemos hallado X —el consumo de la persona que tiene una elevada producción— comparando estas dos fuerzas rivales de tal forma que fuera compatible con el máximo grado posible de homogeneización. Al equilibrarlas, dejamos de lado otra fuente de equilibrio, a saber, *podría idearse un sistema que aumentara los futuros rendimientos de la participación en el sistema de seguro de la persona que obtiene una elevada producción*. De esa manera aumentarían las pérdidas ocasionadas por la imposibilidad de participar en el futuro y, por lo tanto, disminuiría la restricción del cumplimiento y sería posible estabilizar hoy más el consumo.

Eso significa que la persona que obtiene un elevado nivel de producción hoy tendrá en el futuro una parte mayor del fondo del sistema y la persona que obtiene un bajo nivel de producción y recibe una ayuda del sistema hoy tendrá en el futuro una parte menor. Sin embargo, ese ajuste no afecta a la restricción del cumplimiento del agricultor que obtiene una baja producción: *recibe* dinero del sistema, por lo que no hay ninguna restricción de la que preocuparse en este caso.[20]

Naturalmente, esta situación no es permanente: la persona que obtiene una elevada producción hoy puede ser la que obtenga una baja producción mañana y, en ese caso, estará en una posición peor en lo que se refiere a la parte que le corresponderá del fondo del seguro. Asimismo, el productor que obtiene un bajo nivel de producción hoy puede recuperar su "estatus" produciendo mucho en el futuro.

El análisis algebraico de esta formulación es complicado y no presentaremos aquí los detalles, pero el lector debería ser capaz de comprender la idea básica y —lo que es más importante— sus consecuencias. Vinculando las contribuciones realizadas por una perso-

---

[20] Esto es cierto siempre que tengamos cuidado de no reducir la utilidad de su participación a partir de mañana *por debajo* del nivel que puede alcanzar por su cuenta.

na en el pasado a los derechos actuales sobre el sistema de seguro, éste deja de ser un sistema de seguro puro y adquiere algunas de las características del crédito. Mis derechos actuales son mayores si he contribuido más en el pasado, lo que equivale en cierta medida a decir que tengo derecho a que se me devuelva una parte del dinero que aporté ayer. Sin embargo, se trata solamente de un derecho *en promedio*. Puede ocurrir que a mi compatriota vuelva a irle mal y, en ese caso, el aspecto de seguro del sistema entrará en conflicto con el aspecto de crédito: es posible que se me "obligue" a perdonar o renegociar parte de la "deuda" pasada e incluso a conceder nuevos "préstamos", por lo que el sistema es más complicado que el crédito puro. Aún más interesante es la interpretación de la devolución de mi vecino que depende de *mi* situación económica actual: tendrá que pagarme más si mi situación económica actual es mala que si es buena.

Este sistema mixto de crédito-seguro aparentemente esotérico nos lleva a la frontera de las investigaciones que están realizándose actualmente en este campo. ¿Es todo esto realmente tan esotérico? Por sorprendente que parezca, la respuesta es negativa: tal como se desarrollan las investigaciones empíricas, observamos que una gran parte de las interacciones financieras informales existentes en los países en vías de desarrollo se rigen por normas tanto de reciprocidad como de obligación. La primera exige la ayuda repetida si las circunstancias lo requieren, por lo que se parece a un seguro. La segunda exige tener en cuenta algo el pasado, por lo que se parece a un crédito. Terminamos este capítulo con un recuadro que describe un estudio empírico pionero en este campo.

El crédito como seguro: un estudio sobre el norte de Nigeria

¿Cómo pueden adaptarse los mercados y las instituciones financieras a la falta de información y a los problemas que plantea la imposibilidad de obligar a cumplir lo acordado? Hemos visto que estas restricciones pueden limitar las transacciones y provocar la aparición de una mezcla de crédito y seguro. Un estudio sobre los mercados de crédito rural del norte de Nigeria realizado por Udry [1993, 1994] constituye una rica muestra empírica de adaptación institucional.

Nigeria es un país predominantemente islámico: cerca de la mitad de la población es musulmana. La ley islámica prohíbe rigurosamente cobrar intereses por los préstamos. Por lo tanto, la usura siempre ha sido tabú en las sociedades islámicas tradicionales. También están prohibidos los periodos fijos de devolución de los préstamos: "Y si el deudor se encuentra en dificultades, entonces se debe posponer el pago hasta que se encuentre en una situación mejor", dice el Corán (2: 280; citado en Udry [1993]). Al mismo tiempo, la agricultura nigeriana experimenta fluctuaciones estacionales y perturbaciones aleatorias (sequías, plagas, etc.). Por lo tanto, los flujos de renta son lógicamente muy inciertos e irregulares. La necesidad de pedir préstamos y de prestar en los momentos de dificultades es, pues, primordial. Ante la actitud contraria al cobro de intereses, lo que debería reducir los incentivos para prestar, ¿cómo resuelven las instituciones económicas el problema de la estabilización del consumo? ¿Existe un mercado de crédito significativo en las zonas rurales de Nigeria? El estudio de Udry, basado en datos recogidos en cuatro pueblos elegidos aleatoriamente y cercanos a la ciudad de Zaria situada en el Estado de Kaduna al norte de Nigeria, muestra que la respuesta es en gran medida afirmativa y que el crédito adopta implícitamente la forma de un seguro entre hogares contra las fluctuaciones de la renta.

Sólo el 10% de los 400 hogares de la muestra declaró *no* haber pedido ningún préstamo ni prestado en el periodo de la encuesta. De hecho, el 50% de los hogares había pedido préstamos *y* había prestado varias veces durante este periodo. Una característica evidente de estos préstamos es que se hacían casi siempre dentro de una comunidad muy reducida, cuyos miembros conocían la situación, las necesidades y las actividades de todos ellos. El 97% (del valor) de los 808 préstamos informales registrados se concedió a residentes del mismo pueblo o a familiares. Casi todos eran en gran medida informales: no había ningún contrato escrito ni testigos; tampoco se especificaba un tipo de interés o una fecha de devolución, ni implícita ni explícitamente. Parece que estos préstamos se basan puramente en la confianza.

Lo interesante del mercado de crédito de Nigeria es que la cantidad de dinero que se devuelve depende no sólo de la situación financiera del prestatario en el momento de la devolución *sino también de la situación financiera del prestamista*. El análisis econométrico de Udry confirma que la importancia de este último factor en la determinación del tipo de interés implícito es estadísticamente significativa, lo que le lleva a concluir que los préstamos no son, en realidad, equivalentes a una "acción financiera" de la explotación agrícola o del negocio del prestatario sino mecanismos mixtos que tienen componentes de seguro y de reparto mutuo del riesgo.

No es sorprendente, pues, que el tipo de interés realizado implícito, calculado a partir de las cantidades prestadas y devueltas, mostrara grandes variaciones; sin embargo, la tasa de rendimiento mensual nominal mediana giraba en torno a cero. Dado que la tasa mensual de inflación era nada menos que del 3,7%, el préstamo medio generaba claramente una tasa real de rendimiento significativamente negativa, lo cual refuerza aún más la interpretación de que los préstamos eran, en realidad, tipos de seguro mutuo, basados en la necesidad y en la reciprocidad. Sin embargo, tampoco eran transferencias unilaterales, como dictaría un seguro puro. Una transferencia hecha hoy entraña una *cierta* obligación de devolverla mañana.

La teoría sugiere que un contrato mixto de crédito-seguro es sintomático de la existencia de problemas para obligar a cumplirlo. Un hogar que recibe un préstamo puede negarse a devolverlo más tarde o puede devolver solamente una pequeña parte. Asimismo, los hogares que disfrutan de relativa prosperidad pueden negarse a ayudar a sus vecinos necesitados. ¿Cómo mantiene a raya la comunidad los impagos o el fraude? Parece que la disciplina se mantiene por la presión de la opinión pública de la comunidad y de la amenaza de censura y ostracismo, instrumentos que pueden ser más poderosos que las meras sanciones pecuniarias. Obsérvese, además, que un mercado impersonal, por el propio hecho de ser *impersonal*, no dispone de estos instrumentos. Lo que sí comparte un mercado impersonal con esta institución informal es otra fuente de castigo: la imposibilidad temporal o permanente de participar en el futuro en transacciones recíprocas.

En los pocos casos en los que el prestamista tiene un conflicto con el prestatario o cree que éste no va a devolver el préstamo, presenta una queja a un líder de la comunidad. Si tras revisar la situación, el líder piensa que el prestatario es culpable, el castigo que se impone suele ser una advertencia verbal y, en casos extremos, la amenaza de hacer pública la cuestión (lo que obliga a pasar vergüenza o puede entrañar la imposición de sanciones por parte de la comunidad). Esta última amenaza se considera tan grave y perjudicial que en su encuesta Udry no encontró ni un solo caso.

Es probable que otras cuestiones relacionadas con el riesgo moral sean secundarias en el contexto de Nigeria, debido a que es fácil obtener información. Como sólo se presta dentro de comunidades muy reducidas, a los prestatarios suele resultarles imposible no revelar su verdadera situación financiera o simular una mala cosecha, enfermedades o cualquier otra desgracia.

La observación de las cifras de la muestra relativas a los impagos es reveladora. Sólo 47 de los 808 préstamos (alrededor de un 5%) no se devolvieron, según los propios prestamistas. Aunque parezca asombroso, sólo tres de estos casos se referían a prestatarios cuya renta sufrió perturbaciones negativas después de recibir el préstamo. Eso debe significar que generalmente no se *consideran* morosos los prestatarios que no devuelven los préstamos debido a una perturbación negativa, lo cual demuestra que forma parte de la norma que se reduzca la carga de la devolución del préstamo a los prestatarios que tienen problemas económicos o que se les exonere de devolverlo, demostración, una vez más, del carácter de seguro de estas transacciones.

Terminemos con algunas observaciones sobre las transacciones de crédito entre pueblos. Obsérvese que una perturbación de la renta puede ser de dos tipos: una perturbación *idiosincrática*, que afecta a un único hogar (por ejemplo, una enfermedad en la familia, una inundación o daños causados por un insecto en la parcela de la familia), y una perturbación *agregada*, que puede afectar a todo un pueblo o región (por ejemplo, la falta de lluvias, la crecida de un río, etc.). Como la mayoría de los préstamos se realizan y se piden dentro de pequeñas comunidades y pueblos, parecería que el mercado de crédito rural debería ser eficiente en el reparto del riesgo y en la provisión de un seguro contra el primer tipo de perturbación, pero no contra el segundo. Udry estima que en esta muestra alrededor de la mitad (el 58%) de las fluctuaciones de los rendimientos agrícolas se debía a este último tipo de perturbaciones, por lo que esta limitación debe ser seria.

Sin embargo, aunque casi no existen préstamos directos externos (la desventaja de las personas de fuera desde el punto de vista de la información, y la imposibilidad de cobrar intereses fijos e independientes de la situación porque viola la ley islámica son, sin duda alguna, las razones), los flujos de fondos entre pueblos no son totalmente inexistentes. En el norte de Nigeria, la tradición Hausa de recorrer largas distancias para comerciar ha dado lugar a una red de comerciantes. Al tener extensas conexiones exteriores y un íntimo conocimiento personal de los habitantes de su propio pueblo de residencia, estos comerciantes sirven de cauce para que entre crédito exterior en el pueblo, al tiempo que realizan préstamos en condiciones que no violan las normas aceptadas por la comunidad. El seguro entre pueblos, aunque no está tan extendido como el seguro dentro de los pueblos, no parece que esté totalmente ausente.

15.5 Resumen

En este capítulo hemos estudiado el *seguro*: la provisión de fondos para estabilizar las variaciones imprevistas de la renta o de las necesidades de consumo. Hemos comenzado con un ejemplo para mostrar que el seguro puede ser rentable y lo hemos utilizado para distinguir entre el *autoseguro*, que es la homogeneización del consumo utilizando los activos propios, y el *seguro mutuo*, que requiere la interacción de varios individuos. Hemos señalado que las posibilidades de asegurarse son máximas cuando la suerte de los individuos está *correlacionada negativamente* (a mí me va bien, en promedio, cuando a ti no, y viceversa). Aunque puede ser difícil que exista una correlación negativa en la práctica, una condición más débil —la *independencia* de las rentas— también permite en gran medida la creación de un seguro. Sin embargo, las posibilidades de asegurarse disminuyen cuando la suerte de los individuos está cada vez más *correlacionada positivamente* y desaparece totalmente si sus rentas y sus necesidades evolucionan totalmente al unísono. Por último, hemos señalado que cuanto mayor es el grupo, mayores son las posibilidades de asegurarse mutuamente.

A continuación hemos presentado un modelo de referencia, que llamamos modelo de *seguro perfecto*. En este modelo, hay un gran número de personas que se enfrenta a una perturbación agregada común a todas ellas (por ejemplo, la meteorología) y la posibilidad adicional de que la renta (o las necesidades de consumo) experimente variaciones idiosincrásicas. Hemos mostrado que es óptimo aunar todas las variaciones idiosincrásicas y que es imposible asegurarse contra las variaciones agregadas. Por lo tanto, la solución del problema del seguro perfecto genera una hipótesis contrastable: si el modelo es bueno, deberíamos observar que las rentas *individuales* no afectan al consumo individual (o del hogar) y, en vez, debería existir una correlación perfecta entre éste y el consumo agregado del grupo asegurado (todo el pueblo, por ejemplo).

Hemos llevado a cabo un análisis de regresión para comprobar esta predicción. Hemos utilizado el consumo del hogar como variable dependiente y el "consumo del grupo", la renta del hogar y otras variables observables del hogar (como un periodo de paro) como variables independientes. En términos generales, si la teoría del seguro perfecto es correcta, los coeficientes estimados de todas las variables propias del hogar deben ser cero y el coeficiente del consumo medio del grupo debe ser uno. Hemos señalado varios problemas de este enfoque que se deben en gran medida a la falta de datos: por ejemplo, ¿qué utilizamos para medir el consumo del grupo cuando lo único que tenemos son datos de una muestra de hogares? A continuación hemos analizado varios estudios empíricos. Todos coinciden en que aunque el coeficiente de la renta del hogar generalmente es bajo (ciertamente, mucho menor que la unidad), estamos muy lejos del seguro perfecto. Las perturbaciones idiosincrásicas que afectan la renta del hogar influyen significativamente en el consumo de ese hogar.

Esta conclusión nos ha llevado a estudiar los modelos con un seguro *imperfecto*. Hemos identificado dos grandes factores que podrían limitar el alcance del seguro: la *información limitada* y la poca *posibilidad de obligar a cumplirlo*.

El problema de información es un problema de *riesgo moral*: los miembros de un grupo pueden no estar seguros de que la renta de uno de ellos haya disminuido o de que su consumo haya aumentado, es decir, puede ser difícil o imposible verificar la situación en la que se basan las transferencias del seguro. Pasando a un problema más sutil, puede ocurrir que sea posible verificar la situación, pero no lo que lo ha originado: ¿ha tenido el agricultor una mala cosecha por mala suerte o porque no se ha esforzado lo suficiente? Con esta incertidumbre, podría ser imprudente intentar el seguro perfecto: habría enormes pérdidas de eficiencia en la producción, ya que en ese caso la gente tendría un incentivo para no esforzarse lo suficiente para realizar las actividades generadoras de renta. Hemos estudiado el problema del seguro imperfecto con estas restricciones y hemos descrito un sistema de seguro de "segundo óptimo", restringido por la información limitada.

Una consecuencia de este modelo es que los individuos se enfrentan a una disyuntiva entre la diversificación y el riesgo moral. Es más fácil conseguir que las rentas de los miembros del grupo estén diversificadas y no correlacionadas cuando se dedican todos ellos a ocupaciones diferentes o trabajan en la misma ocupación, pero en zonas geográficas separadas, lo cual es difícil de lograr dentro de un pueblo. Por otra parte, la extensión de los sistemas de seguro a otros pueblos plantea directamente un problema de riesgo moral, ya que es mucho más difícil verificar los hechos. Hemos visto cómo puede mejorarse en la práctica esta disyuntiva.

El segundo problema está relacionado con la posibilidad de obligar a cumplir los acuerdos. Puede darse el caso de que un agricultor que tenga una buena cosecha se vea obligado a realizar una transferencia al fondo de seguro común. ¿Por qué la realizaría? Una respuesta es que si no la realiza, el pueblo le impondrá sanciones sociales. También podría impedírsele participar en el sistema de seguro en el futuro. Esas sanciones y exclusiones representan un coste, que el campesino comparará con los beneficios de quedarse hoy con más renta. Esta idea da lugar a un problema con una nueva restricción: hallar el mejor sistema de seguro coherente con el requisito de que todos los agricultores paguen cuando su situación es buena. Hemos analizado las propiedades de este sistema.

El modelo de la restricción del cumplimiento de los acuerdos tiene varias consecuencias. En primer lugar, el aumento de las oportunidades de autoasegurarse tiende a destruir los sistemas de seguro mutuo, porque esas oportunidades reducen el valor punitivo de la futura exclusión. Es más probable, en estas circunstancias, que la gente se desvíe del sistema. Asimismo, la pérdida de vínculos sociales en el pueblo debilita el poder de la desaprobación social, lo cual también destruye los sistemas de seguro.

Otra consecuencia del modelo de la restricción del cumplimiento de los acuerdos es que generalmente predice la desaparición de la distinción entre el crédito y el seguro. Hemos observado que el seguro puro no tiene en cuenta la historia: el hecho de que yo haga una transferencia hoy no tiene consecuencias para lo que ocurra mañana. Sin embargo, cuando los problemas de incumplimiento excluyen el seguro puro, una solución de compromiso de segundo óptimo podría ser relacionar positivamente los rendimientos que obtendré del sistema en el futuro con las transferencias que realizo hoy. La razón se halla en que eso suaviza la restricción del cumplimiento y permite un seguro mejor en conjunto. La subordinación de los rendimientos futuros a los pagos actuales puede interpretarse como un crédito.

Hemos concluido el capítulo con un análisis de los mercados rurales de Nigeria, donde es posible observar este tipo de sistema mixto en la práctica.

Ejercicios

■ (1) Analice los principales problemas del seguro agrícola. Preste especial atención a los problemas de correlación e información. Utilizando estos conceptos comente la posibilidad de crear un sistema de dos niveles en el que una compañía de seguros gigantesca pague las indemnizaciones al pueblo en su conjunto y el Ayuntamiento decida cómo repartirlas entre los residentes.

■ (2) Suponga que dos personas, *A* y *B*, pueden percibir una renta alta (*H*) o baja (*L*) cada una. El cuadro adjunto describe las probabilidades de cada uno de los cuatro acontecimientos. Asegúrese de que comprende el significado de cada casilla: en particular, debe observar que $q + s + 2r = 1$.

	H para *A*	*L* para *A*
H para *B*	*q*	*r*
L para *B*	*r*	*s*

(a) Si cada persona espera *H* con una probabilidad *p*, y ésta es independiente de lo que le ocurra a la otra persona, describa *q*, *r* y *s* en función de *p*.

(b) Ahora suponga que la suerte de las dos personas está correlacionada. Utilizando las variables del cuadro, ¿cómo recogería la idea de que las rentas de *A* y *B* pueden estar correlacionadas *positivamente*? ¿Y negativamente? ¿Cómo se expresarían los extremos de correlación perfecta?

(c) ¿Cuál de estos casos le parece más propicio para que *A* y *B* se aseguren mutuamente?

■ (3) Suponga que observamos que las perturbaciones temporales de la renta (como las que se deben a las fluctuaciones del tiempo meteorológico) producen pequeños efectos en el consumo de un hogar. En ese caso, eso es una prueba *prima facie* de que los hogares consiguen estabilizar esas perturbaciones, pero pueden lograrlo por medio de un autoseguro, un crédito o un seguro mutuo. Si tiene datos sobre el consumo y la renta del hogar correspondientes a varios periodos de tiempo, indique cómo podría utilizar estos datos intertemporales para distinguir entre estas tres fuentes de reducción de las perturbaciones.

■ (4) Suponga que un hogar acumula activos, como bueyes, tierra, joyas y dinero en efectivo. Cuando se enfrente a una perturbación negativa de la renta un año cualquiera, utilizará estos activos para estabilizar el consumo. Analice los factores que influyen en la elección de los activos utilizados para estabilizarlo.

■ (5) Considere dos economías: una tiene una elevada densidad de población, por lo que los pueblos están muy juntos y los costes de transporte de unos a otros son bajos, y otra en la que los pueblos están distanciados y casi aislados unos de otros. ¿En qué economía es de esperar que se utilice la compraventa de bueyes para estabilizar el consumo?

■ (6) Considere dos grupos de agricultores aversos al riesgo. Uno de ellos practica el seguro mutuo, pero el otro no. En las preguntas siguientes, base sus argumentos en el supuesto de que existe un menú de técnicas de producción y de cultivos y que los agricultores eligen de este menú.

(a) Si los agricultores pueden elegir colectivamente sus cultivos/técnicas, explique por qué es probable que el grupo asegurado tenga una tasa media de rendimiento más alta en sus inversiones agrícolas.

(b) Explique, por el contrario, por qué un sistema de seguro existente podría reducir el incentivo *individual* para adoptar métodos o cultivos que acaban de aparecer y que tienen una tasa media de rendimiento más alta.

■ (7) Dejando a un lado las consideraciones altruistas, explique por qué un seguro entre los miembros de un clan familiar es más probable que un seguro entre un grupo de extraños del mismo tamaño y composición de ocupaciones.

■ (8) Hemos visto que el riesgo moral reduce las posibilidades de crear un seguro: si debe realizarse un esfuerzo inobservable para producir una cantidad eficiente, es posible que no se realice ese esfuerzo si existe un seguro. Repase los argumentos relevantes de este capítulo. Ahora (i) indique si los grupos de agricultores pobres tienen más o menos probabilidades de ser vulnerables a este problema que los grupos de agricultores ricos y (ii) muestre que una combinación de crédito y seguro del grupo (en lugar de un seguro puro solamente) puede ayudar a evitar el problema del riesgo moral.

■ (9) Repase el análisis de las restricciones del cumplimiento de los acuerdos del seguro. ¿Por qué un aumento de la movilidad (de las personas) podría destruir el seguro mutuo?

Capítulo 16

EL COMERCIO INTERNACIONAL

16.1 Pautas del comercio mundial

El comercio mundial ha experimentado una enorme expansión desde la Segunda Guerra Mundial. Al final de la guerra, la celebración de una conferencia histórica en Bretton Woods (New Hampshire) allanó el camino para la creación de un organismo multilateral: el Acuerdo General de Aranceles y Comercio (GATT), que se comprometió a reducir las barreras comerciales en todo el mundo. Como consecuencia de este nuevo orden comercial y gracias al rápido crecimiento económico mundial, el volumen de comercio internacional creció extraordinariamente. Las exportaciones mundiales crecieron, en promedio, un 7,3% al año entre 1960 y 1968 y todavía más, un 9,7, entre 1968 y 1973. El año de la primera crisis del petróleo fue 1973. Los precios del petróleo subieron vertiginosamente como consecuencia de la reducción coordinada de la extracción de petróleo por parte del cártel de la Organización de Países Exportadores de Petróleo (OPEP). Los países desarrollados atravesaron una recesión provocada en parte por la subida del precio de la energía, por lo que se reavivaron las tendencias proteccionistas. El comercio mundial continuó expandiéndose, pero a una tasa significativamente más baja: un 3,3% al año entre 1973 y 1981, un 2,3 entre 1980 y 1985 y un 4,5 entre 1985 y 1990.[1]

En estas circunstancias, los resultados de los países en vías de desarrollo (durante la década de 1970 y en años posteriores) han sido diversos. El cuadro 16.1 resume el crecimiento de las exportaciones de los países en vías de desarrollo por regiones. Es evidente que éstas han aumentado sistemáticamente. Este rápido crecimiento ha sido responsable en parte del resurgimiento del proteccionismo; sin él, es posible que las tasas de crecimiento hubieran sido incluso más altas. Especialmente interesante es la espectacular expansión del volumen de exportaciones de Asia: la tasa media de crecimiento de las exportaciones asiáticas fue de dos dígitos durante la década de 1980 y más del doble de la media global de los países en vías de desarrollo.

Dentro de Asia, los esfuerzos para conseguir un crecimiento impulsado por las exportaciones que más éxito han tenido corresponden a las economías recién industrializadas (PRI): Hong Kong, Corea, Singapur y Taiwan. Aunque la recesión de los años setenta frenó la expansión del comercio en casi todo el mundo, en estos países mantuvo un ritmo superior al 13% anual. Sus estrategias orientadas hacia las exportaciones también han sido adoptadas por otras economías asiáticas: Malasia, Indonesia, Filipinas, Tailandia y, últimamente, China.

En los países latinoamericanos también resurgieron las exportaciones a finales de la década de 1980 y en años posteriores, debido principalmente a su urgente necesidad de

---

[1] Estas cifras proceden de Page [1994, cuadro 1.1].

Cuadro 16.1. Crecimiento porcentual anual medio de las exportaciones en los países en vías de desarrollo.

Región	1973-82	1983-86	1987-90
Todos los PMD	0,2	4,7	5,7
África	− 2,4	4,4	2,3
Asia	9,2	10,5	11,8
Europa[a]	4,3	5,1	− 4,2
Oriente Medio	− 5,1	− 1,1	5,4
Hemisferio Occidental	1,9	2,6	7,2
África subsahariana	− 1,0	1,7	1,0
Cuatro PRI asiáticos[b]	13,3	13,4	11,4

Fuente: Fondo Monetario Internacional, *Issues and Developments in International Trade Policy*, 1992.

[a] Europa Oriental y antigua Unión Soviética.

[b] Hong Kong, Corea, Singapur y Taiwan.

pagar los intereses de una enorme deuda internacional acumulada durante los años setenta (cuestión que analizamos más adelante). El volumen de exportaciones de África ha crecido a un ritmo más lento; en particular, los resultados de las exportaciones subsaharianas fueron pésimos durante las décadas de 1970 y 1980.

Si adoptamos una perspectiva amplia, vemos que a pesar de la rápida expansión de las exportaciones asiáticas, el peso de los países desarrollados en el valor del comercio mundial ha *aumentado*, en realidad, pasando de alrededor del 66% en 1960 al 73% en 1991. ¿Por qué? En parte porque el resto del mundo en vías de desarrollo no obtuvo los mismos resultados que Asia, pero en parte porque los precios de los productos básicos han descendido desde los años ochenta, lo que ha provocado un cambio de la valoración relativa de las exportaciones de los países menos desarrollados (PMD) y de los países desarrollados (PD). Muchos países en vías de desarrollo son exportadores de productos básicos: alimentos, combustibles, minerales, etc. Como veremos más adelante, la teoría de la ventaja comparativa explica por qué es de esperar esta pauta (pero también haremos varias matizaciones). El cuadro 16.2 contiene datos sobre el peso de los productos básicos en las exportaciones totales de algunos países en vías de desarrollo correspondientes a principios de los años noventa. También muestra las principales exportaciones de estos países. La figura 16.1, que reproduce la 2.13 del capítulo 2, contiene un diagrama de puntos dispersos que muestra la relación entre el peso de los productos básicos en las exportaciones y la renta per cápita de los países, considerando un grupo más amplio de países. La tendencia del peso de los productos básicos en las exportaciones a disminuir cuando aumenta la renta per cápita debería ser evidente en esta figura.

Sin embargo, dicho eso, debe señalarse que la *composición* de las exportaciones de los países en vías de desarrollo ha cambiado significativamente en favor de las exportaciones de productos manufacturados. El cambio es especialmente significativo en Asia, pero constituye una característica general de los países en vías de desarrollo en su conjunto.

Cuadro 16.2. Composición de las exportaciones y principales exportaciones de algunos países en vías de desarrollo.

| País | Porcentajes (%) | | Principales exportaciones |
	Productos básicos	Productos manufacturados	
Etiopía	96	4	Café, té, cueros y pieles
Burundi	70	30	Café y sustitutos, té
Rep. Centroafricana	56	44	Perlas y piedras semipreciosas, café y sustitutos
Egipto	67	33	Petróleo y productos derivados, combustibles minerales, hilos textiles
India	25	75	Hilos textiles y telas, productos extractivos industriales, piedras preciosas y semipreciosas
Turquía	29	72	Frutas y frutos secos, ropa y accesorios, hierro y acero
China	19	81	Calzado, juguetes, textiles, manufacturas metálicas
Indonesia	47	53	Crudo, gas natural, chapado y contrachapado
Tailandia	28	72	Arroz, transistores, válvulas, máquinas de oficina, ropa y accesorios
Filipinas	24	76	Transistores, válvulas, aceites vegetales, frutas y frutos secos
Corea del Sur	7	93	Calzado, tejidos sintéticos, transistores y válvulas, barcos
Nicaragua	93	7	Café y sustitutos, carne, algodón
México	47	53	Crudo, vehículos de transporte de pasajeros por carretera, verduras
Costa Rica	67	33	Verduras y frutas, café, productos manufacturados básicos
Guatemala	70	30	Café, azúcar y miel, frutas y frutos secos, productos farmacéuticos
Brasil	40	60	Carne y preparados, minerales metalíferos, café
Bolivia	81	19	Gas natural y manufacturado, minerales metálicos básicos, estaño
Colombia	60	40	Café, crudo, carbón

Fuente: Banco Mundial, *World Development Report,* 1995 y Naciones Unidas, *Handbook of International Trade and Development Statistics,* 1992.

Ahora bien, este cambio podría considerarse en parte una ley natural del desarrollo. A medida que crece la renta, algunos artículos como los alimentos son relativamente menos importantes en la cesta de consumo, por lo que aumenta el peso de los productos manufacturados en el consumo total. No hay razón alguna por la que ese cambio no deba reflejarse también en las pautas del comercio. Sin embargo, eso no es todo: la proporción de las exportaciones de productos manufacturados correspondiente a las economías desarrolladas ha *disminuido* en realidad. La proporción correspondiente a las economías en vías de

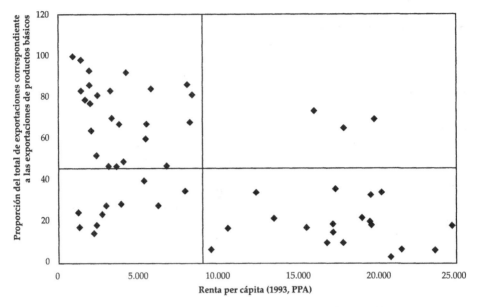

Figura 16.1. Proporción del total de exportaciones correspondiente a las exportaciones de productos básicos. *Fuente:* Banco Mundial, *World Development Report,* 1995.

desarrollo se ha duplicado con creces, pasando de alrededor del 7% en 1970 a más del 17% en 1990, mientras que la proporción correspondiente a las economías desarrolladas ha disminuido, pasando de alrededor de 83% a 77% durante ese mismo periodo.[2]

Como cabría esperar, este aumento se debe en su mayor parte a los países del este asiático. Desde finales de los años ochenta, China ha pasado a desempeñar un papel importante en el mercado de productos manufacturados de la OCDE (también es visible el cambio registrado en Latinoamérica). A excepción de los textiles y de la ropa, cuyo comercio ha estado controlado en aplicación de diversos acuerdos sobre multifibras, las exportaciones de productos manufacturados han crecido en casi todas las categorías.

Como veremos en el capítulo 17, este cambio se ha debido principalmente a la adopción deliberada de medidas para fomentar las exportaciones de productos manufacturados, bien porque los Gobiernos temían que los países desarrollados adoptaran medidas proteccionistas en contra de las exportaciones de productos básicos, bien porque creían que los precios de estos productos bajarían inevitablemente en relación con los de los productos manufacturados, bien porque pensaban que la industria manufacturera era la clave para la pericia y los conocimientos técnicos. El notable éxito de las economías del este asiático también ha llevado a otros países a cambiar de política. Muchos países lati-

[2] Estas cifras no comprenden las economías de Europa oriental.

noamericanos simplificaron su estructura arancelaria y abandonaron las limitaciones cuantitativas del comercio a principios de los años noventa. Algunos países africanos y algunos del sur de Asia también adoptaron importantes medidas de liberalización.[3] El cuadro 16.3 resume los principales cambios favorables a la industria manufacturera que se registraron durante el periodo 1970-90.

Sin embargo, la proporción de las exportaciones totales de productos manufacturados correspondiente a los PMD sigue siendo baja: era muy inferior al 20% a comienzos de los años noventa. Esta observación, junto con la figura 16.1, parece apoyar la siguiente hipótesis general: los PMD exportan productos básicos e importan productos manufacturados, mientras que los países desarrollados importan productos básicos y exportan bienes manufacturados. Este es el tipo de hipótesis que predicen las teorías clásicas de la ventaja comparativa (véase el texto siguiente).

¿Confirman los hechos esta hipótesis? No totalmente. *Es* cierto, como indica la figura 16.1, que las exportaciones de los PMD son bastante intensivas en productos básicos, pero las pautas de las *importaciones* del mundo desarrollado y del mundo en vías de desarrollo son mucho más parecidas. La figura 16.2, que reproduce la 2.15 del capítulo 2, muestra que a diferencia de la clara tendencia de la proporción de exportaciones de productos básicos (a medida que aumenta la renta per cápita), las importaciones de productos básicos no tienden a aumentar con el nivel de renta per cápita. El cuadro 16.4 lleva un paso más allá esta observación mostrando que los países desarrollados exportan, de hecho, más o menos la misma composición de productos a otros países desarrollados que a los países en vías de desarrollo.

De hecho, a pesar del considerable aumento que ha experimentado la participación de las economías en vías de desarrollo en el comercio mundial, el valor del comercio *den-*

Cuadro 16.3. Tendencias de la proporción de exportaciones de productos manufacturados de los PMD (porcentajes).

	1970	*1975*	*1980*	*1985*	*1990*
Proporción con respecto al total mundial					
Todos los PMD	7,0	7,4	10,0	13,3	17,1
Asia	3,7	4,7	7,2	9,5	14,1
Latinoamérica	1,8	1,7	2,0	2,5	2,0
África	1,4	0,7	0,6	0,4	0,5
Proporción con respecto al total de los PMD					
Asia	52,4	62,8	71,8	71,2	82,7
Latinoamérica	26,2	23,4	20,3	18,5	11,6
África	19,5	9,3	5,8	3,2	2,8

Fuente: Page [1994, cuadro 1.3].

[3] Comprenden Costa de Marfil, Gambia, Ghana, Kenia y Zaire en África, y la India y Pakistán en el sur de Asia.

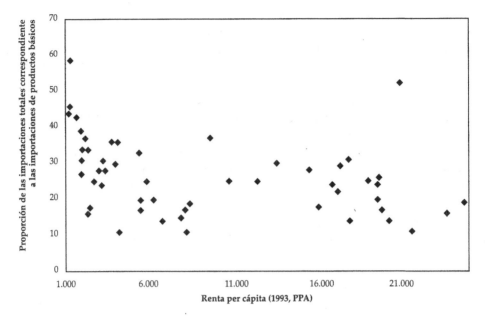

Figura 16.2. Proporción de las importaciones totales correspondiente a las importaciones de productos básicos. *Fuente:* Banco Mundial, *World Development Report*, 1995.

tro del grupo de países desarrollados ha sido sistemáticamente superior al valor del comercio *entre* los países desarrollados y los países en vías de desarrollo. Por ejemplo, entre 1980 y 1991, el valor de las exportaciones de los PD a otros PD (en porcentaje de las exportaciones de los PD al resto del mundo) *aumentó*, pasando de 71 a alrededor de 76%, mientras que el valor de las exportaciones de los PD a los PMD disminuyó, pasando de 25 a alrededor de 21%.[4] Por otra parte, más del 70% del comercio registrado dentro del bloque de los PD consiste en bienes no básicos: productos químicos, maquinaria, equipo y otros bienes manufacturados.

El hecho de que el comercio entre los países desarrollados sea muy grande y de que no consista en productos básicos induce a pensar que las pautas de demanda y las tecnologías de producción (y no sólo las condiciones de oferta) tienen mucho que ver con el comercio. Es posible que el comercio de productos similares sea impulsado por el aumento de la demanda de variedad (a medida que aumenta la renta). También es posible que el comercio de bienes de capital sea impulsado por un aumento de la intensidad de capital (sobre esta cuestión, véase el capítulo 5), lo que crea una demanda de una gran variedad de factores y componentes, que no se producen en su totalidad dentro de cada país.

[4] El peso de las exportaciones de los PMD a los PD en porcentaje del valor de sus exportaciones totales al resto del mundo también ha disminuido, pasando de alrededor de un 68% en 1980 a alrededor de un 60% en 1991.

Cuadro 16.4. Proporción de las exportaciones (%) por clases de productos de los países desarrollados a otros países desarrollados y en vías de desarrollo.

Clase de productos	PD	PMD
Combustibles, minerales, metales	8	5
Otros productos básicos	12	11
Productos químicos y afines	39	35
Productos manufacturados	41	48

Fuente: Naciones Unidas, *International Trade Statistics Yearbook,* 1992.

El hecho de que se comercien productos "similares" (bienes manufacturados a cambio de bienes manufacturados) o "distintos" (bienes manufacturados a cambio de productos básicos) tiene consecuencias para las pautas del comercio y para los acuerdos de libre comercio que analizaremos con algún detalle en los capítulos siguientes.

16.2 La ventaja comparativa

Un concepto fundamental que nos ayudará a aclarar muchas de las cuestiones y debates que plantea la política de comercio internacional es la *ventaja comparativa*. Este concepto es sencillo y sutil al mismo tiempo, por lo que es mejor comenzar con un ejemplo.

Imaginemos que en la economía mundial sólo hay dos países. Llamémoslos Norte (N) y Sur (S). En este mundo tan raro, sólo se producen dos bienes: ordenadores y arroz. Tanto N como S son capaces de producir los dos bienes. Para que el ejemplo sea lo más claro posible, supongamos que el trabajo es el único factor de producción. El cuadro 16.5 indica cuántas unidades de trabajo se necesitan para fabricar un ordenador y un saco de arroz. Son los conocidos coeficientes técnicos de la tabla input-output. Para completar la descripción del ejemplo, supongamos que N y S tienen un total de 600 unidades de trabajo.

He aquí la sutileza del concepto de ventaja comparativa, que convendrá tener presente al analizar este ejemplo. La cuestión es que S es más ineficiente (en relación con N) *tanto* en la producción de ordenadores *como* en la de arroz y, sin embargo, vamos a mostrar que los países preferirán comerciar entre sí.

Comencemos a estudiar los detalles trazando primero la frontera de posibilidades de producción de cada país en la figura 16.3. En este sencillo ejemplo, las fronteras son evidentemente líneas rectas. Por ejemplo, N puede producir sesenta ordenadores si dedica

Cuadro 16.5. Tecnologías de producción de N y de S.

Trabajo necesario	Un ordenador	Un saco de arroz
En N	10	15
En S	40	20

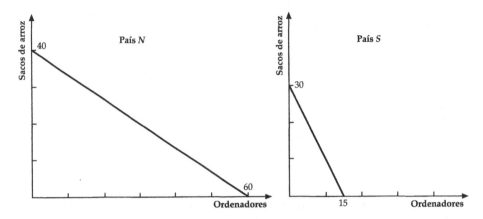

Figura 16.3. Fronteras de posibilidades de producción.

todos sus recursos a la producción de ordenadores y cuarenta sacos de arroz si dedica todos sus recursos a la producción de arroz. Transfiriendo trabajo de uno de estos sectores al otro, también es posible producir todas las combinaciones situadas en la línea recta que une estos dos extremos. Las posibilidades de producción del país S también están representadas por una línea recta.

Supongamos ahora que los dos países no pueden comerciar entre sí, en cuyo caso tendrán que producir ellos mismos toda su demanda interna de arroz y de ordenadores. Calculemos el precio de los ordenadores en relación con el del arroz del país N: será 10/15, o sea, 2/3. En palabras, en el país N un ordenador cuesta dos tercios de un saco de arroz. Para ver por qué, obsérvese que si el precio relativo fuera cualquier *otro* cociente (por ejemplo, 1/2), se transferiría todo el trabajo de un sector al otro. De hecho, se transferiría *del* sector que es más barato *al* sector que es más caro, donde las palabras "más barato" y "más caro" se formulan en relación con el cociente 2/3. En los ejercicios de este capítulo pedimos al lector que verifique esta idea intuitiva en casos concretos.

Por lo tanto, si en cada país se consumen *ambos* bienes (en una situación autárquica), el precio relativo de los ordenadores debe ser de 2/3 en N y (según un cálculo similar) de 40/20, o sea, 2 en el país S.

Ahora imaginemos que los dos países se abren al comercio. ¿Cuál será el resultado? Es evidente que en la economía internacional no pueden mantenerse los precios relativos autárquicos. En condiciones de libre comercio, debe establecerse *un* precio relativo común. Hay tres precios relativos internacionales posibles de los ordenadores con respecto al arroz: (1) un precio inferior al nivel autárquico de 2/3 correspondiente al país N; (2) un precio superior al nivel autárquico correspondiente al país S, que es 2; (3) un precio comprendido entre 2/3 y 2.

Es muy fácil excluir las dos primeras posibilidades. Aquí excluiremos la primera y el lector puede utilizar este argumento para excluir la segunda. Supongamos que el precio relativo internacional —llamémoslo p^*— es inferior a $2/3$. En ese caso, ¡nadie en el mundo producirá ordenadores! El lector puede verlo, exactamente de la misma forma que hemos mostrado que los precios relativos autárquicos deben ser $2/3$ y 2 (véanse también los ejercicios de este capítulo). Sin embargo, si nadie produce ordenadores, no hay forma de satisfacer la demanda de mercado de ordenadores, lo cual nos lleva a una conclusión absurda, por lo que en condiciones de equilibrio no es posible la primera opción. La segunda queda excluida por las mismas razones.

Nos queda, pues, únicamente la tercera posibilidad: el precio relativo internacional se encuentra entre los dos precios relativos autárquicos y eso es, de hecho, exactamente lo que ocurre. La figura 16.4 muestra cómo es el equilibrio. El país N sólo produce ordenadores: éste es el punto de producción extremo representado por P. En este país, ahora es posible "transformar" los ordenadores en arroz por medio de una "frontera de posibilidades" mejor que la que tenía el país en la autarquía. Es la frontera descrita por el comercio internacional. Como el precio *internacional* relativo de los ordenadores es inferior al autárquico de 2, esta frontera permite consumir en el país N una cantidad de ambos bienes mayor que en la autarquía. El punto C muestra una combinación representativa de consumo. Obsérvese que el país N no podría haber conseguido este punto en condiciones de autarquía, ya que se encuentra por encima de la frontera de posibilidades de producción de ese país.

La diferencia entre el punto de producción P y el punto de consumo P corresponde a las exportaciones y a las importaciones. Consultando la figura 16.4, vemos que el país N exporta AP ordenadores e importa AC sacos de arroz.

El argumento es paralelo en el caso del país S. Sólo produce arroz y exporta parte de su producción a cambio de ordenadores, ya que el precio relativo internacional de los ordenadores (que, como veremos, no es más que la inversa del precio relativo internacional del arroz) es más bajo que su precio autárquico. El resultado final es que el país N exporta ordenadores y el S exporta arroz.

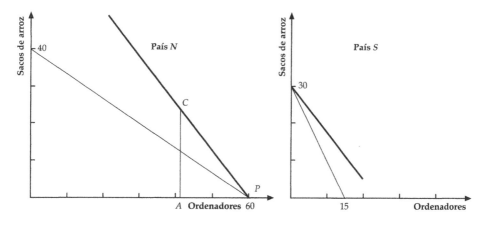

Figura 16.4. El comercio internacional.

Este sencillo modelo se basa en la teoría de la ventaja comparativa de David Ricardo y suele llamarse *modelo ricardiano*.[5]

Hay varias cuestiones que saltan a la vista en este ejemplo. Examinemos cada una de ellas por separado.

(1) ¿Qué determina la pauta de exportaciones e importaciones en este ejemplo? Si el lector vuelve a leer atentamente el texto, debería convencerse de que lo único importante son los costes *relativos* de producción de los ordenadores y del arroz en cada país, que determinan los precios relativos autárquicos. Subrayamos la palabra "relativos". El coste *absoluto* de producción —las unidades reales de trabajo necesarias para producir cada unidad de los bienes— es bastante irrelevante. En particular, a menos que por algún capricho del destino los costes *relativos* de producción de los dos países sean exactamente iguales, siempre es rentable para los dos comerciar. Esta es la clave del concepto de ventaja comparativa. En términos *comparativos*, el país S es mejor en la producción de arroz que el N, aun cuando necesite 20 unidades de trabajo para producir cada saco de arroz, por oposición al país N, que sólo necesita quince. De ahí la matización "comparativa" del término "ventaja comparativa".

(2) Aunque todo esto tenga sentido desde la perspectiva que hemos adoptado para estudiar nuestro ejemplo, parece que no tiene ninguno desde el punto de vista individual. Si es más barato comprar arroz en el país N, ¿por qué la gente no compra su arroz en ese país y ya está, haya o no ventaja comparativa? La respuesta es simple. El mercado funciona en nuestro ejemplo de tal forma que el arroz *no* es más barato en N, aunque se necesite menos trabajo para producir cada saco, y el mercado logra este resultado aparentemente paradójico haciendo que los *salarios* del trabajo sean diferentes en los dos países. Como en el país tecnológicamente avanzado el trabajo produce más, debe percibir un salario más alto (los dos países pueden tener monedas distintas, pero los salarios pueden compararse utilizando el tipo de cambio para transformar una moneda en la otra). El salario más alto anula la ventaja del país en el caso del bien en el que tiene relativamente menos ventaja, pero la mantiene en el caso del bien en el que tiene una ventaja *comparativa*. Los ejercicios de este capítulo contienen más análisis de este tema.

(3) En este modelo, los dos países disfrutan de un bienestar mayor con el comercio que sin él. Al fin y al cabo, obsérvense los puntos de consumo de la figura 16.4. Como ya hemos señalado, se encuentran por encima de las fronteras autárquicas. Como sólo hay un factor de producción —trabajo— estos beneficios deben repartirse por igual entre toda la población. Por lo tanto, el comercio beneficia a toda ella. Sin embargo, el supuesto de que sólo hay un factor de producción impide generalizar este resultado. Cuando hay muchos factores de producción, los diferentes grupos pueden beneficiarse de forma distinta y algunos pueden salir perdiendo, de hecho, con el comercio. Esta es una importante cuestión a la que volveremos más adelante.

[5] El lector interesado que desee profundizar en estas cuestiones debe consultar los manuales convencionales de economía internacional (véase, por ejemplo, Caves, Frankel y Jones [1990] o Krugman y Obstfeld [1994] y la bibliografía que se cita en ellos).

16.3 Fuentes de ventaja comparativa

16.3.1 La tecnología

El ejemplo anterior nos dice qué es la ventaja comparativa en el sentido más general del término. Un país tiene una ventaja comparativa en la producción de un bien si puede "transformar" internamente otros bienes en éste más fácilmente que otros países. El hecho de que un país tenga una ventaja absoluta en la producción de todos los bienes (o de ninguno) es irrelevante en este contexto.

El ejemplo también pone de relieve una importante *fuente* de ventaja comparativa: un país puede tener una ventaja tecnológica relativa en la producción de un(algunos) bien(es). Obsérvese que en el ejemplo se supone que los conocimientos técnicos varían de un país a otro. Hemos supuesto, de hecho, que el país S tenía una desventaja comparativa en la producción de los dos bienes. Pero la cuestión es que la desventaja *relativa* de S en la producción de ordenadores era mayor, lo que daba lugar a esa determinada pauta de comercio internacional.

Las diferencias tecnológicas constituyen un importante componente de la ventaja comparativa, pero también hay otros.

16.3.2 Las dotaciones de factores

Uno de los determinantes más importantes de la ventaja comparativa es la dotación de factores. Bangladesh es el mayor exportador de yute del mundo, no porque tenga alguna ventaja tecnológica oculta en la producción de ese bien sino porque tiene ciertos factores de producción (tierra, suelo de la calidad apropiada y gran abundancia de trabajo) que hacen que sea rentable exportar yute. Asimismo, con o sin ventaja tecnológica, Suráfrica sería uno de los mayores exportadores de diamantes del mundo, simplemente porque tiene gran abundancia de diamantes naturales.

Apenas sorprende, pues, que aunque dos países tengan tecnologías idénticas en la producción de varios bienes, así como unas preferencias idénticas en el consumo de estos bienes, resulte rentable comerciar entre sí. A continuación analizaremos un detallado ejemplo para explicar esta cuestión. El modelo que utilizamos se basa en el estudio de Eli Heckscher y Bertil Ohlin y suele denominarse *modelo Heckscher-Ohlin* de comercio.[6]

Examinaremos una variante del ejemplo que hemos puesto en el caso del modelo ricardiano. Nuestros países ficticios siguen siendo N y S. En esta ocasión, producen dos bienes diferentes: automóviles y textiles. Cada uno de ellos se produce con capital (K) y trabajo (L). Supongamos que N está relativamente bien dotado de capital (o, en otras palabras, que S está relativamente bien dotado de trabajo) y que no existe ninguna otra diferencia entre los dos países.

Supondremos que la producción de automóviles es intensiva en capital y la de textiles intensiva en trabajo. Recogemos esta idea trazando isocuantas de la producción de los

---

[6] Remitimos al lector interesado en análisis más extensos a algunos manuales sobre el comercio como Caves, Frankel y Jones [1990] o Krugman y Obstfeld [1994].

dos bienes, como en la figura 16.5. Obsérvese que para cada precio del capital en relación con el trabajo, la producción de automóviles emplea una relación capital/trabajo mayor que la de textiles. La figura 16.5 muestra un precio del trabajo en relación con el capital, recogido por la pendiente de la recta AB. El punto P_C representa el punto de producción de automóviles minimizador de los costes y el punto de tangencia P_t representa el punto de producción de textiles minimizador de los costes. Obsérvese que el cociente entre el trabajo y el capital, recogido por la pendiente de la línea que va desde el origen hasta estos puntos, es mayor en el caso de los textiles que en el de los automóviles.

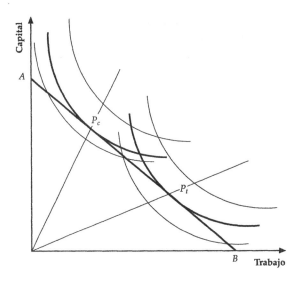

Figura 16.5. Isocuantas de los automóviles y los textiles.

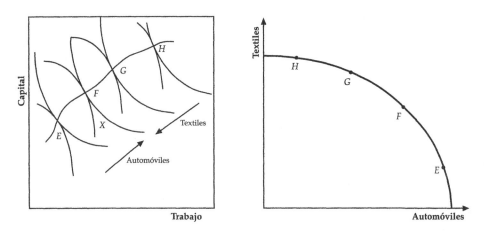

Figura 16.6. Construcción de la frontera de posibilidades de producción de N.

En los párrafos siguientes centraremos la atención en los países en condiciones de autarquía. Analicemos primero el caso de *N*. El conocido diagrama en forma de caja situado a la izquierda en la figura 16.6 muestra las combinaciones de producción eficientes de automóviles y textiles de este país. La base de la caja muestra la dotación de trabajo de *N*, mientras que la altura representa la dotación de capital. Dadas estas dos dotaciones, la curva *EFGH* muestra diferentes combinaciones de producción *eficientes* de automóviles y textiles. Son eficientes en el sentido de que ninguna otra combinación que produzca *más* automóviles y *más* textiles *al mismo tiempo* puede "superar" a ninguno de estos puntos. Son los puntos en los que los dos conjuntos de isocuantas son mutuamente tangentes. Cualquier otro punto en el que no sean tangentes, como el punto *X* de la figura 16.6 es inferior a uno como el *F*, en el que (por medio de una reasignación acertada de los factores) es posible producir una cantidad mayor de ambos bienes.

Por lo tanto, cada uno de los puntos *E*, *F*, *G* y *H* (así como todas las demás combinaciones que se encuentran en la curva) corresponde a una combinación de producción eficiente de textiles y automóviles en *N*. A medida que avanzamos de *E* a *H* en la figura, se producen más automóviles y menos textiles. Estos puntos se unen en el panel de la derecha de la figura 16.6, que representa la frontera de posibilidades de producción resultante del país *N*.

A diferencia de lo que ocurre en el sencillo modelo ricardiano en el que sólo hay un factor de producción, esta frontera de posibilidades de producción no es, en general, una sencilla línea recta. Está combada hacia fuera para reflejar la creciente dificultad de transformar un bien en otro (en el margen) a medida que se produce una cantidad mayor del segundo.[7]

Examinemos ahora la frontera de posibilidades de producción correspondiente al país *S*. La construimos exactamente de la misma forma que en el caso del país *N*. Sin embargo, las dos fronteras que obtenemos (una para *S* y otra para *N*) no son iguales, ya que la caja que utilizamos para construir el conjunto de combinaciones eficientes del país *S* tiene dimensiones diferentes a las de la caja correspondiente al país *N*. Recordando que la base de la caja representa la dotación de trabajo y la altura representa la dotación de capital, las dotaciones del país *S* estarán representadas por una caja relativamente más ancha y relativamente más baja, de donde se deduce que la frontera de posibilidades de producción del país *S* está más inclinada hacia los textiles, simplemente porque el trabajo se utiliza más intensivamente en la producción de textiles que en la de automóviles, y el trabajo es el factor del que es relativamente abundante *S* (véase la figura 16.7 para realizar una comparación).

[7] Estrictamente hablando, esta característica es el resultado de dos factores. En primer lugar, si cada función de producción muestra rendimientos no crecientes de escala, la adición de dosis iguales de capital y de trabajo no puede elevar la producción en el margen. En segundo lugar, el cociente entre el capital y el trabajo liberado por la reducción de la producción de uno de los bienes (por ejemplo, automóviles) no es adecuado para la producción del otro (por ejemplo, textiles), como lo demuestra el hecho de que la economía está cada vez más dominada por la producción de automóviles, lo que hace que la relación capital-trabajo para la producción de textiles sea cada vez más inadecuada. El argumento es el mismo en sentido contrario cuando aumentamos la producción de textiles en relación con los automóviles.

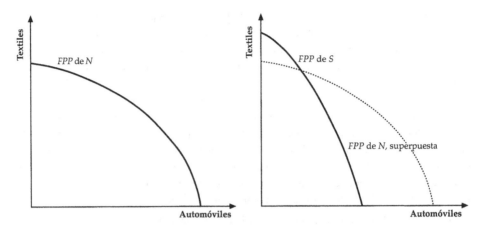

Figura 16.7. Fronteras de posibilidades de producción (FPP) de *S* y *N*.

¿Cómo afecta eso a la producción de automóviles y de textiles? Bien, debería estar claro que el país *S* ahora será capaz de producir una cantidad relativamente mayor del bien intensivo en trabajo (textiles) y una menor del bien relativamente intensivo en capital (automóviles). La frontera de posibilidades de producción de *S* será otra línea curva, exactamente igual que la frontera de *N*, pero contendrá, en conjunto, una producción relativamente mayor de textiles y una producción relativamente menor de automóviles.

Ya estamos preparados para describir la ventaja comparativa en este caso. Para ello observemos los dos países en condiciones de autarquía y supongamos que tienen parecidas preferencias. En el panel de la izquierda de la figura 16.8, estudiamos la situación autárquica en el caso del país *N*. Las preferencias están representadas por las curvas de indiferencia. En el equilibrio autárquico, los precios interiores son determinados por la tangencia común de las curvas de indiferencia con la frontera de posibilidades de producción del país *N*.

Examinemos ahora el panel de la derecha de la figura 16.8, en el que hemos hecho lo mismo en el caso del país *S*. Si las preferencias son similares en los dos países, los dos conjuntos de curvas de indiferencia de los dos paneles serán iguales. Sin embargo, no ocurrirá así con las fronteras de posibilidades de producción. Concretamente, colocando los textiles intensivos en trabajo en el eje de ordenadas y los automóviles intensivos en capital en el de abscisas, la frontera de *S* será "más inclinada" en relación con la de *N*, de donde se deduce que la relación de precios autárquica será también "más inclinada". En otras palabras, el precio interior de los textiles en relación con el de los automóviles será más bajo que en *N*, lo cual no debería sorprendernos. Los textiles son intensivos en trabajo y *S* tiene una dotación relativamente mayor de trabajo.

Ahora podemos utilizar exactamente el mismo argumento que en el caso del modelo ricardiano. Cuando los dos países se abren al comercio mutuo, el precio *internacional* de equilibrio se encontrará en un nivel situado entre las dos relaciones de precios autárqui-

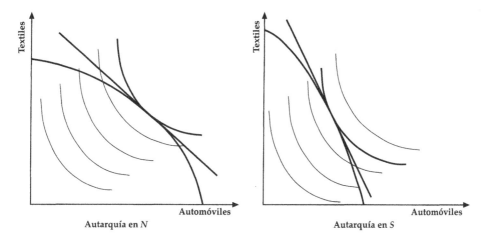

Figura 16.8. Resultados autárquicos en *N* y en *S*.

cas. *N* exportará automóviles e importará textiles. *S* exportará textiles e importará automóviles. La figura 16.9 lo muestra.

Por lo tanto, la ventaja comparativa no tiene por qué deberse únicamente a una ventaja *tecnológica*. Incluso aunque dos países tengan los mismos conocimientos técnicos, *uno de ellos tenderá a exportar bienes intensivos en factores de los que tenga relativa abundancia*. Esta es la esencia del modelo Heckscher-Ohlin de comercio internacional.

Obsérvese que tanto el modelo Heckscher-Ohlin como el ricardiano predicen que habrá abundante comercio entre los países desarrollados y los países en vías de desarro-

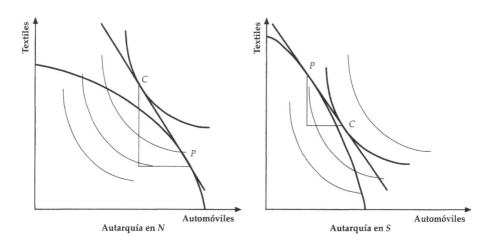

Figura 16.9. Exportaciones e importaciones de *S* y de *N*.

llo. Al fin y al cabo, es de esperar que las diferencias tecnológicas sean relativamente pequeñas entre los países que se encuentran en fases de desarrollo similares y posiblemente grandes entre los que se encuentran en fases distintas. Lo mismo ocurre con las dotaciones de factores. Una de las principales características de los países en vías de desarrollo es la baja tasa de capital por persona, lo que según la teoría de Heckscher-Ohlin, llevaría a predecir que los países en vías de desarrollo exportarán bienes relativamente intensivos en trabajo, mientras que los países desarrollados exportarán bienes relativamente intensivos en capital.[8] Podemos concluir, pues, que estas teorías (al menos en su versión más sencilla) predicen que el volumen de comercio entre el mundo desarrollado y el mundo en vías de desarrollo será elevado y el volumen de comercio entre países similares será relativamente bajo. Como hemos visto, este resultado no es exactamente coherente con las observaciones empíricas.

16.3.3 Las preferencias

El comercio también puede ser impulsado por la existencia de preferencias sistemáticamente diferentes. Recuérdese el ejemplo del subapartado anterior y supóngase que los dos países S y N tienen idénticas tecnologías y dotaciones de factores. En ese caso, sus dos fronteras de posibilidades de producción serán iguales. Ahora observemos de nuevo la figura 16.8. Al ser idénticas las dos fronteras de posibilidades de producción, ahora parece que las relaciones de precios autárquicas interiores deben ser idénticas en los dos países, por lo que no es necesario comerciar.

En absoluto. El argumento de la figura 16.8 se basa en el supuesto adicional de que las *preferencias* por los dos bienes son similares en los dos países. Este supuesto puede muy bien ser falso en varias situaciones. Las diferentes circunstancias pueden llevar, de hecho, a ciertas sociedades a demandar un elevado nivel de ciertos bienes: los diferentes entornos (como los hábitos culinarios, el tiempo meteorológico o un estado de guerra) pueden ser responsables. Puede decirse realmente que los países que *no* tienen esos elevados niveles de demanda de esos bienes tienen una ventaja comparativa en su producción.

Para verlo de la manera más sencilla posible, represente el lector una versión de la figura 16.8 en la que las fronteras de posibilidades de producción de los dos países sean idénticas. Supongamos ahora que el país N tiene una preferencia relativa mayor por los automóviles que por los textiles. En ese caso, N mostrará unas curvas de indiferencia "inclinadas" en favor de los automóviles. Colocando los bienes en los ejes igual que en la figura 16.8, convénzase el lector de que el conjunto de curvas de indiferencia del país N es más plano que el del país S. Como consecuencia, en condiciones de autarquía, el precio interior de los automóviles en relación con los textiles será mayor en N que en S. Cuando los dos países se abran al comercio, N exportará textiles a S e importará automóviles, aun cuando las condiciones de producción (en el sentido de las fronteras globales de posibilidades de producción) sean idénticas.

---

[8] Naturalmente, aún es posible que ciertas dotaciones de factores especializados varíen de un país a otro. Los ejemplos de la extracción de diamantes y del cultivo de yute no se basan en que los países privilegiados hayan alcanzado un determinado nivel de desarrollo.

El argumento a favor del comercio basado en las preferencias parece artificioso a primera vista. Parece que depende del supuesto de que los seres humanos son de alguna manera fundamentalmente diferentes de unas sociedades a otras. Como ya hemos señalado, hay algunas situaciones en las que esas diferencias tienen sentido, pero aparte de estas diferencias de circunstancias, ¿existen poderosos argumentos para defender la idea de que las preferencias son sistemáticamente diferentes?

Puede muy bien existir. Una de las divergencias más importantes entre los países es el nivel de renta per cápita. Esas diferencias pueden *provocar*, de hecho, la existencia de grandes diferencias entre las preferencias en cualquier momento del tiempo, aunque los gustos subyacentes sean esencialmente iguales.

Veamos un ejemplo. Consideremos nuestros gustos y preferencias. Nuestras preferencias por algunos bienes son paralelas en cierta medida a nuestras preferencias por otros: es posible que llevemos zapatos con nuestros calcetines y comamos mantequilla con nuestra tostada. En cambio, hay bienes que se adquieren claramente por "fases": primero necesitamos una cantidad suficiente de alimentos, ropa y alojamiento. Sin embargo, a medida que ganamos más, nuestra demanda de alimentos no aumenta al mismo ritmo. Ahora estarán a nuestro alcance otros bienes que antes no podíamos comprar: una bicicleta, una radio, un televisor, un automóvil, etc., dependiendo de nuestra renta. En otras palabras, nuestras curvas de indiferencia, por ejemplo, entre los alimentos y otros bienes, no son paralelas a medida que adquirimos una cantidad mayor de estos bienes. Por lo tanto, visto desde distintos "niveles de base", el mismo mapa de curvas de indiferencia puede parecer diferente. Por lo tanto, no es que pensemos que los individuos varían de unos países a otros; se trata simplemente de que pueden encontrarse en lugares distintos en el *mismo* mapa de curvas de indiferencia.

Las diferencias entre las preferencias pueden producir dos efectos.

(1) A diferencia del modelo Heckscher-Ohlin de comercio internacional, en el que sólo hay comercio entre países que se encuentran en diferentes niveles de desarrollo, las diferencias entre las preferencias pueden contribuir a *reducir* ese comercio. Consideremos a título de ejemplo la proporción de un presupuesto familiar que se gasta en alimentos. En los niveles de renta bajos, es realmente alta. A medida que aumenta la renta, comienza a disminuir y continúa disminuyendo. Precisamente por esa razón, es probable que los países en vías de desarrollo gasten una proporción significativamente mayor de su renta nacional en alimentos. Al mismo tiempo, debido a la teoría de Heckscher-Ohlin, esos países pueden tener una ventaja relativa en la *producción* de alimentos, pero en este ejemplo los países en vías de desarrollo también tienden a consumir más intensivamente ese bien, lo que eleva el precio interior de los alimentos y reduce el comercio.

La conclusión general a la que se llega es la siguiente. Si los países más ricos prefieren una cantidad relativamente mayor del bien en cuya producción tienen una ventaja relativa (y lo mismo ocurre en el caso de los países más pobres), eso tenderá a reducir el comercio entre los países ricos y los pobres.[9] Existe aquí un paralelismo con los modelos de

---

[9] Para un interesante argumento basado en esta idea, véase Markusen [1986]. Véase también Burenstam Linder [1961], y Copeland y Kotwal [1995].

desigualdad y desarrollo que estudiamos en el capítulo 7. En esos modelos, las desigualdades *interiores* se perpetuaban si los individuos más ricos consumían una cantidad relativamente mayor de los bienes producidos por los factores de producción de los que los propios países ricos tenían mayor abundancia. El resultado podría ser, en ese caso, la existencia de enclaves aislados de ricos y pobres. Ese mismo efecto podría separar a unos grupos de países de otros: los países ricos consumirían principalmente lo que producen otros países ricos.

(2) Extendámonos algo más sobre la última observación del párrafo anterior. Nuestro argumento sugiere que podría disminuir el comercio entre el mundo desarrollado y el mundo en vías de desarrollo (en relación con el volumen que predice la sencilla versión de la teoría de Heckscher-Ohlin). Sin embargo, podemos ir un paso más allá. Hay razones para creer que el comercio entre países *similares* puede ser mucho mayor de lo que nos lleva a creer esta versión. Para verlo es importante comprender la preferencia por la variedad. A medida que un país se enriquece, no sólo crece su demanda de ciertos tipos de bienes (como automóviles y ordenadores) sino también la demanda de *variedades* de bienes. Así, por ejemplo, unas personas prefieren los Honda a los Ford de precio similar, mientras que otras prefieren los Ford. De igual modo, algunos ciudadanos franceses pueden muy bien preferir el vino español, mientras que puede ocurrir lo contrario en el caso de algunos españoles.

La preferencia por la variedad que se manifiesta en la pauta global de demanda de un país rico puede dar lugar a un enorme volumen de comercio entre países ricos similares. No se trata de que la pauta de preferencias globales sea diferente de un país a otro; se trata de que *dentro* de cada país hay personas que prefieren diferentes variedades de un mismo bien general (como el vino o los automóviles). En ese caso, es posible que se vendan grandes cantidades de vino francés en España y grandes cantidades de vino español en Francia. No es sorprendente, pues, que el comercio entre países desarrollados que se encuentran en una situación parecida sea considerable y que el comercio entre los países desarrollados y los países en vías de desarrollo no sean tan grande como predecirían las teorías hasta ahora estudiadas.

16.3.4 Las economías de escala

La presencia de rendimientos crecientes puede ser una importante fuente de comercio internacional, aun cuando todos los países tengan la misma tecnología y las mismas preferencias (con esta última condición excluimos incluso las variaciones de las demandas relativas de bienes provocadas por una variación de la renta, cuyos efectos se han analizado en el apartado anterior). Es bastante fácil verlo por medio de un ejemplo.[10]

En nuestro ejemplo consideramos dos bienes, exactamente igual que antes: llamémoslos barcos y aviones. Hay dos países, *E* y *W*. Supondremos que los dos tienen *exacta-*

---

[10] El modelo representado en este ejemplo forma parte de la literatura reciente sobre comercio internacional que tiene sus raíces en los estudios de Dixit y Stiglitz [1977] y Lancaster [1975] sobre organización industrial y se basa en los trabajos de economistas como Ethier [1982], Helpman [1981], Krugman [1981] y Lancaster [1980]. Véase también Helpman y Krugman [1989], y Krugman [1995].

mente las mismas preferencias por los barcos y los aviones y, además, la misma tecnología de producción. La diferencia se halla en que ahora suponemos que cada una de estas industrias muestra *economías de escala* en la producción, es decir, suponemos que los costes medios de producción disminuyen a medida que se expande la producción.[11]

La figura 16.10 representa las curvas de coste medio tanto de los barcos como de los aviones. Como ya hemos indicado, estas curvas tienen pendiente negativa para reflejar el supuesto de que los costes unitarios disminuyen conforme se expande la producción.

Ahora imaginemos que los dos países se encuentran en un estado de autarquía. En ese caso, tendrán que producir sus propios barcos y aviones. Naturalmente, tienen unos recursos limitados para producirlos. Aunque no es necesario, podríamos imaginar aquí para concretar que nos encontramos en un mundo ricardiano en el que sólo hay un factor de producción —trabajo— que se reparte entre las dos industrias. La figura 16.10 muestra los niveles de producción interior (idénticos) de ambos países. Cada uno produce *OA* barcos y *OB* aviones.

Ahora abrimos los dos países al comercio. Obsérvese que como hemos supuesto que todo es idéntico, los precios relativos de los barcos y de los aviones también deben serlo, por lo que parece que no existe ningún motivo para comerciar. Sin embargo, si observamos más de cerca el gráfico veremos que la situación es frágil. Por ejemplo, si el país *E* altera su producción algo más en favor de los barcos, mientras que el *W* la altera en favor de los aviones, pronto *parecerá* que *E* tiene una ventaja comparativa en la construcción de barcos, ya que el coste unitario de la construcción de barcos disminuirá en el país *E* en relación con el *W*, y es aquí donde utilizamos el supuesto de los rendimientos crecientes de escala.

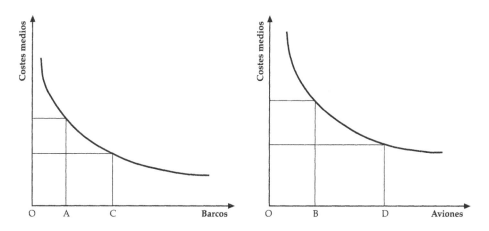

Figura 16.10. Economías de escala en la producción y pautas del comercio.

[11] Ya hemos visto esto antes en más de un contexto. Por ejemplo, recuérdese el análisis del capítulo 5 sobre el teclado QWERTY, donde partimos del supuesto de que un aumento de la escala de actividad reduce el coste individual de adoptar una tecnología.

Una vez que se haya producido esa alteración, se amplificará. El país *E* se especializará inexorablemente en la construcción de barcos y el *W* en la de aviones. Naturalmente, *E* no necesita su exceso de barcos y *W* no necesita su exceso de aviones, por lo que *E* exportará barcos y *W* exportará aviones. *Por lo tanto, el comercio puede concebirse en este caso como una manera de concentrar la producción de las industrias en algunos países para maximizar el efecto de los rendimientos crecientes de escala.* Volveremos a analizar este tema cuando estudiemos los acuerdos regionales de libre comercio entre los países en vías de desarrollo (véase el capítulo 18).

El resultado final es que el país *E* produce barcos, por ejemplo, en el punto *OC* del panel de la izquierda de la figura 16.10, mientras que el *B* produce aviones en el punto *OD* del panel de la derecha de esa figura. Es importante darse cuenta de que *OC* normalmente es más de *dos veces* mayor que *OA*, que representa la producción mundial de barcos en condiciones de incertidumbre, y *OD* es más de dos veces mayor que *OB*, que representa la producción mundial de aviones en condiciones de autarquía. La razón es sencilla. Como ambos países pueden aprovechar todo el poder de los rendimientos crecientes, los costes unitarios disminuyen globalmente, lo cual es lo mismo que decir que la productividad ha aumentado globalmente. Eso significa que los consumidores tienen más renta para gastar en bienes, por lo que su consumo total debe aumentar en relación con la situación de autarquía.

Es importante hacer aquí algunas observaciones.

(1) Para que este modelo tenga sentido no es necesario imaginar que los productos son totalmente diferentes, por ejemplo, barcos y aviones. Podemos imaginar que los dos bienes son productos *diferenciados* de la misma industria (por ejemplo, Boeing y Airbus). Seguirían encontrándose en países diferentes en condiciones de equilibrio, por lo que cada país comerciaría bilateralmente en el mismo grupo de productos. Este fenómeno se conoce con el nombre de *comercio intrasectorial*.

(2) Una vez que adoptamos esta interpretación, no es difícil ver cómo puede integrarse el modelo Heckscher-Ohlin de comercio y el comercio de productos diferenciados. Pensemos, por ejemplo, en dos clases de productos, *X* e *Y*, y dos países, *A* y *B*. La clase de productos *X* es intensiva en capital en relación con la *Y* y el país *A* tiene una relación capital-trabajo mayor que la de *B*. En este caso, según la teoría de Heckscher-Ohlin, el país *A* exportará *X* e importará *Y* y el *B* hará lo contrario, pero, en general, los dos países producirán *X* e *Y* (es decir, no se especializan totalmente).

Profundicemos ahora algo más. Imaginemos que cada clase de productos contiene varios productos, diferenciados por sus características y/o marcas. Si cada uno de estos productos se produce en condiciones de rendimientos crecientes de escala, entonces aunque es cierto que tanto el país *A* como el *B* producirán productos de la clase *X*, será rentable para ellos producir *diferentes* productos de cada clase, por la misma razón que en el ejemplo de los barcos y los aviones: cómo mejor se manifiestan los rendimientos crecientes es cuando la producción de cada artículo está concentrada en menos lugares (en este ejemplo especial, están localizados cada uno en un lugar). Por lo tanto, el país *A* seguirá siendo exportador *neto* de *X* productos, ¡pero eso no le impedirá importar otros *X* productos de *B*! Podemos imaginar que éste es el componente intrasectorial del comercio, mientras que el comercio neto de *X* e *Y* es el componente Heckscher-Ohlin.

Obsérvese que según esta interpretación, continuará habiendo comercio, aun cuando ambos países tengan las mismas dotaciones de capital y de trabajo, pero no habrá ningún componente Heckscher-Ohlin: todo el comercio será intrasectorial en este ejemplo especial. En el otro extremo, si los productos de cada clase son absolutamente homogéneos, no habrá comercio intrasectorial: todo el comercio será de la variedad Heckscher-Ohlin.

Es muy fácil integrar conceptualmente las dos visiones del comercio en un modelo más general.[12] El comercio Heckscher-Ohlin es una manera de comerciar implícitamente factores de producción (plasmados en los bienes), mientras que el comercio de productos diferenciados en condiciones de rendimientos crecientes saca provecho de las ventajas de la concentración de productos.

(3) ¿Son los rendimientos de escala internos a la empresa o externos a la empresa pero de alguna manera internos a la industria? Por ejemplo, si la construcción naval tiene unos elevados costes iniciales (aparte del coste variable de la construcción de cada barco), los costes medios totales disminuirán con cada barco. Ahora bien, ¿es razonable imaginar que estas economías (logradas por la empresa) no puede lograrlas la demanda nacional? Quizá. Algunas empresas como Boeing son grandes suministradoras de aviones y la demanda global (por oposición a la limitada demanda nacional) podría muy bien reducir los costes unitarios de producción.

Por otra parte, puede haber rendimientos de escala en la industria, aunque los costes medios y marginales de producción de cada empresa sean constantes. Eso es lo mismo que decir que cada empresa genera externalidades positivas, que se dejan sentir en la industria. El hecho de que una empresa de construcciones mecánicas asimile y modifique un proyecto técnico extranjero para adaptar la tecnología a las circunstancias locales tiene consecuencias no sólo para esa empresa sino para la industria en su conjunto. Esta empresa ha contribuido al acervo de conocimientos de la industria que reduce el coste de *otras* empresas.

Ambos tipos de rendimientos de escala se observan en un gráfico como el de la figura 16.10, pero tienen consecuencias distintas para el modelo de comercio que se examine. En el primer caso, hay que basarse en modelos de la industria que no se basan en la competencia perfecta. Habrá unas cuantas empresas gigantescas que dominen en cada industria, por lo que habrá que modificar la correspondiente teoría del comercio para tener en cuenta el poder de mercado (quizá limitado) de cada una de estas empresas.

Cuando los rendimientos son externos a la empresa, es lógico, desde luego, elaborar un modelo de comercio basado en la competencia perfecta. Cada empresa consideraría dados los precios internacionales, pero un aumento de la producción reduciría los costes de la industria gracias a las economías externas así generadas. Ese modelo se parece mucho al que hemos presentado en nuestra exposición. Muestra la fragilidad de los niveles de producción autárquicos (y de su composición) cuando hay rendimientos crecientes.

---

[12] Véase Krugman [1995] para una lúcida exposición de este argumento.

(4) Brander [1981] explica de otra forma el comercio de productos similares; su argumento es extraordinariamente simple, en el sentido de que no se basa ni en la diferenciación del producto ni en los rendimientos crecientes de escala ni en los efectos Heckscher-Ohlin. Supongamos que hay dos industrias idénticas en los países A y B que producen el mismo bien homogéneo. En condiciones de autarquía, supongamos que cada bien se produce monopolísticamente. Ahora si se abren los dos países al comercio, el industrial de A querrá vender en el mercado B, simplemente porque las condiciones monopolísticas de producción de ese mercado permiten a un rival obtener un margen de beneficio. *Al mismo tiempo*, su rival del país B tratará de quedarse con una parte del mercado interior de A. Es posible, pues, que ambas industrias exporten al otro país,[13] lo que genera comercio bilateral del mismo producto. No interpretemos demasiado literalmente la homogeneidad del producto: lo importante es señalar que el poder de monopolio (o de oligopolio) en condiciones de autarquía puede generar comercio, ya que las empresas tratan de erosionar los márgenes de sus rivales.

(5) Obsérvese que el modelo del apartado anterior basado en las preferencias complementa este tipo de razonamiento. Sugiere que es probable que los países similares comercien productos similares, ya que las pautas de preferencias cambian con la renta, por lo que los dos países tienen más probabilidades de comerciar intrasectorialmente cuando su renta per cápita es similar. La única diferencia se halla en que en el modelo basado en las preferencias hemos centrado deliberadamente la atención en determinados tipos de productos (con el fin de no tener en el mismo modelo todos los tipos de factores), es decir, hemos supuesto que algunas variedades de productos están casi *definidas* por su país de origen: el vino francés se hace en Francia, el café brasileño se cultiva en Brasil y aunque los automóviles japoneses no se fabrican necesariamente en Japón, hay aspectos de su construcción y montaje que los hacen diferentes de los estadounidenses. Este tipo de "identificación con el país" constituye un sustitutivo de los rendimientos crecientes, pero, por lo demás, los dos modelos son perfectamente complementarios.

(6) Obsérvese, por último, que el comercio intrasectorial y el comercio Heckscher-Ohlin tienen consecuencias muy diferentes para la distribución de las ganancias derivadas del comercio. Abordaremos este tema en los dos capítulos siguientes.

16.4 Resumen

Comenzamos en este capítulo el estudio del comercio internacional. Empezamos con un análisis de las pautas del comercio mundial y centramos la atención en los países en vías de desarrollo. Señalamos que los volúmenes de exportaciones han crecido rápidamente en todo el mundo, incluidos los países en vías de desarrollo. Especialmente notable es la espectacular expansión de las exportaciones del este asiático. Sin embargo, una gran parte del aumento de las exportaciones de productos básicos ha sido anulada por el descenso de sus precios en los años ochenta: los países desarrollados siguen representando la mayor parte del comercio.

---

[13] Brander y Krugman [1983] lo llaman "*dumping* recíproco".

Los países en vías de desarrollo exportan principalmente *productos básicos*: alimentos, combustibles y minerales, pero esta pauta de exportaciones de productos básicos está experimentando rápidos cambios, sobre todo en Asia y Latinoamérica. Las *exportaciones de productos manufacturados* (textiles, maquinaria ligera, juguetes, calzado y algunos sofisticados productos técnicos) ahora constituyen un importante componente del comercio en varios países en vías de desarrollo. En casi todas las clases de artículos, las exportaciones de productos manufacturados han aumentado significativamente, pero queda mucho camino por recorrer: en 1990, la proporción de las exportaciones mundiales de productos manufacturados correspondiente a los PMD era considerablemente inferior al 20%.

El comercio entre los países desarrollados ha crecido en términos relativos, lo cual induce a pensar que aunque un importante componente del comercio es el comercio de productos diferentes entre países muy distintos, el comercio de productos similares también es importante. Esta observación es confirmada, además, por el hecho de que los países desarrollados importan una proporción de productos manufacturados similar a la de los países en vías de desarrollo. En otras palabras, los países desarrollados no exportan *sólo* bienes manufacturados ni importan *sólo* productos básicos.

Pasamos a continuación a analizar las *teorías* del comercio. Hemos introducido el concepto fundamental de *ventaja comparativa*. Un país exportará los productos que produzca de forma más barata *en relación* con otros países e importará los productos que produzca de forma *relativamente* más cara. En particular, si sólo se utiliza un factor (por ejemplo, trabajo) para producir, entonces incluso aunque el país *A* produzca *todos los bienes* con menos trabajo que el país *B*, importará algunos bienes del país *B*. El *B* puede tener una "desventaja absoluta" en todos los productos, pero exportará aquellos en los que tenga la menor desventaja relativa. Hemos analizado minuciosamente esta importante idea utilizando un sencillo modelo conocido con el nombre de *modelo ricardiano* de comercio.

Este modelo crea una ventaja comparativa partiendo del supuesto de que existen diferencias tecnológicas entre los países que hacen que los costes de producción sean distintos. Sin embargo, las diferencias tecnológicas, aunque sean suficientes, no son necesarias. Supongamos que hay dos factores de producción: capital y trabajo. Supongamos que el bien *X* se produce utilizando más métodos intensivos en capital que el *Y*. En ese caso, si el país *A* tiene relativa abundancia de capital, se encontrará en mejores condiciones para producir el bien *X*, ya que ese bien utiliza más intensivamente el factor relativamente abundante en el país *A*. Por lo tanto, las diferencias entre las dotaciones de factores, unidas a las diferencias tecnológicas entre los *bienes*, provocan diferencias entre las ventajas comparativas. Hemos estudiado estas cuestiones con el modelo *Heckscher-Ohlin* de comercio. Este modelo predice que habrá comercio entre países distintos y de productos distintos; por ejemplo, dice que los países en vías de desarrollo que tienen abundante mano de obra exportarán productos intensivos en trabajo, como alimentos y ropa, mientras que los países desarrollados que tienen abundante capital exportarán productos intensivos en capital, como maquinaria y ordenadores. En particular, el modelo básico Heckscher-Ohlin predice que habrá comercio principalmente entre los países cuyas dotaciones de factores sean muy diferentes. Como hemos visto, este tipo de comercio existe, pero no es necesariamente el que predomina en la economía mundial.

Una de las razones por la que hay más comercio entre países parecidos se halla en que las preferencias varían sistemáticamente con los niveles de renta. Por ejemplo, es cierto que la India puede tener una ventaja comparativa en el arroz, pero éste también tiene un peso mayor en la cesta de consumo, porque la gente es más pobre. El efecto neto de esta situación es una disminución de las exportaciones de arroz de la India (en relación con las simples predicciones de Heckscher-Ohlin). Por lo tanto, los cambios sistemáticos de las pautas de preferencias con la renta tienden a reducir el comercio entre países distintos, siempre que se demanden más los mismos bienes incluso cuando se producen en mayor abundancia, cuando varía la renta.

A continuación hemos analizado otras razones por las que comercian los países similares. Supongamos que existen rendimientos crecientes en la producción; en ese caso, una gran parte del comercio se deberá a que es eficiente concentrar cada uno de los productos en un centro de producción. En particular, los que pertenezcan a la misma línea de productos (como dos marcas distintas de aviones) pueden estar situados en dos países distintos, por lo que habrá comercio de productos similares (o comercio *intrasectorial*, si nuestras categorías de "industrias" son suficientemente amplias, como "aviones"). Hemos mostrado que es posible ampliar este modelo de tal forma que pueda incluir los efectos Heckscher-Ohlin, así como los efectos de los rendimientos crecientes de escala dentro de los grupos de productos. También hemos señalado que los rendimientos crecientes no son necesarios para el argumento. A veces las variedades de un producto son peculiares de los países, como el queso suizo o el vino francés. Si a los individuos de todos los países les gusta la variedad (o, en otras palabras, muestran gustos diversos), se comerciarán productos similares (por ejemplo, vino).

Este tipo de argumento también sugiere que es probable que exista comercio intrasectorial entre países que se encuentran en fases de desarrollo similares. En los capítulos siguientes analizaremos las consecuencias de esta observación.

Ejercicios

■ (1) ¿Por qué podría un aumento del volumen de comercio no traer consigo un incremento de los ingresos en moneda fuerte? Ilustre su argumento utilizando el ejemplo de una *devaluación*, que es un abaratamiento deliberado del *tipo de cambio*, es decir, del tipo al que puede cambiarse la moneda nacional por moneda extranjera, por ejemplo, dólares.

(a) ¿Por qué tiende una devaluación a aumentar las exportaciones de un país, expresadas en la moneda local o en unidades físicas?

(b) Indique cuándo la devaluación puede elevar los ingresos por exportaciones denominados en la moneda *extranjera*. Le resultará útil emplear el concepto de elasticidad-precio de la demanda en su análisis.

■ (2) Considere el modelo ricardiano de comercio descrito en este capítulo. Utilice el cuadro 16.5 para responder a las preguntas siguientes.

(a) Muestre que si el precio de los ordenadores en relación con el del arroz fuera inferior a 2/3, el país N sólo produciría arroz. Muestre también que el país N sólo produciría ordenadores si su precio en relación con el del arroz fuera superior a 2/3.

(b) ¿A qué se debe esta conducta tan frágil? Compárela con el modelo Heckscher-Ohlin, en el que la producción de ambos bienes es coherente con todo un intervalo de precios relativos [véase el problema (4)].

(c) Ahora realice de nuevo la parte (a) en el caso del país S, mostrando que el precio autárquico de los ordenadores en relación con el del arroz debe ser 2. Combinando estos dos ejercicios, demuestre que si *ambos* bienes se consumen al mismo tiempo, las economías se abren al comercio y el precio internacional de los ordenadores en relación con el del arroz debe encontrarse entre 2/3 y 2.

■ (3) He aquí otro ejercicio sobre el modelo ricardiano: si se utilizan menos recursos en el país N para producir cada uno de los bienes, ¿cómo es que el país S consigue exportar uno de los bienes? La respuesta es que el país N debe pagar su factor de producción (el trabajo en nuestro ejemplo) a un salario más alto.

Para comprenderlo, supongamos que ambos países tienen una moneda común, por ejemplo, dólares. Ahora sabemos que no sólo deben ser iguales los precios internacionales *relativos* de los bienes sino también el nivel *absoluto* de cada uno de esos precios (de lo contrario, en el país que tenga el precio más bajo no se venderá ninguna cantidad de ese producto).

Ahora supongamos que el precio internacional de equilibrio es de 100 dólares tanto en el caso de un saco de arroz como en el de un ordenador (por lo que el precio relativo es igual a 1). Halle las rentas del trabajo de los dos países, dado que todos los ingresos generados por las ventas se pagan en forma de salarios. Utilice, por supuesto, el cuadro 16.5. ¿Qué país tiene la renta salarial más alta?

■ (4) Comprenda por qué el modelo Heckscher-Ohlin no provoca la especialización total, a diferencia del modelo ricardiano. Piense en el ejemplo de los automóviles y los textiles estudiado en este capítulo. Recuerde que en nuestro ejemplo cada uno de los bienes se produce con capital y trabajo, pero los automóviles utilizan el capital más intensivamente. Ahora una subida del precio relativo de los automóviles hace que se destinen más recursos a su producción.

(a) Muestre que este flujo de recursos provocará un aumento del *cociente* entre el capital y la renta salarial.

(b) ¿Qué industria resultará más afectada negativamente por el cambio de la parte (a)?

(c) Ahora combine las observaciones de las partes (a) y (b) para mostrar que la producción de textiles seguirá siendo rentable, aunque la producción total de ese producto disminuya. Para comprenderlo mejor represente las fronteras de posibilidades de producción, las rectas de precios relativos y los correspondientes puntos de producción.

■ (5) Si la gente más pobre consume una proporción mayor de los productos que se producen utilizando intensivamente trabajo no cualificado (en relación con el capital físico y humano), muestre que el comercio internacional entre los países ricos y los pobres será menor de lo que predice la teoría de Heckscher-Ohlin.

■ (6) Dos países, *A* y *B*, son idénticos en todos los aspectos y cada uno produce dos bienes, pan y vino, utilizando un único factor, trabajo. La producción de cada bien muestra rendimientos constantes de escala. Pero un aumento de la producción de cualquiera de los bienes en el conjunto de la economía produce externalidades positivas en la producción de ese bien por parte de cada empresa: la cantidad de trabajo necesaria para producir una unidad de cada bien depende negativamente de la producción *global* de ese bien en la economía. El pan y el vino se demandan en proporciones iguales en cada uno de los países, independientemente del precio relativo.

(a) *Dado* el nivel agregado de producción de pan y vino de la economía en su conjunto, represente las posibilidades de producción de un único productor y muestre que esta frontera de posibilidades de producción "individual" debe ser una línea recta.

(b) Trace ahora la frontera de posibilidades de producción de la economía en su conjunto. Contraste la forma de esta frontera con la de la frontera de posibilidades de producción individual.

(c) Muestre que el comercio internacional entre los dos países puede dar lugar a tres tipos de equilibrio: (i) *A* produce todo el pan y *B* produce todo el vino, (ii) *B* produce todo el pan y *A* produce todo el vino y (iii) *A* y *B* producen ambos los dos bienes exactamente en las mismas proporciones. Explique por qué el tercer equilibrio es "inestable" en el sentido de que un pequeño cambio de la composición de la producción por parte de cualquier país alejará gradualmente a la economía mundial del equilibrio (iii). En este contexto, explique por qué los accidentes históricos iniciales pueden hacer que se establezca el equilibrio (i) o el (ii).

Capítulo 17

Política comercial

La teoría de la ventaja comparativa parece que tiene una sencilla consecuencia para la política comercial: no debe existir ni una política comercial ni cualquier tipo de intervención que afecte al comercio generado por el libre mercado. La razón se halla en que el comercio expande las fronteras de posibilidades de producción de cada país participante. La manera más fácil de analizar este concepto es imaginar el comercio como una actividad productiva alternativa, en la que se transforman cantidades de algunos bienes (exportaciones) en cantidades de otros (importaciones). Cuanto más comercio haya, mayor será el número de "opciones de transformación" adicionales. ¿Cómo puede ser "más" peor que "menos"?

Sin embargo, el mundo está lleno de todo tipo de barreras comerciales. De hecho, algunas instituciones importantes como la Unión Europea y el Acuerdo Norteamericano de Libre Comercio carecerían de importancia si no fuera porque el mundo está lleno de barreras comerciales. Estas (de distinta intensidad) siguen siendo en gran medida la norma, más que la excepción.

Eso nos lleva a hacernos dos preguntas fundamentales. En primer lugar, ¿por qué, a pesar de la ley aparentemente beneficiosa de la ventaja comparativa, los países tratan de intervenir en su comercio y de orientarlo en un sentido distinto del que determina el mercado? En segundo lugar, ¿cuáles son las razones que llevan a algunos grupos de países a formar organizaciones de libre comercio y mantener o aumentar al mismo tiempo las barreras comerciales con el resto del mundo?

Estas dos preguntas pueden clasificarse en dos apartados: (1) la política *unilateral* que sigue cada país y (2) la política *multilateral* que siguen grupos de países. Nos ocuparemos de cada una de ellas por separado. En este capítulo analizaremos la política comercial unilateral.

17.1 ¿Es beneficioso el comercio?

17.1.1 Ganancias globales y efectos distributivos

El argumento clásico de las ganancias derivadas del comercio

Una manera lógica de estudiar el comercio internacional es pensar que permite expandir el conjunto de posibilidades de producción. En el modelo ricardiano y en el modelo Heckscher-Ohlin, imaginamos que un bien se transforma en otro de dos formas. La transformación puede ser *interior*, es decir, se transfieren factores de la producción de un bien a la de otro (lo que nos da la frontera de posibilidades de producción autárquica).

La transformación puede ser internacional: se exporta un bien a cambio de la importación de otro. Por lo tanto, el comercio puede concebirse como una forma de aumentar las posibilidades de producción. En el caso del comercio de bienes diferentes que no son producidos nacionalmente, como el algodón egipcio o los puros habanos, podemos considerar que aumentan las posibilidades de producción del país: ahora los países que comercian pueden "producir" nuevos bienes.

Todos nuestros análisis se reducen hasta ahora a una única máxima: siempre que la *relación* a la que puede transformarse un bien en otro dentro de un país es diferente de la relación a la que puede transformarse internacionalmente, es posible beneficiarse de esa situación expandiendo la producción. La relación interior está representada por la pendiente de la frontera de posibilidades de producción; la relación internacional es simplemente el precio relativo internacional.

Parece, pues, que el comercio nunca puede ser perjudicial para un país: permite hacer todo lo que se hacía antes y algo más. Obsérvese bien, además, que el argumento a favor de las ganancias derivadas del comercio es *independiente* de que *otros* países sigan una política de libre comercio. Es bastante fácil ver, si volvemos al argumento de los párrafos anteriores, que la única información necesaria sobre el resto del mundo es el precio relativo internacional de los diferentes bienes, y no hace falta saber si se ha llegado a esos precios gracias al libre comercio.

La distribución de las ganancias derivadas del comercio

Al mismo tiempo, es importante tener presente que las ganancias *potenciales* del comercio no deben identificarse necesariamente con las ganancias *reales* de todos los grupos afectados. Esa identificación no tendría en cuenta la *distribución* de los beneficios del comercio dentro de un país. Este es el tema del presente apartado.

Volvamos al sencillo modelo ricardiano. En ese modelo, sólo hay un factor de producción —trabajo— por lo que no hay distinción alguna entre las ganancias globales y su distribución. Si sale ganando el trabajo, como sin duda ocurre en ese modelo, todo el mundo sale ganando, ya que no existe ningún otro factor de producción que pierda. Sin embargo, no sucede así una vez que admitimos otros factores de producción, como en el modelo Heckscher-Ohlin.

Para ver qué ocurre en ese modelo, volvamos al ejemplo de los dos países, N y S, y dos bienes, automóviles y textiles. Recuérdese que en nuestro modelo N producía automóviles e importaba textiles y que los automóviles son más intensivos en capital que los textiles. Ahora imaginemos qué ocurre cuando N comienza a comerciar con S y la economía empieza a producir más automóviles. Ocurrirán los hechos siguientes:

(1) Al serle favorable el precio internacional de los automóviles, N aumentará la producción de automóviles y reducirá la de textiles.

(2) Para producir automóviles, N demandará más capital y trabajo. La industria textil dejará libres estos factores al contraerse.

(3) Sin embargo, la industria de textiles liberará trabajo y capital (a medida que se contrae) en las proporciones "incorrectas" en relación con las necesidades de la producción de automóviles, ya que la producción de automóviles es más intensiva en capital. Concretamente, los textiles liberarán una proporción mayor de trabajo en relación con el capital que la que necesita la industria de automóviles.

(4) Este desequilibrio puede resolverse si la producción de automóviles se volviera más intensiva en trabajo y, de hecho, ¡si la de textiles también se volviera más intensiva en trabajo![1] Lo primero ayudaría a absorber el exceso de trabajo liberado y lo segundo a reducir el exceso de trabajo liberado.

(5) Sin embargo, el paso [4] sólo puede ocurrir si los fabricantes tienen incentivos para volverse más intensivos en trabajo, lo cual exige, a su vez, que el salario del trabajo *baje* en relación con los precios de las mercancías, mientras que el precio del capital debe *aumentar* en relación con los precios de las mercancías.

(6) En conclusión, la apertura de *N* al comercio perjudica a los que poseen trabajo, mientras que beneficia a los que poseen capital.

Vemos, pues, que no es posible deducir de la expansión de las posibilidades de producción que el comercio tiene ventajas, en el sentido de que mejora la situación de todos los afectados. Es cierto, desde luego, que aumenta en general la cantidad de bienes y servicios de que puede disponerse en un país, pero ya conocemos lo suficiente la teoría de la distribución de la renta para darnos cuenta de que ese aumento no va acompañado automáticamente de una mejora del bienestar de todos. En nuestro ejemplo, el trabajo sale perdiendo y el capital ganando.

Para completar el argumento, necesitamos saber cómo están distribuidas las dotaciones de factores entre los diferentes miembros de la sociedad. Si todos poseen la misma combinación de factores (por ejemplo, capital y trabajo en las mismas proporciones), entonces aunque determinados factores salgan ganando y perdiendo, la suerte de todos los miembros debe evolucionar en el mismo sentido. Sin embargo, si la distribución de las dotaciones de factores es suficientemente desigual, algunos saldrán perdiendo y otros ganando.

No se trata de una mera curiosidad teórica. Por ejemplo, se puede decir que este tipo de consideraciones constituye el tema del debate que subyace al Acuerdo Norteamericano de Libre comercio firmado por Estados Unidos, Canadá y México, que analizamos más detalladamente en el capítulo 18. Se temía que la apertura del comercio a México, país intensivo en trabajo, provocara una reducción de los salarios en Estados Unidos y perjudicara así a los trabajadores estadounidenses. En términos más generales, cualquier factor de producción que se utilice intensivamente para producir una mercancía en au-

---

[1] Parece imposible: ¿cómo pueden *todas* las industrias volverse más intensivas en trabajo al mismo tiempo? La respuesta se halla en que la *composición* de industrias cambia en favor del sector más intensivo en capital, que es el automovilístico. Los dos efectos se anulan, por lo que la demanda agregada de cada factor es igual a su oferta. Imaginemos a título de ejemplo que hay dos equipos de baloncesto, los Enanos y los Gigantes. Cada miembro de los Enanos es más bajo que cada miembro de los Gigantes, por lo que la estatura media de los Gigantes es, desde luego, mayor que la de los Enanos. Supongamos ahora que el miembro más alto de los Enanos es reclutado por los Gigantes. En ese caso, la estatura media tanto de los Enanos como de los Gigantes debe disminuir.

sencia de comercio tiende a resultar perjudicado cuando el comercio provoca un aumento de las importaciones de esa mercancía. Los propietarios de esos factores o industrias invariablemente presionan para que se adopten medidas proteccionistas.

En el capítulo 18 examinaremos detalladamente los grupos de presión proteccionistas que limitan el comercio cuando analicemos la política comercial multilateral.

17.1.2 ¿Genera el comercio pérdidas globales?

La ventaja comparativa es un concepto útil, pero es necesario darse cuenta de que es un concepto *estático*, es decir, un concepto que determina las exportaciones ventajosas de un país *en un momento del tiempo*. Consideremos, por ejemplo, la teoría de Heckscher-Ohlin, según la cual un país debe exportar los productos que utilizan intensivamente los factores relativamente abundantes en ese país. Sin embargo, "abundancia relativa" es un concepto que se refiere a aquí y a ahora. Un país que tenga poco capital físico y enormes cantidades de mano de obra no cualificada no está condenado de por vida a permanecer en la misma situación. Acumulando capital, puede cambiar la situación con el paso del tiempo. Un país que tenga una escasa dotación de capital humano en relación con su dotación total de trabajo puede cambiar esta situación adoptando una buena política educativa. Esa política puede alterar, a su vez, su ventaja comparativa.

Podemos estar de acuerdo con las afirmaciones anteriores y, sin embargo, defender que no es necesario adoptar ninguna política *comercial*. ¿Por qué no exportar cacahuetes, plátanos o café mientras persista la ventaja comparativa en esas mercancías? Si más tarde, gracias a una política sensata de acumulación de capital o de inversión en educación, un país puede alterar su ventaja comparativa, se habrá ganado *entonces*, pero no *ahora*, el derecho a exportar mercancías más sofisticadas. Entretanto, es mejor dejar al mundo desarrollado la producción y la exportación de bienes de "alta tecnología".

Merece la pena examinar algo más detalladamente este argumento, a pesar de que pueda ser incorrecto.

Convergencia

En primer lugar, debe señalarse que un país en vías de desarrollo que sigue los dictados de la ventaja comparativa estática nunca puede llegar a transformarse en una sociedad con un elevado nivel de capital. Pensemos en los productos básicos que consumimos directa o indirectamente y que el mundo en vías de desarrollo produce y exporta en grandes cantidades. En esta descripción está incluido todo tipo de productos alimenticios, como plátanos, té o café, así como los productos que consumimos indirectamente como factores en otros bienes de consumo, como el yute. Estos productos se llaman "básicos" porque representan nuestras necesidades básicas, de las que los alimentos constituyen el principal ejemplo. Lo primero en lo que gastamos la renta es en estos productos.

Y aquí está la otra cara del asunto. Conforme aumenta nuestro presupuesto, la *proporción* de la renta que asignamos a estos bienes tiende a disminuir. En el caso de los productos alimenticios, esta conducta, perfectamente documentada, se conoce con el nombre de *ley de Engel* y probablemente también se cumpla en el caso de otros productos básicos. Se deduce, pues, que a medida que crece la renta mundial, la demanda de productos básicos también crece, pero posiblemente *no al mismo ritmo*, ya que el crecimiento de la demanda es contrarrestado por una reducción del *peso* que tienen estos bienes en el presupuesto a medida que comenzamos a consumir otros productos.

Por consiguiente, puede empeorar la relación de intercambio de los países en vías de desarrollo que siguen dedicándose a exportar productos básicos. Eso significa que en términos *reales*, las rentas de estos países no crecen tan deprisa como podría parecer en moneda local.[2]

La tendencia de la relación de intercambio de los países en vías de desarrollo, incluso de los que exportan principalmente productos básicos, a empeorar a largo plazo es discutible, pero apenas existen dudas de que durante la década de 1980 los precios de estos productos se hundieron, lo que se tradujo claramente en un empeoramiento de la relación de intercambio de los países en vías de desarrollo, *incluso sin centrar la atención en los que exportan productos básicos*. Véase la figura 17.1 para la evolución en el periodo 1980-93.

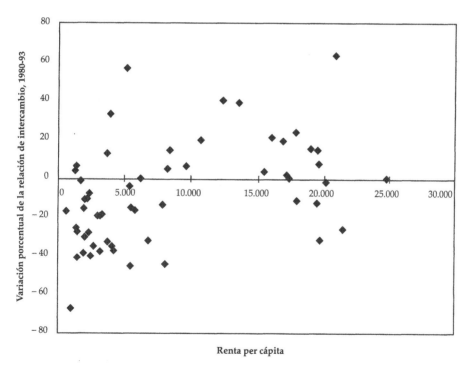

Figura 17.1. Relación de intercambio y renta per cápita, 1980-93. *Fuente:* Banco Mundial, *World Development Report*, 1995.

---

[2] Un argumento que también se ha expuesto, normalmente junto con éste, es que los precios de los productos básicos también tienden a fluctuar mucho. Estas observaciones están estrechamente relacionadas con los estudios de Singer [1950] y Prebisch [1952, 1959].

Un descenso del precio de las exportaciones de un país significa simplemente que para mantener la misma tasa de crecimiento económico que el mundo desarrollado, ese país tendrá que ahorrar una proporción mayor de su renta, lo cual puede ser mucho pedir e incluso aunque fuera viable, tiene unos costes elevados.

Una vez dicho eso, consideremos el siguiente argumento en contra. Aceptemos que los precios de los productos básicos han descendido algo, al menos durante la década de 1980. Al mismo tiempo, es cierto que aprovechándonos de la ventaja comparativa actual, y manteniéndose todo lo demás constante, la renta de *hoy* será mayor. Tenemos, pues, una situación en la que es posible obtener hoy un buen volumen de ingresos, pero a costa de una futura desaceleración de las tasas de crecimiento de esos mismos ingresos. Si eso es lo que desean los individuos racionales que participan en el mercado, que así sea. Debería internalizar las pérdidas de las generaciones futuras y si pueden predecir un empeoramiento de la relación de intercambio, deberían ir dejando de exportar esos productos. ¿Por qué hacer intervenir al Estado?

Este argumento no es del todo sólido. Significa que cuando comparamos el bienestar de las generaciones futuras con el de las actuales, estamos aceptando los dictados del mercado.

No existe, sin embargo, una buena razón conceptual para conformarse con lo que el mercado elige. Un Gobierno progresista puede creer que las generaciones futuras se merecen más peso que el que le dan los particulares por medio de sus actos. Puede ocurrir que ante la dificultad de resolver sus problemas actuales, la gente dé poca importancia a las consecuencias a largo plazo para las futuras generaciones de sus decisiones.

Pero cuidado, eso no quiere decir necesariamente que los Gobiernos sepan más que la gente. Puede ocurrir simplemente que los individuos como seres sociales "sepan más" que como individuos en el ámbito privado. En muchos casos, los individuos como seres sociales dotan a sus Gobiernos de la capacidad para coordinar sus actos de una forma que consideran relevante para el bien social, mientras que al mismo tiempo no hacen lo mismo cuando actúan de forma aislada en su ámbito privado.

Los mercados de capitales

Imaginemos, en aras del argumento, que el análisis de los párrafos anteriores no es válido. En otras palabras, supongamos que creemos que la gente da el peso "correcto" a las generaciones futuras.

Traducido al presente contexto, significa que los productores (como los agricultores) de un país en vías de desarrollo comprenden y predicen correctamente la imposibilidad a largo plazo de exportar productos básicos a los países desarrollados. Les preocupa por ellos mismos o por las generaciones futuras. Aunque actualmente se dediquen a este negocio, les gustaría exportar algo cuyo potencial de crecimiento fuera mayor. ¿Podrán?

Por diversas razones que hemos analizado en los capítulos 7 y 14, los productores pueden no ser capaces de encontrar el capital necesario para realizar la transición. Ante la falta de un mercado de capitales que funcione correctamente, es lógico esperar que cualquier actividad económica que se realice actualmente tenga una longevidad artificial, simplemente porque la ausencia de un mercado de crédito impide que se produzcan cambios radicales. En realidad, lo que eso hace es crear un sesgo en contra del futuro, por lo que en estas circunstancias es concebible defender una política comercial.

Externalidades positivas y fallos de coordinación

Incluso aunque existan mercados de capital perfectos, los empresarios pueden ser reacios a exportar productos no básicos simplemente porque los factores complementarios necesarios no existen. Podemos considerar entre esos factores complementarios un colectivo suficientemente numeroso de científicos e ingenieros, una infraestructura adecuada o una mano de obra que tenga las cualificaciones necesarias. Éstos son precisamente los tipos de "fallos de coordinación" que examinamos en el capítulo 5. Ninguna persona por sí sola puede crear estas reservas nacionales necesarias de individuos, infraestructuras y cualificaciones y, sin embargo, la acción *conjunta* de varias personas sí puede. Nos encontramos, pues, aquí ante un caso clásico de *complementariedades*. Como hemos visto varias veces, las externalidades positivas generalmente traen consigo equilibrios múltiples. En uno de ellos, la gente permanece en la misma situación con un bajo nivel de inversión en la actividad socialmente productiva. En otro, pasan a un nuevo régimen, reforzados por sus acciones mutuamente complementarias.

A menudo cabe pensar que los países que exportan productos básicos se encuentran atrapados en el primer equilibrio. La infraestructura de esos países, como los puertos, la localización de las autopistas, los ferrocarriles y el suministro de energía, puede estar muy orientada a la exportación de uno o dos cultivos básicos. Puede no haber personal científico formado o simplemente una mano de obra educada. En ausencia de los tipos de infraestructura necesarios, ningún empresario se atreverá a dar el gran paso para iniciar una transformación socialmente beneficiosa.[3]

Llevando este argumento un paso más allá, consideremos el ejemplo, especialmente relacionado con esto, de una industria que puede generar enormes externalidades para el resto de la sociedad: el sector de la alta tecnología. De momento no sabemos cuáles son las posibles consecuencias de la alta tecnología ni cómo se difunden al resto de la economía. Aunque los países desarrollados luchan por dominar los sectores punta de la alta tecnología —biotecnología, microelectrónica, telecomunicaciones, robótica, etc.— los países en vías de desarrollo no quieren quedarse atrás. Un nuevo avance en el campo de la biotecnología puede cambiar extraordinariamente la industria informática y, sin embargo, nadie puede estar seguro de cuál va a ser exactamente el cambio o de dónde vendrá, por lo que ¡no es muy fácil que pueda haber de antemano un mercado que estimule este cambio! Recuérdese que en nuestros análisis anteriores hemos visto que en presencia de mercados para todas las contingencias no existen las externalidades. Los sectores (como

---

[3] El lector debería conocer perfectamente la causa por su formación económica básica. Algunos componentes como la infraestructura generan enormes externalidades que benefician a grandes segmentos de la población. Al mismo tiempo, puede ser imposible conseguir que todos los individuos paguen debidamente los beneficios que reciben, por lo que los empresarios privados generalmente no ofrecen una cantidad suficiente de estos bienes públicos.

la alta tecnología) en los que los rendimientos son inciertos, no sólo en cuanto a su valor sino en cuanto su incidencia en otros sectores, normalmente carecen de muchos de estos mercados contingentes, y esa es una razón todavía mas importante por la que en los países en vías de desarrollo las fuerzas del mercado posiblemente no inviertan lo suficiente por sí solas en estos sectores.

La alta tecnología no es más que un ejemplo extremo del problema de las externalidades. Es improbable que las sociedades que no producen bienes manufacturados y no compiten en ese sector creen un clima o un entorno en el que aparezcan espontáneamente industrias manufactureras. En términos más generales, un país puede sentir la necesidad de industrializarse simplemente porque se acepta que en la industrialización se encuentra la clave para ser alguien en el mundo, para desempeñar un papel más importante y más decisivo en la comunidad internacional y para lograr el prestigio que traen consigo los descubrimientos científicos y tecnológicos. Se trata de externalidades que ninguna persona puede internalizar razonablemente en sus propios actos. Naturalmente, puede haber muchas personas, Gobiernos y grupos de intereses (y, ciertamente, economistas "científicos") en los países desarrollados que piensen que es mejor para los países en vías de desarrollo no entrar en la refriega, pero sus colegas de los países en vías de desarrollo pueden no estar de acuerdo, y no hay más que hablar.[4]

La distribución de la renta y de la riqueza

Hasta ahora los argumentos se han basado en un posible fallo del sector de las exportaciones. También hay que tener en cuenta algunas consideraciones que se refieren al sector de las importaciones. En particular, si no existen restricciones sobre las *importaciones*, es evidente que su estructura y su composición dependerán en gran parte de la distribución de la renta. Aunque a los individuos como seres sociales les preocupara el proceso de desarrollo (y lo reflejaran, por ejemplo, por medio de su voto), es razonable suponer que en sus actos privados harán lo que consideren más oportuno con su dinero. Así, por ejemplo, las personas de renta alta demandarán automóviles importados, vinos y quesos caros, muñecas Barbie y sonido cuadrafónico, exactamente igual que las personas de renta alta de cualquier otra parte del mundo. Eso genera una elevada demanda de importaciones de bienes de consumo, eleva el precio de las divisas y dificulta la adquisición de factores importados que pueden considerarse fundamentales para el proceso de desarrollo.

Podríamos decir, si eso es lo que demanda el mercado, ¿qué hay de malo en ello? Pensar eso significa creer ciegamente en la mano invisible. Como hemos insistido una y

---

[4] Los argumentos económicos que hacen hincapié en las distorsiones que introduce sin duda la política comercial sencillamente no tienen en cuenta estas consideraciones. El hecho de que algunos grupos como el G-7 se reúnan periódicamente y tomen decisiones sobre cuestiones mundiales que afectan a todos los países no hace más que alimentar el deseo de industrialización. Lo mismo ocurre con el hecho de que los países poderosos desde el punto de vista industrial pueden tomar medidas unilaterales extremas (como medidas proteccionistas con o sin el consentimiento de organismos multilaterales como el GATT) en beneficio propio. En palabras de Carr [1951, pág. 92], la "industrialización es el tributo más sincero que pueden pagar las antiguas colonias a Occidente".

otra vez en este libro, el mercado es muy bueno en la asignación de los recursos, *dada la distribución existente de la renta y de la riqueza*, pero no hay razón alguna por la que la propia distribución deba considerarse correcta o "justa". Por lo tanto, el tipo de argumento presentado en el párrafo anterior es perfectamente justificable siempre que se piense que (i) la distribución existente de la renta es de alguna manera subóptima o excesivamente desigual y (ii) por consiguiente, el mercado subvalora los artículos de mayor importancia desde el punto de vista de la sociedad en su conjunto. En esas situaciones tenemos otro argumento a favor de la política comercial.

Los aranceles de los países grandes

Un conocido argumento a favor de la restricción del comercio procede de la teoría de los "aranceles óptimos". Supongamos que un país es "grande", en el sentido de que sus importaciones de un bien influyen en el precio internacional de ese bien. En otras palabras, el país en su conjunto se enfrenta a una curva de oferta del bien que importa de pendiente positiva. En ese caso, un arancel sobre las importaciones podría beneficiarle. Este argumento de "monopolio" también se basa en la imperfección de un mercado: el mercado internacional de un bien no es realmente competitivo, al menos cuando se considera el nivel de agregación en el que piensa el gobierno de un país (o grupo de países). Véanse los ejercicios de este capítulo para un ejemplo de este argumento.

Todos los temas anteriores, salvo el de la "convergencia" son, en realidad, casos especiales de lo que se denomina teoría de la política comercial de segundo óptimo. Si todos los mercados son perfectos, el argumento de las ganancias potenciales derivadas del comercio es impecable. Sin embargo, puede ocurrir que no existan algunos mercados. Imaginemos, por ejemplo, un mundo en el que no existe un mercado de control de la contaminación, por lo que las industrias que contaminan imponen, de hecho, una externalidad a las demás. En ese mundo, es posible que la apertura del comercio permita a una industria contaminante expandirse y reduzca el bienestar nacional global. Por lo tanto, el tema de los "mercados de capitales" se basa en la idea de que éstos no existen y de que, como consecuencia, los inversores no pueden tomar individualmente decisiones ideales sobre lo que van a exportar. Asimismo, el tema de "las externalidades positivas y los fallos de coordinación" también se basa en un fallo del mercado: la ausencia de mercados que recompensen a las industrias por los efectos-difusión tecnológicos positivos que generan. Asimismo, el tema de "la distribución de la renta y de la riqueza" tampoco tiene un mercado. Si la distribución de la riqueza o de la renta se considera incorrecta, debe llevarse a cabo una redistribución adecuada utilizando impuestos y transferencias de cuantía fija, que no son distorsionadores. Sin embargo, eso depende de la capacidad del Gobierno para identificar correctamente a los ricos y a los pobres, lo que plantea graves problemas de información y de incentivos. De hecho, esa es también la razón por la que no es posible identificar las ganancias potenciales del comercio con las ganancias reales de todos los afectados. La información necesaria para realizar las transferencias compensatorias *ex post* puede ser limitada.

17.2 Política comercial: sustitución de importaciones

Examinamos, pues, los instrumentos de que puede disponer un país que trata de restringir o de modificar de alguna manera la pauta de su comercio internacional, debido en parte a los grupos de presión que surgen como consecuencia de los efectos distributivos del comercio antes descritos o al deseo del país de escapar al dominio de la producción de productos básicos (es decir, el país reconoce la posibilidad de que su pauta actual de comercio genere pérdidas globales, como hemos descrito antes). Esos países tratan de desarrollar una nueva base industrial. Se dan cuenta, quizá, de que la creación de esa base provocará la formación de una nueva mano de obra muy cualificada. Piensan que esa mano de obra dará, a su vez, sus frutos cuando las nuevas industrias crezcan y exploten el talento de estas dotaciones recién descubiertas.

En suma, puede ser que la conducta del Gobierno de este país obedezca a algunas o a todas las consideraciones que hemos analizado en el apartado anterior. La cuestión es: ¿de qué instrumentos dispone?

Es bastante evidente que en las fases iniciales hay que capturar mercados y vender productos, no simplemente gracias a la competitividad de sus empresas, (que, por definición, no existe), sino por medio de un proceso de intervención pública directa que cree una competitividad *artificial*. Este clima de competitividad artificial puede fomentarse de varias formas.

Por ejemplo, muchos países recurren a sus propios mercados internos en busca de la práctica necesaria. Al fin y al cabo, es mucho más fácil crear esta ventaja artificial en el terreno propio. De hecho, la manera más fácil de conseguirlo es dificultar la actuación de las empresas extranjeras, levantando diversas barreras que impidan la importación de bienes extranjeros y sustituyendo estos bienes por bienes producidos nacionalmente. Esa política se conoce, pues, con el nombre de política de *sustitución de importaciones*.

17.2.1 Conceptos básicos

La sustitución de importaciones puede adoptar varias formas y puede ir desde la prohibición expresa de ciertas clases de importaciones hasta el tratamiento discriminatorio a favor de los productores nacionales en determinados bienes. Una política de sustitución de importaciones tiene varias características.

Tratamiento desigual de los bienes importados

Ya hemos señalado que toda política de sustitución de importaciones suele tener por objeto crear un clima de competencia interior en algunas industrias. También hemos visto que puede estar justificada la restricción de algunas importaciones de bienes de consumo (debido a que la distribución de la renta no es adecuada) simplemente con el fin de obtener divisas que permitan realizar actividades que se considera que tienen un valor social más alto.

No es sorprendente, pues, que la política de sustitución de importaciones a menudo trate de forma distinta los bienes importados (es decir, que no se restrinjan de la misma forma todas las importaciones). Es posible que proteja mucho algunos sectores cuyo desarrollo es clave. También es probable que los factores de *producción* y los bienes de *consumo* importados reciban un tratamiento distinto. En el caso de los primeros, suelen establecerse contingentes y unos aranceles relativamente bajos; en el de los segundos, suelen prohibirse directamente o someterse a unos elevadísimos aranceles.

Aranceles y contingentes

La protección de los bienes nacionales suele consistir en una combinación de aranceles y contingentes. Primero definiremos cuidadosamente estos conceptos y después veremos los efectos, posiblemente diferentes, de estos dos instrumentos. Un *arancel* (*ad valorem*) es un porcentaje que se aplica al valor de un artículo importado; el dinero que genera va a parar al Estado. Así, por ejemplo, si el arancel sobre los aparatos estereofónicos es del 50% e importamos un aparato estereofónico por valor de 1.000 euros, tendremos que pagar un derecho arancelario de 500 euros al Estado. Lo que hace el arancel es subir el precio efectivo de un bien con respecto a los precios internacionales. El aparato estereofónico nos cuesta, en realidad, 1.500 euros. Un arancel también genera ingresos al Estado.

Como ahora el precio efectivo del bien importado es más alto, el arancel es un instrumento para sustituir importaciones. A los fabricantes de aparatos estereofónicos del país puede costarles, por ejemplo, 1.400 dólares fabricar un aparato estereofónico de calidad similar. Sin el arancel quebrarían. Con el arancel, pueden prosperar en el mercado interior. La importación potencial ha sido *sustituida* por producción nacional.

Un *contingente* es la estipulación de la cantidad máxima que puede importarse de un bien. Es posible (y de hecho, suele ocurrir) que el contingente se combine con un arancel. Así, por ejemplo, suele ocurrir que se pueda importar una determinada cantidad de un bien sin aranceles y que a partir de esa cantidad no se prohíba directamente su importación sino que se establezca un arancel elevado.

Los aranceles y los contingentes normalmente varían de un bien a otro. Por ejemplo, un factor importado necesario para la producción nacional puede recibir un tratamiento distinto al de un factor que satisface las necesidades de consumo de los grupos de renta alta.

Tipos de cambio

Una de las consecuencias de la sustitución de importaciones suele ser la *sobrevaloración* del tipo de cambio en relación con el que existiría en un mundo de libre comercio. Asegurémonos de que comprendemos lo que significa eso exactamente. Un *tipo de cambio* es simplemente el precio al que puede intercambiarse moneda extranjera por moneda nacional. Por ejemplo, los tipos de cambio pueden expresarse por medio del número de unidades de moneda nacional (peso, rublo, rupia, euros) necesario para comprar un dólar estadounidense.

Los tipos de cambio son precios y, como pasa con todos los precios, la demanda y la oferta influyen extraordinariamente en su determinación. Analicemos el modelo más sencillo de tipos de cambio. Imaginemos que sólo hay dos monedas (el peso y el dólar) y que sólo hay dos países (México y Estados Unidos). México importa algunos bienes de Estados Unidos y Estados Unidos importa algunos bienes de México. Es fácil imaginar que la demanda de *importaciones* de México genera una demanda de *dólares*. Se trata de los dólares que se utilizarán para pagar las importaciones. Cuanto mayor sea la demanda de importaciones, mayor será la demanda implícita de dólares. Por otra parte, cuando Estados Unidos demanda importaciones de México, provoca una *oferta* de dólares, que es la moneda en la que los consumidores estadounidenses pagan las importaciones.

Obsérvese que también podríamos haber realizado este análisis en términos de la oferta y la demanda de pesos. En este mundo de dos países, la conducta del mercado de una de las monedas refleja literalmente la conducta del otro.

Obsérvese que tanto la demanda derivada de dólares como su oferta dependen estrechamente del tipo de cambio. Si se necesitan más pesos para obtener un dólar (lo que equivale a una subida del precio del dólar), los mexicanos reducirán su demanda de bienes estadounidenses, que ahora les resultan más caros. Por lo tanto, la demanda implícita de dólares disminuirá. Por lo que se refiere a los ciudadanos estadounidenses, los bienes mexicanos parecerán más baratos, por lo que podemos predecir que aumentará su demanda. Sin embargo, no sabemos cómo afectará exactamente ese aumento a la oferta implícita de dólares. Podemos considerar dos efectos. En primer lugar, la demanda de bienes mexicanos aumenta y, en segundo lugar, se necesitan menos dólares para comprar la misma cantidad que antes. El resultado neto depende de la *elasticidad-precio de la demanda estadounidense de productos mexicanos*. Aplicando la microeconomía elemental, el lector debería ser capaz de deducir que si la elasticidad-precio es mayor que uno, un descenso de los precios mexicanos provocará un aumento del gasto en dólares. Si la elasticidad-precio es inferior a uno, el gasto en dólares disminuirá (aun cuando la demanda de bienes mexicanos haya aumentado).

La figura 17.2 combina estas observaciones. El eje de ordenadas representa el número de pesos por dólar (que, como hemos señalado, equivale al precio del dólar). El eje de abscisas representa la oferta y la demanda de dólares. Como hemos visto antes, la demanda de dólares en el mercado internacional tiene pendiente negativa. La pendiente de la función de oferta depende, como hemos señalado, de la elasticidad-precio de la demanda estadounidense de productos mexicanos. Si la pendiente es positiva, como en el panel de la izquierda de la figura 17.2, tenemos las curvas convencionales de oferta y demanda que determinan el *tipo de cambio* de equilibrio. Si la pendiente de la curva de oferta es negativa, como en el panel de la derecha, tenemos unas curvas de oferta y demanda poco habituales. No obstante, el tipo de cambio de equilibrio se determina exactamente de la misma forma en los dos casos: se encuentra en la intersección de las dos curvas.[5]

---

[5] La figura evita deliberadamente una tercera posibilidad: que la curva de oferta no sólo tiene pendiente negativa sino que, además, corta a la curva de demanda "desde abajo". En este caso, la intersección de las curvas de oferta y demanda así descritas no es "estable". Una pequeña variación del tipo de cambio en cualquiera de los dos sentidos produce un alejamiento progresivo del punto inicial de equilibrio, no un acercamiento. Sin embargo, es fácil ver que la demanda estadounidense de importaciones mexicanas no puede ser inelástica con respecto al precio a *todos* los precios, por muy altos que sean éstos. En otras palabras, siempre debe haber equilibrios "estables" como los que muestra la figura 17.2.

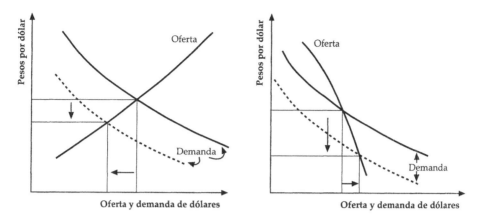

Figura 17.2. Tipos de cambio de equilibrio.

Ahora es fácil ver cómo puede afectar al tipo de cambio un intento de sustituir importaciones. Continuando con el ejemplo anterior, supongamos que México impone aranceles y/o contingentes sobre las importaciones procedentes de Estados Unidos. Esta política reduce la demanda de importaciones cualquiera que sea el tipo de cambio. Este hecho se recoge por medio de un desplazamiento de la curva de demanda de dólares hacia la izquierda hasta las líneas de puntos de la figura 17.2. El tipo de cambio de equilibrio baja, o sea, la moneda mexicana se *aprecia*, en el sentido de que se necesitan menos pesos para comprar un dólar en el mercado de divisas. Eso encarece los bienes mexicanos. Si la demanda de bienes mexicanos es elástica con respecto al precio, como en el panel de la izquierda de la figura 17.2, disminuyen los ingresos en dólares generados por las exportaciones. El valor total de las importaciones en dólares evidentemente también disminuye.

Es posible que la demanda de bienes mexicanos sea, en realidad, *inelástica* con respecto al precio, como muestra el panel de la derecha de la figura 17.2; en ese caso, aumenta el valor de las exportaciones mexicanas en dólares. Sin embargo, ¿es probable este caso? Para evaluar esta posibilidad, debemos abandonar la ficción de que sólo existen dos países. En el caso de la mayoría de los bienes, hay otros países que pueden intervenir para cubrir el vacío, al menos con sustitutivos cercanos. Cuanto mayor sea el número de alternativas, más probable es que la demanda de productos de un *determinado* país sea muy sensible a una variación del precio. Es razonable, pues, suponer que el panel de la izquierda de la figura 17.2 recoge bastante bien cómo se ajustan los tipos de cambio y el comercio total en dólares ante una sustitución de importaciones.

17.2.2 Más detalles

Hasta ahora hemos analizado tres características básicas de la sustitución de importaciones: (1) es probable que las diferentes importaciones reciban un tratamiento distinto, sobre todo si comparamos factores de producción con bienes de consumo, (2) se imponen aranceles y contingentes en un intento de reducir las importaciones y (3) lo más probable es que la sustitución de importaciones provoque una apreciación del tipo de cambio y lo sitúe en un nivel superior al tipo de libre comercio que equilibra el mercado. Ahora nuestra tarea consiste en profundizar más en estas cuestiones.

Cómo funcionan los aranceles y los contingentes

La figura 17.3 describe el efecto de la imposición de un arancel sobre un bien. Muestra las curvas de oferta y demanda de este bien, que puede ser o no ser un bien de consumo final. Si lo es, las curvas de oferta y demanda tienen la interpretación habitual. Si es un bien intermedio que se utiliza en la producción, la curva de demanda debe interpretarse como la curva de demanda derivada de ese factor.

El precio internacional del bien es p^*. A este precio, la oferta interior sólo satisface la cantidad OA de la demanda total OB. El resto, AB, se importa. Supongamos ahora que se establece un arancel de t por ciento. Este eleva el precio internacional (tal como lo perciben los compradores, incluido el arancel) hasta el nivel $p^*(1 + t/100)$, como muestra la figura 17.3. Ahora la demanda total desciende a OD, pero la oferta interior es mayor: OC. Es precisamente en este sentido en el que se anima a los productores nacionales a producir el bien.

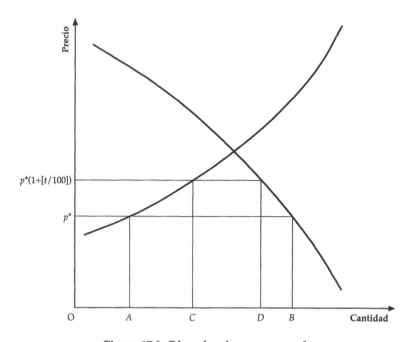

Figura 17.3. Cómo funciona un arancel.

Las importaciones descienden a *CD*. Obsérvese que con un arancel suficientemente alto, las importaciones desaparecen totalmente. Ocurre con cualquier arancel con el que los precios sean superiores al precio *interior* de ese bien que equilibra el mercado. Esos aranceles se denominan *prohibitivos* por razones obvias.

El arancel produce tres efectos inmediatos. En primer lugar, los compradores salen perdiendo: pagan unos precios más altos. En segundo lugar, los vendedores salen ganando: perciben unos precios más altos. En tercer lugar, el Estado recauda ingresos arancelarios. En el siguiente tema volveremos a analizar más detalladamente estos "efectos relacionados con el bienestar". Antes, sin embargo, veamos cómo funcionan los contingentes.

En el análisis siguiente nos referiremos a la figura 17.4. Este gráfico reproduce exactamente la misma situación inicial que la figura 17.3, es decir, se compran *OA* unidades a productores nacionales y el resto, *AB*, se importa. Para poder comparar los contingentes con los aranceles, ahora establecemos un contingente. Recuérdese que la cantidad importada tras la imposición del arancel *t* era *CD* (véase la figura 17.3). Elijamos con cuidado este contingente: los compradores pueden importar *CD* unidades como máximo libres de derechos arancelarios y el resto deben comprarlo en el mercado interior. Para ver el efecto del contingente, la figura 17.4 delimita una distancia *EB* igual a la cantidad *CD*. En palabras, esta cantidad de demanda es una "dádiva" para los compradores al precio internacional. ¿Cómo será la "curva de demanda residual"?

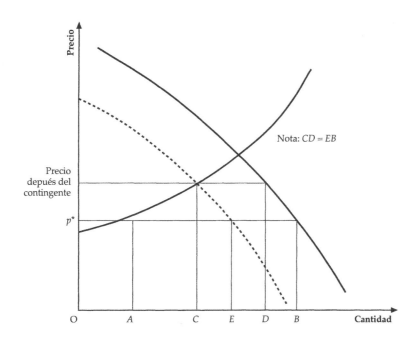

Figura 17.4. Cómo funciona un contingente.

En el caso más sencillo que estamos analizando, la curva de demanda residual se obtiene desplazando hacia dentro la curva de demanda inicial exactamente en la cuantía *EB* a cada uno de los precios (al fin y al cabo, esta parte de la demanda ya se ha satisfecho).[6] Observemos ahora el precio interior de equilibrio así generado. Es simplemente el mismo que antes: $p^*(1 + t/100)$, donde t es el arancel considerado en el caso anterior. De hecho, no sólo es el nuevo precio interior igual que el inicial más el arancel sino que, además, los niveles de producción interior también son iguales, y lo mismo ocurre con la cantidad de importaciones.

Acabamos de demostrar de forma simplificada la *equivalencia de contingentes y aranceles*. Un arancel puede reproducirse por medio de un contingente. Asimismo, dándole la vuelta a los argumentos anteriores, un contingente puede reproducirse por medio de un arancel.

Sin embargo, ¿es *todo* igual? En absoluto. En el primer caso, los aranceles generan ingresos, que van a parar al Estado. En el segundo caso, los ingresos implícitos van a parar en forma de prima a los compradores, a los que se les permite el lujo de importar un cierto número de unidades libres de aranceles. Para comprobar que la subvención implícita es la misma, obsérvese que el valor monetario total de la subvención es la diferencia entre el nuevo precio interior y el precio internacional inicial, multiplicada por la cuantía del contingente. Es precisamente $t/100$ multiplicado por *CD*, que es igual a los ingresos arancelarios que obtiene el Estado en el caso anterior.

En el siguiente apartado analizamos los efectos que producen los contingentes en el bienestar. Señalamos que la asignación de los ingresos implícitos es diferente dependiendo de cómo se asignen los contingentes. La descripción anterior —según la cual la subvención implícita va a parar a los compradores— no es más que una situación especial.

En todo caso, tenemos que desdecirnos de algo: los aranceles y los contingentes *son* equivalentes en este ejemplo, con la excepción de que asignan el poder adquisitivo de forma distinta a los compradores y al Estado. En el caso de los aranceles, el Estado se apropia de la subvención implícita de los contingentes en forma de ingresos arancelarios. Por lo tanto, no hay, desde luego, ninguna equivalencia en lo que se refiere a sus efectos distributivos. Sin embargo, el efecto es equivalente desde el punto de vista de los precios interiores, la producción y los niveles de importaciones.[7]

Si los aranceles y los contingentes son equivalentes, ¿por qué observamos ambos instrumentos en regímenes de sustitución de importaciones? Por dos razones principales.

---

[6] En los tramos superiores de la curva de demanda en los que la demanda *total* es menor que *EB*, la demanda residual descenderá, por supuesto, a cero.

[7] El lector atento se habrá dado cuenta también de que hemos simplificado la cuestión al afirmar que tras el contingente, la curva de demanda residual se desplaza hacia la izquierda *exactamente* en la cuantía del contingente. Si la subvención implícita produce un efecto-renta en los compradores (al fin y al cabo, es como si se les hubiera dado una renta adicional), éste puede desplazar la curva de demanda total hacia la derecha. La curva de demanda *residual* seguirá encontrándose a la izquierda de nuestra curva de demanda inicial, pero en una cuantía que no contrarresta el contingente. Por lo tanto, como los ingresos arancelarios van a parar a los compradores, puede producirse algo más que un mero efecto distributivo: los precios interiores pueden ser algo más altos que en el caso de los aranceles, pero este efecto es en realidad, menor; de ahí que sólo lo mencionemos en esta nota a pie de página.

La primera es el *poder político*. Ya hemos señalado que los ingresos generados por los aranceles y los contingentes van a parar a grupos distintos. Los ingresos arancelarios van a parar al Estado, mientras que los beneficiarios de los ingresos generados por los contingentes obtienen el excedente implícito. Dependiendo del poder de los grupos empresariales y de sus grupos de presión, es posible imaginar qué instrumento se utiliza cuando, desde el punto de vista de la asignación antes analizado, ambos instrumentos son equivalentes. Por ejemplo, si los fabricantes de televisores desearan importar tubos de imagen (que suelen prohibirse en un régimen de sustitución de importaciones), ¿presionarían para que se estableciera un contingente o el arancel equivalente? La respuesta es, por supuesto, el contingente. Es cierto que los beneficiarios del contingente no podrían importar más tubos de los permitidos por el contingente (y, en este sentido, el contingente es más inflexible), pero también es cierto que en presencia del arancel equivalente, de todos modos no *querían* importar más (consúltense las figuras 17.3 y 17.4, una vez más). Por lo tanto, ante la posibilidad de elegir entre las dos opciones, los grupos de presión de la industria de televisores posiblemente prefieran la rigidez del contingente y no tener que pagar un elevado arancel por los tubos de imagen que sí importan.

La segunda razón por la que los aranceles y los contingentes pueden ser diferentes se debe a la *falta de información completa* del Gobierno sobre la economía. Esta razón exige algunas explicaciones. Comencemos resucitando una versión de la figura 17.3, que muestra la repercusión de un arancel en las importaciones y en la producción nacional. El ejemplo siguiente se basa principalmente en el supuesto de que el Gobierno carece de información sobre la curva de oferta interior.[8]

Supongamos que el objetivo del Gobierno al imponer un arancel sea reducir las importaciones de un bien hasta un nivel fijado de antemano y fomentar al mismo tiempo la producción interior. La figura 17.5 reproduce esencialmente la 17.3, pero con una importante diferencia: ahora la curva de oferta interior se representa por medio de una banda que parte del punto de oferta de libre comercio *M*. La cuestión es que la curva de oferta de la producción nacional se encuentra *en algún lugar* de esta banda, pero según nuestro supuesto, el Gobierno no sabe en cuál exactamente, lo que tiene la siguiente consecuencia. Con el arancel, *las importaciones resultantes podrían encontrarse entre las magnitudes CD y C'D*. En este sentido, la falta de información sobre la curva de oferta impide predecir la cantidad que se importará del bien tras la imposición de un arancel. Obsérvese que la cantidad de producción nacional también se vuelve impredecible y se encuentra entre los niveles *OC* y *OC'*. El lector debería darse cuenta de que el que la falta de información se refiera a la curva de *oferta* no es en absoluto crucial para este argumento; la falta de información sobre la curva de demanda habría planteado el mismo problema.

Podemos concluir, pues, que si uno de los objetivos del Gobierno es controlar las importaciones en un grado determinado de antemano, un arancel puede ser un instrumento burdo, a menos que se disponga de información exacta sobre la economía. El error puede ser bastante grande. En ese tipo de situación, puede ser mucho más fácil imponer

---

[8] El argumento siguiente es una adaptación del argumento de Weitzman [1977].

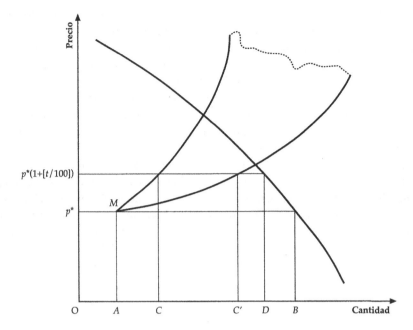

Figura 17.5. Los aranceles en condiciones de información incompleta.

un contingente que determine directamente el nivel de importaciones. La figura 17.6 muestra cómo se hace.

Al igual que en la figura 17.4, la imposición de un contingente de cuantía *EB* desplaza la curva de demanda residual hacia la izquierda exactamente en *EB* en todos los puntos (salvo en aquellos precios con los que la demanda sea inferior a *EB*, en cuyo caso la nueva cantidad demandada es igual a cero). A diferencia de lo que ocurre con los aranceles, no hay más incertidumbre sobre el volumen de importaciones: será *EB* sin lugar a dudas. Ahora obsérvese que hemos comprado nuestra certeza a un precio. Ahora perdemos el control de la subvención implícita en favor de los productores que se benefician del contingente. Esta cantidad podría ser grande o pequeña y las consecuencias distributivas resultantes pueden ser suficientemente serias para preocuparse.

Por lo tanto, aunque los aranceles y los contingentes son equivalentes en un mundo sin incertidumbre (aunque puede seguir habiendo consecuencias distributivas), en un mundo con incertidumbre pueden producir unos efectos bastante distintos.

A continuación pasamos a analizar las consecuencias sobre el bienestar de las restricciones del comercio.

Consecuencias sobre el bienestar: estáticas y dinámicas

Consecuencias estáticas sobre el bienestar. Hagamos algunos sencillos cálculos de las consecuencias inmediatas de un arancel sobre el bienestar. La figura 17.7 reproduce la 17.3 (centrando la atención en otros aspectos) para poder hacerlo.

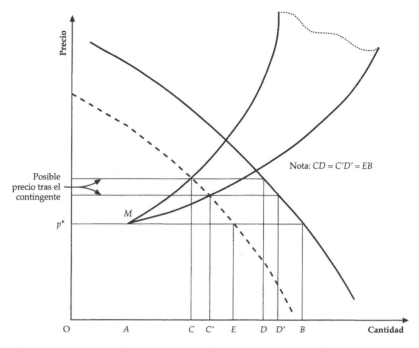

Figura 17.6. Los contingentes en condiciones de información incompleta.

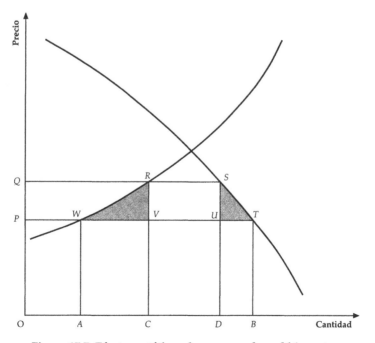

Figura 17.7. Efectos estáticos de un arancel en el bienestar.

En la figura, P representa el precio en condiciones de libre comercio y Q el precio interior con el arancel incluido. Recuérdese que el consumo interior total del bien disminuye de OB a OD, mientras que la producción interior aumenta de OA a OC. Como hemos señalado en el tema anterior, los compradores interiores pierden. Utilizando los principios del excedente del consumidor, podemos estimar su pérdida con la ayuda de la figura 17.7: es el área (irregular) total $PQST$.[9] A continuación, los productores interiores salen ganando. Podemos estimar la ganancia exactamente de la misma forma que hemos estimado la pérdida de los compradores: es simplemente el aumento del excedente del productor. Esta ganancia es el área $PQRW$.

Supongamos que valoramos por igual a compradores y productores. En ese caso, podemos restar la ganancia de los productores de la pérdida de los compradores. Obsérvese atentamente la figura 17.7. El lector verá que sigue habiendo una pérdida neta, que es el área $WRST$, pero aún no hemos concluido nuestros cálculos. También hay unos ingresos arancelarios que van a parar al Estado. Es la cantidad de importaciones realizadas tras el arancel multiplicada por la cuantía de ese arancel. Convénzase el lector de que el valor total de los ingresos así obtenidos está representado por el área $VRSU$.

Comparemos ahora las áreas $WRST$, que es la pérdida neta de los compradores (una vez tenidas en cuenta las ganancias de los productores), y $VRSU$, que son los ingresos arancelarios. Resultará evidente de inmediato que la primera área es mayor que la segunda. En realidad, es mayor en la suma de las áreas de los dos triángulos sombreados WRV y UST. Éstas son las llamadas *pérdidas irrecuperables de eficiencia* en que se incurre al alejarse del resultado de libre mercado y de libre comercio.

Hemos concluido nuestros cálculos: los compradores pierden; los productores ganan; el Estado gana. Comparando todas las ganancias y las pérdidas, sigue habiendo una pérdida irrecuperable de eficiencia.

Los cálculos de las consecuencias sobre el bienestar que acabamos de realizar parten de dos supuestos fundamentales. En primer lugar, todos los agentes —los productores, los compradores, el Estado— reciben el mismo peso en los cálculos (así es cómo hemos sumado y restado las áreas en la figura 17.7). Si estos agentes representan grupos de individuos claramente diferentes y nos preocupa la desigualdad, ese supuesto puede no ser el correcto (ya hemos analizado algo esta cuestión en el apartado anterior). Por ejemplo, puede ocurrir que se trate de un bien que es consumido por los grupos de renta más ricos del país en vías de desarrollo: por ejemplo, lectores de DVD (que quizá sean un artículo que esté en todos los hogares cuando el lector lea esto, en cuyo caso piense en

---

[9] Recuérdese que el excedente del consumidor correspondiente a un determinado precio está representado por el área de la curva de demanda que se encuentra por encima de ese precio. He aquí un rápido repaso por si el lector lo ha olvidado. En cada cantidad, hasta llegar a la demanda total a ese precio, el excedente que obtiene el comprador es simplemente la diferencia entre el precio que está dispuesto a pagar y el que paga realmente. No es nada más que la distancia vertical entre la curva de demanda y el precio. "Sumando" todas estas distancias verticales a medida que acumulamos todas las cantidades comprendidas entre cero y la cantidad real demandada, obtenemos una medida de las ganancias totales que obtiene el consumidor, que no es más que el área situada entre la curva de demanda y la recta de precios. Ahora debería ser fácil comprobar que la *pérdida* de excedente del consumidor como consecuencia de la subida del precio interior es precisamente el área $PQST$, como se señala en el texto.

algún bien de consumo que sea muy caro). Si nos preocupa la desigualdad y no es posible redistribuir *directamente* la renta de estas personas en favor de otros miembros (más pobres) de la sociedad, puede ser un instrumento de segundo óptimo (pero un instrumento al fin y al cabo) para conseguirlo.[10] El arancel eleva el excedente de los productores y permite a éstos (y a sus trabajadores y a otros propietarios de factores interiores necesarios para producir el bien) beneficiarse. Asimismo, el aumento de los ingresos del Estado también puede dedicarse a programas que beneficien a los grupos más pobres de la sociedad. Debería resultar claro, sin embargo, que en este caso es preciso realizar una valoración *ética* de la distribución de la renta y que se necesita buena información sobre la forma en que utilizará el Gobierno esos ingresos y sobre la identidad de los productores que se benefician. Por lo tanto, es posible que el análisis de las consecuencias sobre el bienestar exija algo más que un simple cálculo. Puede haber razones para dar más peso a los productores y al Estado que a los consumidores o puede no haberlas. Depende de cuáles sean estos grupos y de las valoraciones éticas que estemos dispuestos a hacer.

En segundo lugar, nuestros argumentos se basan en el supuesto de que el precio de libre comercio es *independiente* de la política interior. Si el país es un gran importador de un producto, no ocurre así. El análisis de este apartado puede utilizarse, en ese caso, para mostrar que un arancel genera unas ganancias estáticas al país que impone el arancel. Dejamos los detalles de este argumento para un ejercicio que se encuentra al final del capítulo.

Nuestras observaciones también se basan en parte en la cuestión de por qué diferentes grupos de mercancías pueden no recibir la misma protección. Algunas, como los aceites comestibles, pueden ser consumidos por todos los grupos de renta. En este caso, la pérdida de los consumidores puede ser superior a la ganancia de los productores, por lo que el arancel puede ser bastante bajo. Otras mercancías, como el acero, pueden ser fundamentales para la producción de otros muchos bienes. Por lo tanto, aunque el acero se produzca dentro del país, su protección puede tener demasiados costes. En cambio, es probable que algunos bienes de consumo, como los lectores de DVD, estén muy protegidos por las razones antes mencionadas.

Hasta ahora hemos centrado la atención en el caso de los aranceles. Con contingentes, la distribución de las ganancias y de las pérdidas es diferente, pero el método utilizado para explicarla es exactamente el mismo. Lo que necesitamos hacer es averiguar quién recibe los beneficios implícitos de la asignación de los contingentes. Dada la equivalencia de contingentes y aranceles antes analizada, podemos utilizar la figura 17.7 para describir los distintos costes y beneficios. Supongamos ahora que P representa el precio inicial de libre comercio, RS el contingente sobre las importaciones, QR la producción interior y Q el precio interior tras la imposición del contingente. Todos los costes y los beneficios son exactamente iguales que en el caso del arancel. La única diferencia estriba en que ahora no hay ingresos arancelarios. ¿Quién recibe la cantidad implícita descrita por el rectángulo $VRSU$?

---

[10] El análisis de esta sutil cuestión es excesivamente simplista. Sin embargo, el estudio más exhaustivo de este tema queda fuera del alcance de este libro. Véase Diamond y Mirrlees [1971], y Ray y Sen [1992].

Hay varias posibilidades, dependiendo de la forma en que se distribuyan los derechos de los contingentes. Pueden distribuirse entre los compradores por medio de una lotería o entregándose al primero que llegue. En esa situación, los compradores recuperan *VRSU* de su pérdida de excedente de los consumidores *PQST*. Los derechos de los contingentes pueden ser subastados por el Estado. En ese caso, la lucha entre los compradores por los derechos que dan los contingentes presiona al alza sobre el precio de los contingentes hasta llegar exactamente a la cantidad *VRSU*. En este caso, los aranceles y los contingentes son *realmente* equivalentes. Aunque el Estado no reciba ningún ingreso arancelario, los ingresos derivados de la venta del contingente son exactamente los mismos. Por último, es posible que el Gobierno desee asignar aleatoriamente los derechos de los contingentes (como en el primer caso), pero un burócrata astuto encargado de la asignación puede aceptar sobornos de compradores que deseen que se les asignen a ellos los derechos. ¡Estos sobornos generan ingresos a los burócratas! En este último caso, no hacemos mal pensando que el rectángulo *VRSU* se lo comen en gran parte los sobornos. Estos sobornos se los embolsan, desde luego, los ciudadanos del país y si hacemos la vista gorda a la *distribución* de las ganancias y las pérdidas, da lo mismo quien se los embolse, aunque puede que haya pocas personas que piensen de esta forma.

Cabe extraer tres conclusiones. En primer lugar, independientemente de que estudiemos los aranceles o los contingentes, hemos aprendido una metodología uniforme para valorar las ganancias y las pérdidas de los diversos grupos de la sociedad. En segundo lugar, para evaluar las ganancias o las pérdidas globales de bienestar, debemos *comparar* las pérdidas o las ganancias de los diferentes grupos, ya sean compradores, vendedores, el Estado o los burócratas. La cuestión de cuáles son las ponderaciones que debamos aplicar en esta comparación es fundamentalmente una cuestión de ética.

Obsérvese, por último, que todo lo que hemos dicho hasta ahora es *estático*, en el sentido de que estamos evaluando las consecuencias *inmediatas* sobre el bienestar de la imposición de un arancel. También pueden producirse importantes cambios *con el paso del tiempo*. Si el lector vuelve a nuestro análisis de la necesidad de adoptar una política comercial, recordará que dimos mucha importancia a este aspecto. Ahora necesitamos abordar esta cuestión de frente. Dejarla de lado es un supuesto restrictivo que hemos utilizado en el cálculo estático anterior de las consecuencias sobre el bienestar.

Las consecuencias dinámicas sobre el bienestar y el argumento de la industria naciente. El argumento estático no tiene en cuenta tres posibilidades.

El aprendizaje por medio de la experiencia. En primer lugar, la protección de una industria puede fomentar el aprendizaje y la asimilación de nuevas técnicas de producción, proceso que quizá sólo sea posible si se produce en gran escala y de forma continua, lo que podría ocurrir por dos razones. Las empresas nacionales, animadas por la protección que da el arancel, podrían aprovechar la oportunidad para enseñar a sus trabajadores el uso de nuevas tecnologías y métodos.[11] Además, el propio proceso de pro-

---

[11] Naturalmente, podría decirse (y se ha dicho) que esos gastos son ineficientes. ¿Por qué no importar los bienes en lugar de eso y renunciar a la formación? Podría ser más "eficiente" hacerlo. Esos argumentos pueden constituir un buen material político para los grupos de presión que pretenden abrir los mercados extranjeros, pero se basa en una débil teoría económica en general. Cada una de esas decisiones ha de con-

ducción puede crear un círculo virtuoso de aprendizaje y aumento de la eficiencia en la producción. Este fenómeno, destacado en el estudio de Arrow [1962] y de otros muchos autores posteriores, se denomina aprendizaje por la experiencia o *learning by doing*.

Bastará un sencillo gráfico para contrastar esta consecuencia esencialmente dinámica con el análisis estático. La figura 17.8 amplía la 17.3 en una nueva dirección. Exactamente igual que en el caso de la figura 17.3, se protege un determinado sector, por ejemplo, el de los conmutadores telefónicos, por medio de un arancel. Los precios suben, para empezar, y, por lo tanto, se fomenta la producción interior de conmutadores telefónicos. Ahora es posible que la expansión de la escala de producción produzca efectos beneficiosos en los costes *futuros* de producción de los conmutadores, así como en la calidad del producto. La expansión de la escala de producción nacional da incentivos para realizar todo tipo de innovaciones. Por ejemplo, el circuito de un conmutador extranjero puede necesitar aire acondicionado de forma continuada para evitar el exceso de calor y humedad, factores que probablemente sean más importantes en un país tropical que en una región templada. En las circunstancias descritas a los fabricantes nacionales puede resultarles rentable realizar ajustes para introducir un nuevo tipo de conmutador mejor adaptado a un clima cálido. Además, la mera experiencia también reduce los costes de producir un determinado tipo de conmutador. Obsérvese el recuadro sobre el aprendizaje por la experiencia para hacerse una idea mejor.

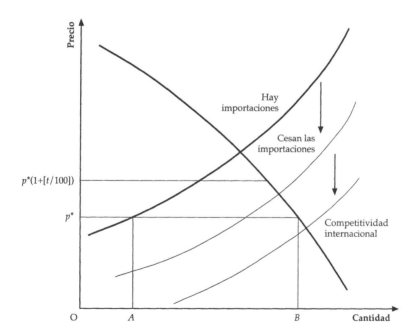

Figura 17.8. Reducción de los costes con el paso del tiempo.

siderarse caso por caso, teniendo en cuenta principalmente el bienestar del país en vías de desarrollo en cuestión. Por ejemplo, un efecto beneficioso que suele dejarse de lado en los modelos económicos simplistas son los posibles efectos-difusión que producen esas inversiones en otros sectores de la economía.

El aprendizaje por la experiencia[12]

La experiencia (como todos sabemos) es una gran maestra. La gente aprende formas mejores y más eficientes de realizar una tarea si lleva mucho tiempo realizándola. La práctica hace al maestro, dice el refrán. No hay razón alguna por la que lo que es cierto cuando se juega al baloncesto o cuando se toca el piano no lo sea cuando se realizan trabajos más mundanos. ¿Produce el aprendizaje efectos significativos en muchas ramas de la industria manufacturera? Existen algunos datos que confirman que sí.

El fenómeno fue observado por primera vez por T. P. Wright, ingeniero aeronáutico estadounidense, en relación con la fabricación de fuselajes de aviones durante la década de 1930. Wright señaló algo bastante notable: el grado de reducción de los costes que se lograba con el tiempo guardaba una relación más o menos constante con la cantidad de producción acumulada hasta entonces. En particular, cada vez que se duplicaba la producción, parecía que los costes medios disminuían la *misma* proporción del 20% aproximadamente. Esta observación se ha bautizado con los nombres de "tasa de progreso" del 20% o "curva de aprendizaje" del 80%. A finales de la década de 1940, los extensos estudios realizados por el Stanford Resarch Institute y por la RAND Corporation revelaron la existencia de curvas de aprendizaje similares en muchas otras ramas de la industria manufacturera. Tras el estudio de Crawford-Strauss (1947), según el cual la tasa media de aprendizaje en 118 modelos de fuselajes de aviones de la Segunda Guerra Mundial era del 79,7%, la creencia de que existía una tasa de progreso uniforme del 20% se extendió en los círculos empresariales, por lo que las estrategias de producción y de comercialización solían basarse en esta cifra mágica.

Como el aumento de la productividad aquí analizado no tiene su origen en una mejora de la maquinaria o en la creación de más capital por trabajador sino meramente en un aumento de las habilidades que adquiere la mano de obra con la experiencia acumulada al realizar el mismo trabajo, suele denominarse *aprendizaje por la experiencia*. Otro ejemplo temprano y destacado de este fenómeno es el de la empresa sueca Horndal Iron Works, cuya producción por hora trabajada aumentó ininterrumpidamente a una tasa del 2% al año durante 15 años, a pesar de que no se realizaron nuevas inversiones durante este periodo y, por lo tanto, no se introdujo ningún cambio radical en la tecnología de fabricación. Este tipo de aumento de la productividad suele denominarse, pues, "efecto de Horndal".

Aunque difícilmente puede ponerse en cuestión la existencia del aprendizaje por la experiencia en muchas ramas de la industria manufacturera, es dudoso que exista una tasa de progreso uniforme (como se ha pretendido a veces) en procesos de producción muy diferentes. Por ejemplo, Billon [1966] examinó cinco programas manufactureros y cincuenta y cuatro productos de tres fabricantes distintos y observó que las tasas de progreso variaban considerablemente en función de varios aspectos, como los programas, los productos y las empresas. Alchian [1963] observó que incluso en el campo limitado de los fuselajes de avión, las proyecciones y las estimaciones de costes basadas en los datos procedentes del periodo de la guerra podían llevar a errores de hasta 20-25%. Hirsch [1956] realizó un minucioso estudio comparativo y calculó veintidós funciones de progreso empíricas de una amplia variedad de procesos de fabricación de máquinas. Observó que en casi todos los casos la tasa de progreso era casi constante (es decir, una curva basada en el supuesto de que la tasa de progreso era constante se ajustaba muy bien a los datos). La tasa media de progreso de la muestra era de 19,3, cifra que aparentemente confir-

---

[12] Este miniestudio se basa en Mookherjee y Ray [1993].

ma la regla del 20%. Sin embargo, la tasa de progreso de los distintos procesos iba desde 16,5 hasta 24,8%, lo que constituye una varianza estadísticamente muy significativa. Hirsch llegó a la conclusión de que "por lo que se refiere a la industria en su conjunto, posiblemente baste con suponer que la tasa media de progreso es del 19 o 20% aproximadamente. Sin embargo, para la mayoría de las empresas, apenas es útil emplear un valor que puede variar tanto y que puede llevar a cometer considerables errores de predicción".

Dadas las características muy distintas de algunos procesos industriales, esta variación no es sorprendente. Si fuera posible descomponer los complejos procesos industriales en procesos más simples, quizá pudiera encontrarse una tasa de progreso más uniforme para cada uno de estos componentes. El estudio de Hirsch divide todos los trabajos industriales en dos clases: trabajos con máquinas y trabajos de montaje. Los diferentes procesos descritos en su cuadro constituyen diferentes combinaciones de estos dos componentes. Su principal conclusión es que las tasas de progreso de los trabajos de montaje eran mucho más altas —una media de 25,6%— y mostraban una varianza mucho menor entre productos. La tasa media de progreso de los trabajos de máquina era mucho menor —14,1%— y su varianza era estadísticamente significativa. La lección es clara: toda recomendación basada en valores concretos de la tasa de progreso deben hacerse con cautela. O bien es necesario estimar los datos concretos de un contexto específico, o bien debe elaborarse una estimación a partir de un vector de tasas de progreso más básicas (de los componentes), que puedan combinarse entonces utilizando unas ponderaciones adecuadas. Incluso en ese caso, el margen de error de las predicciones puede ser grande.

No obstante, parece que el aprendizaje por la experiencia produce poderosos efectos en las economías modernas. Sus consecuencias sobre la estructura del mercado industrial y el comercio internacional, así como sobre la política óptima en estas áreas, pueden ser transcendentales.

La figura 17.8 recoge el resultado neto de estos efectos desplazando gradualmente la curva de costes de los conmutadores nacionales en sentido descendente,[13] lo cual expande la curva de oferta de conmutadores nacionales. Es posible, de hecho, que en alguna fase la curva de oferta desplazada corte a la curva de demanda por debajo del precio internacional inicial p^*. En ese punto es posible suprimir la protección sin que se realicen importaciones. De hecho, en este caso, puede decirse que la industria nacional ha alcanzado el punto de *competitividad internacional*, ya que en las condiciones actuales de oferta sería posible incluso exportar conmutadores.

Efectos-difusión. La segunda posibilidad que no tiene en cuenta el análisis estático es la presencia de efectos-difusión beneficiosos en *otras* industrias. La protección dada a una industria de construcciones mecánicas puede muy bien generar una demanda adicional de mano de obra cualificada en mecánica y, con el paso del tiempo, una población mejor preparada para realizar trabajos de mecánica en otras industrias. La existencia de ese personal cualificado puede fomentar entonces el desarrollo de estos otros sectores. En este contexto, recuérdense los conceptos de externalidades y conexiones que introdujimos y analizamos en el capítulo 5. Los efectos-difusión o externalidades positivas sirven

---

[13] Las mejoras de la calidad, como las que hemos mencionado antes, pueden concebirse como reducciones del coste en el uso final.

no sólo para reducir los costes de producción: fomentan la adquisición de capital humano, lo que puede ser un fin social en sí mismo, provocan la creación de suficiente infraestructura y generan nuevas rentas. En el lenguaje desarrollado antes en este libro, la protección de algunos sectores puede permitir a la economía superar los fallos de coordinación de otros sectores.

Rendimientos crecientes. En el capítulo 5 también analizamos una tercera posibilidad. Es el argumento de que en algunos sectores la producción tiene considerables rendimientos crecientes. El aprendizaje por la experiencia puede concebirse como un tipo de rendimientos crecientes, pero puede haber otros, como unos considerables costes fijos. En este caso, es importante la historia, como ya hemos visto. Supongamos, por ejemplo, que la producción de ordenadores clónicos tiene exactamente la misma curva de costes en un país en vías de desarrollo que en otros países. Sin embargo, como quienes primero accedieron históricamente a la tecnología de fabricación de ordenadores fueron los países desarrollados, por razones cronológicas el mercado ya ha sido capturado, por ejemplo, por un grupo de empresas multinacionales. En ese caso, puede ser difícil, cuando no imposible, para un fabricante nacional competir en este mercado. No es que sea ineficiente en la fabricación del artículo. Se trata sencillamente de que cuando la escala de producción es menor, el coste *medio* de producción es demasiado alto para que la actividad sea rentable. La figura 17.9 recoge los detalles relevantes.

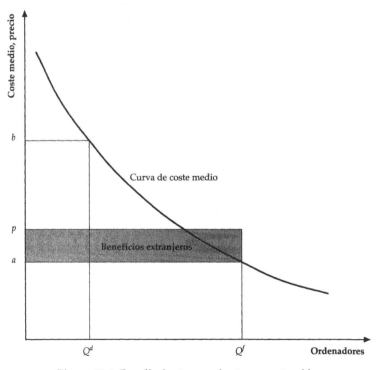

Figura 17.9. Rendimientos crecientes y protección.

Esta figura muestra una curva de coste medio de la fabricación de ordenadores en un país en vías de desarrollo. Supongamos que el coste medio es el mismo para un fabricante nacional que para un fabricante extranjero. Sin embargo, el fabricante extranjero ya está ofreciendo al mercado interior Q^f, cobrando un precio p, incurriendo en un coste medio de producción a y obteniendo los beneficios que muestra la figura. El fabricante nacional podría encontrarse ante un problema del huevo y la gallina. La única manera de expandir la producción es cobrar un precio inferior a p. Sin embargo, las lealtades de un mercado no cambian en un día. Por lo tanto, el fabricante nacional debe poder y querer asumir considerables pérdidas en la fase de transición. Por ejemplo, en el nivel hipotético Q^d, el coste medio de producción es b, que es superior al precio vigente p. Como vimos en el capítulo 5, el *orden* histórico de entrada es importante. Si los mercados de crédito no financian las pérdidas transitorias, el fabricante nacional no podrá competir en ese mercado. Una vez más, tenemos aquí un argumento a favor de la protección que el sencillo modelo estático no recoge.

El principal problema. El argumento de la industria naciente es quizá el mejor argumento a favor de la sustitución de importaciones. La idea es dar un respiro, es decir, garantizar a la industria el mercado interior para que aumente su competitividad internacional. El problema estriba en que el aumento de la competitividad no es un proceso espontáneo, es decir, algo que ocurre sin el esfuerzo y la inversión de las propias empresas. Algunos elementos, como el aprendizaje por la experiencia, producen en parte efectos espontáneos, pero también hay reducciones de costes que sólo pueden lograrse reestructurando las empresas y los mercados, lo que requiere esfuerzo y (a menudo) voluntad política.

La cuestión fundamental que plantea el argumento de la industria naciente está relacionada con la credibilidad de una promesa limitada en el tiempo. La protección debe ser limitada y debe expirar en algún momento, *haya crecido o no el niño*. ¿Es creíble esta amenaza? La respuesta depende de las fuerzas a las que esté sometido un Gobierno en caso de que una industria no aumente su competitividad en el periodo estipulado de protección. La eliminación de la protección en esta fase implica la pérdida de apoyo político, tanto de los industriales que disfrutan de la protección como, quizá también, de la clase trabajadora, ya que una parte de los trabajadores acabará en el paro como consecuencia de la avalancha consiguiente de bienes extranjeros. Si los industriales prevén que el Gobierno cederá inevitablemente a estas presiones, no tendrán ningún incentivo para adquirir la competitividad necesaria. En el apéndice 1 (situado al final del libro) sobre la teoría de los juegos se formula la cuestión formalmente como un modelo estratégico: animamos al lector a que lea ese análisis.

Por lo tanto, el éxito de una política proteccionista temporal depende de que sea totalmente creíble que vaya a ser temporal. Si esta política no consigue reducir los costes, los Gobiernos deben estar dispuestos a abandonarla (y debe *parecer* que lo están). Sólo entonces reaccionará la industria para reducir sus costes. Si esta credibilidad no existe —como suele ocurrir (véase el apartado 17.4)— la protección temporal de una industria degenera en la protección permanente de algunos grupos favorecidos de la sociedad.

Sustitución de las importaciones: Brasil

El caso de Brasil en las décadas de 1960 y 1970 plantea muchas de las cuestiones que rodean a la política de sustitución de importaciones. Al igual que ha ocurrido en la India, que ha seguido una política de sustitución de importaciones durante la mayor parte de la segunda mitad del siglo XX, la política de Brasil ha estado motivada por un enorme deseo de industrializar el país y por la firme creencia de que los mercados no suministrarían espontáneamente los bienes por sí solos sin protección.[14] Una vez más, al igual que la India, Brasil tenía un enorme mercado nacional. Como hemos visto, los países grandes tienen una tendencia mucho mayor a seguir una política de sustitución de importaciones.

La sustitución de importaciones siguió en Brasil una secuencia predecible. La primera línea de ataque fueron los bienes de consumo: los bienes de consumo duraderos, en particular. Gracias al fácil acceso a los permisos de importación que permiten saltarse la muralla arancelaria, continuó siendo relativamente fácil importar bienes de capital. Sin embargo, ésta era la parte fácil: llegaría un momento en que también habría que intervenir en el mercado de bienes de capital. Se pensaba que ahí era donde se encontraban las externalidades y los efectos del aprendizaje: se creía que la producción autóctona de bienes de capital era la clave para la acumulación de conocimientos técnicos. A continuación analizamos este segundo paso.

En Brasil, la sustitución de importaciones se remonta a comienzos del siglo XX; la primera oleada duró hasta mediados de los años sesenta, especialmente en el periodo posterior a la Segunda Guerra Mundial. Durante el periodo 1949-64, la sustitución de importaciones fue responsable de alrededor de una cuarta parte del crecimiento total de la demanda en la industria manufacturera, especialmente de la demanda de bienes de consumo. Durante la primera mitad de este periodo (hasta 1953), las importaciones se controlaron estrictamente con un sistema de licencias que daba prioridad a las importaciones de bienes de capital y de maquinaria agrícola frente a los bienes de consumo duraderos. En octubre de 1953, se distribuyeron fondos entre los diferentes sectores por medio de un sistema de subasta de divisas: una vez más, cerca del 80% de las divisas se asignó a los bienes favorecidos por el sistema de licencias. En 1957 aumentó la tendencia a imponer aranceles: se impusieron muchos aranceles de diferente cuantía sobre diferentes bienes. Como cabría esperar, el efecto acumulado de estas medidas proteccionistas fue una reducción de las importaciones, especialmente de bienes de consumo. Las importaciones de productos manufacturados en porcentaje de la oferta interior total descendió de 14% en 1949 a 6% a finales de los años sesenta.

Desde mediados de los años sesenta hasta mediados de los setenta, hubo un breve periodo de apertura hacia el exterior, pero éste dejó paso a una clara vuelta a la sustitución de importaciones durante la segunda mitad de la década de 1970. En esta ocasión, había una diferencia: Brasil había comenzado a promover la sustitución de importaciones de bienes de capital. Éstas, en relación con las importaciones totales, experimentaron, como era de prever, una enorme disminución durante este periodo. De hecho, las *exportaciones* de productos manufacturados aumentaron durante las décadas de 1960 y 1970 (en el periodo 1965-74, el crecimiento de las exportaciones de productos manufacturados ocupó el segundo lugar, tras Corea). Una gran parte del crecimiento de las exportaciones se debió a multinacionales establecidas en Brasil, especialmente en el caso de las exportaciones de productos algo sofisticados desde el punto de vista tecnológico.

---

[14] El breve análisis siguiente se basa en gran medida en Bruton [1992].

De hecho, la política liberal de Brasil relativa a la inversión extranjera debe contrastarse con la de la India (o Corea) y es posible que haya reducido los efectos del aprendizaje: los efectos-difusión o externalidades generadas en el interior del país por esas actividades suelen ser mayores cuando son los productores nacionales quienes tienen el control. Si suponemos que una aspiración clave de la sustitución de importaciones es lograr el aprendizaje interior y maximizar las externalidades, es fácil simpatizar con los economistas que critican este enfoque algo esquizofrénico (inversión extranjera más autarquía).[15]

Eso no quiere decir que una política de fomento de la inversión extranjera sea necesariamente negativa, sino que la autarquía, combinada con inversión extranjera, puede producir en el país muchos efectos negativos y ninguno positivo. La implicación de empresas multinacionales puede acelerar la industrialización, pero si la diferencia entre lo autóctono y lo multinacional es muy grande, los efectos-difusión pueden ser menores. En este sentido, la sustitución de importaciones puede ser como trepar por una escalera peldaño a peldaño. A diferencia del atajo que tomó Brasil, algunos países como Corea optaron por centrar primero la atención en las industrias de alta tecnología, en las que no había una gran diferencia entre el nivel local de aprendizaje y lo que se necesitaba. Este enfoque fomentó el aprendizaje local.

Aunque el énfasis de Brasil en la inversión extranjera contrasta con la política india de esa época, la sustitución de importaciones produjo un mismo efecto en los dos países: creó poderosos grupos nacionales que tenían un enorme interés en que se mantuviera la política autárquica y que generaron ineficiencia y falta de capacidad competitiva. Aunque ambos países tienen hoy una política considerablemente más abierta hacia fuera, ha sido difícil deshacerse de estos intereses atrincherados. La apertura hacia fuera ha sido (relativamente) más fácil en otros países de Latinoamérica.

17.3 El fomento de las exportaciones

Muchas (cuando no la mayoría) de las razones, incluso de las más convincentes, para adoptar una política de sustitución de importaciones desaparecen cuando los países tienen unos mercados internos que son pequeños. Esos países deben hacer su guerra en el mercado mundial desde el primer día. Esa guerra es evitable si los mercados interiores son suficientemente grandes para permitir aprender y crecer en ellos. Los países grandes recurren, pues, más fácilmente a la sustitución de importaciones. Sin embargo, cuando un país es pequeño, *debe* comerciar y la sustitución de importaciones difícilmente es una opción. Estos países deben exportar al resto del mundo.

Las medidas de fomento de las exportaciones son esencialmente la otra cara de la política de sustitución de importaciones. En lugar de restringir el comercio (reduciendo las importaciones por medio de aranceles y de contingentes), esas medidas generalmente lo *expanden* traspasando los límites determinados por el mercado. Son medidas dirigidas a

---

[15] Como señala Bruton [1992], el crecimiento de la productividad total de los factores parece que fue bajo durante este periodo, aunque este tipo de datos agregados puede no ser suficiente para recoger el aprendizaje interior adquirido en las fábricas. Por otra parte, algunas industrias, como la de automóviles, afectaban positivamente sin lugar a dudas a la producción de componentes, incluso aunque estuvieran dominadas por empresas extranjeras.

abrirse hacia fuera, mientras que la política de sustitución de importaciones pertenece a la categoría de *cerrarse hacia dentro.*

Los Gobiernos y los ciudadanos de los países desarrollados y algunos organismos internacionales tienden a considerar que abrirse hacia fuera es algo bueno o, en todo caso, un mal menor en comparación con cerrarse hacia dentro. *A priori,* es difícil imaginar razones económicas objetivas para que estas políticas tengan valoraciones tan dispares. Los argumentos basados en las "distorsiones" que provoca el Estado en el caso de cerrarse hacia dentro no bastan. Es importante darse cuenta de que *ambas* desviaciones del mercado significan un grado considerable de intervención del Estado. Se trata simplemente de que el aprendizaje necesario para competir en el mercado se produce en los mercados extranjeros y no en los nacionales.

Un posible argumento es que al abrirse hacia el exterior una industria mantiene un contacto más estrecho con los avances tecnológicos mundiales, permitiendo a los empresarios de los países en vías de desarrollo asimilar rápidamente esos métodos. Es posible que este argumento sea correcto hasta cierto punto, pero como muestran los estudios de Alwyn Young y de otros autores (véase el capítulo 4 para un detallado análisis), no existen pruebas concluyentes que lo confirmen. Aunque también cabría afirmar que una industria que se orienta hacia el interior puede apreciar mejor las sutilezas del mercado nacional y generar así tecnologías locales más adecuadas para el país. Este argumento puede no ser malo, sobre todo en el caso de economías grandes.

Desde el punto de vista de los países desarrollados, la explicación más probable de la diferencia de valoración de las dos políticas es el hecho de que cuando países en vías de desarrollo se abren hacia el exterior, generan unas ganancias más visibles. Para los consumidores del mundo desarrollado lo mejor es que haya países como Corea, China o la India que compitan por llevar hasta su puerta productos baratos y de buena calidad. De esa forma hay más bienes y son más baratos. Además, esos países suelen tener unos mercados relativamente abiertos a las importaciones, lo que también puede ser una fuente de satisfacción para las empresas de los países desarrollados que tratan de vender en esos mercados. En cambio, un país que apuesta por la autarquía cierra muchas opciones a las empresas extranjeras y contribuye poco (al menos a corto o medio plazo) a proporcionar a los países desarrollados productos baratos y de buena calidad.[16] Desde esta perspectiva, no sorprende que la apertura al exterior goce de más prestigio.

17.3.1 Conceptos básicos

Una estrategia de fomento de las exportaciones es esencialmente la imagen gemela de una política de sustitución de importaciones. Aunque no se basa solamente en dos pila-

---

[16] La apertura hacia el exterior no carece de enemigos en el mundo desarrollado. Algunas empresas e industrias de los países desarrollados resultan perjudicadas por esta entrada de productos rivales y deben dejar de producirlos o adaptarse a lo que denominan "competencia desleal". Entre las acusaciones de competencia desleal se encuentra no sólo el papel del Estado en el fomento y la subvención de las exportaciones sino también otras acusaciones como el incumplimiento de las normas, supuestamente universales, sobre el medio ambiente.

res, como los aranceles y los contingentes, sino que las exportaciones se subvencionan de varias formas. He aquí algunas de las características básicas de una política de fomento de las exportaciones.

Exportaciones de productos no básicos

El fomento de las exportaciones comprende generalmente el fomento de diversos tipos de productos manufacturados que van desde productos ligeros, como calzado y textiles, hasta artículos más sofisticados, como automóviles y memorias para ordenador. Los Gobiernos de los países en vías de desarrollo raras veces, por no decir ninguna, fomentan las exportaciones de productos básicos. Para empezar, la mayoría de los países en vías de desarrollo poseen una ventaja comparativa en esos productos ¡y no hay nada en particular que fomentar! Más concretamente, los países que pretenden transformar su comercio han considerado tradicionalmente que su dependencia de las exportaciones de productos básicos es contraria al progreso.

Reducción de aranceles y contingentes sobre las importaciones necesarias para los exportadores

Una de las principales maneras de fomentar las exportaciones es facilitar la obtención de las materias primas necesarias para fabricarlas, dando un trato impositivo preferencial a las importaciones que puede demostrarse que son necesarias para fabricar los artículos que van a exportarse. Por lo tanto, en un régimen global con aranceles o con contingentes sobre las importaciones, generalmente se permite a los exportadores obtener las importaciones necesarias a unos precios más bajos.

Crédito preferencial

Una estrategia de fomento de las exportaciones generalmente reconoce que la falta de abundante crédito puede impedir la expansión y la innovación. Por lo tanto, los bancos suelen recibir instrucciones para que faciliten crédito en condiciones mejores a las empresas que exportan sus productos. Estas subvenciones pueden consistir en una reducción del tipo de interés de los préstamos o en unos préstamos mayores.

17.3.2 Repercusión en el tipo de cambio

Los instrumentos de fomento de las exportaciones funcionan de una forma muy parecida a la política de sustitución de importaciones, pero a la inversa. Obsérvese, sin embargo, que ambos enfoques tienden a sobrevalorar el tipo de cambio en relación con el nivel que equilibra el mercado. Ya lo hemos visto en el caso de la sustitución de importaciones. La figura 17.10 representa la misma situación inicial que la de la 17.2. Recuérdese que en este ejemplo había dos países, México y Estados Unidos. La demanda mexicana de dólares no es más que su demanda de importaciones (procedentes de Estados Unidos). La oferta mexicana de dólares son sus ingresos de divisas por exportaciones. Los dos paneles de la figura 17.10 recogen exactamente los dos casos que hemos visto al analizar la sustitución de las importaciones.

Obsérvese ahora que una política eficaz de fomento de las exportaciones elevará las exportaciones a cada tipo de cambio vigente (pesos por dólar). Lo que eso significa es que la curva de oferta de dólares *se desplaza hacia la derecha*, como muestra la figura 17.10. Se deduce que el precio de equilibrio de los dólares debe bajar, lo que equivale a una apreciación del tipo de cambio del peso. Obsérvese el calificativo "eficaz": para obtener este resultado, la política debe ser capaz de aumentar los ingresos en dólares al tipo de cambio vigente. Puede haber situaciones en las que no ocurra así, al menos a corto plazo, y en ese caso el tipo de cambio puede apreciarse. En el siguiente apartado analizamos esta cuestión más detalladamente.

Por consiguiente, tanto la política de sustitución de importaciones como la política (eficaz) de fomento de las exportaciones tienden a apreciar el tipo de cambio del país que las adopta. Intuitivamente, debería ser bastante obvio. La sustitución de importaciones restringe la demanda de dólares, mientras que el fomento (eficaz) de las exportaciones aumenta la oferta de dólares. Por lo tanto, en ambos casos el precio de equilibrio de los dólares tiende a bajar, manteniéndose todo lo demás constante.

Sin embargo, la similitud termina aquí, ya que «todo lo demás» no se mantiene constante. Imaginemos que el Gobierno ha adoptado una política de sustitución de importaciones. Ese Gobierno puede pasar por alto una sobrevaloración del tipo de cambio (en relación con el resultado de mercado) o incluso verla con buenos ojos. Algunos sectores están protegidos hasta niveles prohibitivos de las importaciones "inoportunas", y aunque la apreciación del tipo de cambio hace que esas importaciones parezcan más atractivas (a precios de mercado), este atractivo puede contrarrestarse con aranceles y contingentes. Además, las importaciones que se consideran necesarias pueden conseguirse a unos precios internacionales más baratos (es decir, hay que renunciar a menos pesos por dólar para obtener esas importaciones). La apreciación del tipo de cambio perjudica a las

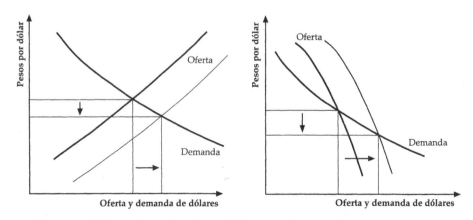

Figura 17.10. Tipos de cambio de equilibrio con fomento de las exportaciones.

exportaciones, pero los Gobiernos concentrados en que su industria adquiera la práctica deseada en el mercado nacional, esto no suele preocuparles demasiado.

Compárese con un Gobierno que fomente las exportaciones. Estas son su principal preocupación y una apreciación del tipo de cambio es perjudicial para alcanzar este objetivo. No es sorprendente, pues, que el fomento de las exportaciones vaya acompañado de un intento de mantener el tipo de cambio *bajo* por otros medios, como mediante una devaluación (por sorpresa) de la moneda, seguida de la política monetaria apropiada.

17.3.3 Instrumentos para fomentar las exportaciones: más detalles

La concesión de subvenciones a las exportaciones

Comencemos estudiando la concesión de subvenciones a las exportaciones, que funciona esencialmente en sentido opuesto a un arancel sobre las importaciones. Consúltese la figura 17.11, que representan las curvas de demanda y de oferta nacionales de un producto. Inicialmente, el precio internacional del producto es p^*. El lector puede observar varias cuestiones en el gráfico. Inicialmente, las ventas nacionales deben ser la cantidad OA (ya que cualquier nivel de ventas más bajo tendría un precio superior al precio interna-

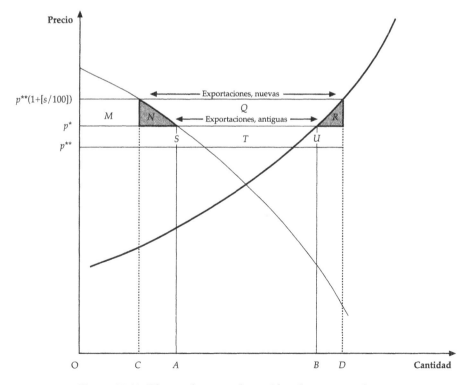

Figura 17.11. Efectos de una subvención a las exportaciones.

cional y cualquier nivel más alto sólo se vendería dentro del país a un precio inferior al precio internacional). La oferta restante a ese precio (hasta llegar a la curva de oferta) se exporta. Es la cantidad *AB*.

Ahora supongamos que el Gobierno desea fomentar la exportación de esta mercancía introduciendo una subvención *ad valorem*: es decir, un pago de *s* por ciento del precio de exportación por cada unidad exportada del bien. Esta subvención desplaza el precio *internacional efectivo* que cobran los productores hasta el nivel $p^*(1 + s/100)$. El efecto del desplazamiento es predecible. La producción de la mercancía se fomentará al desplazarnos en sentido ascendente a lo largo de la curva de oferta, pero al mismo tiempo las ventas nacionales disminuirán. La diferencia entre las dos representa las exportaciones que ahora son mayores.

Este casi es el final de la historia, aunque hay que analizar otro efecto. El aumento de las exportaciones puede provocar un descenso del precio internacional del bien al llegar una mayor oferta al mercado. La figura 7.11 lo incorpora permitiendo que el precio baje de p^* a p^{**}, por lo que en el nuevo equilibrio el precio internacional baja mientras que el precio nacional sube.

Detengámonos un momento e incorporemos esta observación a nuestro análisis de los tipos de cambio del apartado anterior. Si el precio internacional baja poco o nada, la subvención a las exportaciones provocará un aumento de los ingresos generados por las exportaciones al tipo de cambio vigente. Por lo tanto, la curva que representa la oferta de dólares se desplaza hacia la derecha y, como ya hemos visto, este efecto aprecia el tipo de cambio. Por el contrario, si el precio internacional desciende significativamente como consecuencia del fomento de las exportaciones, los ingresos pueden llegar incluso a disminuir, lo cual puede provocar una depreciación del tipo de cambio. El primer caso es lo que denominamos en el último apartado una política cambiaria "eficaz".

La política será o no eficaz dependiendo, como siempre, de la *elasticidad de la demanda* de exportaciones de nuestro país. Si la elasticidad es alta, los precios no descenderán mucho, ya que el mundo exterior absorbe la mayor cantidad de exportaciones (quizá a costa de las exportaciones de algún *otro* país, si los productos están diferenciados). Si la elasticidad es baja, la reducción del precio es extrema y la política de subvención de las exportaciones no consigue, en realidad, producir ningún efecto a corto plazo.

Ahora bien, el mero hecho de que la subvención a las exportaciones sea eficaz, en el sentido de que aumenta los ingresos del país generados por las exportaciones, no significa necesariamente que sea buena. La evaluación de la política depende de las ganancias y de las pérdidas de todos los grupos afectados. Para realizar esta evaluación seguimos la metodología del análisis del bienestar que hemos introducido en el caso de la sustitución de importaciones.

Examinemos el caso de los consumidores interiores: pagaban un precio de p^* y ahora pagan un precio más alto, como muestra el gráfico. Eso provoca una disminución de su bienestar que medimos como siempre por medio de la pérdida de excedente del consumidor, que está representada por el área $M + N$. Los productores salen ganando. De acuerdo con un argumento análogo, la ganancia está representada por la suma de las áreas $M + N + Q$. En tercer lugar, hay una subvención pagada por el Estado, que es simplemente las exportaciones totales multiplicadas por la subvención unitaria, es decir, el área total $N + Q + R + S + T + U$.

Demos a los tres factores las mismas ponderaciones y sumemos las ganancias y las pérdidas. Los productores y los consumidores obtienen conjuntamente la ganancia neta Q. Sumada a la pérdida del Estado, este cálculo nos da una pérdida neta, representada por la suma de las áreas $N + R + S + T + U$. De estas áreas, los triángulos N y R son las conocidas pérdidas irrecuperables de eficiencia, análogas a las pérdidas en las que se incurre con una política de sustitución de importaciones. ¿Qué ocurre con el resto, $S + T + U$? Estas pérdidas no tienen equivalente en la política de sustitución de importaciones: son pérdidas que se producen cuando el precio internacional desciende de p^* a p^{**} (obsérvese que si no descendiera el precio, estas áreas no existirían). Son ganancias para los consumidores extranjeros, pero no representan ganancias para el país examinado.

Por lo tanto, la contabilidad del bienestar en la que sumamos las pérdidas y las ganancias de todos los afectados lleva a una pérdida (estática) neta, como debe ser (recuérdese que el libre comercio maximiza las posibilidades de producción en cualquier momento del tiempo y, por lo tanto, la renta nacional). Pero al igual que ocurre en el caso de la sustitución de las importaciones, debemos preguntarnos qué significa sumar las ganancias y las pérdidas. Veamos un ejemplo: supongamos que la mercancía es un bien de lujo, por ejemplo, anacardos. Supongamos que en nuestro país sólo consumen anacardos las personas muy ricas. Si la distribución de la renta no es apropiada, quizá queramos gravar a los ricos y redistribuir los ingresos generados entre otros miembros de la sociedad. Sin embargo, como hemos señalado una y otra vez, esos impuestos directos pueden descartarse por varias razones. En ese caso, podemos considerar la posibilidad de conceder una subvención a las exportaciones de anacardos para así gravar a los ricos. Esta medida crea distorsiones, sin duda alguna, pero es posible que no se disponga de ningún instrumento fiscal que no sea distorsionador. La subvención permite, además, que entren divisas adicionales en el país como consecuencia de la venta de lo que se considera un bien de lujo. En estas circunstancias, ya no podemos evaluar el bienestar simplemente sumando ganancias y pérdidas. Habrá que ponderarlas de forma distinta, ¡y la importancia social que se atribuya a las ganancias de los ricos puede muy bien ser negativa!

Naturalmente, parece absurdo sugerir que *toda* la política comercial de un país tiene por objeto el deseo de corregir la distribución de la renta en favor de los pobres. La política de fomento de las exportaciones está motivada por las mismas consideraciones dinámicas que la sustitución de las importaciones. Ya hemos analizado detalladamente estas consideraciones, por lo que no es necesario añadir nada más aquí.

Otros instrumentos

Otros instrumentos para fomentar las exportaciones son el acceso al crédito a un tipo de interés inferior al de mercado y el acceso preferencial a las importaciones. Ambos se parecen a una subvención a las exportaciones y sus efectos pueden analizarse de una forma parecida. Por ejemplo, el tipo de interés diferencial del crédito debe ser pagado, en última instancia, por *alguien*; pueden ser los propios bancos o el Estado por medio de la concesión de subvenciones a los bancos, con el fin de cubrir en parte el gasto correspondiente, o los depositantes en forma de unos tipos de interés más bajos por los ahorros o incluso otros prestatarios (no exportadores) que pagan un tipo de interés más alto por *sus* préstamos. Los exportadores salen ganando de la manera habitual, y si descienden los precios internacionales del bien exportado como consecuencia, también salen ganando los consumidores internacionales. En suma, el mismo tipo de análisis del bienestar que ya hemos realizado dos veces puede realizarse hasta la náusea. Los análisis llevan todos ellos a las mismas conclusiones: hay ganadores y perdedores, y hay pequeños triángulos de pérdidas irrecuperables de eficiencia que son las pérdidas de eficiencia a corto plazo que se producen siempre que nos desviamos del libre mercado.

Recuérdese de todas maneras que los métodos que utilizamos para evaluar los efectos que produce la política comercial sobre el bienestar tienen sus defectos. Suponen que el presente no afecta al futuro. Como hemos señalado antes en este capítulo, una gran parte de las ganancias que genera esa política —cuando las genera— son dinámicas. Por ejemplo, puede faltar un mercado, como el mercado de capitales, que impide a los inversores privados realizar las inversiones necesarias. Las subvenciones directas (como el crédito en condiciones ventajosas) pueden ayudar en ese caso a vencer este fallo del mercado. O puede ocurrir que el propio acto de exportar a mercados competitivos cree externalidades positivas, ya que los empresarios como grupo aprenden a competir y se familiarizan con las nuevas tecnologías en el trabajo y no en abstracto.

Caso práctico: "apertura hacia el exterior" en Corea del Sur

Tras una larga historia de subyugación colonial y de lento crecimiento, la economía coreana entró en una vía de rápida aceleración económica a principios de los años sesenta y logró unas tasas de crecimiento sin precedentes durante las dos décadas siguientes o más. Durante los dos primeros planes quinquenales (1962-71), la tasa de crecimiento del PNB fue, en promedio, de un 9% al año y entre 1972 y 1979 fue aun mayor: un 10% al año, en promedio. Esta evolución estuvo acompañada de un aumento aun más espectacular de las exportaciones coreanas. Durante los dos primeros planes quinquenales, las exportaciones crecieron nada menos que un 40% al año; entre 1972 y 1979, esta tasa de crecimiento fue menor (alrededor de un 28% al año), pero aún notable.

El crecimiento de las exportaciones fue impulsado principalmente por los productos industriales y por los bienes manufacturados pesados, no por los bienes agrícolas, los minerales o los productos de la industria ligera, en los que se supone que los países "atrasados" tienen su ventaja comparativa. La proporción de las exportaciones de mercancías correspondiente a los productos manufacturados pesados aumentó de 14% en 1971 a 60% en 1984. Estas cifras llevaron a creer que el crecimiento de Corea era "impulsado por las exportaciones" y resultado de la apertura a los mercados internacionales. Según los defensores de este punto de vista, el barco coreano navegaba propulsado por los vientos del libre comercio y del libre mercado.

Amsden [1989] sostiene que no es así en su libro sobre Corea del Sur. El artífice de la aparición de este nuevo "tigre asiático" según ella es el poderoso Estado intervencionista, que ha establecido intencionadamente abundantes aranceles y subvenciones, ha alterado los tipos de interés y los tipos de cambio, ha gestionado la inversión y ha controlado la industria utilizando tanto zanahorias lucrativas como palos amenazadores. Los precios relativos se fijaron deliberadamente en un nivel "erróneo" para generar y cosechar los beneficios de la ventaja comparativa dinámica en lugar de dejar que se ajustaran hasta alcanzar los niveles "correctos" de acuerdo con el libre juego de las fuerzas del mercado, lo cual habría sido eficiente a corto plazo pero habría producido una anemia económica a largo plazo. La estrategia de desarrollo de Corea ha sido principalmente un enfoque pragmático de prueba y error con un doble compromiso: aumentar las exportaciones y proteger determinadas industrias nacientes.

El fomento de las exportaciones y, en particular, de las exportaciones de productos manufacturados se convirtió en una política activa a principios de los años sesenta, tras los frustrados intentos de adoptar una política de sustitución de importaciones en los años cincuenta. El fomento de las exportaciones entrañó el establecimiento de unos sistemas de comercio casi libre por parte del Gobierno. Los incentivos a los exportadores adoptaron la forma de reducciones directas de los impuestos, privilegios en el acceso a las licencias de importación y tipos de interés preferenciales. Por lo tanto, el fomento de las exportaciones entrañó un grado considerable de intervención del Estado.

Todos los objetivos de exportación se controlaban de cerca casi diariamente. Había poderosos "incentivos" morales y de otros tipos para alcanzar estos objetivos. Según Amsden, el éxito en el logro de estos objetivos se recompensaba con préstamos bancarios favorables, inspecciones fiscales laxas, etc., pero el fracaso podía ser sancionado en forma de un acceso restringido a los mercados y a los préstamos interiores.

En su fomento de las exportaciones de productos manufacturados, Corea optó primero por centrar su atención en los artículos de baja tecnología en los que la diferencia entre el nivel necesario de cualificación y el nivel existente localmente no era muy grande. Este enfoque produjo dos efectos: un aprendizaje por la experiencia y una disminución de la dependencia de la pericia extranjera en las primeras fases del desarrollo.

Conviene no ignorar los intentos de Corea de alcanzar sus objetivos utilizando instrumentos similares a la sustitución de importaciones. El fomento de la industria naciente fue un aspecto importante de la estrategia de crecimiento de Corea. A principios de los años sesenta, las industrias elegidas fueron las de cemento, fertilizantes y refino de petróleo; a finales de los sesenta y principios de los setenta, la siderúrgica y la petroquímica; a finales de los setenta, la construcción naval, los bienes de capital y los bienes de consumo duraderos y los productos químicos; y más recientemente, las industrias de electrónica y otros componentes. Entre las medidas proteccionistas se encuentran el acceso preferencial al crédito a corto y largo plazo y los contingentes sobre las importaciones destinados a garantizar un mercado interior considerable.

Añádase a esto el fomento y el desarrollo deliberados de los *chaebols* o agentes de mercado como Daewoo, Samsung y Hyundai, grandes sociedades mercantiles cuyas actividades abarcaban varios sectores, especialmente la industria manufacturera y la construcción. Estas empresas desempeñaron un papel predominante en el reforzamiento del potencial del mercado de exportaciones de Corea y fueron importantes instrumentos para llevar a cabo la política de desarrollo del Gobierno (se han criticado sus conexiones con el poder político).

En conjunto, la elección de una política de crecimiento impulsada por las exportaciones en Corea del Sur parece lógica si se tienen en cuenta algunos factores. Su limitada demanda interior exige la exploración de otros mercados para mantener la expansión industrial (en contraste con grandes países como Brasil o la India).

> La apertura de Corea hacia el exterior ha dado indudablemente a la economía los frutos del desarrollo. Sin embargo, sería un error identificar esta apertura con una política de libre mercado. En realidad, el grado de intervención del Estado en Corea no ha sido mucho menor del que suele acompañar a una política de sustitución de importaciones.

17.4 El abandono de la política de sustitución de importaciones

17.4.1 Introducción

Al final, muchos países que habían seguido una política de sustitución de importaciones en los años sesenta y setenta se encontraron con graves dificultades externas, relacionadas especialmente con su balanza de pagos. Aunque estas medidas *per se* no fueran responsables de las crisis, algunas de sus consecuencias contribuyeron a agravar las dificultades. Muchos países, especialmente latinoamericanos, han abandonado desde entonces la política de sustitución de importaciones y han adoptado otras medidas como parte de un programa de *ajuste estructural*. Esos programas de ajuste fueron el preludio del nuevo papel que iban a desempeñar los organismos internacionales como el Fondo Monetario Internacional y el Banco Mundial. Estos organismos ya no iban a limitarse a conceder ayudas y préstamos: pasaban a ser mensajeros de una nueva visión que los países ayudados tenían que procurar adoptar (junto con cada programa de rescate).

Desde los años setenta, los programas de estabilización/ajuste estructural se han utilizado en muchos países. En Latinoamérica (y en otros países como Filipinas y Turquía) se produjo un aluvión de ajustes de ese tipo tras la crisis de la deuda. En algunos países de África y del sur de Asia también se han seguido programas parecidos. El último gran gigante de la sustitución de importaciones —la India— comenzó a abandonar esta política en la década de 1990.

Esta transformación del mundo en vías de desarrollo pone de manifiesto el enorme fracaso práctico de la política de cerrarse al exterior, a pesar de los loables objetivos que la inspiraron. Estos fracasos tienen que ver con la creación de grupos de intereses nacionales que utilizaron la protección de que gozaban como un derecho monopolístico (u oligopolístico) y no como una ayuda temporal para aumentar su competitividad. Así, la sobrevaloración de los tipos de cambio ahogó las exportaciones, pero las importaciones nunca fueron sustituidas adecuadamente por productos nacionales. La protección actuó, por el contrario, como un muro que permitió que continuaran las ineficiencias, sobre todo si el clima económico exterior era fortuitamente bueno, si las exportaciones podían mantenerse o incluso incrementarse (a menudo debido simplemente a que las variaciones de los precios fueron favorables) y si la comunidad internacional estaba dispuesta a prestar grandes cantidades de dinero. Es lo que sucedió en Latinoamérica durante la década de 1970.

¿Qué ocurre cuando desaparece el clima exterior favorable, como ocurrió a principios de los años ochenta en Latinoamérica? La crisis resultante es muy dolorosa y puede ser el preludio de reformas económicas radicales. Estudiaremos, pues, la crisis de la deuda como preludio del ajuste estructural y de la tendencia a más largo plazo a abandonar la política de sustitución de importaciones.

17.4.2 La crisis de los años ochenta

Las crisis de los precios del petróleo de 1973-74 tuvieron diversas consecuencias para la economía internacional. Como cabía esperar, los precios subieron vertiginosamente en los países importadores de petróleo al dejarse sentir la crisis de la energía en la economía. Sin embargo, ésta también produjo otros efectos entre bastidores. Se acumularon enormes saldos de petrodólares al depositarse en los bancos, especialmente en los bancos estadounidenses, los inflados ingresos generados por el petróleo. Los bancos, al andar bien de dinero para prestar, se dedicaron alegremente a conceder préstamos durante toda la década de 1970.

Los países en vías de desarrollo eran unos clientes muy atractivos, ya que estaban dispuestos a pagar unos tipos de interés más altos: los tipos contratados eran alrededor de un 2% superiores a los de los bonos del Estado estadounidenses (Lindert y Morton [1989]). Algunos países como Brasil respondieron a la crisis del petróleo embarcándose en una deliberada estrategia de desarrollo destinada a fomentar la sustitución de importaciones y recibieron una gran cantidad de préstamos exteriores para financiar estas inversiones. México era un productor de petróleo, pero eso sólo le sirvió para aumentar su solvencia a los ojos de los bancos: no parecía importar que México tuviera enormes déficit fiscales y que los préstamos que les hacían los bancos se utilizaran para taparlos. La enorme expansión del sector público mexicano tuvo su paralelo en Turquía, que también utilizó sus préstamos para realizar proyectos de inversión pública. En estos y en otros países, los préstamos estaban garantizados por el Estado, aun cuando fueran concedidos a empresas privadas.[17] Parece que muchos bancos pensaban que los Estados soberanos eran una buena apuesta: que "los países nunca quiebran".[18]

La quiebra era lo último en lo que se pensaba: el valor de las exportaciones en dólares estaba creciendo y los tipos de interés de la deuda eran bajos. Por lo tanto, podían pagarse pidiendo *nuevos* préstamos y, sin embargo, el cociente entre la deuda y las exportaciones seguía siendo estable o incluso descendía: de hecho, siguió siendo estable mientras la tasa de crecimiento de las exportaciones fue superior al tipo de interés de los préstamos. De hecho, el cociente entre la deuda y las exportaciones *disminuyó* en los países menos desarrollados no productores de petróleo entre 1973 y 1980. Incluso en Latinoamérica, donde la carga media de la deuda era máxima, el cociente entre deuda y exportaciones aumentó muy poco durante este periodo.[19]

Sin embargo, a finales de la década comenzó una extraordinaria y repentina transición. Ante la inflación relativamente elevada de los países desarrollados (que acababan

---

[17] Chile constituye una excepción: la mayor parte de su deuda pertenecía al sector privado y no existían garantías oficiales.

[18] Éstas palabras son de Walter Wriston, Presidente del Citicorp, citadas en Sachs [1989, pág. 8].

[19] Véase, por ejemplo, Sachs [1989, cuadro 1.2].

de sufrir una segunda crisis del petróleo), se endureció la política monetaria y los tipos de interés subieron (de hecho, habían tenido una tendencia ascendente durante toda la década de 1970). Como consecuencia de la recesión mundial, los ingresos generados por las exportaciones experimentaron una disminución, provocada en gran medida por un enorme descenso de los precios de las exportaciones.[20] La agradable fórmula que había mantenido estable el cociente deuda-exportaciones ya no era aplicable y el cociente comenzó a dispararse, enviando señales de alarma. *Incluso entonces*, los préstamos bancarios no disminuyeron: en los dos años comprendidos entre 1979 y 1981, continuó entrando una enorme cantidad de dinero, especialmente en Latinoamérica.[21] Esta inercia llegó a su fin en 1982: los bancos comerciales dejaron por completo de conceder nuevos préstamos. Había comenzado una crisis de la deuda.

Decimos *"una* crisis de la deuda" porque no fue, desde luego, la primera, aunque sí la mayor, cualquiera que sea el criterio que se utilice. Hubo países que pidieron préstamos y no pudieron devolverlos (por lo que los renegociaron) en el pasado: la historia de México en estas cuestiones se remonta a la década de 1820.[22] En conjunto, los préstamos concedidos a Gobiernos extranjeros *no* han sido improductivos incluso teniendo en cuenta impagos y renegociaciones,[23] pero es cierto que los préstamos concedidos a ciertos países no han sido rentables en el pasado: Chile, México y Turquía se encuentran entre ellos.

Sin embargo, con muy pocas excepciones, los países que no devolvieron sus préstamos no recibieron un trato muy distinto al del resto. La última gran crisis de los años treinta desembocó en una situación en la que (casi) todos los países en vías de desarrollo vieron denegadas sus peticiones de préstamos, independientemente de que los hubieran devuelto o no en el pasado. Sin embargo, en la crisis de los años ochenta, los países renegociaron la deuda bajo una mezcla de concesiones y amenazas: a los mayores deudores se les ofrecieron mejores concesiones, por supuesto, porque los acreedores se jugaban más.[24] El que hubiera renegociación (por oposición a la suspensión de pagos unilateral) puede atribuirse a varias causas:

[20] Por lo tanto, no existe ninguna contradicción entre una disminución de los *ingresos* generados por las exportaciones y un continuo aumento del *volumen* de exportaciones, como el que recogen, por ejemplo, los datos del cuadro 16.1 (capítulo 16). Como señala Edwards [1989], los precios de exportación descendieron tanto que a pesar del aumento del *volumen* de exportaciones del 30% registrado entre 1980 y 1986, apenas variaron los ingresos generados por éstas durante este periodo.

[21] Sachs [1989, cuadro 1.3] nos informa de que la deuda neta de Argentina contraída con bancos internacionales (en la zona declarante del Banco de Pagos Internacionales) aumentó de 5.300 millones de dólares a 6.300 millones, la de Brasil de 28.800 millones a 44.800 millones y la de México de 22.500 millones a 43.400 millones ¡en el plazo de dos años!

[22] Para México, véase Aggarwal [1989] y, en términos más generales, Eichengreen y Lindert [1989], Lindert y Morton [1989], y Marichal [1989].

[23] Lindert y Morton [1989] señalan que a los prestamistas se les prometió un tipo de interés *ex ante* unos 2 puntos porcentuales superior al "tipo vigente" de los bonos de diez estados extranjeros. *Ex post*, incluidos todos los impagos y los retrasos, el tipo seguía siendo 0,42 puntos porcentuales superior al vigente. A pesar de los llantos y de las quejas de los acreedores en la crisis de 1982, está por ver que al final acabaran realmente en números rojos.

[24] Moraleja: si quieres ser un deudor, se un *gran* deudor.

(1) Los países temían realmente que se les impidiera recibir nuevos préstamos en el futuro. Incluso en los casos en los que no había ninguna razón histórica para creer que los morosos serían tratados de forma distinta al resto, siempre existía el temor a que los acreedores hubieran aprendido la lección y estudiaran los libros de historia en la siguiente ocasión.[25]

(2) También se temía que se cerraran otras vías (distintas del crédito) a los prestatarios que no devolvían los préstamos. Podía ocurrir que se suspendieran o se prohibieran los créditos para el comercio e incluso que se impusieran sanciones comerciales. Ciertamente, Estados Unidos no tardó nada en politizar toda la cuestión declarando que no pagar equivalía a romper las relaciones internacionales normales con Estados Unidos. Por último, se temía que también retiraran su apoyo los organismos internacionales, como el Fondo Monetario Internacional y el Banco Mundial. Estos temores se avivaron cuando el FMI inició la renegociación subordinando la concesión de préstamos en condiciones favorables a la introducción de cambios en la política económica de los países deudores. De hecho, en esta época comenzó a subordinarse la ayuda financiera de los organismos internacionales a la adopción de determinadas medidas internas, sobre las que nos extenderemos más adelante.

(3) Por último, había fuerzas internas que presionaban para que se introdujeran cambios. Las presiones internas dependían todas ellas de la distribución de los deudores *dentro* del país prestatario y de la distribución de los que podían sacar mayor partido de las relaciones comerciales futuras y de la normalización futura de las relaciones crediticias. Si el Gobierno mantenía estrechos vínculos con la banca y los exportadores nacionales, estaba más dispuesto a renegociar la deuda y a adoptar una política comercial liberal a partir de entonces. En cambio, si mantenía vínculos políticos principalmente con las industrias que sustituían importaciones o con las industrias que dependían de los contratos públicos, las fuerzas que presionaban en contra del cambio eran más poderosas. Lo mismo ocurría cuando existían estrechos vínculos con los trabajadores de las industrias protegidas que sustituían las importaciones.[26]

La crisis de la deuda provocó rápidamente una crisis económica en los países deudores. Naturalmente, se redujo enormemente la inversión, especialmente la inversión en el sector público. Esta reducción, al margen de los efectos que produjo en el crecimiento, hizo mucho más difícil la transición a una política orientada hacia las exportaciones (que ahora era la única forma de pagar la deuda).

La disminución de la inversión es una de las consecuencias. Otra se refiere al gasto público existente, incluido el pago de los intereses de la deuda, que había que financiar; para ello los Gobiernos jugaron con una combinación de financiación mediante bonos (lo que elevó los tipos de interés reales) y creación de dinero (lo que aumentó la inflación).

---

[25] Para algunos análisis teóricos del problema del impago, véase, por ejemplo, Eaton y Gersovitz [1981], Bulow y Rogoff [1989] y el estudio panorámico de Eaton y Fernández [1995].

[26] De hecho, cuanto más largo sea el periodo anterior de sustitución de las importaciones, más probable es que los grupos de intereses atrincherados se opongan a la liberalización.

El aumento de la inflación hizo pensar que el Gobierno no sería capaz de controlar la moneda, lo que condujo a una huida de capital al exterior. En realidad, este tipo de huida del capital ya se observó en los años setenta, al querer la gente curarse en salud. La mecánica de la huida de capital ha sido descrita lúcidamente por Sachs [1989, pág. 13]:

> El mecanismo habitual de la huida de capitales registrada a finales de los años setenta y principios de los ochenta era el siguiente: supongamos que el Estado aumenta las transferencias a la economía privada. Para financiarlas, pide préstamos al banco central. La financiación del banco central provoca un incipiente aumento de la oferta monetaria, al gastar el Estado los fondos prestados. El aumento de los saldos monetarios provoca un debilitamiento del tipo de cambio, ya que el sector privado, al andar bien de dinero, intenta convertir algunas de las nuevas transferencias en moneda extranjera. Eso tiende a aumentar la inflación... Para estabilizar el nivel de precios, el banco central impide que el tipo de cambio se deprecie vendiendo divisas a cambio de la moneda nacional... El banco central gasta sus reservas y el sector privado aumenta sus tenencias de activos exteriores.

Esta huida de capital privado aumentó enormemente cuando la inflación empezó a pasar factura. Naturalmente, es imposible mantener el tipo de cambio en esas condiciones, por lo que los tipos de cambio se depreciaron diariamente. Internamente, la hiperinflación supuso una enorme pérdida de eficiencia en la asignación de los recursos, un considerable aumento de la desigualdad total y la imposibilidad de realizar cálculos de precios relativos.

Un verano caliente en Río

Como joven profesor indio que visita Río de Janeiro durante el verano de 1989-90, no puedo creer lo que veo (y me estoy refiriendo a la economía). Los indios tienden a quejarse cuando las tasas anuales de inflación traspasan la frontera del 10% y la norma de mantener baja la inflación ha calado en un banco central (relativamente) duro y en unos presupuestos del Estado (relativamente) prudentes. Aquí, en Brasil, la inflación es en enero de un 40% (¿50? ¿60?) al *mes* y la vida económica parece realmente extraña. Mis amigos no saben decirme si una bote de bronceador cuesta más que un cepillo de dientes. Los brasileños, con su característica manera de disfrutar de la vida, pueden tomarse estas cosas con calma, pero todo tiene un límite.

Las familias brasileñas de clase media baja han invertido en grandes congeladores. De esta forma pueden comprar una gran cantidad de comida a principios de mes (así como de leche) y congelarla antes de que los precios comiencen a subir. Los salarios se suben una vez al mes y tan pronto como recibo mi primera nómina me sumo a las largas colas de los supermercados para realizar la mayor cantidad posible de las compras mensuales. Dentro de unos días, me quedaré sin dinero (o para ser más precisos, sin poder adquisitivo).

¿Por qué nadie guarda dinero en el banco? Bien, los tipos de interés son tentadores: alrededor de un 60% al mes (y más a medida que pasan los días). Todo el mundo sabe que tarde o temprano se adoptará un nuevo plan de estabilización (con un posible gravamen sobre los activos financieros) y eso significa que el Estado debe pagar unos tipos de interés compensatorios *aún* más altos para financiar su gasto, acelerando así la llegada del juicio final.

Naturalmente, dados los elevados tipos de interés nominales, las grandes empresas deben invertir en sus propios minibancos, ya que cualquier retraso en la colocación de los ingresos diarios significa perder muchos intereses. Al igual que los grandes congeladores, se trata de otra asignación chiflada de los recursos, y el sistema bancario es supereficiente (excesivamente eficiente, diría yo): los cheques deben ingresarse en cuenta casi al instante.

Las tarjetas de crédito han desaparecido. Durante un tiempo hubo claramente un sistema de dos precios (uno si se quería pagar en efectivo y otro si se quería pagar con tarjeta de crédito). Este sistema desapareció bastante pronto, ya que la gente renunció a predecir con exactitud la tasa de inflación del mes siguiente. Bien, la imposibilidad de utilizar tarjetas de crédito probablemente sea algo bueno.

A medida que se acelera la inflación, sé que mi sueldo real es más bajo. No es difícil averiguarlo: si mi salario recupera (a principios de cada mes) la posición en la que se encontraba a principios del mes pasado, mi sueldo medio debe ser más bajo si la inflación es más alta. Quizá la solución sea pedir subidas salariales a intervalos más frecuentes, pero ¿de qué sirve eso (en la economía en su conjunto) si las subidas de los precios reaccionan endógenamente a la duración del intervalo? Me huelo que hay aquí otro dilema de los presos y renuncio.

Naturalmente, el alquiler por mi apartamento está expresado en dólares estadounidenses. A medida que se deja de recurrir a la moneda nacional, el dólar es el único punto fijo. Evidentemente, se ha perdido totalmente el control del tipo de cambio, ya que las depreciaciones cambiarias en el *mercado paralelo* evolucionan al mismo ritmo que el tipo de interés. El *Jornal do Brasil* lucha una batalla perdida en su intento de transmitir las señales del mercado: publica religiosamente los precios de los artículos esenciales un día tras otro. En diciembre, las patatas se vendían a precios que variaban cientos de puntos porcentuales: todos en la misma ciudad de Río de Janeiro.

17.4.3 El ajuste estructural

Resumen del problema

A medida que se desarrollaba la crisis de la deuda de los años ochenta, comenzó a pensarse que los países latinoamericanos vivían "por encima de sus posibilidades". Vivir "por encima de sus posibilidades" significaba varias cosas, pero todas tenían un origen común: cada grupo de la sociedad tenía su propia opinión sobre cuál debería ser su renta real y sobre cómo debería crecer ésta y la suma era mucho mayor de lo que realmente había. La elevada inflación era especialmente propicia a la aparición de opiniones incompatibles: los asalariados tendían a fijar sus aspiraciones salariales en el efímero máximo de lo que recibían después de cada ajuste salarial, mientras que las nociones de beneficios empresariales se basaban en la continua subida que experimentaban los precios entre dos subidas salariales, quizá en el beneficio máximo justamente *antes* de la siguiente subida salarial. Unos sencillos cálculos confirman que la suma de estas dos aspiraciones es mucho mayor que la tarta nacional.

Si un Gobierno desea hacer el juego a estas aspiraciones contrapuestas de renta real, debe incurrir sistemáticamente en un déficit presupuestario, ocultando así la gravedad del conflicto por medio de una inflación constante o galopante.[27] ¿Por qué surgen estas aspiraciones contrapuestas en unos países más que en otros? La única respuesta que podemos dar es histórica: una vez que se empieza a incurrir en déficits y la inflación se apodera de la economía, es muy difícil librarse de ella, sobre todo si esos déficit se financian durante largos periodos de tiempo por medio de préstamos extranjeros. La rápida entrada de fondos extranjeros puede permitir a la sociedad vivir por encima de sus posibilidades durante un tiempo: cuando se agota la entrada de fondos, las aspiraciones de los diferentes grupos no desaparecen, al menos no inmediatamente.

Todo el problema se agrava al adoptar el Gobierno medidas que tratan de mantener el tipo de cambio sobrevalorado, por lo que las importaciones se mantienen baratas artificialmente. Esta política, una vez en marcha, se ve reforzada por poderosas presiones políticas (quizá de grandes grupos industriales que tienen vínculos con el Gobierno) para que se mantenga sobrevalorado el tipo de cambio, lo que abarata las importaciones permitidas por los contingentes. Ya hemos visto, además, que el propio sistema de sustitución de importaciones produce un efecto de retroalimentación: tiende a elevar aún más el tipo de cambio.

La sobrevaloración del tipo de cambio significa que se discrimina realmente a las exportaciones. Como consecuencia, la economía puede no ser capaz de hacer frente fácilmente a una repentina crisis de la balanza de pagos (como la provocada por la desaparición de los préstamos), ya que sus exportaciones no pueden aumentar rápidamente para hacer frente a la situación. Llega, pues, un momento en el que el banco central continúa perdiendo reservas de divisas y hay una entrada escasa o nula de fondos extranjeros para compensar esta pérdida. El tipo de cambio se hunde y se produce una inflación galopante con todas sus pérdidas concomitantes. Una realidad externa nueva y más austera se opone al mito interno de que todos los grupos de la sociedad pueden seguir en la misma situación en que estaban.

En estos casos es inútil culpar de todo a una mala gestión de un gobierno ingenuo; por ejemplo, los Gobiernos no ganan nada incurriendo en un déficit. El problema de verdad es a la vez simple y profundo: la demanda interior es demasiado alta en relación con la oferta interior, ya que se están haciendo concesiones económicas a demasiados grupos al mismo tiempo. El Gobierno es uno más de los protagonistas atrapados en esta trampa que es el desajuste de expectativas. Para que funcione el ajuste estructural, tiene que haber perdedores. Desgraciadamente, es muy difícil (dentro del mecanismo general del mercado) repartir estas pérdidas de una manera equitativa.

Estabilización y ajuste estructural

Tras una crisis (y normalmente en coordinación con organismos como el Fondo Monetario Internacional y, más recientemente, el Banco Mundial),[28] se impone un programa de

---

[27] Eso no quiere decir que los Gobiernos creen deliberadamente inflación para eso, sino que la inflación es un resultado inevitable de la debilidad política, de la falta de capacidad o de voluntad para ceder ante un grupo cualquiera a expensas de otros.

[28] Véase el apéndice de este capítulo para una breve descripción de estos dos organismos.

ajuste. La postura habitual del FMI/Banco Mundial en estas situaciones es que (1) los excesos presupuestarios, financiados creando dinero, provocan una crisis de balanza de pagos (en ausencia de una continua inyección de fondos extranjeros), (2) un tipo de cambio sobrevalorado es un impuesto sobre las exportaciones y una subvención a los grupos atrincherados que se benefician de la protección y de la capacidad de convertir sus ganancias en moneda fuerte y (3) todos los precios deben reflejar la oferta y la demanda de mercado, y éstos incluyen, en particular, los salarios y los precios de las importaciones.

Un programa característico de reformas pretende restablecer el equilibrio exterior y realiza esta tarea por medio de medidas internas e internacionales. El programa consta de dos partes. En primer lugar, se aplican medidas a corto plazo para hacer frente a la crisis. Esta suele consistir en una grave pérdida de reservas de divisas (es el caso, por ejemplo, de la India en 1991), pero puede originarse, como en el caso de Latinoamérica durante la década de 1980, en la enormidad de la deuda pendiente (Argentina, Chile, México, Brasil) o puede tener su reflejo (más tarde) en una tasa de inflación extraordinariamente elevada o (como en el caso de la crisis mexicana de 1994) en una huida especulativa de capital. Esta parte del programa es la política de *estabilización*.

La estabilización. La estabilización exige normalmente una devaluación inmediata y significativa de la moneda nacional para que se ajuste a la realidad internacional. La idea es aumentar las exportaciones: con una moneda devaluada, ahora los ingresos de divisas generados por las exportaciones se traducen en un aumento de la cantidad de moneda nacional. La otra cara de la moneda es que los precios de los bienes que no se comercian en los mercados internacionales deben bajar. En teoría, se supone que eso transfiere recursos (especialmente capital y trabajo) de los sectores de bienes que no se comercian internacionalmente a las exportaciones.

Obsérvese que una devaluación nominal, por muy grande que sea, puede no producir unos efectos reales duraderos si la continua inflación eleva los precios interiores en la cuantía de la devaluación. Imaginemos, por ejemplo, que decidiéramos que un viejo peso vale dos nuevos pesos. Con eso hemos devaluado la moneda a la mitad de su propio valor, pero la "devaluación" es sólo aparente, ya que todos los precios se duplican al mismo tiempo, compensando exactamente el monto de la devaluación. Este ejemplo que parece absurdo puede darse en la realidad, si una devaluación no va seguida de la debida contracción monetaria. Por lo tanto, hay que luchar simultáneamente contra la inflación (o, si actualmente no hay inflación, contra la posibilidad de que surja).

Detener una hiperinflación no es fácil. Los precios suben todos los *meses* decenas de puntos porcentuales y mientras que los precios suben ininterrumpidamente, los salarios normalmente se ajustan a intervalos, que pueden ser anuales, semestrales (en las situaciones de inflación baja o moderada) o mensuales (en una situación típica de hiperinflación). Por cierto, la inflación se mantiene viva con la creación acomodaticia de dinero por parte del Gobierno, pero como hemos dicho más de una vez, éste no es más que un síntoma y no la causa subyacente, que son unas expectativas de renta desacompasadas.[29]

---

[29] De hecho, el fin del periodo de hiperinflación suele ir acompañado de un *aumento* temporal de la oferta monetaria, ya que la demanda de moneda nacional experimenta un considerable aumento inmedia-

Este proceso tiene una enorme inercia: cada ajuste de los precios y de los salarios se basa en la suposición de que se mantendrá la tendencia inflacionista actual. Además, como hemos mencionado antes, entra en juego un elemento psicológico: ¿piensan los beneficiarios de un ajuste de los salarios (o de los precios) que éste *restablece* la renta real que tenían antes o piensan que no es más que una forma agresiva de compensar por adelantado la futura inflación? Si piensan lo primero, es probable que fracase toda política que proclame poner fin de todos los ajustes de precios y salarios mediante una política monetaria restrictiva (y a veces también con la emisión de una nueva moneda): porque siempre habrá *algún* grupo de personas que *no* haya recibido la compensación "justa" al declararse el fin de la hiperinflación. Este grupo presionará enérgicamente para que se haga justicia, pero si el Gobierno cede a la presión, el proceso de ajuste no habrá acabado: otros grupos pedirán lo mismo. Es preciso, pues, un despliegue extraordinario de voluntad política.

El proceso inflacionista suele mostrar una asimetría tan obvia que al principio pasa casi desapercibida. Obsérvese que el trabajo es una mercancía como cualquier otra y, sin embargo, las subidas salariales se supervisan, se siguen y se controlan más que la subida del precio de cualquier otra mercancía. ¿Sabe alguien, por ejemplo, si el precio de las aspiradoras debería ajustarse solamente cada seis meses? Por ello, todo tratamiento de choque suele ir acompañado de la negativa a conceder futuras subidas salariales, pero los ajustes de precios de los demás bienes no pueden controlarse tan fácilmente. Naturalmente, si el Gobierno se opone firmemente a las subidas, la inflación se detendrá, pero la carga recaerá —injustamente, podrían añadir muchos— en los asalariados. Cuanto más conservador sea el Gobierno, más probable es que pueda imponer esa política, ya que está mejor dispuesto a sacrificar la equidad en aras de la estabilidad macroeconómica general.

Hay otros factores que agravan el problema distributivo. Para mantener tanto la depreciación del tipo de cambio como la menor inflación, el Gobierno debe evitar incurrir en un déficit presupuestario. Esto es más fácil de decir que de hacer. Hay dos componentes del gasto público que tienen especial interés. En primer lugar, se reducen inevitablemente los programas de gasto social, lo que afecta a los pobres mucho más que al resto. Se recortan los programas de educación; se suprimen gastos en sanidad y nutrición. Normalmente, la opinión pública se levanta contra los chanchullos del Gobierno.[30]

En segundo lugar, los proyectos de inversión pública se aparcan o se abandonan. Eso frena, por supuesto, la acumulación de capital a largo plazo, pero produce otros efectos a más corto plazo. A título de ejemplo, pensemos en la sencilla descripción que hacen los libros de texto de la forma en que el mercado consigue la transferencia de recursos de una industria a otra. El precio del bien A sube en relación con el del bien B. Eso es exactamente lo que ocurre tras una devaluación, si imaginamos que A son las exportaciones y

---

tamente después de que ha terminado la inflación y si no se alimenta esta demanda, los tipos de interés suben enormemente.

[30] Quizá el papel que con más éxito desempeña el FMI sea el de malo de la película: los Gobiernos se apresuran a dejar claro que su reducción de gastos ha sido forzada por el FMI. Eso les da un respiro.

B los bienes que no pueden comerciarse en los mercados internacionales. Muy bien: ahora deben transferirse recursos de *B* a *A*. Sin embargo, las cosas no son tan sencillas: a menudo *A* necesita infraestructura, y la infraestructura se crea por medio de inversión pública. "[P]ara aumentar la capacidad de las industrias de exportación generalmente se necesita tanto inversión privada como inversión pública. Los nuevos sectores de exportación generalmente necesitan nueva inversión en transporte, comunicaciones y quizá servicios portuarios, que suelen pertenecer al ámbito de la inversión pública" (Sachs [1989, pág. 21]). Eso, unido a la disminución de la inversión en todos los demás sectores de la economía, frena el proceso de ajuste. La transición implica unos salarios más bajos y/o un aumento del paro. Al igual que el recorte de los gastos sociales, este fenómeno parece que también aumenta la desigualdad.

En el caso concreto de la crisis de la deuda, también fue importante un tercer componente del gasto público. Había que pagar los intereses de la deuda. En muchos países deudores grandes, el Estado era el deudor directo (por ejemplo, en el caso en el que los préstamos se utilizaron para financiar proyectos del sector público). En otros, el Estado fue presionado para que asumiera la deuda al no poder asumirla el sistema financiero privado (Chile es un buen ejemplo). Nadie (excepto el deudor) presionó demasiado para que se redujera *este* componente del gasto. De hecho, tras la crisis de la deuda, el principal objetivo *no* era reformar los países en vías de desarrollo sino asegurarse de que estuvieran en condiciones de devolver sus deudas. Esto se refiere no sólo a los bancos (que, como es bastante lógico, sólo velaban por sus propios intereses) sino también, y en la misma medida, a organismos "multilaterales" como el FMI que fueron sometidos a enormes presiones para que sacaran de apuros a los bancos. Una visión equilibrada de la situación debe concluir que los programas de reforma tenían principalmente por objeto conseguir que se devolviera la deuda y, *de paso*, introdujeron importantes cambios en los países en vías de desarrollo, algunos de los cuales fueron posiblemente para bien. Como señalan Linder y Morton [1989, págs. 74-75] (el subrayado es mío):

> Los programas de rescate en los que participa el FMI... imponen la austeridad macroeconómica a los países deudores (por la vía de la condicionalidad). La austeridad no es un mal en sí mismo... [y] puede tener su propia recompensa desde el punto de vista del país que lleva a cabo el ajuste... [pero] lo que está en cuestión no es la idea de condicionalidad, sino el hecho de que ésta se vincule a la devolución de la deuda a los acreedores privados. *En la década de 1980, la condicionalidad del FMI ha impuesto ajustes macroeconómicos en relación con el sobreendeudamiento, y no sólo en relación con la* necesidad *macroeconómica de que el país deudor sea austero.* Algunos países fueron presionados excesivamente y otros demasiado poco.

Por cierto, las aplicaciones posteriores de este tipo de programas han estado más motivadas por un propósito reformista.

Ajuste estructural. El ajuste estructural es el paso siguiente a la estabilización. Implica abandonar todos los controles que contribuyen a cerrar el país al exterior y recurrir más a los precios de mercado. Se basa implícitamente en el argumento de que una economía de libre mercado es lo mejor para la sociedad o, al menos, de que las medidas redistributivas deben aplicarse por separado, interfiriendo lo menos posible en el mecanismo del mercado.

No es éste el lugar para repetir algunas observaciones que hemos hecho insistentemente a lo largo del libro, pero no podemos resistir la tentación de resumirlas una vez más. Los mercados son eficientes en las situaciones en las que contratar es fácil, en las que las externalidades son mínimas y en las que los agentes competitivos pueden aprovechar los rendimientos crecientes de escala. También hemos señalado que los temas distributivos pueden justificar la intervención en los mercados cuando cuestiones relacionadas con la política o con la información impiden utilizar los impuestos y las transferencias de cuantía fija. Cualquier propuesta de volver a los mercados libres deben realizarse bajo este paraguas metodológico.

Los principales elementos de un programa de ajuste estructural son los siguientes:

(1) *Liberalización de las importaciones*. Deben suprimirse los controles del comercio internacional. Si hay contingentes u otras restricciones cuantitativas de las importaciones, deben sustituirse por aranceles. A la larga, los aranceles deben sustituirse o eliminarse totalmente. Como señala Edwards [1989, pág. 180], "Últimamente, la liberalización del comercio se ha convertido en muchos aspectos en sinónimo de medidas de libre mercado que entrañan un grado mínimo o *nulo de intervención del Estado* en todos los ámbitos".

La liberalización de las importaciones nos lleva a un viejo tema: la idea de que el libre comercio sin condiciones es la mejor respuesta a la situación mundial, independientemente de lo que haga el resto del mundo. Como veremos en el capítulo 18, el mundo *desarrollado* no caminaba inequívocamente en esa dirección en las décadas de 1980 y 1990: la protección fue en aumento (especialmente por medio de instrumentos no arancelarios). Al margen de los problemas que tiene el libre comercio incondicional desde un punto de vista unilateral (que ya hemos analizado), también hay cuestiones multilaterales relacionadas con la liberalización de las importaciones que abordaremos en el capítulo 18.

Baste decir de momento que el componente de la liberalización de las importaciones de un programa de ajuste estructural es más una cuestión ideológica, es decir, representa la dirección a seguir más que una política que se adopte sin excepciones (si fuera lo segundo, probablemente podríamos decir que nunca se ha aplicado un programa de ajuste estructural). De hecho, si volvemos a la crisis de la deuda, veremos que fue imposible ir en esa dirección en los años inmediatamente posteriores a la crisis. *Hubo* que reducir las importaciones para generar un superávit comercial: al descender los precios de las exportaciones, aumentar el volumen de las exportaciones era como pedalear más deprisa para permanecer en el mismo lugar. Por lo tanto, muchos países latinoamericanos restringieron *aún más* las importaciones, incluso después de su devaluación: se subieron los aranceles y se impusieron restricciones cuantitativas dentro del programa de estabilización. Reconociendo que la generación de un superávit comercial era la única manera de pagar los intereses de la deuda, el FMI apoyó implícitamente estas medidas.

(2) *"Liberalización de las exportaciones" o mantenimiento de un tipo de cambio competitivo*. El segundo elemento de un programa de ajuste estructural consiste en dar rienda suelta a las exportaciones asegurándose de que la devaluación inicial que acompaña a la estabilización no es erosionada por medidas inflacionistas. En este caso podría ser necesario realizar nuevas y pequeñas devaluaciones ("sistema de tipos de cambio de fijación rep-

tante") con el fin de compensar los restos de inflación. También se desaconseja los tipos de cambio múltiples (es decir, la aplicación de tipos de cambio diferentes a distintas actividades, como pueden ser la devolución de la deuda o las importaciones).

No está claro lo que significa dar rienda suelta a las exportaciones: muchas veces se ha citado el caso de algunos países como Corea como ejemplo de apertura hacia el exterior que ha tenido éxito; sin embargo, hemos visto que la intervención del Estado para fomentar las exportaciones ha sido considerable. En cualquier caso, *éste* es el elemento clave de los programas de ajuste estructural caracterizados por el abandono de la política de sustitución de importaciones en muchos países en vías de desarrollo. Aunque siguen restringiéndose las importaciones, muchos países reconocen el inmenso valor del fomento de las exportaciones y han aplicado activamente este aspecto de la política. Esta política ha cobrado impulso cuando los grupos de presión nacionales, parapetados tras las políticas autárquicas, han ido perdiendo importancia o se han orientado hacia el exterior.

La devaluación del tipo de cambio también tiene otro fin. *Desplaza* parte del gasto en importaciones (que ahora parecen más caras) a los bienes nacionales que no pueden comerciarse en los mercados internacionales. Este desplazamiento del gasto también sirve para controlar la situación de la balanza de pagos. Sin embargo, como ya hemos señalado, toda política de desplazamiento del gasto puede tener costes, al menos a corto o medio plazo, en la medida en que la reasignación de los recursos no se produce sin fricciones.

(3) *Disciplina fiscal y monetaria*. Este componente engloba multitud de medidas de aplicación interna. Se hace hincapié en la autonomía del banco central, a fin de que los déficit presupuestarios no puedan aprobarse automáticamente imprimiendo dinero. Se desaprueban estos mismos déficit presupuestarios. Normalmente, se identifican los componentes del gasto público que deben reducirse o eliminarse; por ejemplo, cuando la India sufrió una crisis en 1991, el Banco Mundial ejerció enormes presiones para que se suprimieran las subvenciones a los fertilizantes en la agricultura y se permitieran las exportaciones agrícolas (las subvenciones se redujeron significativamente, pero las exportaciones agrícolas, especialmente las de cereales, siguen siendo una cuestión polémica). Asimismo, el programa mexicano de reforma agrícola de finales de los años ochenta y principios de los noventa, llevado a cabo con la ayuda de un préstamo del Banco Mundial, tenía por objeto eliminar las subvenciones a los alimentos, sustituir los precios garantizados por precios de mercado, eliminar el control de las exportaciones y reducir las subvenciones a los factores.

Los programas de ajuste estructural suelen también presionar para que se privaticen determinadas actividades del sector público. Una vez más, hay mucho que aplaudir y mucho ante lo que mantenerse cauto. Probablemente está claro que el Estado no gana nada gestionando hoteles de cuatro estrellas para turistas y que hay argumentos para privatizar las líneas aéreas, pero ¿qué decir de la asistencia sanitaria o del transporte público o de la educación? Aunque estas cuestiones son de suma importancia, evaluarlas nos llevaría lejos de la política comercial, que es la cuestión que nos ocupa en este momento.

Ejemplo: México en la década de 1980

En 1982, el Gobierno mexicano anunció un programa de ajuste macroeconómico.[31] Como hemos visto, México se encontraba en la fase inicial de su crisis de la deuda: los tipos de interés eran altos y su anuncio de que no podía pagar los intereses de su deuda había desencadenado una crisis internacional. La inflación se había acelerado y en 1982 su tasa anual era del 100%. El déficit presupuestario representaba un 7% del PIB. El petróleo constituía más del 70% de sus exportaciones y su precio acababa de iniciar una larga tendencia descendente. Si catástrofe significa que las cosas que pueden ir mal van mal todas ellas al mismo tiempo, entonces puede decirse que se produjo una catástrofe.

En diciembre de 1982 entró en vigor, el *Programa Inmediato de Reordenación Económica* (PIRE). Este programa contenía una espectacular reducción del gasto público, una subida de los precios de los bienes y servicios suministrados por el sector público (incluidos el teléfono, la electricidad y el transporte público), una devaluación del tipo de cambio, un estricto control de los salarios (con un sistema centralizado de negociación salarial) y una restricción del crédito en el sector bancario. Se anunció la decisión de privatizar las empresas públicas. La política comercial iba a reestructurarse: hasta entonces se habían protegido varios sectores con aranceles y contingentes.

Hasta 1987, ninguna de las medidas dio resultado. La inflación cobró vida propia, basada en la inercia de las expectativas, y en 1987 la tasa anual de subida de los precios era de 160%. Con este tipo de inflación, hubo que devaluar la moneda una y otra vez, pero, por supuesto, la inflación reaccionó endógenamente a las devaluaciones. Ya hemos analizado con cierto detalle este tipo de problema: la suma total de las expectativas de renta de los diferentes grupos sociales era superior a lo que había. Durante muchos años, los préstamos extranjeros habían cubierto la diferencia entre las expectativas y la realidad. La renta real *disminuyó* un 0,7% durante el periodo 1982-87 y la renta per cápita un 2%. Ahora el déficit presupuestario representaba un 16% del PIB.

En diciembre de 1987 se anunció un nuevo programa, el *Pacto de Solidaridad Económica* (PSE). Este programa conjugaba la política tradicional u ortodoxa de austeridad fiscal y monetaria con elementos llamados heterodoxos. Se establecieron controles directos sobre los precios de algunos bienes y servicios. Se creó un comité tripartito centralizado para negociar todos los cambios de precios, salarios, tipo de cambio y aranceles entre los empresarios, los sindicatos y el propio Gobierno. El programa de privatización se aceleró y, a excepción de los controles de precios, la actividad económica se liberalizó en mayor medida.

Los cambios que se introdujeron en la política económica durante la década de 1980 fueron realmente significativos. En 1982, había 1.155 empresas gestionadas por el Estado; en 1990, 280. En 1985, México se sumó al Acuerdo General de Aranceles y Comercio (GATT). El porcentaje de bienes cubiertos por licencias de importación disminuyó, pasando de 96% ese año a 19% en 1990. El arancel máximo de importación se redujo de

---

[31] Estamos profundamente agradecidos a Luis-Felipe López-Calva por habernos facilitado la información necesaria para este apartado. El análisis siguiente se basa en las publicaciones de Lusting [1992], Ros [1992], y Székely [1995a, b].

100% en 1982 a 20% en 1990 y el arancel medio ponderado descendió de 24 a 12% durante ese mismo periodo.

¿Se obtuvieron algunos resultados positivos durante este periodo? Sí, pero pequeños. La inflación anual se redujo a alrededor del 20% en 1990 y el crecimiento per cápita se recuperó en 1989 y 1990 (fue de 1,5 y 2,3% en estos dos años). El déficit presupuestario se redujo a una cifra relativamente respetable —3,4% del PIB— en 1990. Es evidente, pues, que la medicina dio resultado en el sistema en su conjunto, pero nuestra teoría de que *algún* grupo de la sociedad tiene que ceder significa necesariamente que hubo cambios distributivos. ¿Podemos identificarlos?

No es muy difícil identificar los cambios. Está absolutamente claro que los salarios reales soportaron el peso del ajuste. Los salarios *reales* del sector industrial cayeron un 47% entre 1982 y 1988. De hecho, esta disminución reflejó en gran medida la erosión del salario mínimo oficial, que disminuyó un 40% durante este periodo. La *participación* de los salarios en la renta agregada descendió de 36 a 25,9%.[32] Por increíble que parezca, si sumamos esta información a la variación que experimentó la renta real media en este periodo, parece que los no asalariados continuaron disfrutando de un bienestar *mayor* durante estos años de crisis.

Es evidente que la elevada tasa de inflación de este periodo desempeñó un importante papel redistributivo, al igual que en todos los países latinoamericanos que tenían una elevada inflación. Los cambios sectoriales inspirados por la devaluación, así como la reducción de la protección de las importaciones, también produjeron sus efectos (como hemos señalado antes). Es cierto que durante 1989 y 1990 los salarios industriales se recuperaron un 9% (en términos reales), pero ese aumento no fue suficiente para contrarrestar la bajada anterior.

La distribución de la renta, como era de esperar, empeoró durante estos años. El cuadro 17.1 resume las encuestas sobre el gasto llevadas a cabo por el Gobierno mexicano en 1984 y en 1989; los datos confirman el considerable aumento que experimentó la desigualdad durante esos años.

Cuadro 17.1. La desigualdad en México, 1984 y 1989.

Año	*Proporción (%)*		*Coeficiente de Gini*
	40% más pobre	*10% más rico*	
1984	14	33	0,462
1989	13	38	0,513

Fuente: Székely [1995a].

---

[32] Hasta la segunda crisis de diciembre de 1994, en que una enorme devaluación provocó una huida de inversión de cartera de México, el salario mínimo continuó bajando. Entre diciembre de 1987 y mayo de 1994, el salario mínimo subió un 136% (en términos nominales), mientras que el coste de la "cesta de bienes básicos" (véase el análisis siguiente de la medida de la pobreza") creció un 371% (Heredia y Purcell [1995]).

Esta no aumentó al mismo ritmo en los años posteriores, pero la tendencia tampoco se invirtió. En 1992, el coeficiente de Gini era de 0,515, cifra ligeramente superior a la de 1989.

Los índices de pobreza son algo más estables. El cuadro 17.2 contiene datos sobre la tasa de pobreza y la brecha de la pobreza de los años 1984, 1989 y 1992.[33] Se utilizan dos umbrales de pobreza. Existe una *pobreza extrema* cuando la renta no es suficiente para cubrir el coste de una cesta de alimentos básicos cuyo contenido calórico es el mínimo establecido por la Organización Mundial de la Salud. Existe una *pobreza moderada* cuando la renta es inferior a la misma cesta más una asignación para vivienda, ropa, educación, servicios sanitarios y actividades recreativas. Véase Székely [1995b] sobre la metodología empleada para elaborar estos índices.

El cuadro 17.2 indica que la tendencia de la pobreza no es tan clara como la tendencia de la desigualdad, si bien las brechas de pobreza correspondientes a ambos umbrales de pobreza muestran un aumento entre 1984 y 1989. Hay dos explicaciones posibles. En primer lugar, los programas de ajuste afectaron sobre todo a los trabajadores asalariados del sector industrial —por ejemplo, a los trabajadores sindicados— y estos trabajadores no se encontraban por debajo del umbral de pobreza ni antes ni después. Los trabajadores por cuenta propia que tenían pequeños negocios posiblemente también resultaron afectados. Sin embargo, esta explicación no puede conciliarse con la enorme caída que experimentaron los salarios durante este periodo. También tuvo que ocurrir necesariamente que a pesar de la enorme reducción de los salarios reales, muchos hogares pudieran evitar una disminución equivalente de la renta total y del consumo per cápita cambiando su grado de participación en la población activa, por ejemplo, incrementando el número de horas trabajadas y buscando nuevas actividades generadoras de renta, así como aumentando el número de miembros del hogar que trabajaban. Por cierto, es posible que estas decisiones trajeran consigo un aumento de las tasas de abandono prematuro de los estudios y una reducción de los niveles de salud y nutrición del hogar, que es probable que afecten a la capacidad de la gente de generar renta y a la distribución de la renta desde una perspectiva a más largo plazo.

Cuadro 17.2. La pobreza en México, 1984, 1989 y 1992.

Año	Pobreza extrema		Pobreza moderada	
	Tasa de pobreza (%)	Brecha de pobreza (%)	Tasa de pobreza (%)	Brecha de pobreza (%)
1984	10,3	3,0	29,8	10,3
1989	10,7	3,5	28,3	10,6
1992	10,8	3,2	27,8	10,2

Fuente: Székely [1995b].

[33] También se dispone del índice FGT (véase el apéndice del capítulo 8) y muestra una tendencia similar a la brecha de la pobreza; lo omitimos aquí.

Las tendencias recientes de la distribución de la renta parece que reflejan las tendencias antiguas, y la pobreza ha aumentado, desde luego, desde la crisis de 1994, en la que una considerable devaluación provocó una enorme huida de capitales de México.[34] Heredia y Purcell [1995] señalan que "el 60% de estas [pequeñas y medianas] empresas, que históricamente dan empleo a un 80% de la población activa del país, ha despedido trabajadores en 1995". Hasta ahora parece que el caso de México es un ejemplo de "ajuste estructural incompleto", en el que las personas relativamente pobres han pagado un precio relativamente más alto por el equilibrio macroeconómico.

17.5 Resumen

En este capítulo hemos estudiado la política comercial que siguen los países individualmente. Hemos comenzado analizando el teorema de las "ganancias del comercio". El comercio permite mejoras potenciales para todos, ya que la posibilidad de comerciar es equivalente a la posibilidad de producir (unos bienes se transforman en otros). Cerrar vías de "producción" nunca puede ser bueno, y casi siempre es malo. Este es el argumento a favor del *libre comercio incondicional*: una política de comercio sin restricciones independientemente de lo que haga el resto del mundo.

Sin embargo, es importante darse cuenta de que una mejora potencial de las "posibilidades de producción" puede no traducirse necesariamente en una mejora *real* para todos los afectados, ya que el comercio afecta los precios de los factores de producción y los factores son propiedad (en general) en distintas proporciones de los diferentes grupos de la sociedad. Este tipo de efecto se produce sobre todo cuando el comercio es de la variedad Heckscher-Ohlin: los factores que se utilizan intensivamente en la producción de la mercancía importada deben perder valor, mientras que los factores que se utilizan intensivamente en la producción de bienes que pueden exportarse deben aumentar de valor. En cambio, es más probable que el comercio de mercancías similares genere una mejora *real* en el sentido de Pareto: no existen presiones diferentes sobre los factores de producción.

Hemos continuado nuestro análisis de las ganancias derivadas del comercio examinando mundos imperfectos: mundos en los que hay fallos o imperfecciones del mercado. En esas situaciones, la apertura al libre comercio puede provocar pérdidas globales en lugar de ganancias. Por ejemplo, el precio de exportación de los productos básicos puede experimentar un descenso a largo plazo (la *hipótesis Prebisch-Singer*). En estas circunstancias, puede ser bueno optar por desarrollar la industria manufacturera, pero eso puede que no ocurra de forma espontánea debido a las imperfecciones del mercado de capitales. Desde luego, es mejor eliminar las causas de las imperfecciones del mercado de capitales, pero si eso es difícil, quizá sea necesaria una política comercial restrictiva destinada a tener en cuenta la *ventaja comparativa dinámica*. Además, la industria manufacturera puede generar en la economía grandes externalidades que ningún industrial internaliza, por lo que puede ser socialmente óptimo fomentar los productos manufacturados aun-

---

[34] Véase el *Journal of International Economics*, 41, noviembre, 1996, para un análisis de la crisis de 1994.

que los empresarios privados no lo hagan automáticamente. Ésta es la base de la política de fomento de las exportaciones que han seguido países como Corea.

Los efectos externos (o las imperfecciones de los mercados de capitales) también pueden constituir la base de los *argumentos a favor de la protección basados en la industria naciente*: la adopción de medidas que restringen las importaciones con el fin de permitir el crecimiento de la industria nacional.

Los argumentos distributivos pueden llevar a adoptar una política comercial intervencionista. Es posible que se piense que la distribución existente de la renta o de la riqueza es demasiado desigual, pero por un fallo del mercado no es viable establecer impuestos o transferencias de cuantía fija para redistribuir la renta, por razones relacionadas con la política o con la información. En ese caso, una respuesta de segundo óptimo es prohibir las importaciones de algunos bienes de consumo. Esta medida es distorsionadora desde el punto de vista del mercado, pero puede ser una medida de segundo óptimo para aumentar la equidad social.

Por lo tanto, el teorema del libre comercio es correcto, pero con dos matizaciones: (1) las ganancias pueden no distribuirse igualitariamente, por lo que no todo el mundo experimenta mejoras reales y (2) la inexistencia de ciertos mercados puede dar argumentos válidos en contra del libre comercio.

A continuación hemos pasado a analizar la política comercial. Hemos examinado la política de *sustitución de importaciones*: la utilización de aranceles y contingentes para restringir las importaciones (quizá distinguiendo entre mercancías) y su repercusión en los tipos de cambio y en el bienestar desde el estricto punto de vista de la distorsión del mercado. Estas pérdidas provocadas por las distorsiones deben compararse con las posibles ganancias antes analizadas. También hemos examinado el argumento a favor de la protección basado en la industria naciente. A continuación hemos estudiado la política de *fomento de las exportaciones*: la concesión de subvenciones a las exportaciones, el crédito dirigido y su repercusión en el bienestar.

Se ha observado en los años recientes una tendencia general de los países a favorecer el fomento de las exportaciones en lugar de la sustitución de importaciones (al menos en el mundo en vías de desarrollo). Hemos abordado este tema y comprobado que los objetivos de algunas medidas de sustitución de importaciones pueden ser loables, pero que suelen crear grupos de presión que se aprovechan en su interés de estas medidas protectoras. En la medida en que estos grupos de interés consigan presionar al Gobierno para que mantenga su situación de privilegio, el resultado puede ser perjudicial para la economía en su conjunto.

Los países pueden funcionar durante décadas con estas distorsiones, hasta que un acontecimiento dramático provoca una crisis. Un ejemplo es la *crisis de la deuda* que experimentaron muchos países, especialmente los latinoamericanos, a principios de los años ochenta. Durante toda la década de 1970, los enormes déficit presupuestarios se financiaron con préstamos de bancos extranjeros. Cuando subieron los tipos de interés en los años ochenta, muchos países se encontraron con dificultades para pagar los intereses de la deuda, y en el pánico resultante, dejaron de concederse préstamos. No obstante, había que pagar los intereses de la deuda y eso significaba un giro de la balanza de pagos: muchos países, presionados por los créditos condicionados del FMI y del Banco Mundial, adoptaron una política de apertura hacia el exterior. Hay dos medidas de política económica que guardan relación con las cuestiones relevantes en este contexto: la *estabilización* y el *ajuste estructural*. La estabilización se refiere a la aplicación de medidas de emergencia para contener una crisis inmediata de balanza de pagos y quizá una inflación galopante. El ajuste estructural se refiere a un programa de medidas a más largo plazo: la liberalización tanto de las exportaciones como de las importaciones, la gestión correcta del tipo de cambio, el control del déficit presupuestario y la adopción de una política monetaria compatible con el logro de estos resultados. Estas medidas se han analizado al final del capítulo.

Apéndice: El Fondo Monetario Internacional y el Banco Mundial

Tras la Segunda Guerra Mundial (junio de 1944), los gobernantes de Inglaterra y Estados Unidos celebraron una conferencia en Bretton Woods (New Hampshire). Allí se elaboraron planes para crear tres instituciones que configurarían la economía mundial durante los cincuenta años siguientes. Eran el *Fondo Monetario Internacional* (FMI), el *Banco Mundial* y el *Acuerdo General de Aranceles y Comercio* (GATT). Nuestro objetivo es ofrecer una breve visión panorámica del funcionamiento de las dos primeras instituciones; en el capítulo 18 nos ocuparemos del GATT.[35]

El FMI se creó con los siguientes objetivos establecidos en su Convenio Constitutivo:[36]

(1) Fomentar la estabilidad de los tipos de cambio, mantener unos sistemas de tipos de cambio ordenados entre los miembros y evitar las devaluaciones competitivas de los tipos de cambio.

(2) Contribuir al establecimiento de un sistema multilateral de pagos para efectuar las transacciones corrientes entre los miembros y ayudar así a la eliminación de las restricciones cambiarias que dificulten el crecimiento del comercio mundial.

(3) Infundir confianza a los países miembros poniendo a su disposición los recursos del Fondo con las debidas salvaguardas y brindarles así la oportunidad de realizar ajustes en su balanza de pagos sin tener que recurrir a medidas negativas para el desarrollo mundial.

En Bretton Woods también se fundó el Banco Internacional de Reconstrucción y Fomento, quizá más conocido por el nombre de *Banco Mundial*, con los principales objetivos siguientes:[37]

---

[35] Damos las gracias a Hiranya Mukhopadhyay por facilitarnos unas extensas notas, en las que se basa este apéndice.

[36] Para el Convenio Constitutivo, véase *The First Ten Years of the International Monetary Fund*, FMI; Washington, D.C., 24 de agosto de 1956.

[37] Para estos objetivos, consúltese el artículo I de su Convenio Constitutivo, *First Annual Meeting of the Board of Governors of the International Bank for Reconstruction and Development*, Washington, D.C., 27 de septiembre de 1946.

(1) Ayudar a la reconstrucción y el desarrollo a largo plazo de los países miembros fomentando la inversión de capital en actividades económicas productivas.[38]

(2) Fomentar la inversión extranjera privada por medio de garantías o de participaciones en préstamos y otras inversiones realizadas por inversores privados; y cuando no existe capital privado en condiciones razonables, complementar la inversión privada facilitando en condiciones adecuadas financiación para fines productivos procedente del capital propio del Banco o de recursos obtenidos por él.

(3) Promover el crecimiento del comercio internacional y el mantenimiento del equilibrio de la balanza de pagos fomentando la inversión internacional para el desarrollo de los recursos productivos de los países miembros.

Es evidente en esta descripción que el Fondo pretendía ser el centro del sistema monetario internacional tras la Segunda Guerra Mundial. Sus objetivos eran principalmente *estabilizar* las fluctuaciones a corto plazo y ayudar a los países a hacer frente a las restricciones de liquidez graves pero temporales. En cambio, al Banco se le encomendaron tareas relativas al largo plazo: la reconstrucción y el desarrollo. En este contexto, observamos que el Convenio Constitutivo del FMI no incluye el fomento del crecimiento a largo plazo entre sus objetivos, mientras que el del Banco sí.

Sin embargo, últimamente estas distinciones han comenzado a difuminarse algo. Cuando el Banco introdujo en 1980 *préstamos para realizar ajustes estructurales* (de los que nos ocuparemos en seguida), puso la condición de que los países en vías de desarrollo que tuvieran dificultades de balanza de pagos acudieran primero al Fondo para estabilizar su economía. Sólo entonces el Banco consideraría la posibilidad de facilitarles recursos financieros a más largo plazo. Esta fusión del Fondo y el Banco en un programa de financiación global se ha visto reforzada por el aumento del énfasis del Fondo en las cuestiones del crecimiento. Por ejemplo, el dinero desembolsado en el marco de un "préstamo para ajustes estructurales" (existente desde 1986) desempeña el doble objetivo de fortalecer la situación de la balanza de pagos y fomentar el crecimiento.[39]

Los préstamos que ofrece el Banco Mundial normalmente se basan en una filosofía de reformas relacionadas con la oferta. Así, por ejemplo, tradicionalmente el objetivo principal del Banco era conceder "préstamos para proyectos" (para carreteras, regadío, etc.) a los países en vías de desarrollo. Sin embargo, este énfasis ha cambiado algo con los años, de acuerdo con disminución de las distinciones entre el Banco y el Fondo ya mencionadas y se observa claramente en la aparición de los primeros préstamos para ajustes estructurales de 1980 (véase Mosley, Harrigan y Toye [1991]). La importancia de estos préstamos aumentó enormemente cuando estalló la crisis de la deuda a principios de los años ochenta.

---

[38] Incluida la reconstrucción de las economías destruidas y afectadas por la guerra, así como el fomento del desarrollo de servicios productivos en los países menos desarrollados.

[39] Para los distintos tipos de ayuda que ofrece el FMI, véase Polak [1991]. Aunque muchos préstamos van destinados a resolver las dificultades a corto plazo de los países prestatarios (de acuerdo con el convenio original del FMI), tanto los préstamos para ajustes estructurales como los préstamos a corto plazo cuya concesión se condiciona a la adopción de medidas gubernamentales que tienen consecuencias a largo plazo reflejan el cambio de carácter del Fondo registrado desde los años ochenta.

Este tipo de préstamos "basados en programas", a diferencia del tipo inicial de préstamos para proyectos, se concedía como una ayuda general para hacer frente a un déficit de balanza de pagos y para facilitar las importaciones que pudieran aumentar o restablecer el crecimiento económico. Inicialmente, al igual que en el caso del FMI, los préstamos para ajustes estructurales se concedían principalmente para llevar a cabo un programa de estabilización a corto plazo. Sin embargo, los préstamos posteriores para ajustes estructurales centraron la atención en el ajuste de diferentes sectores de la economía. Las reformas fiscales, la reestructuración del gasto público, las medidas para aumentar la eficiencia o para contribuir a la privatización de empresas públicas, las reformas del comercio, las reformas del mercado financiero y otras reformas sectoriales entran en el ámbito de estos préstamos, que sólo suelen concederse si se logran estos distintos objetivos (véase Corbo, Fischer y Webb [1992]). Estas reformas o ajustes estructurales se consideran necesarios para convertir el éxito de un programa de estabilización a corto plazo (financiado por el FMI, por el Banco o por ambos) en un éxito permanente y para garantizar que la economía vuelva a crecer de una manera continua.

Esto nos lleva al concepto de *condicionalidad*, término que ha conseguido una creciente aceptación en los círculos crediticios internacionales. La palabra "condicionalidad" se refiere a las condiciones que imponen cada vez más el Fondo Monetario Internacional y el Banco Mundial al país miembro que desea pedirles un préstamo. El supuesto objetivo de la condicionalidad es asegurarse de que el país miembro se beneficia de los préstamos, suponiendo en alguna medida que no es totalmente capaz de llevar a cabo duras reformas sin unas duras condiciones. Tras la crisis de la deuda, también se desea asegurarse de que los países prestatarios no tienen dificultades para devolver los préstamos en el futuro. En suma, la condicionalidad exige que el país miembro que utiliza recursos internacionales siga una serie de medidas "adecuadas" para su situación económica actual.

Resulta que las exigencias del Banco en relación con la condicionalidad son muy diferentes de las del Fondo. La condicionalidad del Fondo estipula un número limitado de criterios controlables de ejecución (por ejemplo, el cociente entre el déficit presupuestario y el PIB, el crecimiento de la oferta monetaria, etc.). Si al final del periodo fijado, se cumplen todos esos criterios, está asegurado el acceso del miembro al siguiente tramo. Las condiciones del Banco son muchas (entre cincuenta y sesenta, en promedio, por cada préstamo para ajuste estructural en los últimos años). Muchas de estas condiciones se formulan en términos generales, lo que da un margen a la interpretación (por ejemplo, unas reformas "adecuadas" en el campo del comercio). Por lo tanto, el paso al segundo tramo es objeto de intensas negociaciones y depende de juicios de valor personales.[40] Ni que decir tiene que estas condiciones varían de unos países a otros.[41]

---

[40] Para estas cuestiones, véase, por ejemplo, Polak [1994].

[41] Un instrumento importante para estos fines es la *carta de intenciones*. Esta carta describe las medidas que ha tomado o pretende tomar el país miembro en el futuro. Va acompañada normalmente de un "documento sobre el marco de política económica" en el que el Gobierno informa al Fondo y al Banco de los principales rasgos de su política general para los tres años siguientes.

Obsérvese que lo que es adecuado para el Banco o el FMI puede no serlo para el país prestatario. Esta diferencia de opinión puede deberse, en parte, a una diferencia de ideología política. No es ningún secreto que las consecuencias distributivas de las decisiones económicas suelen desempeñar un papel secundario frente a lo que se considera que es la gran mejora de la eficiencia que impone la disciplina del mercado. Por lo tanto, los programas de condicionalidad suelen imponer restricciones sobre subidas de los salarios (para reducir las presiones inflacionistas) o una disciplina fiscal obligando a reducir el gasto público. En la medida en que las subidas salariales o el gasto público en infraestructura pública se consideran progresistas desde el punto de vista social o político, esas condiciones son vistas con muchos recelos, sobre todo por los ciudadanos de los países en vías de desarrollo a los que se les imponen.

Al mismo tiempo, también es cierto que la condicionalidad puede impedir que consigan sus fines los grupos de presión industriales o los grupos de presión agrícolas ricos que no necesitan ningún mimo especial, pero que, no obstante, reciben un trato especial debido a su poder político y económico. Por ejemplo, el sistema de licencias industriales suele ser un medio para garantizar tratos lucrativos a poderosos intereses empresariales. En la medida en que la condicionalidad va encaminada a luchar contra esos sistemas de licencias regresivos, puede ser algo bueno. Además, mientras que la existencia de financiación adicional puede inducir a los gobiernos a posponer reformas urgentes, la condicionalidad sirve para contrarrestar esta tendencia.

En suma, como economistas tenemos que poder analizar críticamente las condiciones que impone el Banco o el Fondo para facilitar recursos financieros. A menudo es importante analizar estas condiciones desde el punto de vista del propio país receptor y no sólo desde el punto de vista de los organismos internacionales.

Ejercicios

■ (1) Trace las fronteras de posibilidades de producción y las rectas de precios internacionales y muestre que el comercio puede concebirse simplemente como otro método de producción, en el que las exportaciones son los "factores" y las importaciones son los "productos". Muestre que la oportunidad de comerciar siempre representa una mejora potencial en el sentido de Pareto.

■ (2) (a) Muestre que si todos los ciudadanos de un país poseen la misma cantidad de todos los factores de producción (y la misma participación en todas las empresas) y si no hay externalidades, la oportunidad de comerciar debe llevar a una mejora inequívoca en el sentido de Pareto en ese país. En este sentido, las presiones para que se levanten barreras comerciales han de deberse a la distribución desigual de las dotaciones de factores entre los ciudadanos.

(b) Ponga un ejemplo en el que haya externalidades y la apertura al comercio empeore el bienestar de todos los ciudadanos, incluso en este mundo totalmente simétrico.

■ (3) Suponga que dividimos los bienes en dos grupos: alimentos y el resto.

(a) Trace curvas de indiferencia que reflejen el hecho de que las preferencias por los alimentos aumentan relativamente menos a medida que aumentamos el consumo de ambos bienes. Ahora introduzca una restricción presupuestaria (renta y precios fijos) e indique los puntos de consumo a medida que varía la renta. Describa en otro gráfico cómo varía el consumo de alimentos con la renta, suponiendo que los precios de mercado son fijos.

(b) Utilice este gráfico para demostrar que si los precios de los alimentos en relación con el resto son fijos, el crecimiento del consumo de alimentos en la economía mundial será más lento que el crecimiento de la renta total. Utilice esta observación para demostrar que los exportadores de alimentos observarán que los ingresos generados por las exportaciones crecen a un ritmo más lento que la economía mundial. Esta es la esencia del argumento a favor de los productos básicos basado en el empeoramiento de la relación de intercambio.

(c) Utilice estos argumentos para dar una explicación parcial del motivo por el que los agricultores de los países desarrollados demandan (y obtienen) elevados niveles de ayuda económica del Estado.

■ (4) Repase los argumentos a favor de la política comercial expuestos en este capítulo, prestando especial atención a (i) las externalidades, (ii) las cuestiones distributivas y (iii) las imperfecciones del mercado de capitales. Demuestre que estos argumentos se basan todos ellos en algún tipo de fallo del mercado.

■ (5) Analice las circunstancias en las que los aranceles y los contingentes producen efectos equivalentes y las circunstancias en las que no ocurre así. Preste especial atención a (i) las cuestiones de los ingresos arancelarios, (ii) la posibilidad de que haya mercados negros o sobornos en la asignación de los contingentes y (iii) la falta de información sobre la economía que pueden tener los responsables de la política económica.

■ (6) Suponga que los productores interiores de un país en vías de desarrollo pueden producir cemento con un coste unitario de 5 dólares por kilo hasta un límite de capacidad de diez millones de kilos al año. El precio mundial del cemento es de 1,50 dólares el kilo. Suponga que hay dos clases de *usuarios* del cemento: las empresas de construcción industrial, que están dispuestas a pagar hasta 10 dólares por kilo y demandan cinco millones de kilos al año, y las empresas que construyen viviendas, que están dispuestas a pagar hasta 2 dólares por kilo y demandan 25 millones de kilos al año.

(a) Describa el resultado del mercado cuando el país puede exportar e importar libremente cemento.

(b) Suponga que el Estado ha de equilibrar su presupuesto, para lo cual necesita obtener unos ingresos de 20 millones de dólares al año imponiendo un arancel sobre las importaciones de cemento o estableciendo un impuesto indirecto sobre la producción interior de cemento. ¿Puede lograr ese objetivo un arancel solamente? ¿Un impuesto sobre las ventas solamente?

(c) ¿Existe una combinación de impuestos y aranceles que conseguirá la supervivencia de la industria nacional de cemento, así como recaudar los ingresos necesarios? ¿Qué criterios utilizaría para atacar o defender esa política?

■ (7) He aquí el argumento a favor de un arancel óptimo en el caso de un país grande. Recuerde el análisis del bienestar realizado en el caso de los aranceles en este capítulo. Utilizaremos esta metodología en el ejercicio siguiente.

(a) Suponga para simplificar el análisis que un bien se importa totalmente, por lo que no hay productores nacionales de ese bien. Trace en un gráfico la curva de demanda interior y la curva de oferta extranjera del bien a este país y muestre el equilibrio de libre comercio. Indique el precio de equilibrio (p^*) y la cantidad de equilibrio (q^*) del bien. Sombree las cantidades de excedente del consumidor y de excedente del productor generadas por el equilibrio.

(b) Ahora represente en otro gráfico un arancel t sobre el bien. Muestre el nuevo precio y la nueva cantidad de equilibrio. Observe que el excedente de los consumidores ha disminuido y que lo mismo ha ocurrido con el de los productores. Pero ahora hay unos ingresos arancelarios positivos. Sombree todas las áreas correspondientes a estas tres magnitudes y observe que su *suma* es menor que la suma del excedente de los productores y el de los consumidores de la parte (a). Acaba de demostrar gráficamente que la suma del excedente de los productores y el de los consumidores y los ingresos arancelarios se maximiza en el punto de libre comercio, donde los ingresos arancelarios son cero.

(c) Muestre (en un tercer gráfico) que si la curva de oferta es horizontal, un arancel nulo también maximiza la suma del excedente de los consumidores y los ingresos arancelarios *solamente*. Este resultado significa que en un país incapaz de influir en el precio de sus importaciones, el arancel óptimo es cero.

(d) Ahora vuelva al caso general de la parte (b). Centre la atención, al igual que en la parte (c), en la suma del excedente del consumidor y los ingresos arancelarios (el Gobierno interior no tendrá en cuenta el excedente del productor extranjero). Mostraremos que esta suma se maximiza con un arancel estrictamente positivo. Siga estos pasos.

En primer lugar, amplíe el problema para incluir las *subvenciones* a las importaciones (que son simplemente aranceles negativos). Muestre, exactamente igual que en la parte (a), que la suma del excedente del consumidor, los ingresos arancelarios *y* el excedente del productor extranjero sigue maximizándose cuando se fija un arancel (o una subvención) igual a cero. Trace un gráfico (colocando los aranceles/subvenciones en un eje y la suma de los excedentes en el otro) que relacione este excedente total y el arancel. Según nuestra observación, esta curva debe tener forma de U invertida y alcanzar su máximo cuando los aranceles son iguales a cero.

En segundo lugar, muestre que si la curva de oferta tiene pendiente positiva, el excedente del productor extranjero aumenta sistemáticamente a medida que se reducen los aranceles hasta cero y continúa aumentando con las subvenciones a las importaciones. Trace esta curva en el mismo gráfico.

Por último, obsérvese que el objetivo del Gobierno equivale a maximizar la distancia vertical entre estos dos grupos de curvas. Muestre que este punto máximo *debe* alcanzarse con un arancel estrictamente positivo.

La única excepción a esta regla, señalada en la parte (b), se produce cuando la curva de oferta es totalmente horizontal, por lo que el excedente del productor es cero independientemente del arancel o de la subvención.

■ (8) Suponga que el Gobierno sigue una política de protección de una industria naciente, permitiendo la producción interior de automóviles en una economía protegida por aranceles sobre las importaciones de automóviles.

(a) Analice las características críticas de una política que aspira a aumentar la eficiencia y la competitividad internacional en la industria automovilística. Preste especial atención a la fecha de expiración de la política.

(b) Ahora examine los incentivos del Gobierno para eliminar la política proteccionista *si* la industria automovilística no hace ningún progreso. Explique por qué estos incentivos son fundamentales para el éxito de la política inicial. Analice diferentes factores que podrían influir en estos incentivos (véase el apéndice sobre la teoría de los juegos para una descripción más formal de estas cuestiones).

■ (9) Podría ser óptimo para un país restringir las exportaciones de alguna mercancía de la que sea un importante exportador. Examine esta afirmación. En particular, aborde la cuestión de las razones por las que los exportadores no restringirán ellos mismos espontáneamente sus exportaciones aun cuando sea óptimo que las restrinjan como grupo.

■ (10) La liberalización de las exportaciones agrícolas es una importante cuestión en la India. Para los agricultores un aumento de las exportaciones significará mayores ingresos y unos precios más altos. ¿Por qué podría oponerse el Gobierno a una política de ese tipo?

■ (11) Los países desarrollados defienden la protección de los derechos de propiedad intelectual en los países en vías de desarrollo, de tal manera que los nuevos avances tecnológicos puedan protegerse con patentes. Sostienen que esa protección mejorará el progreso técnico (ya que los innovadores pueden apropiarse de los frutos de ese progreso, lo que da más incentivos a la I+D). ¿Por qué podrían no proporcionar esa protección los países en vías de desarrollo?

■ (12) "El Estado nunca quiebra, por lo que prestar a los Estados es una buena idea. Siempre pueden devolver los préstamos". Examine esta afirmación atentamente utilizando los conceptos de impago involuntario y estratégico (véase el capítulo 14).

■ (13) Suponga que hay un único prestamista y un único prestatario y que no existe ningún mecanismo legal para obligar a devolver los préstamos. Un prestatario puede quedarse sin costes con cualquier cantidad prestada, pero el prestamista puede decidir entonces no prestarle más en el futuro. Estudiando la teoría de los juegos repetidos analizada en el apéndice 1 y basándose en las ideas del capítulo 14, explique cómo pueden realizarse transacciones activas de préstamos y de devolución de las cantidades prestadas en este mercado de crédito.

■ (14) Los países que tienen una elevada deuda internacional se enfrentan a lo que se denomina *sobreendeudamiento*. La perspectiva de tener que devolver una gran deuda con los ingresos generados por las inversiones reduce los incentivos para invertir. En esas situaciones, puede ser bueno condonar parte de la deuda. Para verlo, consideremos el siguiente ejemplo.

Un país tiene que pagar 2.000 millones de dólares por su deuda, para lo cual su Gobierno puede intentar obtener ingresos adicionales, por ejemplo, estableciendo más impuestos o reduciendo los gastos, con el fin de realizar inversiones de 10.000 millones de dólares. Sólo se realizarán las inversiones que tengan un rendimiento neto del 10% o más (para el Estado). Estas inversiones generan 2.500 millones de dólares de ingresos adicionales: un rendimiento del 25%.

(a) Muestre que si hay que pagar los intereses de la deuda con los rendimientos, estas inversiones no se realizarán.

(b) Muestre que la condonación (o posposición) de una cierta cantidad de deuda mejorará el bienestar tanto del Estado como de los acreedores. Calcule la cantidad de deuda que es necesario condonar.

(c) Suponga que es posible realizar una amplia variedad de inversiones (de todo tipo). Los acreedores podrían renunciar a una parte de la deuda para inducir a realizar estas inversiones (al igual que antes) o podrían participar más ellos mismos en las inversiones, pidiendo un porcentaje fijo de los rendimientos a cambio de la deuda. Es decir, la deuda se convierte en capital social. Compare estas dos opciones. Podrían ser importantes en este caso algunas ideas de la teoría del arrendamiento de tierra (véase el capítulo 12).

■ (15) La "condicionalidad" se refiere a la especificación de las medidas que debe adoptar un gobierno para recibir préstamos o ayuda de organismos internacionales como el Fondo Monetario Internacional o el Banco Mundial. He aquí un ejemplo que muestra un aspecto útil de la condicionalidad.

Se concede un préstamo de 10.000 millones de dólares a un país. Al igual que en la pregunta anterior, el préstamo puede utilizarse para realizar inversiones y el Estado las realizará si generan al menos un rendimiento del 10%, pero no en caso contrario. Suponga que los intereses de la deuda pendiente ascienden a 2.000 millones de dólares (y que sólo pueden pagarse si se realizan estas inversiones). El organismo que concede el préstamo se conforma con un rendimiento del 3% (sobre todo si el préstamo sirve para ayudar a pagar los intereses de la deuda).

(a) Muestre que si el préstamo se concede sin condiciones, no se utilizará para realizar las inversiones sino que se consumirá, por lo que, para empezar, no se concederá el préstamo. Muestre que, en cambio, un compromiso adecuado del Gobierno a cambio del préstamo mejorará el bienestar del organismo internacional, del Estado prestatario y de los acreedores privados.

(b) Modifique este ejemplo para crear un caso en el que es necesario *tanto* la condicionalidad *como* la condonación de una parte de la deuda para que la solución sea satisfactoria.

Capítulo 18

POLÍTICA COMERCIAL MULTILATERAL

18.1 Introducción

Dada la cantidad de barreras comerciales de todo tipo que hay en el mundo, no es sorprendente que algunos grupos de países hayan intentado unirse para fomentar el libre comercio entre ellos. El grado en que se fomenta varía de unos casos a otros. En el que menos se fomenta, los miembros del grupo acuerdan reducir o eliminar aranceles u otros obstáculos que impiden las importaciones de otros países del grupo. El grupo también puede coordinarse para establecer barreras arancelarias comunes a las importaciones procedentes del resto del mundo. Dando un paso más, pueden acordar sustituir estas medidas de libre (o, al menos, más libre) comercio por un acuerdo que permita la libre circulación de capital y de trabajo entre los países miembros.

Comenzamos este capítulo estudiando el proteccionismo: las teorías que explican por qué el mundo está lleno de barreras. A continuación pasamos a analizar la liberalización parcial del comercio que adopta la forma de una unión aduanera.

Para analizar esta clase de cuestiones necesitamos un modelo algo peculiar. Como economistas, solemos partir de una economía de mercado sin restricciones y analizamos las medidas que *nos alejan* del "libre mercado" como reacciones a ciertos tipos de fallos económicos: la información imperfecta, la imposibilidad de obligar a cumplir totalmente los contratos, las cuestiones de equidad, etc. El estudio de las medidas que *nos acercan* al libre (o más libre) comercio, por el contrario, nos exige un estado mental en el que las barreras comerciales (los mercados restringidos, en términos más generales) constituyen el punto de partida y el libre comercio es el posible final. Es algo así como ir marcha atrás.

Quizá resulte útil en este momento describir brevemente el contexto internacional. Desde la Segunda Guerra Mundial, se ha firmado un considerable número de acuerdos comerciales y se han reducido multilateralmente los aranceles en el marco del Acuerdo General de Aranceles y Comercio (GATT), que es un complejo sistema multilateral de reglas y normas destinadas a reducir las barreras comerciales entre los países de una manera coordinada y multilateral. La última de las ocho rondas de negociaciones del GATT, que se celebró en Uruguay, acordó la creación de la Organización Mundial de Comercio, incipiente organización que sustituye al GATT y que tiene más o menos los mismos objetivos. No está claro cuánto ha logrado la actividad del GATT. No es que no se hayan reducido los aranceles en todo el mundo. Desde la primera ronda de conversaciones del GATT celebrada en Ginebra (1947), los aranceles mundiales se han reducido de una tasa media del 40% en 1947 a alrededor de un 4% en 1994 (Staiger [1995]), lo cual constituye un enorme logro. Sin embargo, hay dos obstáculos que impiden considerarlo un éxito del GATT: en primer lugar, la reducción de los aranceles nominales ha ido acompañada de un aumento de la lista de excepciones, casos especiales, reacciones a circunstancias injustas y diversos tipos de protección especial (no arancelaria) y, en segundo lugar, es difícil saber qué parte de estos avances se habría realizado de todas formas, con o sin la existencia de un organismo como el GATT.

No obstante, el GATT probablemente haya desempeñado un papel fundamental como mecanismo explícito de coordinación que ha permitido a los países negociar o renegociar los acuerdos comerciales. También ha desempeñado un papel importante en la otra cara de los acuerdos, es decir, ha servido de marco para evaluar las represalias (unilaterales o multilaterales) que debían tomarse en caso de que no se cumplieran los acuerdos. Obsérvese que esta otra cara de la moneda tiene una importancia primordial: a diferencia de las leyes que rigen el incumplimiento de los contratos dentro de un mismo país, la comunidad internacional no puede hacer nada o casi nada para castigar *legalmente* al Gobierno de todo un país. Por lo tanto, todos los acuerdos deben ser de cumplimiento automático en cierto sentido y la coordinación del mecanismo que vela por el cumplimiento de los acuerdos puede dar como resultado unos acuerdos más ambiciosos y gratificantes. Por último, no puede subestimarse el efecto psicológico del GATT como *compromiso*. En la medida en que un país deseara ser considerado como un miembro responsable de la comunidad mundial de naciones, el GATT constituía el foro en el que podían expresarse visiblemente esas responsabilidades y sensibilidades.

Eso nos lleva a una importante cuestión que estudiaremos en este capítulo. Si el GATT o, en términos más generales, los acuerdos multilaterales constituyen un mecanismo de coordinación para lograr unos resultados comerciales mutuamente beneficiosos, debe ser porque hay para empezar serios motivos para que se produzca ese fallo de coordinación. Las acciones y reacciones unilaterales de un país (tema del capítulo 17) no son más que una parte de la historia. El hecho de que el país *A* establezca un arancel sobre el producto del país *B* suele provocar una respuesta en el país *B* que quizá no ocurriría si el país *A* no diera el paso inicial. Así, por ejemplo, Estados Unidos pudiera considerar la posibilidad de establecer un gravamen punitivo sobre las importaciones de automóviles japoneses ante las injusticias que cree que comete Japón con las exportaciones de Estados Unidos a ese país. O ante los elevados aranceles a que están sometidas las exportaciones de textiles a la Unión Europea (UE), un país en vías de desarrollo podría reaccionar limitando su comercio con la UE.

Según una interpretación de esta situación, las guerras comerciales son similares al equilibrio malo de un *juego de coordinación* [véase el capítulo 5 y el apéndice 1 (que se encuentra al final del libro) para un análisis más extenso]. Es decir, tanto el libre comercio como el comercio restringido son equilibrios del juego. Desde este punto de vista, las organizaciones multilaterales constituyen un mecanismo de coordinación para lograr el equilibrio "bueno" (de libre comercio) del juego de coordinación.

Según otra interpretación, el comercio se parece más a un dilema de los presos que a un juego de coordinación; las barreras arancelarias constituyen el *único* resultado de equilibrio en un contexto estático. En este caso, el papel de una organización internacional como el GATT debe verse de una manera diferente: tratar de mantener un resultado de cooperación con unas barreras comerciales bajas o nulas como el equilibrio de un juego *repetido* [véase el apéndice 1 (que se encuentra al final del libro) para una descripción de los juegos repetidos]. No sólo debe concretarse el resultado de la cooperación (lo que es suficiente si el problema sólo es un problema de fallo de coordinación) sino que, además, debe establecerse una serie de directrices claras en función de las cuales se castigan las desviaciones de ese resultado de cooperación. Probablemente tengan algo de cierto las dos interpretaciones.

El GATT también ha generado varios *acuerdos regionales*, quizá no deliberadamente sino en respuesta a su principio de *nación más favorecida*. Este principio, consagrado en el Artículo I de su Convenio Constitutivo, establece que las exportaciones de dos países miembros no pueden recibir un trato distinto, en particular, las concesiones comerciales realizadas a un país deben extenderse simultáneamente a todos los demás. Como imaginará el lector, este principio va acompañado de varias excepciones y lagunas. Entre ellas se encuentra la "cláusula regional" (Artículo XXIV): los grupos de países que deseen forjar sus propios acuerdos comerciales pueden hacerlo sin extender estos privilegios a otros países (como exigiría normalmente la cláusula de nación más favorecida), siempre que constituyan considerables zonas de libre comercio dentro de sus bloques. Eso hacía que la firma de acuerdos comerciales regionales fuera muy atractiva en algunas circunstancias, ya que permitían mantener un arancel común sin ir sustancialmente en contra del espíritu original del GATT.

Un ejemplo destacado de este tipo de acuerdo es la formación del Mercado Común Europeo [llamado más tarde Comunidad Económica Europea (CE) y, últimamente, Unión Europea (UE)] en aplicación del Tratado de Roma en 1957. Tras haberse ampliado en varias ocasiones hasta llegar a su número actual de miembros —quince países europeos—, la Unión Europea actual ha perseguido todos los objetivos del libre comercio antes mencionados y, además, ha trabajado en pos de una política social y económica común, como la coordinación de la política de inmigración y monetaria, así como en pos de un cierto grado de integración política. Un acuerdo menos ambicioso es el Acuerdo Norteamericano de Libre Comercio (NAFTA), firmado más recientemente, que permite el comercio de mercancías entre los Estados miembros de Canadá, México y Estados Unidos, pero que no llega a admitir la libre circulación de mano de obra entre los tres países.

Los dos ejemplos anteriores también son interesantes desde otro punto de vista. La UE constituye un ejemplo de varias economías *desarrolladas* (aunque con niveles algo distintos de renta per cápita y de desarrollo global) que intentan crear una comunidad de libre intercambio de bienes y de factores. En cambio, el NAFTA representa la formación de una organización de países que se encuentran en fases muy distintas del proceso de desarrollo. Aunque ambos ejemplos comparten la característica común de ser acuerdos regionales negociados multilateralmente, son muy distintos desde esta perspectiva. Una cuestión fundamental que se aborda en este capítulo es si es más probable que surjan (o tengan éxito) acuerdos regionales entre países cuyo nivel de desarrollo es *similar* que acuerdos entre países que se encuentran en diferentes fases de desarrollo.

Concluimos con un análisis del regionalismo tratando de ver si fomenta o no el libre comercio a largo plazo verdaderamente multilateral.

18.2 Comercio restringido

18.2.1 Argumentos de segundo óptimo a favor de la protección

¿Qué fuerzas impulsan el proteccionismo? En el capítulo 17 hemos analizado algunos factores, especialmente relevantes en el caso de los países en vías de desarrollo, por los que *podría* ser aceptable un cierto grado de protección prudente. Nuestros argumentos se basaban en dos grandes pilares: (1) que el óptimo social sea distinto del óptimo de mercado generado por el libre comercio internacional y que un cierto grado de protección (aun cuando sea distorsionador en el sentido clásico) pueda servir para que la economía se acerque al resultado socialmente deseado; (2) que los fallos existentes en otros mercados (como el mercado de crédito) puedan contrarrestarse con una política comercial correctora. Consideremos como ejemplo del primer efecto una distribución desigual de la renta o de la riqueza que estimula la demanda de bienes de consumo, pagados con los escasos ingresos en divisas generados por las exportaciones. En ese caso, se pueden gravar las importaciones de bienes por medio de un arancel o de un contingente. Supongamos como ejemplo del segundo efecto que las restricciones del crédito impiden a los exportadores de productos básicos dedicarse a fabricar productos manufacturados, incluso aunque los precios de los productos básicos sean inestables o estén bajando. Eso podría provocar la aparición de una diferencia entre la ventaja comparativa "estática" y la "dinámica".

Asimismo, el argumento de la industria naciente analizado en el capítulo 17 se basa en la inexistencia de mercados (de capital o de internalización de los efectos-difusión). Por ejemplo, si el valor actual neto del aprendizaje por la experiencia es positivo, no hay razón alguna para que un productor privado no pueda realizar esta actividad, siempre que los mercados de capitales sean perfectos. Por cierto, el argumento de la perfección pone a prueba la imaginación, ya que habrá largos periodos en los que sea necesario financiar sistemáticamente las pérdidas mientras el niño lucha por crecer.

Estos argumentos a favor del comercio restringido deben interpretarse con suma cautela. Pueden ser utilizados a su favor por los diversos grupos de presión y malinterpretados por los economistas. Repetimos, al igual que en el capítulo 17, que si no hay ningún fallo del mercado, el argumento a favor del libre comercio es impecable. Por otra parte, aun cuando haya fallos del mercado, puede ser mejor intervenir directamente en esos mercados (aunque esa intervención sea muy difícil de llevar a cabo). Por ejemplo, el argumento a favor del comercio restringido basado en la distribución de la renta presupone que los *demás* medios para transferir renta de los ricos a los pobres son limitados. Sin embargo, antes de recurrir a la política comercial como solución de segundo óptimo, debe explorarse concienzudamente la posibilidad de realizar progresos directos siguiendo esas vías.

En un mundo de mercados completos (o de medidas destinadas directamente a los mercados que son imperfectos), es difícil encontrar argumentos en contra del libre comercio. De hecho, como ya hemos señalado, el comercio mundial es exactamente igual que una tecnología de producción que (salvo en los casos especiales degenerados) siempre será rentable: eliminar esta opción no puede ser más que perjudicial. De ahí que la teoría clásica de la política comercial, cuyo origen se encuentra en los escritos de David Ricardo y de John Stuart Mill, ofrezca una recomendación sencilla y directa: practicar el libre comercio *unilateral*. Da lo mismo que sus socios comerciales tengan un sistema de libre comercio o sean proteccionistas.

18.2.2 Tendencias proteccionistas

En el mundo actual observamos considerables tendencias proteccionistas, que contrastan claramente con esta recomendación. Aunque los países en vías de desarrollo adoptan medidas proteccionistas, claramente por una o más de las razones antes mencionadas, muchos países desarrollados también levantan directa o indirectamente barreras protectoras.

Algunos países han establecido en grupos sus propios acuerdos comerciales, que les permiten (en virtud de un artículo del Convenio Constitutivo del GATT) continuar manteniendo aranceles y otras barreras sobre las importaciones procedentes de otras partes del mundo (véase el texto siguiente para un análisis más extenso). Como ya hemos señalado, el nivel medio de aranceles ha disminuido en los últimos diez años. Sin embargo, la disminución de los aranceles ha ido acompañada de un aumento de diversos tipos de "protección especial": restricciones voluntarias de las exportaciones, aumento voluntario de las importaciones, "acuerdos de mercado ordenados", la utilización de derechos *antidumping* o compensatorios, aparte de cualquier reacción razonable a prácticas comerciales desleales, y un aumento del uso de las sanciones unilaterales por parte de países como Estados Unidos.[1]

Estas barreras no arancelarias (BNA, como se denominan) han venido aumentando desde los años setenta, aun a pesar de que han ido disminuyendo los aranceles nominales. Cuando comenzó a decaer la superioridad económica de Estados Unidos, empezaron a cobrar fuerza los sentimientos proteccionistas: el enorme éxito de muchas economías exportadoras que acababan de emerger se vio con enormes recelos. Seguramente, se decía, han sido prácticas poco limpias las que han permitido a estos países exportar con tanta habilidad. Seguramente, se decía, en ese proceso se han infringido todo tipo de "leyes" medioambientales. Parecía que lo justo era tomar represalias. Como señala Bhagwati, el paralelismo entre el apoyo dado por Estados Unidos al libre comercio en un momento en el que disfrutaba de una hegemonía económica indiscutida seguido de su cambio de actitud favorable a los acuerdos regionales y al proteccionismo, y la adhesión similar de Gran Bretaña al libre comercio en el siglo XIX (tras la derogación de las leyes

---

[1] Por ejemplo, Estados Unidos somete a China a una revisión anual para ver si su estatus de nación más favorecida debe mantenerse o revocarse. Parece que en estas revisiones desempeñan un papel importante algunos factores que no tienen nada que ver con consideraciones económicas como, por ejemplo, si China ha hecho o no "progresos" en el campo de los "derechos humanos", tal como los define el Gobierno de Estados Unidos. Aunque es difícil intimidar a algunos países como China en estas cuestiones —el intento de Estados Unidos de negar el estatus de nación más favorecida se encontró con la firme oposición de grupos de presión que tenían intereses económicos en China (¡incluidas empresas estadounidenses!)— este tipo de práctica unilateral puede utilizarse (bien o mal) y tener éxito en otros muchos casos.

del grano) y su reacción proteccionista posterior, no pueden por menos que calificarse de "espectaculares" (Bhagwati [1990, pág. 65]).

Los derechos compensatorios y las cláusulas *antidumping* —medidas consideradas en el GATT como represalias aceptables en los casos de prácticas comerciales desleales— comenzaron a ser "capturados" y convertidos en instrumentos proteccionistas habituales. En la década de 1980, Estados Unidos fue con mucho quien más "derechos compensatorios" impuso y otros países (incluida la CE) comenzaron a considerar normalmente la posibilidad de hacer acusaciones de dumping. En 1987, Messerlin[2] señaló: "En primer lugar, el procedimiento [*antidumping*] de la CE dista hoy de ser marginal: hay cientos de casos, afecta a todos los socios comerciales importantes de la Comunidad y tiene unos resultados cada vez más restrictivos. En segundo lugar, este procedimiento aceptado por el GATT muestra una clara tendencia a generar resultados que ponen en entredicho los principios del GATT: el hostigamiento, la discriminación entre los socios comerciales y las barreras no arancelarias son intrínsecos a este procedimiento".

Como señala Bhagwati [1990, pág. 52] (véase también Prusa [1992]), los procedimientos *antidumping* pueden producir un efecto protector en el comercio, *aun cuando* los tribunales desestimen las acusaciones. Un demandante puede "obligar [fácilmente] a sus rivales extranjeros prósperos a entrar en litigios nada baratos dirimidos por tribunales nacionales que no son precisamente modelos de imparcialidad y de justicia. La presentación de [esas] demandas produce un efecto protector gracias al aumento de la incertidumbre y del coste del comercio exterior". Pero al margen de los efectos potenciales de esas medidas, parece que las barreras no arancelarias han contribuido significativamente a restringir las importaciones: Trefler [1993] señala que en 1983 las barreras no arancelarias existentes en la industria manufacturera de Estados Unidos redujeron las importaciones de productos manufacturados nada menos que un 24%.

Como señala Krugman, hay una aparente paradoja en todo esto: si el libre comercio es la mejor reacción unilateral a cualquier contingencia, ¿por qué observamos tanta protección y por qué necesitamos el GATT o su sucesor, la Organización Mundial de Comercio? En palabras de este autor (Krugman [1997, pág. 113]):

> El convincente argumento económico a favor del libre comercio universal apenas tiene peso para las personas que realmente cuentan. Si, no obstante, tenemos un sistema comercial mundial bastante liberal, es sencillamente porque se ha convencido a los países de que abran sus mercados a cambio de una apertura similar de los mercados de sus socios comerciales. Da lo mismo que las "concesiones" que los negociadores del comercio tan orgullosos están de haber arrancado a otros países sean casi siempre medidas que estos países deberían haber tomado de todas maneras en beneficio propio; en la práctica, parece que los países sólo están dispuestos a hacer algo que les favorezca si otros prometen hacer lo mismo.

18.2.3 Explicación del proteccionismo

Esto nos lleva a tratar de *explicar* por qué el mundo es como es, por qué, haciendo aparentemente caso omiso a una sólida teoría económica, la mayoría de los países parece

---

[2] Messerlin [1987, pág. 21], citado en Bhagwati [1990].

que defienden la protección en lugar del comercio sin restricciones: por qué "un aumento de las exportaciones —independientemente de lo caro que sea producir desde el punto de vista de otras oportunidades que se pierden— es una victoria y un aumento de las importaciones —independientemente de la cantidad de recursos que libere para otros fines— es una derrota" (Krugman [1997, pág. 114].

La protección como un dilema de los presos

Una posibilidad es que —al igual que ocurre con los argumentos a favor de la protección expuestos en el apartado 18.2.1 y en el capítulo 17— la adopción en cada país de un cierto grado de protección sea realmente la "mejor respuesta": el libre comercio *no* es la política unilateralmente mejor en un mundo en el que las condiciones son favorables a un segundo óptimo. Naturalmente, esa reacción perjudica indudablemente al *otro* país: la adopción de medidas proteccionistas en nuestro país reduce las posibilidades de comerciar de otro. Sin embargo, el argumento no acaba aquí: también es cierto que al otro país (quizá por parecidas razones) le gustaría adoptar también medidas proteccionistas, y eso perjudica a nuestro país. La estructura resultante se parece mucho a un dilema de los presos [véase el apéndice 1 (que se encuentra al final del libro) sobre la teoría de los juegos]: si un país "coopera" estableciendo un sistema de libre comercio, el otro "va a la suya" imponiendo medidas proteccionistas. El equilibrio resultante del juego es aquel en el que *ambos* países adoptan medidas proteccionistas.

¿Puede empeorar el bienestar de los dos países en comparación con el libre comercio, como en el dilema de los presos en el que el resultado de cooperación (aquí de libre comercio) es superior al resultado en el que ambos van a la suya (aquí protección)? Puede empeorar, sin duda, si las externalidades negativas generadas por la protección son superiores a las ganancias que obtiene el país que adopta medidas proteccionistas (véase, por ejemplo, Staiger [1995]). La observación de que la *unión* de varios países, dedicados cada uno racionalmente a maximizar su propio bienestar, puede llevar a una situación en la que empeore el bienestar de todos estos países fue hecha por primera vez por Tibor Scitovsky. Scitovsky conjeturó, en realidad, algo más, que también puede ser cierto en determinadas circunstancias: el grado óptimo de protección elegido puede variar *positivamente* con el grado de protección elegido por otros países. El resultado de una situación de ese tipo se parecería a una escalada de aranceles (Scitovsky [1942, pág. 377]):

> Cuando se han levantado barreras arancelarias en todas partes, los que iniciaron el proceso observarán que ha desaparecido en parte su ventaja inicial; pero también es probable que observen que pueden mejorar su situación aumentando aún más los aranceles, aun cuando inicialmente hicieran pleno uso de su posición monopolística. A medida que aumenten las barreras arancelarias, es posible que se convoquen conferencias sobre el comercio internacional para detener el proceso, que es evidentemente perjudicial para todos los afectados.

La figura 18.1 muestra la posibilidad de que estalle una guerra arancelaria. En este gráfico, dos países eligen su nivel de protección: ninguno, moderado o alto. Los resultados que obtiene cada país se encuentran entre paréntesis en cada casilla que representa una combinación de acciones.

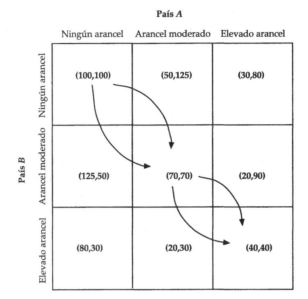

Figura 18.1. Escalada arancelaria basada en la política de empobrecer al vecino.

Obsérvese que cuando un país elige un nivel de protección nulo, la mejor respuesta para el otro no es elegir un nivel de protección alto sino moderado. Esta situación cambia cuando un país elige un nivel de protección moderado: en ese caso, el otro desea ir aún más allá. Las flechas muestran que en este ejemplo las respuestas tienen forma de escalera: llevan a la economía mundial de una situación de libre comercio en la que los resultados son (100, 100) a un régimen de elevados aranceles en el que los resultados son (40, 40) y, sin embargo, por la inexorable lógica del dilema de los presos, cada uno está tomando decisiones racionales para favorecer a sus propios intereses. En el apartado 18.3.5 estudiamos explícitamente un caso especial de este argumento en un contexto algo distinto.

Scitovsky previó la aparición del GATT y su consiguiente importancia. Si el libre comercio fuera realmente *el* equilibrio en un juego interactivo entre los países, no sería necesario un organismo internacional como el GATT o la Organización Mundial de Comercio para supervisar el comercio.

Grupos de presión

Un país puede tener tendencias proteccionistas a pesar de que pueda aumentar su nivel de producción comerciando. En el capítulo 17 señalamos que incluso cuando el teorema de las ganancias del comercio es cierto (como ocurre en presencia de mercados completos), el teorema sólo se refiere a las ganancias *globales*. En muchas situaciones, especialmente en aquellas en las que el comercio tiene su origen en la existencia de considerables diferencias entre las dotaciones de factores, el comercio internacional genera ganancias y pérdidas a grupos distintos. En general, los factores que se utilizan intensivamente en la producción de bienes que compiten con las importaciones pierden renta, mientras que los factores que se utilizan intensivamente en la producción de bienes de exportación ganan renta. Por otra parte, una vez tenidos en cuenta los efectos producidos en la renta, todos los individuos deben salir ganando con el comercio como consumidores.

Por lo tanto, para que todos se beneficien de las ganancias derivadas del comercio, éstas deben distribuirse correctamente. En principio, puede hacerse. El comercio aumenta las posibilidades de producción en su conjunto, por lo que los recursos globales de que dispone la sociedad deben aumentar. Eso significa, de hecho, que los que salen ganando deben ganar *más* que lo que pierden los que salen perdiendo. Es, en cierto modo, como comparar manzanas y naranjas: ¿cómo comparamos el aumento de la felicidad de un grupo con la disminución de la felicidad de otro? Sin embargo, hay algo más: hay, en realidad, más poder adquisitivo que antes del comercio. Parte de ese poder adquisitivo podría transferirse de los que salen ganando a los que salen perdiendo para compensar a estos últimos por la pérdida que experimentan en comparación con un mundo sin comercio, y el bienestar de los que salen ganando sería *aún así* mayor.

Sin embargo, lo que hemos dicho sólo es una afirmación "en principio". *Si* fuera posible pagar una compensación rápida y exacta, el paso de la ausencia de comercio (o incluso del comercio parcial) al libre comercio generaría una mejora para todos. Subrayamos la palabra "si": en la práctica, puede ser difícil calcular la compensación, puede ser difícil identificar a los que salen ganando, y lo mismo ocurre con los que salen perdiendo. La compensación puede ser, pues, imposible a efectos prácticos y, por lo tanto, el libre comercio continúa teniendo unas connotaciones ambiguas para el bienestar. Nos encontramos en el mundo de "segundo óptimo", en el que no son posibles los impuestos y las transferencias de cuantía fija, y en ese contexto el análisis de la política económica es mucho más difícil (véase, por ejemplo, Feenstra y Lewis [1991] para un modelo en el contexto de la política comercial). Aun cuando fuera socialmente correcto hacer caso omiso de los aspectos distributivos, no desaparecerían los grupos de presión que tienen intereses creados y que tratan de influir en el rumbo y la intensidad del comercio internacional.

Pensemos ahora en los grupos de presión que pueden formarse. Los consumidores salen ganando sin duda cuando las importaciones no están restringidas: los precios son más bajos. Sin embargo, constituyen un grupo grande, nebuloso y difícil de organizar. En cambio, las industrias que probablemente resulten perjudicadas se movilizan con relativa facilidad y presionan para que se adopten medidas proteccionistas.

Pareto [1927], adelantándose al influyente estudio posterior de Olson [1965], señala:[3]

> Para explicar cómo se hacen oír con tanta facilidad los que defienden la protección, es necesario añadir una consideración relacionada con los movimientos sociales en general... Si una medida A hace que pierda un franco cada una de las personas de un grupo de mil y que gane mil francos una persona, esta última derrochará una gran cantidad de energía, mientras que el grupo se opondrá débilmente; y es probable que, al final, la persona que está intentando conseguir los mil francos por medio de la medida A tenga éxito.

---

[3] Pareto [1927, pág. 379], citado en Bhagwati [1990].

Una medida proteccionista genera grandes beneficios a un pequeño número de personas y provoca una pequeña pérdida a un gran número de consumidores. Esta circunstancia permite aplicar más fácilmente una medida proteccionista.

Los grupos afectados presionarán invariablemente al Gobierno para que favorezca a sus propios intereses.[4] El Gobierno puede acceder ofreciéndoles una subvención implícita de uno u otro tipo. En el caso del comercio internacional, los grupos que tienen probabilidades de resultar perjudicados por el comercio internacional suelen demandar esta subvención en forma de un arancel proteccionista o de un contingente protector (o, en una variante más reciente, pueden exigir que otros países endurezcan su legislación laboral o su normativa sobre el medio ambiente para que se les autorice exportar, lo cual no es más que una petición de protección disfrazada de pronunciamiento éticamente correcto).

Llegados a este punto, se nos plantea un problema. El argumento de Pareto-Olson nos explica, desde luego, por qué los grupos difusos (como los consumidores) que obtienen relativamente pocas ganancias per cápita no suelen presionar mucho en favor del libre comercio, pero falta un paso: no podemos extraer de ahí la conclusión de que se presionará invariablemente para que se *restrinja* el comercio. ¿Por qué no podrían presionar los *exportadores* potenciales para que se abrieran nuevos mercados? De hecho, algunos Gobiernos como el de Estados Unidos han cortejado a los grupos de intereses exportadores (nacionales) en un intento de crear una fuerza que contrarrestara al bando proteccionista, y puede decirse que en muchos países (como Corea y Japón) se han promovido activamente los grupos de intereses exportadores. No obstante, la historia nos dice que los grupos de presión que más éxito han tenido son los proteccionistas, lo cual es un interesante sesgo que, desde luego, las observaciones de Pareto no explican.

Rodrik [1995] señala que en la literatura económica apenas se explora, en realidad, este sesgo. La mayoría de los modelos supone que los grupos de presión son proteccionistas o sugieren que la concesión de subvenciones a las exportaciones es tan probable (*a priori*) como la imposición de aranceles. Una posibilidad es que los exportadores potenciales sean un grupo tan difuso como los consumidores. Los exportadores sólo "aparecerán" *cuando* se abra un mercado al extranjero o se ofrezca una subvención a las exportaciones: los nuevos productores se sumarán a los ya existentes. Por lo tanto, los grupos de intereses exportadores constituyen un grupo *potencial* más que un grupo *real*, y muchos de los exportadores potenciales pueden estar dedicados a otras ocupaciones. Así pues, puede ser mucho más difícil organizar un grupo de presión exportador. En cambio, los "que compiten con las importaciones" ya existen: protegerán sus intereses ferozmente e incluso tratarán de promoverlos.[5]

---

[4] En la teoría del comercio internacional, se ha puesto énfasis en estas consideraciones en los estudios de autores como Krueger [1974], Bhagwati [1980, 1982], Feenstra y Bhagwati [1982], Findlay y Wellisz [1984], Mayer [1984], Hillman [1989], Magee, Brock y Young [1989], y Grossman y Helpman [1994].

[5] Fernández y Rodrik [1991] analizan otro aspecto interesante de este sesgo hacia el "statu quo". Si se sabe que una reforma beneficiará a la mayoría de las personas, pero no se sabe exactamente *qué* personas forman parte del grupo de beneficiados, la reforma puede paralizarse (véanse los ejercicios de este capítulo para un análisis más extenso del modelo de Fernández-Rodrik).

Este tipo de razonamiento no resuelve totalmente el enigma, pero avanza su comprensión. El argumento anterior *supone* que en el *statu quo* hay protección y a continuación afirma que es improbable que los grupos de presión exportadores contrarresten totalmente las tendencias proteccionistas. ¿Cómo se ha llegado para empezar a esa situación proteccionista? Rodrik [1995] expone el interesante argumento de que aunque los miembros de ambos grupos de presión sean simétricos, los aranceles pueden ser más atractivos que las subvenciones a las exportaciones, ya que los aranceles generan más ingresos al Estado (mientras que las subvenciones a las exportaciones hay que financiarlas). Por lo tanto, las medidas proteccionistas pueden tener una ventaja a la hora de influir en el Gobierno.[6] Aunque se trata de una especulación interesante, queda mucho por investigar en este campo.

Nuestra conclusión de este análisis es que una gran parte de la política proteccionista puede atribuirse a la existencia de grupos de presión perfectamente organizados a los que perjudicaría la apertura del libre comercio.

La protección como un juego de coordinación

¿Qué probabilidades hay de que el Gobierno ceda ante los grupos de intereses que presionan para que se adopten medidas proteccionistas? Si parece que los Gobiernos de *otros* países no ceden a *sus* grupos de intereses, eso dará fuerzas al Gobierno nacional para no ceder. Al mismo tiempo, si se observa que los Gobiernos de todo el mundo ceden a los grupos de presión políticos, probablemente resultará más fácil para cualquier Gobierno hacer lo mismo.

Lo que está en cuestión aquí también es un juego, pero más complicado. Es un juego en el que los Gobiernos interactúan por medio de su política comercial, pero al mismo tiempo también interactúan con los grupos de presión. Como el valor de ser un Gobierno fuerte puede depender de cuántos otros Gobiernos fuertes haya, es posible concebir el mundo como un *juego de coordinación*: una oferta de libre comercio puede encontrarse con una respuesta de libre comercio, pero en la que una actitud proteccionista puede desencadenar una reacción similar.

Compárese el argumento anterior con nuestra visión anterior de la interacción del comercio como un dilema de los presos. Según esa visión, el libre comercio no es un equilibrio (único) del "juego" interactivo entre los países. En esta visión, el libre comercio es *un* equilibrio, pero que corre constantemente el riesgo de que también haya *otros* equilibrios. Ya nos hemos encontrado con este tipo de interacción en un contexto totalmente distinto (véase el capítulo 5 y el apéndice 1 que se encuentra al final del libro).

La figura 18.2, que es análoga a la 18.1, describe otro ejemplo ilustrativo en el que las estrategias son exactamente las mismas que antes (ningún arancel, arancel moderado y

---

[6] Rodrik [1995] señala que durante el periodo 1870-1914 los ingresos arancelarios de Estados Unidos representaron más del 50% de los ingresos totales del Estado y que esta cifra era superior al 90% antes de la Guerra de Secesión. Los países en vías de desarrollo en los que los impuestos sobre la renta representan una pequeña proporción de los ingresos totales del Estado se encuentran actualmente en una situación muy parecida, por lo que los derechos arancelarios constituyen una irresistible fuente de ingresos.

País A

	Ningún arancel	Arancel moderado	Elevado arancel
Ningún arancel	(100,100)	(50, 80+A)	(30, 50+A')
Arancel moderado	(80+A, 50)	(40+B, 40+B)	(25+C, 30+B')
Elevado arancel	(50+A', 30)	(30+B', 25+C)	(20+C', 20+C')

País B

Figura 18.2. Grupos de intereses: la protección como juego de coordinación.

arancel alto). Como ya hemos señalado, la interacción de este apartado es más compleja y su representación como un juego entre dos Gobiernos es simplista; no obstante, permite destacar algunos aspectos relevantes de la situación. Las *cifras* de la matriz de la figura 18.2 representan los resultados "directos" que obtiene el Gobierno en cualquier configuración. Hemos elegido las cifras para invalidar deliberadamente los efectos del dilema de los presos antes estudiados. Si sólo son posibles estos resultados, el libre comercio es el único equilibrio.

Observemos ahora las cifras (A, A'), (B, B') y (C, C'). Son los resultados adicionales que obtiene el Gobierno haciendo caso a los grupos de presión proteccionistas. Se obtienen los resultados A y A' cuando el otro Gobierno se adhiere al libre comercio. Si estos resultados son pequeños simplemente porque el Gobierno está negociando en un clima general de libre comercio y, por lo tanto, le resulta incómodo sucumbir a los grupos de presión, la mejor respuesta al libre comercio también es el libre comercio. Las cifras B y B' son mayores: si el otro Gobierno restringe moderadamente el comercio, resulta más "aceptable" para nuestro Gobierno favorecer también a nuestros grupos de presión. De nuevo, si el Gobierno tiene un vivo deseo de mantener una cierta paridad internacional, el valor de B (el resultado correspondiente a una respuesta moderada) es alto, mientras que el de B' (el resultado correspondiente a la "respuesta dura") puede seguir siendo bajo. Por último, si el otro Gobierno es muy protector, las demandas internas de protección pueden ser muy grandes, y lo mismo puede ocurrir con la disposición del Gobierno a acceder, por lo que el valor de C' es alto. El lector verá fácilmente que pueden surgir tres equilibrios, en los que la comunidad internacional se comporta de forma muy distinta. Si hay un gran número de países (en lugar de dos solamente), puede ser difícil negociar la forma de salir de las "trampas de equilibrio" de la baja cooperación.

En el siguiente apartado, sostenemos que estas dos visiones concuerdan perfectamente con el concepto de GATT, como mecanismo de coordinación y como un intento de mantener la cooperación por medio de las debidas sanciones.

El papel de una organización multilateral

Es muy poco lo que puede hacer una organización multilateral como el GATT o la Organización Mundial de Comercio salvo crear y mantener los incentivos para que el comercio internacional sea más libre. En particular, la estructura *legal* internacional de estas cuestiones plantea muchos problemas. Es difícil, por ejemplo, impedir a los países o a los grupos de países adoptar medidas en beneficio propio, al menos hasta cierto punto. Tal vez la vigilancia internacional pueda impedir que un país entre en una guerra no provocada con otro recurriendo a sanciones económicas o a acciones militares punitivas, pero sabemos que incluso esas graves violaciones quedan impunes (i) a menos que los países en cuestión sean pequeños en relación con las superpontencias y (ii) interese a otros países castigar al infractor (lo cual lamentablemente no ocurre con mucha frecuencia).

Es mejor, pues, ver en el multilateralismo una forma de ofrecer un *método* de negociación internacional estableciendo unos procedimientos que (a) ayuden a coordinar la política de los distintos países, (b) prevean algunas sanciones limitadas (compatibles con los incentivos) para los países que se desvían de la política acordada y (c) aumenten la visibilidad del país que se desvíe haciendo transparentes las desviaciones (a la luz de los procedimientos existentes).

Concibamos la idea de la protección como un dilema de los presos. En el apéndice 1 (que se encuentra al final del libro), vemos que es posible mantener el resultado de cooperación como el equilibrio de una interacción *repetida*. La idea es muy sencilla: los países pueden acordar que van a respetar el libre comercio mientras otros países firmantes del acuerdo lo respeten. Naturalmente, en cada fase de este acuerdo hay incentivos para no respetarlo imponiendo medidas proteccionistas (ya que hemos supuesto que es una situación comparable a un dilema de los presos). Sin embargo, el que no respete el acuerdo será objeto de las debidas sanciones en los periodos posteriores. El temor a ser sancionado puede ser suficiente para mantener la cooperación, siempre que los países piensen lo suficiente en el futuro.

Por lo tanto, como señalan Dam [1970], Staiger [1995] y otros autores, la mejor garantía de que se respetará el acuerdo es que todas las partes consideren que respetarlo redunda en su propio beneficio, ya que los tribunales y la cárcel tienen poca importancia en un contexto internacional. En particular, el GATT debe incluir y aceptar la idea de *represalia*: "...la represalia, sujeta a los procedimientos establecidos y llevada a cabo dentro de los límites prescritos, se ha convertido en el elemento principal del sistema del GATT" (Dam [1970, pág. 81]).

Este sistema de doble filo puede ser muy difícil de gestionar. El objetivo último es trabajar en pos del libre comercio, por lo que las represalias y los enfrentamientos son la antítesis de esta idea, pero si no existe la posibilidad de tomar represalias, puede no haber libre comercio. Como señala Staiger, "los procedimientos del GATT para resolver los conflictos parecen reconocer el papel esencial que desempeña la amenaza de las represalias para impedir el incumplimiento unilateral de los acuerdos, pero al mismo tiempo indican una aversión a permitir realmente que se lleven a cabo esas amenazas" (Staiger [1995, pág. 1.501]). Naturalmente, se trata de una preocupación importante que la nueva Organización Mundial de Comercio tendrá que afrontar.

Cuando el libre comercio no es la mejor respuesta al libre comercio (como en la figura 18.1), los sistemas multilaterales pueden fracasar precisamente por esta razón. Es casi imposible enumerar toda la lista de contingencias en las que se puede utilizar un arancel compensatorio o un procedimiento *antidumping* o un derecho arancelario punitivo. Por lo tanto, el uso de esos procedimientos puede ser instrumentalizado agresiva y unilateralmente para mantener un programa proteccionista y no para luchar contra los que se desvían del libre comercio. Ya hemos señalado el rápido crecimiento que han experimentado las barreras no arancelarias en todo el mundo. Asimismo, el GATT permitía en virtud del artículo XXIV la creación de zonas regionales de libre comercio, en el sentido de que esas zonas no tenían que reducir la protección frente a otros países que no fueran miembros, siempre que los países en cuestión eliminaran "sustancialmente" las barreras comerciales entre ellos. Pero una vez que una palabra como "sustancialmente" aparece escrita, puede interpretarse de muchas maneras. Por otra parte, el plazo para eliminar las barreras comerciales es indefinido: la Unión Europea —el acuerdo regional que más éxito ha tenido de todos— lleva en ello cuarenta años. Estos acuerdos regionales suelen ir acompañados de elevadas barreras arancelarias (y no arancelarias) contra el resto del mundo. Más adelante volveremos a analizar esta cuestión.

Sólo cabe esperar, pues, que a largo plazo la visión correcta del libre comercio sea la de un juego de coordinación y no la de un dilema de los presos. Un gobierno progresista puede conseguir que lo sea. Como señala Bhagwati [1993, pág. 45], "se sabe que William Brock, representante de Estados Unidos para el Comercio, había ofrecido un [Acuerdo de Libre Comercio] a Egipto (junto con el acuerdo ofrecido a Israel) y a los países de la ASEAN; de hecho, se lo habría ofrecido a la luna y a Marte si se hubiera descubierto que había vida allí y un Gobierno con el que negociar". La disposición de Brock a negociar un acuerdo de libre comercio con cualquier Gobierno interesado en hablar de ello induce a pensar que tenía un compromiso básico con el libre comercio siempre que también lo tuvieran los otros Gobiernos. Hemos utilizado la creciente capacidad de cualquier Gobierno para hacer frente a las presiones políticas internas en estas circunstancias, únicamente como un ejemplo de cómo puede surgir un juego de coordinación; hay claramente otros. Un sistema internacional como el del GATT también puede ser útil. Es probable que la formulación explícita de un procedimiento —la creación de un sistema *transparente* que se considere de alguna manera imparcial— lleve a los Gobiernos a sentirse aún más obligados: han de respetar los acuerdos a los que se llega de esta forma.[7]

---

[7] Véase Jackson [1989], Hudec [1990], Kovenock y Thursby [1992] y Staiger [1995].

18.3 Cuestiones relacionadas con la liberalización del comercio

18.3.1 Introducción

Hasta ahora hemos estudiado las causas posibles de un sistema de comercio mundial fracturado. Hemos afirmado que —a pesar de Adam Smith, David Ricardo y John Stuart Mill— el mundo está lleno de presiones para que se adopten medidas proteccionistas. Aunque algunas de estas presiones pueden estar justificadas debido a la existencia de fallos del mercado en otros países (y no negamos la importancia de estas consideraciones), hay otras fuerzas que tienen su origen en grupos de presión perfectamente organizados que buscan la protección simplemente para promover sus propios intereses económicos, y eso hace más daño que bien a la sociedad en su conjunto.

Las medidas del GATT han fomentado o, al menos, han permitido un aumento de las reducciones multilaterales de los aranceles en las cinco últimas décadas. También hemos señalado que esas reducciones han ido acompañadas de una proliferación de distintas barreras no arancelarias: casos "especiales" que se han convertido en la regla más que en la excepción y que han frenado o paralizado el movimiento en pos del libre comercio. Pero una característica que destaca es la proliferación de acuerdos regionales de libre comercio en todo el mundo. Hay ejemplos dentro de los grupos de países desarrollados (norte-norte), dentro de los grupos de países en vías de desarrollo (sur-sur) y entre los países desarrollados y los países en vías de desarrollo (norte-sur).

Esta tendencia hacia el regionalismo ha sido fomentada en cierto sentido por el principio del multilateralismo consagrado en el Convenio Constitutivo del GATT: el principio de nación más favorecida, que declara que las concesiones comerciales que se hacen a un país deben extenderse automáticamente a todos los demás países miembros.[8] Sin embargo, muchos países que desean firmar acuerdos preferenciales mutuos, quizá tanto por razones políticas como por razones económicas, no quieren que esos acuerdos se extiendan automáticamente a todos los demás en virtud de la cláusula de nación más favorecida. Por eso se ha utilizado el Artículo XXIV del GATT en repetidas ocasiones: no es necesario respetar el principio de nación más favorecida si un subgrupo de países desea establecer una zona de libre comercio eliminando "sustancialmente" todas las barreras comerciales entre ellos. Esta cláusula contenía la semilla del regionalismo.

Hubo dos oleadas de regionalismo. La primera durante la década de 1960: tras la creación de la CE en el marco del Tratado de Roma (1957), se firmaron numerosos acuerdos de ese tipo entre países en vías de desarrollo. Estados Unidos, que entonces era una potencia dominante y un firme defensor del multilateralismo, pensaba de otra forma (salvo en el caso de la formación de la CE, que respaldó, en gran parte por razones políticas). Esta oleada de regionalismo murió en los años setenta: no parece que los acuerdos "sur-sur", en particular, hicieran muchos progresos.

---

[8] Irwin [1993] atribuye los orígenes del principio de la cláusula de nación más favorecida al tratado comercial anglo-francés de 1860, en el que Gran Bretaña adoptó la postura de extender a todos sus socios comerciales las reducciones de sus aranceles sobre las importaciones procedentes de Francia. Francia adoptó una versión más suave de este principio, y esta decisión tuvo un favorable eco en toda Europa hasta que la Primera Guerra Mundial puso fin a todo eso en 1914.

La segunda oleada fue un fenómeno de la década de 1980 y parece que persistirá. La principal diferencia con respecto a la anterior es el cambio de postura de Estados Unidos sobre el regionalismo: se negociaron acuerdos de libre comercio con Israel y con Canadá y, no hace mucho, México ha pasado a ser socio en el acuerdo entre Estados Unidos y Canadá bajo los auspicios del NAFTA. La Unión Europea cobró impulso al ingresar Grecia, Portugal y España y, más recientemente, Finlandia, Suecia y Austria. Asimismo, Centroamérica ha resucitado su Mercado Común Centroamericano (MCCA), la Asociación de Naciones del Sudeste Asiático (ASEAN) también se ha regenerado y Suramérica está contribuyendo con el MERCOSUR. No se descarta una visión más regionalizada del futuro, en la que Estados Unidos, Canadá y sus socios del sur formen una zona, Japón y Asia formen otra y la UE (junto con Europa oriental) forme un tercer bloque. Es difícil saber si este regionalismo acabará llevando a un verdadero sistema de libre comercio multilateral.

El resurgimiento del regionalismo plantea profundas e importantes cuestiones. La principal es que el regionalismo implica la *liberalización parcial del comercio*, la apertura del comercio a unos socios, pero no a otros. Esa apertura tiene la saludable consecuencia de expandir el comercio entre los socios, pero también *desvía* comercio de otros países más eficientes que *no* son socios a los países socios. Por lo tanto, la liberalización parcial del comercio puede reducir la eficiencia, y no existe contradicción alguna entre este punto de vista y la afirmación de que pese a todo, el libre comercio mundial representaría una mejora. Comenzamos este apartado examinando los conceptos de *creación de comercio* y *desviación de comercio*, ideas que debemos a Viner [1950].

La segunda cuestión que suscita el regionalismo es si es más viable en situaciones en las que los efectos distributivos resultantes son mínimos. Eso nos obliga a pensar, una vez más, en los grupos de intereses: por ejemplo, ¿les sale a cuenta a los sindicatos de Estados Unidos apoyar el NAFTA? Creemos que a pesar del ejemplo del NAFTA, es probable que los acuerdos regionales entre países que tienen unos niveles de renta per cápita muy distintos fracasen. Los efectos distributivos son demasiado significativos, por lo que quizá obliguen a idear complejos sistemas de compensación. En cambio, es mucho más probable que los países que tienen un nivel similar de desarrollo, que producen productos parecidos y que comercian variedades diferenciadas de los mismos productos se beneficien del comercio de una forma equilibrada. En la jerga de la teoría económica, el comercio entre países similares que poseen una gran variedad de productos tiene más probabilidades de generar una mejora *real* en el sentido de Pareto que una mejora *potencial* en el sentido de Pareto.

El volumen de comercio de productos similares depende no sólo de los niveles *relativos* de desarrollo sino también del propio nivel. Si el nivel de renta per cápita es más alto, la variedad de productos, tanto de bienes de consumo como de factores de producción, es mayor. Ambos elementos contribuyen a que el comercio genere mejoras en el sentido de Pareto. En cambio, los países más pobres que tienen unas dotaciones de factores similares pueden no tener mucho que comerciar; sus opciones se encuentran más en el mundo exterior a su región. Una posible excepción es el caso de la industrialización que sustituye a las importaciones, en el que un acuerdo explícito de reparto de la industria permite a los socios de los países en vías de desarrollo recoger algunos de los beneficios de los grandes mercados y mantener al mismo tiempo una barrera protectora. Sin embargo, este tipo de sistema de integración suele ser polémico e inestable. Es posible que la única posibilidad real que tienen los países en vías de desarrollo sea la liberalización comercial unilateral, en lugar de los acuerdos regionales.

Por último, ¿puede concebirse el regionalismo como otra vía para llegar al libre comercio mundial? ¿Cabe esperar que la formación de bloques comerciales lleve más tarde (poco a poco) a la fusión y culmine en el libre comercio?

18.3.2 Acuerdos regionales: teoría básica

Creación de comercio y desviación de comercio

Introducimos dos conceptos fundamentales: *creación de comercio* y *desviación de comercio*. Ambos son el resultado de una reducción multilateral de los aranceles, pero como veremos, el segundo concepto es especial: sólo entra en juego cuando algunos países del mundo, pero no todos, reducen los aranceles.

El siguiente ejemplo procede de Lipsey [1960]. Supongamos que tres países, *A*, *B* y *C*, producen una mercancía, por ejemplo, manzanas. En el cuadro 18.1 indicamos el precio interior de las manzanas en la misma moneda (por ejemplo, rupias por kilo). Supongamos que el país *A* se encuentra inicialmente en una situación en la que establece un arancel del 100% sobre las importaciones de manzanas. En ese caso, toda la producción de manzanas es nacional a un precio de 35 pesos el kilo. Si el país *A* forma una unión aduanera con el *B* o con el *C* (reduciendo preferencialmente los aranceles que impone a uno de estos países), podrá importar manzanas a un precio más bajo y mejorará su bienestar. Este es el caso de la *creación de comercio*.

Cambiemos ahora el escenario inicial. Supongamos que en lugar de establecer un arancel del 100%, el país *A* se encuentra inicialmente en una situación en la que el arancel sobre las manzanas es del 50%. En este caso, es fácil ver que seguirá importando manzanas: del país *C*, pero no del *B*. Supongamos ahora que *A* llega a un acuerdo de libre comercio con el país *B* y elimina todas las barreras arancelarias, pero mantiene el arancel del 50% sobre el país *C*, que no ha firmado el acuerdo. En este caso, los consumidores optarán por importar manzanas del país *B* a 26 pesos el kilo (ya que ahora las importaciones procedentes del país *C* son más caras: el precio de consumo es de 30 pesos, incluido el arancel). Ahora tenemos un caso de *desviación de comercio*, y está claro que el bienestar del país *A* puede *empeorar* como consecuencia.

Cuadro 18.1. Precios de las manzanas en A, B y C.

País	A	B	C
Precio de las manzanas	35	26	20

Examinemos este ejemplo más detenidamente. A primera vista, parece que no pueda empeorar el bienestar del país *A* debido a un acuerdo de libre comercio. Al fin y al cabo, los consumidores pagaban 30 pesos el kilo (incluido el arancel) antes del acuerdo y ahora sólo pagan 26. Sin embargo, este argumento es falaz, ya que no tiene en cuenta los ingresos arancelarios. Es cierto que antes del acuerdo el precio era de 30 pesos el kilo para los consumidores, pero el país también obtenía 10 por kilo en ingresos arancelarios. Por lo tanto, el precio *neto* que pagaba el país "en su conjunto" era, en realidad, de 20 pesos el kilo, que es el verdadero coste de oportunidad de las importaciones procedentes del país *C*.[9] Ahora el coste es de 26 pesos el kilo, por lo que la reducción *parcial* —y subrayamos la palabra "parcial"— de los aranceles entre el país *A* y el *B* tiene un precio. La reducción representa la sustitución de una asignación relativamente más eficiente de los recursos por una asignación relativamente menos eficiente.

Naturalmente, hemos elegido este ejemplo por su sencillez y no pretende ser una descripción realista del comercio de manzanas, pero muestra perfectamente la cuestión esencial: la formación de una zona de libre comercio generalmente tiene consecuencias beneficiosas (creación de comercio) y consecuencias posiblemente negativas (desviación de comercio) para un socio comercial eficiente que no pertenece al bloque de libre comercio. Los efectos netos que produce en el bienestar son, en principio, ambiguos.[10]

Obsérvese que este ejemplo no tiene nada que ver con los posibles peligros del libre comercio que esbozamos en el capítulo 17. Por ejemplo, no nos interesa aquí la suerte de los cosecheros de manzanas del país *A* (la cuestión distributiva). Observamos simplemente que un movimiento *parcial* en pos del libre comercio puede ser perjudicial desde el punto de vista del bienestar global. El ejemplo muestra, pues, que aunque el libre comercio mundial sea óptimo para el mundo en su conjunto (prescindiendo de las cuestiones planteadas en el capítulo 17), un movimiento incompleto en pos del libre comercio puede no aumentar el bienestar en el periodo intermedio. La razón: el libre comercio entre un subgrupo de países puede llevar a los consumidores a dejar de comprar a un proveedor más eficiente (que sigue enfrentándose a una barrera arancelaria) y a optar por un proveedor menos eficiente (que es miembro del grupo de libre comercio), empeorando así la asignación de los recursos.

Consecuencias para los países que no pertenecen a una zona de libre comercio

Esto por lo que se refiere a las consecuencias de la liberalización del comercio *para* los miembros que participan en el proceso multilateral (los países *A* y *B* en este ejemplo).

---

[9] Obsérvese que estamos prescindiendo aquí de los aspectos distributivos de la situación. Estamos "sumando" las ganancias y las pérdidas de los diferentes grupos, en este caso, los consumidores y el Estado, lo cual puede o no ser aconsejable dependiendo de cómo se gasten los ingresos arancelarios. Sin embargo, esta simplificación es útil para poner de relieve el concepto de desviación de comercio, por lo que la mantendremos.

[10] El análisis de los movimientos *parciales* en pos de la eficiencia en un mundo imperfecto está lleno de complicaciones. Puede ocurrir que la eliminación de una distorsión en presencia de *otras* distorsiones empeore las cosas. El caso de la desviación de comercio que se produce cuando el país *A* elimina el arancel sobre el *B* (pero no sobre el *C*) es un ejemplo. Es difícil encontrar pronunciamientos generales en este campo, conocido con el nombre de *teoría del segundo óptimo*: véase Viner [1950] y Lipsey y Lancaster [1956] para las ideas originales.

¿Qué ocurre con los países (como C) excluidos del proceso? Obsérvese que en el caso del arancel prohibitivo del 100 por ciento, el país C no tenía nada que ver con el A antes de la formación del bloque comercial y, ciertamente, nada que ver con él después, por lo que la firma de un acuerdo comercial regional entre A y B no le afecta. Sin embargo, no ocurre así si en la situación inicial el país A comerciara con el C. En ese caso, la formación del bloque comercial excluye al país C, lo que empeora su bienestar. Aunque, como hemos visto, el efecto resultante —la desviación de comercio— también es negativo para el país A, puede haber otros aspectos de la liberalización del comercio entre A y B que sean beneficiosos (en conjunto) para esos países.

El efecto negativo producido en el país C puede ser mayor si la formación de un bloque comercial entre A y B va acompañada de un aumento de los aranceles (o de las barreras comerciales) sobre los países (como el C) que se encuentran fuera del bloque comercial. En este caso, aunque los países B y C no compitan en sus exportaciones a A, el bienestar de C puede empeorar, ya que sus demás exportaciones a A (o a B) pueden disminuir.

Por lo tanto, los acuerdos comerciales regionales pueden imponer externalidades negativas a los países que no los han firmado. Aunque estas externalidades se reflejen en parte en un efecto involuntario —desviación de comercio— dentro del bloque comercial, pueden ser superadas por los efectos positivos que puede producir el acuerdo comercial en los países miembros.

Obsérvese, pues, que la formación de un bloque comercial regional *puede* ser o *no* ser bueno para los miembros del bloque, dependiendo de que los efectos positivos (creación de comercio) sean superiores a los efectos negativos (desviación de comercio). No obstante, las consecuencias para los países que *no* pertenecen al bloque comercial van más en un único sentido: o no resultan afectados (si las barreras iniciales eran tan prohibitivas que no existía ningún comercio con la región) o son afectados negativamente.

Eso no quiere decir que sea imposible que un subgrupo de países creen una zona de libre comercio de tal forma que (i) mejore su bienestar y (ii) que los países que no pertenecen al grupo disfruten exactamente del mismo bienestar que antes. De hecho, el análisis de Kemp y Wan [1976] muestra que esa posibilidad siempre existe, con tal de que se revise debidamente toda la estructura de aranceles externos tras la formación de la unión. Sin embargo, el mero hecho de que ese acuerdo sea *posible* no significa que se firme realmente. Si un subgrupo de países miembros del GATT desea formar un bloque comercial regional o una unión aduanera, lo formara de tal forma que maximice *sus* intereses políticos y económicos. A menos que estos intereses (especialmente los políticos) sean suficientemente grandes para internalizar las consecuencias posiblemente negativas para las partes que no firmen el acuerdo, no hay razón alguna para suponer que surgirá necesariamente el ajuste propuesto por Kemp y Wan.

18.3.3 Acuerdos regionales entre países distintos

Paradoja

No hay muchos ejemplos de acuerdos de libre comercio entre países de niveles de desarrollo económico muy distintos que hayan tenido éxito. Un destacado ejemplo, que analizaremos más adelante, es el Acuerdo Norteamericano de Libre Comercio. Ya surgió antes la cuestión (en una escala relativamente menor) de las diferencias de desarrollo cuando España, Portugal y Grecia entraron en la UE, pero en la inmensa mayoría de los acuerdos regionales, los países participantes tienen unos niveles de desarrollo económico *relativamente* similares. De hecho, las únicas partes del mundo en las que la integración de países distintos es una seria posibilidad es el este asiático, donde Japón podría ser el eje alrededor del cual se integrara la economía asiática, y Europa oriental, donde está explorándose la posibilidad de establecer vínculos a largo plazo con la Unión Europea actual. Es improbable que en un futuro previsible África se una a la UE y algo menos improbable, pero aún improbable, que Suramérica entre a formar parte de un NAFTA ampliado.

La escasez de acuerdos norte-sur es paradójica en cierto sentido. Los modelos clásicos de comercio internacional nos enseñan que las oportunidades de comerciar son mejores cuando existen enormes diferencias entre las dotaciones de factores (y/o las tecnologías). ¿Acaso cabe alguna duda de que hay mucho que ganar cuando el sur exporta unos productos totalmente distintos al norte y viceversa?

Reconsideración de los grupos de presión

Esta paradoja se resuelve observando, como ya hemos hecho varias veces, que aunque el comercio genera considerables ganancias, éstas no se distribuyen por igual entre todos los sectores de la población. De hecho, el modelo Heckscher-Ohlin nos enseña que las ganancias derivadas del comercio *no pueden* beneficiar a todos, a menos que se pague una compensación explícita *ex post*: los factores de producción que son intensivos en la producción del bien importado salen perdiendo necesariamente y los propietarios de esos factores disfrutan de un bienestar menor.

Por ejemplo, en el mundo de Heckscher-Ohlin, un país en vías de desarrollo que tiene una ventaja comparativa en los productos intensivos en mano de obra menos cualificada debe ver cómo esa mano de obra obtiene considerables ganancias una vez que se abre el comercio. En cambio, el país desarrollado se verá inundado de productos intensivos en mano de obra, lo que lo obligará a reducir el empleo de mano de obra menos cualificada, lo que reducirá sus salarios.

Naturalmente, la mano de obra menos cualificada puede invertir en adquirir nuevas cualificaciones, y es posible argumentar que con el tiempo pueden realizarse los ajustes necesarios. Sin embargo, estos ajustes suelen ser lentos y dolorosos y en las situaciones en las que el mercado de préstamos para educación y formación es débil o no existe, el proceso puede ser suficientemente doloroso para que tenga consecuencias políticas. Por ejemplo, desde finales de los años setenta, en algunos países como Estados Unidos y el Reino Unido ha aumentado considerablemente el cociente entre los salarios de los trabajadores cualificados y los salarios de los menos cualificados. Las *causas* exactas son objeto de debate (véase el recuadro), pero en la prensa popular y en los círculos políticos se ha considerado, desde luego, que el comercio internacional y "la invasión del Tercer Mundo" eran los malos de la película. Incluso en las investigaciones académicas, en las que la retórica se mantiene en unos niveles tolerables, el comercio con los países en vías de desarrollo es uno de los probables sospechosos, junto con otros, como el progreso tecnológico que desplaza al trabajo.[11] No se sorprenda, pues, el lector si ve que los sindicatos se alían con los grupos de intereses proteccionistas en los países desarrollados.

Cambios de los salarios y del paro en la OCDE[12]

De 1975 a 1995 la situación de los trabajadores menos cualificados ha empeorado indudablemente en los países de la OCDE. Durante la década de 1980, los salarios relativos de los trabajadores menos cualificados de esos países disminuyeron, su tasa paro aumentó y, a veces, las dos cosas a la vez. En Estados Unidos, los salarios reales de los varones jóvenes que tenían doce años o menos de estudios descendieron un 26% entre 1979 y 1993. Entre 1979 y 1992, la tasa media de paro de los países europeos de la OCDE aumentó, pasando de 5,4 a 9,9% y la mayor parte del paro se concentró en los trabajadores no cualificados. Durante ese mismo periodo, los salarios relativos de los trabajadores menos cualificados descendieron levemente en varios países de la OCDE y considerablemente en otros.

Los grupos de presión y los partidos políticos de estos países no han tardado en señalar con su dedo acusador al comercio internacional. De hecho, esa acusación tiene *a priori* una cierta justificación. El modelo Heckscher-Ohlin sugiere que cuando entran importaciones intensivas en mano de obra procedentes de los países en vías de desarrollo, los salarios de los trabajadores no cualificados de los países desarrollados descienden, debido tanto a la competencia directa como, indirectamente, a que la composición de la producción del mundo desarrollado se aleja de las actividades intensivas en mano de obra no cualificada.

Una explicación más equilibrada incluye los siguientes factores:

(1) *Un cambio tecnológico basado en unas mejores cualificaciones.* Los microprocesadores y otra maquinaria y los nuevos métodos de producción exigen una mayor proporción de trabajadores cualificados (a unos salarios fijos). La principal evidencia en favor de esta afirmación es el aumento de la proporción de trabajadores cualificados empleados en las empresas, a pesar de la subida de sus salarios relativos (véase Berman, Bound y Griliches [1994]).

(2) *Cambios institucionales.* Existen indicios de que ha disminuido el poder de los sindicatos que protegen a los trabajadores menos cualificados: por ejemplo, en algunos países de la OCDE ha disminuido la representación sindical. También preocupa el empeoramiento de la calidad de la enseñanza elemental y secundaria. En algunos países han empeorado las calificaciones de los estudiantes. Para variaciones sobre este tema, véase Somanathan [1997]. Esta explicación no puede aplicarse, desde luego, a todos los casos: la disminución de la demanda de trabajadores menos cualificados se produjo simultáneamente en países que experimentaron cambios institucionales muy diferentes.

(3) *Un aumento de la demanda de productos intensivos en mano de obra cualificada.* En tercer lugar, es posible que los tipos de demanda hayan variado. Puede ocurrir que haya aumentado la de-

---

[11] También puede ocurrir que ese progreso técnico haya sido una reacción endógena a la competencia comercial de los países en vías de desarrollo intensivos en trabajo. En este caso, es más difícil distinguir las explicaciones opuestas.

[12] Agradecemos a Eli Berman las notas en las que se basa este recuadro.

manda de productos más sofisticados, debido quizá a que son bienes de lujo (por lo que se compran más a medida que aumenta la renta) o quizá a que ha aumentado la calidad. Existen datos de que ha aumentado el consumo de productos más intensivos en mano de obra cualificada, pero las variaciones de la demanda de trabajadores cualificados provocadas por los desplazamientos intersectoriales de la producción parecen pequeñas.

(4) *El comercio internacional*. Sí, puede haber efectos del tipo Heckscher-Ohlin. El aumento de las exportaciones de los países abundantes en mano de obra menos cualificada reducirá la demanda de trabajadores menos cualificados en el mundo desarrollado. Ciertamente, ha aumentado el comercio entre los países desarrollados y los países en vías de desarrollo, por lo que esta explicación no puede excluirse, pero la crítica formulada en el epígrafe 3 también es válida aquí: las variaciones de la demanda de cualificaciones provocada por los desplazamientos intersectoriales de la producción son pequeñas.

Este tipo de cuestiones distributivas hace que resulte *extraordinariamente* difícil la negociación de acuerdos de libre comercio entre los países desarrollados y los países en vías de desarrollo. Es cierto que es precisamente en esas negociaciones en las que *puede* sacarse el máximo partido al comercio, ya que las diferencias extremas entre las dotaciones de capital y de trabajo, tanto cualificado como no cualificado, permiten que haya posibilidades fascinantes de que exista un comercio mutuamente beneficioso. El problema estriba en que se teme que esas posibilidades fascinantes se traduzcan en unos efectos reales que *se distribuyan desigualmente*.[13]

La existencia de grupos de presión que protegen los intereses de los que resultarían perjudicados por el libre comercio, *aun cuando éste pueda ser beneficioso para todos*, probablemente sea la causa más importante de la relativa escasez de acuerdos de libre comercio entre los países desarrollados y los países en vías de desarrollo.

El Acuerdo Norteamericano de Libre Comercio

De los tres países que participan actualmente en el Acuerdo Norteamericano de Libre Comercio (NAFTA), Estados Unidos y Canadá tienen un tratado comercial desde 1988.[14] Fue, pues, la inclusión de México en el acuerdo la que suscitó una enorme cantidad de debates. Muchos economistas recibieron con satisfacción la inclusión, basando esencial-

---

[13] Eso plantea la cuestión de la *compensación*, posibilidad que ya hemos analizado. ¿Cómo calculamos las ganancias y las pérdidas derivadas del comercio y cómo identificamos creíblemente a los ganadores y a los perdedores? El primer problema tiene que ver con la predicción exacta del escenario contrafactual que surgiría si las deseadas negociaciones sobre el libre comercio *no* cristalizaran, algo que probablemente es imposible hacer en abstracto. Aunque fuera posible, nos encontraríamos con un segundo problema: *aplicar* el programa de compensación, es decir, de identificar imparcialmente a los perdedores (el lector puede estar seguro de que todos sin excepción se sumarían a la cola de los perdedores). En algunas situaciones, puede ser realmente difícil para las *propias* personas saber si saldrán ganando o perdiendo con el cambio propuesto. Para un análisis más extenso de este punto de vista, véase Fernández y Rodrik [1991].

[14] Nos basamos para esta breve descripción en Aguilar [1993] y Whalley [1993], entre otras fuentes.

mente su aprobación en las ganancias que podía generar ese comercio. Los detractores echaron leña a otro fuego, haciendo hincapié en el riesgo de que los trabajadores estadounidenses perdieran el empleo.

El volumen de comercio entre Estados Unidos y México siempre ha sido grande y ha venido creciendo. En 1971, Estados Unidos representó el 61,4% de las importaciones de México y un 61,6% de sus exportaciones. En 1989, estas cifras habían aumentado a 70,4 y 70,0%, respectivamente. Asimismo, México es desde hace mucho tiempo el tercer mayor comprador de productos estadounidenses, por lo que no es sorprendente que durante décadas el volumen total de exportaciones de Estados Unidos haya llegado a estar estrechamente relacionado con los resultados de la economía mexicana. En la década de 1970, las fluctuaciones del PIB mexicano provocaron fluctuaciones equiproporcionales de las exportaciones de Estados Unidos; en la década de 1980, la magnitud de las fluctuaciones de las exportaciones estadounidenses provocadas por esa relación había aumentado aún más. Así, por ejemplo, en 1986, en que el PIB mexicano descendió un 25,4%, las exportaciones de Estados Unidos cayeron un 45,4%. A la luz de esa interdependencia, no es sorprendente que los responsables de la política económica de Estados Unidos buscaran soluciones para estabilizar la economía mexicana y mantenerla en buen estado de salud. En el cambio de actitud de Estados Unidos hacia las negociaciones multilaterales, se consideró que era un importante paso llegar a un acuerdo regional de libre comercio.

Por lo que se refiere a México, varios acontecimientos impulsaron al Gobierno de este país, que antes era "proteccionista", a mostrarse partidario de una apertura mucho mayor. México, con sus considerables reservas de petróleo, se aprovechó del auge de los precios del petróleo a principios de los años setenta, recibiendo enormes préstamos y utilizando sus reservas como garantía. Sin embargo, cuando los precios del petróleo tocaron techo, el país se encontró con problemas para pagar los intereses de la deuda, lo que dio un impulso a las reformas "liberalizadoras". En 1986, México se sumó al GATT y redujo sus aranceles de una media del 100% a alrededor del 20%, cifra muy inferior al máximo estipulado por el GATT del 50%. Desde este punto de vista, el NAFTA representó la continuación de una tendencia ya existente. Otra razón era el argumento del refugio seguro: México podía esperar hasta cierto punto estar a salvo de las medidas punitivas unilaterales de un gigantesco socio comercial.[15]

El NAFTA preveía una reducción gradual y la eliminación final de los aranceles entre los países miembros en casi todos los frentes y la posibilidad de realizar inversiones sin restricción alguna. Por ejemplo, los aranceles mexicanos sobre los automóviles estadounidenses se redujeron de 20 a 10% inmediatamente después del tratado y se acordó que todos los aranceles y los contingentes sobre las exportaciones habían de erradicarse totalmente en un plazo de diez años. Estaba previsto que las restricciones de las importacio-

---

[15] Los países relativamente pequeños como México han sido tradicionalmente los más firmes defensores de los conceptos multilaterales, como el principio de nación más favorecida. Las razones deberían ser obvias: se benefician de los acuerdos comerciales que firman los países más grandes y están relativamente aislados de las medidas punitivas unilaterales. No obstante, estos países también han buscado refugios seguros como el NAFTA, temiendo que el regionalismo actual no los proteja de las medidas proteccionistas.

nes de autobuses y camiones se eliminaran en el plazo de cinco años. Por lo que se refiere a los textiles, el NAFTA recortó las barreras inmediatamente en un 20% del comercio y tenía previsto otro recorte del 65% durante los seis años siguientes. El tratado también allanó el camino para que los bancos y sociedades de valores de Estados Unidos pudieran establecer en México filiales sin participación mexicana para el año 2000, estableció el acceso inmediato al comercio y a la inversión en el caso de la mayoría de los productos petroquímicos y el acceso pleno de las empresas estadounidenses al mercado mexicano de seguros. Todas estas medidas han provocado un considerable aumento del volumen de exportaciones de ambos países y de la inversión norteamericana en México.

Una de las mayores oposiciones al NAFTA provino de los grupos de presión sindicales norteamericanos. Estos manifestaron su temor a que debido a la eliminación de las barreras arancelarias entre los dos países, muchas empresas norteamericanas trasladaran sus fábricas a México para beneficiarse de sus salarios más bajos. Se dijo que eso provocaría una huida general de empleo de Estados Unidos, lo que agravaría los problemas de paro ya existentes y estancaría los salarios reales de los obreros. Este temor quedó reflejado con memorable crudeza en la descripción que hizo Ross Perot del empleo estadounidense al decir que desaparecería como "arrastrado por un torbellino".

No puede decirse que esas predicciones no estén poniéndose de manifiesto: las empresas estadounidenses con filiales extranjeras en México aumentaron el empleo entre 1977 y 1989 en 146.000 trabajadores (39,4%), al mismo tiempo que el empleo de las operaciones extranjeras de compañías estadounidenses en todo el mundo disminuía un 8%. En particular, los fabricantes de material electrónico y de automóviles han trasladado una gran parte de sus operaciones a México; en 1989, los tres grandes fabricantes de automóviles habían establecido plantas de montaje de automóviles o de camiones en ese país.

Los defensores del NAFTA sostienen que esas quejas del tipo "que viene el lobo" son infundadas. Mantienen que ya había comenzado antes una gran huida de puestos de trabajo a otros países de bajos salarios, como Taiwan y Singapur, de empresas tanto de Estados Unidos como de otros países. Sostienen que el acceso a la mano de obra de bajos salarios de México es fundamental para mantener la competitividad y la cuota de mercado de las empresas estadounidenses en los mercados mundiales y puede preservar a largo plazo más puestos de trabajo de los que se perderán. El lector casi puede ver aquí en funcionamiento el modelo Heckscher-Ohlin.

También se ha manifestado el temor a que los importadores de otros países, que se enfrentan a elevadas barreras arancelarias en Estados Unidos, entren subrepticiamente en los mercados norteamericanos a través de México, aprovechando los aranceles más bajos de esa región y la apertura de las fronteras llevada a cabo por el NAFTA. Para impedir esta posibilidad, el NAFTA contiene rigurosas cláusulas sobre el "país de origen". Así, por ejemplo, para ser declarados exentos de derechos arancelarios, los bienes han de fabricarse en gran parte en uno de los países que entran en el ámbito del tratado. Por ejemplo, los automóviles deben tener un 62,5% de contenido norteamericano para beneficiarse del comercio libre de aranceles previsto en el NAFTA, lo que muestra que a pesar de la liberalización local del comercio, el NAFTA no contribuye a atenuar las tendencias proteccionistas en mayor escala. Es posible que en este caso no esté creándose comercio sino desviándose.[16]

¿Quién sale ganando con el NAFTA? México quizá tenga el refugio seguro que buscaba, pero el precio no ha sido bajo. Por ejemplo, los acuerdos excluyentes firmados en el marco del NAFTA en el campo de la producción de automóviles pueden no augurar nada bueno para México: la desviación de comercio forma parte del programa del NAFTA. En ausencia de salvaguardas tipo GATT que limiten el grado de proteccionismo que puede acarrear un acuerdo regional de libre comercio, cabe esperar que estas tendencias se mantengan, ya que los países desarrollados obtienen contrapartidas por servir de pequeños refugios seguros a sus socios en vías de desarrollo.

18.3.4 Acuerdos regionales entre países similares

Es posible que resulte relativamente más fácil llegar a acuerdos entre países que tienen un nivel de desarrollo similar. Analizamos por separado los acuerdos norte-norte y los acuerdos sur-sur.

Acuerdos norte-norte: teoría

Los países desarrollados pueden encontrarse en condiciones de abrir el comercio entre ellos sin ir en contra el modelo Heckscher-Ohlin. Es decir, una gran parte de su comercio puede ser de productos similares diferenciados, quizá por marcas, que no utilizan factores de producción en proporciones muy distintas. Por lo tanto, el principal efecto de un acuerdo de libre comercio puede ser expandir los mercados de los países firmantes del acuerdo, sin que se produzca un gran reajuste de los precios de los factores. Se trata de una situación en la que el comercio no genera mejoras potenciales en el sentido de Pareto sino mejoras *reales*.

Consideremos el ejemplo siguiente. Supongamos que el país de Blanco sólo produce vino blanco, mientras que el país de Tinto sólo produce vino tinto. Imaginemos que ambos países tienen actualmente aranceles prohibitivos sobre las importaciones de vino, por lo que los ciudadanos de Blanco están condenados a beber vino blanco solamente y los de Tinto están condenados a consumir vino tinto solamente. En ambos países hay, por supuesto, personas a las que les gusta los dos tipos de vino y muchas que beberían los dos. Supongamos para simplificar el análisis que el número de amantes del vino blanco y del vino tinto es el mismo y que está distribuido por igual en los dos países.

Ahora imaginemos que están celebrándose negociaciones para abrir el comercio entre Blanco y Tinto. Con un sistema de libre comercio, Blanco continuaría produciendo vino blanco, pero ahora exportaría la mitad a Tinto. Asimismo, Tinto produciría vino tinto y exportaría la mitad de su producción a Blanco.

---

[16] Esta desviación de comercio no entra exactamente dentro de la definición, que es una desviación ineficiente de comercio incluso aunque se mantengan los mismos aranceles con los países que no son miembros, sino que es un tipo de desviación más amplio e incluso más insidioso, en el sentido de que las cláusulas excluyentes *elevan* la barrera proteccionista que rodea al NAFTA, aun a pesar de que disminuyen las barreras existentes en su seno.

Es difícil imaginar quién podría oponerse a la propuesta sobre libre comercio. Los productores de Tinto estarán encantados: en lugar de tener que obligar a los amantes del vino blanco a beber la mitad de su producción de vino, pueden exportar esta mitad a los que lo aprecian. Por la misma razón, los productores de Blanco también estarán encantados.

¿Y los consumidores? Los amantes del vino blanco que viven en Blanco estarán encantados, al igual que los amantes del vino blanco que viven en Tinto. Queda por examinar el caso de los que continúan comprando su vino en su propio país. Su situación es un poco ambigua. Si es posible aumentar la producción de vino en ambos países con un coste marginal constante, las nuevas oportunidades de mercado se traducirán en un aumento de la producción, por lo que los precios del vino no resultarán afectados. En este caso, los consumidores no tienen motivo alguno para quejarse. Sin embargo, es posible que el aumento de la demanda de ambos tipos de vino eleve sus precios, pero ¿elevará los precios del vino *en relación con* el aumento de la renta de los consumidores, que, como recordará el lector, también son *productores* de los vinos más lucrativos? Necesitamos un modelo más complicado para saberlo, pero es fácil ver que el efecto final dependerá de cuál sea el factor (el trabajo, la tierra, los viñedos) cuya oferta es escasa y de cómo esté distribuida la propiedad de este factor entre los ciudadanos del país. Si la propiedad de todos los factores está repartida por igual, la subida de los precios del vino retornará simplemente en forma de renta y no habrá literalmente ninguna objeción al acuerdo de libre comercio.

Obsérvese el contraste entre esta visión del comercio y una situación en la que los factores se utilizan con distinta intensidad en la producción. En esa situación, ya hemos visto que existen unos grupos perfectamente definidos de ganadores y perdedores. Los perdedores protestarán, aun cuando el comercio sea beneficioso en conjunto, por lo que pueden acabar bloqueándose unos acuerdos potencialmente beneficiosos. En el ejemplo de Blanco y Tinto, las ganancias derivadas del comercio van a parar a todos los afectados y, por lo tanto, permiten que la transición al libre comercio sea más fluida.

Para terminar este apartado, matizamos la teoría de los productos similares. No tiene por qué ocurrir que siempre que se producen productos similares, no se restrinja la apertura del comercio. Una situación en la que podría presionarse en contra del libre comercio es la producción monopolística en ausencia de libre comercio. En este caso, el comercio desempeña la función virtuosa de reducir el poder de monopolio: la amenaza de las importaciones disciplina a los monopolistas que obtienen enormes beneficios en los regímenes protegidos. Esos intereses monopolísticos, si ejercen una gran influencia en el Gobierno, bloquearán los acuerdos de libre comercio. Sin embargo, aun admitiendo esta posibilidad, la fuerza de las protestas resultantes no puede ser igual que la de las protestas farisaicas por las pérdidas de tipo Heckscher-Ohlin. El hecho de que el trabajo y el sudor de los trabajadores de los países desarrollados puedan sufrir por la invasión de productos baratos del mundo subdesarrollado tiene un sentido de tragedia que la pérdida de rentas monopolísticas nunca podrá igualar. Eso sí, por lo que se refiere a los países en vías de desarrollo, pues peor para ellos: la tragedia suele comenzar y terminar en casa.

La Unión Europea

La Unión Europea, que nació en el marco del Tratado de Roma el 25 de marzo de 1957, estaba formada inicialmente por Bélgica, Francia, Alemania occidental, Italia, los Países Bajos y Luxemburgo.[17] Los principios establecidos en ese tratado iban mucho más allá de los principios de una zona de libre comercio (ningún impedimento al comercio intracomunitario) o de una unión aduanera (una barrera arancelaria externa común): preveían el establecimiento de un mercado común de bienes *y* de factores de producción y una unión monetaria. Pretendían conseguir, además, "un elevado grado de convergencia de los resultados económicos, un elevado nivel de empleo y de protección social, la mejora del nivel de vida y de la calidad de la vida y la cohesión económica y social y la solidaridad entre los estados miembros".

El Reino Unido, Irlanda y Dinamarca se integraron posteriormente a la comunidad y tras ellos los países de Europa meridional: Grecia, Portugal y España. En la década de 1990 se han adherido Finlandia, Austria y Suecia, lo que hace un total de quince países miembros.

La ampliación de la UE para incluir Portugal, Grecia y España se parecía algo, desde luego, a un acuerdo norte-sur. Aunque las diferencias entre España, Portugal y Grecia y el resto de los miembros de la UE original eran relativamente pequeñas, la incorporación de estos países "meridionales" suscitó un cierto debate. Eran países claramente más pobres. Los motivos políticos eran favorables, afortunadamente, a la incorporación: eran democracias recién creadas y la UE quería que siguieran siéndolo. De hecho, se destinó una gran cantidad de recursos comunitarios a los países meridionales para crear infraestructura.

La UE había abolido los aranceles mutuos ya en 1968, pero la multitud de reglamentaciones y normas que seguía habiendo impedían el comercio en el seno de la comunidad. Se lanzó un programa mucho más ambicioso para desmantelar todas las barreras comerciales existentes y lograr una integración económica más completa. El principal objetivo de la integración europea siguió siendo la creación de un mercado único y sin fronteras, en el cual se consagrarían "cuatro libertades": la libre circulación de bienes, servicios, trabajo y capital. El calendario, conocido normalmente con el nombre de "1992" (pues este era el año en que debía llevarse a cabo), se estableció en un Libro Blanco en 1985 que enumeraba 300 medidas concretas (que se redujeron más tarde a 279) que habían de tomarse. En estas propuestas, se preveía la erradicación de cuatro tipos de barreras no arancelarias:

(1) *Las barreras fiscales*, como los impuestos y las subvenciones en el comercio agrícola y la práctica de los impuestos discriminatorios: en muchos países, sus empresas están sujetas a un tipo impositivo más bajo.

(2) *Las restricciones cuantitativas*, como los contingentes, principalmente sobre los productos agrícolas y el acero y sobre la cuota de las empresas extranjeras en el mercado de servicios de transporte por carretera y por aire.

---

[17] Para esta breve descripción, nos basamos en Flam [1992], la revista *The Economist* [1988] y diversas fuentes, incluida la página web de la Unión Europea (http://europa.eu.int/).

(3) *Las restricciones que limitaban el acceso de otros países miembros al mercado*: muchas se referían a los contratos públicos para la adquisición de infraestructura, especialmente agua, energía, equipo de telecomunicaciones, servicios de transporte y construcción, pero algunas también se referían a la banca y los seguros del sector privado, el transporte por carretera y por aire, algunas profesiones y la inversión directa.

(4) *Los costes reales* que conllevaba el comercio entre los países comunitarios y que se debían a la necesidad actual de inspeccionar los bienes en la frontera, tanto con fines tributarios como para mantener las reglamentaciones sanitarias nacionales y la política comercial contra los países que no eran miembros. Esos costes comprenden el coste de la burocracia y el papeleo, los retrasos en la frontera y el coste de ajuste provocado por las diferencias entre las reglamentaciones técnicas de los países miembros sobre el empaquetado de los productos, la comercialización, etc.

A finales de 1993, la integración europea distaba de ser completa, como lo demuestran las enormes diferencias que había entre los países en el caso de los precios de algunas mercancías. Por ejemplo, los precios de los productos farmacéuticos de los países que tenían controles de precios (Grecia, Portugal y España) eran 10 veces más altos que los precios de los países que no tenían (por ejemplo, Dinamarca, Alemania y los Países Bajos), las diferencias de precios del equipo de telecomunicaciones podían ser de un 40% y las de los precios de los automóviles del mismo modelo del 93%. Los precios de los automóviles eran considerablemente más altos en algunos Estados miembros debido a sus niveles relativamente elevados de impuestos sobre los automóviles y a los contingentes sobre las importaciones de automóviles procedentes de Japón.

Estos ejemplos muestran algunos de los sutiles problemas que plantea el establecimiento de un mercado común en la práctica, cuando se va más allá del borrador de propuestas y de los libros blancos. La liberalización de la circulación de mercancías debe ir acompañada de una armonización de los gravámenes e impuestos internos, de la adopción de una política uniforme frente a los países que no pertenecen al mercado común, de la existencia en el *seno* de la comunidad de unas normas similares en relación con la sanidad y con el empaquetado, etc. Si no existe esa armonización, o bien seguirá habiendo barreras comerciales, o bien el arbitraje llevará a las empresas y a los ingresos a huir de los países más restrictivos que tienen unos impuestos más altos. Se han hecho propuestas para crear bandas impositivas, dentro de las cuales los países miembros tienen que fijar los tipos de sus impuestos sobre las mercancías. Sin embargo, la respuesta a esas propuestas varía de unos países a otros: Francia, con su extensa franja fronteriza, es un defensor a ultranza; Gran Bretaña, que goza de su aislamiento privilegiado como nación insular (por lo que tiene el amortiguador de los elevados costes de transporte y las escasas oportunidades de arbitraje) ha respondido de una forma poco entusiasta a esas propuestas.[18]

---

[18] Por poner otro ejemplo, las actitudes hacia las reglamentaciones relativas al medio ambiente son muy diversas y van estrechamente unidas a los intereses económicos. Alemania, Dinamarca y los Países Bajos son partidarios de que se establezcan unas estrictas normas comunitarias. Las emisiones de los automóviles y el reciclado se encuentran entre las cuestiones candentes. Los miembros meridionales más pobres no estaban dispuestos a que su industria soportara los costes más altos y, desde luego, no eran parti-

¿Qué puede decirse de la actitud de la UE hacia el resto del mundo? Es cierto que las barreras *arancelarias* al resto del mundo han disminuido ininterrumpidamente, pero han proliferado las barreras no arancelarias, como hemos señalado antes en este capítulo. Entre 1966 y 1986, la cobertura de las barreras no arancelarias aumentó enormemente: de 10 a 56% (que era más o menos el nivel existente en Estados Unidos en ese momento).[19] Las restricciones contra los productores del Lejano Oriente han sido habituales.[20] Aunque los miembros de la UE se han suministrado mutuamente muchas mercancías con el menor coste posible (Baldwin y Venables [1995]), parece que no se han escatimado esfuerzos para ampliar lo más posible este grupo de bienes por medio de distintos tipos de barreras.

Especialmente interesante es la Política Agrícola Común (PAC) de la UE, que es paralela a los deseos de otros muchos países desarrollados (como Estados Unidos, Japón y Suiza) de proteger sus sectores agrícolas, pase lo que pase. La agricultura recibe cuantiosas subvenciones en el seno de la UE y los elevados aranceles externos consiguen que las importaciones sean mínimas.

La oferta de productos como cereales, leche y carne de vacuno pronto fue muy superior a la demanda. En lugar de reducir radicalmente los rendimientos de los agricultores (como dictaría el mercado), en la década de 1990 siguieron aplicándose los programas de mantenimiento de los precios. Se utilizaron cuotas directas para restringir la producción de artículos como la leche y el azúcar. También se ofrecieron indemnizaciones a los agricultores que redujeran la superficie cultivada. La reforma agraria de mediados de 1992 mantuvo estas disposiciones, aunque el programa de mantenimiento de los precios está sustituyéndose por más cuotas y subvenciones directas. Uno a veces se pregunta si la desnutrición y el hambre tan característicos de los países en vías de desarrollo son una historia de otro planeta, ya que los dos escenarios parecen no guardar absolutamente ninguna relación.

En 1992, el Tratado de Maastricht fue mucho más allá, exigiendo la formación de una *Unión* Europea única. Con este tratado, la comunidad se marcó unas cotas más altas, esforzándose en "promover el progreso económico y social equilibrado y viable, en particular por medio de la creación de una zona sin fronteras internas, del reforzamiento de la cohesión económica y social y del establecimiento de una unión económica y monetaria,

---

darios de unas normas nacionales sobre el medio ambiente, porque eso restringiría las exportaciones meridionales dentro de la comunidad. Francia e Italia querían unas normas más laxas sobre las emisiones de los automóviles para proteger los intereses de sus productores y tenían a su favor la debilidad de sus grupos ecologistas. Dinamarca quería unas normas estrictas sobre el reciclado de botellas; naturalmente, éstas harían que resultara mucho más difícil exportar bebidas embotelladas a Dinamarca. El hecho de que la UE hiciera progresos en estas numerosas cuestiones, pero no sin enormes esfuerzos, es tanto un tributo a sus miembros como una lección para otras futuras comunidades.

[19] Véase Winters [1993, pág. 207]. "Cobertura" se refiere al porcentaje de importaciones de Estados Unidos sujeto a una o más barreras arancelarias.

[20] Consideremos la divertida digresión de Jagdish Bhagwati sobre "un sentimiento maravillosamente bien expresado por el señor Agnelli, presidente de Fiat: «El mercado único debe dar ventaja primero a las empresas europeas. Debemos insistir en este mensaje sin vacilación alguna». Está bien, desde luego, que Agnelli exprese esos sentimientos: al fin y al cabo, Fiat ha funcionado durante años, no con gasolina sino con [restricciones voluntarias sobre las exportaciones de] los japoneses. Pero, ¿deben aceptar también los economistas esos sentimientos?" (Bhagwati [1993, págs. 39-40]).

incluida finalmente una moneda común de acuerdo con las disposiciones de este tratado". La historia de la Unión Europea está escribiéndose hoy.

A pesar de que los países miembros tienen muchos intereses y perspectivas en común
y una afinidad cultural, sigue habiendo diferencias. Por ejemplo, el Gobierno francés
tiene unas opiniones sobre la política económica algo distintas a las del Gobierno inglés:
éstas (y otras muchas consideraciones) suscitarán sin lugar a dudas algunos debates interesantes sobre la forma de profundizar la unión europea.

Acuerdos sur-sur: teoría

Los argumentos y las observaciones anteriores exigen *tanto* que la renta per cápita sea similar, de tal forma que los productos demandados sean similares (y, por lo tanto, que no
tienda a ser muy diferente la composición de los factores) *como* que haya muchas variedades de bienes de consumo o de factores. Es posible que los países en vías de desarrollo
satisfagan el primer criterio, pero no el segundo. Caricaturizando algo la situación, si dos
países en vías de desarrollo producen patatas, puede que el intercambio no les proporcione muchas ganancias.

Por lo tanto, los acuerdos sur-sur, por numerosos y frecuentes que hayan sido, nunca
han representado una gran proporción del comercio (en comparación con el volumen de
comercio de esos mismos países con el resto del mundo). Esos acuerdos también han intentado promover, al menos hasta hace poco, un determinado fin. Al margen de la necesidad de solidaridad política que pueda haber llevado a los países en vías de desarrollo a
unirse, también era preciso explotar los mercados más de lo que permitía una política industrial de sustitución de importaciones.

Esta situación puede mostrarse utilizando un modelo muy parecido al del capítulo 16. Imaginemos que dos países en vías de desarrollo, A y B, han adoptado una política
de industrialización orientada hacia el interior y que desean producir ellos mismos diversos productos. Imaginemos dos: automóviles y acero. Ambos tienen elevados costes
iniciales y ambos pueden beneficiarse de la existencia de grandes mercados (el coste
medio de producción disminuye conforme aumenta el tamaño del mercado). El problema estriba en que ninguno de estos productos se produce actualmente en condiciones internacionales competitivas: están siendo protegidos, por una u otra de las razones que
analizamos en el capítulo 17.

Supongamos ahora que A y B llegan a un acuerdo de libre comercio. La idea es *aunar*
sus mercados con el fin de que cada una de estas industrias tenga acceso a una base
mayor de clientes. De esta forma, la sustitución *individual* de importaciones se convierte
en una sustitución *conjunta* de importaciones. ¿Tendrá éxito esta medida? Quizá: si una
de las dos industrias se establece en A y la otra se establece obedientemente en B, ambos
países estarán encantados con el acuerdo.[21]

---

[21] Véase, por ejemplo, el estudio de Pearson e Ingram [1980] sobre los efectos de la creación de una
unión aduanera hipotética entre Ghana y Costa de Marfil. Sostienen que podrían obtenerse ganancias ce-
rrando las fábricas duplicadas y aumentando la producción en las que quedaran. Naturalmente, el principal problema es saber si la unión será *mutuamente* ventajosa, como señalamos en el texto.

La cuestión es que no existe ningún motivo para esperar esa armonía, sobre todo si uno de los países firmantes del acuerdo es mayor (o está mejor dotado de infraestructura o tiene una reserva local mayor de trabajadores cualificados) que el otro: la gran industria del país relativamente más pobre podría huir al país relativamente más rico. Las desigualdades regionales pueden aumentar en lugar de disminuir.

Este tipo de consideraciones no hace sino subrayar la necesidad de que los países sean similares. Cuanto más similares sean los países participantes, más probabilidades hay de que las decisiones sobre emplazamiento de las industrias estén distribuidas de una manera uniforme entre ellos. Sin embargo, los rendimientos crecientes convierten la similitud en una proposición de doble filo: una pequeña diferencia puede agrandarse con el paso del tiempo.

Esta observación no es nueva. Algunos economistas como Myrdal [1957], Hirschman [1958], Henderson [1988] y Krugman [1991b] han estudiado el proceso de *aglomeración*, que es un encadenamiento de actividades en el que cada eslabón adicional aumenta las perspectivas de que se cree uno nuevo. En el capítulo 5 estudiamos minuciosamente estos procesos. Las decisiones sobre el *emplazamiento* se parecen a este proceso: la existencia de un buen clima para una industria puede animar a establecer una nueva industria en el mismo lugar, lo que hace aún más atractiva la entrada de otras industrias y así sucesivamente.[22]

La cuestión es la siguiente: si se produce esa espiral en el emplazamiento de las industrias, ¿qué pueden hacer los miembros de una zona de libre comercio? Una posibilidad es restringir realmente las posibilidades de elegir el emplazamiento de las industrias, es decir, estipular en el acuerdo la asignación de las industrias a los diferentes países. Eso es muy difícil y exige una enorme cantidad de intervención (que es una de las cosas que probablemente se quiera evitar, para empezar, creando una zona de libre comercio). Es posible que haya que elaborar, además, un complejo programa de compensaciones, con el fin de que las ganancias *potenciales* generales puedan traducirse en ganancias *reales* para todos.

La otra posibilidad es permitir la libre elección del emplazamiento y esperar que los beneficios globales de la liberalización del comercio dentro de la zona compensen las desigualdades regionales que se creen al mismo tiempo. Esta posibilidad depende fundamentalmente del acuerdo, al margen del problema de decidir el emplazamiento de la industria. Cuanto mayores sean las posibilidades de comerciar, sobre todo productos similares (pero diferenciados), más probable es que se obtenga una mejora en el sentido de Pareto. Llevándolo al caso extremo, si hay mucha variedad de los distintos productos, los aspectos positivos de la creación de nuevo comercio pueden ser más importantes que las cuestiones relativas al emplazamiento: es probablemente lo que ocurre en la UE. Es muy improbable que los países en vías de desarrollo superen esta prueba, aunque no sea

---

[22] Estas cuestiones no han pasado desapercibidas en los acuerdos norte-norte como la UE. Quah [1994] ha observado que las desigualdades regionales han aumentado algo en algunos países de la UE. Como ya hemos señalado, una proporción significativa del presupuesto de la UE se dedica a luchar contra estas desigualdades regionales.

más que por el hecho de que la variedad de productos es una función creciente del nivel medio de desarrollo.

Recapitulando, pues, el comercio sur-sur generalmente es escaso, debido a que una gran parte de su comercio (pero no el que tiene lugar entre ellos) es de tipo Heckscher-Ohlin (la variedad de productos es escasa en los países en vías de desarrollo). Los acuerdos regionales pueden permitir que se emplacen eficientemente las industrias dentro de la zona, pero pueden surgir desequilibrios regionales si un proceso acumulativo desplaza la industria de los socios relativamente periféricos a los socios relativamente más centrales e industrialmente avanzados. Generalmente, es muy difícil elaborar programas de transferencias para compensar estos desplazamientos: entre otras cosas, exigen predecir exactamente los posibles efectos de aglomeración.

Ejemplos de acuerdos sur-sur

No es sorprendente, pues, que de la multitud de acuerdos regionales entre los países en vías de desarrollo propuestos en las últimas décadas (especialmente durante la década de 1960), sólo cinco tengan la modesta virtud de poseer una proporción de exportaciones intrarregionales (en porcentaje de las exportaciones totales de la región) superior al 4% hasta 1990 (De Melo y Panagariya [1993a]).[23] Aquí analizamos brevemente estos acuerdos (y algunos otros relacionados con ellos).

La Asociación de Naciones del Sudeste Asiático (ASEAN), fundada en 1967, es la organización más antigua del este asiático. Comprende Brunei, Indonesia, Malasia, Filipinas, Singapur y Tailandia. Esta organización era inicialmente una zona comercial preferencial, pero se han puesto en marcha nuevas iniciativas para convertir el bloque en una zona de libre comercio. La ASEAN sí impulsó el comercio entre sus miembros: las exportaciones intrarregionales, que representaban alrededor de un 4,4% de las exportaciones regionales totales en 1960, sobrepasaron el 20% en 1970 y se han mantenido en torno a un 18% (a modo de comparación, en 1990 las exportaciones intracomunitarias representaron más del 60% de sus exportaciones totales).

A la vista de lo ocurrido con la UE, existe un creciente interés por las organizaciones regionales asiáticas como contrapunto al regionalismo de otras zonas. En 1991, el presidente malasio Mahathir propuso la formación del Grupo Económico del Este Asiático (GEEA), formado por Japón, los países recién industrializados del este asiático (PRI), China y los países de la ASEAN. Estados Unidos, atareado con su propio NAFTA, se opuso con el apoyo de Australia y de Nueva Zelanda a la creación de este grupo. La primera reacción fue cambiar su nombre por el de Foro Económico de Asia Oriental para disipar el temor a que estuviera creándose un bloque cerrado. Actualmente, parece que el Grupo de Cooperación Económica Asia-Pacífico, formado por el Foro Económico de Asia Oriental, así como por Estados Unidos, Australia, Nueva Zelanda y Canadá, será el principal foro de debate multilateral. Naturalmente, todo esto no se parece ni de lejos a una

---

[23] El volumen compilado por de Melo y Panagariya [1993b] contiene una excelente visión panorámica de las principales cuestiones que plantea la integración regional.

zona regional de libre comercio, algo para lo cual probablemente será necesario el aliento activo de Japón.[24]

Tres de los cinco acuerdos que superan la prueba del 4% de De Melo y Panagariya [1993a] se encuentran en Latinoamérica: el Pacto Andino, la Asociación Latinoamericana de Libre Comercio (1960) (sustituida más tarde por la Asociación Latinoamericana de Integración en el marco del Tratado de Montevideo firmado en 1980) y el Mercado Común Centroamericano (1960).[25] De estos cinco acuerdos, el Mercado Común Centroamericano (MCCA), formado por Costa Rica, El Salvador, Guatemala, Honduras y Nicaragua, sí mostró un destacado aumento del comercio interregional. La proporción de exportaciones intrarregionales pasó del 7% en 1960 a alrededor del 25% en 1970 y en años posteriores, pero la crisis de la deuda de la década de 1980 lo cambió todo y las restricciones cuantitativas de las importaciones intrarregionales redujeron este porcentaje a alrededor del 15%.[26]

El MCCA se parecía a una unión aduanera más que cualquiera de las otras formas organizativas. Llevó a cabo una reducción general de los aranceles y estableció un arancel externo común. Uno de sus objetivos fundamentales era protegerse frente al exterior, pero contrarrestar los pequeños mercados de sus miembros fomentando la industrialización de la región en un clima general de sustitución de importaciones. Sin embargo, fue muy difícil mantener este objetivo, quizá por las mismas razones que hemos citado en el apartado anterior. Las diferencias políticas existentes en el seno del MCCA aumentaron la complejidad de la situación y en la década de 1980 el MCCA se convirtió más en un foro para la paz regional. En 1990 resurgió en el clima de liberalización del comercio de estas economías, pero en los debates recientes aún no se ha llegado a un consenso sobre algunas cuestiones como la inversión extranjera, los derechos de propiedad intelectual y las telecomunicaciones.

El Pacto Andino, firmado en 1969 por Bolivia, Chile, Colombia, Ecuador, Perú y Venezuela, tenía un programa explícito de fomentar la industrialización regional equilibrada. El elemento fundamental del pacto era la sustitución de importaciones a escala regional, al igual que en tantos otros acuerdos firmados durante la década de 1960.[27] La planificación de la distribución de las industrias era, pues, una parte esencial del pacto y el programa de reglamentaciones propuesto era extenso y complejo.

---

[24] Japón se ha opuesto (públicamente) a la formación de bloques comerciales regionales. Al igual que sus predecesores, Estados Unidos y el Reino Unido, Japón, como potencia económica dominante que es, parece estar comprometida actualmente con la defensa de la vía multilateral. Las consideraciones políticas (como el deseo de evitar que resurja el temor a la superioridad japonesa en la región) podrían desempeñar un papel tan importante como las económicas.

[25] Esta descripción se basa en gran parte en Nogués y Quintanilla [1993].

[26] Como los ingresos en moneda fuerte generados por las exportaciones eran la principal fuente para pagar los intereses de la deuda y devolverla, las exportaciones intrarregionales resultaron, como es comprensible, mucho más afectadas que las exportaciones a otros países situados fuera de la región.

[27] En esa época, el pensamiento económico giraba en torno a los escritos de economistas como Raúl Prebisch, cuyas ideas sobre la evolución a largo plazo de los precios de exportación de los productos básicos ya hemos examinado (véase el capítulo 17). Se pensaba que la industrialización protegida era la vía correcta para alcanzar el progreso económico, por lo que los acuerdos regionales se basaban lógicamente en este tema.

El Pacto Andino sólo superó la prueba del 4% hacia 1990. La proporción de exportaciones intrarregionales había girado en torno al 3,7% desde 1975, aunque para ser justos hay que decir que en 1960 era mucho menor: un 0,7%. La complejidad y el rigor de las reglamentaciones, así como el problema del reparto de los beneficios regionales de una manera equitativa, provocaron muchos conflictos. En 1976, Chile se retiró porque quería seguir un programa mucho más ambicioso de reformas comerciales unilaterales. Pronto le siguieron otras reformas latinoamericanas unilaterales, comenzando por Bolivia y México en la década de 1980.

El Pacto Andino resurgió, al igual que el MCCA, en un clima de comercio más liberal. El Acta de La Paz (1990) creó una zona de libre comercio entre Bolivia, Ecuador y Venezuela. Tras ella, Ecuador y Perú firmaron el Acta de Barahona en 1991. Existían diferencias entre los países, sobre todo en su grado de orientación hacia el exterior, y éstas tuvieron que tenerse en cuenta en las renovaciones.

La Asociación Latinoamericana de Libre Comercio (ALALC) fue la principal (y la primera) organización latinoamericana: los países firmantes fueron Argentina, Bolivia, Brasil, Chile, Colombia, Ecuador, México, Paraguay, Perú, Uruguay y Venezuela. Una vez más, las proporciones regionales de comercio eran relativamente bajas, aumentando primero ininterrumpidamente de 7,9% (1960) a 13,7 (1980) y cayendo después a un mínimo de 8,3 cuando se extendió la crisis de la deuda. La ALALC fue sustituida por la Asociación Latinoamericana de Integración (ALADI) en el marco del Tratado de Montevideo de 1980, principalmente para aumentar la flexibilidad de los acuerdos parciales.

Este tipo de integración regional en realidad no sirvió para nada, ya que el clima general existente en Latinoamérica era un clima de sustitución de importaciones, y esto dio pie a muchos obstáculos intrarregionales (trasnacionales) que dificultaban la actividad industrial y el comercio. Últimamente se han presentado algunas propuestas de integración regional en un clima mucho más abierto hacia el comercio exterior. La crisis de la deuda, por extraño que parezca, es responsable en parte, ya que la necesidad de aumentar las exportaciones para poder pagar la deuda ha contribuido a aumentar el grado de apertura.

Entre los acuerdos recientes uno que merece la pena observar es MERCOSUR. Exactamente un año después de la firma del NAFTA, el 1 de enero de 1995, Argentina, Brasil, Paraguay y Uruguay firmaron un importante acuerdo de libre comercio; Chile y Bolivia se sumaron posteriormente a él. Los países de MERCOSUR tienen una renta per cápita similar (salvo Paraguay y Bolivia), y eso es una ventaja. También existen pruebas de que está acelerándose el comercio intrarregional entre los países miembros, por lo que cabe esperar que se mantenga esta tendencia en el marco de MERCOSUR: el comercio total entre Argentina, Brasil, Paraguay y Uruguay ha crecido, pasando de 3.000 millones de dólares a finales de los años ochenta a más de 12.000 millones en 1994.

Un objetivo declarado de MERCOSUR es incorporar a todos los países latinoamericanos a principios del siglo XXI y después unirse al NAFTA. Si la región americana acaba formando su propia zona de libre comercio, es probable que éste sea su origen.

El último de los cinco acuerdos sur-sur que superó la prueba del 4% es una organización de África occidental: la Comunidad Económica de los Estados de África Occidental (CEDEAO).[28] La CEDEAO se fundó en 1975 y reunió a los dieciséis países de África occidental.[29] Era grande y diversa, pero la diversificación de los productos no sirvió de mucho: las industrias extractivas y las exportaciones agrícolas eran las principales actividades. Es difícil imaginar, teniendo en cuenta la teoría que ya hemos expuesto, que la ECOWAS fuera a dar muchos frutos, como así ocurrió. La enorme inestabilidad política existente en muchos de los Estados miembros contribuyó a la desorganización. La CEDEAO probablemente consiguió entrar en la lista del 4% debido al descenso que experimentaron los precios del petróleo durante la década de 1980, que redujo extraordinariamente las cifras de exportación de Nigeria al resto del mundo. Este descenso probablemente elevó artificialmente el peso del comercio intrarregional.

Algunos subgrupos de países de la CEDEAO han intentado formar también uniones aduaneras; entre ellas se encuentra la Comunidad Económica de África del Oeste (CEAO), que tenía siete miembros, presididos por Costa de Marfil y Senegal, países relativamente industrializados. Las diferencias de desarrollo exigieron el establecimiento de un Fondo de Desarrollo Comunitario para compensar a los miembros por la pérdida de ingresos arancelarios, al tiempo que se intentó especialmente establecer la industria en las regiones más pobres. La CEAO sí influyó en el comercio intrarregional, pero también se repite en este caso lo que ocurrió en Latinoamérica (y en la CEDEAO más en general): el clima general de sustitución de importaciones también impidió que se desarrollara el comercio intrarregional.

En otras regiones de África, el Tratado de Brazzaville (1973) creó la Unión Aduanera y Económica de África Occidental (UDEAO). Camerún, la República Centroafricana, Chad, Congo, Gabón y Guinea Ecuatorial eran los miembros.[30] En una revisión posterior del tratado se presionó para que se estableciera de nuevo un arancel externo común y se creó un complejo sistema de comercio en el seno de la unión: ese comercio estaba sometido a aranceles que variaban dependiendo de la mercancía y de los países que participaran en el comercio. Al igual que en el caso de la CEAO, había grandes diferencias económicas entre los países (pero no las suficientes para que el comercio fuera del tipo Heckscher-Ohlin): Camerún, Congo y Gabón eran significativamente más ricos que los otros tres miembros. La existencia de parecidas diferencias caracterizó la infructuosa organización creada por Burundi, Ruanda y Zaire, otra iniciativa centroafricana. África oriental y meridional también han albergado diversas organizaciones, pero la aparición de una nueva Suráfrica probablemente cambiará algunas cosas.

Merece la pena insistir en que los acuerdos sur-sur entre Estados muy pobres, como los del África subsahariana, sólo pueden beneficiarse de una expansión del tamaño del mercado en el caso de algunas industrias, pero dada la diversidad económica existente

---

[28] La siguiente descripción se basa en Foroutan [1993].

[29] Los países eran Benin, Burkina Faso, Cabo Verde, Costa de Marfil, Gambia, Ghana, Guinea, Guinea-Bissau, Mali, Mauritania, Níger, Nigeria, Liberia, Senegal, Sierra Leona y Togo.

[30] Guinea Ecuatorial entró en la unión en 1985.

en estas organizaciones, hay muchas probabilidades de que se redistribuyan las industrias. Estos acuerdos o bien se encuentran con restricciones *a priori*, lo que apenas permite a la región hacer algo (el impulso que dan los rendimientos crecientes a los acuerdos regionales queda, de hecho, anulado), o bien hay que elaborar un complejo sistema de compensación. Dicho sea en su honor, algunos de estos organismos contienen cláusulas especiales destinadas directamente a fomentar el desarrollo industrial de sus miembros más pobres, pero las fórmulas son complejas y las distintas entradas y salidas de los fondos comunes han sido una fuente de constantes controversias, como cabía esperar.

18.3.5 Multilateralismo y regionalismo

Caminos para liberalizar el comercio mundial

Los argumentos del apartado anterior suscitan inexorablemente una importante y difícil cuestión: ¿es el (la tolerancia del) regionalismo una alternativa al multilateralismo coordinado globalmente? Es decir, ¿puede el fomento de acuerdos regionales acabar llevando a un libre comercio para todos? No es fácil responder a esta pregunta. El regionalismo se basa en una *liberalización recíproca del comercio* entre socios (por cierto, esa reciprocidad suele ser más fácil cuando las medidas que se toman para conseguir liberalizar el comercio contienen las mínimas cuestiones distributivas posibles), pero estas medidas recíprocas producen invariablemente efectos negativos en los países que no son miembros. Estos efectos no suelen internalizarse, lo que da como resultado una economía mundial dividida y salpicada de bloques comerciales. En el mundo de segundo óptimo en que nos movemos, en el que la desviación del comercio es igual de posible que la creación de comercio, no hay forma de saber si la senda relativamente fácil de los acuerdos regionales rápidos es preferible a la vía más incierta, pero posiblemente de mayor alcance, de los cambios coordinados globalmente.

Como ya hemos visto, los fundadores del GATT, convencidos por Estados Unidos, se adhirieron al multilateralismo: el principio de nación más favorecida exigía que las concesiones comerciales que hacía un país a otros se extendieran automáticamente a *todos* los países miembros del GATT. La idea era, pues, mantener los cálculos de la eficiencia *relativa* en un mundo imperfecto: si el país C es más eficiente que el B en la exportación de un bien cuando existe un arancel del 50% sobre las importaciones procedentes de esos dos países, el C continuará siendo más eficiente cuando se aplique un arancel del 25%, *siempre* que se aplique de manera uniforme a los dos países.

Sin embargo, la cláusula de nación favorecida no es un concepto incondicional: el artículo XXIV del GATT permitía la firma de acuerdos comerciales regionales dentro de un subgrupo de países del GATT, siempre que esos acuerdos eliminaran "sustancialmente" las barreras comerciales. El motivo para incluir esta cláusula fue probablemente la idea de que el libre comercio *sin restricciones* entre algunos países (aunque fuera un pequeño subgrupo de países del mundo) era algo especial que acabaría contribuyendo a avanzar en pos del verdadero multilateralismo a escala mundial.

Bhagwati [1993, pág. 45], en un lúcido y revelador ensayo, hace unas especulaciones medio en serio sobre cómo podría ocurrir:

Una posibilidad sería animar, no disuadir, a Japón para que formase junto con los países asiáticos (hasta el subcontinente indio) un AFTA, y que Estados Unidos integrase a los suramericanos en el NAFTA, por ejemplo, en un plazo de 10 años. Entonces, Japón y Estados Unidos, los dos "ejes", se reunirían y se fusionarían creando un FTA, negociando finalmente con la Comunidad Europea y con sus países asociados para llegar a la Gran Final del libre comercio multilateral para todos...

Un poco de teoría sencilla

¿Cómo estudiar estas cuestiones? Existe una inmensa variedad de elementos que complican el análisis: los países se diferencian, sin duda, por su extensión, su renta y su capacidad para obtener ganancias del comercio y existe toda una variedad de presiones políticas en favor de la protección (y también de la concesión de subvenciones a las exportaciones) que no pueden pasarse por alto en un análisis serio. Sin embargo, la teoría debe comenzar por algún sitio, por lo que resultará útil esbozar un modelo sumamente sencillo que pone de manifiesto algunas de las características esenciales de la situación en cuestión.[31]

Imaginemos, pues, que hay un gran número de países, cada uno de los cuales está especializado en la producción de un *único* bien.[32] De hecho, llevaremos esta caricatura algo más allá y supondremos que cada uno está dotado de una cantidad fija de un único bien (repartido por igual entre sus ciudadanos), que puede consumirse o exportarse. Podemos utilizar, pues, el mismo símbolo para presentar los países y los bienes.

Suponemos que los ciudadanos de estos países son todos iguales: les gusta consumir todos los bienes, aunque las proporciones que hay de cada uno en su cesta de consumo dependen, por supuesto, de los precios relativos.

Cuando hay libre comercio entre todos los países, los precios se encuentran en sus niveles internacionales. Para que nuestras observaciones posteriores resulten lo más claras posible, supongamos que todas las preferencias por los distintos bienes son perfectamente simétricas (en relación con un cierto número de unidades de cada bien), y que todos los países tienen la misma dotación cuantitativa (medida en estas unidades) de sus bienes únicos. En ese caso, en condiciones de libre comercio, todos los precios de equilibrio serán iguales y cada ciudadano de cada país disfrutará exactamente del mismo nivel de bienestar: el "nivel de bienestar de libre comercio". También consumirán la misma cesta de bienes, independientemente de su nacionalidad.[33] Obsérvese que de acuerdo con el teorema del libre comercio, *no puede haber ninguna otra asignación de los bienes que sea una mejora en el sentido de Pareto, en el sentido de que el bienestar de algunas personas mejoren con la nueva asignación, mientras que el de todas las demás no empeore.*[34]

[31] Agradecemos a Hsueh-Ling Huynh las útiles conversaciones sobre el tema de este apartado. Se basa ampliamente en nuestras observaciones conjuntas.

[32] La estructura básica que empleamos aquí se debe a Krugman [1991c].

[33] De hecho, en este modelo consumirán las mismas cantidades de cada bien.

[34] El teorema se aplica aquí porque todos los mercados son perfectos y no hay externalidades: hemos eliminado deliberadamente la posibilidad de que el comercio genere pérdidas (como señalamos en el capítulo 17) para examinar la situación en su versión más básica.

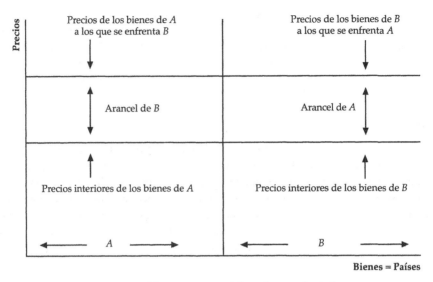

Figura 18.3. Bloques comerciales: el caso simétrico.

Utilicemos ahora este modelo para estudiar los bloques regionales de libre comercio. Imaginemos, pues, que el mundo está dividido en dos regiones de libre comercio *de idénticas dimensiones*, *A* y *B*. La figura 18.3 lo muestra gráficamente. El eje de ordenadas contiene todos los símbolos de los bienes (y de los países). La primera mitad de este segmento es una zona de libre comercio (*A*) y la segunda mitad otra (*B*). Obsérvese ahora que la región *A* en su conjunto tiene un cierto poder de monopolio sobre los bienes que compra a la región *B* (y viceversa), por lo que según el argumento en favor de la protección basado en el país grande (véase el capítulo 17 y sus ejercicios), ambos levantarán barreras arancelarias sobre los productos de cada uno. Suponemos que los ingresos arancelarios se distribuyen por igual entre todos los ciudadanos del bloque.

La figura 18.3 representa el resultado. Los ciudadanos de *A* tienen que pagar, en condiciones de equilibrio, un precio común por cada uno de los bienes de *A* y un precio común por cada uno de los bienes de *B*, pero estos dos precios ya no son iguales: ahora los precios de *B* parecerán *más altos* a los ciudadanos de *A* a causa del arancel. Exactamente lo mismo ocurre desde el punto de vista de *B*. El resultado es una desviación de comercio (en relación con el resultado de libre comercio): como los precios de los bienes que no pertenecen al bloque son más altos, los ciudadanos de cada bloque consumen una cantidad mayor de los bienes del bloque y una menor de los bienes que no pertenecen a él.

Al final, todos los ciudadanos de todos los países obtienen el mismo bienestar (esta conclusión se deduce de nuestro supuesto simplificador de que las preferencias son simétricas y de que los bloques comerciales son de idénticas dimensiones, por lo que los aranceles se imponen simétricamente). Sin embargo, su consumo de *bienes* es diferente (dependiendo del bloque en el que residan). De acuerdo con el teorema del libre comercio, el bienestar de cada uno de los miembros de cada bloque debe ser menor en relación con el libre comercio global.[35]

El lector podría hacerse perfectamente la siguiente pregunta: ¿por qué se imponen estos aranceles si el bienestar es menor? ¿No podrían abstenerse los bloques de imponer aranceles? El resultado sería, en ese caso, exactamente igual que el del libre comercio y todo el mundo sería más feliz. Se trata de una buena pregunta que debe estudiarse en dos niveles. Supongamos, en primer lugar, que los dos bloques *ya* existen. Supongamos que uno se abstiene de imponer aranceles. En ese caso, la mejor respuesta del otro es imponer un arancel (debido al argumento del arancel óptimo; véase el capítulo 17). Los ingresos arancelarios (que se redistribuyen entre los ciudadanos de los países del bloque) compensan la distorsión resultante que sufren los precios. Se trata *precisamente* de un ejemplo del dilema de los presos estudiado por Scitovsky (véase el ejemplo de la figura 18.1 y el apartado 18.2.3). Por cierto, el otro bloque reaccionará de la misma manera. El resultado final es el dilema de los presos: el bienestar de *ambos* bloques empeora en relación con el libre comercio.

Pero la pregunta plantea una cuestión en un segundo nivel: ¿por qué se formaron los bloques en un primer momento si todos los afectados sabían que su formación iba a provocar una guerra arancelaria que empeoraría el bienestar de todos los ciudadanos en relación con el libre comercio global? De hecho, no hay razón alguna para que los dos bloques se formen *motu propio* si pueden predecir las consecuencias de su formación.

La lógica es la misma en el caso de la formación de todos los bloques de *idénticas dimensiones*: los niveles de bienestar son menores en relación con el libre comercio cuando entra en juego el dilema de los presos de la protección. Eso *no* significa, sin embargo, que los niveles de bienestar continúen disminuyendo monótonamente a medida que incluyamos más bloques, ya que conforme aumenta el número de bloques, ocurren dos cosas: (i) la desviación del comercio disminuye (la mayor parte del consumo de cada bloque procede de fuera de ese bloque) y (ii) el arancel óptimo también disminuye, ya que cada bloque pierde poder de monopolio. La pauta resultante es compleja, pero parece que tiene, en general, forma de U invertida: un aumento del número de bloques (de idénticas dimensiones) primero reduce el bienestar y después lo aumenta. Estas observaciones son confirmadas por el estudio de Krugman [1991c].[36]

Las observaciones anteriores son interesantes, pero *siguen sin* abordar la cuestión esencial: ¿por qué existen estos bloques si lo único que hacen es generar resultados inferiores al libre comercio mundial? La negociación multilateral entre los bloques debería acabar eliminándolos todos, más o menos de la forma anecdótica que describe Bhagwati en el apartado anterior.

---

[35] Obsérvese perfectamente que estamos valiéndonos aquí del hecho de que los niveles de bienestar *de* todos los agentes son iguales para obtener este resultado como una aplicación del teorema del libre comercio.

[36] Krugman [1993] señala, además, que el efecto (ii) no tiene por qué invocarse para crear una pauta en forma de U invertida; basta con los efectos de desviación de comercio resumidos en el punto (i). También es algo interesante el hecho de que parece que el bienestar mundial se minimiza con tres bloques: esta observación se obtiene simulando numéricamente el modelo anterior dando diferentes valores a los parámetros.

Sin embargo, se ha deslizado aquí un supuesto implícito. El mero hecho de que el modelo se haya construido de una forma simétrica no significa que sus *resultados de equilibrio* también sean simétricos. La formación de bloques es un resultado *endógeno*, y no hay razón alguna para esperar que en condiciones de equilibrio se formen bloques simétricos.[37]

Para mostrar las diferencias que puede generar la asimetría, supongamos que el mundo no está dividido en dos bloques comerciales sino que sólo hay *un* bloque de libre comercio —por ejemplo, el *A* en la figura 18.3— mientras que el resto de países (nuestro antiguo *B*) son todos ellos agentes independientes. En esta situación, a ningún país ajeno al bloque *A* le resultará rentable imponer un arancel, ya que su poder de monopolio es mínimo; no es más que uno de los muchos países que existen en el panorama internacional. Por lo tanto, la versión "unilateral" del teorema del libre comercio se cumple en el caso de estos países: el libre comercio es una respuesta mejor, independientemente de lo que haga el resto del mundo.

Eso nos lleva *exactamente* a la misma situación que hemos analizado unos párrafos antes: es como si el bloque *B* (que ahora no es un bloque) hubiera decidido no imponer un arancel sobre *A*. Antes hemos visto que la mejor respuesta para *A* era, de hecho, imponer a su vez un arancel. En el caso antes analizado, eso era lo que desencadenaba el dilema de los presos. Ahora la cuestión acaba ahí. *A* impone un arancel sobre el resto del mundo, pero el resto del mundo mantiene el libre comercio.

Obsérvese ahora que ¡en este equilibrio el bienestar de los ciudadanos de *A debe* ser mayor que en condiciones de libre comercio global! Al fin y al cabo, *A podría* haber elegido un arancel nulo, en cuyo caso sus ciudadanos habrían obtenido un resultado de libre comercio global, pero no lo eligió. *Ergo*, *A* debe disfrutar de mayor bienestar que en condiciones de libre comercio.[38] Ni que decir tiene que *todo* el mundo no puede disfrutar de mayor bienestar debido al teorema del libre comercio, por lo que el bienestar de los ciudadanos del resto del mundo debe empeorar.

Por lo tanto, la asimetría de los bloques comerciales plantea consideraciones muy nuevas. Si hay un bloque comercial y el resto del mundo no está organizado, el bloque comercial debe disfrutar de mayor bienestar que en caso de libre comercio mundial. Esta observación es un simple corolario del argumento del dilema de los presos: lo único que necesitamos demostrar es que cuando se posee un cierto poder de monopolio, el arancel óptimo es positivo (los detalles de este argumento se encuentran en un ejercicio del capítulo 17).

Deben hacerse varias observaciones a este respecto. En primer lugar, el resultado es cierto *independientemente* de las dimensiones del bloque comercial, pero exige que el resto del mundo "no esté organizado". En segundo lugar, para llegar al libre comercio *directamente* desde este punto es necesario que el resto del mundo realice permanentemente

---

[37] La observación de que la formación de coaliciones puede no implicar coaliciones simétricas aunque la situación sea simétrica está comenzando a aparecer en las teorías más recientes de la formación de coaliciones; véase, por ejemplo, Bloch [1995, 1996], Ray y Vohra [1997a, b] y Yi [1996].

[38] Para un análisis más extenso de esta cuestión, véase Sanxonhouse [1993].

transferencias al antiguo bloque comercial *A*. El bloque *A* no aceptará menos, ya que con el libre comercio obtiene *menos* de lo que podría conseguir en la situación actual. Esas transferencias pueden ser imposibles desde el punto de vista político (o imposibles de cumplir *ex post*), lo que lleva a una situación persistentemente fragmentada. Si *A* no está seguro de que vaya a recibir estas transferencias, no renunciará a su ventaja histórica reduciendo sus barreras arancelarias.

La tercera observación es la más sutil y, en cierto sentido, la más interesante. Dada la conclusión del párrafo anterior, se deduce que la única manera de pasar de este punto al libre comercio global es, primero, provocar la situación antes estudiada en la figura 18.3 para que los que no pertenecen a *A* formen su *propio* bloque comercial, y *después* allanar el camino para llegar a un acuerdo de libre comercio global sin transferencias. ¿Es eso posible?

Depende. Si la situación es exactamente igual que la descrita anteriormente, sin duda lo es. La formación de *B empeorará* el bienestar per cápita de *A* con respecto al nivel de que disfrutaría en una situación de libre comercio global y mejorará el bienestar de los ciudadanos de *B* con el acuerdo. En ese momento, es posible llegar al libre comercio global. Pero este argumento supone que si *B* forma un bloque, volvemos a la situación simétrica de los dos bloques de idénticas dimensiones, que ya hemos analizado. La cuestión puede ser todavía más complicada. En la figura 18.4 examinamos un caso asimétrico del modelo de dos bloques. Ahora *A* es mayor que *B*. Es posible demostrar que como *A* tiene más poder de monopolio, impondrá sobre *B* un arancel mayor que el que *B* impondrá sobre *A*, como se muestra gráficamente en la figura 18.4.

¿Qué podemos decir ahora sobre el bienestar de equilibrio de los bloques *A* y *B*? Es bastante fácil ver que el bienestar de los ciudadanos de *A* debe ser mayor que el bienes-

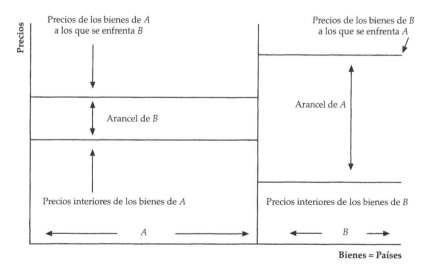

Figura 18.4. Bloques comerciales: el caso asimétrico.

tar de los ciudadanos de B, pero ¿son *ambos* bienestares inferiores al que disfrutarían en condiciones de libre comercio global? Si lo son, no se puede impedir el paso final al libre comercio. En cambio, si hay una situación en la que A disfruta de un nivel de bienestar superior al del libre comercio global, puede estar realmente en peligro el paso al libre comercio. Esta situación podría interpretarse diciendo que *aunque* los miembros de B puedan organizarse y formar un bloque comercial, no pueden reducir el bienestar per cápita de A con respecto al nivel correspondiente al libre comercio y, por lo tanto, no pueden intimidar o convencer a A para que se abra al comercio.[39]

Obsérvense varias características de este análisis. En primer lugar, ser el primero en el "juego del comercio" tiene ventajas: las zonas de libre comercio que se forman antes y levantan después una barrera arancelaria común adquieren una cierta posición de fuerza de cara a las negociaciones posteriores. En segundo lugar, no hemos analizado la *elección* de la zona inicial A. Sabemos que si es demasiado pequeña, en el sentido de que su peso en el comercio mundial es demasiado pequeño, pueden formarse zonas que la contrarresten, por lo que cabe esperar que se acabe poniendo sobre la mesa de negociación la propuesta del libre comercio global.[40] Por lo tanto, para los miembros de una zona de libre comercio que tiene ventajas históricas sería una insensatez no expandirla: en las negociaciones posteriores se necesita una cierta fuerza numérica mínima. En tercer lugar, si *existe* alguna configuración en la que no es posible conseguir que A disfrute de un nivel de bienestar inferior al del libre comercio (aun cuando B se forme totalmente), cabría predecir que el regionalismo nunca dará paso a un comercio totalmente multilateral: los bloques comerciales pueden ser un resultado estable.[41]

Por último, vemos que no se presupone que la optimalidad global del libre comercio sea suficiente para que ocurra en la práctica. Los países se imponen externalidades (al igual que en nuestro sencillo modelo de los aranceles), y no hay razón alguna para prever que internalizarán estos efectos, por altruismo o interés político.

El objetivo *normativo* de la liberalización incondicional del comercio (aun cuando aceptemos que ese objetivo es el correcto) no puede identificarse con los avances y los retrocesos que se producen cuando los países o los subgrupos de países actúan en beneficio propio. En palabras de Bhagwati [1993, pág. 46]:

> El regionalismo es... tanto una cuestión difícil como delicada. Sólo el tiempo nos dirá si el resurgimiento que ha experimentado el regionalismo desde los años ochenta es un acontecimiento positivo y beneficioso o una fuerza maligna que contribuirá a minar el objetivo ampliamente compartido del libre comercio para todos. En mi opinión, el resurgimiento del regionalismo es una mala noticia. Pero, dado su atractivo político y su probable propaga-

[39] Señalamos de nuevo que este resultado depende de la imposibilidad de que los ciudadanos de B realicen transferencias persistentes o "pagos encubiertos" a los de A una vez firmado el acuerdo de libre comercio. Puede ser sencillamente inviable por varias razones un sistema internacional que obligue a realizar esas transferencias.

[40] En nuestro sencillo modelo, si A representa menos de la mitad de la población mundial, acabará cediendo al libre comercio. Sin embargo, no interprete el lector literalmente esta proporción, ya que depende de un modelo muy especial.

[41] El análisis de esta cuestión es bastante sencillo en el presente modelo, pero es importante y su solidez ha de examinarse desde varios puntos de vista. Este ejercicio queda fuera del alcance de nuestro libro.

ción, creo que es importante contenerlo y moldearlo... a fin de que sea lo más útil y lo menos perjudicial posible...

Los *equilibrios* no tienen por qué ser *óptimos*: los individuos, los grupos y los países no siempre consiguen internalizar totalmente los efectos de sus interacciones. El papel de los poderes públicos es crear las condiciones necesarias para que esta internalización aumente. Quizá sea ese el principal mensaje de todo el libro.

18.4 Resumen

En este capítulo hemos estudiado la *política comercial multilateral*. El punto de partida era el hecho de que (a pesar de los teoremas del libre comercio) vivimos en un mundo proteccionista. En ese clima, algunos organismos como el Acuerdo General de Aranceles y Comercio han tratado de reducir las barreras comerciales de una manera multilateral, coordinando las acciones de los diferentes países. Al mismo tiempo, algunos grupos de países (como la UE) han ido más allá del GATT (negociando acuerdos de libre comercio entre ellos), y han dado simultáneamente un paso atrás (levantando o manteniendo barreras a las importaciones procedentes del resto del mundo). Las oleadas de regionalismo han coexistido con el enfoque multilateral.

Hemos comenzado estudiando el fenómeno del comercio restringido. En primer lugar, hemos analizado todos los argumentos de segundo óptimo presentados en el capítulo 17: las intervenciones en el comercio pueden estar justificadas cuando hay otros fallos en el mercado. En segundo lugar, los países que son grandes compradores de algunos productos pueden salir ganando realmente si imponen aranceles sobre esos productos, pero casi siempre quienes han restringido el comercio han sido los grupos de presión que pueden salir perdiendo con el comercio. Conscientes de que suele ser imposible por razones políticas o de información establecer sistemas de compensación para convertir las ganancias potenciales en mejoras reales en el sentido de Pareto para todos, estos grupos presionan para que se adopten medidas proteccionistas. En este clima, el hecho de que *otros* países sean proteccionistas puede añadir leña al fuego.

Este tipo de argumento pone de manifiesto dos aspectos de los equilibrios del comercio. Podrían representar dilemas de los presos y provocar invariablemente una guerra arancelaria: es decir, los países podrían tender a ser proteccionistas independientemente de lo que hicieran los demás y, al mismo tiempo, perjudicarse colectivamente. Las interacciones comerciales también podrían parecerse más a *juegos de coordinación*, en los que coexiste un equilibrio sin protección con un equilibrio proteccionista. Hemos interpretado el papel del GATT (o de cualquier organismo multilateral destinado a fomentar el libre comercio) en estos dos contextos.

A continuación hemos estudiado detalladamente los *acuerdos comerciales regionales*. Hemos introducido los conceptos clásicos de *creación de comercio* y *desviación del comercio*, y hemos afirmado que estos conceptos son útiles para comprender las zonas de libre comercio. También hemos analizado los efectos externos de un acuerdo de libre comercio, es decir, los efectos que produce en los países que no participan en el acuerdo.

Hemos estudiado diversos tipos de acuerdos regionales. Parece, según Heckscher-Ohlin, que como más ganancias generaría el comercio sería integrando un país en vías de desarrollo con uno desarrollado: las condiciones de producción son tan distintas en los dos países que la apertura del comercio entre ellos puede reportarles muchos beneficios. Sin embargo, no existen muchos acuerdos entre países de diferentes niveles de desarrollo (el NAFTA es una excepción) y lo atribuimos a los grupos de presión políticos. Los efectos distributivos son mayores cuando los países son distintos y en ese caso es probable que los grupos de presión que intentan frustrar la integración también sean poderosos.

A continuación hemos estudiado los acuerdos de libre comercio entre países *similares*. Hemos afirmado que si tienen un nivel de desarrollo similar y también son suficientemente ricos para que se consuma o se produzca una gran variedad de productos, es probable que las ganancias derivadas del comercio se distribuyan por igual entre los diferentes grupos, reduciendo así las presiones políticas. Incluso en ese caso, el proceso de integración dista de ser fluido, como indica el ejemplo de la Unión Europea. Las cosas son peores cuando los países son similares, pero pobres. En este caso, las ganancias que puede reportar el comercio son muy escasas, ya que no hay una gran variedad de productos. Sin embargo, existe una importante vía para beneficiarse del comercio, que se deriva del hecho de que muchos de esos países tienen una política de sustitución de importaciones. Su acceso a los mercados es, pues, escasa y los acuerdos regionales pueden expandir los mercados y permitirles aprovechar en alguna medida los rendimientos de escala y mantener al mismo tiempo una barrera proteccionista frente a los países desarrollados. El problema estriba en que algunos países disfrutan invariablemente de mayor bienestar que otros y se observa una clara tendencia a establecer la mayor parte de la industria en estos países. Por lo tanto, las ganancias derivadas de la integración se reparten de una manera muy desigual entre los *países*, lo cual provoca todo tipo de fricciones. Es posible controlar el emplazamiento de las industrias y/o idear complejos programas de compensación, solución que se ha probado, pero la situación suele ser suficientemente compleja para que un mecanismo como éste sea infalible. La integración sur-sur no ha tenido, pues, demasiado éxito, aunque parece estar en marcha una reciente oleada de integración más prometedora.

Hemos concluido este capítulo estudiando la cuestión del regionalismo frente al multilateralismo. ¿Es el (la tolerancia del) regionalismo una alternativa al multilateralismo coordinado globalmente? ¿Podría el fomento de los acuerdos regionales acabar llevando al libre comercio para todos? Hemos desarrollado un sencillo modelo que sirve para mostrar las principales cuestiones que se plantean.

Ejercicios

■ (1) El teorema de las "ganancias derivadas del comercio" nos dice que *independientemente* de lo que hagan otros países, el libre comercio es la mejor política para cualquier país. Sin embargo, los países generalmente amenazan con adoptar medidas comerciales restrictivas si sus socios comerciales también las adoptan. Concilie estas dos observaciones utilizando los argumentos expuestos en el texto.

■ (2) Si el *statu quo* es el comercio restringido, una política de liberalización puede no contar con el apoyo popular, aun cuando beneficie a la mayor parte de la población y aun cuando el valor monetario de las ganancias sea superior a las pérdidas. Una causa es que puede resultar difícil, *ex ante*, para una persona predecir si se encontrará en el grupo de perdedores o en el de ganadores. Aunque el número de ganadores sea superior al de perdedores, una persona aversa al riesgo podría votar en contra de una propuesta de liberalización. El lector debería ser capaz de plasmar fácilmente esta posibilidad en un modelo utilizando el concepto de aversión al riesgo definido en el texto.

Sin embargo, como señalan Fernández y Rodrik [1991], una política de liberalización de este tipo puede ser bloqueada por los votantes, aunque sean *neutrales* al riesgo. Para verlo considere el siguiente ejemplo. Un país tiene 100 personas. Suponga que una política enriquece a 60 personas en 100 dólares a cada una y perjudica a 40 en 80 dólares a cada una. Un número de ganadores, x, ya *sabe* que saldrá ganando y todos los demás también lo saben. El resto no sabe si saldrá ganando o perdiendo, por lo que suponga simplemente que serán elegidos aleatoriamente para ser uno de los $60 - x$ ganadores restantes.

Si se utiliza la votación por mayoría para decidir la política a seguir, indique qué ocurre cuando x varía entre 0 y 60. Explique de una manera verbal, intuitiva y clara su respuesta.

■ (3) Revise con espíritu crítico los argumentos que sugieren que un aumento del comercio entre países similares tiene más probabilidades de generar una mejora real en el sentido de Pareto que cuando comienzan a comerciar países que tienen unas dotaciones de factores distintas. Enumere las matizaciones que habría que hacer a esos argumentos para que fueran válidos.

■ (4) Considere el ejemplo de Blanco y Tinto estudiado en el apartado 18.3.4. Describa un caso en el que algunos ciudadanos de Blanco podrían oponerse a un acuerdo de libre comercio, y demuestre que este caso debe depender fundamentalmente del supuesto de que las dotaciones de factores están distribuidas de manera desigual entre los ciudadanos. Observe que incluso en este caso la única objeción se debe al hecho de que el precio del vino es más alto y que ésta normalmente tiene poca influencia, ya que la pérdida está distribuida entre todos los consumidores. Esta consecuencia es muy diferente de la que se obtiene en el modelo Heckscher-Ohilin, en el que afectan a los factores productivos que están concentrados en determinados grupos de personas.

■ (5) ¿Por qué podrían ser reacios al libre comercio los países en vías de desarrollo que tienen un sistema de impuestos sobre la renta poco desarrollado?

■ (6) ¿Por qué se observan alianzas entre ecologistas y proteccionistas en los países desarrollados?

■ (7) Considere la siguiente parábola. Hay cinco personas. Pueden formar grupos de diferentes tamaños. Un grupo de tamaño 1 obtiene una renta total de 100 dólares; uno de tamaño 2 obtiene 250; uno de tamaño 3 obtiene 600; uno de tamaño 4 obtiene 750; y uno de tamaño 5 obtiene 900.

(a) ¿Qué conjunto de grupos maximiza la "renta mundial" en este mundo de cinco personas?

(b) Si debe repartirse la renta de todos los grupos por igual entre sus miembros, ¿qué agrupamiento es de esperar que surja si los grupos se forman espontáneamente?

(c) Explique por qué las respuestas de (a) y (b) son diferentes. ¿Puede indicar un caso alternativo en el que se consigue maximizar la renta mundial si se permite que la gente proponga un reparto desigual de la renta del grupo? ¿Qué supuestos sobre la formación de grupos sería necesaria para que esta alternativa diera resultado?

(d) ¿Puede utilizar esta parábola para comprender mejor la formación de grupos regionales en el comercio internacional?

Apéndice 1

TEORÍA ELEMENTAL DE LOS JUEGOS

A1.1 Introducción

La teoría de los juegos es útil para estudiar las interacciones entre individuos cuando las acciones de cada uno afectan a las utilidades o rendimientos monetarios de otros. El fin de este apéndice es ofrecer al lector una introducción a la teoría de los juegos tal como la utilizamos en este libro. Ponemos énfasis en los conceptos que son útiles para estudiar el desarrollo. Debe quedar claro que este capítulo no sustituye en modo alguno a una introducción exhaustiva a la teoría de los juegos, para la cual el lector tendrá que consultar libros especializados.[1]

A1.2 Conceptos básicos

La manera más sencilla de describir una situación estratégica o un juego posiblemente también sea la más abstracta, por lo que se necesita un poco de paciencia para comprender esta parte si se quiere entender correctamente el resto. Supongamos que hay un conjunto I de personas, llamadas a veces *agentes* o *jugadores*. Bauticémoslas refiriéndonos a cada una con su índice en el conjunto I. Así, por el ejemplo, el jugador i se referirá a un jugador que tiene el índice i. Posteriormente denominaremos a diversos objetos con subíndices como 1, 2, i o j para recordar que "pertenecen a" los jugadores 1, 2, i, j, ...

Cada jugador i tiene un conjunto de *estrategias*. Una estrategia representativa de este conjunto puede denominarse s_i. Un *perfil de estrategias* es una lista de estrategias $(s_1, s_2, ..., s_n)$, una para cada jugador. Para abreviar la notación, nos referiremos a un perfil de estrategias representativo por medio de la letra en negrita **s**.

Dado cualquier perfil de estrategias **s**, cada jugador i recibe un resultado u_i, que puede depender de todo el vector de estrategias de ese perfil. Para subrayar esta dependencia, a veces nos referimos a u_i por medio de $u_i(\mathbf{s})$ para destacar el hecho de que u_i es una *función* de **s**, para todo jugador i.

Lo crea el lector o no, ¡con esto hemos terminado la descripción de un juego! Naturalmente, lo que hemos hecho hasta ahora es aparentemente fácil. Existen muchos tipos de juegos que encajan en este modelo, y enseguida veremos algunos de ellos. Antes tomémonos algún tiempo para comprender los distintos conceptos que hemos introducido hasta ahora.

En primer lugar, una estrategia puede significar muchas cosas y puede ser posible o imposible describirla por medio de una única cifra. Una estrategia puede representar una ac-

---

1. Véase Binmore [1992], Gibbons [1992], y Osborne y Rubinstein [1994] para una excelente introducción a este tema.

ción sencilla o una lista de acciones que dependen de varias contingencias. En segundo lugar, un resultado puede significar varias cosas. Puede significar la satisfacción o la utilidad de una persona; puede significar la retribución monetaria que recibe; puede significar el valor esperado de la retribución monetaria o de la utilidad en las situaciones inciertas. Veamos algunos ejemplos que ilustran estas cuestiones.

Decisiones relacionadas con la fecundidad

Dos parejas viven juntas y cada una tiene que decidir el número de hijos que van a tener. La crianza de los hijos tiene un coste si son nuestros. Por otra parte, como las dos parejas viven juntas, los hijos de la otra también nos imponen un coste (expresado en la obligación de cuidarlos de vez en cuando). Supongamos que el coste de criar a nuestros propios hijos es c por hijo y el coste que imponen los hijos de la otra pareja es d por hijo (consideremos que éste es el coste inevitable de vivir con otra pareja). Tener hijos también genera beneficios, pero para simplificar el análisis supongamos que cada pareja sólo obtiene beneficios de sus propios hijos. Supongamos que el beneficio total de tener n hijos propios es $A(n)$. Supongamos que ninguna pareja puede tener más de N hijos.

(1) En este caso, los "individuos" o "jugadores" son parejas. Describa el lector el conjunto de estrategias de cada pareja y el resultado de cada perfil de estrategias.

(2) Describa el caso especial que surgiría si cada pareja viviera totalmente aislada del resto. ¿Cómo describiría las nuevas funciones de resultados?

La adopción de una nueva tecnología

En un país hay dos sistemas informáticos posibles, A y B. Cada persona puede adoptar uno cualquiera de los dos. El coste de adopción es c en el caso de cualquiera de los dos sistemas. Sin embargo, el resultado de la adopción de uno de ellos depende positivamente del número de personas que adopten también ese sistema. Si n es este número, el resultado es una función $f(n)$.

(3) Describa el lector esta situación como un juego.

En los ejemplos analizados hasta ahora una estrategia es una acción sencilla, como la decisión de tener x hijos o de adoptar una determinada tecnología. En muchos casos, una estrategia es una descripción de una acción que depende de las circunstancias. He aquí dos ejemplos para explicar este caso.

La protección de una industria

Una industria monopolística está protegida por un arancel. Debe decidir si reduce o no los costes y aumenta su competitividad internacional. Tras tomar esta decisión, el Gobierno observa si la industria ha reducido o no los costes y decide entonces si elimina o no el arancel que la protege. Tras estas decisiones, tanto el Estado como la industria obtienen unos resultados. Más adelante los describiremos con mayor detalle. De momento, nos gustaría describir los conjuntos de estrategias.

Hay dos "jugadores": la industria y el Gobierno. El conjunto de estrategias de la industria es bastante sencillo: consta de dos opciones, "reducir los costes" o "no reducir los costes". A primera vista, parece que la descripción también es similar en el caso del Gobierno: "mantener el arancel" o "suprimir el arancel". Sin embargo, no es cierto y la razón se halla en que el Gobierno observa lo que hace la industria *antes* de tomar su decisión. Por lo tanto, en la descripción de la estrategia del Gobierno debemos tener en cuenta la posibilidad de que la decisión del Gobierno puede depender de lo que observa. Se deduce, pues, que el Gobierno tiene, en realidad, *cuatro* estrategias, ¡no dos! Son (i) suprimir el arancel independientemente de lo que haga la industria, (ii) mantener el arancel independientemente de lo que haga la industria, (iii) mantener el arancel si la industria reduce los costes y eliminarlo en caso contrario y (iv) eliminar el arancel si la industria reduce los costes y mantenerlo en caso contrario. Como se ha insinuado antes, en este caso una estrategia (en el caso del Gobierno) no es una sencilla acción sino una serie de "reglas condicionales", que dependen de lo que observe.

La relación entre el terrateniente y el arrendatario

Un terrateniente arrienda tierra a un arrendatario. Éste elige la cantidad de trabajo L y produce la cantidad Y de acuerdo con una función de producción $Y = F(L)$. El trabajo le cuesta w por unidad. El terrateniente elige un contrato para el arrendatario, que es un sistema de reparto de la producción obtenida. El sistema consta de una *parte* proporcional de la producción a y un pago fijo F, lo cual quiere decir que el arrendatario se queda con una parte a de la producción y paga una cantidad fija F al terrateniente por el derecho a cultivar la tierra. Sea $c = (a, F)$ la notación abreviada del *contrato* ofrecido. Una vez ofrecido el contrato, el arrendatario elige la cantidad de trabajo que va a dedicar a la tierra.

(4) Describa el lector las estrategias de que disponen el terrateniente y el arrendatario y los resultados que generan.

A1.3 El equilibrio de Nash

El concepto fundamental de "equilibrio" de un juego se debe a John Nash. El concepto, conocido con el nombre de equilibrio de Nash, puede describirse de la forma siguiente. Imaginemos un perfil de estrategias que tiene la propiedad de que *ninguna* persona puede mejorar su bienestar eligiendo otra estrategia, suponiendo que todos los demás jugadores eligen la estrategia descrita por el perfil de estrategias. El lector debe comprender perfectamente que esta propiedad debe aplicarse *simultáneamente* a todos los jugadores dentro del *mismo* perfil de estrategias. En ese caso, ese perfil de estrategias se denomina *equilibrio de Nash*.

Como mejor se explica el concepto de equilibrio de Nash es con ejemplos.

El dilema de los presos

Éste es el primer caso de un juego con el que podremos analizar muchos de nuestros ejemplos de desarrollo. Dos presos han cometido un delito por el que están siendo interrogados por la policía. Cada uno de ellos tiene dos opciones: puede *cooperar* con su compañero y negarse a revelar cualquier evidencia o puede *ir a la suya* y revelarlo todo a la policía. Por lo tanto, el conjunto de estrategias de cada preso consta de dos: cooperar o ir a la suya.

Supongamos que si los dos presos cooperan, no es posible acusarlos de nada, por lo que quedan impunes para disfrutar de su botín, que tiene, por ejemplo, un valor de diez unidades para cada uno de ellos. En cambio, si ambos van a la suya, son encerrados durante un tiempo, tras lo cual quedan en libertad condicional. Supongamos que el resultado de esta situación vale cinco unidades para cada uno de ellos. Queda por describir la situación en la que uno coopera, pero el otro lo delata. En este caso, el segundo declara como testigo y, a cambio, es perdonado con una pena mínima. También consigue disfrutar del botín, mientras el otro se pudre en la cárcel, y eso vale, por ejemplo, quince unidades para el delator. El cooperador es encerrado por ser un tipo impenitente que nunca confiesa sus delitos y eso le reporta, por ejemplo, cero unidades. Las ganancias de cada decisión pueden resumirse por medio de la siguiente *matriz* de ganancias, de uso frecuente en la teoría de los juegos:

	Cooperar	Ir a la suya
Cooperar	10, 10	0, 15
Ir a la suya	15, 0	5, 5

Es muy fácil ver que sólo hay *un* equilibrio de Nash en este juego, es decir, una combinación de estrategias que tienen la propiedad de que cada jugador obtiene los mejores resultados posibles, dado lo que hace el otro. Esta es la combinación en la que *ambos presos van a la suya*. Obsérvese cualquier otra combinación de estrategias. Si se trata de que ambos cooperan, cada uno de ellos querrá cambiar de decisión e ir a la suya. En cambio, si se trata de estrategias distintas, el preso que inicialmente coopera también querrá ir ahora a la suya (obtener cinco es mejor que obtener cero). Por lo tanto, (ir a la suya, ir a la suya) es el único equilibrio de Nash en este juego. Este resultado es, cuando menos, curioso, pero podemos observar varias situaciones reales que corresponden, en términos generales, al dilema de los presos.

Reconsideración de la fecundidad. Examinemos de nuevo el ejemplo anterior de la fecundidad. Vamos a tratar de convencer al lector de que tiene la característica esencial del dilema de los presos, a saber, las dos parejas podrían tomar decisiones que no maximizan su utilidad conjunta. Véase también el capítulo 9 en el que se analiza este problema y otros parecidos.

Resultará útil trabajar con un ejemplo numérico concreto. Supongamos que $N = 2$, por lo que cada pareja no puede tener más de dos hijos. Supongamos ahora que el coste de criar a cada uno de nuestros hijos es de 200 euros, mientras que el coste que imponen los hijos de la otra parte es de 100 por hijo. Especifiquemos la función de beneficios de la forma siguiente: el primer hijo se valora en 350 euros, mientras que el segundo se valora en 250. Por lo tanto, $A(1) = 350$, mientras que $A(2) = 600$. Supongamos que las cifras son las mismas en el caso de la otra pareja. Ahora podemos representar la ganancia neta (beneficio menos coste) de cada pareja en la siguiente matriz, en la que las opciones "uno" y "dos" se explican por sí solas:

	Uno	Dos
Uno	50, 50	−50, 100
Dos	100, −50	0, 0

Asegúrese el lector de que comprende estas cifras (cosa que debería ocurrir si ha resuelto los ejercicios anteriores). Por ejemplo, el par de estrategias (uno, dos) significa que la primera pareja tiene un hijo, mientras que la segunda tiene dos. La primera obtiene, pues, un beneficio de 350, pero en ese caso incurre en un coste de 200 por su propio hijo y en un coste total de 200 por los dos hijos de la otra pareja. La ganancia neta es, pues, –50. La pareja que tiene dos hijos recibe unos beneficios de 600, y como incurre en unos costes de 400 por sus dos hijos y en un coste indirecto de 100 por el hijo de la otra pareja, recibe una ganancia neta de 100.

Ahora debería resultar muy clara la relación con el dilema de los presos. La política de cooperación es tener un hijo cada uno. Sin embargo, si ninguna pareja internaliza el coste que impone a la otra como consecuencia de su decisión, ambas pueden acabar teniendo dos hijos cada una, con unas ganancias nulas.

Los bienes de propiedad comunal. Supongamos que en un pueblo se utilizan las aguas subterráneas para regar. Si se abusa de ellas, puede disminuir el nivel freático, lo que aumentaría los costes que tiene para todos los agricultores la extracción de agua. Este es el problema clásico de los bienes de propiedad comunal: las aguas subterráneas constituyen un recurso de propiedad común y los costes de utilizarlas pueden no internalizarse totalmente. Basta un sencillo ejemplo para explicarlo. Supongamos que pueden extraerse dos cantidades de agua —*mucha* y *poca*— y que hay dos agricultores. Los ingresos (generados por la producción agrícola) que obtiene cada agricultor aumentan con el uso de las aguas subterráneas: por ejemplo, son de 2.000 euros si utilizan mucha agua y de 1.000 si utilizan poca. El coste de extracción depende de que el *otro* agricultor utilice mucha o poca agua. Suponga que el coste de extracción es para cada agricultor de 500 euros si se utiliza poca agua y de 1.300 si se utiliza mucha, pero que se incurre en un coste fijo adicional de 500 si el otro agricultor está extrayendo mucha agua (habrá que excavar pozos más profundos porque la acción del otro agricultor reduce el nivel freático). Esta situación se representa por medio de una tabla muy parecida a la matriz de la fecundidad:

	Poca	Mucha
Poca	500, 500	0, 700
Mucha	700, 0	200, 200

Asegúrese el lector, una vez más, de que comprende las distintas cifras. Ahora verifique que la situación corresponde a un dilema de los presos y que ambos agricultores extraerán mucha agua, aun cuando el resultado preferido por ellos fuera que ambos extrajeran poca.

Éstos no son más que dos de los muchísimos ejemplos que podríamos poner. Las cuestiones relacionadas con el medio ambiente, como la contaminación transfronteriza o la deforestación pueden abordarse de la misma forma. Por ejemplo, los países pueden establecer impuestos sobre las empresas contaminantes en la medida en que la contaminación afecte a sus propios ciudadanos, pero pueden no internalizar los efectos que produce la contaminación en los ciudadanos de otros países, lo que puede llevar a contaminar excesivamente.

En el mismo orden de cosas, pero en un contexto totalmente distinto, varios grupos industriales podrían presionar para que se impusieran aranceles protectores y poder tener un acceso privilegiado al mercado nacional. Naturalmente, en cada grupo hay accionistas que son consumidores de otros productos y a los que no les gustaría ver que se establecen aranceles sobre estos otros productos. No internalizan, pues, los efectos que producen sus presiones en otros grupos de intereses. Puede muy bien producirse una situación parecida a la del dilema de los presos.

Las cooperativas agrarias constituyen otro ejemplo. Los agricultores que trabajan para la cooperativa tienen un incentivo menor del necesario, ya que no internalizan todo el producto marginal de su esfuerzo adicional (la producción adicional se reparte entre todos los agricultores). El equilibrio de Nash de este juego suele ser peor para todos en relación con el resultado en el que todos cooperen.

La congestión de las carreteras gratuitas, el uso excesivo de los servicios sanitarios públicos, tirar basura, la baja tasa de participación en unas elecciones, la lista de posibles dilemas de los presos es larga y variada.

El juego de coordinación

Veamos un juego que tiene un sabor algo distinto. Podemos llamarlo el dilema de los turistas. Dos amigos están visitando la ciudad india de Mumbai (una gran ciudad situada al oeste de la India que antes tenía un nombre más conocido), se pierden y no saben dónde está cada uno. No han hecho planes para hacer frente a este tipo de emergencia, pero cada uno sospecha que el otro acudirá a un conocido lugar "turístico" con la esperanza de que el otro piense lo mismo. Y así es, ambos *piensan* lo mismo, pero el problema estriba en que hay dos lugares posibles (bien, hay muchos, pero supongamos que sólo hay dos): Chowpatti Beach y Apollo Bunder. Si acuden a lugares distintos, estarán, como es de esperar, muy descontentos, pero si acuden al mismo, estarán encantados. De hecho, Chowpatti es una opción mejor porque pueden comer juntos un excelente *bhelpuri* en ese lugar. Podemos representar todo esto diciendo que cada amigo obtiene un resultado de 0 si acuden a lugares distintos, un resultado de 1 si se encuentran en Apollo Bunder y un resultado de 2 si se encuentran en Chowpatti (y gracias a eso comen un buen *bhelpuri*). He aquí la matriz correspondiente:

	Chowpatti	Apollo
Chowpatti	2, 2	0, 0
Apollo	0, 0	1, 1

Ahora es bastante fácil ver que este juego tiene dos equilibrios de Nash.[2] En uno de ellos, ambos acaban en Chowpatti. En el otro, ambos acaban en Apollo Bunder. Todo depende de lo que cada uno espere que haga el otro.[3]

---

2. Más concretamente, hay dos equilibrios de Nash en estrategias puras: no consideraremos aquí las estrategias mixtas.

3. Otro problema es la *descoordinación*, en la que lo que piensa cada uno que hará el otro generalmente no es lo que piensan ambos jugadores. Estas cuestiones son importantes, pero algo menos para los ejemplos de la vida real que estamos analizando.

El dilema de los turistas crea lo que podríamos llamar un problema de coordinación. Lo mejor para ambos sería encontrarse en Chowpatti, pero si la comunicación es limitada, es difícil que este resultado esté garantizado. Las expectativas que tiene cada uno sobre lo que hará el otro determinan fundamentalmente la decisión final que tome cada uno.

Al igual que ocurre en el dilema de los presos, en este libro hay repetidos ejemplos de problemas de coordinación.

QWERTY

Como vimos en el capítulo 5, QWERTY se refiere al sistema de teclado con el que todos estamos familiarizados. Se sabe que es ineficiente y que inicialmente se diseñó así para reducir la velocidad con que se mecanografiaba en las primitivas máquinas de escribir. Sin embargo, el problema estriba en que las ventajas de utilizar el QWERTY no son independientes del contexto; dependen de cuántas personas más utilicen el mismo sistema. Por lo tanto, aunque exista un sistema mejor, la gente puede no cambiar si piensa que otras personas están utilizando el antiguo sistema. Este argumento también puede aplicarse a toda una variedad de tecnologías y de sistemas: los programas informáticos (sistemas operativos y aplicaciones), las redes de televisión, el sentido por el que circulamos en la carretera (aunque no se impusiera por ley, no cabe duda de que surgiría espontáneamente un sistema coordinado) y las opiniones sobre lo que está de moda.

La manera más fácil de representar cualquiera de estos problemas como un dilema de los turistas es elegir una versión de dos jugadores. Por ejemplo, si dos personas que comparten los recursos informáticos pueden utilizar un Macintosh o un PC, estas decisiones pueden identificarse con Chowpatti o Apollo Bunder en el ejemplo anterior.

(5) Construya el lector una tabla de las mismas características que las del juego de coordinación, ya que la elección del mismo tipo de ordenador permite compartir en mayor medida los recursos. Una elección coordinada puede generar un resultado mejor que el otro: dependiendo de sus preferencias, puede querer conceder ese honor al par de estrategias (PC, PC) o al par de estrategias (Mac, Mac).

Las normas sociales. En las situaciones sociales surgen juegos de coordinación de una forma algo menos transparente. Consideremos la costumbre social de celebrar espléndidas bodas cuando se casan los hijos y las hijas, lo cual (en mi opinión) es censurable en cualquier sociedad, pero sobre todo en los países en vías en desarrollo. La razón no se halla en que la gente no tenga derecho a gastar su dinero como quiera —lo tiene— sino en que esos gastos constituyen, en última instancia, una norma social que los menos ricos se sienten obligados a cumplir. La "vergüenza" que se experimenta si *no* se celebra una boda por todo lo alto puede ser, pues, mayor cuando lo tradicional es celebrarla. Esa tradición se debe, a su vez, a que otras muchas personas se comportan de esa forma. Sin embargo, hay otro equilibrio en el que la norma social de celebrar bodas por todo lo alto no existe (y es posible incluso que esté mal vista). El lector debe ser capaz de utilizar esta información para construir un sencillo juego de dos personas que tenga las mismas características que el dilema de los presos y demostrar que tiene dos equilibrios de Nash.

Como hemos señalado en varias ocasiones en este libro, las normas sociales son mecanismos de coordinación en muchas situaciones: existe ese tipo de normas en las decisiones relacionadas con la fecundidad, en la elección de los cultivos, en el comportamiento de los conductores, en las actitudes culturales relacionadas con la ropa y con lo que se considera una conducta aceptable, etc. Lo interesante es que las normas sociales suelen tener el poder de convertir situaciones que son intrínsecamente dilemas de los presos en juegos de coordinación imponiendo unos costes psicológicos a los que se desvían del resultado basado en la cooperación. Existen muchos ejemplos: consideremos la práctica de hacer cola (y de respetar la norma de atender al primero de la cola). Al margen de las cuestiones relacionadas con la desaprobación social, la conducta egoístamente racional ante una cola es saltársela. Nos encontramos, pues, aquí ante un dilema de los presos. Una cola basada en la cooperación se desbarataría sistemáticamente en estas circunstancias hasta que ya nadie respetara las colas: éste es el equilibrio de libertad para todos en el que todos los afectados obtienen un bajo resultado. De hecho, algunas sociedades se encuentran lamentablemente en un equilibrio en el que no se respetan las colas; el caos resultante hay que experimentarlo para creerlo.

Las sociedades que consiguen impedir este caos lo consiguen estableciendo normas sociales sobre la formación de colas. ¿Cuál es la función de esa norma? Es la de castigar públicamente la persona que no obedece la norma. Eso impone unos costes psicológicos al que no respeta una cola y convierte el resultado basado en la cooperación en un equilibrio de Nash. Por cierto, el otro equilibrio (caótico) sigue encontrándose latente: en este sentido, tenemos un juego de coordinación con múltiples equilibrios.[4]

(6) Considere el lector la tabla siguiente:

	Elección A	Elección B
Elección A	10, 10	0, 15 − x
Elección B	15 − x, 0	5, 5

Muestre que cuando x toma determinados valores de un intervalo, hay un dilema de los presos, mientras que cuando toma otros, hay un dilema de los turistas. Dé una interpretación posible al valor de x relacionando este problema con el análisis anterior de las normas sociales.

Posibilidad limitada de obligar a cumplir las normas. Otra clase de situaciones en las que surgen juegos de coordinación es aquella en la que la policía o el Gobierno, por ejemplo, tienen un poder limitado para obligar a cumplir las normas. Un ejemplo son los disturbios seguidos de saqueos, como los que ocurren regularmente en diferentes lugares del mundo. Muchas personas no saquearían una tienda por la simple razón de que el castigo es rápido y seguro: no es difícil para la policía detener a un individuo solitario que rompe la luna de una tienda y se lleva, por ejemplo, un gran sillón de cuero, pero en un clima en el que cientos o miles de personas se dedican a hacer lo mismo, es muy difícil para la policía hacer

---

4. Hay situaciones en las que la urgencia es tan grande que se destruyen las normas sociales, al menos temporalmente, bajo las presiones. Es improbable que la gente haga cola para abandonar un edificio en llamas (aunque se sabe que ha ocurrido) y en ocasiones más triviales, por ejemplo, cuando los asientos de los aviones no están numerados, desaparece rápidamente el orden normal de la cola.

algo, salvo quizá dedicarse a hacer arrestos aleatorios hasta el límite de su capacidad. Si ésta es pequeña en relación con el número de saqueadores, la probabilidad de que cualquiera de ellos sea detenido es muy baja. Por lo tanto, los casos de saqueo tienden a adquirir una dinámica propia.

La corrupción (como la aceptación de sobornos o la evasión de impuestos) plantea las mismas consideraciones. Muchas veces la policía o los inspectores fiscales tienen potestad para tomar medidas drásticas en un reducido número de casos (que pueden elegirse aleatoriamente). Si la probabilidad de ser investigado es elevada, los incentivos para hacer trampa evidentemente disminuyen, pero la propia probabilidad depende del número de personas que haya que investigar.

(7) Considere el lector el caso de una sociedad en la que sólo hay dos personas. Estas pueden falsear sus declaraciones de renta, pero las declaraciones falseadas parecen sospechosas y se colocan en el montón que puede ser sometido a una inspección. Sin embargo, el Gobierno tiene una capacidad limitada para inspeccionar las declaraciones y elige aleatoriamente a una persona de este montón (si no está vacío). Los individuos tratan de maximizar sus ganancias esperadas. Construya una tabla en la que haya dos equilibrios: uno en el que nadie falsea su declaración y otro en el que ambos falsean sus declaraciones.

En el capítulo 5 esbozamos toda una serie de situaciones en las que hay equilibrios múltiples. Todas se parecen a juegos de coordinación. Animamos al lector a que lea de nuevo ese análisis teniendo presente este tipo de modelo.

Juegos, externalidades e intervención de los poderes públicos

El lector debería darse cuenta de que el dilema de los presos y el juego de coordinación representan ambos *clases* de situaciones que se repiten de distinta forma en la vida económica y, desde luego, en las cuestiones del desarrollo económico. Eso es lo que hemos tratado de mostrar utilizando algunos ejemplos. Obsérvese que ambos juegos son sumamente interesantes porque en ambos existen *externalidades*: lo que hace un jugador en el juego afecta al resultado del otro, lo cual puede poner en peligro la posibilidad de obtener un resultado mutuamente satisfactorio. Si ninguno de los jugadores afectara al otro, podríamos considerarlos como dos unidades aisladas y cada una podría dedicarse tranquilamente a sus asuntos sin ninguna interferencia externa. Por lo tanto, las externalidades son lo que hace que un juego sea un juego.

Sin embargo, las dos clases de juegos representadas por el dilema de los presos y el juego de coordinación tienen unas características algo distintas. En la primera clase, un jugador desea ir a la suya aunque el otro desee cooperar: eso provoca una situación en la que es difícil mantener la cooperación como un equilibrio. En la segunda clase, un jugador cooperará si su socio desea cooperar y no cooperará en caso contrario: eso da lugar a dos equilibrios (o a múltiples equilibrios en un contexto más general). Por lo tanto, los juegos son totalmente distintos y las situaciones económicas correspondientes deben tratarse de una forma diferente desde el punto de vista de la intervención de los poderes públicos.

En una situación característica de dilema de los presos, toda política debe ser *persistente*, en el sentido de que debe controlar y contrarrestar constantemente los incentivos de los individuos para desviarse de los resultados basados en la cooperación. Así, en el ejemplo de la contaminación, un sistema de impuestos sobre la producción podría reproducir los costes sociales que impone a otros el agente que contamina y reducir así la producción hasta niveles que se basen más en la cooperación, pero el sistema impositivo ha de mantenerse: tan pronto como se elimine, los agentes que contaminaban volverán a comportarse como antes.

En cambio, en el juego de coordinación la política puede ser *temporal*, en el sentido de que sólo es necesario dar incentivos transitorios para salir del equilibrio malo. No es que sea fácil dar esos incentivos: ya hemos visto que en las situaciones en las que un gran número de personas se encuentran atrapadas en un equilibrio negativo, se necesita un enorme acto de coordinación. A veces ésta se logra estableciendo unas *normas*, como el uso de ciertas tecnologías o sistemas informáticos, obligando a un gran número de personas a desplazarse al equilibrio deseado. A veces se imponen castigos o sanciones a las personas que realizan las acciones que llevan al equilibrio no deseado. La cuestión es que una vez que se establece el nuevo equilibrio, es posible suprimir las sanciones o las normas sin que la situación vuelva a ser necesariamente como antes.

A1.4 Los juegos intertemporales

En las situaciones como la que hemos descrito en el apartado anterior, los agentes que participan en el juego se mueven *simultáneamente* o casi simultáneamente, lo cual quiere decir que cada uno actúa sin saber lo que hace el otro. Sin embargo, hay varios casos en los que un juego se realiza durante un periodo de tiempo, en el cual uno o más jugadores actúan y otros (o quizá los mismos) actúan una vez observada la ronda anterior de acciones. Esos juegos son en cierta medida consecutivos. El fin de este apartado es analizar algunas características peculiares de estos juegos.

Credibilidad y perfección de los subjuegos

Un concepto fundamental en los juegos con jugadas consecutivas es el de *credibilidad*. Debidamente formalizado, lleva a un refinamiento del concepto de equilibrio de Nash, en el sentido de que los "equilibrios creíbles" son un subconjunto de todos los equilibrios de Nash del juego.

La idea de la credibilidad puede verse fácilmente en el juego siguiente de entrada en una industria en el que hay dos jugadores. La empresa 1 está considerando la posibilidad de entrar. Juega primero, eligiendo estar "dentro" o "fuera". Si elige fuera, el juego termina y el resultado es 0 para la empresa 1 y 2 para la empresa 2. Si entra, la empresa 2 tiene la posibilidad de "aceptar" a la empresa 1, en cuyo caso las dos empresas obtienen un resultado de 1, o de "luchar" contra ella, lo cual tiene costes para las dos empresas: los resultados son –1 y 0, respectivamente. La figura A1.1 resume la situación.

Consideremos ahora el par de estrategias en el que la empresa 1 elige fuera, mientras que la 2 elige la estrategia de luchar si la empresa 1 elige dentro (recuérdese que la estrategia de la segunda empresa es *condicional*, ya que consigue ver lo que hace la empresa 1 y puede condicionar su decisión a lo que haga esta empresa). Éste es un equilibrio de Nash, porque *dado* que la empresa 1 elige quedarse fuera, la estrategia de la empresa 2 es la mejor respuesta, es decir, nunca tendrá que cambiarla. Además, dado que la empresa 2 amenaza con luchar, la respuesta mejor para la 1 es permanecer fuera. Por lo tanto, las dos estrategias son las mejores respuestas para las dos empresas y se satisface la definición de equilibrio de Nash.

En el resultado anterior hay algo poco atractivo o, en todo caso, algo que no es creíble en relación con la amenaza de la empresa 2 de luchar. ¿Qué ocurre si la empresa 1 pusiera a prueba la creabilidad de esta amenaza entrando? ¿Lucharía la empresa 2? No: luchar tiene un resultado de 0, mientras que aceptar a la otra empresa tiene un resultado de 1. El único curso de acción creíble para la empresa 2 es aceptar la entrada, de manera que si la empresa 1 lo sabe, decidirá entrar. Por lo tanto, el concepto de equilibrio de Nash es insuficiente, en el sentido de que no excluye los "equilibrios" que carecen de credibilidad.

Eso nos lleva a un refinamiento del concepto de equilibrio de Nash que es muy intuitivo y fácil de describir. Observemos de nuevo la figura A1.1. Parece un árbol. En este ejemplo, el árbol es muy sencillo —sólo tiene dos nódulos— pero podríamos imaginar que juega el jugador 1, después el 2 y después quizá el 3 o incluso los jugadores 1 o 2 una vez más, y después, podría haber más jugadas, etc. En este caso, tendríamos un árbol con muchos nódulos. Imaginemos un minijuego o un *subjuego* de cada uno de estos nódulos, que es el juego que se produciría si, por alguna razón, los jugadores llegaran a estos nódulos (por ejemplo, en este caso sólo hay un subjuego, que se produce si la empresa 1 entra, por casualidad o a propósito).

El concepto de credibilidad debe interpretarse en el sentido de que todas las estrategias deben ser las mejores respuestas a las demás estrategias, *no sólo en el juego original*, sino partiendo de *cualquier* subjuego. En otras palabras, las estrategias deben ser equilibrios de Nash en todos los subjuegos. Se dice que esas combinaciones de estrategias representan un *equilibrio de Nash perfecto en todos los subjuegos*.

Para verlo con un ejemplo, volvamos al par de estrategias examinado. Es evidente que el par no provoca una respuesta mejor en el (único) subjuego de ese ejemplo, por lo que este

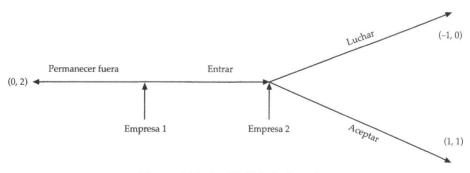

Figura A1.1. Credibilidad: ejemplo.

par de estrategias no es perfecto en todos los subjuegos. Hay otro par de estrategias que sí satisface esa condición: es la combinación (entrar, aceptar si entra). Este par de estrategias está formado por las respuestas mutuamente mejores de ambos subjuegos y es, por lo tanto, perfecto en todos los subjuegos. Un importante ejemplo de la perfección de los subjuegos es la teoría de la protección de la industria naciente, tema analizado en el capítulo 17.

La protección de una industria. Una industria monopolística está protegida por un arancel. Debe decidir si reduce o no los costes y aumenta su competitividad internacional. Tras tomar esta decisión, el Gobierno observa si la industria ha reducido o no los costes y decide entonces eliminar o no el arancel que la protege.

Para analizar este modelo, vamos a introducir más información. Suponemos cuatro regímenes: (1) un régimen de libre comercio en el que la industria ha reducido los costes y es competitiva en el mercado mundial, (2) un régimen protegido con bajos costes, en el que la protección es innecesaria para que sobreviva la industria, (3) un régimen de libre comercio con elevados costes industriales, en el que la industria no es competitiva y el producto se importa y (4) un régimen protegido con elevados costes, en el que la industria es protegida de la competencia internacional y abastece al mercado interior.

La figura A1.2 describe la situación por medio de un *árbol del juego*. Supongamos que el Gobierno toma una decisión inicial (no mostrada en el árbol) por la que concede protección a la industria durante un cierto periodo de tiempo. Durante este periodo, la industria debe decidir si reduce o no sus costes o los mantiene en el nivel no competitivo actual. Una vez que toma su decisión, el Gobierno debe decidir si le retira o no la protección. Cuando el Go-

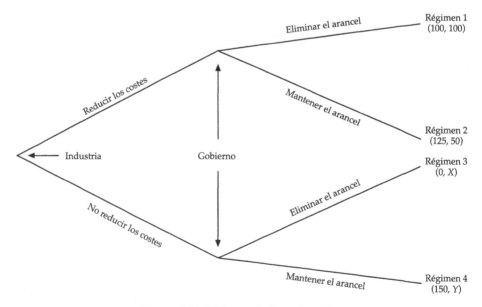

Figura A1.2. El juego de la protección.

bierno toma su decisión surge uno de los cuatro regímenes antes descritos (véase la figura A1.2, que asigna los regímenes a los distintos nódulos terminales del árbol).

Cada régimen genera unas *ganancias* a los jugadores que participan en el juego: la industria y el Gobierno. Se muestran entre paréntesis: la primera cifra representa el resultado de la industria y la segunda el resultado del Gobierno. Examinemos primero las ganancias de la industria.

Lo que más le gustaría a la industria sería no reducir sus costes (eso entraña probablemente gastar algunos recursos y despedir a los directivos perezosos, que tienen interés en permanecer en su puesto) *y* conservar toda la protección. Se trata de un caso en el que se "quiere el oro y el moro" y esta opción genera un resultado de 150. Naturalmente, no le gustaría nada no reducir los costes y quedarse sin protección; en efecto, esta opción le da el resultado más bajo, a saber, 0. La siguiente opción mejor es reducir los costes y conservar la protección y tiene un resultado de 125. Por último, la reducción de los costes y el aumento de la competitividad sin protección (régimen 1) tienen un resultado de 100, muy inferior a la opción consentida de seguir siendo ineficiente e improductiva.

¿Cuáles son las preferencias del Gobierno? Prefiere claramente el régimen 1 al 2, al 3 y al 4. En el régimen 1, la industria es totalmente competitiva y el libre comercio beneficia a los consumidores sin producir efectos secundarios perjudiciales. En el régimen 2, la industria no necesita protección y, aunque los industriales la prefieran, el Gobierno sabe que sobrevivirá con o sin protección y se la retirará. Por lo tanto, asignamos un resultado de 100 al régimen 1 y un resultado de 50 al régimen 2. Sin embargo, no está claro que el Gobierno prefiera el régimen 3 al 4 o viceversa. Ambos tienen elevados costes. El régimen 4 genera beneficios proteccionistas al fabricante nacional, mientras que el 3 la industria nacional desaparece. No es difícil adivinar qué régimen preferirían los fabricantes o a favor de cuál presionarían. Por otra parte, todos los consumidores o usuarios del producto prefieren el régimen 3 al 4: lo obtienen a un precio más bajo en el mercado mundial. La preferencia final del Gobierno entre estos dos regímenes será una amalgama de estos dos conjuntos de intereses opuestos. Hemos denominado X e Y a los resultados: aunque ambos son inferiores a 100, como hemos señalado antes, sus magnitudes relativas son fundamentales para el éxito o el fracaso de una política proteccionista destinada a reducir los costes, como veremos a continuación.

Analicemos ahora el modelo. Obsérvese que la estrategia de la industria es simplemente una decisión: "reducir los costes" o "no reducir los costes". La estrategia del Gobierno es más compleja: es una afirmación condicional que describe cómo reaccionará a cada una de estas dos acciones. Un ejemplo de un *par* de estrategias es: (reducir los costes, eliminar el arancel independientemente de que la industria reduzca o no los costes). Obsérvese que este par de estrategias *siempre* es un equilibrio de Nash, independiente de los valores de X e Y, ya que dado que el Gobierno adopta la estrategia de eliminar el arancel independientemente de lo que haga la industria, ésta se enfrenta a un resultado de 100 si reduce los costes y de 0 si no los reduce (utilice el lector la figura A1.2 y muévase a lo largo del árbol). Por lo tanto, reducirá los costes, y dado que la industria adopta la estrategia de reducir los costes, el Gobierno observa que merece la pena eliminar el arancel.

¿Es creíble esta estrategia o, dicho de otra manera, perfecta en los subjuegos? Ya hemos visto que para responder a esta pregunta, debemos examinar todos los subjuegos posibles. Queda por examinar el subjuego en el que la industria no reduce los costes. En este subjuego, la estrategia del Gobierno de eliminar el arancel es creíble si $X > Y$. Es decir, los intereses de los consumidores deben desempeñar un papel mayor que los intereses de los productores en la determinación de la política del Gobierno. La industria sabrá que si no reduce los costes, es creíble que el Gobierno la castigue: al Gobierno le interesa *ex post* castigarla.

¿Qué ocurre si $Y > X$? En este caso, los intereses de los productores o quizá los intereses de los trabajadores contratados por la industria parecen tener mayor peso en el cálculo del Gobierno. Eso destruye la credibilidad de eliminar el arancel independientemente de la estrategia elegida por la industria, ya que en el subjuego relevante no constituye la mejor respuesta. ¿Puede conseguir el Gobierno en este caso que la industria naciente reduzca los costes y crezca? No.

(8) Demuestre el lector que si $Y > X$, el *único* equilibrio de Nash perfecto en todos los subjuegos de este juego es aquel en el que el Gobierno elige la estrategia de eliminar el arancel si la industria reduce sus costes, mantener el arancel en caso de que la industria no reduzca sus costes.

Este ejemplo, junto con la perfección de los subjuegos, nos enseña que la capacidad de un jugador (en este caso, del Gobierno) de lograr un objetivo puede depender de sus preferencias frente a *otras* opciones, ninguna de las cuales es necesariamente la que quiere lograr finalmente el jugador.

Contratos

Los modelos del principal y el agente constituyen un buen ejemplo de juegos consecutivos en los que una de las partes, conocida con el nombre de principal, decide primero ofreciendo un contrato a la otra, el agente. Se supone que en esta clase de juegos es posible obligar a cumplir el contrato. El agente reacciona entonces al contrato eligiendo una acción que no puede conocerse de antemano. El tipo de contrato influye normalmente en esta decisión.

A esta categoría pertenecen varios ejemplos del texto. Consideremos, por ejemplo, la concesión de un crédito. En este caso, el principal es el prestamista, que ofrece un contrato de crédito que dicta las condiciones del préstamo (como el tipo de interés). El agente (el prestatario) elige entonces un préstamo de una determinada cuantía, la cual depende evidentemente del contrato.

O consideremos un contrato de arrendamiento de tierra, ejemplo que ya hemos analizado en este apéndice. Un terrateniente arrienda tierra a un arrendatario. Elige un contrato, que es un esquema de reparto de la producción obtenida. El contrato normalmente es una función que especifica cómo se reparten diferentes niveles de producción entre el terrateniente y el arrendatario. *Una vez* ofrecido el contrato, el arrendatario elige la cantidad de trabajo que va a dedicar a la tierra.

A lo largo de los capítulos del libro hemos utilizado repetidamente (aunque de forma implícita) el concepto de equilibrio perfecto en todos los subjuegos para analizar los contratos. Consideremos, por ejemplo, un contrato de arrendamiento de tierra. El arrendatario puede amenazar con la siguiente estrategia: "a menos que se me ofrezca un *determinado* contrato, elegiré un nivel de esfuerzo igual a cero". Si el terrateniente se cree esta estrategia, se verá obligado a ofrecer el contrato que pretende el arrendatario. Sin embargo, esta combinación de estrategias carece de la perfección en todos los subjuegos: si el arrendatario acabara aceptando un contrato por el que amenaza con hacer un esfuerzo nulo, normalmente no haría nada de eso. Realizaría el nivel de esfuerzo óptimo para él, *dado* el contrato. Por lo tanto, la forma correcta de resolver estos juegos es que el principal se ponga en la situación del agente y calcule su nivel de esfuerzo óptimo con cada contrato. Finalmente, teniendo presente esta información, el principal elegirá el mejor contrato posible.

Esta es la estructura general de un modelo del principal y el agente en el que no se observa lo que hace el agente. En términos algo abstractos, imaginemos que el agente puede elegir una acción que el principal no conoce de antemano de entre un conjunto de acciones A. Se obtiene así una función de la acción elegida sobre la que pueden influir también perturbaciones estocásticas. Resumiendo estas ideas, podemos formular lo siguiente:

$$Y = F(a, \theta), \qquad\qquad [A1.1]$$

donde Y es el valor de la producción, a es la acción elegida por el agente y θ es la realización de una perturbación aleatoria (como las lluvias).

Un *contrato* no es más que la estrategia elegida por el principal: es una función $R(Y)$ que describe la retribución que obtiene el agente por cada nivel de producción Y. El agente elige entonces una acción a del conjunto A. Si tiene una función de utilidad $u(a, R)$ que depende de la acción y de su retribución, su objetivo es

$$\text{maximizar el valor esperado de } u(a, R) \qquad\qquad [A1.2]$$

eligiendo a, donde $R = R(Y)$ e Y viene dado por la ecuación [A1.1].

El principal sabe que el agente se comportará de la forma especificada por la ecuación [A1.1] en cada contrato que ofrezca, por lo que si la función de utilidad del principal viene dada por v, su problema es elegir un *contrato*, es decir, una función $R(Y)$, para

$$\text{maximizar el valor esperado de } v(Y - R(Y)), \qquad\qquad [A1.3]$$

donde Y viene determinado por la ecuación [A1.1] y a por la solución del problema del agente [A1.2]. Es lo que denominamos *restricción de los incentivos* en varios contextos (véase especialmente el apéndice del capítulo 12).

Puede haber otras limitaciones para elegir el contrato. Puede ocurrir que el principal necesite asegurarse de que el contrato genera una cierta utilidad mínima al agente, ya que de lo contrario, éste no participará. Esta es la *restricción de la participación*. Se incluye restringiendo aún más el problema de maximización [A1.3] para que la utilidad del agente, que es la solución de la ecuación [A1.2] sea, al menos, igual que un valor asignado de antemano, que normalmente es el valor que da al agente a su siguiente opción mejor.

En el apéndice del capítulo 12 se resuelve un caso especial del problema del principal y el agente.

(9) Recuerde el lector el ejemplo del terrateniente y el arrendatario antes presentado y consulte también el apéndice del capítulo 12. Muestre que se trata de un caso especial del problema del principal y el agente y trate de dar una solución algebraica al contrato óptimo de arrendamiento de tierra cuando se supone que el agente es neutral hacia el riesgo.

Los juegos repetidos

Otra clase de juegos intertemporales que aparece más de una vez en este libro es la clase de los *juegos repetidos*. Es bastante fácil describirlos en términos generales. Supongamos que un grupo de jugadores participa en un juego (el lector puede elegir cualquiera de los juegos que hemos analizado hasta ahora). Imaginemos ahora que el mismo grupo de jugadores juega una y otra vez a este juego: el juego *se repite*. Imaginemos que se trata de un juego gigantesco. Es cierto que los juegos que comprenden este juego gigantesco no están relacionados entre sí: nada de lo que hagamos en cualquiera de los minijuegos influye en lo que puede conseguir el grupo de jugadores en otros minijuegos. No obstante, el propio hecho de que los jugadores estén implicados en la misma relación en el futuro puede utilizarse para influir en el juego actual.

Para verlo consideremos el caso de dos jugadores que participan en el juego repetido del dilema de los presos. Reproducimos aquí, para que nos sirva de referencia, la tabla que constituye un dilema de los presos representativo:

	Cooperar	Ir a la suya
Cooperar	10, 10	0, 15
Ir a la suya	15, 0	5, 5

Ahora necesitamos introducir el concepto de *horizonte mental*, es decir, la idea de que cada jugador tiene un cierto grado de previsión. Es absurdo imaginar que a cada jugador sólo le interesa el resultado que obtiene *en cada momento*. Es más realista suponer que también le preocupan los resultados *futuros*. Es posible que le preocupen *menos* los resultados lejanos, pero el hecho es que también le preocupan. La manera más sencilla de representar este hecho es suponer que a cada jugador le preocupan N periodos (incluido el actual) en cada momento del tiempo. Por lo tanto, si $N = 1$, es corto de miras y sólo le interesan los rendimientos actuales. Cuanto mayor sea N, mayor es el horizonte mental del jugador.

Digresión sobre el descuento. Lo que acabo de exponer constituye mi fórmula abreviada de describir los horizontes mentales en este libro. Es fácil, pero no del todo habitual,[5] por lo que para completar este análisis incluiremos la formulación habitual (que sólo es algo más complicada y que puede utilizarse exactamente de la misma forma). Los horizontes mentales también pueden estudiarse suponiendo que cada jugador da una determinada ponderación al futuro, pero que estas ponderaciones disminuyen geométricamente a medida que el futuro está más distante. Esta formulación tiene dos ventajas que compensan su mayor complejidad. En primer lugar, la preocupación por el futuro no desaparece de repente,

---

5. Tampoco es un buen modelo en las situaciones que son más complejas que las estudiadas en este libro, ya que la formulación tiene algunos problemas de coherencia temporal.

como en el párrafo anterior: tiene cada vez menos importancia a medida que el futuro se aleja. En segundo lugar, la valoración de la utilidad obtenida en dos periodos vecinos en el futuro es independiente del momento en que nos encontremos hoy. Para verlo más claramente, completemos la formulación de este concepto: introduzcamos un *factor de descuento* δ, donde $0 < \delta < 1$, que nos da la relación de intercambio entre el resultado de mañana y el de hoy. En ese caso, un resultado que se obtendrá dentro de t periodos recibe hoy una ponderación de δ^t. Por lo tanto, la ponderación relativa de cualquier par de periodos consecutivos siempre es δ.

Cualquiera que sea la formulación exacta de los horizontes mentales, podemos utilizar esta idea para ver cómo puede mantenerse la cooperación en los juegos repetidos por medio de la amenaza implícita de no cooperar. Para ello obsérvese en primer lugar que el juego repetido del resultado (ir a la suya, ir a la suya), independientemente de la historia anterior, es un equilibrio perfecto en todos los subjuegos del juego repetido. Para comprender por qué, obsérvese que la estrategia de un jugador siempre es confesar independientemente de cómo se comportaran los jugadores en el pasado; en ese caso, al otro jugador le interesará hacer exactamente lo mismo.

Ahora la idea es utilizar este equilibrio para tratar de construir *otro* equilibrio del juego repetido, que también es perfecto en todos los subjuegos. Para eso consideremos la siguiente estrategia: cada jugador coopera en todos los subjuegos que se hayan alcanzado después de haberse cooperado totalmente en el pasado. En *cualquier* otro subjuego, se juega ir a la suya. Este equilibrio propuesto satisface claramente la propiedad de la perfección en todos los subjuegos en cualquier subjuego en el que *no* haya habido total cooperación en el pasado, según el análisis del párrafo anterior. Sólo resta comprobar si se satisface la propiedad de la mejor respuesta mutua en los subjuegos basados en la cooperación total (que es la parte relativamente difícil).

Supongamos que nos encontramos en uno de esos subjuegos y que un jugador considera la posibilidad de desviarse yendo a la suya. Sabemos por nuestra descripción de las estrategias que eso implicará a partir de entonces jugar siempre (ir a la suya, ir a la suya). Con un horizonte mental de N periodos, es relevante el siguiente cálculo (véase la matriz de resultados en la tabla anterior):

si se va a la suya, se obtiene un total de $15 + 5(N - 1)$;

si se coopera, se obtiene un total de $10N$.

En otras palabras, ir a la suya hoy genera una ganancia hoy seguida del castigo que significa que el otro jugador cambie de acción en el futuro según la estrategia establecida. La cooperación garantiza el resultado (10, 10) en cada periodo. Por lo tanto, el jugador cooperará si $15 + 5(N - 1) \leq 10N$ o, lo que es lo mismo, si $N \geq 2$. Eso significa que (en este ejemplo) si a cada jugador le preocupa el futuro, al menos, tanto como el presente, la cooperación es posible en el juego repetido, aun cuando no sea posible en el "juego que se juega una sola vez". Naturalmente, la condición que debe cumplir N variará con la matriz de resultados del juego.

Utilizando el descuento, también es posible obtener una medida del grado mínimo necesario de previsión. Dejamos que el lector realice esta tarea en el siguiente ejercicio:

(10) Muestre que es posible mantener la cooperación indefinidamente en el dilema de los presos repetido con descuento si el factor de descuento es como mínimo 0,5, o sea, bastante grande.

Los juegos repetidos aparecen en varias ocasiones en este libro. Ejemplos son los modelos de los contratos de trabajo permanente del capítulo 13, los contratos de crédito con impago del capítulo 14 y los sistemas de seguro del capítulo 15.

Métodos estadísticos elementales

A2.1 Introducción

A los economistas, así como a otros científicos, suele interesarles comprender la relación entre dos o más variables. Por ejemplo, un ingeniero agrónomo puede querer saber cómo afectan las variaciones de las precipitaciones anuales a la producción agrícola, un trabajador social puede preguntarse si las tasas de abandono prematuro de los estudios tienen alguna relación con las tasas de delincuencia urbana y un economista puede querer verificar la corazonada de que el aumento del nivel de renta, o quizá la disminución de la población de cigüeñas, tiende a reducir el tamaño de las familias. Una importante técnica estadística que permite analizar las relaciones entre variables se denomina *análisis de regresión*. Este libro contiene varios casos de ese tipo de análisis.

Supongamos que queremos investigar la relación entre dos variables x e y. Por ejemplo, x podrían ser las precipitaciones anuales medidas en litros e y la producción agrícola anual, por ejemplo, las toneladas métricas de trigo. Nuestra primera tarea es recoger los datos: necesitamos una serie de *observaciones conjuntas* de los valores de (x, y); normalmente, cuantas más, mejor. Podemos recoger las observaciones con distinto grado de detalle: pueden referirse a países, regiones, grupos, individuos, etc. En el ejemplo de las precipitaciones, podemos tener observaciones de varias regiones de uno o más países y varias observaciones (de diferentes momentos del tiempo) de cada región.

Las observaciones recogidas en el mismo momento del tiempo, pero de unidades distintas (regiones, países, individuos) constituyen una base de datos de *corte transversal*. Las observaciones sobre la misma unidad pero de diferentes momentos del tiempo constituyen una *serie temporal*. Las observaciones mixtas (tanto de distintas unidades como de distintos momentos del tiempo) constituyen un *panel*.

Generalmente se prefiere tener más datos a tener menos, pero el problema estriba en que muchas veces no se dispone de datos detallados y adecuados. Como es bastante fácil de comprender, este problema es más grave en los países en vías de desarrollo. Por ejemplo, nos encantaría contrastar la hipótesis de la U invertida de Kuznets (véase el capítulo 7) con una larga serie temporal de un país, pero sólo se dispone de este tipo de series en algunos países. Es necesario, pues, ser consciente de las dificultades que genera la escasez de datos, e intentar sacar de ellos el máximo partido. En eso consiste, en cierto sentido, el análisis estadístico.

Por ejemplo, para intentar estimar el efecto que producen las precipitaciones en la producción agrícola, probablemente no bastará con tener *solamente* datos de corte transversal sobre precipitaciones y producción, ya que puede haber importantes diferencias (no observadas) que pueden ocultar el efecto "puro" que producen las precipitaciones en la productividad agrícola o, lo que es peor aún, el efecto medido podría estar sesgado sistemáticamente, debido a que no hemos incluido alguna otra variable que puede estar correlaciona-da sistemáticamente con las precipitaciones y que produce su propio efecto en la producti-vidad agrícola. El ejercicio siguiente muestra un ejemplo.

(1) Las regiones que tienen pocas precipitaciones pueden haber invertido en un sistema de regadío. Si no se incluyen en el análisis datos sobre el regadío, explique el lector por qué el efecto medido de las precipitaciones estará sesgado sistemáticamente *a la baja*.

En otras situaciones, una serie temporal por si sola puede plantear problemas. Supon-gamos que nos interesa saber cómo afecta la renta del hogar al tamaño de la familia. Una vez más, si los únicos datos que tenemos se refieren a la renta del hogar y al tamaño de la familia, las variaciones de otras variables a lo largo del tiempo pueden influir en nuestras estimaciones: la difusión de la educación, la existencia de mejores métodos de control de la natalidad, etc. Algunas de estas variables pueden no estar correlacionadas en absoluto con las variaciones de la renta, pero otras sí y pueden sesgar nuestras estimaciones.

(2) Suponga el lector que la renta *per se* no afecta a las decisiones relacionadas con la fe-cundidad, pero sí la educación. Si carecemos de datos sobre la educación, explique por qué observaciones sobre la renta y la fecundidad pueden indicar la existencia de una relación positiva entre las dos, cuando en realidad no existe ninguna (*ceteris paribus*).

Así pues, el análisis de la regresión trata principalmente de estimar con sumo cuidado las relaciones bilaterales intentando al mismo tiempo tener en cuenta la influencia de otras variables que también pueden afectar a esas relaciones.

A2.2 Estadísticos sintéticos

Antes de comenzar a analizar detalladamente la relación entre las variables x e y, identifi-quemos algunas *características sintéticas* de estas variables. Supongamos que tenemos n pares de observaciones: representémoslos por medio de (x_1, y_1), (x_2, y_2), ..., (x_n, y_n).

La media

La *media* de estas observaciones suele ser importante y normalmente se mide por medio de la *media aritmética*. Es la suma de todas las observaciones de la variable relevante dividida por el número total de observaciones (en la descripción general anterior tenemos n observa-ciones de cada variable). Las medias aritméticas $\bar{x}$ e $\bar{y}$ de x e y, respectivamente, se represen-tan matemáticamente de la forma siguiente:

$$\bar{x} = \frac{1}{n} \sum_{i=1}^{n} x_i = \frac{x_1 + x_2 + ... + x_n}{n}, \qquad \text{[A2.1]}$$

$$\bar{y} = \frac{1}{n} \sum_{i=1}^{n} y_i = \frac{y_1 + y_2 + ... + y_n}{n}. \qquad \text{[A2.2]}$$

El símbolo del sumatorio ($\sum$) es una descripción abreviada de la operación de la suma. El símbolo x_i representa la observación i-ésima de la variable x, donde i toma valores de 1 a n, como indican los números situados debajo y encima del sumatorio. Por lo tanto, $\sum_{i=1}^{n}$ representa la suma de todas las x_i; es decir, desde x_1 hasta x_n.

La varianza

La media no es el único estadístico sintético relevante de las observaciones de una variable. También nos gustaría saber si las diferentes observaciones se encuentran más o menos cerca de la media (es decir, si están muy juntas unas de otras) o lejos (es decir, si están muy dispersas). Una manera de hacerlo es sumar de alguna forma todas las diferencias de las observaciones con respecto a la media. Obsérvese que *todas* las diferencias cuentan, ya sean positivas o negativas. Existe una medida de la dispersión aceptada habitualmente en estadística, que es la *varianza* (o sus primos hermanos, la desviación típica y el coeficiente de variación).

La varianza coloca en igualdad de condiciones las diferencias positivas y negativas con respecto a la media *elevando al cuadrado* estas diferencias: por lo tanto, todos los signos negativos desaparecen. La elevación al cuadrado también tiene otra propiedad: asigna una ponderación proporcionalmente mayor a las desviaciones mayores con respecto a la media: una diferencia de 2 cuenta como 4 en lo que se refiere a la varianza, mientras que una diferencia de 5 cuenta como 25. En términos matemáticos, la varianza se obtiene por medio de la fórmula

$$V = \frac{1}{n} \sum_{i=1}^{n} (x_i - \bar{x})^2, \qquad [A2.3]$$

que se interpreta como el valor medio de todas las desviaciones (al cuadrado) con respecto a la media.[1] La varianza suele presentarse en la siguiente forma equivalente de una *desviación típica*, cuyas unidades son comparables a las unidades en las que se midió inicialmente la variable:

$$\sigma = \sqrt{V}. \qquad [A2.4]$$

Obsérvese que es importante tomar la *media* de las diferencias al cuadrado con respecto a la media y no sólo su suma, ya que aunque las diferencias individuales sean pequeñas (por lo que hay, de hecho, poca "dispersión" en los datos), la suma de esas diferencias puede ser grande simplemente porque tenemos un gran número de observaciones, y no queremos eso. Este tipo de razonamiento también sugiere que la varianza (o la desviación típica) debe expresarse como un *cociente* de la media: de lo contrario, una inocente variación de las unidades de medición puede afectar a la medida de la dispersión. Esto da lugar al *coeficiente de variación*:

$$C = \frac{\sigma}{\bar{x}}. \qquad [A2.5]$$

---

1. Existe una pequeña distinción entre la varianza y la varianza muestral de la que prescindimos aquí, pero véase el texto posterior.

Correlación

Hasta ahora hemos analizado los estadísticos sintéticos de una *única* variable. Sin embargo, nuestro principal objetivo es saber si dos (o más) variables varían al unísono: si *covarían*. Para comprender el concepto de covarianza, consideremos el conocido ejemplo de dos agricultores que producen el mismo cultivo en dos partes distintas de un país. El nivel de producción de cualquiera de los dos agricultores sólo puede tomar dos valores: M (mucho) y P (poco). M ocurre con una probabilidad p, donde p es la probabilidad de que llueva lo suficiente y es la misma para los dos agricultores.

Ahora realizamos el experimento hipotético de acercar cada vez más a los dos agricultores, partiendo inicialmente de dos lugares de su país que se encuentran a una gran distancia el uno del otro. Como están muy distanciados, la probabilidad de que llueva mucho en uno de ellos es "independiente" de los resultados del otro. En otras palabras, saber que un agricultor ha obtenido P no nos transmite ninguna información de lo que puede haberle ocurrido al otro. A medida que acercamos más a los dos agricultores, su suerte está más relacionada: si un agricultor produce M, podemos conjeturar con un creciente grado de certeza que el otro también ha producido M. Al final de este experimento hipotético, cuando dos agricultores son vecinos, sus niveles de producción covarían perfectamente (si las precipitaciones constituyen la única fuente de incertidumbre, que es lo que hemos supuesto).

Deben hacerse tres observaciones sobre este ejemplo. En primer lugar, sí sólo nos fijamos en *uno* de los agricultores, nada cambia. La probabilidad de que produzca M siempre es p. La conducta de las variables aleatorias *individuales* (la producción en este caso) no nos dice nada sobre su correlación. En este sentido, los conceptos como la media y la varianza no nos dicen nada sobre las variaciones *conjuntas* de las variables x e y.

En segundo lugar, el hecho de que dos variables covaríen (como ocurre en este ejemplo cuando los agricultores viven cerca) no nos dice nada sobre el sentido de la *causación* de una de las variables a la otra o, de hecho, si es que existe alguna relación causal entre las dos. En nuestro ejemplo, un valor M en el caso de un agricultor no *causa* en modo alguno un valor M en el caso del otro, aun cuando los dos niveles de producción estén perfectamente correlacionados. Lo que sucede es simplemente que hay una *tercera* variable (en este caso, el estado del monzón) que es el motor común de los dos niveles de producción. Por lo tanto, nuestros conceptos de causalidad deben estar formados, en cierto sentido, por observaciones de sentido común de cuál es la variable que es probable que sea exógena y cuál es probable que sea endógena. Por ejemplo, si tomamos como nuestras dos variables (i) el estado del monzón y (ii) la producción agrícola de un único agricultor, es más probable que la existencia de una correlación positiva entre estas dos variables indique la presencia de una causalidad: es sumamente improbable que la producción de un único agricultor influya en el estado del tiempo.

En tercer lugar, dos variables pueden covariar *negativamente* y positivamente.

(3) Considere el lector las probabilidades de que un estudiante obtenga la calificación más alta de su clase en matemáticas. Suponga que esas probabilidades son iguales a p. Si se extraen aleatoriamente dos estudiantes igualmente capacitados y se examinan sus probabilidades, demuestre que éstas son independientes si los dos se encuentran en clases distin-

tas, mientras que covarían negativamente si se encuentran en la misma clase. Observe que la covariación negativa es perfecta si en cada clase sólo hay dos estudiantes.

Una medida de la correlación observada entre dos variables x e y es la *covarianza*. Si tenemos una muestra de n pares de observaciones (x_1, y_1), (x_2, y_2), ..., (x_n, y_n), la covarianza[2] viene dada por

$$\text{cov}_{xy} \equiv \frac{1}{n} \sum_{i=1}^{n} (x_i - \bar{x})(y_i - \bar{y}).$$ [A2.6]

Obsérvese la forma en que se recogen las covariaciones. Si cuando y_i es superior a su media, x_i también es superior a su media, la covarianza será positiva, pero si el hecho de que y_i sea superior a su media no influye (en promedio) en la conducta de x_i, la covarianza será cero.[3] Asimismo, si x_i tiende a ser inferior a su media cuando y_i es superior a $\bar{y}$, la covarianza será negativa.

La covarianza tiene el mismo problema que la varianza, en el sentido de que el número obtenido depende de las unidades de medición. Para resolver este problema, expresamos la covarianza en porcentaje del producto de las desviaciones típicas de las dos variables. De esa forma obtenemos el *coeficiente de correlación*, que representamos por medio de

$$R = \frac{\text{cov}_{xy}}{\sigma_x \sigma_y},$$ [A2.7]

R también tiene claramente un valor positivo (o negativo) cuando las dos variables covarían positivamente (o negativamente). A veces se utiliza el R^2 en lugar de R cuando no se desea fijarse en el sentido de la relación sino sólo en su fuerza (la elevación al cuadrado elimina el signo negativo).

El motivo por el que se divide por el producto de las desviaciones típicas es sólo, en parte, para obtener un número carente de dimensión (dividiendo, por ejemplo, por el producto de las medias también se lograría este objetivo). La normalización *específica* que elegimos tiene la virtud de hacer que R pueda variar entre -1 y $+1$. Estos extremos significan máxima correlación, mientras que 0 significa ausencia de correlación entre las dos variables aleatorias. Aunque omitimos la demostración de esta afirmación, puede encontrarse en cualquier manual de estadística convencional (véase, por ejemplo, Hoel [1984, págs. 385-386]).

Es importante observar, sin embargo, que R o R^2 no es simplemente una medida de la relación entre dos variables aleatorias sino una medida de un tipo muy especial de relación: una relación *lineal*. De hecho, R^2 toma su valor máximo de 1 cuando la relación entre x e y puede expresarse en la forma $y_i = A + bx_i$ para todo i, para algunas constantes A y b. Sin em-

---

2. Exactamente igual que en el caso de la varianza muestral, existe una pequeña distinción entre la covarianza muestral y la covarianza de la que prescindimos aquí.

3. Para verlo en términos algo más formales, obsérvese que si y_i no influye en la conducta de x_i en la muestra, eso significa simplemente que la distribución de los valores de x en torno a la media será igual independientemente de que examinemos toda la muestra o de que examinemos la submuestra limitada a una observación de y. Limitándonos a observar la segunda, vemos que $\sum_i (x_i - \bar{x})(\hat{y} - \bar{y}) \approx 0$ para cada submuestra de pares (x_i, y_i) tal que y_i es igual a algún valor fijo $\hat{y}$. Sumando todas las submuestras (obtenidas alterando el valor de $\hat{y}$), vemos que la covarianza debe ser cero.

bargo, la verdadera relación entre x e y puede no ser lineal (aunque puede ser muy estrecha). Por ejemplo, un aumento del consumo de calorías provoca un aumento de la capacidad para trabajar en algún intervalo (véase el capítulo 8), pero hay un punto a partir del cual la relación entre el consumo de calorías y la capacidad para trabajar se vuelve negativa (cuando entra en juego la obesidad). Por lo tanto, la verdadera relación implica una zona en la que la relación es positiva y otra en la que es negativa. Al mismo tiempo, si tenemos una gran cantidad de observaciones de las calorías y de la capacidad y calculamos mecánicamente el coeficiente de correlación entre estas dos variables, puede no ser muy alto, simplemente porque el coeficiente de correlación compensa estas dos zonas rivales de relación. La ausencia de una elevada correlación no significa que *no* exista ninguna relación: significa simplemente que estamos aplicando nuestros conceptos incorrectamente. La elección de una especificación de la verdadera relación subyacente forma parte del arte del economista, y aunque los métodos estadísticos pueden indicar por dónde debemos ir, la *teoría* subyacente es esencial. En el siguiente apartado nos extenderemos más sobre esta cuestión.

(4) Elabore un conjunto imaginario de observaciones sobre las calorías y la capacidad utilizando la relación $y = A + bx - cx^2$ (aquí x representa las calorías consumidas e y la capacidad de trabajo). ¿Qué signos utilizaría para las constantes A, b y c? Para unas constantes dadas, ¿dónde se encuentran las zonas de relaciones positivas y negativas? Ahora utilice esta relación para obtener un conjunto de observaciones y calcule el coeficiente de correlación entre x e y. ¿Qué ocurriría si sólo considerara las observaciones de la zona en la que la relación es positiva?

A2.3 Regresión

Introducción

Supongamos que nos interesa la forma precisa de la relación entre las variables x e y y no sólo la existencia de una correlación entre ellas. Supongamos que tenemos algún motivo para creer que x (por ejemplo, las precipitaciones) produce un efecto causal en y (por ejemplo, la producción de trigo). Entre otras cosas, nos gustaría conocer el efecto *marginal* que produce x en y: ¿cuánto parece que afecta un aumento de x a y? Esta es la pregunta general que se encuentra tras el *análisis de regresión*.

¿Por qué nos interesa ese ejercicio? En primer lugar, podemos utilizar regresiones para *contrastar* una teoría o comparar una con otra. Por ejemplo, el modelo de Solow nos dice que las rentas per cápita de los países "convergen", lo cual induce a pensar que si x es la renta per cápita inicial e y es la tasa posterior de crecimiento de la renta per cápita, un aumento de x produce un efecto *negativo* en y. Una teoría contraria podría afirmar que un aumento de la renta per cápita permite obtener de la inversión una tasa de rendimiento más alta: esta teoría haría la predicción contraria. Una regresión basada en los datos existentes podría aportar luz sobre la validez (relativa) de estas teorías.

La segunda razón por la que puede ser útil una regresión se halla en que permite realizar *predicciones*. Si con los datos de que se dispone, parece que x e y mantienen una estrecha relación lineal y si estamos dispuestos a creer que continuarán manteniéndola en el futuro (lo cual posiblemente sea un supuesto extremo), la ecuación de regresión puede resultar útil para realizar predicciones. Por ejemplo, si sabemos cuál va a ser el valor de x en los próximos meses o años, podemos "predecir" el valor de y aplicando la fórmula de regresión calculada. A menudo x no es más que el tiempo o una variable que tiene o cabe esperar que tenga una tendencia temporal estable, por lo que sabemos con bastante seguridad cuál será su valor en un futuro inmediato. La variable x también puede ser un parámetro de la política gubernamental (por ejemplo, los impuestos), por lo que si se observa que va a variar su valor (o al menos se considera la posibilidad de que varíe), la ecuación de regresión puede utilizarse para predecir la influencia de este cambio de política en la variable y.

Vistazo preliminar: el uso de diagramas de puntos

Muchas veces la observación atenta de los datos nos dice más que todos los tipos de medidas estadísticas. Un *diagrama de puntos* nos permite hacer exactamente eso. En primer lugar, decidimos (basándonos en nuestra experiencia y/o en la teoría) qué variable es "causal" y cuál es la variable afectada por las variaciones de la "variable causal". Convencionalmente, representamos por medio de x la *variable independiente* o causal y por medio de y la *variable dependiente* (la propia nomenclatura nos dice que como económetras sospechamos el sentido de la causación y ya hemos utilizado esta sospecha para clasificar las variables).

A continuación trazamos un diagrama en el que colocamos la variable independiente en el eje de abscisas y la variable dependiente en el de ordenadas. En este diagrama representamos nuestra muestra de observaciones y obtenemos lo que se denomina un diagrama de puntos. Nuestra primera técnica estadística (extraordinariamente importante) es observar atentamente el diagrama de puntos.

La figura A2.1 reproduce la 2.7 del capítulo 2 a modo de ilustración. La variable independiente es la renta per cápita y la variable dependiente es la esperanza de vida. Los pares de observaciones proceden de países distintos: los datos forman un corte transversal.

Para facilitar el examen visual, la figura incluye las medias de cada una de las dos variables por medio de un par de líneas cruzadas. Obsérvese que la mayoría de los datos se encuentran en el primer y el tercer cuadrantes creados por las líneas cruzadas. Eso induce a pensar que cuando la renta per cápita sobrepasa su valor medio, la esperanza de vida también tiende a ser superior a *su* valor medio, lo cual no es más que otra forma de señalar que es probable que el coeficiente de correlación sea positivo.

Tras este análisis preliminar, es bueno hacerse una idea de la relación global. ¿Es una línea recta el mejor ajuste? En el ejemplo aquí estudiado, es improbable que lo sea. La razón se halla en que es difícil conseguir una esperanza de vida superior a los 80 años aproximadamente (por razones médicas), mientras que el salto de 50 a 60 y de 60 a 70 puede hacerse más deprisa. Eso induce a pensar que la verdadera relación es una línea curva más que una línea recta y que la curva se aplana a medida que pasamos a intervalos más altos de renta per cápita. Parece que el diagrama de puntos confirma en líneas generales este tipo de relación. La forma matemática de la regresión debe construirse teniendo eso presente.

Por último, llegamos a dos cuestiones conceptualmente importantes. Recuérdese que nuestro objetivo es saber si x produce un fuerte efecto en y. Sin embargo, ¿qué significa

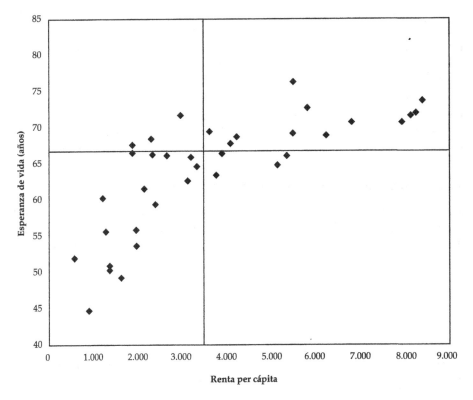

Figura A2.1. Diagrama de puntos de las observaciones de la renta per cápita y de la esperanza de vida de diferentes países. *Fuente:* Banco Mundial, *World Development Report,* 1995, y Programa de las Naciones Unidas para el Desarrollo, *Human Development Report,* 1995.

exactamente la palabra "fuerte"? La figura A2.2 muestra el problema. En los dos paneles de este gráfico tenemos unas relaciones que es sumamente probable que sean lineales. En el primero, tenemos un diagrama de puntos dispersos entre *x* e *y* en el que el ajuste es notablemente bueno: los puntos parecen dibujar una recta, pero al mismo tiempo la pendiente de esa recta es pequeña. En el segundo, la dispersión es mayor, pero la pendiente de la "recta que mejor se ajusta a los datos" parece elevada (el lector apreciará mejor la diferencia si observa la escala a la que se han trazado los ejes de ordenadas en los dos paneles: la del segundo está mucho más comprimida).

Por lo tanto, "fuerte" tiene dos significados en este contexto. Una relación puede estimarse de una manera precisa: en el primer panel, aunque el efecto que produce *x* en *y* no es grande, los datos nos indican que es posible hacer esta afirmación con bastante precisión. El segundo significado es que el efecto que produce *x* en *y* es grande. Como muestra la figura A2.2, esta afirmación es bastante compatible con la observación de que no se puede realizar una estimación precisa de la relación misma.

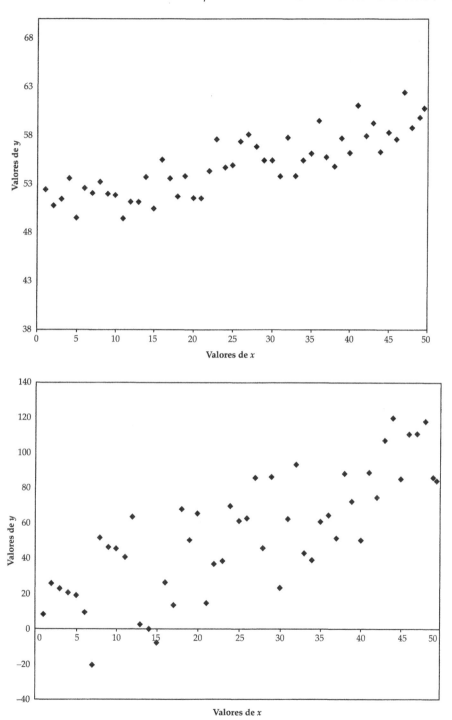

Figura A2.2. Conceptos de lo que implica una relación "fuerte".

Obsérvese que el coeficiente de correlación recoge el concepto de "fuerte" en su primer sentido (al menos cuando la relación subyacente es lineal). No importa cuál sea la pendiente: si los datos se ajustan perfectamente a una línea recta, el coeficiente de correlación siempre será igual a la unidad.

(5) Suponga el lector que las observaciones sobre los pares (x, y) se obtienen directamente de la ecuación $y = A + bx$, donde A y b son constantes. Suponiendo que $b \neq 0$ y que hay, al menos, dos observaciones, demuestre que $R^2 = 1$ *independientemente* del valor de b, la pendiente.

Los elementos básicos de la regresión

Supongamos que pensamos que la relación entre x e y puede describirse perfectamente por medio de una línea recta. Sugerimos, pues, una ecuación (lineal) de la forma

$$y = A + bx, \tag{A2.8}$$

donde A y b son constantes (aún no especificadas). Esta ecuación describe una *posible* relación: dice que y toma un valor de A cuando $x = 0$ y que su valor aumenta (o disminuye) en la cantidad b por cada aumento (o disminución) unitario adicional del valor de x.

En términos gráficos, la ecuación [A2.8] describe una línea recta en el plano (x, y). Naturalmente, si variamos los valores de A y b, alteramos tanto la posición como la pendiente de esta línea recta. Observe el lector los dos paneles de las figuras A2.3 y compárelos. En ambos paneles, los numerosos puntos representan el mismo diagrama de puntos dispersos: un gráfico de varios pares de observaciones conjuntas de x e y. Por otra parte, las dos líneas rectas de los dos paneles representan dos intentos diferentes de representar esquemáticamente la relación entre x e y. En el panel de la izquierda, los puntos de datos reales se encuentran todos ellos más o menos cerca de la línea recta trazada. Sin embargo, en el de la derecha, muchos se encuentran bastante distanciados. Evidentemente, la línea recta del

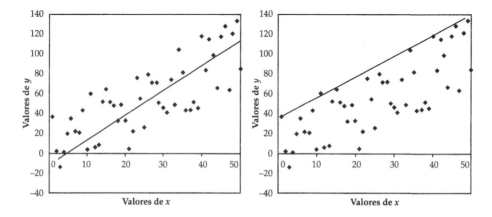

Figura A2.3. Ajuste de una recta a un conjunto de puntos.

panel de la izquierda es una "representación" mejor de los datos que·la del panel de la derecha. En otras palabras, se "ajusta" mejor a los datos. Dado un conjunto de observaciones, pues, nuestra tarea es encontrar la línea recta que "mejor se ajuste" a los datos, en otras palabras, hallar los "mejores" valores de A y b en la ecuación [A2.8]. Sin embargo, podemos trazar un número infinito de líneas rectas en un plano y es imposible valorar las ventajas relativas de *todas* ellas con una mera observación visual (¡como hemos hecho con la tarea relativamente fácil de seleccionar entre las líneas de la figura A2.3!). ¿Qué criterio debemos utilizar exactamente para hallar los valores numéricos adecuados de A y b?

Obsérvese que para que una línea recta sea un "buen ajuste", es necesario que los puntos de datos reales no estén muy alejados de la línea. Para cada observación x_i de la variable x, el valor correspondiente de y obtenido a partir de la *relación esquemática* resumida en la recta dada es $(A + bx_i)$. Sin embargo, el valor *real* u *observado* de y cuando $x = x_i$ es y_i. Por lo tanto, si utilizamos la línea $y = A + bx$ como descripción (o mecanismo de predicción), entonces para la observación i-ésima, tenemos un "error" igual a $(y_i - A - bx_i)$. Nos gustaría elegir una línea tal que esos errores fueran lo más bajos posible, en promedio. Como los errores de signos contrarios pueden anularse, lo correcto es observar los *cuadrados* de los distintos términos de error. Es, pues, habitual en estadística elegir los valores de A y b de tal forma que la *suma de los errores al cuadrado* sea lo más baja posible. Este método de "ajuste" de una línea recta a unos datos dados se conoce con el nombre de método de *mínimos cuadrados ordinarios* (MCO). La ecuación (lineal) así obtenida se llama *ecuación de regresión* (lineal).

Esbocemos el procedimiento de MCO. Hemos recogido n pares de observaciones sobre x e y. Un par representativo se representa por medio de (x_i, y_i). Si ajustamos la recta $y = A + bx$ a las observaciones, el valor de y_i será diferente del valor *predicho* $A + bx_i$ por un margen que es el *error* del ajuste en ese par de observaciones. Según esta interpretación, podemos pensar que

$$y_i = A + bx_i + \epsilon_i \qquad [A2.9]$$

donde ϵ_i representa todos los tipos de perturbaciones aleatorias que influyen en y_i, aparte de x_i. Los coeficientes A y b son los parámetros desconocidos que nos gustaría estimar. Dada cualquier estimación $\hat{A}$ y $\hat{b}$ de A y b, observamos que el *valor predicho* de y_i es

$$\hat{y}_i = \hat{A} + \hat{b}x_i$$

mientras que el *error de predicción* de y_i es simplemente

$$e_i = \hat{y}_i - y_i.$$

La *suma de los errores al cuadrado* (SEC, a veces también llamada suma residual de los cuadrados) viene dada, pues, por

$$SEC = \sum_{i=1}^{n} e_i^2.$$

Las estimaciones de MCO de A y b se definen como los valores específicos $\hat{A}$ y $\hat{b}$ de A y b que minimizan la SEC de los datos muestrales. Omitimos los detalles del cálculo, pero obsérvese que las estimaciones de MCO vienen dadas por las fórmulas:

$$\hat{b} = \frac{(1/n)\sum_{i=1}^{n}(x_i - \bar{x})(y_i - \bar{y})}{(1/n)\sum_{i=1}^{n}(x_i - \bar{x})^2} = \frac{\text{cov}_{xy}}{\sigma_x^2} \qquad [A2.10]$$

y

$$\hat{A} = \bar{y} - \hat{b}\bar{x}. \qquad [A2.11]$$

(6) Si el lector sabe algo de cálculo le resultará muy fácil hallar $\hat{A}$ y $\hat{b}$. Siga estos pasos: utilizando la ecuación [A2.9], observe que la minimización de SEC equivale al problema

$$\text{minimizar}_{A,b} \sum_{i=1}^{n} (A + bx_i - y_i)^2.$$

Ahora tome derivadas de esta expresión con respecto a A y b e iguale las derivadas a cero (éstas son las condiciones de primer orden). Resuelva las ecuaciones lineales en las condiciones de primer orden para obtener [A2.10] y [A2.11].

El valor óptimamente elegido $\hat{b}$ se denomina *coeficiente de regresión*. Nos dice cuál es la *fuerza* de la influencia de x en y; si el valor de $\hat{b}$ es alto, significa que una pequeña variación de x puede provocar una gran variación de y; si es bajo, significa lo contrario.

No es difícil interpretar la fórmula que describe $\hat{b}$. El numerador es simplemente la covarianza entre x e y. El denominador es la varianza de x. El coeficiente de regresión es la proporción de la "covariación" en relación con el grado en que varía la propia x. Si hay mucha covarianza incluso cuando x varía muy poco, podemos decir que x tiene una gran influencia en y.

Sin embargo, una vez dicho eso, incluso la línea recta *mejor* ajustada puede no ser un buen ajuste. En primer lugar, el procedimiento de MCO siempre nos da *alguna* respuesta, incluso cuando no existe ninguna relación especialmente llamativa: podemos hacer una regresión del consumo de Coca-Cola en China con respecto al número de camisas rojas vendidas en Dinamarca y obtener unas estimaciones por MCO. Más en serio, puede existir realmente una relación sistemática, pero puede no ser lineal (como en nuestros ejemplos de la nutrición y la capacidad de trabajo o de la renta per cápita y la esperanza de vida). Los valores estimados de $\hat{A}$ y $\hat{b}$ no nos dicen si el ajuste global es bueno. En este contexto, nuestro análisis anterior sobre los dos conceptos de "fuerza" de una relación es mucho más relevante. Por último, es posible (y casi siempre es así) que existan otras variables explicativas que se han dejado fuera de la regresión. Cuantas más variables de ese tipo encontremos, más probable es que mejore el ajuste de la regresión (más adelante nos extenderemos sobre esta cuestión).

Como mejor se resume el poder explicativo global de la regresión lineal es por medio de nuestro conocido amigo, el coeficiente de correlación. Como ya hemos señalado, es bastante posible que el coeficiente de correlación sea bajo incluso aunque el valor estimado de b sea grande (y viceversa). He aquí otra forma de ver lo mismo: utilicemos las ecuaciones [A2.7] y [A2.10] para ver que

$$R = \frac{\text{cov}_{xy}}{\sigma_x \sigma_y} = \frac{\text{cov}_{xy}}{\sigma_x^2} \frac{\sigma_x}{\sigma_y} = \hat{b}\frac{\sigma_x}{\sigma_y},$$

por lo que aunque el valor de $\hat{b}$ sea alto, el de R (o R^2) puede ser bajo si la varianza de y es muy grande en relación con la de x. ¿Qué significa eso? Significa que hay una gran proporción de la variación de la propia y que no puede explicarse debidamente observando *solamente* las variaciones de x. Como hemos señalado antes, eso podría ocurrir por una o varias razones. Al mismo tiempo, también es posible que el valor de b sea bajo, pero que el coeficiente de correlación de la regresión sea alto: eso ocurre si la variación global de y es muy pequeña en relación con la de x. La ecuación anterior muestra claramente estas posibilidades.

Cuando observamos, pues, una ecuación de regresión ajustada, lo primero que debemos preguntarnos es cuál es el valor de R (o de R^2). Si es bajo, podemos tener para empezar poca fe en la regresión, aunque es posible que las regresiones en las que el valor de R^2 es bajo también puedan suministrarnos información útil, siempre que el parámetro b se estime con "bastante precisión" (véase el texto siguiente), sobre todo en los casos en los que el coeficiente de correlación es bajo, no porque exista algún error fundamental de especificación sino porque hay sencillamente demasiadas variables explicativas para que cualquiera de ellas tenga mucho poder explicativo.

Regresión multivariante

La última observación del párrafo anterior, así como los ejercicios (1) y (2), nos llevan a estudiar la *regresión multivariante*. La mayoría de las veces las variaciones de alguna variable dependiente nunca pueden explicarse satisfactoriamente por medio de una única variable independiente. Es necesario incluir varias variables en el segundo miembro de la ecuación de regresión simplemente para reducir la cantidad de aleatoriedad inexplicable de la variable dependiente. Sin embargo, hay otra necesidad más inmediata para incluir más variables independientes: algunas de estas variables pueden estar correlacionadas sistemáticamente con una o más variables independientes que ya hemos utilizado y también con la variable dependiente, por lo que la exclusión de esas variables atribuye un efecto compuesto a la variable independiente ya incluida.

Por utilizar el ejemplo de la convergencia de la teoría del crecimiento económico, obsérvese que el modelo de Solow predice que los países que tienen un nivel inicial de renta per cápita más bajo crecerán más deprisa. Sin embargo, esta afirmación sólo es válida *ceteris paribus* y en la mayoría de las cosas el *ceteris* no es *paribus*. Así, un aumento de la renta per cápita puede permitir acumular mayores stocks de capital humano, los cuales aceleran por sí mismos la tasa de crecimiento. Una regresión que sólo incluya como variable independiente la renta per cápita generará un coeficiente de la renta per cápita que incluye tanto el efecto "directo" de la renta per cápita (la predicción de Solow) *como* el efecto "indirecto" a través del capital humano. En este ejemplo, los dos efectos actúan en sentido contrario y el efecto neto puede ser mostrar (aparentemente) que la renta per cápita no afecta al crecimiento. Incluyendo el capital humano como variable adicional en la ecuación de regresión es posible distinguir los dos efectos (véanse los capítulos 3 y 4 para un análisis más detallado).

Es fácil formular el problema general. Sea y la variable independiente y $x^1, ..., x^k$ un conjunto de variables dependientes. Nuestra tarea es estimar una ecuación lineal de la forma

$$y = A + b_1 x^1 + b_2 x^2 + ... + b_k x^k, \tag{A2.12}$$

donde hay que hallar las constantes $(A, b_1, ..., b_k)$.

El resto es una extensión natural del método de MCO utilizado en el caso de una única variable independiente. Ahora es más difícil hacerse una idea intuitiva de lo que ocurre (ya que los diagramas de puntos son menos claros cuando hay dos variables independientes y no pueden utilizarse cuando hay tres o más), pero la idea principal es la misma: buscamos el "mejor" hiperplano que se ajuste al diagrama multidimensional de observaciones. Al igual que antes, podemos definir el valor predicho $\hat{y}_i$ para cualquier conjunto $(A, b_1, ..., b_k)$ y cualquier observación i de la forma siguiente:

$$\hat{y}_i \equiv A + b_1 x_i^1 + b_2 x_i^2 + ... + b_k x_i^k \tag{A2.13}$$

y el error de predicción e_i de la forma siguiente:

$$e_i \equiv y_i - \hat{y}_i. \tag{A2.14}$$

Ahora realizamos exactamente el mismo ejercicio que antes: elegimos el valor de $(A, b_1, ..., b_k)$ que minimiza la suma de los cuadrados de los errores de predicción $\sum_i^n e_i^2$. Este procedimiento lleva a una extensión natural de las fórmulas [A2.10] y [A2.11].

Asegúrese el lector de que comprende el significado exacto de estos coeficientes estimados. Por ejemplo, el coeficiente b^1 nos indica el efecto que produce una variación de x^1 en y cuando todos los demás valores de $(x^2, ..., x^k)$ *se mantienen constantes*. Eso *no* significa que la variación de x^1 no afecte a los demás valores de x^2. Puede afectarlos, en algunas situaciones, pero subsiste el hecho de que b^1 es una medida del efecto directo "puro" de x^1 libre de las influencias "contaminantes" de las demás variables independientes. Por lo tanto, la ecuación de regresión "correcta" debe indicarnos la naturaleza de la influencia de x en y, cuando se ha tenido en cuenta la influencia de "otros factores".

Queda por especificar el concepto análogo del coeficiente de correlación en un ejercicio de regresión múltiple. Es alguna medida de la correlación entre la variable dependiente y todo el *conjunto* de variables independientes. Existe una manera fácil de hacerlo que generaliza perfectamente el caso en el que sólo hay una variable independiente: basta tomar como medida el coeficiente de correlación entre y y los valores *predichos* $\hat{y}$ generados por la regresión. Al fin y al cabo, los valores predichos son una medida del poder de explicación *conjunto* de todas las variables independientes consideradas en conjunto.[4]

(7) Verifique el lector que el coeficiente de correlación propuesto para la regresión múltiple generaliza realmente el caso en el que sólo hay una variable independiente demostrando que el coeficiente de correlación entre dos variables x e y es el mismo que el coeficiente de correlación entre $A + bx$ e y para cualesquiera constantes (A, b) siendo $b \neq 0$.

---

4. En realidad, se utiliza una ligera variante de esta medida, llamada *coeficiente de correlación ajustado*. El ajuste se emplea para tener en cuenta el hecho de que la inclusión de *cualquier* variable independiente adicional nunca puede reducir el coeficiente de correlación y a veces puede aumentarlo sin contribuir realmente al poder explicativo. Por lo tanto, se aplica una corrección al coeficiente de correlación, cuya magnitud depende (entre otras cosas) del número de variables independientes o explicativas incluidas en la regresión. Es posible que la R^2 ajustada disminuya cuando se añaden más variables independientes.

Existen dos casos especiales de la regresión multivariante que merece la pena examinar.

Regresiones no lineales. Una regresión multivariante puede utilizarse para analizar situaciones en las que se cree que la verdadera relación subyacente no es lineal, bien por sentido común o por razones teóricas más complejas. Ejemplos son la relación entre la renta per cápita y la esperanza de vida, analizada antes en este apéndice y en el capítulo 2, y la hipótesis de la U invertida de Kuznets estudiada en el capítulo 7.

El primer paso para analizar esta situación es incluir *tanto x como x^2* como variables independientes en el segundo miembro de la ecuación. Por lo tanto, aunque sólo haya realmente una variable independiente, el modelo se comporta como si hubiera dos: la variable y su cuadrado.

¿Cuál es la ventaja de incluir el término cuadrático? Permite la existencia de diferentes zonas de relación positiva y negativa entre *x* e *y*. Sin embargo, como el término cuadrático sólo permite estimar una ecuación cuadrática, este método no puede analizar más que un cambio de sentido de la relación. Pero el método general se sugiere fácilmente por sí solo: incluir más potencias cada vez más altas de *x* si se desea analizar cambios de conducta más complicados. No obstante, en economía pocos modelos teóricos generan esa complicada conducta, a menos que también generen resultados negativos del tipo "no puede ocurrir nada".

(8) ¿Qué tipo de especificación utilizaría para generar una ecuación de regresión del diagrama de puntos de la figura A2.1? Observe el gráfico y describa los valores que es de esperar que tengan los diferentes coeficientes.

Algunos casos en los que la relación no es lineal pueden convertirse en una ecuación de estimación lineal con una manipulación matemática muy sencilla. Supongamos, por ejemplo, que nos interesa estimar los coeficientes de la función de producción Cobb-Douglas

$$Y = AK^\alpha L^\beta \qquad [A2.15]$$

utilizando datos de la producción (*Y*), del capital (*K*) y del trabajo (*L*). Está claro que una regresión lineal con respecto a estas variables no nos llevará a ninguna parte, ya que la forma funcional que estamos tratando de estimar es inherentemente no lineal. Sin embargo, resultará útil en este caso tomar los logaritmos de ambos miembros de la ecuación [A2.15]:

$$\ln Y = \ln A + \alpha \ln K + \beta \ln L. \qquad [A2.16]$$

La ecuación [A2.16] es una forma lineal que puede estimarse utilizando MCO. Convertimos los datos dados a la forma logarítmica para estimar los coeficientes ln *A*, α y β. Para una aplicación de este método, véase el capítulo 3.

Variables ficticias. Muchas veces una variable adicional adopta la forma de variable *ficticia*, que es una variable que sólo toma valores binarios representados normalmente por medio de los números 0 y 1. Por ejemplo, podríamos querer contrastar la hipótesis de que las mujeres que realizan el mismo trabajo que los hombres ganan menos que ellos. En ese caso, necesitaríamos estimar una ecuación de salarios que incluyera varias variables independientes, como la edad y el nivel de estudios. Especialmente importante sería la variable ficticia que toma el valor 0 si el trabajador es mujer y el valor 1 si es hombre. En este caso, la hipótesis de la discriminación establece que teniendo en cuenta otras variables como el nivel de estudios y la edad, el coeficiente de esta variable ficticia debe ser positivo.

El coeficiente de la variable ficticia puede interpretarse como la renta adicional que recibe un trabajador simplemente por ser varón. También puede haber otros efectos —por ejemplo, es posible que un hombre *también* reciba más educación y que la educación produzca un efecto independiente en los ingresos salariales— pero la variable ficticia no los recogerá siempre que la educación también se incluya en la ecuación de regresión y, de hecho, no debería recogerlos. ¿Se manifiestan las ventajas de ser hombre principalmente *a través de* factores como un acceso mejor a la educación y *no* directamente a través del mercado de trabajo? Es algo que nos gustaría analizar explícitamente, por lo que no queremos aglutinar todos estos efectos en una única variable general.

Habitualmente se incluyen las variables ficticias de forma *aditiva*

$$y = A + bx + cD + \text{términos de error}, \qquad [\text{A2.17}]$$

donde x es un vector de variables independientes, (A, b, c) son constantes que deben determinarse (por ejemplo, por medio de MCO) y D es una variable ficticia que toma el valor 1 en el caso de que se cumpla una determinada condición y 0 en caso contrario. Por ejemplo, D podría ser la variable ficticia de un país que toma el valor 1 si es latinoamericano y 0 en caso contrario (véase el estudio de la hipótesis de la U invertida en el capítulo 7).

El lector podría preguntarse qué ventaja tiene incluir una variable ficticia cuando podemos separar simplemente los datos correspondientes a cada una de las clasificaciones que se supone que representa la variable ficticia. Por ejemplo, si los datos están en forma de un panel que contiene datos sobre la desigualdad de algunos países que son latinoamericanos y de otros que no lo son, ¿por qué no crear simplemente dos subconjuntos de datos a partir de este panel y realizar regresiones distintas? La verdad es que podríamos hacerlo, pero la cuestión es que el uso de la variable ficticia impone mucha más estructura al problema: la estructura suele estar motivada por consideraciones teóricas. Volvamos al ejemplo de la discriminación salarial. Podríamos tener razones teóricas para suponer que las variaciones de la educación o de la edad producen los mismos efectos en los salarios masculinos y en los femeninos *en el margen*, mientras que el sexo eleva simplemente los salarios masculinos (en relación con los femeninos) en la misma cuantía (o en el mismo porcentaje) en todos los niveles de educación o en todas las edades. Eso equivale a decir que el efecto del sexo sólo influye en el *término constante A* y no en el coeficiente de regresión (o en el vector de coeficientes de regresión) representado por b.[5] Observemos de nuevo la ecuación [A2.17]. Lo que hace, de hecho, es especificar el término constante como $A + cD$ y conserva el mismo valor de b independientemente de que la variable ficticia tome el valor 0 o 1.

---

5. En el ejemplo de la discriminación salarial, esta afirmación se refiere al caso en el que se supone que el salario se desplaza en sentido ascendente en una cuantía *absoluta* constante debido al término del sexo. Si el desplazamiento es proporcional, necesitamos una especificación diferente. Si todos los efectos son multiplicativos, podemos tomar la vía logarítmica analizada en el caso de la estimación no lineal [véanse las ecuaciones (A2.15) y (A2.16)].

La ventaja del uso de variables ficticias reside, pues, en que nos permite alterar solamente los parámetros que consideramos que son afectados teóricamente por la variable ficticia. Eso nos permite agrupar los datos para tener más poder estadístico. Además, podemos permitir (si queremos) que la variable ficticia afecte a algunos de los coeficientes de regresión *interactuando* la variable ficticia con las variables relevantes. Supongamos, por ejemplo, que creemos que el efecto de la discriminación salarial es menor conforme aumenta la edad. En ese caso, nuestra especificación podría ser la siguiente:

$$\text{salario} = A + b_1 \text{ educ} + b_2 \text{ edad} + b_3 D \text{ edad} + cD + \text{error},$$

donde las variables se explican por sí solas (quizá expresadas en términos logarítmicos) y D es la variable ficticia que recoge el sexo. Obsérvese que la variable ficticia ha entrado en dos lugares: primero como un desplazamiento aditivo al igual que antes y, segundo, para explorar la idea de que a mayor edad, menor desplazamiento.

(9) ¿Qué signo es de esperar que tenga b_3? ¿Cómo analizaría la conjetura de que la edad no afecta al sesgo del sexo, pero es mayor cuando los niveles de estudios son más altos?

Las variables ficticias aditivas suelen denominarse *efectos fijos* porque recogen algún desplazamiento de la ecuación de regresión que probablemente es intrínseco a la característica recogida por la variable ficticia. Por lo tanto, las regresiones que incorporan efectos fijos del país, el pueblo o el tiempo son simplemente las que incluyen las variables ficticias correspondientes en su especificación.

Sesgo y significación

Al margen del ajuste global de la recta de regresión, hay que preguntarse si se puede confiar en el coeficiente estimado $\hat{b}$: ¿Se aleja mucho de "la verdad"?

Hemos entrecomillado la expresión "la verdad" porque exige alguna explicación. Imaginemos un gran conjunto (potencialmente infinito) de observaciones (x, y) a las que *podríamos* tener acceso: lo que tenemos en nuestras manos es, en realidad, un subconjunto o una *muestra* de estas observaciones. Supongamos que, efectivamente, hay alguna relación "verdadera" entre las variables x e y. Eso, sin embargo, no significa que nuestra muestra *concreta* nos permita adivinar cuál es esta verdadera relación. Nuestra muestra nos permite construir estimaciones $\hat{A}$ y $\hat{b}$ de la verdadera relación que creemos que "existe", pero estas estimaciones generalmente serían distintas si utilizáramos otra muestra de este gran "conjunto madre" de observaciones. Para continuar con el ejemplo de las precipitaciones, pensemos como conjunto madre de observaciones en todas las precipitaciones que se han producido en la historia (y en todas las que se producirán) y en los niveles de producción agrícola correspondientes. No tenemos acceso a todo este conjunto: simplemente, y a modo de ejemplo, quizá tengamos información sobre las precipitaciones y la producción agrícola de todos los años alternos comprendidos entre 1970 y 1997. Utilizamos esta información para estimar la "verdadera" relación que está oculta en el conjunto madre de observaciones. Sin embargo, otra muestra de observaciones (por ejemplo, los otros años alternos) puede darnos una estimación algo distinta.

Esto nos indica que nuestras estimaciones son *en sí mismas* variables aleatorias en un sentido más amplio. Uno de los objetivos de la estadística es desarrollar un concepto de lo precisas o *significativas* que son nuestras estimaciones, es decir, ¿en qué medida podemos confiar en que el valor estimado de $\hat{b}$ se aproxime a la verdadera b? Obtenemos un problema algo distinto modificando algo la pregunta: *utilizando* el valor estimado $\hat{b}$ y los demás datos del problema, ¿hasta qué punto podemos estar seguros de que el *verdadero* valor de b es significativamente diferente de 0, o de 1, o se encuentra dentro o fuera de un intervalo de valores especificado de antemano? Con esta modificación, los estimadores no son más que un paso para llegar a la verdadera naturaleza de las cosas (de la que nunca podemos estar totalmente seguros debido a que carecemos de todos los datos). Sólo podemos decir cosas sobre la verdadera relación con alguna *probabilidad*: el valor del ejercicio depende, pues, de lo cerca que 1 que esté la probabilidad.

El sesgo. Siguiendo con nuestro análisis anterior, podemos considerar que un estimador MCO es una *función* de las observaciones muestrales $\{(x_1, y_1), ..., (x_n, y_n)\}$, donde podemos suponer, si queremos, que cada observación de x es multidimensional. Demos un nombre a esta lista de observaciones: llamémosla z. Por lo tanto, z procede de algún conjunto madre de observaciones y las diferentes muestras (o, en otras palabras, los diferentes ejercicios de recogida de datos) dan lugar a diferentes z, todas procedentes del mismo conjunto madre. Por lo tanto, un estimador MCO (por ejemplo, del coeficiente de regresión b) puede concebirse como una función que genera, para *todos los conjuntos z*, una estimación $\beta(z) \equiv \hat{b}$ de los coeficientes de regresión.

Ahora podemos considerar la media o el *valor esperado* de $\beta(z)$ a medida que z va adoptando la forma de todas las muestras imaginables. ¿Es esta media el "verdadero" valor b? Si lo es, decimos que el estimador es *insesgado*, lo cual no es más que una manera de decir que podemos esperar que nuestra estimación se agrupe, en promedio, en torno al verdadero valor que buscamos. Una característica atractiva de los estimadores MCO se halla en que son insesgados en este sentido.

He aquí más detalles para respaldar esta observación. Limitémonos (para simplificar el análisis) al caso en el que sólo hay una variable independiente. Supongamos que en nuestra mente la verdad viene dada por el modelo

$$y_i = A + bx_i + \epsilon_i, \qquad \text{[A2.18]}$$

donde las x_i pueden o no ser variables aleatorias (no importa de qué estemos hablando) y los "términos de ruido" ϵ_i proceden todos ellos de extracciones independientes de una única distribución que es, a su vez, independiente de los valores de x. Como ϵ es ruido puro, suponemos que la media de esta distribución es 0. Los parámetros A y b son lo que estamos buscando.

Recuérdese que nuestra *estimación* $\hat{b}$ de b viene dada por la fórmula

$$\hat{b} = \frac{\sum_{i=1}^{n}(x_i - \bar{x})(y_i - \bar{y})}{\sum_{i=1}^{n}(x_i - \bar{x})^2},$$

donde $\bar{x}$ e $\bar{y}$ son, como recordará el lector, las medias muestrales de las observaciones de x e y, respectivamente. Se deduce que

$$\hat{b} = \frac{\sum_{i=1}^{n} (x_i - \bar{x})y_i}{\sum_{i=1}^{n} (x_i - \bar{x})^2} + \frac{\sum_{i=1}^{n} (x_i - \bar{x})\bar{y}}{\sum_{i=1}^{n} (x_i - \bar{x})^2} =$$

$$= \frac{\sum_{i=1}^{n} (x_i - \bar{x})y_i}{\sum_{i=1}^{n} (x_i - \bar{x})^2} \equiv$$

$$\equiv \sum_{i=1}^{n} \lambda_i y_i,$$

donde la segunda igualdad se deduce del hecho de que $\sum_{i=1}^{n} (x_i - \bar{x}) = 0$ y la tercera igualdad se obtiene definiendo $\lambda_i \equiv (x_i - \bar{x})/(\sum_{i=1}^{n} (x_i - \bar{x})^2)$. Por consiguiente,

$$\hat{b} = \sum_{i=1}^{n} \lambda_i (A + bx_i + \epsilon_i) = b + \sum_{i=1}^{n} \lambda_i \epsilon_i, \qquad \text{[A2.19]}$$

donde para obtener esta ecuación, hemos utilizado las observaciones de que $\sum_{i=1}^{n} \lambda_i = 0$ y $\sum_{i=1}^{n} \lambda_i x_i = \sum_{i=1}^{n} \lambda_i (x_i - \bar{x}) = 1$.

Ahora bien, para unas observaciones dadas de las variables x, vamos a tomar esperanzas matemáticas con respecto a los términos de ruido ϵ_i. A partir de la ecuación [A2.19], se deduce que

$$E(\hat{b}) = b + \sum_{i=1}^{n} \lambda_i E(\epsilon_i) = b,$$

porque los términos de ruido tienen todos una media igual a 0. Eso demuestra que la estimación MCO de b es insesgada. El argumento es el mismo en el caso de la estimación del término constante A.

Significación. La falta de sesgo de las estimaciones de MCO de A y b nos dice que, en promedio, no estamos cometiendo un error sistemático en nuestra estimación de los verdaderos valores de A y b. Sin embargo, eso no significa que en cualquier ejercicio concreto, hayamos encontrado el verdadero valor de estos coeficientes o ni siquiera uno cercano. La figura A2.4 muestra este concepto reiterando que cualquier estimación es una variable aleatoria y, en general, tiene una distribución de sus posibles valores en torno a su media. Lo que hemos mostrado en el apartado anterior es que la *media* es, de hecho, el verdadero valor que estamos buscando, pero como muestra la figura, habrá una cierta *dispersión* en torno a la media. Lo único que vemos es el valor *estimado* $\hat{b}$, pero como no sabemos dónde está centrada la distribución en la figura A2.4, no sabemos si este valor estimado coincide justamente con el verdadero o está alejado de (o es mayor o menor que) él.

El análisis siguiente es algo más técnico, por lo que comenzaremos ofreciendo al lector una idea sencilla e intuitiva de cómo acometemos el proceso. Supongamos que nos interesa saber si el *verdadero* valor de b es positivo (por ejemplo, quizá queramos saber si las precipitaciones influyen realmente en la producción agrícola, si la educación influye en los salarios o si la población de cigüeñas existente en un país influye en el número de niños que nacen en él). Hacemos, pues, una regresión de y con respecto a x y una estimación $\hat{b}$ mediante MCO de b.

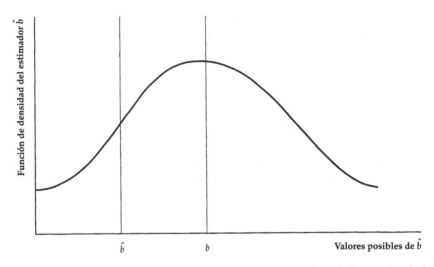

Figura A2.4. Dispersión del estimador de MCO en torno al verdadero valor de b.

Supongamos ahora en aras del argumento que el verdadero valor de b es 0. Aun así, raras veces sucederá que el valor *estimado* $\hat{b}$ es exactamente 0, ya que las relaciones que hay que estimar mediante este tipo de análisis estadístico raras veces son *exactas*: siempre hay pequeñas influencias externas desconocidas, perturbaciones diminutas e inextricables o simplemente errores de medición de las variables que tienden a hacer que la relación entre dos variables sea algo confusa y borrosas. Así, por ejemplo, la producción agrícola real, aunque depende extraordinariamente de las precipitaciones, también puede variar levemente en respuesta a otras influencias que, en realidad, no producen ningún efecto serio. Por estas razones, no podemos estar seguros de que una estimación positiva garantizará que el verdadero coeficiente es realmente positivo.

El arte y la ciencia de realizar inferencias estadísticas reside en descubrir "relaciones estructurales" verdaderas y fuertes en los datos que han sido contaminados por la influencia de estos factores secundarios, que los estadísticos (en parte quizá para dar salida a su frustración) denominan "ruido".

Resumiendo, pues, el coeficiente estimado de una "variable explicativa" puede no ser cero, aun cuando esa variable no influya realmente en y. O puede ocurrir que en realidad la relación *sea* positiva, pero ¿resuelve realmente la cuestión una *estimación* positiva?

Los estadísticos acometen esta tarea estableciendo una *hipótesis nula* o provisional. Por ejemplo, pueden comenzar partiendo de la hipótesis de que el "verdadero" valor del coeficiente de regresión en cuestión no *es* positivo y a continuación tratar de calcular la probabilidad de que el valor estimado a partir de cualquier muestra *sea* lo que *resulta* ser debido meramente al efecto del ruido. Si se observa que esta probabilidad es muy baja, existirán razones para "rechazar" la hipótesis nula supuesta inicialmente, es decir, la hipótesis de que el "verdadero" coeficiente no es positivo. En el caso de ese rechazo, hay que extraer la conclusión opuesta: que la variable independiente en cuestión tiene, en realidad, una influencia positiva apreciable en la variable *y*. En este último caso, se dice que el coeficiente estimado es significativamente diferente de cero o simplemente "estadísticamente significativo".

Obsérvese que en este caso hay que realizar dos tareas. En primer lugar, nuestro cálculo de la probabilidad antes mencionada depende sin lugar a dudas de nuestra opinión sobre la fuerza y la naturaleza del ruido existente en los datos en cuestión. Necesitamos estimarlo observando la magnitud de los "residuos", es decir, las desviaciones de los valores predichos de *y* (predichos utilizando la ecuación de regresión mediante MCO) con respecto a los valores reales. De esa manera tenemos una idea de la dispersión o varianza de la distribución de $\hat{b}$. Si esta distribución está muy agrupada en torno a la verdad y si nuestra estimación también es positiva, es muy probable que la verdad también sea positiva. En cambio, si esta dispersión es muy grande, no podemos estar muy seguros de ello (a menos que la propia estimación sea muy grande y positiva).

Es importante, pues, *combinar* tanto el valor estimado del coeficiente como la fuerza estimada del ruido para contrastar la hipótesis nula. Partiendo de algunos supuestos estadísticos, esta combinación lleva a lo que se denomina estadístico *t*, y decidimos si el coeficiente es "significativamente positivo", "significativamente negativo" o "significativamente distinto de cero" adoptando el postulado opuesto como hipótesis nula y averiguando si el valor del estadístico *t* nos da suficientes motivos para rechazar esta hipótesis.

Por ejemplo, partiendo de la hipótesis nula de que el "verdadero" coeficiente es 0, es más improbable que los valores del estadístico *t* sean más altos. Por lo tanto, cuanto más alto sea el valor calculado de *t*, menos probable es la hipótesis nula. Normalmente, se decide de antemano un punto de corte y si el valor de *t* resulta ser más alto que éste, se rechaza la hipótesis nula y se dice que el coeficiente en cuestión es estadísticamente significativo. Por lo tanto, en cualquier informe técnico basado en regresiones, normalmente se indican los valores respectivos del estadístico *t* entre paréntesis, justamente debajo de los coeficientes estimados, a fin de que los lectores puedan juzgar la significación estadística de esos coeficientes.[6]

El segundo elemento de subjetividad se halla en la decisión tomada de antemano de *cuán* improbable es "demasiado improbable" para que se rechace una hipótesis nula. Habitualmente se trabaja con una probabilidad del 5%, es decir, la hipótesis nula se rechaza si, partiendo de su supuesto, hay menos de un 5% de probabilidades de que el valor de *t* tome el valor que toma realmente en la muestra dada. Ese contraste se denomina, pues, contraste con "un nivel de significatividad del 5%". Tampoco son infrecuentes los niveles de significatividad de 1 y 10%.

En el resto de los apartados analizamos más detalladamente estas cuestiones.

Errores típicos. Abundando en el análisis anterior, nuestra primera tarea es averiguar el grado de dispersión de la distribución del estimador MCO. Esta tarea no es difícil, al menos

---

6. Obsérvese que este procedimiento se basa en la idea general de "inocente mientras no se demuestre lo contrario". Por ejemplo, para averiguar si un coeficiente es significativamente diferente de 0, se supone inicialmente que la variable en cuestión no influye en la variable explicada (*x*), pero ese supuesto se abandona más tarde si parece demasiado improbable a la luz de la evidencia existente.

hasta cierto punto. Podemos utilizar la ecuación [A2.19] para calcular la varianza de $\hat{b}$ correspondiente a un conjunto fijo de observaciones de x. Primero expresamos esta ecuación de la manera siguiente:

$$\hat{b} - b = \sum_{i=1}^{n} \lambda_i \epsilon_i,$$

y a continuación observamos que

$$\text{varianza de } \hat{b} = E(\hat{b} - b)^2 = \sigma^2 \sum_{i=1}^{n} \lambda_i^2 = \frac{\sigma^2}{\sum_{i=1}^{n}(x_i - \bar{x})^2}, \qquad [A2.20]$$

donde σ es la varianza común de los términos de error (independientes). También es fácil demostrar que

$$\text{varianza de } \hat{A} = \frac{\sigma^2 \sum_{i=1}^{n} x_i^2}{n \sum_{i=1}^{n}(x_i - \bar{x})^2}. \qquad [A2.21]$$

Esta información es buena, pero incompleta. En particular, no sabemos cuál es la varianza desconocida σ^2, por lo que tenemos que calcularla aproximadamente de alguna forma. Una manera de hacerlo es utilizar la variación *observada* de los términos de error estimados e_i, que, como recordará el lector, no son más que las diferencias entre las y_i observadas y las $\hat{y}$ predichas. Resulta que un predictor insesgado de la varianza σ^2 viene dado por el estimador

$$\hat{\sigma}^2 = \sum_{i=1}^{n} \frac{e_i^2}{n-2}. \qquad [A2.22]$$

Una razón intuitiva (algo insatisfactoria) para dividir por $n-2$ en lugar de por n se halla en que deben estimarse dos parámetros para calcular los términos de error: A y b. Por ejemplo, cuando calculamos la varianza muestral de una variable, es normal dividir por $n-1$ porque debe estimarse un parámetro (la media muestral) para calcular la varianza muestral. Eso altera los grados de libertad de las sumas de los cuadrados que definen $\hat{\sigma}^2$. En términos matemáticos, es fácil verificar tomando esperanzas matemáticas que esta división (por $n-2$) nos da realmente una estimación insesgada.

Ahora introducimos [A2.22] en las ecuaciones [A2.20] y [A2.21] para estimar la dispersión de $\hat{b}$ y de $\hat{A}$. Se obtiene lo que se conoce con el nombre de *errores típicos* (ET) de las estimaciones:

$$\text{ET}(\hat{b}) = \sqrt{\frac{\hat{\sigma}^2}{\sum_{i=1}^{n}(x_i - \bar{x})^2}}, \qquad [A2.23]$$

$$\text{ET}(\hat{A}) = \sqrt{\frac{\hat{\sigma}^2 \sum_{i=1}^{n} x_i^2}{n \sum_{i=1}^{n}(x_i - \bar{x})^2}}. \qquad [A2.24]$$

A veces, los resultados de la regresión indican estos errores típicos entre paréntesis debajo de cada uno de los coeficientes estimados. Si estos errores son pequeños en relación con la magnitud de los coeficientes, podemos tener más fe en las predicciones cualitativas generadas por nuestras estimaciones. Por ejemplo, si el valor estimado $\hat{b}$ es grande y positivo, mientras que al mismo tiempo el error típico de $\hat{b}$ es pequeño, es muy probable que el verdadero valor de $\hat{b}$ también sea positivo. Con algunos supuestos más podemos seguir avanzando, como mostramos en el siguiente apartado.

La distribución *t*. Existe una distribución muy especial llamada distribución *t*. Se parece algo a una distribución normal (aunque es más plana). Tiene una media de 0 y su varianza está determinada por un parámetro llamado sus *grados de libertad.* La distribución *t* aparece en los programas informáticos de estadística y en los textos más antiguos de estadística que tabulan sus propiedades. Por ejemplo, con 20 grados de libertad, se sabe perfectamente que la probabilidad de que una variable aleatoria *t* sea superior al valor 2,086 es exactamente 0,025, que la probabilidad de que sea superior a 1,725 es 0,05 y que la probabilidad de que su valor *absoluto* sea superior a 1,725 es, pues, 0,10. La distribución *t* desempeña un papel hermoso y crítico en la contrastación de hipótesis.

Para ver cómo se usa, necesitamos un supuesto y un teorema.

Supuesto. *Los errores ϵ_i de nuestro modelo de regresión siguen la conocida distribución normal.*

Hay argumentos teóricos que justifican este supuesto, pero en todo caso se trata de un supuesto.

Teorema. *Si los errores siguen una distribución normal, la variable aleatoria*

$$\frac{\hat{b} - b}{\text{ET}(\hat{b})}$$

debe seguir una distribución t con n − 2 grados de libertad, donde n es el tamaño de la muestra.

Contrastación de hipótesis. El teorema anterior nos permite contrastar distintas hipótesis, por ejemplo, si un coeficiente de regresión es "significativamente" positivo, "significativamente" negativo o simplemente "significativamente" diferente de 0.

Por ejemplo, podemos averiguar si las tasas de abandono prematuro de los estudios tienen algo que ver con las tasas de delincuencia urbana. Supongamos que ya hemos realizado una regresión de las tasas de delincuencia con respecto a las tasas de abandono prematuro de los estudios y hemos obtenido una estimación de *b*. Queremos saber si $\hat{b}$ es "significativamente" diferente de 0. O podemos hacer una regresión del consumo con respecto a la renta y tratar de averiguar si un aumento de la renta en un peso provocará un aumento del consumo de un peso: el valor de *b* que tenemos entonces en mente es 1. Debemos formular una *hipótesis* y contrastarla. *Contrastar* una hipótesis significa tomar la decisión de *rechazar* o de *no rechazar* la hipótesis de que el parámetro de la población *b* es igual a un determinado valor.

Ahora nos encontramos en un mundo probabilístico y puede ocurrir cualquier cosa. Podríamos rechazar la hipótesis cuando, en realidad, es verdadera o podríamos no rechazarla siendo falsa. Como investigadores, queremos limitar lo más posible estas posibilidades, y eso determinará el "poder" del contraste.

Es costumbre limitar los rechazos falsos: queremos ser conservadores, en el sentido de que no queremos rechazar una hipótesis cuando, en realidad, es verdadera. Por lo tanto, cuando rechazamos la hipótesis, queremos estar seguros de que es realmente falsa.

La otra cara de este enfoque es que *no rechazar* una hipótesis no significa demasiado: en particular, *no* significa que la hayamos "aceptado". De hecho, a menudo es posible que no se rechace (estadísticamente) ni una hipótesis ni su contraria.

La proporción de las muestras en la que se produce un falso rechazo se denomina *nivel de significación* del contraste, representado normalmente por medio del símbolo α. Es habitual trabajar con una probabilidad del 5%, es decir, rechazar la hipótesis nula si hay menos de un 5% de probabilidades de que hayamos rechazado la hipótesis cuando, en realidad, era verdadera. Ese contraste se denomina contraste con "un nivel de significación del 5%". Tampoco son infrecuentes los contrastes con unos niveles de significación de 1 y 10%.

Ahora veremos qué papel desempeña la distribución *t* en todo esto. Por ejemplo, estamos tratando de averiguar si las tasas de abandono prematuro de los estudios tienen algo que ver con las tasas de delincuencia urbana. Supongamos que tenemos treinta pares de observaciones. Hemos utilizado el método de MCO para estimar *b*. Si los errores son normales, sabemos por el teorema anterior que la variable

$$\frac{\hat{b} - b}{\text{ET}(\hat{b})}$$

sigue una distribución *t* con $n - 2$ grados de libertad. Como el tamaño de nuestra muestra es de treinta, tenemos 28 grados de libertad.

En primer lugar, formulamos la *hipótesis nula*. Supongamos que elegimos como hipótesis nula $b = 0$: las tasas de abandono prematuro de los estudios no influyen en las tasa de delincuencia.

En segundo lugar, formulamos la *hipótesis alternativa*. Ésta es la hipótesis de que las tasas de abandono prematuro de los estudios influyen positivamente en las tasas de delincuencia. También podríamos haber elegido como alternativa la alternativa más débil de que producen *algún* efecto, positivo o negativo.

En tercer lugar, elegimos nuestro nivel de significación. Supongamos que estamos dispuestos a equivocarnos una vez de cada veinte por rechazar la hipótesis nula cuando, en realidad, es verdadera; es decir, $\alpha = 0,05$.

En cuarto lugar, buscamos el valor t^* de la distribución *t* tal que la probabilidad de que *t* sea superior a t^* no es superior a 0,05. En el caso de 28 grados de libertad, es el valor 1,701. El área situada a la derecha se denomina *región crítica* de contraste. En términos generales, es la región en la que se rechazará la hipótesis nula en favor de la alternativa.[7]

Por último, calculamos lo que se denomina *estadístico de contraste*: el valor del cociente $\hat{b}/(\text{ET}(\hat{b}))$ (el numerador es $\hat{b}$ porque estamos trabajando con la hipótesis nula de que $b = 0$). Supongamos que este estadístico es 2. Como el teorema nos dice que este estadístico sigue una distribución *t* con 28 grados de libertad, *vemos que la probabilidad de que este estadístico pudiera haber adquirido el elevado valor de 2 cuando el valor supuesto de b es 0 es inferior a 0,05.* En

---

7. La región crítica depende de cuál sea nuestra hipótesis alternativa. En nuestro caso, utilizamos la alternativa de que las tasas de abandono prematuro de los estudios producen un efecto *positivo* en la delincuencia, por lo que la región crítica se encontrará a la derecha del umbral 1,701 (esto resultará más claro en el último paso del ejercicio).

ese caso, *rechazaríamos* la hipótesis nula de que las tasas de abandono prematuro de los estudios no influyen en las tasas de delincuencia urbana.

He aquí un rápido resumen del método general.

(1) Definimos nuestra hipótesis nula, la hipótesis alternativa y el nivel de significación α.

(2) Hallamos la región crítica utilizando la distribución t con los grados apropiados de libertad.

(3) Utilizando los datos muestrales, calculamos el valor del estadístico de contraste.

(4) Averiguamos si el estadístico de contraste calculado se encuentra o no en la región crítica.

(5) Rechazamos la hipótesis nula si el estadístico de contraste se encuentra en la región crítica. No la rechazamos si no se encuentra en la región crítica.

Intervalos de confianza. Otra manera de averiguar la significación es ofrecer al lector un *intervalo de confianza* para su estimación, es decir, indicar un intervalo de valores en torno a nuestra estimación que tiene la siguiente interpretación: el *verdadero* valor de b se encontrará en este intervalo en un porcentaje de las muestras mayor que una cifra predeterminada. Este porcentaje predeterminado (elegido por el investigador) es análogo al nivel de significación en la contrastación de hipótesis y se conoce con el nombre de *nivel de confianza*. De hecho, el nivel de confianza suele representarse por medio de $1 - \alpha$, donde α es el nivel de significación correspondiente. Por lo tanto, suele considerarse que los niveles de confianza (expresados en porcentaje) son del 90, 95 o 99%.

Obsérvese bien que nuestro estimador $\hat{b}$ es una variable aleatoria, por lo que el intervalo de confianza también es aleatorio: varía de una muestra a otra. En cambio, el verdadero valor de b es un número fijo (pero desconocido). La afirmación probabilística del párrafo anterior se refiere, pues, a las probabilidades de que este intervalo aleatorio contenga el verdadero valor y *no* a las probabilidades de algún parámetro aleatorio que se encuentre dentro de un intervalo fijo.

En términos más formales, un intervalo de confianza de un parámetro b, dado el estimador $\hat{b}$, es un intervalo $I = [\hat{b} - \hat{\beta}, \hat{b} + \hat{\beta}]$ calculado a partir de los datos muestrales de tal forma que I contiene el verdadero valor b en un porcentaje suficientemente elevado de las muestras (donde "suficientemente elevado" viene dado por el nivel de confianza elegido de antemano). En otras palabras, elegimos $\hat{\beta}$ de tal forma que

$$\text{probabilidad } (|\hat{b} - b| < \hat{\beta}) = 1 - \alpha, \qquad [\text{A2.25}]$$

donde $|\cdot|$ representa el valor absoluto y $1 - \alpha$ representa el nivel de confianza.

Para hallar $\hat{\beta}$ necesitamos tener una idea de cómo se distribuye la variable aleatoria $\hat{b} - b$. Es ahí donde reaparece la distribución t. Dividimos simplemente los dos miembros de la desigualdad de (A2.25) por el error típico de $\hat{b}$. El primer miembro resultante es una variable aleatoria t que sigue una distribución t con $n - 2$ grados de libertad. Por lo tanto, la condición [A2.25] es equivalente a la siguiente:

$$\text{probabilidad } \left(|t| < \frac{\hat{\beta}}{\text{ET}(\hat{b})} \right) = 1 - \alpha. \qquad [\text{A2.26}]$$

Utilizando tablas de la distribución t, podemos hallar el valor crítico $t^*(\alpha, n-2)$ que hace que esta desigualdad sea verdadera. En otras palabras, determinamos

$$\hat{\beta} = t^*_{\alpha, n-2} \times ET(\hat{b}),$$

donde $P(|t| < t^*_{\alpha, n-2}) \equiv 1 - \alpha$. Esto nos lleva a la expresión mucho más conocida del intervalo de confianza del parámetro b:

$$I = [\hat{b} - t^*_{\alpha, n-2} \times ET(\hat{b}), \ \hat{b} + t^*_{\alpha, n-2} \times ET(\hat{b})]$$

En resumen, construimos un intervalo de confianza para el parámetro b en nuestro modelo de regresión lineal siguiendo estos cuatro pasos:

(1) Elegimos nuestro nivel de confianza $1 - \alpha$: 90, 95 o incluso 99%.

(2) Buscamos el valor $t^*_{\alpha, n-2}$ utilizando tablas de la distribución t o utilizando el ordenador. Por ejemplo, si el tamaño de nuestra muestra es de 120, los valores $t^*_{\alpha, 118}$ son 1,289, 1,654 y 2,358 para los niveles de confianza de 90, 95 y 99%, respectivamente.

(3) Calculamos la estimación $\hat{\beta}$ y su error típico estimado $ET(\hat{b})$.

(4) Calculamos $\hat{\beta} = t^*_{\alpha, n-2} \times ET(\hat{b})$ y, por último, $\hat{b} \pm \hat{\beta}$.

Bibliografía

Acemoglu, D. (1997), "Training and Innovation in an Imperfect Labour Market", *Review of Economic Studies*, 64, págs. 445-464.

Acharya, S., *et al.* (1985), "Aspects of the Black Economy in India", National Institute of Public Finance and Policy, Nueva Delhi.

Adelman, I. y C. T. Morris (1973), *Economic Growth and Social Equity in Developing Countries*, CA, Stanford University Press.

Adserà, A. y D. Ray (1997), "History and Coordination Failure", multicopiado, Universitat Autònoma de Barcelona.

Agabin, M., *et al.* (1988), "A Review of Policies Impinging on the Informal Credit Markets in the Philippines", Working Paper 88-12, Philippine Institute for Development Studies, Makati, Filipinas.

Agabin, M., *et al.* (1989), "Integrative Report on the Informal Credit Market in the Philippines", Working Paper 89-10, Philippine Institute for Development Studies, Makati, Filipinas.

Aggarwal, V. (1989), "Interpreting the History of Mexico's External Debt Crisis", en B. Eichengreen y P. H. Lindert (comps.), *The International Debt Crisis in Historical Perspective*, Cambridge, MA, MIT Press.

Aguilar, L. (1993), "NAFTA: A Review of the Issues", *Economic Perspectives*, Federal Reserve Bank of Chicago, 17, págs. 12-20.

Ahluwalia, M. (1974), "Dimensions of the Problem", en H. B. Chenery, *et al.* (comps.), *Redistribution with Growth*, Londres, Oxford University Press.

Ahluwalia, M. (1976), "Inequality, Poverty and Development", *Journal of Development Economics,* 6, págs. 307-342.

Ahluwalia, M., N. G. Carter y H. Chenery (1979), "Growth and Poverty in Developing Countries", *Journal of Development Economics*, 6, págs. 299-341.

Ahmad, A. y J. Morduch (1993), "Identifing Sex Bias in the Allocation of Household Resources: Evidence from Linked Households Surveys from Bangladesh", Harvard Institute of Economic Research Discussion Paper.

Alchian, A. (1963), "Reliability of Progress Curves in Airframe Production", *Econometrica,* 31, págs. 679-693.

Alderman, H. (1987), "Cooperative Dairy Development in Karnataka, India: An Assessment", Research Report 64, IFPRI, Washington, DC.

Alderman, H. (1989), "The Impact of Changes in Income and Schooling on the Demand for Food Quantity and Quality in Rural Pakistan", multicopiado, IFPRI, Washington DC.

Alderman, H. y P. Higgins (1992), "Food and Nutritional Adequacy in Ghana", multicopiado, Cornell Food and Nutrition Policy Program.

Aleem, I. (1993), "Imperfect Information, Screening, and the Costs of Informal Lending: A Study of a Rural Credit Market in Pakistan", en K. Hoff, A. Braverman y J. Stiglitz (comps.), *The Economics of Rural Organization: Theory, Practice and Policy*, Londres, Oxford University Press (para el Banco Mundial), cap. 7.

Alesina, A. y D. Rodrik (1994), "Distributive Politics and Economic Growth", *Quarterly Journal of Economics*, 108, págs. 465-490.

Amano, M. (1980), "A Neoclassical Model of the Dual Economy with Capital Accumulation in Agriculture", *Review of Economic Studies*, 47, págs. 933-944.

Amsden, A. H. (1989), *Asia's Next Giant: South Korea and Late Industrialization*, Nueva York, Oxford University Press.

Anand, S. (1977), "Aspects of Poverty in Malaysia", *Review of Income and Wealth*, 23, págs. 1-16.

Anand, S. y C. Harris (1994), "Choosing a Welfare Indicator", *American Economic Review*, 84, págs. 226-231.

Anand, S. y R. Kanbur (1993a), "The Kuznets Process and the Inequality-Development Relationship", *Journal of Development Economics*, 40, págs. 25-52.

Anand, S. y R. Kanbur (1993b), "Inequality and Development: A Critique", *Journal of Development Economics*, 41, págs. 19-43.

Anand, S. y J. Morduch (1996), "Poverty and the 'Population Problem'", multicopiado, Oxford University y Harvard University.

Arrow, K. J. (1962), "The Economic Implications of Learning by Doing", *Review of Economic Studies*, 80, págs. 155-173.

Arrow, K. J. (1971), "Exposition of the Theory of Choice under Uncertainty", en C. B. McGuire y R. Radner (comps.), *Decision and Organization*, Amsterdam, North-Holland.

Attwood, D. W. y B. S. Baviskar (comps.) (1988), *Who Shares? Co-operatives and Rural Development*, Londres, Oxford University Press.

Aturupane, H., P. Glewwe y P. Isenman (1994), "Poverty, Human Development, and Growth: An Emerging Consensus?", *American Economic Review*, 84, págs. 244-249.

Bacha, E. L. (1979), "Notes on the Brazilian Experience with Minidevaluations, 1968-1976", *Journal of Development Economics*, 6, págs. 463-481.

Baland, J. M. y D. Ray (1991), "Why Does Asset Inequality Affect Unemployment? A Study of the Demand Composition Problem", *Journal of Development Economics*, 35, págs. 69-92.

Baldwin, R. y A. Venables (1995), "Regional Economic Integration", en G. M. Grossman y K. Rogoff (comps.), *Handbook of International Economics*, Amsterdam, Elsevier Science, North Holland, vol. 3.

Banco Mundial (1990), *World Development Report: Poverty*, Londres, Oxford University Press.

Banco Mundial (1993), *The East Asian Miracle*, Londres, Oxford University Press.

Banco Mundial (1995), *World Development Report: Workers in an Integrating World*, Londres, Oxford University Press.

Banco Mundial (1996), *World Development Report: From Plan to Market*, Londres, Oxford University Press.

Banerjee, A. V. y M. Ghatak (1996), "Operation Barga: A Study in the Economics of Tenancy Reform", multicopiado, Department of Economics, University of Chicago.

Banerjee, A. V. y A. Newman (1993), "Occupational Choice and the Process of Development", *Journal of Political Economy*, 101, págs. 274-298.

Banerjee, A. V. y A. Newman (1994), "Poverty, Incentives, and Development", *American Economic Review*, 84, págs. 211-215.

Banerjee, A. V. y A. Newman (1997), "A Dual-Economy Model of Migration and Development", multicopiado, Department of Economics, Massachusetts Institute of Technology, *Review of Economic Studies*.

Banerjee, A. V., T. J. Besley y T. Guinanne (1992), "Thy Neihbor's Keeper: The Design of a Credit Cooperative with Theory and a Test", *Quarterly Journal of Economics*, 84, págs. 491-515.

Bardhan, P. K. (1983), "Labor Tying in a Poor Agrarian Economy", *Quarterly Journal of Economics*, 98, págs. 501-514.

Bardhan, P. K, (1984), *Land, Labor and Rural Poverty: Essays in Development Economics*, Londres/Nueva York, Oxford University Press/Columbia University Press.

Bardhan, P. K. y A. Rudra (1978), "Interlinkage of Land, Labour and Credit Relations: An Analysis of Village Survey Data in East India", *Economic and Political Weekly*, 13, número anual, febrero.

Barro, R. (1991), "Economic Growth in a Cross-Section of Countries", *Quarterly Journal of Economics*, 106, págs. 407-444.

Barro, R. (1996), "Democracy and Growth", *Journal of Economic Growth*, 1, págs. 1-27.

Barro, R. J. y X. Sala-i-Martin (1995), *Economic Growth*, Nueva York, McGraw-Hill.

Basu, K. (1980), "Optimal Policies in Dual Economies", *Quarterly Journal of Economics*, 95, págs. 187-196.

Basu, K. (1987), "Disneyland Monopoly, Interlinkage and Usurious Interest Rates", *Journal of Public Economics*, 34, págs. 1-17.

Basu, K. (1992), "Limited Liability and the Existence of Share Tenancy", *Journal of Development Economics*, 38, págs. 203-220.

Basu, K. y J. E. Foster (1997), "On Measuring Literacy", multicopiado, Department of Economics, Cornell University.

Baumol, W. J. (1986), "Productivity Growth, Convergence, and Welfare: What the Long-run Data Show", *American Economic Review*, 76, págs. 1.072-1.085.

Becker, G. S. (1960), "An Economic Analysis of Fertility", en A. J. Coale (comp.), *Demographic and Economic Change in Developed Countries*, Princeton, NJ, Princeton University Press.

Becker, G. S. (1981), *A Treatise on the Family*, Cambridge, MA, Harvard University Press.

Behrman, J. R. (1993), "Household Behavior and Micronutrients: What We Know and What We Don't Know", multicopiado, Department of Economics, University of Pennsylvania.

Behrman, J. R. y A. Deolalikar (1987), "Will Developing Country Nutrition Improve with Income? A Case Study for Rural South India", *Journal of Political Economy*, 95, págs. 108-138.

Behrman, J. R. y A. Deolalikar (1989), "Seasonal Demands for Nutrient Intakes and Health Status in Rural South India", en D. E. Sahn (comp.), *Causes and Implications of Seasonal Variability in Household Food Security*, Baltimore, MD, John Hopkins Press.

Behrman, J. R. y B. L. Wolfe (1984), "A More General Approach to Fertility Determination in a Developing Country: The Importance of Biological Supply Considerations, Endogenous Tastes and Unperceived Jointness", *Economica*, 51, págs. 319-39.

Behrman, J. R., A. Foster y M. R. Rosenzweig (1994), "Stages of Agricultural Production and the Calorie-Income Relationship", multicopiado, Department of Economics, University of Pennsylvania, Filadelfia.

Bell, C. (1977), "Alternative Theories of Sharecropping: Some Tests Using Evidence from Northeast India", *Journal of Development Studies*, 13, págs. 317-346.

Bell, C. (1993), "Interactions between Institutional and Informal Credit Agencies in Rural India", en K. Hoff, A. Braverman y J. Stiglitz (comps.), *The Economics of Rural Organization: Theory, Practice and Policy*, Londres, Oxford University Press.

Berman, E., J. Bound y Z. Griliches (1994), "Changes in the Demand for Skilled Labor within U.S. Manufacturing: Evidence from the Annual Survey of Manufactures", *Quarterly Journal of Economics*, 109, págs. 367-397.

Bernheim, B. D. (1994), "A Theory of Conformity", *Journal of Political Economy*, 102, págs. 841-877.

Berry, R. A. y W. R. Cline (1979), *Agrarian Structure and Productivity in Developing Countries*, Ginebra, Organización Internacional del Trabajo.

Bertola, G. (1993), "Factor Shares and Savings in Endogenous Growth", *American Economic Review*, 83, págs. 1.184-1.198.

Besley, T. J. (1995), "Savings, Credit and Insurance", en J. Behrman y T. N. Srinivasan (comps.), *Handbook of Development Economics*, vol. 3A, Handbooks in Economics, Amsterdam, Elsevier Science, North Holland, vol. 9.

Besley, T. J. y S. Coate (1995), "Group Lending, Repayment Incentives, and Social Collateral", *Journal of Development Economics*, 46, págs. 1-18.

Besley, T. J., S. Coate y G. C. Loury (1993), "The Economics of Rotating Savings and Credit Associations", *American Economic Review*, 83, págs. 792-810.

Beteille, A. (1979), "The Indian Village: Past and Present", en E. J. Hobsbawm, W. Kula, A. Mitra, K. N. Raj e I. Sachs (comps.), *Peasants in History: Essays in Honour of Daniel Thorner*, Londres, Oxford University Press (para Sameeskha Trust, Delhi).

Bhaduri, A. (1977), "On the Formation of Usurious Interest Rates in Backward Agriculture", *Cambridge Journal of Economics*, 1, págs. 341-352.

Bhagwati, J. N. (1980), "Lobbying and Welfare", *Journal of Public Economics*, 14, págs. 355-363.

Bhagwati, J. N. (1982), "Directly-Unproductive, Profit-Seeking Activities", *Journal of Political Economy*, 90, págs. 988-1.002.

Bhagwati, J. N. (1990), *Protectionism*, Cambridge, MA, MIT Press.

Bhagwati, J. N. (1993), "Regionalism and Multilateralism: An Overview", en J. de Melo y A. Panagariya (comps.), *New Dimensions in Regional Integration*, Cambridge, Reino Unido, Cambridge University Press.

Bhagwati, J. N. y T. N. Srinivasan (1974), "On Reanalyzing the Harris-Todaro Model: Policy Rankings in the Case of Sector-Specific Sticky Wages", *American Economic Review*, 64, págs. 502-508.

Bhargava, A. (1991), "Estimating Short and Long Run Income Elasticities of Foods and Nutrients for Rural South India", *Journal of the Royal Statistical Society Series A*, 154, págs. 157-174.

Billon, S. (1966), "Industrial Learning Curves and Forecasting Production Requirements", *Management International Review*, 6, págs. 65-96.

Binmore, K. (1992), *Fun and Games*, Lexington, MA, D. C. Heath.

Binswanger, H., K. Deininger y G. Feder (1995), "Power, Distortions, Revolt and Reform in Agricultural Land Relations", en J. Behrman y T. N. Srinivasan (comps.), *Handbook of Development Economics*, vol. 3B, Handbooks in Economics, Amsterdam, Elsevier Science, North Holland, vol. 9.

Bliss, C. y N. Stern (1978a), "Productivity, Wages and Nutrition, Part I: The Theory", *Journal of Development Economics*, 5, págs. 331-362.

Bliss, C. y N. Stern (1978b), "Productivity, Wages and Nutrition, Part II: Some Observations", *Journal of Development Economics*, 5, págs. 363-398.

Blis, C. y N. Stern (1982), *Palanpur: The Economy of an Indian Village*, Londres, Oxford University Press.

Bloch, F. (1995), "Endogenous Structures of Association in Oligopolies", *Rand Journal of Economics*, 26, págs. 537-556.

Bloch, F. (1996), "Sequential Formation of Coalitions in Games with Externalities and Fixed Payoff Division", *Games and Economic Behavior*, 14, págs. 90-123.

Boone, P. (1996), "Political and Gender Oppression as a Cause of Poverty", multicopiado, Department of Economics, London School of Economics.

Booth, C. (1903), *Life and Labour of the People in London*, edición revisada publicada en 1969, Nueva York, A. M. Kelley.

Bose, G. (1997), "Nutritional Efficiency Wages: Equilibrium, Comparative Statics, and Policy Implications", multicopiado, Department of Economics, American University in Cairo, de próxima aparición en *Journal of Development Economics*.

Bose, P. (1997), "Formal-Informal Sector Interaction in Rural Credit Markets", multicopiado, Department of Economics, University of Memphis.

Boserup, E. (1981), *Population and Technological Change: Study of Long- Run Trends*, Chicago, University of Chicago Press.

Bottomley, A. (1975), "Interest Rate Determination in Underdeveloped Rural Areas", *American Journal of Agricultural Economics*, 57, págs. 279-291.

Bouis, H. E. y L. J. Haddad (1992), "Are Estimates of Calorie-Income Elasticities Too High? A Recalibration of the Plausible Range", *Journal of Development Economics*, 39, págs. 333-364.

Bourguignon, F. y C. Morrisson (1989), *External Trade and Income Distribution*, París, Development Centre Studies, OCDE.

Bourguignon, F. y C. Morrisson (1990), "Income Distribution, Development and Foreign Trade: A Cross-Sectional Analysis", *European Economic Review*, 34, págs. 1.113-1.132.

Bowles, S. y H. Gintis (1994), "Credit Market Imperfections and the Incidence of Worker Owned Firms", *Metroeconomica*, 45, págs. 209-223.

Bowles, S. y H. Gintis (1996), "Asset Based Redistribution: Improving the Trade-Off between Allocative Gains and Dynamic Inefficiency Losses", MacArthur Economics Initiative Working Paper, University of California, Berkeley.

Brander, J. A. (1981), "Intra-Industry Trade in Identical Commodities", *Journal of International Economics*, 11, págs. 1-14.

Brander, J. A. y P. Krugman (1981), "A 'Reciprocal Dumping' Model of International Trade", *Journal of Development Economics*, 9, págs. 289-312.

Braverman, A. y T. N. Srinivasan (1981), "Credit and Sharecropping in Agrarian Societies", *Journal of Development Economics*, 9, págs. 289-312.

Braverman, A. y J. Stiglitz (1982), "Sharecropping and the Interlinking of Agrarian Markets", *American Economic Review*, 72, págs. 695-715.

Breman, J. (1974), *Patronage and Exploitation*, Delhi, Manohar Publishers.

Bruton, H. (1992). "Import Substitution," en H. Chenery y T. N. Srinivasan (comps.), *Handbook of Development Economics*, Amsterdam, Elsevier Science, North Holland, vol. 2.

Bulow, J. y K. Rogoff (1989), "Sovereign Debt: Is to Forgive to Forget?", *American Economic Review*, 79, págs. 43-50.

Burenstam Linder, S. (1961), *An Essay on Trade and Transformation*, Nueva York, Wiley.

Cain, M. (1981), "Risk and Insurance: Perspectives on Fertility and Agrarian Change in India and Bangladesh," *Population and Development Review*, 7, págs. 435-474.

Cain, M. (1983), "Fertility as an Adjustment to Risk," *Population and Development Review*, 9, págs. 688-702.

Carr, E. H. (1951), *The New Society*, Boston, Beacon.

Carr-Saunders, A. M. (1936), *World Population: Past Growth and Present Trends*, Oxford, Clarendon Press.

Caselli, F. (1997), "Rural Labor and Credit Markets", multicopiado, Department of Economics, Harvard University, de próxima aparición en *Journal of Development Economics*.

Caves, R. E., J. A. Frankel y R. W. Jones (1990), *World Trade and Payments: An Introduction*, Glenview, Ill. y London, Scott, Foregman/Little, Brown Higher Education, 50 ed.

Chamley, C. y D. Gale (1994). "Information Revelation and Strategic Delay in a Model of Investment", *Econometrica*, 62, págs. 1.065-1.085.

Chayanov, A. V. (1991), *The Theory of Peasant Cooperatives*, Athens, OH, Ohio State University Press.

Chen, M. (1991), *Coping with Seasonality and Drought*, Nueva Delhi, Sage Publications.

Chen, M. y J. P. Drèze (1992), "Widows and Well-Being in Rural North India," Working Paper 40, Development Research Programme, London School of Economics.

Chenery, H. B. y N. G. Carter (1973), "Foreign Assistance and Development Performance, 1960-1970," *American Economic Review*, 63, págs. 459-468.

Chenery, H. B. y M. Syrquin (1975), *Patterns of Development, 1950-1970*, Londres, Oxford University Press.

Chernichovsky, D. y O. Meesook (1984), "Patterns of Food Consumption and Nutrition in Indonesia," Working Paper 670, Banco Mundial, Washington, D.C.

Cheung, S. (1969), *The Theory of Share Tenancy*, Chicago, University of Chicago Press.

Chopra, O. P. (1982), "Unaccounted Income: Some Estimates", *Economic and Political Weekly*, 24 de abril.

Christen, R. P., E. Rhyne y R. Vogel (1994), "Maximizing the Outreach of Microenterprise Finance: The Emerging Lessons of Successful Programs," International Management and Communications Corporation Paper, Washington, D.C.

Churchill, C. F. (1995), "The Impact of Credit on Informal Sector Enterprises in South Africa: A Study of Get Ahead Foundation's Stokvel Lending Programme", tesis de master, Clark University.

Ciccone, A. y K. Matsuyama (1996), "Start-up Costs and Pecuniary Externalities as Barriers to Economic Development", *Journal of Development Economics*, 49, págs. 33-59.

Clark, C. y M. Haswell (1970), *The Economics of Subsistence Agriculture*, Nueva York, St. Martin's Press.

Coale, A. J. (1991), "Excess Female Mortality and the Balance of the Sexes in the Population: An Estimate of the Number of Missing Females", *Population and Development Review*, 17, págs. 517-523.

Coale, A. J. y J. Banister (1994),"Five Decades of Missing Females in China," *Demography*, 31, págs. 459-479.

Coale, A. J. y E. M. Hoover (1958), *Population Growth and Economic Development in Low Income Countries: A Case Study of India's Prospects*, Princeton, NJ, Princeton University Press.

Coate, S. y M. Ravallion (1993), "Reciprocity Without Commitment: Characterization and Performance of Informal Insurance Arrangements," *Journal of Development Economics*, 40, págs. 1-24.

Conferencia de las Naciones Unidas para el Comercio y el Desarrollo (1992), *Handbook of International Trade and Development Statistics*, Nueva York, Naciones Unidas.

Copeland, B. y A. Kotwal (1995), "Product Quality and the Theory of Comparative Advantage," *European Economic Review*, 40, págs. 1.745-1.760.

Corbo, V., S. Fischer y S. Webb (1992), *Adjustment Lending Revisited: Policies to Restore Growth*, Washington, D.C, Banco Mundial.

Crawford, J. y E. Strauss (1947), *Crawford-Strauss Study*, Dayton, OH, Air Material Command.

Czukas, K., M. Fafchamps y C. Udry (1997), "Drought and Saving in West Africa: Are Livestock a Buffer Stock?", multicopiado, Department of Economics, Stanford University, de próxima aparición en *Journal of Development Economics*.

Dalton, H. (1920), "The Measurement of the Inequality of Incomes," *Economic Journal*, 30, págs. 348-361.

Dam, K. W. (1970), *The GATT Law and International Economic Organization*, Chicago, University of Chicago Press.

Das Gupta, M. (1987), "Informal Security Mechanisms and Population Retention in Rural India," *Economic Development and Cultural Change*, 36, págs. 101-120.

Das Gupta, M. (1994), "What Motivates Fertility Decline?: A Case Study from Punjab, India," en B. Egero and M. Hammarskjold (comps.), *Understanding Reproductive Change*, Lund, Suecia, Lund University Press.

Dasgupta, P. (1993), *An Inquiry into Well-Being and Destitution*, Oxford, Clarendon Press.

Dasgupta, P. y D. Ray (1986), "Inequality as a Determinant of Malnutrition and Unemployment: Theory," *Economic Journal*, 96, págs. 1.011-1.034.

Dasgupta, P. y D. Ray (1987), "Inequality as a Determinant of Malnutrition and Unemployment: Policy," *Economic Journal*, 97, págs. 177-188.

Dasgupta, P. y D. Ray (1990), "Adapting to Undernourishment: The Biological Evidence and its Implications," en J. P. Drèze y A. K. Sen (comps.), *The Political Economy of Hunger*, Oxford, Clarendon Press, vol. 1.

David, P. A. (1985), "Clio and the Economics of QWERTY," *American Economic Review*, 75, págs. 332-337.

Deaton, A. (1989), "Looking for Boy-Girl Discrimination in Household Expenditure Data," *World Bank Economic Review*, 3, págs. 183-210.

Deaton, A. (1990), "On Risk, Insurance, and Intra-Village Smoothing", multicopiado, Department of Economics, Princeton University.

Deaton, A. (1997), *The Analysis of Household Surveys: A Microeconometric Approach to Development Policy*, Baltimore, MD, Johns Hopkins Press (para el Banco Mundial).

Deininger, K.y L. Squire (1996a), "A New Data Set Measuring Income Inequality," *World Bank Economic Review*, 10, págs. 565-591.

Deininger, K.y L. Squire (1996b), "New Ways of Looking at Old Issues: Inequality and Growth", multicopiado, Banco Mundial.

De Janvry, A. (1981), *The Agrarian Question and Reformism in Latin America*, Baltimore, MD, Johns Hopkins Press.

De Janvry, A. y E. Sadoulet (1983), "Social Articulation as a Condition for Equitable Growth," *Journal of Development Economics*, 13, págs. 275-303.

De Long, B. (1988), "Productivity Growth, Convergence and Welfare: Comment," *American Economic Review*, 78, págs. 1.138-1.154.

De Melo, J. y A. Panagariya (1993a), "Introduction," en J. de Melo y A. Panagariya (comps.), *New Dimensions in Regional Integration*, Cambridge, Reino Unido, Cambridge University Press.

De Melo, J. y A. Panagariya (comps.) (1993b), *New Dimensions in Regional Integration*, Cambridge, Reino Unido, Cambridge University Press.

Departamento de las Naciones Unidas para el Desarrollo Económico y Social (1992), *International Trade Statistics Yearbook*, Nueva York, Naciones Unidas.

Desai, M. (1991), "Human Development: Concepts and Measurement," *European Economic Review*, 35, págs. 350-357.

Diamond, P. A. y J. A. Mirrlees (1971), "Optimal Taxation and Public Production: I. Production Efficiency," *American Economic Review*, 61, págs. 8-27.

Dixit, A. (1970), "Growth Patterns in a Dual Economy," *Oxford Economic Papers*, 22, págs. 229-234.

Dixit, A. K. y J. E. Stiglitz (1977), "Monopolistic Competition and Optimum Product Diversity," *American Economic Review*, 67, págs. 297-308.

Dobb, M. (1966), *Soviet Economic Development Since 1917*, Londres, Routledge y Kegan Paul Ltd., 60ª ed.

Drèze, J. P. (1990), "Widows in Rural India," Working Paper no. 26, Development Research Programme, London School of Economics.

Drèze, J. P. y A. Mukherjee (1991), "Labour Contracts in Rural India: Theory and Evidence," en S. Chakravarty (comp.), *The Balance between Industry and Agriculture in Economic Development; 3. Manpower and Transfers*, Nueva York, Macmillan (en colaboración con la International Economic Association).

Dutta, B., D. Ray y K. Sengupta (1989), "Contracts with Eviction in Infinitely Repeated Principal Agent Relationships," en P. Bardhan (comp.), *The Economic Theory of Agrarian Institutions*, Oxford, Clarendon Press.

Easterly, W. (1997), "Life During Growth", multicopiado, Banco Mundial.

Eaton, J. y R. Fernández (1995), "Sovereign Debt," en G. M. Grossman y K. Rogoff (comps.), *Handbook of International Economics*, Amsterdam, Elsevier Science, North Holland, vol. 3.

Eaton, J. y M. Gersovitz (1981), "Debt with Potential Repudiation: Theoretical and Empirical Analysis," *Review of Economic Studies*, 48, págs. 289-309.

Eaton, J. y S. Kortum (1997), "International Technology Diffusion: Theory and Facts", multicopiado, Department of Economics, Boston University.

The Economist (1988), "Europe's Internal Market", 9 de julio.

Edirisinghe, N. (1987), "The Food Stamp Scheme in Sri Lanka: Costs, Benefits and Options for Modification," IFPRI, Washington, D.C.

Edwards, S. (1989), "Structural Adjustment Policies in Highly Indebted Countries", en J. D. Sachs (comp.), *Developing Country Debt and Economic Performance*, Chicago, IL, University of Chicago Press.

Eichengreen, B. y P. H. Lindert (comps.) (1989), *The International Debt Crisis in Historical Perspective*, Cambridge, MA, MIT Press.

Esguerra, E. (1987), "Can the Informal Lenders be Co-Opted into Government Credit Programs?", Working Paper Series no. 87-03, Philippine Institute for Development Studies, Makati, Filipinas.

Esteban, J. y D. Ray (1994), "On the Measurement of Polarization," *Econometrica*, 62, págs. 819-853.

Eswaran, M. y A. Kotwal (1985a), "A Theory of Two-Tiered Labour Markets in Agrarian Economies," *American Economic Review*, 75, págs. 162-177.

Eswaran, M. y A. Kotwal (1985b), "A Theory of Contractual Structure in Agriculture," *American Economic Review*, 75, págs. 352-367.

Ethier, W. (1982), "National and International Returns to Scale in the Modern Theory of International Trade", *American Economic Review*, 72, págs. 389-405.

Fafchamps, M. (1994), "Risk Sharing, Quasi-Credit, and the Enforcement of Informal Contracts", multicopiado, Department of Economics, Stanford University.

Feder, G., T. Onchan, Y. Chamlamwong y C. Hongladoran (1988), *Land Policies and Farm Productivity in Thailand*, Baltimore, MD, Johns Hopkins University Press.

Feenstra, R. C. y J. Bhagwati (1982), "Tariff Seeking and the Efficient Tariff", en J. N. Bhagwati (comp.), *Import Competition and Response*, Chicago, IL, University of Chicago Press.

Feenstra, R. C. y T. R. Lewis (1991), "Distributing the Gains from Trade with Incomplete Information", *Economics and Politics*, 3, págs. 21-39.

Feldstein, M. y C. Horioka (1980), "Domestic Saving and International Capital Flows", *Economic Journal*, 90, págs. 314-329.

Fernández, R. y D. Rodrik (1991), "Resistance to Reform: Status Quo Bias in the Presence of Individual-Specific Uncertainty", *American Economic Review*, 81, págs. 1.146-1.155.

Fields, G. S. (1980), *Poverty, Inequality and Development*, Londres, Cambridge University Press.

Fields, G. S. (1989), "A Compendium of Data on Inequality and Poverty for the Developing World", multicopiado, School of Industrial and Labor Relations, Cornell University.

Fields, G. S. (1994), "The Kuznets Curve, A Good Idea But...", multicopiado, School of Industrial and Labor Relations, Cornell University.

Fields, G. S. y J. C. H. Fei (1978), "On Inequality Comparisons", *Econometrica*, 46, págs. 303-16.

Fields, G. S. y G. H. Jakubson (1994), "New Evidence on the Kuznets Curve", multicopiado, Department of Economics, Cornell University.

Findlay, R. y S. Wellisz (1984), "Protection and Rent-Seeking in Developing Countries," en D. C. Colander (comp.), *Neoclassical Political Economy: The Analysis of Rent-Seeking and DUP Activities*, Nueva York, Harper and Row.

Fishlow, A. (1972), "Brazilian Size Distribution of Income", *American Economic Review*, 62, págs. 391-402.

Flam, H. (1992), "Product Markets and 1992: Full Integration, Large Gains?", *Journal of Economic Perspectives*, 6, págs. 7-30.

Floro, M. S. y D. Ray (1997), "Vertical Links between Formal and Informal Financial Institutions", *Review of Development Economics*, 1, págs. 34-56.

Floro, M. S. y P. Yotopoulos (1991), *Informal Credit Markets and the New Institutional Economics: The Case of Philippine Agriculture*, Boulder, CO, Westview Press.

Fogel, R. y S. Engerman (1974), *Time on the Cross: The Economics of American Negro Slavery*, Boston, MA, Little, Brown and Co.

Fondo Monetario Internacional (1992), *Issues and Developments in International Trade Policy*, World Economic and Financial Surveys Series, realizado por el equipo encabezado por M. Kelly y A. K. McCuirk.

Foroutan, F. (1993), "Regional Integration in Sub-Saharan Africa: Past Experience and Future Prospects", en J. de Melo y A. Panagariya (comps.), *New Dimensions in Regional Integration*, Cambridge, Reino Unido, Cambridge University Press.

Foster, J. E. (1983), "An Axiomatic Characterization of the Theil Measure of Income Inequality", *Journal of Economic Theory*, 31, págs. 105-121.

Foster, J. E. (1984), "On Economic Poverty: A Survey of Aggregate Measures", en R. L. Basmann y G. E. Rhodes, Jr. (comps.), *Advances in Econometrics*, 3, págs. 215-251.

Foster, J. E. (1985), "Inequality Measurement", en H. P. Young (comp.) *Proceedings of Symposia in Applied Mathematics*, 33, págs. 31-68.

Foster, J. E., J. Greer y E. Thorbecke (1984), "A Class of Decomposable Poverty Measures," *Econometrica*, 52, págs. 761-766.

Friedman, M. (1957), *A Theory of the Consumption Function*, Princeton, NJ, Princeton University Press.

Galor, O. y D. Weil (1996), "The Gender Cap, Fertility, and Growth", *American Economic Review*, 86, págs. 374-387.

Galor, O. y J. Zeira (1993), "Income Distribution and Macroeconomics", *Review of Economic Studies*, 60, págs. 35-52.

Gangopadhyay, S. y K. Sengupta (1987), "Small Farmers, Moneylending, and Trading Activity", *Oxford Economic Papers*, 39, págs. 333-342.

Garcia, M. y P. Pinstrup-Andersen (1987), "The Pilot Food Price Subsidy Scheme in the Philippines: Impact on Income, Food Consumption, and Nutritional Status", IFPRI, Washington, D.C.

Garg, A. y J. Morduch (1997), "Sibling Rivalry", multicopiado, Department of Economics, Harvard University.

Georgescu-Roegen, N. (1960), "Economic Theory and Agrarian Economics", *Oxford Economic Papers*, 12, págs. 1-40.

Geron, P. (1989), "Microeconomic Behavior of Agents in a Credit-Oriented Market in an Agricultural Setting", tesis doctoral, University of the Philippines, Diliman, Quezon City.

Gersovitz, M. (1998), "Savings and Development", en H. Chenery y T. N. Srinivasan (comps.), *Handbook of Development Economics*, vol. 1, Amsterdam: Elsevier Science, North Holland.

Ghatak, M. (1996), "Group Lending Contracts and the Peer Selection Effect", multicopiado, Department of Economics, University of Chicago.

Ghate, P. B. (1992), "Interaction between the Formal and Informal Sectors: The Asian Experience", *World Development*, 20, págs. 859-872.

Ghosh, P. y D. Ray (1996), "Cooperation in Community Interaction Without Information Flows", *Review of Economic Studies*, 63, págs. 491-519.

Ghosh, P. y D. Ray (1997), "Information and Repeated Interaction: Application to Informal Credit Markets", multicopiado, Department of Economics, Texas A&M University.

Gibbons, R. (1992), *A Primer in Game Theory*, Nueva York, NY, Harvester Wheatsheaf.

Gillis, M., D. Perkins, M. Roemer y D. Snodgrass (1997), *Economics of Development*, Nueva York, Norton, 50 ed.

Glewwe, E. y J. van der Gaag (1990), "Identifying the Poor in Developing Countries: Do Different Definitions Matter?", *World Development*, 18, págs. 803-814.

Gordon, R. H. y A. L. Bovenberg (1996), "Why Is Capital so Mobile Internationally? Possible Explanations and Implications for Capital Income Taxation", *American Economic Review*, 86, págs. 1.057-1.075.

Gough, K. (1983), "Agricultural Labor in Thanjavur", en J. Mencher (comp.), *Social Anthropology of Peasantry*, Madras, Somaiya Publishers Private Ltd.

Grossman, G. M. y E. Helpman (1991), *Innovation and Growth in the Global Economy*, Cambridge, MA, MIT Press.

Grossman, G. M. y E. Helpman (1994), "Protection for Sale", *American Economic Review*, 84, págs. 833-850.

Gupta, P. y S. Gupta (1982), "Estimates of the Unreported Economy in India", *Economic and Political Weekly*, 16 de enero.

Gupta, S.y R. Mehta (1981), "An Estimate of Underreported National Income", *Journal of Income and Wealth*, 5.

Hanson, A. H. (1966), *The Process of Planning: A Study of India's Five-Year Plans, 1950-1964*, Londres, Oxford University Press.

Harris, J. y M. Todaro (1970), "Migration, Unemployment and Development: A Two Sector Analysis", *American Economic Review*, 40, págs. 126-142.

Helpman, E. (1981), "International Trade in the Presence of Product Differentiation, Economies of Scale and Monopolistic Competition: A Chamberlin-Heckscher-Ohlin Approach", *Journal of International Economics*, 11, págs. 305-340.

Helpman, E. y P. Krugman (1985), *Trade Policy and Market Structure*, Cambridge, MA, MIT Press.

Henderson, V. (1988), *Urban Development: Theory, Fact, and Illusion*, Londres, Oxford University Press.

Heredia, C. y M. Purcell (1995), "Structural Adjustment in Mexico: The Root of the Crisis", multicopiado, Equipo Pueblo.

Hillman, A. (1989), *The Political Economy of Protection*, Reading, Reino Unido, Harwood Academic Publishers.

Hirsch, W. Z. (1956), "Firm Progress Ratios", *Econometrica*, 24, págs. 136-144.

Hirschman, A. O. (1958), *The Strategy of Economic Development*, New Haven, CT, Yale University Press.

Hirschman, A. O. y M. Rothschild (1973), "The Changing Tolerance for Income Inequality in the Course of Economic Development; With a Mathematical Appendix", *Quarterly Journal of Economics*, 87, págs. 544-566.

Hoel, P. G. (1984), *Introduction to Mathematical Statistics*, Nueva York, Wiley, 50 ed.

Hoff, K. y J. Stiglitz (1993), "Imperfect Information in Rural Credit Markets: Puzzles and Policy Perspectives", *World Bank Economic Review*, 4, págs. 235-250; reimpreso en K. Hoff, A. Braverman y J. Stiglitz (comps.), *The Economics of Rural Organization: Theory, Practice and Policy*, Londres, Oxford University Press, cap. 2 (para el Banco Mundial).

Hoff, K. y J. Stiglitz (1998), "Moneylenders and Bankers: Price-Increasing Subsidies in a Monopolistically Competitive Market", *Journal of Development Economics*, 55, págs. 485-518.

Hopper, W. D. (1957), "The Economic Organization of a Village in North Central India", tesis doctoral, Cornell University.

Hopper, W. D. (1965), "Allocation Efficiency in a Traditional Indian Agriculture", *Journal of Farm Economics*, 47, págs. 611-624.

Horowitz, A. W. (1993), "Time Paths of Land Reform: A Theoretical Model of Reform Dynamics", *American Economic Review*, 83, págs. 1.003-1.010.

Houantchekon, L. (1994), "Tournaments and Optimal Contracts for Teams in Rural West Africa", multicopiado, Department of Economics, Northwestern University.

Hudec, R. E. (1990), "Dispute Settlement", en J. Schott (comp.), *Completing the Uruguay Round*, Washington, D.C., Institute for International Economics.

Huppi, M. y G. Feder (1990), "The Role of Groups and Credit Cooperatives in Rural Lending", *World Bank Research Observer*, 5, págs. 187-204.

Irwin, D. (1993), "Multilateral and Bilateral Trade Policies in the World Trading System: An Historical Perspective", en J. de Melo y A. Panagariya (comps.), *New Dimensions in Regional Integration*, Cambridge, Reino Unido, Cambridge University Press, págs. 90-119.

Jackson, J. (1989), *The World Trading System*, Cambridge, MA, MIT Press.

Jain, S. (1975), "Size Distribution of Income: A Compilation of Data", multicopiado, Banco Mundial.

Jodha, N. S. (1981), "Agricultural Tenancy: Fresh Evidence from Dryland Areas in India", *Economic and Political Weekly*, número anual, págs. A118-A128.

Jorgenson, D. (1961), "The Development of a Dual Economy", *Economic Journal*, 71, págs. 309-334.

Kalecki, M. (1976), *Essays on Developing Economies*, Hassocks, Reino Unido/Atlantic Highlands, NJ, Harvester Press/Humanities Press.

Kao, C., K. Anschel y C. Eicher (1964), "Disguised Unemployment in Agriculture-A Survey", en C. Eicher y L. Witt (comps.), *Agriculture in Economic Development*, Nueva York, McGraw-Hill.

Kemp, M. y H. Y. Wan (1976), "An Elementary Proposition Concerning the Formation of Customs Unions", *Journal of International Economics*, 6, págs. 95-97.

Kenney, E. (1989), "The Effects of Sugarcane Production on Food Security, Health, and Nutrition in Kenya: A Longitudinal Analysis", IFPRI, Washington, D.C.

Keyter, C. (1962), "Industrial Feeding of African Workers", multicopiado, South African Institute of Race Relations.

Klasen, S. (1994), "Missing Women Reconsidered", *World Development*, 22(7), págs. 1.061-1.071.

Kletzer, K. y B. Wright (1995), "Sovereign Debt as Intertemporal Barter", multicopiado, University of California, Santa Cruz.

Kochar, A. (1991), "An Empirical Investigation of Rationing Constraints in Rural Credit Markets in India", tesis doctoral, University of Chicago.

Kochar, A. (1996), "Do Declining Economic Contributions Lower Household Medical Expenditures on the Elderly in Developing Economies? Empirical Evidence from Rural Pakistan", multicopiado, Department of Economics, Stanford University.

Kovenock, D. y M. Thursby (1992), "GATT, Dispute Settlement, and Cooperation", *Economics and Politics*, 4, págs. 151-170.

Kranton, R. (1996), "The Formation of Cooperative Relationships", *Journal of Law, Economics, and Organization*, 12, págs. 214-233.

Kremer, M. (1993), "Population Growth and Technological Change: One Million B.C. to 1.990", *Quarterly Journal of Economics*, 108, págs. 681-716.

Krishnamurty, J. (1988), "Unemployment in India: The Broad Magnitudes and Characteristics", en T. N. Srinivasan y P. K. Bardhan (comps.), *Rural Poverty in South Asia*, Nueva York, Columbia University Press.

Krueger, A. O. (1974), "The Political Economy of the Rent-Seeking Society", *American Economic Review*, 64, págs. 291-303.

Krugman, P. (1981), "Scale Economies, Product Differentiation, and the Pattern of Trade", *American Economic Review*, 70, págs. 950-959.

Krugman, P. (1991a), "History versus Expectations", *Quarterly Journal of Economics*, 106, págs. 651-667.

Krugman, P. (1991b), "Increasing Returns and Economic Geography", *Journal of Political Economy*, 99, págs. 483-499.

Krugman, P. (1991c), "Is Bilateralism Bad?", en E. Helpman y A. Razin (comps.), *International Trade and Trade Policy*, Cambridge, MA, MIT Press.

Krugman, P. (1993), "Regionalism versus Multilateralism: Analytical Notes", en J. de Melo y A. Panagariya (comps.), *New Dimensions in Regional Integration*, Cambridge, Reino Unido, Cambridge University Press, págs. 58-79.

Krugman, P. (1995), "Increasing Returns, Imperfect Competition and the Positive Theory of International Trade", en G. M. Grossman y K. Rogoff (comps.), *Handbook of International Economics*, Amsterdam, Elsevier Science, vol. 3, págs. 1.243-1.277.

Krugman, P. (1997), "What Should Trade Negotiators Negotiate About", *Journal of Economic Literature*, 35, págs. 113-120.

Krugman, P. y M. Obstfeld (1994), *International Economics: Theory and Policy*, Nueva York, Harper Collins, 30 ed.

Kumar, B. G. (1991), "Quality of Life and Morbidity: A Reexamination of Some Paradoxes from Kerala", multicopiado, Centre for Development Studies, Trivandrum.

Kumar, S. K. y D. Hotchkiss (1988), "Consequences of Deforestation for Women's Time Allocation, Agricultural Production, and Nutrition in Hill Areas of Nepal", IFPRI, Washington, D.C.

Kurup, T. V. N. (1976), "Price of Rural Credit: An Empirical Analysis of Kerala", *Economic and Political Weekly*, 11, 3 de julio.

Kuznets, S. (1955), "Economic Growth and Income Inequality", *American Economic Review*, 45, págs. 1-28.

Kuznets, S. (1960), "Population Change and Aggregate Output", en *Demographic and Economic Change in Developed Countries*, National Bureau of Economic Research Special Conference Series, Princeton, Princeton University Press.

Kuznets, S. (1963), "Quantitative Aspects of the Economic Growth of Nations: VIII. Distribution of Income by Size", *Economic Development and Cultural Change*, 12, págs. 1-80.

Kuznets, S. (1966), *Modern Economic Growth*, New Haven, CT, Yale University Press.

La Ferrara, E. (1997), "Ethnicity and Reciprocity, An Analysis of Credit Transactions in Ghana", multicopiado, Department of Economics, Harvard University.

Lancaster, K. (1975), "Socially Optimal Product Differentiation", *American Economic Review*, 65, págs. 567-585.

Lancaster, K. (1980), "Intra-Industry Trade under Perfect Monopolistic Competition", *Journal of International Economics*, 10, págs. 151-175.

Langoni, C. (1972), "Distribuição da Renda e Desenvolvimento Econômico do Brasil", *Estudos Econômicos*, octubre, págs. 5-88.

Larson, D. (1988), "Market and Credit Linkages: The Case of Corn Traders in the Southern Philippines", artículo realizado para Citibank/ABT Associates on a Rural Financial Services Project for USAID, Manila.

Lee, R. (1988), "Induced Population Growth and Induced Technical Progress: Their Interaction in the Accelerating Stage", *Mathematical Population Studies*, 1, págs. 265-288.

Leibenstein, H. (1957), *Economic Backwardness and Economic Growth*, Nueva York, Wiley.

Lewis, O. (1958), *Village Life in Northern India*, Nueva York, Random House.

Lewis, O. y V. Barnouw (1958), *Village Life in Northern India*, Urbania, IL, University of Illinois Press.

Lewis, W. A. (1954), "Economic Development with Unlimited Supplies of Labor", *The Manchester School of Economic and Social Studies*, 22, págs. 139-191; reimpreso en A. N. Agarwala y S. P. Singh (comps.), *The Economics of Underdevelopment*, Bombay, Oxford University Press, 1958.

Ligon, E. (1993), "Optimal Consumption Risk Sharing: Theory and Measurement in Rural India", tesis doctoral, University of Chicago.

Lim, Y. y R. Townsend (1994), "Currency, Transaction Patterns, and Consumption Smoothing: Theory and Measurement in ICRISAT Villages", multicopiado, Department of Economics, University of Chicago.

Lin, J. Y. y G. J. Wen (1995), "China's Regional Grain Self-Sufficiency Policy and its Effect on Land Productivity", *Journal of Comparative Economics*, 21, págs. 187-206.

Lindert, P. H. y P. J. Morton (1989), "How Sovereign Debt has Worked", en J. D. Sachs (comp.), *Developing Country Debt and Economic Performance*, Chicago, University of Chicago Press, págs. 39-106.

Lindert, P. H. y J. G. Williamson (1985), "Growth, Equality, and History", *Explorations in Economic History*, 22, págs. 341-377.

Lipsey, R. (1960), "The Theory of Customs Unions: A General Survey", *Economic Journal*, 70, págs. 496-513.

Lipsey, R. y K. Lancaster (1956), "The General Theory of Second-Best", *Review of Economic Studies*, 24, págs. 11-32, reimpreso en M. Ricketts (comp.), *Neoclassical Microeconomics*, Schools of Thought in Economics Series, no. 3. Aldershot, Reino Unido/Brookfield, VT, Elgar/Gower, 1988, vol. 2.

Lipton, M. (1968), "Urban Bias in Rural Planning", en P. Streeten y M. Lipton (comps.), *The Crisis of Indian Planning: Economic Planning in the 1960s*, Londres, Oxford University Press.

Lipton, M. (1983), "Poverty, Undernourishment and Hunger", Staff Working Paper 597, Banco Mundial.

Loury, G. C. (1981), "Intergenerational Transfers and the Distribution of Earnings", *Econometrica*, 49, págs. 843-867.

Lucas, R. E. (1988), "On the Mechanics of Economic Development", *Journal of Monetary Economics*, 22, págs. 3-42.

Lustig, N. (1992), *Mexico: The Remaking of an Economy*, Washington, D.C., The Brookings Institution.

Madajewicz, M. (1996), "The Market for Small Loans", multicopiado, Department of Economics, Harvard University.

Maddison, A. (1979), "Per Capita Output in the Long Run", *Kyklos*, 32, págs. 412-429.

Maddison, A. (1982), *Phases of Capitalist Development*, Londres, Oxford University Press.

Maddison, A. (1991), *Dynamic Forces in Capitalist Development: A Long-Run Comparative View*, Oxford, Nueva York, Oxford University Press.

Magee, S. P., W. A. Brock y L. Young (1989), *Black Hole Tariffs and Endogenous Policy Theory*, Cambridge, Reino Unido, Cambridge University Press.

Malthus, T. (1798), *An Essay on the Principle of Population as it Affects the Future Improvement of Society*, Londres, J. Johnson.

Mani, A. (1997), "Income Distribution and the Demand Constraint", multicopiado, Department of Economics, Boston University.

Mankiw, N. G. (1995), "The Growth of Nations", *Brookings Papers on Economic Activity*, 0(1), págs. 275-310.

Mankiw, N. G., P. Romer y D. Weil (1992), "A Contribution to the Empirics of Economic Growth", *Quarterly Journal of Economics*, 107, págs. 407-438.

Manning, P. (1982), *Slavery, Colonialism and Economic Growth in Dahomey, 1640-1960*, Cambridge, Reino Unido, Cambridge University Press.

Manove, M. (1997), "Entrepreneurs, Optimism and the Competitive Edge", multicopiado, Department of Economics, Boston University.

Mansuri, G. (1997), "Credit Layering in Rural Financial Markets: Theory and Evidence from Pakistan", tesis doctoral, Boston University.

Marichal, C. (1989), *A Century of Debt Crises in Latin America: From Independence to the Great Depression, 1820-1930*, Princeton, NJ, Princeton University Press.

Markusen, J. (1986), "Explaining the Volume of Trade: An Eclectic Approach", *American Economic Review*, 76, págs. 1.002-1.011.

Matsuyama, K. (1991), "Increasing Returns, Industrialization, and Indeterminacy of Equilibrium", *Quarterly Journal of Economics*, 106, págs. 617-650.

Mauro, P. (1995), "Corruption and Growth", *Quarterly Journal of Economics*, 110, págs. 681-712.

Mayer, W. (1984), "Endogenous Tariff Formation", *American Economic Review*, 74, págs. 970-985.

McBride, T. (1976), *The Domestic Revolution: The Modernization of Household Service in England and France, 1820-1920*, Nueva York, Holmes and Meier.

McKernan, S. M. (1996), "The Impact of Micro-Credit Programs on Self-Employment Profits: Do Non-Credit Program Aspects Matter?", multicopiado, Brown University.

McMillan, J., J. Whalley y L. Zhu (1989), "The Impact of China's Economic Reforms on Agricultural Productivity Growth", *Journal of Political Economy*, 97, págs. 781-807.

Meesook, O. A. (1975), "Income Inequality in Thailand, 1962/1963 and 1968/1969", en *Income Distribution, Employment and Economic Development in Southeast and East Asia*, Actas de un seminario patrocinado conjuntamente por el Japan Economic Research Center y el Council for Asian Manpower Studies, págs. 345-388.

Messerlin, P. A. (1987), "The Long Term Evolution of the EC Anti-Dumping Law: Some Lessons for the New AD Laws in LDCs", multicopiado, Banco Mundial.

Ministerio de Planificación, Estado de Kuwait (1997), *Annual Statistical Abstract*, 34ª ed., Kuwait.

Mirrlees, J. (1976), "A Pure Theory of Underdeveloped Economies", en L. Reynolds (comp.), *Agriculture in Development Theory*, New Haven, CT, Yale University Press.

Mitra, P. (1983), "A Theory of Interlinked Rural Transactions", *Journal of Public Economics*, 20, págs. 167-191.

Mookherjee, D. (1997), "Informational Rents and Property Rights in Land", en J. Roemer (comp.), *Property Rights, Incentives and Welfare*, Nueva York, Macmillan Press.

Mookherjee, D. y D. Ray (1993), "Learning-by-Doing and Industrial Market Structure: An Overview", en B. Dutta, S. Gangopadhyay, D. Mookherjee y D. Ray (comps.), *Theoretical Issues in Development Economics*, Londres, Oxford University Press.

Morduch, J. (1994), "Poverty and Vulnerability", *American Economic Review*, 84, págs. 221-225.

Morduch, J. (1995), "Income Smoothing and Consumption Smoothing", *Journal of Economic Perspectives* 9, págs. 103-114.

Morduch, J. (1997), "The Microfinance Revolution", multicopiado, Department of Economics, Harvard University.

Morley, S. A. (1995), *Poverty and Income Inequality in Latin America during the 1980s*, Baltimore, MD, Johns Hopkins Press.

Morris, D. M. (1979), *Measuring the Condition of the World's Poor: The Physical Quality of Life Index*, Elmsford, NY, Pergamon Press (para el Overseas Development Council).

Mosley, P. (1996), "Indonesia: BKK, KURK, and the BRI Unit Desa Institutions", en D. Hulme y P. Mosley (comps.), *Finance Against Poverty, Vol.II: Country Case Studies*, Londres, Routledge, págs. 228-315.

Mosley, P., J. Harrigan y J. Toye (1991), *Aid and Power: The World Bank and Policy Based Lending*, Londres, Routledge, vol. 1.

Mukherjee, A. (1991), "Rural Labour Markets and Seasonality: A Theoretical and Empirical Analysis", tesis doctoral, Indian Statistical Institute, Nueva Delhi.

Mukherjee, A. y D. Ray (1992), "Wages and Involuntary Unemployment in the Slack Season of a Village Economy", *Journal of Development Economics*, 37, págs. 227-264.

Mukherjee, A. y D. Ray (1995), "Labor Tying", *Journal of Development Economics*, 47, págs. 207-239.

Mukherjee, P. (1992), "Report of Study on Sociological Constraints on Rural Labor", multicopiado, Indian Statistical Institute, Nueva Delhi.

Murphy, K., A. Shleifer y R. Vishny (1989a), "Industrialization and the Big Push", *Journal of Political Economy*, 97, págs. 1.003-1.026.

Murphy, K., A. Shleifer y R. Vishny (1989b), "Income Distribution, Market Size, and Industrialization", *Quarterly Journal of Economics*, 104, págs. 537-64.

Myrdal, G. (1957), *Economic Theory and Underdeveloped Regions*, Londres, Duckworth.

Naciones Unidas (1993), *Demographic Yearbook*, Nueva York, Naciones Unidas.

Naciones Unidas (1995), *Demographic Yearbook*, Nueva York, Naciones Unidas.

Naqvi, S. N. H. (1995), "The Nature of Economic Development", *World Development*, 23, págs. 543-556.

Newbery, D. M. G. (1977), "Risk-Sharing, Sharecropping, and Uncertain Labour Markets", *Review of Economic Studies*, 44, págs. 585-594.

Newbery, D. M. G. y J. Stiglitz (1979), "Sharecropping, Risk-Sharing, and the Importance of Imperfect Information", en J. A. Roumasset, J. M. Boussard e I. Singh (comps.), *Risk, Uncertainty and Agricultural Development*, Nueva York, Agricultural Development Council, cap. 17.

Nogués, J. J. y R. Quintanilla (1993), "Latin America's Integration and the Multilateral Trading System", en J. de Melo y A. Panagariya (comps.), *New Dimensions in Regional Integration*, Cambridge, Reino Unido, Cambridge University Press, págs. 278-313.

Nove, A. (1969), *An Economic History of the U.S.S.R.*, Londres, Allen Lane.

Nurkse, R. (1953), *Problems of Capital Formation in Underdeveloped Countries*, Nueva York, Oxford University Press.

Okun, A. M. (1975), *Equality and Efficiency: The Big Tradeoff*, Washington, D.C., Brookings Institution.

Olson, M. (1965), *The Logic of Collective Action: Public Goods and the Theory of Groups*, Cambridge, MA, Harvard University Press.

Orshansky, M. (1963), "Children of the Poor", *Social Security Bulletin*, 26, págs. 3-5.

Orshansky, M. (1965), "Counting the Poor: Another Look at the Poverty Profile", *Social Security Bulletin*, 28, págs. 3-29.

Osborne, M. J. y A. Rubinstein (1994), *A Course in Game Theory*, Cambridge, MA, MIT Press.

Oshima, H. T. (1962), "The International Comparison of Size Distribution of Family Incomes with Special Reference to Asia", *Review of Economics and Statistics*, 54, págs. 439-445.

Otsuka, K., H. Chuma y Y. Hayami (1992), "Land and Labor Contracts in Agrarian Economies", *Journal of Economic Literature*, 30, págs. 1.965-2.018.

Page, S. (1994), *How Developing Countries Trade*, Londres, Routledge.

Pal, S. (1993), "Determinants of the Choice of Regular Contracts in Indian Agriculture", multicopiado, St. John's College, Cambridge, Inglaterra.

Papanek, G. F. y O. Kyn (1986), "The Effect on Income Distribution of Development, the Growth Rate and Economic Strategy", *Journal of Development Economics*, 23, págs. 55-65.

Parente, S. L. y E. C. Prescott (1993), "Changes in the Wealth of Nations", *Federal Reserve Bank of Minneapolis Quarterly Review*, 17, págs. 3-16.

Pareto, V. (1927), *Manual of Political Economy*, Nueva York, A. M. Kelley.

Paukert, F. (1973), "Income Distribution at Different Levels of Development: A Survey of Evidence", *International Labour Review*, 108, págs. 97-125.

Paulsen, A. (1995), "Insurance Motives for Migration: Evidence from Thailand", multicopiado, Woodrow Wilson School, Princeton University.

Paxson, C. (1992), "Using Weather Variability to Estimate the Response of Savings to Transitory Income in Thailand", *American Economic Review*, 82, págs. 15-33.

Paxson, C. y C. Chaudhuri (1994), "Consumption Smoothing and Income Seasonality in Rural India", multicopiado, Princeton University.

Pearson, S. R. y W. D. Ingram (1980), "Economies of Scale, Domestic Divergences, and Potential Gains from Economic Integration in Ghana and the Ivory Coast", *Journal of Political Economy*, 88, págs. 994-1008.

Perotti, R. (1992), "Income Distribution, Politics, and Growth", *American Economic Review*, 82, págs. 311-316.

Persson, T. y C. Tabellini (1994), "Is Inequality Harmful for Growth?", *American Economic Review*, 84, págs. 600-621.

Pesendorfer, W. (1995), "Design Innovation and Fashion Cycles", *American Economic Review*, 85, págs. 771-792.

Phillips, J., R. Simmons, M. Koenig y J. Chakraborty (1988), "Determinants of Reproductive Change in a Traditional Society: Evidence from Matlab, Bangladesh", *Studies in Family Planning*, 19, págs. 313-334.

Pigou, A. C. (1912), *Wealth and Welfare*, Londres, Macmillan.

Pingali, P. L. y V. T. Xuan (1992), "Vietnam: Decollectivization and Rice Productivity Growth", *Economic Development and Cultural Change*, 40, págs. 697-718.

Pitt, M. M. (1983), "Food Preference and Nutrition in Rural Bangladesh", *Review of Economics and Statistics*, 65, págs. 105-114.

Pitt, M. M. y S. R. Khandker (1995), "The Impact of Group-Based Credit Programs on Poor Households in Bangladesh, Does the Gender of Participants Matter?" multicopiado, Brown University.

Pitt, M. M. y M. R. Rosenzweig (1985), "Health and Nutrient Consumption across and within Farm
Households", *Review of Economics and Statistics*, 67, págs. 212-223.

Pitt, M. M., M. R. Rosenzweig y M. N. Hassan (1990), "Productivity, Health, and Inequality in the
Intrahousehold Distribution of Food in Low-Income Countries", *American Economic Review*, 80,
139-156.

Polak, J. J. (1991), "The Changing Nature of IMF Conditionality", *Essays in International Finance*,
Princeton, NJ, Princeton University, vol. 184.

Polak, J. J. (1994), "The World Bank and the International Monetary Fund: A Changing Relationship", *Brookings Occasional Papers*, Washington, D.C., Brookings Institution.

Powelson, J. P. y R. Stock (1987), *The Peasant Betrayed: Agriculture and Land Reform in the Third World*,
Boston, MA, Oelgeschlager, Gunn and Hain.

Prebisch, R. (1952), "Problemas Teóricos y Prácticos del Crecimiento Económico", Comisión Económica de las Naciones Unidas para Latinoamérica.

Prebisch, R. (1959), "Commercial Policies in Underdeveloped Countries", *American Economic Review*,
49 (Papers and Proceedings), págs. 252-273.

Pritchett, L. y L. Summers (1995), "Wealthier is Healthier", *Journal of Human Resources*, 31, págs.
841-868.

Programa de las Naciones Unidas para el Desarrollo (1995), *Human Development Report*, Nueva York,
Oxford University Press.

Prusa, T. (1992), "Why Are so Many Antidumping Petitions Withdrawn?", *Journal of International
Economics*, 33, págs. 1-20.

Quah, D. (1993), "Empirical Cross-Section Dynamics in Economic Growth", *European Economic Review*, 37, págs. 426-434.

Quah, D. (1994), "Convergence across Europe", multicopiado, London School of Economics.

Rahman, O., A. Foster y J. Mencken (1992), "Older Widow Mortality in Rural Bangladesh", *Social
Science and Medicine*, 34, págs. 89-96.

Raj, K. N. (1965), *Indian Economic Growth: Performance and Prospects*, Delhi, Allied Publishers.

Raj, K. N. (1979), "Keynesian Economics and Agrarian Economics", en C. H. H. Rao y P. C. Joshi
(comps.), *Reflections on Economic Development and Social Change: Essays in Honour of V.K.R.V. Rao*,
Bombay, Allied Publishers.

Rakshit, M. K. (1982), *The Labour-Surplus Economy: A Neo-Keynesian Approach*, Delhi, Macmillan.

Ranis, G. y J. Fei (1961), "A Theory of Economic Development", *American Economic Review*, 51, págs.
533-565.

Rao, V. K. R. V. (1952), "Investment, Income and the Multiplier in an Underdeveloped Economy",
reimpreso en A. N. Agarwala y S. P. Singh (comps.), *The Economics of Underdevelopment*, Bombay,
Oxford University Press, 1958.

Ravallion, M. (1990), "Income Effects on Undernutrition", *Economic Development and Cultural Change*,
38, págs. 489-515.

Ray, D. (1993), "Labor Markets, Adaptive Mechanisms and Nutritional Status", en P. Bardhan, *et al.*
(comps.), *Essays in Honour of K. N. Raj*, Londres, Oxford University Press.

Ray, D. y A. Sen (1992), "On the Economic Theory of Quantity Controls", en K. Basu y P. Nayak
(comps.), *Economic Theory and Development*, Nueva Delhi, Oxford University Press.

Ray, D. y K. Sengupta (1989), "Interlinkages and the Pattern of Competition", en P. Bardhan (comp.),
The Economic Theory of Agrarian Institutions, Clarendon Press, Oxford.

Ray, D. y P. Streufert (1993), "Dynamic Equilibria with Unemployment due to Undernourishment", *Economic Theory*, 3, págs. 61-85.

Ray, D. y R. Vohra (1997a), "Equilibrium Binding Agreements", *Journal of Economic Theory*, 73, págs. 30-78.

Ray, D. y R. Vohra (1997b), "A Theory of Endogenous Coalition Structure", multicopiado, Department of Economics, Boston University.

Reardon, T., E. Crawford y V. Kelley (1994), "Links Between Nonfarm Income and Farm Investment in African Households: Adding the Capital Market Perspective", *American Journal of Agricultural Economics*, 76, págs. 1.172-1.176.

Reddy, C. R. (1985), "Rural Labor Market in Varhad: A Case Study of Agricultural Laborers in Rain-Fed Agriculture in India", REPRP 75, WEP, Organización Internacional del Trabajo.

Richards, A. (1979), "The Political Economy of Gutswirtschaft: A Comparative Analysis of East Elbian Germany, Egypt, and Chile", *Comparative Studies in Society and History*, 21, págs. 483-518.

Roberts, K. W. S. (1980), "Interpersonal Comparability and Social Choice Theory", *Review of Economic Studies*, 47, págs. 421-439.

Rodgers, G. (1975), "Nutritionally Based Wage Determination in the Low-Income Labour Market", *Oxford Economic Papers*, 27, págs. 61-81.

Rodriguez-Clare, A. (1996), "The Division of Labor and Economic Development", *Journal of Development Economics*, 49, págs. 3-32.

Rodrik, D. (1995), "Political Economy of Trade Policy", en G. M. Grossman y K. Rogoff (comps.), *Handbook of International Economics*, Amsterdam, Elsevier Science, North Holland, vol. 3, págs. 1.457-1.494.

Romer, P. (1986), "Increasing Returns and Long-Run Growth", *Journal of Political Economy*, 92, págs. 1.002-1.037.

Romer, P. (1990), "Endogenous Technological Change", *Journal of Political Economy*, 98, págs. S71-S101.

Ros, J. (1992), "Ajuste Macroeconómico, Reformas Estructurales y Crecimiento en México", multicopiado, University of Notre Dame.

Rosenberg, N. (1972), "Factors Affecting the Diffusion of Technology", *Explorations in Economic History*, 10, págs. 3-33.

Rosenstein-Rodan, P. (1943), "Problems of Industrialization of Eastern and Southeastern Europe", *Economic Journal*, 53, págs. 202-211, reimpreso en A. N. Agarwala y S. P. Singh (comps.), *The Economics of Underdevelopment*, Bombay, Oxford University Press, 1958.

Rosenzweig, M. R. y H. Binswanger (1993), "Wealth, Weather Risk and the Composition and Profitability of Agricultural Investments", *Economic Journal*, 103, págs. 56-78.

Rosenzweig, M. R. y O. Stark (1989), "Consumption Smoothing, Migration and Marriage: Evidence from Rural India", *Journal of Political Economy*, 97, págs. 905-926.

Rosenzweig, M. R. y K. J. Wolpin (1985), "Specific Experience, Household Structure and Intergenerational Transfers: Farm Family Land and Labor Arrangements in Developing Countries", *Quarterly Journal of Economics*, 100, págs. 961-987.

Rosenzweig, M. R. y K. J. Wolpin (1993), "Credit Market Constraints, Consumption Smoothing, and the Accumulation of Durable Production Assets in Low-Income Countries: Investment in Bullocks in India", *Journal of Political Economy*, 101, págs. 223-244.

Rudd, J. (1993), "Boy-Girl Discrimination in Taiwan: Evidence from Expenditure Data", multicopiado, Department of Economics, Princeton University.

Sachs, J. (1989), "Introduction", en J. D. Sachs (comp.), *Developing Country Debt and Economic Performance*, Chicago, IL, University of Chicago Press, págs. 1-35.

Sadoulet, E. (1992), "Labor-Service Tenancy Contracts in a Latin American Context", *American Economic Review*, 82, págs. 1.031-1.042.

Sahn, D. (1988), "The Effect of Price and Income Changes on Food-Energy Intake in Sri Lanka", *Economic Development and Cultural Change*, 36, págs. 315-340.

Saxonhouse, G. (1993), "Trading Blocs and East Asia", en J. de Melo y A. Panagariya (comps.), *New Dimensions in Regional Integration*, Cambridge, Reino Unido, Cambridge University Press, págs. 388-416.

Schultz, T. P. (1985), "Changing World Prices, Women's Wages, and the Fertility Transition in Sweden, 1860-1910", *Journal of Political Economy*, 93, págs. 1.126-1.154.

Schultz, T. W. (1964), *Transforming Traditional Agriculture*, New Haven, CT, Yale University Press.

Scitovsky, T. (1942), "A Reconsideration of the Theory of Tariffs", *Review of Economic Studies*, 9, págs. 89-110.

Scitovsky, T. (1954), "Two Concepts of External Economies", *Journal of Political Economy*, 62, págs. 143-151.

Secretaría de las Naciones Unidas (1996), *Women's Indicators and Statistics Database (Wistat)*, Version 3, CD-ROM, Sales No. E.95.XVIL6, Statistics Division.

Sen, A. (1981), "Market Failure and Control of Labour Power: Towards an Explanation of 'Structure' and Change in Indian Agriculture: Part 1", *Cambridge Journal of Economics*, 5, págs. 201-228.

Sen, A. K. (1964), "Labour Allocation in a Cooperative Enterprise", *Review of Economic Studies*, 33, págs. 361-371.

Sen, A. K. (1966), "Peasants and Dualism With or Without Surplus Labor", *Journal of Political Economy*, 74, págs. 425-450.

Sen, A. K. (1967), "Surplus Labour in India: A Critique of Schultz's Statistical Test", *Economic Journal*, 77, págs. 154-161.

Sen, A. K. (1970), "Interpersonal Aggregation and Partial Comparability", *Econometrica*, 38, págs. 393-409.

Sen, A. K. (1973), *On Economic Inequality*, Oxford, Clarendon Press.

Sen, A. K. (1975), *Employment, Technology and Development*, Oxford, Clarendon Press.

Sen, A. K. (1976), "Poverty: An Ordinal Approach to Measurement", *Econometrica*, 44, págs. 219-231.

Sen, A. K. (1981a), "Ingredients of Famine Analysis: Availability and Entitlements", *Quarterly Journal of Economics*, 96, págs. 433-464.

Sen, A. K. (1981b), *Poverty and Famines: An Essay on Entitlement and Deprivation*, Oxford, Clarendon Press.

Sen, A. K. (1983), "Development: Which Way Now?", *Economic Journal*, 93, págs. 742-762.

Sen, A. K. (1984), *Resources, Values and Development*, Cambridge, MA, Harvard University Press.

Sen, A. K. (1985), *Commodities and Capabilities*, Amsterdam, North-Holland.

Sen, A. K. (1992), "Missing Women", *British Medical Journal*, 304.

Sengupta, K. (1997), "Limited Liability, Moral Hazard and Share Tenancy", *Journal of Development Economics*, 52, págs. 393-407.

Shaban, R. A. (1987), "Testing between Competing Models of Sharecropping", *Journal of Political Economy*, 95, págs. 893-920.

Shapiro, C. y J. Stiglitz (1984), "Equilibrium Unemployment as a Worker Discipline Device", *American Economic Review*, 74, págs. 433-444.

Shell, K. (1967), "A Model of Inventive Activity and Capital Accumulation", en K. Shell (comp.), *Essays on the Theory of Optimal Growth*, Cambridge, MA, MIT Press.

Shetty, S. (1988), "Limited Liability, Wealth Differences, and the Tenancy Ladder in Agrarian Economies", *Journal of Development Economics*, 29, págs. 1-22.

Shorrocks, A. F. y J. E. Foster (1987), "Transfer Sensitive Inequality Measures", *Review of Economic Studies*, 54, págs. 485-497.

Siamwalla, A., C. Pinthong, N. Poapongsakorn, P. Satsanguan, P. Nettayarak, W. Mingmaneenakin y Y. Tubpun (1993), "The Thai Rural Credit System and Elements of a Theory: Public Subsidies, Private Information, and Segmented Markets", en K. Hoff, A. Braverman y J. Stiglitz (comps.), *The Economics of Rural Organization: Theory, Practice and Policy*, Londres, Oxford University Press (para el Banco Mundial).

Simon, J. (1977), *The Economics of Population Growth*, Princeton, Princeton University Press.

Singer, H. (1950), "The Distribution of Gains Between Investing and Borrowing Countries", *American Economic Review*, 49 (Papers and Proceedings), págs. 251-273.

Singh, N. (1983), "The Possibility of Nonrenewal of a Contract as an Incentive Device in Principal-Agent Models", Working Paper, 117 (Economics), University of California at Santa Cruz.

Solow, R. (1956), "A Contribution to the Theory of Economic Growth", *Quarterly Journal of Economics*, 70, págs. 65-94.

Somanathan, E. (1995), "The Hindu Equilibrium and the American Dream", multicopiado, Emory University.

Somanathan, R. (1997), "School Heterogeneity, Human Capital Accumulation, and Standards", multicopiado, Emory University, de próxima aparición en *Journal of Public Economics*.

Srinivas, M. N. (1955), "The Social System of a Mysore Village", en M. Mariott (comp.), *Village India*, Chicago, IL, University of Chicago Press.

Srinivas, M. N. (1960), "India's Villages", Nueva York, Asia Publishing House.

Srinivasan, T. N. (1994), "Human Development: A New Paradigm or Reinvention of the Wheel?", *American Economic Review*, 84, págs. 238-243.

Staiger, R. (1995), "International Rules and Institutions for Trade Policy", en G. M. Grossman y K. Rogoff (comps.), *Handbook of International Economics*, Amsterdam, Elsevier Science, North Holland, vol. 3, págs. 1.495-1.551.

Stiglitz, J. (1974), "Incentives and Risks in Sharecropping", *Review of Economic Studies*, 41, págs. 219-255.

Stiglitz, J. (1976), "The Efficiency Wage Hypothesis, Surplus Labour and the Distribution of Income in L.D.C.'s", *Oxford Economic Papers*, 28, págs. 185-207.

Stiglitz, J. (1990), "Peer Monitoring and Credit Markets", *World Bank Economic Review*, 4, págs. 351-366.

Stiglitz, J. y A. Weiss (1981), "Credit Rationing in Markets with Imperfect Information", *American Economic Review*, 71, págs. 393-410.

Strauss, J. (1984), "Joint Determination of Food Consumption and Product in Rural Sierra Leone: Estimates of a Household-Firm Model", *Journal of Development Economics*, 29, págs. 157-184.

Strauss, J. y D. Thomas (1990), "The Shape of the Calorie-Expenditure Curve", Discussion Paper, Yale Economic Growth Center, Yale University.

Streeten, P. P. (1994), "Human Development: Means and Ends", *American Economic Review*, 84, págs. 232-237.

Subramanian, S. (1994), "Gender Discrimination in Intra-Household Allocation in India", multicopiado, Department of Economics, Cornell University.

Subramanian, S. y A. Deaton (1991), "Gender Effects in Indian Consumption Patterns", *Sarvekshana*, 14, págs. 1-12.

Subramanian, S. y A. Deaton (1996), "The Demand for Food and Calories", *Journal of Political Economy*, 104, págs. 133-162.

Sundaram, K. y S. Tendulkar (1988), "Toward an Explanation of Interregional Variations in Poverty and Unemployment in Rural India", en T. N. Srinivasan y P. Bardhan (comps.), *Rural Poverty in South Asia*, Nueva York, Columbia University Press.

Sundari, T. K. (1981), "Caste and the Rural Society: Report of a Field Study in Chingleput District", multicopiado, Centre for Development Studies, Trivandrum.

Székely, M. (1995a), "Aspectos de la Desigualdad en México", *El Trimestre Económico*, 62, págs. 201-243.

Székely, M. (1995b), "Economic Liberalization, Poverty and Income Distribution in Mexico", multicopiado, Department of Economics, El Colegio de México.

Takagi, Y. (1978), "Surplus Labor and Disguised Unemployment", *Oxford Economic Papers*, 30, págs. 447-457.

Taylor, C. L. y M. C. Hudson (1972), *World Handbook of Political and Social Indicators*, New Haven, CT, Yale University Press.

Teitelbaum, M. S. y J. M. Winter (1985), *The Fear of Population Decline*, Orlando, Academic Press.

Thomas, J. y T. Worrall (1994), "Informal Insurance Arrangements in Village Economies", multicopiado, Department of Economics, University of Warwick.

Timmer, C. P. y H. Alderman (1979), "Estimating Consumption Parameters for Food Policy Analysis", *American Journal of Agricultural Economics*, 61, págs. 982-987.

Townsend, R. (1993), "Risk and Insurance in Village India", *Econometrica*, 62, págs. 539-591.

Townsend, R. (1995), "Consumption Insurance: An Evaluation of Risk-Bearing Systems in Low-Income Economies", *Journal of Economic Perspectives*, 9, págs. 83-102.

Trairatvorakul, P. (1984), "The Effect on Income Distribution and Nutrition of Alternative Rice Price Policies in Thailand", IFPRI, Washington, D.C.

Trefler, D. (1993), "Trade Liberalization and the Theory of Endogenous Protection: An Econometric Study of U. S. Import Policy", *Journal of Political Economy*, 101, págs. 138-160.

Udry, C. (1993), "Credit Markets in Northern Nigeria: Credit as Insurance in a Rural Economy", en K. Hoff, A. Braverman y J. Stiglitz (comps.), *The Economics of Rural Organization: Theory, Practice and Policy*, Londres, Oxford University Press (para el Banco Mundial).

Udry, C. (1994), "Risk and Insurance in a Rural Credit Market: An Empirical Investigation in Northern Nigeria", *Review of Economic Studies*, 61(3), págs. 495-526.

Udry, C. (1996), "Efficiency and Market Structure: Testing for Profit Maximization in African Agriculture", multicopiado, Department of Economics, Northwestern University.

Umali, D. (1990), "The Structure and Price Performance of the Philippine Rice Marketing System", tesis doctoral, Stanford University.

Uzawa, H. (1965), "Optimum Technical Change in an Aggregative Model of Economic Growth", *International Economic Review*, 6, págs. 18-31.

Van Tassell, E. (1997), "Group Lending under Incomplete Information", multicopiado, Department of Economics, University of California, Riverside.

Viner, J. (1950), *The Customs Union Issue*, Nueva York, Carnegie Endowment for International Peace.

Viner, J. (1957), "Some Reflections on the Concept of Disguised Unemployment", *Indian Journal of Economics*, 38, págs. 17-23.

Visaria, P. (1981), "Poverty and Unemployment in India: An Analysis of Recent Evidence, *World Development*, 9, págs. 277-300.

Von Braun, J., D. Puetz y P. Webb (1989), "Irrigation Technology and Commercialization of Rice in the Gambia: Effect on Income and Nutrition", IFPRI, Washington, D.C.

Von Neumann, J. (1945-46), "A Model of General Economic Equilibrium", *Review of Economic Studies*, 33, págs. 1-9.

Von Pischke, J. D. (1991), "Finance at the Frontier: Debt Capacity and the Role of Credit in the Private Economy", EDI Development Studies, Banco Mundial, Washington, D.C.

Vyas, V. S. (comp.) (1964), "Agricultural Labor in Four Indian Villages", Studies in Rural Problems, 3, Vallabh Vidyanagar AERC, Sardar Patel University.

Walker, T. S. y J. G. Ryan (1990), *Village and Household Economies in India's Semi-Arid Tropics*, Baltimore, Johns Hopkins Press.

Walker, T. S., R. P. Singh y N. S. Jodha (1983), "Dimensions of Farm-Level Diversification in the Semi-Arid Tropics of Rural South Asia", Economic Progress Report, ICRISAT.

Ward, J. O. y J. H. Sanders (1980), "Nutritional Determinants and Migration in the Brazilian Northeast: A Case Study of Rural and Urban Areas", *Economic Development and Cultural Change*, 29, págs. 141-163.

Watson, J. (1996), "Building a Relationship", multicopiado, Department of Economics, University of California, San Diego.

Weisskoff, R. (1970), "Income Distribution and Economic Growth in Puerto Rico, Argentina, and Mexico", *Review of Income and Wealth*, 16, págs. 303-332.

Weitzman, M. L. (1977), "Prices vs. Quantities", *Review of Economic Studies*, 41, págs. 477-491.

Wen, G. J. (1993), "Total Factor Productivity Change in China's Farming Sector: 1952-1989", *Economic Development and Cultural Change*, 42, págs. 1-41.

Whalley, J. (1993), "Regional Trade Arrangements in North America: CUSTA and NAFTA", en J. de Melo y A. Panagariya (comps.), *New Dimensions in Regional Integration*, Cambridge, Reino Unido, Cambridge University Press, págs. 352-382.

Williamson, J. G. (1985), "Did Rising Emigration Cause Fertility to Decline in 19th Century Rural England? Child Costs, Old-Age Pensions and Child Default", Discussion Paper 1172, Harvard Institute for Economic Research, Harvard University.

Williamson, J. G. (1988), "Migration and Urbanization", en H. Chenery y T. N. Srinivasan (comps.), *Handbook of Development Economics*, Amsterdam, Elsevier Science, North-Holland, vol. 1.

Williamson-Gray, C. (1982), "Food Consumption Parameters for Brazil and their Application to Food Policy", Research Report 32, International Food Policy Research Institute, Washington, D.C.

Winters, L. A. (1993), "The European Community: A Case of Successful Integration?", en J. de Melo y A. Panagariya (comps.), *New Dimensions in Regional Integration*, Cambridge, Reino Unido, Cambridge University Press, págs. 202-228.

Wolfson, M. C. (1994), "When Inequalities Diverge", *American Economic Review*, 84 (Papers and Proceedings), págs. 353-358.

Woolcock, M. (1996), "Banking with the Poor in Developing Economies: Lessons from the 'People's Banks' in the Late Nineteenth and Late Twentieth Centuries", multicopiado, Department of Sociology, Brown University.

Wright, T. (1936), "Factors Affecting the Cost of Airplanes", *Journal of Aeronautical Sciences*, 3, págs. 122-128.

Yi, S-S. (1996), "Endogenous Formation of Customs Unions under Imperfect Competition: Open Regionalism is Good", *Journal of International Economics*, 41, págs. 153-177.

Young, A. (1995), "The Tyranny of Numbers: Confronting the Statistical Realities of the East Asian Growth Experience", *Quarterly Journal of Economics*, 110, págs. 641-680.

Young, A. A. (1928),"Increasing Returns and Economic Progress", *Economic Journal*, 38, págs. 527-542.

Zeldes, S. (1989), "Consumption and Liquidity Constraints: An Empirical Investigation", *Journal of Political Economy*, 97, págs. 305-346.

Índice de autores

Christen, R. P., 565
Chuma, H., 402-405
Churchill, C. F., 569
Ciccone, A., 105, 131, 144
Clark, C., 263
Cline, W. R., 441
Coale, A. J., 276, 302, 320
Coate, S., 565, 566, 591, 596
Copeland, B., 621
Corbo, V, 687
Crawford, E., 442
Crawford, J., 654
Czukas, K., 579

Dalton, H., 169
Dam, K. W., 705
Das Gupta, M., XVII, 302, 380
Dasgupta, P., 262, 266, 481, 483-485
David, P. A., 126
De Janvry, A., 214, 445
De Long, B., 73, 75, 76
De Melo, J., 724, 725
Deaton, A., 242, 255, 274, 584, 586
Deininger, K., 21, 22, 24, 177, 194, 195, 198, 200, 213, 214, 230, 432, 439, 440, 442, 443
Deolalikar, A., 241, 255, 256
Desai, M., 27
Diamond, P. A., 651
Dixit, A. K., 105, 144, 341, 622
Dobb, M., 55, 355, 356
Domar, E., 53
Drèze, J. P., 266, 271, 272
Dutta, B., XVII, 428, 551

Easterly, W., 30
Eaton, J., 80, 671
Edirisinghe, N., 255
Edwards, S., 670, 678
Eichengreen, B., 670
Eicher, C., 345
Engerman, S., 267, 393, 394
Esguerra, E., 560
Esteban, J., XVII, 186
Eswaran, M., 423, 493
Ethier, W., 622

Fafchamps, M., 579, 591, 597
Feder, G., 432, 439, 440, 442, 443, 567
Feenstra, R. C., 701, 702
Fei, J. C. H., 341, 350, 353
Feldstein, M., 100

Fernández, R., 151, 671, 702, 714, 737
Fields, G. S., XVI, 182, 183, 194, 197, 200, 212, 230, 249
Findlay, R., 702
Fischer, S., 687
Fishlow, A., 247, 249
Flam, H., 719
Floro, M. S., 523, 527, 549, 559-561, 563
Fogel, R., 267, 393, 394
Foroutan, F., 727
Foster, A., 255, 271, 272
Foster, J. E., XVI, 165, 173, 176, 181, 246, 254, 280, 281
Francois, P., XVI, 131
Frankel, J. A., 614, 615
Friedman, M., 242
Fuentes, G., XVI

Gale, D., 140
Galor, O., 218, 226, 306
Gang, I., XVI
Gangopadhyay, S., 554
Garcia, M., 255
Garg, A., 274, 275
Geary, R. C., 11
Georgescu-Roegen, N., 342
Geron, P., 524
Gersovitz, M., 205, 671
Ghatak, M., 428, 430, 431, 566
Ghate, P. B., 561
Ghosh, P., XVI, 544
Gibbons, R., 739
Gillis, M., 331
Gintis, H., 493
Glewwe, P., 27, 252
Gordon, R. H., 100
Gough, K., 493
Greer, J., 246, 280, 281
Griliches, Z., 713
Grossman, G. M., 105, 107, 144, 702
Guinanne, T., 567
Gupta, B., XVI
Gupta, P., 9
Gupta, S., 9

Haddad, L. J., 255
Hanson, A. H., 136, 137
Harrigan, J., 686
Harris, C., 27
Harris, J., 359, 365-367
Harrod, R., 53

Índice analítico